朱永嘉
蕭木 注譯

新譯唐六典（一）

三民書局 印行

國家圖書館出版品預行編目資料

新譯唐六典／朱永嘉，蕭木注譯.－－初版一刷.－－
臺北市；三民，2002
面；　公分——(古籍今注新譯叢書)

ISBN 957-14-3275-X　(精裝)
ISBN 957-14-3276-8　(平裝)

1. 人事制度－中國－唐(618－907)

573.414　　89009727

網路書店位址　http://www.sanmin.com.tw

© 新譯唐六典(一)

注譯者　朱永嘉　蕭　木
發行人　劉振強
著作財產權人　三民書局股份有限公司
臺北市復興北路三八六號
發行所　三民書局股份有限公司
地址／臺北市復興北路三八六號
電話／二五〇〇六六〇〇
郵撥／〇〇〇九九九八——五號
印刷所　三民書局股份有限公司
門市部　復北店／臺北市復興北路三八六號
重南店／臺北市重慶南路一段六十一號
初版一刷　西元二〇〇二年十一月
編　號　S 03198A
基本定價　拾參元肆角
行政院新聞局登記證局版臺業字第〇二〇〇號

ISBN　957-14-3276-8　(平裝)

刊印古籍今注新譯叢書緣起

劉振強

人類歷史發展，每至偏執一端，往而不返的關頭，總有一股新興的反本運動繼起，要求回顧過往的源頭，從中汲取新生的創造力量。孔子所謂的述而不作，溫故知新，以及西方文藝復興所強調的再生精神，都體現了創造源頭這股日新不竭的力量。古典之所以重要，古籍之所以不可不讀，正在這層尋本與啟示的意義上。處於現代世界而倡言讀古書，並不是迷信傳統，更不是故步自封；而是當我們愈懂得聆聽來自根源的聲音，我們就愈懂得如何向歷史追問，也就愈能夠清醒正對當世的苦厄。要擴大心量，冥契古今心靈，會通宇宙精神，不能不由學會讀古書這一層根本的工夫做起。

基於這樣的想法，本局自草創以來，即懷著注譯傳統重要典籍的理想，由第一部的四書做起，希望藉由文字障礙的掃除，幫助有心的讀者，打開禁錮於古老話語中的豐沛寶藏。我們工作的原則是「兼取諸家，直注明解」。一方面熔鑄眾說，擇善而從；一方面也力求明白可喻，達到學術普及化的要求。叢書自陸續出刊以來，頗受各界的喜愛，使我們得到很大的鼓勵，也有信心繼續推廣這項工作。隨著海峽兩岸的交流，我們注譯的成員，也由臺灣各大學的教授，擴及大陸各有專長的學者。陣容的充實，使我們有更多的資源，整理更多樣化的古籍。兼採經、史、子、集四部的要典，重拾對通才器識的重視，將是我們進一步工作的目標。

古籍的注譯，固然是一件繁難的工作，但其實也只是整個工作的開端而已，最後的完成與意義的賦予，全賴讀者的閱讀與自得自證。我們期望這項工作能有助於為世界文化的未來匯流，注入一股源頭活水；也希望各界博雅君子不吝指正，讓我們的步伐能夠更堅穩地走下去。

新譯唐六典 總目錄

（四庫本僅有卷目，無總目。此總目錄為注譯者所加。）

第一冊

第二冊

第三冊

第四冊

導讀

中國封建王朝發展的歷史，若是從秦滅六國實現大統一算起，其間歷經前後兩漢，魏蜀吳三國，兩晉，對峙的南北朝，復歸一統的隋，逶迤盤曲行進近千年而至於唐，終於出現了所謂貞觀、開元盛世，達到了這種制度所可能達到的鼎盛期。鼎盛表現在政治、經濟、文化諸多方面，其中亦包括作為皇權載體的國家機器本身。唐代中央政府的構成最終結束了秦漢以來歷朝大體沿用的三公九卿體制，開創了以三省六部為主體的新的官制體系，並為唐以後歷代所沿用，綿延千餘年，直到滿清末世才終止；至於它的歷史影響，至今依然存在。

《唐六典》便是在開元時期問世的一部官制書，對唐代國家機器的結構組成及其運作程序，作出了在當時具有法律意義的敘述和規定。全書以唐代官制為經，其他各項典制為緯，並遠追三代秦漢，近取開皇大業，意欲對發展到那時為止的中國封建國家制度作一全面概括，就總體而言，是一部集大成式的著作。

這篇導讀，準備從三個方面來介紹這部著作：它的編撰經過和版本源流；它的篇章結構和主要內容；它對後世的影響和對現代讀者的意義。主體是第二方面。考慮到《唐六典》內容繁富，由敘述朝廷諸司及地方州縣各級各類官員的職掌而連帶所作的解釋或說明，幾乎涉及到封建國家從經濟基礎到上層建築的各個方面；為使讀者有一個較為完整的、盡可能帶有動態的、當然只能是輪廓性的瞭解而又不致於篇幅過長，我們將不依原書以官署、官員逐一分述，而是按它們的職能以類相從，合併為若干題來介紹。照這個辦法，三個方面的內容便概括為以下十三個問題：

一、《唐六典》的編撰經過和若干相關問題；

二、從決策到實施——中書省、門下省、尚書都省等；

三、官員的選授與管理——尚書吏部、禮部尚書、兵部尚書等；
四、禮樂與教育——尚書禮部、太常寺、國子監等；
五、財政與民政——尚書戶部、司農寺、太府寺等；
六、司法與監察——尚書刑部、大理寺、御史臺等；
七、警衛與邊防——尚書兵部、諸衛府、衛尉寺、太僕寺等；
八、實業的運作與管理——尚書工部、少府監、將作監、都水監等；
九、宮廷秘書與後宮內務——秘書省、殿中省、內官宮官內侍省、宗正寺等；
十、東宮：王朝的傳承機制——太子諸官署、諸王府、公主邑司等；
十一、中央與地方：如身使臂——三府、都督、都護、州縣官吏；
十二、人・車・馬——略論帝王與職官制度及其臣屬的對立統一關係；
十三、《唐六典》的歷史影響與現實意義。

一、《唐六典》的編撰經過和若干相關問題

編撰經過

《唐六典》是唐玄宗李隆基親自下詔令編修的。我們先來看看有關這件事的文獻記載——

陳振孫的《直齋書錄解題・職官類》著錄有《唐六典》三十卷，並稱：「題御撰，李林甫奉敕注。

按：韋述《集賢記注》：開元十年（西元七二二年）起居舍人陸堅被旨修六典，上手書白麻紙凡六條，曰：『理、教、禮、政、刑、事典，令以類相從，撰錄以進。』張說以其事委徐堅，思之歷年，未知所適；又委毋煚、余欽、韋述，始以令式分入六司，象《周禮》六官之制，其沿革並入注，然用功艱難；其後張九

齡又以委苑咸，二十六年（西元七三八年）奏草上，至今在書院。」

劉肅《大唐新語》卷九著述類：「開元十年，玄宗詔書院撰六典以進。時張說為麗正學士，以其事委徐堅。沉吟歲餘，謂人曰：『堅承令，已曾七度修書，有憑準皆似不難，唯六典歷年措思，未知所從。』說又令學士毋嬰（當係「煚」之誤——引者）等，撿前史職官，以令式分入六司，以今朝六典，象《周官》之制。然用功艱難，綿歷數載。其後張九齡委陸善經，李林甫委苑咸，至二十六年始奏上。百寮陳賀，迄今行之。」

又，《新唐書·藝文志》亦有類似記載，編撰成員則除上述引文中提到的以外，尚有咸廙業、孫季良，以及劉鄭蘭、蕭晟、盧若虛。同書〈韋述傳〉亦載其事：「張說既領集賢院，薦述為直學士，遷起居舍人。從封泰山，奏《東封記》，有詔褒美。先是詔修六典，徐堅構意歲餘，嘆曰：『吾更修七書，而六典歷年未有所適。』及蕭嵩引述撰定，述始摹周六官領其屬，事歸於職，規制遂定。」

根據以上記載，《唐六典》的編撰起始於唐玄宗開元十年以白麻紙手書六條。唐制，皇帝詔書都用麻紙書寫，並以黃、白兩種麻紙區別君命的輕重。玄宗用白麻紙寫六條，說明他把編撰六典視為重要國事。最先奉詔修撰的是起居舍人陸堅，組織實施此事的機構是麗正書院，即後來的集賢院。但陸堅實際並沒有著手進行，中書令兼知麗正院事的張說又將此事轉委於徐堅。從陸堅轉到徐堅，其間的曲折關節，上述引文並未作出說明，《資治通鑑·唐鑑二十八》有一段記載似乎可以用來解釋這個疑問。開元十一年（西元七二三年）五月，「上置麗正書院，聚文學之士，秘書監徐堅、太常博士會稽賀知章、監察御史彭城趙冬曦等，或修書，或侍講，以張說為修書使以總之。有司供給優厚。中書舍人洛陽陸堅以為此屬無益於國，徒為糜費，欲悉罷之。張說曰：『自古帝王於國家無事之時，莫不崇宮室，廣聲色，今天子獨延禮文儒，發揮典籍，所益者大，所損者微。陸子之言，何不達也！』上聞之，重說而薄堅。」原來陸堅雖奉詔修六典，卻對麗正書院修書持反對態度，他因此而受到玄宗輕視，所以張說便轉而讓徐堅受任其事。徐堅曾七次修書，該是有豐富的編撰經驗的，但這一回卻措思歷年還不知道如何著手。看來難就難在如何理解玄宗的「六條」並在編撰中將其體現出來。於是按照上述引文的說法，張說「又委毋煚、余欽、韋述」一起來辦這件事。這樣表述，也許是為了行文簡潔。其實據《舊唐書·韋述傳》，韋述不是由張說委任，而是由蕭嵩引薦的。開元十四年（西元七二六年）張說罷中書令。這以後中書令之職有四年空缺，到十七年（西元七二九年）才由蕭嵩繼任此職，並加集賢殿學士，知院事。韋述的被引薦參加編撰《唐六典》，亦當在蕭嵩任中書令以後。所以從開元十年玄宗提出編寫任務到開元十七年這中間六、七年，大概只是作了些醞釀和人選的物色與接連的更易，正式著手編寫是開元十七年韋述參預其事後開始。在此後的編撰過程中，開元二十二年（西元七三四年）張九齡接替蕭嵩任中書令兼修國書並知集賢院事，開元二十四年（西元七三六年）李林甫又接替張九齡之職；他們兩人各自引薦一人參預修典之事，這就是陸善經和苑咸。全書完成於開元二十六年（西元七三八年），前後長達十六年，總領其事的從張說、蕭嵩，到張九齡、李林甫，四易其人。因有這個曲折的過程，編撰者的署名，有署「御撰，李林甫等奉敕注」的，有署「李林甫等撰」的，還有署「張九齡等撰」的，實際撰作則應是韋述等人。

韋述，新舊《唐書》皆有傳。曾典掌圖書四十年，任史官二十年，撰作《開元譜》二十卷，主修武德以來國史，文約事詳，為時人所稱道。從記載看，《唐六典》的編撰原則和寫作體例，徐堅苦思經年仍不得其意，最後很可能主要亦是由韋述提出的，它的要點，綜合起來是：摹仿《周禮》六官，各領其所屬；以令式分入六司，以事歸於職，其沿革並入注。現在我們讀到的《唐六典》，大體就是這個面貌。《唐六典》的這種寫作體例，宋代范祖禹很不以為然：「《唐志》內外官與周制迥然不同，而強名六典，可乎？善乎？」（轉引自《直齋書錄解題》）當代學者亦有以為「勉強牽就」、「不今不古」（陳寅恪：《隋唐制度淵源略論稿》）。如果我們細讀全書，確實也可發現某些牽強附會或粗疏缺漏之處，但從整體看，還是應當承認《唐六典》是一部體制宏大、結構獨特，而且具有承前啟後意義的完整而重要的著作。尤其應當看到，從苦心經營了多年的作者們來說，亦唯有這樣寫，才能體現玄宗提出的編撰宗旨。

說到玄宗的編撰宗旨，有的論者以為那是他一時興來，無非藉以文飾太平。這恐怕有點失之皮相。據王國維《觀堂集林・史林十三》所載一跋文稱，唐初曾有過一部《職官書》的，其寫本殘卷現為英國倫敦博物館所藏。王氏據書中「親王國三師三公府以下帶文武職事府官屬」與開元時期實際官制已不相符合，認定它是「以立制言」，並非唐代現實官制的反映。顯然玄宗是對那部泛泛地談論官制的《職官書》不滿意，才寫出六條下令重新編修一部的。為了說清楚玄宗的編撰宗旨，不能不提一下他在差不多相同時間內下詔編撰的另一部書《開元禮》，以及與此相關的古代三部禮制書，即「三禮」。

三禮指《禮記》、《周禮》、《儀禮》，都產生於戰國、秦漢間，同被儒家列為經典。在唐代科舉考試中，《禮記》為大經，《周禮》與《儀禮》並為中經。《周禮》以天、地和四時六官作為系統框架來敘述周代的職官制度，《儀禮》是通過禮儀的程式來規範社會各個成員之間的相互關係，《禮記》則較多從理論層面闡述封建制度下基本倫理道德觀念。作為一項社會制度，它的內涵應包括：一、構成這一制度的基本理論和價值取向；二、在這一制度範圍內，人們相互關係中應遵守的行為準則，也就是人們各自被認定的地位、角色、權利和義務；三、實施這一制度相關的組織系統和操作程序。綜觀中國歷史上的封建帝王制度都離不開這三個基本方面，而三禮正是互有聯繫而又各有側重地對應於這三個基本方面。因而不妨說，三禮之所以被奉為經典就是因為每個中國式的封建王朝在試圖解決如何建立、如何運作、如何傳承這樣一些根本問題時，都可以從這三部書中找到依據和獲得啟示。

歷史上，一個新王朝在建立之初，或發展到某個階段，總要依據古禮（三禮出現後便是三禮）和現實需要，來一番「制禮作樂」。這樣做，既可表明本朝承傳正統，淵源有自；又可宣稱如今奉天承運，萬象更新。這是因為實際上，包括禮樂制度在內的一切典制，都需要隨著時代的發展或實際的變易而作出相應的修改或增損，不可能一成不變。秦滅漢興，叔孫通受命定禮儀時，就曾對漢高祖說：「五帝異樂，三王不同禮。禮者，因時世人情為之節文者也。故夏、殷、周之禮所因損益可知者，謂不相復也。臣願采古禮與秦儀雜就之。」（《史記》本傳）李唐王朝自然亦是這樣，太宗時就曾修撰《大唐儀禮》，高宗時則有《永徽五禮》；到了玄宗時期，覺得有必要更大規模地展開這項具有奠基意義的工作。《新唐書・藝文志》就有這樣記載：「開元中，通事舍人王嵒請改《禮記》，附唐制度。張說引嵒就集賢書院詳議。說奏：『《禮記》，漢代舊文，不可更。請修貞觀、永徽五禮為《開元禮》。命賈登、張烜、施敬本、李銳、王仲丘、陸善經、洪孝昌撰緝，蕭嵩總之。』」《通典・禮一》亦敘其經過：「開元十四年（西元七二六年），通事舍人王巖（同「嵒」）上疏，請改撰《禮記》，削去舊聞，編以今事。集賢院學士張說奏曰：『《禮記》漢朝所編，遂為歷代不刊之典，去聖久遠，恐難改易。但今之五禮儀注，已兩度增修，頗有不同，或未折衷。請學士等更論古今，刪改行用。』制從之。於是令徐堅、李銳、施敬本等檢撰，歷年其功不就。銳卒後，蕭嵩代為集賢院學士，始奏起居舍人王仲丘修之。二十年（西元七三二年）九月，新禮成，凡百五十卷，是為《大唐開元禮》。」這兩條記載說明，玄宗時曾經設想以原《禮記》為基礎，「削去舊聞，編以今事」，修訂成一部開元版《禮記》的，後來只是考慮到「去聖久遠，恐難改易」而另修了《開元禮》；因而在主事者看來，《開元禮》是比擬於《禮記》之作，將起到開元版《禮記》（還應包括開元版《儀禮》）的作用。

值得注意的是王嵒上疏建議改撰《禮記》是在開元十四年，即玄宗寫出六條詔令編撰六典三年後。在帝王制度下，臣下的上疏常常是瞬間即會帶來榮辱生殺之舉，非經深思熟慮不可的，何況王嵒所請的是修改先聖經典這樣很犯忌的事。所以他肯定作過再三考慮，其中最要緊的就是所謂「揣摩上意」。或者說按王嵒的理解，玄宗六條的本意就是要比擬《周禮》編撰一部唐職官典。他正是從中獲得啟示，聯想到《禮記》亦需要修改更新，這才決定上疏。後來的事實證明，王嵒的上疏是大體符合玄宗意圖的，其具體建議雖未能付諸實施，卻啟動了《開元禮》的修撰。因此《唐六典》和《開元禮》是在相同時間和同一政治意圖下的產物，不妨看作同一系統工程。二書的這種內在聯繫，還可從唐人的一些著述中得到證實。如憲宗時宰相鄭絪所進的〈請刪定施行六典開元禮狀〉：「《唐六典》三十卷，《開元禮》一百五十卷，網羅遺逸，芟剪奇邪，一旦百代以旁通，立一王之定制」，因而建議酌量刪定後，「特降德音，明下有司，著為恆式，使公私共守，貴賤遵行」（《全唐文》卷六二七）。據此，是否可以這樣說：作為決策者的唐玄宗當時的構想就是要使《唐六典》、《開元禮》對應於舊有「三禮」，使其更好地發揮維護李唐王朝的作用。

玄宗的六條指六典，即理典、教典、禮典、政典、刑典、事典。語出《周禮．天官冢宰》，原文是：「大宰之職，掌建邦之六典，以佐王治邦國。一曰治典，以經邦國，以治官府，以紀萬民；二曰教典，以安邦國，以教官府，以擾（馴也，意謂教化）萬民；三曰禮典，以和邦國，以統百官，以諧萬民；四曰政典，以平邦國，以正百官，以均萬民；五曰刑典，以詰邦國，以刑百官，以糾萬民；六曰事典，以富邦國，以任百官，以生萬民。」而此六典之事又分屬於天官冢宰、地官司徒、春官宗伯、夏官司馬、秋官司寇和冬官司空六官。把當世的職官比附於《周禮》的六官，並非始於玄宗。最早如王莽改制，便曾按《周禮》的官制來更改當時職官的名稱。其後北周的宇文泰，用盧辯依《周禮》建六官，實際亦只是變更一些職官的名稱而已。唐代在武則天稱制初期，亦曾一度按《周禮》變更官名，如改尚書省為文昌臺，左右僕射為左右相，吏部為天官，戶部為地官，禮部為春官，兵部為夏官，刑部為秋官，工部為冬官等。當然，唐代實際官制遠祖漢魏，近因北齊和隋，要直接與《周禮》六官「以類相從」未免牽強，玄宗的本意似乎亦只是要求從源流上盡量與古制相銜接。後來的成書便是以唐代中央及地方各級官員的名稱、員額、品秩、職掌為正文，而以自《周禮》以來的沿革為注文，書前有玄宗的序文，書名《大唐六典》則直接採自玄宗的六條。

版本源流

《唐六典》在問世後曾有過傳寫本，可惜都已湮沒無聞。現在能夠從記載中看到的最早是在北宋，生活於仁宗、神宗時期的曾鞏，說他在館閣時看到過此書：「其前有序，明皇自撰意，而其篇首皆曰御撰，李林甫注」。曾鞏後來又得到過一個不全本：「其前所載序同，然其篇首不曰御撰，其第四一篇則曰集賢院學士知院事中書令修國史上柱國始興縣開國子臣張等奉敕撰」（見《元豐類稿・乞賜唐六典狀》）。此處「臣張等」指張九齡等。宋神宗元豐三年（西元一〇八〇年），宮中還曾鏤版，以摹本賜近臣及館閣，世稱北宋本，但原書亦已無存。現在最早的唯有南宋紹興四年（西元一一三四年）溫州州學刻印的《大唐六典》殘本十五卷，分藏於北京圖書館、南京博物院和北京大學圖書館，世稱南宋本。書後有一跋文，對此書評價甚高，稱其「成一王書」，譽為「周公之典」。今存較為完整的三十卷本，是明正德二年（西元一五一五年）由席文同、李立卿刊行的，世稱正德本。原本係王鏊參預修《明會典》時自禁中「手錄以歸」的抄本，僅有個別缺頁，今人得賴以一窺全豹。後來的明嘉靖本、清掃葉山房本以及廣雅書局本，都是依據正德本輾轉傳刻而成。順便提一下，在明代，不少藏書家的收藏目錄都列有《唐六典》。如陳第的《世善堂藏書目錄》收有《唐六典》三十卷。朱睦㮮的《萬卷堂書目》，在史部官制類，有《大唐六典》六冊，十九卷，署為李林甫撰。《百川堂書志》所錄為涿州高儒之藏書，有《大唐六典》三十卷，署為唐集賢院學士李林甫等注上。董其昌的《玄賞齋書目》在故事職官類亦收有此書。此外，焦竑緝的《史經集志》亦有錄，署為唐明皇撰，李林甫注。

清代乾隆年間纂修《四庫全書》時，《唐六典》被收錄在史部十二、職官類一。據引乾隆三十九年（西元一七七四年）上諭稱，四庫本所據為浙江汪汝深進獻的南宋本，係三十卷足本。也許明代內庫秘藏包括《唐六典》在內的許多典籍已焚於嘉靖時那場大火，所以四庫本需以民間藏本為底本。書前有總纂官紀昀等所作的提要，以為《唐六典》縱有不足處，「然一代典章，釐然具備」。

據《日本國見在書目錄》，《唐六典》在中唐時傳至日本，唯原書已不存。至享保九年（西元一七二四年），始有近衛家熙以正德本為底本，參校群籍，詳為考訂，整理成書，世稱近衛本。昭和四十八年（西元一九七三年），又有廣池學院刊出的由廣池千九郎訓點、內田智雄補訂的本子，係以南宋殘本、宋・孫逢吉《職官分紀》為主，校近衛本而成，世稱廣池本。

近代以來，國內罕有新本問世，研究亦不多。至一九九二年，才由中華書局出版陳仲夫點校本，係以南宋本和正德本為底本，校以嘉靖、近衛、廣雅諸本及《職官分紀》等書，並用現行標點符號作了標點。一九九七年，由袁文典、潘寅生主編的《唐六典全譯》則是以四庫本為底本，由甘肅人民出版社出版。

我們這次注譯《唐六典》，亦以四庫本為底本，並校以南宋、正德、廣雅和近衛、廣池諸本及《職官分紀》、《太平御覽》諸書，對陳仲夫先生點校和研究的一些成果亦有所汲取。順便提一下，《唐六典》諸本都有個避諱問題，閱讀時需要加以注意的。如南宋本第十三卷第一篇御史中丞條關於沿革的原注，為避唐高宗李治名諱，便把隋的「治書侍御史」改為「侍書侍御史」或「持書侍御史」。四庫本修於清乾隆年間，除保留原書為唐代帝王所避名諱外，又增加了迴避清代前期帝王的名諱。如康熙帝名玄燁，書中凡逢「玄」字大多改為「元」。因而「玄冥」、「玄武」成了「元冥」、「元武」，「鄭玄」、「房玄齡」成了「鄭元」、「房元齡」等。亦有幾處未改，可能出自謄寫人的疏漏吧？

《唐六典》屬性

《唐六典》究竟是一部什麼性質的書，這是在讀這部書時首先要弄清楚的。

這個屬性問題古代似乎並沒有引起爭論，從《新唐書・藝文志》到《四庫全書》，包括歷代收藏家，都把《唐六典》列為職官類或官制之屬。出現不同認識的是近數十年來。概括起來有這樣幾種：一、開元時代現行職官志（嚴耕望：〈略論唐六典之性質與施行問題〉，收入《歷史語言研究所集刊》）；二、中國古代最早的行政法典（張晉藩等主編《中國法制史》，王超：〈我國古代的行政法典〉，載《中國社會科學》一九八四年第一期）；三、唐代前期社會制度史（韓長耕：〈關於大唐六典行用問題〉，載《中國史研究》一九八三年第一期）；四、設官分職的考典書，便於徵引的類書（陳仲夫：《唐六典・簡介》，陳寅恪：《隋唐制度淵源略論稿》）。應當說這些說法各自道出了《唐六典》的某些重要特徵，但似乎都還不夠全面或準確。我們不妨先把上述幾種說法比較一下，再聯繫當時實際作些分析，然後來認定它究竟是一部什麼書。

《唐六典》所記述的確實主要是開元時期，亦即本書編撰時的現行官制，即或有所例外也總要加以注明。如第一卷敘述三師、三公等，似乎意在與古制相銜接，並非唐代實際官制體系中所有，因加注稱：「自太師以下，皆古宰相之職，今不常置，故備敘之。」再如貢舉之職，唐初由吏部考功員外郎執掌，開元後轉歸禮部。書中第二卷吏部、第四卷禮部皆敘其事，而在吏部考功員外郎「掌天下貢舉之職」正文下特加注說明：「開元二十四年（西元七三六年），敕以為權輕，專令禮部侍郎一人掌貢舉。然以舊職故，復敘於此云。」從這些特徵看，《唐六典》可說是一部「開元時代現行職官志」。

但《唐六典》顯然又不同於一般正史中的職官志。這從上面已有所提及的編撰經過中可以看得很清楚：玄宗詔修此書意在行用，而不是僅僅作為歷史保存下來。更為重要的是，編寫原則中有一條：「以令式入六司」。六司當指尚書六部，自然亦包括朝廷其他各官司。令、式是唐代法律文書，有律、令、格、式四種形式，各有不同適用對象，發揮不同作用。當時朝廷百司來往公文以至處理日常政務，都必須引用相關的令、格、式的條文。但由於經過長期積累，各類法律文書卷帙都相當浩繁，往往同一部門的行政法規又散見於令、格、式幾大部類，這便給準確地徵引適用條文帶來了困難。《唐六典》編撰時「以令式入六司」，便是有選擇地將主要相關法律文書條文內容，用極簡約的文字分別列於各級各類官員職掌之後。這樣，不僅便於援引和執行，同時亦是一次重申，使其更具有法律的效用性。

如果是一般職官志，就根本不存在行用的問題，但《唐六典》自問世後就出現了是否被行用的爭論，這就至少已說明它有別於一般職官志。最先提出這問題是編撰人之一的韋述：書成奏草上後，「至今在書院，亦不行用」（《直齋書錄解題》引）。後於韋述數十年的劉肅，在他所撰的《大唐新語》中卻說：書成「奏上，百僚陳賀，迄今行之」。考諸史著，有關《唐六典》被行用的記載亦確有不少。如「貞元二年（西元七八六年）五月，御史中丞竇參奏：得監察御史鄭襄狀：準《六典》，應郊廟祀祭，皆御史監之，蓋職在省器服，閱其牲牢，有不修敬，則舉劾聞奏」。又如「貞元十年（西元七九四年）四月敕：準《六典》，殿中侍御史，凡兩京城內，分知左右巡察，其不法之事……綱典貿易，賦斂違法，如此之類，方合奏聞」（均見《唐會要》卷六〇）。一例為監察御史奏狀，一例為皇帝下敕令，都援引《唐六典》相關條文為準。但總的看來，《唐六典》在開元後的行用時斷時續，所行亦並非全部內容，這除了安史之亂這一客觀因素外，主要原因在於它本身還不是完全意義上的行政法典。關於《唐六典》是否行用的問題，似以南宋晁公武的說法較為公允：此書「雖不能悉行於世，而諸司遵用殆將過半。觀《唐會要》，請事者往往援據以為實，韋述以為書雖成而意不行，過矣」（《郡齋讀書志》卷七）。

說《唐六典》不是完全意義上的行政法典，是因為按照唐代的立法程序，它還缺少一道重要程序：頒詔施行。不妨作一比較：開元二十五年和二十六年（西元七三七年、七三八年），《格式律令事類》四十卷和《唐六典》三十卷先後修成，都由中書令李林甫領銜上送；結果是《格式律令事類》「奉勅于尚書都省寫五十本，頒于天下」（《唐會要》卷三九），這樣它就成了一部正式法典；而《唐六典》卻「祇令宣示中外」，「未有明詔施行」（《全唐文》卷六二七）。也許玄宗的本意是先「宣示中外」，徵求各方意見後再正式頒行，但他後來的耽於淫樂，以及緊接著安史之亂的發生，最終耽誤了下來。此事到五十年以後的憲宗朝再次被提起，這就是前面已經引過的鄭絪的那份〈請刪定施行六典開元禮狀〉，文中建議將《唐六典》酌量刪定後，「特降德音，明下有司，著為恆式，使公私共守，貴賤遵行」，亦就是補上最後一道立法程序，使之成為一部正式的行政法典。只是後來事實上並沒有這樣做。由此看來，《唐六典》似以稱為一部在唐代具有法律效用的官制書較為允當。

結構與體例

《唐六典》的結構和體例頗為獨特，需要作一大略介紹。

全書基本內容是規定當時國家機關從中央到地方各級各類機構的設置，官員的編制、品秩、職掌與權限，以及政府各部門之間上下左右的相互關係。全書用正文、注文兩種行文方式（請讀者注意：因我們這一次亦作了注釋，為了指稱的確定性，此下凡提到原書注文，一律稱「原注」），分工是正文敘唐代官制，原注敘歷代沿革。正文的體例大致仿照《周禮》，即先列機構名稱，再分敘其長官、屬官和他們各自的員數、品秩、職掌，以及對實現職掌的諸多規定，包括職責範圍、操作程序和相關的典章制度。所謂以「令式分入六司」，主要便是這一部分。原注的形式為夾注，就附綴在所注的正文之下。對機構、官稱的原注，多為沿革，一般追溯自《周禮》或更前的夏、商以至傳說中的堯舜時代，然後歷敘而下，直至本朝開元前各個時期。或引錄諸書論述，或輔以史實、典故，不僅有助於讀者加深對正文的理解，還使整部書具有深厚的歷史感。對與職掌有關的諸項規定或典制的原注，則多為補充的說明，以便於操作或實施。這樣，全書以國家行政機關為綱，分列三十卷，每卷分述一個或幾個機構，每個機構又依所統屬的司、署或所配置的官員分列若干子目，正文對應於唐代現行國家機關的構成及其運作程序，可說是一條表示空間的橫線，而原注的追溯、引伸或闡釋、說明，則是一條表示時間的縱線，如此相互編織，構成了一個宏大而又綱目清晰的整體。《唐六典》的這種獨特的結構和體例，自然是為了體現編撰宗旨的需要，就寫作角度說，出自同一作者而正文、注文並用，是編撰者們苦思經年後終於找到的一種創造性的行文方式。這種方式既給作者帶來了詳略任便的從容和說古道今的自由，亦使讀者感到主輔分明，一目了然，還因為有了選擇的自由（覺得沒有必要，注文可略讀或不讀）而可以減少閱讀的沉悶感。

按照《唐六典》的敘述，唐朝國家機構的組織，概貌如下——

中央：

三師、三公：為最高顧問。三師即太師、太傅、太保，三公即太尉、司徒、司空，皆屬「訓導」、「論道」之官，沒有實質性職務，實際上並不設置，即所謂「非道德崇重則不居其位，無其人則闕之」（一卷一篇）。即或設之，亦徒存虛名，或作為贈官以慰勳舊。

三省：即尚書省、門下省、中書省，為唐朝政府的最高權力機構。三省的分工是，中書省主出令，門下省主省議，尚書省主施行。從職能上看，中書、門下省是「佐天子而統大政」的決策部門，而尚書省則是行政系統的最高機關。武后光宅元年（西元六八四年）至玄宗開元十一年（西元七二三年），中書、門下省逐漸發展演變為「中書門下政事堂」，設有吏房、樞機房、兵房、戶房、刑禮房，分曹以理眾務。尚書省的長官為尚書令和左、右丞，主持日常工作的是左、右丞，實際辦公機構為尚書都省，可說是從決策到行政的中轉站。

尚書省下屬六部為國家行政管理機構或稱政令機構。六部為吏部、戶部、禮部、兵部、刑部和工部。每部又分設四司：吏部設吏部、司封、司勳、考功四司；戶部設戶部、度支、金部、倉部四司；禮部設禮部、祠部、膳部、主客四司；兵部設兵部、職方、駕部、庫部四司；刑部設刑部、都官、比部、司門四司；工部設工部、屯田、虞部、水部四司。

九寺五監：為中央政府的辦事機構，即執行尚書六部中與之對應的部門所下的政令的事務性機構。九寺為：太常寺，轄郊社、諸陵、太樂、鼓吹、太醫、太卜、廩犧、汾祠、兩京齊太公廟諸署；光祿寺，轄太官、珍羞、良醞、掌醢四署；衛尉寺，轄兩京武庫、武器、守宮三署；宗正寺，除寺本部外，另設崇玄署；太僕寺，轄乘黃、典廄、典牧、車府四署，以及諸牧監、沙苑監；大理寺，單設寺本部，無屬署；鴻臚寺，轄典客、司儀二署；司農寺，轄上林、太倉、鉤盾、導官四署，以及諸倉、司竹監、溫泉湯監、京都苑總監、四面監、諸屯監、九成宮總監；太府寺，轄兩京諸市署和平準署、左藏署、右藏署、常平署。五監為：國子監，設國子、太學、四門、律學、書學、算學六學；少府監，轄中尚、左尚、右尚、織染、掌冶、諸冶六署，以及諸鑄錢監和諸互市監；將作監，轄左校、右校、中校、甄官四署，以及百工、就谷、庫谷、斜谷、太陰、伊陽諸監；軍器監設甲坊、弩坊二署；都水監，轄舟楫、河渠二署。

御史臺：為中央最高監察機關，下設臺院、殿院、察院。

殿中、秘書、內侍三省：為管理宮殿內務和秘書機構。殿中省，統尚食、尚藥、尚衣、尚舍、尚乘、尚輦六局；秘書省，其性質類似國家圖書館和檔案館，設著作、太史二局；內侍省，下設內謁者、掖庭局、宮闈局、奚官局、內僕局、內府局。宮內另有女職，稱內官，又有宮官，設尚宮、尚儀、尚服、尚食、尚寢、尚功等局，以及宮正。

十六衛及北衙禁軍，為皇宮及京師警衛系統。十六衛即左、右衛，左、右驍衛，左、右武衛，左、右威衛，左、右領軍衛，左、右金吾衛，左、右監門衛，左、右千牛衛。十六衛分別統率若干折衝府，由府兵輪番赴京參加宿衛。北衙軍主要為左、右羽林軍。十六衛亦稱南衙。二者分工，有所謂「南衙衛城，北衙衛宮」之說。

尚書省六部的二十四司是下達政令的機構，九寺五監及諸衛，是中央一級的執行政令的辦事機構。它們之間除有行政上下或隸屬關係外，還有財物出納、業務聯繫等縱向或橫向交往關係，因而形成一個錯綜複雜的網狀結構。茲擇其要者，大略示意如下：

吏部
- 吏部
- 司封 → 宗正寺
- 司勳
- 考功

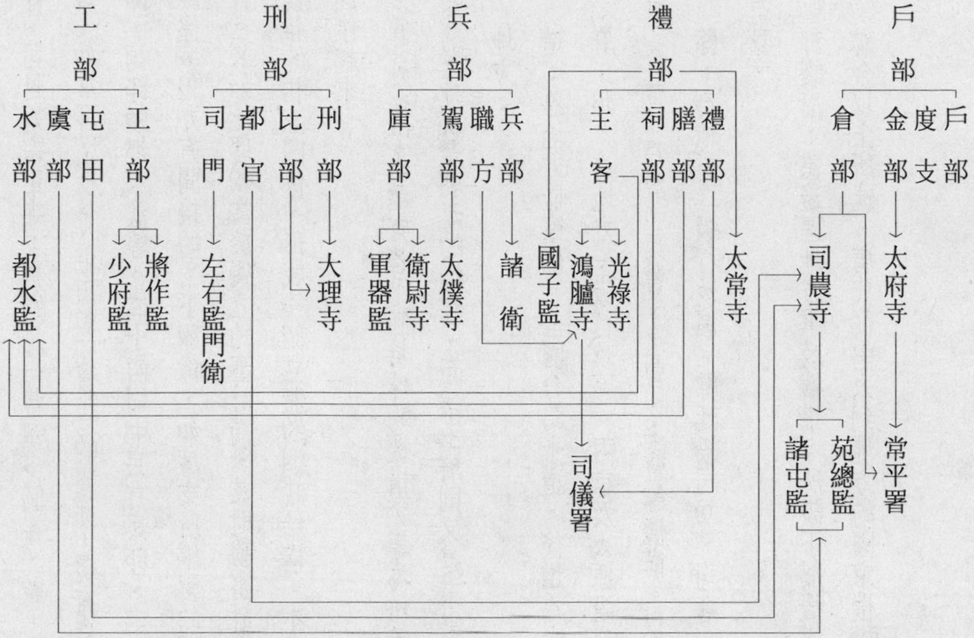
工部
水部
虞部
屯田
工部
都水監
少府監
將作監
刑部
司門
都官
比部
刑部
左右監門衛
大理寺
兵部
庫部
駕部
職方
兵部
軍器監
衛尉寺
太僕寺
諸衛
禮部
主客
祠部
膳部
禮部
國子監
鴻臚寺
光祿寺
太常寺
司儀署
戶部
倉部
金部
度支
戶部
司農寺
太府寺
諸屯監
苑總監
常平署

上圖所示，尚書六部二十四司與九寺、五監及諸衛之間，有的是直接領導的隸屬關係，如金部對太府寺，司封對宗正寺；有的是一曹領多個寺、監，如主客領鴻臚寺、光祿寺、都水監；有的是多曹共領一寺監，如倉部、都官、屯田與司農寺的關係，還有虞部亦領司農寺的苑總監；主客、禮部領鴻臚寺，主客、膳部、祠部領都水監等。二十四司中另有兵部、吏部、戶部、度支、比部等司，與九寺五監並無直接的領屬關係，但亦有間接的上下關係，如度支所編製的國用度支計畫，經由金部、倉部分別下達於相關的寺監執行。又如比部相當於獨立的審計局，其財務審計滲透於中央和地方的各個政府機構。如此上下左右的種種複雜的相互關係，形成一個立體的網狀結構，本書中都有周到的規定，整個國家機器正是依此得以正常地運作起來。

此外在中央還有若干個特殊的機構，專為培養皇儲和安置皇帝諸子而設，那就是東宮和諸王府。東宮的建置可說是朝廷的微縮，而諸王府則又是東宮的小型化。

地方：

道：為地方監察區。全國分為十道，後增為十五道。

府、州：為地方一級行政區。兩京及太原設府，地方設州，軍區設都督府。各州、府都設有司錄、功曹、倉曹、戶曹、兵曹、法曹、士曹等機構，以與尚書省六部對應。又設有州學。

縣：為地方二級行政區。縣廷設司功、司倉、司戶、司兵、司法、市令等機構，亦與六部對應。又設有縣學。

都護府：為邊區地方軍政機構。所設下屬機構與州府之制大體相同。

綜合以上所述，唐代從中央到地方的國家機構設置，可以下圖來表示——

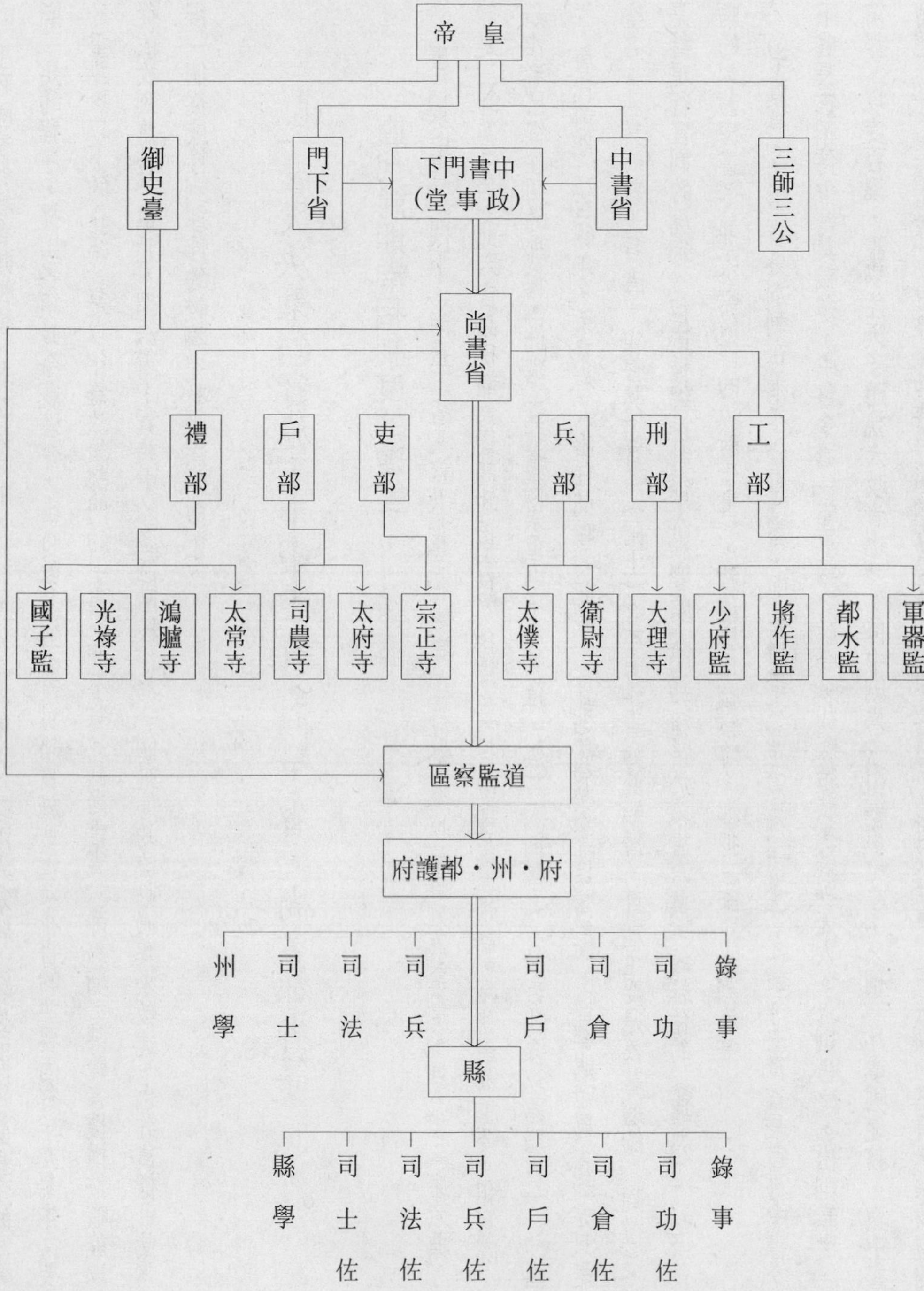
帝皇
御史臺
門下省
中書門下（政事堂）
中書省
三師三公
尚書省
禮部
戶部
吏部
兵部
刑部
工部
國子監
光祿寺
鴻臚寺
太常寺
司農寺
太府寺
宗正寺
太僕寺
衛尉寺
大理寺
少府監
將作監
都水監
軍器監
道監察區
府・州・都護府
州學
司士
司法
司兵
司戶
司倉
司功
錄事
縣
縣學
司士佐
司法佐
司兵佐
司戶佐
司倉佐
司功佐
錄事

上列國家各級各類機構，若按其職能，大體可分為決策、行政兩大系統，決策部門承受皇帝的旨意，依照一定的程序，提出各項政令或法令，由行政系統下達付諸實施。這是本書的主要內容，亦是本文要介紹的重點。以下的介紹，是以作為決策部門的中書、門下省，和尚書省六部為綱，其餘各機構按職能以類相從依次列為若干單元，把決策—實施中的各個階段作為一個動態的流動過程來敘述，也許這樣可使讀者獲得一個從感性到理性的較為完整豐滿的印象。

二、從決策到實施——中書省、門下省、尚書都省等

唐代前期宰相制度的演變

唐代以中書、門下、尚書三省長官共行宰相之職，據此似應以三省列為全書之首。但《唐六典》首卷卻是三師、三公。此六官品秩都為最高的正一品，彷彿在百官中地位最崇高，職務最為重要。但實際上，正如作者已經注明的那樣，此職「非道德崇重則不居其位，無其人則闕之，故近代多以為贈官」（一卷一篇），唐代前期一百餘年，未見有人出任此職的記載。可能作為榮譽性的虛銜，曾經賜予過，那亦只是一個空名：「其或親王拜者，但存其名耳」（同上）。本書作者如此編排，可能主要是為著繼紹《周禮》，並非是對現行官制的規定。但這種編排對後人影響頗大，如稍後於《唐六典》的杜佑的《通典》，以及後晉劉昫的《舊唐書》、北宋歐陽修的《新唐書》，敘述唐代職官時，都把三師三公列為第一。

中書省、門下省分別列在第九、第八卷，即在尚書六部（各列一卷）之後。中書省長官為中書令，門下省長官稱侍中。其職掌，中書令為「掌軍國之政令，緝熙帝載，統和天人。入則告之，出則奉之，以釐萬邦，以度百揆，蓋以佐天子而執大政者也」；侍中則為「出納帝命」；又稱「凡軍國之務，與中書令參而總焉」。在歷史上，中書令和侍中原來皆為宮官，原注對其如何從專事侍奉逐漸演變為參預政事的朝

廷重臣的過程，追述頗多，但對唐代宰相制度的發展，語焉不詳；作為三省長官共議國政之所的政事堂（後改稱中書門下），更隻字未提。這種缺漏，可能由於唐代前期宰相之制變化較多，未遑敘及；也可能編撰時原有，後來傳寫中脫漏。缺少了這方面的內容，就會對瞭解唐代的宰相制度，包括中書、門下何以負有決策之任，帶來困難。有鑒於此，近衛本特地從《舊唐書·職官志》引錄一大段相關文字，作為原注置於第九卷中書令職掌下。考慮到《舊唐書·職官志》原多本於《唐六典》，近衛所補對瞭解唐代前期宰相制度又頗有幫助，我們在注譯時，亦據《舊唐書·職官志》作了增補。以下便是據補文所提供的概要，再援諸史著，作一點說明。

關於唐代的宰相制度，《舊唐書·職官志》稱：「武德、貞觀故事，以尚書左、右僕射各一人及侍中、中書令各二人為知政事官。」《新唐書·百官志》亦謂：「初，唐因隋制，以三省之長官中書令、侍中、尚書令共議國政，此宰相職也。其後，以太宗嘗為尚書令，臣下避不敢居其職，由是僕射為尚書省長官，與侍中、中書令號為宰相。」這兩段話都說明三省長官為聯合宰相。他們的地位是並列的，職能上則有分工，朱熹《朱子語類》卷一百二十八對唐三省按各自職責協力運作的過程是這樣概括的：「唐制：每事先經由中書省，中書做定將上，得旨，再下中書，中書以付門下。或有未當，則門下繳駁，又還中書，中書又將上，得旨，再下中書，中書二付門下，若可行，門下又下尚書省，尚書但主書撰奉行而已。」據此可知，三省在職能的分工上是中書出令，門下封駁，尚書奉行。從秦漢以來的宰相個人開府制，發展到隋唐時期的三省聯合宰相制，目的是在提出決策和付諸實施的過程中，使宰相的權力因三分而在三個機構並立中得以互相制約，防止一人之下、萬人之上的宰相個人獨斷跋扈。三省長官一身二任，即既是宰相，又是本省的長官；其共同議事之所便是政事堂，一切上呈下達的文書詔令，都必須在這裡審議批轉，因而政事堂成了一個行使宰相權力的機構。從貞觀起，參預政事堂議政的，亦不限於三省長官。如貞觀元年（西元六二七年）杜淹以吏部尚書參議朝政，其後魏徵以秘書監，蕭瑀以御史大夫，侯君集以兵部尚書，相繼加入參議朝政之列，從而擴大了宰相的成員，「參議朝政」亦成了宰相的別名。貞觀八年（西元六三四年），李靖以足疾請辭右僕射職，太宗加以嘉勉，並下詔「疾小瘳，兩三日一至中書門下平章事」（《新唐書・百官志》）；貞觀十七年（西元六四三年），又有李世勣以太子詹事官加「同中書門下三品」，參議朝政。從此，「平章政事」、「同中書門下三品」亦相繼成了宰相的別名。高宗以後，為宰相者必加「同中書門下三品」，不加此號雖為尚書僕射亦不能進入政事堂議事。如睿宗景雲二年（西元七一一年），「韋安石除左僕射，東都留守，不帶三品，自後空除僕射，不是宰相，遂為故事」（《唐會要》卷五七）。這些加號的實行，打破了唐初三省長官為當然宰相的制度，三省宰相制逐漸成了中書、門下二省制，本書所反映的當即此時之制，如前已引侍中職掌中，有「凡軍國之務，與中書令參而總焉」一句。再從《唐大詔令》、《文苑英華》所收制敕的格式來看，唐代協助皇帝制定政令的宰相便只有中書、門下兩省的長官，尚書省長官成了單是奉行政令的行政長官，他們只有加了「同中書門下三品」的職銜後，才能參預政事堂議政，以平衡決策與行政之間的政府行為過程。

政事堂原來只是宰相們議事的場所，高宗永淳二年（西元六八三年）七月，裴炎自侍中遷中書令，「以中書執政事筆，其政事堂合在中書，遂移在中書省。至開元十一年（西元七二三年）張說奏改政事堂為中書門下，其政事印亦改為『中書門下之印』」（《唐會要》卷五一）。又「列五房于其後：一曰吏房，二曰樞機房，三曰兵房，四曰戶房，五曰刑禮房，分曹以主眾務」（《新唐書・百官志》）。這樣中書門下雖設在中書省，卻已成了一個相對獨立的機構，在一定程度上行使著宰相之權。它不僅有印信，還有自己的公文運轉體系。其所出的公文皆以「堂」為前綴，如堂帖，是下於百司的行政文書；堂判，是以宰相名義對各類行政事務作出判決和處理的文書等。《夢溪筆談》卷一云：「唐中書指揮事謂之堂帖子，曾見唐人堂帖，宰相簽押格，如今之堂札子。」《唐國史補》卷下亦謂：「宰相制四方之事有堂案，處分百司有堂帖，不次押名有花押。」這樣的一個機構，在規範的體制中，並沒有它的位置，但它卻實際存在著，並在決策過程中發揮著重要的作用。這一點，連同上面提到的「平章政事」、「同中書門下三品」一類職銜，我們在考察唐代前期宰相制度時，必須予以特別注意。

宰相班子的構成與帝王個人品性

唐代前期既然實行共相制，那麼成員的多少和成員間的相互關係，就更多地介入了帝王個人的人格因素，呈現出複雜多變的狀態。太宗在位的二十三年，宰相總數有二十九人，同時並相的一般是五、六人。高宗、武后時期宰相人數又有增加，武則天執政繼而稱帝的二十一年中，前後宰相多達七十五人。中宗、睿宗時，宰相數量更多；中宗景龍年間，同時為相的多到十九人。開元二十九年中，宰相僅二十四人，天寶十五年中，宰相更只有寥寥六人。《通典》稱開元以來，同時為相者，「常以二人為限，或多則三人」；只有很短暫的兩次，曾有過四人。宰相之間相互關係，前後亦有不少變化。幾個人共同議政，最後總要由一人具體執筆把結論寫下來，以奏報皇帝。在三省並重時期秉筆者由三省輪值，自從尚書省長官須加「同中書門下三品」銜才能參議政事後，自然亦就改為中書、門下二省輪流秉筆了。其後裴炎由門下省侍中遷為中書省中書令，並將政事堂由門下遷入中書省，又以中書令的身分執政事之筆。如此相沿成習，秉政事筆就成了中書令專門職掌，任中書令者亦隨之成了眾宰相之首，這一來宰相成員間便有了主輔之分。此類情況，史著中亦有所記載。如《舊唐書．盧懷慎傳》載，開元時懷慎遷為門下侍中，與中書令姚崇「對掌樞機，懷慎自以為吏道不及崇，每事皆推讓之，時人謂之『伴食宰相』」。同書〈李林甫傳〉亦提到作為中書令的李林甫與侍中陳希烈同知政事中的這種主從關係：「林甫又典樞衡，天下威權，并歸于己，臺司機務，希烈不敢參議，但唯諾而已。」此事又見於〈楊國忠傳〉：「舊例，宰相午後六刻始出歸第，林甫奏太平無事，以巳時還第，機務填委，皆決于私家。主書吳珣持籍就左相陳希烈之第，希烈引籍署名，都無可否。」一例侍中做了「伴食宰相」，一例侍中唯唯諾諾，只是簽名畫押的工具，實際上形成了中書令一人獨攬宰相之權的局面。從唐初到開元末期，經過了一百多年，三省聯合宰相制已名存實亡。

上述變化自然有多種因素，但與帝王個人的品性的差異無疑有重要關係。多人共掌相權，對皇帝來說，既要有容納不同意見的雅量和擇善而從的識見，還要有善於控制、駕馭這個宰相班子的能力。唐太宗李世民就能較好地做到了這一點。在他初即位的貞觀元年（西元六二七年），就對黃門侍郎王珪說：「國家本置中書、門下以相檢察，中書詔敕或有差失，則門下當行駁正。人心所見，互有不同，苟難往來，務求至當，捨己從人，亦復何傷。」（《資治通鑑・唐紀八》）太宗在位期間，宰相們一般都能做到集體議政，通過對各種利害關係的綜合平衡，使決策盡可能較為完善。至於玄宗，同一個人前期和後期對政事的勤惰清濁就形成了鮮明的對比，因而對宰相的關係亦不盡相同。後來憲宗與宰臣的一次對話中，對玄宗的前後變化有所評述。元和十四年（西元八一九年），憲宗「謂宰臣曰：『朕讀玄宗實錄，見開元之初，銳意求治，至十五六年，則稍懈，至開元末，又似不及中年，其故何也？』崔群對曰：『玄宗生長民間，身經屯難，故即位之初，知人疾苦，躬恤庶政，有姚崇、宋璟、盧懷慎輔以道德，蘇頲、張嘉貞、李元紘、杜暹、韓休、張九齡，皆孜孜守正，以故稱治。其後承平日久，安於逸樂，漸遠正士而近小人，宇文融以聚斂媚上心，李林甫以奸邪惑上志，而終之以楊國忠故及於亂。』」（《唐會要》卷五二）所以從群相集議到首輔獨斷，在相當程度上與帝王的不同品性或不同時期的心態有關。

決策過程與御前會議

說得確切一點，中書、門下只是參與決策或輔助決策，而不是獨立地作出決策。在帝王制度下，最後的決策只能由集眾權於一身的皇帝做出。二省在輔助決策過程中的分工是：中書掌參議表章，草擬詔令敕制；門下掌帝命出納，審議中書草擬的詔令敕制。決策的議題主要來自：一、尚書六部和百官表疏奏章；二、在御前會議上由奏事官提出。關於表疏奏章，須先經二省審議，提出處理意見，再奏報皇帝。在門下省，「凡百司奏抄，侍中審定，則（由給事中）先讀而署之，以駁正違失」（八卷一篇）。在中書省，由六名中書舍人分押尚書省六部和百官的奏章，先由分管某部的中書舍人初審並提出處理意見，再六人共議，除分管者署名外，其餘五人亦雜署其名，稱「五花判事」，有不同意見亦可寫上。最後由中書省令簽署傾向性意見，連同舍人奏狀一起奏報皇帝裁決。

關於御前會議，唐代一年中最隆重的御前會議，當是元日和冬至日的大朝會，門下省侍中的職掌之一，便是參預主持大朝會，負責「版奏中嚴、外辦，以為出入之節；輿駕還宮，則請解嚴，所以告禮成也」（八卷一篇）。但大朝會屬慶典，主要用以顯示帝王的崇高和尊嚴，皇帝一般不在此種場合聽政。次於大朝會的是每月月初、月中舉行的朔、望朝。朔望朝參亦屬禮儀活動，唐初，有關職事官在朔望朝時亦可向皇帝奏事，至玄宗時改為朔望陵寢薦食，不再聽政。所以正式的御前決策會議應是常參。常參的地點，高宗以前在西內即太極宮的兩儀殿，高宗以後則在東內即大明宮的宣政殿與紫宸殿。唐初為每日或隔日舉行，後改為五日，亦曾改為十日一朝的。本書所據為五日一朝制，故有「五日常朝」、「六常朝日」（指每月有六個常朝日）等說法。參加者為五品以上的職事官、員外郎、監察御史、太常博士等，通稱常參官。在常參會議上，凡軍國諸事，百官皆可奏議，但須先進狀，獲准後方可進奏，皆自稱官號、臣姓名，然後陳述。奏事官提出的問題，他官均可進言，三省長官則是主要參議者，最後由皇帝作出裁決。唐代前期，這種常參會議曾在決策過程中發揮過很大作用。如武德時突厥寇邊，任并州大總管府長史的竇靜「表請太原置屯田以省餽運。時議以民物凋零，不宜動眾，書奏不省。靜頻上書，辭甚切至。於是徵靜入朝，與裴寂、蕭瑀、封德彝等爭論於殿庭，寂等不能屈，竟從靜議。歲收數千斛，高祖善之，令檢校并州大總管」（《舊唐書・竇靜傳》）。這便是在太極宮兩儀殿舉行的一次常參會議，討論是否應採納竇靜提出的在太原設置屯田的建議，持反對意見的有中書令封德彝、尚書左僕射裴寂和右僕射蕭瑀。最後高祖裁定接受竇靜建議。亦有直接由皇帝提出議題的，如貞觀十六年（西元六四二年），太宗在一次常參會上「謂侍臣曰：『當今國家，何事最急，各為言之？』右僕射高士廉曰：『養百姓最急。』黃門侍郎劉洎曰：『撫四夷最急。』中書侍郎岑文本曰：『行禮義最急。』諫議大夫褚遂良對曰：『當今四方仰聽，誰敢為非，但太子諸王，須有定分，陛下宜為萬代法，以遺子孫。』上曰：『此言是也。朕年將五十，已覺衰怠，既以長子守器東宮，弟子庶子數將五十，心常憂慮，頗在此耳，何嘗不傾敗家國。公等為朕搜訪賢德，以輔儲君，爰及諸王，咸求正士，且事人歲久，則分義情深，非意窺覬，多由此作』」（《唐會要》卷四）。這次討論的背景是，因皇太子李承乾多有不端，魏王李泰又百般爭寵，此事在群臣中已引起猜疑，太宗提出此議，就是為了重申皇太子與諸王的名分，消除猜疑。議後的決策是，訪求賢德，為皇太子及諸王物色師保及傅友，並規定諸王府官僚任期不得過四考。魏徵便是在這次常參會後，被任命為李承乾的太子太傅。

由於常參會參加官員眾多，有些軍國機要之事不便在這樣大的範圍內討論，所以後來又有了一種仗後決策會的形式，即在朝參完畢、儀仗退下後，留下宰臣等少數官員再議政事。此制始於貞觀時，而到了高宗時期，常參會紀律鬆弛，班列中居然「或交首亂言，或遠班問事，或私申慶弔，或公誦詩篇，或笑語喧嘩，或立行怠惰」（《全唐文》卷二七八崔莅〈彈百僚班秩不肅奏〉）。在這種亂哄哄的情況下，自然無法對重大國事有什麼實質性的討論。其間，雖多次下詔對奏事方式作出調整，無奈常參會還是流於形式：「高宗臨朝不決事，有司所奏，唯辭見而已」（《新唐書‧百官志》）。所以此後起決策作用的演變為主要是仗後會。《資治通鑑‧唐紀二十七》記述仗後決策會議的發展過程說：「貞觀之制，中書、門下及三品官入奏事，必使諫官、史官隨之，有失則匡正，美惡必記之；諸司皆於正衙奏事，御史彈百官，服豸冠，對仗讀彈文；及許敬宗、李義府用事，政多私僻，奏事官多俟仗下，於御座前屏左右密奏，監奏御史及待制官遠立以俟其退，諫官、御史皆隨仗出，仗下後事，不復預聞。」依據這段記載，驅動這種演變的是主事者的私利。排除了御史、諫官等的監督，奏事官單獨面奏往往伺機夾進私貨，干請例外恩賞。睿宗時曾為杜絕此弊專門發過〈不許群臣干請詔〉（載《唐大詔令集》卷一一〇），但似乎收效甚微。至玄宗開元十八年（西元七三〇年）特下敕規定：「五品以上要官，若緣兵馬要事，須面陳奏聽，其餘常務，並令進狀。」（《唐會要》卷二五）這是對仗下進奏從官品和內容兩個方面加以限制。進狀就是事先申報進奏內容，經審查獲准，方可參加仗下奏事。

自高宗至玄宗，所以要先後對常參會、仗下會作出種種調整或限制，就是因為他們在對重大問題作出決策時，覺得這兩種形式已不那麼得心應手，不再能發揮應有的作用。因而在開元初期，玄宗就開始嘗試啟用一種較為靈活的形式：時間不限於常參日，而是根據需要；地點亦不是在常參的正殿，而是在便殿延英殿，或稱延英殿決策會議。參加者通常為宰相班子，亦有皇帝特召某位大臣，如玄宗召見括地使宇文融問對檢天下戶口事；召見宣州刺史裴耀卿解決長期困擾唐王朝的漕運問題事，便都是在延英殿進行的。到肅宗時期，這種決策形式已大體定型，包括對御之時皇帝的冠服、侍衛，都較常參要隨便些。後唐宰相盧文紀在〈請對便殿疏〉中對其形成過程及優於常參處作了這樣敘述：「肅宗初平寇難，再復寰瀛，頗經涉于艱難，尤勤勞于委任。每正衙奏事，則泛咨訪於群臣，及便殿詢謀，則獨對揚于四輔。自上元元年（西元七六〇年）後，于長安東內置延英殿，宰臣如有奏議，聖旨或有特宣，皆于前一日上聞，及對御之時，只奉冕旒，帝無侍衛，獻可替否，得曲盡於討論，舍短從長，故無虞于漏泄。君臣之際，情理坦然。」（《全唐文》卷八五五）其後，德宗、憲宗諸朝，都以延英殿會議為主要決策形式。德宗還曾對習慣於在紫宸殿對著百僚奏請的御史中丞、京兆尹韓太保皋說：「我與卿于此言不盡，可來延英，訪及大政，多所匡益。或謂皋曰：自乾元以來，群臣啟事，皆詣延英得盡。公何獨於外庭對眾官以陳之，無乃失于慎密乎？」（《唐語林》卷三）延英殿少數人議政，屬於高層決策範圍，討論比較深入，亦易於保密。每每政事議畢，君臣間還能難得地閒談幾句，以為溝通。《資治通鑑．唐紀六十五》對宣宗時的延英會議有一段生動的描寫：「每宰相奏事，旁無一人立者，威嚴不可仰視。奏事畢，忽怡然曰：『可以閑語矣！』因問閭閻細事，或談宮中遊宴，無所不至。」有時參加範圍又有所擴大，使皇帝能聽到更多的實際情況和不同意見。但這類官員，一般是在皇帝與宰相班子議政完畢後，才允許進入延英殿面奏，所以通稱為次對官。文宗開成元年（西元八三六年）又下敕對此作了規範：「自今已後，每遇入閤日，次對官未要隨班並出，並於東階松樹下立，待宰臣奏事退，令齊至香案前，各奏本司公事，左右史待次對官奏事訖，同出。」次對官雖可參加延英會議，但只能稟報本職範圍內公事，非經皇帝許可，不能主動參議政事。而宰相成員不僅可以提出重大議題，可以互相爭辯，還允許發表與皇帝相左的意見。延英決策會議的擴大，實際上逐漸取代了原來常參會、仗後會的作用。

詔書的格式及其起草和下發

決策的載體是各種形式的詔書。按照帝王制度，詔書雖多為針對具體事件而發，卻亦具有普遍的法律效用，長期被引為故事或定制，須遵照執行。從這個意義上說，決策亦就是立法。

唐代公文書的種類，本書第九卷第一篇中書令職掌條載：「王言之制七：一曰冊書，二曰制書，三曰慰勞制書，四曰發日敕，五曰敕旨，六曰論事敕書，七曰敕牒。」這七種格式都是以皇帝名義頒發的，屬下行公文書。第八卷第一篇門下省侍中職掌條則另有六種上行公文書格式：「凡下之通于上，其制有六：一曰奏抄，二曰奏彈，三曰露布，四曰議，五曰表，六曰狀。」第一卷第四篇尚書都省（下）職掌條則記載上、下行文書各有六：「凡上之所以逮下，其制有六，曰：制、敕、冊、令、教、符。凡下之所以達上，其制亦曰六，曰：表、狀、牋、啟、辭、牒。」每種格式分別適用於不同的對象和內容，書中原注有簡要說明。值得一提的是，這幾種公文格式的規定，不僅具有上通下達的實用意義，更有尊君卑臣的教化含義。如格式中的「表」，有賀表、謝表等，就專為臣下向皇帝歌功頌德、賀喜謝恩而設。門下省給事中在宣行敕制時，規定要「稱揚德澤，褒美功業」（八卷一篇）。這種尊君卑臣的含義還作為寫作規範固定在格式中。八卷和九卷有關公文書格式的原注，都引了蔡邕《獨斷》，規定：凡奏，上言「稽首言」，下言「稽首以聞」；表，上言「臣某言」，下言「臣某誠惶誠恐，頓首頓首，死罪死罪」等。還有所謂「平闕之式」（四卷一篇），即在表、疏、箋、啟等文書中，凡提到皇考、皇妣、皇帝、皇后等都要另行、頂格，提到朝廷、敕旨等時，須空缺一格。

唐代公文書除下行、上行外，還有平行橫向一類，亦載於第一卷第四篇中，有三種格式：「諸司自相質問，其義有三，曰：關、刺、移。」下行、上行、平行這三類公文書，是唐王朝整個以文字為載體的信息系統，它們與從中央到地方的全部政府行為相伴運行。其中下行文書處於運行的中心，起著支配和決定的作用；但下行文書的製作須有上行文書作現實依據，頒行後，又須從上行文書中獲得反饋。

中書、門下二省作為決策機構，既是上行文書的終點，又是下行文書的始點。中書執掌下行公文書的製作，門下則負責各類公文書的出納。一件詔書的製作，從草擬到覆審，是中書、門下共同的職掌，中書省長官中書令，副貳中書侍郎，屬官中書舍人；門下省長官侍中，副貳黃門侍郎，屬官給事中，都按照各自職掌負有其職。詔書事由的來源主要是上文提到的百官奏章和御前會議兩類；此外自然還有皇帝隨時提出的或應制性的，如用於冊封的冊書，用於嘉獎或慰勞的制書等。具體執筆起草者為六名中書舍人，其中專職起草的一人，稱「知制誥」者，待遇較優於其他五人，唯有他「得食政事（指政事堂公廚）之食」（九卷一篇原注）。對得專知制誥者，學識和文筆都有很高的要求。白居易代擬的〈元稹除中書舍人制〉中說：「仲尼曰：志有之，言以足志，文以足言，言之無文，行而不遠。故吾精求雄文達識之士掌密命，立內庭，其難得人，爾中吾選。」（《白氏長慶集》卷五〇）在草擬中須嚴格遵守禁令：「其禁有四：一曰漏洩，二曰稽緩，三曰違失，四曰忘誤」（九卷一篇），違者將受到懲處。詔書的整個製作程序，第九卷第一篇中書舍人職掌條規定為：「凡詔旨、制敕及璽書、冊命，皆按典故起草、進畫；既下，則署而行之。」通常是由皇帝令宦官將要草擬詔書的旨意宣付與中書令，亦有皇帝面諭的；中書令將所承宣旨錄之於籍，稱之為「宣底」，然後命中書舍人起草。亦有宰相班子中的相關成員先依皇帝意旨擬出要點，送中書省交由中書舍人據以起草的，那要點亦有個專門名詞稱「詞頭」。中書舍人草就後，由中書令覆審，以為可，由中書令、舍人押署送門下審議，門下省長官以為不妥，可以退回，稱「封還」；或由門下省給事中塗改奏還，稱「塗歸」。若可行，即由門下省侍中、侍郎、給事中等押署後，復奏皇帝認可，稱「畫可」。再由門下省加蓋印璽，轉尚書省付諸實施。到這最後一道程序，倘若尚書省左、右丞還以為有不當，仍有權封還重擬，德宗時呂元膺任尚書左丞曾有此一例。所有這些規定，都是為了保證詔書的正確無誤。

以上製作過程以及三省相關官員所負的職責，詔書格式本身就標識得很清楚，可一目了然——

門下　云云

主者施行　年　月　日

中書令具官封姓名　宣

中書侍郎具官封姓名　奉

中書舍人具官封姓名　行

侍中具官封臣姓名

黃門侍郎具官封臣姓名

給事中具官封臣姓名等言

制書如右　請奉制

書付外施行謹　言

年　月　日

可（御畫）　（錄自張國剛《唐代官制》）

需要說明的是，典制上雖規定中書舍人為詔書起草人，實際中卻常有例外。本書第九卷第一篇中書舍人職掌條原注中亦提到一句，因「其掌畫事繁，或以諸司官兼者，謂之兼制誥」。事繁云云，當係委婉之辭。更主要的原因，恐怕還是由於草擬之職事關重大，皇帝總是喜歡找更可靠、更親近、更能體現其旨意的人。《舊唐書・職官志》翰林院條本注歷述自貞觀起始諸帝都曾另外置有草詔班子，如太宗的使用宏文館學士，高宗的使用北門學士，「天后時，蘇味道、韋承慶皆待詔禁中。中宗時，上官昭容獨當書詔之任。睿宗時，薛稷、賈膺福、崔湜又代其任。玄宗即位，張說、陸堅、張九齡、徐安貞、張垍等，召入禁中，謂之翰林待詔。王者尊極，一日萬機，中外表疏批答，或詔從中出。宸翰所揮，亦資其檢討，謂之視草，故嘗檢當代士人，以備顧問」。至開元二十六年（西元七三八年），改翰林供奉為翰林學士，別建翰林院，草詔之職正式歸於翰林院。建中四年（西元七八三年）十月，因李希烈作亂和涇原軍倒戈謀叛，德宗倉皇出逃奉天，當時就由「祠部員外郎、翰林院學士陸贄隨赴行在，天下騷擾，遠邇徵發，書詔日數十下，皆出贄。贄操筆持紙，成于須臾，不復起草。初若不經思慮，既成無不曲盡事情，中于機會，倉卒疊委，同職皆拱手嗟嘆，不能有所助。嘗啟德宗云：今書詔宜痛自引過，罪己以感動人心，德宗從之。故行在制詔始下，聞者雖武夫悍卒，無不揮涕感激。議者咸以為德宗之克平寇難，不惟神武成功，爪牙盡力，蓋亦文德廣被，腹心有助焉。貞元初，李抱真來朝，因前賀曰：陛下之幸奉天山南時，勑書至山東，士卒無不感泣思奮者，臣當時見之，即知諸賊不足平也。」（《唐會要》卷五七）陸贄因而被時稱為「內相」。但因翰林院草詔之制是在《唐六典》成書以後，所以書中未及提到。

詔書製作完畢，由門下省符寶郎加蓋印璽，便可下達。若是當面宣授，仍屬中書、門下職掌。如中書令：「冊命親賢，臨軒則使讀冊；若命之于朝，則宣而授之」（九卷一篇）；侍中：「臨軒命使冊后及太子，則承詔以命之」（八卷一篇）。若需下發給京師百司和地方州郡的，則交由上下公文書的中轉總站、尚書省本部的辦公機構——尚書都省。第一卷第四篇尚書都省職掌之一，便是「凡制、敕施行，京師諸司有符、移、關、牒下諸州者，必由於都省以遣之」。文中對各類公文書的發送有極明細的規定。為保證公文書的及時運轉，尚書都省從收到之日起，就要計算程限：「凡內外百司所受之事，皆印其發日，為之程限：一日受，二日報。小事五日，中事十日，大事二十日，獄案三十日，其急務者不與焉。」由尚書都省下達的制、敕等公文書，若需多份，當時尚無印刷設備，需手工謄寫。都省有令史十八人、書令史三十六人，其職便是「分抄行署文書」。抄寫亦有程限規定：「二百紙已下限二日，過此已往每二百紙已上加二日，所加多者不得過五日。」超過程限的，將依法予以懲處。《唐律疏議‧職制律》規定：「諸稽緩制書者，一日笞五十，一日加一等，十日徒一年」；「其官文書稽程者，一日笞十，三日加一等，罪止杖八十」。又稱：「諸被制書，有所施行，而違者徒二年，失錯者杖一百。」為了以後的覆核檢查，還規定了嚴格的公文檔案管理制度：「凡文案既成，勾司行朱訖，皆書其上端，記年、月、日，納諸庫。凡施行公文應印者，監印之官考其事目，無所差繆，然後印之，必書於曆，每月終納諸庫。」(一卷四篇)

通向實施的總樞紐——尚書省

皇帝意旨，經過中書、門下的製作，成為與內容相應的各種格式的詔令，也還只是紙面的東西；要啟動整個國家機器，去影響以至支配廣袤疆域中的萬千臣民，還得通過尚書省這個總樞紐。所以唐太宗曾說：「尚書省天下綱維，百司所稟，若一事有失，天下必受其害。」(《舊唐書‧戴胄傳》)尚書省是唐代中央一級機構中一個最龐大的機構。依照編制，中書、門下二省的官吏共為六百六十五人(其中多數仍為侍奉之職，真正與決策相關的只是極少數)，尚書省的定員則為一千二百九十二人。長官尚書令，其職掌為「總領百官，儀刑端揆」(一卷三篇)。但在唐代，因太宗尚為秦王時曾任過尚書令，所以以後一直缺而不置，尚書省的實際長官為左、右丞。下轄六部二十四司，統掌全國諸項政令，節制和督責各級各類機構實施指令下達的各項具體任務，諸凡九寺、五監和東宮三寺十二衛以及京兆、河南、太原三府、各州各縣，所有官署、官員都遵照指令，各司其職，實施各項具體事務。

尚書省在實現執行自己職掌時，先要依據皇帝制敕所確定的大政方針，制定出具體的實施方案或操作細則，再報門下及中書省裁定。此類施行文書稱「起請條」或「敕後起請」；若中書、門下難以作出具體判斷時，便付尚書省有關官司研究商量，所寫成的書面意見稱「商量狀」，附於原敕之後一併進呈。如《唐會要》卷五十七載：「開元十九年(西元七三一年)四月二十六日敕：尚書省諸司，有敕後起請，及敕付所司商量事，並錄所請及商量狀，送門下及中書省，各連於元敕後，所申仍于元敕年、月前云起請及商量如後。」得到允准後才能付諸施行。如果敕到尚書省，仍有不便於事者，尚書省亦能「詳定奏聞」。各個部門以及各地方行政事務，亦須尚書省裁定後，才能奏請。代宗永泰二年（西元七六六年）正月十五日制云：「其尚書宜申明令式，一依故事，諸司諸使及天下州府，有事準令式各申省者，先申省司取裁，并所奏請，敕到省，有不便于事者，省司詳定聞奏，然後施行。」大歷十四年（西元七七九年）六月又敕：「天下諸使及州府須有改革處置事，一切先申尚書省，委僕射以下商量聞奏，不得輒自奏請。」（均同上）

尚書省所轄六部二十四司主要是執掌政令，但亦有部分實際事務，如吏部的銓選，禮部的科舉，刑部的參預「三司」推鞫之類。掌政令主要是節制頒行，掌事務則需躬親其事。六部二十四司排行亦有次序，《唐會要》卷五十七尚書省分行次第條載：「故事，以兵、吏及左右司為前行，刑、戶為中行，工、禮為後行。每行各管四司，而以本行名為頭司，餘為子司。」這是按六部辦公廳堂的位次排列的，一般說官吏升遷亦須遵循從後行到前行的次序，即由工而禮，而刑，而戶，而兵，而吏。從功能上看，六部及相應的寺、監，可說是行政中樞下屬的六個子系統，它們分別是：官員的管理系統——吏部等；意識形態管理系統——禮部與太常寺及國子監；防衛的管理系統——兵部及衛尉寺、諸衛等；財稅管理系統——戶部及司農寺、太府寺等；司法管理系統——刑部及大理寺等，還有相對獨立的監察系統御史臺；營造管理系統——工部及少府監、將作監等。此外便是宮廷管理系統——秘書、殿中、內侍三省及宮官等。還有東宮與諸王府、公主邑司，以及宗正寺，它們實際上是帝王家事的管理系統，但在封建制度下，所謂「天下者，一己之天下也」，帝王的家事與國事很難區分。在中央之外，還有地方的行政管理系統，唐代實行的是中央集權制下的府、州與縣的二級制。所有這些系統，都圍繞著一個中心或者稱作軸心，那就是皇帝。但這個皇帝及其所握有的至高無上的皇權，必須通過本書所表述的整個中央集權的官僚機構的運行，才能顯示出它在全部國家生活和社會生活中的赫然凜然的真實存在。

三、官員的選授與管理——尚書吏部、禮部尚書、兵部尚書等

《周禮》開宗明義第一句話便是：「惟王建國，辨方正位，體國經野，設官分職，以為民極。」皇帝的集權專制只是象徵，事情畢竟還是要靠文武百官去辦。所以「惟王建國」後，官員的選授和管理便是一件大事。

唐代的官員總數，據杜佑撰作《通典》時的統計為「一萬八千八百五員。本注曰：『內官二千六百二十一，外郡縣官一萬六千一百八十五。』」對官員的選任和管理，在中央屬尚書省六部的首部——吏部，本書列於第二卷。尚書吏部長官為吏部尚書，侍郎為其副貳，掌選舉、勳封、考課等政令；下屬有四司，即吏部、司封、司勳、考功。其中科舉考試本屬考功司職掌，開元後劃歸禮部侍郎主管，本書第二卷第五篇考功司和第四卷第一篇禮部尚書皆有敘述；關於武官的選授列在第五卷第一篇兵部尚書、侍郎條。

唐代官員的管理制度，是在沿襲漢魏以來，特別是北齊和隋的舊制的基礎上產生的，在歷史上最為嚴密和完備。它對官吏的職、品、爵作了職事官、散官、封爵、勳官、直官、勾官和流內、流外的區劃和分類，並建立了相應的管理制度；對官員的銓選、考課、俸祿、休假、致仕等方面亦有一系列明細而又實際可操作的規定。這些對保障唐王朝整個國家機器的正常運作，使官僚隊伍得到不斷更新，在任者能克盡職守，致仕後能獲得妥善安置，都起了較好的作用。

分類與管理

職事官　亦簡稱職事或職官。指既有官位品級，又有具體職掌，成為組織機構中正式編員的官員。《舊唐書·職官志》把它概括為「職事者，諸統領曹事，供命王命，上下相攝，以持庶績。近代已來，又分為文武二職，分曹置員，各理所掌。」職事官在各個衙門內由朝廷任命，執掌某方面實際職務，有規定

的在編員數。本書所列述的三省六部二十四司以及九寺五監以至地方州縣內署職的官員都有定員，其員數多以正式頒發的職員令或格為據，具有法定意義，不可違反。《新唐書・選舉志》稱：「凡官員有數，而署置過者有罰，知而聽者有罰，規取者有罰。」《唐律》上亦有相應處罰規定，如超過一人杖一百。知而聽者（指後任官明知超員而仍聽其任職），減初置人一等治罪。規取者（指任超員職者）亦以從坐論處。

職事官資依其地位皆有品，故有清、濁之分。官分清、濁，起自魏晉，以高門士族出任位顯職閒之官，稱清官；一般寒門只能為位卑職煩之官，稱濁官。唐代亦有此分。三品以上官及門下中書侍郎、尚書左右丞、諸司侍郎、太常少卿、太子少詹事、左右庶子、秘書少監、國子司業等為清望官，最為尊貴；自太子諭德以下至四門助教等為清官，次於清望官；此外以資次遷授的官都屬於普通官，其中包括所謂濁官，如流外官及視品出身的官吏。凡屬濁官便不能注擬清資官。

散官　指入仕者所帶的散位，亦稱本品，無固定職事。散官之稱始於漢魏，唐代則又有文武之分。文散官，據第二卷第一篇吏部郎中職掌條記載，自一品開府儀同三司至從九品下將仕郎共二十九階；武散官，列於第五卷第一篇兵部郎中職掌條，自一品驃騎大將軍至從九品下陪戎副尉、歸德執戟長上共四十五階。散官是入仕必經的途徑。只有先獲得散官品位，才具有赴吏部參加每年冬集銓選的資格。散品的核定有初敘、遷敘之分。初敘依據其出身的高低貴賤。有這樣幾種途徑：一是科舉考試，及第後即獲得了出身，具備了做官的資格。如秀才科，上上第，出身為正八品上；明經科，上上第，為從八品下；進士、明法科甲第，為從九品上。二是門蔭出身。如一品子，為正七品上，依次遞降，至從五品及國公子，為從八品下。三是封爵出身。如嗣王、郡王若入仕，為從四品下，依次遞降至男，為從七品下。四是勳官參加文武選，為上柱國者可在正六品上敘，以下遞降一階。初敘獲得散官品階在三品以上的，可以給俸祿，預朝政，個別甚至可加「參議政事」等銜行宰相事；但絕大多數在四品以下的，還必須經過在吏部或兵部番上服役（亦可納資代役）兩年，才能參加銓選，有了受任職事官的機會。吏部或兵部在注擬職事官時，一般都會考慮到本人不同出身的散官品階,使之大致相適應,但亦常有低於或高於散品的;低品散官任高品職事的稱「守某官」,高品散官任低品職事的稱「行某官」。對此,《舊唐書・職官志》稱:「《武德令》:職事高者解散官,欠一階不至為兼;職事卑者,不解散官。《貞觀令》:以職事高者為守,職事卑者為行,仍各帶散位,其欠一階,依舊為兼,與當階者,皆解散官。永徽以來,欠一階者,或為兼,或帶散官,或為守,參而用之。咸亨二年(西元六七一年),始一切為守。」任職事官後,其散官品階,尚可在遷敘時進升。遷敘依據其勞考。勞謂年勞,考指考課。唐代官員一年一考課,若六品以下官,四考皆滿,並得中中考者,其散品便可進一階。若其中有一中上考,還可再進一階,有一上下考,可進兩階。此外還有所謂「泛階」,即在皇帝大赦或特恩情況下,普遍賜予進階。

封爵 封爵之制由來已久,商周爵分公、侯、伯、子、男五等,秦分二十等爵,歷代沿置。唐有九等,即王、郡王、國公、郡公、縣公、縣侯、縣伯、縣子、縣男。皇兄弟、皇子封國稱親王,親王之子承嫡者為嗣王,皇太子諸子並為郡王,親王之子承恩澤者亦封郡王,諸王封郡公,此外亦有功臣賜封爵者。受封爵者,各按等次有食邑若干戶,但都是虛封,並無實惠;須另加實封者,才可食其封戶的租賦。開元定制,戶以三丁為限,租賦全入受實封家。虛封與實封皆可承襲。虛封邑戶與封爵等級是相連的,所以襲其爵者自然亦就擁有相應邑戶,實封戶數則承襲時須減半。唐代後期封爵甚濫,只是實封因其直接關係到王朝的租賦收入,所以仍有嚴格控制。

勳官 始於北魏,隋唐沿置。唐高宗咸亨五年(西元六七四年)定為自上柱國至武騎尉共十二等,稱十二轉,以轉的多少為高低,自十二轉至一轉相等於自正二品至從七品。勳官是按戰功大小授予的官位。勳官的等級和標準,本書第五卷第一篇兵部員外郎職掌條原注有比較具體的敘述,《新唐書・百官志》吏部司勳郎中職掌條亦有載。其辦法是,先按作戰時敵我雙方實力對比,確定戰爭難易的程度:以少擊多者為上陣,實力相當者為中陣,以多擊少者為下陣,矢石未交,而能陷堅突眾,打敗敵人者為跳盪。然後以殺獲敵人多少確定戰果的等級：消滅敵人百分之四十者為上獲，百分之二十者為中獲，百分之十者為下獲。凡上陣上獲為立一等功，可酬勳四轉，依次遞降至下陣下獲酬勳一轉。此外與散官一樣亦有泛授。職事官因事任之功亦可獲得勳官，並可迴授子孫。勳官的品級稱「視某」或「比某」，即與某散官或職事官品相比照。如咸亨五年（西元六七四年）二月敕，以為唐初勳官名號與當時已不同，因而下詔申明各以類相比：以武德初光祿大夫比當時的上柱國，左光祿大夫比柱國，右光祿大夫、上大將軍比上護軍等（見《唐會要》卷八一）。

直官　直為當值之意。直官，指以專門技術或專業知識供職於官衙的官吏，其地位在官員與一般胥吏之間，類似現今政府機關中的技術人員。官吏中專任此類職務的，古代早有，如三《禮》中便有酒人、染人、量人、反舌（翻譯）一類官名。但將他們歸為一類，稱之為直官，並在管理上作出相應規定，則始於唐。這既反映了官府事務日繁，分工更細，亦說明在人事管理上亦愈為完備。唐代直官分有品、無品兩類。本書第二卷第一篇吏部郎中職掌中「諸司置直，皆有定制」的原注，詳細列舉了在京各個司設置有品直官的定員，共有四百五十一人。據《通典・職官一》記載，唐代內官定員總數為二千六百二十一人，有品直官要佔到內官總數的百分之十七以上，即京官中大約六個職事官就要配一個直官，這還不包括無品直官。從《唐六典》所記直官的名目看，有經直、文史直、文學直、學直、史直、禮直、法直、翻譯直、時務直、書畫鑒賞直、書直、畫直、丹青直、拓書直、裝書直、裝潢直、造筆直、樂直、醫直、卜直、天文曆算直、造食直、衣輦製造直、農林副業直、養馬孳課直等。有品直官的出身，有現任職事的，有散官的，亦有三衛或勳官的，既有京官，亦有外官。無品直官則多出身於本色工匠，所以亦稱本色直。《唐大詔令集》卷二中宗即位赦文有云：「諸司有品直司宜加一階，無品直司賜勳一轉。」無品直官屬流外，因其無散官品階，所以只好賜勳官一轉。直官的有品、無品在待遇上是有區別的。如外官、前資、衛官、散官出身的，原來有散官品位但尚無俸祿，充當直官後，便可依照散官品位獲得相應的俸祿賜會。本色工匠出色的無品直官，每年雖亦須考評，卻仍與俸祿賜會無緣，需積若干年後，才可從流外轉入流內，由無品直官升為有品直官。

上述職事官、散官、勳官、封爵、直官等，是基於管理需要，對官員這個群體不同標徵的指稱，並非這支隊伍的實際劃分。具體到某一官員，他既是職事官，同時又有散官品階，亦可能還有勳官號或封爵，或曾經做過直官，也就是說，往往會若干個稱謂同時重合於一身。此外，這些稱謂之間又互有聯繫，並可以在一定條件下轉化。職事官通過職掌表示其任職的地位和權限，散官則是其出身和社會地位的標誌，勳以酬功，爵以封邑，這是它們各自的功能；而在實際運行中，可因勳、爵而得散，因散參選而得職事，因職事而再升散階，或得勳轉，得封爵，如此循環往復，如果運用得當，便可使文武百官竭盡其心力才智以效忠王命。至於直官則可說對以上循環的一個補充。職、散、勳、爵皆可憑藉其專長充任直官；無品直官可因年勞而有散位，因有散而轉升有品直官，再因繼續充直而有勞考，參選而獲職事，因勞考而遷散階，就是說亦進入了上述循環。直官在管理上還有種種便利處，如可以隨事項而臨時增置，不受諸司定員限制；直官注擬前，可以由各色人等請射，亦可由用人機構「帖直」，即單位的長官直接挑選等，從而為整個官僚體系的運行增加了彈性系數。如果我們換一個文化史的角度，那麼唐代直官之制還有超越官制本身的重大意義。中國歷來重政治而輕科技，所謂「君子不器」（《論語‧為政》）是至聖之教，《禮記‧學記》亦有「大道不器」之說，都是鄙薄器之濟人於用，視技藝為末流；主張要立志於本，亦即所謂修身、齊家、治國、平天下，無非就是要做大官。這種觀念嚴重壓抑了科技人才的成長，阻礙了科學技術的發展。唐代直官之設，使懷有專業知識和技術特長之士，在官本位的大一統中多少能忝陪一個末席。他們不是仰仗權位，而是依憑自己的特長，獻身於常常是默默無聞的幕後崗位。只要看一看在唐代著名天文學家李淳風，醫學家孫思邈，法律專家崔見、俞元杞、陳承信，音樂家呂才，史學家吳兢，文學家楊炯、宋之問等等都曾經是直官，就不難想像真正創造中國古代燦爛文化的，並非那些達官權貴，而正是這些幕後的直官們。

科舉考試

唐代科舉考試制度直接承自隋制，它是補充和更新官僚隊伍的一個重要來源。本書第二卷第五篇尚書吏部考功員外郎職掌條和第四卷第一篇禮部尚書、侍郎職掌條都載有關於貢舉制度的內容。所以兩處並錄，是因為貢舉之事的歸屬，在唐代前期有過變易。武德初，以考功郎中監試貢舉，貞觀後改由考功員外郎執掌此事，到開元二十四年（西元七三六年）又劃歸禮部，並由禮部的一位副長官侍郎掌管。對這次隸屬關係的變更，本書原注說得很簡單：「敕以為權輕」，就是說皇帝以為原來管此事的考功員外郎品級低、職權小，無法掌握。其他書著有較詳細說明。如《封氏聞見記》卷三：「玄宗時，士子殷盛，每歲進士到省者常不減千餘人。在館諸生更相造詣，互結朋黨以相漁奪，號之為『棚』，推聲望者為棚頭，權門貴盛，無不走也，以此熒惑主司視聽。其不第者，率多喧訟，考功不能御。開元二十四年冬，遂移貢舉於禮部。」至於考功員外郎如何「不能御」，《大唐新語》卷十錄有一例：考功員外郎李昂詆訶進士文章，而昂之文反為進士李權所陵折，朝議以為郎官位望太輕，故移之於禮部，以禮部侍郎掌其職，此後遂為定制。

唐代能參加科舉考試的考生有兩類，一是生員，來自國子監、弘文館、崇文館以及各地方州、縣學館的學生，經學館考試合格者；二是鄉貢，由本人懷牒自列於州縣，經縣、州逐級考試合格者。各地考生每年十月二十五日前隨所在州朝集使到達京師長安，由戶部引見，十一月初在含元殿朝見皇帝。考試的科目有六：秀才、明經、進士、明法和書、算。此外還有制舉、武舉，以及一史、三史、《開元禮》等，實際主要是明經和進士這兩個科目，尤以進士最為人看重。明經考試的課程是儒家經典，規定正經有九部，分大、中、小三等：《禮記》、《左傳》為大經，《毛詩》、《周禮》、《儀禮》為中經，《周易》、《尚書》、《公羊》、《穀梁》為小經，《孝經》、《論語》則作為兼習課。參加考試，有通二經的，為一大一小，或兩中經；通三經的，大、中、小各一；通五經的，大經並通。考試的方式主要是帖經和策。帖經類似現今的填充法，只是題目皆採自經文。策指時務策，亦即命題作文。關於明經、進士二科的考試次序，《新唐書・選舉志》

載錄為：「凡明經，先帖文，然後口試，經問大義十條，答時務策三道」，及第者，分上上、上中、上下、中上，凡四等；「凡進士，試時務策五道，帖一大經，經、策全通為甲第，策通四、帖過四以上為乙第」。本書第四卷第一篇則稱：「凡進士先帖經，然後試雜文及策」。進士需試三場，始於永隆二年（西元六八一年），因考功員外郎劉思立建言明經多抄義條，進士唯誦舊策，皆無實才，於是下詔進士加試雜文兩篇，因而明經試兩場，進士需試三場。加試雜文的目的是提高應進士舉者的文字能力。所試雜文，初為箴、表、銘、賦之類，開元天寶間，改為專試詩賦各一。此後進士錄取逐漸以詩賦為先，一是民間看重文學，已成風氣；二是大任必須有詞學。無論修書、撰史、起草詔令等皆由文士擔任，故史官、中書舍人、給事中等多為進士出身。考試的時間是在次年的正月，故亦稱春闈；地點就在尚書都省的廊廡下。考生要自備蠟燭、木炭、水和食物；因係席地而坐，還得帶茵席。考場嚴設禁衛，四周以荊棘圍之。進場時要搜索衣物，嚴禁假冒者。考生人數一般為一千人左右，多時可達二千人。及第後，先唱名，後放榜。放榜時間一般在二、三月間，故亦稱春榜，又稱金榜。「金榜題名」，曾經是那時廣大青年學子夢寐以求的人生理想。《唐摭言》卷十五錄有陳標的一首落第詩：「春宮南院院牆東，地色初分月色紅。文字一千重馬棚，喜觀三十二人同。眼見魚變辭凡水，心逐鶯飛出瑞風。莫怪雲泥從此別，總曾惆悵去年中。」及第青雲直上，落第墜地為泥，這一描述，形象地說明了科舉考試如何深刻地影響以至支配了當時知識階層的人生。在歷史上，從兩漢的察舉到隋唐的科舉，無疑是一大進步，但隨著時代的發展，科舉制度對教育等各個方面的負面影響，特別是對青年學子思想的禁錮和腐蝕，亦是不爭的事實，其影響更延續至今。

唐代在天寶後，進士科錄取有時已不全憑考場成績，往往是考試前，考生先將自己所作詩文上送於主司，以為考試後評卷作參考。如禮部侍郎韋陟曾主持過科舉考試，《舊唐書》本傳稱：「曩者主司取與，皆以一場之善，登其科目，不盡其才。陟先責舊文，仍令舉人自通所工詩筆，先試一日，知其所長，然後依常式考覈，片善無遺，美聲盈路。」主司錄取時，亦可請名士參謀，如德宗時陸贄知貢舉，「時崔元翰、梁肅文藝冠時，贄輸心於肅，與元翰推薦藝實之士，升第之日，雖眾望不愜，然一歲選士，纔十四五，數年之內，居臺省者十餘人」（《唐會要》卷七六）。又如白居易曾向著名詩人顧況行卷，顧讀至「野火燒不盡，春風吹又生」句便驚嘆：「有句如此，居天下有甚難！」於是即「薦之」（《唐摭言》卷七）。科舉考試確有一卷定終身之弊，把考試與推薦結合起來，不失為一種彌補的方法，但前提是推薦者確係出於公心，且具備識別才士的卓識，二者得兼，自然難得見到。事實上就在唐代，科舉中舞弊案例已時有所見，其後更層出不窮，無庸贅述。

關於錄取的比例，大體是進士科為百取一、二，明經科為十取一、二。錄取有限額，德宗貞元十八年（西元八〇二年）規定：進士不得過二十人，明經不得過一百人（見《唐會要》卷七六）。凡科舉考試及第被錄取者，便有了出身，獲得了相應的散官品階，具備了做官的資格。再在冬集時參加吏部的銓選、授官，就正式踏入了仕途。

銓選之法

銓選是官制用語，意謂銓量人才，選拔官員。唐代銓選分文官選和武官選，五品以上官，以及雖在六品以下的部分常參官如拾遺、補闕、監察御史等，由皇帝親自任命，稱「制授」或「敕授」，具體由中書門下負責，不屬尚書省職掌。其餘六品以下文官選由吏部主持，武官選由兵部主持，本書分別載於第二卷第一篇吏部尚書職掌條和第五卷第一篇兵部尚書職掌條，正文及原注依次敘述，詳盡且具有可操作性。有資格銓選的稱選人，選人有科舉考試及第者；有前資官，即任滿（一般為四年）經待選期後應選者；有勳官，番上服役期滿經考試合格者；此外尚有享有勳爵或皇親國戚入仕者，品官子弟以門蔭入仕者，以及技術官員和流外吏員入流者等幾種。選人依據品級分為三組，稱「三銓」：六品、七品官由吏部尚書親選，稱尚書銓；八品、九品選由侍郎二人分別主持，稱為中銓和東銓。關於九品以外的流外官的銓選，由吏部郎中二人中一人執掌，稱「小選」：「以其未入九流，故謂之『流外銓』，亦謂之『小銓』。其校試銓注，與流內銓略同」（二卷二篇）。此外，在嶺南、黔中等南方邊陲地區，不僅路途遙遠，而且州縣官吏多任土人，與中原頗異，所以規定三年派一次選補使，與所在地方長官一起主持銓注，然後進甲以聞，稱為「南選」。

在上述各類銓選中，以六品以下文武官選人數最多，工作量亦最為繁重。包括準備期在內整個銓選過程長達十個月之久，大致分以下幾個程序：㈠準備。通常是四月以後便著手制訂來年「選格」，規定本屆選人的資格範圍，五月開始下頒各州縣，所在州府要榜門曉示，符合選格的，可向規定州府「投狀」即報名應選。投狀內容除籍貫、姓名等外，還有父祖官名、內外族姻、資序和考課等第以及有無謫譴負犯等項。各州府據以出具解送文書，稱「選解」或「解狀」，於十月間送達尚書省。尚書省吏、兵二部分別受納文、武官解狀，各以員外郎一人專掌此事，因其官署在選曹之南，故稱「南曹」。㈡資格審查。選人規定必須在十月間到達京師集中，稱「冬集」。隨即找同流者五人為聯，京官五人為保，其中一人須是相識者。此時南曹便以已經掌握的「甲歷」即選人的檔案為據，覆核州府的解狀，審查每個選人是否符合當年選格，出身、資歷、考課等第是否屬實，有否冒名頂替、隱冒升降和是否為刑犯子弟或工商異類等，發現有違反規定者即予「駁放」，取銷銓選資格；經審查合格者，即可依品位分別參加三銓。㈢考試。六品以下官須先經考試及格，才可進入選官。文官銓試內容為身、言、書、判四項：身，要求體貌豐偉；言，要求言辭辯正；書，要求楷法遒美；判，要求文理優長。實際主要看書、判、兩項，尤其是判。判指判文，不僅測試文筆，還可考察選人分析判斷疑案或政務的能力。四項考核合格，尚須在德、才、勞三方作出區分，而以德行為先，即所謂「以三類觀其異：一曰德行，二曰才用，三曰勞效。德鈞以才，才鈞以勞。其優者擢而升之，否則量以退焉」（二卷一篇）。武官銓試的內容為長朵、馬射、馬槍、步射、應對五項，合格者再「以三奇拔其選：一曰驍勇，二曰材藝，三曰可為統領之用。其尤異者，登而任之，否則量以退焉」（五卷一篇）。㈣放榜注官。三銓確定留、放名單後，即張榜公布，稱「長名」、「長榜」或「長名榜」。被放者可再參加下屆冬集，得留者便唱名注官。注前先問過選人便利於赴何方任官，然後酌情注定。選人仍以為不便，可有三次唱注機會，若三次均非出所便，則留待下屆再參選。(五)下詔授任。注擬完畢，吏、兵二部分別將所擬官以類相從，編為甲歷，稱「團甲」，送門下省覆審：由給事中讀之，黃門侍郎省之，侍中審之，然後奏聞。皇帝下詔，吏、兵二部分別授予稱之為「告身」的任命狀，得官人至殿庭向皇帝謝恩後，即分赴各自所任。整個銓選過程在第二年三月中旬結束。

實際上即使選人順利通過了前面數關，亦未必就一定能授官。這是因為官闕與選人之間有一個供需平衡問題，而唐代仕途的情況往往是供大於需。早在貞觀時期，每年參選的人在七千人左右，而得官者約為六千人左右，已經顯露了這一矛盾。其後，供需差距日益擴大，到高宗時每年參選人數多到萬人以上，因而在開耀元年（西元六八一年）專門為此下過一道敕令：「吏部兵部選人漸多，及其銓量，十放六七，即疲于來往，又虛費資糧，宜付尚書省，集京官九品已上詳議。」（《唐會要》卷七四）但似乎並沒有議出切實有效的措施來，供需矛盾愈演愈烈。張文成在《朝野僉載》中提到：「乾封以前，選人每年不越數千，垂拱以後，每歲常至五萬人。」供大於需，求官難得，又導致弊端叢生。同書稱：其時「鄭愔為吏部侍郎掌選，贓污狼藉。引銓有選人繫百錢於鞋帶上，愔問其故，答曰：『當今之選，非錢不行。』愔默而不言。時崔湜為吏部侍郎掌選，有銓人引過，分疏云：『某能翹關（猶今之舉重）負米。』湜曰：『君壯，何不兵部選？』答曰：『外邊人皆云：崔侍郎下，有氣力者即存。』」為了緩解供需矛盾，武周聖曆元年（西元六九八年）規定：「選人無故三注三唱不到者，不在銓試重注之例。」（《冊府元龜》卷六二九）唐初舊制，四年考滿卸任的官員，每年都可赴選。開元十八年（西元七三〇年）黃門侍郎裴光庭上疏建議改用「循資格」的辦法，即規定官員考滿後要等待若干年才能參選。官位越低，等待時間越長。分十二個等次，以一年為一選，自一選至十二選，即謂「卑官多選，高官少選，賢愚一貫，必合乎格，乃得選授」（同上）。實行這個辦法的結果是，候選者三十歲獲出身，四十始得官，到白髮蒼蒼的花甲之年還只是一個尉官。

唐代官員的授任，除吏、兵部銓選外，尚有作為補充的奏官和薦官，因非正式官制，《唐六典》未有敘及，諸史著則均有所記載。其制始於貞觀時太宗對當時銓選結果的不滿：「比見吏部擇人，惟取言詞刀筆，不悉其景行。數年之後，惡跡始彰，雖加刑戮，而百姓已受其弊」。因而決定「刺史朕當自揀擇，縣令詔京官五品已上，各舉一人」（《貞觀政要》卷三）。中唐以後的奏薦，包括諸使的幕職及正員官兩項。奏官是諸道奏請屬下官職。諸使幕職中判官、典一類由府主自行辟署，而幕職所帶的檢校官便由府主奏請，名額則有所限制，如懿宗時，規定節度使每年量許五人，都團練使量許三人。至於薦官，主要指五品以上官和常參官得薦舉地方正員官。如德宗「貞元元年（西元七八五年）正月二十五日敕：宜令清資常參官每年於吏部選人中，各舉一人堪任縣令、錄事參軍者，所司依資注擬」（《唐會要》卷七五）。

考課之制

考課是指依照一定的標準，對在職官吏的行政業績進行定期的考察督課，並給予相應的獎懲。尚書省吏部的考功司是執行與考課相關政令的機構，本書列於第二卷第五篇。

唐代官員考課分從上上到下下共九等，標準有德行和業績兩個方面。德行要求達到「善」，有四條，稱「四善」：「一曰德義有聞，二曰清慎明著，三曰公平可稱，四曰恪勤匪懈」（二卷五篇）。業績要求達到「最」，按不同職務，共列有二十七「最」，就具體某個官員而言，只要做到其中相關一「最」即可，如司法官：「推鞫得情，處斷平允，為法官之最」（同上）。考課每年一次，在歲末進行。方法是，先由應考官員自錄當年的功過行能，由當司長官對眾宣讀，評議優劣，定出等第，其名牒要在本州本司的門第張懸三日，如果應考者有異議，可以提請復議，然後校定。官員的考狀，京官限在九月底前報送尚書省，外官則由本州府朝集使攜帶進京呈送。對全國官員的考課除由吏部考功司主掌，其郎中判京官考、員外郎判外官考外，每居由皇帝另派位高望重大臣二人為校考使，分校京、外官考；又以給事中、中書舍人（或監察御史）為監考使，分監京、外官考。在考核中，「若有善、最之外別可嘉尚，又罪雖成殿，情狀可矜，雖不成殿而情狀可責者，省校之日，皆聽考官臨時量定」（二卷五篇）。考課的獎懲，主要有兩項：一是俸祿。得中上以上，每進一等，加祿一季；中中守本祿；中下以下，每退一等，奪祿一季。二是散官品階。滿四考中中，可進年勞一階；得一考中上，進一階；得一考上上者，進二階。間有下考，則在上考應進階數中扣除。倘若出現下下考，立即解任。

唐初，考功郎中只能判京官四品以下考，員外郎亦只能判外官中除都督、刺史等以外一般官吏考。據〈考課令〉規定：親王、宰相和京官三品以上以及常參官、供奉官、御史、翰林學士等官；地方長官如大都督、都督、都護、刺史、節度使、觀察使等，皆「并奏取裁」，即由皇帝親自或派人裁定，稱為內考、內校。還有，一般官員考第雖分九等，但在實際執行中，絕大多數都定在「中上」、「中中」之間。此事曾引起異議，如貞觀六年（西元六三二年）監察御史馬周上疏，以為：「縱使朝廷實無好人，猶應於現在之內，比校其尤善者，以為上第，豈容皇朝士人遂無堪上下之考。朝廷獨知貶一惡人可以懲惡，不知褒一善人可以勸善。臣謂宜每年選天下政術尤最者一二人為上上，其次為上中，其次為上下，則中人以上，可以自勸矣。」（《通典・選舉三》）神龍中，因有官不久任、遷除不以課考的弊端，州縣官苟且敷衍，荒疏政事，遂採納御史中丞盧懷慎建議，規定：都督以下官，須四考任滿，方能遷除。開元中，亦曾多次督責考課之事，如命諸道採訪使負責考核本道官吏，三年奏報朝廷一次。但自安史之亂後，隨著國運的衰落，考課亦逐漸流於形式，很難再有激濁揚清的作用。

關於使職

使職是正規官制以外的一種差遣。起初是因有某些政務，皇帝覺得現存的官制體系無法提供理想的人選，所以臨時差遣他官去承擔，其後才有使職種種演變和發展。可能由於使職並非正式官制，所以本書只在第二卷第二篇吏部郎中職掌「行李之命」條下原注中，為給重要使職配置屬官作了一點說明。此外散見於書中的使職之名有十餘個，如上文提到的南選中的「選補使」，就是使職，其本職為郎官，南選事罷，即復還郎官。使職雖非正式官制，但在唐代政治舞臺上卻扮演過相當重要的角色，《通典・職官總序》甚至認為它與正式官制有相互為用的意義，即所謂「設官以經之，置使以緯之」。唐代前後出現的使職有一百四十多個，大抵自武則天至德宗，是出現使職最多的時期。楊國忠得寵時，一人就授過幾十個使職。《容齋續筆》卷一〈楊國忠諸使〉：「楊國忠領度支郎，領十五餘使；至宰相，凡領四十餘使。」

唐代前期使職的出現，不妨以宇文融為例作點分析。開元九年（西元七二一年），「監察御史宇文融上言，天下戶口逃移，巧偽甚眾，請加檢括」（《資治通鑑・唐紀二十八》）。由於戶口逃移影響到朝廷的賦稅收入，玄宗便有了同意檢括意向，因而據《新唐書・宇文融傳》記載，當召集群臣廷議時，「公卿雷同不敢異」，獨有戶部侍郎楊瑒「以為籍外取稅，百姓困弊，得不酬失」。檢括逃戶本屬戶部職掌範圍，現在偏是戶部侍郎持反對意見，而玄宗主意已定，非檢括不可，於是便遶開戶部，任宇文融為覆田勸農使，後又兼租地戶口安輯使，以二十九人為勸農判官，分按州縣，「事無巨細，先上勸農使，而後上臺省，臺省須其意，乃行下」，儼然成為凌駕於臺省之上的一個機構。「於是諸道收沒戶八十萬，田亦稱是。歲終，羨錢數百萬緡，帝悅」。

由上例可知，官員出任使職時，原來的職事只表明身分，所授使職才是他現在的實際職務。使職是對原有職官制度的一種突破，雖不利於穩定正常官制體系，卻可以滿足皇帝為貫徹自己某些意圖或臨時性政事的需要，因而屢屢被施行。開始使職多為臨時性的，事罷即撤；後來其中有一些逐漸演變為常設性機構。如在財經方面轉運使、度支使、鹽鐵使；地方行政方面的觀風俗使，巡察、按察、巡撫等使，採訪處置使以及節度使等，後來都成了常設性機構。再如翰林院學士，亦是使職。那是玄宗因中書舍人擬旨不合其意而設置的，它既非職銜，又無品級，只是差遣，卻專掌機要詔命，替代了原屬中書省的職掌。清人錢大昕在《二十二史考異・職官志》中聯繫使職的本官、品秩作了這樣說明：「案節度、採訪、觀察、團練、經略、招討諸使，皆無品秩，故常帶省、臺、寺、監長官銜，以寄官資之崇卑。其僚屬或出朝命，或自辟舉，亦皆差遣，無品秩。如使有遷代，則幕僚亦隨而罷，非若刺史、縣令之有定員、有定品也。此外如元帥、都統、鹽鐵、轉運、延庫使無不皆然。即內而翰林學士、集賢、史館諸職，亦係差遣無品秩，故常假以他官。有官則有品，官有遷轉，而供職如故也。不特此也，宰相之職所云平章事者，亦無品秩，自一、二品至三、四品官，皆得與聞國政，故有同居政地而品秩懸殊者。罷政則復其本官，蓋平章事亦職而非官也。」

此外，唐代使職所帶，亦不限於職事官銜，尚有檢校官、試官、憲官三種形式。檢校多為臺、省官銜，試官為諸寺卿監職，皆為虛銜，並不任職；憲官為帶御史臺職，加「兼」字，有兼御史大夫至中丞、三院御史等。如果是幕職帶御史銜，可以受命糾舉州縣地方官，行使部分御史職能，因有「外臺」之稱。一般說來，觀察使之類，多帶檢校散騎常侍、御史中丞銜；節度使則大多在六部尚書、御史大夫一級，如果是重鎮雄藩的節度使，多帶平章事，稱為使相。藩鎮幕職高者為郎官、御史，低者為校書郎、評事。

四、禮樂與教育——尚書禮部、太常寺、國子監等

禮與樂是封建集權國家意識形態的核心。帝王制度是建立在嚴格的等級制基礎上的，禮的作用就是維護這種尊卑貴賤的名分等級區別，所謂「為禮卒於無別，無別不可謂禮」（《左傳・僖公二十二年》）。樂同樣為了維護這種秩序，區別在於，如果說禮是硬性規定的人們必須遵守的行為準則的話，那麼樂則是起到一種軟性的諧和作用：「故樂者，天下之大齊也，中和之紀也，人情之所必不免也。」（《荀子・樂論》）禮和樂都是用來規範貴族階層的，與一般平民無涉；老百姓被視為越軌，不是用禮樂而是用刑律加以懲罰，故有「禮不下庶人，刑不上大夫」（《禮記・曲禮》）之說。二者比較，禮樂是第一位的，具有根本意義，孔子有言：「禮樂不與，則刑罰不中。」（《論語・子路》）唐代由尚書禮部掌禮樂之制，本書列在第四卷。

有尚書、侍郎各一人，下屬禮部、祠部、膳部、主客四司。禮部還執掌有關太常寺的禮樂，國子監的學校教育，鴻臚寺的民族、外交，光祿寺的對朝會祭禮的供應等方面的政令。

禮儀諸制

對唐代的禮儀總貌，書中第四卷第一篇禮部郎中職掌條載：「凡五禮之儀，一百五十有二：一曰吉禮，其儀五十有五；二曰賓禮，其儀有六；三曰軍禮，其儀二十有三；四曰嘉禮，其儀有五十；五曰凶禮，其儀一十有八。」原注詳細列述了這一百五十餘個禮儀之名，並稱：「禮制通議其新五禮，開元二十年（西元七三二年）修，凡一百五十卷。」說明其所據為前面已作過介紹的《開元禮》。

五禮雖由禮部總掌，但自京師諸司至地方州縣無一例外地都須依禮制行事，其中許多禮儀活動或活動中的某道程序已被列為相關官員職掌，所以本書每一卷又幾乎每一篇都可以看到禮的存在。茲略舉其要

——

一、吉禮：主要是各類祭祀活動。尚書禮部的祠部司總掌其事（四卷二篇）；太常寺所屬廩犧署、兩京郊社署、諸陵署、諸太子廟署等等，各分掌相關職事（一四卷）；光祿寺所屬太官署供犧牲並陳設祭器祭品，良醞署供五齊三酒並陳設酒器（一五卷）等。地方府、州諸祭祀活動，具體由功曹或司功參軍事掌管（三〇卷一篇）。

二、賓禮：如蕃主、使來朝禮，禮部郎中、員外郎職掌下載：「凡蕃國主朝見，皆設宮縣之樂及黃麾仗；若蕃國使，則減黃麾之半」（四卷一篇）；中書侍郎職掌下載：「凡四夷來朝，臨軒則受其表疏，升於西階而奏之；若獻贄幣則受之，以授於有司。」（九卷一篇）鴻臚寺典客令職掌下載：凡蕃主、使「朝貢、宴享、送迎預焉，皆辨其等位而供其職事」（一八卷二篇）等。

三、軍禮：如將領出征、凱旋之禮，列於兵部郎中、員外郎職掌（五卷一篇）；勞軍，列於中書省通事舍人職掌（九卷二篇）；合朔（發生日蝕）伐鼓，分別列於禮部郎中、員外郎的職掌（四卷一篇）以

及太常寺的兩京郊社署和鼓吹署的職掌（一四卷二、三篇）；大儺，列於太常寺太卜署的職掌（一四卷五篇）；祭馬祖、馬步、先牧、馬社，列於太僕卿職掌（一七卷一篇）；射禮，列於太子左右內率府職掌（二八卷二篇）等。

四、嘉禮：如君臣通稱，規定：「凡夷夏之通稱天子曰『皇帝』，臣下內外兼稱曰『至尊』，天子自稱曰『朕』，臣下敷奏於天子曰『陛下』，服御曰『乘輿』，行幸曰『車駕』。」（四卷一篇）又如元正、冬至日大朝會，為一年中兩次最盛大的朝會，由於幾乎與三省和諸寺、監以及諸衛的職掌全都有關聯，所以書中多數卷帙屢屢提到，其儀制詳下文。又如車輅之制，太僕寺乘黃署令掌皇帝車輅，其制有五，即玉輅、金輅、象輅、革輅、木輅，五輅各有副車，又有屬車十二及自前導的指南車和殿後的豹尾車等等，原注詳述其沿革及形制（一七卷一篇）；殿中省尚輦局奉御則掌皇帝在宮殿內代步的車輦，列有七輦三轝的名稱和規制（一一卷三篇）。皇后及皇太子出入亦需按規定乘用各種形制的車輅，如皇后有重翟、厭翟等六車，皇太子有金輅、軺車、四望等三輅，因其分別屬於內侍省內僕局令和東宮太子僕寺僕的職掌，所以前者列在第十二卷第二篇，後者列在第二十七卷第三篇。再如冠冕之制。吏部郎中職掌中列有皇帝在不同禮儀場合穿戴的冠冕十四種，皇后、皇太子、王公及各級品官亦各有依其名分的相應服飾（四卷一篇）。第十一卷第二篇殿中省尚衣局奉御是具體「掌供天子衣服」的，所以不僅列舉各種冠冕之名，還詳敘其制，包括冕的長寬，首飾的式樣，衣裳上的紋章以及各自適用的場合等等，都作了明細的規定。皇后和太子的服飾，則分別在第十二卷第二篇內侍省尚服和第二十六卷第二篇太子左春坊內直郎職掌條下作了更詳細的敘述。由於製作冠冕布料需要織染，所以少府監織染署令的職掌條中對織紝和染色有相應表述，包括與之相關的工藝規程亦有簡要規定（二二卷三篇）。此外，尚有鹵簿儀仗之制（一四卷三篇、二四卷、二五卷）、璽印（八卷四篇）、首飾（一二卷一篇）、皇太子齒胄（二一卷一篇、二七卷二篇）、鄉飲酒（三〇卷一篇）、朝集使辭見（三卷二篇）以及書中多處提到的冊立皇后、皇太子等，亦屬嘉禮。

五、凶禮：最大的凶禮當然是皇帝的葬禮，但這同時又是最大的忌諱，所以本書及《開元禮》皆付闕如。七品以上官葬禮及其明器、碑碣之制，屬禮部郎中、員外郎職掌（四卷一篇）；王公及三品以上官擬謚之制，屬太常寺太常博士職掌（一四卷一篇）；至於五服之制，更有多處提到。

在上述諸禮中，本書在各卷中一再提到，因而亦當是尤為重要的，是嘉禮中的大朝會和吉禮中的大祭祀。這兩項禮儀活動，都需由皇帝親自主持，文武百官參加，規模宏大，氣氛莊重，當屬尚書禮部最主要職掌，亦最能體現其作為意識形態總管的職能。大朝會的主題是皇帝至高無上，大祭祀的含義是皇權受命於天。但《唐六典》是由官署、官員職掌而兼及典制的，所以這兩項禮制亦未作系統敘述，只是散見於各卷，需加以綜合，不足處再補以《開元禮》，才有較完整的概貌。

關於大朝會 大朝是相對於常朝而言。唐初曾行每日朝或隔日朝，後改五日一朝，稱常朝。大朝會則每年兩次，於元正、冬至日舉行。其過程大致是：㈠準備。會前一日，殿中省尚舍奉御設御幄於太極殿北壁下，南向。衛尉寺守宮令設群官客使等次於東西朝堂。太常寺太樂令展宮縣於殿庭；鼓吹令分置十二案於建鼓之外。太僕寺乘黃令陳車輅，殿中省尚輦奉御陳輿輦；尚舍奉御設解劍席於懸西北橫街之南。門下省典儀和太常寺奉禮郎為文武百官包括諸州朝集使和周邊國家主、使依次設置朝參版位。㈡百官列位。當日黎明，諸衛勒所部列黃麾大仗屯門及陳於殿庭。凡朝參者皆各服其服依次集於朝堂。門下省長官侍中版奏：「請中嚴。」太樂令帥樂工入就位，協律郎入就舉麾位，侍衛官各服其器服，門下省符寶郎奉寶，俱至閤門迎候。典儀率贊者先入就位。吏部、兵部、戶部、主客贊朝參者俱出次，通事舍人各引其就位。在此過程中，御史臺殿中侍御史具服升殿，往來檢察，糾舉違禮者。㈢皇帝出宮。侍中版奏：「外辦。」太樂令令撞黃鍾之鐘，協律郎俛伏舉麾、擊柷，樂工奏〈太和之樂〉。皇帝服兗冕御輿自西房出，即御座南向坐。符寶郎奉寶置於御座。協律郎偃麾，擊敔，樂止。㈣朝賀。典儀唱：「再拜。」贊者承傳，朝參者皆再拜訖，通事舍人引上公一人至西階解劍席，脫舄，跪解劍，俛伏，興。由通事舍人引升階進當御座前，北面跪賀，稱某官臣言。賀訖，俛伏，興。通事舍人引回解劍席，跪著劍，俛伏，興，納舄。朝參者皆再拜。此時中書令跪奏諸方賀表，黃門侍郎跪奏各地所發現祥瑞，戶部、禮部尚書相繼北面跪奏諸州、諸蕃貢物名數。在此之前，戶部已將諸州貢物陳於太極門東西廂，禮部已選蕃客中可靠者手持貢物入就內位，重大貢物則陳於朝堂前。於是侍中進前承詔，西向宣稱：「有制。」朝參者皆再拜。宣制，元正會為：「履新之慶，與公等同之」；冬至會為：「履長之慶，與公等同之」。朝參者再拜訖，舞蹈三稱萬歲，訖，又再拜。侍中還侍位。禮成。唐代眾多著名詩人曾以大朝會為題作詩相互應和，王維有「九天閶闔開宮殿，萬國衣冠拜冕旒」之讚，杜甫有「旌旗日暖龍蛇動，宮殿風微燕雀高」之頌，可見當時人們心目中大朝會的隆重和輝煌與皇帝的神聖和崇高。

關於大祭祀　唐代祭祀四時不斷，按《開元禮》所載，一年要進行七十七次，分四類、三等。本書第四卷第二篇祠部郎中職掌條稱：「凡祭祀之名有四：一曰祀天神，二曰祭地祇，三曰享人鬼，四曰釋奠先聖先師。其差有三：若昊天上帝、五方帝、皇地祇、神州、宗廟為大祀，日、月、星辰、社稷、先代帝王、岳、鎮、海、瀆、帝社、先蠶、孔宣父、齊太公、諸太子廟為中祀，司中、司命、風師、雨師、眾星、山林、川澤、五龍祠等及州縣社稷、釋奠為小祀。」在這些祭祀中，規定需由皇帝親自參加的，有包括全部大祀在內的二十二次。據同條所記，唐每年祭天四次，即冬至祀昊天上帝於圜丘，其餘三次是正月上辛祈穀於圜丘，孟夏之月大雩於圜丘，季秋之月大享於明堂，皆祀昊天上帝。四次中以冬至之祀最為隆重，自準備至禮成，整個過程長達七天之久，每道程序都規定有詳細儀注，大略是：(一)齋戒。祀前七日，皇帝散齋四日，致齋三日，先後居於別殿、太極殿和行宮。凡應祀之官，亦須散齋四日，致齋三日。從祀百官及諸方客使，則於本司、館清齋一宿。散齋之日不得弔喪問疾，不判署刑殺文書，不決罰罪人。(二)陳設。這可說是一項極繁複浩大的工程，須諸多部門通力協作。包括：祀前三日，殿中省尚舍直長施大位於外壝東門之內，尚舍奉御鋪御座，衛尉設諸文武侍臣、祀官、四方客使等之位，俱重行，每等異位。祀前二日，太常寺太樂令設宮縣之樂於壇南內壝之外；郊社令積柴於燎壇。祀前一日，太常寺奉禮設御位於壇之東南，設望燎位於柴壇之北；又依次設祀官、公卿、執事、御史、奉禮、贊者、協律郎、太樂令和太常卿、犧牲令、太祝、祝史等以及從祀官、四方客使之位；再設牲牓於東壝之外，牲有蒼、青、赤、黃、白、玄諸色，各列位次；再設諸器之位，有太尊、著尊、犧尊、象尊、壺尊、概尊、散尊、山尊、蜃尊和雞彝、鳥彝、斝彝、黃彝以及簠、簋、登、鉶、籩、豆等等；總數近萬件，均須按不同神座，分別以不同名數、方向列位。設御洗於午陛東南，亞獻、終獻同洗於卯陛之南。罍水在洗東，篚在洗西。分獻罍、洗、篚、冪各於其方陛道之左。設玉幣之篚於壇上下尊坫之所。祠前一日拂曉，祕書省太史令、太常寺郊社令率其所屬設昊天上帝神座於壇上北方，南向，席以稾秸。配帝神座為高祖。然後各依位次，分別設置從五方諸帝到日月眾星諸神座（本書記為共六百八十八座，他書亦有記為七百十五或七百三十餘座者），皆席以莞。(三)省牲器。即檢查祭祀用犧牲及割烹器具。是日午後，去壇二百步所，諸衛之屬禁斷行人。郊社令、丞率府史三人、諸儀二人及齋郎，以尊、坫、罍、洗、篚、冪入設於位。謁者、贊引各引祀官、公卿以下和諸太祝、廩犧令以及太常卿、司空、御史等各就其位。廩犧令少進前曰：「請省牲。」太常卿省牲。廩犧令舉手曰：「腯。」諸太祝各循牲一匝。又舉手曰：「充。」諸太祝及廩犧令以次牽牲至廚授太官。謁者引光祿卿省鼎鑊、視濯溉，又引祀官、御史省饌具。至祀日未明前，太官令率宰人以鸞刀割牲，祝史以豆取毛血，遂烹牲。(四)奠玉幣、進熟。即在昊天上帝神座前祭奠玉幣和烹熟的犧牲。這是正式進入祭天儀式的兩項主要程序，規定由皇帝初獻，太尉亞獻，光祿卿終獻。是日黎明，太常寺郊社令、光祿寺良醞令和太官令，各領所屬在已各次其位的近萬件祭器中，分別斟上各種酒類以及置放魚、脯、醢、醓、石鹽、乾棗、筍菹、麥飯等祭品。繼而諸衛列大駕仗衛。侍中版奏「請中嚴」。祀官及從祀諸官分別依位次於朝堂肅立。侍中、中書令以下，俱至西階奉迎。乘黃令進玉輅於太極殿西階之前。皇帝乘輿以出，降自西階，千牛將軍執轡，皇帝升輅，太僕卿立授綏，侍中、中書令以下夾侍。黃門侍郎跪奏「請鑾駕進發」。駕至行宮南門外。侍中跪奏「請降輅」。皇帝降輅，乘輿入行宮。少頃，侍中版奏「外辦」，皇帝服兗冕乘輿以出，復升輅，至大次門外復降輅、乘輿，均如前。侍中復版奏「外辦」。皇帝服大裘而冕，博士引太常卿，太常卿引皇帝至中壝門外。殿中監進大珪，尚衣奉御又以鎮珪授殿中監以進。皇帝搢大珪，執鎮珪。禮部尚書與近侍者從。皇帝至版位，西向立。太常卿奏「請再拜」，皇帝再拜於昊天上帝神座之前。奉禮郎唱「眾官再拜」，在位者皆再拜。樂舞六成。太常卿、奉禮郎復相繼奏、唱，皇帝、眾官復先後再拜。奠玉幣及奠於高祖皇帝神座之前亦同。諸神之位，則由祝史、齋郎助奠。奠玉幣後，即行進熟。太官令率領所屬進饌於內壝門外。祭奠昊天上帝之犧牲置於俎上，由司徒端奉，俎初入門，奏〈雍和之樂〉。此時太常卿引皇帝至罍洗處盥手、洗爵，分別由侍中跪取匜、沃水，黃門侍郎跪取巾、進巾。太常卿再引皇帝至尊所，執尊者舉冪，侍中贊酌汎齊。奏〈壽和之樂〉。太常卿最後引皇帝進於昊天上帝神座前，北向跪奠爵，興，少退，立，樂止。太祝持版跪讀祝文曰：「維某年歲次月朔日，子嗣天子臣某，敢昭告於昊天上帝：大明南至，長晷初昇，萬物權輿，六氣資始，式遵彝典，慎修禮物，敬以玉帛犧齊，粢盛庶品，備茲禋燎，祗薦潔誠，高祖神堯皇帝配神作主。」皇帝跪奠高祖神座，其制略如前。太祝從神座前取胙肉若干，共置一俎授司徒以進，皇帝受而以授左右。繼而由太尉、光祿卿先後行亞獻、終獻，制亦略同。三獻畢，文、武舞止。奉禮曰：「賜胙。」贊者唱：「眾官再拜。」在位者皆再拜。奏〈元和之樂〉，樂作一成，止。太常卿前奏：「請就望燎位」。皇帝就位。太祝、齋郎各以篚盛玉幣、祝版、禮，以俎載牲體、稷、黍飯及爵，並置於燎壇柴上。奉禮郎曰：「可燎。」東、西面各六人以炬燎火。將半，太常卿進前奏：「禮畢。」皇帝既還大次，侍中版奏：「請解嚴」。皇帝以鑾駕經明德門、承天門還宮。

唐時典制雖規定每年冬至要郊祀昊天上帝，實際卻並非每年都舉行。史著有記載的，唐代前期幾個皇帝每人僅有過一、二次。如高祖於武德四年（西元六二一年），太宗先後於貞觀五年、十四年（西元六三一年、六四〇年），高宗於永徽二年（西元六五一年），中宗於景龍三年（西元七〇九年），玄宗於開元十一年（西元七二三年），各在冬至日親祀昊天上帝於南郊。時間亦並非都在冬至日，如玄宗另有天寶六載、十載（西元七四八年、七五二年）兩次祭天活動，都是在正月間進行。唐祭天的設施稱圜丘，其遺址經考古發掘已認定就在今西安市。原處京城明德門外，道東二里，四成，成各高八尺一寸，下成廣二十丈，再成廣十五丈，三成廣十丈，四成廣五丈。歷代皇帝之所以要如此隆重地祭祀昊天上帝，無非是為了張揚他們是上天之子，其統治天下之權為上天所授。所謂昊天，《毛詩傳》云：「元氣昊大，則稱昊天。」《禮記・月令・大雩帝》鄭玄注：「帝，上帝也，乃天之別號。」皇帝亦稱天子，即天帝之子。《禮記・曲禮下》稱：「君天下曰天子。」宋・張載《西銘》：「大君者，吾父母宗子。」意思亦是皇帝為乾父坤母之子。所以整個祭天活動便是皇帝與天帝的一次宴享與對話。儀式中有一項程序「賜胙」，就是皇帝將被視為天帝已享用過的祭肉分賜給臣屬，這在古代曾經是授予王命或認可某種權力、地位的象徵，如《史記・周本紀》：「〔顯王〕九年（西元前三六〇年），致文武胙於秦孝公。」就是支持秦孝公求賢圖強的一種表示。

祥瑞與災異

按照帝王制度下的意識形態，不僅皇帝可以與天帝溝通，天帝亦在密切關注著皇帝的作為，一旦發現其有美德或惡行，便分別降下有異於尋常的兩類自然現象，以示對皇帝的褒貶和即將降於人世的吉凶。大抵這亦是當時人們的實際認識，如高宗武則天時左拾遺劉承慶在一篇奏疏中便曾說：「自古帝王，皆有美惡，休祥所以昭其德，災變所以知其咎，天道之常理，王者之常事。」（《舊唐書・禮儀二》錄左拾遺劉承慶疏中語）。這兩類不同的自然現象即被稱為祥瑞或災異，其事亦屬禮部郎中、員外郎職掌。

唐分祥瑞為大瑞、上瑞、中瑞、下瑞四等。據本書第四卷第一篇原注所例舉，大瑞有六十五種，上瑞有四十種，中瑞有三十二種，下瑞有十四種。等次不同處理亦不同：「若大瑞，隨即表奏，文武百官詣闕奉賀。其他並年終員外郎具表以聞，有司告廟，百僚詣闕奉賀。」（同上）其實所謂祥瑞，無非是一些不常見或畸形的天象、地貌、動植物，如列為「大瑞」的景星、慶雲、河水清、海水不揚波和白象、一角獸、明珠、萐莆等便是，所以被作為祥瑞上報，除了限於當時科學知識水平以外，有的亦難免雜有邀功請賞的因素。至於同屬「大瑞」的龍鳳麒麟、角瑞、獬豸之類，純屬神話傳說，根本不可能在現實世界中出現，居然亦有報者，不是誤報，便屬謊報。高宗龍朔三年（西元六六三年）十月，據報「絳州麟見於介山」，幾天後，又報「含元殿前麟趾見」。高宗果然相信了，還據此「大瑞」第二年改元稱「麟德」（《舊唐書・高宗本紀》）。武則天稱制時，這類事就更多些。如垂拱四年（西元六八八年），雍州人唐同泰上表稱在洛水得到一塊瑞石，上面居然還刻著「聖母臨人，永昌帝業」八個字，顯然是為武則天稱帝製造「天意」的。「皇太后大悅，號其石為『寶圖』，擢授同泰游擊將軍」，「封洛水神為顯聖，加位特進，並立廟」。不久武則天便「革唐命，改國號為周，改元為天授」（《舊唐書・則天皇后本紀》）。比較起來，唐太宗李世民當他還處於奮發進取時期，對所謂祥瑞之事還能採取較為清醒的態度。一次他對臣下說：「比見群臣屢上表賀祥瑞，夫家給人足而無瑞，不害為堯舜；百姓愁怨而多瑞，不害為桀紂。」（《資治通鑑・唐紀九》）當時曾有白鵲構巢於寢殿槐上，左右以為祥瑞，紛紛上表稱賀，太宗卻不以為然，命人毀去雀巢，縱之野外，並為此下了一道詔令：「所有祥瑞，但令依《式》申報有司，不須聞獻，其珍禽奇獸，並宜停進。」（《唐大詔令集》卷一一四）

關於災異，書中提到較多的是日蝕、月蝕和山川崩竭以及旱澇等幾種，都被認為是上天對人世的警示或懲罰，採取的措施不外乎祭祀或舉行某種儀式之類，也許心理上可以獲得某些慰藉，於實際災害則毫無救助作用。如「旱甚則修雩」；「若霖雨，則京城禜諸門」，「若州縣，則禜城門及境內山川」（四卷二篇）。雩和禜，分別為久旱求雨和久雨祈晴的祭祀儀式，由來十分古老，《左傳》中〈桓公五年〉和〈魯昭公元年〉分別有記載。《開元禮》載有進行這兩種祭祀儀式時的祝詞，雩祭的祝詞中，有「久闕時雨，黎元恒懼，惟神哀救蒼生，敷降嘉液，謹以制幣清酌脯醢，明薦於東方嶽鎮海瀆」這樣的話；禜祭的祝詞中亦有「霖雨淹久，害於百穀，惟靈降福，應時開霽。謹以清酌嘉薦明告於神」這樣的話。用祭祀這種形式誠然於事無補，祭祀官的這種心態：對民眾苦難的體恤，對農業生產的關注，以及對大自然的存有某種敬畏心理，如果是虔誠的話，還是令人感動。

至於日蝕、月蝕，情況又有些特別。這些本是天體運行在一定的時空條件下必然會出現的正常現象，事實上我國很早就有明確記載，如《漢書・天文志》：「春秋二百四十二年間，日食三十六，彗星三見」等；至於到了唐代，已經完全能夠作出精確的預測預報，應該不再是神秘的事。這是一方面。耐人尋味的是還有另一方面，即人們在觀念上，依然認為它是一種災異，仍需舉行相應的儀式以示營救。本書第四卷第一篇禮部郎中職掌條稱：「凡太陽虧，所司預奏，其置五鼓、五兵於太社，皇帝不視事，百官各素服守本司，不聽事，過時乃罷。月蝕則擊鼓於所司救之。」這一儀式含有二義：一是營救。據《開元禮》所載〈合朔伐鼓〉之禮，參加者赤幘絳衣守於四門，矛戟、斧鉞、弓箭歷歷，儼然如臨大敵；當史官宣告「祥有變」時，「工人齊舉麾，龍鼓齊發聲如雷」，意在造成張大的聲援之勢。二是自責。皇帝與百官皆素服，並停止公務，便都含有罪己之意。唐憲宗元和三年（西元八〇八年）七月發生了一次日蝕，事後憲宗提出兩個問題：日蝕何以能準確預報？皇帝為何要「素服救日」？當時任宰相的李吉甫作了這樣回答：「日月運行，遲速不齊。日凡周天三百六日五度有餘，日行一度，月行十三度有餘，率二十九日半而與日會。又月行有南北九道之異，或進或退，若晦朔之交，又南北同道，即日為月之所掩，故名薄蝕。」以上回答完全屬自然科學，接下去的回答卻進入了帝王之學：「雖自然常數可以推步，然日為陽精，人君之象，若君行有緩有急，即為之遲速。稍踰常度，為目所掩，即陰浸於陽。亦猶人君行或失中，應感所致。故《禮》云：『男教不修，陽事不得，謫見於天，日為之蝕。』古者日蝕，則天子素服而修六官之職，月蝕，則后素服而修六宮之職，皆所以懼天戒而自省惕也。人君在民物之上，易為驕盈，故聖人制禮，務乾恭兢惕，以奉若天道。」（《舊唐書・天文下》）如此說來，在當時，至少是那些從事預測預報的天文官，很可能是明知道日、月蝕純係自然現象，與人世道德評價無涉；之所以不予點明而繼續維護「日變修德，月變省刑」（《史記・天官書》）的傳統觀點，是否正是為了對握有至高無上權力卻無人可予以制約的皇帝，多少可以借助天帝以示某些警戒之意呢？這當然只能是一種猜測。保留這層神秘感，也許對天文官還有一個不便明說的好處：可以掩蓋預報預測中的失誤。同書載德宗貞元六年（西元七九〇年）正月，「有司奏合蝕不蝕，百僚稱賀」。預報有日蝕結果並未發生，不外乎兩種情況：或是誤報或是預報不精確；後一種情況即事實上日蝕還是發生了，但限於中國所處的經緯度無法觀察到。無論屬於哪種情況，本都應該受到指責，卻偏偏是「百僚稱賀」，這又是為什麼呢？原因就在於：既然日蝕是人君背德所致，那麼按照同一邏輯的自然延伸，只要人君修德，「合蝕」亦可以「不蝕」。現在果然出現了這樣的喜慶之事，「百僚」難道還不應該「稱賀」嗎？

樂與舞

這裡所記的樂和舞，主要用於祭祀和朝會，即所謂廟堂音樂，亦是一種意識形態，帶有濃厚的政治色彩。有關樂、舞的政令，由禮部郎中、員外郎執掌，本書列於第四卷第一篇；具體演奏和教學之事，則屬於第十四卷太常寺及其所屬第三篇太樂署、鼓吹署的職掌。

在上述諸卷、篇中，分別敘述了五聲、八音和六律、六呂等制，所說的無非是有關音階、音調以及幾種不同材質製就的樂器等純屬技術性的問題，本書則賦予它們以調和陰陽、調節人倫一類神秘的或道德的含義。如將十二律與一年十二月相對應，並分出陰陽，「陽為六律，所以統氣類物」；「陰為六呂，所以旅陽宣氣」（一四卷一篇），其所本當是儒家集中反映在《禮記・樂記》中的傳統觀點。不過對一些具體問題記述，如以為宮、商、角、徵、羽五音的產生，是基於律管長度上三與二或三與四之比，還是具有一定科學性。其文字表述是：「凡律管之數起於九，以九相乘，八十一為宮；三分去一，五十四以為徵；三分益一，七十二以為商；三分去一，四十八以為羽；三分益一，六十四以為角。」這就是早在先秦時代就從實踐中總結出來的所謂三分損益法，並在其後長期使用於音樂製作，證明它在一定程度上反映了樂音之間的那種既相互聯繫又相互區別的發展規律。

書中多處提到的還有一項重要禮樂制度是「樂縣」：「陳四縣之度。原注曰：『四縣謂宮縣、軒縣、判縣、特縣。』」（四卷一篇）縣即「懸」。四縣就是懸掛樂器的四個等級。《周禮・春官宗伯下》：「王宮縣，諸侯軒縣，卿判縣，士特縣。」宮縣為宮殿四面皆懸，唐時惟皇帝可用。如皇帝親自參加的大朝會、大祭祀，其殿堂東、南、西、北四面要懸掛三十六架樂器，其中鎛鐘十二，編鐘十二，編磬十二。軒縣為東、西、北三面懸，用於皇太子。判縣和特縣分別為東、西兩面懸和唯東面一面懸。唐時，前者用於祭祀風伯、雨師、五嶽、四瀆，後者則僅有其制而無所用。

太常寺屬下的太樂、鼓吹二署，是具體負責在祭祀、朝會和其他禮儀場合演奏音樂舞蹈的機構。分工是，太樂署主要承擔宗廟雅樂，鼓吹署則充任鹵簿儀仗中的鼓吹樂。雅樂係與俗樂相對而言，以樂曲中正平和、歌詞典雅純正著稱，內容多為帝王歌功頌德，歷代既有相沿，又有自制，如周有《六舞》，漢有《郊祀之歌十九章》等。唐貞觀時命太常卿祖孝孫定雅樂，制《十二和》，號《大唐雅樂》。又有自制雅樂三，即〈七德舞〉、〈九功舞〉、〈上元舞〉。其中〈七德舞〉原名〈秦王破陣樂〉，便以歌頌太宗李世民即位前為秦王時的功業為主題，高宗龍朔後，郊廟祭享皆先演奏此樂舞，白居易《新樂府》中列為首篇的〈七德舞〉，即頌讚此事。在重大禮儀場合演奏雅樂，由協律郎擔任指揮。第十四卷第一篇協律郎職掌條規定：「若大祭祀、饗燕，奏樂于庭，則升堂執麾以為之節制：舉麾、鼓柷，而後樂作；偃麾、戛敔，而後止。」與雅樂相配合的，還有文舞與武舞。所以第十四卷第三篇中說：「凡宮縣、軒縣之作，則奏二舞以為眾樂之容，一曰文舞，二曰武舞。」文、武二舞各有六十四人。「文舞之制：左執籥，右執翟，二人執纛以引之。武舞之制：左執干，右執戚，二人執旌居前；二人執鞀鼓，二人執鐸，四人持金錞，二人奏之；二人執鐃以次之，二人執相在左，二人執雅在右。」（同上）從這些規制看，依然保留著濃厚的原初古貌。太樂署職掌條中還載有十部伎，那是供皇帝宴享時用的音樂，原文稱「以備華夷」，說明這些音樂除中原原有外，亦有來自周邊國家。十部伎後來又分為立部伎和坐部伎，都是歌舞與音樂演奏的結合。可以分成兩大類：一類是中國傳統的民間音樂舞蹈，稱之為清商樂，如十部伎中的燕樂伎、清樂伎等；另一類是來自周邊少數族地區的音樂舞蹈，如西涼伎、天竺伎、高麗伎、安國伎等。從十部伎的構成，可以看到隋唐時期東西方在文化上的交流與融合。十部伎雖列於太樂署職掌條下，但擔任演奏的卻不是太樂署，而是另設於宮內的教坊。玄宗時，西京長安有一個內教坊，兩個外教坊，東都洛陽亦有兩個教坊，此外在宮中還設有三個梨園：一在宮中，一在太常寺，一在東都洛陽。其從事音樂演奏的「音聲人」曾多達數萬。閱讀《唐六典》太常寺太樂署等篇，亦可一窺唐代開元時期宮廷樂舞藝術繁盛的概貌。鼓吹署職掌條原注，詳細載錄了唐代大駕、法駕、小駕鹵簿儀仗中，鼓吹樂器及樂工的構成。鹵簿儀仗中的鼓吹樂隊，類似現今的軍樂隊。鼓吹樂在中國古代原就帶有軍樂性質，所用樂器為鼓與金二類，最早亦是用於節制行軍和指揮作戰。騎兵在馬背上吹奏的稱騎吹，亦稱鐃歌，漢時已有。鼓吹樂中所保留的一些歌詞，大多帶有軍歌的特色，歌頌某個戰役的勝利或先王的艱辛創業，用以鼓勵士氣。

此外，太樂署、鼓吹署都還兼有教學任務，參加學習的是樂人和音聲人，由京師官戶中男年十三以上，在外州者年十五以上，選擇容貌端正者充任。第十四卷第一篇協律職掌條原注，列有雅樂、清樂、燕樂諸曲和鼓吹樂中各種樂器的學制。太樂、鼓吹教樂時，由協律郎負責監督，禁止教習「淫聲、過聲、凶聲、慢聲」，務使「陽而不敢散，陰而不敢集，剛氣不怒，柔氣不懾，暢於中，發於外，以應天地之和」（一四卷一篇），即要求達到所謂「中正平和」。

卜筮·醫藥·道佛

在第四卷第二篇祠部郎中、員外郎職掌中，還包括「卜筮、醫藥、道佛之事」。

卜和筮是兩種占卜神靈以決疑惑的方法。卜用龜甲，筮用蓍草。卜筮在古代曾經充當過決策軍國大事的首席參謀的角色。「自古聖王將建國受命，興動軍事，何嘗不寶卜筮以助善。」（《史記・龜策列傳》）大抵漢以後，卜筮在國家決策過程中的地位和作用日趨下降，但歷代仍多設有專門機構以主其事。唐在太常寺下設太卜署，其主要職掌仍為「以占邦家動用之事」（一四卷五篇），而從史著記載看，由卜筮論定軍國之事已頗為罕見。《舊唐書・張公瑾傳》提到秦王李世民在策動玄武門之變前，曾「遣卜者灼龜占之」，恰好其時已深得秦王信用的張公瑾自外來見，趕緊阻止說：「凡卜筮者，將以決嫌疑、定猶豫，今既事在不疑，何卜之有？縱卜之不吉勢不可已。願大王思之。」李世民以為很對，就不再占卜，立即舉事。此例說明唐人在議決軍國之事時，卜筮這位往昔的首席參謀已變得可有可無。《舊唐書・后妃傳》中尚有一例，是說太宗長孫皇后尚在十三歲時，有人於其居所見一高二丈的大馬，鞍勒皆備。皇后舅高士廉「命筮之，遇〈坤〉之〈泰〉」，於是便說此女將來「貴不可言」。這顯然是為希旨邀寵而編造出來的一個蹩腳的神話，與上古卜筮那種虔誠和莊重已相去甚遠。總之，唐太卜署參預軍國之事決策已幾無可聞，其實際的主要職掌是兩條：一、為祭祀卜日，即通過灼龜，擇定祭祀之日；二、每年歲末，在宮內行大儺之禮，以驅逐惡鬼，消災免禍。

但第十四卷第五篇太卜署職掌條及其原注，還是有相當閱讀價值。文中歷述了三代以來卜筮之官的設置，卜筮的基本方法，龜、兆、易、式的分類，以及兆和式的實際操作與分辨判斷方面的一些基本知識，言簡意賅，不妨作為卜筮之學的入門來讀。卜筮這門極具東方文化特色的古老而又玄奧的學問，如果我們揭去它的神秘的外衣，還是可以看到處於童年時代的人類那種率真、坦誠與睿知，寥廓而幽遠，著實令我們現代人無限嚮往。卜與筮的產生或有先後，從文獻記載看，則大體是並行的。周代卜重於筮，有大事卜、小事筮，國之大事則先筮而後卜之說。其時卜筮之學盛行，所謂三兆（玉兆、瓦兆、原兆）、三易（連山、歸藏、周易），當是對應於夏、商、周三代的卜筮之書，可惜大多已成黃鶴，迄今完整保留下來的唯有一部筮法的經典，便是《周易》。時代發展到了今天，倘若有人還想借助《周易》來解惑決疑、預測吉凶，未免近乎荒唐，但如果我們把它作為一部古代哲學書來讀，那就可以從中汲取到無窮的智慧和人生感悟而具有永恆的魅力。又，唐太卜署的定員中，除了令、丞、卜正、卜師、巫師外，另有卜博士、助教、卜筮生等職，可見它還兼負著教育的職能。

太常寺下屬的另一個機構是太醫署，列在太卜署之前。中國古代醫學所以亦具有某些意識形態色彩，是與其起源有關。在上古時期巫、醫不分，巫術的一個重要內容便是給人治病。其後醫學雖有了獨立發展，但亦仍然保留著某些神秘的成分，包括它的理論和診療方法都含有此類因素；唐太醫署中還設有咒禁博士，「掌教咒禁生以咒禁祓除邪魅之為厲者」（一四卷四篇），即其中一例。

唐代官設的醫療機構除太常寺的太醫署外，在殿中省還有尚藥局，內官省亦設有司藥、典藥、掌藥等職官。其分工是，太醫署側重於醫學教育，為在京百官治療疾病，並掌管對醫師、醫正等的考課；殿中省尚藥局的奉御、侍御醫等專為皇帝治病，內官的司藥一類醫官的診療對象則為後宮妃嬪。太醫署分設醫師、鍼師、按摩師、咒禁師四科，仍然以草藥為主，故設有藥園師，「以時種蒔，收採諸藥」（一四卷四篇）。教育與醫療相對應，分設醫博士、鍼博士、按摩博士、咒禁博士，並都配有相應的助教和生員。在醫學教育中，規定了若干部必修的經典，如《素問》、《黃帝鍼經》、《甲乙脈》等。中醫學便是在這些傳統醫學經典的滋養下，培育一代又一代醫療人才的。這些著作的基本觀念是黃老思想和陰陽五行學說。在醫學上，道家的思想影響要多於儒家，歷代史傳中，著名的醫生多不入儒林，而歸於方伎傳，與專談術數以及神仙、方士等視為同類，許多醫學著作亦被收在道家的《道藏》中。歷史上，著名的醫生往往又是道士，他們既著醫書，又著道書，這些都是醫術尚未完全擺脫巫術的例證。值得注意的是醫學博士職掌條中已將醫療分為體療、瘡腫、少小、耳目口齒、角法五業（見一四卷四篇），大致相等於現今的內科、外科、小兒科、五官科，角法則可能是拔火罐一類，屬醫療方法。唐以後醫療的分科漸趨細密，宋代太醫局分有九科，元明二代分為十三科。分科的細密，亦多少反映了傳統的中醫學在漫長的歷史發展中摸索前進的過程。

唐代宗教影響較大、流行較廣的是道教和佛教。第四卷第二篇祠部郎中職掌條載有唐時全國道觀、佛寺總數：道觀「總一千六百八十七所。每觀觀主一人，上座一人，監齋一人，共綱統眾事」；佛寺「總五千三百五十八所。每寺上座一人，寺主一人，都維那一人，共綱統眾事」。原注分別歷述了二教的創始人及其由來，二教的宗旨和主要教義。關於對二教的管理，文中稱：「凡道士、女道士，僧、尼之簿籍亦三年一造。凡道士、女道士衣服皆以木蘭、青碧、皂荊黃、緇壞之色。原注曰：『若服俗衣及綾羅、乘大馬、酒醉、與人鬭打、招引賓客、占相吉凶、以三寶物餉饋官僚、勾令朋黨者，皆還俗。若巡門教化、和合婚姻、飲酒食肉、設食五辛、作音樂博戲、毀罵三綱、凌突長宿者，皆苦役也。』」並規定每逢本朝歷世皇帝、皇后忌日，道士、女道士和僧、尼要分別到指定的觀、寺集中散齋，行香禮拜。

本書對二教的敘述，所據為開元時制，故先道後佛，帶有尊道抑佛傾向。而在此前，道佛二教孰先孰後，及其行政管理的歸屬等問題，曾經有過多次爭議和變化，究其原因，是統治集團內部各有不同的政治需要。概括說來，唐初因高祖李淵起兵滅隋興唐時，利用過老子顯靈的神話，並稱唐宗室是老子的後裔，因而竭力推崇道教；後來武則天稱制，為貶抑李唐大興佛教，亦利用別人為她編造的神話，稱自己是彌勒佛下凡。道、佛二教的先後次序及其隸屬關係的改易，便是在上述政治歷史背景下出現的。《新唐書·百官志》在宗正寺下屬崇玄署條注文中稱：「隋以署隸鴻臚，又有道場、玄壇，唐置諸寺觀監，隸鴻臚寺，每寺觀有監一人。貞觀中廢寺觀監。」「初天下僧、尼、道士、女官皆隸鴻臚寺，武后延載元年（西元六九四年）以僧尼隸祠部。開元二十四年（西元七三六年），道士、女官隸宗正寺。」本書所據為開元時制，所以第十六卷第二篇宗正寺崇玄署令的職掌中規定其「掌京都諸觀之名數，道士之籍帳，與其齋醮之事」。玄宗為了清除武則天的影響，對道教的推崇更甚於唐初。他不僅把管理道觀的崇玄署從鴻臚寺移屬於宗正寺，還以《道德經》、《莊子》等為貢舉考試科目，又令諸州設道學，舉送、課試與明經同，稱「道舉」。至天寶二年（西元七四三年）把道觀的管理分別轉入吏部的司封司。但本書第十八卷第二篇鴻臚寺卿的職掌中仍有「凡天下寺觀三綱及京都大德，皆取其道德高妙為眾所推者補充，上尚書祠部」。這本是唐初之制，亦可能為了反映舊制概貌而仍予保留。

中國歷史上，長期用以儒家為代表的帝王思想作為統治思想，包括宗教思想在內的任何別的思想都只能處於附庸、臣服的地位，絕不容許有獨立存在的自由。唐代由於特殊的歷史原因，對道佛二教的管理介入了更多的政治因素，如規定道士、女道士和僧、尼的簿籍三年一造，神職人員要受國家專門機構管轄，本朝歷世皇帝、皇后忌日道佛人員要進行集體散齋等等，這些都已形成了中國管理宗教的傳統特色，迄今未有多大改變，儘管歷史已證明這樣做效果並不好。

「歸化」與「朝聘」

相當於現代國家機構系統中的外交部門，唐代亦屬尚書禮部總管，由其所轄的主客司執掌政令，具體主其事者則是鴻臚寺及其下屬典客署。但在中國歷代帝王心目中，期望與周邊國家建立的不是互通有無的平等關係，而是以宗主國自居的附庸關係、臣服關係，因而主客司或鴻臚寺似乎還不能說就是現代意義上的外交部門，只能說是主管接待四方賓客的特殊機構。如典客署令職務之一是掌「東夷、西戎、南蠻、北狄歸化在蕃者之名數」（一八卷二篇），歸化即歸順於王化，臣服於天朝之意。主客郎中、員外郎的職掌中有「諸蕃朝聘之事」（四卷四篇）。朝聘，語出《禮記．王制》，便是指諸侯對天子的定期朝貢。原注列舉了尚存的七十餘朝貢國之名，從這份長長的名單中，可以看到當時唐王朝與周邊諸國關係的概況以及唐帝國的頗可炫耀的國際地位。但長時間陶醉於「天朝大國」就難免受到歷史懲罰。閱讀本書的這些篇章，若能聯繫一下從十九世紀中葉開始的那一連串國恥，聯繫一下當時中國與列強、落後與先進的懸殊對比而昏庸腐朽的滿清政府依然以「天朝大國」自居的可笑心態，就會在受到強烈震撼後，不得不清醒地作出反思。

依據書中記述，唐處理與諸蕃關係的具體做法是：㈠凡蕃主、蕃使來朝，先據其「蕃望」，即國家強弱、大小及與唐王朝的親疏關係，確定一個等位，作為此後安排接待禮儀規格、生活待遇等次的依據。(二)藩主、藩使朝貢之物，先將名數報送鴻臚寺，再評估其價值，以便據以確定回賜物品多少；通常回賜物價值總要超過所貢物，以顯示大宗主國氣度。(三)諸蕃國中若有君主去世而欲另立新君舉行承襲儀式的，由鴻臚寺派員奉詔前往依旨冊封。

在主客司和鴻臚寺的職掌中，還有一項所謂掌「二王之後酅公、介公」的事。二王後，指隋朝王室楊氏、北周王室宇文氏的後裔。據《新唐書．高祖本紀》記載，李淵滅隋建唐後，即「奉隋帝為酅國公」，並下詔稱：「近世時運遷革，前代親族，莫不夷絕。曆數有歸，實惟天命；興亡之效，豈伊人力。前隋蔡王、知積等子孫，皆選用之。」這種做法，亦是古來皆有。如商滅夏，「湯封夏之後，至周封於杞也」；周滅商，「封紂子武庚祿父，以續殷祀」(《史記》之〈夏本紀〉、〈殷本紀〉)。唐對二王後酅公、介公的優待，主要便是在大朝會、大祭祀等禮儀場合各給予一個列位，並不授以任何實際職務。這既是寬容和優遇，亦是一種控制的手段，類今對溥儀等人的所謂「統戰」。

國子監六學與科舉考試

唐代管理學校教育的機構是國子監。本書把國子監列在第二十一卷，為諸監之首，而且唯有此監單列成卷，其餘四監都是二監合一卷。國子監的長官為祭酒和司業，統領六所學館，即國子學、太學、四門學、律學、書學和算學。從沿革上看，國學在漢代稱太學，隸屬於太常卿。魏晉亦如此，至北齊國子太學方始從太常寺分離出來，成為獨立的管理教育的國家機構，稱國子寺。隋初仍稱國子寺，又曾一度回歸太常；隋煬帝大業三年(西元六〇七年)再次成為獨立的職能部門，並改稱國子監。國子監及其六學之設，是與科舉制度聯繫在一起的，六學所進行的就是應試教育，所培養的亦即應試人才；它既與科舉之制一起興盛，又與之一同消亡——清末廢除八股科舉考試時，國子監亦被撤併入新成立的學部，這個學部在民國時就改稱為教育部。關於科舉之制，本文在第三題「官員的選授與管理」中已有所提及，這裡單就國子監六學作些介紹。

國子監六學中，最被當時人看重的是國子、太學、四門三學，是專為皇室貴冑和高品官員子弟入學而設的，是貴族官僚的子弟學校。據《舊唐書・儒學傳序》，高祖李淵一進長安建唐稱帝，即令國子學置生七十二員，取三品以上子孫；太學置生一百四十員，取五品以上子孫；四門學置生一百三十員，取七品以上子孫。各地郡縣，上郡置學生六十員，中郡五十員，下郡四十員；上縣學並四十員，中縣三十員，下縣二十員。皇族子孫及功臣子弟，則於秘書省別立小學。到貞觀時，長安的學校教育有了更大的發展。曾於國學增築學舍一千二百間，太學、四門博士生員增至三千二百六十人。當時高麗、百濟、新羅、高昌、日本等周邊國家，都有留學生在長安學習。唐代為國子、太學、四門三學修習的課程，第二十一卷第一篇國子監祭酒職掌條中規定為：「凡教授之經，以《周易》、《尚書》、《周禮》、《儀禮》、《禮記》、《毛詩》、《春秋左氏傳》、《公羊傳》、《穀梁傳》各為一經；《孝經》、《論語》、《老子》則兼習之。」所列九經，亦就是科舉考試設定九部儒家經典。九經，從根本意義上說，都是中國古代帝王制度及其思想的著錄。如《詩》中的雅與頌，是廟堂的頌詞；《書》是歷代帝王的文告，《易》是帝王求神占卜的檔案；《春秋》則是諸侯王行狀的實錄；《三禮》更是帝王制度最早最直接的描述，其中《儀禮》是通過禮儀程式來展現人們互關係中的行為準則，《周禮》敘述古代帶有儒家理想化成分的職官制度，《禮記》則是闡述以帝王制度為核心的禮的基本觀念。九經中，《禮記》、《左傳》為大經，《毛詩》、《周禮》、《儀禮》為中經，《周易》、《尚書》、《公羊傳》、《穀梁傳》為小經。修習的期限，一般是大經三年，中經二年，小經一年半，《孝經》、《論語》一年。由於科舉考試中頗為重要的一種題式為帖經，在教學方法上亦強調首先是記憶背誦，然後才是講解經義。《學令》規定：「諸學生先讀經文通熟，然後授文講義。」（《唐會要》卷六六）教師稱博士，各分經授課，每授一經，必令終講，所講未終，不得改授他業。對教師的考課，以其當年講授的進度為依據核定等級。學生初入學時，要給教師行束脩之禮，禮品為絹，另有酒一壺，乾肉一案。學生入學後，由學校供給食宿，對生員的紀律約束，由國子監主簿執掌。學業完成後，在國子監參加結業考，由司業負責考核。明經科考帖經、口試、經義策；進士科試一中經，詩賦及時務策。考試及格的，報告祭酒，再把名單上報於尚書省禮部，以便參加來春舉行的科舉考試。學生在學如果三年連續考下第，九年在學還不能結業的，要取消學籍。國子監亦接受皇太子就學。皇太子初入學時要舉行盛大的齒冑之禮。

國子監還有一個重要的職掌，便是在每年春分和秋分所在的月份擇日各祭奠孔子一次，稱釋奠。配祭的還有顏回和孔子七十二弟子以及歷代先儒二十二人。祭祀時，祭牲用太牢，按軒縣的規制懸掛樂器。唱登歌，行六佾之舞。由國子監祭酒為初獻，司業為亞獻，博士終獻。釋奠之日，要集合諸生，由司業執經講義，在京七品以上文武官員，亦可前往觀禮。唐代皇太子參加釋奠之禮的記載頗多。如貞觀二十年（西元六四六年）李治為皇太子時，總章元年（西元六六八年）李宏為皇太子時，景雲二年（西元七一一年）李隆基為皇太子時，都曾往國子監行釋奠之禮；開元七年（西元七一九年）皇太子李瑛在國子監行齒冑禮，並釋奠孔子。唐代前期，還曾有多位皇帝親臨其禮，如高祖在武德七年（西元六二四年），太宗在貞觀十四年（西元六四〇年），都曾到國子監參加釋奠之禮。開元二十六年（西元七三八年）玄宗曾敕諸州鄉貢赴國子監謁先師孔子，由「學官為之開講，質問疑義，有司設食，宏文、崇文兩館學生及監內舉人，亦聽參焉。遂為常式，每年行之」（《唐會要》卷三五）。通過這些儀式和活動，無非是要推崇九經亦即帝王制度和帝王思想的權威性、神聖性，並以此為綱，來統率國子監及地方州學、縣學和每歲舉行的科舉考試，又進而以此吸引、規範全國學子的志向和人生道路。「學就經濟術，貨與帝王家」。當知識階層中的多數人都以效忠王命作為價值取向的時候，帝王制度便獲得了穩固的社會基礎。中國封建集權專制的歷史之所以延續如此久長，意識形態及其總掌者尚書禮部的作用當不容低估。

五、財政與民政——尚書戶部、司農寺、太府寺等

財政基礎：土地·戶口

唐代執掌國家財政的機構是尚書省戶部，本書列於第三卷，下屬有四司：戶部、度支、金部和倉部。作為頭司的戶部司是管理財政收入的，司長官郎中、員外郎的職掌是：「掌領天下州縣戶口之事，凡天下十道任土所出而為貢賦之差。」（三卷一篇）唐代已建立了相當完備的國家預算制度，度支司便是編製支度國用計畫即年度財政收支預算的機構，編製的原則是「計其所出而支其所用」（三卷三篇），亦即「量入為出」。金部、倉部二司則為度支預算的執行機構，金部「掌庫藏出納之節，金寶財貨之用，權衡度量之制，皆總其文籍而頒其節制」（三卷四篇）；倉部「掌國之倉庾，受納租稅，出給祿廩之事」（三卷五篇）。二司與度支的關係，類似現代財務運作中的一對分工：度支是會計，金、倉二司為出納。固然出納是具體執行會計預算的，但度支司在編製預算過程中，亦不能沒有金部和倉部的參預，預算的執行，更須經二司的協力才得以實現。

書中原注在追溯「戶部」的淵源時，稱其為「周之地官」、「漢之民曹」。這雖只是名稱的來由，卻亦從一個側面反映了中國古代漫長的農業經濟社會裡國家財政總要與土地、人口緊密聯繫在一起。所以戶部既管財政，亦管民政；當然管民政的目的還是為了財政，即賦稅收入。弄清楚這一點，就不難理解戶部卷何以要用大量篇幅列述全國十道的區劃，所轄諸州以及境內名山大川，原注據開元二十五年（西元七三七年）敕令更為詳細地展示了諸州的名土特產。這部分資料對研究歷史、經濟、地理都很有價值。道的劃分，始於貞觀，初為十道，本書所依即貞觀制。其後又有新置或分置，至開元時增至十五道。道以下是州、府：「凡天下之州、府三百一十有五」（三卷一篇）。唐代縣數本書無錄，據《通典·職官十五》為一千五百七

十三縣。縣以下為鄉里：「百戶為里，五里為鄉。兩京及州縣之郭內分為坊，郊外為村。里及村、坊皆有正，以司督察。四家為鄰，五家為保。保有長，以相禁約。」最後是戶和口：「凡天下之戶八百一萬八千七百一十，口四千六百二十八萬五千一百六十一」。戶依照資產多少分為九等，口則從出生到老年劃分五個階段，即「男、女始生為『黃』，四歲為『小』，十六歲為『中』，二十有一為『丁』，六十為『老』。」（以上均見三卷一篇）這些等級大都與賦稅徭役徵發相關聯，所以與其說是民政管理，還不如說是出於財政需要。

唐代前期實行均田制。王公及百官各按品級受永業田，諸州官府有公廨田，官人給職分田，各有等差。此外便是丁男依制授田。第三卷第二篇戶部郎中職掌中載有授田之法：「丁男、中男以一頃，老男、篤疾、廢疾以四十畝，寡妻妾以三十畝，若為戶者則減丁之半。凡田分為二等，一曰永業，一曰口分。丁之田二為永業，八為口分。」按此標準，全國應授田數，《通典・食貨二》依據天寶時期的戶部帳有一個統計：「應受田一千四百三十萬三千八百六十二頃十三畝。」唐時全國的可耕地數，現在已無從查考。實際上，除了給官人田和公廨、職分田以外，剩下能夠授給丁男的，常常要低於應受數，特別到了中後期，所謂均田制亦已名存實亡。

上述土地和戶口的概貌，便是唐代財政的基礎。既然度支司編製年度財政預算的原則是「量入為出」，那麼李唐王朝每年的收入和支出的概況又是如何呢？

賦役與雜稅：收入種種

唐代正式賦役之制有四種：「一曰租，二曰調，三曰役，四曰雜徭。」（三卷二篇）這幾種賦役具體落實到每個課丁便是：租，粟二石；調，絹二丈，綿三兩；役，每年二十日。若無事則徵收絹，稱為庸，每日折納三尺，一年二十日即須納絹六丈。周邊少數族，則按戶等徵稅。如「嶺南諸州稅米，上戶一石二斗，次戶八斗，下戶六斗；若夷、獠諸戶，皆從半輸」。蕃胡內附者，「上戶丁稅銀錢十文，次戶五文，下戶免之。附貫經二年已上者，上戶丁輸羊二口，次戶一口，下戶三戶共一口」（同上）。

除了正式賦役以外，還有不少雜稅或雜項的收入。如——

戶稅、別稅　第三卷第二篇戶部郎中職掌條：戶稅「三年一大稅，其率一百五十萬貫；每年一小稅，其率四十萬貫，以供軍國傳驛及郵遞之用。每年又別稅八十萬貫，以供外官及公廨之用。」戶、別二稅相加，每年共為二百三十萬貫。此數佔整個租調庸的比例，據《通典・食貨七》注文的估計為「二、三十分唯一耳」，似乎不算多。但這只是朝廷框計的數字，實際上因戶、別稅為地方官府用以維持行政經費的重要來源，下達時難免要來一個「層層加碼」，最後落到課戶頭上的自然要比這多得多。

資課　資與課都是以納錢代役的稅項。納資者，包括勳官、散官、諸衛以及工匠、漁師、官戶、雜戶、散樂、音聲人等，規定須番上服役，不役則以納錢代役。「自四品，皆番上於吏部，不上者，歲輸資錢，三品以上者六百，六品以下一千。水、旱、蟲、霜減半資」（《新唐書・百官志》）；諸衛：「凡諸衛及率府三衛貫京兆、河南、蒲、同、華、岐陝、懷、汝、鄭等州，皆令番上，餘州皆納資而已。原注曰：『應納資者，每年九月一日於本貫及寄住處輸納，本貫挾名錄申兵部。』」（本書五卷一篇）；散樂、音聲人等：「若有故及不任供奉，則輸資錢以充伎衣、樂器之用」（一四卷三篇原注）；工匠：「其驅役不盡及別有和雇者，徵資市輕貨，納于少府、將作監」（七卷一篇）。納課者，指充當防閤、庶僕、胥士、白直、執衣、士力、仗身、親事、帳內等等，都是分別依制配給內外職事官供隨時驅使的，不役亦可納錢以代。相關規定，散見於本書的，如「凡諸親王府屬並給士力，其品數如白直。原注曰：『其防閤、庶僕、白直、士力納課者，每年不過二千五百，執衣不過一千文。』」（三卷二篇）；「凡王公已下皆有親事、帳內。原注曰：『親王、嗣王、郡王、開府儀同三司及三品已上官帶勳者，差以給之。並本貫納其資課，皆從金部給付。』」（五卷一篇）《新唐書・食貨志》則云：「文武職事三品以上給親事、帳內。以六品、七品子為親事，以八品、九品子為帳內，歲納錢千五百，謂之品子課錢。」納資的錢多入庫或用於公，納課的錢則作為官員物質待遇的一部分，給予個人；亦有作為官府的收入，成為公廨費用的一個來源。由於如親事、帳內的課錢在本貫交納，而屬於親王的由金部給付，所以資課的一部分，在諸州與租調庸一起輸於京師。《唐會要》卷五十八載有開元六年（西元七一八年）五月四日專為此事發的敕令：「諸州每年應輸庸調資課租，及諸色錢物等，令尚書省本司豫印紙送部，每年通為一處，每州作一簿。」這樣資課已與庸調並列，同被列入預算計畫，成為國家的一項重要稅入。

義倉　因按地畝起徵，故亦稱地租、地稅。第三卷第五篇倉部郎中職掌條稱：「凡王公已下，每年戶別據已受田及借荒等，具所種苗頃畝，造青苗簿，諸州七日已前申尚書省；至徵收時，畝別納粟二升，以為義倉。」這一稅種已被載入法律文書，如《唐律疏議》中的〈戶婚律〉、〈廄庫律〉都有提到，凡「迴避詐匿不輸」者都要受到懲處。義倉本為荒年賑濟而設，明文規定「不得雜用」，但實際上卻常被以某種原由移作他用。如武則天後期曾把江淮義倉稅米變造後運至京師充官祿及諸司糧料。因此類情事時有發生，開元四年（西元七一六年）特下敕「自今以後，更不得以義倉回造」（《冊府元龜》卷五〇二）。但似仍未禁絕，如開元十八年（西元七三〇年）宣州刺史裴耀卿便曾建議「更運江淮變造義倉，每年剩得一二百萬石」（《通典・食貨十》）。天寶時江淮義倉粟每年變造運京之數已達四百餘萬石，說明義倉貯粟有相當大一部分已轉化成了國家財政可支配的財用。

各類貢獻　第三卷第一篇詳細開列了全國各州貢物的名稱，從奇珍異寶到名土特產，色色俱全。這些貢品是由州府和市上貢，每年在十月二十五日由諸州府朝集使攜帶至京，並於元日朝會時「陳其貢篚於殿庭」（三卷二篇）。《新唐書・食貨志》稱：「州府歲市土所出為貢，其價視絹之上下，無過五十匹。異物、滋味、口馬、鷹犬，非有詔不獻，有加配則以代租賦。」這是屬於每年一次的常貢。此外還有雜物貢。第二十卷太府寺，其左藏貯藏絹帛，右藏貯藏寶貨及雜物。原注中有「雜物州土」，列舉了五十六州、三十六種貢品，便是諸州府常貢以外的雜物貢。又，二十二卷少府寺下屬五署，掌皇帝御用衣物及百官儀制的製作，其中少府監丞職掌條：「凡五署所修之物，須金石、齒革、羽毛、竹木而成者，則上尚書省，尚書省下所由司以供給焉」；中尚署令職掌條：「其所用金木、齒革、羽毛之屬，任所出州土以時而貢送焉」。這種由尚書省下符文從州府索取的貢物稱別索貢。此外還有折造貢，則是各地折庸調以造貢物，多屬綾羅錦緞金銀珠寶一類。第三卷第三篇戶部度支郎中職掌之一便是：「凡金銀寶貨綾羅之屬，皆折庸調以造焉。」元稹〈古題樂府織婦詞〉自注「予掾荊時，目擊貢綾戶有終老不嫁之女」；白居易〈紅綫毯〉一文所言宣城的貢品，以及柳宗元〈捕蛇者說〉中的永州貢蛇戶，都是以貢品折抵租賦，即屬於所謂折造貢。另如鷹犬、口馬之類須訪求始得，稱訪求貢。至於周邊諸國和少數族的貢物，規定由相鄰道轉輸，所以都分列在第三卷第一篇十道之後，稱朝貢。這些貢物皆入於太府寺的右藏庫，右藏庫有內外之別：珍寶入右藏內庫，州土所產雜物則貯於外庫。

唐代全年的財政收入，《通典．食貨六》根據天寶時期的全國計帳作了如下框計：稅錢：約二百餘萬貫；地稅：約一千二百四十餘萬石；庸調租：絹約七百四十餘萬疋，布約一千零三十五萬端，綿一百八十五萬屯，粟七百四十餘萬石；其租：布約五百七十餘萬端，粟約五百二十餘萬石。總計：「大凡都計租稅庸調，每歲錢粟絹綿布約得五千二百三十餘萬端疋屯貫石，諸色資課及句剝所獲不在其中。」

供御與供軍：支出種種

第三卷第三篇度支郎職掌條規定：「凡物之精者與地之近者以供御，物之固者與地之遠者以供軍。」關於供軍，原注稱：「謂支納邊軍及諸都督、都護府。」關於供御，可分供皇帝及帝室和供諸司及內外官吏兩大部分。

對皇帝御用之物的供應，秦漢時有少府，「少府者，天子之私府」（二二卷一篇原注）。至隋唐，少府已演化為少府監和太府寺兩個機構，職掌亦有所變化，但御用供應仍列為首要保證，自不待言。對官員的供給，有職田、官祿、月俸、會賜等幾種，直接間接都與財政開支相關。職田是按品位分配給官員的代祿田，其配給額列於第三卷第二篇戶部郎中職掌條。由於京都附近官民會集，土地供應不足，所以外官職田數多於京官，且廣徵田租兼及絲課，收入亦高於京師。鑒於職田的徵收常常侵漁百姓，開元時期曾一度廢止，改為每畝收粟二斗，謂之地子以給職官，但不久又恢復職田之制。其次是官祿。第三卷第五篇倉部郎中職掌條列敘了唐官祿之制。京官每年從正一品為七百石至從九品為五十二石，外官降一等。分二次給，春、夏二季則春給之，秋、冬二季則秋給之。職事官官祿按其本品給。五品以上退休的官以及解官充侍者的，各給半祿。第十九卷第二篇司農寺太倉令職掌條規定：「凡京官之祿，發京倉以給。」京倉指司農寺所屬的太倉。發放之月，京師諸司，分上旬、中旬、下旬三批領取。再次是月俸。第三卷第四篇金部郎中職掌條：「百司應請月俸，則符、牒到，所由皆遞覆而行之。」月俸是個綜合概念，包括俸、食料、雜用和防閤等所納的資課等，「開元二十四年（西元七三六年）敕以名目雖多，料數先定，既煩案牘，以此生姦。自今已後，合為一色，都以月俸為名」（三卷四篇原注）。與官祿不同的是，月俸是依職事品一月一給。《通典・職官十七》依據開元定制，開列了從一品到九品的月俸錢數。如：「一品，月俸料八千，食料千八百，雜用千二百，防閤二十千，通計三十一千」；「九品，月俸千五十，食料二百五十，雜用二百，庶僕四百，通計千九百」。此外便是每年元正、冬至日大朝會的賞賜，亦是與俸祿並行的一項固定收入。第三卷第四篇金部郎中職掌條稱：「正、冬之會，稱束帛有差者，皆賜絹，五品已上五匹，六品已下三匹。命婦會，則視其夫、子。」西京太府寺左藏署有東庫、西庫、朝堂庫三庫。其庫所以取名朝堂庫，因庫藏皆供朝堂賞賜之用。第二十卷第一篇太府寺丞職掌條規定：「凡會賜及別敕錫賚，六品已下即于朝堂給之。」五品已上的賞賜則另由內府令所掌中藏，亦即右藏內庫，或稱司寶庫，出給。第十二卷第二篇內侍省內府局令丞職掌條稱：「凡朝會五品已上賜絹及雜彩、金銀器於殿庭者，並供之。諸將有功，並蕃酋辭還，賜亦如之。」

至於流外長上及諸色人等，雖無祿，亦需給倉食。第三卷第五篇倉部郎中職掌條規定「諸色人應給倉食者，皆給貯米，本司據見在供養」；「流外長上者，外別給兩口糧。諸牧尉給五口糧，牧長四口糧。諸牧監獸醫上番日，及衛士、防人已上征行若在鎮及番還，並在外諸監、關、津、番官土人任者，若尉、史，並給身糧。諸官奴婢皆給公糧，其官戶上番充役者亦如之」。

國用計畫的編製與實施

上述收入和支出兩項，是編製國用計畫即年度財政預算的最基本的依據。《通典・食貨六》有天寶時期的一個度支國用框架，不妨抄錄如下：「其度支歲計：粟則二千五百餘萬石。本注曰：『三百萬折充絹布，添入兩京庫。三百萬迴充米豆，供尚食及諸司官廚等料並入京倉。四百萬江淮迴造米轉入京，充官祿及諸司糧料。五百萬留當州官祿及遞糧。一千萬諸道節度軍糧及貯備當州倉。』布絹綿則二千七百餘萬端屯疋。本注曰：『千三百萬入西京，一百萬入東京，千三百萬諸道兵賜及和糴，並遠小州使充官料郵驛等費。』錢則二百餘萬貫。本注曰：『百四十萬諸道州官課料及市驛馬，六十餘萬添充諸軍州和糴軍糧。』」

編製每年財政收支預算，雖屬戶部度支司的職掌，但直接間接參與其事的，牽涉到中央和地方的眾多機構，包括最基層的鄉里以至每家每戶。編製預算的原始依據是計帳和戶籍，此事本書第三卷第一篇歸於戶部司，由「郎中、員外郎掌領天下州縣戶口之事」；規定：「每一歲一造計帳，三年一造戶籍。縣以籍成於州，州成於省，戶部總而領焉。原注曰：『諸造籍起正月，畢三月。所須紙筆、裝潢、軸帙皆出當戶內，口別一錢。計帳所須，戶別一錢。』」《唐會要》卷八十五載有開元十八年（西元七三〇年）十一月的一道敕令，其中提到編造計帳、戶籍的具體操作程序：「諸戶籍三年一造，起正月上旬，縣司責手實計帳，赴州依式勘造，鄉別為卷，總為三通，其縫皆注某州某縣某年籍，州名用州印，縣名用縣印。三月三十日納訖。并裝潢一通，送尚書省，州、縣各留一通。」所謂「手實計帳」，便是三年來各戶戶主向里正申報的本戶戶口和田宅狀況的文書。現在我們尚可從吐魯番出土文書中看到唐代在西州此類籍帳的殘卷。計帳、戶籍，在州、府，屬戶曹、司戶參軍的職掌（三〇卷一篇），在縣則由縣令親掌。第三十卷第二篇縣令職掌條特別規定，為了防止手實和籍帳出現偽誤，對「五九」、「三疾」等狀況，縣令必須親自「過貌」，然後注定。過貌亦稱貌閱，就是當面閱定。五九，指處於與賦役待遇特別相關的五個不同年齡階段的人，即十九、四十九、五十九、七十九、八十九。十九歲是作為二十一成丁的準備，四十九則再長一歲便可免除課役，五十九是進入「六十為老」退出課丁的前期，七十九、八十九已臨耄耋之年，到滿八十歲、九十歲時，國家將給予侍丁一類優待。貌閱後，縣令要寫出描摹其人貌狀的文書，稱為貌案。確定戶等時，還要徵詢鄉里耆老，皆稱允當然後明立簿書。對隱匿和漏報戶口的，《唐律‧戶婚律》則規定有相應的懲處條例。

州縣在三月三十日以前完成計帳的編製，送達尚書省的限期是五月三十日。戶部司彙綜全國州縣計帳後，便根據賦役制度的規定推算出徵收租庸調等諸項收入情況，送交度支司。與此同時，中央和地方各機構開始編製本司預算，因限定八月上旬上報，故稱「八月都帳」。內容包括破除數和現在數，即本年度所撥經費已用去和尚剩餘之數，以及來年需支用之數。八月都帳中庸調及雜彩部分須先經金部會勘，租粟部分須先經倉部會勘，然後報送度支司。既有了八月都帳，又有了戶部司轉來的折算，即已掌握了收、支兩方面的數據，度支便可正式著手編製來年全國財政預算。

度支司編製的年度財政預算，唐時稱「支度國用」（三卷三篇），在公文格式上稱奏抄。《新唐書‧百官志》度支郎中、員外郎條：「掌天下租賦物產豐約之宜，水路道塗之利，歲計所出而支調之，以近及遠，與中書門下議定乃奏。」這裡的中書門下即原來的政事堂，唐代宰相的辦事機構。度支編製的預算須在中書門下經宰相班子議定，方可以奏抄的形式報送門下省上奏。門下省在上奏前還須審議，其程序是：先由給事中審讀，若有違失，須予以駁正然後署名；繼而由侍郎、最後由侍中審定才可上奏。皇帝畫「可」，發回門下省，再由侍中注「制可」，下尚書省施行。國用計畫一經皇帝畫可，就如同發日敕一樣，成為下達的王言，諸司具體執行的法律依據。

從以上的簡略敘述可知，國用計畫的編製過程相當繁複，最後終於得以符文形式下達內外諸司時，又因數量眾多，須由百司抄寫，不僅費時費工，還極易出錯，因而後來作了改革。這就是第三卷第三篇原注所說的：開元二十四年（西元七三六年）敕「令戶部條修《長行旨條》五卷」。所謂長行旨，就是將基本收支定額相對穩定下來，這樣戶部每年只須作適當調整，便可「進畫頒行」，這就要簡便得多。

國用計畫的實施，包括徵收、調運、貯藏、出給這樣一個過程，牽涉面更廣，工作量更為浩繁。

第三卷第一篇戶部郎中職掌條稱：「凡庸調之物，仲秋而斂之，季秋發於州。租則准州土收穫早晚，量事而斂之，仲冬起輸，孟春而納畢；原注曰：『江南諸州從水路運送之處，若冬月水淺上埭難者，四月已後運送。』本州納者，季冬而畢。」地方州縣在開徵前，要向民眾張榜公佈，如《新唐書・食貨志》稱：「凡稅斂之數，書於縣門、村坊，與眾知之。」庸調租徵收時間前後相繼，長達半年之久。唐代所徵主要還是實物形態，因而運輸就成了一件極艱巨的事。運輸的方向，按供御、供軍兩大類分，前者運向京城，後者則先集中於配所，再轉輸到相關地區。第三卷第三篇度支郎中職掌條特別規定水陸運輸的程限：「凡陸行之程：馬日七十里，步及驢五十里，車三十里。水行之程：舟之重者，泝河日三十里，江四十里，餘水四十五里，空舟泝河四十里，江五十里，餘水六十里。沿流之舟則輕重同制，河日一百五十里，江一百里，餘水七十里。原注曰：『其三硤、砥柱之類，不拘此限。若遇風、水淺不得行者，即於隨近官司申牒驗記，聽折半功。』轉運、徵斂、送納，皆準程而節其遲速。」唐代運輸主要還是靠水路，船舶走行緩慢，特別是三門峽一帶湍流險灘，不僅曠日持久，更兼吉凶難卜。漕運如此困難，而京師官僚隊伍不斷膨脹，致使在高宗、玄宗時期連皇帝亦不得不多次帶著後宮和近臣赴東都洛陽「就食」。至開元二十年（西元七三二年）採納京兆尹裴耀卿建議，實施置倉納租、水陸易道轉運諸法後，京師用糧緊張局面才有所緩解。

執掌貯藏和出給指令的是戶部的金部司和倉部司。二司的分工是，金部「掌庫藏出納之節，金寶財貨之用，權衡度量之制」；倉部「掌國之倉庾，受納租稅，出給廩祿之事」（三卷四篇、五篇）。具體將指令付諸實施的則是列於本書第十九卷的司農寺和第二十卷的太府寺等。司農寺對糧米的貯藏、轉運、出納是根據倉部指令進行的，太府寺對錢貨貯藏出納則是依照金部的指令進行的。金部與倉部，太府與司農，在職能上的這種對應和區分，反映了國家財政在那時還存在貨幣與穀物兩種形態，即使是貨幣，亦還錢帛兼用，所以財政的結算，還只能貨幣與實物二者並存的格局。司農寺所統上林、太倉、鉤盾、導官四署與諸監，所掌偏重於倉廩和農功，以供朝會、祭祀、御用及百官常料之需，其中太倉（包括宮城內太倉）掌供皇室膳食及京官祿米，在司農寺運作中佔有特殊地位。太府寺所屬左右藏主管錢貨的出納，而其京都四市署及平準、常平等署的職能都與保持錢穀價格穩定相關。在當時經濟條件下，一旦穀物、絹布的價格失控，整個供需關係就將出現混亂，所以這幾個署在保障國家財政收支的基本秩序方面起著頗為重要的作用。太府寺還兼有一條職掌，就是每年八月校核官私斗、秤、度尺，以統一全國度量衡的標準，使社會的生產和交換得以正常進行。至於錢幣的鑄造，唐設有諸鑄錢監，初由少府監掌管，後改由所在州府都督、刺史兼管。錢爐建於產銅之地，本書記為有絳州等八十九爐（二二卷二篇），《新唐書・食貨志》則為九十九爐。

凡庫藏的出給，須先由請領官司行文給戶部相關司：所需為財貨類，行文於金部；所需為穀物類，行文於倉部。金部或倉部依照支度國用計畫遞覆，然後下符文及木契給太府寺或司農寺，太府寺或司農寺據符文及木契再下牒文及木契與所屬相關庫房，庫房核驗無誤即予支給。這樣便形成了金部→太府→諸庫，或倉部→司農寺→諸庫的三級支納關係，每級之間都有符牒、木契作為憑證，以保證支給的確實無誤。

在支度國用計畫的編製與實施過程中，除了要接受尚書都省和御史臺的監督檢查以外，還有比部司專從財政的角度進行勾檢。比部司類似現代的審計機關。本書第六卷尚書刑部第三司比部，規定有郎中、員外郎各一人，主事四人；唯其職掌有較多闕文，若補以《舊唐書・職官志》，比部郎中、員外郎之職為：「掌勾諸司百僚俸料、公廨、贓贖、調斂、徒役課程、逋懸數物，周知內外經費而總勾之。」又：「凡倉庫、出納、營造、傭市、丁匠、功程、贓贖、賦斂、勳賞、賜與、軍資、器仗、和糴、屯牧，亦勾覆之。」

唐代在中央諸司和地方州縣亦各有勾檢之官。諸司為丞、主簿等，州縣由行政長官兼任，具體主其事者則為主簿及錄事參軍事。勾檢範圍亦包括相關政事，財政收支則是其中一項重要內容。勾檢結果，每季向比部申報一次。比部作綜合勾覆後，將總體情況關知度支和金部、倉部，作為編製來年國用計畫的依據之一。比部對諸司及州縣勾檢官雖非直接統屬關係，在業務上仍負有指導、督促之責。如德宗建中元年（西元七八〇年）比部的一篇狀文，就是限期諸州及軍府將一年勾檢所獲申報比部，以便關知度支列入來年預算。文中稱：「天下諸州及軍府赴勾帳等格，令所由長官、錄事參軍、本判官，據案狀仔細勾會。其一年勾獲及勾當各品，申比部。一千里以下正月到，二千里以下二月到，餘盡三月到。省司檢勘，續下州知，都至六月內結。數關度支，使入其年支用。」（《唐會要》卷五九）

六、司法與監察——尚書刑部、大理寺、御史臺等

兩套機構與四類法律文書

唐代最高司法機構是尚書省刑部，最高審判機構是大理寺。從沿革上講，刑部源於漢成帝時所設的三公曹，主刑獄之事。東漢太尉府有辭曹，主辭訟之事；又有二千石曹，初主郡國二千石事，後改掌京城治安，處理有關水火、盜賊、訴訟方面事務。西晉時先以三公尚書專掌刑獄，至隋開皇初始改名為刑部尚書。而審判機構，秦時為廷尉，漢景帝時更名大理，武帝時復為廷尉，負責審判詔獄，亦受理地方上的上訴，其判例可比作法律。此後其名稱還有多次改易：哀帝時復為大理，東漢再稱廷尉，魏初又改為大理，不久仍稱廷尉，晉、宋南朝皆稱廷尉，而北齊及隋唐皆稱大理寺。至此，司法行政機構和審判機構方始定型。

尚書刑部列於本書第六卷，下轄刑部、都官、比部、司門四司，執掌有關刑法、徒隸、勾覆、關禁

等方面的政令。唐代在地方仍然實行行政、司法合一制，州縣長官、刺史和縣令即審判長官，但直接審判案件的通常還是州（府）的法曹參軍事，縣的司法佐。在中央及京城負責審判的機關，則是本書列於第十八卷的大理寺。據書中刑部郎中及大理寺卿職掌條正文和原注規定，州、縣、大理寺審判權的劃分大致是：「凡有犯罪者，皆從所發州、縣推而斷之」，其中「徒已上縣斷定，送州覆審訖」；「在京諸司，則徒以上送大理，杖以下當司斷之，若金吾糾獲，亦送大理」。刑部則掌覆審之權，包括流刑以上案件以及九品以上官犯除、免、官當者，均須申報刑部覆核。死刑則先由刑部覆核，然後申中書門下詳覆。重大的案件由刑部尚書會同大理寺卿、御史中丞會審，若屬國之大案，則要由中書省、門下省、御史臺三司共鞫其事。所有獄案最後的終審裁定權，都集中於皇帝一人之手。

御史臺是唐代最高監察機關，監察的對象是各級官僚機構。它直接受命於皇帝，具有監督、檢察、彈劾、懲戒等多種職能。唐御史臺有一個與司法系統平行並相對獨立的自上而下的垂直系統。這個系統在開元時分為侍御史、殿中侍御史、監察御史三院，三院各有一資深御史為院長，御史中丞則為御史臺的長官。作為皇帝鷹鸇、耳目之司御史臺，在它內部雖亦有官品高低、職位大小之分，卻不存在通常的上下級關係，而是強調所謂「比肩事主」，即所有御史各自直接只對皇帝一個人負責。御史臺內部秩序的這一特點，再加上御史一般由皇帝直接選授，使得它在宮廷權力角逐最緊張的時期，常常喪失本應具有的嚴明公正，而成為其效命者排斥和迫害異己的馴服工具。

作為司法機構執法依據的法律文書，唐代主要有四種形式。第六卷第一篇刑部郎中職掌條：「凡文法之名有四：一曰律，二曰令，三曰格，四曰式。」接著詳細開列了唐代這四種法律文書各自章、篇數、名稱及條數，總計是：《律》，十二章，五百條；《令》，二十七篇，三十卷，一千五百四十六條；《格》，二十四篇，七卷；《式》，三十三篇，二十卷。

律、令、格、式有各自的適用範圍和效用：「凡律以正刑定罪，令以設範立制，格以禁違正邪，式以軌物程事。」（六卷一篇）令是對制度設施的正面規定，如果違令那就被認為有罪，要入律，所以律是定罪量刑的依據。格是將皇帝在一段時間內先後發佈的旨在調整現行制度、法令的制敕集中起來，整理彙編成冊再詔令頒行，所以格的內容往往帶有綜合性，是對原有法律文書的一種補充或修正。式是官府執行各類公務的實施細則或有關程序、程限的規定。唐代法制文書的這種構成，是長期歷史發展形成的，書中原注就歷述了自戰國李悝造《法經》，商鞅改法為律，蕭何定《九章之律》，直至隋唐而成律、令、格、式的過程。需要補充的是，到南北朝時，中國的律學已分為南北二派，程樹德《九朝律考・南朝律考序》稱：「其時中原律學，衰于南而盛于北。北朝自魏而齊，而隋而唐，尋流溯源，自成一系，而南朝則與陳氏之亡而俱斬。」所以唐律除上承秦漢以外，主要還是對北律的繼承和發展。唐代的法制文書應是歷史上最完備的，特別是其中的《永徽律》，由長孫無忌等奉敕為之疏議，合稱《律疏》，至宋而改稱《唐律疏議》，成為世界五大法系之一的中華法系的代表著作。當然如果從現代觀點看來，它亦還有不完備處，如其通過和頒行並沒有嚴格的法定程序，除律外，其餘多為皇帝制敕令書的彙編，條文重複繁多，既難於熟記，查閱亦頗為不易。不過唐代前期從上到下辦事都比較認真，這許多律令格式條文，總體上還是切實付諸實施的。為了便於官員熟記或查閱相關條文，曾先後兩次敕令將當司相關律、令、格、式條文錄於廳事牆壁。一次是在睿宗文明元年（西元六八四年），一次是在開元時期，要求「內外官人，退食之暇，各宜尋覽」，「俯仰觀瞻，使免遺忘」（《唐會要》卷三九）。此外便是在《唐律》中規定相關條文，以保證法制文書得以切實執行。如《唐令》中有多篇〈職員令〉是對諸司官吏員額的規定，因而《唐律疏議・職制律》中便專列一條對超員的處罰：「一人杖一百，三人加一等，十人徒二年。」又如同書〈斷案下〉規定：「諸斷罪，皆須具引《律》、《令》、《格》、《式》正文，違者笞三十；若數事共條，止引所犯罪者，聽。」疏議曰：「犯罪之人，皆有條制，斷獄之法，須憑正文，若不具引，或致乖謬，違而不具引者，笞三十。若數事共條，謂依〈名例律〉，二罪以上俱發，以重者論。」又，若是制敕臨時直接斷罪處分不為永格者，則規定

「不得引為後比，若有輒引致罪有出入者，以故失論」。

五刑・十惡・八議

刑罰必須有統一的規制，並盡可能使之易於計量，才能做到刑罪相當，公正劃一。我國形制發展至隋唐，有了統一的五刑制。本書第六卷第一篇刑部郎中職掌條規定：「刑名之制五焉：一曰笞，二曰杖，三曰徒，四曰流，五曰死。」五刑之名，最早見於《尚書・呂刑》，但刑種有別：「墨罰之屬千，劓罰之屬千，剕罰之屬五百，宮罰之屬三百，大辟之罰，其屬二百，五刑之屬三千。」墨（刺字於額）、劓（割鼻）、剕（斷足）、宮（男割勢，女幽閉）、大辟（死刑），都屬肉刑。到漢文帝提出廢除肉刑後，儘管自東漢迄魏晉、南北朝對此有過不少次爭論，但肉刑在總體上還是比過去有所減少。至《隋律》，始把五刑調整為笞、杖、徒、流、死。唐依隋制。笞刑分五等，笞十至五十；杖刑五等，杖六十至一百；徒刑亦五等，自徒一年起，以半年為差至於三年；流刑三等，流二千里、二千五百里、三千里，三流皆役一年。死刑有二，絞和斬。

唐代在實施刑罰中，還有幾點值得一提。一是刑具有統一規格。如「杖皆削去節目，長三尺五寸。訊囚杖大頭徑三分二釐，小頭二分二釐；常行杖大頭二分七釐，小頭一分七釐；笞杖大頭二分，小頭一分半」。罪犯受刑的部位亦有規定，如「決笞者，腿、臀分受；杖者，背、腿、臀分受；在殿庭決杖的以背受」（六卷二篇原注）。此外，枷、杻之類刑具的製作與使用，亦都有規制。二是計贓統一用絹。贓罪類似現今的所謂經濟犯罪。同是贓罪，性質卻不一，因此首先要加以區別。本書第六卷第二篇將其分為強盜贓、枉法贓、不枉法贓、竊盜贓、受所監臨贓和坐贓六種。這六贓若從犯案者身分分析，強盜贓、竊盜贓多為平民，其餘四贓則多為官吏。枉法贓與不枉法贓的區別在於，前者受人錢財而曲法處理，後者雖受人錢財仍依法處理。受所監臨贓和坐贓的不同處是，一為收受部屬官吏或治下民眾錢財，一則雖受賄但與行賄人無此種關係。區別以後，還須再加以統一。這是因為在實際生活中，贓物品類自然千差萬別，所以又規定一律折算為絹，以絹的多少來量刑。如枉法贓：絹一尺，杖一百；以上每一疋加一等，滿十五疋絞。不枉法贓：絹一尺，杖九十；以上每二疋加一等，滿三十疋加役流。後來在實施過程中，又出現了一個矛盾，就是各地絹與錢的折價不盡相同，這就使得同樣的贓錢數，卻因地區的不同而出現量刑上的差異。如開元十六年（西元七二八年）中書令李林甫在奏文中提到：「山南絹賤，河南絹貴，賤處計贓，不至三百即入死刑，貴處至七百已上方至死刑，即輕重不侔，刑典安寄？」因而建議劃一定贓絹價：「請天下定贓估絹，每匹計五百五十價為限。敕依。」（《唐會要》卷四〇）三是贖罪統一用銅。贖罪之制，殆起自漢。據《通典・刑法二》記載，漢景帝改律，規定官員犯受所監臨贓罪，有爵奪爵，無爵則「罰金二斤，沒入所受」。本書第六卷第二篇對允許贖罪的罪犯作了條件限制，即必須是具備「八議」資格者和五品以上官員的直系親屬；至於平民，只有年在七十以上、十五以下，或身患廢疾而所犯又是輕罪，才有可能。以銅贖罪的計量標準規定是：「自笞一十銅一斤，至杖一百即十斤。徒一年二十斤，至徒三年則六十斤。流二千里銅八十斤，至流三千里則百斤。絞與斬，銅止一百二十斤。」（六卷二篇原注）

「十惡不赦」是一句流傳了千百年的習語。列於十惡之首的是反叛。所以在所有罪行中特別提出「十惡」不予赦免，並成為定制，其核心宗旨便是維護封建皇權。把反叛列為首惡，必須予以嚴懲，這是秦漢以降歷代法典共有。如《魏法・序略》：「至於謀反大逆，臨時捕之，或汙瀦，或梟菹，夷其三族，不在律令，所以嚴絕惡跡也。」（轉引《通典・刑法一》）正式提出十大重罪則始於北齊，隋稍作損益，改稱「十惡」。唐因隋制。本書第六卷第二篇記十惡之名為：「其一曰謀反，二曰謀大逆，三曰謀叛，四曰惡逆，五曰不道，六曰大不敬，七曰不孝，八曰不睦，九曰不義，十曰內亂。此十者，常赦之所不原。」亦即所謂十惡不赦。並稱特別列出這十惡不赦的目的在於「懲叛逆，禁淫亂，沮不孝，威不道」。

所謂「八議」，就是規定有八類人若犯罪，可由所在官司先奏請議，獲得減、贖等優待。第六卷第二篇所列的八種人為親、故、賢、能、功、貴、勤、賓，無非是皇親國戚、功臣達官之類。這八類人即使犯有死罪，只要不屬「十惡」，「皆申刑部，集諸司七品以上於都座議之」（六卷二篇），然後奏請皇帝裁決，得到寬減。與八議相似而對象範圍有所擴大的，還有請、減、贖、官當等，亦屬司法中的法定特權。請，是具有八議資格者的期親以上親屬和子孫，以及五品以上官員，若犯死罪，亦可經由與八議同樣的程序，上奏皇帝請求減免刑罰。減，是七品以上文武職事、散官、衛官、勳官，以及五品以上官爵的祖父母、父母、兄弟、姊妹、妻、子、孫，若犯流刑以下罪，刑罰可以減去一等。贖，已具上文。所謂官當，就是允許以官品抵罪。規定五品以上一官當徒二年，九品以上一官當徒一年；職事、散官、衛官計階相等者同為一官，而勳官則別為一官，所以有勳官的職事官，可以有二官抵當。此外官員的行政處罰亦可抵刑，如除名者抵徒三年，免官者比徒二年，免所居者比徒一年。若所犯罪輕，官抵其刑尚有餘，則可留官收贖；如果官抵不盡其罪，則餘罪收贖。官員被除名者，六年後允許重新敘官，只是須削降品級：原出身正四品者，可於從七品下敘，此下類推，至原出身八品、九品，並於從九品下敘。官員被免官者，則過三年後即可降原二品敘。

審判程序與刑罰的執行

第六卷第二篇刑部司和第十八卷大理寺都對審判程序有所規定。大理卿之職便是「掌邦國折獄詳刑之事」。其下有大理正二人，丞六人；正「掌參議刑獄，詳正科條」，具體審案的為六丞。「六丞判尚書六曹所統百司及諸州之務，其刑部丞掌押獄。每一丞斷事，五丞同押，若有異見，則各言不同之狀也」（一八卷一篇原注）。唐代已建立了類似現代的迴避制，規定：「凡鞫獄官與被鞫人有親屬、仇嫌者，皆聽更之。原注曰：『親謂五服內親及大功已上婚姻之家，並授業經師為本部都督、刺史、縣令，及府佐與府主，皆同換推。』」（六卷二篇）

審問開始，審判官要「以五聽察其情：一曰氣聽，二曰色聽，三曰視聽，四曰聲聽，五曰詞聽」（一八卷一篇；六卷二篇原注亦有，文字稍異），亦即要細察嫌疑犯的氣色表情和言辭，以斷定其所供是否確實。五聽之說，最早見於《周禮・秋官・小司寇》，鄭玄注：「以五聲聽獄訟，求民情。一曰辭聽，觀其出言，不直則煩；二曰色聽，察其顏色，不直則赧；三曰氣聽，觀其氣息，不直則喘；四曰耳聽，觀其聆聽，不直則惑；五曰目聽，觀其眸之視，不直則眊然。」初審的同時，還要搜集證據。如果案犯不肯如實招供，可以刑訊拷掠；仍不招供，隔二十日再訊。規定刑訊不得超過三次，拷掠總數不得超過二百杖。如果本犯之罪止為杖一百，已拷一百而仍不承認，則取保放免。倘若杖數超過規定數字，審判官要反坐所剩；拷案犯至於死者，要徒二年。斷罪有錯失，亦須受罰：失於入者，即輕罪重判，各減三等；失於出者，即重罪輕判，各減五等論處，故入人罪者，以全罪論處。又，察獄官只能審問本狀所告的問題，若於本狀之外別求他罪，將以故入人罪論處。審判結束，斷案的文書即今之判決書，規定必須徵引律令格式的正文作為依據。結案後，凡是徒以上的獄案，都要召喚罪犯本人及家屬，具告其罪名，如有不服者，聽其自理，向上一級審判機關申訴。

對已判決的獄案，唐代尚有定期的申覆和錄囚（亦稱慮囚）制度。地方州縣，由朝廷每年一次派遣覆囚使巡覆。第六卷第二篇刑部郎中職掌條規定：「凡天下諸州斷罪應申覆者，每年正月（由刑部）與吏部擇使，取歷任清勤、明識法理者，仍過中書門下定訖以聞，乃令分道巡覆。」在巡覆中，如果有州司枉斷，覆囚使推定案犯應輕判或無罪，州司亦承認錯判，案情又十分清楚，覆囚使有權改判或當庭宣佈無罪釋放。倘若州司與覆囚使有不同意見，可以各自具狀申報。在京師，則由大理寺和諸司通過定期錄囚進行覆核。第十八卷第一篇大理寺卿職掌條稱：「若禁囚有推決未盡，留繫未結者，五日一慮。若淹滯久繫，不被推詰，或其狀可知，而推證未盡，或訟一人數事及被訟人有數事，重事實而輕事未決者，咸慮而決之。」第六卷第二篇刑部郎中職掌條亦載：「凡在京諸司見禁囚，每月二十五日已前，本司錄其所犯及禁時日、月以報刑部。」由於死刑的執行在時間上有多種限制（詳下文），所以囚禁的罪犯中亦有一些是已決待執行的死囚，錄囚時，亦允許他們提出申訴。《大唐新語》卷四《持法條》列一案例載：「唐臨為大理卿，初蒞職斷一死囚。先是坐死者十餘人，皆他官所斷。會太宗幸寺，親錄囚徒。他官所斷死囚，稱冤不已，臨所斷者，嘿而無言。太宗怪之，問其故，囚對曰：『唐卿斷臣，必無枉濫，所以絕意。』太宗嘆息久之，曰：『為獄固當若是。』因遂見原。」引此例意不在唐臨斷案之神，只是想說明：㈠因錄囚之制，已決死刑犯亦尚有申訴機會；㈡唐代前期，皇帝亦曾親自錄囚。

關於刑罰的執行，笞、杖即決斷於當庭。徒，「皆配居作」（六卷二篇），類今所謂「勞改」。在京師，男的配將作監從事營造製作之役，女的送少府縫紉及雜作；在地方，充當官府雜役及修理城隍、倉庫、公廨等事。罪犯居作期間，須戴鉗或盤枷等刑具，禁止著巾、帶。流刑犯「皆不得棄放妻妾」（同上），即必須與其妻妾同赴流放之地，即使其妻妾在遠方，亦須預為追喚，待至同發。其在流放地亦須居作，並戴刑具。勞役期滿後，本人與妻妾一同著籍於流放之地。至於犯謀反叛等大罪者，除本人處斬、父及年十六以上子皆絞外，其家人及僕婢亦全沒為官奴婢：「反逆家男女及奴婢沒官，皆謂之官奴婢。男年十四以下者，配司農；十五以上者，以其年長，命遠京邑，配嶺南為城奴。」（六卷三篇原注）

對死刑的執行，有較多規定。如「凡決大辟罪皆棄於市。五品以上，犯非惡逆已上，聽自盡於家。七品已上及皇族、若婦人犯非斬者，皆絞於隱處」（六卷二篇）。大辟棄於市為了昭示儆眾，聽自盡於或絞於隱處，亦屬某種優待，古來皆有，《周禮・秋官》及《禮記・文王世家》即有此記載。凡是死刑在執行前，在京者要五覆奏，在外者，刑部要三覆奏。執行死刑的時間亦有不少禁忌：立春至秋分間不得決死刑；若有大祭祀、致齋，以及每逢朔、望、上下弦、二十四節氣、斷屠日、休假日等，亦都不能行刑。行刑之日，皇帝要食蔬食，內教坊及太常寺要撤樂。《唐會要》卷四十載有貞觀五年（西元六三一年）十一月九日一道敕令，可知此制是確實實行過的：「前敕在京決死囚日，進蔬食；自今已後，決外州囚第三日，亦進蔬食。因謂三品已上曰：今曹司未能奉法，在下仍多犯罪，數行刑戮，使朕數食空飯，公等豈不為媿。宜各存心，以盡匡救。」

赦宥是調節刑罰的一種行政措施。《周禮・秋官》已有三宥、三赦之法，其對象，三宥為不識、過失、遺忘；三赦為幼弱、老耄、惷愚。都是指在判決時。以皇帝下詔赦免，據《通典・刑法七》始於東漢章帝章和元年（西元八七年）：「赦天下繫囚在四月丙子以前減罪一等。」唐代由皇帝頒佈赦免敕令稱常赦，通常是因朝廷有吉慶之事，如新皇帝即位，改元，冊立皇太子、皇后，以及軍事上取得重大勝利，或遇重大自然災害等。常赦亦稱大赦，一般還是有時限、罪名或地區的限制，並非一律全赦，自然更不可能包括「十惡」，故有「十惡不赦」的習語。此外尚有專對一定範圍內罪犯實施赦免的特赦和在赦書中注明「常赦不免者皆赦之」的普赦等。赦免罪犯要舉行一定儀式，五禮中屬嘉禮。第六卷第二篇刑部郎中職掌條規定：「凡國有赦宥之事，先集囚徒於闕下，命衛尉樹金雞，待宣制訖，乃釋之。」第十六卷第一篇衛尉寺武庫令職掌條亦有類似記載。唐代前期，在高祖、太宗、高宗、玄宗時都曾下敕赦免過，但總體上取謹慎態度，輕易不頒佈赦令。貞觀二年（西元六二八年）七月，唐太宗曾對侍臣說：「凡赦，唯及不軌之輩。古語云：『小人之幸，君子不幸』；『一歲再赦，婦兒喑啞』。凡養稂莠者，傷禾稼；惠奸宄者，賊良人。昔文王作罰，刑茲無赦。夫小仁者，大仁之賊。故我有天下已來，不甚放赦。今四海安寧，禮義興行，數赦，則愚人常冀僥倖，惟欲犯法，不能改過，當須慎赦。」

大小「三司」：特別法庭的設置

以上所說，是一般案件的審理，若遇大案、要案，則需由刑部、大理寺、御史臺，有時還包括中書、門下二省相關官員組織在一起，稱之為「三司」者，共同詳決。本書因其獨特的寫作體例，對「三司」之制未作專條敘述，而是散見於相關官員各自職掌中。如御史大夫職掌：「凡天下之人有稱冤而無告者，與三司詰之。」原注曰：『三司：御史大夫、中書、門下。大事奏裁，小事專達』」；侍御史六項職掌之一便是參加三司：「凡三司理事，則與給事中、中書舍人更直於朝堂受表。若三司所按非其長官，則與刑部郎中、員外郎，大理司直、評事往訊之」（一三卷一篇）；刑部郎中職掌：若有冤滯不申欲訴理，不伏當請給不理狀，至尚書省而仍不伏，則「復給不理狀，經司陳訴，又不伏者，上表」（六卷二篇）；給事中職掌：「凡國之大獄，三司詳決，若刑名不當，輕重或失，則援法倒退而裁之」（八卷一篇）；中書舍人職掌：「凡察天下冤滯，與給事中及御史三司鞫其事」（九卷一篇）。概而言之，唐代三司有大小之分，參加官員則並非全數恆定。大體說來，大三司為御史中丞、刑部侍郎、大理寺卿，小三司則為御史、刑部司官和大理寺官，亦稱由中書舍人、給事中及御史組成的為小三司。

三司之制，據《通典・職官六》始於東漢：「永平中，侍御史寒朗共三府案楚獄，亦今三司之例。」意在提高審判的權威性，由多個相關機構官員組成，又可起到平衡和互補的作用。唐代運用三司已很經常，其中小三司多為常職，由三司官員「更直，每日一司正受，兩司副押，更遞如此。其鞫聽亦同」（一三卷一篇原注）。此外，一些牽涉到重大政治問題的案件，其組織人員常由皇帝臨時指定，不受成例約束。如當太宗決定廢皇太子李承乾時，便是這樣做的：「召承乾幽之別室，命司徒長孫無忌、司空房玄齡、特進蕭瑀、兵部尚書李勣、大理卿孫伏伽、中書侍郎岑文本、御史大夫馬周、諫議大夫褚遂良等參鞫之，事皆明驗。」（《舊唐書・太宗諸子恆山王承乾傳》）採取此等非常措施，自有其特定的政治需要，但實際效果大多不好。玄宗時期有個楊慎矜，係隋楊後裔，天寶初任御史中丞，充京畿採訪使，並知太府出納使，頗得玄宗信用而為李林甫所嫉。其時適逢在審訊韋堅一案中，楊慎矜引身中立以候望，李林甫因與御史中丞王鉷構陷其罪，稱楊慎矜原是隋家子孫，心規克復隋室，且蓄藏邪書，與妖人來往，圖謀不軌。玄宗為之震怒，即「詔刑部尚書蕭隱之、大理卿李道邃、少卿楊璹、侍御史楊釗、殿中侍御史盧鉉同鞫之」（《舊唐書・楊慎矜傳》）。這個由五人組成的審理班子，來自四個官司，但習慣上亦可稱三司。人員全由皇帝指定，類似現今的所謂特別刑事法庭，簡稱特刑庭。經過百般拷掠，雖無像樣證據，終亦鍛煉成獄。最後是玄宗下詔賜楊慎矜和他的兩個兄弟慎餘、慎名俱自盡，三人莊宅皆官收，三家男女盡配流嶺南；相關官員受牽連而重杖、配流的尚有數人。這完全是一個憑空做出來的案子，是權臣為了爭寵固位，利用皇帝某種忌諱心理而製造的一個假案、冤案。肅宗時期，曾以御史大夫李峴、御史中丞崔器等為三司使，審理過一個大案，亦造成了很壞的結果。據《新唐書．刑法志》記載，其時安史之亂尚未全部平息，有陸大鈞等安史官員和陳希烈等曾經降附安史的朝廷官員相率來歸，待罪闕下有數百人之多。朝廷本可示以寬容，以召喚更多叛亂和降附者來歸，「而肅宗方喜刑名，〔崔〕器亦深刻」，結果三十九人判為重罪，斬殺十一人，腰斬二人，賜自盡七人，其餘皆決重杖死者二十一人，「以歲除日行刑，集百官臨視，家屬流竄」，造成一片恐慌。叛亂者史思明、高秀巖等原已打算自拔歸命，一聽到這些消息，「懼不自安，乃復叛」。後來王璵為相，「請詔三司推覈未已者，一切免之」，但已經失信於人了，河北叛者仍「畏誅不降」。到這時肅宗才感到了後悔：「嘆曰：『朕為三司所悞。』」

作為皇帝耳目和鷹雕的監察制度

專司監察之職的御史臺是一個特殊機構，本書特為單列一卷（一三卷）並置於諸寺之前，亦可見監察系統在唐王朝國家機器運作中的重要地位。

御史之名始於周，原是記事之官。秦以御史監郡，始為監察官，地位亦隨之顯赫。西漢置御史大夫，亦稱憲臺。東漢稱御史臺，或稱蘭臺寺。當宣秉拜御史中丞時，光武帝特下詔讓官品並不高的御史中丞「與司隸校尉、尚書令三官各專席而坐，京師號為『三獨座』」（一三卷一篇原注），足見其信用非同尋常。漢後歷代名稱或有改易，監察之任不變。唐代御史臺較其他各機構的特別處，除上文已提到的其內部不存在通常的上下級關係外，還有它的官衙亦與眾不同：其門北開。《通典．職官六》以為這是「取冬殺之義」：「故御史為風霜之任，彈糾不法，百僚震恐，官之雄峻，莫之比也。」御史作為六品以下的常參官，例由吏部量資注擬，以名送中書門下，聽敕授；但實際上卻大都由皇帝直接敕授。《唐會要》卷六十引杜易簡《御史臺雜注》云：「監察御史，自永徽以後，多是敕授，雖有吏部注擬，門下過覆，大半不成。至龍朔中，李義府掌選，寵任既崇，始注得御史，李義府敗，無吏部注者」，即依舊多由皇帝敕授。本書

第十三卷第一篇侍御史職掌條規定，御史在朝堂上彈奏大事時，須「冠法冠，衣朱衣、纁裳、白紗中單」。法冠即獬豸冠。獬豸是一種傳說中的神獸，能以角觸邪。冠此，不只是為了識別，亦示以莊嚴和威懾。按唐代禮制，低級官員逢長官於途，須脫帽降乘以示尊敬。但高宗「乾封中，王本立為侍御史，意氣頗高，途逢長官，端揖而已。自是諸人或降而立，或一足至地，或側鞍弛轡，輕重無恆。開元以來，但舉鞭聳揖而已」（《通典·職官六》本注）。所有這些特殊處，都只是因為御史是直接受命於皇帝，只對皇帝負責而監察百官之官。高宗時期任御史大夫的韋思謙，「見王公，未嘗典禮」，當有人提出責問時，他傲然回答說：「耳目官固然特立，鵰鶚鷹鸇，豈眾禽之偶，奈何曲以狎之？」（《新唐書·韋思謙傳》）

唐御史臺長官為御史大夫，次官為御史中丞，下設臺院、殿院、察院三院，分別由侍御史四人、殿中侍御史六人、監察御史十人組成，各有一資深御史為院長。在三院御史中，以侍御史地位最高。三院職掌既有共同性，又各自有所側重。第十三卷第二篇侍御史職掌條規定侍御史之職有六：「一曰奏彈，二曰三司，三曰西推，四曰東推，五曰贓贖，六曰理匭。」此六職有多項同時亦是殿、察二院之事。奏彈，指彈百官劾非違，奏報皇帝。三司，指小三司，上文已述及。西推、東推，都是推鞫刑獄，分別受理京都百司和地方州縣斷後仍稱冤的獄案。贓贖，指糾舉掌管贓物、贖金的官吏的違法瀆職行為。理匭，指與中書、門下省的諫議大夫、補闕拾遺一起，共同管理受納臣民申訴、告密的銅匭。殿院的殿中侍御史，主掌大朝會及祭等禮儀場合的百官班序，若有違反禮儀行為即予糾舉。殿中侍御史亦參加東、西推，與侍御史各二人，共同四推，雙日在殿院，單日在臺院，受理辭訟。此外，殿中侍御史還要分掌京師城內「左、右巡，各察其所巡之內有不法之事」（一三卷二篇）。原注特別注明：「若不能糾察及故縱蔽匿者，則量其輕重而坐所由御史。」察院的監察御史「掌分察百僚，巡按郡縣，糾視刑獄，整肅朝儀」（同上），其中巡按郡縣為其主要職掌。全國十道，每道有一監察御史為之巡按。至開元時置十道採訪處置使，以六條巡察州縣：「其一，察官人善惡；其二，察戶口流散，籍帳隱沒，賦役不均；其三，察農桑不勤，倉庫減耗；其四，察黜吏察妖猾盜賊，不事生業，為私蠹害；其五，察德行孝悌，茂才異等，藏器晦跡，應時用者；其六，察黠吏豪宗，兼併縱暴，貧弱寃苦不能自申者」（《新唐書．百官志》）。史稱當使者巡按地方時，「州縣祗候，相望道路；牧宰祗候，僮僕不若」（《唐會要》卷六二），頗有一點震懾作用。這樣，從侍御史隨仗入閤，監中書門下及三品以上官奏事，殿中侍御史分知朝班，到監察御史分察尚書六部，又巡按十道，從決策到實施，從中央到地方，舉凡軍國政務，祭祀禮儀，以及人事、司法、戶籍、財賦、庫廄、農桑等等，一無遺漏地全被納入嚴密的監察網絡。

在御史臺以上所有職掌中，最主要的還是彈劾。唐玄宗就曾說過：「所置御史，職在彈違。」（《唐會要》卷六二）為了促使御史們克盡此職，臺內設有類似現今工作日誌的「黃卷」，逐日登錄，不糾舉所職者將處以罰金。「其新除者未曉制度，罰有日逾萬錢者。舊例，新人罰止於四萬，及崔隱甫為大夫，以為數太廣減之，以萬二千為限。」（一三卷二篇原注）在臺內部之所以不強調上下級關係，目的亦是激勵御史們彈劾，使其可以不受本臺長官約束，如有必要，對御史大夫、中丞亦可提出彈奏。御史彈劾百僚有二種形式：一是上奏章彈劾，二是朝會時對仗彈劾。上奏章彈劾時，重大事件要與御史大夫、中丞合劾，小事則大夫、中丞押署而已。朝堂上對仗彈劾時，大事要冠獬豸冠，小事則常朝服。總的說來，這一套監察制度在唐代前期還是認真執行並起了相當作用的。如貞觀十一年（西元六三七年），侍御史柳範彈劾吳王李恪狩獵時踐踏莊稼；永徽元年（西元六五〇年），監察御史韋仁約彈劾中書令褚遂良壓價強買人宅；長安四年（西元七〇四年），監察御史蕭至忠彈劾宰相蘇味道等等，都得到皇帝支持，作出了處理。但這種完全聽由皇帝一人的監察制度，其根本弱點在於只監下不監上，因而一旦遇上皇帝或軟弱或昏庸或暴虐，它就無法發揮應有作用以至只能起反作用。前者如宰相李義府欲霸佔洛州坐罪繫於大理市之女因淳于氏為妾，李義府囑大理畢正義置婦於別宅，事發，李義府又逼大理寺丞畢正義自殺滅口，為此，侍御史王義方奏彈李義府犯狀，高宗知而不問，王義方反遭貶斥；後者如武周時期，為剪除李唐宗枝，而任用來俊臣等酷吏為御史官，製造了大批冤假錯案。其中有個侯思止，竟還是個目不識丁的文盲。上朝前，有人教他：倘若問到不識字，「即奏云：『獬豸獸亦不識字，而能觸邪。』」後來上朝時武則天果然這樣問，他就照著回答，武則天聽了很高興，就授任他為左臺侍御史。這類酷吏敗壞了御史官的聲譽，在敦煌發現的唐代《王梵志詩》，其中有一首便作了辛辣諷刺：「天下惡官職，未過御史臺；怒眉復張眼，何須弄獅子。旁看甚可畏，自家困求死；脫卻面頭皮，還共人相似。」

七、警衛與邊防——尚書兵部、諸衛府、衛尉寺、太僕寺等

唐代軍事防衛系統在中央由尚書省兵部掌管，本書尚書省兵部列在第五卷。其長官、次官兵部尚書、侍郎之職，「掌天下軍衛武官選授之政令。凡軍師卒戍之籍，山川要害之圖，廄牧甲仗之數，悉以咨之」(五卷一篇)。下屬四司：兵部司，掌管兵馬名帳和調遣，以及武舉考試和選授；職方司，負責地圖的繪製以及周邊防衛設施如鎮戍、烽候等的布局和管理；駕部司，主管驛傳和馬政，包括全國監牧和車輿，執行此類政令而具體運作的則是太僕寺；庫部司，主管軍隊的裝備和器仗，執行其政令而具體負責兵器甲仗貯藏和保管的是衛尉寺，負責修繕和製作的則是軍器監。關於軍隊的布防，按照帝王制度，列為首要的自然是宮殿和京師的宿衛，此外便是邊防軍鎮。本書在諸衛和太子左右衛及諸率府各卷敘述軍隊的布防，在最後一卷介紹地方行政系統時，又涉及到了鎮戍的建置。

出於警衛和邊防的需要，唐王朝擁有一支相當龐大的軍隊；有關這支軍隊之將士的來源，編制的形式和平時的訓練，糧餉的供給和兵仗馬匹的補充，以及軍隊的駐防、徵調、指揮和監控等方面，本書兵部及諸衛等卷，雖未一一列為專條敘述，但在列述諸武職官員職掌，大致亦回應了上述各個方面的基本內容。

士兵構成

唐代前期士兵的來源，主要是府兵和募兵。關於折衝府，第五卷第一篇兵部郎中職掌條稱：「凡天下之府五百九十有四，有上、中、下，並載於諸衛之職。」折衝府依兵士多少分上、中、下三等，上府一千二百人，中府一千人，下府八百人。第二十四、二十五卷諸衛中的左右衛、左右威衛、左右金吾衛、左右驍衛、左右武衛和左右領軍衛，以及第二十八卷中的太子左右衛率府、左右司御率府和左右清道率府，各領有若干折衝府。府兵制的由來，第二十五卷第二篇諸折衝都尉府條原注，上溯到「周按井田之法而備軍政」，可能是出於中國古代每個王朝都自詡的那種承續正統的考慮，實際上隋唐的府兵制直接源於西魏和北周。《資治通鑑・梁紀一九》：「〔宇文〕泰籍民之才力者為府兵，身租庸調，一切蠲之，以農隙講閱戰陳，馬畜糧備六家供之；合為百府，每府一郎將主之，分屬二十四軍。」胡三省注：「唐府兵之法本諸此。」府兵採取兵、民各籍，凡入府兵者，免除租庸調，世代服兵役。隋在大業時設十二衛，以統諸鷹揚府，唐沿隋制，改稱折衝府，由諸衛及太子諸率府統領。府兵的分佈，集中於京師及關中地區，便於朝廷以重取輕，以軍事優勢保障其對全國及邊防的控制。府兵「皆取六品已下子孫及白丁無職役者點充。凡三年一簡點，成丁而入，六十而免，量其遠近以定番第」（五卷一篇）。府兵的主要任務是輪番赴京師宿衛，只有河北、隴右、江南等地的少數折衝府的府兵，負責邊境的警備和鎮戍以及地方的治安。每府由折衝都尉及左右果毅都尉一人統率，其編制以十人為火，設火長；五十人為隊，設隊正；三百人為團，設校尉以統之。每歲冬季，折衝都尉要率領衛士進行軍事訓練。衛士番上宿衛和征行時要自備糧糗，折衝府和地方州縣要為其準備馬匹和兵仗，發兵時，須有銅魚符和敕書，由州刺史與折衝都尉共同勘驗，若擅自發兵將依法受到嚴厲懲處。

唐代初期的府兵制是建立在均田制基礎上的，後來由於人口增加等原因，國家已拿不出足夠的土地來還授給農民，隨著均田制的名存實亡，府兵制亦迅速敗落，到開元時期府兵日益減少，以至無法維持按期輪番赴京宿衛。在這種情況下，不得不於開元十一年（西元七二三年）採用張說行募兵制的建議，募得十二萬「長從宿衛」，後又改稱「彍騎」，這標誌著從府兵制向募兵制的過渡。

募兵唐初已有，如貞觀十八年（西元六四四年），太宗便曾「發天下甲子，召募十萬，並趣平壤，以伐高麗」（《舊唐書・太宗紀》）。後來成為著名將領的薛仁貴，便是那次應募入伍的。本書提到的募兵有兩類，一類稱之為彍騎，參加京師宿衛：「凡翊衛翊府，同軌、寶圖等五十府彍騎、衛士應番上者，各配所職焉」（二五卷一篇）。這類募兵的徵發，規定「凡天下諸州差兵募取戶殷丁多、人材驍勇，選前資官、勳官部分強明堪統攝者，節級權補主帥以領之」（五卷一篇）。《新唐書・兵志》稱：開元十三年（西元七二五年），「始以彍騎分隸十二衛，總十二萬，為六番，每衛萬人」。還有一類稱為健兒，配於諸軍鎮，為駐守邊防部隊。「舊，健兒在軍皆有年限，更來往，頗為勞弊。開元二十五年（西元七三七年）敕，以為天下無虞，宜與人休息，自今已後，諸軍鎮量閑劇、利害，置兵防健兒，於諸色征行人內及客戶中召募，取丁壯情願充健兒長住邊軍者，每年加常例給賜，並給永年優復；其家口情願同去者，聽至軍州，各地田地、屋宅」（五卷一篇原注）。

除府兵、募兵外，還有參加宿衛和儀仗的親衛、勳衛、翊衛兵，通稱三衛。三衛與府兵相對而言，前者稱內府，後者稱外府。三衛可說是貴族子弟兵，充任者有嚴格門蔭限制，其中親衛為三品以上子、二品以上孫；勳衛為四品子、三品孫、二品以上曾孫；翊衛為四品孫、職事五品子孫、三品曾孫以及勳官三品有封者及國公之子。三衛的待遇要比府兵、募兵優越得多，他們考滿後，即可入「兵部校試，有文，堪時務，則送吏部；無文，則加其年階，以本色遷授」（五卷一篇）。所以參加三衛，往往成了貴族子弟進入仕途的終南捷徑。

唐代軍隊構成中，還有來自周邊國家或部族的士兵。一種是歸唐蕃將帶來的部落兵。《新唐書・諸夷蕃將傳》載有多例，如本為西突厥特勒的史大柰，初「入隋事煬帝，高祖興太原，大柰提其眾隸麾下。桑顯和戰飲馬泉，諸軍卻，大柰以勁騎數百背擊顯和，破之，軍遂振。從平長安，賜姓史。從秦王平薛舉、王世充、竇建德、劉黑闥」。再如突厥處羅可汗次子阿史那社尒，率眾內屬，於貞觀二十一年（西元六四七年）「以崑丘道行軍大總管與契苾何力、郭孝恪、楊弘禮、李海芹等五將軍發鐵勒十三部及突厥騎十萬討龜茲」等。另一種是內附的蕃胡，亦兵亦農或牧，平時駐防，有事令赴援。第五卷第一篇兵部郎中職掌條：「秦、成、岷、渭、河、蘭六州有高麗、羌兵。原注曰：『皆令當州上佐一人專知統押，每年兩度教練，使知部伍，如有警急，即令赴援。諸州城傍子亦常令教習，每年秋集本軍，春則放散。』」城傍，城指軍城，是唐代置於邊區的軍事機構之一，詳下文；內附的蕃胡是安置在軍城近旁的，故稱城旁或城傍。亦借指這類兵種，即城傍兵。《舊唐書・西戎・党項羌傳》亦提到党項羌部族內附事：「其在涇隴州界者，上元元年（西元六七四年）率其眾十餘萬詣鳳翔節度使崔光遠請降。寶應元年（西元七六二年）十二月，其歸順州部落、乾封州部落、歸義州部落、順化州部落、和寧州部落、保善州部落、寧定州部落、羅雲州部落、朝鳳州部落，並詣山南西道都防御使、梁州刺史臧希讓請州印，希讓以聞，許之。」本書第三卷第二篇戶部郎中職掌條規定，這些內附蕃胡亦須按戶等輸丁稅錢或羊，原注稱：「若有征令，令自備鞍馬，過三十日已上者，免當年輸羊。」此類城傍兵，不佔正規軍名額，還自備鞍馬，費用要比正規軍低得多；加上他們自幼生活在馬背上，勇悍而善於騎射，其戰鬥力有時還優於府兵、募兵，因而成了唐代後期邊疆對外作戰中突擊敵陣的主要依靠力量。

還有所謂團結兵，則屬於地方兵種，多設於不設節度使地區，或以刺史兼領。第五卷第一篇兵部郎中職掌條稱：「凡關內團結兵，京兆府六千三百二十七人，同州六千七百三十六人，華州五千二百二十三人，蒲州二千七百三十五人。原注曰：『選丁戶殷贍、身材強壯者充之，免其征賦，仍許在家常習弓矢，每年差使依時就試。』」《資治通鑑・唐紀四一》則記其制為「春夏歸農，秋冬追集，給身糧醬茶者，謂之團結」。

南衙與北衙

唐宿衛京師的禁軍因其形成的歷史和警衛地區的不同而有南衙與北衙之分。南、北衙有嚴格的禁戒線，非有敕旨不得擅入。若北衙的「飛騎或有敕上南衙者，則大將軍、將軍承墨敕白移於金吾引駕仗，引駕仗官與監門奏覆，又降墨敕，後得入」(二五卷二篇)。

若論衛士總數，南衙大體在二十萬左右，要遠遠多於北衙。本書第二十四、二十五卷所列諸衛中，唯左右羽林軍屬北衙，其他諸衛皆屬南衙。南衙十六衛，除左右監門衛、左右千牛衛外，其餘左右衛、左右驍衛、左右武衛、左右威衛、左右領軍衛、左右金吾衛，都領有內外府兵。內府即親、勳、翊三衛，有五府：親衛一府，勳衛一府、二府，翊衛一府、二府，每府有中郎將一人以總府事。五府衛士番上宿衛時，統歸所屬諸衛分派職事。外府即折衝府衛士，分隸諸衛番上宿衛，各有獨特的名稱。如隸屬於「左、右衛曰驍騎，左、右驍衛曰豹騎，左、右武衛曰熊渠，左、右威衛曰羽林，左、右領軍衛曰射聲，左、右金吾衛曰稱佽飛；東宮左、右率府曰超乘，左、右司御率府曰旅賁，左、右清道率府曰直盪，總名為衛士」(五卷一篇)。內外府兵因出身成分有別，地位和職掌亦有尊卑高下之分。如參加大朝會儀仗，「三衛分為五仗：一曰親仗，二曰供奉仗，三曰勳仗，四曰翊仗，五曰散手仗，每月各配三十六人而上下焉」(同上)。這五仗都佩刀執戟，依次肅立於內廊閤門外，離皇帝御座甚近，自然會因受到不同尋常的信用而顯得特別尊貴。外府衛士則各在其所屬衛大將軍、將軍的率領下，依方色執仗並穿戴，分立於殿廷之左右廂。如以左、右衛為例，衛士皆「以黃質鍪、甲、鎧，黃弓箭、黃刀、黃楯、黃纘、黃麾，麒麟旗、角瑞旗、赤熊旗之類，為左、右廂之儀仗」(二五卷一篇)。其餘諸衛分別以青、赤、白、黑等色的儀仗和穿戴及相應的旗幟，依次列於左、右衛之後。

南衙諸衛在禁衛京師和宮殿時，各有責任範圍，分載於第二十四、二十五卷。如左、右衛，負責統領宮廷警衛，其大將軍把守於承天門及嘉德門之內。承天門為太極宮的宮城門，嘉德門則是太極殿的正南門。將軍則負責諸門及內廂宿衛之仗，如無將，由中郎將一人權代其職。左、右驍衛的職掌與左、右衛略同，分兵在皇城四面守門，包括左廂諸門，即長樂門等以內和右廂諸門即明德門等以外之事；此外便是與左、右衛一起分管轄區內的助鋪亦即哨所。左、右武衛位次左右驍衛。左、右威衛分管皇城東面助鋪。左、右領軍衛負責皇城西面助鋪以及京城苑城諸門。左、右金吾衛掌宮中、京城晝夜巡警以及有關烽候之事。左、右監門衛掌諸門禁衛及門籍。左、右千牛衛掌供奉侍衛，以中郎將統直長及千牛備身、備身左右等執弓箭及御刀侍衛於御座左右。諸衛皆開府，設有長史和諸曹參軍事，作為諸大將軍的辦事機構。

南衙因其諸衛守衛的地區都在宮城的南側，所以稱南衙，主要任務是衛城；同樣，北衙禁軍亦因其所守衛的是北門亦即玄武門和禁苑，所以稱北衙，主要任務是衛宮。北衙禁軍的構成及其名稱各個時期不一，本書第二十五卷第二篇僅列其中之一的「左、右羽林軍」，那是高宗以後由「左、右屯營」改稱的。其原注將唐代的南北衙為漢代的南北軍，似乎並不確切；但有一點說得很對：漢初「呂后崩，周勃以北軍誅諸呂」；同樣，唐代的北衙軍亦是在宮廷政變的血泊中誕生和發展起來的，只是其次數遠比漢代要多，鬥爭亦更為殘酷和激烈。北衙前身是高祖在太原起兵時所統的舊部，多為隋鷹揚府兵。入關途中，又有所擴充和收編。進入長安建唐後，這支部隊有的罷遣回籍，願意留下參加京師和宮廷宿衛的尚有三萬人，號稱「元從禁軍」，父死子代，成為關中地區折衝府府兵的基本隊伍。武德九年（西元六二六年）在玄武門演出了唐開國後第一次武裝政變，結果是皇太子李建成被殺，其弟即政變的勝利者李世民即帝位為太宗。太宗從自己的經驗中深知玄武門乃出入、護衛後宮的咽喉要地，因而特地從元從禁軍中挑選善射者百人，號稱「百騎」，分二番在北門長上。北門即玄武門。太宗常親自拔擢可靠將領在北門長上，如出身於兵募的薛仁貴，太宗恩寵有加，曾長期受命出任此職。除百騎外，駐防北門的禁軍還有左右屯營，它的前身是北衙七營。《新唐書・兵志》稱：「又置北衙七營，選材力驍壯，月以一營番上。十二年（西元六三八年）始置左、右屯營於玄武門，領以諸衛將軍，號『飛騎』。」玄武門屯營唐初已有，貞觀時將其分為左右。武德時敬君弘以雲麾將軍領屯營；貞觀初周孝範以右屯衛將軍於玄武門領兵宿衛；後來又有契苾何力以左領軍將軍宿衛北門，檢校北門事。這些將領亦都受到分外寵信和重用。

貞觀後，百騎和左、右屯營各自都有了進一步發展。關於百騎，《新唐書．百官志》稱：「武后改百騎曰『千騎』。中宗又改千騎曰『萬騎』，分左、右營。及玄宗以萬騎平韋氏，改為左右龍武軍，皆用唐元功臣子弟，制若宿衛兵。」關於左、右屯營後改名為左、右羽林軍，改名時間本書第二十五卷第二篇原注記為高宗龍朔二年（西元六六二年）。羽林軍職掌亦是充儀仗和宿衛，其位置則比南衙諸衛更重要。如「若大朝會，則率其儀仗以周衛階陛；若大駕行幸，則夾馳道以為內仗」。原注特別提示一句：「羽林禁兵旗幟、名數，秘不得知，略之。」這亦是與南衙諸衛的不同處。

萬騎和羽林軍這兩支同屬北衙的禁軍，相互間沒有直接的隸屬關係。倘若從導致中宗繼位的那次宮廷政變算起，至玄宗即位為止，前後不過七年時間，在北門先後發生了四次宮廷政變。前兩次主要依靠羽林軍，後兩次則全賴萬騎打頭陣。這些史實說明，唐王朝上層統治集團，無論是誰，要奪取或鞏固權力，都要先把這兩支北衙禁軍，或至少其中一支的控制權奪到手。基於這些緣故，北衙禁軍一經獨立出來，就迅速崛起，先是與南衙諸衛並列警衛宮廷和京師，不久就凌駕於南衙之上。但其鼎盛期亦只是曇花一現，很快便走向衰落，原因主要是兵源問題。起初北衙兵大都是從南衙府兵中簡選徵調補充，隨著府兵制的瓦解，南衙、北衙都只好靠募兵來勉強維持。據《舊唐書．王毛仲傳》記載，及玄宗為皇太子監國，改左、右萬騎為左、右龍武軍，與左、右羽林軍合稱北門四軍，不僅士兵甚少，四軍加在一起才一萬五千人，而且其成員多係「長安良家子避征徭，納資以求隸於其中」，還有什麼戰鬥力可言！這樣到天寶「末年，禁兵寖耗，及祿山反，天子西駕，禁軍從者裁千人，肅宗赴靈武，士不滿百，及即位，稍復調補北軍。至德二載（西元七五七年），置左、右神武軍，補元從、扈從官子弟，不足者取宅色，帶品者同四軍，亦曰『神武天騎』，制如羽林，總曰『北衙六軍』」（《新唐書．兵志》）。這也就是說，武德、貞觀時組建起來的京師禁軍，到天寶末年已完全消亡，此後的北衙軍是肅宗重新組建的，且風光已大不如前。

鎮戍・行軍大總管・節度使

唐初沿北朝以來舊制，在沿邊軍事要地設置鎮、戍。第五卷第二篇職方郎中職掌條稱：「凡天下之上鎮二十，中鎮九十，下鎮一百三十有五；上戍十有一，中戍八十有六，下戍二百三十有五。」第三十卷第二篇載，鎮戍設鎮將、鎮副，戍主、戍副；「鎮將、鎮副掌鎮捍防守，總判鎮事」，「戍主、戍副掌與諸鎮略同」。鎮戍的兵員稱防人。鎮戍的等第，以防人的多少劃分。據《新唐書・百官志》規定：「每防人五百人為上鎮，三百人為中鎮，不及者為下鎮；五十人為上戍，三十人為中戍，不及者為下戍。」本書第五卷第一篇兵部郎中職掌條在八節度使下，尚有軍、城、鎮、守捉等軍事機構，則置於高宗、武后以後，雖亦有戍邊之任，但與鎮、戍性質有別，後文還將提到。與邊防駐軍相配套的，還有烽候即報警系統的設置。「凡烽候所置，大率相去三十里，其逼邊境者，築城以置之。每烽置帥一人，副一人。原注曰：『舊，關內、京畿、河東、河北皆置烽。開元二十五年（西元七三七年）敕以邊隅無事，寰宇乂安，內地置烽，誠為非要，量停近甸烽二百六十所，計烽帥一千三百八十八人。』」（五卷二篇）鎮戍和烽候，都由尚書兵部職方司管轄。

在唐初，若有較大規模戰事，則由皇帝直接授任統兵者，稱總管。這就是第五卷第一篇說的：「凡親王總戎則曰元帥，文武官總統者則曰總管。」起初元帥唯親王可拜。如武德元年（西元六一八年），秦王李世民加西討元帥；上元三年（西元六九六年），相王李旦除涼州道行軍元帥等。但此制安史之亂後已有改變，如哥舒翰、郭子儀、李光弼等非親王亦曾先後授任元帥或副元帥。關於總管，唐初沿隋制，原是統率軍隊的地方總管，若加「使持節」，則亦監察州縣。後來改稱地方總管為都督，總管或行軍總管才成為出征統帥的專稱。其所率領軍隊，則徵自內地諸折衝府及邊境內附的游牧部落兵。如貞觀三年（西元六二九年）十月，李靖任定襄道行軍總管，統諸軍討伐突厥；以代州都督張公瑾為副總管，李勣為通漢道行軍總管，薛萬徹為暢武道行軍總管，皆受李靖節制。貞觀十三年（西元六三九年），侯君集率軍伐高麗國，始加「大」字，稱交河道行軍大總管。其後，牛進達、李勣伐高麗，亦稱行軍大總管。

將帥率兵出征及凱旋，都要舉行莊嚴的儀式，這在五禮中屬軍禮。「凡大將出征皆告廟，授斧鉞，辭齊太公廟；辭訖，不反宿於家。臨軍對寇，士卒不用命，並得專行其罰。既捷，及軍未散，皆會眾而書勞，與其費用、執俘、折馘之數，皆露布以聞，乃告太廟。元帥凱旋之日，天子遣使郊勞，有司先獻捷於太廟，又告齊太公廟。」（五卷一篇）齊太公，指呂尚。輔佐成王滅商有功，封於齊，故有齊太公之稱。

唐初專為出征而設置的行軍總管，一旦戰事結束隨即撤銷，士兵亦多各歸原籍，誠如《新唐書・兵志》所言：「若四方有事，則命將以出，事解輒罷，兵散于府，將歸于朝。」但後來情況有了變化。大體說來，自貞觀至高宗初年，唐在邊境採取積極進攻姿態，先後擊破東西突厥、薛延陀，降服大漠諸部，又西平高昌，東敗高麗，可謂盛極一時。但到高宗後期，西面吐蕃迅猛崛起，北部的突厥和東北方的奚、契丹亦伺機進犯，這樣唐在戰略上不得不從進攻轉入防禦，在周邊不斷增設軍鎮，以維持與敵方的對峙狀態。中宗時，朔方總管張仁愿建議在黃河以北築三受降城以拒突厥，「六旬而三城俱就。以拂雲祠為中城，與東西城相去各四百餘里，皆據津濟，遙相應接，北拓地三百餘里，於牛頭朝那山北置烽候一千八百所」（《舊唐書・張仁愿傳》）。單是沿著陰山設置的烽戍就有一千八百所，不難想見當時唐在北方的常駐軍隊已有了何等規模！如此眾多的軍鎮，勢必需要有常設的機構為之節制統轄，原來臨時性的行軍大總管的建置，已不再適應高宗、武則天以後出現的邊境軍事新形勢的需要，於是臨時性的行軍總管便演化為邊境大軍區的常任最高長官。如劉仁軌在儀鳳二年（西元六七七年），以反擊吐蕃入寇而為洮河道行軍鎮守大使，後中書令李敬玄接替其任並兼按撫大使，又稱河西鎮撫大使。先後又有唐休璟、郭元振任隴右諸軍州大使，婁師德為隴右諸軍大使。他們統率本道諸軍州，並使加節度某某等軍之號，兼任某州都督之本官，從而成為該軍區的常任軍事長官，其名稱至開元時期統一稱為節度使。第五卷第一篇兵部郎中職掌條所列八節度使及其下轄共三十軍、六城、三鎮、十二守捉以及若干經略使、防禦使等，所據即開元時制。八節度使之名為：關內朔方節度使、河東節度使、河北幽州節度使、河西節度使、隴右節度使、劍南節度使、磧西節度使，以及嶺南節度使。天寶末，又增至十節度使。據《舊唐書．地理一》，這十節度使共擁兵四十九萬，戎馬八萬餘匹。同書〈職官二〉載錄節度使的建置「有大使、副使、判官。若大使加旌節以統軍，置木契以行。凡將帥出行，兵滿一萬人已上，置長史、司馬，倉曹、兵曹、胄曹等參軍各一人」。節度使下統的軍、城、鎮、守捉，亦各置使，並有僚佐倉、兵、胄參軍等。軍鎮的兵員構成，主要便是上文提到的健兒，亦稱兵防健兒或長征健兒。

還有一個變化是關於邊軍將領的官制。唐代初期實行將相輪換制，即統領邊軍者，出則為將，入則為相，使將無久任，將兵之間無長期固定的上下級關係，這亦屬帝王對邊防將領及其軍隊的一種駕馭術。如高宗時期的劉仁軌，多次統兵征戰，卻並不長期駐守一地，常入而參知政事，位居端揆，便是一例。天寶時，宰相李林甫為固位擅權而欲杜出將入相之源，奏議以為「文士為將，怯當矢石，不如用寒族番人，番人善戰勇敢，寒族即無黨援」，玄宗居然准其奏，「自是，高仙芝、哥舒翰皆專任大將，林甫利其不識文字，無入相由」（《舊唐書．李林甫傳》）。當初，唐室尚能依靠府兵制而將主要兵力集中於京師及關中地區，造成內重外輕之勢而得以以重取輕。如今，倒過來了：邊區節度使擁有重兵，且其兵名為官健實為私兵，對將帥有濃厚的依附性；而京師禁軍卻因府兵制、募兵制的相繼敗落而愈益難以維持，尾大不掉之勢已成，再加上將相輪換制的廢棄，終使朝廷陷入了鞭長莫及的困境。在這種態勢下，安史之亂一起，叛軍長驅直入，沿途幾乎沒有遇到像樣的抵抗。其後迎戰安史的，主要是朔方軍和若干安西、北庭、河隴的軍隊。這也就是說，朝廷與安史的戰爭，實際上成了西北邊防軍與東北邊防軍之間的戰爭。歐陽修對此作了這樣評論：「武夫悍將雖無事時，據要險，專方面，既有其土地，又有其人民，又有其甲兵，又有其財賦，以布列天下，然則方鎮不得不彊，京師不得不弱，故曰措置之勢然者，以此也。」（《新唐書．兵志》）

武選與武舉

軍隊要靠武官去統率，這就有一個武官的培養、選拔和任命的問題。兵部尚書和侍郎的一個重要職掌便是銓選武官。唐代武官選授的制度與文官基本相同，本文已在第二題「官員的選授與管理」中有所提及。簡約說來，亦是每年孟冬具參選資格者集合於京師，分三銓，由尚書領中銓，二侍郎分領東、西銓，分長朵、馬射、馬槍、步射、應對五個方面進行考核。武散官有二十九階，類似現代軍官的將、校、尉等軍階。參選武官無論任何職，都要有某一武散階作為資歷，再在此基礎上敘階。至於選授官職，則需具備「驍勇」、「材藝」、「可為統領之用」三個條件。唐制五品以上武官須奏聞後由皇帝制授，尚書兵部量資擬授的是六品以下官。此事在兵部的分工是，在尚書、侍郎的統領下，由兵部郎中二人中一人掌敘階，員外郎二人中一人掌選院謂之南曹，負責審查參選者資格，考核其解狀、簿書、資歷、考課，核實後方始准其分別參加三銓。

武舉是武官貢舉制度的簡稱。隋行科舉之制，尚不設武舉。唐初武官多取自隋末逐鹿戰爭中湧現的佼佼者，無需武舉而干城之材自來。特別是太宗一即位，已擁有李靖、段志玄、尉遲敬德、秦叔寶、程咬金等一大批名將，他們的授任，既非經兵部銓選，更談不上州縣貢舉，而是太宗尚在為秦王時就著意經營，或救以危急，或示以恩寵，因而都能為其竭誠效命。但歷經近百年後，到了高宗、武則天時期，已是後繼乏人，而吐蕃的崛起，又使西北邊防日益吃緊，亟需能統兵鎮守邊疆的將領應世。武舉之制便是在這種歷史背景下於武周長安二年（西元七〇二年）創設的。武舉之事，由兵部員外郎執掌。第五卷第一篇記其制稱：「若州、府歲貢，皆孟冬隨朝集使以至省，勘責文狀而引試焉」，即與第二題中已介紹的文官科舉之制大致相同。對地方州縣亦有相應規定，第三十卷第二篇州縣兵曹參軍事職掌中就有：「每歲貢武舉人，有智勇謀略強力悍才者，舉而送之，試長垛、馬槍、翹關、擎重，以為等第之上下，為之升黜，從文舉行鄉飲酒禮，然後申送。」武舉分兩科：「一曰平射，原注曰：『試射長垛，三十發不出第三院為第。』二是武舉。其試用有七：一曰射長垛，二曰騎射，三曰馬槍，四曰步射，五曰材貌，六曰言語，七曰舉重。」

（五卷一篇）參加武舉考試者一類是有出身的，包括前資、現任，勳官、散官、衛官以及五品以上官的子孫；另一類則是平民。這兩類人，考試合格後，待遇仍有很大區別。如同列上第，前資和現任帖仗一年即可授官，勳、散、衛官及五品以上需帖仗二年，而一般平民上第只能作次第算，即必須帖仗五年後才具備參加銓選的資格。

武舉之制，在武周及玄宗時期大體是付諸實施的。開元十九年（西元七〇二年）特下詔「武貢人與明經、進士同行鄉飲酒禮」；天寶六載（西元七四七年）又詔：「文武之道，既惟並用，宗敬之儀，不可獨闕。其鄉貢武舉人上省，先令謁太公廟」（《通典・選舉三》）。但參加武舉的人似乎不多，據《冊府元龜・貢舉部》提到的德宗時期的一個數字是「每歲不過十數人」。自德宗貞元十四年（西元七九八年）後曾一度停止武舉，到憲宗元和三年（西元八〇八年）又恢復。事實上，在安史之亂前後從武舉中選拔出來的著名將領也僅有郭子儀一人，其餘的或擢自折衝都尉，或以明經出身轉為武將，或以門蔭入仕，更多的出身於邊疆蕃族，如高仙芝、哥舒翰、白孝德等等。由此可見，武舉之制在治世也許尚能起到補充將材需要的作用，一旦到了所謂「亂世出英雄」的時期，也就難免乏人問津。

地圖與兵器

在戰爭中，識別地形、利用地勢具有極重要的意義，《孫子兵法》就列有〈地形篇〉以論其要。本書第五卷第二篇職方郎中、員外郎的職責之一是「掌天下之地圖」。原注追敘職方之稱的由來：「《周禮》夏官有職方氏中大夫之職，掌天下之地圖，主四方之職貢。」唐代地圖的繪製，疆域之內與周邊國家分別進行：境內「地圖委州府三年一造，與板籍偕上省」；「其外夷每月番官到京，委鴻臚訊其人本國山川、風土，為圖以奏焉，副上於省」（五卷二篇）。地圖的用途，當不限於軍事，如還可據以劃定疆界：《類雋・地理類》引「《周公職錄》云：皇帝受命風后，受圖割地布九州」；據以校正地界：《周禮・地官・小司徒》：「凡民訟，以地比（指戶籍）正之；地訟，以圖正之」。職方郎中職掌中亦有類似規定：「其五方之區域，都鄙之廢置，疆埸之爭訟者，舉而正之。」

唐兵器由尚書兵部庫部司總掌。兵器是個大概念，還包括儀仗器械一類。第五卷第四篇：「庫部郎中、員外郎掌邦國軍州之戎器、儀仗，及冬至、元正之陳設，並祠祭、喪葬之羽儀，諸軍州之甲仗，皆辨其出入之數，量其繕造之功，以分給焉。」庫部為完成這一職掌，須在它總掌下，由下述各機構協力運作：製造與修理為少府監、軍器監，以及甲器監所屬的甲坊署、弩坊署（二二卷二篇），將作監（二三卷）；收藏保管的為衛尉寺所屬的兩京武庫（一六卷一篇）；負責從武庫請領出給使用者的是衛尉寺所屬的武器署（同上）；使用機構是南、北衙諸衛（二四、二五卷）。

第十六卷第一篇衛尉寺武庫令的職掌條中，詳細開列了唐代兵仗器械的名數和形制，其中軍鼓之制有銅鼓等三種，金之制有錞、鐲等四種，弓之制有長弓等四種，弩之制有擘張弩等七種，箭之制有竹箭等四種，刀之制有儀刀等四種，槍之制有漆槍等四種，甲之制有明光甲等十三種，彭排之制有漆排等六種，旗之制有青龍旗等三十二種，袍之制有青袍等五種，器用之制有大角等八種。從這些名數，可以一窺唐代冷兵器發展和軍隊裝備的概貌。唐對兵器從製作、收藏到使用，都有嚴格的規定和相應的管理制度。如製作時，「凡營軍器，皆鐫題年月及工人姓名」（二三卷一篇）；入庫時，要「辨其名物，審其制度，以時納于武庫」（二二卷二篇）。衛尉寺兩京武庫在收受「天下兵器」時，都要「籍其名數而藏之」，並每年檢閱兩次，「其有損弊者，則移于少府監及金吾修之」（一六卷一篇）；諸衛若作為儀仗隊參加大朝會或隨御駕出行而需用甲鎧、弓箭一類器物時，「則受之於衛尉，事畢，本而歸之，若有不應歸者，留貯於衛庫」（二四卷一篇）。此外，規定弓、箭、刀、楯、短矛這五類兵器允許私家擁有和在市場上出售，但須符合官定規制，故又規定「其造弓、矢、長刀，官為立樣，仍題工人姓名，然後聽鬻之」（二〇卷一篇）。其餘甲、弩等嚴禁私家擁有。《唐律疏議·擅興律》諸私有禁兵器條疏議稱：「私有禁兵器，謂甲、弩、矛、矟、具裝等，依《令》私家不合有。若有矛矟者，各徒一年半。注云：謂非弓箭刀楯短矛者，以上五事，私家聽有。其旌旗幡幟及儀仗，並私家不得輒有」；私家有「甲三領及弩五張，絞」。武則天要廢太子李賢，總得找個理由，後來據說「於東宮馬坊搜得皂甲數百領」，於是罪名立刻成立（見《舊唐書・章懷太子賢傳》）。

車乘與馬政

在古代歷史上，車和馬曾經扮演過顯赫的角色。先秦時，有所謂卿大夫百乘之家、諸侯千乘之國、天子萬乘之主的說法，乘，就是用四匹馬牽引的兵車。在唐代，馬匹不僅仍然是衡量軍事實力的極重要的因素，而且由馬牽引的車輦或鞍馬，亦還是帝王后妃及大臣出行的最重要的交通工具，因而有關馬匹畜養和管理之事稱為馬政，在朝廷諸項政務中佔有重要地位。第五卷第三篇規定，駕部郎中、員外郎的職責是：「掌邦國之輿輦、東乘，及天下之傳、驛、廄、牧官私馬牛雜畜之簿籍，辨其出入闌逸之政令，司其名數。」即輿輦車乘、傳驛和廄牧三個方面，都與馬有關。

輿輦車乘，泛指皇帝和后妃乘用和儀仗等需用的車馬。這一職掌，牽涉到十七卷太僕寺的乘黃署、典廄署，十一卷殿中省的尚乘局、尚輦局，十二卷內侍省的內僕局以及二十七卷太子僕寺的廄牧署等。以上各卷對皇帝等在不同禮儀場合所乘用車輦的名數、形制和沿革，都有詳盡的敘述，車上的每個配件和裝飾物，包括其色澤及繪製的花紋圖案，都蘊涵著一個在那時被視為極崇高的主題：皇帝的至尊至貴。如以太僕寺乘黃署所掌的天子車輅為例：有玉、金、象、木、革五輅，五輅又各有副車，還有十二屬車，另有指南車、記里鼓車、鸞旗車、辟惡車、友軒車、耕根車、安車、四望車、羊車、黃鉞車、豹尾車等等。且看五輅的裝飾：「皆重輿，左青龍，右白獸，金鳳翅，畫苣文鳥獸，黃屋，左纛，金鳳一，在軾前，十二鑾在衡，二鈴在軾，龍輈前設鄣塵，樹羽，輪金根、朱班、重牙」；車輅左右插有旗幟：「左建旂十有二旒，皆畫升龍，其長曳地，青繡綢杠；右載闟戟，長四尺，廣三尺，黻文，旂首金龍，頭銜錦結綬及綏帶，垂鈴」；連牽引的馬亦披金戴綵：「金鍐，方釳，插翟尾五焦，鏤錫，鞶纓十二就」。倘若皇帝因參加某個禮儀活動而需要乘用某一種輅車及相應副車、屬車等等，對乘黃署及其他相關機構來說，那就是一樁極隆重的大事：「凡將有事，先期四十日，尚乘供馬，馬如輅色，率駕士預調習。」乘黃署只管車，不管馬，所以需「尚乘供馬」。尚乘就是殿中省的尚乘局。

唐時主掌飼養馬亦飼養象、牛、羊等雜畜的機構是廄和牧，廄設於京師，牧主要置於隴右諸郡。皇帝車乘用馬取自內外閑廄，屬尚乘局掌管。第十一卷第三篇尚乘奉御職掌條記有十二閑廄之名：「一曰飛黃，二曰吉良，三曰龍媒，四曰騊駼，五曰駃騠，六曰天苑。左右凡十二閑，分為二廄：一曰祥麟，二曰鳳苑，以繫飼馬。」這些廄名可能與其所飼養的馬的色澤有關，飛黃、吉良、騊駼、駃騠或許就與黃、白、青、玄等色相應。古時五行說盛行，常以五行與五色、五方相配，本書第二十四、二十五卷敘述諸衛參加儀仗時，其裝束、旗幟及所持兵仗，亦各依方色。馬匹亦然，上文已提到「馬如輅色」。《舊唐書・王毛仲傳》提到玄宗的一次泰山封禪，有「扈從東封，以諸牧馬數萬匹從，每色為一隊，望如雲錦」的記載，可為佐證。

但上述十二閑廄之設，是唐初舊制，後來武則天和玄宗時期又作了多次改易，有所謂仗內、仗外的通稱。大抵仗內閑廄即由十二閑廄而來，只是名稱或有異，仗外閑廄則為新設。所以在上引十二閑廄名條下加了一段原注：「今(此『今』即指開元時制)仗內有飛龍、祥麟、鳳苑、鵷鸞、吉良、六群等六廄，奔星、內駒等二閑；仗外有左飛、右飛、左萬、右萬等四閑，東南內、西南內等兩廄。」仗內馬多供儀仗用，仗外的左、右飛和左、右萬四閑，原是開元初北門四軍即宿衛禁軍、左右飛騎、左右萬騎乘用的馬，所以仗外閑廄之設與禮儀司馬無關，它是宮廷權力角逐加劇，北門禁軍膨脹的結果。由於北門即玄武門處於宮禁的咽喉部位，因而掌管北門禁軍與仗外閑廄使便顯得非常重要，李隆基尚為皇太子時，發動政變敗太平公主，正是得力於萬騎與閑廄馬。先天二年(西元七一三年)七月三日晚，李隆基以「中旨告岐王範、薛王業、兵部尚書郭元振、將軍王毛仲，取閑廄馬及家人三百餘人，率(《資治通鑑》此處有『殿中少監姜皎』——引者）太僕少卿李令問、王守一，內侍高力士、果毅李守德等親信十數人，出武德殿，入虔化門，梟常元楷、李慈於北闕」（《舊唐書·玄宗紀》）。常、李是左、右羽林將軍，而李隆基所以能動用閑廄馬，就因為他自己曾擔任閑廄使。此後在玄宗朝任閑廄使職者，如宋王成器、王毛仲、皇甫忠、姜皎、牛仙客、安祿山等，其權位都非同尋常。

傳驛，是駕部郎中、員外郎的第二項職掌。傳驛是古代傳遞公文、官物和接待、運送官員的設施，包括驛站和車馬船隻等。通常傳驛可以合稱，但若要細分，則傳和驛又有所區別。大略說來，驛主要用於傳遞公文，傳則多為官員長途出行提供方便。驛馬由驛站供給，傳馬則由諸州縣車馬坊供應，由州府士曹經營，兵曹掌理。

本書第五卷第三篇載，唐時驛站的設置，「凡三十里一驛，天下凡一千六百三十九所」。原注說明其中二百六十所為水驛，一千二百九十七所陸驛，八十六所水陸相兼。每驛置驛長一人。根據業務的忙閒，分別等級配給馬匹、船隻和丁男。驛用馬匹有特別標記：「凡驛馬以『驛』字印印左肘，以州名印印項左。」（三〇卷一篇）驛站的經費由官給，取自戶稅。第三卷第二篇戶部郎中職掌條規定稅錢的用途中，就有「傳驛及郵遞」一項。官員若需乘傳驛，在京師，由門下省發給稱為卷或符的憑證，第八卷第一篇門下省侍中職掌之一，便是「若發驛遣使，則給其傳符」，具體事務由其下屬給事中經辦。在地方，由諸州或州給卷。軍鎮和州都設有兵曹，分佈在全國各地的水陸驛站，由所在軍、州管轄，第三十卷第一篇府州的兵曹或司兵參軍事的職掌中，都有一項「傳驛之事」。由於傳驛在實際運作過程中舞弊現象較多，乘用過多過濫，向驛站和車坊索要車馬又往往超過標準，地方上不堪負擔，所以《唐律》上有對違反者的處罰規定，御史臺亦把巡視館驛列為職掌之一。《新唐書·百官志》監察御史職掌條稱：「初開元中，兼巡傳驛，至二十五年（西元七三七年），以監察御史檢校兩京館驛。大曆十四年（西元七八〇年），以御史一人知館驛，號館驛使。」由於館驛使到開元二十五年才設，所以本書第十三卷御史臺監察御史職掌中未及載入此事。

駕部郎中、員外郎第三項職掌是廄牧。廄，上文已有所提及，這裡單說牧。殿中省尚乘局、太僕寺典廄署以及太子僕寺廄牧署所掌管的馬，包括傳驛和諸衛需用的馬，主要由諸牧監提供。第十七卷第二篇諸牧監職掌條稱：「凡每歲進馬麤良有差。使司每歲簡細馬五十匹、敦馬進之」；「其四歲以下麤馬，每年簡充諸衛官馬」。所以諸牧監當是整個馬政的基礎。

唐諸牧主要分佈在隴右諸郡，每牧置監一人以統領，因稱監牧或牧監。諸牧監按所放牧馬匹多少分為上、中、下三等：「凡馬五千匹為上監，三千匹已上為中監，已下為下監。」（一七卷二篇）監之上是使。據第五卷第三篇駕部郎中職掌條所載，唐共有「監牧六十有五，皆分使而統之」。原注略記諸使所屬的監數為「南使十五監，西使十六監，北使七監，東使九監，鹽州使八監，嵐州使三監」等。唐對牧場的管理有一套完備的制度。如所有馬匹都要烙印造冊並逐級上報，每年春季游牝孳生率和牲畜自然死亡率，以及對孳課超分獎勵與對課不充、牧畜亡失、非理死損等的賠償或懲處，都按不同畜類及數額，作了明細規定。對準備選送尚乘的馬匹，還有特殊規定，如須選「形容端正」，「以龍形印印其項左」，「尾側依左、右閑印以『三花』」等（見一七卷二篇原注）。

關於唐隴右諸牧監的發展過程，張說奉玄宗之命撰作的〈大唐開元十三年隴右監牧頌德碑〉有所提及。文中稱：「大唐承周隋離亂之後，貞觀初僅得牝牡三千，從赤岸澤遷至隴右，仍命太僕卿張萬歲葺政焉。至麟德中四十年，至七十萬五千匹，置八使以董之，設四十八監以掌之，跨隴右、金城、平涼、天水四郡之地，幅員千里，猶為狹隘，更折八監，布於河曲豐曠之野，乃能容之。」引文中提到的太僕卿張萬歲，其父、祖三代典群牧，恩信行於隴右，並創造了一套行之有效的管理方法，才使馬匹由數千增至七十萬。及張氏中廢，馬政衰弛，馬匹大量死失。玄宗時以王毛仲為隴右諸牧監使，又復興過一段時間，「開元元年（西元七一三年）牧馬二十四萬匹。十三年（西元七二五年）乃四十三萬匹；初有牛三萬五千頭，是年五萬頭；初有羊十一萬二千口，是年乃亦二十八萬六千口」。唐代馬匹的擁有量以貞觀、開元時期為最多，此亦正是唐國力最盛的時期。安史之亂後，隴右為吐蕃所沒，唐國力亦一蹶不振。

八、實業的運作與管理——尚書工部、少府監、將作監、都水監等

唐代的建築營造、手工製作以及礦冶、屯墾、山林川澤之利等實業系統的管理，在中央屬尚書省工部，本書列於第七卷。工部有尚書、侍郎各一人，下轄工部、屯田、虞部、水部四司；尚書、侍郎職務是「掌天下百工、屯田、山澤之政令」（七卷一篇）。所謂百工，包括都城、宮室、橋樑的修造和各種工藝品的製作等；具體承擔其事的有少府監及其中尚、左尚、右尚等署，將作監、北都軍器監等。屯田、山澤，包括全國州軍的屯田和山林川澤的採集、畋獵、漁捕、舟檝、溉灌之利以及銅鐵礦等；具體經管其事的有司農寺諸屯監，都水監及其舟檝、河渠二署，少府監的掌治署和諸治監等。實業系統牽涉面極廣，機構繁多，只能擇其要而略述之。

唐京都宮殿的修造（上）

宮殿修造，在隋唐曾盛極一時。它不僅是尚書工部的中心任務，從一定意義上說，工部這一機構的建置，正是基於大規模營造宮殿的需要。原注追述其產生的由來說：漢「以民曹兼主繕修、功作」，「晉、宋、齊、梁、陳，營宗廟則權置起部尚書，事畢省之」；至「隋開皇二年（西元五八二年）始置工部尚書，皇朝因之」（七卷一篇）。隋在投建重大工程時，常實行相關機構的長官聯合執掌制。如文帝營建大興城時，以尚書左僕射高熲總大綱，宇文愷領新都副監，劉龍任將作大匠，三人共同參掌其事。煬帝營建東都時，以楊素總其事，宇文愷為營東都副監，後遷將作大匠。唐初閻立本、閻立德兄弟二人，亦在將作大匠工部尚書之間遷轉：閻立德貞觀時先後二次任將作大匠，最後遷工部尚書；閻立本在顯慶時任將作大匠，後又

代其兄為工部尚書，兄弟相代，時論榮之。由此可見尚書工部與將作監之間緊密相聯的關係。宇文愷和閻立本兄弟倆，在都城、宮殿、陵墓的建築上，相繼留下了一座座具有時代標誌意義的巨大工程，為中國建築史書寫了輝煌的一頁。本書第七卷第一篇工部郎中職掌條詳細介紹了西京長安、東都洛陽宮城、皇城諸宮殿群建築，亦可說是宇文愷和閻氏兄弟的作品展示，從中可以一窺隋唐建築的恢宏博大的風貌。

西京長安城　隋時稱大興城。其位置在今西安市郊外的龍首原。原由宇文愷於隋文帝開皇二年（西元五八二年）奉詔營建，次年三月即告成。其規模和格局參照了北魏都城洛陽及鄴城。唐自高宗起又加以擴建修繕，中間或有斷續，前後延續六十餘年，至玄宗時最後完成。全城由外城、皇城、京城三部分組成。東西十八里一百一十五步，南北十五里一百七十五步，城高一丈八尺。布局順應龍首原以南地貌特點，使宮殿、宮府衙門、居民住宅間隔分明，區別有序。建築的次序是先宮城，次皇城，外郭城最後完成。在外郭城內有一百零八坊里，分東西南北整齊排列。各坊四面有高牆，東、西、南、北皆有門。坊門關閉後，每個坊又可單獨成一整體。長安城分長安、萬年兩縣，各轄五十四坊。城內所有街道都作東西、南北向，東西有十一條大街，南北有十四條大街，街道像胡同，禁止破牆開店，市易另有東市和西市。皇城以內為官衙集中地，宮城則為皇室居住區。宮城與皇城之間以橫街相隔。街的寬度有三百步，是一個巨大的長方形廣場。書中對皇城及外郭城諸門亦作了介紹。城內還有進水、排水設施。全城規模是今存明西安城的十倍。

唐京城內宮殿成群，錯落有致。書中著重介紹了位於皇城之北的太極宮、大明宮，和外郭城東垣的興慶宮。太極宮始建於隋，續修於唐太宗時；大明宮貞觀時始建，高宗時告成；興慶宮為玄宗時由興慶坊改建而成。太極宮正南為承天門，正北為玄武門；南對皇城的朱雀門，與外郭城的明德門構成貫穿南北的中軸線。在中軸線兩側，各有多組建築群，大體採取對稱的布局。太極宮中有十六座大殿，以太極、兩儀、甘露、延嘉四殿構成一軸線，以兩儀殿東西為界線，線南為省，為中書、門下及諸衙署所在地；線北為禁中，為帝王的生活區。太極宮之東則為皇太子的東宮，西是掖庭宮。大明宮在禁苑之東南隅，與宮城的東北相接。大明宮內有殿亭觀閣三十餘所，其基址至今尚存，宮城平面呈不規則長方形，全宮自南面正中丹鳳門起，北至太液池、蓬萊山，構成一中軸線，排列著全宮主要的建築群，包括含元殿、宣政殿、紫宸殿；以宣政殿為界，其南為省，其北為禁中，而後宮則以太液池為中心，諸建築環列其四周，麟德殿便在太液池的西側，北面即為宮牆北面的玄武門。高宗以後，大明宮取代太極宮，成為唐代政務活動的中心，前期主要在含元殿、宣政殿、紫宸殿，後期則轉向麟德殿、延英殿。含元殿是大明宮的主殿，踞龍首原高處，高出地平面十餘公尺。據考古發掘，殿東西廣十一間，進深四間，每間廣五公尺餘。殿的東西二側有迴廊，南面為登殿的長達七十餘公尺的龍尾道，自平地至朝堂分為三層，若從龍尾道的起點仰望含元殿，猶如直上雲霄的天庭，十分雄偉壯觀。麟德殿由前、中、後三重殿組成，面闊十一間，進深三殿共十七間，面積達五千平方公尺，為北京故宮太和殿的三倍。殿的東西兩側，又有連綿起伏的亭臺樓閣為之映襯。興慶宮原址與慶坊，本為李隆基兄弟五人共同的舊宅，稱五王子宅。李隆基即位後，擴大為兩坊，改建為興慶宮，其範圍雖略小於太極、大明二宮，佔地面積亦達二千零一十六畝，超過北京明故宮一倍。如今西安市內興慶公園僅為興慶宮的一部分。當年興慶宮內的興慶殿、南薰殿、長慶樓、大同殿、勤政務本樓、花萼相輝樓、沉香亭等構成一個龐大的建築群體，唐玄宗與楊貴妃曾長期居住於此。唐在宮城之北設禁苑，北臨渭水，東連滻川，西面包括漢長安故城，周圍一百二十里，為帝王狩獵的場所。苑中設總監，下設有東監、西監，南有常樂監，北有舊宅監，以管理苑內宮館園池，總隸於司農寺。

東都洛陽城　始建於隋煬帝大業元年（西元六〇五年），其址在漢魏洛陽古城之西約十六里處，地勢開闊平坦，布局劃一規整。全城亦由外郭、皇城、宮城三部分組成，由於是陪都，其規模略小於長安城。宮城與皇城不居於中，而是偏於西北隅的高地上。南、東各有三門，北有二門，西則與禁苑相連，中有洛水貫通，東南角有伊水穿城而過，東面有瀍水穿城與洛水相通。外郭城據《新唐書・地理志》「東西五千六百一十步，南北五千四百七十步，西連苑，北自東城而東，二千五百四十步，周二萬五千五十步，其崇文有八尺」。城內共有一百零三坊，坊內是十字街，四邊開門。坊的面積較長安城內的坊略小。又有南、西、北三市，其中北市最為熱鬧，近側為著名的含嘉倉，城內北側有漕渠與洛水平行，四方漕運的船隻皆集中於新潭附近的漕渠。

東都宮城、皇城相連，一處北，一處南。宮城東西四里一百八十步，南北二里八十五步，周四十三里二百四十一步，高四丈八尺。城中隔城有二：在東南隅者，皇太子居之；在西北隅者，皇子、公主居之。城北還有二隔城，即圓壁城和曜義城。宮城南有三門，東一門，西、北各二門。宮城的正殿為含元殿，原址為隋的乾陽殿，李世民破王世充後進洛陽宮，焚乾陽殿，高宗時在其舊址造乾元殿，武后改造為明堂，玄宗時，初復改稱明堂為乾元殿，開元二十八年（西元七四〇年）再改為含元殿。含元殿的西側為宣政殿，初名武成殿，為皇帝常朝之所。含元殿之北有貞觀殿，又北有徽猷殿和陶光園，園之北為玄武門。自南三門中之中門應天門向北經含元殿、貞觀殿、徽猷殿至玄武門，為宮城之中心軸線，軸線的東側依次有大儀殿和東宮。皇城，《新唐書‧地理志》記為「長千八百一十七步，廣千三百七十八步，周四千九百三十步，其崇三丈七尺」。其東接東城，缺東南隅；西連上陽宮，缺西北隅，故其城牆呈曲折形。南三門，東一門，西二門。皇城之東有東城，百僚衙署分佈在皇城與東城之內。洛陽宮城和皇城構建的一個明顯特點，是內城城牆特別多：宮城北有重城，東、西有隔城，皇城又從東、南、西三面包圍宮城；皇城則西有西苑的苑城，東有含嘉倉城，南有洛水阻隔。總體地勢又居高臨下，較之長安城更為易守難攻，隋末王世充在洛陽能堅守四年之久，當非偶然。

對東都的宮殿，書中著重介紹了上陽宮。其址在皇城西南隅，西接禁苑之穀水，南臨洛水。高宗上元中由司農卿韋機營造。宮之東、南各有二門，北有一門。因穀水穿過上陽宮，故又以穀水為界，其東為上陽宮，西稱西上陽宮。穀水上有橋，以通往來。上陽宮的正殿為觀風殿，其北有化城院，再北為仙居殿；

化城院西南，依次有甘露殿、麟趾殿，觀風殿之西為木枝院，再西有麗春殿。北面芬芳門內有芬芳殿。由於上陽宮是東西向，諸殿的布局不甚規則，其相對位置只能是大體推定。東都的禁苑在都城之西，北背北邙，西瀕孝水，南帶洛水，有穀、洛二水會於其間，周長一百二十六里，城垣高一丈九尺。東有四門，南有三門，西、北各有五門。苑內有十一宮。又有湖，隋時名積翠池，唐改為凝碧池。周十餘里，有蓬萊、方丈、瀛州諸山。對東都苑的管理，唐初設有洛陽宮總監，下有四分監。高宗時廢總監，唯設東、南、西、北四面監，分區管理苑中事務。四監直轄於司農寺。

唐京都宮殿的修造（下）

唐都城、宮殿、陵墓等大工程的修造，由尚書工部總掌，具體則主要由將作監承擔。將作監長官稱大匠，有少匠二人，以佐其職。「將作大匠之職，掌供邦國修建土木工匠之政令，總四署、三監、百工之官屬，以供其職」（二三卷一篇）。四署指左校、右校、中校三署，再加上甄官署；三監指百工監和就谷、庫谷等監。四署三監各有分工，除亦有某些雜作外，共同的中心任務則是土木營造。如左右校署掌管梓人，亦即木工。唐代宮殿建築仍以木結構為主，所以左校在營造中擔負著主要任務。右校署掌泥瓦工，包括版築、塗泥以及丹雘之事；中校署則負責舟車、兵仗、廄牧、雜作器用。甄官署掌管石工、陶工。諸凡宮殿建築中的琢石、陶土，包括陵墓前的石人、石獸、石柱、碑碣以及磚瓦、瓶缶之器，都由甄官製作。百工及就谷、庫谷等監，則專掌「採伐木材之事，辨其名物而為之主守。凡修造所須材幹之具，皆取之有時，用之有節」（二三卷一篇）。

唐代對宮室的修造有等級規定，不可越制。第二十三卷第一篇左校署令職掌條稱：「凡宮室之制，自天子至於士庶，各有等差。」原注詳列其制，如只有皇帝的宮殿可以施重栱、藻井；王公及諸臣三品以上允許建九架，此下遞減，至六品以下及庶人只能建一間兩廈，五品以上方可有烏頭門等。中國古代宮室建築多以四根立柱，上施左右橫木為欂，前後橫木為枋。欂、枋可數層重疊，稱欂架。每層呈梯級縮短，逐級增高稱「舉折」，其高可以五層、七層、十一層不等。四柱之間形成的空間便稱「間」，一座建築物通常由若干間組成。如唐麟德殿，面寬十一門，進深十七間；因其由前、中、後三殿組成，所以每殿實際進深為五間左右。這種建築結構的特點是，建築物上部的荷載皆由構架負擔，而四周牆壁，無論其為磚石或為木板，都主要起間隔空間的作用，不承受重負。立柱和橫樑之間以斗栱為過渡。所謂斗栱，是由斗形木塊和弓形肘木縱橫交叉層疊而成的構件，原注中所說的「重栱」，即相互重疊一種更複雜的結構。藻井，是諸斗栱聚集於頂部最後留下的狀如井幹的天花板，因繪有藻菱等圖案而有此稱。中國古代的宮殿堂通常都有高聳的階基為其基礎，藉以居高臨下，作雄視山河之勢。如唐大明宮的含元殿，建於龍首原之上，高於平地四十餘尺，從丹鳳門上含元殿，其臺階達四百餘步，給人一種登臨天庭之感。其屋頂有坡面，脊端屋瓦有筒瓦、板瓦，四周有檐邊，轉角有各種曲線，柔和而壯麗。其周圍配有廂房、廊廡、殿門、圍牆、角樓，東、西有鼓樓、鐘樓，以及殿門、側門、閣門等附屬建築物，以及殿後的園苑，構成一個以殿堂為中心的完整的院落。

將作監在承擔工程修造時，規定有內作、外作之分。內作包括「西京之大內，大明、興慶宮，東都之大內、上陽宮，其內外郭、臺、殿、樓、閣并仗舍等，苑內宮、亭，中書、門下、左右羽林軍、左右萬騎仗、十二閑廄屋宇等」；外作包括「山陵及京都之太廟、郊社諸壇廟，京都諸城門，尚書、殿中、秘書、內侍省，御史臺、九寺、三監、十六衛、諸街使、弩坊、溫湯、東宮諸司、王府官舍屋宇，諸街、橋、道等」（二三卷一篇）。一般是工程項目初步確定後，第一步就是立樣，即製作模型。《隋書·何稠傳附黃亘傳》載：「大業時，有黃亘、黃袞兄弟二人最善於立樣，其所立之樣，工人皆稱其善，莫能有所損益」。唐高宗永徽時，廷議如何建置明堂，有的請為九室，有的主張五室，莫衷一是。「高宗令於觀德殿依兩議張設，親與公卿觀之」（《舊唐書·禮儀志二》）。此所謂「依兩議張設」，即是依照九室、五室兩個方案，分別製作成模型，以便具象地比較，然後作出抉擇。立樣的另一個作用是，項目正式確定後，可據以計算出工程所需的物料和人工，以便編製預算。唐制，將作監所承擔的大小工程皆需有預算，大的要奏聞皇帝，小的由尚書省審批，這就是第二十三卷第一篇將作監丞職掌條中所說的：「凡內外繕造，百司供給，大事則聽制、敕，小事則俟省符」。不經申報者為非法興造，將受到懲罰。《唐律疏議・擅興律》諸有所興造條疏議：「修城郭築堤防，興起人功，有所營造，依《營繕令》：計人功多少，申尚書省，聽報始合役功，或不言上及不待報，各計所役人庸坐贓論等一等。」當營造任務下達到將作監後，在將作大匠、少匠的統領下，分別由百工等監採集和運輸木材；凡所需「土木瓦石不出於所司者，總料其數，上于尚書省」（二三卷一篇），獲得批准後，以木契與符文為憑，向太府寺有關庫藏領取。與此同時，左校署組織木工製作柱樑組裝構架，右校署帶領泥水工承擔隔牆、塗泥和丹雘之事，甄官署則負責石作、陶土以及提供磚瓦等材料。所需工匠，則徵自諸州的匠戶。據第七卷第一篇工部郎中職掌條記載，屬於將作監的工匠有一萬五千人，屬於少府監的有一萬九千八百五十人，皆取自諸州材力強壯、伎能工巧者。倘若工匠使用有餘，或者某些特殊工種需另外僱用，相關的州亦可徵資代役，由州彙總其資，納於將作監、少府監，用以和僱工匠。對工匠的計功，依四時晝夜長短的變換而有長、中、短之分，即第二十三卷第一篇將作監丞職掌條所言：「凡功有長短，役有輕重。原注曰：『凡計功程者，四月、五月、六月、七月為長功，二月、三月、八月、九月為中功，十月、十一月、十二月、正月為短功。』」對工匠的管理，採取軍事編制方式。《新唐書・百官志》稱：「凡京都營繕，皆下少府、將作共其用，役千功者先奏。凡工匠，以州縣為團，五人為火，五火置長一人。」此團、火、長便是唐代軍隊編制單位。將作監下屬左校、右校、中校三署均以「校」為名，校本亦為古代軍事編制一個單位。校又為囚具，亦即枷。工匠作如此編制又含有類似囚徒須戴枷勞作之意。這些都反映了工匠的社會地位十分低賤，他們的集體勞動創造了令後人驚嘆的燦爛輝煌的建築文化，而其勞動本身依然帶有某種奴隸制的性質。

在中國歷史上，帝王廣造宮殿，常常成為諫官諍諫和史家筆伐的一項重要內容，杜牧一篇〈阿房宮賦〉，以「六王畢，四海一，蜀山兀，阿房出」始，而以「戍卒叫，函谷舉，楚人一炬，可憐焦土」終，阿房宮與秦帝國共興共亡，更含有深刻的諷諭之意。後人若單從欣賞古代文化著眼，或許會以為史家亦不無偏頗，但一個不爭的事實是：帝王在下令修建宮殿或陵墓的當時，絕不會想到要留給後人欣賞，只能是為了自己窮奢極侈地一時享受，是個人欲望極度膨脹的結果，是權力的物化和炫耀。落成的宮殿固然美輪美奐，建築的過程卻是白骨累累。據《隋書・食物志》記載，隋文帝造仁壽宮，「役使嚴急，丁夫多死，疲敝顛仆者，推坑填坎，覆以土石，因而築為平地，死者以萬數」。煬帝營建東都，每月役丁二百萬人，因「役使促迫，僵仆而斃者，十四五焉。每月載死丁，東至城皐，北至河陽，車相望於道」，這也是導致隋速亡的一個重要原因。唐武德四年（西元六二一年），其時尚為秦王的李世民，平定王世充，第一次進入洛陽城，望著巍峨起伏的宮殿，不由得嘆道：「逞侈心，窮人欲，無亡得乎？」（《資治通鑑・唐紀五》）立即下令拆除端門樓，焚毀乾陽殿等。採取這種楚霸王式的逞意於一時的做法固然不可取，但亦多少說明，當時李世民對「逞侈心，窮人欲」還是憎惡的。耐人尋味的是，一旦當他自己亦坐上了皇帝寶座，昨天還憎惡的東西，忽然亦成了追求的目標。貞觀四年（西元六三〇年），太宗意欲重新修造被他下令焚毀的洛陽宮乾陽殿，這便引起了張玄素的一次諍諫。玄素曾在隋當過縣戶曹，太宗擢為侍御史、給事中。他在諫書中列述了五條不應當重修乾陽殿的理由，並說：『『臣聞阿房成，秦人散；章華就，楚眾散；及乾陽功畢，隋人解體。且以陛下今時功力，何如隋日？役瘡痍之人，襲亡隋之弊，以此言之恐甚於煬帝。』太宗曰：『卿謂我不如煬帝，何如桀紂？』對曰：『若此殿卒興，所謂同歸於亂。且陛下初平東都，太上皇敕大殿高門並宜禁毀。陛下以瓦木可用，不宜焚灼，請賜與貧人。事雖不行，然天下翕然，謳歌至德。今若遵舊制，即是隋役復興。五六年間，趨捨頓異，何以昭示子孫，光敷四海？』太宗嘆曰：『我不思量，遂至於此。』』（《舊唐書・張玄素傳》）太宗的復建乾陽殿之議雖因張玄素的力諫而擱置了下來，但到高宗麟德二年（西元六六五年）終於還是付諸實施。復建成的乾元殿，東西三百四十五尺，南北一百七十三尺，高一百二十尺，其規模不亞於隋之乾陽殿。到武后時，又毀乾元殿，於其址另造明堂，高二百九十四尺，方三百尺，規模更為浩大。只是建築的期限沒有煬帝那樣迫促，其擾民的程度略有差異而已。

宮廷工藝品的製作

皇帝及其家族和京都百官，是當時最龐大、也是最高級消費群。名目繁多的冠冕服飾，林林總總的車輅儀制，雕文錯綵，描龍繡鳳，竭盡奢華之能事。單以帝室的四時器玩一項，據第二十二卷第一篇中尚署令職掌條原注所列，便有這樣一些名目：「每年二月二日，進鏤牙尺及木畫紫檀尺；寒食，進毬，兼雜綵雞子；五月五日，進百索綬帶；夏至，進雷車；七月七日，進七孔金細針，十五日，進盂蘭盆；臘日，進口脂、衣香囊。每月進筆及擣衣杵。琴、瑟、琵琶弦，金、銀紙，須則進之，不恆數也。」上述種種，大多屬手工業工藝品範疇，在唐代主要由少府監製作、提供。少府監的監和少監之職便是掌供「天子之服御，百官之儀制，展采備物，率其屬以供焉」（二二卷一篇）。其下統中尚、左尚、右尚、織染、掌冶五署，以及諸冶、諸鑄錢、互市等監。

少府在西漢，原是一個龐大的機構，諸凡山澤陂池市肆租稅收入，皇帝衣食器用、醫藥宴樂，以及宮廷手工業和直接侍奉皇帝的機要官員、內侍、宦者等，幾乎無所不統。若論其主要職掌，當是主收山澤陂池市肆之稅，是皇帝的私府，為帝室理財。少府與同是掌財政的大司農的區別也正是在這一點上：大司農掌國家財政，少府掌帝室財政。到魏晉時，國家財政與帝室財政合一，二者的區別僅在於司農司穀，少府司錢。南北朝在梁時，設太府，掌府庫，北魏則改少府為太府，掌財物庫藏。北齊的太府寺兼造器物，至隋煬帝時，又從太府寺分出少府監來，由太府寺掌庫藏及平準，少府監則專掌手工製作，與掌土木興建的將作監，成為並列的兩個主要實業機構。少府和將作都要接受工部司的政令及其所下達的任務，故本書第七卷第一篇工部郎中職掌條稱：「凡興建修築，材木工匠則下少府、將作，以供其事。」

少府監所轄的署、監各有分工，列述於二十二卷各自的職掌中。如中尚署負責製作郊祀用的圭璧，皇帝四時的器玩，后妃的服飾，以及百官佩戴的魚袋等。左尚署製作皇帝和后妃參加禮儀活動時需用的車輅和翟扇、蓋繖等。右尚署為皇帝十二閑馬匹提供鞍轡。這些鞍轡由京兆、河南二府先裝配，再由右尚署加以裝飾而進。此外右尚署還要製作御用的刀劍、斧鉞、甲冑、紙筆、茵席、履舄等物，以及五品以上官員用的帳幕。織染署製作和供應皇帝、太子、后妃和百官的冠冕、組綬及織紝、色染。掌冶署掌管鎔鑄金銀銅鐵和塗飾琉璃玉作。諸冶監鎔鑄的銅鐵和所造的器物，都要送少府監，然後支給所需官司。

在少府監所屬諸署裡，生產的基本單位稱「作」，或「作坊」，猶今之車間或工場。作是按照工藝流程來劃分的，如織染署，就依織紝、組綬、紬線、練染這樣四大工藝，細分為三十五作（見二二卷二篇），作為一個手工業工場，已具有相當大規模。其勞動力主要徵自各地匠戶，亦有奴婢、番戶及雜戶充工匠的，此外還有少數和僱而來。少府統領的工匠總數，上文所引第七卷第一篇工部郎中職掌條原注已提到為一萬九千八百五十人，《新唐書・百官志》則未記總數，以為少府屬下有「短番匠五千二十九人，綾錦坊巧兒三百六十五人，內作使綾匠八十三人，掖庭綾匠百五十人，內作巧兒四十二人，配京都諸司諸使雜匠百二十五人」。各工種按技藝難易培訓的期限亦有不同，如金、銀、銅、鐵的澆鑄和鑿、鏤、錯鏃一類技藝較高的工種，限四年學成，其餘或三年，或二年，最短亦有三個月、五十天或四十天的。學藝期間，每季度由少府監丞考核，歲末再由監考核。少府監諸署製作所需的原料和金、鐵、齒革、羽毛、絹帛、膠漆、竹木等，大都由各地作為土貢、別索貢提供，經由太府寺的右藏署供給。此外，亦有的是九姓胡自西域帶來的異方寶貨，部分則通過市易取得。《新唐書・百官志》少府寺職掌條有「諸州市牛皮角以供用，牧畜角筋腦革悉輸焉」的規定。產品都要刻上工匠姓名，以明責任，以便考核。

少府監下屬機構尚有諸冶監和諸鑄錢監。諸冶監是指設在礦冶所在州縣的坑冶監，諸鑄錢監亦設於所在府州縣，由都督、刺史兼管。第二十二卷第二篇簡略介紹了唐代銅鐵諸制。如各地若有銅鐵礦，允許私人開採，但要交稅。所生產的農器、兵器，供給居民、軍士和屯田。官府設監，一是徵收坑冶稅，二是統計所產器物上報於少府監。若產有白鑞，因係鑄錢所需，規定統由官府收購。至於西部邊陲之地和北部沿邊諸州，則置鐵冶和採礦一概禁止，若有器用之需，由官府供給。唐代諸冶之數，《新唐書・食貨志》記為諸州「凡銀、銅、鐵、錫之冶一百六十八，陝、宣、潤、衢、信五州銀冶五十八，銅冶九十六，鐵山五，錫山二，鉛山四」；其產量，「元和初，歲採銀萬二千兩，銅二十六萬六千斤，鐵二百七萬斤，錫五萬斤，鉛無常數」。《新唐書・地理志》載有鐵之處一百零四，以河東、劍南二道最多；產銅地亦多達六十二處，分佈於四十五州。唐代前期的貨幣，雖仍用錢幣與穀帛並行之制，但對錢幣的需要量已不斷擴大。銅是鑄錢的主要原料，所以對銅的開採遠比鐵重視。唐代官錢便是由諸鑄錢監鑄造。第二十二卷第二篇諸鑄錢監職掌條原注詳細記述歷代錢制，不啻是一篇錢幣簡史，頗有可讀性。中國古代錢幣，同時往往亦是精美的工藝品，如原注中提到的開元錢，由著名書法家歐陽詢書文，可謂精美絕倫。唐時全國錢鑪數，原注記為：「今絳州三十鑪，揚、宣、鄂、蔚各十鑪，益、鄧、郴各五鑪，洋州三鑪，定州一鑪。」以上共八十九鑪。據《新唐書・食貨志》尚有潤州十鑪，則共為九十九鑪。《通典・食貨九》本注作了一個統計：每鑪一年鑄錢三千三百貫，役丁匠三十，費銅二萬一千二百零十斤，鑞（錫合金）三千七百零九斤，黑錫五百四十斤，每貫錢費銅鑞錫錢七百五十文。全國全年鑄錢總數約為三十二萬七千餘貫文。掌理鑄錢鑪的是鑄錢監。唐時全國各地設置鑄錢監的情況，據《新唐書・地理志》記載有絳州的汾陽監、銅源監、紫泉監，揚州的丹陽監、廣陵監，宣州的梅根監、宛陵監，彬州的桂陽錢監和饒州的永平錢監。益州有銅山，貞觀時亦曾設錢監。設鑄錢監的地方，往往附近就有銅冶開採銅礦。從《新唐書・地理志》記載中亦可以看到，如絳州的聞喜便有銅冶，蔚州、鄧州，都是既有錢官，又有銅冶。解州的紫泉監，宣州的梅根監，饒州的永平監，附近皆有銅冶。但在總體上，唐代由於銅源不足，鑄錢還是無法滿足流通的需要，玄宗時曾有開放私人鑄錢之議，開元二十二年（西元七三四年）還為此下過一道敕旨：「布帛不可以尺寸為交易，菽粟不可以秒忽貿有無。古之為錢，以通貨幣，豈無變通。往者漢文之時，已有放鑄之令，雖見非於賈誼，亦無費於賢君。古今往來，時移事異，亦欲不禁鑄，其理何如？」（《唐會要》卷八九）後經群臣議論，多數不主張開放私鑄，因而沒有付諸實施。德宗後，實行兩稅法，以錢定稅，錢幣在國家財政中的地位與作用大為加強，「錢荒」現象亦更為嚴重，這是直至李唐末世都沒有能夠很好解決的一個矛盾。

屯田和山林川澤諸業

工部尚書、侍郎有關屯田、山澤方面的職掌，政令由其所屬屯田、虞部、水部三司下達，執行機構則是司農寺諸屯監和都水監的舟檝、河渠二署等。

屯田之制，起於西漢。其時武帝用兵匈奴，為解決遠距離餽糧的困難，在西域由駐軍置田官、田卒以事屯墾。東漢末，曹操在許下亦屯田，則置典農官，就近募民耕種。為著區別，稱前者為軍屯，後者為民屯。軍屯和民屯，同為取得軍隊給養和稅糧的一種措施。唐時所設為軍屯，全國共有九百九十二屯。第七卷第二篇屯田郎中職掌條稱：「凡軍、州邊防鎮守運轉不給，則設屯田以益軍儲。」屯設屯官、屯副。屯的規模大者五十頃，小者二十頃。其分佈區域，主要在緣邊軍州，從設置過程看，又多與邊區軍事形勢緊密相連。在武德、貞觀時期，屯田主要是在與突厥交界的沿邊地區。如竇靜在太原，張公謹在代州，李素立在瀚海，他們先後在這些地區開置屯田，主要便是為了對付突厥。太宗、高宗時為著對高麗作戰的需要，又加速了東北地區屯田的發展。到高宗、武則天之際吐蕃問題日益尖銳，因而就有了婁師德先在豐州即河套地區知營田事，後又任河源、積石、懷遠等軍及河、蘭、鄯、廓等州簡校營田大使。與此同時還有：郭元振都督隴右諸軍州大使，「令甘州刺史李漢通闢屯田，盡水之利，稻收豐衍」（《新唐書・郭元振傳》）；黑齒常之任河源道經略大使，於隴右「墾田五千頃，歲收斛百餘萬，由是食衍士精，戍邏有備」（《新唐書・黑齒常之傳》）。這時可說是唐代屯田的高潮期。至於中原地區的屯田，則為數不多，主要集中在河南道的陳、許、豫、壽諸州，有百餘屯。這幾個州的交界區，在唐初「土地饒沃，戶口稀疏，逃亡所歸，頗成淵藪，舊有劫盜，兼有宿寇」（《唐會要》卷七〇）。看來所以設置和屯田，是著眼於治安問題。但實際成效微微，所以到開元二十五年（西元七三七年）便撤銷了屯田，即同篇原注所說：「敕以為不便，并長春宮田三百四十餘頃，並令分給貧人。」

虞部司「掌天下虞衡、山澤之事」（七卷三篇）。虞是一個古老的官名，相傳舜命九官，以伯益為虞，《周禮・地官》亦有山虞、澤虞之設。鄭玄注：虞，度也。度有預料之意。這一點非常值得注意。古籍中凡提到山虞、澤虞或虞衡一類官職，都必然同時提到兩個方面：既要從山林、川澤中獲取採伐、漁捕、畋獵之利，又要注意各種時禁。如冬春之交，魚蝦開始繁殖，故捕魚之器不得入河水；春夏之交，禽獸正在孕育，故餌獸之藥禁止入山野；夏苗正盛，不容蹂踏，秋實初登，嚴禁焚燎。特別是《呂氏春秋・十二紀》或《禮記・月令》，一年中每個月都列有時禁，說明近年來才成為熱門話題的「環境保護」，古人早有清醒認識。真想做好環保，就得講究一個「虞」字，就是要有預見性，不能只顧眼前利益。本書所記虞部之職除時禁外，還特別提出兩條：一是保護名山植被：「凡五嶽及名山能蘊靈產異，興雲致雨，有利於人者，皆禁其樵採，時禱祭焉」；二是保護京都四郊生態：「凡京兆河南二都，其近為四郊，三百里皆不得弋獵、採捕」（七卷三篇）。如當年的西京、東都皆已成為黃土下古蹟，近幾年春上沙塵幾次迷漫北國以至江南，媒體驚呼：沙丘離現今的京都僅有數十公里之遙！讀著一千多年前古人這些警告，不禁要出一身冷汗。

唐虞部還掌管為太僕所管閑廄馬供草料、為內廷、百官及蕃客供取暖用的柴炭的政令。草料由西京、東都五百里範圍內提供。與虞部相對應的寺、監，有司農寺的京都苑總監、京都苑四面監，太僕寺的諸牧監等。

水部司「掌天下川瀆、陂池之政令」，「凡舟檝、溉灌之利，咸總而舉之」（七卷四篇）。對應的實業機構主要是都水監，轄有舟檝、河渠二署。牽涉到：(一)漁捕水產。河渠署的職掌中便有一條：「每日供尚食魚及中書門下官應給者。若大祭祀，則供其乾魚、魚醢，以充籩豆之實」（二三卷二篇）。至於京師其他官司需供魚或冬藏魚，每年得納資總數為二十萬文送都水，由河渠署以市易供之。(二)農業水利。唐時關中地區水資源已不甚充足，故對京畿之內渠堰陂池的管理，成為都水監一件大事。首先自然必須保證內宮用水，「有餘則任王公、公主、百官家節而用之」。對農田灌溉亦頗為重視，規定「每渠及斗門置長各一人，至溉田時，乃令節其水之多少，均其灌溉焉。每歲，府縣差官一人以督察之，歲終，錄其功以為考課」（同上）。第七卷第四篇水部郎中職掌條還有碾磑不得與農田爭水、與民爭利的規定。碾磑是當時利用水力推動的碾米設施，多屬王公權要之家。制度上既已作此規定，說明事實上權要與民爭水爭利的事已屢有發生。在處理此類事情上，玄宗即位後曾任京兆尹的李元紘，頗有值得稱道的作為：「諸王公權要之家，皆緣渠立磑，以害水田，元紘令吏一切毀之，百姓大獲其利。」（《舊唐書》本傳）㈢交通運輸。包括全國橋樑和公私舟船的管理以及漕運之事。特別是漕運，因關係到京城長安的糧食供應，常常成為唐王朝關注的熱點。《文獻通考・國用三》有這樣一段記載：「唐都長安，而關中號稱沃野，然其土地狹，所出不足以給京師、備水旱，故常轉漕東南之粟。高祖、太宗之時，用物有節而易贍，水陸漕運不過二十萬石，故漕事簡。自高宗以後，歲益增多，而功利繁興，民亦罹其弊矣。初江淮漕租米至東都輸含嘉倉，以車或馱，陸運至陝，而水行來遠，多風波覆溺之患，其失十常七、八。」沿途損失竟達七、八成，著實驚人。這中間除了路途遙遠，風波難測，特別是三門峽砥柱之險的自然損耗外，亦難免有執事官吏乘機舞弊一類情事。為此舟檝署設有監漕這一官職，專掌緝查。這就是舟檝署令職掌條中所說的：「諸州轉運至京都者，則經其往來，理其隱失，使監漕監之。」但這是自貞觀至開元前期之制。後玄宗採納京兆尹裴耀卿建議，改「曠年長運」為「節級運輸」，即分級水陸轉運，以避開三門峽艱險路段，使漕運矛盾得到了緩解。與此同時，裴耀卿已拜為黃門侍郎、同中書門下平章事，又充江淮轉運使，另由太府少卿蕭炅充江淮處置轉運使。這些水陸轉運使的職能已完全替代了舟檝署，後者再無存在必要。其具體撤銷時間，本書都水監條原注記為開元二十三年（西元七三五年），《新唐書・百官志》則為開元二十六年（西元七三八年）。

九、宮廷秘書與後宮內務——秘書省、殿中省、內官宮官內侍省、宗正寺等

唐代國家機構以「省」為名的，除中書、門下、尚書三省外，尚有秘書、殿中、內侍三省。省，本為禁中之意，後才衍為官署的名稱。前三省常泛稱為臺省，秉掌朝政機樞，地位顯要；後三省皆屬「後勤」部門：或以文書典籍提供皇帝聽政和決策之需，或記載前朝和本朝治政業績亦即修史，以為後繼者之鑒，或從衣、食、住、行諸方面直接侍奉於皇帝或後宮，其地位低於臺省，大體與諸寺監同列。秘書省、殿中省的長官皆稱監，內侍省稱內侍。秘書省掌皇家圖書經籍，領著作、太史二局，從沿革看，還保存著宮禁職官的一些痕跡。殿中與內侍則仍為宮禁職官，各統有專事侍奉的若干局，屬宮殿內務的管理系統。與內侍省並列的，尚有內官和宮官：內官指皇后以下的妃嬪一類，宮官是女官，以侍奉和後宮管理為其主要職責。

藏書與修史

秘書省這一機構，最初出現於東漢桓帝時，稱秘書監，其職為掌管宮中圖書秘記。曹操為魏王時，始置秘書令，典尚書奏事。其職相當於中書令，執掌中樞機要。曹丕為魏文帝時，又把中書與秘書的職掌分開，建中書省，秘書監則專管圖籍。其後，除晉武帝時一度又將其併入中書外，歷代皆單獨建置，至於稱為秘書省，則始於南朝梁。唐秘書省亦是主掌經籍圖書，其名稱則有多次改易：高祖時稱秘書監，高宗時一度改為蘭臺，武則天時改為麟臺，至中宗又恢復舊稱秘書省，其職掌則始終未變。由於秘書之職比較容易接近皇帝，再加上它原由中書分離出來這段歷史淵源，使得唐代秘書監的實際職掌往往不限於掌管圖籍，有時亦涉及政務機要。如魏徵在貞觀二年（西元六二八年）以秘書監參預政事，虞世南於貞觀七年（西

元六三三年）以弘文館學士除秘書少監，轉秘書監，太宗「每機務之隙，引之談論，共觀經史」（《舊唐書・虞世南傳》）。再如岑文本，貞觀元年（西元六二七年）除秘書郎，同時就兼值中書省；褚遂良，貞觀十年（西元六三七年）自秘書郎遷起居郎，從而得到進入決策中樞的機會。還有上官儀，貞觀末以弘文館直學士遷秘書郎，「時太宗雅好屬文，每遣儀視草，有多令繼和，凡有宴集，儀嘗預焉」。上官儀便以文詞受到賞識，至「高宗嗣位，遷秘書少監，龍朔二年（西元六六二年）加銀青光祿大夫、西臺侍郎、同東西臺三品，兼弘文館學士如故」（《舊唐書・上官儀傳》）。

當然，秘書官的備君王諮詢顧問以至參預政事，並非正式典制，常由皇帝個人行為或歷史因素決定，故本書未有述及。秘書省本部的主職還是掌管圖籍。由於中國古代圖書主要集藏於宮廷，因而隨著王朝的興亡繼絕、沉浮起落，圖書亦歷盡了滄桑坎坷。秦統一後，大規模焚書坑儒，並規定藏書為「博士官所職，禁人藏書。漢氏除挾書之律，開獻書之路，置寫書之官，又令謁者陳農求遺書於天下，故文籍往往而出，並藏之書府」（一〇卷一篇）。但在其後數百年中，書籍依然厄運連連：「劉歆總群書而為《七略》，凡三萬三千九十卷，遭王莽、董卓之亂，掃地皆盡。魏氏採掇遺亡，至晉，總括群書，凡二萬九千九百四十五卷，惠、懷之後，靡有孑遺」。至南朝宋、齊又集書數萬，迄於齊末，「兵火延燒，秘閣經籍煨燼」（九卷三篇原注）。隋唐二代，秘書省的圖書亦還是幾聚幾散。第一次聚是在開皇三年（西元五八三年），秘書監牛弘表請分遣使人搜訪異本，凡三萬餘卷，並集工書之人，修補殘缺，為正副二本。此時隋西京嘉則殿的藏書達三十七萬卷（據《新唐書・藝文志》）。煬帝時又在東都觀文殿東西廂構屋貯書，亦具相當規模，結果卻在隋末動亂中散佚殆盡。入唐，武德五年（西元六二二年）。高祖命司農少卿宋遵貴把東都的藏書，用船由黃河運長安，經砥柱時，多被漂沒，十存一二。貞觀時，魏徵、虞世南、顏師古相繼為秘書監，奏請購置圖書，藏書增加到一萬四千四百六十六部、八萬九千六百六十六卷，由令狐德棻監修的《隋書・經籍志》便是在這些藏書的基礎上編撰起來的。開元初，有馬懷素、褚無量等奉詔再一次在全國搜集圖書，又得五萬一千八百五十二卷。本書第十卷第一篇秘書郎職掌所列四部圖書，當即唐開元時的藏書概貌。分甲、乙、丙、丁四部編纂，甲部為經，有十類，共五百十一部，四千九百五十卷；乙部為史，有十三類，共八百一十部，一萬二千九百六十四卷；丙部為子，有十四類，共八百四十八部，六千五百四十七卷；丁部為集，有三類，共五百五十四部，六千六百二十三卷。總計二千七百二十三部，三萬一千零八十四卷，少於上述兩次搜購總數，可能是取其大略。從圖書目錄學的發展看，唐代的四部分類比之漢代劉歆《七略》的分類方法前進了一大步，至今國內許多圖書館的古籍藏書樓依舊沿用。但這些好不容易集中起來的藏書，在安史之亂中又一次亡散殆盡。肅代之際，元載為相，曾以千錢購書一卷，再一次在全國搜集圖書，至文宗開成時，秘閣藏書又恢復到五萬六千四百七十六卷，其後一度增至七萬多卷。黃巢進長安，藏書再遭浩劫，曩時遺籍，尺簡無存。昭宗時，省司募購，勉力集至二萬卷，唐末亂起，復又付諸東流。千餘年間圖書聚散如此無常，原因就在於它們與王朝興衰聯繫過於緊密。圖書本屬前人知識的積累，理應屬於全民。單由權力機構壟斷藏書，反而不利於圖書的保存。

唐初秘書省的藏書，雖專為御覽而設，但亦允許諸司官人借閱，至代宗大曆後不再向官人開放。秘書省藏書多由楷書手抄寫，其書頁騎縫處有省藏書印以為識別。其藏書之數，每年皆須申報奏聞。

唐代前期，是我國官修歷史比較集中的一個時期。關於修史的機構，涉及到好幾個部門，而且不同時期實際執掌修史的又各不相同，閱讀時要加以區分。

先說第十卷第二篇的秘書省的著作局，從原注看，始置於三國魏明帝太和中，設著作郎為長官，掌國史修撰，隸中書省。隋時稱著作曹，亦掌修國史，改隸於秘書省。唐初沿隋制，武德四年（西元六二一年）改曹為局，稱著作局，所掌仍為編撰國史。貞觀以後情況發生了變化。《新唐書・百官志二》中書省史館條注：「貞觀三年（西元六二九年）置史館於門下省，以他官兼領，或卑位有才者亦以直館稱，以宰相涖修撰；又於中書省置秘書內省，修五代史。」這樣貞觀後，又增加了兩個修史機構：設在門下省的史館，主修國史，亦即修高祖實錄和貞觀實錄；設在中書省的秘書內省，則修前朝的五代史。同書又稱：「開元二十年（西元七三二年；《唐會要》作「開元十五年」）李林甫以宰相監修國史，建議以中書密切之地，本官記事隸門下省，疏遠。於是諫議大夫、史館修撰尹愔奏徙於中書省。」本書所據正是開元時制，所以史館置於第九卷第四篇，明確規定其「掌修國史」。在這種情況下，著作局的修史之職無形中已被侵奪，因而第十卷第二篇著作局條原注所追述的沿革，歷代著作多以修史為任，而正文所敘唐制，著作已與修史無關，規定其職為：「掌修撰碑誌、祝文、祭文，與左郎分判局事。」

值得一提的是，第九卷中書省雖列有史館條，卻並無史官的定員。這也就是說，史官都是以他官兼的，或以宰相監修，稱修撰；位卑有才而兼修史者，稱直館。如劉知幾，「長安中累遷左史，兼修國史。擢拜鳳閣舍人，修史如故。景龍初，再轉太子中允，依舊修國史」，至開元初，「遷左散騎常侍，修史如故」（《舊唐書》本傳）。又如吳兢，因人推薦「直史館，修國史。累月，拜右拾遺內供奉。神龍中，遷右補闕，與韋承慶、崔融、劉子玄撰《則天實錄》成，轉起居郎，俄遷水部郎中」，開元初，「拜諫議大夫，依前修史。俄兼修文館學士，歷衛尉少卿，左庶子」（《舊唐書》本傳）。劉知幾和吳兢都是前後遷轉多職，而直館修史則始終未變。在他們參加修《則天實錄》期間，侍中韋巨源、紀處納，中書令楊再思、兵部尚書宗楚客、中書侍郎蕭至忠等，都曾先後領銜監修。不過到晚唐，情況又有所改變。《新唐書・百官志》云：「元和六年（西元八一一年）宰相裴垍建議登朝官領史職者為修撰，以官高一人判館事；未登朝官皆為直館。大中八年（西元八五四年）廢史館直館二員，增修撰四人，分掌四季。」故本書史官無定員，而《新唐書・百官志》則有「修撰四人」，其所據當是晚唐之制。除中書省設史館外，在門下省尚有起居郎，中書省有起居舍人，各為二人，實際上亦是史官。上面提到的劉知幾和吳兢，便曾分別以起居舍人、起居郎值史館。

唐代修史的成果，主要表現在前朝諸史和起居注實錄兩個方面。關於前朝諸史的編撰，唐初完成的有《晉書》、《梁書》、《陳書》、《北周書》、《北齊書》、《隋書》和《南史》、《北史》，共八部，佔二十四史的三分之一，堪稱盛舉。最早發起編撰前朝諸史的是令狐德棻，武德五年（西元六二一年）任秘書丞時奏議：「近代已來，多無正史，梁、陳及齊，猶有文籍，至周、隋遭大業離亂，多有遺闕。當今耳目猶接，尚有可憑，如更十數年後，恐事跡湮沒。陛下既受禪于隋，復承周氏曆數，國家二祖功業，並在周時。如文史不存，何以貽鑑今古？如臣愚見，並請修之。」（《舊唐書·令狐德棻傳》）高祖以為善，於是詔令「中書令蕭瑀、給事中王敬業、著作郎殷開禮可修魏史；侍中陳叔達、秘書丞令狐德棻、太史令庾儉可修周史；兼中書令封德彝、中書舍人顏師古可修隋史；大理卿崔善為、中書舍人孔紹安、太子洗馬蕭德言可修梁史；太子詹事裴矩、兼吏部郎中祖孝孫、前秘書丞魏徵可修齊史；秘書監竇進、給事中歐陽詢、秦王文學姚思廉可修陳史。」到貞觀三年（西元六二九年），太宗又對這個修史班子作了調整：以令狐德棻、岑文本修周史，中書舍人李百藥修齊史，著作郎姚思廉修梁、陳史，秘書監魏徵修隋史。魏史則因已有魏收、魏澹所著二家，不復再修。由尚書左僕射房玄齡總監諸代史，後又以令狐德棻為總監修。這五部史著實際編寫開始於貞觀三年（西元六二九年），完成於貞觀十年（西元六三六年）。其中《北齊書》是李百藥據其父李德林的《齊書》及王劭的《齊志》擴充改寫而成，《梁書》與《陳書》則是姚思廉在其父姚察在隋時受命編撰的梁、陳二史的基礎之上完成；《周書》由令狐德棻與岑文本、崔仁師共同編撰，而《隋書》則以魏徵為主編，由顏師古、孔穎達、許敬宗等人一起撰成。《隋書》成時尚無志，貞觀十五年（西元六四一年）李延壽、于志寧、李淳風等受命修志，先由令狐德棻、後由長孫無忌監修，至顯慶元年（西元六五二年）完成十志，共三十卷，初單行，稱《五代史志》，後才併入《隋書》。五史以外尚有《晉書》，是貞觀二十年（西元六四六年）下令編撰的，至二十二年（西元六四八年）書成。參加編撰的多達二十一人，以房玄齡、褚遂良、許敬宗三人為監修，其餘十八人是令狐德棻、敬播、來濟、陸元仕、劉子翼、盧承基、李淳風、李義府、薛元超、上官儀、崔行功、辛丘馭、劉胤子、楊仁卿、李延壽、張文恭、李安期、李懷儼。

太宗還親自為司馬懿、司馬炎二紀和陸機、王羲之二傳共寫了四篇史論。至於《南史》、《北史》，則由李延壽個人編撰。其父李大師曾撰《南北史》，為編年體，未竟而卒。李延壽改用紀傳體，刪補宋、齊、梁、陳及魏、齊、周、隋八代史而成，顯慶四年（西元六五九年）書進上，高宗為之作序，因而亦作為官方認可的史著。此書按家傳的形式，把子孫附於父祖傳下，按世系而不是完全按斷代編次列傳，反映了當時門閥政治的社會狀況。

關於起居注和實錄的編撰。起居注之作，當始於東漢明德馬皇后所撰的《漢明帝起居注》，成為常制是在魏晉以後。實錄則始於周興嗣所撰《梁皇帝實錄》，盛於唐。《史通・外篇・史官建置》稱：「案《晉令》，著作郎掌起居集注，撰錄諸言行勳伐舊載史籍者。元魏置起居令史，每行幸讌會，則在御左右，記錄帝言賓客酬對，後別置修起居注二人，多以館官兼掌。至隋以吏部散官及校書正字閑於述注者修之，納言監臨其事。煬帝以為古有內史、外史，今既有著作，宜立起居，遂置起居舍人二員，職隸中書省，如庾自直、崔濬、虞世南、蔡允恭等咸居其職，時謂得人。皇家因之，又加置起居郎二人。」在隋，著作局是外史，起居舍人為內史。唐在門下省置起居郎，「掌錄天子之動作法度，以修記事之史」（八卷二篇）；又在中書省置起居舍人，「掌修記言之史，錄天子之制誥德音，如記事之制，以紀時政之損益」（九卷二篇）。二者的分工，一側重於記事，一側重於記言。起居注依編年體例，即第八卷第二篇起居郎職掌條所言「凡記事之制，以事繫日，以日繫月，以月繫時，以時繫年。必時書其朔日甲乙以紀曆數，典禮文物以考制度；遷拜旌賞以勸善，誅伐黜免以懲惡。」有關起居注必須是善惡如實記錄的問題，唐太宗與任諫議大夫兼知起居事的褚遂良有過一次對話：「太宗嘗問曰：『卿知起居，記錄何事，大抵人君得觀之否？』遂良對曰：『今之起居，古之左右史，書人君言事，且記善惡，以為鑒誡，庶幾人主不為非法。不聞帝王躬自觀史。』太宗曰：『朕有不善，卿必記之耶？』遂良曰：『守道不如守官，臣職當載筆，君舉必記。』黃門侍郎劉洎曰：『設令遂良不記，天下亦記之矣。』太宗以為然。」（《舊唐書・褚遂良傳》）在皇帝身邊，專門設官記錄皇帝的言和事，有好記好，有壞記壞，記好後不經皇帝過目就直接送史館。無論是否全部切實執行，能定出這樣的典制，就足見中國古代帝王制度確實完全到了無以復加。人們常說歷史總是進步的，但倘若聯繫一下近幾十年來的歷史，卻不由令人無限感慨。其實誠如劉洎所言：即使史官不記，「天下亦記之矣」。一切對歷史的偽飾終究徒勞。唐此制後來亦有所變化。第九卷第二篇起居舍人條原注：「永徽已後，起居唯得對仗承旨，仗下之後，謀議皆不得預聞」。後經尚書左僕射姚璹表請，凡仗下所言軍國政要，由「宰相一人專知撰錄，號為《時政記》，每月送史館。」

起居注還不是歷史，而是提供修史用的原始記錄。實錄則是在帝王身後依據起居注等素材正式編撰的當朝國史。因此在篇幅上，起居注常常要超過實錄，如《新唐書・藝文志》著錄《開元起居注》有三千六百八十二卷，而《開元實錄》則僅四十七卷。唐代實錄的狀況，可從今存韓愈、沈傳師、宇文籍編撰、李吉甫監修的《順宗實錄》五卷中，約略窺視其概貌。實錄亦為編年體。本書第九卷第四篇史官職掌條規定要「不虛美，不隱惡，直書其事。凡天地日月之祥，山川封域之分，昭穆繼代之序，禮樂師旅之事，誅賞廢興之政，皆本於起居注以為實錄，然後立編年之體，為褒貶焉」。實錄作為當朝國史，須全面反映一朝史實，而又做到既不虛美，亦不隱惡，褒貶允當，絕非易事。唐景龍初，以太子中允兼修國史的劉知幾，在給中書侍郎蕭至忠的一封信中提到修國史的種種難處，其中如資料難全：「左右二史，闕注起居；衣冠百家，罕通行狀。求風俗於州郡，視聽不該；討沿革於臺閣，簿籍難見」。又如監修過多：「史官注記，多取稟監修，楊令公則云『必須直詞』，宗尚書則云『宜多隱惡』。十羊九牧，其事難行；一國三公，適從焉在？」第三，恐怕亦是最難的，是難於直筆。由於修的是當朝史，必然會牽涉到朝廷上下一些人的實際利益關係，褒固然不易，貶更是難上加難。且周圍耳目眾多，往往「一字加貶，言未絕口而朝野俱知，筆未棲毫而搢紳咸誦。夫孫盛實錄，取嫉權門；王韶直書，見讎貴族（孫盛，晉秘書監；王韶，隋行臺右僕射——引者）。人之情也，能無畏乎」（《舊唐書・劉子玄傳》）。就說上面提到的韓愈參加編撰的《順宗實錄》吧，因為其中如實地敘述了宦官俱文珍等脅迫順宗內禪、擁立憲宗的經過，韓愈就成了當權執政宦官的攻擊的目標。《舊唐書・韓愈傳》引錄時論，以為「《順宗實錄》繁簡不當，敘事拙於取捨，頗為當代所非」。所謂「繁簡不當」、「拙於取捨」，並無明說，聯繫史實，無非是指宦官脅迫順宗內禪的過程當簡不簡，應捨不捨。《新唐書・路隋傳》提到《順宗實錄》時，則明確點出：「書禁中事太切直，宦寺不喜，訾其非實」。可能並不止是宦官，憲宗似乎亦不怎麼高興。韓愈在憲宗朝動輒得咎，終以一篇〈諫佛骨表〉險些陷於極法，幸得百官奏請，總算保住性命，貶為潮州刺史。「一封朝奏九重天，夕貶潮陽路八千」，在韓愈這悲劇一幕中，是否亦有一個《順宗實錄》的潛在因素呢？

天象的觀測與曆法的制定

本書第十卷秘書省下屬機構中有太史局，其所據為開元十四年（西元七二六年）的定制。此前和此後，其名稱和隸屬關係變化甚多。西漢有太史令，隸太常，掌天文、曆法，並修史。東漢後，不修史，專掌天時、星曆，歲終奏新年曆。隋開皇時秘書省始設太史曹，煬帝時改曹為監，唐初又改監為局，高宗龍朔中改稱秘書閣局，武后時稱渾天監，繼又改為渾儀監。武則天要啟用善觀天象的尚獻甫為太史令，尚表示「不能屈事長官」，因而武則天便下令將渾儀監從秘書省分離出來，單獨建置。尚獻甫卒，復歸秘書省，稱太史局。中宗、睿宗時，名稱和隸屬關係還有幾次改易，開元初稱太史監，到十四年再改稱局，這便是本書所本。其後的幾次改易是：天寶元年（西元七四二年）又改為太史監，不隸秘書省；乾元元年（西元七五八年）改稱司天臺，長官為監，品秩是從三品，成為與殿中、秘書二省並列的機構。

太史局的職掌始終在天文、曆法、報時這三方面，本來這三方面都是屬於對自然現象的觀察和預測，然而中國古代按照「天人合一」的傳統思想和維護帝王制度的要求，卻把天象的變化與王朝的興衰存亡、人間的吉凶禍福牽強附會地聯繫在一起。按照這種觀念，人為地將天象分為好、壞兩類，觀察天象的首要目的，就是為了據以預測吉凶。如太史令職掌：「凡日月星辰之變，風雲氣色之異，率其屬而占候焉」；

又如靈臺郎職掌：「凡瑞星、祅星、瑞氣、祅氣，有諸家雜占」（二〇卷二篇）。占候時，為了與地面對應起來，又有所謂分野說。即將天宇間的二十八宿分為十二次，然後分別與中國疆域的十二個區劃相對應（詳靈臺郎職掌條），這樣彷彿天宇中某一區域的天象變化，便將在地面相對應的區劃內得到應驗。在這種情況下，原本屬於自然科學的天文學，在很大程度上變成了神秘的占星學，太史官成了掌握「天機」的神秘人物，太史局內有了「天機不可洩漏」的諸多禁忌，諸如：「凡玄象器物，天文圖書，苟非其任，不得與焉。原注曰：『觀生不得讀占書，所見徵祥災異，密封聞奏，漏泄有刑。』」（同上）所有這些，從根本上說，都是帝王制度給中國古代天文學帶來的束縛和羈絆。近年來，交通大學科學史教授江曉原一再闡釋他的觀點，「認為中國古代根本不存在現代意義上以探索自然為目的天文學，而只有預卜王朝行動、政治吉凶的『天學』」。並認為「中國真正有天文學，是在明末西方傳教士來華之後，從清代開始，欽天監監正一職一直由耶蘇教士擔任。遺憾的是這絲毫沒有改變『天學』的社會功能，星象觀察仍以進行星占為目的，要為皇帝的行為擇吉這個傳統，一直維持到民國一批從西方留學回來的人設立現代天文臺後，才有改觀」（周毅：〈看那古人的星空——給江曉原畫像〉，《文匯報》二〇〇〇年三月十一日）。江曉原已就此觀點出版了《天學真原》、《天學外史》兩部專著，引起了學術界的廣泛注意。

不過縱然有種種拘宥和禁忌，我國古代許多天文學家還是做出了重大的貢獻。例如關於天文現象的觀察記載，只要拂去某些外加的神秘迷霧，其時間之久遠，數量眾多，舉世公認。特別是曆法，由於其基本內容要應用於農業生產和人們的日常生活，處處時時都在經受實際的檢驗，所以就具有較多的科學性。中國曆法的傳統是陰陽曆，即以地球環繞太陽運行的周期來確定年，即回歸年，為三百六十五日又五時四十八分強；又以從地球觀察月球的運行規律來確定月，即朔望月，其周期為二十九天半略長。一年為十二個月，大小月相間，若干年後設一閏月，即每十九年設七個閏月，以補月球環行地球十二周期對應於地球環行太陽一周期所積下的不足。但這仍然是一個近似值。為了協調年、月、日之間的關係和預測日、月的盈虧，歷代還需不斷修訂曆法。第十卷第二篇司曆職掌條列舉了唐代前期修訂的曆法，有高祖時的《戊寅曆》，高宗時的《麟德曆》，中宗時的《神龍曆》，玄宗時的《大衍曆》。《唐六典》書成後亦即安史之亂後，還修訂過為肅宗時的《寶應五紀曆》，德宗時的《建中正元曆》，憲宗時的《元和觀象曆》，穆宗時的《長慶宣明曆》，昭宗時的《景福崇元曆》。影響較為深遠的，還是前期的幾次修訂，特別是由李淳風主修的《麟德曆》和僧一行主修的《大衍曆》，吸收了前人一些長處，觀測較為精確，推算亦更加合理，因而為後世所效法。

報時亦為太史局職掌。唐代計時主要還得依靠漏刻：「孔壺為漏，浮箭為刻，以考中星昏明之候焉」（一〇卷二篇）。由挈壺正和司辰掌管此事。報時則以撞擊鐘、鼓為號，所以在挈壺正之下，又有典鐘二百八十人，典鼓一百六十人。太史局的報時，又與門下省的城門郎、太子左春坊的宮門局形成一個系統，與京城的城門、宮門、坊門的啟閉聯繫了起來。如：「承天門擊曉鼓，聽擊鐘後一刻，鼓聲絕，皇城門開；第一鼕鼕聲絕，宮城門及左右延明、乾化門開；第一鼕鼕聲絕，宮殿門開。」（八卷三篇原注）入夜閉門亦如此。其他京城門和城內坊門的啟閉，亦都得聽從報時鐘鼓的節制。

對皇帝衣食住行的供奉

唐代對皇帝日常生活起居的供奉，主要由殿中省掌管。殿中省的建置，始於隋煬帝大業三年（西元六〇七年），是從門下省分出尚食、尚藥、御府、殿內等局，又從太僕寺分出車府、驊騮等署，合併組建而成，稱殿內省。唐沿隋制，改殿內省為殿中省。在唐代殿中省是一個龐大的機構：有供應御膳及諸陵上食的尚食局，供應醫藥的尚藥局，供應衣服的尚衣局，供應帳幕的尚舍局，供應乘騎的尚乘局，供應輦輿的尚輦局。六局的長官皆稱奉御。

尚食局專為皇帝製作膳食的稱主膳，第十一卷殿中省卷目中，主膳的定員有七百人，若以每年三番計，每月亦有二百餘人，每日番上七十人左右。膳食的原料主要由司農寺所屬的上林、鉤盾署和總苑監、四面監、司竹監等提供；此外還要由都水監提供水產，太僕寺的沙苑監提供牛羊肉，光祿寺提供酒料，地方州府則應時進奉各種甘滋珍異。皇帝膳食須按《食經》配製，有所謂四時之禁，如「飯齊視春宜溫，羹齊視夏宜熱」之類。皇帝進食時，由奉御先品嘗酸鹹苦辛之味，然後進上。若遇吉慶之日，除尚食供御膳外，還有皇太子及諸王的獻食。陳子昂為建安王代擬的〈獻食表〉中有「謹輒獻食一百轝」的話，轝同「輿」，一百轝即一百車，可見獻食數量之多。大臣拜官時亦照例要向皇帝獻食，《舊唐書・蘇瓌傳》中便有「公卿大臣初拜官者，例許獻食，名為『燒尾』」的記載。尚食的另一職掌是為諸陵上食。每陵配置主膳三十人，分番上下，在陵所造食進供。唐前期諸陵上食頻繁，開元時作了簡省，規定：「獻、昭、乾、定、橋、恭六陵朔望上食，歲冬至、寒食日，各設一祭，橋陵除此日外，每日進半口羊食。」（《唐會要》卷二一）

尚藥局掌管和合御藥及診候之事。書中對合藥和診候的要領都有所介紹。如認為「凡合藥宜用一君、三臣、九佐，方家之大經也，必辨其五味、三性、七情，然後為和劑之節」。五味、三性、七情，亦有具體解釋。診脈則須「辨寸、關、尺之三部，以調四時沉、浮、滑、澀之節，而知病之所在」（一一卷一篇）。這些表述雖仍有中醫藥學常有的某些含混或神秘成分，但更多的還是有以大量實踐經驗為據，其中不少至今仍被沿用。為皇帝合藥，讓皇帝服藥，自然都要被認為是頭等重要大事，規定一要監視，二要先嚐。具體做法是：「合藥供御，門下、中書司別長官一人，并當上大將軍衛別一人，與殿中監、尚藥奉御等監視；藥成，醫佐以上先嘗，然後封印；寫本方，方後俱注年、月、日，監藥者徧署名，俱奏。餌藥之日，尚藥奉御先嘗，次皇太子嘗，然後進御。」（一一卷一篇原注）此事還上了法律。《唐律》中規定，合和御藥必須依照處方，不得有任何差誤。所謂差誤，指分量與本方不符，或製作方法有誤，如以丸為散、應冷言熱，或題封書寫有錯等。任何一項錯失都將以「大不敬」罪處以絞刑。

尚衣局掌供皇帝衣服。第十一卷第二篇尚衣局奉御職掌條下詳細敘述了唐代天子的冕服制度。冕服為禮儀場合穿戴的禮服，包括冠冕和上衣下裳兩大部分。冠冕即皇冠，表面玄色，襯裡是朱紅色，蓋在頂上的為綖板，兩端垂有玉珠串成的十二旒。上衣與下裳上分別飾有各種含有不同象徵意義的圖案和花紋。除冕、玄衣、纁裳外，還有韍、革帶、大帶、佩綬、舄等。韍為垂於膝前的護膝，革帶繫於腰間以懸掛飾物，大帶用於束腰，佩綬繫結於衣帶上的飾物，綬為絲帶，佩是玉佩，皇帝佩白玉而玄組綬。舄為複底鞋，以木置履下，赤色厚底。自皇帝至后妃及百官的禮服各有定制，主要用於各種典禮和朝會，日常生活則用常服。初唐時，男子的服飾主要是幞頭、紗帽、圓領袍衫、軟靴、烏皮服等。唐高祖以赭黃色袍、中帶為常服，後禁臣民用赤黃色，黃袍成了帝王用服的別稱。貞觀時定制：親王與三品以上官服紫色，四品緋色，五品淺緋色，六品深綠色，七品淺綠色，八品深青色，九品淺青色；流外及庶人用黃色。《文獻通考》稱：「用紫、青、綠為命服，仿於隋煬帝而其制遂定於唐。」

尚舍局負責為皇帝參加各種禮制儀式張設帳幕。每逢皇帝外出巡行或郊祭，都要在城外行宮張設大型帳幕，朝會則在殿內設置幄帳，安放榻、茵席和薰鑪。從事張設事務的稱幕士，每年番上的多達八千人，若以一年三番計，每月在番服役的亦有二千餘人。帳幕規格有古帳、大帳、次帳、小次帳、小帳五等。若皇帝以大駕出行，就要預設三部帳幕，即「古帳八十連，大帳六十連，次帳四十連，小次帳三十連，小帳二十連。凡五等之帳各三，是為三部」；在帳外再設「排城，以為蔽捍」（一一卷二篇）。如此規模，簡直就是一個臨時皇宮。尚舍局還有一項職掌是預備加有香劑的湯水，供皇帝沐浴：「凡供湯沐，先視其潔清芳香，適其寒濕而進焉。」（同上）

尚乘局負責供應皇帝的乘馬和諸衛用以儀仗的馬匹。有關唐代前期閑廄制度的幾次變革以及閑廄馬的來源和管理等問題，前第七題「警衛與邊防」中已有所提及，此處從略。

尚輦局掌供內廷輿輦、繖扇方面的事務。輿、輦是皇帝與皇后在宮廷的代步用具。輿，即肩輿，無輪，類後世之轎。輦，用人力挽行的車。在宮廷內用馬牽的車有諸多不便，且宮殿多臺階、門檻，有輪之車亦難以通行。所以唐時皇帝上朝常乘輿，亦即由人擡著入西序門。大朝會及祭祀時，輿亦作為陳設用。

織，即華蓋。兩旁有翟尾製作之扇，使人持之。皇帝上朝，先雙扇遮合，起到一種隔離作用，不讓朝臣看到皇帝起坐俯仰，更顯示其崇高和尊貴。待坐定後即去扇。下朝時雙扇再遮合，待皇帝自西序門出，再撤扇。

皇后與後宮妃嬪

歷代帝王後宮的管理，在理論上都以《禮記・昏義》為據，即所謂「天子理陽道，后治陰德；天子聽外治，后聽內職。教順成俗，外和內順，國家理治，此之謂盛德」。這是「家天下」思想的一種反映。皇帝之家既已成為整個國家的象徵，後宮的管理亦就成了與外朝相對應的內治。整個王朝真正的主人公自然是皇帝，但《唐六典》作為一本官制書，唯言官，不言帝。意思不言自明：所有文武百官都是皇帝一個人的臣屬。同樣的道理，在敘述後宮時，僅言妃嬪而不及皇后，其意亦不言而喻：所有妃嬪都是皇后的官屬，佐助皇后治理後宮眾事，因而總名為「內官」，置於第十二卷第一篇。

本書對唐內官的記述分兩個部分：正文言開元定制，原注敘其沿革。唐後宮妃嬪的設置大體沿襲隋制。隋於煬帝時定制，除皇后外，設置貴妃、淑妃、德妃，是為三夫人，列第一品；順儀、順容、順華、修儀、修容、修華、充儀、充容、充華，是為九嬪，列第二品。此下是：婕予十二員，美人、才人十五員，是為世婦，列第四品。寶林二十四員，品第五；御女二十四員，品第六；采女三十七員，品第七；是為女御女。總共為一百二十員。唐高祖時皇后以下設三妃：貴妃、德妃、賢妃；九嬪：昭儀、昭容、昭媛、修儀、修容、修媛、充儀、充容、充媛；又有婕予、美人、才人各九，合二十七，是代世婦。寶林、御女、采女各二十七，合八十一人，是代御妻。開元時又作了調整，有所精簡，本書記其制為：三妃、六儀、四美人、七才人，共二十人。原注「今上天德溥施，猶防女寵，故省內官，將以垂範」云云，便是對此事的讚頌。

再從散見於史著的零星資料來看看唐代前期妃嬪的實際設置情況。高祖時，加有妃嬪等名號的，如萬貴妃、尹德妃、莫嬪、孫嬪、崔嬪、楊嬪、小楊嬪、宇文昭儀、郭婕妤、劉婕妤、楊美人、張美人、張寶林、柳寶林、王才人、魯才人等。太宗時，有徐賢妃、二楊妃、陰妃、燕妃、韋妃等。玄宗時有趙麗妃、武惠妃、楊貴妃、劉華妃、錢妃、高婕妤、柳婕妤、郭順儀、武賢儀、鍾美人、盧美人、王美人、陳美人、閻才人、鄭才人、劉才人等。這些大多是因其所生子封王而見於記載的，自然遠非全部。在唐代，自妃嬪至才人的名號，都需經正式冊立儀式才授予。在《唐大詔令集》中還保留了一些當年冊立妃嬪的冊文和詔令，如〈冊楊恭道女為婕妤文〉：「維貞觀某年月日，皇帝遣使某官某持節冊命曰：於戲！惟爾前魏王府咨議參軍楊恭道第三女，門襲鐘鼎，訓彰禮則，幽恨表質，柔順為心。備質後庭，實惟通典。是用命爾為婕妤。往欽哉，其光膺徽命，可不慎歟！」武則天十四歲進宮，先後為太宗的才人，高宗的昭儀，當高宗再擬進號她為宸妃時，侍中韓瑗、中書令來濟進言以為「妃嬪有數，今別立號，不可」（《新唐書・后妃・武則天》），這說明唐時妃嬪的定員和名號皆有定制，不可隨便改易。

上述皇帝外治、皇后內治的理論，又可直接引申為后妃應致力於後宮內職，不得干預前廷朝政，不然就是「牝雞之晨，惟家之索」（《尚書・牧誓》）。這是男性主宰世界後製造出來的霸道理論。但自隋至唐代前期，女主干政的情況卻經常發生。這當然由權力鬥爭中的多種因素所決定，不過亦至少說明並非所有男性都能主宰身邊女性。隋文帝楊堅是一個頗有建樹的皇帝，但據《隋書・后妃・獨孤皇后傳》記載，卻亦常常受制於皇后，以至發出了「吾貴為天子，而不得自由」的哀嘆。楊堅當初娶獨孤氏時，獨孤家族在北周的地位要高於楊家。後仕於北周並成為相國，而當周宣帝去世時，又是獨孤氏的提醒和出主意，才使他下決心殺靜帝而自立建隋。由於這些歷史原因，再加上獨孤氏性妬忌又善應變，致使文帝常常不得不聽命於她，如在關係到隋王朝國運的廢太子楊勇、另立楊廣這件大事上，獨孤皇后施加了很大的影響。種種皇后干預朝政的事實，使得當時宮中人傳出「二聖」的說法。無獨有偶，唐代前期亦曾有過「二聖」之說，那是指高宗與武則天。類似的事後來還接連發生過，如中宗時的韋后，肅宗時的張皇后，都曾先後利用皇帝的軟弱無能，勾結近臣或中官而專擅過朝政。但韋、張二后還遠不能與武則天相比。她們的干預朝政更多還是皇帝的軟弱無能造成，因而是「狐假虎威」式的，其本人並不具備掌理國政特別是駕馭變故的才智、機謀和能力；一旦皇帝「駕崩」，她們無力遏制一場蓄謀已久的宮廷政變，只能成為政變勝利者祭天告祖供桌上的犧牲。武則天卻不是這樣。儘管她亦是利用高宗的軟弱無能且因患偏頭痛無法處理繁重政務而逐步專擅朝政的，但她有個人獨特的天賦和才具，既富遠見卓識，又善權謀機變，能把才識平庸的高宗李治玩弄於股掌之上。從永徽元年（西元六五五年）武則天被立為皇后到高宗去世的永淳二年（西元六八三年），前後近二十年，實際秉掌朝政的是武則天而不是高宗。她大力提拔新進，重用進士出身的士人，排斥李唐宗室，表面上讓高宗這塊皇帝牌子擋著，實際則是充分利用這段時間來扶植親信，預為自己的未來謀劃。高宗死後，先後接皇帝位的她兒子中宗李顯與睿宗李旦，同屬無能之輩，這在客觀上為武則天繼續專權提供了可能，而她精心的事先安排又使這種可能立即成為現實：她命裴炎在為高宗寫遺詔時，特地加上一句：「軍國大事有不決者，取天后處分」，這便使她名正言順地得以母后臨朝稱制。接著先後廢去中宗、睿宗，自稱聖神皇帝，改國號為周，改元天授，像模像樣做了十幾年皇帝，打破了男性大一統的中國古代帝王世系，插入了空前絕後的一頁。對於武則天，更為艱難因而亦更為難得的一步，是她幾經奮力依然無能挽回武周敗勢後，縱然出於無奈，卻還頗能自明，於是立李顯為太子，封李旦為相王，漸次做出還政於李唐的安排，為自己爭取到一個較為體面的歸宿。倘若單就個人才智能力而言，武則天當亦能躋身於較有作為的李唐諸帝之列而毫不遜色，不應忘記，她在這樣做時，還要承受來自異性的何其沉重的傳統壓力！我們儘可以把她作為一個當政者去作出評判，包括她的任用酷吏、屢興大獄、殘殺無辜一類暴政理應受到譴責，但這與性別無關，不能像《舊唐書・則天皇后紀》史臣贊語那樣以「牝雞司晨」四字論定武氏一生。至於世人喜以傳統禮法責難武則天先為太宗才人，後為高宗昭儀，稱帝後又擅男寵，這亦有失偏頗。其實此類事當與游牧族的習俗有關。漢時以王昭君嫁匈奴呼韓邪單于，生一男，呼韓邪死，繼位之復株絫單于再妻王昭君，又生二女。唐後宮類似的事亦有好幾起。如代宗的沈皇后，「開元末，以良家子入東宮，太子以賜廣平王，實生德宗」；順宗的王皇后，「代宗時，后以良家選入宮，為才人。順宗在藩，帝以才人幼，故賜之，為王孺人，是生憲宗」（《新唐書・后妃傳下》）。唐前後公主九十三人，出嫁後再嫁的有二十八人，幾近三分之一。說到武則天的擅男寵，須知其時她已是皇帝，則區區幾個男寵，較之唐代皇帝後宮妃嬪成群，宮女成千上萬，又何足道哉！從舊時史家對武則天的評價中不難看出，中國古代帝王制度是把佔人類一半的女性完全排斥在外的，單就這一點便可知這種制度離現代觀點已多麼遙遠。

皇族簿籍宗譜的管理

在帝王制度下，國家為皇帝一姓所私有，皇帝的家族自然是一個特殊的群體，需要有特別機構來加以管理。唐以宗正寺掌皇室九族、六親的屬籍，本書列於十六卷。宗正寺長官為卿，這是一個古老的官職，《周禮・春官》中稱小宗伯，以掌三族之別；秦漢九卿中有宗正，皇族及外戚都有名籍藏於宗正府。從西漢到東漢以迄魏，任宗正之職者均限於皇族，據《通典・職官七》，至晉始「兼以庶姓」。東晉後期一度廢止宗正，以其職歸於太常。至梁復置宗正，屬十二卿中春三卿之一。北魏、北齊皆設宗正寺，唐所承即為隋制，並規定宗正之官，要在皇室中撰擇有才行者補授。此外，太子率更寺亦有「掌宗族次序」（二十七卷二篇）之職，當是輔助宗正寺分掌東宮屬籍之事。

宗正寺對皇室宗親的管理，須按吏部司封司所定等第。共分五等：皇周親、皇后父母為第一等，此下，直至皇袒免親、皇后緦麻親等為第五等。第一等準三品，以下遞減，至第五等為準六品。其簿籍的管理方法大體與州縣民籍之法相同。由於皇室被視為天下第一尊貴之家，所以能夠入籍於宗正自然是極為榮耀的事。唐代有時亦對降將或重臣賜以李姓，以示恩典，以為籠絡。如杜伏威、高開道、胡大恩等，都是隋末逐鹿中原中的一些草莽英雄，先後率眾歸唐時，高祖都曾用賜姓李氏、屬籍宗正作為「統戰」手段。最著名的當數徐世勣。據《舊唐書》本傳，徐原為李密舊將，李密歸唐時，徐世勣錄其所統領的郡縣戶口，總啟李密，由其自獻。高祖聞知此事，大喜曰：「徐世勣感德推功，實純臣也。」因賜姓李，並授黎陽總管、上柱國、萊國公，尋加右武候大將軍。後李密反叛伏誅，高祖遣使報知，顯然有考驗之意。徐世勣不僅表請收葬，還為之縗經舉哀，與舊僚共壘墳七仞，才釋服而散。此事朝野義之。其後徐世勣隨從秦王李世民平竇建德，俘王世充，屢有其功。貞觀初拜并州都督，高宗立授尚書左僕射，卒贈大尉，可謂人臣之極。李姓既可因功而賜，當然亦可由罪而除。上面提到的那個杜伏威，武德四年（西元六二一年），因牽連到一場反叛，不明來由地「在長安暴卒」了。於是不僅除去他的李姓，還籍沒他的妻、子。到貞觀時，才發覺是個冤案，又「復其官職，葬以公禮」，未言是否仍賜以李姓（見《舊唐書・杜伏威傳》）。包括本是李氏宗室，亦可因罪撤去其李姓資格。此事發生在太宗第十子紀王李慎身上。慎少好學，長於文史。曾遷襄州刺史，以善政著聞，百姓為之立碑。到武則天稱制時，他的哥哥越王李貞因參預謀反事敗而自殺。儘管「慎不肯〔與貞〕同謀，及貞敗，慎亦下獄，臨刑放免，改姓虺氏，仍載以檻車，配流嶺表，道至蒲州而卒」（《舊唐書・太宗諸子・紀王慎傳》）。不許姓李倒也罷了，偏要改姓虺。虺音灰，毒蛇也。同室操戈，嫉恨一至於斯，令人瞠目。

宗正寺還要掌管皇室列祖列宗之譜，即所謂「以別昭穆之序，紀親疏之列」。第十六卷第二篇宗正卿職掌條中，列有唐代前期一張九廟子孫表，亦即皇室宗譜，共有五十九族。唐制封爵分九等，一等為親王。所謂五十九族，便是從光皇帝至睿宗歷八世其先後所封或死後追封的五十九王。這張似乎端莊平和的宗譜圖，背後卻隱藏著刀光劍影和殘酷的殺戮。在歷史上，分封宗室的問題往往與皇位的明爭暗奪聯繫在一起，成為宮廷權力角逐的一個焦點，唐代前期更其如此，在五十九王中，就有不少是枉死冤魂。如隱太子李建成、巢王李元吉是在玄武門事變中被射殺的；韓王李元嘉、霍王李元軌、舒王李元名、吳王李恪、越王李貞、郇王李素節、孝敬皇帝李弘、章懷太子李賢、懿德太子李重潤等，或被誣為謀反，或被視為權力障礙而誅殺；荊王李元景、漢王李元昌、梁王李忠、齊王李祐等，因牽連謀反事被賜死；恆山王李承乾、紀王李慎，前者曾立為太子，被廢後死於徙所，後者因受越王李貞事株連而死於配流途中；蔣王李元惲、曹王李明、澤王李上金、庶人李重福等，同涉嫌謀反而被迫自殺。總上共有二十一人之多，佔到五十九王的三分之一強。至於繫獄的，被迫裝瘋賣傻的，妻、子受株連被殺或籍沒的，還可以舉出不少。被世人視為尊榮顯貴之最的帝王之家，就為了一個皇位，卻無異於一座肉搏撕殺的競技場。這些充滿血腥氣的史實，書中自然不便載錄，原注僅提到一例：「恆山王，貞觀中降為庶人；開元二十四年（西元七三六年），孫適之為御史大夫，朝政肅清，多所綱紀，上嘉其才能，因追雪而復舊焉。」恆山王指李承乾，太宗長子，曾封為恆山王，後立為皇太子，貞觀十七年（西元六四三年）廢為庶人，死於徙所。此事過了九十多年後，到開元時期，因他孫子御史大夫李適之的奏請，才得以昭雪，追贈為恆山愍王，似乎多少亦可告慰於亡靈。但據《舊唐書．李適之傳》，其實到此悲劇還沒有結束。天寶元年（西元七四二年），李適之代牛仙客為左相，與李林甫不叶，因幾次受到李林甫中傷，被貶為宜春太守。先後遭貶、放逐的還有適之的好友韋堅等。不久，有御史羅希奭奉使殺韋堅等於貶所。適之聞御史將來，在惶駭不安中「仰藥而死」。

宗正寺下屬僅一崇玄署，「掌京、都諸觀之名數，道士之帳籍，與其齋醮之事」（一六卷二篇）。道士居然亦能宗正屬籍，這是唐代獨有的事。原來李唐自稱是道教所託始祖老子李耳的後裔，追尊李耳為玄元皇帝，因而道教徒亦破例被認作皇室親屬。唐初，崇玄署還是屬鴻臚寺的，下置諸寺、觀監，掌道、佛之事。玄宗為了徹底清除武則天曾一度尊佛抑道的影響，採取了不少進一步尊道抑佛的措施，其中之一便是將僧、尼劃歸祠部，而將道士、女道士隸於宗正。本書原注節引此次改制的敕文稱：「道本玄元皇帝之教，不宜屬鴻臚。自今已後，道士、女道士並宜屬宗正，以光我本根。」

宮官與宦官

這是兩個分別由女性和經閹割的男性組成的機構龐大、事務繁雜的後宮服務系統，本書列於第十二卷。

宮官亦即女官。在歷史上，妃嬪與女官的區分，是魏晉以後逐漸明朗起來的。南朝宋明帝時始「擬外百官，備位置內職」（《宋書・后妃傳》）。其官品亦由一品至九品。北齊、北周大體沿置。隋初在後宮設六尚、六司、六典的女官系統，至煬帝，仿照外朝的尚書省，在後宮亦設六局轄二十四司。唐宮官的設置即承煬帝時的定制。六尚即尚宮、尚儀、尚服、尚食、尚寢、尚功。此外還有宮正，專掌後宮禁罰之事。在六尚中，尚宮掌導引中宮，凡六尚出納文籍，皆由其節署，為六尚之首。尚儀掌禮儀起居，書墨筆札，賓客朝見之事；尚服掌供內宮冠服采章之數；尚食掌供膳羞品齊，凡帝后進食則先嚐之，尚寢掌帷帳茵席之事；尚功掌女工程課，凡衣物裁縫、珍物寶貨、繒錦絲麻以及對宮人衣食、薪炭之支度，皆由其掌理。儘管這六尚亦被稱之為六尚書，但在帝王家族成員心目中，只不過是家婢而已。太宗有一小弟舒王李元名，「年十歲時，高祖在大安宮，太宗晨夕使尚宮起居送珍饌，元名保傅等謂元名曰：『尚宮品秩高者，見宜拜之。』元名曰：『此我二哥家婢也，何用拜為？』太宗聞而壯之曰：『此真吾弟也。』」（《舊唐書・高祖諸子・舒王元名傳》）尚宮在女官中地位算是最高的，尚且受到如此賤視，其他女官地位的低下更可想而知。至於成千上萬的普通宮女，通常是幼年入宮，長年苦役，大多終老不嫁，其屈辱和痛苦更是常人難以想像。後宮女子地位的變化，唯一的途徑便是等待帝王的「恩幸」或被賞賜給諸王。但是，第一，其概率僅有幾千分之一或更小。白居易作〈後宮詞〉嘆曰：「雨露由來一點恩，爭能徧布及千門。三千宮女臙脂面，幾個春來無淚痕。」第二，在唐代，從記載看，這種極微小的可能性首先有幸獲得的又是所謂「衣冠子」，而不是來自民間的宮女。衣冠子指原係官宦人家，因父或夫有罪而籍沒入宮的女子。如玄宗欲為皇太子李亨選良家女以為侍，高力士建議不如取自掖庭衣冠子，得三人，其一便是郫縣縣丞吳令珪之女，令珪坐事死，其女因年幼罰入掖庭。李亨即位為肅宗，此女居然得以為后，即吳皇后，生子李豫，後為代宗。再如憲宗的鄭皇后，原是李錡的侍人，李錡因謀反事被誅，鄭氏「沒入掖庭，侍懿安后，憲宗幸之，生宣宗」（均據《新唐書・后妃傳》）。在唐代宮女中，有一個難得的例外，就是上官婉兒。這個上官儀的孫女兒不是靠帝王的「恩幸」，而是以自己出眾的才華而改變了命運。上官儀獲罪被誅，「婉兒始生，與母配掖庭。天性韶警，善文章。年十四，武后召見，有所制作，若素構。自通天以來，內掌詔命，掞麗可觀」，以至「群臣奏議及天下事皆與之」。當庭前賜宴賦詩時，婉兒常代替帝后以及長寧、安樂二公主，居然能「眾篇並作，而采麗益新」（《新唐書・后妃・上官昭容傳》）。但這樣一位曠世才女，一旦捲入政治旋渦，亦只能成為宮廷權力角逐的犧牲品。上官婉兒是與韋后一起被殺的。儘管有人為之求情，政變的勝利者李隆基亦不予赦免。李隆基即位後，命人為上官婉兒編次詩文集，並詔中書令張說為之作序，可惜今已失傳。

上述宮官及其所統領下的眾多宮女，是一個嚴密的封閉系統，絕對禁止與外面男性世界包括外廷諸司有任何直接聯繫，一旦違禁，即予嚴懲，此類案例史著亦有所載錄。前面已提到，六尚中尚宮是抓總的，外司發來牒文，五尚需向外司領取物品，都得先統一歸口於尚宮。六尚中唯有尚宮可以通過一個「中間」間接地對外聯繫。這個中間便由已失去了男性特徵的中性人物宦官來充當。譬如領取物品，其程序是：「六尚須物，外物之司受敕連署牒，仍取尚功押印，司記錄目，為抄出，付內侍省受牒，便移外司。」（一二卷一篇原注）內侍省即唐代管理宦官的機構，本書列於第十二卷第二篇。

宦官這一奇特的職務，大抵是與帝王後宮同時產生的，一般以為周代就有，至於閹人的出現還可以追溯到更前。據《後漢書・宦官列傳序》，宦官原亦雜用一般男子，至東漢而「悉用閹人，不復雜調他士」。宦官雖然人數眾多，但自秦漢至南北朝，一直分屬於少府和中宮的大長秋，未有統一的自成系統的管理機構。北齊宦官仍分屬於掌出入門閤的中侍中省，和掌諸宮闈的長秋寺，至隋方始將這兩個機構合併為一，設內侍、內常侍各二人，內侍職如舊長秋，內常侍則猶原中長侍。唐依隋制，設內侍省，置內侍四人，內常侍六人，掌宮中侍奉，出入宮掖，宣傳制令。其下設有五局：掖庭局，掌宮禁女工之事；宮闈局，掌宮闈出入管鑰；奚官局，掌宮人疾病死傷；內僕局，主供帳燈燭；內府局，主宮中寶貨出納。局有令，有丞，皆由宦官充任。貞觀時，「太宗詔內侍省不立三品官，以內侍為之長，階第四，不任以事，惟門閤守禦廷內掃除，稟食而已」（《新唐書・宦者傳序》）。本書列內侍為從四品上，內常侍為正五品，所據當即唐初舊制。開元二十七年（西元七三九年）將東宮的太子內坊改隸於內侍省，稱太子內坊局，掌東宮閤內及宮人糧廩。本書則仍為太子內坊，繫於第二十六卷太子右春坊下。

在古代，宦官的主要來源是受過宮刑的罪犯。隋唐時期，宮刑已廢除，宮刑犯為宦官的已日益稀少，代之而起的或是地方長官為邀功求寵而自行進獻，所獻閹人有的係搶奪所得，有的由購買而來；或是宮廷派員至各地招募，應召者有的為貪圖富貴而自宮，有的則是被迫出賣的閹童。宦官屈辱卑賤，但因其貼近侍奉於帝王后妃，出入於最高權力中心，若要因寵竊權，則有著任何朝臣都無法企及的便利之處，東漢末期「十九侯」、「五侯」、「十常侍」相繼弄權，曾是劉漢一旦覆亡的重要禍根。有鑒於此，唐初，特別是貞觀時期，十分注意抑制宦官勢力的發展，如規定內侍省不置三品官；內廷宦官人數限於三十員；宦官不任職事，唯廷內掃除稟食而已。但自武則天以後，這些規定接連被衝破，致使宦官勢力日漸坐大，終至釀成連綿一百餘年的權閹之禍。《資治通鑑・唐紀七九》概括唐宦官之禍的過程是：「始於明皇，盛於肅、代，成於德宗，極於昭宗。」這是大體符合史實的。單從宦官的員數、品秩看，玄宗時「黃衣以上三千員，衣紫千餘人」（《新唐書・宦者傳序》）。宦官六品以上服黃色，三品以上服紫色。貞觀時規定宦官不得有三品官，內廷宦官限於三十員，如今單是三品以上就有千餘人，可見已經膨脹到何等程度。天寶十三載（西元七五四年）玄宗在內侍省置監二人，以高力士、袁思藝任其職。高力士的權勢，據《舊唐書》本傳稱：「每四方進奏文表，必先呈力士，然後進御，小事便決之。玄宗常曰：『力士當上，我寢則穩。』故常止於宮中，稀出外宅。」宦官所掌的實際權力已經遠遠超越內廷事務，廣泛地涉及到了各項軍國政務，像宇文融、李林甫、李適之、楊國忠、安祿山、高仙芝等都是因宦官之助而迅速取得了將相高位。開元二十年（西元七三二年）後，玄宗頻頻以中官出任監軍使，其權限超過節度使。至肅、代時，宦官勢力進一步滲透到朝政的各個方面。如李輔國因勸立肅宗有功，肅宗「賜名護國，四方奏事，御前符印軍號，一以委之」。後又令其專掌禁兵，「制敕必經輔國押署，然後施行。宰相百司非時奏事，皆因輔國關白，承旨。常於銀臺門決天下事，事無大小，輔國口為制敕，寫付外施行，事畢聞奏」（《資治通鑑・唐紀三七》）。李輔國在肅宗重病時發動政變，殺張皇后與越王，逼死肅宗，擁立代宗。他公然對代宗說：「大家但內裡坐，外事聽老奴處置。」（《舊唐書・李輔國傳》）代宗雖怒其不遜，但又迫其方握禁軍，無奈乃尊其為「尚父」。代宗時繼李輔國執政的宦官尚有程元振、魚朝恩。《新唐書・宦者傳序》稱：「肅、代庸弱，倚為扞衛，故輔國以尚父顯，元振以援立奮，朝恩以軍容重，然猶未得常主兵也。」宦官主兵，至德宗而正式成為制度。德宗貞元十二年（西元七九六年），「特立護軍中尉兩員，中護軍兩員，以帥禁軍。乃以〔竇〕文場為左神策護軍中尉，〔霍〕仙鳴為右神策護軍中尉」（《舊唐書・竇文場霍仙鳴傳》）。此二人都是德宗在東宮時的宦官。宦官統轄禁軍一旦成為定制，從此堂堂皇帝，成了宦官掌上的玩物。宦官仇士良，自憲宗至武宗歷五朝，史稱其「殺二王、一妃、四宰相，貪酷二十餘年」。文帝時為左神策軍中尉，跋扈飛揚，幾次欲廢帝。文帝受其所制，常悒鬱自嘆不如周赧王、漢獻帝：「赧、獻受制于彊臣，今朕受制家奴，自以不及遠矣！」（《新唐書・仇士良傳》）據《舊唐書・僖宗紀》贊語稱：晚唐自穆宗至昭宗凡八帝，「而為宦官所立者七君」。故晚唐的政局是：「天下事皆決於北司，宰相行文書而已，宦官氣益盛，迫脅天子，下視宰相，陵暴朝士如草芥」（《資治通鑑・唐紀六一》）。

十、東宮：王朝的傳承機制——太子諸官署、諸王府、公主邑司等

一個王朝要延續，必須有未來皇帝的儲備，即所謂皇儲，亦即皇太子，按近數十年來大陸流行的說法，叫作接班人的問題。太子居於東宮，因而有關對太子的輔教及官屬的設置等，通稱東宮制度。本書以

三卷篇幅敘述唐東宮官屬的建置及歷代東宮之制的沿革：第二十六卷太子三師三少、詹事府、左右春坊、內官；第二十七卷太子家令寺、率更寺、僕寺；第二十八卷太子左右衛及諸率府。此外還有除皇太子外，皇帝其餘子及女所設的官屬，即諸王府和公主邑司，則列於第二十九卷。

唐東宮官屬的建置，大體仿照朝廷三省六部九寺五監及十六衛的格局，如三師、三少對應於朝廷的三師、三公，皆非必備；詹事府對應尚書省，左、右春坊大致與門下、中書二省相當，太子內坊和內官類似朝廷的內侍省和內官，而太子家令、率更、僕寺三寺，約略相當於朝廷的諸寺監，東宮系統的十率府則直接模擬外廷的十六衛，東宮官屬的總體建構，儼然是整個朝廷的微型化。本書所敘述的唐代東宮官屬建置，是歷史長期演變的結果，原注對沿革亦多有提及，只是依其獨特的寫作體例，散見於諸官員品條之後。如果加以一番綜合，從東宮官屬的總體結構及其演變作一點考察，就可以看到，在東宮這個彷彿遠離朝政，應是充滿弦誦之聲學養之所，卻實在亦是政治感應極為靈敏的地方，因而東宮官屬的置廢，職掌的變易，制度的更改，往往都是與當時宮廷的權力角逐、太子的廢立聯繫在一起的，歷史上東宮制度的變化是如此，唐代東宮制度的變化亦是如此。

東宮官制的歷史回顧

以東宮代指太子，始於西周（見張亞初《西周金文官制研究》四八頁）。東宮的含義，據孔穎達對《左傳・隱公三年》「齊東宮得臣之妹」一語之疏義稱：「東宮者，四時東為春，萬物生長在東；西為秋，萬物成就在西，以此君在西宮，太子常處東宮也」，則東宮亦即培育未來君主之義。在中國古代歷史上，自從傳說中的禪讓制度被廢棄後，就有一個王位如何在一姓之內傳承的問題。商是「兄終弟及」，周是「父子繼立」。太子年幼，尚需教養，據《通典・職官一二》，為太子設置保傅，亦是「殷周已有」。本書第二十六卷第一篇太子三師、三少條原注引《禮記・文王世子》，說明三代已有太子三師、三少之設。又以《史記・商鞅列傳》中有「黥太子師、傅」的記載，說明秦孝公時亦曾為太子設師、傅。至漢，東宮官制有了較大發展。據本書原注及《宋書・百官志》的載錄，漢時東宮官分兩大部分：一是屬於二傅（太傅、少傅）的，有太子門大夫、庶子、洗馬、舍人等；二是屬於詹事的，有率更令、家令、僕，中盾，衛率，廚、廄長等。關於詹事需要說明幾句。詹事亦即給事之意。第二十六卷第二篇詹事員品條原注引《漢書・百官公卿表》稱：「詹事，秦官，掌皇后、皇太子家，秩二千石。」可知詹事是兼事皇后、太子之官，並非單屬東宮。大抵這亦反映了太子自幼年至成年、由中宮而東宮這樣一個成長過程。在漢代，太子幼年時是與皇后生活在一起的，通常要到行冠禮後才「就宮」，即赴東宮建立相對獨立的學習、生活環境。所以二傅、詹事這兩個系統的官屬與太子的關係是有區別的：前者貫連於太子就宮前和就宮後兩個時期，後者則側重於太子尚在中宮的時期。由於這個緣故，太子與二傅的官屬亦更接近，更易於統領，這可從漢武帝時太子劉據的巫蠱事件中得到證明。當太子決定起事誅江充時，參預其事的只有二傅屬官如太子舍人無且等，而不見有詹事屬下的任何一個屬官參加。後來要發兵，詹事所屬的中盾、衛率的軍隊亦無一人響應，所發的主要是衛皇后長樂宮衛的軍隊：太子「具白皇后，發中廄車載射士，出武庫兵，發長樂宮衛，告令百官曰江充反」（《漢書・戾太子傳》）。這說明屬於詹事管轄的率更令、家令、僕以及中盾、衛率等，其時尚為中宮官，太子無法節制。至於詹事從中宮分離出來，成為東宮官制體系的一個組成部分，當是東漢以後的事。

現在我們再來看看西漢東宮官的實際設置狀況。高祖初為漢王二年（西元前二〇五年），其子劉盈五歲即被立為太子。《漢書・高帝紀》：其年「六月，漢王還櫟陽，壬午，立太子，赦罪人。令諸侯子在關中者，皆集櫟陽為衛」。即以關中諸侯子為任子，以與太子為伴。到劉盈十二歲，又任叔孫通為太子太傅。但二年後，高祖欲廢劉盈而另立戚夫人之子趙王劉如意為太子，此事引起朝廷上下極大關注。後呂后用張良之謀，迎來四位隱居於商雒山的長者即所謂「商山四皓」充任太子賓客，才使高祖放棄了廢立的企圖。這「太子賓客」亦就成了歷代東宮置此一職的由來。十一年（西元前一九六年），高祖率兵擊黥布，令十四歲的劉盈監關中兵，並以張良行太子少傅事。至此，太子太傅、少傅的二傅體制方始齊備。至於其下如庶子、中庶子等太子官，多為太子左右親近，年歲亦與太子相仿，通常由貴族官僚子弟充任。見於史著記載的，如馮野王「少以父任為太子中庶子」；王商、史丹並「以少為太子中庶子」；傅喜，「少好學問，有志行，哀帝立為太子，成帝選喜為太子庶子」（均見《漢書》本傳）。洗馬，漢時職如謁者。如汲黯，「以父任，孝景時為太子洗馬」（《漢書》本傳）。太子門大夫，在二傅屬官中地位略高，年歲亦稍長。如鼂錯，自伏生處受《尚書》後，「詔以為太子舍人，門大夫，遷博士」（《漢書》本傳）。

東宮詹事官屬從中宮分離出來的趨向是從西漢昭宣以後出現的。宣帝時，疏廣曾任太子劉奭太傅，其姪疏受先為太子家令，後為太子少傅。其時「太子外祖父特進平恩侯許伯以為太子少，白使其弟中郎將舜監護太子家。上以問廣，廣對曰：『太子國儲、副君，師友必於天下英俊，不宜獨親外家許氏，且太子自有太傅、少傅，官屬已備，今復使舜護太子家，視陋，非所以廣太子德於天下也。』上善其言」。此例顯示東宮官屬獨立性的增強，目的是使太子及早擺脫親屬的籠罩，使其有更廣闊的視野。至東漢，東宮獨立的官制體系終於完成。《後漢書．百官志》便是將大長秋以下中宮的官屬，和太子少傅以下東宮的官屬，明確分列為兩個系統。在太子少傅屬下，設太子率更令、太子庶子、太子舍人、太子家令、太子倉令、太子食官令、太子僕、太子廄長、太子門大夫、太子中庶子、太子洗馬、太子中盾、太子衛率。也就是說，西漢時原屬二傅與詹事兩個部分的官屬此時已合二為一。其本注稱：「凡初即位，未有太子，官屬皆罷，唯舍人不省，領屬少府。」即太子未立，不設東宮官，一旦冊立，就依制配置東宮官屬，表明太子已為國儲，不再屬於中宮。不妨以建武二十八年（西元四三年）一次廷議為例，說明這種觀點在朝廷上下已大體形成共識。事見《後漢書．桓榮傳》。是年光武帝為太子劉莊建置東宮，「大會百官，詔問誰可傅太子者。群臣承望上意，皆言太子舅執金吾原鹿侯陰識可。博士張佚正色曰：『今陛下立太子，為陰氏乎？為天下乎？即為陰氏，則陰侯可；為天下，則固宜用天下之賢才。』帝稱善，曰：『欲置輔者，以輔太子也，今博士不難正朕，況太子乎？』即拜佚為太子太傅，而以〔桓〕榮為少傅」。

自漢至魏，東宮官制大體相沿。曹丕為太子時，以涼茂為太傅，何夔為少傅。繼何夔而任少傅、太傅的是邢顒。此外，任太子中庶子的先後有鮑勳、司馬懿、司馬孚，任洗馬的有裴彥。在歷史上，東宮官制臻於完備並定型，當在西晉。晉武帝因長子二歲而夭，不得不在泰始三年（西元二六七年）將九歲的次子司馬衷立為皇太子。司馬衷是一個弱智兒，當時不僅「朝廷咸知〔其〕不堪政事，武帝亦疑焉」（《晉書·惠帝紀》）；「帝以皇太子不堪奉大統，密以語后」（《晉書·后妃·武元楊皇后傳》）。司馬炎在無奈中採取了多種措施用以彌補兒子的先天不足。其中一項重要措施便是完備和加強東宮官屬。先以李熹為太子太傅，後來又以楊珧為太子詹事，專掌東宮內部事務，這樣二傅可以不再領東宮官屬而專一輔教。又命諸公多居傅保之職，以提高東宮官的位望，其間如齊王攸、太尉汝南王亮、車騎將軍楊駿和司空衛瓘、石鑒、山濤等，先後都曾擔任過司馬衷的傅、保。與此同時，又在東宮設衛率，分為左右，各領一軍，到司馬衷即位為惠帝立其子司馬遹為太子時，又加前後二率，共四率，號稱有精兵萬人。晉武帝為自己的接班人如此著意經營，可謂用心良苦。不僅如此，他連第三代接班人即皇孫司馬遹的東宮班子，亦預先作了精心安排。這樣當他一離世，惠帝隨即繼位，司馬遹亦同時被立為皇太子，他的東宮班子太師、太傅、太保、少師、少傅、少保齊全，即歷史上第一次做到了「六傅齊備」。一切似乎都非常順利，但結果卻事與願反。近於白癡的晉惠帝自然只能做個傀儡，皇權的旁落引發了皇位爭奪的白熱化，最終導致宗室諸王長達十六年之久的自相殘殺，史稱「八王之亂」。西晉王朝就在這樣內鬨中徹底瓦解，晉室被迫南渡後，北方成了諸少數族群雄逐鹿的戰場。但若就官制史而言，西晉的東宮官屬設置還是作為一種最完備的模式流傳了下來。其體制大略是設三師三少即六傅，以道德輔教太子；又設東宮詹事，職比臺尚書令，掌東宮內外庶務。詹事之下的東宮屬官有三部分，一是中庶子、中舍人、庶子、舍人以及洗馬等，西漢時初原屬二傅的官屬；二是家令、率更令、僕等，漢初原屬詹事的官屬；三是新增加的東宮警衛軍，即左、右、前、後諸衛率。此後南北朝的東宮官制就是在此構架的基礎上作某些局部性的調整。如南朝宋，就是把六傅恢復為太傅、少傅二傅；在太子詹事之下，復置門大夫、食官令；在東宮武官系統增加了太子屯騎校尉、太子步兵校尉、太子翊軍校尉，簡稱三校尉各七人，太子冗從僕射七人，太子旅賁中郎將十人，太子左積弩將軍十人，太子右積弩將軍二人，殿中將軍十人，殿中員外將軍二十人。齊、梁、陳皆沿宋制。北魏和北齊，亦依晉宋制，唯復設太子三師、三少，由詹事統東宮內外事務，下統家令、率更令、僕三寺，左右衛二坊。此外，北齊曾設門下坊和典書坊，門下坊的屬員有中庶子、中舍人、通事守舍人、守事舍人等，領殿內、典膳、藥藏、齋帥等局；典書坊的屬員有庶子、舍人，又領典經坊、洗馬、守舍人、門大夫、坊門大夫等。北周官制總體上仿《周禮》六官設職，東宮的建置則依魏以來舊制，亦設有三師、三少，相當於詹事而掌理東宮內外事務的則有左、右宮正及宮尹等職。此外在東宮尚設有太子諫議大夫、太子文學、太子侍讀等員，東宮的武官則有司戎、司武、司衛諸上大夫、中大夫等職。隋東宮依北齊之制，設太子三師、三少，初置詹事掌東宮諸事，後由門下坊之左庶子統東宮內外事務，分門下、典書二坊，家令、率更令、僕三寺；武官則置左右衛率、左右宗衛率、左右虞侯開府、左右內率、左右監門率十府。唐承隋制，亦有局部性調整。如在三師、三少下增太子賓客，以詹事府總東宮諸事，增設太子司直。隋的門下坊唐改名為太子左春坊，以左庶子為長官；典書局則改名為右春坊，以右庶子為其長官。又設置家令、率更、僕三寺，增置太子內坊和太子內官，武官系統則設太子左右衛率府等十率府。自然這些只是制度層面的規定，其實際設置和操作狀況可能又是另外一回事，往往因人因時而呈現出複雜紛繁的變化。

輔教功能的理想與實際

若就職能而言，東宮官屬大體可分為三部分：一是輔教規諫；二是內外事務，包括文書往來、禮儀賓客以及對皇太子生活起居的供應等；三是警衛儀仗。列為首要的當是輔教規諫，這是由太子冊立時往往尚未成年卻已預定為國之儲貳這樣一個特徵決定的。太子是未來的天子。《大戴禮記・保傅篇》稱：「天子正而天下定矣。《書》曰：『一人有慶，萬民賴之。』此時務也」。在帝王制度下，人們只有做順民的分，所謂「一人有慶，萬民賴之」，亦確有它的實際依據。早些年一直成為媒體宣傳主調的所謂培養接班人的問題如何如何關係到國家前途和億萬人命運那一類說法，想來亦是這個道理。

在東宮官屬中擔負輔教規諫之職的，主要是太子三師、三少。三師「以道德輔教太子者也，至於動靜起居，言語視聽，皆有以師焉」；三少「掌奉皇太子以觀三師之道德而教諭焉」（二六卷一篇）。二傅雖亦是東宮官屬，在道義上卻為太子之師：「漢魏故事：皇太子於二傅執弟子禮，皆為『書』，不曰『令』；太傅於太子不稱臣。」（二六卷一篇）同掌侍從規諫的尚有太子賓客、太子司議郎，太子左、右諭德和太子左、右贊善大夫等。輔教內容主要是儒家經典。為此，詹事府下專設司經局，有洗馬二人，文學三人等，「掌經、史、子、集四庫圖書刊輯之事，立正本、副本，貯本以備供進。凡天下之圖書上於東宮者，皆受而藏之」（二六卷三篇）。看來，東宮有一個相當規模的圖書館，以供太子學習之需。輔教的形式除講習經籍外，還有向至聖先師行釋奠之禮、入學時行齒胄之禮這樣一些集體活動。輔教的理論著述，最早當是賈誼的《新書》，對太子自始生至既冠的輔教之道敘述甚詳，並認為「三代之所以長久者，以其輔翼太子有此具也」。又有《禮記・文王世子》和《大戴禮記・傅保篇》。〈文王世子〉強調輔的總綱為「父子君臣之道」，還以文王之侍奉王季、武王之侍奉文王作為子事父、臣事君的楷模，令後世效仿。〈傅保篇〉則還對輔教的方法作了詳細的規定。考慮到太子大多還處於幼年或少年期這一特點，身教更重於言教，所以二傅要「選天下端士孝悌閑博有道士者」，「使之與太子居處出入，故太子目見正事，聞正言，行正道，左視右視，前後皆正人。夫習與正人居，不能不正也。猶生長於楚，不能不楚言也。故擇其所嗜，必先受業，乃得當之；擇其所樂，必先有習，乃得為之。孔子曰：『少成若性，習慣之為常。』此殷周之所以長有道也」。其他相關文獻亦有類似記載。如《國語・楚語》有一則楚莊王與賢大夫申叔時關於如何輔教太子的問對，申叔時的回答是：「教之《春秋》，而為之聳善而抑惡焉，以戒勸其心；教之《世》，而為之昭明德而廢幽昏焉，以休懼其動；教之《詩》，而為之導廣顯德，以耀明其志；教之禮，使知上下之則；教之樂，以疏其穢而鎮其浮；教之《令》，使訪物官；教之《語》，使明其德知先王之務用明德于民也；教之《故志》，使知廢興而戒懼焉；教之訓典，使知族類，行比義焉。」引文中提到的典籍，除少數今存外，多已不傳。猜度其內容，大略為修身和治術兩個方面，作為一個國君必須具備的基本知識和修養。楚國東宮設師，又由新近的考古發掘得到了物證。一九九三年，湖北荊門郭店一號楚墓出土了一批竹簡，還有一件漆耳杯，其底部鐫有「東宮之帀（師）」四字，可知墓主為楚國某位太子之師。經學者考證初步認定其為陳良，即太子橫（後即位為楚頃襄王）之師。墓中出土竹簡八百餘枚，皆為早期道家和儒家著作。道家有《老子》甲、乙、丙三組，均係摘抄，不相重複，丙組附有〈太一生水〉，是對《老子》的解說和引申。儒家著作有十篇，分二組，第一組有〈緇衣〉、〈五行〉、〈成之聞之〉、〈尊德義〉、〈性自命出〉和〈六德〉；第二組有〈魯穆公問子思〉、〈窮達以時〉、〈唐虞之道〉、〈忠信之道〉。這些著作當是太子師作為輔教太子教材的一部分。此外，在秦滅六國前夕問世的《呂氏春秋》，亦應是作為相國和仲父的呂不韋專為輔教尚處於少年期的秦王嬴政的需要而組織編撰的，書中以新道家思想為核心，兼採諸家之長，可說是一部從個人修養到南面稱帝的基本理論教科書。

前後有輔保，左右有諭德贊善，再授以歷代聖賢的經籍墳典，用這樣一種「從娃娃抓起」的定向培育皇帝接班人的做法，實際效果卻並不怎麼理想。如漢宣帝立劉奭為太子，以疏廣為太子太傅，「皇太子年十二，通《論語》、《孝經》」；蕭望之亦「為太傅，以《論語》、《禮服》（指《禮記・喪服》）授皇太子」（見《漢書》各自本傳）。所以劉奭自幼便是在這兩位太傅的儒學薰陶下成長的，但結果卻使宣帝頗為擔憂。據《漢書・元帝紀》記載，元帝劉奭尚在為太子時，見其父宣帝「所用多文法吏，以刑名繩下」，以為不妥，趁一次侍宴的機會對宣帝說：「陛下持刑太深，宜用儒生。」宣帝聽了很不高興，「作色曰：『漢家自有制度，本以霸王道雜之，奈何純任德教，用周政乎！且俗儒不達時宜，好是古非今，使人眩於名實，不知所守，何足委任！』乃歎曰：『亂我家者，太子也！』」這裡不僅牽涉到「以霸王道雜之」這一漢家固有的指導思想是否能始終貫徹的問題，還提出了如何全面教養太子的問題。從宣帝的喟嘆中不難看出，他心目中的漢家未來皇帝不能只單純接受儒家的傳統教育，還必須具備全面的文化素養和相應的心理素質，包括運用政治權術等方面的實際鍛煉。漢元帝即位後，重用儒生，優柔寡斷，證明宣帝的擔憂確非多餘。僅舉一例：當宦者石顯等構陷元帝當年的太傅蕭望之，奏請「謁者召致廷尉」時，這位飽讀經書的皇帝竟然不知道「召致廷尉」的意思就是抓起來坐大牢，因而「可其奏」；一聽抓起來了，又嚇得大驚失色，在蕭望之被逼得飲鴆自殺後，又傷心得不肯吃飯，「為之涕泣，哀慟左右」（見《漢書・蕭望之傳》）。此例頗可說明漢元帝不失為一個好人，但一個好人卻往往做不成好皇帝。

上文提到晉武帝因太子癡愚，因而把希望寄託在皇孫司馬遹身上，以為「此兒當興我家」，甚至連他未來的東宮官屬亦預先作了安排。據《晉書・愍懷太子傳》記載，這位小皇孫倒確是「幼而聰慧」，機敏可愛。一次宮中失火，「武帝登樓望之。太子時年五歲，牽帝裾入闇中。帝問其故，太子曰：『暮夜倉卒，宜備非常，不宜令照見人君也。』由是奇之」。惠帝即位後，司馬遹便正式被立為皇太子，是年約十四歲。於是「盛選德望，以為師傅。以何劭為太師，王戎為太傅，楊濟為太保，裴楷為少師，張華為少傅，和嶠為少保」。不僅六傅全備，還特聘了一群當時最顯赫的貴族子弟與太子游處。元康元年（西元二九一年），太子出就東宮，又特地頒詔稱：「遹尚幼蒙，今出東宮，惟當賴師傅群賢之訓。其游處左右，宜得正人使共周旋，能相長益者。」在這樣一個運用至上的權力刻意製造出來的，所有物質、精神條件都屬當時最優越的生存環境中，這位「幼而聰慧」的皇太子結果又是如何呢？「及長，不好學，惟與左右嬉戲，不能敬保傅」。超等優越的生存環境，反而使少年泯滅了純潔聰靈的天性，變得那樣目空一切，桀驁乖戾。他常在後園游戲，偏愛埤車小馬，「令左右馳騁，斷其鞅勒，使墮地為樂，或有犯忤者，手目捶擊之」。還有一個怪脾氣：喜歡學做買賣：「於宮中為市，使人屠酤，手揣斤兩，輕重不差」；「又令西園賣葵菜、籃子、雞、麵之屬，而收其利」。堂堂東宮，竟被弄成了一個菜市場。洗馬江統、舍人杜錫等，雖亦曾有所規諫，但他哪裡聽得進去。在皇太子的這一演變過程中，有一個始終等著看好戲的人，那便是賈后。起初她使人慫恿太子趁著年少及時行樂，繼而又利用宮中一棵桑樹枯死這樣的自然現象造謠惑眾將太子廢為庶人，最後又派人送毒酒，太子不飲，索性活活將他椎殺。至此，晉武帝為這個短命皇孫所作的那整套精心設計，連同他那個「此兒當興我家」的希望，以及三師、三少多年悉心輔教，全都付諸東流。

唐代初期為太子盛選輔保，注重經學的教習，是在太宗廢去承乾、再立李治為太子以後。李治為太宗第九子，史稱「寬仁孝友」，其「初授《孝經》於著作郎蕭德言，太宗問曰：『此書中何言為要？』對曰：『夫孝，始於事親，中於事君，終於立身，君子之事上，進思盡忠，退思補過，將順其美，匡救其惡。』太宗大悅曰：『行此，足以事父兄，為臣子矣。』」（《舊唐書・高宗紀》）李治既立為太子，太宗又以承乾的不修德業為鑒，以極高的政治規格來為新太子選擇輔保：以吏部尚書為長孫無忌太師，宰相房玄齡為太傅，宋國公蕭瑀為太保。貞觀十七年（西元六四三年），李治因生子而宴宮僚於宏教殿，太宗不僅親臨東宮，還以經籍為賜。他對太子李治說：「『爾國之儲貳，府藏是同，金玉琦羅，不足為賜，但先王典籍，可鑑戒耳。』因賜《尚書》、《毛詩》、《孝經》各一部。太子太輔（《舊唐書》本傳為「太保」——引者）蕭瑀曰：『今所賜書，請陳其要。』上許之。瑀內先說《孝經》，次述《尚書》，末敘《毛詩》。咸舉其要旨，申明義趣，可為深誡者，皆委曲言之。上大悅，以為師傅得人。」（《唐會要》卷六七）太宗作出如此安排，原以為李治「可以守器承祧，永固百世」（《全唐文》卷一〈立晉王治為皇太子詔〉），最終結果，卻與他的初衷大相徑庭。李治以「寬仁孝友」著稱，但作為皇帝，這卻是軟弱無能的代名詞。再加上他體弱多病，即位不久，大權就落到了武則天手上。所以實際繼太宗位的，不是他所立的太子李治，而是曾經做過他才人的武則天。正是這個武則天，後來還稱帝建國，幾乎斷送了李唐王朝，這該是當時已長眠在九嵕山昭陵下的太宗皇帝萬萬沒有想到的吧？

需要說明的是，在歷史上，東宮的輔教功能常常理想與實際不一致，並非說東宮制度還不完備，它本身還有什麼缺陷。事實上，上文已提到，東宮制度至晉已定型，至隋唐就更加完備。東宮制度是受制於整個帝王制度並為其服務的，所以倘要探究其中原因，不該從東宮制度本身，而應從帝王制度固有矛盾中去尋找。

東宮兵制：收放兩難

唐東宮官屬中的武官系統是十率府，本書列於第二十八卷。十率掌東宮警衛和儀仗。其分工是，左、右衛率，「掌東宮兵仗羽衛之政令」；左、右司禦率，所掌與左、右衛率同；左、右清道率，「掌東宮內外晝夜巡警之法，以戒不虞」；左、右監門率，「掌東宮諸門禁衛之法」；左、右內率，「掌東宮千牛、備身侍奉之事」。東宮的這支警衛部隊是否由太子統領，書中並無明言。考諸史著，唐代自高宗後，東宮已不再擁有自己的警衛軍，東宮的警衛統歸朝廷諸率，或其長官直接由諸衛大將軍、將軍兼任，書中的這些敘述，似乎僅為虛應典制。

關於東宮設置衛率，書中原注言其源於「秦、漢詹事屬官有太子衛率」。衛率既屬詹事，而西漢詹事尚為中宮官，所以當時東宮雖有衛率，卻不受太子節制，上文亦已提到，戾太子劉據正是因此而不得不求助於衛皇后發長樂宮兵以誅江充。戾太子的敗亡，東宮沒有自己的警衛部隊該是一個重要原因；而此事對歷代帝王來說則是一個警告：東宮一旦領兵會有何等危險。但皇太子作為國之儲貳，王朝的未來，又離不開軍隊的保護。這樣，由於帝王制度的固有矛盾，在是否設置東宮直屬警衛軍這個問題上，又使歷代帝王陷入了兩難境地。東宮終於設置直屬警衛軍是在西晉時。晉武帝為了確保他的生性癡愚的皇太子司馬衷能夠順利繼位，需要齊備和強化東宮文武官屬，相比之下，歷史上戾太子留下的教訓已被視為不再重要。原注記其事稱：「晉初為中衛率，太始五年（西元二六九年），分為左、右二率。惠帝為太子，加置前衛率；愍懷在東宮，又加後衛率。故元康之中凡四衛率，成都王〔穎〕為太弟，又置中衛率，是為五率。」其中中衛率存在時間很短，實際上仍是四衛率，擁有精兵萬人，駐紮洛陽宮廷左近，這是一支著實可觀的武裝力量。司馬衷倒是順利即了位的，是為惠帝，當然不可能處理朝政，只是充當傀儡而已。同時立司馬遹為皇太子，儘管六傅齊備，他卻偏是不好學，唯知嬉戲。宮廷權力鬥爭日趨激化。眼看司馬遹即將為賈后所廢，擔任太子左衛率的劉卞便試圖用東宮自己的武裝力量來捍衛太子的既定地位。為此他便去說動時任太子少傅、又以功拜右光祿大夫、開府儀同三司的張華，意欲聯合發起政變先廢去賈后。他在說辭中列舉了政變必勝的三個有利條件：「東宮俊乂如林，四率精兵萬人，公居阿衡之任。」的確，張華倘若加盟，此謀之成，當屬意料中事。但是張華拒絕了，原因是他認為此舉係「以不孝示天下也，雖能有成，猶不免罪，況權戚滿朝，威柄不一，而可以安乎？」（以上均據《晉書・張華傳》）其實還有一個不便說出來的原因：張華出身庶族，因賈后擢拔而得以總攬朝綱，頗有不忘提攜之意。劉卞為在對張華認識上的這一疏忽付出了慘重的代價。《晉書・劉卞傳》稱：「卞知言泄，恐為賈后所誅，乃飲藥卒。」歷史上首次欲以東宮自己武裝力量發起的政變便這樣夭折了，但終晉之世，東宮設四衛率並典兵這樣一種體制，一直保留了下來，至南北朝，大體上為歷代所沿襲。

漢武帝時那個以廢黜太子劉據為目的的巫蠱事件，五百多年後，到南朝宋文帝時又來了一次重演。劉據因手中無兵而失敗了，而這一回皇太子劉劭利用東宮擁有的警衛軍，來了個「先下手為強」，居然獲得了曇花一現式的成功。劉劭是殺其父宋文帝劉義隆而登上皇位的，因而舊時史家貶之為「元凶」。據《宋書・元凶劉劭傳》記載，劭為皇太子時，「東宮置兵與羽林等」；當巫蠱案發，劭從淑妃那裡獲得自己將要被廢的消息，「因是異謀，每夜輒饗將士，或親自行酒，密與腹心隊主陳叔兒、詹叔兒，齋帥張超之、任建之謀之」。在起事之夜，命「超之等集素所畜養兵士二千餘人，皆使披甲，召內外幢隊主副豫加部勒」。做好了這些準備，再去召右軍長史蕭斌及當值的左衛率袁淑，說明事出被迫，望二人戮力相助。結果蕭斌和另一左衛率王正見表示願意竭身奉令，袁淑則不從，最終被殺。劉劭倉促即位後的第一件事，便是殺了兩個人作為替罪羊，下詔書把弒君之罪完全栽在他們頭上，說自己「勒兵入殿，已無所及，號惋崩衄，肝心破裂」；又說「今罪人斯得，元凶克殄，可大赦天下」，彷彿一切已成過去。但他的弟弟劉駿，即後來的宋孝武帝，還是以討伐弒逆為號召，聚集諸王起兵，不過數月，劉劭便敗亡。

至隋，東宮兵制又有了較大變化。本書原注稱：「至隋文帝，始分置左右衛率、左右宗衛率、左右虞候開府、左右內率、左右監門率，凡十府，以備儲闈武衛之職。」這是歷史上東宮置有十衛率之始。至於這十衛率是否由東宮直接統領，原注無注，《隋書・百官志》同樣沒有說明。若從史著記載看，則前期與後期當有不同。文帝開皇初立楊勇為皇太子，蘇孝慈以兵部尚書先後領太子右衛率、太子右庶子、太子左衛率，是東宮警衛軍的實際統領者。再從《隋書・裴政傳》中的一段記載：東宮「武職交番，通事舍人趙元愷作辭見帳，未及成，太子有旨，再三催促」來看，說明隋初皇太子要親自過問東宮武職番上名帳，且要求頗為嚴格，當是太子具有節制權的一個佐證。這種情況到隋文帝擬議廢黜楊勇時，就有了明顯變化。「時高祖（指隋文帝）令選宗衛侍官，以入上臺宿衛。高熲（尚書左僕射兼納言）奏稱：若盡取強者，恐東宮宿衛太劣。高祖作色曰：『我有時行動，宿衛須得雄毅。太子毓德東宮，左右何須強武？此極敝法，甚非我意。如我商量，恆於交番之日，分向東宮上下，團伍不別，豈非好事？』」（《隋書・房陵王楊勇傳》）所謂「團伍不別」，就是東宮宿衛由朝廷諸衛統一派遣，東宮不許再有自己的直屬衛隊：「東宮宿衛之人，侍官已上，名籍悉令屬諸衛，有健兒者，咸屏去之。」（同上）這樣皇太子楊勇等於被繳了械，當廢太子詔令正式下達時，他已處於毫無還手可能的境地。

唐東宮十衛率所承即隋制，只是名稱略有更改而已。但唐初東宮的實際兵制卻又是另一種情況。其時李唐初興，因高祖李淵曾起兵太原，諸子並隨逐鹿中原等歷史原因，不僅皇太子李建成有衛率之兵，其他皇子，如秦王李世民、齊王李元吉，亦都帶兵，且均有實戰經驗。雙方早已劍拔弩張，一場爭奪皇位的武裝衝突勢在必發。武德九年（西元六二八年）玄武門之變終於發生。此事變的實質是，秦王李世民以其天策府軍隊對建成、元吉的一次伏擊。建成被李世民射斃。元吉為尉遲敬德所殺，東宮的二千餘精兵亦很快被瓦解。政變的勝利者秦王李世民就這樣繼建成而被立為皇太子。與此同時，事變中的功臣尉遲敬德任命為太子左衛率，程知節拜為太子右衛率，東宮不僅完全擁有自己衛隊，甚至還取代了宮廷的警衛。經過玄武門事變李世民自然更加懂得，東宮若直接擁有警衛軍將意味著什麼。因此待他繼位做了太宗皇帝，在為皇太子李承乾籌建東宮時，便一改唐初舊制，東宮不再設獨立的宿衛軍。當然這不是指典制，而是指實際。如其時任東宮左衛率的是韓倫，《舊唐書・韓思復傳》只提到他在「貞觀中為左衛率，賜爵長山縣男」，無任何具體事跡記載。左衛的副率是封師進，在《舊唐書・恆山王承乾傳》中提到承乾「嘗招壯士左衛副率封師進及刺客張師政」等要他們去殺魏王泰。左衛副率竟然被作為壯士、刺客使用，亦可反證皇太子手中實在沒有其他可供差遣的兵力。貞觀後歷朝東宮的狀況亦是如此。高宗第六子章懷太子李賢的被廢是很能說明問題的：「於東宮馬坊搜得皂甲數百領，乃廢賢為庶人，幽於別所。」（《舊唐書・章懷太子李賢傳》）東宮馬坊裡藏有數百領皂甲居然亦構成了大罪，說明一切兵器包括兵士裝備在東宮都成了違禁物，哪裡還談得上擁有軍隊呢！所以《唐六典》作為一部官制書，亦同許多典制書一樣，其所敘述的只能以某個時期的公文書為據，而另一些時期的狀況便很難兼及，至於與實施中的具體情況有時差異就更大，這是我們閱讀時需要加以注意的。

唐代東宮制度實施考略

唐代東宮官屬的實際設置分兩種情況：一是由皇太子自行組建，一是由皇帝與大臣擬議建置。皇太子自行組建的先後有李建成、李世民、李隆基三人。李建成、李世民，分別是高祖李淵的長子和次子，是他滅隋興唐的左右手。李淵在太原起兵前，曾令建成去河東招兵買馬，《大唐創業起居注》記其事稱：「太子及王（指秦王李世民），俱稟聖略，傾財賑施，卑身下士，……一技可稱，一藝可取，與之抗禮，未嘗云倦。」正是建成的預為經營，為李淵後來在河南地區擴軍，奠定了基礎。李淵起兵後，李建成領左統軍，李世民領右統軍，軍隊進入河東地區，「河東水濱居人，競進舟楫，不謀而至，前後數百人」（《舊唐書・

高祖紀》）。在進取關中的重大戰役中，李建成率兵連克西河、霍邑，後又攻取潼關，屯永豐倉，保證了西取長安戰略的成功。所以李淵進長安稱帝建唐後，即立建成為皇太子當亦是歷史使然。李建成的東宮官屬，除有高祖派遣外，主體則是他在征戰過程中形成的一批輔佐，可謂俊才濟濟。如唐初的名臣禮部尚書李綱、王珪，民部尚書鄭善果都曾是李建成的宮官。流傳中著名度更高的還有魏徵，原為太子洗馬。一些唐初名將，亦曾任建成東宮武職，如韋挺為太子左衛驃騎，檢校左率，薛萬徹曾被引為左右。看來，李建成的東宮的建置，規模不會小於李世民的秦王府，文臣武將，一應俱全。玄武門事變後，李世民召見魏徵提出詰問，魏徵曾多次勸李建成「早為之所」，因而回答說：「皇太子若從徵言，必無今日之禍。」（《舊唐書・魏徵傳》）的確，以李建成的才幹及其擁有官屬和軍隊，若主動向秦王發起攻擊而不是被動受伏擊，唐代初期的歷史可能就要改寫。

玄武門之變後，李世民立即被立為皇太子，組建東宮的事全由他自己一手操辦，軟弱的高祖此時再也無法置喙其事。儘管李世民只當了二個月太子便登臨極位，但東宮的官屬還是頗具規模，他把原秦王府的班子幾乎原封不動地搬到了東宮。以高士廉、房玄齡為太子右庶子，杜如晦、長孫無忌為太子左庶子，以尉遲敬德為太子左衛率，程知節為太子右衛率；還有薛元敬為太子舍人、褚亮為太子中允、姚思廉為太子洗馬等。此外，亦留用了原李建成東宮中的一部分官員，可以作為代表的便是魏徵，初任詹事主簿，後又擢拜為諫議大夫。重用魏徵意在消除李建成影響，解體原東宮官屬。因魏徵曾事李密於山東，為李建成經營於河北，在二地學士名流中頗有影響，故又命魏徵去安輯河北。途中遇前東宮千牛李志安、齊王護軍李思行戴著刑具正被押往京師，魏徵特予釋放。這一做法化解了建成、元吉被殺所留下的隱患，起到了為李世民在河北收攬人心的作用。李世民即位做了太宗皇帝，原由秦王府官員轉化而來東宮官屬，又獲得了一次躍升的機會，成為朝廷中樞機要的基本成員。如房玄齡、杜如晦分別為尚書左、右僕射，共居相位，長孫無忌、高士廉先後為吏部尚書等。此例可以說明，皇太子若能順利即位並能較好地控制局勢的話，東宮官屬就猶如現今的所謂影子內閣，其大部分成員將隨著太子的繼位而進入執政內閣。

李隆基是睿宗李旦第三子，他是在聯合太平公主一起削除韋后勢力，睿宗即位的當年，即景雲元年（西元七一〇年）被立為皇太子的，東宮官屬多由其自置或奏授。有姚元之，以兵部右尚書兼太子右庶子；宋璟，以吏部尚書兼太子左庶子；蕭至忠，以中書令兼太子右諭德；崔湜，以中書侍郎任太子詹事。此外尚有王琚為詹事府司直，張說、褚無量則是李隆基為平王時的侍讀。一年後，睿宗又相繼頒發敕旨，先是令皇太子「監國，俾爾為政」，接著又以為「可令即皇帝位，有司擇日授冊」（《舊唐書・玄宗紀》）。這樣算來，李隆基為皇太子亦僅有一年多時間。但他的繼位卻沒有太宗那樣順利，在這一年多時間裡，隨時都存在著從皇儲跌落到階下囚的可能。原因是韋氏既滅，暫時的聯盟立刻分裂，李隆基與太平公主又成為權力角逐的兩個對峙集團，而無力駕馭這種局面的睿宗，只能在維護雙方的平衡中謀求自身生存。每當宰相奏事，他總是先問：「嘗與公主議否？」又問：「與三郎（指李隆基）議否？」（《資治通鑑・唐紀二五》）但當時睿宗與朝官的實際意向，更多還是在太平公主方面，宰相七人，五出公主門下，特別是掌管禁軍的常元楷與李慈亦私謁於公主，其餘趨附其門者更日益眾多。形勢的發展顯然對李隆基不利，連他的東宮班子亦出現了裂痕：「太子左右亦往往為公主耳目」；而太平公主則因耳目眾多而能做到「每覘伺太子所為，纖介必聞於上」（同上）。據《舊唐書・玄宗紀》記載，先天二年（西元七一三年）七月四日太平公主將「作亂」，李隆基因預先得到密報，才搶先發起了又一次政變。太平公主是否真有其謀，已無從稽考。歷史資料大多是勝利者留下的，為了表明自己的正義，往往要宣稱對方已有預謀，自己的行動只是反擊。此事姑且勿論。值得注意的是，在參與太平公主密謀的名單中有兩個東宮官：太子右諭德蕭至忠和太子詹事崔湜。二人都自託於太平公主，前者被引為刑部尚書，後者升為中書侍郎，所以為其所用。李隆基擊敗太平公主及其黨羽登上皇位後，對東宮官屬作了不同處理：凡倒向太平公主的，如蕭至忠等皆誅殺；對其心腹，則依例轉為朝廷大臣。如張說、魏知古、姚元之，先後為紫微令，宋璟任侍中等。唐代三個曾自行組建東宮的太子，除李建成被殺外，李世民和李隆基，都具有相當才智和較為豐富的實際作戰或鬥爭的磨煉，因而一旦登臨極位，都能駕輕就熟地秉掌國政，為全國帶來了一個政治、經濟、文化較為繁榮的發展時期。

由皇帝與大臣擬議為太子組建東宮班子的，在唐代屬多數，只能擇其要而略作介紹。第一個是李承乾，太宗長子，貞觀初立為皇太子，時年八歲。太宗為其建置的東宮官屬有杜正倫、李百藥，任太子右庶子；于志寧，任太子左庶子；孔穎達，任太子中允。其後又有左庶子張玄素，右庶子孔穎達、趙弘智、令狐德棻，中舍人蕭鈞等，都是當時文學之士。就如何輔導太子問題，太宗曾對東宮官屬有過多次談話，如貞觀七年（西元六三三年），對于志寧說：「卿等輔導太子，常須為說百姓間利害事。朕年十八，猶在民間，百姓艱難，無不諳練。及居帝位，每商量處置，或時有乖疏，得人諫諍，方始覺悟。若無忠諫者說，何由行得好事，況太子生長深宮，百姓艱難，多不聞見乎？且人主安危所繫，不可輒為驕縱。但出敕云，有諫者斬，必知天下士庶無敢更發直言。故克己勵精，容納諫諍，卿等常須以此意共其談說。每見有不是事，宜極言切諫，令有所裨益也。」（《貞觀政要》卷四）從太宗的這些談話中可以看出，太子自行組建和父皇代為建置兩種東宮官屬實際職能上的區別：前者大多竭智盡力為太子效命，而後者則主要聽命皇帝，對太子盡輔導規諫之責，有時還要充當皇帝的耳目。

在此期間，李承乾在東宮官屬輔導下，亦曾涉獵經書，並令太子右庶子孔穎達撰《孝經義疏》，在東宮侍講；又令顏師古注班固《漢書》，表上於太宗。及稍長，太宗多次令其監國，至十六歲，高祖去世，「太宗居諒闇，庶政皆令聽斷，頗識大體。自此太宗每行幸，常令居守監國」（《舊唐書・恆山王承乾傳》）。但年長後的李承乾卻頗使太宗失望：「及長，好聲色，慢無度，然懼太宗知之，不敢見其跡。每臨朝視事，必言忠孝之道，退朝後必與群小褻狎。宮臣或欲進諫者，承乾必先揣其情，便危坐斂容，引咎自責。樞機辨給，智足飾非，群臣拜答不暇，故在位者初皆以為明而莫之察也。」（同上）陰一套，陽一套，頗有點兩面派的味道。而其間又夾了個太宗第四子魏王李泰的爭寵，使太宗漸漸疏遠了承乾。就在這時，又發生了一個樂伎事件：承乾寵幸一個號為稱心的樂人，太宗聞而大怒，令收殺稱心等數人。承乾以為是李泰告訐其事，竟在東宮為稱心立牌位、修墳墓，朝暮祭奠，並託疾幾個月不朝參。父子之間的矛盾進一步激化。太宗已萌生廢黜之意，向太子右庶子杜正倫作出暗示說：此兒「全無令譽，不聞愛賢好善，私所引接，多是小人，卿可察之，若教示不得，須來告我。」（《舊唐書・杜正倫傳》）東宮官屬都知道一旦太子被廢，他們將會有怎樣可悲的下場，而太宗的這番話等於告訴他們：你們腳下的船即將沉沒。為著自救，除了杜正倫，還有太子左庶子張立素、太子右庶子李百藥等，一個個開始爭先恐後地進諫。特別是太子左庶子于志寧，竟一口氣寫了《語苑》二十卷，把承乾在東宮的不端事一件不漏地來了個「大揭發、大批判」。皇太子發怒了，對張立素，「嫉其數諫，遣反奴夜以馬撾擊之，殆至於死」（《舊唐書・張立素傳》）；對于志寧，「陰遣刺客張師政、紇干承基就殺之」，幸虧殺手看到「志寧寢處苫廬」，才「不忍而止」（《舊唐書・于志寧傳》）。即使這樣，貞觀十七年（西元六四三年），當皇太子李承乾被廢為庶人時，東宮的官屬如左庶子張立素、右庶子趙弘智、令孤德棻、中舍人蕭鈞等，都受到太宗嚴厲的斥責，並坐免。杜正倫則因為進諫時承乾不聽，便拿出太宗對他說的話來想嚇嚇他，太宗為此大為光火，將杜出為穀州刺史，又左授交州都督，最後又配流驩州（據《舊唐書・杜正倫傳》）。只有于志寧一人例外：「太宗謂志寧曰：『知公數有規諫，事無所隱。』深加勉勞。」（《舊唐書・于志寧傳》）

太宗在廢承乾的同時，立第九子、十五歲的晉王李治為太子。一起擬議的大臣有長孫無忌、房玄齡、李勣、褚遂良等，其中起重要作用的為長孫無忌。長孫無忌為文德皇后兄，李治之舅，故「太宗謂晉王曰：『汝舅許汝，宜拜謝。』晉王因下拜」（《舊唐書・長孫無忌傳》）。太宗為李治配置的東宮官屬多由朝廷重臣兼任，所以如此安排，自然為了更易於控制。主要有：長孫無忌為太子太師，原承乾時任太子左庶子的于志寧仍為左庶子，許敬宗、高季輔、馬周為太子右庶子，張行成為太子少詹事等；武官則有李勣以兵部尚書為太子詹事兼左衛率，李大亮以左衛大將軍兼太子右衛率。亦有隨李治自晉王府入為東宮僚屬的，如李義府，原以監察御史兼侍晉王，後除太子舍人，加崇賢館直學士。還有中書侍郎岑文本，太宗亦欲令其兼攝東宮官，文本婉辭，「太宗乃止，仍令五日一參東宮，皇太子執賓友之禮，與之答拜」（《舊唐書・岑文本傳》）。但實際上，設置東宮的這些官屬，多半是為了應制，太宗仍把李治留在身邊，「每視朝，常令在側，觀決庶政，或令參議，太宗數稱其善」（《前唐書・高宗本紀》）。這或許是像現今流行的說法那樣，為了對接班人實行「傳、幫、帶」，但更多的恐怕還是為了加強控制，擔心太子與東宮官在一起時間久了會生變故。據《舊唐書・褚遂良傳》記載，太宗特於自己「寢殿側別置一院，令太子居，絕不令往東宮」。褚遂良曾為此上疏進諫，以為皇太子應居東宮「春誦夏弦，親近師傅，體人間之庶事，適君臣之大道」，而不該「常居宮內，保傅之說無暢，經籍之談蔑如。且朋友不可以深交，深交必有怨；父子不可以滯愛，滯愛或生愆」；建議「亹計旬日，半遣還宮」，亦即希望有一半時間在東宮。「太宗從之」。至於是否付諸實施，並無記載。好在李治與承乾雖為兄弟，性格卻迥異：承乾剛強，有獨立性；李治柔順，慣於服從，對太宗的任何管束從不反抗。亦正由於此，才平安無事地做了六年太子，在太宗去世後，得以順利繼位。這時東宮的大部分屬官，依例轉為朝臣。如以長孫無忌為太尉兼校中書令，知尚書、門下二省事，于志寧為侍中，張行成為兼侍中、檢校刑部尚書，高季輔兼中書令、檢校吏部尚書，許敬宗兼禮部尚書，李勣為同中書門下平章事，褚遂良為吏部尚書、同中書門下三品。有著如此眾多而稱職的舊屬的輔佐，倒也保證了皇權的平穩交接和過渡。如果說作為皇太子的李治可以因柔順而固位的話，那麼做了高宗皇帝的李治，當身邊出現了一個無論才智和謀略都遠勝於他的武則天時，卻又因柔順而在無奈中拱手交出了皇權。倘要究根尋源，這當歸之於太宗在選擇、培養接班人問題上的第二次失敗。

但太宗在東宮建置方面的一些做法，諸如東宮官大多由朝臣兼任，對太子嚴加管束，基本上不令就宮等，卻大多被沿襲了下來。高宗、武則天時期，由於宮廷權力鬥爭的激烈和複雜，皇太子的置廢亦猶如演走馬燈，反覆無常：先是立長子李忠，後廢，賜死流所；繼立第五子李弘，後被武則天「酖薨」（據《新唐書・三宗諸子》）；再立第六子李賢，後又廢，並被逼自殺。至於七子李顯、八子李旦，都曾先做過幾年皇帝，即為中宗和睿宗，他們或是名為皇帝，實為太子，或者做過皇帝再做太子，完全處於一種無序狀態，自然更無正常東宮制度可言。較為正規的是李弘為皇太子時，《舊唐書》本傳提到的東宮官有：侍中兼太子右庶子許圉師，禮部尚書兼太子賓客許敬宗，西臺侍郎戴至德、黃門侍郎張文瓘並兼太子左庶子，此外還有太子右庶子蕭德昭、太子中舍人楊思儉、率更令郭瑜等。李宏與東宮官屬亦很少一起相處。當時任典膳的邢文偉曾為此上書，書中提到太子「三朝之後，但與內人獨居」（《舊唐書・儒學下・邢文偉傳》）。自武則天末期到玄宗即位，為爭奪皇位的宮廷政變更是接二連三，玄宗自己就是經過兩次武裝政變登上皇位的，鑒於這些教訓，他對太子更是處處設防，明文規定太子要居於他所住的別院，東宮的建設已成了擺設。先立第二子李瑛為太子，後廢。開元二十六年（西元七三八年）立第三子李亨為太子，第二年四月就下敕旨太子不得與外朝聯繫，連太子內坊亦因此而劃給了內侍省。文中稱：「義方之訓，固在親承，太子既絕外朝，中官自通禁省，有何殊異，別立主司，其內坊宜復內侍省為局。」（《唐會要》卷六五）李亨的行動似乎亦受到了監視。《資治通鑑・唐紀三一》記有天寶五載（西元七四六年）正月中一事，說是太子李亨出遊途中遇到太子妃兄韋堅，僅僅因為後來韋堅又與來京師獻捷的邊將皇甫惟明到景龍道觀談了一會兒，就被李林甫事先派遣的親信告發，李又據以奏報「堅與惟明謀，欲共立太子」。玄宗雖然沒有因此定李亨的罪，但韋堅與皇甫惟明因此而下獄貶黜，並在貶所被賜死，韋堅親黨坐流貶者數十人，左相李適之亦因此而罷參政，貶為宜春太守，最終仰藥自殺。李亨上表與新婦韋妃離絕。由此可見玄宗對太子監控之嚴密。玄宗以後諸朝的情況大致亦是如此。大概德宗以後，皇太子多被安置在少陽宮，仍然不能與東宮官屬相處，這有《資治通鑑・唐紀四九》的一則材料可資佐證：德宗一度欲廢太子李誦（後即位為順宗），中書侍中為之切諫：「太子自貞元以來常居少陽院，在寢殿之側，未嘗接外人，預外事，安有異謀乎？」少陽院在大明宮中德宗常居的浴堂殿之東，溫室殿西南。文宗所立皇太子李永（後病卒）亦曾居少陽院，事見《舊唐書・文宗紀》：開成三年（西元八三八年）九月，「上以皇太子慢遊無度，欲廢之，中丞狄兼謨垂涕泣諫。是夜移太子於少陽院。」又云：「詔皇太子侍讀竇宗直隔日入少陽院。」後來仇士良擁立武宗，亦是先迎其至少陽院，然後百官謁見於東宮的思賢殿。所以唐代後期，東宮已只是作為太子舉行有關禮儀活動的一個場所，東宮官職亦往往成為百官遷轉的一個階梯，並不擔負實際職務了。

有唐一代，包括武則天在內，共二十一帝。除開國君主高祖起兵太原，以武力滅隋建唐外，其餘二十帝，因宮庭政變而即位者，有太宗、武則天、中宗、睿宗、玄宗五人；因大臣力爭而立為帝者，有高宗、敬宗二人；在外擁兵自立者，有肅宗一人；由宦官參預擁立而得以即位者，有代、憲、穆、文、武、宣、懿、僖、昭九帝；由藩鎮擁立者，有哀帝一人；由長子立為太子，順利即位者，唯德宗與順宗二人。綜觀李唐諸帝，有較大作為者當數太宗、武則天和玄宗，卻都是以宮廷政變方式，衝破由東宮制度預定的帝王傳承秩序而充分顯示了他們的謀略和才幹。按傳統的嫡長制，再在東宮經過一段時間的輔教而順利地即位的如德宗，在德才、事功二方面均未有值得稱道之處，至於順宗，登極時已中風失語，不久便被迫禪位於憲宗。東宮似乎應是培養帝王的搖籃；東宮制度歷經千百年的嬗變，不能說尚不完備；東宮官屬多係飽學之士，其輔教亦不能說不盡心，但有唐一代，卻實在找不出一個由東宮培養的稍有作為的帝王。單是責備父皇選擇、管教太子的不當，似乎亦不公平。事實上，就連在治績上頗有建樹的太宗，晚年亦被立儲之事困擾得焦頭爛額。他最後立李治為皇太子，實在亦出於無奈。那天，當群臣已退，只留下長孫無忌、褚遂良等近臣時，他苦惱地說：「我三子一弟所為如是，我心誠無聊賴。」三子一弟，指長子承乾立為太子而又廢，四子魏王李泰因爭立而廢黜，五子齊王李祐因叛亂而廢為庶人；七弟李元昌因與承乾同謀而賜死。太宗說完這話「因自投于床，無忌等爭前扶抱，上又抽佩刀欲自刺，遂良奪刀以授晉王治……」（《資治通鑑・唐紀一三》）堂堂皇帝在近臣面前竟如此失態，亦可見其內心痛苦之甚。那麼是否可以放棄東宮制度呢？絕對不會。只要集權專制制度存在一天，把國家公共權力作家族或集團所私有的產業，為了權力的私相傳授，那麼東宮制度形式或可有所變化，卻絕對不會被放棄。東宮制度的本質，說到底無非是國家權力傳遞的個人化。即由最高統治者，以是否忠順於自己為唯一的或至少是首要的條件選擇、指定接班人，至於其人是否才智相當，臣民是否信賴，那是極其次要的，甚至可以在所不計。要命的是這忠順不忠順誰也不能開保險公司。剛立時覺得是忠順的，後來看看似乎又不忠順了，就換一個。如此立了再換，換了再立，倒霉的是被換的人和相關臣屬以及老百姓。唐高宗第六子章懷太子李賢目睹他的兩個哥哥相繼被廢，作〈黃臺瓜辭〉感嘆道：「種瓜黃臺下，瓜熟子離離。一摘使瓜好，再摘令瓜稀；三摘猶尚可，四摘抱蔓歸。」（見《舊唐書・肅宗代宗諸子傳》）可悲的是近數十年來上演的摘瓜之戲，還不止三摘、四摘，而是創記錄的六摘、七摘，直到把民眾推入「全面內戰」。宮廷政變倒是充分顯示了個人的才智，是優勝劣敗原則在權力傳遞中的運用，但卻是自發的因而亦是無規則的運用，不僅規模或大或小的屠殺在所難免，而且同樣無視於臣民的是否信賴。中國數千年來的歷史，除了通過戰爭贏得改朝換代以外，其餘的權力傳遞便都是在東宮制度與宮廷政變之間走輪迴，而臣民的意願卻從來不被重視，自然更談不上作為公民有選擇自己領導人權利了。這便是問題的癥結所在。

諸王府與公主邑司

歷代帝王由於后妃眾多，必然子女成群。如唐代諸帝便共有皇子二百四十五人，皇女二百零一人。生育最多的唐玄宗，有三十子和二十九女。被立為皇太子的畢竟只能是極少數人，為了安置其餘皇子皇女，這就有了諸王府和公主邑司之設。本書第二十九卷主要篇幅便是敘述唐諸親王府官屬，卷末對公主邑司亦有簡略介紹。

書中所列諸王府官屬分成三部分，一是親王府的官屬，包括傅、友、文學、侍讀、諮議參軍事等，主輔教、陪侍、參謀之職，為王官，王未出閤前亦置；長史、司馬以下則為王府官，掌行政庶務，諸王出閤開府以後始置。第二部分是親事府、帳內府吏屬，為諸王的親兵。武德時，齊王、秦王府置左右六護軍府，諸王則有左右親軍府（即親事府）和帳內府。六品、七品子為親事，八品、九品子為帳內；親事為諸王出行時的儀仗陪從，帳內則掌儀衛之事。第三部分為親王國官，亦即諸王的家臣。這一部分與前兩部分略有不同；王府的官屬無論流內外皆由吏部銓選，親事、帳內二府的流內外武官均由兵部選試；國官，亦包括公主邑司之官，則因屬府主的家臣，另由司封掌授。唐初承隋制，國官與邑官尚為視流內品官。據《舊唐書・職官志》，唐初親王國令為視正六品，大農為視七正品，尉為視正八品，丞為視正九品。開元十年（西元七二二年）廢止視品官制。本書所據為開元時制，故國令、大農、尉、丞的品秩，分別列為從七品下、從八品下、正九品下和從九品下。書中王國錄事、府、史、典衛、舍人以及學官、食官、廄牧等的長、丞，均未列品秩，《新唐書・百官志》親王國條稱：「長皆正九品下，丞皆從九品下。」

分封諸王之制，當是商周已有。本書所說的諸王，主要是指在集權統一條件下對皇室相關人員的封爵，因而原注對沿革的追溯起自漢，而王府官制的大體完備則要到魏晉以後。漢初分封同姓王的目的在於眾建親戚，以為屏藩，但自漢迄晉先後發生的七國之亂和八王之亂，卻說明分封的實際結果又常常有違初衷。大致說來，唐初所行亦類同漢初的政策：「初高祖受禪，以天下未定，廣封宗室以威天下，皇從弟及姪年始孩童者數十人，皆封為郡王。」（《舊唐書・宗室・淮安王李神通傳》）。待到政局穩定，情況便發生了變化。太宗即位後，一次「舉宗正屬籍問侍臣曰：『徧封宗子，於天下便乎？』尚書右僕射封德彝對曰：『歷觀往古，封王者今最為多。兩漢已降，唯封帝子及親兄弟，若宗室疏遠者，非有大功並不得濫封，所以別親疏也。先朝敦睦九族，一切封王，爵命既隆，多給力役，蓋以天下為私，殊非至公馭物之道。』太宗曰：『朕理天下，本為百姓，非欲勞百姓以養己之親也。』於是宗室率以屬疏降爵為郡公，唯有功者數人封王」（同上）。此次降爵，自然會在宗室中引起一些波瀾。高祖時期屢建戰功的李孝恭，當是太宗的叔伯輩，原已封王，後降為河間郡王，曾在親友面前發牢騷說：「吾所居宅微為宏壯，非吾心也，當賣之，別營一所，粗令充事而已。身歿之後，諸子若才，守此足矣；如其不才，冀免他人所利也。」（《舊唐書・

宗室・河間王李孝恭傳》）憤懣之情，溢於言表。至貞觀十年（西元六三六年）又徙封諸王，實際上是進一步裁抑高祖諸子之封王者。在貞觀時期影響諸王地位的最大一個事件是齊王祐的叛亂。齊王祐是太宗第七子，因銜恨長史權萬紀的管束，殺之而發兵反叛，兵部尚書李勣等奉命討伐，被執至京師後賜死。武則天稱制時，又有越王貞，亦為太宗子，曾與韓王元嘉等謀反，倉卒起兵，眾無鬥志，兵潰，仰藥死。此後，武則天信用酷吏，宗室諸王成了被追捕和屠戮的對象。比較起來，玄宗對待諸王表面上要溫情得多，如與岐王李隆範、薛王李隆業，曾在興慶宮的花萼相輝樓同床共被，稱之為「天子與兄弟友悌，近古無之」，其實卻是一種控制、駕馭的手段。玄宗即位後不久，便下詔將封王在外的高宗、中宗、睿宗諸子陸續徵還京師，建十王宅，集中居於一處，名為優容，實為圈禁。所以《舊唐書・玄宗諸子傳》說：「先天之後，皇子幼則居內，東封年，以漸成長，乃於安國寺東附苑城同為大宅，分院居，為十王宅。令中官押之，於夾城中起居，每日家令進膳，又引詞學工書之人入教，謂之侍讀。」《新唐書・鄂王瑤傳》提到開元二十三年（西元七三五年），曾封榮、光、儀、潁、永、壽、延、盛、濟、信、義等十一王，「並授開府儀同三司，實封二千戶，詔詣東宮、尚書省，上日百官集送，有司供張設樂。是日，悉拜官屬」；但接著又說：「然未有府也，而選任冒濫，時不以為榮。」亦就是說這次十一王實際上並沒有設置王府，所拜的王府官屬亦是徒具形式。關於唐後期諸王的境遇，《新唐書・十一宗諸子傳》的贊語作了這樣概括：「唐自中葉，宗室子孫多在京師，幼者或不出閤，雖以國王之，實與匹夫不異。」據此，本書有關唐諸王府官屬的敘述，當是典制如此，特別是在唐後期，並非照此一一付諸實施。

十一、中央與地方：如身使臂——三府、都督、都護、州縣官吏

本書最後一卷敘述地方行政機構及其所設官吏。唐地方行政機構在中原地區行州縣二級制。西京、

東都、北都所在地設府，分別稱京兆府、河南府、太原府。全國州縣之數，據貞觀十三年（西元六三九年）統計，府州有三百五十八，縣有一千五百五十一。開元二十八年（西元七四〇年）戶部計帳，全國府州則為三百二十八，縣一千五百七十三。本書依開元十八年（西元七三〇年）敕令，州分為上、中、下三等，四萬戶以上為上州，二萬五千戶以上為中州，不足二萬戶者為下州。據天寶時期的統計，全國有上州一百零九，中州二十九，下州一百八十九。又以其所處地理形勢特別重要，分劃出四輔州、六雄州、十望州。凡輔、雄、望州皆屬上州。此外尚有未列於第三十卷而繫於第三卷第二篇戶部郎中職掌條的羈縻州八百。所謂羈縻州，置於緣邊少數族部落地區，仍由其部族首領任刺史或都督，並得世襲，由邊州都督、都護統制。唐時縣分京、畿、望、緊、上、中、下七等；六千戶以上為上縣，三千戶以上為中縣，不滿三千戶者為中下縣。天寶時全國有京縣六，畿縣八十二，望縣七十八，緊縣一百十一，上縣四百四十六，中縣二百九十六，下縣五百五十四。州縣的等第標準和統計數字，因各個時期常有升降和廢置，所以差異甚多，諸書記載亦不一。唐在緣邊及襟帶駐軍之地，設置都督府，開元時有并州、益州、荊州、揚州、潞州五大都督府，另有上都督府五，中都督府十三，下都督府十六。在邊疆地區則設都護府，先後曾有安西、北庭、安北、單于、安東、安南六都護府。在邊境還設有鎮戍以為軍隊駐所；在交通要道設關津，在諸嶽瀆則置祠廟。

以上各級各類機構皆設有長官、次官、屬官。本書第三十卷中將其歸為六章，分而敘之：(一)京兆、河南、太原三府官吏；(二)大都督、中都督、下都督府官吏；(三)上州、中州、下州官吏；(四)京縣、畿縣、天下諸縣官吏；(五)大都護、上都護府官吏；(六)鎮戍嶽瀆關津官吏。

唐府、州、縣官吏舉略

京兆、河南、太原三府，分別為唐京師、東都、北都所在地，地位要高於全國各州。其長官，牧，從二品；尹和少尹，分別為從三品和從四品下。屬官設置亦較諸州齊全，共有三百五十四人。京兆府，隋時為雍州郡，長官稱尹。唐因隋制，長官稱牧，多以親王為之。太宗為秦王、中宗為英王、睿宗為相王時，都曾授此職。又有別駕一人，為牧之副職。永徽中，改別駕為長史。親王雖領牧職但往往居閣不出，實際常由長史綜理眾務。開元初，改雍州為京兆府，置牧如故；又改長史為尹，為京兆府實際長官。先後任京兆尹的有李元紘、源乾曜，都頗有政聲。河南府，隋初為荊河州，長官為刺史；後改為河南太守，繼而又改為河南尹，與京兆尹同。唐初平王世充後，曾一度廢東都，置總管，以淮南王李道玄為之。後又復稱東都，不久又改為洛州。以後還有幾次改易。至高宗顯慶二年（西元六五七年），再改洛州為東都，其官員階品同雍州。武后光宅二年（西元六八五年），改名神都，至中宗復位仍改舊稱東都。開元元年（西元七一三年），始改為河南府。首任河南尹為李傑，史稱其「精於聽斷」。太原府，原為高祖李淵起兵滅隋興唐之地。唐初，其政治地位尚與諸州同，武德六年（西元六一八年）置并州總管府，次年又改為大都督府，以齊王李元吉為大都督。武后長壽元年（西元六九二年）始置為北都，改大都督府為太原府，長官為長史，任其職者為崔神慶。中宗神龍時曾復為大都督府，開元十一年（西元七二三年）又改稱北都，長官為尹。

唐州分上、中、下三等，長官皆稱刺史，但品秩不同。上、中、下三州，刺史品秩分別為從三品、正四品上、正四品下。唐之州，係改隋大業之郡而來，其長官太守改為刺史，副官丞改為別駕。武德十年（西元六二七年）改雍州別駕為長史，高宗時，諸州別駕亦改為長史。上元二年（西元六七五年）諸州又置別駕，以諸王子為之，仍置長史。景雲二年（西元七一一年）別駕始參用庶姓人。

三府牧、尹和諸州刺史的職掌，大體相同，主要是「肅清邦畿」、「考覈官吏」、「宣布德化和勸課農桑」這樣一些方面。具體是：㈠對轄區百姓，每歲一巡屬縣，觀風俗，錄囚徒，恤鰥寡，閱丁口，務知其疾苦；若有不孝悌，悖理亂常，不率法令者，則糾而繩之。㈡對所屬官吏，在官公廉正己清直守節者，必察之；其貪穢諂諛求名徇私者，亦謹而察之，皆附於考課，以為褒貶。㈢對朝廷要經常奏報。凡轄區有孝子順孫，義夫節婦，篤學異能聞於鄉閭者，以及官吏中若有善惡殊尤者，皆隨實申奏。此外，獄訟之枉疑，兵甲之徵遣，興造之便宜，符瑞之尤異，亦以上聞；其日常政務則申報尚書省即可。

唐諸縣長官皆稱令，京縣、畿縣縣令分別為正五品上和正六品上；其餘上、中、下三等縣，其縣令分別為從六品上、正七品上和從七品下。縣令的職掌，概而言之有三個方面：一是施行道德教化，包括倡導禮教，扶養鰥夫寡婦，撫恤孤苦老幼，通過舉行鄉飲酒等形式，維護尊卑長幼的宗法秩序等。二是依照政法合一的傳統體制，縣令要親理獄訟，審察枉屈。三是在經濟方面，要「敦四人之業，崇五土之利」，即勉勵士、農、工、商各安本業，而崇尚以農耕為本；由於戶籍計帳的編製關係到國家的賦稅收入，故強調縣令須特別重視，其中「五九」、「三疾」、「貧富強弱」、「年收耗實」等項內容，必須由其「親自注定」。

三府牧、尹及諸州刺史的佐僚，分上佐和判司兩類。上佐指別駕、長史、司馬；判司指諸曹司，如錄事參軍事和司功、司倉、司戶、司兵、司法、司士六曹參軍事。府州的六曹判司分掌一州之兵、刑、錢穀等政，其職能皆可與朝廷的尚書六部以及諸寺監相對應，而錄事參軍事所掌則大致相當於尚書都省的左、右丞和御史臺諸職之事，起著協調諸司上下左右關係，糾正邪慝、提舉綱紀的作用。縣令的佐僚有丞、尉和主簿，其下屬曹司亦設有司功佐、司倉佐、司戶佐、司兵佐、司法佐、司士佐等，以對應於州府的六曹司。諸曹的設置僅京縣全置，其他則多為數職合併一職，如上縣亦僅存司戶佐、司法佐等若干人。縣一級行政機構的主要職能在錢糧和刑獄，即稅收與治安這兩項。

地方官，特別是州、縣兩級刺史、縣令，古稱「親民之官」，是關係到王朝興衰的基礎。唐代曾任右拾遺的陳子昂在奏疏中以為刺史、縣令之職實「政教之首」，「國之興衰，莫有在此職也，何者？一州得賢明刺史，以至公循良為政者，則十萬家賴其福；若得貪暴刺史，以徇私苛虐為政者，則十萬家受其禍」（《唐會要》卷六八）。但「重內輕外」又是集權專制國家的通病，自秦以降，歷代帝王及其輔臣實際執行多是先內後外的政策，一般進入仕途者，亦以拜京官為榮，不願出就外任。唐代亦是如此。貞觀十年（西元六三七年）侍御史馬周上疏稱：「今朝廷獨重內官，刺史、縣令頗輕其選，刺史多是武夫勳人，或京官不稱職方始外出。邊遠之處用人更輕，所以百姓未安，殆由於此。」（《唐會要》卷六八）大抵貞觀初期，太宗對刺史之任還比較重視，據《通典・職官十五》記載，太宗曾在寢宮屏風上列有諸州刺史姓名，得知其中誰有或善或惡之事即書於其名下，作為黜陟的依據。同書又說：「逮貞觀之末，升平既久，群士多慕省閣，不樂外任。」其時諸州兵府的折衝、果毅都尉任滿後，有才力的，先上調朝廷任中郎、郎將，次一等的任州刺史，明顯給人輕視外官的印象。後來又常將貶謫處分的京官出任為刺史，更影響了地方官在人們心目中的地位。其間亦有過一些嘗試性措施，如武則天時，曾派遣鳳閣侍郎韋嗣立、御史大夫楊再思等二十人以本官檢校刺史；開元時據左拾遺張九齡的奏議，曾下敕規定「諸司清望官缺，先於牧守內精擇；都督、刺史等要人，兼向京官簡授」（《唐會要》卷六八），但總體上仍無法使重內輕外的局面改觀。《綱鑒易知錄》卷四十八記有一則材料，說是揚州採訪使班景倩被調進京任大理寺少卿，途經汴州，刺史倪若水為之餞行。當班景倩啟程時，倪若水望著那車馬飛塵，內心羨慕不已，不由脫口對其僚屬說：「班生此行，何異登仙！」歷代封建王朝所以有重內輕外的通病，從本質上說，是由集權專制的國家制度決定的。為了把一切權力都集中到中央，亦即皇帝一人手裡，就必然要先內後外、重內輕外。這層意思，正是下一節要介紹的內容。順便提一下，安史之亂後，由於李唐王朝對地方控制能力大為削弱，節度使有了自行辟除僚屬的權力，外官的待遇又高於京官，因而亦有不少官員主動請求外任者。白居易草擬的〈溫堯卿等授官賜緋充滄景、江陵判官制〉中說：「今之俊乂，先辟於征鎮，次升於朝廷；故幕府之選，下臺閣一等，異日入為大夫公卿者，十八九焉。」但此非常例，當另作別論。

中央集權與對地方的監控

自秦滅六國，數百年的列國紛爭一變而為全國大統一。秦帝國採取的是集權專制的國家制度，猶《韓非子・揚權》所謂「事在四方，要在中央，聖人執要，四方來效」；賈誼所謂「今海內之勢，如身使臂，臂之使指，莫不制從」（《漢書・賈誼傳》）。地方的一切權力皆集中於中央，形成強幹弱枝、內重外輕的局面。而且自秦及漢而至隋唐，總的趨勢是中央對地方的控制不斷加強，集權的程度，隋唐更要高於秦漢。隋唐州的規模要比秦漢的郡小得多。秦初置三十六郡，後增至四十郡。西漢平帝時，除三輔外，郡國一百零三，其中郡八十三，國二十。隋統一全國後，疆域與漢相差無幾，而郡則增至一百九十。入唐廢置併省變化較多，若以開元二十八年（西元七四〇年）統計為據，則有府州三百二十八。這就是說唐州（郡）的規模僅為漢郡的三分之一，秦郡的八分之一。集權的加強，主要還表現在無論立法、人事、財政等，地方都沒有一點自主權。如律、令、格、式制定，都在中央，集中於皇帝一人，地方只是執行而已。再如人事的任免，在漢代，郡守及其佐吏丞、尉雖由朝廷任命，但其幕僚屬吏，太守可以自行署置，即州郡尚有辟士之權。至隋唐，海內一命以上之官員，皆由吏部銓授，州郡不再有自行辟署的權力，還規定地方大小官員一概以四年為任。財政方面同樣如此。稅收是國家統一規定的，地方無徵稅之權；一切賦稅收入均屬於中央，地方的行政開支，由中央依預算撥給後，由地方從稅收中扣除。即使開倉賑濟，亦要先上報，待批准後再執行。

唐前期地方州縣諸事，皆須承尚書省下達的符文，尚書省二十四曹，是地方州縣的直接領導機構。本書中便不乏此類規定，如尚書省戶部：戶部司「掌領天下州縣戶口之事」（三卷一篇）；金部司「掌庫藏出納之節」（三卷四篇）；倉部司「掌國之倉儲，受納租稅、出給廪祿之事」（三卷五篇）。刑部之比部司「周知內外之經費」（六卷四篇）。工部：屯田司「掌天下屯田之政令」（七卷二篇）；虞部司「掌天下虞衡山澤之事」（七卷三篇）；水部司「掌天下川瀆、陂池之政令」（七卷四篇）。這裡所說的掌某一方面「天下之政令」，包括掌判全國各州所上之相關籍帳。尚書省二十四曹與地方州縣聯繫的樞紐是尚書都省。本書第一卷第四篇下左右司郎中職掌條規定：「凡制、敕施行，京師諸司有符、移、關、牒下諸州者，必由都省以遣之」。地方上報中央的牒文，亦須經過尚書都省。此種規定是為了保證上令和下情的通達，使文案在相關的曹司得到及時的處理。承擔中央與地方聯繫使命的還有一種人，稱朝集使。朝集使並非專職，由都督、刺史或上佐輪流擔任。每年以十月二十五日入京，十一月一日朝見，上報政績及本州官員考課情況，以及風俗民情，進獻貢物；然後聆聽敕命，並將尚書省相關曹司符牒帶回本州。

唐代對地方府州的考查除每年歲末的考課外，朝廷還不定期地派出觀風俗、巡察、按察、巡撫等使節，從各個方面監察和考核地方官員的政績。太宗在貞觀元年（西元六二七年），依據山川形勢之便，將全國分為十道，貞觀八年（西元六三四年），派大臣蕭瑀、李靖等十三人為觀風俗大使，分巡四方，仿效漢十三州刺史巡察地方之制。十八年（西元六四四年），又派出十七道巡察使，二十年（西元六四六年）再派出大理卿孫伏伽等二十二人，以〈六條〉巡察四方。〈六條〉始於漢，內容包括遵承典制、斷理獄案、選署官吏等方面，重點是刺舉州郡長官。此次巡察結果，太宗「親自臨決，牧宰以下，以能官進擢者二十人，罪死者七人，流罪以下及免黜者數百人」（《唐會要》卷七七）。此後類似巡察使一類派遣，亦屢見記載。如武周天授二年（西元六九一年），發十道存撫使，以右肅政御史中丞知大夫事李嗣真為之。這類巡察、按撫使，大都是三月出京，十一月終奏事，每道要考察的文武官員多的有二千餘人，少的亦有一千餘人。

御史臺的監察御史，對地方州縣亦有巡按監察之職。本書第十三卷第二篇記其職掌之一便是「分察百僚，巡按郡縣」。武后時左右臺並置，每年春秋兩季發使，春曰「風俗」，秋曰「廉察」，十道巡按，以判官二人為佐，務繁則有支使。其巡按的內容，《新唐書·百官志》記為：「其一，察官人善惡；其二，察戶口流散，籍帳隱沒，賦役不均；其三，察農桑不勤，倉庫減耗；其四，察妖猾盜賊，不事生業，為私蠹害；其五，察德行孝悌，茂才異等，藏器晦跡，應時用者；其六，察黠吏豪宗，兼并縱暴，貧弱冤苦不能自申者。」十道巡按有時亦以他官兼任。至玄宗開元二十一年（西元七三三年），改置十五道採訪處置使，並規定各置使印，考課官人善績，三年一奏。採訪處置使，作為常設性的相對固定的區域監察機構，時間一久，必然會干預州縣的日常行政事務。天寶九載（西元七五〇年）曾為此發過一道敕令：「本置採訪使，令舉大綱，若大小必由一人，豈能兼理數郡？自今已後，採訪使但察訪善惡，舉其大綱，自餘郡務，所有奏請，並委郡守，不須干及。」（《唐會要》卷七八）

以各種名目，不斷向地方派遣使者，加強對州縣監控，或許有利於中央集權，但處在如此重重監控網絡下的刺史、縣令，既無人、財二權，卻有任期限制，實在難以有所作為。明代顧炎武在〈郡縣論〉一文中，對此曾有過一番頗中肯綮的評論：「今之君人者，盡四海之內為我郡縣，猶不足也，人人而疑之，事事而制之，科條文簿日多於一日，而又設之監司，設之督撫，以為如此，守令不得以殘害其民矣。不知有司之官，凜凜焉救過之不給，以得代為幸，而無肯與其民與一日之利者，民烏得而不窮，國烏得而不弱！率此不變，雖千百年而吾知其與亂同事，日甚一日者矣！」（《顧亭林文集》卷一）二千多年來，中國發展緩慢，近幾百年來更是停滯不前，不少地區依然處於極落後的狀態，一味強調中央集權，扼制了地方發展活力，亦當是一個重要原因吧？

都督府與都護府

唐代在地方實行軍政與民政分治，地方軍隊的管轄另置都督府。唐初沿隋制，在沿邊及內陸軍事衝要地區設置總管、大總管至武德七年（西元六二四年）改總管為都督，大總管為大都督。遇有重大軍事行動，則仍置行軍大總管，事罷即撤。唐代大都督府及上、中、下都督府數，由於置廢升降頻頻，諸書所載不一。本書第三卷第二篇戶部侍郎職掌條記有中都督府十五、下都督府二十，皆著有其名。《新唐書・地理志》則載有五十四都督府，其中幽、魏、鎮、陝、靈、揚、潞七州為大都督府，其餘為上、中、下都督府。從其分佈情況看，河東、山南道各二，河南、淮南道各三，河北道四，江南道六，嶺南道七，隴右道八，關內道九，劍南道十。都督府設於沿邊和少數族聚居地區的，多出於加強軍事設施的考慮，置於內陸軍事要地的，則用以鎮守。大都督府的大都督，規定由親王遙領，其餘都督之職多由刺史兼任。睿宗景雲二年（西元七一一年）曾「敕天下分置都督府二十四，令都督糾察所管州刺史以下官人善惡」（《唐會要》

卷六八）。但這項措施很快受到許多人的非議和反對，認為照此執行，都督在地方權勢太重，且違反軍民分治定制，不利於中央集權，弄不好會「倒持太阿，反授其柄」，因而不久便下詔罷之。此事說明在唐代前期，軍民分治是得到嚴格貫徹執行的。關於都督的職掌，本書與府牧及刺史合在一起敘述，《舊唐書·職官志》亦如此，《新唐書·百官志》則是單獨列項，其文稱：「都督掌督諸州兵馬、甲械、城隍、鎮戍、糧廩，總判府事。」在平時，都督調動兵力的權力亦很有限，差兵十人以上，並須有銅魚、敕書勘同，始合差發，若無符契，即屬擅興，將依法懲處。若因事需緊急調度，亦須事後呈報朝廷，請求認可。

唐在邊境地區還設有鎮、戍，亦即軍事據點或哨所。鎮和戍都分上、中、下三等。鎮設鎮將，戍設戍主，以掌鎮捍防守之事。士兵稱防人，以所統防人多少分等第。據《新唐書·百官志》記載，大體是有防人五百為上鎮，三百為中鎮，不及者為下鎮；有防人五十為上戍，三十為中戍，不及者為下戍。全國共有上鎮二十，中鎮九十，下鎮一百三十；上戍十一，中戍八十六，下戍二百四十五。

唐又在周邊少數民族聚居地區設置帶有軍管性質的行政機構，稱都護府。本書第三十卷為都護府單列一章，分大都護府與上都護府二級，分別以大都護、副大都護和都護、副都護為長、副官，各置長史、司馬以及功、倉、戶、兵諸曹參軍事等屬官。下轄若干羈縻州，又有軍、鎮等軍事建置，既掌軍政，亦理民政。據《新唐書·地理志》，唐所置都護府在隴右道有安西大都護府、北庭大都護府；在關內道有單于大都護府、安北大都護府、鎮北大都護府；在河東道有安東上都護府，在嶺南道有安南中都護府。其中影響深遠的是在西域的安西、北庭二大都護府。安西大都護府初創於貞觀十四年（西元六四〇年），顯慶三年（西元六五八年）正式建置。後又在其下設西州都督府、金山都護府和北庭都護府；景龍三年（西元七〇九年），北庭都護府晉級為大都護府，由此形成了安西、北庭兩大都護府分治天山南北的格局。開元時一度設磧西節度使，恢復統管西域事宜，至開元二十九年（西元七四一年），二府主將各加節度使，安西主西，北庭主東，這樣便由原來的二府南北分治變為二節度使東西分治。二大都護府下還設有軍、鎮、城守捉、戍、堡等軍事建置，駐有數量不等的兵馬。安西大都護府境內有于闐、疏勒、焉耆、龜茲、碎葉五大軍，有且末、固城、吉良、皮山四小軍鎮，有蘭城、坎城、葱嶺、張三城、于朮、榆林、龍泉、東夷辟、赤岸十守捉城，有栗特烽、碎卜、移換、彭懷四戍堡。在北庭大都護府境內有瀚海軍、天山軍、伊吾軍、保大軍、靜塞軍、清海軍五大軍，有神仙、蒲類、郝遮、鹹泉四小軍鎮，有沙鉢城、馮洛、耶勒、俱六、張堡城、烏宰、葉河、黑水、東林、西林、羅護、赤亭、獨山、柔遠十四守捉城，特羅一堡。通常所說的安西四鎮，即指安西鎮守軍，包括焉耆、疏勒、于闐、龜茲四鎮守軍，其主政官員稱鎮守使，每軍的兵力，大的萬餘人，小的亦有數千人。次于軍的建置為守捉，長官為守捉使，屯兵於營堡和主要交通幹線，兵員在數百至千人左右。如于闐東西之蘭城守捉、烏宰守捉、東林守捉、葱嶺守捉、龜茲鎮屬下有張三城守捉、撥換守捉等，其中撥換守捉的兵員超過千人。再次為城、鎮，城設城主，鎮設鎮將。兩大都護府的鎮兵總數，據《舊唐書・地理志》稱，安西有鎮兵二萬四千人，馬二千七百匹；北庭有鎮兵二萬人，馬五千匹。唐在西域的駐軍都要屯田，以供軍需。由大都護統兼營田使。

唐代在關內亦曾先後設有安北、雲中二大都護府。安北都護府是唐統一東突厥和薛延陀後，為安置鐵勒各部而設，原名瀚海都護府，亦稱燕然都護府。唐太宗為安置東突厥，設置順、祐、長、化四州都督府，在東突厥故地設六州分左右部，設置定襄都督府、雲中都督府，這是唐在北部邊疆設置的羈縻府州。單于都護府是唐初平定東突厥車鼻可汗後設立的，在其舊址設置狼山都督府、雲中都督府、桑乾都督府，以及蘇農等十四羈縻州，設置瀚海都護府以統轄之。高宗龍朔三年（西元六六三年），又將燕然都護府移往大漠以北，改名瀚海都護府，同時將原瀚海都護府遷至雲中古城，因改名雲中都護府，至麟德元年（西元六六四年），又改稱單于都護府。高宗末年，唐王朝已失去對突厥舊地的控制，垂拱二年（西元六八三年），改置鎮守使。此外，在河東道還曾設置過安東上都護府。總章元年（西元六六八年），李勣克高麗，分其地為都督府九，州四十二，縣一百，置安東都護府於平壤以統之，以薛仁貴為都護，率兵二萬以為鎮撫。開元二年（西元七一四年），安東都護府移至平州，唐肅宗至德後廢止。在南方，設有安南都護府，原為隋之交趾郡，唐武德時改為交州總管府，調露元年（西元六七九年）改為安南都護府，其轄區包括今雲南、廣東、廣西和越南北部，置有四十一羈縻州。至德二年（西元七五七年）又改稱鎮南都護府。

唐地方行政機構層次的演變

地方行政機構層次的多少及其轄區大小，並非可以任意設定，它不僅取決於中央控制地方具備的實力，還要看是否有相應的管理能力。但這個問題之所以在中國歷史上一再被提出，主要還不是在客觀上是否相適應的問題，而是因為它牽涉到中央與地方權力分配這樣一個極為敏感的問題。層次的增多會使中央政令貫徹不順暢，層次的減少又使掌國政者有鞭長莫及之嘆；轄區擴大會使地方與中央抗衡的實力增強，轄區過小，又使地方無能為力，再加上諸多因素都是在不斷變化之中，這鐘擺自然亦難以有停息的一天。秦漢行郡縣二級制，但很快發現朝廷實際上尚未具備可以直接指揮郡縣的能力，至武帝又分全國為十三部，部置刺史一人，奉詔巡行諸郡。這樣到東漢末終於形成了州、郡、縣三級制。經魏晉而南北朝大體都是三級制。至隋南北復歸統一，為加強中央集權，又改為州縣二級制。同時又置行臺尚書省這一介於中央與地方之間機構，分設於河北、河南、西南、山南、淮南諸道，總領所轄地區軍政、民政。唐初因隋制，亦行州縣二級制，並置行臺尚書省，如太宗為秦王時，就曾任陝東道行臺尚書令。隋唐與秦漢雖同為二級制，但地方行政管理的形勢已不可同日而語。唐全國州數有三百多，分別為秦、漢總郡數的八倍和三倍，倒過來亦就是說唐州的轄區大致僅為秦郡的八分之一和漢郡的三分之一。縮小州府轄區自可免去尾大不掉之憂，但要直接控制、管理如此眾多首級地方行政機構，卻實在是一件極困難的事。太宗即位後，在廢止行臺尚書省的同時，又分全國為十道。在歷史上，劃分疆域大抵有兩種依據：一是依據山川形勢：「禹敷土，隨山刊木，奠高山大川」（《尚書・禹貢》）；一是依據政治需要：「高帝封王子弟，地犬牙相制」（《漢書》作「犬牙相錯」——引者），此所謂盤石之宗也」（《史記・孝文帝紀》）。太宗劃分十道所據為「山川形便」

（《新唐書・地理志》）。開元時十道分成十五道，其總體格局仍無大的變化。中唐以後，由於地方勢力急遽上升，亦曾將「犬牙相制」原則應用行政區域的劃分，意欲以此來控制方鎮。如濠州在唐前期屬淮南道，唐德宗時割屬於淮北；濠州（今鳳陽）本為淮南之險，為防止淮南節度使憑險抗上，故將其改屬淮北以破之。

唐代地方行政機構從二級逐漸向三級的演變過程，當是隨著節度使的出現開始的。自武則天以後，北方突厥以及奚、契丹相繼崛起，西部吐蕃又步步進逼，唐在兩面都處於防禦。為了抵禦外患，不得不更多地依靠地方軍事力量。節度使之設，便是基於此種考慮。《唐會要》卷七十八載：「景雲二年（西元七一一年）四月，賀拔延嗣除涼州都督，充河西節度使。此始有節度之號，至今不改焉。」都督帶使持節的為節度使，不帶節的使不是節度使。早期的節度使職掌不專一地，不以地域為名，稍後因軍事形勢的需要，出現了以方鎮為名的節度使，這就是本書第五卷第一篇兵部郎中職掌條所列的關內朔方、河東、河北、河西、隴右、劍南、磧西、嶺南八節度使。這些節度使都有固定的轄區，各統若干個軍、鎮和守捉使，具有相當的軍事實力。本書之所以只將節度使列於兵部而不列於諸州，可能是因為節度使原由都督帶使持節而來，視其主要屬性為邊境地區軍事機構。書中同時亦注明：「若諸州在節度內者，皆受節度焉。」事實上，節度使常常統掌轄區內軍民諸政，已經不是單純的軍事機構。為了統一事權，節度使又往往兼轄區內諸使職。如開元十四年至二十九年（西元七二六年至七四一年）間，先後任朔方節度使的王晙、蕭嵩、牛仙客、王忠嗣，都曾加授他使：王晙帶關內支度、屯田等使，蕭嵩加鹽池使，牛仙客加押諸蕃部落使，王忠嗣加水運使。兼帶使職的增加，就意味著權力範圍的不斷擴大。上述諸兼使似尚只限於轄區內的財政經濟方面，以保障軍需，後來又出現了節度使兼所在地區的採訪使，權力進一步延伸到更多方面。如開元二十一年（西元七三三年），張守珪為范陽節度使，兼河北道採訪處置使；天寶四載（西元七四五年），王忠嗣以朔方、河東節度使兼河東節度採訪使。開元末期，採訪處置使已逐漸由掌道內監察，轉為兼道內行政，節度使例兼此職，職權亦由邊境軍事擴大到管內行政。後來採訪使改名為觀察使，成為凌駕於州之上的地方行政長官，節度使亦例兼不輟。這樣節度使便能獨擅一方之軍權、財權、行政權，且能辟除幕僚，擁有用人權。在天寶末年，全國增為十個以方鎮為名的節度使，即平盧、范陽、河東、朔方、隴右、河西、安西、北庭，以及南方的劍南節度使和嶺南五府經略使。共有鎮兵四十九萬，戎馬八萬餘匹。其中以范陽、河東、平盧三鎮最強，擁有鎮兵十六萬，戎馬二萬六千餘匹。玄宗委此三鎮於安祿山、史思明，終於釀成了安史之亂，這就是地方權力膨脹，中央失去控制的一種結局。

安史之亂後，李唐王朝已十分虛弱，無奈中只得將原只在邊境實行的方鎮制度擴大到內地。《唐語林》八稱：「其先欲以方鎮御四夷，而其後也則以方鎮御方鎮。」據李吉甫作的《元和國計簿》統計，當時全國有四十八方鎮。其中有的是叛鎮，如河北的魏博、鎮冀、范陽、易定、滄景，河南的淮西、淄青；另有鳳翔、鄜坊、邠寧、振武、涇原、銀夏、靈鹽，則屬於中央神策軍遙控的外防吐蕃、回紇，內禦河北叛鎮的軍事重鎮。以上十五方鎮轄七十一州，都不向朝廷申報戶口，政治與經濟都保持某種獨立性。只有浙東、浙西、宣歙、淮南、江西、鄂岳、福建、湖南八個方鎮，轄四十九州，受朝廷節制，是中央財政的支柱。其餘二十五方鎮，分布在陝西、四川、湖北、貴州及兩廣地區，對全國大局沒有重大影響。方鎮的區劃，雖因當時政治、經濟需要，有若干越淮、越江、越太行山等情況，開元時十五道的基本界線大體上還是被保留了下來。除京畿、都畿二道稍有變動、黔中道不動外，一般是南方每道分為五、六個方鎮，鎮界仍多以山川走向為依據，如江南西道大致調整為宣歙、江西、湖南三個觀察使轄區，其中江西與湖南便以羅霄山脈為界，與現在此二省的邊界完全一致；江西與宣歙、鄂岳、浙東、福建、嶺南東道轄區之間的分劃，亦皆以分水嶺為界，與今天贛皖、贛鄂、贛浙、贛閩、贛粵的邊界走向亦基本一致。方鎮制的普遍化，標誌著唐王朝的地方行政機構已從州縣二級演變到道、州、縣三級。與唐初自上而下地推行二級制不同，三級制卻是自下而上地完成的，對王朝統治者來說，是被迫地實施的。它說明那個權力高度集中於朝廷的貞觀、開元盛世已一去不復返，此時的李唐王朝名下的疆域實際上已處於半割據狀態。

以下再簡略介紹一下方鎮的官制和方鎮出現後中央與地方的關係。

唐代方鎮都身掛數使，其中觀察使為最基本的使銜，掌督察州縣，實際上已成為州縣之上的一級行政機構。若是軍事重鎮則以節度使兼領，無節度者，加都團練使、都防禦使。唐所有方鎮無不帶觀察使，帶節度使者不多，而地位則以節度使最高。節度使屬僚，武官有都知兵馬使、都押衙、都虞侯、都教練使、都指揮使等；文官有節度副使、行軍司馬、判官、掌書記、行軍參謀等。此外尚有推官、支使、館驛巡官、府院法直官，要籍、逐要親事等吏員。如果節度使兼觀察使、營田使、支度使等，或者觀察使兼都團練使、都防禦使等，還可分別設判官、推官、支使、巡官、推衙等人。方鎮的屬官皆為幕府之職，無品級。由長官自辟後，再申報朝廷請授某官，所謂「辟書既至，命書繼下」，命書便是指朝廷授官的敕書。唐後期幕職成了地方實際政務的主持者，州府的上佐如別駕、司馬之類，已成為寄老之官，功、倉、戶、兵、法諸曹參軍事亦已空有其名了。幕職在刺史、縣令或闕時，亦可權攝理事。

唐代前期，地方與中央的聯繫主要通過朝集使，安史之亂後，朝集使停遣，大曆中雖曾下令恢復，僅有過一次朝集使「會同之典」，最後還是沒有能恢復起來。取代諸州朝集使的是各方鎮在京師設置的進奏院。大曆十二年（西元七七七年）五月十一日敕令：「諸道先置上都邸務，名留後使，宜令並改為上都進奏院官。」柳宗元在〈邠寧進奏院記〉中說：「凡諸侯述職之禮，必有棟宇建於京師，朝觀為修容之地，會計為交政之所。其在周典，則皆邑以具湯沐，其在漢制，則皆邸以奉朝請，唐興因之，則皆院以備進奏。」（《柳河東集》卷二六）文中唐興因之，當係指貞觀時，令就京城內閑坊為諸州朝集使造邸第三百餘所，非後來之進奏院。進奏院的前身，應是諸道留後使，其建置具體情況已不詳。柳文還敘述了進奏院的職能。本鎮進奏官可以代表方鎮向朝廷報告本鎮情況，並向本鎮傳遞中央的詔令、文牒或在京師搜集到的情報。本鎮賦稅解送到京師後，由進奏院協助辦理輸納交割一類手續。此外，諸道進京辦事、奏事的官員，亦可在進奏院寓居。中央對方鎮的管理和監控，主要通過常設在方鎮的監軍院或監軍使院。監軍院設監軍使為長，其下尚有副使、判官、小使等若干僚屬，皆以宦官為之。以宦官監軍，在開元、天寶時已有記載，如宦官邊令誠，便是高仙芝部的監軍。安史之亂後才成為定制。其職為「監視刑賞，奏察違謬」。在中央政令所能及的方鎮，監軍院作為朝廷的代表，可以對方鎮使府的權力起到一定的制衡作用。監軍院使命終止於唐滅亡前夕。唐昭宗天復三年（西元九〇三年）正月，後來成為後梁開國君主的朱溫（全忠）控制了政局，「辛未，〔昭宗〕宴全忠於內殿，內弟子奏樂。是日，制內官第五可範已下七百人並賜死於內侍省，其諸道監軍及小使，仰本道節度使處斬奏訖，從全忠、崔胤所奏也。帝悲惜之，自為奠文祭之」（《舊唐書・昭宗紀》）。監軍院結束後，唐對方鎮已完全失控，不久唐王朝便宣告滅亡。

十二、人・車・馬——略論帝王與職官制度及其臣屬的對立統一關係

對《唐六典》基本內容的介紹，已如上述。在這一題裡，我們想總起來說幾句話。

《呂氏春秋・審分》在論述帝王術時，有個關於駕車的比喻：君王為馭手，臣子為拉車的馬，認為君主應該像古代善御者王良那樣，「約審之以控其轡，而四馬莫敢不盡力」；而不該跑下車來「與驥俱走」，那樣的結果必然「人不勝驥」。不妨借用這個比喻再加以延伸，來說明我們要討論的帝王與職官制度及其臣屬的關係。從駕車的過程看，不僅有馭手與馬匹的關係，還有馭手與車輛的關係，即人、車、馬三個方面的關係；以此喻於傳統的王朝體制，人為皇帝，車是國家機構的建制，馬便是在各個機構任職的文武群臣。《唐六典》敘述的是唐王朝前期的職官制度，亦就是當時國家機構的組織制度。它不是一蹴即成，而

是有一個漫長的演變發展的過程，書中原注歷敘諸官署、職官自秦漢至隋唐的沿革一直上溯到三代，便反映了這個發展過程。如果把王朝作為一個整體的運作系統，那麼本書在人、車、馬這三個部分中只表述了車這一部分，而且是一輛處於靜止狀態的車，頗為詳盡地展現了車的輪廓及其結構；如果要使這輛車運轉起來，還得有馬去拉它，有馭手駕馭它，要在動態中檢驗車輛的性能，就必須把三者結合起來，看馭手駕馭的技藝，馬匹拉車的力量，三者協調配合，才能兼程行進。如同馭手要注意選馬訓馬、維護和改進車輛以及不斷提高駕馭技藝一樣，作為帝王，亦必須善於擇臣，善於用臣，使其能盡心竭力效忠王命，還要使其中不馴者能夠馴順。與此同時，還要不斷地調整機構，改進官制，以適應決策與行政的需要。以下便從三方面講，先講人，也就是君主的問題，然後講車與馬，亦就是群臣與國家組織機構的問題。

帝王的人格化權力及其形成

《唐六典》有一個主角，我們閱讀時會感到他無處不在，卻始終沒有出場。這個不出場的主角就是皇帝。

皇帝是全書主角，就是說整個國家機器這架「車」，文武百官這群「馬」，都必須有他操縱才能運作起來。那麼皇帝一個人何以能擁有如此至高無上的權力呢？

德國政治社會學家馬克斯•韋伯把政治權力的合法性基礎歸結為理性、傳統性和克里斯瑪三類，由此形成三種不同的權力統治類型：法理型統治、傳統型統治和克里斯瑪型統治。法理型統治的合法性是在建立法律制度的基礎上的，它要求其統治範圍內的所有一切人，包括領袖、官員和公民都要忠實於法律並只對法律負責。傳統型統治的權力來自源遠流長的傳統或父死子繼、兄終弟及的世襲。這種類型的統治權力視傳統為神聖，凡符合傳統的繼位者，無論智愚賢不肖都被視為合法地擁有至上權力，唯一的條件是他本人亦必須尊重和遵奉傳統。克里斯瑪(charisma)，意謂領袖人物的個人魅力或至高無上的神聖性。所以克里斯瑪型的統治權力即來自領袖人物個人所享有的那種無庸置疑的絕對權威，來自其所統治下的所有臣民的情緒化的效忠。在這種統治類型裡，雖亦有職官機構和法律制度，但領袖卻可以任意行事，只要他認為有需要，可以直接指令任何官員而無需經過相關的機構或程序；只要他認為有必要，可以無需遵循立法程序而隨口宣佈一道道新的法律，以一言定九鼎。

如果用馬克斯・韋伯的這個三種權力類型理論來觀照中國二千餘年封建王朝的歷史，似乎還不能把歷代王朝的統治權力籠統地一概歸之於其中某一種類型。較為確切的說法，大致是介於傳統型和克里斯瑪型之間，或二者兼而有之，有時傳統型多一些，有時克里斯瑪型多一些；即使是同一個皇帝，早期和晚期亦往往會有不同側重。

歷史上，皇帝的人格化權力的形成基於各個方面。那些開國皇帝，或由政變繼位的皇帝，他們的人格化權力源於武功，即是由暴力造成的一種威懾力量。暴力是殘酷的，無論是殺人盈野的逐鹿戰爭，抑或是血染丹墀的宮廷政變，都毫無仁慈可言，誰都不喜歡。因而當他們這樣做的時候，總要把暴力的責任和一切罪惡都歸之於對方，說對方是如何草菅人命、塗炭生靈，自己則是如何上應天意，下順民心，救大眾於倒懸之苦、水火之災。《呂氏春秋・懷寵》還專門為這種宣傳攻勢留下一篇範文，很值得一讀，由此可知那些要老百姓頂禮膜拜的「大救星」是如何梳妝打扮出來的。待到他們一坐上龍庭，就說這一切都是「奉天承運」。即使原來亦不過是草野小民或市井無賴，這時亦會製造出一本源於龍子龍孫的世系宗譜來，原先的一些尋常行事亦被賦予奇異的神話色彩。劉邦本不過一個泗水亭長，自稱無賴，且好酒色。當上西漢開國皇帝後，卻忽然「發現」他原來是神龍之子：「母媼，嘗息大澤之陂，夢與神遇。是時雷電晦冥，父太公往視，則見交龍於上。已而有娠，遂產高祖」。他在起事過程中曾殺死過一條白蛇這樣的平常小事，此時亦被說成是什麼赤帝之子殺死白帝之子，含有秦亡漢興、天命所歸如此重要象徵意義的神奇大事（均見《漢書・高帝紀》）。在唐代，太宗、玄宗都是通過武裝政變才得以繼位的。一旦他們君臨天下，一些神奇的傳聞便應運而生。如說太宗出生時，「有二龍戲於館門之外，三日而去」。又說他四歲時，有一看相的見了說：「『龍鳳之姿，天日之表，年將二十，必能濟世安民矣』高祖懼其言泄，將殺之，忽失所在，因採『濟世安民』之義以為名焉」（《舊唐書・太宗紀》）。玄宗即位後，他原先住過的舊宅第（後改建為興慶宮）忽而傳出了一樁發生在多少年前的舊聞，《唐六典》是這樣記載的：「所居宅之東有舊井，忽涌為小池，周袤纔數尺，常有雲氣，或見黃龍出其中。至景龍中，潛復出水，其沼浸廣，時即連合為一，未半歲而里中人悉移居，遂鴻洞為龍池焉」。這樁舊聞含義何在呢？「蓋符命之先也」（七卷一篇原注）。這就是說，玄宗的皇位不是用刀劍搶奪來的，而是上天授予的！

多數所謂「繼體守文之君」（司馬遷語），即按照正常秩序繼位的皇帝，自然亦要在出生上做些文章，譬如據說聖君堯帝是妊娠十四月而生，漢昭帝劉弗陵亦在娘肚裡待了一年零兩個月，定然尊貴非凡（見《漢書・外戚傳》），但此法效果畢竟有限。通常運用得較多、亦較為有效的是一種姑且稱之為分賜法或借光術，就是由傳位者生前將自己那種至上的權威、神聖的光焰分賜予他所認定的繼承人，繼承人則時時處處做出忠實遵奉之態，以借傳位者之光點亮自己；分賜和借光的目的都是為了一旦權力交接後，百官和百姓都能像曾經無條件地臣服於先皇那樣去臣服於如今的新皇。此事一般從冊立皇太子時便開始。東漢光武帝原立長子劉彊為太子，彊為郭后所生。後郭后被廢，彊自然如臨深淵，似履薄冰，無奈請求辭位。光武帝再立劉陽為皇太子。但陽排行第四，有違嫡長之制。為此光武帝特地從《春秋公羊傳》中找出「立嫡以長不以賢，立子以貴不以長」這一古代典制，以說明立劉陽為太子不僅合於禮制，還因為他比劉彊更賢達尊貴。詔書中說：「《春秋》之義，立子以貴。東海王陽，皇后之子，宜承大統。皇太子彊，崇執謙退，願備藩國。父子之情，重久違之。其以彊為東海王，立陽為皇太子，改名莊。」（《資治通鑑・漢紀三十五》）這改名亦有講究。伏侯《古今注》：「莊之字曰嚴。」又傳出，劉莊十歲便能通《春秋》，所以光武帝特別喜愛。還說他長相亦奇特：「帝生而豐下。」（《後漢書・顯宗孝明帝紀》）注引《東觀記》云：「帝豐下兌（通「銳」）上，項赤色，有似於堯。」經過這麼一番「包裝」，一個尋常少年便成了天生的帝王之才。

光武去世，劉莊繼位為明帝，他的第一道詔書用的便是借光術。先說自己如何追隨父皇：「予末小子，奉承聖業，夙夜震畏，不敢荒寧」；再頌父皇豐功偉績：「先帝受命中興，德侔帝王，協和萬邦，假於上下，懷柔百神，惠於鰥寡」；然後是自己的繼業大旨：「朕承大運，繼體守文。」（同上）這話亦有講究。《春秋穀梁傳》稱：「承明繼體，則守文之君也。」就是說先皇光武帝是創業之主，尚武功；他是繼體之君，守文德。一個皇皇文德大帝的形象便這樣確立了起來，萬千臣民照例只好頂禮膜拜。比較起來，唐代太宗李世民與高宗李治之間的分賜與借光做得更為縝密周到。據《全唐文》載錄，太宗的〈立晉王治為皇太子詔〉，先把李治如何「才惟明哲，至性仁孝」，「好禮無倦，強學不怠」，以及如何受到「文武推戴」、「率土繫心」這樣讚揚一番後，接著說：「古人云：知子莫若父，知臣莫若君。朕謂此子，實允眾望，可以則天作貳，可以守器承祧，永固百世，以貞萬國。」（卷一）既然「知子莫若父，知臣莫若君」，作為父兼君的太宗皇帝已作了如此評價和選擇，誰人還敢有絲毫懷疑呢？其後太宗因親征遼東或身有微恙，多次詔令李治監國，決斷機務，既是為其提供歷練機會，亦藉以向臣民通報皇太子「令德遠彰」、「睿哲日新」，已是一個成熟可靠的接班人。在此期間，李治的表現亦頗為出色。僅舉一例：當太宗東征軍還，「太子從至并州。時太宗患癰，太子親吮之，扶輦步行數日」（《舊唐書・高宗紀》）。如此孝行，當時想必傳遍朝野，人們額手稱幸於有了一個候補好皇帝。最後亦是最重要的，還有遺詔：「皇太子治，大孝通神，自天生德。累經監撫，熟達機務。凡厥百僚，群公卿士，送往事居，無違朕意。屬纊之後，七日便殯，宗社存焉，不可無主，皇太子即於靈柩前即皇帝位。」（卷九），一切都由先帝爺安排停當，老百姓儘可安安穩穩繼續做順民。高宗的繼位詔，戲亦要比東漢明帝做得更足：「大行皇帝奄棄普天，痛貫心靈，若置湯火。思遵大孝，不敢滅身，永慕長號，將何逮及。」我真是傷心得不想活了啊，僅僅因為想到要遵奉大孝就是繼位做皇帝，才只好以號啕大哭來代替自殺。眼淚這東西無論真假，都是借光術中極有效一法，故常為古今繼位者所沿用。下面的話，尤為要緊：「敬順惟新，仰昭先德，宜布凱澤，被乎億兆。」（均見《舊唐書・高宗紀》）在自己腳跟沒有站穩以前，先皇這面旗幟萬不可丟，要把所有政績都說成是遵奉先德的結果，以使自己迅速成為先皇第二，這是務必切記的借光訣竅。

包括上述三類皇帝在內的所有皇帝，只要一即位，就無一例外地會利用手中的至上權力，通過典制、法制和壟斷的輿論工具不斷地強化和神化自己。掌管此等職事的機構如禮部、刑部和國子監以及太常寺中的太樂、鼓吹諸署，我們已在前面有所介紹。莊嚴的典制，威嚴的法制，再加上各種輿論宣傳，匯成一種無時無處不在的帝王意識形態，積以時日，臣民對於高踞於「天庭」之上的皇帝，唯有誠恐誠惶頂禮膜拜而已。甚至有的臣子臨到被「賜死」，還少不得來一番三呼萬歲、謝主隆恩。武則天時期有個魏元忠，曾先後三次被流放，從不敢有半句怨言。其中一次已綁赴街市將要斬首，武則天忽而想到此人討平徐敬業有功，臨時下敕免死改為配流貴州。監刑官接敕為之釋縛令起，可跪著待刑的魏元忠卻就是不肯起來，說：「未知敕虛實，豈可造次。」硬是等到宣讀敕旨後才起身謝恩。此類事影響很深遠。現代生活中，我們還曾見到：有的人捱整到自殺，在絕命書的末尾還要力表自己「忠心可鑒」；有的人被宣布解除軟禁時，還不願出獄，說是檢討還沒有寫好。這種情況似乎還不能簡單用「愚忠」二字可以說明。司馬遷依據自己切身體驗，對類似這種變態的或畸型的心理作過深刻的描述和分析。太史公因李陵案說了幾句公道話而遭宮刑並幽禁，他在〈報任安書〉中先設一喻：「猛虎在深山，百獸震恐，及在檻穽之中，搖尾而求食，積威約之漸也」；然後談到自己的處境及心情：「今交手足，受木索，暴肌膚，受榜箠，幽於圜牆之中。當此之時，見獄吏則頭搶地，視徒隸則心惕息，何者？積威約之勢也。」「積威約之勢」，這便是問題的實質！千百年殘酷的獨裁專制統治，鉗制了人性的正常發展，迫使人們只好充當順民，養成種種奴性，失去了獨立的人格。所以結論是：帝王獨享的人格化權力的形成，要以億萬臣民獨立人格的喪失為代價。

帝王在職官制度中的支配作用

人、車、馬，人顯然處於支配地位。車和馬都是由人來操縱、駕馭的人覺得不逞意時，或換馬，或改變車的結構，或二者兼施。皇帝在職官制度中同樣處與支配地位，主要表現在兩個方面：一是由百官組成的國家機器的操縱者，只能是皇帝；二是皇帝覺得官制所設的職官不愜心意，包括以為不忠順或不得力，可以隨時對官制作出增損、廢省或新置，從而調整其組成的成員。茲姑以歷代宰相制度的演變為例，略作說明。

秦、漢都實行丞相制。所謂「天下事無大小皆決於上」（《史記・秦始皇本紀》），即決策、出令權由皇帝獨掌，而作為百官之長的丞相，則「掌丞天子助理萬機」（《漢書・百官公卿表》）。漢惠帝曾問左丞相陳平丞相所主何事？陳平的回答是：「宰相者，上佐天子理陰陽，順四時，下遂萬物之宜，外塡撫四夷諸侯，內親附百姓，使卿大夫各得任其職也。」（《漢書・張陳王周傳》）在漢初，丞相秩萬石，金印紫綬，權位顯赫。但時間一久，便會觸犯最高權力由皇帝獨擅這個敏感的禁區，結果是引發了一場使丞相權位逐漸下降的變革。變革醞釀於漢武帝初年，其時帝舅田蚡為丞相。且看《漢書・田蚡傳》這段微妙的記載：「當是時，丞相入奏事，語移時，所言皆聽。薦人或起家至二千石，權移主上。上乃曰：君除吏盡未？吾亦欲除吏。」皇帝要任命官吏，居然得先問問丞相你任命完了沒有，這便是丞相「權移主上」的一種表現。顯然這是頗具「雄材大略」（《漢書》本紀贊語）的漢武帝無法忍受的。事實上「吾亦欲除吏」這句看似平靜的話裡已不難聞出某些火藥味來。接下去的記載是：「嘗請考工地益宅，上怒曰：『遂取武庫！』是後乃退。」田蚡要求用考工（少府屬官）的基地擴大私宅，漢武帝光火了：你索性把武器庫拿去吧！此後武帝採取的抑制相權的辦法之一，便是以中朝侍臣來制約外廷大臣。中朝侍臣指皇帝身旁一些大夫、郎官之類地位較低的官員。如《漢書・嚴助傳》載，在議決閩越出兵問題時，武帝便命中大夫嚴助與丞相田蚡辯論，「中外相應以義理之文，大臣數絀」。之所以「大臣數絀」，無非因為嚴助的背後有著漢武帝。此後中朝侍臣逐漸形成了以大司馬大將軍為首領，以尚書、中書為核心，由皇帝親信的中朝侍臣掌握政務的決策之權，而以丞相為首的各部門公卿大臣反而蛻變為行政執行機構。機構的職能變了，機構的成員及其地位也變了，這實際上便是君王調整其機構之結構，另選馬匹的過程。其中成為核心的尚書，原屬少府，為天子家奴，只是分管文書出納的小官。西漢自武帝至成帝初，置四員分曹理事，掌管機要，並領諸郎，職權漸重，稍後又形成了由尚書出令、宰相遵令行政的格局。至東漢，尚書已成獨立的臺署，由「尚書出納王命，賦政四海，權尊勢重，責之所歸」（《後漢書·李固傳》）。名義上以三公（太尉、司徒、司空）為宰相，實際上不僅三公之權歸臺閣，九卿之職亦為尚書諸曹所掌。此時臺閣長官尚書令實際所掌即宰相之權，總領朝政，無所不統。這種情況，同樣有「權移主上」之嫌，皇帝不會容許它長久存在下去。西漢至宣帝時，便開始重用中書，尚書職權漸次為中書令所代替。雖在成帝時又有過一次反覆：罷中書宦官，復重尚書令，但至魏晉，中書終於更受皇帝親信和重用。《通典·職官四》稱：「魏置中書省，有監令，遂掌機衡之任，而尚書之權漸減矣。」又謂：「自魏晉重中書之官，居喉舌之任，則尚書之職稍以疏遠。」這是又一輪君王調整中樞決策機構的過程。

在宰相職權的上述演變過程中，侍中的地位亦在悄悄地發生著變化。侍中在秦時原為丞相史，具體掌往來殿中奏事。西漢為加官，凡列侯、將軍、卿大夫等加此便可入侍宮禁，侍奉皇帝起居，分掌御用乘輿服物，下至褻器虎子、唾壺等雜務。所授多為外戚、親信或文學侍從，武帝始授重臣儒者，且令與聞朝政，顧問應對，平議尚書奏事，成為中朝要職。但在武帝末年，因侍中馬何羅涉嫌挾刃謀逆，由是令出居宮禁外，有事召入，事畢即出，雖位仍尊顯，親近則遜於前。王莽秉政，復令入宮禁。至東漢，侍中置為正式職官，除侍從左右、顧問應對外，又掌向公卿傳諭御旨，諫諍糾察，皇帝出行則參乘騎從，地位親近顯貴。東漢後期，以侍中與給事黃門侍郎組成門下三寺之一的侍中寺，掌理宮門內外眾務。至魏晉，終於發展為獨立的門下省。先是尚書，接著是中書，自東漢至魏晉，相繼分掌行政、立法兩種大權，門下則由於歷來是一個職多而異的宮官群體，演化較為緩慢，長期未能擺脫以侍從為主的體制；但若以取得封駁權作為由侍從走向參預朝政的標誌，那麼這種端倪魏晉後亦已顯露，迄隋封駁二權全歸門下，於中書出令、尚書施行之間參之以門下審議，為三省聯合執掌相權奠定了基礎，入唐而終成定制。這是第三輪調整中樞決策機構的歷史過程。

從秦漢的丞相制，經過三輪轉換，發展到隋唐的三省制，其歷史動因，固然有社會發展和政治經濟等諸方面需要，而皇帝的人格化因素無疑佔有極重要的地位。皇帝，即使是歷史上難得見到的英明的皇帝，個人的才智和精力亦畢竟有限，要治國安邦非有得力的宰輔不可。唐太宗就說過這樣的話：「以天下之大，四海之眾，千端萬緒，須合變通，皆委百司商量，宰相籌畫，於事穩便，方可奏行。豈得以一日萬機，獨斷一人之慮也。」（《貞觀政要．政體》）但帝王制度的本質又是皇權必須由皇帝一人獨擅，大多數皇帝對此總是十分敏感，一旦出現相權過重跡象，便會越過原有職官制度，採取某些臨時措施，以制衡、限制或分割相權。這些臨時措施倘若僅出於一時一事需要，或過於帶有皇帝個人意氣色彩，往往會事過境遷不復存在，或皇帝一換就自行終止。而那些經過實踐證明有利於維護皇權和符合王朝利益的，則被凝固下來，由臨時措施而逐漸轉化為在一定時期內代代相沿的固定官制。這就是從秦漢丞相制到隋唐三省制的大略軌跡。在這近千年的演變過程中，歷代皇帝不斷制衡、限制或分割相權的一個重要原則，便是帝王南面術中所謂的「以輕馭重，以小制大」。尚書、中書、侍中，他們起初都只是內廷宮官，職卑位低，唯一優勝於外朝官處，無非是因職務之便容易接近皇帝。但皇帝使用他們看中的似乎正是這兩條：正因為位低職卑，一旦受到破格重用，自然更會感激涕零，格外忠順；又因為職務親近，可以直接差使，不受原有官制拘束。除此之外，此輩原是小家奴，一旦出事，處理起來亦方便得多。但運用「以輕馭重」或「以小制大」原則，必須是馬克斯．韋伯所分析的三種統治權力類型中的克里斯瑪類型，倘是法理型統治，國家政事都是有序地在依法理運作，「以輕馭重」固然行不通，「以小制大」亦一定會到處碰壁。

皇帝權力在官制外的衍生物

中國自秦以來兩千多年封建專制歷史中，曾經多次出現過佞幸弄權、后妃擅政和外戚之亂、宦官之禍這樣一些時期。如果我們仍用人、車、馬的比喻，那麼也可以說，這些禍亂的出現，正是馭手脫出常規，或任意廢壞車輛裝備，或放縱馬匹橫行的結果。因為很明顯，佞幸、后妃、宦官一類人，原本無權或有亦有限，所以能翻江倒海，亂朝禍國，那權力正是皇帝給的或從皇帝那裡竊取的。所以從這個意義上說，它們是皇帝人格化權力的異化，或者說是這種不受任何規範、節制的權力的衍生物。

分析一下這些權力結構的形成，有以下兩個特點：

第一，源於正常職官制度之外。很顯然，如果恪守后妃主治內宮的典制，就不會出現女主擅政的事了。但對二十五史所載作一個大略統計，后妃走出後宮而臨朝稱制的多到二十一人。其中西漢一人，東漢六人，魏晉南北朝二人，唐一人，宋八人，遼一人，清二人。正如我們上面已分析過的那樣，中國歷史上那種傳統型和克里斯瑪型兼而有之的統治權力體制，可以不問皇帝其人的才智與年齡如何，只要一即位，便擁有了至高無上且不受任何制約的權力。這樣，皇帝的昏庸無能或多病年幼便成了后妃們藉以干政極好契機。西晉賈皇后的擅政是因惠帝司馬衷是個近乎白癡的低能兒，唐代武則天的稱制則利用了高宗李治的軟弱又多病。至於母后干政，通常的藉口是皇帝年幼。此法被史家稱為「貪孩童以久其政」（《後漢書・皇后紀》），在東漢一再被複製。如殤帝即位時，年八歲；殤帝死，鄧太后與兄迎立安帝，年十三歲；閻太后立順帝，年十一歲；梁太后立沖帝，僅有二歲；沖帝死，梁太后與兄再立質帝，亦只有八歲；質帝死，鄧太后立年十五歲的桓帝；桓帝死，竇太后與其父迎立十二歲的靈帝。在北魏，胡太后為了專擅國政，竟不惜毒死長子而立幼子為帝。后妃干政又常常成為外戚藉以擅權的一塊跳板。這是因為女主臨朝，或缺乏統治經驗，或感到勢單力薄，故常用其父兄子弟以為拱衛。西漢呂后稱制，大封諸呂，首開其例。昭帝後，外戚霍氏、上官氏、史氏、許氏、丁氏、傅氏、王氏，走馬燈似地相繼演出了一段專權史。東漢亦由於「權歸女主，外立者四帝（指安、質、桓、靈四帝），臨朝者六后（指竇、鄧、閻、梁、竇、何六后），莫不定策帷簾，委事父兄」（《後漢書・皇后紀》）。如大將軍梁冀以梁太后兄的資格，輔政沖、質、桓三朝，他在桓帝時，「每朝會，與三公絕，十日一入，平尚書事」（《後漢書・梁冀傳》），簡直成了皇帝的代理人。漢代外戚的擅權還與上文已提到的宰相制度的變革有關。武帝在抑制、分割相權的同時，對近侍和外戚則寵信有加，任用他們充當大司馬、大將軍、中書令、侍中、給事中等高級侍從官員，出入宮禁，參預國政，致使最高權力中心由正常官制的相府向官制外的宮廷轉移。

按照正式官制，宦官專事侍奉之職，佞臣、幸臣更非正式職官。佞幸而弄權，宦官而成為一種政治勢力，實在是帝王制度的畸形產物，完全由皇權失範造成。秦「奮六世之餘烈，振長策而御宇內」（賈誼語），竟二世而亡，宦官趙高的擅政不能不說是一個重要的直接原因。實際上，正當始皇帝嬴政權力似日中天之時，趙高已如陰影般出現在其身旁。秦後，東漢、唐、明三朝，曾先後釀成持續時間相當長的閹宦之禍。東漢宦官專權與后妃干政、外戚擅權有著不解之緣。常常是：母后立幼主以臨朝，外戚賴裙帶以攬政；待幼主年長，自感形單影隻，不得不借助宦官以誅外戚。很顯然，在這個過程中一切正常典制已被拋到九霄雲外，朝政已類同賭博或角鬥。夏曾佑在《中國古代史》中說：「前漢之世，外戚與宦官常相結，後漢之世，外戚與宦官常相誅。」唐代既有侍中省這樣集中統一的管理宦官的機構，又有一整套頗為嚴密的管理制度，若按宦官的法定職掌，決不可能出現亂政之事，而終於還是發生了始自玄宗、終於昭宗之世的禍亂，初始還是由皇帝在正式官制之外的種種差遣使職造成。如果回到人、車、馬的比喻，差遣使職就是在車輛的原結構外另設裝置，同時更換馬匹，或者說是局部性的另起爐竈，以便於君主在駕馭時能滿足某種特殊的需要。至於佞臣、幸臣，原是皇帝為滿足某種畸形的心理需要而設，更在正式官制之外。司馬遷帶著不無諷刺的筆調寫道：「非獨女以色媚，而士宦亦有之」，佞幸之臣便是「以色幸者」（《史記・佞幸列傳》）。姑以《漢書・佞幸傳》所載西漢哀帝時的董賢為例，來看一看此等宵小之徒如何弄到權侔人主的。董賢原為太子舍人，「為人美麗自喜」，一次哀帝偶然在殿下看到，便十分喜歡，即「拜為黃門郎，繇是始幸」。在旬月之間，又是授駙馬都尉郎中，又是出則參乘，入則侍御左右，且動輒賞賜累萬，珍寶無數，並為其大興土木，營造府第，於是「貴震朝廷」。真所謂「一人得道，雞犬升天」：董賢的父、妹、妻、岳丈等等，做官的做官，封侯的封侯，一個個風光無限。很顯然，所有這些封賞，全都越出了正常典制，任憑皇帝一時喜好，隨意所為。這樣在超常制的節節躍升中，年僅二十二歲的董賢被冊拜為大司馬衛將軍，「雖為三公，常給事中，領尚書，百官因賢奏事」，「權與人主侔矣」！恰逢單于來朝，看到如此年少的董賢而居如此大位十分驚訝，哀帝便命翻譯官向他解釋說：「大司馬年少，以大賢居位。」其實董賢哪裡是什麼「大賢」，不過倒亦頗有一些媚術：「賢亦性柔和便辟，善為媚以自固。每賜洗浴，不肯出，嘗留中視醫藥。」或許董賢是哀帝的同性戀者，史稱其常與哀帝一起睡，「嘗晝寢，偏藉上褏（即「袖」），上欲起，賢未覺，不欲動賢，乃斷褏而起。其恩愛至此」。更加荒唐的是在一次半醉半醒中，哀帝居然對董賢說要把天下亦讓給他：「吾欲法堯禪舜，何如？」這樣的事不要說在法理型權力統治體制下決不會有，就是在傳統型體制中亦不可能發生。

第二，正常官制中的監察制度對其無能為力。中國自秦漢起就建立了監察制度，其後歷代相沿，至隋唐已相當完備。雖然這種監察制度只監下不監上，對皇帝毫無約束力，但對百官的監控還是相當嚴格。如秦漢以御史大夫掌監察之職，一般由皇帝親自授任，位僅次丞相，包括丞相、太尉、九卿在內的文武百官都須接受它的督察監視。唐初還專作規定：御史可直接向皇帝劾奏任何官員，非但無需經御史臺長官同意，且對御史臺長官亦可劾奏。這樣從制度上說，除皇帝外，無一人不在被監察之列。但偏偏就是當佞幸弄權、后妃、外戚、宦官擅權一類事情發生時，監察制度卻失去了威力，原因便是背後有皇帝在縱容和庇護。高宗時，其親信李義府因欲霸佔洛州女囚淳于氏為妾而囑大理寺丞畢正義枉法釋放，後事洩，又威逼畢正義自殺以滅口。侍御史王義方就此事在殿廷直面奏劾，並依法叱李義府下殿待罪。但高宗不僅不問李義府之罪，反責王義方「毀辱大臣」，貶為萊州司戶（事見《資治通鑑・唐紀十六》）。唐代後期，連監軍之職亦為宦官所控制，德宗貞元十九年（西元八〇四年），還發生了一個新任命的叫崔薳的監察御史，依舊制去巡按右神策軍反被處以流刑的事。《唐會要》卷六十記其事稱：「初，建中元年（西元七八〇年），敕京城諸軍為府縣，季終命御史分曹巡按繫囚，省其冤濫以聞。近年以北軍職在近密，但移牒而已，御史未嘗至。蘧在官近，不諳故事，至右策軍云：『奉制巡按。』軍使等以為持有制命，頗驚愕，中尉遽奏之，上大怒，故有此命。」所言「此命」，便是擊杖四十，配流崖州。但事情正像希臘神話中的潘多拉盒子那樣，一旦打開便不可收拾，最後連皇帝亦為此輩所制。東漢外戚梁冀「窮極滿盛，威行內外，百僚側目，莫敢違命」，到了這一步，皇帝亦只好「恭己而不得有所親豫」（《後漢書·梁冀傳》）。更有甚者，當晚唐閹患熾盛之時，「宦官之權反在人主之上，立君、弒君、廢君視同兒戲」（《廿二史劄記·唐代宦官之禍》）。

當然也不應籠統地反對一切后妃干政或外戚當政，以為無論君主賢不肖和才智如何，只要能維護王朝的正統世系就是好。尤其不應由此誤導出一種觀點，似乎政治只能屬於某些人的專利。這裡要討論的問題是，在中國傳統的帝王制度的格局下，佞幸、后妃、外戚、宦官等是既定地被排斥於政治體制之外的，他們一旦以非正常途徑進入權力中心，且又非但不是為了某種政治理想而意欲徹底改變現存秩序，多數還是出於更其狹隘的一己一時私利，這就不能不破壞系統內原有的平衡而導致政府過程的無序，以至最終釀成禍亂。又由於中國古代與帝王制度相適應的帝王之學包括為君為臣之道已形成一整套專門學問，而這些來自政治體制外的人大多缺乏這方面的深造，又無必要的文化修養和相應的才具以及處理政務的實際經驗，有的出身鄙陋，性格粗野，若是閹宦，不少還有某種偏狹的畸型心理，而一旦成為政治暴發戶，他們的這些弱點就會由權力這個催化劑的作用而噴發出一種可怕的破壞力量。如行為的短視性：限於經歷和學養，此等人大多不可能有像樣的治國主張，宮廷之外的民情人心全都在他們視野之外，一切都是為攫取眼前的權勢。他們亦知道自己出於一己私利的行為為傳統和輿論所不容，因而在組織上往往以本家族為核心，以若干親信為黨羽，糾合成一個以營私舞弊為目的鬆散的小集團。再如統治的殘忍性：后黨、外戚和宦官在專權時，為排除異己，無不施行了慘酷的暴政。梁冀還豢養了一批刺客，動不動將政敵暗中殺害。明代大批東林黨人，包括對閹禍偶語幾句的平民百姓，都慘遭魏忠賢屠戮，有的還被剝皮、封舌。至於呂后將戚夫人做成「人彘」，武則天斷去王皇后、蕭良娣手足，又投入釀罐「令兩嫗骨醉」，更表現了狹隘、卑劣、殘忍的報復心理。還有聚斂的貪婪性：權與財，本是他們擠入政途的驅動力，一旦有了權，立即大肆掠奪、搜刮、聚斂，窮奢極侈地淫樂享受。梁冀明目張膽地將「西至弘農，東界滎陽，南極魯陽，北達河淇，包含山藪，遠帶丘荒，周旋封域，殆將千里」（《後漢書・梁冀傳》）的廣闊土地據為己有。唐玄宗時楊貴妃得寵，楊氏外戚可謂長袖善舞，生財有道：或「臺省、州縣奉請記，奔走期會過詔敕，四方獻餉結納，門若市然」（《新唐書・后妃列傳上》）；或「十王宅、百孫院婚嫁，皆因韓、虢兩夫人作介紹，乃先納賂千貫，而奏請罔不稱旨」，以致在京師楊氏「姐妹昆仲五家甲第洞開，僭擬宮掖，車馬僕御，照耀京邑」（《舊唐書・后妃列傳上》）。綜合以上所列的短視性、殘忍性、貪婪性，便是這類政治暴發戶的主要特徵。

在歷史上，一些想要有所作為的皇帝，亦曾制定過某些禁令或法律條文，以防範體制外人物的干政，但不是收效微微，就是難以持久，原因就在於此類措施都沒有切中問題本質。最典型的是漢武帝，他在立年僅七歲的劉弗陵為皇太子時，為了防止因主少母壯而很可能出現的女主臨朝、外戚干政，竟索性先將太子之母鉤弋夫人殺掉。這種「立子殺母」的做法不僅殘忍，而且是緣木求魚，完全找錯了對象。問題的本質是：發生這一切，歸根結底，都是由於國家最高權力全由皇帝一人獨擅，且不受任何制約，可以隨意濫施的結果。

人與馬：駕馭與反駕馭

帝王南面術的核心，可說就是如何駕馭臣屬。先秦諸子此類論述頗多，《韓非子・二柄》中有這樣一段話：「明主之所導致其臣者，二柄而已矣。二柄者，刑、德也。何謂刑德？曰殺戮之為刑，慶賞之為德。為人臣者畏誅罰而利慶賞，故人主自用其刑德，則群臣畏其威而歸其利矣。」雖然每個皇帝都知道要掌好這二柄，但真要把二柄運用得恰到好處，這就顯示出皇帝個人的性格和才智。不妨以武則天為例。《鶴林玉露》乙編卷下載有一則武則天與烈馬的故事：「太宗有駿馬曰『師子驄』，極猛悍，太宗親控馭之，不能馴。則天時侍側曰：『惟妾能制之。』太宗問其術，對曰：『妾有三物，始則捶以鐵鞭，不服，則擊以鐵撾，又不服，則以匕首斷其喉耳。』」這雖屬軼事，卻亦相當準確地以馴馬來比喻訓臣，反映了女主武則天剛強的性格和她後來執政時運用「刑」這一柄的酷烈程度。她在稱制不久的垂拱二年（西元六八六年），便在朝堂設置銅匭，號召臣民告密，規定：「有告密者，臣下不得問，皆給驛馬，供五品食，使詣行在。雖農夫樵人，皆得召見，廩於客館。所言或稱旨，則不次除官，無實者不問。」一時形成「四方告密者蜂起，人皆重足屏息」。與此同時，前後任用酷吏多達四十人，致使「囹圄如市，朝廷以目」（《唐會要》卷四一）。當然另一柄「德」她亦頗為重視，其中之一便是廣開用人之路：「乾封以前選人，每年不越數千；垂拱以後，每歲常至五萬」（《朝野僉載》卷一張文成言），即一下擴大了近十倍。她在稱帝後於天冊元年（西元六九五年）頒發的赦文中，宣稱「人無求備，用匪一途，理當才地並昇，輪轅兼授，或收其履歷，或取其學行」，並表示「朕厲精思化，側席求賢，必使草澤無遺，方圓曲盡，改弦易調，革故鼎新」（《唐會要》卷七五），大有網羅一切人才以盡其用的氣概。而一旦她的地位較為穩固，又把一些酷吏作為替罪羊推出來，以安撫那些被懲治過的臣屬，使他們倒過來又感恩於她。《資治通鑑．唐紀十九》在光宅元年下附「考異」引《唐統紀》所記，一次武則天因處理裴炎引起若干大臣申辯而大為震怒，「召謂群臣曰：『朕於天下無負，群臣知之乎？』群臣曰：『唯。』太后（指武則天）曰：『朕事先帝二十餘年，憂天下至矣！公卿富貴，皆朕與之；天下安樂，朕長養之。及先帝棄群臣，以天下託顧於朕，不愛身而愛百姓。今為戎首，皆出於將相，群臣何負朕之深也！且卿輩有受遺老臣，倔強難制過裴炎者乎？有將門貴種，能糾合亡命過徐敬業者乎？有握兵宿將，攻戰必勝過程務挺者乎？此三人者，人望也，不利於朕，朕能戮之，卿等有能過此三者，當即為之，不然，須革心事朕，無為天下笑！』群臣頓首，不敢仰視，曰：『唯太后所使。』」這番話說得何等自負，何等咄咄逼人！《通鑑》作者以為「恐武后亦不至輕賤如此，故不取。」

但《新唐書・后妃上・武則天傳》則照錄了這番話，只是文字上略有潤色而已。聯繫史實，武則天亦確實頗善恩威兼施，在她認為必要時，又是一個會無情地用鐵鞭、鐵撾、匕首去對付那些稍示不馴之馬的可怕的馭手。

但臣子畢竟不同於馬。馬不可能有意識，不會反過來控制以至指揮馭手。而文武百官是人，他們有意識、意志，只要稍有條件，便會利用來以種種不同方式提出自己的意見，條件不允許亦可陽奉陰違或自行其事。這些，還是就多少對帝王濫施權力有所制約這一點來說的。至於以反駕馭而營其私利者，常見的有硬性和軟性兩種。硬性的多施之於軟弱無能或童幼年少，軟性的則從投其所好開始，進而控馭君主。唐代宦官中有個叫仇士良的，貪酷二十餘年，前後殺二王、一妃、四宰相，《新唐書》本傳稱其「亦有術自將，恩禮不衰云」。仇士良在年老行將退休時，曾對將要接班的小太監傳授過他的馭君之術。他說「天子不可令閑暇，暇必觀書，見儒臣，則又納諫，智深慮遠，減玩好，省游幸，吾屬恩且薄而權輕矣。為諸君計，莫若殖財貨，盛鷹馬，日以毬獵聲色蠱其心，極侈靡，使悅不知息，則必斥經術，闇外事，萬機在我，恩澤權力欲焉往哉！」軟性反駕馭中更厲害的一手，是先投其所好，再順勢引向極端，使之出現不可收拾局面而從中漁利。還是《韓非子・二柄》對此有生動而深刻的論述：「人主有二患：任賢，則臣將乘於賢以劫其君；妄舉，則事沮不勝。故人主好賢，則群臣飾行以要君欲，則是群臣之情不效；群臣之情不效，則人主無以異其臣矣。故越王好勇，而民多輕死；楚靈王好細腰，而國中多餓人；齊桓公妬而好內，故豎刁自宮以治內，桓公好味，易牙蒸其子首而進之；燕子噲好賢，故子之明不受國。故君見惡，則群臣匿端；君見好，則群臣誣能。人主欲見，則群臣之情態得其資矣。故子之，託於賢以奪其君者也；豎刁、易牙，因君之欲以侵其君者也。其卒，子噲以亂死，桓公蟲流出戶而不葬。此其故何也？人君以情借臣之患也。人臣之情非必愛其君也，為重利之故也。今人主不掩其情，不匿其端，而使人臣有緣以侵其主，則群臣為子之、田常不難矣。」這種投其所好再引向極端的做法，一旦與人格化權力統治下常有的那種情緒化效忠浪潮相結合，往往會導致盲目的群眾運動，並最終招致災難。三十多年前那場全國規模的大動亂，亦可說是一場發軔於駕馭與反駕馭的悲劇，政治、經濟、文化各個領域，幾乎全面競走極端，其中成千成萬青年學生在虛妄的理想目標的鼓動下，以極端反傳統的形式卻演出了非常傳統的一幕，最為發人深思。作為劇中人，要在這一悲劇落幕許多年後，才從痛苦中逐漸醒悟過來，由歷史傳統中獲得參照，用以總結離我們並不遙遠的教訓。

呼喚法理型權力體制的到來

說到這裡，我們大致可以得出這樣一點認識：在中國古代帝王制度那種體制下，大凡有所建樹的皇帝，都曾在不同程度上展示過個人人格化力量，臣民亦普遍願意接受，因而所謂克里斯瑪型的統治基本上還能適應那時的社會經濟文化發展水平，曾經是一個合理的存在。但必須得掌握好一個「度」。過度的人格化權力施放，就像一個狂亂的馭手那樣，任意破壞車輛，無情鞭打馬匹，最後必然導致車翻馬傷，給國家、社會、民眾，有時亦包括作為馭手的皇帝帶來深重的災難。

問題是誰來掌握這個「度」。或者說在那種體制下，對過度的人格化權力是否具有制約機制。

先來看看諫官制度的作用。傳說堯舜時，為聽取民眾意見而設有謗木、諫鼓。《淮南子・主術訓》：「堯置敢諫之鼓，舜立誹謗之木。」後人常常據此引發出某種富有民主色彩的想像和追懷，實際效果恐怕亦很難說。唐有諫議大夫及左、右補闕和左、右拾遺等官，本書分列於第八卷門下省和第九卷中書省。其實拾遺、補闕之類都是七、八品芝麻小官，根本上談不上去制約皇帝，單看職名就已規定得很清楚，無非是彌補某些小疏漏而已。所謂進諫，這邊是跪著的諫官，那邊是高踞於九重之上的皇帝，這是一次在權位上相隔天壤、在人格上極不平等的對話，既無任何法定程序，對被諫者更談不上有什麼約束力。成功的唯一希望建立在皇帝「願意聽」這一點上，亦即完全取決於被諫方當時的情緒狀態。倘若皇帝不願意聽，誰都沒有辦法；要再來一個「龍顏大怒」，更會大禍臨頭。歷史上，因進諫而被殺的人，成千上萬，劉向的

《說苑》便記有秦始皇一口氣殺了二十七個為處理太后事向他進諫的人。為了博取皇帝「願意聽」，從《韓非子》中的〈說難〉開始，多少專攻帝王術的學者費盡心機地在如何說或諫的方法上做文章。本書第八卷第二篇諫議大夫職掌條中列有五種諫的方法，前四種是：諷諫，順諫，規諫，致諫。概括起來，無非是要順著皇帝的心思，或以三代聖王為例，暴君為誡，或講述本朝列祖列宗故事，或先說個寓言、笑話、謎語，包括像楚莊王時的優孟、秦始皇時的優旃或漢武帝時的東方朔那樣，先來一番插科打諢，吹捧調笑，逗得對方樂了，再小心翼翼地引到主題上來。總之要牢記韓非子在〈說難〉中的告誡：千萬不要去觸犯萬歲爺龍喉下那片尺把長的「逆鱗」：「若有人嬰（通「攖」，觸犯）之者，則必殺人！」只有第五種諫法是「直言君之過失」的，稱「直諫」。這是一種極危險的方法，所以原注特別警告一句：「必不得已然後用之者。」

不能一筆抹煞歷史上許多稱職盡心的諫官在勸止皇帝某些失誤、奢侈、昏庸行為方面的作用，特別是那些為此付出了生命的諫官或進諫者，其行為和人格都永遠值得敬仰，但從總體上說，諫官制度對皇權濫施的制約作用實在微乎其微。《周禮》亦有「為人臣之禮不顯諫，三諫而不聽則逃之」一說，這表明古人對諫諍亦並不抱有多大希望，只要盡到作為臣子的責任即可。

與諫諍有聯繫的另一個意欲制約君主的辦法，是示之以天象地貌的種種災異，這是人對至高至上的皇帝無可奈何的情況之下，特請出高於皇帝權威的天神地祇來以為儆戒。這種思想十分古老，其理論依據當是「天人合一」。以發生日蝕這種自然現象為例，被牽強附會地對應於朝政，或認為是「君蔽臣恣，下壅塞，主見賊」，「人主自恣，不循古，逆天暴物」的反應，或以為是「政在臣下，親戚干朝，君不覺悟」的徵兆，或視為對「人君誅不以理，賊臣漸舉兵而起」的警告等等。皇帝老子天下第一，但對天神地祇還是有所敬畏，所以這一招有時真還管點用，歷史上就有好些帝王曾在發生日蝕、地震或旱澇諸災時表示要悔改，有的還做過稱之為「罪己詔」一類檢討。但是第一，皇帝的這類檢討是源於對自然科學常識無知，在一時驚恐疑懼的心態下做出來的，如果沒有立即採取切實有效的改進措施，事過境遷後難保不我行我素。

第二，災異的發生，當時多數還無法預測，只可遇而不可求，倘若無災異可利用又奈何？第三，災異雖是客觀現象，如何解釋卻聽任嘴巴一張，既可用以喻善，亦可借以行惡。第四，此種做法畢竟違反科學，負面效應十分明顯：它為符命那一套摻雜著大量荒誕迷信的東西，大開了方便之門。

還有所謂「廢昏立明」。據《史記》〈殷本紀〉和〈周本紀〉的記載，殷帝太甲暴逆亂德，伊尹放之於桐宮三年，待到他能悔過自責，再授之以政；周厲王暴虐侈傲，國人逐之於彘，由召公、周公二相行政稱「共和」，待厲王死後復立宣王。人們正是據此以寄託「廢昏立明」的理想。然檢點秦以後史著，卻實在難以再見蹤影。即位後又被廢，史著上稱之為「廢帝」的皇帝是有的，如西漢的廢帝海昏侯，東漢的廢帝弘農王，三國魏廢帝齊王芳和高貴鄉公，東晉廢帝海西公，南朝宋有前後二廢帝劉子業和劉昱，陳有廢帝伯宗，北魏有二廢帝元欽和元朗等。不妨從中選擇若干例略作分析。如西漢昭帝死後，霍光迎立昌邑王劉賀，在位僅二十七日即廢，其罪狀是：「受璽以來二十七日，使者傍午，持節詔諸官署徵發，凡千一百二十七事」；又「荒淫迷惑，失帝王禮誼，亂漢制度」（《漢書‧霍光傳》）。實際是昌邑王重用王府帶來的群臣，打亂了原來霍光執政的體制，於是以太后詔廢昌邑王，後封為東昏侯，另立武帝曾孫劉詢為宣帝。宣帝在位的最初六年，實際仍是霍光執政，其廢昌邑王而立宣帝，主要還是出於自己秉政的需要。東漢若梁冀廢質帝，更是直接在當地進鴆毒死。質帝劉纘原亦為梁冀所立，即位時只有八歲，廢黜的原因是說了一句得罪梁冀的話：「帝少而聰慧，知冀驕橫，嘗朝群臣，目冀曰：『此跋扈將軍也。』冀聞，深惡之，遂令左右進鴆加煮餅，帝即日崩。」（《後漢書‧梁冀傳》）繼而又立劉志為桓帝。這類被廢的原都是傀儡皇帝，主廢者的動機亦談不上為「廢昏立明」。另一類可以南朝宋的前後二廢帝為代表。前廢帝劉子業，即位時十六歲，在位時間一年半，幹了諸如無緣無故地誅殺先王的元勳和功臣等許多荒唐事，弄得人人自危。時蔡興宗任吏部尚書，曾先後說太尉沈慶之、領軍王玄謨、右衛將軍劉道隆等行廢立之事，都是以伊尹、霍光之行事為根據，最後是劉彧買通近侍殺劉子業於華林園的竹林堂。後廢帝劉昱的情況亦類似於此：

其「天性好殺，以此為歡，一日無事，輒慘慘不樂。內外百司，人不自保，殿省憂惶，夕不及旦。」（《宋書‧後廢帝傳》）。最後亦是為近身左右乘其熟醉時，即以其防身刀斬之。這兩例起因雖帶有「廢昏」的含義，其方式實為宮廷政變。一個昏君，失去約束，連身旁左右的人，亦因其喜怒乖節而無法自保時，那亦就是他自己末日的來臨。唐代前期亦有過兩次廢立舉措，都是在武則天執政時：先廢中宗李顯為廬陵王，立豫王李旦為帝；不久又降李旦為皇嗣，徙居東宮。無論李顯還是李旦，都是武則天手上的傀儡，都屬於前面的第一種類型，實際秉掌國政的始終是武則天。

所以結論是：中國古代帝王制度賦予皇帝以國家最高權力，實施那種傳統型與克里斯瑪型兼而有之的權力統治，制度本身卻並未同時設置有效的制衡機制。要說有的話，那是處於自在狀態的客觀規律。包括職官制度在內的典制結構與人格化權力結構，存在著一種對立統一關係。當人格化權力過度施放，典制遭到嚴重破壞時，禍亂就會出現，王朝亦可能顛覆，但帝王制度依然存在並起著作用，經過一個或長或短的修復期，典制仍然會出來發揮作用。大約十年前，在討論到中國古代帝王制度的發展軌跡時，我們曾寫過這樣一段話：「這個不受制約的權力，常常把自身推向極端，接著是一次又一次的崩潰、解體、重組，然後再推向新的極端——這大概也算是一種『自我調節』吧？」（《新譯呂氏春秋‧導讀》）

如果說這樣一種權力結構，在中國古代以農業為主的、發展緩慢的自然經濟社會裡還能基本適應的話，那麼到了近現代社會它就不再是一個合理的存在，代之而興的應是法理型統治。但據新近由浙江人民出版社出版發行的「當代中國政府理論研究叢書」之一《政府過程》經過分析研究作出的結論，認為近半個世紀來中國政府過程中仍然存在著人格化權力，存在著體制化結構與人格化結構之間的矛盾。這一研究是發人深省的。很難想像，那人、車、馬的古老組合能與現代化的多功能交通道路相適應，能與現代化的高速交通器具相並行！縱然不能指望明天就出現法理型統治，我們還是要呼喚它的早日到來。

十三、《唐六典》的歷史影響與現實意義

中國古代圖書以經、史、子、集四部分類，《四庫全書》將《唐六典》收在史部職官類的第一部，序文中提到：「前代官制，史多著錄，然其書恆不傳。《南唐書．徐鍇傳》稱後主得《齊職制》，其書罕覯，惟鍇知之，今亦無舉其名者。世所稱述《周官》外，惟《唐六典》最古耳。」《四庫全書》是在清乾隆年間纂修的，《周官》即《周禮》，當問世於戰國，其間相隔二千餘年而僅有一部《唐六典》為之薪傳，由此亦不難看到本書在承前啟後方面的歷史作用。

先說承前。我們在第一題「《唐六典》的編撰經過」中已提到，此書原是依《周禮．太宰》六典之文，成唐六官之制，本來就含有紹繼和更新《周禮》之意。再從歷代官制著作來看，誠如四庫序文所言，雖「史多著錄，然其書恆不傳」。如《隋書．經籍志》所著錄的職官類著作有二十七部三百三十六卷，《新唐書．藝文志》著錄的有十九家二十六部二百六十二卷。如漢官類便有六種之多，包括《魏官儀》、《宋百官春秋》、《齊職官儀》、《梁選簿》等。序文言及徐鍇所知之《齊職制》，當即王珪之所撰《齊職官儀》。這一類著作，在五代時已知之者甚少，迄今則絕大部分均已散佚。《唐六典》不僅本身是承前啟後之作，同時還在原注中大量引錄前代官制著述，上列數書皆屢見，尤以《齊職官儀》引錄最多。這部「等級掌司咸加編錄，黜陟遷補悉該研記」（《南齊書．王逡之傳》中語）的南齊官制書，賴《唐六典》的引錄，今人尚能略知其概貌。當然《唐六典》所引錄的古代典籍尚不止官制一類，舉凡經、史、子、集諸類諸書，有與官制相關的，廣有稱引。其中如《春秋說》、《石氏星經》和《秦事》、《漢朝雜事》、《東觀漢記》、《茂陵中書》、華嶠《後漢書》、謝承《後漢書》、傳暢《宋拾遺錄》、《獻帝起居注》、《禁中起居注》以及《儓經》、《通俗文》等等，本書所引雖僅有片鱗隻羽，但因原書有的失傳，有的殘闕，對今人而言，亦當是彌足珍貴。

再說啟後。自唐開元成書至清末這一千餘年中，《唐六典》雖未被列入顯學隨時有人閱讀、研究，但它的實際影響還是存在，且持續不斷。《唐六典》是一本官志書，所以對後人編修唐代職官志的影響尤為直接。如後晉官修的《舊唐書》中的〈職官志〉，大部分內容幾乎就是《唐六典》諸司員品職掌的轉錄，《新唐書‧百官志》亦大多採自《唐六典》，唯略有改易，並補充了開元、天寶以後的某些改制。所以今天人們若要研究、瞭解唐代職官制度，除兩《唐書》官志外，《唐六典》仍當必讀。

開元時，與《唐六典》同時編撰的還有《開元禮》，從歷史編纂學的角度說，這兩部書具有開創意義，後世許多這方面的著作，其所採內容及體例，可說便是這兩部書的混合，稱之為「會要」。在唐代有蘇冕嘗編次自高祖至德宗九朝之事為《會要》四十卷，宣宗大中七年（西元八五三年），又詔楊紹復等次德宗以來事為《續會要》四十卷，以崔鉉監修。北宋時，又有王溥採唐宣宗以後事續之而成《唐會要》一百卷，全書分一百五十四目，以詔令、奏議和故事反映有唐一代典章制度的損益因革。其前半部以帝王制度為主，如帝號、儲君、諸王、公主、封禪、郊議、明堂制度等；後半部則依職官諸司分類敘述，由《開元禮》、《唐六典》混合而成的格局大體上仍依稀可見。《唐會要》所載史實，往往出正史之外，故為歷代所重視。此後王溥又取五代諸朝典章制度，撰《五代會要》三十卷，會要亦因而成為敘述歷代典制沿革的一種專門著作。宋代尚有徐天麟先後撰《西漢會要》和《東漢會要》。清代則有楊晨耕的《三國會要》、孫楷的《秦會要》、朱銘盤的《西晉會要》及南朝宋、齊、梁、陳諸會要。宋朝當代官修的會要比唐代更為詳備，有《慶曆國朝會要》、《元豐增修五朝會要》、《政和重修會要》、《乾道鎮修四朝會要》、《乾道中興會要》、《淳熙會要》、《嘉泰孝宗會要》、《慶元光宗會要》、《嘉泰寧宗會要》、《嘉定國朝會要》等，其間重修、續修多達十餘次。明時其書尚存，分隸於《永樂大典》各韻，清嘉慶十四年（西元一八〇八年）徐松從《永樂大典》中集錄而成《宋會要輯本》，分十六類，凡四百六十卷，宋史之諸志皆資以成書。元代有《經世大典》，實亦為會要，纂書之總裁為趙世炎、虞集，參預編撰的皆一時之名流。凡八百八十卷，分君事、臣事，共十目；君事有帝號、帝訓、帝制、帝系；臣事有治典、賦典、禮典、政典、憲典、工典，亦即仿《周禮》和《唐六典》而將帝王制度與職官制度合為一書。原書已亡佚，《元文類》中有各編的序，《永樂大典》亦收錄一部分，近又從中輯得數種以刊行之，《元史》各志皆依據《經世大典》而成。明清二代敘述典制之作稱會典，有《明會典》和《大清會典》，其體例亦以六部分敘。由此可知《唐六典》所開創的典制類著作流風所及，影響深遠。

除上述斷代典制書外，《唐六典》對貫通歷代的典制類著述，影響亦十分明顯。如後於《唐六典》數十年而有杜佑的《通典》問世。關於《通典》編撰的緣起，《舊唐書・杜佑傳》稱：「初開元末，劉秩採經史百家之言，取《周禮》六官所職，撰分門書三十五卷，號曰《政典》，大為時賢稱賞，房琯以為才過劉更生，佑得其書，尋味厥旨，以為條目未盡，因而廣之，加以《開元禮》、《樂》，書成二百卷，號曰《通典》。貞元十七年（西元八〇一年），自淮南使人詣闕獻之。」劉秩是劉知幾之子，在開元時曾任給事中、尚書右丞、國子祭酒，其修《政典》在《唐六典》成書後，以《周禮》六官所職，撰分門書，當是繼《唐六典》之餘緒。杜佑的《通典》便是在其基礎上「因而廣之」，並收錄《開元禮》而略作刪節成其〈大唐開元禮纂類〉。纂類再加上五禮共有一百卷，要佔到全書一半的篇幅。所以不妨說，《通典》是在《唐六典》與《開元禮》的基礎上，擴充內容，調整門類，條貫編纂而成的一部歷代禮法刑政典制通史。全書分食貨、選舉、職官、禮、樂、兵刑、州郡、邊防八個門類，若與《唐六典》的六部職掌作一番比較，變易最大的是吏部和戶部。《通典》的食貨門是以戶部所職為基礎，廣以工部之水部（如水利、田）和屯田（如屯田）所職；選舉、職官二門，以吏部所職為基礎，廣以戶部之倉部（如致仕、官祿）、兵部（如武官）、刑部之比部（如祿秩、公廨田）、司門（如鎮戍關市官）、工部之屯田（如屯田）所職。禮部所職，變更最小：節錄《開元禮》及《樂》便成了《通典》禮樂二門。兵部所掌武選、地圖、車馬、甲械之政，在《通典》中已分屬諸門：武選入選舉、職官二門，地圖版籍入州郡門，輿輦車乘、鹵簿儀仗等入禮門，而《通典》兵門則另列用兵之道，不再敘述兵制。刑部之比部、司門二司所職，在《通典》中已部分載入職官門，而其刑門則以刑部、都官二司所職為基本內容。工部所職，營造、土木之事與禮門明堂制度等相關；虞部所司畋獵之事在禮門中有「天子諸侯四時田獵」等亦大體相應。在總體上，《通典》比《唐六典》更為恢宏，文筆通暢，內容兼採群經諸史，每事以類相從，敘其始終和歷代廢置沿革以及當時群士議論，又補充了唐開元末至肅代以後之因革，成一代巨著。其文字排列採用正文、原注交相為用這樣一種格式，則直接取自《唐六典》。《通典》後，又有宋鄭樵的《通志略》，元馬端臨的《文獻通考》，後人又多有續《通典》、《通志》、《文獻通考》之作者，其中有私修的，有官修的，亦可視為《唐六典》餘脈所及。

《唐六典》在類書編纂史上，亦有其一定的地位。類書的編纂最早是供皇帝御覽的，始於魏文之《皇覽》。唐初歐陽詢主編的《藝文類聚》亦屬類書，書中敘其緣起時，將二書作了比較，以為「《皇覽》偏略，直書其事，文義既殊，尋檢難一；是書比類相從，事居於前，文列於後，俾覽者易為功，作者資其用。」《大唐新語》卷九載開元中編纂《初學記》事稱：「玄宗謂張說曰：『兒子等欲學綴文，須檢事及看文體。《御覽》之輩，部秩既大，尋付稍難，卿與諸學士撰集要事並要文，以類相從，務取省便，令兒子等易成就也。』」上二例說明類書的主要編撰原則便是「以類相從」，目的是便於尋檢。在編撰《唐六典》時，玄宗手書的白麻紙六條，亦有「以類相從」之語，所以從某種意義上說，《唐六典》是一部屬於職官制度的類書，將唐代的令式和歷代的沿革皆分類列於諸司諸職之下，尋檢頗為方便。宋代有一部大型類書稱《太平御覽》，由李昉等於宋太宗太平興國二年（西元九七七年）奉詔編撰，其在職官部三公以下，所引《唐六典》的文字列於諸經、史及後人文集之前，說明在宋人心目中，有關職官制度的論述，《唐六典》應在諸書之上。此後宋哲宗元祐年間浙江富春人孫逢吉撰《職官分紀》，亦屬職官方面的類書，其編纂體例，亦是每官先列《周官》典章，次敘歷代沿革並考之於諸史傳、志，而《唐六典》包括正文及原注幾乎全部為其所錄。由於《太平御覽》和《職官分紀》編纂時所見到的《唐六典》版本都要早於現今尚存的最早版本南宋紹興本殘卷，所以宋代的這兩部類書就成了今人校補訂正《唐六典》闕文的重要根據。由這兩部類書亦可從一個側面看到《唐六典》在後代的影響。

就內容而言，《唐六典》又是一部屬於行政法典的書，在政治體制相同的條件下，還具有實用的意義。如《四庫全書》史部職官類序言中就提到宋代「元豐變法」時曾參用過《唐六典》。元豐變法，亦就是宋神宗元豐年間王安石參預的變法。神宗好觀《六典》，特於禁中鏤版，以摹本賜近臣及館閣。范祖禹著《唐鑑》，以為「元豐官制，全祖是書」，未必完全符合事實，但應該承認元豐變法時是研究和參考過《唐六典》的。

現在我們再來討論一下本書對現代讀者的意義。

上面提到的幾個方面，除作為行政法典的意義不復存在以外，其餘都還適用。例如本書仍然具有提供重要的文獻資料的意義。要瞭解和研究古代官制自當必讀，就是瞭解和研究歷史，尤其是像禮制、軍制、土地制、賦稅制和建築、工藝、天文、地理，以至圖書、錢幣、占卜、醫藥、貢品、民俗等等專門史，亦都離不開它。再如它仍然可以起到類書的作用。我們可以從中便捷地檢索到唐代文武百官的設置和選舉、品秩、考課等制度以及歷史沿革，由官制所及的包括政治、經濟、文化等幾大類的典制，具體到土地、戶籍、賦稅和司法、軍隊、宗教、外交等制度，車輿服飾等禮制，祭祀喪葬等儀式，都城、宮殿的建築，百工技藝的製作，還有廄牧、礦冶、關津、傳驛的設置，以及天文、地理、卜筮、醫藥等專門知識，不啻是中國古代的一部百科全書。

但這些還不是主要方面。本書對於現代讀者更為重要的意義，是它向我們極為難得地提供了一個在帝王制度下從朝廷到鄉里的國家狀態的完整的典型，從而豐富和加深了我們對歷史並進而對現實的認識。這個典型之所以珍貴，在於它是由當時人記錄下來的，確切可信。當然作為一部典制書，它的記述極為簡略，往往只記下「果」，很少涉及到「因」。它關注的是樹木本身，不在枝葉花朵。更確切地說，它留下的是樹剖面的年輪，而導致形成這些年輪的風雨滄桑卻已遠逝而去。但這些年輪卻如同一個歷史軟盤，儲存著極其豐富、生動的信息量，沉甸甸的歷史就在其中無聲地憩息著。一旦儲存的信息在屏幕上還原為圖象，那麼你就可以看到一個活生生的在特定政治體制下的國家狀態的長卷。這裡既有元正大朝會那種宏大輝煌的場面，又有玄武門前一次又一次的流血政變，還可以看到：一道道詔令如何由長安皇城內最高決策層草擬、下達，那邊陲山野裡一個嬰兒剛呱呱落地，鄉間里正又如何立即將他編入戶籍名冊……。

這次我們受三民書局之託，注譯、解讀這部《唐六典》，用了較多的文字，原文與全文約為一比八、九，較通常注譯古籍的比例要高。之所以這樣做，是由於我們想到不僅要辨認年輪，還要探究其成因，使軟盤信息轉化為圖象，由官制努力設法展示出一個活生生的、可以作為封建國家代表的李唐王朝，以使這個典型發揮更好的認識作用。我們的工作自然還有許多不盡人意之處，但要使它「活起來」，則是我們始終遵守的原則。也許讀者把這部書瀏覽一遍以後，會有和我們現在同樣的感受：人都是從歷史走過來的，我們自然不應忘記歷史，但要清醒地認識歷史，不使歷史成為現實的負累。中國自秦漢以來，以帝王為核心的專制集權官僚政治制度，已經有了兩千多年的歷史，它曾經有過輝煌，卻亦付出了沉重的代價。辛亥革命推翻清王朝以後，這種舊制度已不復存在亦不應再存在。近一個世紀以來，政治民主化的進程縱然步履蹣跚，多少還是不斷有所進步，像袁世凱那樣公開地恢復老樣子的帝王制度，重建封建王朝，畢竟已不再可能。然而帝王制度的影響仍然猶若幽靈般地在這片古老的土地上空遊蕩，它還會以貌似新穎的裝扮返還人間。重要的在於多數人獨立人格的確立和辨別新舊事物能力的提高。提高認識能力有很多種辦法，從歷史中汲取是其中很有效的一種。「溫故而知新」。相信諸君在閱讀本書並加以思索以後，定會由古及今，從各個方面引申出逐步改進現實的結論來。

注譯凡例

(一)本書以清《四庫全書》所收《唐六典》三十卷本為底本，簡稱「四庫本」。其原有注文稱「原注」，以與我們此次所加注釋相區別。

(二)底本原來的分卷、段落等編排體例一仍其舊。為便於閱讀、理解，注譯時，又將每卷酌情分為若干篇，每篇分若干章。除書前導讀外，卷、篇、章前冠以卷旨、篇旨、章旨，多數章末加說明，若干篇末有附圖。並對原文（包括正文、原注）加注標點符號。原文中的正文部分以大一號的方仿宋字體排印，原注部分則以小一號的長仿宋字體排印。

(三)注譯時，曾參以南宋、正德和近衛、廣池諸本，以及《職官分紀》、《通典》、《太平御覽》和新舊《唐書》諸書，對底本作了校勘。舉凡訛誤、倒乙、錯簡和衍文、衍字，均在注釋中加以說明，對原文則不加改動，以保留原貌。底本中之缺頁、缺文，則考諸他本、他書，勉為填補，以便通讀。所補文字加方括號（〔 〕）以為區別，並在注釋中言明所據。

(四)本書中注釋的詞頭，因大多牽涉到官制沿革廢置的歷史過程或相互關聯的禮儀規制，故有不少文字較長。為節省篇幅及醒目計，分別作了三種不同格式處理：凡一句以下的簡短詞語，全文照錄；二至三句者，單錄前一句，謂「某某二句（或三句）」；四句以上者，則首尾各取一短句或詞語，並以「自」、「至」二字起訖相連。如第十一卷第二篇第二章⑮注，其詞頭為：「無旒冕廣八寸長一尺六寸（原注：玄表纁裡以下廣狹准此）金飾玉簪導以組為纓色如其綬」。長達三十四字，中間還夾有原注；但因其所言為與大裘冕（皇帝禮服之一）相配套之冕及冕上飾物，若分設多注反而不易從整體上理解，故合為一注，而將詞頭簡化為：「自『無旒』至『色如其綬』」。

㈤注釋中，若詞頭文字與他本、他書所載有異，屬於含義不同者，於注文之前即予說明。若屬兩可或大體可相通者，則於注文之末以「又」字起頭，附以說明。如第二十卷第二篇第二章❽注，詞頭「以三賈均市」，《太平御覽》卷二百三十二引《唐六典》原文此句「均」下尚有一「平」字。「均市」、「均平市」大致可通，故注文先釋詞頭，後附言一句：「又，《太平御覽》如何如何」。若僅為詞語稍異，其義則相同或相似，則一般不作校注。如第二十卷第二篇第六章原注有「豐則糴，儉則糶，以利民」句，句末「民」正德本作「百姓」，即不予校出。

㈥語譯與底本正文、原注相對應（楷體字為正文語譯，明體字為原注語譯），以信、達為先，亦力求雅。原文若有訛誤、缺脫或衍字，仍先據以譯出，再緊接其後加上不同括號改正、增補或注明。如對原訛誤的更正加圓括號（（　）），對原文缺脫的增補加方括號（〔　〕），對原文的衍字加花括號（｛　｝）。

㈦底本原僅分卷，不分篇、章。注譯中分章後，難免有本為同一官署所屬職官而被分置於若干章，致使首章以後各章不再出現官署之名，容易誤解為無所歸屬。為此，首章以後諸章譯文，特於章前加以注明。如第二十六卷第二篇太子詹事府，正文在「太子詹事府」下列有「詹事、少詹事、丞、主簿、錄事」等官，分為兩章後，首章「詹事、少詹事」前原有「太子詹事府」五字，歸屬明確；二章「丞、主簿、錄事」前則無，為此語譯增以五字，文為：「〔太子詹事府〕：丞，定員二人……」。

㈧本書注釋、說明和卷旨、篇旨中所引古文，一般不作注釋，唯對其中於理解引文主要意旨帶有關鍵意義的詞、句或難字，則予以簡略夾注，用圓括號標出。如第二十五卷第一篇第一章⑪注引《後漢書・百官志》有某官「中興但一人」句，作「中興（指東漢）但一人」。又如第二十九卷第一篇第一章❶注引《漢書・百官公卿表》有「金璽盭綬」句，作「金璽盭（通「綟」，綠色）綬」。若所注帶有補充性質，則於注文後另加「引者」，以示其意非原文所有。如第三十卷第一篇第一章⑱注引上書言司隸校尉一職武帝始置之沿革：「元帝初元四年去節，成帝元延四年省。」其中「去節」句下加圓括號夾注：「司隸校尉初置時持有敕賜符節——引者」。若引文因承上而有省略致使文意難解者，則酌情增補，並用方括號標出。如第二十五卷第一篇第一章⑮注引《三國志・臧霸傳》有「及踐祚，進封開陽侯」句，作「及〔文帝〕踐祚，進封〔臧霸〕開陽侯」。

(九)本書對原著校勘、注釋、標點及讀解，得益於前賢時俊及諸方家甚多，書中相關處多有說明，恕不在此一一列出，謹表謝忱。

卷一

三師三公尚書都省

卷目❶

三師

太師一人

太傅一人

太保一人

三公

太尉一人

司徒一人

司空一人

尚書省❷

令一人

左丞相一人

右丞相一人

左丞一人

右丞一人

左司郎中一人

右司郎中一人

左司員外郎一人

右司員外郎一人

都事六人

主事六人

令史十八人

書令史三十六人

亭長六人

掌固十四人

---

❶卷目　此二字為我們注譯時所加，以醒眉目。後各卷均同。

❷尚書省　據卷首總題、正文及他本當為「尚書都省」，此處脫一「都」字。

卷旨

本卷共有三目：三師，三公，尚書都省。

本書作為一部集唐代職官制度大成的專著，似乎理應把上承天子、下總百官的宰相置於開宗明義第一卷。但唐代的宰相制度卻是三省制，即中書、門下、尚書三省共同參政，前二省偏重於參與決策、審核，尚書省則主要是統領諸司執行和實施。作為完整的宰相職能，應該包括參與中央決策過程和統領百官行政活動這樣兩個方面。上述那種把相權一分為三形成鼎立之勢的格局，在歷史上曾經有過一個漫長而曲折的演變過程。為了保留歷史沿革的線索，更為了證明大唐典制與古代聖王淵源有自，本書作者們別具機杼地一直追溯到傳說中的唐虞時代和西周盛世，因而以三師、三公作為全書的開篇。

但實際上，我國完備的職官制度，包括宰相制度的起點，當是在秦代。《漢書·百官公卿表》說：「秦兼天下，建皇帝之號，立百官之職，漢因循而不革。」秦設丞相為百官之長，國尉掌武事，御史大夫主監察而為丞相之副。漢承秦制，以丞相或左右丞相行宰相之職，以御史大夫為丞相之副，分設官署合稱「二府」。從秦漢的丞相制演變到隋唐的三省制，其間的關節點有三：一是漢武帝遊宴後庭，寵信近臣建立內朝，重用原為少府屬官尚書，從而使管理國家的實權逐漸由外朝相府向侍中內朝轉移。二是東漢光武帝有鑒於權臣竊政之失，躬親庶務，事歸臺閣，尚書臺最後從少府中脫穎而出，成為總領綱紀、無所不統的中央權力中樞。三是曹魏時改秘書監為中書省，尚書省權力逐漸向中書省轉移；晉代侍中寺發展為門下省，中書省權力又次第為門下省所侵奪。這樣由秦漢至隋唐，歷經八百餘年的嬗替演變，終於形成了本書一至九卷，即以將近全書三分之一篇幅詳細記述的這套我國封建社會官制史上最為完備的宰相制度——中書、門下、尚書三省制。

在我國古代全部官制中，宰相制度因其關係國運特別深刻和重大，因而變革、變化也格外頻繁和複雜。擇要說來，推動這些變革、變化的原因不外內外兩個方面。從作為這架龐大的官制機器主宰者歷代帝王來說，他既要考慮如何去適應不斷變化中的社會形勢，又要設法使權力盡可能多地集中到自己手上來。正是外部社會條件和官制內部矛盾的交互作用，帶動了這一系列的變革。本書所記述的唐和唐以前的情況是這樣，它所未及記述到的唐以後的情況，大體亦是如此。

唐代尚書省的官署，據徐松《唐兩京城坊考》載錄，在西京長安的，設於皇城內承天門街之東，第四橫街之北，長樂門街之西，第三橫街之南；其東與都水監連街為鄰，西則與司農寺隔承天門街相望。省署內中間為尚書都堂，原係尚書令之廳事。都堂之東為吏部、戶部、禮部三行，每行有三部分別所屬之四司。其中戶部原在禮部之後，武則天時曾改從天地春夏秋冬六官之名，以戶部屬地官，故移置於禮部之前。都堂之西為兵部、刑部、工部三行，每行亦各有諸部之四司。尚書省在東京洛陽的官署，位於東城承福門內南北街之東，從南第二橫街之北，東當宣仁門街北段。武周長壽中，經尚書左丞奏加修繕，頗為壯麗。

三師

【篇旨】本篇記述之三師，指太師、太傅、太保，即所謂「訓導之官」。

三師之設，古代論者多以為淵源久遠，通常要追溯到西周初年，成王作制。《通典・職官》更上推到三代，如認為太師「殷紂時箕子為之」，太保「殷太甲時伊尹為太保」。不過這種情況，很可能係後人揣度其政績作了理想化的追認，當時或者可能有過太師、太保一類尊號，實際上並不存在三師並列這樣明確的職官建制。從文獻記載看，這類職名及相關人事，周及秦漢都曾經出現過，但太師、太傅、太保並列，尊之為「三師」，則是北魏以後的事。至於三師並設，可說從未曾成為事實，在這一點上，文獻記載本來就相當含混、圓活：「不必備，惟其人」《禮記・文王世子》；「言有其人，然後立之」《漢書・百官公卿表》；本書本篇結束語也說：「然非道德崇重，則不居其位，無其人則闕（缺）之。」由此可見，在它建立之初，就開了「有人則設，無人則缺」這樣一道後門，是因人設官，非因事設職。這就難怪在往後的歷史發展過程中，三師漸漸演化為一種徒有其名的榮譽空銜，隋唐期間更成了慰藉已故官員或現職官員已故直系親屬的「贈官」。

又，另有太子三師，簡稱也為太師、太傅、太保，與此三師不同。太子三師詳見本書第二十六卷。

一

太師一人，正一品❶；太傅一人，正一品；太保一人，正一品。《尚書》❷云：「成王❸既黜❹殷命，滅淮夷❺，歸豐❻，作〈周官〉❼。」「立太師、太傅、太保，茲為三公，論道經邦❽，燮❾理陰陽❿。」孔安國⓫曰：「師⓬，天子所師法；傅⓭，傅相天子；保⓮，保安天子於德義。」《禮記》⓯云：「設四輔⓰及三公，不必備，惟其人⓱。言使能也⓲。」漢承秦制，不置三公。漢末⓳，以大司馬、大司徒、大司空⓴為三公，師、傅之官在三公上㉑。後漢因之，師、傅尊號曰「上公」㉒，置府僚㉓。魏、晉、江左㉔皆然。後魏㉕太師、太傅、太保尊號曰「三師」。後周㉖又為三公。隋氏又為三師。皇朝㉗因之。

【章旨】規定三師官數、官品，記述自周至唐三師之沿革。

【注釋】❶品　品級。指職官之等級。魏晉時分九級，由一品到九品。北魏時，各品又置正、從，凡十八品；自四品以下，每品又分上下階，凡十二階，合而共三十級。此後隋唐相承，煬帝時曾一度除上下階，唯留正、從各九品。❷尚書　書名。亦稱《書》、《書經》。書中保存商、周，特別是西周初期的重要文告。下引兩段文字，分別見《尚書・周官》序及本文。❸成王　周成王。姓姬，名誦，周武王姬發之子。武王死，成王即位，年幼，由周公姬旦攝政。❹黜　廢除。❺淮夷　據《括地志》即古徐國。周公東征，滅淮夷。❻酆　亦作「豐」。文王伐崇後營建豐邑，與武王營建的鎬京夾岸相望，同為西周國都，平王東遷後毀廢。故址在今陝西省長安縣西南灃河兩岸。❼周官　《尚書》篇名。其文敘述西周設官分職用人之法。❽論道經邦　佐王論道，以經緯國事。❾燮　和。❿陰陽　我國古代思想家觀察到一切現象都有正反兩個方面，就用陰陽這一概念來解釋自然界兩種對立和相互消長的氣或物質勢力。以後又把陰陽交替看作宇宙的根本規律，並用來比附社會現象，由陽尊陰卑引申為君臣、夫妻等關係。⓫孔安國　字子國，孔子後裔。相傳著有《尚書孔氏傳》，宋以後學者考證以為此書係晉代王肅所作，然唐初人們信之不疑，故《唐六典》引為立論依據。⓬師　指太師。三師之一，西周始置。職掌教養、監護太子或幼主。周初曾為輔弼國君的執政大臣。⓭傅　指太傅。三師之一，古代帝王輔政之官。傅即「輔」。古代輔、母並言。輔母即保母，始於商代傳說扶助武丁的傳說。⓮保　指太保。三師之一，古代帝王輔弼之官。保有「阿」、「姆」之意，即所謂「訓護人主，導以德義」。⓯禮記　書名。儒家經典之一。傳為西漢戴德之姪戴聖所撰，故又稱《小戴禮記》。為秦漢前儒家治禮所輯的解釋和補充性傳習資料，經東漢鄭玄作《禮記注》乃成定本。下引文字見《禮記·文王世子》。⑯四輔　四個輔弼大臣之合稱。說法不一。一說為太傅、太保、國師、國將。一說為前疑、後丞、左輔、右弼等。⑰惟其人　意謂上述四輔三公惟有稱職人選才予以任命，並非全部都要設置。⑱言使能也　此用以概括前三句。意為：就是說要使用真正有才能的人。⑲漢末　指西漢末，王莽執政時。⑳大司馬大司徒大司空　均為帝王輔佐官。詳見下篇〈三公〉。㉑在三公上　南宋本及《太平御覽》引《唐六典》原注此句均作「位在三公之上」。意謂太師、太傅地位在三公之上。㉒上公　以太師、太傅之位在三公之上，故稱此。㉓置府僚　指太師、太傅可設府，並有權自行徵辟僚屬。㉔江左　泛指長江下游以東地區。古以東為左，西為右。此處代指東晉和南朝。㉕後魏　指北魏。㉖後周　指北周。㉗皇朝　指唐朝。皇，大也。古人常以皇朝稱本朝。

【語　譯】三師：太師一人，正一品；太傅一人，正一品；太保一人，正一品。《尚書·周官》說：「周成王廢除了殷商的統治，又東征滅亡了淮夷後，便返師回到都城豐，制作〈周官〉。」又說：「設立太師、太傅、太保，這就是三公。三公的職務是佐助君王論定治國之道，經緯國家大事，調和陰陽關係。」孔安國在他的《尚書傳》中說：「做太師的，就是要能夠為君王所師從和效法；做太傅的，就是要能夠輔導和佐助君王；做太保的，則是要以德義來保安君王。」《禮記》說：「設置四輔和三公，要看有沒有稱職合適的人選，並非一定要求全都配齊。意思就是說，要任用真正有才能的人。」漢代繼承秦朝的官制，開始時沒有設置三公；到了西漢末年，才確定以大司馬、大司徒、大司空為三公，而太師、太傅【官位】在三公之上。東漢沿襲西漢定制，尊太師、太傅的號為「上公」，並設立機構和配置相應的佐僚。魏晉和南朝也都是這樣。北魏時，正式確定太師、太傅、太保的尊號為「三師」。北周又改稱為三公。隋朝再改稱三師。本朝則沿襲隋朝稱三師。

二

《漢書》❶云：「太師、太傅、太保皆古官，金印、紫綬❷。」《漢官儀》❸云：「俸❹月三百五十斛❺。」《齊職儀》❻云：「品第一❼，金章紫綬，進賢三梁冠❽，絳❾朝服，佩山玄玉❿。」

【章　旨】引錄古籍有關三師印綬、服飾等規定。

【注　釋】❶漢書　書名。我國第一部紀傳體斷代史，東漢班固撰。下引文字見《漢書・百官公卿表上》。❷金印紫綬　以黃金鑄成的印章，維繫以紫色的絲帶。古代印章之質料、印綬之顏色，都是佩用者身份等級的標誌。金印紫綬為百官最高等級。《史記・范睢蔡澤列傳》：「懷黃金之印，結紫綬于腰。」❸漢官儀　書名。東漢應劭撰。已佚，今有清孫星衍輯本。❹俸　俸祿。❺斛　粟米之容量單位。十斗為一斛。❻齊職儀　書名。南齊王珪之撰。今佚。❼品第一　指三公品第一。品，品秩。即俸祿。漢自中二千石至百石，凡十六等。東漢自中二千石至斗食，凡十三等。三公號稱萬石，月三百五十斛，故稱「品第一」。❽進賢三梁冠　指三公所戴之冠。進賢冠，即古之緇布冠。至東漢為儒者之冠，前高七寸，後高三寸，長八寸，黑色。冠上部有梁，以梁數多少為等級。天子五梁，公侯三梁，中二千石以下至博士為二梁，自博士以下至小史私學弟子為一梁。❾絳　大紅色。❿山玄玉　黑色的玉石。古代君臣皆佩玉，並賦予神秘的道德意義，亦藉以顯示尊卑關係。天子佩白玉，三公佩黑玉。

【語　譯】《漢書》說：「太師、太傅、太保都是遠古就有的官員，他們腰間佩有紫綬金印。」《漢官儀》說：「三師每個月的俸祿是三百五十斛。」《齊職儀》說：「三師的官品位居第一，繫金印和紫綬，戴有三道梁的進賢冠，穿大紅色的朝服，佩黑色山玉。」

三

周武王❶以太公❷為太師，《詩》❸云：「維師尚父，時維鷹揚❹。」成王以周、召❺為之，《書》云：「召公為保，周公為師，相成王，為左右❻。」漢高后元年❼置太傅，以右丞相王陵❽為之，後省；八年❾復置，尋省❿。哀帝⓫元壽二年⓬復置⓭。平帝⓮元始元年⓯置太師、太保，孔光⓰以太傅遷太師，王舜⓱以車騎將軍⓲為太保，王莽⓳以大司馬領太傅，又置少傅，為四輔。莽篡位⓴，以太傅、太保、國師、國將為四輔㉑焉。漢光武㉒唯置太傅，有府㉓，自辟僚屬，以卓茂㉔為之。明帝㉕以鄧禹㉖為之。章安已下㉗，初即位輒置錄尚書事㉘，其人亡，因罷。迄漢末，獻帝初平二年，董卓自為之㉙。

【章　旨】記述自周至漢歷任三師。

【注　釋】❶周武王　姓姬，名發，伐紂滅殷，西周王朝的實際建立者。❷太公　即姜太公。姓姜，名尚，先世封於呂，故亦稱呂尚，周文王尊之為師，號之曰太公望，武王尊之為師尚父。助武王討滅商紂，建立西周，被封於齊。❸詩　書名。我國最早詩歌總集。儒家列為經典之一，故後稱《詩經》。成書於春秋時代，共三百零五篇，分風、雅、頌三部分。❹維師尚父時維鷹揚　意謂太師尚父像雄鷹那樣飛揚。用以讚頌呂尚輔佐武王滅殷激揚風發。語出《詩經・大雅・大明》。師尚父，指呂尚。以其位為太師，號尚父，周武王尊之為「師尚父」。維，語助。時，通「是」。代詞。❺周召　周公、召公。周公，姓姬，名旦，武王之弟。武王死，成王幼，周公攝政。召公，姓姬，名奭，食邑於召，故稱召公。《史記・燕召公世家》稱：「其在成王時，召公為三公，自陝以西，召公主之；自陝以東，周公主之。」❻書云五句　見《尚書・君奭》。❼漢高后元年　即西元前一八七年。高后，指漢高祖皇后，姓呂名雉，字娥姁。惠帝死，呂后臨朝稱制，前後執政十六年。❽王陵　沛（今江蘇徐州西北）人，劉邦封其為安國侯，為人好直言。惠帝六年，任右丞相。二年後惠帝死，呂后欲立諸呂為王，王陵反對，《漢書・王陵傳》稱：「於是呂太后欲廢陵，乃陽遷陵為帝太傅，實奪之相權。」❾八年　指高后八年，西元前一八〇年。❿尋省　不久省略。即不再設置。尋，旋即；不久。據《漢書・百官公卿表》，高后七年以審食其為太傅，次年復為相。⓫哀帝　漢哀帝劉欣之。在位六年。⓬元壽二年　即西元前一年。元壽為哀帝年號。⓭復置　指重新設置太傅。是年六月，哀帝死，平帝即位，王莽權勢日盛，九月，徙孔光為太傅。⓮平帝　漢平帝劉衎之。九歲即帝王，實際上是王莽執政。在位五年，死時僅十四歲。⓯元始元年　即西元一年。元始為漢平帝年號。⓰孔光　字子夏。孔子十四世孫。先後為御史大夫和丞相，歷任大司徒、太傅、太師，歷仕三世，居公輔之位前後長達十七年。⓱王舜　王莽之從弟。為孝元皇后所信愛。王莽薦以為車騎將軍。後為太師，封新安公。莽稱帝，舜病悸死。⓲車騎將軍　武官名。西漢初年始置，據《後漢書・百官志》注引蔡質

《漢官典職儀式》稱：漢置大將軍驃騎將軍，位次丞相，車騎將軍衛將軍，位次上卿，職掌典京師兵衛及四夷屯警。哀帝死後，王莽向太皇太后建議王舜為車騎將軍，典京師兵衛，去迎立中山王劉衎之為平帝。⑲王莽　新王朝（西元八～二三年）建立者。字巨君，漢孝元王皇后之姪。西漢末外戚專權，王氏因孝元王皇后關係，前後有十侯、五大司馬當朝。王莽在哀帝、平帝遞代之際，依靠孝元王皇后執掌了國政。⑳莽篡位　指王莽於初始元年（西元八年）稱帝，去漢號，改國號為新。㉑以太傅太保國師國將為四輔　此處四輔之稱，據《漢書・王莽傳》應是「太師、太傅、國師、國將」。任太師的是王舜、任太傅的是平晏，任國師的是劉歆，任國將為哀章。㉒漢光武　即東漢開國皇帝劉秀。在位三十二年。㉓有府　府指開府，即成立府署，編設官員。漢代只有三公可以開府，魏晉以後，將軍或地方主官也可開府。㉔卓茂　字子康，南陽（今河南南陽市）人。孔光辟為丞相府史，以儒術舉為侍郎，給事黃門，遷高密縣令，治績卓著。王莽篡漢，拒作職吏。光武即位，茂詣河陽進謁，任為太傅。時年已七十餘，四年後即去世。㉕明帝　漢明帝劉莊。光武帝第四子，三十歲即位，在位十八年。㉖鄧禹　字仲華，南陽新野人。早年即追隨劉秀，為東漢開國元勳。明帝即位拜為太傅，一年後即去世。㉗章安已下　謂東漢章帝、安帝以下諸帝。已，同「以」。章帝，姓劉名炟，十九歲即位，在位十四年，終年三十三。安帝，姓劉名祜，十三歲即位，太后臨朝，權歸鄧氏。在位十九年，終年三十二。㉘輒置錄尚書事　南宋本作「皆置太傅錄尚書事」。錄尚書事，簡稱錄尚書。東漢置，總領尚書臺之長官，一般為兼銜。尚書之官名始見於戰國，原為替君主管理文書之小吏。秦制，尚書屬少府，職掌通章奏，係皇帝與丞相間之傳達吏。漢武帝以後，隨著君權的集中，尚書地位逐漸上升，不僅參與國家機要，出納王命，其實際影響往往在三公之上。因此三公要兼領尚書事，才能參與國家機要，成為皇帝在尚書臺的高級顧問或代理人。在西漢稱領尚書事者，如霍光以大司馬大將軍領尚書事，孔光以光祿勳領尚書事；而處理尚書臺日常事務的則是尚書令。至東漢始改稱錄尚書事，多以太師或太傅兼領，藉以提高其身份和地位。這種演變反映了國家最高權力日益向皇帝個人集中，並部分轉移到他臥榻之側的狀況。㉙迄漢末三句　南宋本作「迄于漢末，獻帝初平二年，又置太師，以相國董卓為之」。獻帝，漢獻帝劉協，東漢末代皇帝。為董卓所立，九歲即位，建安二十五年（西元一八九年）「禪位」於曹丕，改封山陽公。前後在位三十一年。初平二年，即西元一九一年。初平為獻帝年號。董卓，字仲穎，隴西臨洮（今甘肅岷縣）人。出身於六郡良家子，任并州牧。大將軍何進謀誅宦官，卓應召率兵入洛陽，隨即廢少帝，立獻帝，獨斷朝政。先後自為太尉、相國、太師。

【語　譯】周武王時，尊太公呂尚為太師，《詩經》讚頌道：「那太師尚父呂望，他像雄鷹飛翔那樣佐助武王！」周成王則讓周公和召公來擔任這個職務。《尚書》說：「召公做太保，周公做太師，在成王左右盡力輔佐。」漢初高后元年設置太傅，由右丞相王陵坐這個位置，後來就裁廢了。高后八年時，再次設置這一職位，不久又省略了。漢平帝元始元年，又設置了太師、太保，讓孔光由太傅遷調太師，王舜以車騎將軍作太保，王莽則以大司馬兼領太傅。另外又設置少傅，合在一起稱「四輔」。王莽篡位以後，又重新設置太傅（師）、太保（傅）、國師、國將為四輔了。漢光武帝只設置太傅，由卓茂擔任此職，並規定太傅可以開府，可以自行徵辟府僚部屬。漢明帝時，任命鄧禹為太傅。自章帝、安帝以下東漢各帝，即位後通常都要設置太傅，並由太傅兼領錄尚書事，參與國家機要。他們去世後，也就罷去了這一職位。直到東漢末世，在漢獻帝初平二年，董卓又任命自己為太傅。

四

魏氏❶以鍾繇❷、司馬孚❸為太傅，鄭沖❹為太保，太師不見其人。晉以宣王❺名師，乃依〈周官〉名置太宰❻以代之。武帝❼以安平王孚❽為太宰，鄭沖為太傅，王祥❾為太保。江左太師並因名為太宰。梁制十八建班，多者為貴❿。上公班第十八，秩萬石。陳以為贈官⓫。後魏三師正一品⓬，非勳德崇重不居焉。北齊因之。後周依〈周官〉以太師、太傅、太保為三公，不置府僚。隋氏⓭依後魏為三師，因後周不置府僚，初拜，於尚書省上⓮；煬帝⓯三年廢三師官。皇朝復置，儀制依隋氏。

【章旨】記述自魏至唐三師之任及沿革狀況。

【注釋】❶魏氏　指曹丕代漢建立的魏朝。❷鍾繇　字元常，潁川郡長社縣（今河南新鄭東南）人。漢末舊臣，深受曹操器重。魏文帝時為大理，遷太尉，魏明帝時拜為太傅，四年後死於任上。❸司馬孚 當係司馬懿之誤。南宋本作「司馬宣王」，亦即司馬懿。司馬懿，三國河內溫縣（今河南溫縣西）人，字仲達。初為曹操主簿，後任太子中庶子，為曹丕所信重。嘉平元年（西元二四九年），殺曹爽而專國政。後其孫炎代魏稱帝，建立晉朝，追尊為宣帝。司馬懿在齊王芳時任太傅，司馬孚則是在司馬懿死後高貴鄉公時為太傅。❹鄭沖 字文和，滎陽開封（今河南開封）人。魏文帝時為尚書郎，後投靠司馬氏。常道鄉公曹奐任其為太保。❺宣王 指司馬懿。但此處應為景王。南宋本正作「景王」。景王，姓司馬，名師，字子元，司馬懿之長子。❻太宰 據《周禮・天官》，太宰為全國政務之總管。此處則是因避景王名師之諱而改稱「太師」為「太宰」，其職掌仍為太師，與周之太宰不同。❼武帝 即司馬炎。字安世，司馬昭長子。受曹魏「禪讓」，建立晉朝。❽安平王孚 即司馬孚。司馬懿次弟。司馬炎受「禪讓」後，封司馬孚為安平王。❾王祥 字休徵，琅邪臨沂（今山東臨沂北）人。以孝行聞於世。司馬炎任為太保。❿梁制十八建班二句 南宋本作「梁制十八制，班多者為貴」。梁武帝天監初，將官品定為九品；天監七年（西元五〇八年），徐勉為吏部尚書，又定為十八班。以班多為貴，作為上公的太宰、太傅、太保，為十八班。⓫贈官 對已故官員或在職官員已故直系親屬追贈的榮譽官銜。⓬正一品 北魏高祖元宏太和中議定百官之品位，世宗元恪即位後正式施行，自一品至九品，各分正、從。三師上公為正一品。⓭隋氏 指由楊堅建立的隋朝。⓮初拜於尚書省上 謂隋初曾設置三師，置座於尚書省上，參與機要。尚書省，官署名。秦時僅置尚書四人，屬少府。漢承秦制，漢武帝時以宦官充任，稱為中書，即尚書之職。漢成帝罷中書置尚書五人，掌圖書秘記章奏之事。東漢稱尚書臺。南朝宋稱尚書省，亦稱內臺。北朝齊稱尚書省。⓯煬帝 隋煬帝楊廣。在位十五年。

【語 譯】 曹魏時，先後任命鍾繇、司馬孚（懿）為太傅，鄭沖為太保；沒有見到有人是被任命為太師的。晉朝因宣王（景王）的名字是「師」，為了避諱，便依照〈周官〉的職名設置太宰，用來代替太師。晉武帝任命安平王司馬孚為太宰、鄭沖做太傅、王祥為太保。在江左的東晉，亦不稱太師而沿用了太宰這一職名。南朝梁武帝時，分官品為十八班，班數愈多愈尊貴，上公也就是三師，屬第十八班，俸秩每年一萬石。南朝陳把三師作為對已故官員或現職官員已故直系親屬的榮譽贈官。北朝後魏高祖時，定三師的官品為最高的正一品，不是有崇高的勳勞和德行的人，就不能擔任這一職務了。北齊因襲北魏的官制。北周依照〈周官〉的職名更改官制，把太師、太傅、太保稱為三公，不設置直屬的府僚。隋朝依北魏的制度，仍稱三師，因襲北周三師不直接設置府僚的做法，初期曾封拜三師，置座在尚書省參預樞機；隋煬帝大業三年，廢除了三師的官位。本朝又重新設置，依照隋文帝開皇時的儀制行事。

五

三師，訓導之官也，其名即周之三公。漢哀、平間❶，始尊師、傅之位在三公上，謂之「上公」，明雖天子必有所師。其後或廢或置，大抵無所統職❷。至後魏特稱三師，以正其名。然非道德崇重則不居其位，無其人則闕❸之，故近代多以為贈官。皇朝因之，其或親王拜者，但存其名耳。

【章　旨】本章為三師篇之結語。

【注　釋】❶哀平間　指西漢末哀帝、平帝年間。係王莽執政篡權時期。❷無所統職　沒有固定的職權和統管範圍。❸闕　空缺。

【語　譯】三師是進行教誨輔導的官員，它的名稱就是西周的三公。西漢哀、平年間，開始尊崇太師、太傅的地位，使他們居於三公之上，稱為「上公」。用這種做法表明雖然身為天子的帝王，也一定要有所師從。從那以後，三師有時設置，有時廢止，大體上都沒有固定的職權和統管範圍。到北魏時，特地把太師、太傅、太保尊稱為三師，以明確這個職名。但是如果不是道德崇高的人，就不能居於這一官位，倘若沒有稱職的人選，那就寧可讓這個職位空缺著。所以到了近代多把三師的官銜作為贈官。本朝因襲了三師制度，或許有的親王可以拜這個官位，不過也只是徒存空名而已。

【說　明】三師之制，在兩漢和魏晉南北朝，雖時置時廢，缺少連續性，但在高層實際政治生活中還是產生過較大的影響。尤其值得注意的是，在統治集團日益加劇的權力角逐舞臺上，它往往演化成為用來制約以至制服對方的一種工具。在實際的政治運作中，授予三師官銜有兩類情況：一類是以三師為榮譽虛銜，明昇暗降。如漢初高后稱制時，遷調右丞相王陵為太傅，實際上是不滿意他反對封諸呂為王，因而用這樣一個辦法來架空他原來的右丞相權力。魏明帝去世後，與司馬懿同受遺詔輔助齊王芳的曹爽，亦用過這一招：「轉宣王（司馬懿）為太傅，外以名號尊之，內欲令尚書奏事，先來由己，得制其輕重也。」（《三國志・魏書・曹爽傳》）另一類是借三師之名提高自己的地位和聲望，為篡權嗣位積累資本。這由王莽以大司馬兼領太傅開其端，董卓「自為之」繼其後；周、隋遞代之際，還演出過楊堅要挾年幼的北周靜帝追認其父、祖、曾祖為三師那樣一幕。隋唐間曾一度廢止三師之職，貞觀時雖又復置，並把三師列為第一品，但在初唐一百餘年間，根本無人出居此位。唐代第一個太保，卻是帶回紇兵叛亡在外的僕固懷恩，那已是中唐代宗年間的事，授以太保原是為了羈縻他。第二個是唐憲宗時的杜佑，被拜為太保時已年及古稀，所以是帶著這個榮譽職銜退休的。以後間或有遷為三師者，都已是唐末的事，那些人也多係名不見經傳之輩。故隋唐以後，三師之名位，可謂已是江河日下，不復再有往昔氣勢。

三公

【篇旨】本篇所記述之三公，指太尉、司徒、司空。實際上，三公是一個泛稱，不僅文獻記載不一（如《尚書・周官》稱三公為太師、太傅、太保，《漢書・百官公卿表》除稱「太師、太傅、太保是為三公」外，又以「司馬主天，司徒主人，司空主土，是為三公」），歷朝稱謂有異（如漢初以三公稱丞相、御史大夫等高級官員，成帝罷丞相制後，則以大司徒、大司馬、御史大夫為三公），就連官數也不限於三（如西漢成帝前，太尉一職常不設，名曰「三公」，實為「兩府」，而晉代又一度號稱「八公」）。

古人行事，常常喜歡稱引上古聖王賢哲，藉以獲得某種合理性或權威性，本書作者自然也不例外。因而篇中太尉、司徒、司空等章，都詳為引經據典，無法從先秦典籍直接找到根據時，姑且引錄漢代緯書權當，從而說明三公之設，自古已然。細察歷史記載，其實並非如此。司徒、司空一類職名，可能古已有之，除了《尚書》、《左傳》等零星有錄外，〈盠方彝銘〉也有這樣記載：「用司六師王行，參有司：司土（徒）、司馬、司工（空）。」但三公並列輔佐帝王作為一種制度，很可能只是古人（主要是儒家）的一種理想，西漢以前並未真正存在過。秦及漢初，實施的是丞相制，而非三公制，二者不僅官稱不同，實際職權也有很大差異。丞相承天子助理萬機，且以御史大夫為丞相副貳。情況的變化是在西漢中期以後。漢成帝綏和元年（西元前八年），罷丞相制，建立三公共同宰相，分別立府，自辟僚屬。而三公制的正式確立則是在東漢光武帝以後。但其時三公雖是爵高祿厚，實際權力卻還要因人因時而異。《後漢書・仲長統傳》稱：「光武皇帝慍數世之失權，忿強臣之竊命，矯枉過直，政不任下，雖置三公，事歸臺閣。自此以來，三公之職，備員而已。」真正掌有相當實權的是更接近於皇帝的臺閣，也即尚書臺。三公如要參預政務，還得另有錄尚書事的職銜。此後陵替以下，三公漸漸成為榮譽空銜，用以酬慰那些年老體弱的功勳舊臣。待到隋文帝楊堅存三公而罷府僚時，更不免有人去樓空之嘆了！正如本篇結束語所說，此時三公「但存其名位耳」。

一

太尉一人，正一品；〈月令〉❶云：「命太尉，贊桀俊❷。」《漢書‧百官表》❸云：「太尉，秦官。」應劭❹曰：「自上安下曰『尉』。」《齊職儀》云：「太尉，品第一，金章、紫綬，進賢三梁冠，絳朝服，佩山玄玉。郊廟❺冕服❻、七旒，玄衣纁裳❼，服七章❽。」《春秋合成圖》❾云：「堯❿坐舟中，與太尉舜⓫臨觀鳳皇⓬授圖⓭。」《運斗樞》⓮云：「舜以太尉為天子。」然緯書⓯通人皆疑其偽，故班氏⓰所不取，而大國⓱亦有其職。

【章　旨】規定太尉官數、品級，介紹古籍中有關其品秩章服之記載。

【注　釋】❶月令　《禮記》篇名，由秦漢間治禮者將《呂氏春秋》十二紀首篇彙集而成。記述夏曆一年十二個月之天象、物候及相關事物和政令等。❷贊桀俊　選拔體貌、才能傑出之人。才能過萬人為傑，過千人稱俊。桀，通「傑」。❸漢書百官表　即東漢班固所撰《漢書》所收〈百官公卿表〉。記述漢承秦置官分職之始末，首開正史述官制之例，是研究秦漢官制原始基本資料。❹應劭　字仲遠，汝南南頓（今河南項城西）人。任漢軍謀校對尉，博學多識。著有《風俗通》、《漢官儀》、《禮儀故事》、《漢書音義》等。下文所引即出自其《漢書音義》，為唐初顏師古彙集於《漢書》之下。❺郊廟　古代帝王祭祀天地場所。祭祀天地稱郊。冬至日祭天於南郊之圓丘；夏至日祭地於北郊之方丘。❻冕服　古代帝王、諸侯、卿大夫禮服。冕，禮帽。玄表朱裡，頂上有版稱延，後高前下，其形如俯。前端有串以珠玉之組纓下垂謂之旒，以旒之多少顯示等級尊卑。天子十二旒，三公諸侯七旒，卿大夫五旒。❼玄衣纁裳　黑衣紅裳。古時上稱衣，下為裳。玄，黑色。纁，紅色。❽服七章指其衣裳上繡製花紋之尊貴等級。上衣繡華蟲（彩色之羽蟲）、火、宗彝（宗廟祭享酒器），為三章；下裳繡藻（水草）、粉米、黼（黑白相間花紋）和黻（黑青相間花紋），為四章，共七章。又，據《通典》，「服」字衍。❾春秋合成圖　書名，漢流傳下來春秋緯十四種之一。合成圖，南宋本作「合誠圖」。論述天人感應，人神相通，以誠通象，以圖示意。書已散佚，現僅存後人之輯佚。❿堯　傳說中推行禪讓之聖王。名放勛，史稱唐堯。諮詢四嶽，推選舜為其繼位人。⓫舜　傳說中古代聖王。姚姓，有虞氏，名重華，史稱虞舜。相傳因四嶽推舉，堯命他攝政。他巡行四方，除去鯀、共工、三苗、驩兜等「四凶」。堯死後繼位。⓬鳳皇　即鳳凰，古代傳說中神鳥。雄稱鳳，雌為凰。《爾雅‧釋鳥》郭璞注其形狀為：「雞頭，蛇頸，燕頷，龜背，魚尾，五彩色，高六尺許。」據說鳳凰見，盛世至。⓭圖　讖緯類書，皆以圖名故簡稱圖。如河圖類緯書便有四十種。讖緯亦稱讖圖。此處鳳凰所授之圖被視為祥瑞，為舜將受天命之徵兆。⓮運斗樞　書名，漢流傳下來春秋緯十四種之一。記述北斗七星四時運行軌跡，並以此為據，為古代帝王提供制定曆法、實施政令的預言。因北斗七星第一星名天樞，故有此書名。⓯緯書　相對於經書而言，為漢代混合神學附會儒家經義一類書。有《詩》、《書》、《禮》、《樂》、《易》、《春秋》和《孝經》七經的緯書，總稱「七緯」。又有《論語讖》及《河圖》、《洛書》等，合稱「讖諱」。西漢末東漢初，因王莽和劉秀的提倡而盛行，稱之為「內學」。其中記錄了一部分天文、曆法和地理知識，也保存了古代不少神話傳說。但大部分為假託神靈聖賢的無稽預言，使儒學染上神秘的色彩。最早揭露讖緯為偽書的是東漢張衡，主張「宜收藏圖讖，一禁絕之」（《後漢書‧張衡傳》）。以後歷代大都頒有禁令，隋煬帝更明令「凡與讖緯相涉者皆焚之」（《隋書‧經籍志》）。原書多已失傳，只存有明清時輯錄本。⓰班氏　指班固。所著《漢書》未錄緯書。⓱大國　廣池本校稱：疑為「六國」之誤。

【語　譯】太尉，定員一人，官品為正一品。〈月令〉中說：「太尉的使命是選拔和推薦體貌、才能傑出的人。」《漢書‧百官公卿表》有這樣記載：「太尉，秦朝設置的官職。」應劭說：「自上安下叫作尉。」《齊職儀》裡說：「太尉的官品列為第一，可佩戴金印和紫色的綬章，戴進賢三梁冠，穿紅色的朝服，腰間佩山玄玉。在郊廟祭天時的禮服是：頭上戴綴有七旒的冕，身上穿黑色的上衣，紅色的下裳；在衣裳上繡繪有七種不同的花紋。」緯書《春秋合成圖》說：「堯坐在船上，與太尉舜一起臨水觀賞，有鳳凰飛來獻上圖籙。」另一部緯書《運斗樞》亦說：「舜是以太尉即天子位的。」但是對於緯書，一般通達事理的人，都懷疑它是偽書，因此，班固在《漢書》中就不採取它的說法。不過在大（六）國時，就已有太尉這一官職。

二

漢初，或置或省，盧綰❶、周勃❷、灌嬰❸、周亞夫❹、田蚡❺並為之。武帝❻元狩四年❼，置大司馬❽，當太尉之職。至後漢建武二十七年❾，省大司馬，又置太尉，以太僕❿趙熹⓫為之，而與司徒、司空為三公⓬。靈帝⓭末，劉虞⓮為大司馬，而太尉如故，二職始兩置矣。漢制，三公府分部九卿⓯，太尉所部太常⓰、衛尉⓱、光祿⓲三卿。三公並置官屬⓳，俸月三百五十斛⓴。獻帝㉑建安十三年㉒，省三公官，置丞相。

【章旨】記述兩漢有關太尉設置、沿革及其人事狀況。

【注釋】❶盧綰　漢初諸侯王，豐（今山東豐縣）人。與劉邦同里，且同日生，自幼相親愛，從劉邦起兵於沛（今之山東沛縣），入漢為將軍，常侍中，為太尉，能出入劉邦臥內，以功封燕王。後因陳豨事被牽連，逃亡匈奴。匈奴單于以為東胡盧王，死於匈奴。❷周勃　沛（今江蘇徐州市西北）人，隨劉邦起兵於沛，後拜為將軍，遷為太尉。惠帝六年（西元前一八九年），置太尉官，以周勃為太尉。呂后死，勃與陳平等一起誅諸呂，迎立文帝。勃為右丞相。❸灌嬰　漢初大臣。少為睢陽（今河南商丘）布販子，從劉邦起兵，先後為郎中、中謁者，以軍功遷御史大夫。呂后死，與周勃等誅諸呂迎立平帝，任太尉。後繼周勃為相。❹周亞夫　周勃之子。為將軍，屯兵細柳（今陝西咸陽市西南，渭河北岸），以善帶兵著名。景帝時為太尉，平定吳楚七國之亂，遷為丞相。後以其子私買御物下獄，絕食死。❺田蚡　漢景帝王皇后同母弟。武帝即位，以母舅身份得貴幸。時丞相衛綰以病免，置丞相、太尉官，以竇嬰為丞相，田蚡為太尉，都以外戚顯貴。❻武帝　指漢武帝劉徹。十六歲即皇帝位，前後在位五十三年。❼元狩四年　即西元前一一九年。元狩為漢武帝年號之一，因獲白麟而改此。❽大司馬　官名。元狩四年（西元前一一九年）漢武帝將太尉改稱大司馬。此前已有二十一年未設太尉。同時立為大司馬的有二人：衛青為大司馬大將軍，霍去病為大司馬驃騎將軍。但武帝設大司馬僅用來冠將軍之號，示以尊寵之位，並無具體職掌。❾建武二十七年　即西元五十一年。建武是東漢光武帝劉秀年號。❿太僕　官名。西周已置，《周禮》列為夏官司馬屬官。秦漢為九卿之一，掌皇帝車馬，兼管官府畜牧業。⓫趙熹　字伯陽，東漢南陽（今河南南陽市）人。光武帝任以為太尉。明帝時封節鄉侯並代盧延行太尉事。章帝時又進為太傅。⓬與司徒司空為三公　指太尉與司徒、司空合稱為三公。東漢初年，三公鼎立，其用意為削弱相權。⓭靈帝　指東漢靈帝劉宏。十二歲即皇帝位，在位二十二年。⓮劉虞　字伯安，東海郯（今山東郯縣）人。以孝廉遷幽州刺史、幽州牧，因平定張純、張舉叛亂有功，因而靈帝遣使者就拜太尉。董卓執政時，復授以大司馬。此時的太尉或大司馬，僅為給地方大員的加官，以為籠絡。⓯三公府分部九卿　指三公開府，分別部伍管轄九卿。卿為位次於公、秩中二千石高級官員之泛稱。九指多數，不限於九。其在秦一般指奉常、郎中令、衛尉、太僕、廷尉、典客、宗正、治粟內史、少府等。漢改奉常為太常，郎中令為光祿勳，典客為大鴻臚，治粟內史為大司農。而九卿又分別部屬於三公。⓰太常　九卿之一。掌宗廟祭祀、禮樂教化。秦時稱奉常，西漢景帝中元六年（西元前一四四年）改稱太常。有欲令國家盛大，社稷常存之意。為漢眾卿之首，秩中二千石。⓱衛尉　九卿之一。秦漢均置。掌管宮門和屯衛，秩中二千石。漢軍制中央禁軍有南軍、北軍之分，衛尉統率南軍。漢景帝初年，一度更名為中大夫令，後元元年（西元前一四三年）復為衛尉。東漢置衛尉卿一人，官秩、職掌略同西漢，且掌治鑄。⓲光祿　即光祿勳，九卿之一。秦時稱郎中令，漢武帝太初元年（西元前一○四年）改稱。主宮門宿衛及侍從之事，秩中二千石。東漢職掌官秩同。建安末年，一度改稱郎中令。⓳三公並置官屬　指三公開府，設置屬僚。兩漢情況有所不同。西漢時，太尉或大司馬並非常設，有時作為將軍加官，實際只有丞相（司徒）與御史大夫（司空）開府。丞相下屬長史二人，秩千石，漢武帝時又增設司直，助丞相檢舉不法，秩二千石。其他屬官總稱掾史，由丞相自行辟除，分曹辦事。御史大夫下屬御史丞、御史中丞以及侍御史。其行政機構，丞相府在宮外，而御史大夫寺則在未央宮司馬門內，《漢書・百官公卿表》稱其「在殿中蘭臺，掌圖籍秘書，外督部刺史，內領侍御史員十五人，受公卿奏事，舉劾按章」。御史大夫寺所以設在帝王近旁，有兩個職能上的需要：一是起草詔書；二是監督百官。至東漢，三公同時開府。太尉府有長史一人，掾史屬二十四人，正稱掾，副稱屬，掾由君王任命，屬由三公自行辟除，後來全由三公自行辟除。下屬分曹，據《後漢書・百官志》有西曹、東曹、戶曹、奏曹、辭曹、法曹、尉曹、賊曹、決曹、兵曹、金曹、倉曹、黃閤主簿，以及令史與御屬二十三人。司徒府屬官有長史一人，掾屬三十一人，令史及御屬三十六人。司空府置長史一人，掾屬二十九人，令史及御屬四十二人。三公府下屬官吏的實際情況，往往因人而異，與文字規定出入甚大。⓴斛　古代容量單位，亦是量器名。以十斗為一斛。㉑獻帝　指東漢獻帝劉協，漢王朝最後一個皇帝。九歲即皇帝位，在位三十年，被迫「禪位」於曹丕，東漢亡，改封山陽公。死於魏明帝青龍二年（西元二三四年），時年五十四歲。㉒建安十三年　即西元二〇八年。建安是漢獻帝最後一個年號。是年曹操罷三公官，自為丞相。

【語　譯】太尉的官職，在西漢初年，有時設置，有時罷省。先後有盧綰、周勃、灌嬰、周亞夫、田蚡擔任過這個職務。到漢武帝元狩四年，設置大司馬，相當於太尉的職司。東漢光武帝建武二十七年，又取消了大司馬，恢復太尉的稱謂，讓太僕趙熹擔任這一職務。這樣，太尉便與司徒、司空一起並稱為三公。到了漢靈帝末年，任命劉虞為大司馬，而太尉的職務依然保留。此後這兩個職位便開始同時設置了。漢朝的制度三公各府，分別部屬和管轄九卿的事務。歸太尉管轄的，有太常、衛尉、光祿三卿。三公都能開府設置官屬。太尉的俸祿每個月三百五十斛。漢獻帝建安十三年，裁減了三公的官職，重新設置丞相。

三

魏初又置，而兼置大司馬❶。晉以司馬望❷為太尉。歷宋、齊、梁、陳、後魏、北齊，並為三公❸，置府僚❹。宋有大將軍則不置太尉。齊以大司馬為贈官。梁氏❺三公加秩至萬石，班第十八。陳正第一品❻，而與大司馬兩置。後魏有大將軍，不置太尉。正光❼已後，又並置之。隋置太尉、司徒、司空為三公，正一品，置府僚；尋省府僚❽，置公則於尚書省上❾，皇朝因焉。武德❿初，秦王⓫兼之；永徽⓬中，長孫無忌⓭為之。其後，親王⓮拜三公者皆不視事⓯，祭禮則攝者行⓰焉。

【章　旨】介紹魏晉南北朝至隋唐有關太尉、大司馬設置沿革及相關人事之更迭狀況。

【注　釋】❶兼置大司馬　指曹魏初年，設置太尉同時兼置大司馬。魏初任太尉的先是賈詡，後為鍾繇、華歆，都是曹魏開國元勳。魏文帝黃初二年（西元二二一年），以大將軍曹仁為大司馬，而太尉如故。以後任大司馬的有曹休、曹真，共同輔政齊王曹芳。曹爽為了排斥司馬懿，曾建議將其由太尉徙為大司馬，但以歷任大司馬曹仁、曹休、曹真皆死於位，改徙司馬懿為太傅。於此亦可見魏初大司馬僅是虛銜。❷司馬望　司馬懿次弟司馬孚之子，過繼與伯父司馬朗。在司馬炎建立晉朝後於泰始三年（西元二六七年），接替何曾為太尉。其下屬設置太尉軍司一人，參軍事六人，騎司馬五人，正式開府。後又拜大司馬。❸並為三公　指南朝自宋至陳，北朝北魏、北齊，皆以太尉與司徒、司空並列為三公。其實「三公」只是此類官階品位之總稱，西晉初年，還把太師、太傅、太保、大司馬、大將軍與太尉、司徒、司空一起，都列在公的地位，稱為「八公」。這些稱號一般多為榮譽虛銜，封給年老體弱的勳舊。東晉南朝因襲了這個慣例。❹置府僚　指太尉可以開府，設置官屬僚吏。❺梁氏　指梁武帝蕭衍。梁武帝於天監初年把一品之俸秩增至一萬石。天監七年（西元五〇八年）改九品為十八班，以班多為貴，三公最貴重，故居十八班。❻正第一品　與從第一品相對。南朝陳把梁的十八班制改為九品制，每品又分正、從，太尉與大司馬都是正第一品。❼正光　北魏孝明帝元詡之年號。❽尋省府僚　指隋文帝開國後不久，即取消三公府僚。尋，不久。《通典・職官二》謂：隋初置三公，「依北齊置府僚，無其人則闕（缺）」，「尋省府及僚佐，置公則坐於尚書都省」。這標誌著起始於漢的三公鼎足並列開府之丞相制至此結束。此後三公名義雖還存在，卻已完全成了不與實際政務相關的虛銜。❾置公則於尚書省上　如果設置三公必須列席於尚書省才能與事。這是因為，原屬三公之政務，此時已分別轉歸尚書、中書、門下三省。如太尉要參預實際政務，須另加領（或平，或視，或錄）尚書事職銜。❿武德　唐高祖李淵年號，建元於西元六一六年。⓫秦王　即後來的唐太宗李世民。武德元年（西元六一八年）進封為秦王，旋拜太尉。⓬永徽　唐高宗李治年號，建元於西元六五〇年。⓭長孫無忌　字輔機，河南洛陽人。其先為鮮卑族拓拔氏，改姓為長孫氏。太宗臨終受遺詔輔政。高宗即位，進拜太尉。後因被誣謀反投繯卒。著有《唐律疏義》。⓮親王　帝王宗室近親被封拜為王者。⓯不視事　指不以三公或者太尉名義直接參預政務。⓰祭禮則攝者行　意謂三公不直接參加郊廟祭天儀式。三公原規定可參加祭禮，如《隋書・百官志下》稱：「祭祀則太尉亞獻，司徒奉俎，司空行掃除。」但由於三公經常曠位無其人，因而派人代其行禮。相沿成習，以後即使在位，亦由攝者代替行禮。這樣三公不僅被排除在政務之外，連祭禮也實際上無權參預。

【語　譯】曹魏初年，又重新設置太尉，同時兼設大司馬。晉朝建立後，曾以司馬望為太尉。此後，歷經南朝的宋、齊、梁、陳，北朝的北魏、北齊，都設置包括太尉在內的三公，並且三公可以開府設置佐僚。南朝劉宋有大將軍一職，就不再設置太尉。南朝蕭齊則把大司馬作為對已故官員的贈官。梁武帝為三公增加俸秩至萬石，品列第十八班。陳則定太尉官階為正一品，同時並置大司馬。北魏前期如果設大將軍，就不設太尉。但到孝明帝正光時，又恢復太尉與大將軍同時並置。隋朝建國後，設置太尉、司徒、司空為三公，正一品，開府辟除佐僚。然而過不了多久，就明令取消三公的府僚。如果有人拜三公，要參預機要政務，那就得到尚書省辦理公務。唐朝承襲了隋朝的這些規定。在武德初年，秦王李世民曾兼過太尉的職務。唐高宗永徽年間，長孫無忌也封拜過太尉的職銜。以後唐朝宗室親王中，也有拜三公，也就是太尉的，但是都不能因此而參預國家機要政務，即使舉行祭禮，也由旁人來代替他們行使。

【說　明】以上三章的主旨是，以太尉為三公之首，來敘述它從上古至隋唐的興衰及相關人事演變狀況。但事實上，太尉之設，並非古已有之。因而只能從《禮記・月令》中引了一句，由於無法從先秦典籍中找到直接依據，只好再引用漢代的緯書，以勉強證明早在傳說中的堯舜時代就已有太尉一職。《漢書・百官公卿表》雖稱「太尉，秦官」，然而秦只有國尉，並未有設置太尉的直接記載。在西漢初年，太尉也非常設，大抵有事則置，無事則省。那時太尉的實際職掌只是帝王身邊的軍事顧問，其本職並無發兵、領兵之權。漢武帝建元二年（西元前一三九年）取消太尉而設置大司馬，但無印綬，也只是對大將軍的一種加官。至於大司馬地位的顯赫，那是霍光出任此職以後的事。特別是漢成帝到哀、平之間，王鳳、王商、王音、王根、王莽，一門五人先後任大司馬，可謂登峰造極。西漢三公並列，原意為了貶抑丞相地位，實際卻是抬高了大司馬的職權。最後的結局便是王莽篡位，建立了新朝。東漢立國之初，王莽竊命篡權殷鑒不遠，遂改大司馬為太尉確立三公制度，從體制上變丞相制為三公制。三公中，太尉地位最尊，依次為司徒、司空。東漢的太尉府，實際職能接近於丞相府。東漢末，取消三公制，恢復丞相制，身為丞相的曹操由此得以大權獨攬。曹魏時期再次恢復三公制度，但此時的三公已成為榮譽性虛銜，如果受此虛銜而仍掌有實權，那是他兼領另外職使的緣故。文中點出至南朝齊三公已作為贈官，便預示著它的實際地位的下降。到唐朝高宗以後，親王拜三公者，連祭祀也不用參加了，更說明著它的徒具空名。

四

司徒一人，正一品；《左傳》❶云：「昔少昊氏❷以鳥名官，祝鳩氏❸為司徒。」《尚書》❹：「舜命契❺曰：『百姓不親，五品不遜❻，汝作司徒，敬敷五教❼在寬。』」周❽則為卿❾官。《書》云❿：「御事⓫：司徒、司空、司馬⓬。」又云⓭：「司徒掌邦教⓮，敷五典⓯，擾兆人⓰。」

【章旨】規定司徒官數、品級，引錄《左傳》等先秦典籍中有關司徒設官分職之記載。

【注釋】❶左傳　編年體史書，《春秋》三傳之一。相傳為春秋末魯太史左丘明撰，更大可能出自戰國人之手。三十卷，十九萬餘字。起於魯隱公元年（西元前七二二年），終於魯悼公四年（西元前四六四年），比《春秋》多出十七年。書中不僅保存了大量古代史料，且記載翔實，文字優美。下述引文見於《左傳・昭公十七年》。❷少昊氏　名摯，傳說中遠古東夷族首領。春秋時郯國（今山東郯縣）即其後裔，孔安國〈尚書序〉把少昊氏列為五帝之首。❸祝鳩氏　傳說遠古曾以鳥名稱官名，此以祝鳩名司徒。《左傳》杜預注：「祝鳩，鷦鳩也。鷦鳩孝，故為司徒，主教民。」❹尚書　即《書經》，原稱《書》。商周戰國間長期彙集而成。書中保存了不少商、周，特別是西周初期的重要文告。下述引文見於《尚書》之〈舜典〉。❺契　傳說中商之始祖。子姓，父為帝嚳，母為簡狄。相傳簡狄吞玄鳥卵而生契。契長助禹治水有功封於商。❻五品不遜　父母兄弟子之間不相和順。五品，父、母、兄、弟、子。遜，和順。❼敬敷五教　恭敬地施行五教。敷，佈；施。五教，父義、母慈、兄友、弟恭、子孝五種德行。❽周　王朝名，指西周。❾卿　古代天子、諸侯所屬世襲高級長官之稱謂。此處指司徒。西周及春秋時，諸侯之上卿亦須周天子任命。❿書云　指《尚書》之記載。下述引文出自《尚書・牧誓》。⓫御事　指為邦國治事之大臣。引文全文應是「我友邦冢君御事」，意為我們友邦的國君和辦事的大臣。⓬司徒司空司馬　《尚書孔氏傳》注此稱：「治事三卿，司徒主民，司馬主兵，司空主土。」⓭又云　仍指《尚書》記載。下述引文出自《尚書・周官》。⓮邦教　指國家之教化。⓯五典　即五教。⓰擾兆人　安撫天下億萬百姓。擾，鄭玄注《周禮》謂：「擾，亦安也。」兆，百萬為兆。舊亦以萬萬為億，萬億為兆。常用來極言其多。

【語　譯】司徒，定員一人，官品為正一品。《左傳》說：「過去少昊氏用鳥名來命名官名，以祝鳩氏稱呼司徒。」《尚書・舜典》有這樣記載：「舜對契發佈命令說：『現在百姓不親和，父母兄弟子之間都不和順。所以任命你為司徒，你要謹慎地推行五常的德教，處理人和事注意寬厚。』」在周代，司徒是卿官。《尚書・牧誓》說：「治事的大臣，是司徒、司空、司馬。」《尚書・周官》還規定：「司徒負責掌管國家的教化，推行和傳佈五教，以安撫天下百姓。」

五

秦置丞相❶，省司徒。漢因之❷。至哀帝❸元壽二年❹，更名大司徒❺，與大司馬、大司空為三公。建武元年❻，以前將軍❼鄧禹❽為大司徒。二十七年❾，朱祐❿議：「契⓫作司徒，禹⓬作司空，並無『大』字。」遂下二府去焉⓭。漢制，司徒所部太僕⓮、鴻臚⓯、廷尉⓰三卿。漢末⓱罷三公，置丞相。

【章　旨】記述秦漢關於丞相及司徒之建置與沿革。

【注　釋】❶丞相　官名，起於戰國秦國。應劭注《漢書・百官公卿表》：「丞者承也。相者，助也。」上承天子之命，以助理萬機。亦稱宰輔、宰相、相邦（漢起因避劉邦名諱改為相國），或簡稱相。相與古代的卿不同，不僅不能世襲，也非終身制，它的任免權全操於君王之手。由於權力的高度集中，丞相成了百官之長，從而改變了過去世卿共掌國政的局面。❷漢因之　指西漢因襲繼承了秦之丞相制度。《漢書・百官公卿表》稱：「高帝即位置一丞相，十一年（西元前一九六年）更名相國，綠綬。孝惠、高后置左右丞相，文帝二年（西元前一七八年）復置一丞相。」❸哀帝　西漢皇帝姓劉名欣，字喜。二十歲即帝位，在位六年，終年二十五歲。❹元壽二年　即西元前一年。元壽為漢哀帝年號。❺更名大司徒　指改丞相名為大司徒。

在此七年前，即成帝綏和元年（西元前八年），以外戚王根為大司馬，同時改御史大夫為大司空，使大司馬、大司空名位與丞相並列。此時再將丞相改名為大司徒，從而促使丞相制度向三公並立的格局轉變。❻建武元年　即西元二十五年。建武為東漢光武帝劉秀年號。❼前將軍　官名。漢為重號將軍之一，與後、左、右將軍並為上卿。平時無具體職務，一般兼領他職。有兵事時則典掌禁兵、戍衛京師，或任征伐。❽鄧禹　字仲華，南陽新野（今河南新野）人。自幼與劉秀親善。及劉秀收河北，禹杖策往見，深得劉秀喜愛，以前將軍持節西入關，大破王匡諸軍，名震關西。劉秀稱帝，即拜禹為大司徒。❾二十七年　指建武二十七年，西元五十一年。❿朱祐　字仲先，南陽宛（今河南南陽市）人。尚儒學，拜建義大將軍，封鬲侯。⓫契　傳說中商之始祖，子姓，舜之臣。佐禹治水有功，舜乃命其為司徒，封於商。⓬禹　傳說中的古代聖王。姓姒，名文命。鯀之子。奉舜命為司空，治理水土。⓭二府去焉　指依朱祐之議，大司徒、大司空二府，俱去「大」字。⓮太僕　官名。《周禮．夏官》之屬有太僕，掌王之服位及傳遞王命，侍從出入。又有校人，掌王馬之政。秦漢合兩職為一職，沿用太僕之名，為九卿之一，秩二千石，掌輿馬及牧畜之事。新莽改名太御，東漢復舊。⓯鴻臚　漢九卿之一。亦稱大鴻臚。掌朝會和郊廟行禮時贊導之事。鴻，大聲。臚，傳導。《通典．職官．諸卿》：「周有大行人，掌大賓客之禮。秦官有典客，掌諸侯及歸義蠻夷。漢改為鴻臚。」⓰廷尉　秦漢九卿之一，最高司法行政長官。廷，平。尉，罰。漢景帝時曾更名大理，漢武帝時復稱廷尉。以後或稱大理，或稱大尉。⓱漢末　指建安十三年（西元二〇八年）。

【語　譯】秦朝設置丞相，取消了司徒這一職務。西漢因襲繼承了秦朝的丞相制度。到漢哀帝元壽二年，改名為大司徒，與大司馬、大司空並列為三公。東漢建武元年，任命前將軍鄧禹為大司徒。建武二十七年朱祐奏議：「契作司徒，禹作司空，並沒有在司徒、司空上冠以『大』字。」光武帝接受這一建議，於是便下令大司徒、大司空二府，去掉「大」字。漢朝的制度，司徒府的部屬有太僕、鴻臚、廷尉三卿。東漢末年，罷除三公，設置丞相。

六

魏罷丞相，置三公❶，以華歆❷為司徒。晉以何曾❸為司徒。趙王倫❹篡位，以梁王肜❺為丞相，省司徒；彤遷，復舊。永嘉元年❻王夷甫❼為司徒，東海王鉞❽為丞相，則始兩置矣。成帝❾以王導❿為丞相，以司徒府為丞相府；導薨⓫，復舊。宋有丞相，又置司徒⓬。齊以丞相為贈官⓭，梁又兩置⓮，陳氏以丞相為贈官⓯，後魏正光之後復兩置⓰。北齊廢丞相⓱，乾明中又兩置⓲。後周並廢⓳。隋廢丞相，置司徒⓴。皇朝因之。歷代品秩、章服㉑，皆同太尉。

【章旨】介紹魏晉南北朝至隋唐有關丞相與司徒設置之沿革及人事狀況。

【注釋】❶魏罷丞相置三公　此指曹操死、曹丕繼位以後發生的事。以賈詡為太尉，華歆為相國，王朗為御史大夫，恢復三公鼎立，改變曹操以丞相一人獨操政柄的局面。不久曹魏受漢禪，改相國為司徒，御史大夫為司空，恢復三公原來稱謂。❷華歆　字子魚，平原高唐（今山東禹城西南）人。曹操執政時，曾代荀彧為尚書令。曹丕即王位，拜為相國。魏受「禪讓」後，改為司徒。❸何曾　字穎孝，陳國陽夏（今河南太康）人。魏晉禪代之際，何曾有功於司馬氏，累拜司徒，封朗陵侯。❹趙王倫　即司馬倫，司馬懿第九子。被封於趙，故稱趙王倫。晉武帝司馬炎死後繼位的惠帝司馬衷是個低能兒，其后賈氏專政，趙王倫利用誅殺賈后機會逼惠帝禪位於己，引發了宗室諸王內亂，即導致西晉滅亡的「八王之亂」。❺梁王彤　即司馬彤，字子徽，司馬懿第八子。彤，據《晉書・宣五王傳》當為「肜」。趙王倫篡位時，以梁王彤為丞相省司徒。倫失敗後，惠帝復位，「詔以彤為太宰，領司徒」（同上）。❻永嘉元年　即西元三〇七年。永嘉為晉懷帝司馬熾年號。❼王夷甫　即王衍，夷甫是他的字。山東臨沂（今山東臨沂北）人。以空談老莊為能事，世號「口中雌黃」。據《晉書》本傳，王衍曾拜尚書令、司徒、司空三職，其中實職是尚書令，司徒、司空皆係虛銜。❽東海王鉞　司馬鉞，字元超，司馬懿之姪孫，司馬泰之子。討楊駿有功，封東海王。晉懷帝司馬熾即位，司馬鉞鎮許昌，「詔鉞為丞相，領兗州牧，督兗、豫、司、冀、幽、并六州」（《晉書・東海王鉞傳》）。永嘉五年（西元三一一年）率軍討石勒，死於途，眾為石勒圍殲，王公士庶死者十餘萬，史稱「永嘉之亂」。❾成帝　東晉皇帝司馬衍。四歲即皇帝位，由太后臨朝稱制。先後在位十八年，二十二歲去世。❿王導　字茂弘，琅邪臨沂（今山東臨沂北）人。晉元帝為琅邪王時，導知天下已亂，勸王收賢俊共事，深見委仗，朝野稱為仲父。西晉傾覆後，助元帝在江東建立東晉，有「王與馬，共天下」之稱。後受遺詔輔明帝，又受明帝遺詔輔成帝。歷事三君，位極人臣。時王導已為司徒，成帝成康四年（西元三三八年），又遷以太傅，接著改司徒為丞相，再以丞相授王導。此種名稱之改易，都是為了對功高位重的王導臨終前示以慰藉。次年王導死，復改丞相為司徒。⓫薨　周代諸侯之死，唐代二品以上官員之死，稱薨。⓬宋有丞相又置司徒　此即所謂兩置。據《宋書．百官志》載：「宋世祖初，以南郡王義宣為丞相，而司徒府如故。」在南朝劉宋時期，無論是否有人出任丞相或司徒，司徒府均為常設，「司徒若無公，唯省舍人，其府常置，其職僚異於餘府」（同上）。⓭齊以丞相為贈官　意謂丞相之職成了榮譽虛銜。《南齊書．百官志》相國條下載：「宋孝建用南譙王義宣至齊不用人，以為贈，不列官。」贈官，朝廷對已故官員或在職官員已故直系親屬的一種恩典。⓮梁又兩置　指梁時丞相與司徒兩置。《隋書．百官志上》：梁武帝蕭衍建國時，「有丞相、太宰、太傅、太保、大將軍、大司馬、太尉、司徒、司空、開府儀同三司等官」。其中開府儀同三司是對諸將軍、左右光祿大夫等作加官外，其他九個公都作為三公，其中丞相與司徒則是並置的。⓯陳氏以丞相為贈官　《隋書．百官志上》稱：「陳承梁，皆循其制官，而又置相國，位列丞相上。拜丞相、太宰、太傅、太保、大司馬、大將軍，並以為贈官。」⓰正光之後復兩置　指北魏正光後丞相與司徒同時並置。正光，北魏孝明帝年號。據《魏書．肅宗紀》，正光元年（西元五二〇年）七月，以太師高陽王雍為丞相；十一月，以司空、京兆王繼為司徒公。北魏北齊的三公、八公，與東晉、南朝虛銜化不同，都是用來封拜鮮卑貴族親王，是使其參預議政的一種方式，可說是原始部落民主制的一種畸變。⓱北齊廢丞相　意謂北齊官制中未設丞相。據《隋書．百官志》，北齊設有太師、太傅、太保三師，太尉、司徒、司空三公。未置丞相。⓲乾明中又兩置　指北齊乾明年間又並置丞相、司徒。乾明為北齊廢帝高殷年號。據《北齊．廢帝紀》，廢帝繼位當年（西元五六〇年），即以斛律金為左丞相，段韶為司徒，同時設置了丞相和司徒。時間應在乾明初，非乾明中。⓳後周並廢　指北周不設置丞相和司徒。此前北朝的官制大體仿照南朝，至西魏、北周，才逐漸顯出儼然立國規模。還在宇文覺稱帝前，宇文泰就令蘇綽、盧辯和裴政等依《周禮》建立三公六官制度。六官所屬之大夫以下各職，皆依《周禮》定名。這雖帶有濃厚的復古傾向，但也清除了漢魏以來許多蕪雜紊亂的名號而歸於簡易和統一。⓴隋廢丞相置司徒　據《隋書．百官志下》記載，楊堅建隋「改周之六官，其所置制名，多依前代之法。置三師三公」，未置丞相。㉑品秩章服　指有關司徒之官名、俸秩和印章、服飾的規格。

【語　譯】曹魏建國後，取消丞相，設置三公，讓華歆出任司徒。西晉建國，任命何曾為司徒。趙王司馬倫篡位時，叫梁王司馬肜（彤）做丞相，廢止了司徒的職位。但不久又任命肜（彤）為司徒，恢復原來的名稱。永嘉元年，王夷甫擔任司徒，同時又任命東海王司馬鉞為丞相，這樣便開了丞相與司徒同時並置的先例。東晉成帝讓王導做丞相，以司徒府作為丞相府；王導一去世，又恢復稱司徒。南朝劉宋既有丞相，又設置司徒，也就是同時並置。蕭齊時把丞相作為慰藉已故官員的贈官。蕭梁又並置丞相與司徒。南朝陳亦把丞相作為對已故官員的封贈。北魏孝明帝正光以後，再次同時設置丞相與司徒。北齊前期的官制中，沒有丞相一職，只設置司徒，到廢帝高殷乾明時，又同時並置了丞相與司徒。北周丞相與司徒兩職都被取消。隋朝則設置司徒而廢止丞相。本朝因襲了隋朝的職官制度。自秦漢到隋唐的各個朝代，司徒的品級、俸秩和印章、服飾的規格，都與太尉相同。

【說　明】以上三章，記述三公之一司徒的設置與沿革。文中引證了載有司徒職名的《左傳》等先秦典籍，卻省略了秦與西漢有關丞相制度的書錄。其實，與其說三公制自古已然，不如說它正是由秦漢間的丞相制分割、演化而來。丞相制為戰國和秦所創建，它的人選直接由皇帝擇定，上承王命，助理萬機。丞相既非世襲，也非終身，其去留可由皇帝依據實際需要而定。這樣它就改變了西周春秋以來的世卿制度，再也不會出現那種魯國三卿、晉國六卿專制朝政的局面了。所以，宰相制與郡縣制的問世，是皇權加強、中央集權專制制度形成的標誌。西漢在武帝以前，繼承秦之丞相制度，丞相都由功臣出身，位尊權重，總領百官，主持朝議，對君王的諫諍、封駁，都在其職權範圍。武帝以後，丞相權力逐漸轉歸中朝尚書，地位也隨之降落。其中一個重要原因是，丞相的位尊權重，不能不影響到君權的獨擅與伸張，這就勢必引起皇帝的不滿。漢武帝在位五十四年，曾任用丞相十三人，除田蚡、公孫弘、石慶恭，或因皇親國戚，或因阿諛自容，得以勉強善終於位外，其餘十人不是自殺、下獄，便是以過黜免。漢昭帝和漢成帝時，掌握朝中實權的先後是錄尚書事的大司馬霍光和王鳳。大司馬是宮官，他們都是靠勳舊或外戚的特殊身份，得以大司馬錄尚書事，秉掌了國政的樞紐。然而在名義上，此時丞相的位置仍在大司馬之上。因而成帝與後繼的哀帝二度廢丞相之名，改為大司徒，目的都是為了張揚大司馬而貶抑丞相。東漢光武時，尚書臺正式成為中央權力的實際執行機構，此時已改名司徒的丞相，便成為有名無實的備員而已。因其徒有虛名，無足輕重，所以丞相與司徒有時可兩置。至於東漢末，曹操的自任丞相獨擅朝政，東晉時，拜領司徒的王導可以「王與馬，共天下」，那應屬變例，非由丞相或司徒職司本身使然。有一點值得提一下：《宋書・百官志》說：「司徒若無公，唯省舍人，其府常置。」這就是說，沒有司徒的司徒府，可以作為常設機構而存在，幹點什麼呢？就是專門管管有關戶籍一類事務。這與當年三公開府辟僚，實在不可同日而語。

七

司空一人，正一品。《左傳》❶云：「少昊❷以鳲鳩氏❸為司空。」《尚書》❹：「舜命禹：『汝作司空，平水土❺，惟時懋哉❻！』」孔安國❼曰：「司空主空土以居人。」按：空，穴也，古者穴居。周以司空為冬官❽，掌邦事。

【章旨】規定司空官數、品級，引錄先秦典籍中有關司空的記載。

【注釋】❶左傳　編年體史書，《春秋》三傳之一。下述引文見於《左傳・昭公十七年》。❷少昊　名摯，傳說中遠古東夷族首領。孔安國〈尚書序〉把少昊列為五帝之首。❸鳲鳩氏　傳說遠古曾以鳥名稱官名，此以鳲鳩名司空。鳲鳩，即鴶鵴。郭璞稱其為今之布穀鳥。《毛詩義疏》謂今梁宋間（河南省北部），稱布穀為鴶鵴。❹尚書　即《書經》，原稱《書》。商周至戰國間長期彙集而成。書中保存了不少商周重要文告。下述引文據《尚書・舜典》。❺平水土　意謂禹曾治理過大水。❻惟時懋哉　大意為：你要為此勤奮努力啊。時，是；此。代指擔任司空這件事。懋，奮勉。❼孔安國　字子國，孔子後裔。相傳著有《尚書孔氏傳》，宋以後學者考證以為此書係晉代王肅偽託。下述引文據《尚書・周官》孔安國傳文。原文為：「冬官卿，主國空土以居民。」❽冬官　《周禮》六官之一，即司空。《周禮・冬官・考工記》疏：「象冬所立官也。是官名司空者，冬閉藏萬物，天子立司空使掌邦事，亦所以富立家，使民無空者也。」

【語譯】司空，定員一人，官品為正一品。《左傳》中說：「少昊用鳲鳩氏來命名司空。」《尚書》裡記載著舜命令禹的話：「你去擔任司空這個職務。過去你曾經平息過洪水的災害，現在你可要為這個新的職務勤奮努力啊！」孔安國說：「司空的職能是挖土成穴，使它可以居住百姓。」按：空的意思，就是洞穴。周代把司空歸為冬官，執掌國家管理事務。

八

秦置御史大夫❶，省司空。漢因之。至成帝❷綏和元年❸，御史大夫何武❹建議依古置三公官，改御史大夫為大司空。時，議者以縣、道❺官獄有司空，故加「大」字以別之。哀帝❻建平二年❼，朱博❽建議❾：「古之帝王不必相襲。」五年❿，罷大司空，置御史大夫；元壽元年⓫，復為大司空。故與御史大夫不兩置。建武元年⓬，用讖言⓭，以野王令⓮王梁⓯為大司空。二十七年⓰，以朱祜⓱議，去「大」字。獻帝⓲建安十二年⓳，又省司空，置御史大夫。漢制，司空所部宗正⓴、少府㉑、司農㉒三卿。

【章旨】記述秦漢間御史大夫和司空之建置與沿革。

【注釋】❶御史大夫　秦置，為丞相之副。戰國時列國相繼設御史，為國君左右掌文書和記錄諸事官員。因近在君側，亦起秘書監察作用。西漢沿置，仍為丞相副貳，秩中二千石，與丞相對稱「兩府」，協調處理全國政務，而以監察、執法為主要職掌，為最高監察、執法長官，位上卿。主管圖籍秘書檔案、百官奏議經其上呈，皇帝詔命由其承轉丞相下達執行。因其與皇帝關係親近，有時權勢尚在丞相之上。屬官有丞：一為御史丞，領御史三十員留御史府；一為御史中丞，領侍御史十五員入侍宮中蘭臺。漢武帝後，章奏詔命之出納轉歸尚書、中書，監察、彈劾之事移於御史中丞，御史大夫之職權遂趨旁落。❷

成帝　西漢皇帝劉驁。二十歲即位，在位二十六年，終年四十五歲。❸綏和元年　即西元八年。綏和為漢成帝年號。❹何武　字君公，蜀郡郫縣（今四川郫縣）人。原任御史大夫，成帝時奏議復置三公官，於是成帝「賜曲陽侯根大司馬印綬，置官屬，罷票騎將軍官；以御史大夫何武為大司空，封列侯，皆增奉如丞相，以備三公官焉」（《漢書・朱博傳》）。❺縣道　均為郡所屬地方行政區劃。漢代於少數民族聚居區所設置的縣稱「道」。《漢書・百官公卿表上》：「【縣】有蠻夷曰道」。❻哀帝　西漢皇帝劉欣之，字喜。二十歲即位，在位六年，去世時僅二十六歲。❼建平二年　即西元前五年。建平為漢哀帝年號。❽朱博　字子元，杜陵（今陝西西安市東南）人。哀帝即位，外戚王氏一時失勢，傅氏、丁氏得勢。時朱博任大司空，奏議「大司空官可罷，復置御史大夫，遵奉舊制」（《漢書・朱博傳》）。哀帝以朱博為御史大夫，旋以為丞相。四年後哀帝死，平帝即位，大權重落外戚王氏之手，王莽執政，朱博被迫自殺，復改大司空為御史大夫。❾建議　南宋本作「駁議」。駁即「駁」。駁議，臣屬向皇帝上書文體之一，一般用於駁正別人議論。此處對前何武之建議而言。❿五年　指建平五年，西元前二年。據《漢書・哀帝紀》，應為建平「四年」，西元前三年。⓫元壽元年　即西元前二年。元壽為西漢平帝劉衎年號。參照上文「司徒」章和《漢書・百官公卿表》，應為「元壽二年」。⓬建武元年　即西元二十五年。建武為東漢光武帝劉秀年號。⓭讖言　指一種隱語式的預言。今俗所謂求籤，實即求讖。《說文解字》：「讖，驗也。有徵驗之書，河洛所出之書曰讖。」在古代政治鬭爭中，往往有意製造某些讖言，以借助神秘之力獲取民心。如劉秀稱帝時，就曾利用過下述讖言：「四七之際火為主」，「卯金修德為天子」（《後漢書・光武帝紀》）。其中「四七」為二十八，暗指自漢高祖劉邦立國至劉秀初起正為二百二十八年。「火為主」，漢以火德受命。「卯金」，合而為「劉」，即指劉秀。⓮野王令　指野王縣縣令。野王屬河內郡，故址在今河南省沁陽縣。秦漢制，縣置令。令為一縣之行政長官。⓯王梁　字君嚴，漁陽安陽（今河北密雲）人。劉秀平定河北後，任野王令。此時關中有人進獻稱為〈赤伏符〉的讖言，其中有一句「王梁主衛作玄武」，被解釋為：戰國末期，秦置衛元君於野王，因而衛即野王。玄武，水神之名。在百官中，司空為主持水土之官。從而得出了神靈預言當時僅為野王縣令的王梁將遷任司空的結論。據此光武帝劉秀便任王梁為大司空（見《後漢書・王梁傳》）。⓰二十七年　即建武二十七年，西元五十一年。⓱朱祐　字仲先，南陽宛（今河南南陽市）人。尚儒學，拜建義大將軍，封鬲侯。⓲獻帝　指東漢獻帝劉協，漢王朝最後一個皇帝。九歲即位，在位三十年，被迫「禪位」於曹丕，東漢亡，改封山陽公。死於魏明帝青龍二年（西元二三四年），時年五十四歲。⓳建安十二年　即西元二〇七年。建安是漢獻帝最後年號。據《後漢書・獻帝紀》應為「建安十三年」（西元二〇七年）。是年，曹操罷漢三公官，置丞相、御史大夫，並自為丞相。又規定御史大夫不領侍御史銜，因而無法預問各種政務，只作陪襯而已，國政全掌曹操一人之手。⑳宗正　官名。西周、戰國已置，秦漢列為九卿之一。例由宗室擔任，管理皇族、外戚事務，參與審理諸侯王犯法案件。有丞，屬官有都司空令丞、內官長丞及諸公主官屬。㉑少府　官名。秦、西漢列為九卿之一。職掌帝室財政，管理山海池澤市肆租稅收入，供皇帝、宮廷日常生活、祭祀、賞賜開支。兼管衣食器用、醫藥、宴樂、喪葬等宮廷內部服務和宮廷手工業，管轄直接事奉皇帝的機要官員及內侍、宦者等。㉒司農　官名。九卿之一。掌管國家財政經濟以供軍國之用。秦稱治粟內史，漢景帝後元元年（西元前一四三年）更名為大農令，漢武帝大初元年（西元前一〇四年）復改名為大司農。屬官有太倉、均輸、平準、都內、籍內五令丞，涉及國庫、籍田、物價、交通運輸以及鹽鐵專賣等各方面。

【語　譯】秦代設置御史大夫，省去司空。西漢因襲秦的設置。到漢成帝綏和元年，御史大夫何武建議應該按照遠古的官制設置三公，把御史大夫改為大司空。當時參加議論的都認為地方縣、道佐理獄政的吏胥也設有司空這一職稱，因此建議中央設置的司空加一「大」字，以示區別。到漢哀帝建平二年時，大司空朱博提出與何武不同的建議，認為古代帝王的官制不必都前後相因襲。這樣到建平五（四）年時，便廢止大司空的職名，恢復了御史大夫的稱謂。過了一年，就是元壽元年，重新再稱為大司空。由此可見，御史大夫與大司空兩者不能同時並置。光武帝劉秀建武元年，根據關中地方有人進獻的「讖言」，把野王縣的縣令王梁提昇為大司空。建武二十七年，由於朱祐的建議，去掉「大」字，稱司空。漢獻帝建安十二（三）年，又撤除了司空，再次恢復設置御史大夫。漢朝的職官制度，歸司空管轄的部屬有宗正、少府、司農三卿。

九

魏省御史大夫，置司空。景初二年❶，以司隸校尉❷崔林❸為司空。晉以荀顗❹為司空。歷宋、齊、梁、陳、後魏、北齊，皆省御史大夫，置司空。後周二職並廢❺。隋氏韓❻「忠」，以御史中丞之職為大夫❼，故又置司空。品、職並同太尉。皇朝因之❽。

【章旨】介紹自魏晉至隋唐有關御史大夫設置之沿革及人事狀況。

【注釋】❶景初二年　即西元二三八年。景初為魏明帝曹叡年號。❷司隸校尉　漢武帝征和四年（西元前八年）初置。初掌管理在中央諸官府服役的徒隸，持節，亦捕治罪犯；後罷兵去節，專察京師百官違法，包括三公、外戚、諸侯以下不論尊卑，無所不糾。出則專道而行，入則專席而坐。又兼統畿輔七郡，稱司隸。東漢光武時，廷議朝會，司隸校尉與御史中丞、尚書令同賜獨坐，並稱「三獨坐」。❸崔林　字德儒，清河東武城（今河北武城西北）人。漢武帝時累遷御史中丞。明帝即位，先後任司隸校尉、司空，封安陽鄉侯。❹荀顗　字景倩，潁川（今河南禹縣）人，荀彧之子。曹魏後期追隨司馬氏，曾代其甥陳泰為僕射，領吏部尚書。魏末因年邁遷司空。司馬炎建晉，仍以其為司空。不久又加侍中，遷太尉，均為虛銜。❺後周二職並廢　指北周時，御史大夫、司空二職均不設置。北周復古，不依漢魏之法，而以《周禮》建六卿，故無此二職。所設冬官府雖有大司空卿一職，但其所掌只相當於後之工部尚書。❻韓　當係「諱」字之訛。南宋本、廣池本並作「諱」。隋文帝楊堅之父名楊忠，故諱「忠」字。❼以御史中丞之職為大夫　意謂把御史中丞這一職名改為御史大夫。御史大夫在秦和西漢均為丞相副貳，權重秩尊。漢時其辦事機構稱御史大夫寺，設於未央宮外門司馬門內，御史大夫屬官之一的御史中丞，則領侍御史十五員入侍宮內蘭臺。漢武帝時，章奏詔命出納之職移歸尚書、中書，御史大夫職權日趨衰落，漢成帝後，改御史大夫為大司空，名為位列三公，實則備位而已。而御史中丞卻因更接近皇帝而依舊顯貴，一直是御史臺長官，東漢時，與司隸校尉、尚書令並為御前「三獨坐」。隋因避諱楊忠而將御史中丞改名為御史大夫，此當有別於秦和西漢時之御史大夫。由原來御史大夫改名為三公之一的司空，此時依舊存在。❽皇朝因之　指唐朝因襲了隋朝有關司空的建置：既設立三公之一的司空，亦把御史臺的長官稱為御史大夫，下屬又設御史中丞二人。

【語譯】曹魏省除御史大夫，設置司空。魏明帝景初二年，讓任司隸校尉的崔林遷官為司空。西晉建國初，任荀顗為司空。歷經南朝的宋、齊、梁、陳，北朝的北魏、北齊，都是省去御史大夫而單獨設置司空。北周時，司空與御史大夫這兩個職司都被廢除。隋朝由於避諱「忠」字，就把御史中丞改名為御史大夫，因此又設置了司空，它的品秩和職務，都與太尉相同。本朝因襲了隋朝與此相關的體制。

【說　明】以上三章所述三公之一的司空，同樣並非自古已然。司空這一職名，見於《周禮・冬官》，其職掌為主管土木工程。春秋戰國時，晉國三軍亦置，掌軍事工程。宋國還因避武公諱而改名「司城」。但作為三公之一的司空，則大抵由秦之御史大夫演化而來。御史一職戰國已置，係君主左右記事之官，地位不高，因其親近君主，間或有所差遣，秦、韓等國曾有奉遣監察郡、縣、軍隊的。秦始皇時，設御史大夫，為侍奉皇帝眾御史之長，負責起草制書和詔書，制書則例由御史大夫承轉丞相，然後下達百官。更因其與皇帝親近，或受遣監察地方，或奉命辦理大案，權位僅次於左右丞相，有時甚至在丞相之上。漢初不少丞相便是由御史大夫昇任的，當時並稱丞相府與御史大夫寺為「二府」。漢成帝時，御史大夫何武奏議，認為古代民樸事約，尚且需賢聖輔佐，備三公之官；如今「政事煩多，宰相之材不能及古，而丞相獨兼三公之事，所以久廢不治也。宜建三公官」(《漢書・朱博傳》)。用意在於貶抑丞相，抬高大司馬，以討好此時實際執政的大司馬王商。御史大夫改名司空，與太尉、司徒並列為三公，名義上提高了地位，實際上卻架空了職權。據《後漢書・百官志》，此時司空成了專管水土之官，這倒正符合《周禮・冬官》對司空職掌的規定，只是那已不是由御史大夫改稱、作為三公之一的司空了。

十

三公，論道之官❶也。蓋以佐天子，理陰陽，平❷邦國，無所不統，故不以一職名其官。然周、漢已來，代存其任。自隋文帝❸罷三公府僚❹，皇朝因之，其或親王拜者，亦但存其名位耳。

【章　旨】此章為三公篇全篇總論。

【注　釋】❶論道之官　與處理日常庶政事務之職能官吏相對而言。論，猶綸。論道，意謂經綸治國之道。即《尚書·周官》所謂「茲惟三公，論道經邦，燮理陰陽」，是輔佐天子的肱股大臣。❷平　本字作「釆」。辨別；治理。❸隋文帝　隋朝開國皇帝楊堅，弘農華陰（今河南靈寶）人。在位二十四年，終年六十四歲。❹罷三公府僚　意謂三公不再開府和設置僚佐，僅為徒有其名的榮譽空銜。隋文帝罷三公府僚事，本篇太尉章已論及。

【語　譯】三公，是經綸治國之道的重要職官。由於它的職責是輔佐天子，調理陰陽，治理邦國，幾乎所有國家大事都要統管，所以不能用一個具體職名去稱謂它。然而自周朝和兩漢以來，歷代都保存了三公的任職。從隋文帝開始，廢止三公的開府和設置僚佐，本朝沿襲了這種做法。其間或有宗室親王拜任三公之職的，那也只是僅僅保留這個名位罷了。

尚書都省❶（上）

【篇　旨】本篇主要記述尚書都省官員構成及其行政職能，從尚書令、左右丞起，直到掌固為止。篇中列述了都省的職掌，及其在國家事務中的地位。原注中詳敘歷朝沿革情況，提供了不少掌故典實。

尚書都省是整個龐大的尚書省機構組成部分之一。除都省外，尚書省下屬還有吏、戶、禮、兵、刑、工六部尚書，本書二至七卷將作詳述。在唐代尚書省有一座大廳稱「都堂」，杜佑在《通典·職官四》中對當時整個尚書省官署作了這樣描述：「都堂居中，左右分司。都堂之東有吏部、戶部、禮部三行，每行四司，左司統之。都堂之西有兵部、刑部、工部三行，每行四司，右司統之。」其中都堂、左司、右司就屬於本篇尚書都省要敘述的範圍。論官員編制，都省名額並不多，從令、僕至掌固，不過八十多員，少於六部任何一部，官員最少的禮部亦有一百零四員；但其地位卻高於任何一部，是整個尚書省的樞紐，主要管轄尚書省內部諸項事務和特定的某些全國性事務，兼有總領省事、掌舉綱紀、統納文案處理等多重職能。有人譬之為尚書省的辦公廳，大體貼近其旨。

本篇篇名為原有。鑒於內容繁富，為便讀者，我們把它分成了上下兩篇。

一

尚書令一人，正二品。秦置尚書，有令、丞，屬少府❷。漢因之。武、昭後置，【其任稍重❸。《漢書》❹云：「宣帝❺時❻任用中書宦官❼；元帝❽時，弘恭❾、石顯❿相繼為中書令；

元帝被疾，不親政事，遂委任焉。及前將軍⑪蕭望之⑫領尚書事，知顯專權邪辟，建言以為「中書百官之本，國家樞機，宜以通明公正之士處之。武帝遊燕⑬後庭，故委用宦者，非古制也。宜罷中尚書官⑭」。中尚書，謂中書及尚書⑮也，中書典尚書奏事，故連言之。及光武親總吏職⑯，權歸尚書，三公但受成事而已。《漢官儀》⑰云：「尚書令主贊奏事⑱，總典綱紀⑲，無所不統，秩千石；故公為之者⑳，朝會不陛㉑奏事，增秩二千石㉒。天子所服五時衣㉓賜尚書令、僕射㉔。其三公、列卿㉕、將軍㉖、大夫㉗、五營校尉㉘行複道㉙中，遇尚書令、僕射、左右丞相、郎㉚，皆迴車豫㉛避。衛士傳呼：『不得迕㉜臺官㉝』；臺官過，乃得去。每朝會，尚書令、御史中丞㉞、司隸校尉㉟各獨座，故京師號曰『三獨座』。」

【章　旨】規定尚書令官數、品級，記述秦與西漢設置尚書之經過及其職掌。

【注　釋】❶都省　唐代尚書省之總官署。亦稱都司（相對於下屬二十四司而言）、都臺（因尚書省又稱尚書臺）、都堂（指都省會議廳堂），或稱南衙、南省（唐代其官署位置在禁外宮門之南）。❷秦置尚書三句　此三句追溯尚書起源。尚書，秦始置於宮禁中，其職掌為收發文書，傳達、記錄詔命章奏。據《宋書．百官志上》：「漢初有尚冠、尚衣、尚食、尚浴、尚席、尚書，謂之六尚。」尚書便是為皇帝日常起居作息服務的六尚之一。令、丞是主管尚書之官，稱尚書令、尚書丞。尚書隸屬於少府。少府亦為秦官，列九卿之一，職掌帝室財政，可說是皇帝私府。這些都說明尚書原為事務性職官，地位並不高，類同現代公務員中秘書，不同處在於他是皇帝的「秘書」。❸武昭後置　重　據南宋本及宋．孫逢吉《職官分紀》引《唐六典》文，此句文字應是「武昭之後，其任稍重」。姑補「其任稍」三字，以便通讀。武昭，指西漢武帝和昭帝。其任稍重，意謂在武、昭執政時期，尚書職位較前更為重要。《晉書．職官志》稱：「漢武時，左右曹、諸吏分平尚書奏事，知樞要者始領尚書事。」如霍光便是以大將軍領尚書事而得以秉掌朝政。❹漢書　我國第一部紀傳體斷代史。又名《前漢書》。東漢班固撰。所記高祖元年至王莽地皇四年間西漢二百三十年史事。計十二紀、八表、十志、七十列傳，一百二十卷，八十萬字。❺宣帝　西漢皇帝劉詢。為霍光所立，十八歲即皇帝位，在位二十五年。❻時　《職官分紀》引《唐六典》文此字為「特」。❼中書宦官　中書之名最早見於漢武帝時，原稱中尚書，所以加一「中」字，指其在內廷服務。如《漢書·佞幸石顯傳》：「少坐法腐刑，為中黃門，以選為中尚書，宣帝時為中書官。」又《漢書·蓋寬饒傳》：「是時上（指宣帝）方用刑法，信任中尚書宦官。」其職掌與尚書同，掌管文書，通錄奏章。一般以士人為之稱尚書，以宦官為之則稱中尚書，簡稱中書。由於中尚書在帝王近旁，故往往能凌駕於尚書之上。又，南宋本作「中尚書官」，可互通。❽元帝　西漢皇帝劉奭，漢宣帝之子。二十七歲即位，在位十六年，終年四十三歲。執政時崇尚儒術。❾弘恭　西漢沛（今江蘇徐州市西北）人。少時因坐法受腐刑，後為中黃門，以選為中尚書。宣帝時任中書令。恭明習法令故事，善為請奏。元帝時，與石顯並得寵信，委以政事，權傾一時（據《漢書·佞幸石顯傳》）。❿石顯　字君房，濟南（今山東章丘東）人。少時犯法受宮刑，為中黃門，被選為中尚書。弘恭為中書令時，石顯為僕射，後恭死，顯代為中書令。漢元帝因病無法親政，事無大小皆委任石顯。⓫前將軍　蕭望之封號。《漢官解詁》稱：「前、後、左、右將軍，皆周末官，秦因之，位上卿。」平時無具體職司，一般兼領他職。有兵事時則可典掌禁兵，戍衛京師，或任征伐。⓬蕭望之　字長倩，東海蘭陵（今山東棗莊東南）人。以儒術著稱。受遺詔輔政，前後為元帝師八年，多所匡正。後為弘恭、石顯所陷，飲鴆自殺。⓭燕　通「宴」。宴飲。⓮罷中尚書官　關於蕭望之罷中尚書官的建議，據《漢書·蕭望之傳》除了以宦官為尚書始於漢武帝喜歡宴飲後宮這樣一種特殊情況不合古制外，還有一條理由：「又違古不近刑人之義」。刑人指受過宮刑的宦官。建議主旨是要將宦官排除出尚書職位之外，全部由士人來擔任此職。這自然為正權重一時的弘恭、石顯所不容。蕭最終被誣陷致死，建議也擱置了下來。直至成帝建始四年（西元二十九年），才廢除了中書謁者令，章奏出納之事復專歸於尚書。⓯中尚書謂中書及尚書　此句為本書作者詮釋蕭望之建議中「中尚書」一詞。但這一詮釋似乎誤解了蕭建議原意。蕭所指僅宦官所領之「中尚書」，非蕭望之自領即由士人擔任之「尚書」。⓰光武親總吏職三句　指東漢光武帝劉秀越過三公，親自過問吏事，由獨攬全權到權歸尚書這一段歷史事實。在帝王專制制度下，如果君王事必躬親，政不任下，必然會遇到個人才智精力無法勝任繁複的政務這樣一個矛盾。最後只好採取所謂以親馭疏、以小制大的策略，即依仗近在身旁的秘書機構，在東漢時期也就是尚書，從而導致三公的實際權力轉歸尚書省，秘書機構轉化為行政決策機構，以至逐漸取代了原有中央政府的職能。歷史上，尚書機構正是在這樣一個背景下，孕育、發展、壯大起來的。⓱漢

官儀　書名。漢軍謀校尉應劭撰，已佚。有後人輯佚本。⑱主贊奏事　主管接納百官奏章轉呈皇帝之事。原由百官直接奏事，此時變成由尚書代為奏事。贊，意為宣讀。在帝王面前朗讀奏本。皇帝據以所下之詔令，亦由尚書草擬謄正，然後往下頒行。⑲總典綱紀　指尚書有權劾奏上至三公九卿，下至文武百官，以維護朝綱法紀。典，主管。⑳公為之者　指以三公之職位而兼領尚書事的人。㉑不陛　意謂可以不必站立到殿階下。陛，殿階。以三公身份兼任尚書令者，參加朝會時，可以享受「不陛」而向皇帝面奏的殊榮。㉒增秩二千石　指尚書令的俸秩由千石增至二千石。漢制秩千石者，月俸九十斛；秩二千石者，月俸為一百二十斛。㉓五時衣　指五時朝服。《晉書．輿服志》：「漢制，一歲五郊，天子與執事者所服各如方色。」五時為每年立春、立夏、大暑、立秋、立冬。五時服色各不相同。㉔僕射　官名。秦漢置為侍中、謁者、博士、郎以及尚書之長。此處指尚書令副官，詳後。㉕列卿　指地位次於三公的九卿及九卿以外諸卿。《晉書．職官志》稱太常、光祿勳、衛尉等九卿及將作大匠、太后三卿、大長秋等「皆為列卿」。㉖將軍　武官名。春秋戰國為軍隊統帥泛稱，西漢漸作為正式官稱。通常冠以各種名號，如驃騎將軍、車騎將軍、衛將軍及前、後、左、右將軍等，皆為顯貴之職。㉗大夫　官名。原為官爵，如周時官爵分公、卿、大夫、士四等。西漢則為在內廷中侍從帝王左右備顧問人員，係郎中令下屬。《漢書．百官公卿表》載：「大夫掌議論，有太中大夫、中大夫、諫大夫，皆無員，多至數十人。」㉘五營校尉　兩漢北軍各營將領之合稱。北軍的任務為拱衛帝王。西漢分八營，東漢減為五營。校尉是率領該營的將領，秩比二千石。五營校尉之稱謂為：屯騎校尉、越騎校尉、步兵校尉、長水校尉、射聲校尉。㉙複道　亦稱閣道，帝王宮殿間左右或上下封閉式的通道。目的是使帝王行跡深藏不露。西漢時有複道聯結長樂宮、未央宮。此處指東漢時所建聯結南宮、北宮複道。蔡質《漢典職儀》：「南宮至北宮，中央作大屋，複道，三道行，天子從中道，從官夾左右，十步一衛。兩宮相去七里。」複道始作者為秦始皇（見《史記．本紀》秦始皇三十五年）。㉚郎　帝王侍從官通稱。詳下篇。㉛豫　通「預」。㉜迕　違逆。㉝臺官　指尚書令、僕射等尚書省官員。兩漢尚書官署稱尚書臺，故對其官員有此稱。㉞御史中丞　本為御史大夫之屬官，領治書御史二人、侍御史十五人入侍宮內蘭臺。後御史大夫改為司空逐漸轉為榮譽空銜，而御史中丞卻仍留在宮中，成為御史臺長官，秩千石。專掌監察、執法，常受命領兵，出督軍旅，為京師顯官。㉟司隸校尉　官名，省稱司隸。漢武帝征和四年（西元前八年）始置。初掌管理在中央諸官府服役之徒隸，持節，亦捕治罪犯，後罷兵去節，專察京師百官非違。諸侯外戚三公以下，不論尊卑，無所不糾。出則專道而行，入則專席而坐。又兼統畿輔七郡，如刺史察部之制。權勢顯赫，威懾百僚。

【語譯】尚書令，定員一人，官品為正二品。秦朝開始設置稱為尚書的機構，官員有尚書令、尚書丞，屬於少府管轄。漢代因襲秦代的設置。武帝、昭帝以後，【尚書的職位日漸】重要。《漢書》說：「漢宣帝時，啟用宦官充任中尚書官。元帝時，宦官弘恭、石顯相繼擔任中書令。當時元帝因有病不能親理政事，於是國家政事委任給石顯他們了。待到前將軍蕭望之主持尚書事務，知道石顯此人專權獨斷，行為邪辟，便向漢元帝奏議，認為「中書是百官之本，國家的機要，應當讓通達明理、辦事公正的士人來擔任這個職務。過去由於漢武帝長期在王宮後庭遊樂宴飲，為了方便而使用宦官，這不是古代聖王的制度。現在應該撤掉設在內廷由宦官充任的中尚書」。所謂中尚書，是指中書和尚書。由於中書負責轉呈和處理尚書的奏章，因而這裡連在一起說。到了東漢光武帝，由於他躬親原由官吏辦的職事，漸漸導致日常行政權力落到尚書身上，三公變成只是接受成事的備員而已。《漢官儀》說：「尚書令負責接納百官的奏章，轉呈給帝王，總攬朝綱法紀，監督百官，國家政務沒有不屬於它統轄的。尚書令俸秩為一千石。如果是三公兼領尚書事的話，那麼朝會時，他要向皇上奏事，就可以不用站立到殿階下去，俸秩可以增加到二千石。天子還把自己所穿的五時朝服賞賜給尚書令和僕射。凡是三公諸卿，將軍、大夫和五營校尉，在連接南北宮殿的複道上遇見尚書令、僕射、左右丞相和尚書郎時，都要預先將車子迴避。宮廷的衛士要大聲傳呼：『不得違逆臺官！』要等尚書令過去以後，才能離開。每次朝會時，君王特賜尚書令、御史中丞、司隸校尉在朝堂有單獨的專座，因而京師人們號稱他們為『三獨座』。」

二

晉氏尚書令假❶銅印、墨綬❷，冠進賢兩梁❸，納言幘❹，五時朝服，佩水蒼玉❺；受拜❻則策❼命之，以在端右❽故也。及賈充❾為尚書令，以目疾表置省事吏❿四人。自魏至晉、宋、齊，秩皆千石，品⓫並第三。梁加秩中二千石⓬，班⓭第十六。陳加品至第一。後魏、北齊及隋，品皆第二。皇朝因之。服鷩冕、八旒，七章⑭，三梁冠⑮。後漢以尚書令、僕射及六曹尚書⑯為八座⑰。魏氏省為五曹⑱，則僕射有二；若僕射省一，則尚書有六，率以為常。今則以二丞相⑲、六尚書為八座。然後漢尚書稱臺，魏晉已來為省，皇朝因之。龍朔二年⑳改為中臺，咸亨元年㉑復舊。光宅元年㉒改為文昌臺，長安三年㉓又為中臺，神龍㉔初復舊。

【章　旨】敘述魏晉至隋唐尚書令之服飾、品秩及其機構之組成狀況。

【注　釋】❶假　給予；贈予。❷銅印墨綬　銅製印章，黑色絲帶。綬，束於腰間用以繫印的絲帶。古代按職官品秩高低，佩戴不同質地的印章和不同色彩的繫印之帶。《漢官儀》載：「尚書令，秦官，銅印墨綬。」❸冠進賢兩梁　進賢冠為古代儒者所戴之冠。其形制為前高七寸，後高三寸，頂有梁，以梁之多少顯示其等級身份。公侯為三梁，中二千石以下至博士為二梁。❹納言幘　幘，古用以包頭之巾。尚書所戴頭巾稱納言幘。《後漢書．輿服志》稱：「尚書幘收，方三寸，名曰納言，以示忠正，顯近職也。」❺水蒼玉　玉石名。古代官員按品級佩戴玉石，如一品佩山玄玉，二品以下佩水蒼玉。❻受拜　指受帝王任命。依禮制舉行一定的儀式授予官職稱拜。❼策　通冊。古代文書用竹簡，編簡名為冊。帝王對臣下任命記於策簡上，稱策命，以示鄭重。❽端右　借指主管、首領一類意思。端，首端。右，古人尚右。一說為西漢尚書省設於未央宮前殿之正南門，即端門內，故稱端右。❾賈充　字公閭，平陽襄陵（今山西臨汾東南）人。賈逵之子，幫助司馬炎建立晉朝，代裴秀為尚書令、侍中。❿省事吏　指在尚書省協助尚書令處理事務之吏胥。尚書機構在兩漢稱臺，至魏晉稱省。賈充因患目疾而上表請求為他設置四名省事吏的，所以此四人帶有現代所謂私人秘書性質。⓫品　指官品，職官之等級。漢自中二千石至百石，凡十六等。後漢自中二千石至斗食，凡十三等。魏始置品，從一品至九品。晉、宋、齊因之。唐朝流內官分正、從九品並有上下，共三十階。⓬梁加秩中二千石　意謂梁時尚書令之俸秩提高了三級。漢制，三公號稱萬石，月俸為三百五十斛。其次為中二千石，月俸百八十斛。再次為二千石，月俸百二十斛。比二千石月俸百斛。尚書令為秩千石，月俸九十斛。梁朝把尚書令之秩自千石增至中二千石，即提高了三級。⓭班　梁定官品為十八班，以班多為貴。尚書令為十六班，相當於二品。

⑭鷩冕八旒七章　此為唐《武德令》規定的帝王侍臣參加助祭時之冠冕服飾。鷩，《爾雅・釋鳥》有鷩雉，似山雞而小，冠背毛黃，腹下赤，項綠，色鮮明。繡其形於衣，以象人執耿介之節。八旒，指冕冠前後懸垂之玉串為八串。又，《新唐書・輿服志》則記七旒。七章，指上衣下裳花紋總數。三章在衣，為華蟲、火、宗彝；四章在裳，為藻、粉米、黼、黻。⑮三梁冠　即有三梁之進賢冠。⑯六曹尚書　此指東漢尚書令下設之六曹尚書。曹，相當於現代司局一級行政機構。關於東漢尚書分曹事，《後漢書・百官志》與《漢官儀》記載互有出入，《晉書・職官志》較為明確，六曹為：三公曹、吏部曹、民曹、客曹、二千石曹和中都官曹。⑰八座　指尚書令、僕射和六曹尚書八人。八座共同主持尚書臺日常工作。⑱魏氏省為五曹　即曹魏時六曹減去了一曹。其中緣故，據《晉書・職官志》記載，由於右僕射常常兼攝祠部尚書，因而實際上只有五曹。⑲二丞相　指唐代尚書省左、右丞相。⑳龍朔二年　即西元六六二年。龍朔為唐高宗李治年號。㉑咸亨元年　即西元六七〇年。咸亨亦為唐高宗李治年號。㉒光宅元年　即西元六八四年。光宅為武則天稱制時第一個年號。㉓長安三年　即西元七〇三年。長安為武則天稱帝時的一個年號。㉔神龍　本為武則天年號，唐中宗李顯沿用不改，共二年。改元那年為西元七〇五年。

【語　譯】在晉朝，尚書令被授予佩戴銅印黑綬，戴兩梁的進賢冠，髮上紮有納言幘。一年五個時節穿不同的朝服，佩戴水蒼玉。受拜這個職位時，君王正式用策簡做下任命記錄。所以享有這些榮典，都是因尚書令是尚書省首腦的緣故。待到賈充擔任尚書令，因他視力不好，上表請求為他個人設置省事吏四人。從曹魏到晉朝，以及南朝的宋、齊，尚書令的俸秩都是一千石，官品列為三品。南朝梁代，把尚書令俸秩增加到中二千石，官階列為第十六班，相當於二品。陳代又提昇到一品。北朝的北魏、北齊以及隋朝，尚書令的官品都列為二品。唐朝因襲隋朝。參加助祭時，尚書令的冠戴服飾是鷩冕、八旒、七章，戴三梁進賢冠。東漢把尚書令、僕射以及六曹的尚書連在一起，號稱八座。曹魏時，因為左右兩名僕射中有一人兼領了一曹尚書，所以如果僕射有二人，那麼六曹尚書便減為五曹尚書；如果僕射只一人，那麼尚書仍為六曹。這一時期大體都是以此為常例。當今本朝則是以左、右二丞相和六部尚書合為八座。對尚書機構，東漢稱臺，魏晉以來稱省。本朝沿襲魏晉，亦稱省。高宗龍朔二年時，一度改稱中臺，到咸亨元年又恢復稱省。天后光宅元年，曾改為文昌臺，長安三年再改為中臺，到神龍初再恢復稱省。

三

尚書令掌總領百官，儀刑端揆❶。其屬有六尚書，法周之六卿❷。一曰吏部，二曰戶部，三曰禮部，四曰兵部，五曰刑部，六曰工部，凡庶務皆會而決之。初，秦變周法，天下之事皆決丞相府，置尚書於禁中❸，有令、丞，掌通章奏而已。漢初因之。武宣之後，稍以委任。及光武親總吏職，天下事皆上尚書，與人主參決❹，乃下三府❺，尚書令為端揆之官。魏晉以來，其任尤重。皇朝武德❻中，太宗初為秦王，嘗親其職❼，自是闕❽不復置，其國政樞密皆委中書❾，八座之官但受其成事而已。自太師已下，皆古宰相之職，今不常置，故補敘之。

【章　旨】總論尚書令之職掌、組織沿革及其在唐朝所發生變化。

【注　釋】❶儀刑端揆　意為：總攬朝政的宰相是眾人效法的楷模。儀刑，效法。《詩經・文王》：「儀刑文王，萬邦作孚。」朱熹傳：「儀，象。刑，法。」端揆，指丞相。相居百官之首，總攬朝政，故有此稱。《南史・沈約傳》：「約久處端揆，有志台司。」❷周之六卿　指《周禮》以天官冢宰、地官司徒、春官宗伯、秋官司寇、冬官司空分掌邦政，稱為六卿。這裡是把尚書省下屬的六部，託附其源於《周禮》之六卿。其實隋始置的六部，由漢魏尚書諸曹演化而來。隋六部名稱為：吏、民、禮、兵、都官、工。唐因之，改都官部為刑部，民部為戶部。❸禁中　指帝王宮廷。因宮中有禁約，入宮必須有籍，無籍而任意私闖宮廷者有罪，故以「禁中」代稱。❹與人主參決　意謂天下事皆由尚書令參與皇帝一起議論決定。人主，指皇帝。❺三府　指三公即太尉、司徒、司空所置之府。❻武德　唐高祖李淵年號。❼嘗親其職　指唐太宗李世民未即帝位前被封為秦王時，曾任尚書令之職。❽闕　通「缺」。因唐太宗李世民曾擔任過尚書令，故此後無人敢於出任此職，只好空缺。高宗龍朔二年（西元六六二年）下制廢止尚書令之職。此後唯後來成為德宗皇帝的雍王適曾一度居任此職。德宗時又以授郭子儀，郭進〈讓尚書令表〉堅辭之。❾國政樞密皆委中書　此句承上，係本書作者對唐代何以會出現中書省取代尚書省執掌國政樞密一事作出的解釋。但無人出任尚書令恐怕還只是表面現象，更深層的原因應是皇帝不斷使用那個以親馭疏、以小制大策略的結果。因為事實上，中書代替尚書非始於唐而始於魏。魏設中書省，奏事與詔令的出納轉歸中書，尚書省成了如同以往三公府那樣處理日常庶務的機關。

【語　譯】尚書令是總領百官的宰相，眾人效法的楷模。他的屬官有六部尚書，這是仿效周官六卿的制度。六部尚書一是吏部，二是戶部，三是禮部，四是兵部，五是刑部，六是工部；大凡各種政務，都要彙總到尚書省來解決。當初，秦國改變周代的法制，天下大事都取決於丞相府。另外在宮中設置尚書，尚書長官便是令和丞，它的職掌無非只是出納臣下章奏罷了。漢初因襲了秦的丞相制度。西漢武帝、宣帝以後，逐步加重了尚書的職權。到東漢光武帝，他親自過問各項政務，這樣天下的事都彙總到尚書省，由尚書們參與君主決策，然後下達三公府執行。這樣尚書令便成了總攬朝政的首相的官位。從魏晉以來尚書令的職司更加顯得重要。唐朝武德中葉，太宗李世民被封為秦王時，曾親自兼任過尚書令的職務。從那以後，這個職務便一直空缺在那裡，不再有人出任。這一來，國家政務的樞要便轉到中書省，尚書省的八座只是受理各種已經決定的事務罷了。自太師以下到尚書令，都是相當於古代宰相的職務。這類職務現在不經常設置了，所以備敘在這裡。

【說　明】本篇至此，已將尚書省及其長官尚書令之產生和發展並進而逐步取代丞相地位的歷史過程，記述完畢。尚書的興起，同時也就意味著三公的衰落。這種此興彼衰的現象，在中國官制史上可謂屢見。這一輪興衰的契機起始於漢武帝的改制，然而到了唐代，尚書省也走到了自身的反面，就像當年三公那樣，脫離了樞機的中心，「但受成事而已」。為什麼會出現這種「輪迴」呢？

本篇一章中有一段話值得玩味。在東漢，「三公、列卿、將軍、大夫、五營校尉行複道中，遇尚書令、僕射、左右丞相、郎，皆迴車豫避」。但是若論品秩，三公、列卿、將軍都要比尚書令高，該「迴車豫避」的似乎不應是他們，而應是尚書令等。箇中的蹊蹺就在於：儘管三公九卿可說是龐大的國家機器的象徵，但是機器離開主人下達的指令就無法運作。是誰給這架機器傳來帝王的指令呢？正是品秩雖不高卻擔負著出納章奏、詔命重任的尚書省的人們，這便使得高位厚祿的三公九卿也不得不屈尊紆貴去巴結他們。《宋書・百官志上》說：「今尚書官上朝及下，禁斷行人，猶其制也。」可見從東漢直到南朝初期，原來不過是少府小小屬官的尚書此時是何等威風啊！帝王們所以要讓這些稱作尚書的貼身的秘書們充當如此不尋常的角色，原因就在於他們地位低，好使喚，出了什麼問題也容易處置。這就是帝王術中的一種所謂「以小馭大、以輕馭重」的策略。因此秘書執政是封建專制制度下難以規避的必然現象，古今皆然。但是事物的發展又總是遵循著自身的規律，其結果往往要走向當事者願望的反面。原先地位低下、人員精簡的尚書機構，由於擔負了過於重大的特殊使命而迅速膨脹起來，威風起來，以至不久便取中央權力機關而代之，其長官的品秩也很快接近或等同於三公九卿。不過它真的發展到了這一步，那亦就走到了自身歷史的盡頭，帝王又要另找更貼近自己、更容易駕馭的秘書機構來代替它了。各個封建王朝的中央機構，幾乎都是如此這般地在不斷新陳代謝，變換的只是名稱而已。

本卷從三師、三公到這一章尚書令，大體自成一個段落，說的是中國封建社會前期宰相制度的演化。以下是敘述尚書都省內部的組織機構及其變革。

四

尚書左丞相一人，右丞相一人，並從二品❶。左、右丞相，本左、右僕射也。《漢書・百官表》❷云：「僕射，秦官，自侍中❸、尚書、博士❹、郎❺皆有僕射。古者重武官，有主射以督課❻，因所領之職以為號。」若尚書則曰「尚書僕射」。漢因秦。後漢建安四年❼，以執金吾❽

榮邵❾為尚書左僕射，分置左、右，蓋自此始。《漢官儀》❿：「僕射，秩六百石，公為之⓫，加至二千石。」自晉以後，給省事吏⓬三人。魏、晉、宋、齊，秩皆六百石，品並第三。梁品猶第三，秩中二千石，班第十五。陳品加至第二。後魏、北齊及隋，品皆從第二。自魏、晉以來，置二則為左、右僕射，或不兩置，但曰尚書僕射。宋《百官階次》⓭云：「尚書僕射，勝右減左，望⓮在二者之間。僕射職為執法，置二則曰左、右執法。又與列曹尚書分領諸曹郎。今闕，則左僕射為省主。自東晉以來，祠部尚書⓯多不置，以右僕射主之。若左、右僕射並闕，則置尚書僕射以掌左事，置祠部尚書以掌右事。」然則尚書僕射、祠部尚書不常置矣。隋置左、右僕射，從二品。皇朝因之。自漢以來，章服並與令同⓰。龍朔二年⓱，改為左、右匡政，咸亨元年⓲復為僕射。光宅元年⓳，更名左、右相，神龍元年⓴復為僕射。開元㉑初，改為左、右丞相。

左、右丞相掌總領六官㉒，紀綱百揆㉓，以貳令之職㉔，令則專統焉。初亦宰相之職也。開元中，張說㉕兼之，罷知政，猶為丞相㉖。自此以後，遂不知國政。

【章　旨】規定尚書左右丞相官數、官品，記述其沿革及職掌。

【注　釋】❶從二品　次於正二品之官階。九品又分正、從自北魏始。自四品以下，每品再分為上、下，凡三十階。北齊、隋唐皆因之。❷漢書百官表　即班固所著《漢書》中之〈百官公卿表〉。❸侍中　官名。秦始置。因其出入殿中侍從皇帝，故稱侍中。西漢曾為加官，凡列侯、卿大夫等，加此即可入侍宮禁，親近皇帝。武帝以後，常授重臣儒者，與聞朝政，贊導眾事，顧問應對，成為中朝要官。西漢侍中之長稱僕射，東漢稱祭酒。❹博士　官名。春秋戰國已有其稱，初泛指學者，後定為職官。西漢初充當皇帝顧問，參與議政、制禮，管理圖書。無定員。漢武帝時用公孫弘建議，設五經博士。宣帝時增至十二人，掌教弟子。博士之長西漢為僕射，東漢改稱祭酒。❺郎　帝王侍從官之通稱。春秋戰國已有。西漢時依職責不同，有議郎、中郎、侍郎、郎中，皆無定員，多至千人。職掌守衛皇宮殿廊門戶，出充車騎扈從，備顧問應對，守衛陵園寢廟等。至東漢，以尚書臺為政務中樞，其分任曹事者為尚書郎，職責範圍已與以往郎官不同。❻主射以督課　此句追溯「僕射」之稱由來。主射，弓箭手。督課，監督與考核。最初的僕射，原是一群人中之善射者，由他負責對眾人督察與考核，引申為統領。故僕射亦為泛稱職名，並非專指尚書省長官，不僅侍中、博士、郎中皆置有僕射，軍屯吏、騶、宰、永巷宮人等亦都設有相應的僕射。❼建安四年　即西元一九九年。建安為漢獻帝年號。❽執金吾　武官名。秦稱中尉，漢武帝太初元年（西元前一〇四年）改此。職掌京師治安。負責宮廷之外、京城之內警衛，戒備非常水火之事，管理中央武庫，皇帝出行則掌護衛及儀仗隊。金吾為兩端鍍金之銅棒，執之以示權威。一說「吾」讀為「禦」，謂執金以禦非常。另說金吾為鳥名，主辟不祥，天子出行，執此鳥之象為先導以示警。❾榮邵　據《後漢書・百官志》注中劉邵案語稱：「獻帝分置左、右僕射，建安四年以榮邵為尚書左僕射。」又引《獻帝起居注》稱：「邵卒官，贈執金吾。」又，《宋書・百官志上》作「部榮」。其生平籍貫不詳。❿漢官儀　書名。漢軍謀校尉應劭撰，《隋唐・經籍志》著錄有十卷，今已佚。清孫星衍有輯佚本。⓫公為之　意謂如果以三公任尚書僕射。⓬省事吏　在尚書省協助尚書令處理庶務之吏胥。⓭百官階次　書名。《隋書・經籍志》有著錄，今已佚。⓮望　指地位等級之高低。⓯祠部尚書　尚書省屬官之一。東晉設置。掌禮儀祭祀等事，為隋代所置禮部尚書前身。東晉南朝常以右僕射兼攝之。下屬有祠部、儀曹二曹。北魏名為儀曹尚書，北齊稱祠部尚書。⓰章服並與令同　指僕射參預助祭等大禮時之印章服飾，皆與尚書令同等。⓱龍朔二年　即西元六六二年。龍朔為唐高宗李治年號。⓲咸亨元年　即西元六七〇年。咸亨為唐高宗李治又一年號。⓳光宅元年　西元六八四年。光宅為武則天稱制時年號。⓴神龍元年　即西元七〇五年。神龍為唐中宗李顯年號。㉑開元　唐玄宗李隆基年號。改左右僕射為左右丞相，為開元六年（西元七一九年）事。㉒六官　指吏、戶、禮、兵、刑、工六部。㉓紀綱百揆　意謂治理萬機。紀綱，整治；治理。百揆，總領百事。此處指眾事。㉔以貳令之職二句　意在說明唐代由於尚書令一職長期空缺而出現的特殊情況。即原是作為尚書令副職的左右僕射，如今卻在統率尚書省的全部事務。第二句「令則專統」中「令」字，南宋本及《職官分紀》「尚書省」條引《唐六典》文均為「今」，似應從。㉕張說　字道濟，或字說之，洛陽（今河南洛陽市）人。玄宗在東宮時，張說為侍讀，深受親信。開元中，任尚書右丞相兼中書令。㉖罷知政猶為丞相　指張說被撤除中書令後，仍保留右丞相空銜。南宋本及《職官分紀》引《唐六典》原注此句，「罷」字前均有一「後」字。知政，參與國政。開元十四年（西元七二六年）。被罷去知政資格的張說，名義上雖仍為右丞相，卻只能在集賢院當個清差，專修國史。此例說明作為尚書省長官的左右丞相，並非是當然宰相，要執掌國政還得有「參知政事」的差遣，否則丞相也只是一個空名。

【語　譯】左丞相一人，右丞相一人，官品都是從二品。左右丞相本來就是左右僕射。《漢書．百官公卿表》說：「僕射是秦朝設置的官職，無論侍中、尚書、博士、郎這些宮廷職官中，都分別設有僕射。古代看重武官，讓善射的人來負責監督與考核眾人，於是以他所領受的職務作為官名。」譬如在尚書省，就稱為「尚書僕射」。西漢承襲秦朝的體制。東漢建安四年，以任執金吾的榮邵為尚書左僕射。從這一年起，僕射就分別設置左右二人。《漢官儀》說：「僕射的俸秩為六百石，如果三公兼任這個職務，那就增加到二千石。」從晉朝以後，僕射還可以有官府派遣為他個人服務的省事吏三人。魏、晉和南朝的宋、齊，僕射的俸秩都是六百石，官品都為三品。在南朝的梁，開始官品仍為第三，俸秩二千石；後來官品論班，僕射列為第十五班。南朝陳把官品加到第二。在北魏、北齊和隋朝，官品都在從二品。從魏晉以來，如果設置二個人的話，那就是左、右僕射；如果只設置一個人，那就稱作尚書僕射。南朝宋的《百官階次》說：「單設的尚書僕射，它的職位在右僕射之上，左僕射之下，也就是說它的位望在左、右僕射之間。僕射的職掌是執法，若是設置兩人，那就稱為左執法、右執法。左、右僕射還與各個曹的尚書分領各曹郎官。不設尚書令，那麼左僕射便是尚書省的主管。從東晉以下，都不經常設置祠部尚書，而以右僕射主持祠部。如果左、右僕射都空缺，那麼便設置尚書僕射來掌管左僕射的事務，由祠部尚書來掌管右僕射的事務。」但是這種情況並不經常出現，因而尚書僕射、祠部尚書通常並不同時設置。隋朝設置左、右僕射官品為從二品。本朝因襲隋的定制。從東漢以來，左右僕射參預助祭時的印章服飾的規格都與尚書令相同。唐高宗龍朔二年，改左、右僕射為左右匡政。咸亨元年又恢復稱僕射。光宅元年改名為左、右丞相。神龍元年又改回稱僕射。開元初年再改稱左、右丞相。

左、右丞相職掌總領六部，治理天下萬事。這兩個職務原來是尚書令的副職，如今卻可以獨自處理尚書省的全部事務了。左右丞相起初也是名實相符的宰相職位。開元年間，由中書令張說兼領尚書右丞相，後來他被撤去以中書令參政的差遣，雖然還保留著右丞相的職位，卻再也沒有相應的實際權力。從此以後，單有左、右丞相名號，就不再能參預國政。

【說明】本章敘述尚書左右丞相的由來及其職掌。歷史似乎兜了一個圈子，又回到原來的地方：從秦及西漢初年，設置左右丞相到三公開府後，丞相之位漸次衰微，隨後是尚書省的迅速崛起，它的機構很快膨脹到原來丞相府的地位，於是便又有了在尚書省內設置左右丞相的需要。丞相彷彿已經「復活」，但實際卻是今非昔比。在唐代，一方面中書、門下二省逐漸作為尚書省的制衡機構與其平起平坐，另一方面真正的宰相職務已開始使職化。尚書、中書、門下三省長官在政事堂共議國政，在唐初不設尚書令的情況下，按說左右僕射（左右丞相）作為尚書省的長官應是當然的宰相，但是唐太宗李世民卻先後讓杜淹、魏徵分別以吏部尚書、秘書監參與朝政，這就是差遣並無丞相品秩的他官來掌居宰相之職。貞觀八年（西元六三四年），尚書僕射李靖因病要求辭職，唐太宗沒有完全同意，命他「三兩日一至中書門下平章事」。這就又開了一個先例：只要皇帝有詔令，不任尚書僕射的人也可以參加政事堂會議。貞觀十七年（西元六四三年），又給了李靖一個「同中書門下三品」。這一原來帶有偶然性的個例，以後卻成了定制：「為宰相者必加同中書門下三品」（《新唐書・百官志一》）。開元以後的尚書僕射或尚書左右丞相，不加「同中書門下三品平章事」，就不能實際參與政事。這就是為什麼張說罷知政事後，以一個待罪之人卻仍可掛職尚書省的右丞相：因為這時候單有左右丞相這類空名，已經很難再做什麼事了。

五

左丞一人，正四品上❶；右丞一人，正四品下。司馬彪❷《續漢書》云：「尚書丞一人，秦所置，漢因之。至成帝建始四年❸置列曹尚書，更置丞四人。至光武減其二，惟置左、右丞各一人。」丞者，承也。言承助令、僕，總理臺事也。然漢列曹尚書四人，成帝加至五人，彪言成帝置列曹尚書，恐誤也❹。《漢官儀》云：「尚書令、左丞，總領綱紀，無所不統；僕射、右丞，掌廩假❺錢穀。」晉傅咸❻云：「左丞得奏彈八座❼。」魏、晉已來，左丞主臺內禁令，宗廟祠祀，朝儀禮制，選用置吏，糺❽諸不法，無所迴避；右丞掌庫藏、廬舍，凡諸器用之物，刑獄、兵器。然則右減於左❾，其來尚❿矣。魏、晉、宋已來，左、右丞銅印、黃綬⓫，絳朝服，進賢一梁冠⓬。自魏至宋、齊，品皆第六，秩四百石。梁左丞班第九，右丞班第八，並第四品，秩六百石，陳因之。後魏、北齊，左丞正四品下，右丞從四品上⓭。隋初，左丞從四品上，右丞從四品下；煬帝⓮左、右丞並正四品。皇朝左丞正四品上，右丞正四品下；服絺冕⓯、六旒，三章⓰，兩梁冠⓱。龍朔二年⓲改為左、右肅機，咸亨元年⓳復為左、右丞。永昌元年⓴為從三品，神龍二年㉑復故。

左、右丞掌管轄省事，糺舉憲章，以辨㉒六官之儀制，而正百僚之文法，分而視焉㉓。若左闕，則右兼知其事；右闕，則左亦如之。若御史有糺劾不當，兼得彈奏㉔。

【章旨】規定左、右丞官數、品級，記述其設置之沿革及職掌。

【注釋】❶正四品上　四品之最高官階。四品另有：正四品下，從四品上，從四品下。官品自北魏起九品各置正、從，自四品以下，又分為上、下，凡三十階。自北齊至隋唐皆因之。❷司馬彪　西晉史學家，字紹統，河內溫縣（今河南溫縣西）人。西晉宗室。初拜騎都尉，後為秘書郎，轉丞。著有《續漢書》、《莊子注》、《九州春秋》。《續漢書》紀、志、傳凡八十篇。紀、傳已佚，僅存八志三十卷。南朝梁劉昭注范曄《後漢書》時，把《續漢書》的志抽出來加注分為三十卷，合於范曄《後漢書》。至北宋真宗年間，正式將范書與司馬彪志合刻為一。故今本《後漢書》紀、傳為范曄所撰，志則為司馬彪著，劉昭注。

❸成帝建始四年　成帝，西漢皇帝劉鷔，在位二十五年。建始四年，即西元前二十九年。建始為成帝年號。

❹彪言恐誤句　此為本書作者指出上引司馬彪《續漢書》文與歷史事實不盡相符。按：依史書記載，彪文似有二誤。一是始置時間當早於漢成帝，漢武帝時已置。如應劭《漢官儀》稱：「尚書四員，武帝置。」二是所置尚書員數，武帝為四，成帝加一，增至五，非為四。如《漢書・百官公卿表》：成帝建始四年，「初置尚書，員五人，有四丞」。

❺稟假　稟給；俸給。稟，倉儲。假，給予。

❻傅咸　字長虞，北地泥陽（今陝西耀縣南）人。西晉時曾任尚書右丞、尚書左丞、御史中丞等職。後起為議郎長，兼司隸校尉。咸上疏奏，條理灼然，朝廷無以易之，貴戚懾伏。引文即為其疏奏中語。

❼八座　在西晉指尚書令、二僕射及五曹尚書。

❽糺　「糾」之異體字。

❾右減於左　意謂右丞職權低於左丞。

❿尚　久遠。

⓫銅印黃綬　印綬中最低一等。佐官唯公府長史、尚書左右丞授予印綬。又，南宋本作「銅印、墨綬」。

⓬進賢一梁冠　進賢冠中最低一等，五品以下，九品以上服之。

⓭右丞從四品上　據《魏書・官氏志》：太和後制，左丞從四品上，右丞從四品下。又據《隋書・百官志》記載，北齊尚書左、右丞品同太和後制。均與此處右丞為「從四品上」不同。錄以備考。

⓮煬帝　名楊廣，隋朝最後一個皇帝。

⓯絺冕　據《新唐書・職官志》係四品之服。絺，細葛布。《舊唐書・職官志》作「繡冕」。

⓰六旒三章　旒為冕冠前後懸掛之玉串，以其多寡顯示貴賤，最多為十二旒，最少為四旒。六旒即六串。章為繡繪於上衣下裳之花紋，亦以多為貴。三章，一章在衣，為粉米；二章在裳，為黼、黻。

⓱兩梁冠　即有二梁之進賢冠。三品以下、五品以上服之。

⓲龍朔二年　即西元六六二年。龍朔為唐高宗李治年號。

⓳咸亨元年　即西元六七〇年。咸亨亦為唐高宗李治年號。

⓴永昌元年　即西元六八九年。永昌為武則天稱制時年號。

㉑神龍二年　即西元七〇六年。神龍為唐中宗李顯年號。

㉒辨　通「辦」。

㉓分而視焉　指左、右丞分工所管轄尚書省事務。即上文所謂右丞主臺內禁令，祭祀朝儀，糾諸不法，無所迴避；右丞則掌庫藏廬舍，刑獄兵器，凡諸器用之物。前者管人，後者管物。又據《舊唐書・職官志》：「左丞掌管轄諸司，糾正省內，勾吏部、戶部、禮部十二司，通判都省事」；「右丞管兵部、刑部、工部十二司」。

㉔御史有糺劾不當兼得彈奏　御史，指御史臺所屬御史。在唐代，御史臺是國家監察機構，其職掌為糾舉百僚非違，推鞫獄訟。但監察者同時也要受監察，《新唐書・職官志一》規定：尚書左右僕射「令闕（缺）則總省事，劾御史糾不當者」。御史臺內部有行政上隸屬於尚書都省的勾檢官主簿，把御史有關糾舉方面的過失記錄於稱之為「黃卷」的工作日誌，尚書都省正是通過御史臺的勾檢官對御史臺執行監督。詳後第十三卷。

【語　譯】尚書左丞一人，官品為正四品上；尚書右丞一人，官品為正四品下。司馬彪的《續漢書》說：「尚書丞一人，是秦朝開始設置的官職，漢朝沿襲了下來。到漢成帝建始四年，又設置列曹尚書，同時設置尚書丞四人。後來到東漢光武帝時減少了兩個人，只設置左、右丞各一人。」所謂丞，就是「承」的意思，是說秉承尚書令、僕射的意旨，協助他們處理尚書臺的各項事務。不過實際是漢初就設置了列曹尚書四人，成帝只是增加了一人，共為五人。司馬彪說漢成帝才開始設置列曹尚書，這個說法恐怕有錯誤吧？《漢官儀》說：「尚書令、尚書左丞負責總領朝堂綱紀，無所不管；僕射、右丞掌管尚書省內官吏俸祿和物資的供給。」晉朝傅咸說：左丞可以上奏彈劾尚書省的八座。從魏晉以來，左丞一直是執掌尚書臺內部的禁令，宗廟祭祀，朝會時儀式禮節，以及選用官吏，對一切違法的行為都能糾舉彈劾，無所迴避。右丞的職掌是管理庫藏的物品，房屋廬舍，一切日常器皿和用物，以及刑獄的兵器。從在左右丞職權來說，右低於左，這種格局由來已久了。魏、晉、宋以來，左右丞可佩銅印黃綬，穿紅色朝服，戴進賢一梁冠。自曹魏到南朝的劉宋、蕭齊，官品都是第六，俸秩為四百石。南朝蕭梁，左丞官品在第九班，右丞在第八班，都相當於第四品，俸秩六百石。陳朝即南朝的陳因襲梁的舊制。北朝的北魏、北齊，左丞的官品為正四品下，右丞為從四品上。隋朝初年規定左丞從四品上，右丞從四品下。到隋煬帝時，改為左右丞並列正四品。本朝左丞為正四品上，右丞為正四品下。冠冕服飾規定為絺冕，六旒，三章，戴進賢兩梁冠。唐高宗龍朔二年，左右丞改稱為左右肅機，到咸亨元年又恢復為左右丞。天后永昌元年，左右丞的官品提昇為從三品，到唐中宗神龍二年又恢復為原來的。

左、右丞的職掌是管轄尚書省的日常事務，督察糾舉違反典章制度的行為，從而整治六部官員的行為規範，端正文武百官的文書法令。左右丞二人，按照各自分工職責的範圍實施監督和管理。如果左丞缺員，便由右丞兼管左丞的事；右丞缺員，左丞亦要兼管右丞的事。若是發現御史臺御史在糾察彈劾中有不恰當的地方，左右丞也可兼而彈劾按奏他們。

【說　明】品秩並不高的左右丞，在尚書都省、在整個尚書省以至對滿朝文武百官，都有一種特殊作用，值得在這裡一提。

唐貞觀初年，左僕射蕭瑀免官，右僕射封德彝病故，唐太宗對尚書左丞戴冑說：「今無令僕，繫之於卿，當稱朕所望也。」接著又下了一道敕令：「尚書細務屬左右丞，惟大事應奏者，乃關左右僕射。」（《唐會要卷五十七》）左右丞的被器重，於此可見。

左右丞的分工是：左丞掌糾正省內，勾吏、戶、禮三部十二司，通判都省事；右丞掌兵、刑、工三部十二司，其他職掌與左丞同。名義上，尚書省的首腦是尚書令與左右僕射，而實際主持日常政務的，往往是左丞與右丞。左丞、右丞尤為引人注目的職能是監督，因而被稱為左綱右轄，不妨說他們是皇帝藉以監視權臣的一對眼睛。西晉傅咸被任命為左丞時，曾上表稱：「左丞職輕事重，以賤制貴。」左、右丞無論職位與官品都低於尚書令、僕射及六部尚書，但他們卻要彈奏八座，無所迴避。所謂「以賤制貴」，正是封建專制制度下，帝王控馭權貴勳戚的傳統策略。

左、右丞監督的範圍還不限於尚書省。他們與御史中丞的監督系統交叉又重疊，二者既互相監督又密切配合，從而對朝廷文武百官構成一個嚴密的行政監督網絡，以保證官僚機器在帝王監控下的運行。

尚書都省（下）

【篇旨】上篇記述的尚書令、左右丞相和左右丞，可說是尚書都省以及整個尚書省的首腦系統；這一篇記述的左右司郎中、員外郎和都事、主事、令史等等，除郎官為左右丞之佐屬於中級官員以外，更多則是具體操作尚書都省日常大量繁雜庶務的低級官吏。其中令史、書令史和亭長、掌固等，更屬所謂「流外」，即多由雜途出身、不夠列入正規九品官制資格因而備受輕視的胥吏。

有一個大致相同的情況，便是都事以下一類低級官吏多係魏晉以後新置或大量發展起來的。究其原因，隨著社會發展國家事務日趨繁複，分工愈益細密，這自然是主要的；但與魏晉以降士人崇尚清談，高級官員輕視具體吏事因而也不善於吏事，恐怕也不無關係。《通典．職官四》本注中記下的牛弘（隋初為秘書監）與劉炫（曾任太學博士）的一番對話，頗能說明問題。牛問：「按《周禮》士多而府史少，今令史百倍於前，制官減則不濟，其故何也？」劉答：「古人委任責成，歲終考其殿最，案不重校，文不繁悉，府史之任掌要目而已。今之文簿，恒慮覆理，鍛鍊苦辛甚密，萬里追證百年舊案。故諺曰：『老吏抱案死。』今古不同，若此之相懸也。」劉炫的回答自然不免對古人有溢美之詞，但歷經近千年的發展，封建專制制度下的官僚機構在不斷走向完備的同時，已出現了臃腫和繁瑣，也應是事實。

一

左司郎中一人，右司郎中一人，並從五品上。尚書郎，漢初置四人：一人主匈奴單于❶

營部，一人主羌夷❷吏民，一人主戶口墾田，一人主財帛委輸❸。光武分尚書為六曹❹郎，合三十四郎，而史闕曹名。魏有殿中❺、吏部❻、駕部❼、金部❽、虞曹❾、比部❿、南主客⓫、祠部⓬、度支⓭、庫部⓮、農部⓯、水部⓰、儀曹⓱、三公⓲、倉部⓳、民曹⓴、二千石㉑、中兵㉒、外兵㉓、別兵㉔、都兵㉕、考功㉖、定課㉗、都官㉘、騎兵㉙，凡二十五曹郎㉚。晉氏又加直事㉛、屯田㉜、起部㉝、車部㉞、左士、右士㉟、運曹㊱，其民曹、中兵、外兵分為左、右，主客又分為左、右、南、北，無農部、定課、考功，凡三十五曹㊲，置郎二十三人，更相統攝。東晉置殿中、祠部、吏部、儀曹、三公、比部、金部、倉部、度支、都官、左民、駕部、庫部、中兵、外兵十五曹㊳。宋高祖㊴加騎兵、主客、起部、水部，合為十九曹。元嘉㊵以後，又增刪定㊶、功論㊷二曹，而省騎兵，凡二十曹郎㊸。齊因之。梁加騎兵、虞曹、屯田，合二十三曹㊹。陳省梁二曹，不知省何曹也㊺。後魏有三十六郎，史闕曹名。北齊有吏部、考功、主爵㊻、殿中、儀曹、三公、駕部、祠部、主客、虞曹、屯田、起部、左中兵、左外兵、右中兵、右外兵、都部兵㊼、都官、二千石、比部、水部、膳部㊽、度支、倉部、左民、右民、金部、庫部二十八曹郎㊾。隋開皇㊿初，有吏部、主爵、司勳(51)、考功、禮部(52)、祠部、主客、膳部、兵部、職方(53)、駕部、庫部、都官、刑部(54)、比部、司門(55)、度支、戶部(56)、金部、倉部、工部、屯田、虞部、水部二十四曹郎(57)；三年，以刑部領都官，民部領度支。煬帝(58)改六曹，具於本司(59)。至龍朔二年(60)，改吏部為司列，主爵為司封，考功為司績，禮部為司禮，祠部為司禋，膳部為司膳，主客為司藩，戶部為司戶[61]，度支為司度，倉部為司庾，金部為司珍，兵部為司戎，職方為司城，駕部為司輿，庫部為司庫，刑部為司刑，都官為司僕，比部為司計，工部為司平，屯田為司田，虞部為司虞，水部為司川，惟司勳、司門依舊。咸亨元年[62]復故。

【章旨】規定左右司郎中之官數、品級，記述其機構和設置的沿革，及有關職掌、品秩等。

【注釋】❶匈奴單于　指匈奴君主。匈奴，亦稱胡，古代生活於燕、趙、秦以北地區之遊牧民族。秦漢之際曾不斷南下攻擾，漢初基本採取防守政策，至漢武帝而轉取攻勢，多次進軍漠北，此後匈奴勢力漸衰。單于為匈奴最高首領之簡稱。全稱為「撐犁孤塗單于」。匈奴語「撐犁」是「天」，「孤塗」是「子」，「單于」為「廣大」之意。❷羌夷　古族名。亦可單稱羌。夷為古代中原地區對四方少數民族的泛稱。羌人為主要分佈於今甘肅、青海、川西地區的遊牧民族。秦漢時部落眾多，有先零、燒當、婼、廣漢、武都、党項等。❸財帛委輸　指全國各地租稅之征集、調撥和運輸。❹六曹　尚書分曹始於西漢武帝時，初置四曹，成帝時加一增為五曹，東漢光武再增為六曹。六曹名稱及職掌為：三公曹，掌天下歲盡集課州郡；吏部曹，掌選舉祠祀事；二千石曹，掌辭訟事；中都官曹，掌水火、盜賊事；民曹，掌繕理功作及鹽池苑囿；南北主客曹，掌護駕及羌胡朝賀事。❺殿中　尚書省屬曹。始建於魏，以尚書郎為主官。兩晉及南北朝各代均沿置。北齊掌宮殿禁衛、供御衣食以及駕行百官留守名帳等事。❻吏部　尚書省屬曹。漢成帝時有常侍曹，主公卿事。光武帝時改名為吏曹，掌選舉、齋祠。靈帝時改稱選部，曹魏再改選部為吏部。❼駕部　尚書省屬曹。魏始置駕部郎，兩晉南北朝沿置。南朝宋、齊屬左民尚書，北齊屬殿中尚書。掌車輿牛馬廄牧等事。隋兵部下有駕部曹。隋唐駕部為兵部四司之一。掌輿輦、車乘、郵驛、廄牧之政令，司牛馬驢騾闌遺雜畜之籍帳。❽金部　尚書省屬曹。魏始置，晉沿置。南朝宋、齊屬度支尚書，北齊同。掌度量權衡、外內諸庫藏文帳等事。唐朝為戶部四司之一。掌判天下庫藏、錢帛出納之事，頒其節制而司其簿領。❾虞曹　尚書省屬曹。始建於魏，西晉因之，東晉後期省。南朝梁、陳均設。北魏屬虞部尚書，北齊屬祠部尚書。隋以後皆稱虞部，為工部所屬四司之一。職掌有關山澤、園囿草木鳥獸之政令，掌其出產、供應之節制，兼掌京都街巷種植、供應百官和蕃客菜蔬、薪炭及殿中省、太僕寺所管馬匹、芻料、田獵等政。

❿比部　尚書省屬曹。始建於魏，晉因之。南朝宋時主法制，齊、梁、陳皆設，北魏亦然，北齊掌詔書律令勾檢等事。南朝宋、齊屬吏部，北齊移屬都官尚書。隋列為刑部四司之一。唐因之。掌勾檢內外諸司經費、俸祿、公廨及公私債負、徒役工程及贓物等事。

⓫南主客　尚書省屬曹。西漢成帝時有客曹，主與四方夷狄聯繫事。上文言西漢有郎主匈奴單于營部，亦即主客之任。東漢光武分南主客、北主客二曹。曹魏時置南主客。西晉設左、右、南、北四主客曹；東晉後期單設主客曹，旋省去。宋、齊、梁、陳亦僅設主客曹。北魏吏部管南主客，祠部管左主客。北齊改南主客為主客，掌諸蕃雜客等事，隸祠部尚書。隋唐均單設主客於禮部。

⓬祠部　尚書省屬曹。始建於魏，晉因之。東晉、南朝置祠部尚書，下統祠部曹。北魏、北齊亦屬祠部尚書。掌醫藥、死喪贈賻等事。隋、唐改稱為祠部司，屬禮部。

⓭度支　尚書省屬曹。始建於魏。南朝宋、齊均屬度支尚書。北齊度支曹掌計會軍國損益、事役糧廩等事。隋仍為度支尚書屬曹，唐改稱為司，為戶部四司之一。

⓮庫部　尚書省屬曹。始建於魏，兩晉南北朝各代沿置。魏晉屬度支尚書，南朝宋、齊屬都官尚書，北魏、北齊屬度支尚書，隋屬兵部尚書。唐沿隋制，曾兩次改庫部為司庫。唐庫部掌軍器、儀仗、鹵簿、法式及乘輿等事。

⓯農部　尚書省屬曹。始建於魏。西漢成帝時置尚書郎掌天下戶口土田墾作，即其前身。晉武帝時罷農部曹。此後或有田曹，或有屯田曹，不見農部曹名。

⓰水部　尚書省屬曹。魏始置，晉沿置。魏屬左民尚書，南朝宋、齊屬都官尚書，北魏、北齊亦屬都官尚書。北齊水部掌舟船、津梁及公私水事。隋唐屬工部，掌天下川瀆陂池之政令。

⓱儀曹　尚書省屬曹。始置於魏，屬祠部尚書。掌車服羽儀朝覲郊廟饗宴等吉凶禮儀之事。兩晉、南朝因之。北魏前期直屬尚書省，改制後復為郎曹，隸屬殿中尚書。北齊因之。隋初罷後改禮部尚書所轄禮部司為儀曹。唐高祖時改為禮部司。

⓲三公　此處係指尚書省屬曹。西漢成帝時始置三公尚書，主斷獄事。東漢因之，掌天下歲盡集課事，即對官員考課之事。魏置三公曹，屬左僕射。晉置三公尚書下屬有三公曹，掌刑獄。太康中，省三公尚書，以吏部尚書兼領。南朝屬吏部尚書，主法制。北魏、北齊屬殿中尚書，掌五時讀時令、諸曹囚犯名冊及斷獄等事。隋在刑部尚書下設刑部司，省三公曹。

⓳倉部　尚書省屬曹。始置於魏，晉沿置。南朝宋、齊屬度支尚書，北魏有太倉尚書，亦其職任。北齊屬度支尚書。掌諸倉儲出納之政令、帳目等事。隋度支尚書下設有倉部。唐為戶部四司之一。

⓴民曹　尚書省屬曹。西漢設民曹尚書，主凡吏上書事。另設尚書郎一人，主戶口墾田。東漢沿置，但職掌不同，主繕理功作、鹽池苑囿事。魏亦置。西晉有左民、右民兩曹。東晉省去右民曹，惟餘左民曹。其後南朝均置左民曹，北魏則有右民曹。北齊左民、右民皆置，屬度支尚書。隋改稱為民部。唐改民部為戶部，因改民曹為

戶部司，掌天下州縣之戶口及各地貢賦。㉑二千石　此處係指尚書省屬曹。漢成帝時已設有二千石曹，主郡國二千石事。東漢沿置，職掌改為掌中都官水火盜賊辭訟，故又稱賊曹，其職重於諸曹。魏及西晉沿置，其職權已大多分屬其他各曹，地位下降。東晉康帝、穆帝後省去，南朝遂無聞。北齊於都官尚書下置二千石曹。隋以後不置。㉒中兵　尚書省屬曹。始建於魏。掌都城畿內軍隊政令、軍務，屬五兵尚書。西晉分設左右二中兵曹。東晉康帝、穆帝後復合為一。南朝沿置，均屬五兵尚書。北齊又分設左右二中兵曹，左中兵掌諸都督告身及諸宿衛官；右中兵掌畿內丁帳事及諸兵士力，亦屬五兵尚書。隋以後其職併入兵部尚書，中兵曹之名遂無聞。㉓外兵　尚書省屬曹。始建於魏，掌京畿以外軍隊政令、軍務，屬五兵尚書。西晉分為左、右二外兵曹，東晉康帝、穆帝後，復合為一。南朝沿置。北齊又置左右外兵曹。左外兵掌河南及潼關以東諸州丁賬及發召諸兵；右外兵掌河北及潼關以西諸州，所典與左外兵同，亦屬五兵尚書。隋以後其職併入兵部尚書，外兵曹之名遂無聞。㉔別兵　尚書省屬曹。始建於魏，屬五兵尚書。其所掌如胡騎、越騎之類。西晉沿置，東晉省去。㉕都兵　尚書省屬曹。始置於魏，屬五兵尚書。西晉沿置，東晉省去。北魏復置，隸七兵尚書。北齊沿置，屬五兵尚書。掌鼓吹太樂雜戶等事。㉖考功　尚書省屬曹。掌官吏考課。西漢京房作考課之法，其職不在尚書；東漢光武改尚書三公曹主考課，至此始為尚書職。考功稱曹而作為尚書臺之下屬機構始於魏。南朝宋置功論曹。北魏、北齊、隋沿置，復稱考功曹。唐代改稱考功司。㉗定課　尚書省屬曹。又作「定科」。始建於魏，掌課州郡官吏。《通典・職官・吏部尚書》本注：「漢文帝時京房作考功課吏之法，然其職不在尚書，至光武改尚書三公曹主歲書考課，課諸州郡。魏尚書有考功、定課二曹。宋元嘉三年（西元四二六年）又置公論郎，並其任也。」隋唐時，其職併入吏部所屬之考功司。㉘都官　尚書省屬曹。漢司隸校尉屬官有都官從事，掌中都官不法事，此以都官名官始。東漢光武帝以二千石曹掌中都官水火盜賊。魏始置尚書都官曹，佐督軍事。兩晉及南北朝均置，屬都官尚書。隋時都官尚書改稱刑部尚書，都官曹為刑部四曹之一。北齊職掌畿內非違得失事。唐掌簿斂配役、官奴簿籍、良賤及部曲客女俘囚之事。㉙騎兵　尚書省屬曹。魏始置，掌騎兵。西晉沿置，東晉省。南朝廢置不常，北朝無聞。㉚凡二十五曹郎　此句合計曹魏尚書省（臺）屬下曹郎總數。其組織狀況可列表如下：

- 令
  - 左僕射
    - 三公、二千石、都官三曹郎
    - 左丞
      - 吏部尚書——吏部、考功、定課、比部四曹郎
      - 左民尚書——民曹、虞部、農部、駕部、水部五曹郎
      - 客曹尚書——南主客、殿中、二曹郎
  - 右僕射
    - 右丞
      - 五兵尚書——中兵、外兵、騎兵、都兵、別兵五曹郎
      - 度支尚書——度支、庫部、倉部、金部四曹郎
      - （祠部尚書）——祠部、儀曹二曹郎

㉛直事　尚書省屬曹。晉屬客部尚書，東晉省。北魏曾設，屬殿中尚書。北齊省。㉜屯田　尚書省屬曹。西晉始置，屬屯田尚書；東晉省去。南朝梁、陳及北魏、北齊均置；北齊屬祠部尚書，掌籍田、諸州屯田等事。隋時列為工部四司之一，唐因之，掌屯田、官田、諸司公廨田、職分田以及官園宅等事。㉝起部　尚書省屬曹。西晉始置。其名取義於《尚書・虞書》：「百工起哉」。掌工役之事。東晉沿置，後省。南朝宋、齊屬度支尚書，北齊屬祠部尚書，掌諸興造、工匠等事。隋煬帝時，工部尚書屬下之工部曹，曾改名為起部曹，其長官稱起部郎。㉞車部　尚書省屬曹，西晉始置，掌車輿事；東晉省去。後代皆以其職併入駕部。㉟左士右士　尚書省屬曹。西晉武帝設置。北魏亦有左右士曹，屬都官尚書。《通典・職官・禮部尚書》本注：「晉尚書有左士、右士曹，後魏都官尚書管左士郎，掌侍官百司禮食餼饌。」㊱運曹　尚書省屬曹。西晉武帝設置，屬度支尚書，掌轉運。東晉省去。㊲凡三十五曹　此句合計西晉尚書省（臺）屬下曹郎總數。其組織隸屬狀況列表如下：

- 令—僕射
  - 左丞
    - 吏部尚書——吏部、比部、考功、左右主客五曹
    - 度支尚書——度支、金部、庫部、倉部、運部、起部六曹
    - 客曹尚書——殿中、直事、左右士、南北主客六曹
  - 右丞
    - 三公尚書——三公、二千石、都官三曹
    - 屯田尚書——屯田、左民、右民、虞曹、水部、駕部六曹
    - 五兵尚書——左右中兵、左右外兵、別兵、都兵、騎兵七曹
    - （祠部尚書）——祠部、儀曹二曹

㊳自「東晉置殿中」至「十五曹」　據《晉書・職官志》與西晉相較，東晉無直事、右民、屯田、車部、別兵、都兵、騎兵、

左右士、運曹十曹。康帝、穆帝後，又省二千石、主客、水部、虞曹、起部等曹。所留十五曹，即如此處所列。其組織隸屬狀況如下：

- 令
  - 殿中一曹
  - 左僕射——左丞
    - 吏部尚書——吏部、比部二曹
    - 左民尚書——左民、駕部二曹
    - 度支尚書——度支、金部、倉部、庫部四曹
  - 右僕射——右丞
    - 五兵尚書——中兵、外兵二曹
    - 三公尚書——三公、都官二曹
  - （祠部尚書）——祠部、儀曹二曹

㊴宋高祖　即南朝宋開國皇帝劉裕。在位三年。㊵元嘉　宋文帝劉義隆年號。始元於西元四二四年。劉義龍為劉裕第三子，在位二十九年。㊶刪定　尚書省屬曹。南朝宋文帝始置，與魏所置定課曹，同屬吏部尚書。齊、梁、陳皆因之。北朝無聞。掌修定法令。㊷功論　尚書省屬曹。南朝宋始置，屬都官尚書。其職掌與後代考功司略同。齊、梁、陳皆沿宋，屬吏部尚書。北魏、北齊均置考功而無功論。㊸凡二十曹郎　指南朝宋至元嘉年間，最後定型為二十曹。其組織隸屬狀況如下：

- 令
  - 殿中、主客二曹郎
  - 左僕射——左丞
    - 吏部尚書——吏部、刪定、三公、比部四曹郎
    - 度支尚書——度支、金部、倉部、起部四曹郎
    - 左民尚書——左民、駕民二曹郎
  - 右僕射——右丞
    - 都官尚書——都官、水部、庫部、功論四曹郎
    - 五兵尚書——中兵、外兵二曹郎
  - （祠部尚書）——祠部、儀曹二曹郎

㊹梁加騎兵屯田合二十三曹　南朝梁共置二十三曹。其組織隸屬狀況如下：

- 令
  - 殿中、主客二曹
  - 左僕射──左丞
    - 吏部尚書──吏部、刪定、比部、三公四曹
    - 度支尚書──度支、金部、倉部、起部四曹
    - 都官尚書──都官、水部、庫部、功論四曹
  - 右僕射──右丞
    - 左民尚書──左民、駕部、虞曹、屯田四曹
    - 五兵尚書──中兵、外兵、騎兵三曹
  - （祠部尚書）──祠部、儀曹二曹

㊺陳省梁二曹不知省何曹也　據近人王素著〈三省制略論〉考證，陳所省二曹應是梁所增之騎兵曹和虞曹。錄此以備一說。

㊻主爵　尚書省屬曹。北齊始置，為吏部三曹之一，掌封爵事。隋置為吏部四曹之一。唐高宗龍朔、武則天垂拱年間曾改為司封，旋復舊稱。唐玄宗開元二十四年（西元七三六年）定名為司封。㊼都部兵　據南宋本當作「都兵」。「部」為衍文。上文魏置亦作「都兵」。㊽膳部　尚書省屬曹。北齊始置，屬都官尚書。隋以後屬禮部。《通典・職官・禮部尚書》：「晉尚書有左士、右士曹，北齊改左士為膳部郎，掌侍官百司禮食餚饌，屬都官尚書。北周有膳部大夫一人，亦掌飲食，屬大冢宰。」隋以後至宋均為禮部四司之一。㊾北齊有二十八曹郎旬　北齊二十八曹其組織隸屬狀況如下：

- 令－僕射
  - 左丞
    - 吏部尚書──吏部、考功、主爵三曹
    - 殿中尚書──殿中、儀曹、三公、駕部四曹
    - 祠部尚書──祠部、主客、虞曹、屯田、起部五曹
  - 右丞
    - 五兵尚書──左右中兵、左右外兵、都兵五曹
    - 都官尚書──都官、二千石、比部、水部、膳部五曹
    - 度支尚書──度支、倉部、左民、右民、金部、庫部六曹

㊿開皇　隋文帝楊堅年號。建元於西元五八二年。(51)司勳　尚書省屬曹。隋初置，吏部四曹之一。掌勳級之政令。唐沿置。

(52)禮部　此處係指尚書省屬曹。隋初置，唐因之。掌禮樂、學校、儀式、制度、衣冠、符印、表疏、冊命、祥瑞及喪葬賻贈之事。隋唐間曾有數次改名，唐中宗神龍元年（西元七〇五年）復稱此。(53)職方　尚書省屬曹。隋始置，為兵部尚書下屬四

曹之一。唐沿置，改曹為司。掌地圖、城隍、鎮戍、烽堠等事。(54)刑部　此處係指尚書省屬曹。隋始置，唐、五代沿置，為刑部尚書下屬第一司（曹），掌律令格式及按覆刑獄等事。(55)司門　尚書省屬曹。初置於隋，唐沿置。掌門、關出入之籍及遺失之物。唐高宗龍朔時曾改稱司關，後復舊名。(56)戶部　隋置時稱民部，為尚書省屬曹。《通典·職官五》謂：「〔隋文帝〕開皇三年（西元五八三年），改度支為民部，統度支、民部、金部、倉部四曹。國家修《隋志》，謂之戶部，蓋以廟諱故也。」《隋書》係唐代魏徵、長孫無忌等奉敕修撰，為避唐太宗李世民之諱，遂於《隋書·百官志》中改「民部」為「戶部」。(57)二十四曹郎　指隋尚書省下二十四曹郎，分屬六部尚書統轄。其組織隸屬關係如下：

令（常缺）
- 左僕射——左丞
  - 吏部尚書——吏部、主爵、司勳、考功四曹
  - 禮部尚書——禮部、主客、祠部、膳部四曹
  - 兵部尚書——兵部、職方、駕部、庫部四曹
- 右僕射——右丞
  - 刑部尚書——刑部、都官、比部、司門四曹
  - 戶部尚書——戶部、度支、金部、倉部四曹
  - 工部尚書——工部、屯田、虞部、水部四曹

(58)煬帝　即楊廣，隋朝皇帝。在位十四年。(59)改六曹具於本司　指隋煬帝即位時，改尚書六曹各置侍郎一人，以貳尚書之職。而諸曹侍郎並改為郎，以示侍郎與諸曹郎之區別，便於各司其職。(60)龍朔二年　即西元六六二年。龍朔為唐高宗李治年號。這一年，改百司及諸官名。二十四司之名更改多達二十二個。此外尚書省改名為中臺，僕射改為匡政，左右丞改為肅機，左右司郎中改為丞務。官名亦多有改動，如尚書為太常伯，侍郎為少常伯，郎中為大夫等。(61)司戶　疑係「司元」之誤。後第三卷戶部郎中員品條原注作「司元」。《新唐書·百官志》：「龍朔二年，改戶部曰司元。」(62)咸亨元年　即西元六七〇年。咸亨為唐高宗李治年號。這一年取消龍朔二年變更百司及官名之令，一律恢復原名。

【語　譯】左司郎中一人，右司郎中一人，官品都為從五品上。尚書郎，漢初設置四人：一人主管匈奴單于營部；一人主管羌夷的吏民事務；一人主管全國戶口和墾田；一人主管全國捐稅徵集與運輸。東漢光武帝把尚書分為六曹，合計有曹郎三十四，只是史籍上沒有記載下那時的曹名。曹魏時，設置的列曹名稱有：殿中、吏部、駕部、金部、虞曹、比部、南主客、祠部、度支、庫部、農部、水部、儀曹、三公、倉部、民曹、二千石、中兵、外兵、別兵、都兵、考

功、定課、都官、騎兵，總共二十五個曹郎。西晉在這個基礎上又增加了直事、屯田、起部、車部、左士、右士、運曹，其中民曹、中兵、外兵各分為左、右二曹；主客又分成左、右、南、北四曹。沒有農部、定課、考功三曹。這樣總共三十五曹，設置郎官二十三人，分別統攝這些曹。東晉時，設置了殿中、祠部、吏部、儀曹、三公、比部、金部、倉部、度支、都官、左民、駕部、庫部、中兵和外兵十五曹。南朝宋高祖時，增加了騎兵、主客、起部和水部四個曹，合計共為十九曹。南朝宋文帝元嘉以後，又增加了刪定、功論兩曹，取消了一個騎兵曹，總共為二十曹郎。南朝齊沿襲宋制。梁時增加騎兵、虞曹、屯田三曹，共有二十三曹。陳省去了梁曾有的兩個曹，但不知道究竟省去哪兩曹。北魏有三十六曹郎，史籍沒有留下具體曹名。北齊有吏部、考功、主爵、殿中、儀曹、三公、駕部、祠部、主客、虞曹、屯田、起部、左中兵、左外兵、右中兵、右外兵、都〔部〕兵、都官、二千石、比部、水部、膳部、度支、倉部、左民、右民、金部和庫部，總共二十八曹郎。隋文帝開皇初年，設有吏部、主爵、司勳、考功、禮部、祠部、主客、膳部、兵部、職方、駕部、庫部、都官、刑部、比部、司門、度支、戶部、金部、倉部、工部、屯田、虞部和水部，共二十四曹郎。開皇三年以刑部領都官，民部領度支。隋煬帝後尚書省六曹各置侍郎，各曹的侍郎改稱郎，使他們可以各司其職。到唐高宗龍朔二年，改稱吏部為司列，主爵為司封，考功為司績，禮部為司禮，祠部為司禋，膳部為司膳，主客為司藩，戶部為司戶（元），度支為司度，倉部為司庾，金部為司珍，兵部為司戎，職方為司城，駕部為司輿，庫部為司庫，刑部為司刑，都官為司僕，比部為司計，工部為司平，屯田為司田，虞部為司虞，水部為司川；只有司動、司門兩曹依舊保留舊名不變。到了唐高宗的咸亨元年，又取消了這次變更，全都恢復原來的名稱。

二

《漢書・天文志》：「南宮❶後聚十五星❷曰『哀烏❸』，郎位❹。」漢明帝❺時，館陶公主❻為子求郎，不許，而賜錢千萬；謂群臣曰：「郎官，上應列宿❼，出宰百里❽，非其人則民受其殃❾。」

漢制，尚書郎主作文書起草，更直⑩於建禮門⑪內。臺⑫給青縑⑬白綾⑭被，或以錦被，帷帳，毡褥，通中枕⑮。大官⑯供食物，湯官⑰供餅餌、五熟果食，五日一美食，下天子一等。給尚書郎侍史二人，女侍史二人⑱，皆選端正，執香爐、香囊，從入臺，護衣服。奏事建禮門內，得神仙門⑲；神仙門內，得明光殿⑳、神仙殿㉑，因得省中㉒。省中皆胡粉㉓塗壁，畫古賢列女，以丹漆地，謂之丹墀㉔。尚書郎握蘭、含雞舌香㉕奏事，與黃門侍郎㉖對揖，黃門侍郎稱「已聞」，乃出。丞、郎月賜赤管大筆一雙，隃麋墨㉗一枚。御史中丞、侍御史行複道㉘中，遇尚書丞、郎，皆避車執版住揖，丞、郎坐車舉手禮之；車過，乃去。及晉、宋、齊、梁，尚書官上朝及下禁斷行人，猶其制也。《漢官儀》：「丞、郎見令、僕射，執板㉙拜；朝賀，對揖。丞、郎見尚書，執板對揖，稱曰『明時㉚』。郎見左、右丞，對揖，呼曰『左、右君』。」漢制，八座㉛、丞、郎初拜㉜，並集都堂㉝交禮；遷職，又解交㉞。至宋已後，惟八座解交，而丞、郎不解交也。自晉已後，八座及丞、郎多不奏事。梁武帝㉟天監㊱初，詔曰：「自禮闈㊲陵替㊳，歷茲永久，郎署備員，無取職事，粃糠㊴文案，貴尚虛閒，空有趨墀之名，了無握蘭之實㊵。曹郎可依昔奏事。」自是始奏事矣。

【章　旨】引錄漢代官制典籍中有關尚書郎職掌、更值、奏事與相關禮儀之規定，及其至南朝梁代前後之變化。

【注　釋】❶南宮　古代天區名。據《史記・天官書》，以北斗星為中宮，分佈於四方則為南、北、東、西四天區，各有星七，共二十八星宿。中宮之南，以朱鳥七宿為中心的天區稱為南宮。❷十五星　南宋、正德、嘉靖、廣池等本均作「二十五星」，《史記·天官書》、《漢書·天文志》則並為「十五星」。錄以備考。❸哀烏　《史記·天官書》為「蔚然」。《史記索隱》徐廣稱：「『哀烏』、『蔚然』皆星之貌狀。」❹郎位　指以南宮後聚十五星區域作為三署郎中，亦即尚書郎之列位。按中國古代星象學的說法，天上星區列座可以象徵地上在朝列官，不僅有尊卑之分，且以星宿之運行狀貌顯示人事吉凶。如對此十五星之預測是：「占：欲其大小均耀，光潤有常，吉也。」（《史記·天官書·正義》）因而在唐代，「哀烏」又成為六部諸司之郎的通稱。宋洪邁《容齋隨筆》稱：「唐人好以它名標榜官稱……諸部郎通曰哀烏、依烏。」❺漢明帝　東漢皇帝劉莊。在位十八年。三十歲即帝位，終年四十八歲。❻館陶公主　劉秀第三女，名紅夫，建武十五年（西元三十九年）封為館陶公主。漢制，皇女皆封縣公主，儀服同列侯。❼列宿　指天上相應的星宿。❽出宰百里　指郎官視事滿五年，能外派為縣令。❾非其人句　《後漢書·明帝紀》，此句「非」上有「苟」字。❿更直　輪值。直，通「值」。《漢官儀》稱：「晝夜更直五日於建禮門內。」⓫建禮門　北宮宮門名。《太平御覽·居處部》：「宮北朱雀門至止車門，內崇賢門，內建禮門。」此處宮北朱雀門指南宮朱雀門，至北宮止車門才進入北宮地界。⓬臺　指尚書臺。⓭青縑　青色細密之絹，作帷帳用。⓮綾　採用斜紋組織提花的絲織品，質地輕薄、柔軟。⓯通中枕　臥具。古時枕有木、瓷所製者，中空，可貯物。白居易詩：「連鋪青縑被，對置通中枕。」⓰大官　亦稱「太官」。南宋本、廣池本並作「太官」。戰國時已有，秦漢沿置，屬少府，掌宮廷膳食，屬光祿卿。北齊後稱太官署。⓱湯官　少府屬官。與太官、導官俱掌宮廷飲食。又，下引「供餅餌五熟果食」句中「食」字，《宋書·百官志》、《通典·職官》均作「實」。⓲給尚書郎侍史二人女侍史二人　侍史，漢代稱罪人家屬沒入官為奴婢者。多在官府任雜役，或被皇帝賞賜予大臣。女侍史，漢代宮廷中女史稱女侍史。鄭玄注《周禮·春官》：「女史，女奴有才知者。」又，此句《宋書·百官志》稱：「伯使一人，女侍史二人。」《漢書·鐘離意傳》注引《漢官儀》則謂：「給尚書郎伯使二人，女侍史二人，皆選端正者。伯使從至止車門還，女侍史絜被服，執香爐燒燻，從入臺中，給使護衣服也。」似應以鐘離意傳注引《漢官儀》為正。侍使當是伯使之誤。伯使，漢代小吏，掌清道。《宋書·百官志》云：「又漢官中有伯使，主為諸官驅使辟路於道陌中，故言伯使。」⓳神仙門　北宮宮門名。在建禮門內。⓴明光殿　北宮內之宮殿名。㉑神仙殿　疑為衍字。廣池本校稱此三字「當削」。㉒省中　帝王居處。顏師古注《漢書·昭帝紀》「共養省中」句謂：「省，察也。言入此中皆當察視，不可妄也。」㉓胡粉　指胡椒粉。胡椒為蔓生灌木，原產南洋、南美等地，故有此名。其實味辣而香，研粉可食，並可入藥。古代宮廷以椒粉塗壁，取其香暖，塗后妃之宮，並有祈求多子之意：「椒聊之實，繁衍盈升。」（《詩經·椒聊》）㉔墀　臺階。亦指階面。㉕雞舌香　即丁香，桃金娘科，常綠喬木。因其芳香清馨，古人用以治口氣。《漢官儀》稱：「桓帝時，侍中迺存年老口臭，上以雞舌香與含之。」又謂：「尚書郎含雞舌香奏事。」㉖黃門侍郎　秦漢宮廷侍官，屬少府。黃門為宮廷禁門。《通典・職官・侍中》：「凡禁門黃闥，故號黃門。」《後漢書・百官志三》：「黃門侍郎，六百石。本注曰：無員。掌侍從左右，給事於中，關通內外。及諸王朝見於殿上，引王就座。」尚書郎之奏章須經黃門侍郎才得以轉達皇帝。㉗隃麋墨　古代名墨，產於隃麋，後世因以隃麋為墨之別稱。隃麋，西漢置縣，東漢為侯國，因境內有隃麋而得名，故址在今陝西省千陽縣東。㉘複道　即閣道。帝王宮殿間封閉式通道。兩漢在長樂宮與未央宮、北宮與未央宮、南宮與北宮間，均設有複道。《漢官典職儀式》稱：「南宮至北宮，中央作大屋，複道，三道行，天子從中道，從官夾左右，十步一衛。兩宮相去七里。」㉙板　亦作版，古時書寫用之木板。朝官手執之板，即朝笏。㉚明時　意謂政治清明。曹植〈求自試表〉：「志欲自效於明時，立功於聖世。」此處係對尚書的尊稱。㉛八座　常用來對若干高級官員的合稱。此處指尚書令、僕射和六曹尚書。㉜初拜　指初次接受官職任命。㉝都堂　尚書省中央大廳。㉞解交　官儀之一。據北宋龐元英《文昌雜錄》記述：漢制，拜官以對拜為交禮。遷時對拜而去，謂之解交。㉟梁武帝　即蕭衍，南朝梁的開國皇帝。在位四十八年，死於侯景之亂，終年八十六歲。㊱天監　梁武帝年號。建元於西元五〇二年。㊲禮闈　代指尚書省。始於漢代。據《通典》記載，漢尚書省設於建禮門內，以切近禁闈，故稱禮闈。㊳陵替　廢弛；衰落。㊴粃糠　喻瑣碎無用。㊵空有趨墀之名二句　「趨墀」、「握蘭」對舉為文，均代指尚書郎有上殿奏事之職使，此時卻已有其名，而無其實。

【語　譯】《漢書・天文志》說：「在南宮天區後會聚的十五星，叫作『哀烏』，是郎官的列位。」東漢明帝時，館陶公主曾經為她的兒子請求一個郎官的官位，明帝沒有應允，只是賜給她錢一千萬，並就這件事對群臣說：「郎官的職位，那是與天上有相應的星宿的，外派就是縣令，要主管百里方圓範圍內的民事。如果讓不適當的人選出任這樣重要的職位，那麼民眾就要深受其害。」漢朝的制度，尚書郎主要的職責是起草文書，要晝夜在建禮門內值班。按照規定，尚書臺要供給他們由青色縑絹製成的帳子，白綾的絲綿被子；或者是錦被和上好帷帳。床上有毛毡做褥子，還有通中枕。由太官供應食物，湯官供應糕點和四季水果。每隔五天要進一次精美膳食，他們的供應標準僅次於天子一等。還要給輪值的尚書郎派遣侍候生活的侍史二人、女侍史二人，都要經過挑選，要求品貌端正。她們帶著香爐香囊，隨從尚書郎一起進入蘭臺，管理日常衣服和生活用品。尚書郎有事奏報天子時，由建禮門內進入神仙門，再從神仙門內到達明光殿，這樣就來到了省中，也就是君王的住所。在這裡，牆壁都經過馨香的椒粉的塗飾，並畫有古代聖賢和歷代仕女。地面和臺階上都塗了紅漆，稱為丹墀。尚書郎手中握著蘭草，口中含著雞舌香，走上丹墀，與黃門侍郎相對作揖，開始奏事。等到黃門侍郎說「你報告的事已經聽到」，於是尚書就可以退出。對尚書左右丞和郎每個月還要賞賜赤管大筆一雙，隃麋墨一錠。如果御史中丞或者侍御史在通過複道中途遇到尚書左右丞和尚書郎，都要讓開車子避在一旁，手裡拿著朝笏，站立著作揖，表示敬意。尚書省的左右丞，尚書郎儘可坐在車上，只要舉手為禮就可以了。而御史中丞、侍御史等人，一直要站立到尚書省官員們的車子過去後才能離開。直到兩晉和宋、齊、梁，尚書省的官員上朝及下朝時，在路上還要禁止行人通過，依照的還是漢代那套禮制。《漢官儀》關於尚書省官員之間的禮儀有這樣一些規定：尚書省的左右丞和尚書郎，進見尚書令和僕射時，要手執朝笏下拜；朝賀時，要相對作揖。左右丞和尚書郎見到尚書時，手執朝笏相對作揖，並稱呼尚書為「明時」。尚書郎見到左右丞時，亦要相對作揖，並稱呼左右丞為「左右君」。漢朝的制度規定，凡是八座及左右丞和尚書郎初次拜受時，都要會集在都堂，舉行規定的對拜禮式，稱「交禮」；昇遷或調遷時，又要舉行對拜的儀式，稱「解交」。到南朝宋以後，遷官時只有八座還要舉行解交儀式，左右丞與尚書郎就不再舉行了。從晉以後，上述制度逐漸鬆弛，八座及左右丞和尚書郎大多不再去省中奏事。為此，梁武帝天監初年，曾經下了一道詔令，其中說：「自從尚書制度開始荒廢到現在，已經有了很長時間，尚書郎不過是備員而已，他們不過問具體職務，把辦理文書檔案看作粃糠一樣無謂瑣事，又一味崇尚清談虛閑，空有作為尚書郎應當按規定趨步丹墀奏事的名義，根本沒有像過去那樣握蘭含香上殿奏事的實際。現在規定：各曹尚書郎必須依照舊制到省中奏事。」從此以後，尚書郎又開始到省中去奏事了。

三

初，秦置郎中令❶，其屬官有五官中郎將❷，左、右中郎將❸，秩皆二千石❹，是為三署。署中有中郎、侍郎、郎中。郎中秩比三百石，侍郎秩比四百石，中郎秩比六百石，並無員數，多至千人，分隸三署，主執戟宿衛宮殿門，出充車騎。漢因之。故馮唐❺為郎中署長，揚雄❻為侍郎，並其任也。《漢官》云：「尚書郎初從三署郎選詣尚書臺試，每一郎缺，則試五人，先試牋、奏❼。初入臺稱郎中❽，滿歲稱侍郎，視事五年，遷大縣令。亦參用孝廉❾為之。其郎中、侍郎之名，皆因三署舊號也。客曹郎主胡羌事，劇❿遷二千石或刺史⓫，其次遷為縣令，秩滿自占縣，詔書賜錢三萬，與三臺⓬祖餞⓭。」然漢言郎者，多非尚書郎。漢文時，直不疑買金償同舍郎⓮；漢武時，顏駟為郎三代不遷⓯；及諸言以貲為郎，父任為郎，兄任為郎⓰，皆三署郎也。至後漢，三署猶難分⓱，有尚書及曹名冠首者，即尚書郎也。魏、二晉以後，無三署郎矣。自漢以來，尚書諸曹並通謂之尚書郎。漢代兩置⓲，其職則同。魏、晉、宋、齊，惟置郎中；梁、陳兩置，後魏、北齊惟置郎中。隋開皇⓳初，惟置侍郎；至開皇六年，每司各置員外郎⓴。煬帝三年㉑，改諸曹侍郎但曰「郎」，每曹各置二郎；尋又省一郎，置承務郎，同開皇員外之職。皇朝改郎為郎中，又每曹置員外郎。按：左、右司郎中，前代不置。煬帝三年，尚書都司始置左、右司郎各一人，品同諸曹郎，從五品，掌都省之職㉒。皇朝因改曰郎中，至龍朔二年㉓，改為左、右承務；咸亨元年㉔復故。其服章與諸司郎中並同：玄冕㉕、五旒㉖，衣無章㉗，裳刺黻㉘一章，兩梁冠㉙。

【章　旨】記述秦置郎中令與漢置左右司郎中之間的聯繫及後代的演變；章末以按語形式為以上三章作結。

【注　釋】❶郎中令　秦漢九卿之一，為郎中之長官。掌宮廷戍衛，侍從皇帝，顧問參議。漢武帝太初元年（西元前一〇四年）改稱光祿勳。所轄有議郎，掌議論；中郎、侍郎、郎中，掌宿衛宮殿。無定員，多至數千人。多由二千石大官子弟即「任子」蔭補，或由文學技藝進用，亦可捐納資財入充為郎。郎任職滿五年，可調任地方縣令，亦可入選尚書省為尚書郎。故兩漢前期文武大臣多由郎出身者。❷五官中郎將　秦官，屬郎中令。主五官中郎，郎員無定額。東漢時，部分侍郎、郎中亦歸其統率。凡郎官皆主更值執戟，宿衛諸殿門，出充車騎。❸左右中郎將　秦官，屬郎中令。與五官中郎將合稱三中郎將，亦稱「三署」。署中各有中郎、議郎、侍郎、郎中。左中郎將主左署郎，右中郎將主右署郎。❹秩皆二千石　《漢書・百官公卿表》為「秩皆比二千石」。此處缺一「比」字。❺馮唐　漢文帝時人。祖父原籍趙國，父徙代（河北蔚縣北），漢興徙安陵（今陝西咸陽市東北）。以孝著稱，得為郎中，並為郎署（三署之合稱）之長。❻揚雄　字子雲，蜀郡（今四川）成都人。西漢著名文學家。漢成帝時，為給事黃門郎。❼牋奏　指章奏類體裁之文書。❽初入臺稱郎中二句　據《後漢書・百官志》注引蔡質《漢儀》謂：「初上臺，稱守尚書郎中；滿歲，稱尚書郎；三年稱侍郎。」《冊府元龜・臺省部總序》「守」上有「試」字。誌以備考。滿歲，指任滿一年。❾孝廉　漢代選拔人才科目之一。孝，孝悌。廉，廉潔。漢初規定各地郡國從所屬吏民中，每年推舉孝、廉各一人。至東漢合孝、廉為一，規定郡國每年從二十萬人中推舉孝廉一人，至朝廷後往往任以郎官。因而推舉孝廉成為兩漢士人入仕的重要途徑。❿劇　繁難；繁重。⓫刺史　州長官。秦置御史監郡，漢初省，至武帝時，始置部（州）刺史，凡十三人，秩六百石，掌奉詔巡察諸州，以六條問事，刺舉所部官吏非法之事，故名。初，刺史常乘傳巡視郡國，居無常所，歲盡入奏。成帝時改為州牧，昇秩為真二千石。其後或為牧，或為刺史，更易無常。漢末，州牧、刺史已凌駕於郡守之上，專一州軍政。魏晉以後地方建制皆以州統郡。隋罷郡為州，以州統縣。唐沿隋制，三等諸州皆置刺史。⓬三臺　東漢時，尚書為中臺，御史為憲臺，謁者為外臺，是為三臺。此處指三臺之長官。⓭祖餞　古代出行時要祭祀路神稱「祖」，後因稱設宴送行為「祖餞」或稱餞行。⓮直不疑買金償同舍郎　直不疑，南陽（今河南南陽市）人，漢文帝時為尚書郎，景帝時任御史大夫。據《漢書・直不疑傳》，一次同舍有位郎官告歸時，不意取走了另一位郎官的金子，這位郎官懷疑是直不疑偷的，不疑不想置辯，承認這是事實，並買金償還。後來那位告歸者回來後退還了誤取的金子，金子主人為此大為羞慚，直不疑則從此被眾人稱為「長者」。⓯顏駟為郎三代不遷　據班固《漢武故事》，顏駟文帝時為郎，武帝輦過郎署，見駟龐眉皓髮，問何其老也，對曰：「文帝好文而臣好武，景帝好老而臣尚少，陛下好少而臣已老。是以三世不遇，老於郎署。」帝感其言，擢拜會稽都尉。又，此句之末「遷」字，南宋本作「遇」。⑯父任為郎兄任為郎　意謂子弟可以父兄任職功績保舉為郎。此即所謂「任子」制度。漢初凡吏二千石以上視事滿三年，得任同產（兄弟）若子一人為郎。任子一般授郎官，或太子官屬。漢哀帝曾下詔廢除，旋復。東漢因之，公卿、校尉、尚書均能任子弟為郎或舍人。又，此制秦時已設。秦稱「葆子」。顏師古注《漢書・哀帝紀》「除任子令」句謂：「任者，保也。」保，通「葆」。漢任子制即秦葆子制之延續。⑰三署猶難分　此句疑有錯訛。南宋本作「二署猶難分」。按前後文義，句中「署」當為「者」，承上又形似而誤。若作「二者猶難分」，則文義清通：意為尚書郎與三署郎「二者」猶難區分。⑱漢代兩置　指在尚書省同時設立侍郎與郎中。⑲開皇　隋文帝楊堅年號。建元於西元五八一年。後句開皇六年，即西元五八六年。⑳每司各置員外郎　據《隋書・百官志》，開皇三年（西元五八三年）下令把尚書省二十四曹均改名為司，六年（西元五八六年）尚書省二十四司各置員外郎一人，以司其曹之籍帳，侍郎缺，則由員外郎攝其曹事。㉑煬帝三年　即隋煬帝大業三年，西元六〇七年。㉒掌都省之職　指左右司郎中在尚書省為左右丞之副，按左、右丞分工掌管尚書省二十四司之日常事務，包括檢舉稽核諸司違失，管理由尚書省下發之文書檔案及日常更值等。㉓龍朔二年　即西元六六二年。龍朔為唐高宗李治年號。㉔咸亨元年　即西元六七〇年。咸亨為唐高宗李治又一年號。㉕玄冕　黑色之冕冠。唐武德令按官品對侍臣章服作了統一的規定。見《舊唐書・輿服志》。㉖五旒　指冕冠前懸掛五束玉串。㉗衣無章　指上衣不刺繡花紋。㉘黻　青黑相間的花紋。㉙兩梁冠　指前有二梁之進賢冠。

【語譯】當初秦朝設置郎中令時，它的下屬有五官中郎將和左、右中郎將，俸秩都是二千石。這就是所謂「三署」。在這三署所屬的郎中，有中郎、侍郎、郎中三級。郎中的俸秩是比三百石，侍郎的俸秩為比四百石，中郎的俸秩是比六百石。員數並沒有定額，多時可以上千人，分別隸屬於上述三署。他們在宮中的任務是拿著長戟警衛宮廷和殿門；帝王外出時，他們充當車騎，隨從於左右。漢朝因襲了這套制度。所以漢代有個馮唐，就做過郎中，後來還擔任過三署之長。還有揚雄，亦擔任過侍郎，都是歷史上出任此職的例證。《漢官》記載說：「尚書郎最初便是從三署郎中間挑選出來到尚書臺考試後錄取的。每次尚書郎有一個缺額，就從三署郎中挑選五人去應試，先測試的是撰寫和起草奏狀的能力。被錄取後初次到尚書臺，稱郎中，滿一年以後提昇為侍郎。在侍郎職位上工作滿五年，可以昇遷為地方一個大縣的縣令。當然同時還要從地方上推薦的孝廉中參互錄用人選。在尚書臺的郎中、侍郎這些稱謂，都還是沿襲原來三署的舊名。還有一個規定，就是尚書郎中客曹郎，主持邊境羌胡的事，曹務煩劇，所以滿歲遷昇時，可以遷二千石或者擔任州的刺史。比這次一等的可以昇遷為縣令，滿歲以後，可以自己挑選要去的縣，並由皇帝下詔書賜他三萬錢，三署與尚書臺要一起宴送餞別。」但是漢代一般文書上說的郎，大多不是尚書郎，而是三署的郎。如《漢書》講到漢文帝時，有個受到懷疑竊金而能忍辱買金償還失金者的直不疑，漢武帝時，還有個歷經三代沒有得到遷昇機會的老郎官顏駟，以及史書上提到的以捐獻貲產買到的郎官，受父親或兄長職位和功績蔭庇得到的郎官，這些就都是三署郎，而不是尚書郎。到東漢時，尚書郎與三署郎還很難區分。一般來說，凡是稱謂上有尚書及相關曹名冠在上頭的，就是尚書郎。到曹魏和兩晉以後，就沒有三署郎了。從漢代以來，尚書臺各曹設置的郎官，全都通稱為尚書郎。實際上漢代侍郎與郎中是並置的，而它們的職務是相同的。以後魏、晉、宋、齊只設置郎中，梁與陳則又並置侍郎與郎中，北魏與北齊又只設置郎中。隋文帝開皇初年時，只設置侍郎，到開皇六年每司各設置一名員外郎。隋煬帝三年改各曹的侍郎只稱為郎。每一曹設置二名郎官，不久又省掉了一郎。同時設置承務郎，職務與開皇年間設置的員外郎相同。本朝改稱郎為郎中，每曹又設置員外郎。按：以上說的左右司郎中，隋以前未曾設置過。隋煬帝三年時，尚書都司才開始設置左右司郎各一人，他們的品秩與各曹郎官相同，都是從五品，職掌是協助二丞管理尚書都省的事務。本朝因襲了這個規定，只是把郎改名為郎中。到龍朔二年改名為左、右承務，咸亨元年又恢復了原來的名稱。他們的冠冕服飾與各司郎中相同，就是：玄冕，五旒，上衣無章，下裳刺黻一章，戴兩梁冠。

【說　明】上述三章記述尚書都省左右司郎中。

郎是一個很古老的官名，譬如秦始皇時擔任丞相的李斯，最初就被任為郎。郎即古「廊」字，用來作職名，意為侍立於禁宮廊下為帝王侍從或宿衛，備垂問和差遣。由於接近帝王，往往會有其他官員無法企求的機遇。在漢代，不少高級官員就都是從郎官擢昇上來的。

郎官的職位很多，這三章說的是尚書都省左右司左右郎中，他們是左、右丞的助手，其重要性，已由漢明帝認為「郎官上應列宿」那番話，表述得非常清楚。有一點讀時要注意，就是篇中記述的有兩種郎中：原文中說的是都省左右司郎中，另外還有六部尚書下的列曹郎中。論官階他們是平級的，但從機構上說，前者與後者之間又有一個統轄關係。本書作者可能考慮到這種交錯情況，因而在原注中用較多篇幅同時記述了從西漢尚書分曹起，直至隋唐列曹的設置沿革狀況。與許多事物的發展軌跡一樣，尚書列曹的設置也經歷了一個由簡而繁，再由繁而簡的過程：最初是設五曹，後來增至三十五曹，接著又減少到十五曹，隨後又增加到二十曹、二十三曹，最後定型為二十四曹，分隸於六部尚書。本書二至七卷記述的，正是定型後的六部尚書列曹設置。

四

左司員外郎一人，右司員外郎一人，並從六品上。天后永昌元年❶置。時，顧琮自侍御史除❷，元懷貞以洛州司戶遷❸。神龍元年❹省，二年又置。其職務與郎中分掌。其朝服與諸司❺員外郎並爵弁❻、玄纓❼、簪導❽，青衣、纁裳❾，一梁冠❿。

【章　旨】規定左右司員外郎之官數、品級、職掌與服飾，以及唐代設置此二職之經過。

【注　釋】❶天后永昌元年　即西元六八九年。天后是武則天作皇后時的稱號。永昌為武則天稱制時的第二個年號。❷顧琮自侍御史除　意謂由原任侍御史的顧琮拜受左司員外郎。侍御史，御史臺屬官，掌糾舉百僚，推鞫獄訟。除，拜官授職。❸元懷貞以洛州司戶遷　意謂原任洛州司戶的元懷貞昇任右司員外郎。洛州，即河南府，領洛陽等九縣，其中洛陽縣為唐東都洛陽所在地。司戶，「司戶參軍事」之簡稱。司戶為唐在州設置六曹中一曹，掌戶籍、計賬、道路、雜徭、婚姻、田訟等事。❹神龍元年　即西元七〇五年。神龍為唐中宗李顯年號。❺諸司　指尚書省六部下屬之二十四司。各司皆有員外郎一人。❻爵弁　亦作雀弁。比冕次一級之禮冠。色如雀頭，赤而微黑。❼玄纓　黑色之繫冠綏帶。❽簪導　古人用來固定冠與髮髻的一種長針，後來成為頭部裝飾品。❾青衣纁裳　青色的上衣，紅色的下裳。❿一梁冠　指只有一道梁的進賢冠。九品以上戴此。

【語　譯】左司員外郎一人，右司員外郎一人；官品都是從六品上。天后永昌元年，開始設置這兩個職位。當時讓侍御史顧琮擔任左司員外郎，由洛州司戶參軍元懷貞昇任右司員外郎。唐中宗神龍元年省去這兩項職務，第二年又重新設置。它們的職掌是與郎中分掌相關事務；他們的朝服與各司的員外郎相同：都是頭戴爵弁，繫黑色綬帶，用簪導來固定。身穿青色的上衣，紅色的下裳。平時則是戴一梁進賢冠。

五

都事六人，從七品上。都事，本尚書都令史❶之職。沈約❷《宋書》❸云：「令史❹，蓋前漢官也」；《史記》❺：「趙禹❻補中都官，周廉為令史❼」，是也。華嶠❽《後漢書》：「韋彪❾上疏曰『有楚獄❿事繁』，故置尚書令史以助郎。」又云：「郎主文案，與令史不殊。」《續漢書》⓫：「尚書置令史十八人，後增劇曹⓬三人，合二十一人。」《漢官儀》云：「能通倉頡⓭《史籀篇》⓮，補蘭臺令史⓯，滿歲，補尚書令史；滿歲，為尚書郎；出，亦與郎同宰百里。郎與令史分職受事。令史見僕射、尚書，執版⓰拜；見丞、郎，執版揖。」《齊職儀》⓱云：「自魏、晉、宋、齊，正令史、書令史⓲皆有品秩，朱衣，執版，進賢一梁冠。楊楞伽⓳北齊《鄴都故事》⓴云：「尚書郎判事正坐，都令史側坐，書令史過事。洛京㉑、鄴都㉒令史皆平揖郎，由來無拜。吏部郎選試高第及二書㉓者奏補，皆加戎號㉔。」案：歷代令史皆有品秩，漢尚書臺令史秩二百石，魏氏令史皆八品。《晉百官公卿表》云：「尚書都令史八人，秩二百石，與左、右丞總知都臺事。」宋、齊八人，梁、陳五人，品並第八。梁武㉕天監㉖初，制㉗曰：「尚書五都㉘，職參政要，非但總領眾局，亦乃方軌㉙二丞。頃雖求材，未臻妙簡㉚。可革用士流，每盡時彥㉛，庶同持領，秉此群目㉜。」於是㉝，以太學博士劉納㉞、司空法曹參軍劉顯㉟、太學博士孔虔孫㊱、司空法曹參軍蕭軌㊲、宣毅墨曹參軍王顒㊳，並以才地兼美，首膺㊴茲選矣。隋開皇㊵初，改都令史為都事，置八人，正八品上㊶。皇朝置六人。自晉、宋、齊、後魏、北齊、隋，都令史置八者，當八座㊷之數。梁、陳置五者，南朝多不置祠部尚書，當五曹㊸之數。皇朝置六者，當六曹之數。

左、右司郎中，員外郎，各掌付十有二司㊹之事，以舉正稽違㊺，省署符目㊻，都事監而受焉。

【章旨】規定都事（都令史）之官數、品級，並記述其自漢至唐之沿革；章末總述左、右司郎中、員外郎及都事之職掌。

【注釋】❶都令史　尚書省主要屬吏。晉尚書省置都令史，八人，當八座之數，秩二百石，與左右丞總知都臺（省）之事。宋、齊沿置，梁時地位尤為重要。隋改都令史為都事，分隸六尚書，置六人，各領六曹之事。❷沈約　字休文，吳興武康（今浙江德清武康鎮）人。歷仕宋、齊、梁三代。助梁武帝登位，曾為尚書僕射、尚書令。著有《宋書》、《齊紀》、《沈約集》、《四聲譜》等。❸宋書　紀傳體南朝宋史，沈約撰。一百卷，其中紀十卷，傳六十卷，志三十卷。修於齊永明五年至六年間（西元四八七年～四八八年），最後完成當在梁初。書以材料繁富著稱，選錄詔令、章奏甚多。❹令史　掌文書案牘之官。秦漢時有縣令史、蘭臺令史、尚書令史等。令史限滿可補郎、丞、尉。魏晉南北朝沿置。隋唐文案繁瑣，用人漸卑雜，成為低級事務官。❺史記　西漢司馬遷撰，一百三十篇，為我國第一部紀傳體通史。❻趙禹　斄（漢置斄縣，屬扶風，今陝西武功西南）

人。據《史記・酷吏列傳》，初以佐史補中都官，繼為令史，事太尉周亞夫，亞夫為丞相，禹為丞相史。禹為官以廉平著稱，然用法峻刻。漢武帝時，以刀筆吏積勞遷為御史，與張湯一起論定諸律令。❼周廉為令史　據《史記・酷吏列傳》當為「用廉為令史」，意謂因他廉潔而得以任為令史。❽華嶠　字叔駿，晉平原高唐（今山東禹城西）人。任秘書監，由是徧觀秘集，著《後漢書》，凡九十七卷，其中典未成而終。書今已亡佚，范曄撰今本一百三十卷《後漢書》時採摘頗多。❾韋彪　字孟達，東漢扶風平陵（今陝西咸陽市西）人。初舉孝廉為郎，後拜謁者，累官大鴻臚。據《後漢書・韋彪傳》，彪所上疏稱：「往時楚獄大起，故置令史以助郎職，而類多小人，好為奸利。今者務簡，可皆停省。」❿楚獄　指楚王劉英之獄。劉英係東漢光武帝劉秀之子。漢明帝永平十三年（西元七〇年），有人告發楚王劉英謀反，因起大獄，牽延累年，辭語相連，坐死徙者數千人。這是一個冤案，實際是兄弟之間自相殘害。⓫續漢書　晉司馬彪著，共八十三卷。其中八志三十卷後人將其併入范曄所撰《後漢書》。後文所引「尚書置令史」等三句，見今本《後漢書・百官志三》。⓬劇曹　漢代官府依事務繁簡而有劇、平之分。劇曹，指治事繁雜的部曹或部司。東漢制，劇曹可增置令史。⓭倉頡　舊傳為黃帝史官，漢字創造者。可能是上古對漢字的創制或整理作出過貢獻的一位代表人物。⓮史籀篇　古代字書。舊說為周宣王太史史籀撰，此處則稱其作者為倉頡，近代學者以為係春秋戰國間秦人所作。原文據傳有十五篇，今存《說文解字》中引錄共二百二十三字，字體與石鼓文及秦國金文相同。引文「能通倉頡史籀篇」，指能通解古文字者。⓯蘭臺令史　蘭臺為漢代宮中藏書室，由御史中丞掌管。蘭臺令史，指在蘭臺掌管文史圖籍之史官。⓰版　即朝笏。⓱齊職儀　書名。據《隋書・經籍志》著錄，係齊長水校尉王珪之撰，共五十卷。⓲書令史　佐理文書案牘之官吏。魏晉南北朝時省、臺、府、寺諸官署多置，位次令史（正令史）。唐代三省六部及御史臺等均置，人數不等，掌分抄行署文書。⓳楊楞伽　北齊人，《鄴都故事》作者。生平不詳。⓴鄴都故事　書名。《隋書・經籍志》未著錄。《通典・職官》與《太平御覽・職官》都曾引錄，如：「《鄴都故事》曰：御史臺在宮闕西南，其門北開，取冬殺之義。」㉑洛京　北魏時建都於洛陽，故稱洛京。此處代指北魏。㉒鄴都　北齊建都於鄴，此處代稱北齊。鄴，在今河南省安陽市北，地處今河南安陽河北臨漳交界處。㉓二書　當為「工書」之誤。南宋、廣池本皆為「工書」。意謂善於書法者。㉔戎號　南朝宋、齊、梁、陳，及北朝北魏、北齊，諸九品散官皆以將軍為品秩，謂之加戎號。如尚書諸曹郎中加稱勁武將軍、昭勇將軍；尚書左丞加稱中堅將軍、中壘將軍；尚書都令史加稱飛騎、隼擊將軍等。㉕梁武　即梁武帝蕭衍。前後在位四十八年。㉖天監　梁武帝年號。㉗制　帝王詔令稱制。始於秦，見《史記・秦始皇本紀》。下述引錄制文，互見於《隋書・百官志上》，繫於天監九年（西元五一〇年）。引發這段制文的原因是，尚書五都事「舊用人常輕」。㉘五都　「五都事」

之簡稱。梁時尚書省置五都事。㉙方軌　喻都事與二丞並列，不相上下。㉚妙簡　善於簡選。《三國志・魏書・高貴鄉公髦紀》：「宜妙簡德行，以充其選。」㉛時彥　當代英才。彥，士之美稱。㉜群目　指各曹吏目。㉝於是　據《隋書・百官志》，「於是」以下，尚有「以都令史視奉朝請」一句。「奉朝請」，指可以參加朝會，旨在提高都令史地位。㉞太學博士劉納　教授太學生的教師稱太學博士。劉納，《職官分紀》作「陳訥」。生平不詳。《職官分紀》及《隋書・百官志上》在其名下有「兼殿中都」四字，表明他是以太學博士兼殿中都，並非專職任此。㉟司空法曹參軍劉顯　法曹參軍，王公府、軍府、京畿府佐吏，掌律令決罪之事。劉顯，字嗣芳，沛（今江蘇徐州市北）人。曾任臨川五行參軍，署法曹。《職官分紀》及《隋書・百官志上》在其名下有「兼吏部都」四字。㊱孔虔孫　人名。生平不詳。《職官分紀》及《隋書・百官志上》在其名下有「兼金部都」四字。㊲蕭軌　生平不詳。《職官分紀》及《隋書・百官志上》在其名下有「兼左戶都」四字。㊳宣毅墨曹參軍王顒　宣毅為雜號將軍稱號。墨曹參軍係王公府、軍府佐吏名。王顒，生平不詳。《職官分紀》及《隋書・百官志上》在其名下有「兼中兵都」四字。㊴膺　受。㊵開皇　隋文帝楊堅年號。㊶正八品上　《隋書・百官志》與此有異，記為：開皇初，都事從八品上；煬帝時，改為正八品。㊷八座　尚書令、僕射及六曹尚書，合稱為「八座」。此處指設八都令史是為了與八座相對應。㊸五曹　指尚書六曹除祠部以外其餘各曹，即：吏部、度支、都官、五兵和左民。㊹十有二司　隋改稱郎曹為司。隋初六部尚書統二十四司。左、右司郎中及員外郎各轄其半，故為「十有二司」。㊺舉正稽違　推舉正確，糾察違失。㊻省署符目　檢查和簽署公文目錄。尚書省下於州縣之公文稱「符」。符目即所下之公文目錄。主事令史、書令史負責登記符目，而左右司郎、員外郎查核無違後，要在符目上署名。

【語　譯】都事六人，官品為從七品上。都事，本來就是尚書都令史的職務。沈約在《宋書》中說：「令史，那是西漢就有的官職。」《史記》記載：「趙禹以佐史補中都官，是由於他為政廉潔，因而得以任為令史。」他擔任的正是這個官職。華嶠的《後漢書》提到：「韋彪上疏稱：由於楚王劉英大案使獄事繁多，所以設置了尚書令史，協助尚書郎的工作。」《後漢書》還說：「郎官的任務是起草文案，與令史的職掌沒有區別。」司馬彪的《續漢書》說：「尚書臺原來設置令史十八人，後來給事務繁雜的『劇曹』增加了三人，這樣加在一起總共有二十一人。」《漢官儀》說：「能夠通解倉頡《史籀篇》，亦就是通曉古代文字的人，才可以補選為蘭臺令史；蘭臺令史職齡滿一年，才可以補為尚書令史；尚書令史任期滿一年，才可以補為尚書郎；如果出任，亦與尚書郎一樣，可以外派去擔任主宰方圓百里的縣令。郎官與令史各自按自己分工的職掌處理日常事務。令史見到尚書省的僕射和尚書時，要手執朝笏行拜見禮；見到左、右丞與郎中，只要執笏作揖就行。《齊職儀》說：「從魏晉到宋齊，正令史與書令史都有品秩，他們的衣冠規定是：穿紅色的衣服，手執朝笏，戴進賢一梁冠。北齊楊楞伽寫的《鄴都故事》說：「尚書郎辦公時，坐在正面，都令史坐在側面，書令史則坐在一旁作記錄。在洛陽和鄴都，令史見到郎時，只要舉手作揖即可，歷來沒有下拜的規矩。吏部郎選用都事，要求考試中成績優良，並擅長書寫的，才能奏請補授，一般都要加戎號，亦就是武散官雜號將軍的稱號。」按：歷代令史都有品秩。漢代規定尚書臺令史的品秩為二百石，曹魏時令史都是八品。《晉百官公卿表》記載說：「尚書臺設置都令史八人，品秩為二百石，職掌是與左右丞一起處理尚書省都臺的事務。」南朝宋、齊都令史有八個人，梁、陳是五個人，官品都是第八品。梁武帝天監初年下的一道詔制說：「尚書省五個都事，他們的職掌參與朝堂機要，非但要統領尚書省各個曹，亦要起到與左右二丞不相上下的作用。現在朝廷方面雖然在盡力尋求賢才，但仍然沒有達到簡選俊賢的理想要求。所以要變更一下用人的辦法，就是改從已任職的士人中挑選，務必使當今所有俊士都能各盡其才，並共同統領尚書省所有的吏目。」於是就由太學博士劉納兼任殿中都令史，司空法曹參軍劉顯兼任吏部都令史，太學博士孔虔孫兼任金部都令史，法曹參軍蕭軌兼任左戶都令史，宣毅墨曹參軍王顒兼任中兵都令史，這幾位無論才能和品德都堪稱優秀的人，首次擔任這方面的職務。隋文帝開皇初年，改稱都令史為都事，定員為八人，官品是正八品。本朝定員為六人。都事的成員編制，從兩晉到南朝的宋、齊和北朝的北魏、北齊直至隋朝，都是八個人，以對應「八座」的數字。梁、陳只設置五人，這是因為南朝後期大多不設置祠部尚書，這樣正好對應五曹尚書的數目。本朝定員為六人，是對應六曹尚書的數目。

左、右司郎中和員外郎，按照分工各自掌管十二個司的事務。它們的職掌是推舉正確的，糾察違失的，檢查和簽署下發公文目錄；所屬都事，則是在他們監督之下受理各項具體事務。

六

凡都省，掌舉諸司之綱紀❶，與其百僚之程式❷，以正邦理，以宣邦教。凡上之所以逮❸下，其制有六，曰：制❹、敕❺、冊❻、令❼、教❽、符❾。天子曰制，曰敕，曰冊。皇太子曰令。親王、公主曰教。尚書省下於州，州下於縣，縣下於鄉，皆曰符。凡下之所以達上，其制亦有六，曰：表❿、狀⓫、牋⓬、啟⓭、辭⓮、牒⓯。表上於天子，其近臣亦為狀。牋、啟於皇太子⓰，然於其長亦為之，非公文所施。九品已上公文皆曰牒。庶人曰辭⓱。諸司自相質問⓲，其義有三，曰：關⓳、刺⓴、移㉑。關謂關通其事，刺謂刺舉之，移謂移其事於他司。移則通判之官㉒皆連署。

【章旨】敘述尚書都省總體職掌，介紹都省上下左右往來公文之稱謂。

【注釋】❶綱紀　法紀；法度。❷程式　規範；準則。❸逮　到；及。❹制　帝王文書專稱之一。《史記・秦始皇本紀》：「命為制，令為詔。」亦稱制書。蔡邕《獨斷》：「制者，帝王制度之命也。」漢後，凡皇帝要行大的賞罰、改革舊政或寬赦降虜等，皆用制。唐代制書皆有定式，據張國剛《唐代官制》擇錄如下：

門下　云云

主者施行

年　月　日

中書令具官封臣姓名　宣

中書侍郎具官封臣姓名　奉

中書舍人具官封臣姓名　行

侍中具官封臣姓名

黃門侍郎具官封臣姓名

給事中具官封臣姓名等言

臣聞

制書如右　請奉制

書付外施行　謹言

年月日

可（御畫）

從上述格式，可以清楚看出唐代制書的起草過程：先由中書舍人起草，再由中書侍郎審核，然後與中書令一起聯名進畫，交門下省審議或封駁。審核的結果，由給事中寫成書面文字經黃門侍郎審核，與侍中一起聯合署名。若是制書內容較為重要，在「給事中……等言」下便有一段讚美皇帝德業的文字；如果屬一般政務，則徑書「制書如右，請奉制書付外施行」數語，即頒下尚書省施行。事關重大的制書，還須復奏，經皇帝「畫可」方可施行。❺敕　帝王文書又一種專稱。漢時，凡官長告諭屬僚，長者囑教子弟，皆稱敕。南北朝後，才限為皇帝發佈政令之一種專用文體稱謂。敕書又稱為「戒書」、「戒敕」。北朝北周曾改為「天敕」。唐代敕書按內容不同分為四種：發日敕、敕旨、論事敕、敕牒。❻冊　帝王文書又一種專稱。冊亦作「策」。《文心雕龍．詔策》：「策者，簡也。」常用作冊封和罷免的命令性文書。如冊封王侯，冊立皇后、皇太子等。漢武帝有〈封齊王策〉、〈封燕王策〉，漢獻帝有冊封曹操的〈冊魏王九錫文〉。漢制，策長者二尺，短者一尺，或一長一短，中有二編，下附篆書，成「冊」字形。❼令　上古帝王對臣下諭示稱令，秦漢後，皇后、皇太子、諸侯王對下屬皆稱令。《文心雕龍．書記》：「令者，命也。出命中禁，有若如天。管仲下令如流水，使民從也。」❽教　親王、公主文書之稱謂。教即「效」，出言使百姓仿效。蔡邕《獨斷》稱「諸侯言曰教」。任昉《文章緣起》謂京畿地方長官下達文書亦可稱教。漢代薛宣以條教著稱，《漢書》錄其〈下賊曹掾教〉是一篇名文。❾符　古代官府上級對下屬下達之文書通稱符。符原為證信文書，初為竹製，後為銅製。合符發證，同時驗看附送文書。故《釋名》稱：「符，付也，書所敕命於上，付使傳引之也。」魏晉後，徑稱所附文書為符。符文格式，據日．仁井田陞編集《唐令拾遺》，以尚書省為某事下符給某寺為例，摘錄如下：

尚書省　為某事

某寺主者云云案主姓名符到奉行　主事姓名

吏部郎中具官封名　令史姓名　書令史姓名

年　月　日

上述格式中，令史是經辦人，書令史為抄寫人，主事負責初審，吏部郎中則為該符首判之官。❿表　臣子致書於君王稱表。表有賀表（如賀祥瑞、賀誕辰）、謝表（如謝官爵、謝賜物）、請表（如請上尊號、請坐朝）和讓表（如讓官爵）等多種。不同於章奏的是，表不必有文頭套語，僅以「臣某言」即可開宗言事。歷史上著名的表文有諸葛亮〈出師表〉、李密〈陳情表〉等。其格式如下：

具全銜某

臣某言云云

謹奉表陳情以聞

年　月　日　具銜某上表

⓫狀　臣子向君王就某事提出請求之文書稱狀。亦稱奏狀。狀，意謂陳述。作為一種公文文體，始於漢而興於唐。在陸贄、白居易、柳宗元文集中，有不少狀文收錄。陸贄〈奉天請罷瓊林大盈二庫狀〉為傳世名篇。⓬牋　即箋。臣下上呈皇后、皇太子及諸王之文書，如柳宗元的〈賀皇太子牋〉。《文心雕龍》：「牋者，表也，識表其情也。」⓭啟　下級致上級之文書稱啟。啟的格式，一般以「某啟」開頭，在文之末尾書「謹啟」。⓮辭　百姓對官府的陳述稱供辭。又，據本書下文原注，此「辭」字應在下「牒」字之後。⓯牒　原意為書板，引申為一種公文體裁，如通牒、度牒。白居易〈杜陵叟〉：「昨日里胥方到門，手持尺牒榜鄉村。」此處則為屬僚致上級官長文書之稱謂。牒的格式據《唐令拾遺》摘錄如下：

尚書都省　為某事

某司云云案主姓名故牒

年　月　日

主事姓名

左右司郎中一人具官封名　令史姓名

書令史姓名

⑯牋啟於皇太子　句中「於」疑係「上」之誤。《舊唐書・職官志》為「牋啟上皇太子」。⑰庶人曰辭　句中疑脫一「言」字。《唐會要・牋表例》和《舊唐書・職官志》均作「庶人言曰辭」。⑱諸司自相質問　意謂平行之官府機構間因公事而互相詢問。⑲關　平行官府間關通往來之文書。關，本為關閉，引申為關口、通道，轉為互相關照的公文。《文心雕龍》：「百官詢事，則有關、刺、解、牒。」關的格式，據〈伯二八一九號殘卷所載公式令對於研究唐代政制的價值〉（樓勁，《敦煌學輯刊》一九八七，二）一文提供的資料，摘錄如下：

吏部為某事

兵部云云　謹關

年　月　日

主事姓名

吏部郎中具官封名　令史姓名

書令史姓名

⑳刺　官府平行文書之一，用以刺舉情事，通達情況。《文心雕龍・書記》：「刺者，達也。」㉑移　不相統屬的平行官府間往來之文書。又稱公移。明・徐師曾《文體明辨》：「公移者，諸司相移之詞也。」移文格式，據《唐令拾遺》擇錄如下：

尚書省　為某事

某省（省臺云其省臺）云主

年　月　日

主事姓名

又，《文苑英華》載南朝庾信在北周代人作移文，起首為「年、月、朔日某官移某官」，結尾為「故移，某官」。㉒通判之官判事時在公文上共同簽署之主要官員。唐制，官府判事，有關官員按職能的大小分為長官、通判、判官、主典（直接經辦者）四等。如都省六部，便是以尚書為長官，侍郎為通判官，各司的郎中或員外郎為判官，令史、書令史為主典。通判官處於長官與判官之間，與長官是連署的。署名時專用語，判官為「白」，通判官為「咨」或「示」，長官為「示」。令史、書令史按規定亦要在文案上署名。辦理文案稱行案。所謂行署就是行案連署的縮稱。

【語譯】尚書都省的職掌，是要管好都省各司的法度，和規範所屬百吏的行為準則。只有這樣，才能擔負起端正邦國理義，弘揚邦國教化的使命。凡是在上位者用來指使下屬的文告，它的規制有六種，就是：制、敕、冊、令、教、符。天子的文告稱「制」、「敕」、「冊」；皇太子的文告稱「令」；親王、公主的文告稱「教」；尚書省下達到州，州下達到縣，縣下達到鄉的文告都稱「符」。凡是下級呈送上級的文書，它的規制也有六種，就是：表、狀、牋、啟、牒、辭。「表」上呈天子。對天子的近臣也用「狀」。「牋」和「啟」是上送給皇太子的，但下屬對他長官的文書亦可稱「牋」、「啟」，不過這已不屬公文範圍。九品以上官吏送達上級的文書都可以稱「牒」。庶民百姓對於官府的陳言則稱「辭」。各個平行官府機構間相互質詢的文書，它的格式有三種，就是：關、刺、移。「關」的意思就是官府機構間相互關通政務。「刺」是指向相關機構揭舉某些情事。「移」就是將某些事務轉移給相關機構。規定移這種文書要實行通判，各司的通判要一起署名。

七

凡內外百司所受之事，皆印其發日❶，為之程限❷：一日受，二日報。其事速及送因徒，隨至即付。小事五日，謂不須檢覆❸者。中事十日，謂須檢覆前案及有所勘問者。大事二十日，謂計算大簿帳❹及須諮詢者。獄案三十日，謂徒已上❺辨定須斷結❻者。其急務者不與焉。小事判句❼經三人已下者給一日，四人已上給二日；中事，每經一人給二日；大事，各加一日。內外諸司咸率此。若有事速及限內可了者，不在此例。其文書受、付日及訊囚徒，並不在程限。凡尚書省施行制、敕，案成則給以鈔之❽；通計符、移、關、牒，二百紙已下，限二日；過此以往，每二百紙已上加二日。所加多者不得過五日。若軍務急速者，不出其日。若諸州計奏❾達于京師，量事之大小與多少以為之節：二十條以上，二日；倍之，三日；又倍之，四日；又倍之，五日；雖多，不是過焉。

【章旨】記述尚書都省內外諸司處理各種公文期限的具體規定。

【注釋】❶發日　指起始之日。❷程限　處理公文的期限。❸檢覆　指需要檢閱相關檔案進行覆核者。❹計算大簿帳　即計簿。為各地方行政機構逐年編制上報考課的行政總冊，包括境內戶口、墾田、錢穀出入、盜賊多少，以至兵獄、關梁、地理因革諸事，編成計簿上報，作為中央對地方考核之依據。亦稱計偕簿、偕簿、集簿。❺徒已上　徒指徒刑，五刑之一。五刑為笞、杖、徒、流、死五種刑罰。徒已上，指包括被判為徒、流、死之罪的獄案。已，同「以」。❻斷結　審核結案。❼判句　判，指斷案。句，同「勾」，覆核檢查。唐代勾官的職責，就是具體檢查公文處置與傳遞過程中，是否存在因玩忽職守或瀆職而造成失誤。判與勾非同一職司。❽案成則給以鈔之　句中「給」下疑漏一「程」字。《舊唐書・職官志》為「案成則給程以鈔之」。意謂文案辦好以後，給予一定的日程期限來抄寫。鈔，通「抄」。❾計奏　即計簿。見前注❹。

【語譯】凡是京師內外所有官府機構所受理的一切公文，都要印上起始的日期，規定辦理手續的期限，通常是第一天受理，第二天報送。如果屬於急件，或者有關押解囚徒一類要事，那就得隨到隨辦。小事辦理期限為五天，指不需檢查覆核的。中事為十天，指需要與前面的案卷覆核並且要作些查詢的。大事為二十天，指各地上報的計簿以及需要進行商議和查詢的。獄案為三十天，指判處徒刑以上的案件需要論定和結案的。屬於緊急的文案則不受上述期限的限制。小事判案和勾檢經過三人以下的，另外加一天；經過四人以上的，另外加兩天。中事每經過一個人加兩天；大事則各加一天。都省內外各司都依照這個規定辦理。如果事情屬於需要辦的，以及在限期內可以辦完的，那就不屬於這個範圍。至於文書收付的日子，以及審訊囚徒的時間，不計算在期限以內。凡是尚書省負責須發施行的制、敕，文案完成以後，就規定【期限】交付抄寫。所有符、移、關、牒等文案，字數在兩百張紙以下的，限兩天之內抄寫完畢；超過這個紙張數的，每兩百紙以上加兩日，但增加的日期最多不能超過五天。如果是有關緊急軍務的文案，那就不能超過當天。倘若是各個州的計簿送達到京師來的，就要根據工作量的大小和多少來規定期限：二十條以上，二天；超過一倍，三天；再增加一倍，四天；再翻一倍，五天。再增加就不能超過這個期限了。

八

凡制、敕施行，京師諸司有符、移、關、牒下諸州者，必由於都省以遣之。若在京差使者❶，令使人於都省受道次符、牒❷，然後發遣。若諸方使人❸欲還，亦令所由司先報尚書省，所有符、牒，並令受送。凡文案既成，勾司❹行朱訖❺，皆書其上端，記年、月、日，納諸庫❻。凡施行公文應印者，監印之官考其事目，無或差繆，然後印之；必書於歷❼，每月終納諸庫。其印，每至夜，在京諸司付直官長❽；在外者，送當處長官掌。凡尚書省官，每日一人宿直，都司執直簿❾一轉以為次❿。凡諸司長官應通判者⓫及上佐⓬、縣令，皆不直也。凡內外百僚日出而視事，既午而退，有事則直官省之；其務繁，不在此例。凡天下制、敕計奏之數，省符、宣告之節⑬，率以歲終為斷。京師諸司，皆以四月一日納于都省；其天下諸州，則本司推校以授勾官，勾官審之，連署封印，附計帳使納于都省。常以六月一日都事⑭集諸司令史⑮對覆⑯，若有隱漏、不同，皆附于考課⑰焉。

【章旨】規定京師諸司下行公文都要經由尚書都省下達，有關文案的覆核和歸檔也要集中在都省進行。

【注釋】❶在京差使者　指由京城發遣赴各地遞送公文之使者。這些使者一般為吏部番上散官。❷受道次符牒　意謂接受發往沿途各地的公文。符、牒，分別泛指上對下和下對上之公文。❸諸方使人　指各地派遣送達公文至京師的使者。❹勾司　負責覆核檢查之勾檢官員。❺行朱訖　勾司覆檢文案完畢，以朱筆批寫對文案的評語，稱「行朱」。訖，完畢。❻庫　保管檔案之庫房。❼歷　通「曆」。曆本。此處指載有日期之記事本。監印官用印後，須在曆本上記下用印的事項和日期。❽直官長　南宋本為「直官掌」。意謂夜晚，印章要由當值的官員掌管。❾直簿　值日官員記事簿籍。❿一轉以為次　《唐會要・當直》及《舊唐書・職官志》均無「一」字。轉以為次，意謂尚書都省應參加值日之官員，依次輪流當值。⓫諸司長官應通判者　諸司長官指左、右僕射及六部尚書；應通判者為各部侍郎。他們不在輪值之列，可免諸宿值之勞。⓬上佐　對地方府州郡主要屬官之通稱。《職源》：「別駕、長史、司馬，通謂之上佐。」⓭節　示信憑證。此處指尚書省符文下發之憑信，為了防偽，每年更換。⓮都事　尚書都省屬官。晉及南北朝時稱都令史，隋改此，置八人，分司管轄六曹之事。唐尚書都省有都事六人，分別對口六部，地位在主事之上。掌受事發辰，稽察缺失、監印、給紙筆等事，屬事務長性質。⓯令史　掌文書案牘之官吏，係流外職事，屬低級事務官。⓰對覆　即勾檢。⓱考課　對官員政績依據一定標準進行定期考核。此制秦漢已有。分常課、大課。常課一年一次，大課三年一次。唐由尚書省吏部考功郎中、員外郎掌管。應考者皆具錄當年功過行能，由本司（州）長官對眾讀議優劣，定出九等考第，再報送尚書省。由於內外諸司之考課都要送達尚書省，所以此處說將把對覆結果一併附於相關人員考課之內。

【語譯】凡是制、敕的須發施行，或者京師各司有符、移、關、牒要下達到各個州去的，都必須全部歸口於尚書都省，由都省派人發送。如果是在京師派遣使者，就叫使者在都省接受要在沿途送達的各種文書，然後發遣。如果是利用各地來京師送公文的使者返還時順路發送，亦要相關各司先把須下達的各種文書申報給尚書省，然後再由尚書省命令他們收受並負責送達。凡是文案已經完成，勾官用紅筆批覆完畢，都要在文案封面上端寫下年、月、日，歸入檔案庫。凡是發付施行的公文要蓋印的，由監印的官員審察覆核文案的事由要點，沒有任何差錯，然後再蓋印，並且必須在曆本上做好記錄，每月底，彙總歸入檔案庫。所使用的印章，每到夜晚，在京師的各司，都要把它交給值班官員掌管；如果在外地，則交給所在地長官掌管。凡是屬於尚書省的官司，每天要有一個人值宿。由都事掌管值班的記事簿，值班人員依〔一〕次輪轉。凡是各司的長官以及與長官連署斷案的通判官，地方上的上佐和縣令都可以不參值班。凡是內外百僚都要日出就開始處理公務，到中午退班。午後仍有事務，則由輪值的官員處理。如果事務繁忙，那就不受這個規定的限制。所有全國下達的制、敕，上報的計帳及奏疏的總數，尚書省下發的符文和宣告用的信節，都以年終為斷限。京師各司，都要在四月一日前彙總到都省。全國各州，都由它本司進行校核後，交給勾官，勾官進行審核，再共同連署封印，並附上計帳，派人交到都省。一般是在每年的六月一日，由都事召集各司的令史，共同校對覆核，如果發現有隱漏、不一致等情況，都要一一指出，附錄在相關人員的考課材料中。

【說明】上述七、八兩章，集中記述唐代公文的分類、製作及流通等相關事項和操作規程。

在封建專制制度條件下，公文不僅是溝通官方上下左右的信息載體，同時還起著確定和鞏固隸屬關係、尊卑秩序即所謂「禮」的作用。這一點，從公文分類的特定稱謂和規範的製作格式中，可以看得非常清楚。唐玄宗時頒佈的〈開元公式令〉(見《唐令拾遺》)，還以法律形式對這一切作了明文規定。

唐代公文大致可分為三個系統：一是出自最高層的帝王之命；二是中央各部門上下左右往來文書；三是來自地方的諸州公文。由這三個系統組成的公文網絡，都要彙集到尚書都省來，因而都省正是這個網絡的樞紐，起著舉足輕重的作用。

九

主事六人，從九品上。《漢官》❶云：「光祿勳❷有南、北廬❸主事❹，三署❺主事，於諸郎之中察茂才高第者為之，秩四百石，次補尚書郎，出宰百里。」謝承❻《後漢書》：「胡伯蕃❼、范滂❽、公沙穆❾並以俊才為孝廉，除郎中、光祿勳主事。」後魏尚書吏部、儀曹、三公、虞曹、都官、二千石、比部，各量事置掌故❿主事員，門下置主事令史，並從八品上。隋初，諸臺、省並置主事令史。煬帝二年⓫，並去「令史」之名，其主事隨曹閒劇而置，每十令史置一主事，不滿十者亦置一人，雜用才術之士。顏愍楚⓬文學名家，為內史主事，其後尋罷之。皇朝並用流外⓭入流⓮者補之。

【章旨】規定主事員額、品秩，並介紹其設置之沿革。

【注釋】❶漢官　《隋書．經籍志》著錄《漢官》五卷，應劭注；《漢官儀》十卷，應劭撰。據《後漢書．應劭傳》，建安二年，「詔拜劭為袁紹軍謀校尉。時始遷都於許，舊章湮沒，書記罕存。劭慨然歎息，乃綴集所聞，著《漢官禮儀故事》。」劭所撰，止一書，不知《隋志》何以分為二。各書引文有作應劭《漢官》，亦有作應劭《漢官儀》，亦有彼此互舛，不可分別。清人孫星衍併錄為二卷。以下引文見於《漢官儀》上卷。❷光祿勳　九卿之一。秦稱郎中令。漢武帝太初元年（西元一〇四年）改此。《漢官儀》稱：「光，明也。祿，爵也。勳，功也。言光祿典郎、謁、諸虎賁、羽林，舉不失德，賞不失勞，故曰光祿勳。」掌宮殿門戶，其下屬郎、謁、虎賁、羽林，皆為執戟警衛宮殿門戶之值勤人員，由光祿卿對他們考勤、推薦，故稱其「舉不失德，賞不失勞」。❸南北廬　漢代省內外宮中官員居住地稱廬，南北廬為光祿勳屬下官員之宿舍。❹主事　官名。漢代為光祿勳屬官，與掾主簿並列。此處為管理廬舍的官員。主事歷代仍有置，或稱主事令史。唐以流外官入流者充任，為中央部分官府掌管署覆文書案牘之下級官員。❺三署　指郎中令屬下之五官中郎將、左中郎將、右中郎將三署。❻謝承　《晉書》本傳作「謝沉」。字行思，會稽山陰（今浙江紹興市）人。東晉時任著作郎，著有《後漢書》百卷等。❼胡伯蕃　僅知東漢時人，其行狀未見著錄。❽范滂　字孟博，汝南征羌（今河南漯河市東）人。舉孝廉，遷光祿勳主事。以黨錮之禍被殺。❾公沙穆　字文父，北海膠東（今山東平度）人。舉孝廉，以高第為主事，桓帝時遷弘農（今河南靈寶東北）令。❿掌故　官名。亦稱掌固。西漢置。屬太常，有文學掌故、太史掌故、治禮掌故等。熟習禮樂制度等典章故實，備咨詢。⓫煬帝二年　南宋本及《隋書・百官志》均為「煬帝三年」，《職官分紀》引《唐六典》文亦為三年。煬帝三年即大業三年（西元六〇七年）。⓬顏慜楚　《通典・職官四》稱其為隋時「文學名流」，餘不詳。⓭流外　相對「流內」而言。隋唐時列入九品之官員稱流內，不入九品，由雜途入仕之吏員稱流外，如諸司錄事、令史、府史、亭長、掌固之類。⓮入流　指九品以外官員進入九品。流外入流的基本條件是「考滿」。一年一考，唐一般以八考為滿，亦有以十考為滿者。考滿後得出身，有授予職事官或散官的。受散官者須在待散一定年限後方可任職事官。有一些職事官，如尚書省六部二十四司及中書、門下省之都事、主書、主事，州縣（流內）錄事等，多係由流外出身人專任。

【語　譯】主事六人，官品為從九品上。《漢官》說：「光祿勳的下屬有南北廬主事和三署主事。這些主事是在眾多郎官中考察挑選才能優等的人員充當，俸秩為四百石。比這次一等的，選補為尚書郎，外遷可以擔任主宰百里方圓的縣令。」謝承的《後漢書》有這樣記載：「胡伯蕃、范滂、公沙穆都曾以優異的才能被推舉為孝廉，授任為郎中、光祿勳主事。」北魏尚書省所屬諸曹中，如吏部、儀曹、三公、虞曹、都官、二千石、比部等，都估量各自政務需要，設置掌故主事員，門下設置主事令史，官品都是從八品上。隋朝初年，各個臺、省都設置主事令史。隋煬帝二（三）年，都去掉了「令史」的這個名稱，簡稱為主事。各曹的主事，根據各自事務的忙閒程度，確定設置的員數。大體上每十個令史設置主事一人，不滿十人的，亦設置主事一人。其中要摻雜錄用一些有專門才能的士人，如文學名家顏慜楚曾被任命為內史主事。但這些規定後來不久就被廢止。本朝則用流外入流出身的人選補主事。

十

令史十八人，書令史三十六人。自魏、晉以來，令史之任用人常輕。梁、陳、後魏、北齊，雖預品秩，益❶【又微矣。其革選卑】降，始自平❷隋。開皇❸初著令，有流外勳品❹、二品、三品、四品、五品、六品、七品、八品、九品之差，皇朝因之，諸臺❺【、省並曰令史。其】尚書都省令史、書令史，並分抄行署文書❻。【食著米菜料日四】十錢，給三口糧。國初限八考❼已上入流；若❽【六考以上瀕上，七考六】上，並入流為職事。初，隋氏革選令❾，令史能得官者甚少，年限亦賒❿。武德⓫初，天下始定，京師穀價貴，遠人不願仕流外，調諸州佐史⓬及朝集典⓭充選，不獲已，相資而為之。遂促年限，優其敘次，六、七年有至本司主事及上縣尉⓮者。每府史⓯三考、令史兩考，署職⓰。

【章旨】規定令史、書令史之員額、品級，並記述其設置之沿革。

【注釋】❶益　原注「益」下僅有若干空格，未知所缺字數。據南宋本與《職官分紀》引《唐六典》原注，「益」下共缺七字，即「又微矣其革選卑」。姑據以補，並加方括號以為區別。下同。❷平　據文意應為「乎」。南宋本正作「乎」。❸開皇　隋文帝楊堅年號。❹流外勳品　流外最高一級官品。流外，正式官階、品位之外稱流外。北齊循北魏官制，始置流外九品，隋唐沿置。唯最高級流內稱一品，流外稱勳品。流外官之品級，往往由其所在官府地位決定，同樣是令史，在御史臺、三省者為勳品，屬秘書、殿中省或太子詹事府或內坊者，則分別為二品、三品、四品。❺諸臺　據南宋本與《職官分紀》引《唐六典》原注，「諸臺」下缺「省並曰令史其」六字。❻文書　「文書」下有缺文，諸本多異。南宋本作「食貯□□日□十錢」。

廣雅本不缺，，其文為「掌錄判校，每日給十錢」。正德、嘉靖二本與四庫本同。《職官分紀》引《唐六典》，此處缺文為「食著米菜料日四」七字，姑據以補上。由此亦可見流外官待遇之微薄，與其職務之冗雜繁重不相適應。據史載此輩人等因而藉機從中舞弊，上下其手，貪求貨賄者層出不窮。貞觀時，唐太宗李世民也為此顯得有些無奈，「乃密遣左右以物遺之，司門令史受絹匹」（《大唐新語・規諫》）。貞觀盛世尚且如此，其他時期亦就可想而知。❼八考　指流外官八年考滿，便能由流外官升為流內之職事官。❽若　此下缺文，據《職官分紀》引《唐六典》原注為「六考以上瀕上七考六」九字。南宋本僅缺二字，其文作「若六考已上□上□六考上……」。流外官考課分上、中、下、下下四等（詳本書第二卷尚書吏部），要經六年考課，每年又均被列為上等，才能入流為職事官。❾令　據南宋本此「令」為衍字。❿賒　久；長。南宋本、《職官分紀》引《唐六典》原注並為「深」。均可通。⓫武德　唐高祖李淵年號。⓬佐史　地方官府屬吏。職司類同令史，主文書。隋唐在中央臺省稱令史，在州縣則稱佐史。⓭朝集典　即朝集使。一種外官入朝制度。此處指諸州縣派赴中央參加朝集呈遞計簿之上計吏。朝集漢時已有，唐玄宗開元八年（西元七二〇年）定制，諸州都督、刺史或其上佐，每年輪流朝集，十月二十五日赴京，十一月一日朝見，稟報本州民俗風情、屬官考課，並進獻貢物、聆聽敕命。⓮縣尉　戰國秦置。每縣設令、丞、尉。縣尉主管軍事。隋煬帝時曾改為縣正，後又改為戶曹、法曹，以承郡之六司。唐後改稱縣尉。諸縣置員不一，主分判諸司事。又，「縣尉」下據《職官分紀》引《唐六典》原注，尚有「近革選，限十考六上入流」一句。「十考六上入流」，意謂十次年考中有六次列為上等，即可入流。⓯府史　佐吏名。隋唐時期，中央臺省之佐吏稱為令史，九寺、五監、諸衛府之佐吏，則稱為府史。⓰署職　南宋本及《職官分紀》引《唐六典》原注均無此二字，卻多「聽轉選，續前勞」一句。此一句牽涉到流外官考核年限之計算方法，略作說明。流外官轉選有一定程序，並有所謂前行、後行之分。前行指吏部、兵部、考功、都省和御史臺、中書、門下等七司，其餘為後行閒司。流外官轉遷，要先後行，再前行。如亭長和掌固即要先轉遷府史，然後再轉遷為令史。而且轉遷時都要經過「試判」，也即經過測試判案能力，如此緩慢週轉，年限自然很長。所謂「續前勞」，仍以掌固或亭長之昇遷為例，即在他們被任命為令史或府史前的考核亦一併計算在內。這就使考核年限有了較大縮短。

【語　譯】令史十八人，書令史三十六人。從魏晉以來，令史的選任用人的地位，通常受到輕視。南朝的梁、陳和北朝的北魏、北齊的令史，雖然授予品秩，但更加【低微了。經過選制改革，令史的卑微更下降到正規九品官制之外，即所謂「流外」】。開皇初年明令另行設置流外官品，亦有勳品、二品、三品、四品、五品、六品、七品、八品、九品的差等。本朝因襲了這項規定。各個臺【省都稱為令史，其中】尚書都省的令史和書令史的職掌是分抄行署的文書。【他們的待遇是每人每天供給米、菜料折合四】十錢，亦就是每人每天給三天的口糧。本朝初年，規定流外官員要八考以上才能進入流內任官。或者如果【六考以上都是上等，七考中有六考是】上等，亦可昇遷為流內的職事官。當初，隋代變革選制，令史列為流外，能夠進入流內擔任職事官的很少，而且滿考的年限也很久長。本朝高祖武德初年，天下剛平定，京都的穀價很貴，遠地來的人不願在京都擔任地位和待遇都很低微的流外官，朝廷只能調州縣的佐史以及上計的朝集使來充選令史，萬不得已時，姑且由地方上捐資作點補貼讓他們來應差。為此後來採取了一些措施：縮短滿考的年限，優待他們銓敘的條件，一般只要六、七年時間，就能昇到主事的職務，或者外放到上等的縣去擔任縣尉。那樣的話，府史經過三考、令史經過二考往往就能轉選入流內成為職事官。

十一

亭長六人，漢因秦制，每十里一亭，亭有長，高祖❶為泗上亭長。隋文帝始採古亭長之名以為流外之號，皇朝因之。主守省門，通傳禁約。

掌固十四人。《史記》云：「郡國有好文學、敬長上、肅政教、順鄉里者，詣太常❷受業如博士弟子❸，課能通一藝已上，補文學掌固。」又東方朔❹云：「曾不得掌故，安敢望侍郎乎？」掌故，主故事也。《史》、《漢》本亦為此「固」字。《隋令》稱「掌事」，皇朝稱「掌固」。主守掌倉庫及廳事鋪設，職與古殊。與亭長皆為番上下❺，通謂之番官。轉入府史，從府史轉入令史，選轉皆試判。

上下。

【章　旨】規定亭長、掌固員額並記敘其設置之沿革。

【注　釋】❶高祖　指漢高祖劉邦。❷太常　秦置，稱奉常，西漢改此。為九卿之首。掌宗廟祭祀、禮樂。管理皇帝陵墓、寢廟所在廟邑，兼管文化教育；博士和博士弟子的考核、薦舉，亦由其主持。❸博士弟子　漢代博士所教授的門生。由太常選郡國年十八歲以上、經考試合格者送太學就博士受業。漢武帝時博士弟子五十人，昭帝時增至一百人，成帝時更增至三千人。東漢桓帝時博士弟子達三萬人之多。❹東方朔　西漢文學家，平原厭次（今山東陵縣東北）人，武帝時為太中大夫。性詼諧滑稽。《漢書・藝文志・雜家》著有東方朔二十篇，今佚。❺番上下　意謂輪番更值上下。亭長、掌固屬勞役，故須輪番上下。

【語　譯】亭長六人。漢朝因襲秦朝的制度，每十里方圓稱一亭，亭裡設置亭長。漢高祖劉邦便曾擔任過泗上亭亭長。隋文帝方始採取古代亭長這個名稱，作為流外官之一的名號。本朝因承了這一制度。亭長的職掌是看守尚書省的大門，通報傳達，警衛大門。

掌固十四人。《史記》說：「郡國地方上，有喜好文學、恭敬長輩、嚴守政教、和順鄉鄰的，可以推舉到太學去就讀，做博士弟子。經過學習，在六藝中能通曉一藝以上，便可選補為文學掌故。」還提到東方朔說過這樣的話：「還沒有擔任過掌故，怎麼敢奢望得到侍郎的位置呢？」掌故，就是懂得典章故實，以備詢問的。「掌故」中的「故」，《史記》、《漢書》中本來用的是「固」字。隋朝的律令中寫成「掌事」，本朝稱「掌固」。不過如今掌固的職掌是看守倉庫，管理廳堂鋪事陳設，已經與古代大不相同。掌固與亭長都是屬於輪番上下服役的，所以通常稱他們為番官。番官可以轉遷為府史，再從府史轉入令史。選轉時，都要經過一次判案能力的測試，稱為「試判」。

【說　明】在唐代官中，存在著一支數量龐大的流外官隊伍。除了前面十章、十一章分別提到的負責文書謄錄、造表記帳的令史、書令史和門房傳達、倉庫管理的亭長、掌固以外，還有典事、謁者、楷書手等等，從中央機構到地方官衙，都由他們承擔著大量的行政事務。據《通典・職官二十二》統計，唐代開元時中央和地方在編官員為一萬八千八百餘名，而流外的胥吏則多達三十六萬八千六百餘人，官與吏成一與十八之比。從上述兩章來看，唐代對流外官的管理，從選任、置品、督課、酬勞到流外入流，都形成了一套較為完備的制度。唐代是中國官制史上一個承前啟後的重要時期，因而深入研究其有關流外官管理中的這套制度，對弄清後期中國封建官僚政治中吏員階層的形成與發展及相關問題，有著重要意義。明末清初的顧亭林在《日知錄》中說：「今奪百官之權，而一切歸之吏胥，是所謂百官者虛名，而柄國者吏胥而已。」到了近代，這一類胥吏成為一部分紹興人世襲的職業，俗稱紹興師爺。顧亭林是不滿意這種情況的出現的，其實這倒可能是一種歷史的進步，其中就孕育著公務員制度的萌芽。胥吏的職業化，不僅使政府的公共事務盡可能少受官場頻繁昇沉起落的影響，日常事務得以保持一定的連續性，而且作為一種固定的職業，有利於積累和鑽研專業知識，使政務處理日趨科學化。至於由於缺乏相應的行政法規和管理制度致使胥吏專權滋生腐敗，那是應當另作別論的。

卷二

尚書吏部

卷　目

吏部尚書一人
侍郎二人
郎中二人
員外郎二人
主事四人
令史三十人
書令史六十人
亭長八人
掌固十三人❶

司封郎中一人
員外郎一人
主事二人
令史四人
書令史九人
掌固四人

司勳郎中一人
員外郎二人
主事四人
令史三十三人
書令史六十七人❷
掌固四人

考功郎中一人
員外郎一人
主事三人
令史十五人❸
書令史三十人❹
掌固四人

---

❶掌固十三人　《舊唐書・職官志》及《新唐書・百官志》均作「十二人」。
❷書令史六十七人　《新唐書・百官志》同此，《舊唐書・職官志》則作「六十人」。
❸令史十五人　《新唐書・百官志》同此，《舊唐書・職官志》則為「十三人」。
❹書令史三十人　《新唐書・百官志》同此，《舊唐書・職官志》則作「二十五人」。

卷旨

本卷記述尚書省所屬六部之首部——尚書吏部。

唐代尚書省下分吏、戶、禮、兵、刑、工六部，每部四司，共二十四司。六部二十四司的主要職司是執掌政令，也有部分實際政務，如吏部的銓選，禮部的科舉，刑部參與「三司」推鞫等等。

在尚書省六部中，吏部處於特別重要地位。正如卷首原注中所說：「此官歷代班序常尊，不與諸曹同也。」其所以如此，是因為吏部可說是封建制國家的人事部，負責管理和建設那支龐大的官僚隊伍，因而它工作的好壞，直接關係到整個國家機器能否順利運轉的問題。

吏部下屬有四個司：吏部、司封、司勳和考功。吏部及其四司的主要職掌便是銓選，其次是官員的考課，再次為封爵和勳賞。唐初，科舉考試亦由吏部主持，開元二十四年（西元七三六年）移屬禮部。吏部長官尚書和侍郎除了統領本部職官、監督所屬諸司工作以外，還要親自分掌銓選，通常是吏部尚書掌六、七品選，吏部侍郎掌八、九品選。五品以上則以名聞中書門下，聽制選授。四司的具體職掌分別是：吏部司郎中二人，一人掌散官二十九階敘階，一人掌流外官銓選；司封司郎中一人掌宗室外戚封爵；司勳司郎中一人掌勳官爵奏授；考功司郎中一人掌考課。由於司封、司勳、考功最後都要歸結到銓敘，所以首司吏部司又成了四司的核心。

從尚書吏部及其四司的設置可以看出，經過長期的歷史發展，至唐代而形成的這一套職官管理制度，確實已經達到了相當完備的程度。一個官員從他出身入仕，到入仕以後的選拔、升遷、考課、待遇、例假以至年老後的致仕退休，死後的議定謚號，都在吏部及其四司相應的規定和管束之中。從整個國家機器來說，也只有這樣才能使其官僚隊伍具有不斷吐故納新和自我調節的機制，從而保證其能正常地持續運行。但事物一旦臻於完備，離弊端叢生亦已只有半步之遙。貞觀初年內外官定制為七百三十員，唐太宗李世民說：「吾以此待天下賢材，足矣。」（《新唐書・百官志》）到唐高宗顯慶年間，黃門侍郎劉祥道在奏疏中說到當時九品以上的官員已有一萬三千四百六十五員（載《唐會要》卷七十四）。至開元時，據《通典・職官三》記載，流內官更增加到一萬八千人，即為李世民所說的「足矣」之數的二十四、五倍！不要忘記，此時還有流外官三十餘萬。對官僚隊伍如此無限制膨脹及由此產生的種種弊端的原因，歷代多有評說，似以黃宗羲最為切中要害。他認為「藏天下於筐篋」，即視天下為私物，是全部問題的癥結所在。皇帝在這種思想支配下，「利不欲其遺於下，福必欲其斂於上。用一人焉則疑其自私，而又用一人以制其私；行一事焉則慮其可欺，而又設一事以防其欺」（《明夷待訪錄》）。如此疊床架屋，循環往復，機構安得不臃腫，官吏安得不冗濫？

本卷卷目中，各司均列有主事、令史、亭長、掌固等職名及員數，正文及原注則多略而不提。以後各卷亦大率如此。

唐代尚書吏部官署的位置，參見第一卷卷旨。吏部的選院則在承天門街之東，第五橫街之北，隔第四橫街而與尚書省相望，以其位於尚書之南，故亦稱南院。每年初春，選人張榜即在此處。

吏部尚書・吏部郎中（上）

【篇　旨】本篇包括兩個部分，分別敘述吏部尚書、侍郎和吏部司郎中、員外郎的定員、品秩、沿革及職掌。吏部司為尚書吏部所屬四司的頭司，地位重要，記述的內容亦數倍於其餘三司。為方便讀者，我們將它分為上下兩篇。

以官署和官員的設置作框架，追溯歷朝沿革為經，列述唐代各項典制為緯，這可說是本書的一個結構或寫作體例。而職官與各項典制之間的關聯點，便是他們的職掌。例如這一篇中，因吏部尚書和侍郎的主要職掌為選授，就連類記述了有關選授的冬集、三銓、三唱三注等一系列制度。從中可以看出，為了在選授中做到公平、公正，實現篇中所說的「正權衡、明與奪、抑貪冒、進賢能」的目的，從組織制度、人事安排以至技術措施等方面都作了極其明細的規定，可謂煞費苦心。至於實際執行情況如何，還是因時因人而異。大致說來，太宗之世選授之法簡而實施較嚴，此後弊端漸積，及至武后踐祚，欲收攬人心而廣務拔擢，雖每多新舉且不乏知人之明，但終失之於冗濫。接著又是韋后干政，銓敘多出隨意，更少有章法可言。玄宗即位之初勵精圖治，於選授之制尤為關心，多次下詔欲求革故鼎新；但其後楊國忠用事，以多才自誇，以神速自詡，一度將三銓、三唱、三注之法棄之不用，自然離公平、公正更遠。

一

吏部尚書一人，正三品。周之天官卿❶也。《漢舊儀》❷云：「尚書四人，為四曹❸：一曰常侍曹❹，二曰二千石曹❺，三曰民曹❻，四曰客曹❼。成帝❽增置三公曹❾，為五曹。其常侍曹主丞相、御史、公卿事。」後漢光武❿又分為六曹，常侍曹為吏部曹主選舉⓫、齋祀⓬事。漢末，又改吏部為選部，專掌選舉事。靈帝⓭以梁鵠⓮為選部尚書。魏改選部為吏部。歷晉，至宋孝武大明二年⓯，置二吏部尚書⓰，廢五兵尚書，尋復舊名。齊、梁、陳、後魏、北齊皆曰吏部尚書。後周依《周官》⓱，置大冢宰卿一人，七命⓲。隋復曰吏部尚書。然此官歷代班序常尊，不與諸曹同也。《漢官儀》⓳：「尚書秩五百石⓴，次補二千石㉑。」《晉令》㉒：「吏部尚書五時朝服㉓，納言幘㉔，進賢兩梁冠㉕，佩水蒼玉㉖，乘軺車㉗皂輪。」《袁子正書》㉘曰：「尚書佩契刀囊㉙，執版㉚加簪筆㉛焉。」自魏至梁並第三品，梁秩加至中二千石㉜，後定十八班㉝，班多為貴，吏部尚書班第十四，諸曹尚書班第十三。陳、梁㉞、隋吏部尚書並正第三品，皇朝因之，掌文官選舉。龍朔二年㉟改為司列大常伯，咸亨元年㊱復為吏部尚書。光宅元年㊲改為天官尚書，神龍元年㊳復故。

【章旨】規定吏部尚書之官數、品級，並記述其自兩漢至隋唐之沿革。

【注釋】❶天官卿　即《周禮》中的天官冢宰，主管宮廷供御事務，總領百官及財賦之政，為六卿之首。此處只作為比擬，非指吏部尚書即冢宰。❷漢舊儀　書名。亦稱《漢官舊儀》。東漢衛宏作，四卷。隋、唐經籍志、藝文志皆有著錄。❸曹　曹為官府辦事機構之泛稱。漢武帝時置尚書四人，後分為四曹。其中常侍曹即為吏部前身。❹常侍曹　漢初尚書四曹之一。主公卿之事。東漢沿置，為尚書六曹之一。設尚書及左、右丞各一人。❺二千石曹　漢初尚書四曹之一。掌州郡長官奏事，管理地方行政。東漢為尚書六曹之一，改掌京師治安、辭訟、刑獄等政。❻民曹　漢初尚書四曹之一。掌吏民上書事。東漢為尚書六曹之一，改掌土木工程、監池苑囿及盜賊事。❼客曹　漢初尚書四曹之一。主外國及周邊少數民族事務。東漢沿置，分南主客曹、北主客曹。❽成帝　西漢皇帝劉驁。在位二十六年，終年四十五歲。❾三公曹　尚書列曹之一。西漢成帝增置，主斷獄事。東漢三公曹設尚書二人，掌天下歲盡集課州郡。❿光武　指東漢開國皇帝劉秀。在位三十三年，終年六十二歲。⓫選舉　指主持簡選、薦舉和任用官吏的職務。⓬齋祀　指有關祭祀的事務。⓭靈帝　東漢皇帝劉宏。在位二十一年，終年三十四歲。⓮梁鵠　字孟皇，東漢安定（今甘肅涇川北）人。善八分書。任為選部尚書。⓯宋孝武大明二年　即西元四五八年。孝武指南朝宋皇帝劉駿，大明為其年號。前後在位十三年，終年三十五歲。⓰置二吏部尚書　據《宋書·百官志》，置二吏部尚書是因省五兵尚書。不久又改置為一吏部尚書，復置五兵尚書。⓱周官　亦稱《周禮》，儒家經典之一。經古文學家認為周公所作，經今文學家則以為成書於戰國。近參以周秦銅器銘文定為戰國作品。係雜合周與戰國制度，寓以儒家理想編纂而成。北周棄漢魏故制而仿《周禮》建立官制。⓲七命　命，官秩稱謂。歷代官秩品級一般稱「品」，西魏、北周則稱「命」。品位最高為九命，最低為一命。《隋書·百官志》：「六卿七命。」大冢宰卿為六卿之一，故為七命。又，《通典·職官二十一》記北周官品七命之上有「正」字。⓳漢官儀　據《隋書·經籍志》著錄為東漢應劭撰，十卷。已佚。⓴秩五百石　東漢俸秩體制上無「秩五百石」之規定。南宋本作「尚書秩六百石」。此處「五」當係「六」之誤。㉑次補二千石　指尚書外遷，可補俸制為二千石之官。㉒晉令　書名。晉代賈充撰，四十卷。《隋書·經籍志》、《舊唐書·經籍志》等皆有著錄。今佚。㉓五時朝服　據《晉書·輿服志》載，漢制，一歲五郊，天子與執事者所服各如方色。《禮記·月令》規定：春服青色，夏服赤色，季夏中央土，服黃色，秋服白色，冬服黑色。其實並未嚴格執行。一般是玄冠絳衣即被稱為五時朝服。㉔納言幘　幘是不冠時之包頭巾。納言幘為「幘後收又一重，方三寸，名曰納言，示以忠正，顯近職也」（《後漢書·輿服下》）。㉕進賢兩梁冠　即緇布冠，上有兩梁。古制進賢冠以梁之多寡為尊卑標誌。天子五梁，三公三梁，卿大夫兩梁。㉖佩水蒼玉　古代君臣以佩戴不同色澤之玉石與組綬顯示尊卑差異。《禮記·玉藻》：「天子佩白玉而玄組綬，公侯佩山玄玉而朱組綬，大夫佩水蒼玉而純組綬。」程澔注：水蒼，謂其玉色如水之蒼也。㉗軺車　據《晉書·輿服志》記載，軺車為古時以一匹馬拉之軍車。尚書及四品將軍所乘之軺車無後戶，即不帶車廂。㉘袁子正書　晉袁準撰，二十五卷。《舊唐書·經籍志》、《新唐書·藝文志》皆有著錄。今已佚。㉙契刀囊　即盛版之紫皮囊。以其形似一種稱為契刀之錢幣，故名。㉚版　古時稱笏，即手版，朝會時，有事則書於版上。㉛簪筆　即手版前端所掛之筆，以便隨時在版上書寫。《晉書·輿服志》稱：「尚書手版頭復有白筆，以紫皮囊之，名曰笏。」白筆即簪筆之遺象。㉜梁秩加至中二千石　指梁武帝蕭衍於天監初，增一品秩為萬石，二、三品為中二千石。吏部尚書為第三品，故其秩加至中二千石。㉝定十八班　梁武帝天監七年（西元五〇八年），徐勉為吏部尚書，始定十八班制以代替原來的九品官制。以班多為貴。㉞陳梁　據近衛校明正德本，「梁」之前脫一「因」字；之後脫「後魏、北齊」四字。補上後，全句為：「陳因梁，後魏、北齊、隋吏部尚書並正第三品。」㉟龍朔二年　即西元六六二年。龍朔為唐高宗李治年號。是年更改包括吏部尚書在內的諸司官名。㊱咸亨元年　即西元六七〇年。咸亨為唐高宗李治又一年號。是年恢復諸司原來官名。㊲光宅元年　即西元六八四年。光宅為武后稱制時年號。是年又下令更改諸司官名。㊳神龍元年　即西元七〇五年。神龍為唐中宗李顯年號。

【語　譯】尚書吏部：尚書，定員一人，官品為正三品。這在周代稱天官冢宰。《漢舊儀》中說：「尚書設四個人，分為四曹，一是常侍曹，二是二千石曹，三是民曹，四是客曹。漢成帝時又增設了三公曹，合計為五曹。其中常侍曹的分職是主持有關宰相、御史、公卿的日常事務。」東漢光武帝時，又分為六曹，改稱常侍曹為吏部曹，主管有關選拔薦舉官吏及齋祀的事務。東漢末年，又把吏部改稱選部。東漢靈帝末年，任命梁鵠為選部尚書。曹魏又把選部改稱為吏部。歷經兩晉，直到南朝宋孝武帝大明二年，在廢止五兵尚書的同時，設置了兩個吏部尚書，但不久又恢復為一個吏部尚書，並重新設置五兵尚書。南朝的齊、梁、陳，北朝的北魏、北齊都稱吏部尚書。北周依照《周官》改革官制，設置大冢宰一人，官秩為七命。隋朝再恢復為吏部尚書。總之，吏部尚書這一官職，歷代在序列班次時，都把它排在尚書其他各曹之上，可說是六曹尚書之首。《漢官儀》說：「吏部尚書俸秩為五（六）百石。如果外遷，可以補為二千石的官職。」《晉令》中有這樣記載：「吏部尚書穿五時朝服，頭頂紮納言幘，戴兩梁的進賢冠，佩戴水蒼玉；乘坐一匹馬拉的軺車，車輪漆黑色。」《袁子正書》裡說：「尚書腰佩紫皮囊，手執手版和簪筆。」從曹魏歷經兩晉到南朝的宋、梁，吏部尚書都是第三品。梁武帝時俸秩增加到中二千石。後來又改設十八班制，這種十八班制以班多的為顯貴。吏部尚書定為十四班，其他列曹尚書則定為十三班。陳【因襲】梁，【北魏、北齊、】隋都把吏部尚書定為正第三品。本朝因襲舊制，吏部尚書的職務是負責對文官的選拔和薦舉。高宗龍朔二年改稱吏部尚書為司列大常伯，到咸亨元年又改回吏部尚書。武后光宅元年，再次改名稱天官尚書。到了中宗神龍元年恢復吏部尚書的舊稱。

二

侍郎❶二人，正四品上。周之天官小宰中大夫❷也。漢已來尚書侍郎，今郎中之任也。後周依《周官》❸。隋煬帝三年❹，尚書六曹吏部、禮部、兵部、刑部、民部、工部各置侍郎一人，以貳尚書之職，並正第四品。皇朝諸曹侍郎降為正四品下，惟吏部侍郎為正四品上。龍朔二年❺改為司列少常伯，咸亨元年❻復為吏部侍郎。總章元年❼，與兵部各增一員。光宅、神龍❽並隨曹改復。

【章旨】規定吏部侍郎之定員、品秩，並記述其沿革狀況。

【注釋】❶侍郎　侍郎為一個分佈頗為廣泛的官名，此處則指六部尚書之次官。秦始置郎中令，其屬官有五官中郎將和左、右中郎將，稱三署。署中有郎，其稱謂依次有中郎、侍郎、郎中三等，職務為輪番宿衛諸殿門。尚書郎係從三署郎中選舉詣尚書臺應試後錄用。初入臺稱郎中，滿歲稱侍郎。隋以後，侍郎為六部尚書副貳之專稱。❷天官小宰中大夫　意謂吏部侍郎即《周禮・天官冢宰》所說的冢宰卿之副貳，輔助冢宰處理政務。❸後周依周官　指北周帶有復古傾向的官制改革。北周文帝宇文泰還在西魏時，即按《周禮》三公六官制改定百官之名，以太師大冢宰為最高執政，改稱吏部侍郎為小冢宰上大夫，置二人，正六命（品）。❹隋煬帝三年　即西元六〇七年。隋煬帝名楊廣，年號為大業。❺龍朔二年　即西元六六二年。龍朔係唐高宗李治年號。❻咸亨元年　即西元六七〇年。咸亨亦是唐高宗李治年號。❼總章元年　即西元六六八年。總章亦是唐高宗李治年號。是年下令司列少常伯（吏部侍郎）、司戎少常伯（兵部侍郎）官數各為二人。❽光宅神龍　分別為武則天和唐中宗李顯年號。光宅元年（西元六八四年）改吏部為天官，吏部侍郎為天官侍郎；神龍元年（西元七〇五年），天官復稱為吏部，天官侍郎復稱為吏部侍郎。

【語譯】【尚書吏部：】侍郎，定員二人，官品為正四品上。這個職務在周代稱天官小宰中大夫。從漢以來的尚書省各曹侍郎，相當於現在郎中的職務。北周依照《周禮》改革了官制。隋煬帝大業三年規定尚書省所屬吏部、禮部、兵部、刑部、民部和工部六曹，各設置侍郎一人，作為各部尚書的副職，官品為正第四品。本朝規定各尚書曹侍郎的官品各降一階，為正四品下，其中只有吏部侍郎昇為正四品上。高宗龍朔二年改稱吏部侍郎為司列少常伯，到了咸亨元年又恢復舊名。總章元年，吏部與兵部侍郎的定員各增加了一人。武后光宅元年曾把吏部侍郎改名為天官侍郎；中宗神龍元年隨著天官仍稱為吏部，天官侍郎亦恢復稱吏部侍郎。

三

吏部尚書、侍郎之職，掌天下官吏選授❶、勳封❷、考課❸之政令。凡職官銓綜❹之典，封爵策勳❺之制，權衡殿最❻之法，悉以咨之。其屬有四：一曰吏部，二曰司封，三曰司勳，四曰考功；尚書、侍郎總其職務而奉行其制命。凡中外百司❼之事，由於所屬，皆質正焉。

【章旨】記述吏部尚書、侍郎之職掌和屬司。

【注釋】❶選授　選擇人才授以官職。《唐會要．選部》載：「舊制，內外官皆吏部啟奏授之，大則署置三公，小則綜覈流品。」❷勳封　意謂勳爵和封爵的承襲和授予。❸考課　依據一定標準對官吏政績進行定期考核的制度。秦漢分常課、大課。常課每年一次，大課三年一次。魏晉沿之。隋唐由尚書省吏部考功郎中、員外郎掌管此事。❹職官銓綜　指有關官吏選授銓敘的典制。❺封爵策勳　指封爵與勳爵承襲或授予的規則和體制。❻權衡殿最　指在考課中依據一定標準論定官吏治績之上下等第。殿，最後。最，第一。❼中外百司　指京師內外，亦即中央和地方的各級官吏機構。

【語譯】吏部尚書和侍郎的職務，是掌管有關全國官吏的選拔授職、封爵策勳以及考核評定等各項政令。凡是有關職官銓敘的典制，封爵和勳爵策授的規制，考課中權衡等第的方法，都要咨詢於它。它的下屬有四個機構，一是吏部，二是司封，三是司勳，四是考功，統由尚書和侍郎總理這些機構的事務，貫徹執行君王發佈的相關制命。凡是朝廷內外各級官府涉及到吏部尚書、侍郎管轄範圍內的相關事務，都要就正於他們。

四

凡選授之制，每歲孟冬❶，以三旬會其人❷：去王城五百里之內，集於上旬；千里之內，集於中旬；千里之外，集於下旬。以三銓分其選❸：一曰尚書銓❹，二曰中銓，三曰東銓❺。以四事❻擇其良：一曰身，二曰言，三曰書，四曰判。每試判之日，皆平明集於試場，試官❼親送，侍郎出問目❽，試判兩道，或有名❾，學士❿考為等第。或有試雜文，以收其俊乂⓫。以三類觀其異⓬：一曰德行，二曰才用，三曰勞效。德鈞以才，才鈞以勞。其優者擢而升之，否則量以退焉。所以正權衡，與奪⓭，抑貪冒，進賢能也。然後據其狀⓮以覈之，量其資⓯以擬之。

【章旨】記述吏部選授官吏制度之一：定期會集與考試。

【注釋】❶孟冬　冬季首月，即夏曆每歲之十月。❷以三旬會其人　指選人按離京師之遠近，於孟冬十月分上、中、下三旬分別會集京師，是稱冬集。❸以三銓分其選　指經南曹檢勘合格之選人，被按選品分為三組，稱為三選。❹尚書銓　唐制，六、七品官員之銓選，由吏部尚書一人主持，稱尚書銓。❺二曰中銓三曰東銓　侍郎有二人，分為二組，各自主持八、九品官員之銓選，分別稱為中銓、東銓。❻四事　即下文所言擇人之四個方面：身、言、書、判。《通典・選舉三》：「一曰身，取其體貌韋偉；二曰言，取其詞論辯正；三曰書，取其楷法遒美；四曰判，取其文理優良。」四項中，又以書、判為主。《新唐書・選舉志》稱：「六品以下，始集而試，觀其書、判；已試而銓，察其身、言。」所謂判，一般以疑難案例為題，令選人解答，藉以考察其處理案件能力和對律、令、格、式的熟悉程度。❼試官　南宋本作「識官」，此處恐有誤。《通典・選舉三》歷代制下本注稱：唐制為防止選人冒濫，咸「以同流者五五為聯，以京官五人為保，一人為識」。此一人即所謂「識官」。❽問目　指書、判之試題。亦稱判目。❾或有名　南宋本作「或有糊名」，此處疑脫一「糊」字。《通典・選舉三》稱：「武太后又以吏部選人多不實，乃令試日自糊其名，暗考以定等第。糊名自此始也。」又，《唐會要・選部下》，天冊元年和開元十五年，亦分別有「糊名試判」之記載。❿學士　指翰林院學士，參預評卷，並確定其等第，及格者謂之「入等」，不及格者謂之「藍縷」。⓫俊乂　賢能之士。《尚書・皋陶謨》：「俊乂在官。」⓬以三類觀其異　指選人經銓試合格後，再按其德行、才用、勞效三者決定或留或放。⓭與奪　南宋本及《舊唐書・職官志》，「與奪」前均有一「明」字，應補。⓮狀　指「解狀」，即州府對選人出具之解送狀文。《冊府元龜・銓選》記其內容稱，選人「初皆據狀於本郡或故任所，述罷免之由，而上尚書省，限十月至省。乃考核資序，郡縣鄉里名籍，父祖官名，內外族姻，年齒形貌，優劣課最，譴負刑犯必具焉。」大致類似現代人事檔案。⓯資　指選人之出身和資歷。選人出身有科舉、門蔭、流外等類，各種出身的選官標準《新唐書・選舉志下》有詳盡記載。資指前資官，即以前曾擔任過某種職事之官，因考滿或其他原因停官待選。一般須一任（四年）或至少兩考（兩年）以上方算「成資」，不滿兩考者不予承認，仍按前一任官資授職。唐代官吏的選授皆循資而授。

【語　譯】關於選授官吏的制度，規定是這樣的：每年的孟冬十月，會集全國選人，依據地區的遠近，規定會集的日期：離京城五百里之內的，會集於上旬；千里之內的，會集於中旬；千里以外的，會集於下旬。選人分成三組，一組屬於六、七品的，由吏部尚書負責銓選，稱尚書選；另二組由二侍郎分別負責八、九品的，稱中銓和東銓。銓選時，先對選人考察四個方面，從中選擇優良者。這四個方面，一是體貌是否豐偉，二是言辭是否辯正，三是書法是否優美，四是判斷案例是否得當並且文理清通。每當測試書判那一天，選人都須在拂曉就會集到選場，由試（識）官親自領送，由侍郎出具問卷的判目，判目都是兩道題。試卷有時要【糊沒】選人的姓名。由翰林學士來評核試卷的等第。亦有要考試其他文體的，目的是為了收攬俊傑賢能之士。凡是考選及格入等的，再從三個方面考察選人的名次：一是德行，二是才用，三是勞績。如果品德均等，那麼取才用優的入選；如果才用亦均等，再取勞績優異的入選。在銓選過程中，選擇優良的提升他的名次，差劣的後退他的名次。這樣做的目的是，端正選拔人材的標準，【明確】誰該授予，誰該剝奪，從而使貪冒的人受到抑制，賢能之士得以進用。最後選官時，根據他的解狀加以覆核，按照他的官資進行擬選。

五

五品已上以名聞，送中書門下❶，聽制授❷焉。六品已下常參之官❸，量資注定；其才識頗高，可擢為拾遺❹、補闕❺、監察御史❻者，亦以名送中書門下，聽敕授❼焉。其餘則各量資注擬❽。若都畿❾、清望❿，歷職三任⓫，經十考⓬已上者，得隔路⓭授之。不然則否。謂監察御史、左右拾遺、大理評事⓮，畿縣丞、簿尉⓯，三任十考已上，有隔品授者。凡出身非清流者⓰，不注清資之官⓱。謂從流外⓲及視品⓳出身者。其中書主書、門下錄事、尚書都事，歷任考詞，使狀有清幹及德行、言語兼書、判、吏用，經十六考已上者，聽擬寺監、丞，左、右衛及金吾長史⓴。

【章　旨】記述吏部選授官吏制度之二：注擬的範圍和條件。

【注　釋】❶中書門下　唐代宰相議事之所。唐初，以中書、門下、尚書三省長官為宰相之任，常於門下省政事堂議事。高宗時裴炎為中書令，遷政事堂於中書省；玄宗開元十一年（西元七二三年）張說為中書令，改政事堂為中書門下，下設吏、樞機、兵、戶、刑禮五房分主眾務。❷制授　指五品以上，以天子制命直接選授。五品以上屬於中央和地方的高中級官員，故唐制有特別規定，其選授一般不再經過試判，而是依據「具員」來進行。《唐會要・中書省》：「準貞觀故事，京常參官及外官五品以上，每省除拜，中書門下皆立簿書，謂之『具員』。取其年課，以為遷授，此國之大經也。」所謂「具員」，即中高級官員的名錄，其內容包括考績及鄉貫、歷任官諱等。❸常參之官　指在京師常日朝參皇帝的官員。包括五品以上的職事官，八品以上的供奉官、員外郎、監察御史和太常博士等。❹拾遺　官名。唐武后垂拱時始置。左、右拾遺各二員，分隸中書、門下二省，從八品上，為士人清選。掌供奉諷諫，大事廷議，小則上封事。❺補闕　官名。亦為唐垂拱時始置。左右補闕各二員，從七品上，分隸中書、門下二省。掌與拾遺同。❻監察御史　秦漢時已有置，稱監御史、監郡御史，掌出巡郡縣，監察地方行政。唐置於御史臺下屬之察院，正員十人，正八品下，掌分察百僚，巡按州縣，知朝堂左右廂及百司綱目。❼敕授　以天子敕命授官。唐制，六品以下官的任命稱敕授。❽注擬　官制用語。唐制由吏部選官，先將具備條件入選者姓名履歷注於冊書，再經考詢而擬授其官，稱注擬。❾都畿　指京都近郊地區。唐制：長安、萬年、河南、洛陽、太原、晉陽六縣謂之京縣；京兆、河南、太原所管轄之縣謂之畿縣。❿清望　指位高望重之官。唐制稱內外三品以上之官員，及中書、門下二省侍郎，尚書省左右丞、諸司侍郎，太常少卿，秘書少監，太子少詹事、左右庶子、左右率及國子監司業等為清望官。⓫三任　指三個任期。唐代職事官任期皆有規定年限，一般為四考（四年），亦有三考、五考的，不同職官在不同時期，任期亦有所差別。⓬十考　大體上一年考課一次，十考即十年。⓭隔路　當是「隔品」之誤。廣雅本正作「品」。後文原注即謂「有隔品授者」。《舊唐書・職官志》亦為「得隔品授之」。隔品，越過原來品級授官，是對京畿、清望或久任不遷等官員的一種優待。⓮大理評事　大理即大理寺，北齊始置，九寺之一，為國家最高審判機關，掌決正刑獄。評事為大理寺屬官，唐時設十二員，從八品下。⓯畿縣丞簿尉　畿縣在唐時指京兆、河南、太原所轄之縣，參見前❾注。畿縣各置丞一人，正八品下；主簿一人，正九品上；尉二人，正九品下。又，此段原注，可能本於武周則天皇帝聖曆三年（西元七〇〇年）正月三十日所下之敕書，且作了較多精簡。據《唐會要・選部下》載錄，敕書原文為：「監察御史、左右拾遺、赤縣簿尉、大理評事、兩畿縣丞主簿尉三任以上，及內外官經三任十考以上不改舊品者，選敘日各聽量隔品處分。餘官必須依次授任，不得超越。」誌以備考。⓰非清流者　指由勳官、品子及流外出身之官吏。據《舊唐書・職官志》記載，武周則天皇帝神功元年（西元六九七年）曾頒制規定「勳官、品子、流外國官出身，不得任清資要官，應入三品，不得進階」。⓱不注清資之官　指不得注擬三品以上之清望官，及四品以下至八品以上之清官。如自四品的太子左右諭德起，直至八品的左右拾遺、監察御史、四門助教，均列為清資之官，限制非清流出身之官員選授以上職務。⓲流外　流外之稱，北魏即有。隋唐時列入九品的官員稱流內，其餘不列入九品，由雜途出身之吏員概稱流外。如諸司之錄事、令史、府史、亭長、掌固之類，通稱為未入流。後流外亦分九品，自動品（即流外一品）至九品，稱流外九品。唐代屬於流外的職官很多，主要有三類，一是胥吏，如諸臺省之令史、書令史、掌固、亭長，門下省之傳制、贊者、主寶、主符、主節，諸寺監之府史等。二是專門技藝人才，如秘書省、集賢院之楷書手、漏刻博士等。三是專業學生，如裝書曆生、天文觀生、針咒生、卜筮生等。以上各類都規定有一定年限，須考滿後才准許參選入流。⑲視品　一種不同於流內、流外的官品制。始於隋。於流內官、流外官之外，再置視流內與視流外，俱有品，謂視品。視，意謂比照。隋時視流內從視正二品至視從九品凡十四等，自行臺尚書令至公國侍郎；視流外從視勳品至視九品凡九等，極於胥吏，無上下階。唐僅有視流內正五品至從九品，視流外勳品至九品。唐玄宗開元初罷減，視流內僅留薩寶與祆正，視流外僅留薩寶府祆祝及率府、府史等。⑳自「其中書主書」至「及金吾長史」　此段原注文字疑有脫誤。參之《唐會要．選部下》所載武周則天皇帝神功元年（西元六九七年）閏十月二十五日敕文之相應段落為：「其中書主書、門下錄事、尚書都事七品官中，亦為緊要，一例不許，頗乖勸獎。其考詞『有清幹景行，吏用文理』者，選日簡擇，取歷十六考已上者，聽量擬左右金吾長史及寺、監丞。」似以敕文稍能通解。中書主書、門下錄事、尚書都事，都是從七品官，依照舊制，如出身於流外便無法再升遷。敕令認為這三種七品官員雖有出身流外，但職司緊要，不可一例不許，因而特為之網開一面，條件是必須滿十六考，而且考官的評語為「有清幹景行，吏用文理」者，便能擬選左右金吾長史、寺丞或監丞等六品官。語譯姑依此。

【語　譯】五品以上的官員以名單上報，送中書門下，遵照制命授官。六品以下的常參官，根據他們的前資注定，其中才識較高，可以擢昇為拾遺、補闕及監察御史的，也把名單報送中書門下，依照敕命授官。其餘則由吏部根據選人前資登記入冊，擬職授官。其中如果屬於京縣、畿縣的官吏或清望之官，歷職滿三個任期，或者經中考以上的，可以隔路（品）授官。不屬於以上範圍的，必須依次授任。上述所指具體為監察御史、左右拾遺、大理評事、兩畿的縣丞、主簿、縣尉歷經三個任期及十考還沒有昇遷的官員，可以隔品授職。凡是出身不是清流的，不能注擬屬於清資的官職。以上是指從流外轉流內出身，以及屬於視品出身的，不能注擬清資之官。但是其中中書主書、門下錄事、尚書都事這三類官吏，如果對他們考課時評語為「有清幹景行，吏用文理」，銓試時言語及書、判皆優的，同時又已經歷了十六考以上，亦可以擬選各寺丞、監丞，或者左右衛及金吾衛的長史等官職。

六

凡注官❶，皆對面唱示❷。若官、資未相當❸及以為非便者❹，聽至三注。三注不伏❺注，至冬檢舊判注擬❻。凡伎術之官❼，皆本司銓注❽訖，吏部承以附甲❾焉。謂秘書、殿中、太僕寺等伎術之官❿，唯得本司遷轉，不得外敘⓫。若本司無闕⓬者，聽授散官⓭，有闕先授。若再經考滿者，亦聽外敘。凡同司聯事及句檢之官，皆不得注大功已上親⓮。凡皇親及諸軍功⓯，兼注員外官⓰。其內外員外各官及檢試官⓱，本司長官量闕劇取素歷清正舊人分判曹事，自外則不判。若長官及別駕⓲、長史⓳、司馬⓴等官，則不在此例。凡任官階卑而擬高則曰「守」，階高而擬卑則曰「行」。凡三銓注擬訖，皆當銓團甲㉑以過左、右丞相。若中銓、東銓㉒則亦先過尚書訖，乃上門下省㉓。給事中讀㉔，黃門侍郎省㉕，侍中審㉖，然後進甲以聞。若尚書、丞相、門下批「官不當」者，則改注，亦有重執而上者。凡大選終季春之月㉗。若有選人身在軍旅，則軍中試書、判，封送吏部而注擬。亦或春中不解而後集，謂之春選。若優勞人有敕卻與處分及即與官者，並聽非時選，一百日內注擬畢。所以定九流之品格，補萬方之闕政㉘，官人之道㉙備焉。

【章　旨】記述吏部選授官吏制度之三：三唱三注及其具體操作過程。

【注釋】❶注官　指負責注擬選授官吏的吏部尚書或侍郎。❷對面唱示　指注官面對選人唱名宣示。三銓定出留、放人名單後，要向選人公佈，稱為「長名」，又稱「長榜」、「長名榜」。入留的選人按規定的期限，聆聽注官唱名。注官唱名後，還要「詢其便利而擬」，即徵求選人的意願或情況，作為擬官時的一種考慮。但吏部往往並不採納。如《冊府元龜・銓選》就載有這樣一例：唐皎為吏部侍郎時，問選人「何方便　或云其家在蜀，乃注與吳。復云親老在江南，即唱之隴右。論者莫能測其意」。❸官資未相當　指注官所注之官與選人出身和前資不相稱。❹以為非便者　指選人對選官所注之官職或由地域等各種原因認為不恰當者，可以要求重注。❺伏　通「服」。服從。❻至冬檢舊判注擬　由於選人對選官三次注擬皆認為非便，那就得等待來年冬天會集，免試書、判，重新接受唱名注擬。但如果選官三注三唱期間選人無故缺席，則不在銓試重注範圍。❼伎術之官　指專門性的技術人才。伎，同「技」。❽本司銓注　指各司技術之官，皆由各該司內部遷轉，故由其本司注擬。❾吏部承以附甲　指吏部選官把各司注擬之技術官員名冊，附在「甲歷」之後，送尚書都省審核。❿秘書殿中太僕寺等伎術之官　秘書省下有太史局，負責天文曆算，多有屬專門伎術之官；殿中省下有尚藥局，太僕寺下有典牧署等，亦各有需專門技術之官員。以上只是例舉，其他如大理寺的法官，太常寺的禮官等，均具有較強的專業性，注擬時亦需徵求本司長官意見。《唐會要・選部下》載錄德宗建中元年（西元七八〇年）正月十五日敕書稱：「大理法官及太常禮官，宜委吏部每至選時，簡擇才識相當者，與本司商量注擬。」⓫敘　指敘用。分級任用。⓬無闕　指編制皆已在員無空額。⓭散官　與職事官相對而言，指並無固定職事，僅為加官之虛號。⓮不得注大功已上親　指注官須迴避親族關係。大功為喪服五服之一，其親疏關係次於斬衰、齊衰而重於小功緦麻。此處代指同祖父母以下之叔伯及叔伯父兄弟及父子兄弟一類親屬關係。有大功以上親者，不得注同一官司之官員，如父為宰相，子不得任臺省官；有親族在同一官府，不得任勾檢之官。⓯凡皇親及諸軍功　此句指可兼注員外官之條件，句中疑有脫誤。《舊唐書・職官志二》作「凡皇親、諸親及軍功，兼注員外郎」。「諸」字有了著落，但「諸親」含義仍不夠明確。參照《新唐書・選舉志下》相應條下具體規定為：「皇帝緦麻以上親、皇太后期親。」據此，「諸親」恐係「期親」之誤。期親指期服之親，為五服之一的齊衰中的一年親，多指同一祖父母下之伯叔兄弟姊妹，小輩如姪等。又，句中「軍功」，指勳官出身者。《新唐書・選舉志下》規定：「凡勳官選者，上柱國，正六品敘；六品而下，遞降一階。」⓰員外官　與正員官相對而言，指正式編制以外之官員。魏晉始置，隋唐沿置。武后稱制時，李嶠曾為吏部尚書，《新唐書・選舉志下》稱其「置員外郎（官）二千餘員，悉用勢家親戚，給俸祿，使釐務，至與正官爭事相毆者」。後罷員外官釐務。唐玄宗開元時此風稍革。至晚唐，員外官多用來處置貶謫之官。⓱檢試官　檢校官與試官之合稱。檢校官，亦稱檢校。初謂代理，隋唐皆有。《資治通鑑・唐高祖武德三年》：「詔【李】仲文檢校并州總管。」胡三省注：「檢校官未為真。」即尚未實授其官，但已掌其職事。中唐以後，多為使職。試官，未正式選授任命之官，寓有試用之意。始於武周則天皇帝時。據《新唐書・選舉志下》記載，長安三年（西元七〇三年），「舉人悉授試官，高者至鳳閣舍人、給事中，次員外郎、御史、補闕、拾遺、校書郎。試官之起，自此始」。檢、試官都屬編外非正式官員。⑱別駕　府、州佐吏名。因從刺史行部，別乘傳車，故有此名。漢始置。唐初，中下都督府及諸州各置別駕一人。掌副府州之事，綱紀總務，通判列曹，歲終則入朝奏計。⑲長史　秦漢有置，歷代沿制。隋唐諸王府、諸都護府及諸州皆置長史，為幕僚之長，故有「元僚」之稱。⑳司馬　原為古官名，分佈較廣，所掌不一。此處指唐時州府佐吏。名義上與別駕、長史並為州府上佐，綱紀眾務，通判列曹，品高俸厚；實際上無具體職事，多用以安置貶謫大臣，或用為遷轉官階，或作為寄祿官。㉑團甲　吏、兵二部完成三銓三注後，便將服從注擬官員的名籍以類相從，分類編為甲歷，這個過程被稱為「團甲」。甲歷由吏部呈報尚書都省審核，規定由左右丞相過目，但實際上此時左右丞相（僕射）早成閑職，因而一般多由左右丞具體主持。㉒中銓東銓　指由吏部侍郎二人分別主持之銓選。中銓、東銓與由吏部尚書主持的尚書銓，合稱「三銓」。㉓門下省　官署名。東漢設侍中寺，為皇帝侍從機構，晉代稱為門下省，南北朝時權力逐漸擴大，成為中央樞政的重心。唐高祖武德三年（西元六二〇年）定置為受命於皇帝的最高政令審議機構，與中書、尚書並稱三省，共理軍國政務。門下省設侍中二員為長官，侍郎二員為次官，屬官有給事中、錄事、主事等。㉔給事中讀　給事中為門下省屬官。凡須門下侍中審定之奏擬，規定由給事中先讀而署之。據《舊唐書・職官志二》載：給事中職掌有「凡文武六品已下授職官，所司奏擬，則校其仕歷淺深，功狀殿最，訪其德行，量其才藝；若官非其人，理失其事，則白侍中而退量焉」。㉕黃門侍郎省　黃門侍郎，即門下省次官門下侍郎。黃門，宮廷中禁門，門下省官署所在地。《通典・職官三》：「凡禁門黃闥，故稱黃門。」此句意謂給事中審讀後，再由門下侍郎過目覆核。省，察看；檢查。㉖侍中審　侍中為門下省長官。尚書都省上送的團甲，經給事中讀、黃門侍郎省，最後由侍中復審通過。這個過程稱為「過官」。過官後，便由中書省舍人起草稱之為「告身」的任命狀。㉗終季春之月　季春，春季的第三個月。指全部選授工作要在第二年三月底前結束。㉘補萬方之闕政　補充全國各地官僚機構的缺員。㉙官人之道　即不斷組織和更新官僚隊伍的方法。

【語　譯】凡是吏部尚書與侍郎注官時，都要向選人當面宣唱，說明所注擬的官稱。如果選人認為所注擬的官稱與他的前資或出身不相當，以及有其他不便赴官就任原因的，可以要求重新注擬，但最多不得超過三次。如果三次注擬都不能服從，那麼可以在下一次冬集時，以原來書判的成績請求重新注擬。凡是屬於技術官員的選授，都由所屬本司自行銓選注擬，然後吏部再依照各司的銓注，附上甲歷，一起報送。以上所說的秘書省、殿中省、太僕寺等各司所屬的技術官員，只能在本司範圍內遷轉，不得敘用為外司的官員。如果本司沒有缺額，可以先授給他們散官的職銜，待有缺額時再優先選授。如果已經有兩個任期考滿的，亦可以允許去外司敘用。注官要迴避下述情況，即凡是有大功以上親緣關係的，不得在同一官司為同事或聯事，以及擔任勾檢一類官職。凡是皇帝的親屬，皇太后的近親以及因軍功而授予勳官榮銜的，可以兼注員外官。朝廷內外的員外官，以及檢校和試官，由本司的長官根據官司的忙閒，擇取前資與仕歷上有經驗的舊人來分別負責相關政務。除此以外，都不能參預政事。如果屬於長官以及別駕、長史、司馬等官員，當然不在這個範圍。凡是選人的品階比較低，注擬的官品階位比較高，叫作「守」；選人的品階比較高，注擬的階位比較低，那就叫作「行」。三銓注擬完畢，把所擬的官以類相從，編成甲歷，報送左、右丞相過目。如果是兩位侍郎分別負責的中銓和東銓所編成的甲歷，亦要先由尚書過目，然後經過尚書都省再報送門下省。在門下省先給事中審讀，接著由門下侍郎省察，再經侍中審定，最後報送中書省將甲歷進呈御覽。如果尚書、丞相、門下對上報的甲歷批了「官不當」這類字樣的，注官得進行改注。不過亦有堅持原注而再上報的。整個選授工作的結束是在第二年季春三月底。如果有的選人身在軍隊，那就在軍中進行書、判考試，然後將試卷密封報送吏部注擬。亦有春天來不及報送解狀而後來才集合的，這種情況稱之為「春選」。如果是皇上優勞的選人，有敕文規定「即與處分」或者「即與官」的，那就可以不按原規定的時間選集，在一百天內就要注擬完畢。以上各項措施的目的，是為了按照九等官階來確定百官的品位，充實內外各政府機構的缺員。果真做到了這樣，所謂「官人之道」可說已經完備了。

【說　明】以上四、五、六三章，記述唐代官員銓選制度，從冬集起，經三銓考試，三唱三注，直到團甲進聞。這是銓選的主要過程，但還不是全過程。早在冬集前，每年的四月，即完成上年銓選還不到一個月，就開始為下一屆銓選作準備。到五月，要完成「選格」，即下屆選人資格範圍的修訂，並在各個州縣「榜門曉示」，以便選人依據自身條件報名應選。報名應選的有前資常選人，即現任的應選者；亦有黃衣選人，即以散官出身的初次應選者。選人必須自書文狀，稱「投狀」；州府要為選人出具解送狀文，稱「解狀」。投狀與解狀一併送達尚書都省，再區分文官武官，分轉吏、兵二部。然後才是選人於十月前會聚京師，這就是冬集。冬集後，選人的解狀、簿書、資歷、考課都要經過吏兵二部的下屬機構南曹的審查核實，確認選人具備應選資格，才可進入三銓。由於南曹屬吏部員外郎職掌，所以這一部分內容要到後面員外郎條下去敘述。選人進入三銓，先是身、言、書、判的銓試，《新唐書・選舉志》稱：「始集而試，觀其書判；已試而銓，察其身言。」重點是書判，身言只是視察而已。而「書」的考試，不僅是取其「書法遒美」，還要用來與選狀的「書跡」相驗核，以防止冒名頂替。銓試合格謂之「入等」，卻還不能就此授任。因為「大率十人競一官」（《新唐書・選舉志》），粥少僧多，還得按德、才、勞三者進行一番篩選，再決定或留或放。留放名單要向選人公佈，稱為「長名」，又稱「長榜」、「長名榜」。得留的選人便依「銓注期限」進入三唱三注，而注官的根據主要是選人的資級，「限年設級，不得逾越」（《冊府元龜・銓選》）。注唱完畢進入「團甲」，即把注官的名冊分類編甲報送尚書都省初審，再由中書門下復審，這個過程被稱作「過官」。然後由中書省起草稱之為「告身」的使命狀，最後是受官者向朝廷上表謝恩。這一切過程完成於三月底。

上述過程中沒有提到流外官和五品以上官員的銓選。流外銓在唐代稱小銓，由郎中一人執掌，故在後面郎中條下敘述。五品以上屬高中級官員，唐制可不經試判，而由吏部上「具員」（即名籍）於中書門下量才除授；而應入三品或尚書省四品的官員，還得「臨時奏聽進止」，不能依資改轉。

七

郎中二人，從五品上。《周官》太宰❶屬官有下大夫❷，蓋郎中之任也。秦有郎中❸，以其為郎，侍衛居中，故曰郎中。漢選尚書郎❹，初從三署郎❺次補之。初入尚書臺，稱郎中；滿歲，稱侍郎。故郎中之名，猶因三署舊號也。按：吏部郎中，後漢置之，職在選舉。魏、晉用人❻，妙於時選，若其諸曹郎功高者，選為吏部郎。其吏部郎歷代品秩皆高於諸曹郎。魏、晉、來、晉❼吏部郎品第五，諸曹郎第六。梁吏部郎品第四，班第六上❽，諸曹郎班第十。陳因梁。後魏、北齊吏部郎品正第四上，諸曹班品❾正第六上。後周依《周官》。隋初，二十四司並為侍郎，品從第五❿。煬帝三年⓫，置六司侍郎⓬，諸曹侍郎並改為郎，又改吏部為選部郎，異於六侍郎之名。皇朝為吏部郎中。龍朔二年⓭改為司業大夫，咸亨、光宅、神龍並隨曹改復⓮。

【章　旨】規定吏部司郎中之員數、品秩並記述其建置之沿革。

【注　釋】❶周官太宰　即《周禮・天官冢宰》所載之大宰卿，為六卿之首。《周禮》，原稱《周官》。傳為周公所作，實為戰國時代作品。係雜合周與戰國制度，寓以儒家政治理想編纂而成。❷下大夫　即《周禮》中之宰夫，其爵位為下大夫，職司百官之考核銓敘。❸郎中　秦漢郎中令之屬官。秩比三百石，掌分主車、騎、門戶、出入侍從宿衛。因其為郎，居於內廷，故稱郎中。❹尚書郎　尚書省之屬官。在尚書省下屬具體管理某曹事務之郎官，稱尚書郎。❺三署郎　東漢時，光祿勳下屬左、右、五官三中郎將署所管轄之郎官，稱三署郎。❻魏晉用人句　此句謂魏晉時期對充任吏部郎中的人員有更高要求，因而特別精於簡選。其歷史背景是，魏晉王朝多由手握軍事力量的權臣乘勢建立，最初形成的以幕僚與將領為中堅的權力機構，在歷史上被稱之為「霸府」。及至霸府變為王朝，幕僚組成的機構就成為行政中樞，將領所統率的武力就成為常設的軍隊。既為了補充和完善這套初具的權力系統，也為了爭取輿論的支持，魏文帝曹丕在即魏王位（西元二二〇年）後，採納了吏部尚書陳群的「九品中正」之議，各郡設置中正，評定本郡士族分為九等的品第並具狀上報，再由吏部據狀審定委以官職。此制晉代因之。施行此種所謂九品中正制無疑加重了具體擔負選舉庶務的吏部郎中的工作量和責任，因而需「妙於時選」，並適當提高其品秩。❼魏晉來晉　句中「來晉」當是「宋齊」，形近而誤。《職官分紀》卷九吏部郎中條引《唐六典》原注此句為「魏、晉、宋、齊」。❽班第六上　據《職官分紀》卷九吏部郎中條引《唐六典》原注此句為「班第十一」。「六上」疑係「十一」之誤。❾諸曹班品　句中「班」係「郎」之誤。據南宋本當為「諸曹郎品」。❿品從第五　應為「從五品」。《隋書・百官志》稱：

「開皇初，尚書吏部侍郎正四品上，尚書諸曹侍郎正六品上；三年，諸曹侍郎並加為從五品。」⓫煬帝三年　即隋煬帝大業三年，西元六〇七年。⓬置六司侍郎　指為尚書省下屬六部，各置侍郎一人，以為各部尚書之副貳。⓭龍朔二年　即西元六六二年。龍朔為唐高宗李治年號。⓮咸亨光宅神龍並隨曹改復　此句言唐初高宗、武則天、中宗期間對官名兩改兩復的曲折過程。高宗在咸亨元年（西元六七〇年）把龍朔二年（西元六六二年）更改的官名取消恢復舊稱，武則天在光宅元年（西元六八四年）又下令更改諸司之官名。唐中宗李顯在神龍元年（西元七〇五年）再下令恢復舊稱。

【語　譯】【吏部司：】郎中，定員二人，官品為從五品上。《周禮》中的天官太宰有屬官叫下大夫的，就相當於這個郎中職務。秦代設有郎中，因為他是郎官，又宿衛在內廷，所以稱他為郎中。漢代，挑選尚書郎，最初是從三署郎中依次選補的。三署郎剛進入尚書臺時，稱郎中，任滿一年，就稱侍郎。因此郎中這個名稱，是因襲三署郎原來的稱號而來的。按：吏部郎中在東漢便已設置，它的職掌是銓選和推舉。到了魏晉，對充任郎中的人員特別精於簡選，要在各曹郎中中挑選功績卓著的人才遷授為吏部郎。因此，歷代吏部郎的品秩都要高於各曹的郎官。魏、晉、來（宋）、晉（齊）各朝，吏部郎中的官品為第五品，而其他各曹郎中都只有第六品。梁代吏部郎中的品位列在第四，班為第六上（十一），而其他各曹郎中的班只有第十。陳依照梁的規定。北魏、北齊吏部郎中的官品為正第四品上，其他各曹班（郎）的官品只有正第六品上。北周依照《周禮》規定更改了官名。隋朝初期，二十四司的郎官都稱侍郎，官品是從第五品。隋煬帝三年，為尚書省六部設置侍郎，改稱各曹的侍郎為郎，又把吏部改稱為選部，目的是為了把郎與侍郎區分開來。本朝又改稱為吏部郎中。龍朔二年改名為司業大夫，咸亨、光宅期間，這一職名都曾隨著曹名的更改而更改，恢復而恢復。

八

員外郎二人，從六品上。《周官》太宰屬官有上士，蓋今員外郎之任也。《宋百官階次》❶

有員外郎，美遷為尚書郎。後周依《周官》。隋文帝開皇六年❷，尚書二十四司各置員外郎一人，品從第六，謂曹郎本員之外復置郎也。煬帝三年❸，又廢二十四司員外郎❹，每司減一郎，置承務郎一人，同開皇員外郎之職，曰選部承務郎，一人。皇朝尚書諸曹各置員外郎❺，吏部置二人。龍朔、咸亨、光宅、神龍並隨曹改復❻。

主事四人，從八品下。隋煬帝初置❼，為從九品下。開元二十四年，升為八品。

【章旨】規定吏部司員外郎及主事之員數、品秩，並記述其建置之沿革。

【注釋】❶宋百官階次　書名。《舊唐書‧經籍志》有著錄，三卷，荀欽明撰。已亡佚。❷開皇六年　即西元五八六年。開皇為隋文帝楊堅年號。❸煬帝三年　即西元六〇七年。隋煬帝姓楊名廣，其年號為大業。❹又廢二十四司員外郎句　《隋書‧百官志下》對此事的記載為：「廢諸司員外郎，而每增置一曹郎，各為二員」；「尋又每減一郎，置承務郎一人，同員外之職」。據此，其過程似應是：先廢員外郎，增一曹郎，以後又減一曹郎，增承務郎一人，接替員外郎之職。❺各置員外郎　據《職官分紀》卷九引《唐六典》原注此句為：「各置員外郎一人」，當加「一人」二字。❻龍朔咸亨光宅神龍並隨曹改復　指唐初高宗、武則天、中宗期間兩次更改曹名，又兩次復舊事。❼隋煬帝初置　《隋書‧百官志下》稱：煬帝即位，「每十令史，置一主事，不滿十者，亦置一人」。

【語譯】【吏部司：】員外郎，定員二人，官品為從六品上。《周禮》中的天官太宰有屬官叫上士的，就相當現在這個員外郎職務。《宋百官階次》記載中，亦有員外郎，機會好可以昇遷為尚書郎。北周依照《周禮》更改了官名。隋文帝開皇六年，下令尚書省二十四個司各置員外郎一人，官品為從第六。所謂員外的意思是在曹郎本員之外再增加一個郎官。隋煬帝三年，又下令撤銷二十四司員外郎，每司增一郎，後來又廢除了那一名增加的郎官，另外設置承務郎一人，他的職掌與開皇年間設置的員外郎相同，被稱為選部承務郎，定員一人。本朝各曹都置員外郎【一人】，而吏部置二人。龍朔、咸亨、光宅、神龍年間曾兩次隨著曹名的更改而更改了郎官的名稱，不久又隨著曹名的恢復而恢復了郎官的舊稱。

主事，定員四人，官品為從八品下。這一官職是隋煬帝時期初次設置的，當時定的官品是從九品下。本朝開元二十四年提高到八品。

吏部尚書•吏部郎中（下）

【篇　旨】此篇為上篇之續，內容涉及到唐代若干重要典制。但本書宥於其獨特的結構和寫作體例，依然由所設置官員的職掌作為貫串線，而將各項典制附綴其後。這樣各項典制間原有邏輯關係就無暇顧及，初次接觸本書的讀者，可能會感到凌亂不堪。如果我們將篇中先後次序略作調整，那麼大致可以把它的內容概述如下：

一、補敘上篇記述銓選過程中脫漏的中間環節：南曹對選人資格的勘核（第十章）；

二、繼上篇的流內官銓選，此篇續敘流外官之銓選（第九章）；

三、上篇已提到散官品階是銓選的基礎，此篇則詳述唐代文散官二十九品階之稱謂及其敘階之法（第一、第二章）；

四、部分官員授任後的進讓制度（第五章）；

五、有關內外官吏編制定員的一些規定（第六章）；

六、京師職事官的分類（第四章）；

七、百官朝參時列隊次序的規定（第三章）；

八、官員享受節假日以及請假、致仕退休的規定（第七、第五章）。至於三品以上官員死後謚號的議定，則因其不屬於吏部司職掌範圍，故要放到本卷末篇「考功司」去敘述。

一

郎中一人，掌考天下文吏之班、秩、品、命❶。凡敘階❷二十九：從一品曰開府儀同三司，後漢殤帝延平元年❸，鄧騭❹為車騎將軍❺，儀同三司❻，「儀同」之名自此始也。又呂布❼有正董卓❽之勳，開府如三司❾；魏黃初三年❿，黃權⓫為車騎將軍，開府儀同三司，「開府」之名自此始也，其品第一。梁班第十七，陳氏秩萬石，北齊從一品。後周置上開府儀同三司、開府儀同三司、上儀同三司、儀同三司等十一號⓬，以酬勤勞。隋氏因之。皇朝初，惟置開府儀同三司，為散官⓭品。**正二品曰特進，**兩漢及魏、晉以為加官⓮，從本官服⓯，無吏、卒，品第二，位次諸公下，在開府、驃騎上，進賢兩梁冠⓰、黑介幘⓱、五時朝服⓲，無章綬⓳。又《漢朝雜事》⓴云：「諸侯功德優盛，朝廷所敬異，有賜位特進，在三公下，平冕㉑、玄衣，侍祠郊廟。」《宋百官階次》㉒：「江左㉓皆兼官㉔。晉傅咸㉕奏特進品第二，執皮帛，坐侍臣之下。」梁班第十七。北齊特進第二品。隋特進為正二品，散官。皇朝因之。**從二品曰光祿大夫，**秦郎中令㉖屬官有中大夫㉗，漢氏因之。武帝太初元年㉘更名光祿大夫，秩比二千石，掌論議，無員。後漢因之。自魏以來，諸公卿告老，多加其位。晉太始初㉙，分為左、右光祿大夫，皆無員；若致仕㉚，又給六尺牀、帳、簟、褥。宋氏因之。齊光祿勳府有左、右光祿大夫，皆銀章、青綬㉛；若加金章、紫綬[32]者，為金紫光祿大夫。王晏乞一片金，乃啟轉金紫[33]。梁、陳並因之，光祿大夫十三班。後魏左、右光祿大夫從第一品。太和二十六年[34]，第二品。北齊因之。後周左、右光祿大夫正二品[35]。隋為正一品[36]，散官。煬帝[37]改光祿大夫為從一品，左光祿大夫正二品，右光祿大夫從二品。皇朝初，猶有左、右之名，貞觀[38]之後，唯有光祿大夫。**正三品曰金紫光祿大夫**，本兩漢光祿大夫也。至魏、晉，有加金章紫綬者，則謂為金紫光祿大夫。晉則金紫、銀青、左、右四職並置，假[39]金章、紫綬及加金章、紫綬，並秩第二，祿賜、班位、冠幘、車服、佩玉及諸所賜給，皆與特進同。自晉已後，皆為兼官，少有正授。梁金紫光祿大夫為第十四班，陳為中二千石，北齊從二品，隋氏因為散官，煬帝為正三品，皇朝因之。**從三品曰銀青光祿大夫**，本末與金紫同。晉有銀青光祿大夫王翹之。宋、齊之後，或置或省。梁、陳無職。北齊三品。隋正三品，散官；煬帝改為從三品。皇朝因之。然而加金章、紫綬及銀章、青綬則尊崇之，合居光祿之上，隋氏定令誤[40]，遂因仍不改。**正四品上曰正議大夫**，隋煬帝置，為正四品，散官。蓋取秦大夫官論議[41]，故置正議、通議之名。**正四品下曰通議大夫**，隋煬帝置，正四品[42]。**從四品上曰太中大夫**，秦太中大夫秩比千石，掌論議。漢氏因之。梁班第十一，秩千石。北齊從第三品。皇朝為散官。**從四品下曰中大夫**，秦置中大夫。漢武帝太初元年[43]，改為光祿大夫。北齊中大夫第四品。皇朝為散官。**正五品上曰中散大夫**，後漢有中散大夫，六百石，無員[44]。魏、晉因之。《齊職儀》[45]：

「品第七，絳朝服，進賢一梁冠。」梁班第十，陳秩千石。皇朝為散官。**正五品下曰朝議大夫**，《漢班儀》[46]：「大夫以上得奉朝議[47]。」則其義也。隋文帝[48]置朝議大夫，為從三品，散官。**從五品上曰朝請大夫**，漢諸將軍、公卿年高德重者，得以列侯就第，特進，奉朝請[49]，則其義也。隋煬帝置朝請大夫，為正五品，散官。**從五品下曰朝散大夫**，隋文帝置朝散大夫，為正四品，散官；煬帝改為從五品下[50]。**正六品上曰朝議郎**，宋、齊、梁、陳、後魏、北齊，諸九品散官皆以將軍為品秩，謂之加戎號。隋開皇六年[51]，始置六品已下散官，並以郎為正階，尉為從階：正六品上為朝議郎，下為武騎尉；從六品上為通議郎，下為屯騎尉；正七品上為朝請郎，下為驍騎尉；從七品上為朝散郎[52]，下為游騎尉；正八品上為給事郎，下為飛騎尉；從八品上為承奉郎，下為旅騎尉；正九品上為儒林郎，下為雲騎尉；從九品上為文林郎，下為羽騎尉。煬帝又置八郎、八尉。六品置建節尉、奮武尉，七品置宣惠尉、綏德尉，八品置懷仁尉、守義尉，九品置奉誠尉、立信尉，並為正從。又六品置承議郎、通直郎，七品置宣德郎、朝散郎，八品置登仕郎[53]、將仕郎，九品置常從郎、奉信郎，亦為正從。皇朝以郎為文職，尉為武職，遂採開皇、大業之制，以為六品已下散官。**正六品下曰承議郎**[54]，隋煬帝置，為正六品。**從六品上曰奉議郎**，隋文帝置通議郎，皇朝改焉。**從六品下曰通直郎**，晉、宋以來，諸官皆有通直[55]，蓋謂官有高下，而得通為宿直者。隋煬帝置通直郎三十人[56]，從六品。**正七品上曰朝請郎**，晉、宋、齊、梁、陳並有奉朝請員。正七品下曰宣德郎，隋煬帝置宣德郎三十人，正七品。從七品上曰朝散郎，隋文帝置。從七品下曰宣議郎，梁有宣議將軍。隋文帝置游騎尉。皇朝改焉。正八品上曰給事郎，隋文帝置。正八品下曰徵事郎，隋煬帝置。從八品上曰承奉郎，隋文帝置。從八品下曰承務郎，隋煬帝尚書二十四司各置承務郎一人，類今尚書員外郎也。皇朝因其名而置。正九品上曰儒林郎，前史各有〈儒林傳〉，取其義也。正九品下曰登仕郎，從九品上曰文林郎，北齊置文林館，徵文學之士以充之，取其義也。從九品下曰將仕郎。凡散官四品已下、九品已上，並於吏部當番上下。其應當番四十五日。若都省須使人送符及諸司須使人者，並取兵部、吏部散官上。經兩番已上，聽簡入選；不第者依番，多不過六57也。

【章旨】郎中一人之職掌涉及官制之一：文散官官階之等第及其沿革。

【注釋】❶班秩品命　班，指文武百僚朝會時之班序。秩，指俸秩。品，指官品。命，指帝王按官爵等級以命賜給臣下之儀物、服飾。《儀禮・喪服》注：「命者加爵服之名，自士至上公，凡九等。」又《舊唐書・職官志》及《太平御覽》卷二一六吏部郎中條引《唐六典》此句皆作「班秩階品」。班秩指文武百僚朝會時站班之次序，階品為百官之敘階。二者皆可通，似以後者為宜。❷敘階　銓敘散官之品階。❸殤帝延平元年　即西元一〇六年。殤帝姓劉名隆，東漢五世皇帝，在位僅一年，二歲即去世。以其夭折，故稱殤。❹鄧騭　字昭伯，南陽新野（今河南新野）人。❺車騎將軍　西漢重號將軍，高祖初年始置。東漢和帝時賜金印紫綬，位次司空。❻儀同三司　意謂與三司即太尉、司徒、司空的儀制、待遇相同。❼呂布　字奉先，五原九原（今內蒙自治區包頭市西）人。❽董卓　字仲穎，隴西臨洮（今甘肅岷縣）人。❾開府如三司　意謂如同太尉、司徒、司空那樣能自行開建府署，辟置僚屬。《後漢書・呂布傳》載：王允使布殺董卓，「以布為奮威將軍，假節，儀同三司」。

又，《三國志・魏書・呂布傳》稱「以布為奮武將軍，假節，儀比三司」。二書都未提到開府如三司。❿黃初三年　即西元二二二年。黃初為魏文帝曹丕年號。⓫黃權　字公衡，巴西閬中（今四川閬中）人。原為劉璋主簿，後降劉備，曾為鎮北將軍。劉備夷陵兵敗，黃權率眾降魏。《三國志・蜀書》本傳稱蜀延熙二年（魏景初三年，西元二三九年）「權遷車騎將軍、儀同三司」。明年卒」。據此，一、黃權任車騎將軍事在魏明帝景初三年，非魏文帝「黃初三年」；二、所授為「儀同三司」，非「開府儀同三司」。⓬十一號　指隋初之十一等散實官號。據《隋書・百官志下》，隋文帝楊堅採北周之制，「置上柱國、柱國、上大將軍、大將軍、上開府儀同三司、開府儀同三司、上儀同三司、儀同三司、大都督、帥都督、都督總十一等，以酬勤勞」。⓭散官　表示官員品階等級的稱號，與職事官表示所任職務的稱號相對而言。東漢獻帝時曹操始置散官騎從，至隋而定散官之制。唐代又分為文散官、武散官。文散官自開府儀同三司至將仕郎凡二十九階，武散官自驃騎大將軍至陪戎副尉凡四十五階。其沿革情況參見本章末尾說明。⓮加官　官吏於原官職之外，加領代表某種特權的官銜，稱為加官。如漢朝的加官名號有特進、奉朝請、侍中、左右曹、諸吏、散騎、中常侍、給事中、大司馬等。歷朝有置，名稱則多有異。官吏獲得加官稱號後，位尊權重，可出入禁中，侍從皇帝左右。亦有為了便宜行事，或僅為一種榮銜。⓯從本官服　此句《宋書・百官志》與《晉書・職官志》均為「從本官車服」，「服」上多一「車」字。又稱：「加特進者，唯食其祿賜，位其班位而已，不別給特進吏卒車服，後定令。」⓰進賢兩梁冠　古緇布冠，文儒者所服。前高七寸，後高三寸，長八寸。頂有梁，以其多寡顯示尊卑。卿、大夫、二千石及千石以上為兩梁冠。⓱黑介幘　據《晉書・輿服志》及《通志・器服略》，幘為紮頭髮的巾帕，文官長，稱之為介幘；武官短，稱之為平上幘。黑介幘即黑色的介幘。文官自一品至九品以及流外吏，都為黑介幘。⓲五時朝服

漢制天子一年五次郊祭，按季節轉換服色。服色分別依東、南、中、西、北五方之色，即為青、紅、黃、白、黑。天子與參預祭祀的執事官吏所服各如方色，稱之為五時朝服。⓳無章綬　指授特進者沒有印章和綬帶，因其為無職務之散官。⓴漢朝雜事　書名。未見著錄。《太平御覽》卷二四三特進條注引以下引文，其所引書名為《漢雜事》。引文如下：「諸侯功德優盛，朝廷所敬異者，賜位特進，在三公上，無秩。」與此處所引略有出入：「有」為「者」；「在三公下」為「在三公上」。㉑平冕　《晉書・輿服志》載：「平冕，王公卿助祭於郊廟服之。王公八旒，卿七旒，青玉為珠，以組為纓，色如其綬。」㉒宋百官階次　書名。《舊唐書・經籍志》有著錄。三卷，荀欽明撰。已亡佚。㉓江左　亦稱江東。指長江下游以東地區，即今江蘇省一帶。古人在地理上以東為左，西為右。東晉及南朝宋、齊、梁、陳各代政治中心都在江左，故當時人稱這五朝及其統治區為江左。㉔兼官　本官以外又另任之官。唐初以職事官低於散官一階亦稱兼官，後改稱守。㉕傅咸　字長虞，北地

泥陽（今陝西耀縣南）人。官至尚書左、右丞，為人剛簡有大節。㉖郎中令　掌顧問參議、宿衛侍從以及傳達招待之官。因領諸郎而為之長，故稱郎中令。㉗中大夫　秦官。掌議論顧問應對，秩比二千石。㉘武帝太初元年　即西元前一〇四年。武帝為西漢皇帝劉徹，太初為其年號。㉙太始初　太始當為「泰始」，晉武帝司馬炎年號。泰始元年為西元二六五年。㉚致仕　亦稱休致。官員因老或因病退休。意謂交還所執掌之政事於國君。《禮記・曲禮上》：「大夫七十而致事。」便是退休制度的最初反映。㉛銀章青綬　指銀製的印章，青色的組綬。古代印章必繫以組綬。漢代九卿，中二千石、二千石佩銀章青綬。㉜金章紫綬　金製的印章，紫色的組綬。漢代三公、丞相、侯、將軍佩金印紫綬。㉝王晏乞一片金乃啟轉金紫　此句與史書記載有異。《南齊書・百官志》光祿大夫條下稱：「樂安任遐為光祿，就王晏乞一片金，晏乃啟轉為金紫，不行。」非王晏本人乞一片金，而是光祿大夫任遐就王晏乞一片金，王晏為之請轉，未成。語譯據《南齊書》補正。王晏，南朝齊人，祖籍琅邪臨沂（今山東臨沂）人。齊武帝蕭賾時曾任吏部尚書，後改授散騎常侍，金紫光祿大夫。㉞太和二十六年　據《魏書・官氏志》應是太和二十三年。太和為北魏孝文帝年號。以太和紀年，最後是二十三年，這一年為西元四九九年，孝文帝「復次職令，及帝崩，世宗初班行之，以為永制」。㉟正二品　據《周書・盧辯傳》，北周左右光祿大夫應是正八命，「正二品」似是「正八命」之誤。㊱正一品　據《隋書・百官志》應為「正二品」。㊲煬帝　隋朝二世皇帝，姓楊名廣。㊳貞觀　唐太宗李世民年號。㊴假　官員代理或兼攝政事稱「假」。此處則猶「准」，意為非正式。㊵隋氏定令誤　指煬帝三年（西元六〇七年）下令規定光祿大夫為從二品、金紫光祿大夫為正三品、銀青光祿大夫為從三品，顛倒了品位次序。因為本書作者認為，授以金章紫綬、銀章青綬的原意是為了尊崇其位，現在金紫光祿大夫、銀青光祿大夫的官品反而低於光祿大夫，故謂「隋氏定令誤」。又，《通典・職官十六》本注則謂北魏已誤。其文為：「按前代光祿大夫，始加金章紫綬及銀章青綬者並尊崇之，合在光祿之上。後魏定令誤，遂因仍不改。」㊶官論議　據《漢書・百官公卿表》及《通典・職官十六》，「官論議」當係「掌論議」之誤。㊷正四品　《隋書・百官志下》作「從四品」。㊸漢武帝太初元年　即西元前一〇四年。太初為漢武帝年號。㊹無員　《後漢書・百官志》注引《漢官》則稱有員「三十人，秩比二千石」。錄以備考。㊺齊職儀　書名。《隋書・經籍志》有錄，南朝齊王珪之撰，五十卷。另有亦名《齊職儀》者，五卷，作者名佚。書皆已亡佚。㊻漢班儀　南宋本「班」作官。《漢官儀》，書名。十卷，東漢末應劭撰。已佚。今存清孫星衍輯本。㊼大夫以上得奉朝議　此句追溯朝議大夫稱謂原意。《通典・職官十六》稱：「朝議大夫，隋置散官，以取漢諸大夫得上奉朝議為名。大唐因之。」㊽隋文帝　隋朝開國君主，姓楊名堅，在位二十四年。㊾奉朝請　意謂奉召而得以參加朝會。古代諸侯春季朝見天子稱朝，秋季朝見為請。漢代對退職大臣、列侯、宗室、外戚等都給予奉朝請名義，使其享有參加朝會之榮譽。㊿從五品下　《隋書・百官志下》朝散大夫為「從五品」。(51)隋開皇六年句　開皇六年即西元五八六年。開皇為隋文帝楊堅年號。隋代散官名號屢經變易。據《隋書・百官志下》，隋初，繼任南北朝制以戎號為散官品秩，六品以下，有翊軍等四十三號將軍，品凡十六等，為散號將軍，以加汎授。開皇六年更改散官名號，吏部別置朝議、通議、朝請、朝散、給事、承奉、儒林、文林等八郎，武騎、屯騎、驍騎、游騎、飛騎、旅騎、雲騎、羽騎八尉，其品則正六品以下，從九品以上。上階為郎，下階為尉。隋煬帝時，又廢除文帝時的八郎、八尉、四十三號將軍，另外命名八郎、八尉。(52)朝散郎　《隋書・百官志下》「朝散」作「宣義」。(53)登仕郎　《隋書・百官志下》「登仕」作「徵事」。(54)承議郎　《隋書・百官志下》載：「承議郎正六品，通直郎從六品，各三十人。」二郎均有定員，此處缺載，補以備考。(55)通直　晉武帝時置員外散騎侍郎四人，晉元帝時使二人與散騎侍郎通直，因而稱之為通直散騎侍郎。(56)三十人　《隋書・百官志下》「三十」作「四十」。(57)多不過六　意謂最多不得超過六番。散官經兩番可以參選一次，如果六番、三次參選皆不中，就只能終身為散官，不得再參選為職官。

【語　譯】吏部司二員郎中，其中一人掌管全國文職官員的班序、俸秩、官品和命服。散官的品階一共分為二十九等：從一品稱為開府儀同三司。東漢殤帝延平元年，授鄧騭為車騎將軍開府儀同三司，「儀同」的名稱便是從這時開始。呂布曾經有刺殺董卓的功勞，因而授給他開府如三司。曹魏黃初三年，授任黃權為車騎將軍開府儀同三司，「開府」的名稱便從這時開始。它的官品為一品，梁朝列為第十七班，陳朝定俸秩為萬石，北齊定為從一品。北周則分設上開府儀同三司、開府儀同三司、上儀同三司、儀同三司等十一個散實官等級稱號，分別用來酬報有勳勞的功臣。隋朝因承北周上述設置。本朝初年，只設置開府儀同三司，作為散官的官品。正二品稱為特進。在兩漢和魏晉時期，用特進作為加官，儀服仍依照本官原來的，不另行分配吏卒，官品居第二，地位處在三公之下，開府驃騎將軍之上。戴進賢兩梁冠，紮黑介幘，穿五時朝服，沒有印章和組綬。還有，《漢朝雜事》中說：「凡是諸侯中功績與品德優盛，為朝廷所敬重的，便賜給特進的散官品階，地位在三公之下，戴平冕，穿黑衣，陪侍君王參加郊廟祭祀。」《宋百官階次》說：「特進在東晉和南朝都是兼官。」西晉傅咸奏請特進品位列為第二，手握皮帛，坐位在侍臣之下。南朝梁列特進為第十七班。北齊時，列為第二品，隋朝特進為正二品散官。本朝因承隋朝的規定。從二品稱為光祿大夫。秦代設置的郎中令，它的屬官中有中大夫，漢朝初年因承了這個建置。漢武帝太初元年，改稱中大夫為光祿大夫，俸秩為比二千石，職掌是顧問應對和議論，沒有定員。東漢因襲了西漢的這些規定。從曹魏以後，各個公卿告老時，都加上光祿大夫的官位。晉太始初年，分為左、右光祿大夫，都沒有定員。如果退休致仕，就賜給六尺牀，帳子、竹簟和被褥。南朝劉宋繼承了這些規定。南朝蕭齊的光祿勳府設有左、右光祿大夫，都是銀章、青綬，如果加授金章、紫綬，那就稱為金紫光祿大夫。有個任光祿大夫的人，向吏部尚書王晏「乞一片金」，意思是要求加授金章、紫綬，於是王晏便為他奏請轉授金印、紫綬。南朝的梁、陳都因承前代，光祿大夫在梁朝位列十三班。北魏設置左、右光祿大夫，都位列從第一品。北魏孝文帝太和二十六（三）年改定為第二品。北齊因承北魏。北周左、右光祿大夫為正二品。隋初為正一品散官，隋煬帝時，改光祿大夫為從一品，左光祿大夫正二品，右光祿大夫為從二品。本朝初年，還設有左、右光祿大夫的名目，唐太宗貞觀以後，已只有光祿大夫一個名稱。**正三品稱為金紫光祿大夫**。這個職位本來就是兩漢的光祿大夫，到了魏晉時期，有加授金章、紫綬的，便稱為金紫光祿大夫。在晉代，又有金紫光祿大夫、銀青光祿大夫、左光祿大夫、右光祿大夫，四個職稱同時設置。另外還有假金章紫綬光祿大夫，以及加金章紫綬光祿大夫，品秩都是第二品。它們的祿賜，朝會的班序，以及冠幘、車輿、服飾、佩戴的玉石和其他各種賞賜給予，都與特進相同。自晉以後，光祿大夫稱號都是作為兼官贈予，很少有單獨正式封授的。南朝蕭梁金紫光祿大夫列為第十四班，陳朝定為中二千石，北齊定為從二品。隋朝沿襲這個舊制，把它定為散官。隋煬帝定為正三品。本朝因承了這個規定。**從三品稱為銀青光祿大夫**。這個職位的來歷和沿革與前面提到的金紫光祿大夫相同。晉朝有個授任銀青光祿大夫的叫王翹之。南朝劉宋、蕭齊，有時設置，有時省去。梁與陳都沒有這個職稱。北齊列為三品，隋朝定為正三品，散官。隋煬帝改為從三品。本朝因承這個規定。本來，在光祿大夫之上，加授金章、紫綬，銀章、青綬，是表示尊崇的意思，他們的地位按理應在未獲加授的光祿大夫之上，但是隋朝確定散官品位的大業三年令出了差錯，把三者的品位次序弄顛倒了。以後也就將錯就錯，因仍不改。**正四品上稱為正議大夫**。這個職位是隋煬帝設置的，定為正四品，散官。它的稱謂取義於秦代作為郎中令屬官的大夫，它的官稱（職掌）是參預朝議，所以起了正議大夫、通議大夫這樣的名稱。**正四品下稱為通議大夫**。隋煬帝始置，定為正四品。**從四品上稱為太中大夫**。秦朝設置太中大夫，俸秩為比一千石。它的職掌是參預朝議。漢代因承秦朝這個規定。南朝蕭梁定為十一班，俸秩為一千石。北齊列為從三品。本朝定為散官的稱謂。從四品下稱為中大夫。秦朝開始設置時稱中大夫，漢武帝太初元年改稱光祿大夫。北齊定中大夫為四品。本朝定為散官的名稱。正五品上稱為中散大夫。東漢有中散大夫的設置，俸秩為六百石，沒有定員。魏晉因承這種設置。《齊職儀》中說：「中散大夫品位列為第七，穿紅色的朝服，戴進賢一梁冠。」南朝蕭梁時定為第十班，陳朝規定它的俸秩為一千石。本朝把它作為散官的名稱。正五品下稱為朝議大夫。《漢官儀》說：「大夫以上可以奉召參加朝議。」這便是朝議大夫這個職名含義的來歷。隋文帝開始設置朝議大夫，定為從三品，散官。從五品上稱為朝請大夫。漢代各個將軍、公卿中年老德高望重的，為了使他們可以位列公侯、退休致仕回到自己府第，特地授予「奉朝請」的稱號，這便是朝請大夫這個稱謂含義的來歷。隋煬帝開始設置朝清大夫，定為正五品，散官。從五品下稱為朝散大夫。隋文帝開始設置朝散大夫，定為正四品，散官；隋煬帝改為從五品下。正六品上稱為朝議郎。南朝宋、齊、梁、陳，北朝北魏、北齊時期，散官九品都以將軍作為品秩的稱謂，所以加授散官名號稱為「加戎號」。隋文帝開皇六年，開始設置六品以下的散官，並且以郎官為正階，尉官為從階：正六品上階為朝議郎，下階為武騎尉；從六品上階為通議郎，下階為屯騎尉；正七品上階為朝請郎，下階為驍騎尉；從七品上階為朝散郎，下階為游騎尉；正八品上階為給事郎，下階為飛騎尉；從八品上階為承奉郎，下階為旅騎尉；正九品上階為儒林郎，下階為雲騎尉；從九品上階為文林郎，下階為羽騎尉。隋煬帝改置八郎、八尉的名稱：六品設置建節尉、奮武尉，七品設置宣惠尉、綏德尉，八品設置懷仁尉、守義尉，九品設置奉誠尉、立信尉。以上都為正從二階。又，六品設置承議郎、通直郎，七品設置宣德郎、朝散（宣義）郎，八品設置登仕（徵事）郎、將仕郎，九品設置常從郎、奉信郎。以上亦都為正從二階。本朝以郎為文職，尉為武職。綜合隋朝開皇、大業年間的設置，作為六品以下的散官定名。正六品下稱為承議郎。隋煬帝始置，定為正六品。從六品上稱為奉議郎。隋文帝設置通議郎，本朝改為現名。從六品下稱為通直郎。兩晉和南朝劉宋以來，官員中都有通直的設置，那意思是雖然官位有高下，但都要輪值宿衛。隋煬帝時設置通直郎，定員為三（四）十人，官品定為從六品。正七品上稱為朝請郎。兩晉和南朝宋、齊、梁、陳，都有奉朝請官員的設置。正七品下稱為宣德郎。隋煬帝起始設置宣德郎，定員為三十人，官品定為正七品。從七品上稱為朝散郎。隋文帝時開始設置。從七品下稱為宣議郎。梁朝設置了宣議將軍，隋文帝另置有游騎尉，本朝改為這一名稱。正八品上稱為給事郎。隋文帝時開始設置。正八品下稱為徵事郎。隋煬帝時正式設置。從八品上稱為承奉郎。隋文帝時開始設置。從八品下稱承務郎。隋煬帝時，尚書省下屬二十四司，各設置承務郎一人，職掌相當於本朝各司的員外郎。本朝用它的名稱作為散官設置。正九品上稱為儒林郎。歷代正史中，都有《儒林列傳》，取它這個含義作為散官的名號。正九品下稱登仕郎。從九品上稱為文林郎。北齊曾經設置文林館，徵聘文學之士入館。現在取它這個含義作為散官的名號。從九品下稱為將仕郎。凡是散官四品以下，九品以上，都要在吏部輪番服役。每次輪到服役是四十五天。如果尚書都省需要派人去發送公文，以及尚書省各司需要派遣人辦事，都是叫兵部、吏部的散官到番上去輪值。散官經過兩次番上服役的，就可以參加銓選；如果當年參選沒有被選上，還可以按照次序繼續到番上去輪值。不過最多不得超過六次番上服役。

【說　明】此章詳述唐代文散官二十九階之稱謂及沿革情況。本書依其預定的寫作體例，不僅武散官的敘階因屬於兵部司職掌而只能放到後面第五卷去敘述，就是有關散官的歷史由來，亦略而勿論。為方便閱讀，我們簡略作點介紹。

秦漢之際無散官之稱。散官制是社會發展政事日趨繁複，官吏隊伍不斷擴大的產物。歷代帝王既要妥善安置那些老邁或被認為有離心傾向的勳舊，又要使第一線現任職事幹練和可以信賴；既希望官員可以根據需要靈活流動，又必須基本穩定這支隊伍，於是便採取了授予散官職銜這樣一種臨時措施，幾經完善，最後形成為固定的制度。

散官建置正式定制於隋，唐基本上是承襲隋的體制。唐以前可分為兩漢與南北朝兩個時期。從散官各階的名號看，六品以下稱郎或尉，六品以上稱大夫，前者是由南北朝的戎號將軍轉化而來，後者則是由兩漢的加官和散官的稱謂演變而來。宋人岳珂在《愧郯錄》中說：「考漢制，光祿大夫、太中大夫、朝議郎、中郎、侍郎、郎中，皆無員，多至數十人。特請、奉朝請，亦皆無職守，優游祿秩，則官之有散，自漢已有之矣。」岳珂所列舉的包括加官與散官兩種官稱。漢代帶上加官稱號，便有出入禁中的特權，而散官則與此不同。《後漢書·百官志二》光祿大夫條下本注稱：「凡大夫、議郎皆掌顧問應對，無常事，唯詔令所使。」無官署，無定員，無印綬，無職掌，隨時等待王命差遣，這便是散官的特點。東漢獻帝建安年間，曹操始置散官騎從。南北朝時，宋、齊、梁、陳和北魏、北齊，諸九品散官皆以將軍為品秩，稱之為「加戎號」。據《隋書·百官志》記載，梁確定的戎號將軍名稱有二百四十號，分四十四班。陳承梁，其戎號擬官亦達二百三十七號之多，可見其名號之繁雜。隋建國以後，作了統一規定：「特進，左右光祿大夫，金紫光祿大夫，銀青光祿大夫，朝議大夫，朝散大夫並為散官，以加文武官之德聲者，並不理事。六品以下，又有翊軍等四十三號將軍，品凡十六等，為散號將軍，以加泛授。」並明確作出劃分：「居曹有職務者為執事官，無職務者為散官。」（《隋書·百官志下》）由於上述所列均為六品以上高級文散官，隋文帝開皇六年（西元五八六年）又增加了若干六品以下低級文散官的稱號，對這些稱號煬帝時又作過幾次調整。唐朝的散官體制便是在這樣一個歷史基礎上形成的。文散官從一品開府儀同三司到從九品下的將仕郎，共二十九階；武散官則有四十五階。散官沒有自身的組織系統，沒有具體職司，僅僅表示入仕者在入仕時所帶的階位，作為選任職官時的一個依據。文武散官未授任職事前，分別要到吏部、兵部去番上，兩番得到一次參選的機會，最多不能超過六番，也就是只能有三次參選的機會。如果這三次參選的機會都落第了，那就只能以散官終身。散官品階與擔任職事官後的品位不是一回事。職事品可以高於或低於散品，但職事品不能轉換成散品。散品的遷轉要通過勞考。

二

凡敘階❶之法，有以封爵❷，謂嗣王❸、郡王❹初出身，從四品下敘；親王諸子封郡王❺者，從五品上；國公❻，正六品上；縣公❼，從六品上；侯及伯、子、男，並通降一等❽。若兩應敘者❾，從高敘也。有以親戚❿，謂皇親緦麻以上⓫及皇太后周親⓬，正六品上敘；皇太后大功⓭親、皇后周親，從六品上；皇袒免⓮親，皇太后小功⓯、緦麻，皇后大功親，正七品上；皇后小功、緦麻親，皇太子妃周親，從七品上。其外戚各依本服降二等敘。娶郡主⓰，正六品上；娶縣主⓱，正七品上。郡主子，出身從七品上；縣主子，從八品上敘。有以勳庸[18]，謂上柱國[19]，正六品上敘；柱國[20]已下，每降一等，至騎都尉[21]，從七品下；驍騎尉[22]、飛騎尉[23]，正九品上；雲騎尉[24]、武騎尉[25]，從九品上。有以資蔭[26]，謂一品子，正七品上敘，從三品子[27]，遞降一等。四品、五品有正從之差，亦遞降一等；從五品子，從八品下敘。國公子，亦從八品下。三品已上蔭曾孫，五品已上蔭孫；孫降子一等，曾孫降孫一等。贈官[28]降正官一等，散官同職事。若三品帶勳官者，即依勳官品同職事蔭；四品降一等[29]，五品降二等。郡、縣公子，准[30]從五品；孫[31]，縣男[32]已上子，降一等。勳官二品子，又降一等[33]。二王後[34]子孫，準正三品蔭。有以秀、孝[35]，謂秀才[36]上上第，正八品上；已下遞降一等，至中上第，從八品下。明經[37]降秀才三等[38]。進士[39]、明法[40]甲第[41]，從九品上；乙第，降一等。若本蔭高者[42]，秀才、明經上第，加本蔭四階；已下遞降一等。明經通二經已上，每一經加一階；及官人通經[43]者，後敘加階亦如之。凡孝義旌表門閭者，出身從九品上敘。有以勞考[44]，謂由[45]外六品已下，四考滿[46]，皆中中考者[47]，因選，進一階；每二中上考，又進兩階；每一上下考，進兩階。若兼有下考，得以上考除之。有除免而復敘[48]者，皆循法以申之，無或枉冒[49]。謂官人犯除名限滿應敘者，文、武三品已上奏聞；正四品於從七品下敘，已上通降一等[50]：從五品於從八品上敘；六品、七品，從九品上敘；八品、九品，從九品下敘。若出身品高於此法者，仍從高。凡應入三品、五品者，皆待別制而進之[51]，不然則否。謂應入三品者，皆須先在四品已上官，仍限三十考已上、本階正四品上、無痕累者52，奏聽進用。應入五品者，皆須先在六品已上官，及左、右補闕53，殿中侍御史54，太常博士55，詹事司直56，京兆、河南、太原府判司57，皆限十六考已上、本階正六品上；伎術官58本司無六品官、頻任三政七品59者，仍限二十考已上。並所司勘責訖，上中書門下重勘訖，然後奏聞，別制以授焉。

【章旨】郎中一人之職掌涉及官制之二：文散官敘階之依據與方法。

【注釋】❶敘階　指散官品級之釐定。有初敘與遷敘之分。初敘是初入仕時，按不同出身釐定品級；遷敘則為任官以後，按考課進階。❷封爵　指以帝王宗室封賜的爵位為出身者。❸嗣王　爵名，封爵之第二等。親王之嫡子封為嗣王。❹郡王　爵名，封爵之第二等。皇太子諸子封為郡王。❺親王諸子封郡王　親王諸子一般封郡公，但承恩澤者亦封郡王。郡王上句已及，此處應為郡公。郡公，為封爵之第四等。❻國公　爵名，封爵之第三等。嗣王、郡王及特封王子孫承襲者，降授國公。❼縣公　爵名，封爵之第五等。❽通降一等　南宋本作「遞降一等」。❾兩應敘者　如親王之子，可以郡公出身敘階，亦可以郡王出身敘階者。❿親戚　指與帝王、皇后有血緣關係的親屬，即皇親國戚。⓫皇親緦麻已上　緦麻為喪服五服中最輕一服，本宗為高祖父母、曾伯叔祖父母、族伯叔父母，族兄弟以及外姓中的中表兄弟、岳父母等。此處指君王緦麻以上這個範圍內的親屬。⓬周親　謂至親。《尚書・泰誓中》謂：「雖有周親，不如仁人。」周，至。周親與五服相應則為期服，即齊衰中的一年親，為同一祖父母下之叔伯兄弟姊妹，小輩如姪等。⓭大功　喪服五服之一。其範圍包括同一祖父母之下的叔伯父和堂兄弟等。⓮袒免　古代喪禮中五服之外最輕的一種。即解開上衣露出左臂，脫去冠冕，以麻布結髮。《禮記・大傳》：「五世袒免。」孔穎達疏：「謂共承高祖之父者也。」一般指高祖兄弟、曾祖從父兄弟、祖再從兄弟、父三從兄弟、本身的四從兄弟等親緣關係。⓯小功　喪服五服之一。親屬範圍為同一曾祖父母以下之叔伯兄弟及未嫁之姊妹；外親則為外祖父母、母舅、母姨等。⓰郡主　皇太子之女封郡主。⓱縣主　親王之女封縣主。⓲勳庸　指以功勳而獲得的勳階。勳階亦稱勳官，始見於南北朝。隋文帝增損北周舊制定為十一等。唐高祖武德時更定為十二轉，起於視正二品，至從七品。⑲上柱國　唐制勳官最高階。原為戰國楚國武官名，為最高軍職。秦漢之際項梁曾為楚王之上柱國。北魏孝莊王時曾置柱國大將軍。北周始增置上柱國及柱國大將軍，均正九命，位高權重。隋設上柱國及柱國為勳官名，亦即實散官。唐沿之，定勳官為十二轉。上柱國最高，為十二轉，視正二品。⑳柱國　勳官名。十一轉，視從二品。㉑騎都尉　勳官名。五轉，視從五品。㉒驍騎尉　勳官名。四轉，視從六品。㉓飛騎尉　勳官名。三轉，視從六品。㉔雲騎尉　勳官名。二轉，視正七品。㉕武騎尉　勳官名。一轉，視從七品。㉖資蔭　指高品官之子弟可以門蔭授散官。六品以上官之子稱為高品子，六品以下官之子稱品子。高品子可用蔭出身以為散官。品子則須通過納課等途徑才有可能授散官。據《舊唐書．職官志一》記載，資蔭的具體規定為：「一品子正七品上，二品子正七品下，三品子從七品上，從三品子從七品下，正四品子正八品上，從四品子正八品下，正五品子從八品上，從五品及國公子從八品下。」㉗從三品子　據《唐會要》卷八一，此句「從」字上缺一「至」字，應為「至從三品子」。㉘贈官　指授予已故官員或現職官員已故直系親屬的一種榮譽職銜。㉙四品降一等二句　此句蒙上「帶勳官者」，意謂四品職事帶勳官用蔭時，其勳官等第要降一等。同一原由，五品職事帶勳官用蔭時，其勳官等第要降二等。故謂「四品降一等，五品降二等」。㉚准　同「準」。㉛孫　蒙上，指郡公、縣公之孫。㉜縣男　封爵名，亦稱開國男。始於晉。隋唐列為正五品上階。㉝勳官二品子又降一等　勳官起視正二品至視從七品，凡十二等，其用蔭要比照職事官降一等。勳官正二品為上柱國，從二品為柱國。本人若不兼職事官，為其子資蔭時，要較職事官降一等，即在從七品上，或從七品下。㉞二王後　指隋朝王室楊氏及北周王室宇文氏之後裔。詳第四卷四篇一章末說明。㉟秀孝　秀才、孝義之合稱。秀才，泛指以科舉考試及第而敘階為散官者。除秀才外，還有明經、進士、明法等科目。孝義，由州縣地方官上報，下詔旌表。詳後第三十卷州刺史及縣令職掌。㊱秀才　隋文帝開皇七年（西元五八七年）定為科舉常科之一，在各科中地位最高。秀才試才能及第分為上上、上中、上下、中上四等。唐太宗貞觀中有舉而考試不合格者，地方官以舉人不當受處分。高宗永徽時曾停秀才科，玄宗開元中復行而三十年無登第者。後秀才成為讀書人之泛稱。㊲明經　科舉常科之一。明經試經學，分為五經、三經、二經、學究一經、三禮、三傳等。及第亦分上上、上中、上下、中上四等。㊳降秀才三等　指明經及第授散官要低於秀才三等。授官起點為從八品下，其依次分別為正九品上、正九品下、從九品上、從九品下。㊴進士　科舉常科之一。進士試文學考試科目為貼經、雜文（辭章）、策論。其中試詩賦還是試經義，是進士與明經二科目的主要區別。㊵明法　科舉常科之一。明法試律令，以識達義理、問無疑滯者為通。㊶甲第　明法與進士二科錄取者，分甲第與乙第兩等。㊷本蔭高者　指應考舉子，原來用蔭高於其應舉所得散官出身者。㊸官人通經　意謂職事官應試通達經學。㊹勞考　指職事官任上歷年考課之累計成績。㊺由　據南宋本應為「內」。㊻四考滿　一年一考，四年一任，故稱四考滿。㊼皆中中考者　唐代官員考課等第分為九等，即上上、上中、上下、中上、中中、中下、下上、下中、下下。凡是四考都是中中考者，可以敘散官一階。㊽除免而復敘　除指官人違法被除名。只除出身以來的官爵，課役從本色，六年以後以原出身敘階。免，指因私違法免官者。據《唐律疏議》，免官者「三載之後，降先品二等敘」。即如果有正四品上免官，三年後得以從四品上敘。㊾枉冒　枉濫和假冒。㊿已上通降一等　句中「已上」恐為「已下」之誤。「通降」南宋本作「遞降」。《唐律疏議．名例》除名者六載後聽敘條疏議謂：「正四品於從七品下敘，正五品於正八品下敘，從五品於從八品上敘，六品、七品並於從九品上敘，八品、九品並於從九品下敘。」據此，此句當為「已下遞降一等」。語譯依此。(51)待別制而進之　指以勞考而應入三品、五品者，需由門下、中書重勘另行奏請進止，待制文而授之。高宗以後增設泛階。泛階是指因改元或其他原因而普賜官員之官階。如高宗乾封元年（西元六六六年）因改元，赦天下，「文武官三品已上賜爵一等，四品已下加一階。先是階無泛加，皆以勞考敘，進至五品、三品，仍奏取進止，至是始有泛階」（《資治通鑑》卷二〇一）。既然是四品以下泛加一階，那就為進入三品、五品的敘階開了方便之門，後因過濫，又不得不加以限制。下文所列的條件即是根據開元三十一年（西元七二三年）敕文：「自今以後，泛階應入五品，以十六考為定，及三品以三十考為定。」(52)無痕累者　指無因私違法的記錄者。(53)左右補闕　供奉之官。屬門下省，從七品上。掌供奉諷諫。(54)殿中侍御史　供奉之官。屬御史臺，從七品下。掌殿廷供奉之儀式。(55)太常博士　常參官。屬太常寺，從七品上。掌五禮之儀式。(56)詹事司直　東宮屬官。正九品上。掌彈劾宮僚，糾舉職事。(57)京兆河南太原府判司　京兆，唐之京都所在，治所今陝西西安市。河南，唐之東都所在，治所今河南洛陽。太原，唐之北京，治所今山西太原市。判司，唐代州郡諸曹參軍稱判司。上述三府各設置司錄參軍二人，正七品；六曹參軍各二人，正七品下。(58)伎術官　秘書、殿中、太僕、太常、大理寺等，都設有若干具有專門性技術的官員。伎，通「技」。(59)政七品　即正七品。政，通「正」。

【語　譯】關於散官敘階的方法，有以下幾種：有的以封爵作為敘階依據；就是說以嗣王、郡王出身初敘的，在從四品下敘階；親王各個兒子承受恩澤為郡王的，在從五品上敘階；國公是在正六品上敘階，縣公是在從六品上敘階，侯爵及伯、子、男各爵都依次遞降一等敘階。如果同一人有兩種敘階的機會，那就從高一種敘階。有的以皇親國戚作為敘階依據；就是說凡是帝王緦麻服以上的親屬，皇太后周親以上的親屬，可以在正六品上敘階；皇太后大功服以上的親屬，皇后期服以上的親屬，可以在從六品上敘階；皇帝袒免以上親屬，皇太后小功、緦麻服以上親屬，皇后大功服以上親屬，可以在正七品以上敘階；皇后的小功、緦麻服親屬，皇太子妃期服以上親屬，可以在從七品上敘階。外戚依照本服降二等敘階。娶郡主為妻的，可以在正六品上敘階；縣主的兒子，可以在正七品上敘階。郡主的兒子，出身為散官的可以在從七品上敘階；娶縣主為妻的，可以在從八品上敘階。有的以勳庸作為敘階依據；就是說勳官第一等上柱國可以在正六品上敘階；勳官第二等柱國以下，官位每降一等，敘階也相應下降一等，這樣一直到第八等騎都尉可以在從七品下敘階；驍騎尉、飛騎尉可以在正九品上敘階；雲騎尉、武騎尉可以在從九品上敘階。有的以資蔭作為敘階依據；就是說一品官之子可以在正七品上敘階，到從三品以下官員之子，敘階時都要依次下降一等。四品、五品官有正從的區別，逐級敘階時，亦都要依次下降一等。從五品官之子，可以在從八品下敘階。國公的兒子，也在從八品下敘階。三品以上官員可以蔭到曾孫，五品以上的可以蔭到孫子；用蔭時，孫子要比兒子降一等，曾孫又要比孫子降一等。贈官比照正官下降一等，散官可以與職事官相同。如果三品官而又帶授有勳官的，那就以勳官品連同職事一起用蔭；四品職事官帶授勳品的，他的勳官要降一等，五品的要降兩等。郡公與縣公的兒子可以依照從五品用蔭；郡公、縣公的孫子以及縣男以上的兒子，比郡公、縣公兒子要降一等。如果只是勳官二品的兒子，還要降一等。二王後的子孫，可以依照正三品用蔭。有的以科舉如秀才和旌表孝義作為敘階依據；就是說秀才及第第一等為上上等，可以在正八品上敘階，這以下依次下降一等敘階，到第四等就是中上第，可以在從八品下敘階。明經及第，敘階的起點，比秀才下降三等。進士、明法應試及第為甲第的，可以在從九品上敘階，乙第要下降一等。如果本來以門蔭敘階可以得到比應舉更高的階位，錄取為秀才、明經時又獲得了「上第」的，可以在本蔭基礎上加四階，上第以下一等的，敘階時亦要相應遞降一等。明經能通二經以上，譬如通三經、五經，那就每多通一經，敘階時就加一階。在職的品官能通經的，在復敘時也照例可以相應加階。凡是被薦舉為孝義奉旨旌表門閭的，可以有一人從九品上敘階。有的以勞績考課作為敘階依據；就是說朝廷由（內）外職事官六品以下的，經過四考任滿，每次都列為「中中」等第的，可以乘著敘階的機會進昇一階。四考中有兩次列為「中上」等第的，可以進兩階；四考中有一次進入「上下」等第的可以進兩階。如果其中有一次屬於下考，那就得用上考去抵補。如果有因故除名或者免官已經滿了年限可以重新敘階的，都必須依照相關法令進行審核，不許枉濫和假冒。就是說官員因犯法而除名免官年限屆滿應予恢復敘階的，文、武三品以上，都要稟奏君王聽聞以後才能復敘。原來是正四品的可以在從七品下敘階，正四品以上（下）的，敘階亦要依次相應逐等下降：從五品可以在從八品上敘階；六品、七品，在從九品上敘階；八品、九品，在從九品下敘階。如果原來出身高於這個規定的，仍舊以原出身敘階。凡是遷敘應入三品、五品的，都要等待制文才能進階，否則就不被允許。就是說依照泛階可以入三品的，必須先是現任四品以上職事官，並且歷經三十考以上，他的本階為正四品上，又要沒有因私違法記錄的，才能經中書門下奏聽進用。可以入五品的，都必須先是現任六品以上官，以及曾擔任左右補闕、殿中侍御史、太常博士、詹事司直，和京兆、河南、太原三府的判司，並且都歷經十六考以上，本階官品又在正六品以上，才可奏聽進用。至於技術官，如果他們所在本司沒有六品官階的定制，那麼連續任三任正七品的，歷經二十考以上，由所在官司負責勘查後，報中書門下重新審核完畢，然後稟奏聽聞，另外頒發制文授階。

【說　明】唐朝職事官的銓選要根據其散官的品階，因此散官的敘階是成了職事官銓選的前提。不管你是出身於封爵、勳官或門蔭，都是按規定把自己的出身等第轉化為散官品階，然後才能參加職事官的銓選。即使是現任的職事官，儘管他的官品可以高於或低於散官的品階，但他的散官品階遷轉還是要根據勞考來確定。職官因犯除免的，限滿復敘，亦是先敘散官的品階，並按規定要依次下降若干品階，因而就不可能官復原職。此外還規定了進入三品、五品的種種限制。所以散官雖然沒有組織系統，沒有具體職司，但是這二十九階品級的敘階，卻保障了職事官銓選的有序性。

三

凡文武百僚之班序❶，官同者先爵❷，爵同者先齒❸。謂文武朝參❹行正❺：二王後❻位在諸王侯上，餘各依官品❼為序。致仕官各居本色❽之上。若職事與散官、勳官合班，則文散官在當階職事者之下，武散❾次之，勳官又次之。官同者，異姓為後。若以爵為班者，亦準此。其男已上⑩任文、武官者，從文、武班。若親王、嗣王任卑官職事者，仍依三品⑪。郡王在三品以下聽事者，在同階品上。同⑫外無文、武官者，嗣王在太子太保⑬下，郡王次之，國公在正二品下⑭，郡公在從三品下，縣公在正四品下，侯在從四品下，伯在正五品下，子在從五品下⑮，男在正六品下。若前官⑯被召見及預朝參者，在本品見任上；非召見者，在同品下；其在本司參集者，各依職事。文⑰散官三品已上在京者，正、冬朝會⑱依日官⑲。

【章旨】郎中一人之職掌涉及官制之三：百官朝參時列隊次序之規定。

【注釋】❶班序　文武百官參加朝會時列隊先後的次序。❷官同者先爵　指官品相同時，以有封爵者排在前列。❸爵同者先齒　指封爵相同，則以年齒長者在前。❹朝參　指皇帝每天御正殿朝見群臣，為正衙朝參，又稱常朝。❺行正　南宋本作「行立」。近衛校明本稱《文獻通考・朝會議》引公式令之文亦為「行立」。❻二王後　隋室楊氏之後，即酅公；周室宇文氏之後，即介公。詳後第四卷第四篇一章末尾說明。❼官品　《通典・禮三十五》「官品」之上尚有「職事」二字。❽本色　《唐會要》卷二五文武百官朝謁班序所引天寶三年公式令，《通典・禮三十五》天子朝會所引公式令及開元六年（西元七一八年）八月敕，「本色」並作「本品」。指序班時，致仕官站在本品官之先。❾武散　據《通典・禮三十五》「武散」下有「官」字。❿其男已上　指授縣男以上封爵者。⓫仍依三品　《通典》、《唐會要》並作「本品」。近衛本校稱：據《唐志》御史大夫條，「三品」當作「王品」。南宋本為「王品」。語譯依「王品」。⓬同　據近衛本注稱：「同」當作「自」。南宋本正為「自」。⓭太子太保　東宮官，太子六傅之一。掌以道德輔教太子，從一品。⓮正二品下　據南宋本、廣池本當作「正三品下」。⓯子在從五品下二句　據《通典・禮三十五》及近衛本注引《唐志》，此二句應為：「子在從五品上，男在從五品下。」⓰前官　《通典》與《唐會要》均作「前資官」。前資官指任滿離任者，其被召見和預朝參是一種禮遇，故序班在本品現任之上。⓱文　南宋本此字作「若」。《通典》、《唐會要》並作「諸司」。⓲正冬朝會　每年正月元日朝會是一種隆重的儀式，主要是群臣依次向皇帝祝賀。這種儀式有時亦在冬至日舉行，故稱正冬朝會。⓳依日官　南宋本及《通典・禮三十五》均為「依百官例」。

【語　譯】文武百官參加朝會時，排列的次序是，官位相同的，有封爵的在前；爵位相同的，年長的在前。這是說文武百官朝參時行立的次序是：二王後，位在諸王侯上，其餘各自依照職事官的官品為序。退休致仕的官員，分別在本品官之前。如果職事與散官、勳官合班的話，那麼文散官在當階的職事官之下，依次是武散官，再次是勳官。官品相同，與帝室異姓的排在後面。如果以爵位參加朝會的話，亦參照這個規定。封爵為國男以上，擔任文武官的，依照各自的文武官品階的次序。如果親王、嗣王任職事官品位卑下的，仍然要依三（王）品序班。郡王任三品以下職事官的，在同階品之上行立。此外受封爵而未任文武職官的，嗣王在太子太保之下，郡王次之，國公在正三品下，郡公在從三品下，縣公在正四品下，侯在從四品下，伯在正五品下，子在從五品上，男在從五品下。如果前【資】官受到召見並得以預朝參的，依照現任的職事本品次序排列；如果不是被召見的，那就行立在同品之下。若是在本司參集的，各自按照職事品位行立。各司散官三品以上在京城的，正月元日或冬至日朝會時，依照前述日（百）官的常例班序。

【說　明】唐朝的朝參制度，分成好幾個等次。據〈儀制令〉稱：「諸在京文武官職事九品以上，朔望日朝。其文武五品以上，及監察御史員外郎、太常博士每日朝參。文武官五品以上仍每月五日、十一日、二十一日、二十五日參。三品以上九日、十九日、二十九日又參，當上日不在此例。其長上折衝果毅，若文武散官五品以上直諸司及長上者，各准職事參。弘文館崇文館子、國子監學生每季參。若雨霑服失容及泥潦並停。」（《唐令拾遺》四七三頁）其中最重要的是常參和朔望參。常參是皇帝每天御正殿（宣政殿或含元殿）朝見群臣，後來改為單日御朝，雙日休朝，稱作正衙朝參，亦稱常朝。百官奏事畢，儀仗撤走，宰臣留議政事，記注官奉侍作記錄，其餘官員便魚貫而出，由光祿寺供應午餐，稱廊下食。朔望朝，又稱大朝，君王會見在京九品以上的文武百官，規模比常朝要大。到玄宗時，朔望朝不聽政，成為一種會見群臣的儀式。玄宗還把朝見改在便殿即紫宸殿，因在宣政殿後，須從閤門而入，故又稱入閤。可以入閤者，唯高級官員與宦官，其餘官員只能恭候在宣政殿門外，至午後放歸。因而參加朝參的百官，又有被召見與不被召見的區別。百官班序是在閤門之外，由殿中侍御史作監察，如有離位失列、言囂不肅者，則糾而罰之。正冬朝會通常在正月元日和冬至日舉行，唐初在太極殿，高宗時改在含元殿。群臣以職位尊卑為序，列隊向君王祝壽。三品以上散官在京的，以及各地的朝集使，按例都要參加正冬朝會。

四

凡京司❶**有常參官**❷，謂五品已上職事官、八品已上供奉官、員外郎❸、監察御史❹、太常博士❺。**供奉官**❻，謂侍中❼，中書令❽，左、右散騎常侍❾，黃門、中書侍郎❿，奉議大夫⓫，給事中⓬，中書舍人⓭，起居郎，起居舍人⓮，通事舍人⓯，左右補闕、拾遺⓰，御史大夫⓱，御史中丞⓲，侍御史⓳，殿中侍御史⓴。**諸司長官**，謂三品以上長官。若敕喚諸司長官及賜者，開府儀同三司㉑、特進㉒、光祿大夫㉓、太子賓客㉔、尚書左右丞相㉕、諸司侍郎㉖、中書門下五品已上官㉗、御史中丞㉘，並同長官例。若別賜物，中書門下官㉙正三品準二品，四品準三品，五品準四品；同中書門下平章事㉚，並同中書門下正三品㉛。**清望官**㉜，謂內外三品已上官，及中書、黃門侍郎，尚書左、右丞㉝，諸司侍郎，并太常少卿㉞、秘書少監㉟、太子少詹事㊱，左、右庶子㊲，左、右率㊳及國子司業㊴。**四品已下、八品已上清官**㊵。四品謂太子左、右諭德㊶，左右衛、左右千牛衛中郎將㊷、左、右副率㊸，率府中郎將㊹。五品謂御史中丞，諫議大夫，給事中，中書舍人，贊善大夫㊺，太子洗馬㊻，國子博士㊼，諸司郎中㊽，秘書丞㊾，著作郎㊿，太常丞(51)，左、右衛郎將(52)，左、右率府郎將(53)。六品謂起居郎、舍人，太子司議郎(54)、舍人(55)，諸司員外郎(56)，侍御史，秘書郎[57]，著作佐郎[58]，太常博士[59]，詹事丞[60]，太子文學[61]，國子助教[62]。七品：左、右補闕，殿中侍御史，太常博士，詹事司直[63]，四門博士[64]，太學助教[65]。八品：左、右拾遺，監察御史，四門助教[66]。每日以六品已上清官兩人待制[67]於衙內。若供奉官、宿衛官[68]，不在此例。

【章旨】郎中一人之職掌涉及官制之四：京師職事官之分類。

【注釋】❶京司　南宋本及《職官分紀》均作「京師」。❷常參官　指能參加常朝之官員。常朝在唐初是御前決策會議。儘管唐中期後常朝已不常舉行，但常參官卻依舊作為稱號而繼續存在。❸供奉官員外郎　供奉官為侍奉皇帝左右近臣，多在中書、門下二省，此外還有御史臺的官屬。兩省與御史臺均無員外郎正式設置。據《新唐書·選舉志下》，武周則天皇帝時，曾置員外郎二千餘，然此制於中宗神龍時已停。❹監察御史　亦稱監察侍御史，簡稱御史、侍御。秦漢時已有置。唐時置於御史臺下屬之察院，正員十員，正八品下，品秩雖低，然為士林清選，掌分察百官，肅正朝儀，頗為朝官所憚。❺太常博士　為太常寺屬官，掌五禮之儀式，並隨時而損益。從七品上。❻供奉官　指中書、門下二省及御史臺在宮廷供奉王命之官員。❼侍中　門下省長官。❽中書令　中書省長官。❾左右散騎常侍　左散騎常侍屬門下省，從三品；右散騎常侍屬中書省，從三品。其職掌都是侍奉規諷，備顧問應對。❿黃門中書侍郎　指門下、中書二省之侍郎，為二省副官。門下即黃門之下，為宮禁之地。《通典·職官三》：「凡禁門黃闥，故號黃門。」隋時稱門下侍郎為黃門侍郎。⓫奉議大夫　據南宋本應為「諫議大夫」。諫議大夫，門下省屬官，正五品上，掌侍從贊相，規諫諷諭。⓬給事中　門下省屬官。位次門下侍郎。其職掌為佐助侍郎分判都省各項事務。五品上。⓭中書舍人　中書省屬官。掌侍奉進奏，參議表草，凡詔旨敕旨，及璽書冊命，由其起草進畫，既下，則署而行之。正五品上。⓮起居郎起居舍人　均為門下省屬官。唐太宗貞觀初省起居舍人，置起居郎；高宗顯慶時，又置起居舍人，與起居郎分在左右。掌起居注，記錄天子之言行法度，以修記事之史。從六品上。⓯通事舍人　中書省屬官。掌朝見引納，近臣入侍，文武就列，引以進退，並告其拜起出入之節。從六品上。⓰左右補闕拾遺　四官分屬中書門下二省。掌供奉諷諫，扈從乘輿。分別為從七品上、從八品上。⑰御史大夫　御史臺長官，正三品。⑱御史中丞　御史大夫之副貳。⑲侍御史　御史臺屬官，從六品下。⑳殿中侍御史　御史臺屬官，從七品下。㉑開府儀同三司　文散官，從第一品。㉒特進　文散官，正第二品。㉓光祿大夫　文散官，從第二品。㉔太子賓客　東宮屬官。起於西漢初，原為兼職無品。唐高宗顯慶時正式定為職官，掌調護、侍從、規諫太子，正三品。㉕尚書左右丞相　此二官名疑有誤。尚書左、右丞相係二品職事官，應在「三品以上長官」之列，而不當居於「同長官例」之內。又，尚書左、右丞亦為職事官，左丞位正四品上，右丞正四品下，恰在「同長官例」。故此二官名似應為「尚書左、右丞」，衍一「相」字。㉖諸司侍郎　指尚書六部之侍郎。㉗中書門下五品已上官　如中書省屬官中書舍人，門下省屬官給事中等。㉘御史中丞　御史大夫之副貳，正四品下。㉙中書門下官　指中書門下二省之長官，中書令與侍中，都為正三品。㉚同中書門下平章事　簡稱同平章事，為唐代宰相銜。高宗永淳元年（西元六八二年），以黃門侍郎郭待舉、兵部侍郎岑長倩、秘書院少監郭正一、吏部侍郎魏玄「同與中書門下承受進止平章事」，同年十月又以黃門侍郎劉景先「同中書門下平章事」。從此「同中書門下平章事」實際上便成為宰相職銜。㉛同中書門下正三品　唐太宗貞觀十七年（西元六四三年）立李治為太子，以李勣為特進、太子詹事，並「同中書門下三品」。從此非中書門下長官而預知政事者，都要以此為號，左右僕射亦要帶此職才能參議國政。這樣「同中書門下正三品」即成為實際之宰相職名。㉜清望官　指清官（見後注）中位高而又有名望者。㉝尚書左右丞　尚書省佐貳官，掌管轄尚書都省諸司事。左丞正四品上，右丞正四品下。㉞太常少卿　為太常卿之副貳，正四品。掌邦國禮樂、郊廟社稷之事。㉟秘書少監　為秘書監之副貳，從四品上，掌邦國經籍圖書之事。㊱太子少詹事　太子詹事之副貳，佐助詹事總領東宮內外事務。正四品上。㊲左右庶子　東宮官屬。分掌太子左、右春坊，侍從贊相，駁正啟奏。左庶子正四品上，右庶子正四品下。㊳左右率　東宮武官。掌東宮兵仗羽衛。正四品上。《舊唐書・職官志》左、右率均未列為清望官。㊴國子司業　國子祭酒之副貳。掌邦國儒學訓導之政令。從四品下。㊵清官　魏晉以降，受士族門閥觀念影響，職事官分為清濁二類，以位顯職閑為清官，位卑職煩為濁官。唐代清濁官仍有明確界限。㊶太子左右諭德　東宮官屬。分屬太子左、右春坊，其職掌為諷諭規諫。正四品下。㊷左右衛左右千牛衛中郎將　左、右衛是唐代禁衛軍指揮機構。其長官為大將軍，正三品；將軍從三品。不屬於四品以下。而左、右衛下屬有內外二府，內府有親府、勳一府、勳二府、翊一府、翊二府五府，各設中郎將一人，正四品下，恰與下文正五品上之左右衛郎將相應。故此處「左右衛」當係指「左右衛內五府」。左右千牛衛為君王近身警衛，中郎將為其長官大將軍之下屬，正四品下。君王昇殿時，中郎將侍奉君側，禁橫過君座前，禁對語及傾身與階下人語，禁搔頭舉手以相招；若有口敕，通事舍人承受傳聲階下而不聞時，由中郎將宣之。㊸左右副率　《舊唐書·職官志》作「太子左、右率府，左、右內率府率及副」，都是東宮武官。據《舊唐書·職官志》東宮有太子左、右衛率府，設有副率，為從四品上。另有太子左、右內率府，亦設有副率，從四品上。前者掌東宮兵仗羽衛，後者掌東宮太子近身的千牛備身侍奉之事。㊹率府中郎將　《舊唐書·職官志》作「太子左、右衛率府中郎將」。本書後卷二十六載：「左右率府、親府、勳府、翊府中郎將各一人，從四品。」東宮有十率府，只有左、右衛率府領內府親、勳、翊三府，各設中郎將一人，從四品上。㊺贊善大夫　太子左、右春坊屬官，正五品上。㊻太子洗馬　東宮司經局長官，從五品下。掌四庫圖籍繕寫、刊輯之事。唐高宗龍朔二年（西元六六二年）曾一度改名為太子司經大夫。㊼國子博士　國子監教員，掌教文武官三品以上及國公子孫。正五品上。㊽諸司郎中　指尚書省諸司郎中。從五品上。㊾秘書丞　秘書省屬官。其職掌為判秘書省事。從五品上。㊿著作郎　秘書省屬官。掌修撰碑志、祝文、祭文。(51)太常丞　太常寺屬官。掌判太常寺日常事務。(52)左右衛郎將　參見前㊷注，此處左、右衛亦應是指左、右衛下屬親、勳、翊等五府。諸府均設郎將，正五品上。(53)左右率府郎將　東宮武官。太子左、右率府之親府、勳府、翊府設有左、右郎將，正五品下。(54)太子司議郎　太子左春坊屬官。掌啟奏記注宮內祥瑞，每年終送史館。正六品上。(55)舍人　太子右春坊屬官。掌行令書、表啟。正六品上。(56)諸司員外郎　指尚書省下屬諸司員外郎。從六品上。(57)秘書郎　秘書省之屬官。掌經、史、子、集四庫圖籍。從六品上。(58)著作佐郎　秘書省屬官。協助著作郎掌修撰碑志、祝文。從六品上。(59)太常博士　據南宋本及《通典》與《舊唐書》，此處應是「太學博士」。且太常博士為從七品上，不屬於六品範圍。太學博士為國子監教師，掌教文武五品已上及郡縣公子孫。正六品上。(60)詹事丞　東宮官屬。掌判詹事府事。正六品上。(61)太子文學　東宮司經局屬官。掌侍奉文章，《新唐書·百官志》作正六品下。(62)國子助教　國子監屬官。掌佐博士分經以教授。從六品上。(63)詹事司直　東宮屬官。掌彈劾宮僚，糾舉職事。正七品上。(64)四門博士　國子監屬官。掌教文武七品以上及侯、伯、子、男之子為生者。正七品上。(65)太學助教　國子監屬官。掌佐博士分經以教授。從七品上。(66)四門助教　國子監屬官。掌佐博士分經以教授。從八品上。(67)待制　指隨時等候帝王命令。制，制誥；制書。指君王命令。(68)宿衛官　警衛宮廷之武官。

【語譯】在京司（師）的職事官，可分以下幾類：常參官，包括五品以上的職事官，八品以上的供奉官以及員外郎，監察御史，太常博士。供奉官，包括侍中，中書令，左、右散騎常侍，黃門侍郎、中書侍郎，奉（諫）議大夫，給事中，中書舍人，起居郎，起居舍人，通事舍人，左、右補闕和左、右拾遺，御史大夫，御史中丞，侍御史，殿中侍御史。諸司長官；包括三品以上的長官，又奉敕命召喚作各司長官及賜同長官的，如開府儀同三司，特進，光祿大夫，太子賓客，尚書左、右丞〔相〕，各司侍郎，中書門下的五品以上官，御史中丞。這些都可以視為與長官同例。如果君王賞賜物品，中書門下正三品官可以依照二品，四品依照三品，五品依照四品；有加上「同中書門下平章事」名號的，那就與同中書門下正三品相等。清望官；包括朝廷內外三品以上官及中書侍郎和黃門侍郎，尚書左、右丞，各司侍郎和太常少卿、秘書少監，還有太子少詹事，左、右庶子，左、右率以及國子司業。四品以下、八品以上的清官。四品包括太子左、右諭德，左、右衛【內五府】，左、右千牛衛中郎將，左、右衛率府副率，左、右率府所屬三府中郎將。五品包括御史中丞，諫議大夫，給事中，中書舍人，贊善大夫，太子洗馬，國子博士，各司郎中，秘書丞，著作郎，太常丞，左、右衛內五府郎將，左、右率府郎將。六品包括起居郎、舍人，太子司議郎、舍人，各司員外郎，侍御史，秘書郎，著作佐郎，太常（學）博士，詹事丞，太子文學，國子助教。七品包括左、右補闕，殿中侍御史，太常博士，詹事司直，四門博士，太學助教。八品包括左、右拾遺，監察御史，四門助教。每天以六品以上清官兩人，在衙內當值，隨時恭候制命。如果是供奉官或宿衛官，那就可以例外。

【說　明】官品分為清濁二途，魏晉六朝以來便已成制。士大夫以門閥自矜，出身於高門還是寒族若有天壤之別。一些位顯職閑之官位往往為世族高門所壟斷，世族最初出身入仕便能捷足先登，並以此為榮。如《梁書·劉季連傳》稱：「季連有名譽，早歷清官。」唐代承此遺風，《舊唐書·職官志》謂：「職事官資，則清濁區分，以次補授。」吏部選授職官時，對不同出身有明顯區別，不許某些出身選授清官。武周神功元年（西元六九七年）十月三日敕文明令規定：「有從勳官、品子、流外官、參佐親品等出身者，自今以後不得任京清要著望等官。若累階應至三品者，不須階進，每一階授勳二轉。」（《唐會要》卷二七）至於常參官、供奉官、諸司長官的區分，亦不僅僅是行文上的方便，大都包含著某些特權待遇，他們可以向君王薦舉賢能，便是其中之一。貞元元年（西元七八五年）正月二十五日敕：「宜令清資常參官每年於吏部選人中各舉一人，堪任縣令錄事參軍者，所司依資注擬。」（《唐會要》卷七五）其他方面還有一些類似規定。

五

凡授左右丞相❶、侍中❷、中書令❸、六尚書❹已上官，聽進讓❺；其四品已上清望官❻，才職相當，不應進讓。按：舊制，御史大夫❼、六尚書已上要官，皆進讓。臣林甫❽等伏以為進讓之禮，朝廷所先，兩省侍郎❾及南省❿諸司侍郎⓫，左、右丞⓬，雖在四品，職居清要，亦合讓也。凡職事官應覲省⓭及移疾⓮，不得過程⓯。謂身有疾病滿百日，若所親疾病滿二百日及當侍者，並解官申省以聞⓰。其應侍人才用灼然、要藉驅使者，令帶官侍養。年七十以上應致仕⓱，若齒力未衰，亦聽釐⓲務。若請致仕，五品已上，皆上表聞；六品以下，申尚書省奏聞。凡官人身及同居大功已上親⓳自執工商，家專其業，皆不得入仕；風疾⓴、使酒㉑，不得任侍奉之官。凡內外官清白著稱、強幹有聞㉒，若上中㉓，則中書門下改授：清白等稱㉔，皆須每在㉕有使狀一「清」㉖、考詞二「清」㉗，經三任為第一等，兩任為二等，一任為第三等。其都督、刺史㉘既無考詞，每使狀有一「清」字，亦準任數為等第。強幹有聞科等第亦準此，其科等第一等同清白第二等。五品已上，量加進改㉙；六品已下，至冬選量第加官。若第二等、三等人，五品已上，改日優之；六品已下，不待秩滿㉚，聽選，加優授焉。其嶺南㉛、黔中㉜，三年一置選補使㉝，號為「南選」。應選之人，各令所管㉞勘責，具言出身、由歷、選數，作簿書預申省。所司具勘曹名、考第，造歷子，印署，與選使㉟勘會，將就彼銓注訖，然後進申㊱以聞。

【章　旨】郎中一人之職掌涉及官制之五：官員進讓、移疾、致仕以及薦舉等規定。

【注　釋】❶左右丞相　即尚書省長官左、右僕射，從二品。❷侍中　又稱納言。門下省長官。正三品。❸中書令　中書省長官。正三品。❹六尚書　指尚書省六部尚書，即吏部、戶部、禮部、兵部、刑部、工部各部長官。皆為正三品。❺進讓　官制用語。一般為被授予清要官職後，要上表謝恩，並薦賢自代，以示謙讓。這一類謝表，唐人文集中在在皆有，如柳宗元在授任柳州刺史後，即上舉柳漢自代狀便是。❻其四品已上清望官　句中「上」《舊唐書‧職官志》作「下」。其文為：「授四品已下清望官，才職相當，不應進讓。」❼御史大夫　御史臺長官，正三品。❽林甫　即李林甫，李唐宗室，隴西郡（今甘肅隴西）人。小字哥奴，於開元二十三年（西元七三五年）任禮部尚書，同中書門下三品，在職十九年，權勢甚盛，被稱為口蜜腹劍，但深得玄宗寵信。又，李林甫為《唐六典》主修者之一，故下文有「臣林甫等伏以為……」這樣的話。❾兩省侍郎　指門下、中書二省之侍郎。❿南省　指尚書省。以其官署位於長安皇城中央縱橫南北的承天門大街東側，中書、門下二省之南，故別稱南省或南宮。⓫諸司侍郎　即尚書省六部之侍郎。⓬左右丞　指尚書省左、右丞。⓭覲省　意同省親。古時諸侯秋季朝見天子稱覲，此處作探視解。⓮移疾　指因患病無法視職。⓯過程　指規定之時間程限。⓰自「謂身有疾病」至「解官申省以聞」　以上共二十八字，當為原注，應排小號字。非但四庫本誤為正文，南宋、正德、嘉靖諸本亦然。近衛本校稱：「『謂身』以下至『以聞』二十八字當作注文，連本注。」廣雅本則已移為原注。語譯據改。末句「解官申省」，意謂解除職務，並申報尚書省。⓱致仕　退休。亦稱休致。意為交還祿位於君王。⓲釐　治理。⓳同居大功已上親　指同一祖父母之下的叔伯父母及堂兄弟姊妹。大功，喪服名，五服中第三服。⓴風疾　患癲狂類疾病。㉑使酒　酗酒。㉒清白著稱強幹有聞　為唐代對官員的兩個考功科目。《舊唐書‧職官志二》：「凡內外官有清白著聞，應以名薦，則中書門下改授。」即每年冬集銓選時，中書門下兩省，御史臺五品以上，尚書省四品以上，諸司三品以上，都能薦舉二名符合上述科目的官員，稱冬薦。㉓上中　唐代官員考第分九等，即上上、上中、上下、中上、中中、中下、下上、下中、下下。上中為第二等。又，南宋本作「上第」。㉔等稱　據南宋本當為「著稱」。原文已有「清白著稱」。㉕在　南宋本作「任」。應是。㉖使狀一清　意謂校考使或監考使對其四次評語中有一次為「清白著稱」。唐制一任通常為四年，常考每年一次。主持內外官考課的，除吏部考功郎中和員外郎外，從貞觀初開始，還規定由京官望高者二人分校內外考，稱校考使；又以給事中、中書舍人各一人監內外官考，稱監考使。「使狀」即指二使之書面評語。㉗考詞二清　意謂本部門長官對其四次評語中有兩次為「清白著稱」。唐〈考課令〉規定：「每年當司長官考其屬官應考者，皆具其一年功過行能，對眾讀，議其優劣，定九等考第。」(《唐令拾遺》二四〇頁）㉘都督刺史二句　都督、刺史屬於地方長官，他們要為所屬官員撰寫考詞，而其本人的考詞則由皇帝另行派使校考評出，稱為內考或內校。此處指其使狀有一「清白著稱」者亦可準為等第。㉙五品已上量加進改　指五品以上在任職事官，被薦舉後，可以進級改授。㉚秩滿　一任四考為秩滿。㉛嶺南　指唐代嶺南道。其轄境包括今廣東、廣西、海南島及越南北部地區。治所在今廣州。㉜黔中　指唐代黔中道。其轄境包括今湖北南部，湖南西部，貴州及廣西北部廣大地區。治所黔州，今四川彭水。㉝選補使　每三年派遣一次的差遣使職。因黔中、嶺南二道路途遙遠，不便選人赴京銓選，故派使職就近銓選。㉞所管　指所在州縣長官。㉟選使　即選補使。㊱申　據南宋本應為「甲」。甲，即團甲。銓試完畢，補選使把應注擬選人名籍分類列為甲歷，彙總後上報奏聞。

【語　譯】凡是敕授左右丞相、侍中、中書令和六部尚書以上的官職，允許上表謝恩進讓。至於四品以上（下）的清望官，如果才職相當，就不應進讓。按照舊制，御史大夫及六部尚書以上的重要官員受職時，都要呈送謝表進讓。臣李林甫等在下認為，進讓的禮制是朝廷所提倡，像中書、門下二省的侍郎，尚書省各司的侍郎，以及左、右丞，雖然是四品，但職務位居清要，亦應當行進讓之禮。凡是職事官因為親屬老病需要省親侍奉的，或者本人因病暫時不能供職的，都不能超過規定的期限。這裡是指本人有疾病滿一百天的，或者他的親屬有疾病需要侍奉滿二百天的，都要解除官職，申報尚書省奏聞。如果應侍奉親人的職事官本人才幹卓著，要求繼續保留職事使用的，亦可以命他帶官侍養親人。年滿七十以上官員應致仕退休。如果體力尚未衰老，亦可允許繼續治理政務。關於請求致仕退休，如果是五品以上官員，都要上表奏聞；倘若是六品以下官員，那就只要報尚書省奏聞即可。凡是本人有大功以上親屬專門從事工商業的，都不能入仕為官；患瘋病的，酗酒的，不能擔任內廷侍奉之官。凡是京師內外官員，在考課中獲得「清白著稱」、「清幹有聞」的評語，經人推薦，在考試中成績又列為上等的，就可以由中書門下改授。所謂清白著稱，都必須達到：每一任四考中有一次被校考使或監考使評為「清白著稱」；四考中有兩次被本部門長官評為「清白著稱」。按照這個要求歷經三任的列為第一等；兩任的列為第二等；一任的列為第三等。地方長官例如都督、刺史，雖然本部門沒有人替他們寫考詞，但如果皇上專派的考核使者對他們一任中有一次評語為「清白著稱」，那就同樣可以按任數列出等第。關於「強幹有聞」科的等第的考核，亦參照這個規定進行，只是「強幹有聞」第一等相當於「清白著稱」第二等。凡是達到第一等第的職事官，五品以上的，當即就可以根據他的等第加以進級和改授；六品以下的，等到冬選時，參照他的等第適當加授官職。如果是第二、第三等的職事官，五品以上的，過些日子就給予優敘，六品以下的，亦可以不必等到考滿就參加銓選，從優授職。關於嶺南道和黔中道官員的銓選，每三年派遣一次選補使前往當地銓選，號稱「南選」。前來應選的人，要在所在地方長官督責之下，出具本人的籍貫、出身、履歷，參選的次數，作成書面，預先申報。同時由所在地方長官調查核實他的原任機關名稱，考課等第，造成履歷表格，並蓋印，再與補選使一起查核，在當地銓注完畢，然後造冊上報。

【說　明】薦舉是選舉的一種補充。唐太宗李世民就鼓勵廷臣舉賢，以為非任吏部亦能藻鑒人物。高宗承徽初，中書舍人薛元超曾表薦十多人；武則天稱帝時，狄仁傑薦張柬之亦是突出一例。以後逐步發展為冬薦制度，規定常參官及外官五品以上正員及罷使郎官御史，考滿後必須由常參官和五品以上官推薦，由中書門下予以改轉除授。唐德宗貞元八年（西元七九二年），由於被薦舉的人太多，又規定中書門下二省及御史臺五品以上，尚書省四品以上，諸司三品以上，所舉不得過二人，餘官不得過一人。次年又須發了冬薦官要考試的新規定，考試成績列為上等的授官，下等的退回。

唐代對職事官的致仕退休，待遇比較優厚。如規定三品以上致仕的可以參加朔望朝，班序在現任之上。五品以上職官致仕後可以有半俸，特恩可給全俸。六品以下官頭四年給半祿，天寶後下令給其終身。亦有年未滿七十，以疾免，而特許以致仕還鄉的。在京的致仕官其子弟在外任官者，允許其有一人停官侍養。不過儘管如此，許多人到了年齡還是不願退下來。裴寂為高郢致仕起草的制書中說：「以年致仕，抑有前聞，近代寡廉，罕有斯道。」（《唐語林校證》卷一）白居易寫過一首〈不致仕〉詩，對此種現象作了形象的描繪：「七十而致仕，禮法有明文；何乃貪榮者，斯言如不聞。可憐八九十，齒墮雙眸昏；朝露貪名利，夕陽憂子孫。」

六

凡天下官吏，各有長員❶。開元二十三年❷，敕以為諸色補署，頗多繁冗，停廢諸司、監、署、府十餘所，減冗散官三百餘員。其見在員數，已具此書❸，各冠列曹之首；或未該❹者，以其繁細，亦存乎令❺、式❻。**凡諸司置直**❼**，皆有定制**。諸司諸色有品直❽：吏部❾二人，兵部❿三人，考功、職方⓫、庫部⓬、戶部⓭、度支⓮、駕部⓯、比部⓰一人，門下省明法⓱一人、能書二人、裝潢⓲一人，刑部⓳明法一人，弘文館⓴學直四人、造供奉筆二人、造寫御書筆二人、裝書一人、搨書㉑一人，修史館㉒裝書一人，中書省明法一人、能書四人、裝制敕㉓一人、翻書譯語十人、乘驛㉔二十人，集賢院㉕能書六人、裝書十四人、造筆四人，大理寺㉖明法二人，太常寺㉗三十人，光祿寺㉘十人，鴻臚寺㉙譯語并計二十人、金銀作一人、漆作一人，太府㉚、太僕㉛、衛尉㉜、司農寺㉝各三人，沙茹監㉞一人，少府監㉟十四人，將作監㊱五十人，殿中省㊲尚食局㊳、尚藥局㊴各十人、尚乘局㊵二十人、尚輦局㊶三人、尚舍局㊷四人、尚衣局㊸一人，秘書省㊹圖畫一人、丹青㊺五人、造筆一人，太史監㊻五人，國子監㊼明五經一人、文章兼明史一人，崇文館㊽搨書一人，內侍省㊾一百人，內坊㊿四人，僕寺(51)十人，家令寺(52)七人，教坊(53)二十人，總監(54)十四人，軍器監(55)四人，隴右(56)六使孳課(57)一十二人，太原府(58)監牧役使孳課二人。外官宜考者，選同京官。其前官及常選人，每年任選。若散官、三衛(59)、勳官直諸司者，每年與折一番。

【章旨】郎中一人之職掌涉及官制之六：內外官吏編制定員之規定。

【注釋】❶長員　南宋本作「常員」。長意亦為常。指官吏固定的編制員數。❷開元二十三年　即西元七三五年。開元為唐玄宗年號。❸此書　即指《唐六典》。❹該　包括。❺令　指有關官制的法令。唐朝在武德、貞觀、永徽、垂拱和開元年間，都編制有關官制的法令，據本書第六卷尚書刑部記載，凡令有二十七，內容涉及國家機構設置的種類，官吏的稱謂、員數、品秩及職掌，還包括不同時期的調整或改革。開元年間，曾三次修訂律令：第一次是開元三年（西元七一五年），第二次是在開元六年及七年之間（西元七一八～七一九年），第三次是在開元二十五年（西元七三七年）。❻式　為貫徹令而制定的具體細則以及對官吏的管理制度。本書第六卷尚書刑部記載，凡式有三十三篇，開元二十五年（西元七三七年）編定的式共有二十卷。因此令和式的記載要比《唐六典》更為具體詳盡。❼直　指直官。為各司庶務所需之專業性官吏。大多為技術人員，亦有非技術性的。❽有品直　指有散官品階之直官。無散官品階的稱直司。❾吏部　指吏部司，為吏部頭司。協掌銓政，領南曹。❿兵部　指兵部司，為兵部頭司。掌兵籍、軍戎調遣名數、武官階品祿賜告身及貢舉等事。⓫職方　兵部之職方司。掌地圖、城隍、鎮戍、烽堠等事。⓬庫部　兵部之庫部司。掌兵器與儀仗。⓭戶部　指戶部司。掌州縣戶口冊籍。⓮度支　戶部之度支司。其直官為專業會計官員。⓯駕部　兵部之駕部司。掌車輿牛馬之屬。⓰比部　刑部之比部司。掌諸司內外經費之勾檢。⓱明法　指通曉唐律之專業官員。⓲裝潢　指裱裝冊籍的專業官員。⓳刑部　指刑部司，為刑部頭司。掌律令格式及按覆刑獄等事。⓴弘文館　屬門下省，掌圖書典籍。㉑搨書　指掌握用紙墨摹拓古碑、帖技術之官員。㉒修史管　據南宋本句中「管」應為「館」。修史館，官修文書機構。唐太宗時屬門下省，玄宗後隸中書省。㉓裝制敕　指裱裝敕文之專業官員。㉔乘驛　中書省屬吏，掌傳達遞送公文。㉕集賢院　即集賢殿書院，屬門下省。㉖大理寺　九寺之一。為國家最高審判機關。掌折獄詳刑之事。㉗太常寺　為九寺之首，掌禮樂祭祀等事。㉘光祿寺　九寺之一。掌酒醴膳食等事。㉙鴻臚寺　九寺之一。掌四方君長朝見儀式。㉚太府　指太府寺，九寺之一。唐代太府寺與司農寺分掌金穀之事。太府寺掌京都四寺、左右藏、常平等署。㉛太僕　指太僕寺，九寺之一。掌車輿廄牧之事。㉜衛尉　指衛尉寺，九寺之一。掌兵器羽儀文物之事。㉝司農寺　九寺之一。掌糧食積儲、京官祿米及園池果實等事。㉞沙茄監　據廣雅本句中「茄」當為「苑」。沙苑監，隸太僕寺，掌隴右諸牧牛羊，供宴會祭祀尚食所用。㉟少府監　五監之一。掌百工伎巧之事。㊱將作監　五監之一。掌修建營造之事。㊲殿中省　掌天子內廷生活供應。下屬有尚食等六局。㊳尚食局　隸殿中省。掌君王膳食之儲藏供應。㊴尚藥局　隸殿中省。掌君王御藥及診候方脈之事。㊵尚乘局　隸殿中省。掌馬匹供應與駕馭之術。㊶尚輦局　隸殿中省。掌君王之輿輦。㊷尚舍局　隸殿中省。掌殿廷張設、湯沐、燈燭、灑掃之事。㊸尚衣局　隸殿中省。掌君王之衣服及其制度。㊹秘書省　掌邦國經籍圖書之事。㊺丹青　畫師。㊻太史監　隸秘書省。掌觀察天文，稽定曆數。㊼國子監　即教授生徒之太學，為國家最高學府。㊽崇文館　屬東宮詹事府。掌經籍圖書與教授諸生。㊾內侍省　內廷宦官機構，總管內廷事務。㊿內坊　即太子內坊。為東宮宦官機構，掌東宮內廷事務。(51)僕寺　即太子僕寺，掌東宮車輿乘騎儀仗之屬。(52)家令寺　東宮屬官，掌太子飲膳倉儲之事。(53)教坊　掌管女樂之機構。唐高祖武德時始置，隸太常寺。唐玄宗更置於蓬萊宮之側，居新聲散樂、優伶之輩。(54)總監　隸司農寺。掌宮苑內館園池之事。(55)軍器監　隸衛尉寺。掌兵杖器械之事。(56)隴右　唐代貞觀十道、開元十五道之一。治所鄯州，今青海樂都。其轄區相當於今甘肅六盤山以西，青海湖以東及新疆東部地區。唐代皇家牧場在隴右。(57)孳課　負責繁殖牲口之機構。(58)太原府　今山西省太原地區，為唐高祖李淵發祥之地。唐代在太原府轄區亦有皇家牧場。(59)三衛　指左右衛下屬之親衛、勳衛、翊衛之衛官。由五品以上官員之子孫充任，須經六番才能參選。

【語　譯】凡是全國各個衙門的官員都有固定的編制定員。唐玄宗開元二十三年頒發的敕文認為，各種後來補設的衙署，大都屬於繁冗一類，下令停罷各司的監、署、府一類補設的機構有十多所，削減冗散的官吏三百餘員。現在在職的官員數，在這本書裡已全都具備，分別列在各曹頭裡。亦還有一些沒有被列舉的，那是由於它們過於繁細的緣故。那些繁細的條目都保留在本朝頒發的相關令、式條文中。各個官司機構直官的設置都有定額。各個官司機構各類有品的直官的定員為：吏部司二人，兵部司三人，考功、職方、庫部、戶部、度支、駕部、比部等司都是一人；門下省有明法一人，能書二人，裝潢一人；刑部司有明法一人；弘文館有學直四人，製造供奉官用筆二人，製造御書筆二人，裝釘書籍一人，摹搨碑書一人；修史管（館）裝釘書籍一人；中書省明法一人，能書四人，裝制敕文一人，從事筆譯與口譯的十人，乘驛二十人；集賢院能書六人，裝釘書籍十四人，製筆四人；大理寺明法二人，太常寺三十人，光祿寺十人；鴻臚寺口頭翻譯合計二十人，製作金銀器皿一人，製作漆器一人；太府寺、太僕寺、衛尉寺和司農寺各三人；沙茹（苑）監一人，少府監十四人，將作監五十人；殿中省的尚食局、尚藥局各十人，尚乘局二十人，尚輦局三人，尚舍局四人，尚衣局一人；秘書省圖畫一人，丹青五人，造筆一人；太史監五人；國子監明五經一人，文章兼明史一人；崇文館搨碑書一人；內侍省一百人，內坊四人，僕寺十人，家令寺七人，教坊二十人，總監十四人，軍器監四人，隴右六使孳課十二人，太原府監牧役使孳課二人。京師外官員適宜於考選直官的，銓選條件與京官相同。屬於前資官以及常選的人，每年仍能任選。如果是散官、三衛、勳官出身的，在各個機構擔任直官的，每年可以抵折一番。

【說　明】關於唐代直官，《通典》、《唐會要》以及新舊《唐書》職官志都僅有零星提到，本書本章對諸司直官編制的規定，要算是最完整的記載了。其所本當為唐代的《職員令》和《吏部式》，文字表述則是經作者刪節和重寫的。

唐代諸司的直官，若就其身分而言，可分為有品直和無品直兩類，前者指有散品的直司，後者為無散品的直官，亦即未入流直官。《唐大詔令》卷二〈中宗即位赦〉曾作過這樣規定：「諸司有品直司，宜加一等，無品直司，賜勳一轉。」本書此章所載只是諸司設置有品直的定員。如其中的殿中省尚食局設有品直十人，據《唐會要》卷六五殿中省條記載，尚應有無品直六人：「【開元】二十八年（西元七四〇年）四月十三日殿中奏：「尚食局無品直司六人，並是巧兒，曹司要籍。一任直司，主食十年，考滿同流外授官，仍補額內直驅使。」說明無品直考滿可向有品直升遷。諸司有品直的來源，包括現任的京官和外官，前資，常選，散官，三衛，勳官；無品直，則由諸司的工匠、巧兒、色役人以及音聲人、官奴婢提拔充位。再從直司的職務上區分，又有一般直官和伎術直兩類。本書第四卷第一篇禮部侍郎職掌條提到國子監大成定員十人的「祿俸賜會準非伎術直例給」。非伎術直主要指尚書省直官，如明法直、書直、學直，以及太常寺的禮直，內侍省的內直等。此外大都為伎術直。伎術直的提法，見於《唐會要》卷六七所列伎術官專條，其地位低於一般直官，選授受到種種限制：「故事伎術官皆本司定，送吏部附申。謂秘書、殿中、太常、左春坊、太僕等伎術之官，唯得本司選轉，不得外敘，若本司無缺，聽授散官，有缺先授，若再經考滿者，聽外敘。」其升遷亦有限制：「神功元年（西元六九七年）十月三日敕：自今以後，本色出身解天文者，進官不得過太史令；音樂者，不得過太樂、鼓吹署令；醫術者，不得過尚藥、奉御；陰陽、卜筮者，不得過太卜令；解造食者，不得過司膳署令。有從勳官品子、流外、國官、參佐、親品等出身者，自今以後不得任京清要著望等官，若累階進至三品者，不須階進，每一階授勳兩轉。」故從總體上看，在唐代伎術直官仍受到歧視。在帝王思想的長期浸染下，中國士大夫多以入仕從政為人生追求，推重「治人」而鄙薄「治器」，《論語．為政》便有「君子不器」一說。這種官本位的思想，相沿而成傳統，至今仍有相當影響。其實從推動社會發展的角度看，無論自然科學或社會科學的各種專門家，他們的作用並不見得就一定低於政治家。以唐代為例，在直官中就湧現了大批諸如經學家、史學家、文學家、法學家、翻譯家、書法家、畫家、醫學家、天文曆法家等專門家。這些出身於直官的專門家見諸史籍記載的有天文學家李淳風，醫學家孫思邈，音樂家呂才，史學家吳兢，文學家楊炯、宋之問等等，他們在各自相關領域都有很高造詣，作出過重要貢獻。

七

內外官吏，則有假寧[1]之節，謂元正[2]、冬至各給假七日，寒食通清明四日[3]，八月十五日、夏至及臘[4]各三日。正月七日[5]、十五日[6]，晦日[7]，春秋二社[8]，二月八日[9]、三月三日[10]、四月八日[11]、五月五日[12]、三伏[13]日，七月七日[14]、十五日[15]，九月九日[16]、十月一日[17]、立春[18]、春分[19]、立秋[20]、秋分、立夏[21]、立冬[22]、每旬，給休假一日[23]。五月給一日于端午節[24]，授衣假[25]，分為兩番，各十五日。私家祔廟[26]，各給假二日。四時祭，各四日。父母在三千里外，三年一給定省假三十五日；五百里，五年一給拜掃假十五日，並除程[27]，五品已上並奏聞。冠[28]，給三日。

五服內親㉙冠，給假一日，不給程。婚嫁，九日，除程。周親㉚婚嫁，五日；大功㉛，三日；小功㉜，一日，不給程。齊衰周㉝，給假三十日㉞；葬，三日；除服㉟，二日。小功五月，給假十五日；葬，二日；除服，一日。緦麻三月，給假七日；葬及除服皆一日。周已上親皆給程。若聞喪舉哀，並三分減一。私忌㊱給假一日，忌前之夕聽還。五品已上請假出境，皆吏部奏聞。行李㊲之命。凡別敕差使事務繁劇要重者，給判官㊳二人，每判官并使及副使各給典㊴二人；非繁劇者，判官一人、典二人，使及副使各給典一人；四品已上清望官，別給孔目官㊵一人。凡吏部差使㊶，各循其次。若員外郎及鴻臚㊷、太府㊸、司農㊹、將作㊺、少府㊻、軍器㊼等監、寺丞㊽，及押當兵馬㊾、倉庫、園廚、苑囿邑司㊿、伎術(51)、當作(52)等官，皆不在差限。簿書景跡(53)，功賞殿最(54)，具員(55)皆與員外郎分而理焉。

【章　旨】郎中一人之職掌涉及官制之七：有關官員享受節假日及為差遣使職配備屬官之規定；章末對郎中一人之職掌作了總述。

【注　釋】❶假寧　休假。❷元正　元旦。即夏曆正月初一。❸寒食通清明四日　清明前一日為寒食節，相傳起於晉文公悼念介之推因焚山不出而死之事，是日禁火寒食。唐玄宗開元二十四年（西元七三六年）敕文規定，寒食連清明官府放假四天。代宗大曆十三年（西元七七八年）改為放假五天。德宗貞元六年（西元七九〇年）又改為放假七天。❹臘　指夏曆十二月初八，古時臘祭的日子。❺正月七日　為人日。古時於此日要剪彩為人，或貼之於屏風，或戴之於髮髻。還要登高飲酒，吟詩作賦。《北齊書・魏收傳》載：「魏帝宴百僚，問何故名人日，皆莫能知。收對曰：『晉議郎董勳《答問禮俗》云：正月一日為雞，二日為狗，三日為豬，四日為羊，五日為牛，六日為馬，七日為人。』」❻十五日　指夏曆正月十五，為上元節，亦即元宵節。❼晦日　夏曆每月月終那一日。❽春秋二社　亦稱社日。立春及立秋以後的第五個戊日，古時祭祀土神的日子。❾二月八日　老人星祭祀日。《通典・禮四》風師雨師及諸星等祠條：「隋令：太史署常以二月八日，署廷中以太牢祠老人星，兼祠天皇大帝，天一太一日月五星。」❿三月三日　為上巳日。《後漢書・禮儀志上》：「三月上巳，官民皆潔於東流水上，曰洗濯祓除，去宿垢疢，為大潔。」王羲之〈蘭亭集序〉，所記即上巳日流觴吟詠之景。⓫四月八日　為浴佛節。相傳此日為佛祖釋迦牟尼誕辰。自漢末佛教傳入中國後，即有浴佛之舉和浴佛之節。⓬五月五日　即端午節，又稱端陽節、重五節。⓭三伏　指初伏、中伏、末伏。通常為一年中最炎熱的時間段。⓮七月七日　七夕，又稱七巧節。起於漢代，源於牛郎織女的神話傳說。⓯十五日　指七月十五日，為中元節。⓰九月九日　即重陽節。⓱十月一日　寒衣節。依夏曆，十月已進入冬季。⓲立春　二十四節氣之一。我國習慣作為春季開始的節氣。⓳春分　二十四節氣之一。正當春季九十日之半，故稱春分。是日太陽直射赤道，晝夜長短大致相等。⓴立秋　二十四節氣之一。我國作為秋季的開始，此後氣溫逐漸下降。㉑立夏　二十四節氣之一。我國習慣作為夏季開始的節氣。㉒立冬　二十四節氣之一。我國習慣作為冬季開始的節氣。㉓每旬給休假一日　唐高宗永徽三年（西元六五二年）二月定制，百官每十日一休假，稱為旬假。開元二十五年（西元七三七年）敕文規定：「自今已後，百官每旬節休假，不入曹司。」（《唐會要》卷八二）㉔五月給一日于端午節　此句當有誤。五月五日端午節，前文已規定作為假日，此處不應再重複。據《太平御覽》卷六三四引〈假寧令〉，《唐會要》卷八二，開元二十五年（西元七三七年）敕文，以及敦煌發現的《唐職官表》引〈假寧令〉均為「五月給田假」。似當依以改。㉕授衣假　南宋本此上還有「九月給」三字，作「九月給授衣假」。《太平御覽》及《唐職官表》引〈假寧令〉均有。㉖祔廟　指將新死者牌位依輩次附祭於祖廟。㉗除程　指路程的日子不計在假日之內。㉘冠　指冠禮。古代貴族男子通常二十歲舉行加冠之禮。㉙五服內親　五服，指以血緣親疏為差等的斬衰、齊衰、大功、小功、緦麻五種喪服。凡本宗同為祖父母、曾伯叔祖父母、族伯叔父母、族兄弟及未嫁族姊妹，又外姓中為中表兄弟、岳父母等以上親緣關係，均為「五服內親」。㉚周親　即期服親，五服之一的齊衰中的一年親，多指同一祖父母下之伯叔父母，平輩為堂兄弟，小輩如姪等。㉛大功　五服之一。服期為九月。對應親屬關係為堂兄弟，未嫁的堂姊妹，已嫁的姑姊妹。㉜小功　五服之一。指同一曾祖父母下之從堂兄弟等內親關係以及與此相應的外親關係。㉝齊衰周　五服之一的齊衰中的一年期服，如孫為祖父母，夫為妻等。㉞給假三十日　此句下有脫文。據《通典・禮六十八》本注，「給假三十日」下尚有「葬，五日，除服，三日。齊衰三月、五月，大功九月，並給假二十日」等二十三字。語譯據以增補。齊衰三月，是為高祖父母服喪；五月是為曾祖父母服喪。大功九月，見前注。㉟除服　指除去喪服。亦有一定儀式。㊱私忌　與「國忌」相對而言。唐代皇帝及皇后死日定為國忌。此處私忌指官員親屬去世之日，俗稱忌日。㊲行李　指參佐一類官吏。行李古代為使者之代稱。《左傳・僖公三十年》：「行李之往來。」杜預注：「行李，使人也。」唐代則稱官府導從之人或使府參佐為行李。此處即指下文判官等官吏。㊳判官　唐節度、觀察、防御諸使，都有判官，是地方長官的參佐，相當於尚書省各司之郎中或員外郎，主判某一方面事務。㊴典　指主典。具體經辦某項事務之官吏，如府史一類。㊵孔目官　掌文書簿記圖籍之屬吏，以官府大小眾事一孔一目皆經其手，故稱。唐玄宗開元五年（西元七一七年）始置集賢殿孔目官一人。地方節度使屬官亦有稱孔目官者。㊶吏部差使　指由吏部奏聞派遣之使職。如負責南選的選補使以及校考使、監考使等便是。㊷鴻臚　指鴻臚寺。掌賓客朝會、吉凶弔祭之事。㊸太府　指太府寺。掌財貨市易平準等事。㊹司農　指司農寺。掌上林倉儲之事，京師百官吏祿皆仰給之。㊺將作　指將作監。掌兩京修建之事。㊻少府　指少府監。掌百工技巧之事。㊼軍器　隸衛尉寺。掌兵杖器械之事。㊽監寺丞　指前述諸寺、監之丞，一般皆為從六品。㊾押當兵馬　管押儀衛主仗及引駕之下級武官。㊿邑司　為封君管理食邑之官吏。(51)伎術　指直官。(52)當作　工匠頭目。(53)簿書景跡　用簿書載錄事跡。景為「影」之本字。《職官分紀》引《唐六典》此句作「累跡」，亦通。(54)殿最　上等稱最，下等稱殿。(55)具員　即記載官員名錄及事跡之檔案簿籍。內容包括官員之鄉貫、歷任、考課實績等。

【語　譯】京師內外官吏都有節假日的規定，這些規定是：元旦和冬至各給假日七天。寒食連同清明給假四天。每年的八月十五、夏至日以及臘日，各給假三天。正月初七、正月十五、每月晦日，春秋兩個社日，二月八日，三月三日，四月八日，五月五日，三伏日，七月初七日，七月十五日，九月初九日，十月初一日，還有立春、春分、立秋、秋分、立夏、立冬那一天，都為假日。此外，每旬給休假一天，五月給一日（田假）〔於端午節〕，九月給授衣假，分為二次，各為十五天。官員私人有喪事祔廟，給假日二天，四時祭祀，各給四天。如果父母在三千里外，三年給一次省親假，三十五天；父母在五百里外，五年給一次拜掃假，十五天。以上兩種假，路程往返時日都不計在內。五品以上官員省親都要呈報奏聞。官員冠禮給假三天，五服以內親屬舉行冠禮給假一天，但不給路程假。本人有婚嫁，給假九天，並扣除往返路程。期親有婚嫁的，給五日假；大功親有婚嫁的，給三日；小功給一日，都不給路程假。服齊衰週年的，給假三十日；【葬禮給五日，除服給三日。齊衰服中三月期、五月期的，大功服期為九月，都給假二十日；】葬禮給三日，除服給二日。小功服期為五月，給假十五日；葬禮二日，除服一日。緦麻服期為三月，給假七日；葬禮及除服都給假一日。期親以上都給路程假。如果只是聞喪舉哀，假日都要減去三分之一。如果有親人去世的忌日，給假一日，可以在忌日前夕就返家。五品以上官員請假出境，都要由吏部向上奏報。又有作為差遣使職屬官的受命。凡是另有敕文差遣使職的官員，事務繁劇而重要的，配給屬員有判官二人，每個判官以及使、副使再各給主典二人。使職事務並不繁劇的，就給判官一人、主典二人，使及副使各給主典一人。如果差遣的官員是四品以上的清望官，另外給孔目官一人。凡是吏部奏請的差遣，都要依照上述規定員額配給。至於員外郎以及鴻臚、太府、司農、少府、軍器這些監或寺的丞，還有押當兵馬、倉庫、園廚、苑囿、邑司、伎術、當作等官員，都不在使職差遣範圍以內。記錄官員考課事跡、功賞等級的簿書，亦就是「具員」，由郎中與員外郎分工共同管理。

【說　明】差遣起初是臨時性的，事畢即罷。如補選使，每三年嶺南選舉時則遣之；三司使，有大刑獄則遣之。差遣亦可以由君相直接任命，繞開了吏部或中書門下那套既定的銓選授任程序。這說明在最高執政者看來，此時出現的某種政務需要，是無法從原有職官體例中得到滿足的。因而差遣帶有較多的主觀性，是對處於相對穩定狀態的官制的一種突破。由吏部差遣的官員，在身分上有一定的限制，如寺監的丞、吏員，即不在差限之列。接受差遣的官員原來的職事只是用來表示他的身分，接受的使職才是他現在的實際職務。就像以前散官只表示官階而與實際職司無關那樣，差遣使職又埋下了職事官後來亦官階化的種子。所以差遣制的產生，在我國官制發展史上該是一件值得重視的事。但由於《唐六典》作者主要是將唐代令、式加以分析歸類納入諸司職掌編纂成書，而差遣卻不在令、式範圍之內，所以涉及不多。開元二十五年（西元七三七年）以前見到的使職已達六十餘個，而《唐六典》提到的僅有十六個，且多數敘述都極簡略。杜佑在《通典・歷代職官總序》中說：唐代官制「設官以經之，置使以緯之」，就充分估計了差遣使職在唐代整個官制體系中的重要地位。本書這方面的疏略，不能不說是一個缺憾。行李之命，實際就是使職開府置幕，判官、典、孔目官都是使職幕僚的名目。開元時外遣使職的範圍尚小，其僚屬的定員和名目均有所節制，天寶後情況發生了顯著變化。幕僚的任命一般先由使職奏請，常由「有出身人及六品以下正員官為之」（《冊府元龜・幕府部總序》)，然後由吏部正式下達「命書」。這些幕職在性質上仍是國家正式的吏員，它與漢代和明清皆不同：漢代是府主直接辟署，明清則為府主私人的幕賓。

八

郎中一人，掌小選❶。凡未入仕❷而吏京師者，復分為九品❸，通謂之行署。其應選之人，以其未入九流❹，故謂之流外銓，亦謂之小銓。其校試銓注，與流內銓署同。謂六品已下、九品已上子及州縣佐吏。若庶人參流外選者，本州量其所堪，送尚書省。其在吏部、兵部、考功、都省、御史臺、中書、門下，是謂「前行要望」，目為「七司」❺；其餘❻則曰「後行閒司」。謂流外轉遷者，始自府寺❼而超授七司者，以為非次。長安❽中，畢構❾奏而革之，應入省❿者，先授閒司及後行，經兩考，方轉入七司，便為成例。凡擇流外職有三：一曰書⓫，二曰計⓬，三曰時務⓭。其工書、工計者，雖時務非長，亦敘限⓮；三事皆下，則無取焉。每經三考，聽轉選，量其才能而進之；不則從舊任。其考滿，有授職事官者，有授散官者。舊則郎中專知小銓，開元二十五年⓯敕銓試訖，應留、放⓰，皆尚書侍郎定之。

【章旨】由另一員郎中的職掌說到流外官銓選的對象、標準以及轉選的程序。

【注釋】❶小選　指流外吏職之銓選。為區別於流內官之銓選而稱小選。❷未入仕　指未入流者。❸九品　此處指流外九品。以勳品為最高，即一品，以下自二品至九品。此外又有視流外，亦為九品，自勳品至九品。唐玄宗開元以後，唯留薩寶府（隸禮部祠部司），仍有若干視流外官員，餘皆罷之。❹九流　流內九品之簡稱。❺七司　《舊唐書・職官志》作「八司」。除前述吏部司等七司外，加一禮部司。❻其餘　指上述七司以外之九寺、五監及諸衛府。❼府寺　即指「後行閒司」。❽長安　武周則天皇帝最後一個年號。❾畢構　字隆擇，河南偃師（今河南偃師）人。少舉進士。曾拜御史大夫，官至太子詹事。❿應入省　指應入臺、省的流外官。⓫書　指書法。⓬計　指會計。⓭時務　指實際工作能力。⓮自「其工書」至「亦敘限」　此句意謂若書、計皆佳而時務較差，即三事中有兩長，亦可錄用。《舊唐書・職官志》所記與此有異。其文為：「凡擇流外，取工書、計，兼頗曉時務。」意謂三事中有一優長，便可敘限。⓯開元二十五年　即西元七三七年。⓰應留放句　據《唐大詔令集・官制門》載唐玄宗敕文稱：「其流外銓及武舉，專委郎官，恐不詳悉，共為取舍，適表公平。每至留放之時，皆就尚書侍郎對定。」故流外銓最後決定留或放，為郎中與尚書侍郎一起對定。此敕文當為開元二十五年（西元七三七年）頒行，為《唐六典》之所本，此處表述不夠完整。

【語譯】吏部司二員郎中中另一人，負責小選。凡是尚未入仕獲得品階而在京師當官吏的，亦分為九品，通稱為「行署」。前來應選的人，由於他們尚未進入九流，亦就是沒有進入正規九品官員的行列，所以稱為「流外銓」，又稱為「小銓」。對他們的校試銓注，與流內官員的銓選基本相同。流外銓選的對象，是六品以下、九品以上官員的兒子，以及在任的州縣佐吏。如果一般平民要求參加流外選的，由本州根據他的才能或某方面特長報送尚書省。吏部、兵部、考功、都省、御史臺、中書、門下，是所謂「前行要望」，被看作為「七司」。其他各司機構都稱為「後行閒司」。凡是流外官的轉遷，都要從府或寺，也就是「後行」起始，如果超越府、寺，一開始就授予前行七司的，那就違反了遷轉的次序。武周長安年間，畢構奏請改革：凡是應入臺、省的，都要先授職「閒司」和後行各府、寺，經兩考以後，方可遷轉前行「七司」。從此以後，這便作為必須遵守的成例。凡是選擇流外職官，有三條要求，一是書法，二是計算，三是事務能力。如果工於書法，工於會計，而事務能力稍差的，亦屬於敘錄界限以內。如果這三項都不行，那就不能錄取。錄取以後，要經歷三考，才可以轉遷，根據他的才能進用；不然就仍在原任上。任期考滿以後，有的授職事官，有的授散官。過去的做法是吏部司郎中一人專管小銓，玄宗開元二十五年敕文規定，銓試完畢後，應選人的留或放，都由【郎中與】尚書侍郎決定。

九

員外郎一人，掌選院，謂之南曹。其曹在選曹之南，故謂之南曹。每歲，選人有解狀❶、籍書❷、資歷❸、考課，必由之以覈其實❹，乃上三銓；其三銓進甲則署焉❺。員外郎一人，掌曹務❻。凡當曹之事，無巨細皆與郎中分掌焉。應簡試❼，如貢舉❽之制。舊，齋郎❾隸太常❿，則禮部⓫簡試。開元二十五年⓬，隸宗正⓭，其太廟齋郎則十月下旬宗正申吏部，應試則帖⓮《論語》⓯及一大經⓰。

【章　旨】規定員外郎二人各自職掌，並由以記述南曹之檢勘以及對齋郎之簡試。

【注　釋】❶解狀　州府對選人出具之解送狀文。內容包括選人之鄉里名籍，父祖官名，內外族姻，年齒形貌，考課殿最，有無讁負刑犯等。❷籍書　《舊唐書・職官志》「籍」作「簿」。簿書當是有關選人自身的文書，以為檢勘當年選人是否符合選格之根據。❸資歷　指過去任官的官資。若為初銓則指其出身。❹覈其實　指檢驗選人出身、課績是否符合當年選格規定。選人文書必須符合南曹規定格式。每年先立版榜，懸之南院。選人必須依照版樣書寫不得有違。如果發現選人文書有偽誤，稱為「粟錯」，即予駁放，按其情節輕重罰以殿選。❺三銓進甲則署焉　指吏部司三銓三注後編選人名冊為團甲報送尚書都省時，員外郎亦須一并署名。❻掌曹務　據《太平御覽》卷二一六吏部員外郎條及《職官分紀》引《唐六典》原文此句，皆為「掌判曹務」；《舊唐書・職官志》亦為「掌判曹務」。此處缺一「判」字。❼簡試　指齋郎之考試。❽貢舉　隋唐貢士以科目舉人，因而稱為貢舉。此處係指科目考試。❾齋郎　唐代太常寺有太廟齋郎，兩京郊社署有郊社齋郎，分別由五品、六品以上官員子孫蔭補。其職為祭祀時掌執俎豆及灑掃之事。六考為滿，帖經考試及格便能在吏部參選入仕，稱為黃衣選人。故齋郎成為高品子入仕的捷徑。《唐語林．補貴》記顏魯公稱：「官階盡五品，身著緋衫，帶銀魚，兒子得補齋郎，其望滿矣。」❿太常　指太常寺，九寺之一。掌太廟郊社祭祀之事。⓫禮部　尚書省所屬六部之一。由於禮部亦掌貢舉之政，故齋郎的帖經簡試由禮部主持。⓬開元二十五年　即西元七三七年。⓭宗正　指宗正寺，九寺之一。掌皇族、外戚簿籍及邑司名帳，領崇元署及諸陵、太廟等。⓮帖　即帖經。進士、明經科試題之一種。把經書前後兩邊都遮蓋上，中間留一行，再把這一行中的三字貼住，讓考生把被貼住的字填寫出來。猶今之填充題。⓯論語　儒家經典之一。孔子弟子及其再傳弟子關於孔子言行的記錄。在唐代科舉考試中，《論語》與《孝經》是兼習，考生必須通曉。⓰大經　指《禮記》與《左氏春秋》。唐代科舉考試時，把列入考試範圍的九部儒家經典分為大、中、小三類：《禮記》、《左氏春秋》為大經，《毛詩》、《周禮》、《儀禮》為中經，《周易》、《尚書》、《公羊春秋》、《穀梁春秋》為小經。

【語　譯】員外郎二人，其中一人負責選院的事務。選院亦稱作南曹。那是因為它辦公的場所在吏部選曹的南面，所以稱為南曹。每年，所有參選人員的解狀、籍（簿）書，他們的資歷和考課的等第，都必須經由南曹來具體核實，然後報送選曹進行三銓。三銓完畢，報送團甲時，員外郎要一起署名。

員外郎中另一人，參預判處選曹的日常事務。凡是屬於選曹的各項事務，無論大小，員外郎都要與郎中分別掌理。他所負責的簡試，按貢舉考試的辦法進行。過去的制度是：太廟齋郎隸屬於太常寺，對他們的簡試由禮部負責。玄宗開元二十五年改為隸屬於宗正寺，這樣，太廟齋郎的簡試，在每年十月下旬，就由宗正寺申報吏部來進行。考試的科目是帖經《論語》，再在《禮記》與《左氏春秋》二大經中任選一經。

【說　明】進考齋郎可說是高品子入仕的一條捷徑。唐代高品官員子弟出仕，可用蔭直接為散官，但授任散官後，還要經二番服役才能參加職官的銓選。不第者，須再服役二番才能參選。而且最多不得超過六番，亦即三次參選，三次均落第終生就絕了授任職事的指望。相比之下，由齋郎入仕既不太難，亦較為穩實。唐代太常寺有太廟齋郎，兩京郊社署有郊社齋郎，鴻臚寺司儀署及四岳五瀆亦置齋郎，員數多達八百餘人。考試較容易，只需帖《論語》及一大經。齋郎在太廟服役並不繁重，只是執掌俎豆及灑掃之事。適當年限後，太廟齋郎即可補室長，郊社齋郎可補掌座、掌次等。唐制，太廟齋郎一般取五品以上子孫補用，郊社齋郎則由六品官子孫蔭補。細尋其由來，仍屬兩漢任子制度的遺跡。二者相較，唐代由門蔭入仕比兩漢有了更多限制，這說明歷史畢竟還是向前推進了一步。

司封郎中

【篇 旨】此篇由司封郎中和員外郎的職掌，記述了唐代的封爵制，包括王、郡王等九個階等，以及內命婦、外命婦的稱號、品第和冊封。

分封宗室以藩屏帝室，原是由來久遠且又是家天下似影逐形般的伴隨物。秦始皇廢分封、立郡縣在當初廷議時就引起了激烈爭辯，而秦的二世暴亡又給其後數千年留下了一個難解難分的話題：分封究竟能否「藩屏帝室」？繼秦而興的漢高祖劉邦刑白馬而誓曰：「非劉氏而王，天下共擊之。」（見《史記・呂太后本紀》）那口氣簡直把封王當成了他劉家的專利。及至吳楚七國之亂一起，這才在驚慌失措中認識到：因覬覦皇位而劉姓王同室操戈，實在比來自異姓的威脅更直接、更現實，因而亦更可怕。於是亡羊補牢，匆忙採取措施逐步切削宗室諸王實力。但孤家寡人的皇帝，又不能完全割捨這道意念中的「藩屏」，因而漢以後的數百年，宗室分封之制一直在這兩難選擇中反覆、搖擺不定，總的趨勢則是集權專制日益發展，分封之制不斷衰落，至唐代可說已形近虛設。不過，無論是皇帝或是別的什麼稱謂的國家最高統治者，只要他把天下視為私物，始終在「打天下，坐天下」這個習慣模式中行事，那麼他就不能不在同姓宗室或異姓小集團中間不止一次地進行權力再分配，也就是說，他就永遠擺脫不了「分封」這個沈重的十字架。

《唐六典》是一部典制類書，它所記錄的是已經凝固而又被加工為彷彿莊重典正的條文，但我們讀時如果稍作歷史聯繫，那麼這些僵死的條文背後，便會立刻演化出一幕幕或悲或喜的活劇來。

一

司封郎中一人，從五品上；北齊置主爵郎中一人，隋文帝❶為主爵侍郎，煬帝❷改為主爵郎。武德❸初，為主爵郎中。龍朔二年❹改為司封大夫，咸亨元年❺復故。光宅元年❻改為司封郎中，神龍元年❼復故。開元二十四年❽復為司封。

員外郎一人，從六品上；隋文帝置，煬帝改為主爵承務郎。武德初，為主爵員外郎。龍朔、咸亨、光宅、神龍間，並隨曹改復。

主事二人，從九品上。

司封郎中、員外郎掌邦之封爵❾。凡有九等：一曰王，正一品，食邑❿一萬戶；二曰郡王，從一品，食邑五千戶；三曰國公，從一品，食邑三千戶；四曰郡公，正二品，食邑二千戶；五曰縣公，從二品，食邑一千五百戶；六曰縣侯，從三品，食邑一千戶；七曰縣伯，正四品，食邑七百戶；八曰縣子，正五品，食邑五百戶；九曰縣男，從五品，食邑三百戶。五等之爵⓫，蓋始於黃帝⓬，其《傳》言⓭：「置左、右大監，監於萬國。」《書・堯典》⓮云：「協和萬邦⓯。」又云：「輯五瑞⓰。」即五等諸侯所執玉也。夏殷已上，其制難詳。至周，則云「列爵惟五，分土惟三⓱」，始有封國大小之制。戰國之時，又有雜號封君[18]，謂商君[19]、平原君[20]等。秦又立二十等爵[21]，以當軍功。漢置王、侯二等，其二十等爵亦存；亦有「君」，謂稷嗣[22]、奉春[23]等。後漢又有鄉、亭侯之號。魏氏五等，皆以鄉、亭多假空名，不食本邑。及司馬宣王[24]誅曹爽[25]，封舞陽侯。至晉，復五等之制[26]。宋、齊之後，或置或廢，亦不常也。隋氏始立王、公、侯以下制度[27]，皇朝因之。然戶、邑率多虛名，其言「食實封」者，乃得真戶[28]。舊制，戶皆三丁已上，一分入國[29]。開元中定制，以三丁為限[30]，租賦全入封家。皇兄弟、皇子皆封國，謂之親王。親王之子承嫡者[31]，為嗣王。皇太子諸子並為郡王。親王之子承恩澤者[32]，亦封郡王，諸子封郡公。其嗣王、郡王及特封王子孫承襲者[33]，降授國公。諸王、公、侯、伯、子、男若無嫡子[34]及罪、疾，立嫡孫。無嫡孫，以次立嫡子同母弟；無母弟，立庶子[35]。無庶子，立嫡孫同母弟；無母弟，立庶孫。曾、玄已下亦同此。無後者，國除。凡名山、大川及畿內縣，皆不得以封。至郡公，有餘爵，聽回授子孫。其國公皆特封焉。

【章　旨】規定司封司郎中、員外郎之員數、品秩及其沿革，並由其職掌而連帶記述封爵制之一：九等封爵之稱謂和繼承關係。

【注　釋】❶隋文帝　隋朝開國皇帝楊堅。❷煬帝　隋朝二世皇帝楊廣。❸武德　唐高祖李淵年號。❹龍朔二年　即西元六六二年。龍朔為唐高宗李治年號。❺咸亨元年　即西元六七〇年。咸亨為唐高宗李治又一年號。❻光宅元年　即西元六八四年。光宅為武后稱制時年號。❼神龍元年　即西元七〇五年。神龍為唐中宗李顯年號。❽開元二十四年　即西元七三六年。

開元為唐玄宗李隆基年號。❾封爵　指君主對宗室或大臣封以爵位。爵本為一種酒器，亦是祭祀用的禮器，分封時必由天子賜爵，因以為稱。商周已有。秦設爵位二十等，以後歷朝各有增損。隋唐均為九等。❿食邑　即采邑。君王賜給封主作為世祿的田邑。食邑以戶為單位。食邑的多少按封爵的等級而定。⓫五等之爵　指公、侯、伯、子、男五等爵位。⓬黃帝　傳說中中原各族共同祖先。姓姬，號軒轅氏，又稱有熊氏。中國歷史上的許多創造，都傳為始於黃帝時期。⓭其傳言句　語出《史記・五帝本紀》。黃帝在戰勝蚩尤被諸侯尊為天子後，「置左右大監，監于萬國」。左、右大監當是傳說中之職官名稱。⓮書堯典　即《尚書》首篇〈堯典〉。《尚書》原稱《書》，漢代始稱《尚書》。其基本內容多為君王文告和君臣間談話記錄。五十八篇。上自堯舜，下至東周，彙集了十分珍貴而又豐富的史料。〈堯典〉為堯將禪位於舜時所作。⓯協和萬邦　協和各國，亦即各個部落。⓰輯五瑞　語出《尚書・舜典》。意謂統一規定諸侯作為符信和等級標誌用的五種玉。輯，和同；齊一。瑞，作為符信之玉。《周禮・春官宗伯》：「以玉作六瑞，以等邦國：王執鎮圭，公執桓圭，侯執信圭，伯執躬圭，子執穀璧，男執蒲璧。」⓱列爵惟五分土惟三　引文出自《尚書・周書・武成》。意謂列爵為公、侯、伯、子、男五等，列地封國則為三等：公、侯方百里，伯七十里，子、男五十里。⓲封君　戰國秦漢時受有封邑的貴族或大臣。一般以封地為號，亦有另立美稱為號的。如秦將白起號武安君，芈戎為華陽君；秦昭襄王的同母弟為高陵君、涇陽君。⓳商君　即公孫鞅，衛人，為秦孝公左庶長，封於商，故號商君。⓴平原君　趙國公子趙勝，趙惠文王之弟，號平原君。戰國末年四公子之一。三次去相，三次復位。㉑二十等爵　商鞅在秦變法，設二十等爵，以賞軍功，故稱軍功爵。二十等爵是：公士，上造，簪裊，不更，大夫，官大夫，公大夫，公乘，五大夫，左庶長，右庶長，左更，中更，右更，少上造，大上造，駟車，庶長，大庶長，關內侯，徹侯。與古代的五等爵不同，與唐代的勳官十二轉則有相類處。㉒稷嗣　指稷嗣君。西漢初年，曾拜為奉常、後又徙為太子太傅的叔孫通，即被封為稷嗣君。㉓奉春　指奉春君。漢代秦興時，因獻西都關中之策有功而被賜以劉氏的劉敬，即號為奉春君。㉔司馬宣王　即司馬懿。字仲達，河內溫縣（今河南溫縣西）人。曾先後被封為安國鄉侯、舞陽侯。晉初建時，追尊為宣王，故稱其為司馬宣王。㉕曹爽　曹魏宗室，曹真之子。魏明帝去世時，曹爽與司馬懿同受遺詔輔少主齊王芳，前後十年。正始十年（西元二四九年），司馬懿利用曹爽兄弟陪齊王芳一起出城謁陵機會，屯兵洛水浮橋，發動兵變，殺曹爽兄弟而廢齊王芳。㉖晉復五等之制　晉武帝司馬炎在荀勖的建議下，恢復五等之制。據《晉書・職官志》載錄，其規定為：非皇子不得為王，大國次國始封王之支子為公，承封王之支子為侯，繼承封王之支子為伯，小國五千戶以上始封王之支子為子，不滿五千戶始封王之支子及始封公侯之支子皆為男。㉗隋氏始立王公侯以下制度　據《隋書・百官志下》，隋之九等封爵為：國王，郡王，國公，郡公，縣公，侯，伯，子，男。㉘真戶 與「虛名」相對而言。封爵加上「食實封」後的戶數，才可獲得與封戶數相應的租調，故謂之「真戶」。㉙戶皆三丁已上一分入國 此為唐代開元前對封戶制之規定。唐制，男女始生為黃，四歲為小，十六歲為中，二十一歲為丁，六十歲為老。其賦役之法，每丁歲入租粟二石，調則隨鄉土所產綾、絹、絁各二丈，綿三兩，歲役丁二旬，若不役折庸，每丁三石。封戶須三丁以上之戶。租調入封爵之家，傭入國庫。封家取封戶皆在「天下膏腴」之地，又一味「規取富戶」，百姓一旦被劃為封戶，其負擔常重於課戶。《唐會要》卷九十記河南巡院監察御史宋務光稱：「此土風俗，逃者舊少，頃日波散，良緣封多。」由於封戶多而引發農民流亡，戶口損減。㉚以三丁為限 指封戶之丁數，以三丁為限。㉛親王之子承嫡者 指親王諸子中被確定繼承親王王位者。㉜承恩澤者 指親王之子特封為郡王者。㉝承襲者 指封爵之世襲繼承者。繼承的爵位一般要比原爵降一階。㉞嫡子 正妻所生之長子。㉟庶子 妾所生之子。

【語譯】司封司：郎中，定員一人，官品為從五品上。北齊開始設置時稱主爵郎中，定員為一人。隋文帝時改名叫主爵侍郎，隋煬帝又改為主爵郎。唐高祖武德初年，定名為主爵郎中。高宗龍朔二年改名為司封大夫，到咸亨元年恢復稱主爵郎中。武后光宅元年再改名為司封郎中。中宗神龍元年恢復主爵舊稱。玄宗開元二十四年最後恢復稱司封郎中。

員外郎，定員一人，官品為從六品上。隋文帝開始設置。煬帝時改名為主爵承務郎。唐高祖武德初年，定名為主爵員外郎。在龍朔、咸亨、光宅、神龍、開元年間，這個職名隨著曹名的更改或恢復而一起更改或恢復。

主事，定員二人，官品為從九品上。

司封司郎中和員外郎的職掌是主管國家的封爵。封爵共有九等：一等是王，正一品，食邑一萬戶；二等是郡王，從一品，食邑五千戶；三等是國公，從一品，食邑三千戶；四等是郡公，正二品，食邑二千戶；五等是縣公，從二品，食邑一千五百戶；六等是縣侯，從三品，食邑一千戶；七等是縣伯，正四品，食邑七百戶；八等是縣子，正五品，食邑五百戶；九等是縣男，從五品，食邑三百戶。公、侯、伯、子、男五等爵位的建立，可以追溯到黃帝的時代。史書記載說，黃帝「設置左右大監，來監察四方各國」。《尚書・堯典》說：「協調天下所有國家。」又說：「劃一制定五等諸侯的佩玉。」夏朝、殷朝以前在這方面的制度，難以知道得周詳。到了周朝，就有記載：「分列的爵位有高低五等，分封的土地有大小三等。」從這時起，封國便有了大小不等的體制。戰國時，又有雜號封君的稱謂，例如商君、平原君等便是。秦國又曾建立二十等爵位，作為賞賜立有軍功的將士。漢朝設置的封爵，只有王與侯兩等，不過二十等爵位亦同時並存。此外還有稱為「君」的封號，譬如稷嗣君、奉春君等。東漢有鄉侯、亭侯的封號。曹魏時期的五等封爵，亦都用鄉侯、亭侯的名號，大多是空有其名，在封地並沒有食邑。司馬懿因為有誅殺曹爽的功勞而被封為舞陽侯。到晉朝才又正式恢復五等爵位的制度。自南朝宋、齊以後，有時設置，有時廢止，變化很多，沒有固定的制度。隋朝初年，才確定王、公侯以下九等封爵的制度。本朝沿襲了隋朝的定制。不過這個時期規定食邑的戶數，大多徒有一個虛名，只有明確規定為「食實封」的，才得到真的封戶，享受相應的租調。唐朝開元前的規定，封戶都是要每戶三丁以上，所得租賦有一分要繳入國庫。開元中葉作了新的規定，封戶限於三丁，封戶繳納的租賦全部歸封家收入。君王的兄弟、兒子都有封國，稱為親王。親王的嫡子承襲王位時，稱嗣王。皇太子的兒子都封為郡王。親王的兒子承恩澤得特封的亦可封為郡王，其他各個兒子封郡公。凡是嗣王、郡王以及特封王的子孫承襲王位時，都要降一級授國公。各個封王以及獲得公、侯、伯、子、男等封爵的，如果沒有嫡子，或者嫡子犯了罪或者患有疾病的，那就立他的嫡孫來繼承爵位；沒有嫡孫，就立嫡子同母弟繼承爵位；沒有同母弟可以立庶子；沒有庶子，亦可以立嫡孫的同母弟；沒有嫡孫的同母弟，那就立庶孫：以此類推，一直到曾孫和玄孫。沒有後代的，便撤除這個封國。凡是名山、大川，京都畿內的州縣，都不能作為封地。至於郡公這個爵位，如果有多餘，可以回授他的子孫。國公的爵位，都要特封。

【說　明】唐興，高祖李淵欲強宗室以鎮天下，雖再從、三從兄弟之子皆為王。然設爵無土，署官不職。太宗李世民即位，原擬徧封宗子，後接受尚書右僕射封德彝進諫，宗室郡王除少數有功外，餘皆降為縣公。總的說來，唐代對宗室限制多於施恩。唐初，諸王成年後多令「之國」，在地方上任都督或刺史，實際上仍在王府長史、司馬監督之下。太宗對其子晉王李治，還以年幼為由不使出閤，後來因太子承乾與魏王李泰的矛盾，才不得不廢承乾而以李治為太子。玄宗開元以後，皇子多居禁內，既長，附苑城為大宮，分院而處，號稱「十王宅」，由宦官看管，引詞學士人授書，甚至諸王就封後，亦照舊居十王宅。皇子王孫多了，就在宅外更置大宅，號稱「百孫院」。禁中置維城庫，給諸王月倖，連王子王孫納妃、嫁夫都不離大院。這就是採取養起來不讓參預政治活動的方針。所以《新唐書》作者歐陽修在宗室列傳的贊語中說：「唐自中葉，宗室子孫多在京師，幼者或不出閤，雖以國王之，實與匹夫不異，故無赫赫過惡，亦不能為王室軒輊，運極不還，與唐俱殫。」

唐制食邑與食實封是有區別的。食邑是虛名，食實封才有實際的租賦收入。唐初規定食實封戶數，親王八百（後增至一千），公主三百，長公主六百。高宗以後出現超額封授，如太平公主，因其為武則天所生，增至一千二百戶。中宗神龍初年，相王、太平公主高達五千，衛王三千，溫王二千，而且戶以七丁為限，雖水旱不蠲，缺則以國家租庸補足。開元以後，才又有所限制，諸如封戶以三丁為限等。

二

凡內命婦[1]之制：貴妃[2]、淑妃[3]、德妃[4]、賢妃[5]並為夫人，皆正一品；昭儀[6]、昭容[7]、昭媛[8]、充儀[9]、充容[10]、充媛[11]並為嬪，正二品；婕妤[12]九員，正三品；美人[13]九員，正四品；才人[14]九員，正五品；寶林[15]二十七員，正六品；御女[16]二十七員，正七品；采女[17]二十七員，正八品。按：黃帝有四妃，帝嚳[18]亦然，帝堯[19]因之。蓋象后妃四星，其一明者為正妃，餘三小者為次妃。至舜[20]不告而娶，不立正妃，但三妃而已，謂之三夫人。夏后氏增以三三而九，合十二人。《春秋說》[21]云：「天子娶十二人。」即夏制也。《禮記》[22]曰：「古者，天子立六宮、三夫人、九嬪、二十七世婦、八十一御女，以聽天下之內理。」此蓋以象三公、九卿之數，則殷制也。《周官》[23]曰：「九嬪掌婦學之法。」至漢初，有夫人、美人及姬之號。武帝㉔制婕妤、娙娥、容華、充衣㉕，各有爵位。元帝㉖加昭儀之號，凡十四等㉗。光武乃存貴人、才人之號㉘。《晉諸公贊》㉙曰：「舊制，貴嬪、夫人比三公，假金紫㉚；淑媛、淑儀、修容、修儀、婕妤、容華、充華為九嬪，比九卿，假銀青㉛。後魏孝文㉜改定內官㉝，各有視品。宋、齊、梁、陳、北齊、後周多依古制，或有增損，事則不經。隋氏定制，則依《周官》之制，皇朝因之，為百二十一人。皇太子良娣㉞二員，正三品；良媛㉟六員，正四品；承徽㊱十員，正五品；昭訓㊲十六員，正七品；奉儀㊳二十四員，正九品。《漢書》㊴曰：「太子有妃，有良娣，有孺子㊵，妻、妾三等。」歷代因之。至宋明帝㊶，更為太子置內職二等，有保林郎㊷。齊建元㊸中，太子宮置三內職：良娣比開國侯㊹，保林比五等侯㊺，才人比駙馬都尉㊻。隋初定制也，皇朝因之。

【章　旨】由司封郎中之職掌而連帶記述封爵制之二：有關內命婦之冊封。

【注　釋】❶內命婦　宮禁稱內，受君王封號之婦女稱命婦。《通典・職官十六》本注稱：「皇帝妃嬪及太子良娣以下為內命婦。」❷貴妃　妃嬪封號。南朝宋武帝始置，位次於皇后，隋唐沿置。❸淑妃　妃嬪封號。魏明帝始置，隋唐沿置。❹德妃　妃嬪封號。隋煬帝始置，唐沿置。❺賢妃　妃嬪封號，唐初始置。關於後宮官制，晉武帝始在皇后之下設置所謂三夫人，以象徵外廷之三公。此後歷代多沿置，稱號則或有異。隋煬帝參定內宮，以貴妃、淑妃、德妃為三夫人。唐初無三夫人之稱，而立貴妃、淑妃、德妃、賢妃為四妃，並認為這是效法帝嚳有四妃的古意。但後來卻以為既立正后，又有四妃，有違典制，於是在皇后之下，以惠妃、麗妃、華妃為三夫人，皆正一品。不久復置貴妃，仍為四妃。❻昭儀　妃嬪稱號。漢元帝始置，以「昭儀位視丞相，爵比諸侯王」（《漢書・外戚傳》）。唐初列為九嬪之首。玄宗時改設六芳儀，無昭儀之名。❼昭容　妃嬪稱號。南朝宋孝武帝始置，唐沿稱之。❽昭媛　妃嬪稱號。唐初始置。❾充儀　妃嬪稱號。隋始置，唐沿稱之。❿充容　妃嬪稱號。隋始置，唐沿稱之。⓫充媛　妃嬪稱號。唐初始置。⓬婕妤　漢武帝始置。《漢書》師古注稱：「倢，言接幸於上也。伃，美稱也。」隋唐沿用其名，位次於嬪。隋為十二員，唐初為九員。⓭美人　始置於漢，秩視二千石，爵比秦二十階中之少上造，位在昭儀之下。歷代因襲其稱謂。隋置十五員，正第四品。唐沿置。《舊唐書・職官志》稱：「美人四人，正三品，掌率女官修祭祀、賓客之事。」⓮才人　晉武帝始置，爵秩視千石以下。南朝沿之。隋置才人十五員，正四品。與婕妤、美人同屬世婦這一等級。武則天十四歲時，被唐太宗李世民選為才人，太宗死，削髮為尼，不久被高宗李治召還並立為昭儀，以後進號為宸妃。武則天的經歷，清楚地反映了後宮在皇后以下妃、嬪、世婦三個森嚴的等級。⓯寶林　漢代稱保林，掖庭十四級之最後一等。同一等第的其他稱謂還有：無涓、共和、娛靈、良使、夜者。至隋稱寶林，正五品。唐沿之。⓰御女　隋始置，正六品。唐沿之。⓱采女　隋始置，正七品。唐沿之。以上寶林、采女、御女各置二十七員，合為八十一，以應《禮記》所謂八十一御女之說。⓲帝嚳　相傳為上古五帝之一。黃帝之曾孫高辛，繼顓頊為帝。⓳帝堯　傳說為上古五帝之一。名放勳，帝嚳之子。⓴舜　傳說中上古五帝之一。名重華，繼堯為帝。㉑春秋說　《春秋》緯書之一。又稱《春秋說題辭》。㉒禮記　儒家經典之一。為秦漢以前各種禮儀論著的選集，傳為西漢學者戴德之姪戴聖所編纂，因而又稱《小戴禮記》。今本為鄭玄注。共四十九篇。下述引文見《禮記・昏義》。原文後宮與外朝是對應著寫的。即：「古者天子后立六宮、三夫人、九嬪、二十七世婦、八十一御妻，以聽天下內治」，是為了對應於外朝「天子立六官、三公、九卿、二十七大夫、八十一元士，以聽天下之外治」。㉓周官　亦稱《周禮》，儒家經典之一。古文經學家認為周公所作，今文經學家則以為是戰國時作品，亦有以為兩漢末年劉歆所偽造。近參以周秦銅器銘文定為戰國作品。下述引文出自《周官・天官冢宰下》。㉔武帝　指西漢皇帝劉徹。㉕娙娥容華充衣　皆後宮妃嬪稱號。《漢書・外戚傳》顏師古注：「娙娥，皆美貌也。傛傛，猶言奕奕也，便習之意也。充依，言充後庭而依秩序也。」娙娥，視中二千石，比秦二十階中之關內侯。容華，視中二千石，比大上造。充衣，視千石，比左更。㉖元帝　指西漢皇帝劉奭。㉗十四等　據《後漢書・皇后紀》注，十四等為：婕妤一，娙娥二，容華三，充衣四，昭儀五，美人六，良人七，七子八，八子九，長使十，少使十一，五官十二，順常十三；無涓、共和、寶林、娛靈、良使、夜者六官品秩相同，列為十四。㉘光武乃存貴人才人之號　句中「存」南宋本作「有」。光武指東漢開國皇帝劉秀。據《後漢書・皇后紀》，東漢「六宮稱號唯皇后、貴人。貴人，金印紫綬，奉不過粟數十斛。又置美人、宮人、采女三等，並無爵秩，歲時賞賜充給而已」。其中未有才人之號。據《宋書・后妃傳》晉武帝時有「美人、才人、中才人，爵視千石以下」。據此，才人之稱當始於晉。㉙晉諸公贊　書名。《舊唐書・經籍志》有錄，二十二卷，傅暢撰。「舊制」以下引文，與《宋書・后妃傳》晉武帝時後宮之體制稍有出入。此處引文稱「貴嬪、夫人比三公」，而《宋書・后妃傳》則為「貴嬪、夫人、貴人是為三夫人，位視三公」。九嬪，引文只列舉了七個名號，而《宋書・后妃傳》則列舉如數，較此處引文多了「淑妃、修華」兩個名號。錄以備考。㉚假金紫　意謂給予金印紫綬，即三夫人所佩印綬與三公同。假，給與。㉛假銀青　意謂給予銀印青綬，即九嬪所佩印綬與九卿同。㉜孝文　北魏皇帝，高祖拓跋宏。㉝改定內官二句　北魏孝文帝改定內官事，《魏書・皇后列傳》及《北史・后妃列傳》皆有載錄，內稱：「左右昭儀位視大司馬，三夫人視三公，三嬪視三卿，六嬪視六卿，世婦視中大夫，御女視元士。復置女職，以典內事。內司視尚書令、僕，作司、大監、女侍中三官視二品。監，女尚書，美人，女史、女賢人、書史、書女、小書女五官視三品。中才人、供人、中使女生、才人、恭使宮人，視四品。春衣、女酒、女饗、女食、奚官、女奴，視五品。」㉞良娣　內官名。為太子妃妾。始於西漢，歷代沿置。唐代太子內宮亦設良娣，如李治為太子時，有太子妃王氏及蕭良娣；肅宗李亨為太子時，後來的張皇后當時被選入太子宮為良娣。㉟良媛　內官名。位次良娣。掌導引妃及宮人名簿，領掌正、掌書、掌筵等女官。㊱承徽　內官名。南朝宋明帝泰始時始置，位亞於九嬪之充華。陳沿置。唐置為太子妃，位良媛下。㊲昭訓　內官名。北齊始置，為九嬪之一。唐置為太子妃之一，位承徽下。㊳奉儀　內官名。唐始置，充為太子妃。㊴漢書　東漢班固撰，一百篇，共一百二十卷。下述引文見《漢書・外戚傳》。㊵孺子　太子妾名號。次於妃、良娣。西漢始設，歷代沿置。㊶宋明帝　指南朝宋皇帝劉彧。㊷保林郎　廣雅本此句作「保林、良娣」。《宋書・何皇后傳》稱：「上更為太子置內職二等，曰保林，曰良娣。」且本書後第二十六卷太子內官原注亦為「保林、良娣」。㊸建元　南齊高帝蕭道成年號。《南齊書・皇后傳》把太子宮置三內職事繫於建元三年，即西元四八一年。㊹開國侯　爵名。晉始置，分開國郡侯、開國縣侯二級，位在開國公下，二品。南朝沿置，北朝及隋、唐只設一級，隋稱開國侯，唐稱開國縣侯。㊺五等侯　南朝宋侯爵等級之一，不食邑。《宋書・王弘傳》載，弘曾「以功封華容縣五等侯」。㊻駙馬都尉　簡稱駙馬，侍從武官。漢武帝元鼎時置，與奉車都尉、騎都尉並稱三都尉。掌駙馬，即天子副車之馬，秩比二千石，多以宗室、外戚及諸公子孫任之。曹魏及西晉，尚公主者均授駙馬都尉，以後帝婿例加此職，後世因而作為皇帝女婿之俗稱。

【語　譯】關於內命婦的制度是這樣的：貴妃、淑妃、德妃、賢妃，屬於夫人一級，都是正一品；昭儀、昭容、昭媛、充儀、充容、充媛，屬於嬪一級，都是正二品。婕妤可以有九個定員，都是正三品；美人可以有九個定員，都是正四品；才人可以有九個定員，都是正五品；寶林二十七個定員，都是正六品；御女二十七個定員，都是正七品；采女二十七個定員，都是正八品。按：黃帝有四個妃子，帝嚳亦有四個，帝堯亦是這個數目。所以這樣配置，是為了象徵天象上的后妃四星，其中最明亮的一顆象徵正妃，其餘三顆小星象徵次妃。到了帝舜時，不再告天而娶，亦不再立正妃，只有三妃而已，稱為三夫人。夏朝又在這基礎上，三三得九翻了三倍，合起來共有十二人。《春秋說》中有這樣一句話：「天子娶十二人。」這就是夏朝的制度。《禮記》中說：「古時候，天子立六宮、三夫人、九嬪、二十七世婦、八十一御女，用來順應天下內宮的理數。」內宮這樣安排，是為了象徵外庭三公、九卿的官數。這是殷代的制度。《周官》說：「九嬪執掌婦女必須學習和遵守的法則。」到了漢朝初年，內官設有夫人、美人及姬的名號。漢武帝時，又設置了婕妤、娙娥、容華、充衣這些名號，而且都有相應的爵位。漢元帝時增設了昭儀的稱號，一共有十四個等級。東漢光武帝時，有了貴人、才人這類名號。《晉諸公贊》說：「晉朝的舊制規定，貴嬪、夫人相當於三公，給予金印紫綬；淑媛、淑儀、修容、修儀、婕妤、容華、充華為九嬪，相當於九卿，給予銀印青綬。」北魏孝文帝又一次改定內宮制度，都比照外朝百官給她們相應的品秩。在南朝宋、齊、梁、陳，北朝的北齊、北周，都曾依照古老的後宮內官制度或許有所增減，但這方面的情況沒有可靠的記載流傳下來。隋朝確定的內官制度是以《周官》為依據的。本朝因承隋朝的定制，內官共有一百二十一人。皇太子東宮的內官有良娣，定員為二員，品秩是正三品；良媛，定員為六員，品秩是正四品；承徽，定員為十員，品秩是正五品；昭訓，定員為十六員，品秩是正七品；奉儀，定員為二十四員，品秩是正九品。《漢書》說：「太子有妃，有良娣，有孺子，妻、妾三個等級。」歷代都因襲了這套制度。到南朝宋明帝時，把太子內官的職位改為二等，有保林〔郎〕【和良娣】。南朝齊高帝建元年間，太子內官設置三個等級，良娣相當於開國侯，保林相當於五等侯，才人相當於駙馬都尉。以上關於太子內官的員額和品秩，都是隋朝初年確定下來的，本朝繼承了這些規定。

【說　明】嚴格的內命婦制度，應該說形成於漢武帝時期，那時後宮規模擴大了，「掖庭三千，增級十四」，因而便要以爵位等級來維護後宮的秩序。本章原注中引用的《禮記·昏義》那段話：「古者天子后立六宮、三夫人、九嬪、二十七世婦、八十一御妻」，為歷代論者樂於引述，並以為這是對外朝三公九卿官制的一種仿效和對應。不管這種比附是否符合原型真實，有一點卻是可以肯定的：它使後宮生活亦高度政治化了，而且或是自覺地或是被動地捲入了宮廷權力角逐的漩渦。但另一方面列朝又千方百計的想在制度上限制后妃外戚的干政。這是一個矛盾。這個矛盾使後宮始終處於尷尬境地，以致演出了一幕接一幕的悲劇。漢武帝時的後宮可說一直籠罩在悲劇陰影中。第一個陳皇后是被廢死的，第二個衛子夫人自殺而亡；李夫人因早逝而得以幸免，後其家族還是被屠滅；趙倢伃父親受宮刑，自己則被賜死，理由竟是她兒子要立為皇太子，怕將來「女主顓恣亂國家」——整個西漢一代，外戚後庭色寵著聞二十有餘人，而能保住全家的僅四人，其餘是「大者夷滅，小者放流」。具有諷刺意味的是，最後西漢政權還是落到了外戚王莽手裡。漢代如此，唐朝可謂有過之而無不及。高宗時有武則天先後稱制稱帝，中宗時又有韋氏之亂，其結局是，「武、韋諸族，耄嬰頸血，一日同汙鈇刃」。玄宗時，楊貴妃專寵後宮，楊國忠專擅朝政，也都沒有好結局：「楊氏之誅，噍類不遺，數十年之寵，不償一日之慘，甲第厚貲，無救同坎之悲，寧不哀哉！」（《新唐書．外戚列傳序》）

三

外命婦❶之制：皇姑封大長公主，皇姊妹封長公主，皇女封公主，皆視正一品；皇太子之女封郡主，視從一品；王之女封縣主，視正二品。《公羊傳》❷曰：「天子將嫁女於諸侯，必使同姓諸侯主之❸。」故曰公主。《詩》❹曰：「何彼襛矣❺。」美王姬❻也。雖則王姬而下嫁於諸侯，車服不繫於其夫❼，下王后一等。漢家公主所食曰邑，諸王女曰翁主，亦曰王主。後漢皇女皆封縣公主，儀服同列侯；尊崇者加號為長公主，乘赤罽車馬❽，與諸侯同。兩漢皆列侯尚主。自魏、晉已來，尚主皆拜駙馬都尉❾。晉、宋以來，皇女皆封郡公主，王女皆封縣主。

【章　旨】由司封郎中之職掌而連帶記述封爵之三：有關外命婦之冊封（上）。

【注　釋】❶外命婦　與內命婦相對而言。凡受君王冊封之宮外婦女皆可稱此。❷公羊傳　亦稱《春秋公羊傳》，儒家《春秋》三傳之一。戰國齊人公羊高撰。原為口說流傳，漢景帝時，由其玄孫公羊壽和胡毋子都著於竹帛。著重闡述《春秋》大義，史事記載較簡略。是今文經學家的重要典籍。❸同姓諸侯主之　此事繫於《春秋公羊傳》魯莊公元年，原文為「諸侯同姓者主之」。同姓諸侯指與天子同姓之諸侯。天子之女下嫁於諸侯，若由天子直接主持，將因君臣之禮而廢婚姻之好。故以同姓諸侯主之，而天子則行父道。❹詩　即《詩經》。中國最早詩歌總集，儒家列為經典之一，故稱《詩經》。共三百零五篇，編成於春秋時代。❺何彼穠矣　此為《詩經．國風．召南》中篇名，同時亦為首句。全詩共三節，內容敘述周平王下嫁孫女於齊國，欲求媵妾而不得。起句「何彼穠矣」，形容「唐棣之華（花）」，以比興王姬之年輕美貌。穠，繁盛。❻王姬　指帝王之女。姬，美女之稱。❼車服不繫於其夫　古人以車服作為尊卑標誌。意謂王姬下嫁時之車輿、衣服等第不比照其丈夫之爵位。❽赤罽車馬　指有兩匹馬駕、上有赤色毛織物為帷之馬車。漢代只有長公主才能乘坐這樣的馬車。罽，一種毛織物。❾駙馬都尉　簡稱駙馬，侍從武官。漢武帝元鼎二年（西元前一一五年）置，與奉車都尉、騎都尉合稱三都尉。掌駙馬，即天子副車之馬，秩比二千石。多以宗室、外戚及諸公子任之。兩漢時，均屬光祿勳。曹魏及西晉，尚公主者均授駙馬都尉，已非實官。隋唐沿置。

【語　譯】關於外命婦的制度是這樣的：君王的姑母封號稱為大長公主，君王的姊妹封號稱長公主，君王的女兒封號稱公主，都是視正一品。皇太子的女兒封號稱為郡主，視從一品；親王的女兒封號稱為縣主，視正二品。《公羊傳》說：「天子如果要將女兒嫁給諸侯，必定派同姓的諸侯去主持婚禮。」因此稱作「公主」。《詩經》唱道：「那是何等繁茂的棠棣之花啊！」就是讚美君王女兒的。雖然是君王的女兒，亦還是要下嫁給諸侯。下嫁時的車輿衣服不是依照他丈夫的爵位，而是按次於王后一等的爵位封給。漢代公主所食的封地叫邑；諸王的女兒稱翁主，亦叫王主。東漢皇帝的女兒都封為縣公主，她們的儀制與衣服與列侯相同。其中特別受到尊崇的，要加號為長公主，可以乘坐有紅色毛毯作帷幔的馬車，她的儀制衣服與諸侯相同。在兩漢都要有列侯的封爵方能娶公主。自魏、晉以來，娶公主的都拜授駙馬都尉的職銜。晉、宋以來，皇女都封郡公主，親王的女兒都封縣主。

【說　明】唐朝諸公主中，有一副方額廣頤英俊面相的太平公主，是一個奇特的人物。她是武則天的女兒，武最為寵愛，常在人前稱其「類我」。中宗時與長寧、安樂、宜城、新都、定安、金城一起號稱七公主，皆開府置官屬，視親王。太平公主參預了誅滅韋后、立相王李旦為睿宗的計謀，因此而權震天下，加實封至萬戶，三子皆封王。睿宗時期，朝廷實權就在這位公主手上，國家大事非其關決不下。有一段時間她不上朝，「宰相就第咨判，天子殆畫可而已」（《新唐書・公主列傳》）。時宰相七人五人出於公主門下，當時掌握羽林軍的常元楷、李慈又都是她的黨羽，可見其威勢之盛。玄宗李隆基以軍事政變即皇帝位後，太平公主隨即便被賜死。可能是心有餘悸吧，玄宗登基後，竭力抑制公主們預政，並裁減公主封戶，不給車服，對親王與公主採取集中養起來的辦法。肅宗有七個女兒，其中有個被封為和政公主的，十分賢淑，且頗具才識。肅宗死，代宗立，廣德時，適逢吐蕃進犯，和政公主正在妊期，卻毅然殿見代宗，力陳備邊之策。結果是：「翌日，免乳而薨」（同上），就這麼不明不白死去了。可見玄宗以後，已嚴格禁止公主們干預朝政。

四

王母、妻為妃。一品及國公母、妻為國夫人；三品已上母、妻為郡夫人；四品、若勳官二品有封❶，母、妻為郡君；五品、若勳官三品❷有封，母、妻為縣君。散官並同職事。勳官四品❸有封，母、妻為鄉君。其母邑號❹皆加「太」字。各視其夫及子之品，若兩有官爵者，皆從高❺。若內命婦一品❻之母為正四品郡君，二品❼母為從四品郡君，三品、四品❽母並為正五品郡君。凡婦人不因夫及子而別加邑號❾，夫人云「某品夫人」，郡君為「某品郡君」，縣君、鄉君亦然。古者，諸侯之妻，邦人稱之曰「夫人」，亦曰「小君」。《春秋傳》❿曰：「惠公元妃孟子⓫。」則妃及夫人、郡君、縣君、鄉君之號皆起於此。漢高祖⓬封蕭何夫人⓭為酇君，景帝封王皇后母曰平原君⓮。後漢安帝⓯封乳母王聖為野王君，獻帝⓰封董卓⓱母為池陽君。晉封盧潭母孫氏武昌侯太夫人⓲，加金章、紫綬。太康元年⓳，封羊祜夫人為鄉君⓴。孝武㉑時，哀帝㉒外祖母高安鄉君進封宣城郡廣德君。宋高祖㉓母蕭氏㉔初封豫章國太夫人，妻臧氏㉕為國夫人。《晉令式》㉖云：「郡公、侯太夫人，中人㉗，銀印、青綬，佩水蒼玉。」宋、齊之後，多用其制。至隋氏始定品格，皇朝因之。凡庶子㉘有五品已上官封，皆封嫡母㉙；無嫡母，即封所生母。凡二王後㉚夫人、職事五品已上、散官三品已上、王及國公母、妻朝參，各視其夫及子之禮。凡親王孺人㉛一人，視正五品㉜；媵㉝十人，視正六品。嗣王、郡王及一品媵十人，視從六品；二品媵八人，視正七品；三品及國公媵六人，視從七品；四品媵四人，視正八品；五品媵三人，視從八品。降此已往，皆為妾。古者，諸侯一娶九女，其嫡者為夫人，餘為姪、娣、孺人及媵，蓋因此。凡皇家五等親㉞及諸親三等㉟存亡、升降，皆立簿籍，每三年一造。除附之制，並載於宗正寺㊱焉。

【章　旨】由司封郎中之職掌而連帶記述封爵制之四：有關外命婦之冊封（下）。

【注　釋】❶勳官二品有封　勳官二品為上柱國、柱國。意謂勳官二品而又有敕文賜其母、妻邑號者，可與四品職事官之母、妻一樣封為郡君。❷勳官三品　為上護軍、護軍。❸勳官四品　為上輕車都尉、輕車都尉。❹邑號　官婦封號。常冠以國、郡、縣、鄉之名。《唐律疏義·名例》婦人有官品邑號條稱：「邑號者，國、郡、縣、鄉等名號是也。」❺皆從高　指其夫與子都有官爵，則其封爵從二者中高者。❻內命婦一品　即貴妃、淑妃、德妃、賢妃。❼二品　指內命婦二品，即九嬪之屬。❽三品四品　指內命婦三品、四品，為婕妤、美人之屬。❾凡婦人不因夫及子而別加邑號　此句《通典·職官十六》「號」下尚有「者」字。指三品已下，婦人沒有因其夫及子之爵位和官品而另有敕文賜封邑號者。❿春秋傳　即《春秋左氏傳》，《春秋》三傳之一，儒家列為經典。相傳為春秋時左丘明撰，實出於戰國人之手。編年體史書。⓫惠公元妃孟子　惠公為魯隱公之父，名不皇，在位四十六年。元妃，又作元配，為惠公正夫人。孟子，孟是排行老大，子為宋國女子，宋為子姓。上述引文見於《左傳·隱公》篇首。⓬漢高祖　西漢開國皇帝劉邦。⓭蕭何夫人　蕭何，沛（今江蘇沛縣）人。助劉邦創建漢皇朝，功居第一。據《漢書》本傳蕭何夫人名同。呂后執政時，因其子祿死，無子，「乃封何夫人同為酇侯」。故封蕭何夫人為侯的非劉邦，應是呂雉。⓮景帝封王皇后母曰平原君　景帝，西漢皇帝劉啟。王皇后母，為劉啟岳母，名臧兒。但據《漢書·外戚傳》，「封王皇后母為平原君」的，不是劉啟，而是其子劉徹即漢武帝：景帝死，武帝即位，王皇后「為皇太后，尊太后母臧兒為平原君」。⓯安帝　東漢皇帝劉祜，在位十九年，終年三十二歲。⓰獻帝　東漢皇帝劉協。在位三十一年，「禪位」於曹丕。⓱董卓　字仲穎，隴西臨洮（今甘肅岷縣）人。獻帝九歲時為董卓所擁立。《後漢書·董卓傳》載獻帝封其母為池陽君。⓲晉封盧潭母孫氏武昌侯太夫人　句中「盧潭」，據南宋本、正德本當為「虞潭」。虞潭，字思奧，餘姚（今浙江餘姚）人。仕晉，歷任內外，終於衛將軍。東晉初年，因有功而封其母孫氏為武昌侯太夫人。《晉書·列女傳》載：「虞潭母孫氏，吳郡富春人，孫權族孫女也。」⓳太康元年　即西元二八〇年。太康為晉武帝司馬炎年號。⓴封羊祜夫人為鄉君　羊祜，字叔子，泰山南城（今山東泰安東）人。其夫人為夏侯霸之女。羊祜都督荊州諸軍事，領兵與吳之陸抗對境，並入朝面陳平吳之策。羊祜死後二年，晉滅吳，司馬炎稱此為羊祜之功，因而封其夫人夏侯氏為萬歲鄉君。㉑孝武　東晉皇帝司馬曜。在位二十四年，終年三十五歲。㉒哀帝　東晉皇帝司馬丕。在位四年，終年二十五歲。㉓宋高祖　即宋武帝劉裕。在位僅三年，終年六十。㉔蕭氏　名文壽，劉裕之母，蘭陵（今江蘇武進西北）人。據《宋書·后妃傳》晉安帝義熙七年（西元四一一年），拜為豫章國太夫人。㉕臧氏　名愛親，東莞（東晉僑置郡，今江蘇常州東南）人，劉裕之妻。義熙四年（西元四〇八年）去世，追贈豫章國夫人。㉖晉令式　《舊唐書・經籍志》著錄有《晉令》四十卷，賈充等撰。㉗中人　「中」應是「夫」之誤。《晉書・輿服志》為：「郡公侯、縣八侯太夫人、夫人，銀印青綬，佩水蒼玉。」太夫人下為「夫人」，非「中人」。㉘庶子　妾所生之子。㉙嫡母　指父親之正妻。㉚二王後　隋室楊氏之後酅公，周室宇文氏之後介公。詳後第四卷第四篇一章末說明。㉛孺人　先秦稱大夫之妾，此處則為親王之妾稱號。㉜視正五品　比照流內正五品。視，比照。㉝媵　古代泛指隨嫁婢僕，此處為親王之妾稱號。㉞皇家五等親　凡皇周期、皇后父母，為第一等親；皇大功、皇小功尊屬，太皇太后、皇太后、皇后太后、皇后周期，為第二等親；皇小功、皇緦麻尊屬，太皇太后、皇太后、皇后大功，為第三等親；皇緦麻為第四等親；皇袒免、太皇太后小功卑屬、皇太后、皇后緦麻及舅母、姨夫為第五等親。㉟諸親三等　指諸親王之三等以上親。其親疏等級參見上注。㊱宗正寺　官署名。北魏始置，稱大宗正寺。隋改此名，唐因之。掌宗廟、諸陵薦享祭祀，修纂保管帝系及皇族宗姓名籍等事。此處言本書第十六卷所載之宗正寺篇。

【語　譯】親王的母親、妻子可封為妃。一品職事官和國公的母親、妻子可封為國夫人；三品以上職事官的母親、妻子可封為郡夫人；四品職事官，以及有敕封的二品勳官，他們的母親、妻子都可封為鄉君，母親的封號上還要加一個「太」字。都要看她丈夫以及兒子的官爵來定，如果她的丈夫與兒子都有官爵，那就在兩個官爵中選擇高的那個作為依據。倘若是內命婦，那麼一品的母親可封為正四品的郡君；二品的母親可封為從四品郡君；三品、四品的母親可封為正五品郡君。凡是婦人沒有因為丈夫以及兒子的緣故而單獨加給她們自身的封號，那麼封為夫人就稱「某品夫人」，封為郡君就稱「某品郡君」，封為縣君、鄉君亦是這樣。古時候，諸侯的妻子，封國裡的人稱她們為「夫人」，亦稱「小君」。《春秋左氏傳》中說：「惠公的元妃是孟子。」可見妃以及夫人、郡君、縣君、鄉君這些稱號，都是從這裡開始的。漢高祖劉邦封蕭何的夫人為酇君，漢景帝封王皇后亦就是漢武帝的外祖母為平原君。東漢安帝曾封他的乳母王聖為野王君。漢獻帝封董卓的母親為池陽君。東晉封盧（虞）潭的母親孫氏為武昌侯太夫人，加授金印紫綬。西晉太康元年，晉武帝封羊祜的夫人為鄉君。東晉孝武帝時，對哀帝外祖母高安鄉君進封為宣城郡廣德君。宋高祖劉裕的母親蕭氏初封為豫章國太夫人，又封妻子臧氏為國夫人。《晉令式》中說：「郡公、侯太夫人以及中（夫）人，賜給銀印、青綬，佩戴水蒼玉。」南朝宋、齊以來，多採用這個制度。到隋朝才確定這方面的品格。本朝承襲隋朝的規定。凡是庶子有五品以上的官品和封爵，按規定應該授封的邑號，都要封給嫡女，沒有嫡母就封給他的生母。凡是二王之後的夫人，職事五品以上，散官三品以上，親王以及國公的母親、妻子，參加朝參時，各自比照她們丈夫以及兒子的官爵為禮儀。凡是親王可以有孺人二人，封為視正五品；媵十人，可封為視六品。嗣王、郡王及一品職事官可以有媵十人，封為視從六品；二品職事官可以有媵八人，封為視正七品；三品職事官以及國公可以有媵六人，封為視從七品；四品職事官可以有媵四人，封為視正八品；五品職事官可以有媵三人，封為視從八品。超過這數字的，都作為妾。古時候，諸侯一娶有九女，他的嫡妻稱為夫人，其餘稱作姪、娣、孺人以及媵。現在的這些稱號都是由此而來。凡是皇家的五等親和諸王的三等親的出生與死亡，官爵的擢升與下降，都要登錄在簿籍上，每三年造一次冊籍。至於有關如何登錄的規制，在後面第十六卷宗正寺裡都有記載。

司勳郎中

【篇旨】本篇記述的司勳司，其職掌較為單一，就是有關官員勳級的籍錄和奏授。

勳官之制產生於南北朝時期北周與北齊交戰之時，用以酬勞有功將士；以勳爵獎勵作戰的由來，則可以追溯到戰國時期秦孝公用商鞅變法，力倡耕戰，行二十等軍功爵之制。不過，北周設置的勳官，後來就不限於軍功，職事官因事任之功，或散官因勞考計至而不便進階的，亦可得相應勳級，稱之為「回授」。

一

司勳郎中一人，從五品上；《周官》❶有司勳上士二人，凡有功者，司勳詔之。後周夏官有司勳上士一人，掌六勳之賞❷。隋文帝❸立司勳侍郎二人，煬帝❹改為司勳郎。武德❺初，為司勳郎中。龍朔元年❻改為司勳大夫，咸亨二年❼復故。

員外郎二人，從六品上；隋文帝置，煬帝改為司勳承務郎，皇朝復為司勳員外郎。龍朔、咸亨、光宅❽、神龍❾並隨曹改復。

主事四人，從九品上。

司勳郎中、員外郎掌邦國官人之勳級。

【章　旨】規定司勳司郎中、員外郎和主事之員數、品秩，並記述其沿革及職掌。

【注　釋】❶周官　亦稱《周禮》，儒家經典之一。為戰國時期儒生彙編周代王室官制和戰國時代各國制度而成。❷掌六勳之賞　指北周司勳上士之職掌為分管六軍功勳之記錄和賞賜。西魏大統八年（西元五四二年）初置六軍，北周承西魏軍制。北周的八柱國，除了宇文泰、元欣以外六柱國，分掌六軍。❸隋文帝　隋朝開國皇帝楊堅。在位二十四年，終年六十四歲。❹煬帝　隋朝二世皇帝楊廣。在位十三年，終年五十歲。❺武德　唐高祖李淵年號。❻龍朔元年　《新唐書・高宗本紀》及本書原注中多次提到的龍朔、咸亨間之官制改復，均為「龍朔二年」。此處「元年」當係「二年」之誤。龍朔二年，即西元六六二年。龍朔為唐高宗李治年號。❼咸亨二年　同依上注所據，應是咸亨元年（西元六七〇年）。「元」誤作「二」。咸亨亦為唐高宗李治年號。❽光宅　為武后稱制時年號。❾神龍　為唐中宗李顯年號。

【語　譯】司勳司：郎中，定員一人，官品為從五品上。《周禮》的記載中有司勳上士二人，凡是立有軍功的，由司勳宣告。北周依據《周禮》設置的夏官中有司勳上士一人，掌管六軍勳爵的賞賜。隋文帝時，設立司勳侍郎二人，煬帝改名為司勳郎。唐高祖武德初年定名為司勳郎中。龍朔元（二）年改名稱司勳大夫，咸亨二（元）年又恢復原來的稱謂。

員外郎，定員二人，官品為從六品上。隋文帝時開始設置。隋煬帝時改名為司勳承務郎。本朝又恢復稱司勳員外郎。在龍朔、咸亨、光宅、神龍年間，這個職名，隨著曹名的前後兩次更改和恢復而更改和恢復。

主事，定員四人，官品為從九品上。

司勳司郎中、員外郎的職掌是有關官員勳級的登錄和奏授。

二

凡勳十有二等：十二轉為上柱國❶，比正二品❷；柱國❸，楚官也。項梁❹為楚上柱國，又陳嬰[5]為上柱國，又蔡賜[6]為上柱國。至西魏之末，始置柱國，用旌戎秩。時隴西郡公李諱[7]、廣陵王元欣[8]、趙郡公李弼[9]、河內郡公獨孤信[10]、南陽公趙貴[11]、常山公于謹[12]、彭城公侯莫陳崇[13]與周太祖[14]為八柱國。至後周建德四年[15]，初置上大將軍、上開府儀同三司、開府儀同三司、上儀同三司、儀同三司、上柱國、柱國之秩，以賞勤勞。始以齊王憲[16]、蜀公尉遲迥[17]為上柱國是也。隋高祖[18]受命，又採後周之制，置上柱國為從一品，柱國為正二品，上大將軍從二品，大將軍正三品，上開府儀同三司從三品，開府儀同三司正四品，上儀同三司從四品，儀同三司正五品，大都督正六品，帥都督從六品，都督正七品，總十一等，以酬勤勞。皇朝改以勳轉多少為差，以酬勳秩。**十一轉為柱國，比從二品；**戰國時，楚有柱國昭陽[19]；楚漢之際，共敖[20]為柱國也。**十轉為上護軍，比正三品；九轉為護軍，比從三品；**秦有護軍都尉。漢高祖[21]以陳平[22]為護軍中尉，盡護諸將。文帝[23]時，韓安國[24]為護軍將軍。平帝[25]元始元年[26]，更名護軍都尉為護軍。魏武帝[27]以牽招[28]為中護軍將軍。晉中護軍將軍、護軍將軍等並銀章、青綬，武冠[29]，絳朝服，品第四。宋、齊、梁、陳並有護軍將軍、中護軍之職。梁武[30]廬江[31]置鎮蠻護軍，武陵[32]置安遠護軍。皇朝採之為勳官品職。**八轉為上輕車都尉，比正四品；七轉為輕車都尉，比從四品；**漢武帝[33]以公孫賀[34]為輕車將軍。漢又有輕車校尉。梁、陳、後魏、北齊、隋，皆有輕車將軍。**六轉為上騎都尉，比正五品；五轉為騎都尉，比從五品；**漢武帝置騎都尉。《漢書》云：「拜李陵㉟為騎都尉。」更始㊱時，諺曰：「爛羊胃，騎都尉。」晉、宋、齊、梁、陳、隋，並有其名。四轉為驍騎尉，比正六品；三轉為飛騎尉，比從六品；二轉為雲騎尉，比正七品；一轉為武騎尉，比從七品。隋文帝置驍騎、飛騎、雲騎、武騎尉，為文散階，皇朝採為勳品。凡有功效之人合授勳官者，皆委之覆定，然後奏擬。凡征、鎮㊲勳未授身亡者，其勳依例加授。其餘汎勳㊳未授身亡者，不在敘限。

【章旨】記述十二等勳爵之稱謂和沿革，以及勳官之奏授。

【注釋】❶十二轉為上柱國　十二轉，勳爵等級。唐高宗咸亨五年（西元六七四年）釐定勳官為十二轉，以轉數多少為高低，十二轉即為第一等。上柱國，一等勳爵名。❷比正二品　指以上柱國與散官品階相比，為正二品。據《唐會要》卷八十一勳條稱：「高宗咸亨五年二月，以國初勳官名號與今日不同，乃下詔申明，各以類相比，武德初光祿大夫，比今日上柱國。」❸柱國　勳官名。原為戰國時楚、趙等設置的武官名，掌警衛國都，後成為最高軍事長官，位高者稱上柱國，其地位僅次於令尹。隋時為散官，正二品。唐置為勳官名。柱國次於上柱國，為第十一轉。❹項梁　楚國下相（今江蘇睢寧東）人，世代為楚將。其父項燕，為秦將王翦所殺。秦末與其姪項羽起兵吳中，被楚王陳涉拜為上柱國。❺陳嬰　東陽（今江蘇盱眙東）令史。秦末東陽少年起事，殺縣令，推陳嬰為長，後以兵屬項梁。❻蔡陽　上蔡（今河南上蔡）人。陳涉起兵後建國號楚，以蔡陽為上柱國。❼李諱　即李虎，為唐高祖李淵祖父，西魏、北周「八柱國家」之一，封隴西郡公。因其為唐室之祖先，故避諱不稱名。❽元欣　西魏宗室懿戚，「八柱國家」之一，從容於禁闈。❾李弼　字景和，隴西成紀（今甘肅隴西）人。原隸侯莫陳悅，後投奔宇文泰，為「八柱國家」之一。❿獨孤信　本名如願，雲中（今內蒙古自治區和村格爾旗）人。早年隨宇文泰西遷，大統十四年（西元五四八年）為柱國大將軍。⓫趙貴　字元貴，天水南安（今甘肅天水）人。以平涼歸宇文泰，首議迎宇文泰入關中。拜為柱國大將軍。⓬于謹　字思敬，河南洛陽（今河南洛陽）人。背侯莫陳悅，拜柱國大將軍。⓭侯莫陳崇　字尚樂，代郡武川（今內蒙古自治區武川西）人。原為賀拔岳部下，岳為侯莫陳悅所害，崇與諸將同迎宇文泰，進為柱國大將軍。⑭周太祖　北周皇帝，姓宇文氏，名泰，字黑獺，代郡武川（今內蒙古自治區武川西）人。原為賀拔岳部下，岳被殺後，泰為賀拔岳眾所擁。西魏大統三年（西元五三七年）為柱國大將軍。⑮建德四年　即西元五七五年。建德為北周武帝宇文邕年號。《周書・武帝紀》是年十月載：「初置上柱國、上大將軍官，改開府儀同三司為開府儀同大將軍，儀同三司為儀同大將軍。又置上開府、上儀同官。」其時功臣位至柱國及大將軍者甚多皆為散秩，並無實際軍隊統御。⑯齊王憲　宇文泰第五子宇文憲，字毗賀突。建德四年（西元五七五年）初建上柱國，即以宇文憲為之。⑰蜀公尉遲迥　字薄居羅，代（今山西大同）人。因有平蜀之功封為蜀公，與宇文憲同為上柱國。⑱隋高祖　即隋文帝楊堅。⑲昭陽　楚懷王時之楚國將領，曾率兵破魏攻齊。⑳共敖　據《史記・項羽本紀》記載，共敖為項羽尊楚懷王為義帝時之柱國，因擊南郡有功，被項羽封為臨江王。㉑漢高祖　西漢開國皇帝劉邦。㉒陳平　陽武戶牖鄉（今河南開封市東南）人。為劉邦謀臣之一。先事項羽為信武君，後歸劉邦，初任都尉，再拜護軍中尉。惠帝時為左丞相。呂后死後，與周勃合謀誅諸呂。文帝時專為丞相。㉓文帝　西漢皇帝劉恆。在位二十三年，終年四十。㉔韓安國　字長孺，梁成安（今河南臨汝西南）人。據《漢書》本傳，韓安國為御史大夫護軍將軍係在漢武帝時，非文帝時期。㉕平帝　西漢最後一個皇帝劉衎之。三歲即帝位，實際是王莽執政。㉖元始元年　即西元元年。元始為漢平帝年號。㉗魏武帝　即曹操，字孟德。沛國譙（今安徽睢溪西）人。由其子魏文帝曹丕於黃初元年追尊為魏武帝。㉘牽招　字子經，安平觀津（今河北武邑東）人。從曹操平漢中，「留招為中護軍」（《三國志・牽招傳》）。㉙武冠　一名武弁。形制似弁形，用金鐺飾首，並插貂尾。傳為趙惠文王所造，因而別號惠文冠。㉚梁武　即蕭衍，字叔達，梁朝皇帝。在位四十八年，終年八十六歲。㉛廬江　今安徽省廬江縣。㉜武陵　今湖南省常德市。㉝漢武帝　西漢皇帝劉徹。在位五十四年，終年七十一。㉞公孫賀　字子叔，北地義渠（今銀夏回族自治區合水西）人。其夫人為衛皇后之姊，與漢武帝是連襟。㉟李陵　字少卿，李廣之孫，隴西成紀（今甘肅通渭東）人。少為侍中，後拜騎都尉。曾自當一隊，數敗匈奴，終因力竭而降。武帝族其家。卒於匈奴。㊱更始　即劉玄，字聖公。王莽末，參加綠林起義，號為更始將軍。更始入長安，以其濫授官職，長安有歌謠：「竈下養，中郎將。爛羊胃，騎都尉。爛羊頭，關內侯。」㊲征鎮　指出征與鎮戍。㊳汎勳　「汎」即「泛」字。泛勳亦稱泛階，指因新帝登位、戰事獲勝等慶典而普遍賞賜的勳官品爵。

【語　譯】關於勳官，有以下十二等：十二轉為上柱國，相當於正二品；柱國，是楚國的官名。項梁曾經是楚王陳涉的上柱國。還有陳嬰是上柱國，蔡賜亦是上柱國。到西魏末年，又開始設置柱國這個爵號，用來表彰武官的品秩。當時有隴西郡公李諱（虎），廣陵王元欣，趙郡公李弼，河內郡公獨孤信，南陽公趙貴，常山公于謹，彭城公侯莫陳崇，和周太祖宇文泰，號稱「八柱國家」。到北周建德四年，初次設置了上大將軍、上開府儀同三司、開府儀同三司、上儀同三司、儀同三司、上柱國和柱國這樣一些稱號，作為勳官的品秩，用來賞賜勞苦功高的將領，以齊王宇文憲、蜀公尉遲迥為上柱國，便是這樣開始的。隋文帝楊堅接受天命登上帝位，繼續採取北周的制度，設置上柱國為從一品，柱國為正二品，上大將軍為從二品，大將軍為正三品，上開府儀同三司為從三品，開府儀同三司為正四品，上儀同三司為從四品，儀同三司為正五品，大都督為正六品，帥都督為從六品，都督為正七品，總共十一等，用來酬慰勳勞。本朝改為根據勳轉多少排列等次，用來酬謝功勳的品秩。十一轉為柱國，相當於從二品；戰國時代，楚國有個名叫昭陽的，授為柱國；在楚漢相爭時期，共敖曾為楚方的柱國。十轉為上護軍，相當於正三品；九轉為護軍，相當於從三品；秦時設有護軍都尉。漢高祖劉邦曾讓陳平擔任護軍中尉，各個將領都受他監護。漢文（武）帝時，韓安國曾授為護國將軍。漢平帝元始元年把護軍都尉改稱為護軍。魏武帝曹操以牽招為中護軍將軍。在晉代，中護軍將軍、護軍將軍等官員，都授予銀印、青綬，戴金鐺武冠，穿紅色朝服，品秩列為第四。南朝宋、齊、梁、陳各代，都有護軍將軍、中護軍這些職務設置。梁武帝蕭衍曾在廬江郡設置鎮蠻護軍，武陵郡設置安遠護軍。本朝採納了這些職名，但只是用來表示勳官的品秩。八轉為上輕車都尉，相當於正四品；七轉為輕車都尉，相當於從四品；漢武帝讓公孫賀為輕車將軍。漢代還設置過輕車校尉。梁、陳以及北魏、北齊和隋朝，都曾經設置過輕車將軍。六轉為上騎都尉，相當於正五品；五轉為騎都尉，相當於從五品；漢武帝時曾設置過騎都尉。《漢書》中講到「拜李陵為騎都尉」。在劉玄進長安的更始時期，有首民謠唱道：「爛羊胃，騎都尉。」晉、宋、齊、梁、陳、隋，都設有騎都尉這個職名。四轉為驍騎尉，相當於正六品；三轉為飛騎尉，相當於從六品；二轉為雲騎尉，相當於正七品；一轉為武騎尉，相等於從七品。隋文帝曾設置驍騎尉、飛騎尉、雲騎尉、武騎尉，作為文官的散階。本朝採用了這些職名，作為勳官的品階。凡是有功勳的人，應該授予勳官的，都要由司勳司覆核審定，然後擬敘奏報。凡是出征、鎮戍有功沒有等到授予勳官品級便身亡的，他的勳品應照例授給。其他因吉慶而普遍賜授的勳品，沒有等到授予便身亡的，那就不再敘授。

【說　明】勳級的授予主要是根據戰功。唐代授勳的規定是：攻堅城苦戰，立一等功者，酬勳三轉；立二、三等功者，分別酬二轉、一轉。凡破敵城、敵陣，先按雙方勢力對比定出難易程度：以少擊多為上陣，兵力相當為中陣，以多擊少為下陣；再根據殺獲敵軍多少定出戰果等級：殺獲敵十分之四為上獲，十分之二為中獲，十分之一為下獲。然後據以論功酬勳：上陣上獲，酬勳五轉；上陣中獲，四轉；上陣下獲，三轉；中陣上獲，四轉；中陣中獲，三轉；中陣下獲，二轉；下陣上獲，三轉；下陣中獲，二轉；下陣下獲，一轉。此外還有泛授一轉、二轉的亦不少，所以唐代勳官數量很濫，《舊唐書·職官志一》稱，武德以後，「戰士授勳者動盈萬計」。在唐代，勳官可以蠲免國家租調負擔，並可依不同品級獲得自六十畝至三十頃的賜田。但如只有勳級而無職事官銜，仍要到兵部番上宿衛，至一定期限後，才由兵部簡試，授以散官。

考功郎中

【篇旨】此篇記述的考功郎中職掌，除對流內外官員考課外，因保留了唐玄宗開元以前舊制，所以還有貢舉。開元二十四年（西元七三六年），貢舉轉由禮部侍郎掌管。

考課是本司職司的重點。常考一年一度，由郎中一人判京官考，員外郎一人判外官考。此外，皇帝還指派位高望重大臣二人，又派給事中、中書舍人各一，分別任校考使和監考使，對考課過程進行校監。考課規定有四「善」、二十七「最」明細標準，先由應考本人寫出當年行狀功過，然後由所在部門長官議其優劣，定出考等，當眾宣讀。京城諸司每年九月底前上報考功司，外官則由本州朝集使赴京時帶送上報。篇中詳盡敘述了考功司主持一個年度考課的全過程，和與考等相對應的獎懲規定。

貢舉是貢士與科舉的結合。唐制各州每年要向國家報送規定數量的貢士。這些貢士和門下省、東宮所屬學館的生員，便是科舉考試對象。篇中記述了秀才、明經、進士、明法、書、算等主要科目的考試內容、考試方法及等第的評定。篇末還提到了太廟齋郎和國子監大成生員的考試，以及他們業成後的俸祿賜會與選授。

貢舉與考課是官制中頗為重要的兩個方面，唐代德宗時期以善作奏議著聞的宰相陸贄，曾以武則天稱帝時得失為據，對這兩個方面有過簡要的概括：「求才貴廣，考課貴精。」（《舊唐書》本傳）到《唐六典》成書時為止，唐初的幾位君主，若李世民還是大體能做到「廣」與「精」的，但自安史之亂後，隨著整個李唐王朝的走向沒落，用人制度也日趨蕪雜，失去了盛唐面貌。陸贄的這篇很有識見的奏議，德宗「雖嘉其所陳」，但終究還是「竟追寢之」（同上），便是一個證明。

一

考功郎中一人，從五品上；《漢官儀》❶：「曹郎二人，掌天下歲盡集課❷。」有❸尚書郎曹，有考功郎中一人。宋、齊並置功論郎中，梁有秩論侍郎❹，並考功郎中之任也。北齊有考功郎中。隋文帝置考功侍郎，煬帝改為考功郎，皇朝改為考功郎中。龍朔二年❺改為司績大夫，咸亨元年❻復故。

〔員外郎一人❼，從六品上；隋文帝置，煬帝改為承務郎，皇朝復為員外郎。龍朔二年改為司績員外郎，咸亨元年復故。〕

主事三人，從九品上❽。

考功郎中之職❾，掌內外文武官吏之考課。

【章　旨】規定考功司郎中、員外郎之員數、品秩，並記述其沿革及職掌。

【注　釋】❶漢官儀　十卷，應劭撰。《隋書・經籍志》有著錄。❷歲盡集課　漢制，每年年終郡國上計吏攜帶計簿至京師上計，由吏部對百官進行考課，稱之為常課。❸有　當是「魏」字之誤。《職官分紀》卷九引《唐六典》原注此句為「魏尚書郎曹」。❹梁有秩論侍郎　《隋書・百官志上》記為「梁有功論侍郎」。❺龍朔二年　即西元六六二年。龍朔為唐高宗李治年號。❻咸亨元年　即西元六七〇年，咸亨為唐高宗李治又一年號。❼員外郎一人　自「員外郎一人」至「咸亨元年復故」共四十四字，為四庫本所闕佚，而南宋、廣池諸本均有。且本卷卷目中已列有「員外郎一人」，此處不應無文。故予補上，並加方括號以為區別。語譯依此。❽從九品上　《舊唐書・職官志》為「從八品上」，《通典・職官二十二》及《新唐書・百官志》

並為「從八品下」。❾考功郎中之職　此句「考功郎中」下、「之職」上應補「員外郎」三字。此三字正德以下諸本皆無。按《太平御覽》卷二一六引《唐六典》此句原文為：「考功郎中、員外郎掌內外文武官吏之考課。」《舊唐書・職官志》及《新唐書・百官志》皆於「郎中」下綴有「員外郎」三字。再證諸《唐六典》本條正文，亦有「郎中判京官考，員外判外官考」之語。疑本書原有「員外郎」，後人以考功員外郎專掌貢舉，未經細核，遽而刪之，語譯據補。

【語　譯】考功司：郎中，定員一人，官品為從五品上。《漢官儀》說：「曹郎定員二人，職掌全國年末的考課。」有（魏）的各個尚書郎曹中，有考功郎中一人。南朝宋、齊都設置功論郎中。梁設有秩（功）論侍郎，都是擔任考功郎中的職掌。北齊有考功郎中。隋文帝時設置考功侍郎，煬帝改名為考功郎。本朝改為考功郎中。龍朔二年又改名為司績大夫。咸亨元年恢復了舊名。

〔員外郎，定員一人，官品為從六品上。這個官職由隋文帝設置，煬帝時改名稱承務郎，本朝恢復為員外郎。龍朔二年改名為司績員外郎，咸亨元年又恢復原來的名稱。〕

主事，定員三人，從九品上。

考功郎中〔、員外郎〕的職務，是掌管京師內外文武官吏的考課。

二

凡應考之官❶，皆具錄當年功過、行能，本司及本州長官對眾讀，議其優劣，定為九等考第❷，各於其所由司準額校定，然後送省❸。內外文武官，量遠近，以程限之有差。京師百僚，九月三十日已前校定，十月一日送省。外官去京一千五百里內，八月三十日；三千里內，七月三十日；五千里內，五月三十日；七千里內，三月三十日；萬里內，正月三十日已前校定。其外官附朝集使❹送簿至省。流內、流外官考前釐務❺不滿二百日者，不考❻。每年別敕定京官位望高者二人，其一人校京官考，一人校外官考。文❼定給事中❽、中書舍人❾各一人，其一人監京官考，一人監外官考。郎中判京官考，員外判外官考。其檢覆同者，皆以功過上使。京官則集應考之人❿對讀注定，外官則對朝集使注定，訖，各以奏聞。其親王及中書門下與京官三品已上、外官五大都督⓫，並以功過狀奏，聽裁⓬。

【章　旨】敘述考課的程序和方法，以及對考課的監督。

【注　釋】❶凡應考之官　每年應考之官有規定範圍，並非所有在任官員都能參加。如現職不滿二百天，請假超過一百天等，當年均不得考課。❷九等考第　唐代官員考第分為九等，即上上、上中、上下，中上、中中、中下，下上、下中、下下。當時考課的實際狀況，則以中上居多。唐太宗貞觀六年（西元六五五年）馬周上疏稱：「流內九品已上，令有等第，而自比年，入多者不過中上，未有得上下以上考者。」（《唐會要・考上》）❸送省　指送尚書都省。❹朝集使　指各州賀正旦朝會的上計使。外省考課簿籍由朝集使附送至都省。❺釐務　治事。❻自「流內流外官」至「不考」　據南宋、廣池諸本此十八字係本書原注，非本文。❼文　據南宋、廣池諸本此字當作「又」。❽給事中　門下省屬官，正五品上。分判省事，預文武考課。❾中書舍人　中書省屬官，正五品上。預文武考課。❿應考之人　此「應考之人」與注❶中「應考之官」不同，是指在京師主持諸司考課者。⓫五大都督　唐高祖武德七年（西元六二四年）改大總管府為大都督府，以潞、揚、益、荊、幽諸州為五大都督府。⓬聽裁　指聽由皇帝親自裁定其等第。唐代宰相及三品以上京官及藩帥的考課，由皇帝親自或另派人審校，稱為內考、內校。此外，諫官、御史及翰林學士之考第亦須內校。

【語　譯】凡是九品以上屬於本年考課範圍的官吏，由他所在的本司或本州的長官對他當年的功過才能作出記錄，再由本司或本州長官當眾宣讀，說明他的優點和不足之處，根據九個等級來確定考課的等第。仍由他所在官署的長官按照規定核對校定，然後報送尚書都省。京師內外文武百官根據他們所在地距離京師的遠近，確定送達的不同期限。在京師的百官，九月三十日以前校定，十月一日送尚書都省。京師以外的官員，離京都一千五百里路程以內的，八月三十日以前校定；三千里以內的，七月十日；五千里以內的，五月三十日；七千里以內的，三月三十日；萬里以內的，正月三十日以前校定。京師外官吏的考課簿籍，由各地的朝集使來京時附送到尚書都省。流內、流外官員，凡是在考課前實際處理政事不滿兩百天的，不能參加考課。每年還要另外敕定京官中地位名望都比較高的兩個人，其中一人檢校京官的考課，另一人檢校京外官的考課。文（又），規定給事中、中書舍人各一人，其中一人監督京官考課，另一人監督京外官考課。考功司郎中主管京官考課，員外郎主管京外官考課。經過檢查覆核沒有異議的，便把應考官員的功績和過失一一上報。監校考課的官員，對京師的應考官吏的考績，要與主持各司考課的官員一起對讀注定；對京外應考官吏的考績，要與各地的朝集使一起注定，然後奏報。至於親王以及中書門下、京官三品已上、外官譬如五大都督，都是將他們的功過狀上奏，聽候皇上來裁定他們的考第。

【說　明】考功，又稱考績、考課、考成，是指按照一定標準對官吏行政業績定期進行考察和督課，並給予相應的獎懲。官吏的考功既屬於行政監督，大體是在行政隸屬體系內自上而下地進行。唐朝和歷代一樣，都是採取逐級考課與朝廷總攬相結合的方式，先由上級官員逐級負責下屬官吏的政績考核，再在此基礎上，朝廷又有專門官署，亦就是吏部考功司負責統一掌管全國官吏的考課。為了防止弊端，還專門設置了校考和監考的官吏。每年進行一次小考，三至四年進行一次大考。參加當年考課的範圍，是考前治事滿二百日的文武九品以上的官員；請假超過百日，停務而至解免者，都不得參加考課。唐代官員考第分九等，但實際執行過程中絕大部分都定上「中上」與「中中」之間。高宗時，大理寺丞狄仁傑原考「中上」，考使劉仁軌以狄新任而不錄，後經大理卿張文瓘據狄政績力爭，才改考「上下」等。另一例子是玄宗時御史中丞宇文融，本司原定他為「上下」考，但校京考使刑部尚書盧從願，還是把他拉了下來。這些都說明，進入「上下」等已頗為不易，「上中」、「上上」更幾乎無聞。按規定「中中」守本祿，「中上」加祿一季，每退一等則奪祿一季。四考「中中」，進年勞散官敘昇一階；每一考「上中」，一考「上上」，則進二階。五品以上，非特恩則無進階之令。

三

凡考課之法有四善：一曰德義有聞，二曰清慎明著，三曰公平可稱，四曰恪勤匪懈❶。善狀之外，有二十七最：一曰獻可替否❷，拾遺補闕❸，為近侍之最；二曰銓衡人物，擢盡才良，為選司之最；三曰揚清激濁，褒貶必當，為考校之最；四曰禮制儀式，動合經典，為禮官之最；五曰音律克諧，不失節奏，為樂官之最；六曰決斷不滯，與奪❹合理，為判事之最；七曰部統有方，警守無失，為宿衛之最；八曰兵士調集❺，戎裝充備，為督領之最；九曰推鞫❻得情，處斷平允，為法官之最；十曰讎校❼精審，明於刊定，為校正之最；十一曰承旨敷奏，吐納❽明敏，為宣納之最；十二曰訓導有方，生徒充業，為學官之最；十三曰賞罰嚴明，攻戰必勝，為將帥之最；十四曰禮義興行，肅清所部，為政教之最；十五曰詳錄典正，詞理兼舉，為文史之最；十六曰訪察精審，彈舉必當，為糾正之最；十七曰明於勘覆，稽失無隱，為句檢之最；十八曰職事修理，供承強濟，為監掌之最；十九曰功課❾皆充，丁匠無怨，為役使之最；二十日耕耨以時，收穫剩課[10]，為屯官之最；二十一日謹於蓋藏，明於出納，為倉庫之最；二十二日推步盈虛[11]，究理精密，為歷官之最；二十三日占候[12]醫卜，效驗居多，為方術之最；二十四日譏察有方，行旅無壅，為關津之最；二十五日市廛[13]不擾，姦濫不行，為市司之最；二十六日牧養肥碩，蕃息孳多，為牧官之最；二十七日邊境肅清，城隍[14]修理，為鎮防之最。一最已上有四善為上上；一最已上有三善，或無最而有四善為上中；一最已上有二善，或無最而有三善為上下；一最已上有一善，或無最而有二善為中上；一最已上，或無最而有一善為中中；職事粗理，善最弗聞為中下；愛憎任情，處斷乖理為下上；背公向私，職務廢闕為下中；居官諂詐，貪濁有狀為下下。若於善、最之外別可嘉尚，及罪雖成殿情狀可矜，雖不成殿而情狀可責者，省校之日皆聽考官臨時量定。諸官人犯罪負殿[15]者，計贖銅一斤為一負，公罪[16]倍之。十負為一殿。當上上考者，雖有殿不降，此謂非私罪[17]。自上中已下，率一殿降一等。即公坐[18]殿失應降，若當年勞劇有異於常者，聽減一殿。內外官從見在任改為別官者，其年考從後任申校。其別敕賜考，限當年附校。如不及當年及當年無考，於以次有考年限。百司量其閒劇，諸州據其上下，進考之人皆有定限。苟無其功，不要充數；功過於限，亦聽量進。諸食祿之官，考在中上已上，每進一等，加祿一季；中下已下，每退一等，奪祿一季。若私罪下中已下，公罪下下，並解見任，奪當年祿，追告身⑲；周年⑳，聽依本品敘。

【章　旨】記述考課之德才標準：「四善」與「二十七最」。

【注　釋】❶恪勤匪懈　指官員對待公務恭敬勤懇，從不懈怠。匪，通「非」。❷獻可替否　意謂制敕有不便於時時，封奏之；不合於理時，則駁正之。獻，進獻。替，廢棄。❸拾遺補闕　意謂有過失則補正之，有遺事則拾而論之。「拾遺」、「補闕」又為職官名，亦取此意。❹與奪　給予和剝奪。❺調集　據《職官分紀》卷九引《唐六典》此句原文，「調集」應為「調習」。❻推鞫　審訊推斷。❼讎校　即文字之校對。讎，對也。❽吐納　即出與納。指廷納王言，出宣帝命，這是相對於下文「宣納」一類職司而言。北周始置宣納下大夫，並有屬官宣納上士、宣納中士等。近侍君王，聆聽王命後，向接受官吏宣唱，故須選擇口齒清朗、反應敏捷之人任之。❾功課　按時按量必成之事為功課。《後漢書・百官志》注：「凡四方水土功課，歲盡則奏其殿最而行賞罰。」此處指少府監、將作監等監領之官每年必須為內廷征集足夠工匠，完成規定數量的器物和土木工程。❿剩課　《舊唐書・職官志》、《新唐書・百官志》均作「成課」。意謂屯官在屯墾中能按季節時令組織耕耨，收獲後能及時完成課稅。⓫推步盈虛　意謂按照日月星辰運行規律，正確推算歲時曆法。推步，指推算日月星辰之度。盈虛，以月滿、月虧代指日月星辰之運行變化。⓬占候　占卜術的一種。占視候望以定吉凶。⓭市廛　即市肆。⓮城隍　護城河。此處泛指城防設施。⓯負殿　既是考課用語，亦是司法用語。作為考課用語，負、殿分別為考課等第概稱。考課分上上、上中、上下、中上、中中、中下、下上、下中、下下九等。負與正相對而言：正指中中以上，負指中中以下。殿與最相對而言：殿指居後，最指領先。顏師古注《漢書・宣帝紀》「殿最以聞」一語：「殿，後也，課居後也；最，凡要之首也，課居先也。」負、殿又可合稱，則泛指考課中名列劣等。作為司法用語，負、殿分別為官吏犯罪時刑罰的計量單位。《隋書・刑法志》：「在官犯罪，鞭杖十為一負。閒局六負為一殿，平局八負為一殿，繁局十負為一殿。加於殿者，復計為負焉。」又，「贖銅一斤為一負，負十為殿。」⓰公罪　指官吏在公務中非因私事曲法，而是由過失犯罪受罰。《唐律疏議・名例律》稱：「謂緣公事致罪而無私曲者。」⓱私罪　此處所謂私罪包括兩種情況：一是與公事無涉，私自犯者；二是雖緣公事，意涉阿曲，故意枉法徇私。⓲公坐　指因同職犯過失罪而連坐者。唐代判案有四等連署，以大理寺斷事為例：卿為長官，少卿為通判官，丞為判官，府史為主典；如主典檢請有失，即主典為首，其他分別為第二從、第三從、第四從，各負相應罪責。如果是通判以上的異判有失，則止坐異判以上之官，並按主從分別論定罪責之輕重。⑲告身　授官之符，即今之委任狀。⑳周年　指解職奪告身者被免職滿一年。

【語譯】考課的標準是四個「善」：一是個人品行以符合道義著聞；二是為官以清廉謹慎著稱；三是治事以公平合理受人稱道；四是對待職司恭敬勤勞，從不懈怠。除了以上四個方面品德要求的優良記錄以外，還有對各種不同職掌的官吏才能方面的最優等要求，也就是二十七個「最」：一是侍從君王左右能夠獻可替否，拾遺補缺，列為考核門下、中書二省侍從君王官員的最優等。二是能夠準確銓衡官員德才，盡力擢拔賢才良臣，列為考核選司官員的最優等。三是在考狀上能夠揚清滌濁，褒貶恰當，列為考核考功官員的最優等。四是在制定朝會祭祀禮儀時，能夠處處符合經典規定，列為考核禮官的最優等。五是奏樂時能夠音律和諧，節奏適宜，列為考核樂官的最優等。六是處理各項事務時，能夠決斷正確而及時，無論「予」還是「奪」都做到合情合理，列為考核各司判事的最優等。七是統馭軍隊有方，警衛和防守宮廷沒有失誤，列為考核宿衛的最優等。八是調集訓練士兵成效卓著，而且裝備充足，列為考核各兵府督領的最優等。九是在審訊中推究能夠符合實情，斷案公正允當，列為考核各級司法官吏的最優等。十是能夠精細審慎地校對和刊正文稿中的錯失，列為考核校正官吏的最優等。十一是承旨起草制敕和廷納王言、出宣帝命時，能夠做到清晰敏捷，列為考核門下、中書二省宣納的最優等。十二是對生徒訓育誘導有方，生徒學業長進，列為考核學官的最優等。十三在統帶軍隊中，能夠賞罰嚴明，指揮作戰時攻戰必勝，列為考核將帥的最優等。十四是在治理地方中，能使轄區禮義成風，盜匪禍患肅清，列為考核州郡長官政績教化的最優等。十五是在修史和編錄典章中，能夠詳盡典正，文理兼備，列為考核文史官員的最優等。十六是對違紀失職的巡察能夠肅慎精細，彈劾舉奏準確恰當，列為考核監察官員的最優等。十七是明於勘驗覆核，稽核錯失無隱無漏，列為考核勾檢官員的最優等。十八是職事井然有條，供應和承辦事項都能及時完成，列為考核監寺官吏的最優等。十九是規定製作和營建的任務都能完成，工匠又無怨無恨，列為考核匠官役使的最優等。二十是組織耕耨能夠不失季節，收穫後又能及時完成課納，列為考核屯田官吏的最優等。二十一是嚴謹管理貯藏，精審府庫出納，列為考核倉庫官吏的最優等。二十二是能夠準確推斷天象變化，精密推究陰陽曆法，列為考核曆官的最優等。二十三是在占候、卜筮、醫藥等方面，屢屢應驗，成效卓著，列為考核方術一類官吏的最優等。二十四是關卡稽察有方，往來旅人便捷，列為考核關津官吏的最優等。二十五是商店邸舍不受騷擾，而奸邪又得到有效制止，列為考核市司的最優等。二十六是牧場的牲口肥壯，繁殖興旺，列為考核牧官的最優等。二十七是邊境整肅安寧，城防修治完好，列為考核鎮戍的最優等。在考核中，能取得一「最」以上，而又有四「善」的，為上上等；一「最」以上，而又有三「善」的，或者沒有「最」而有四「善」的，為上中等；一「最」以上，有二「善」的，或者沒有「最」而有三「善」的，為上下等；一「最」以上，有一「善」的，或者沒有「最」而有二「善」的，為中上等；一「最」以上，或者沒有「最」而有一「善」的，為中中等；職事大體能完成，但沒有達到「善」或「最」的，為中下等；愛憎全憑個人好惡，處事有違理義的，為下上等；背公向私，廢棄職務的，為下中等；居官諂上欺下，貪贓枉法有狀可據的，為下下等。如果除了「善」、「最」之外，還有可以褒獎的事蹟，或者因為犯罪構成殿負而情節尚可原諒的，或者雖然沒有構成殿負而按情狀應該受到責備的，在尚書省校核時，都由考官臨時根據情狀酌定。官吏犯罪構成負殿的，以贖銅一斤為一負，因公犯罪加倍計算，就是一斤銅可贖二負。十負為一殿。考課為上上等的，雖有罪責已達了「殿」，亦不降他的考等，但這不包括因私犯罪。自上中等以下，犯一殿就要降一等，即使以公罪連坐，亦不能例外。如果本年度因公務繁劇異於往常的，可以減免一殿。京師內外官員從現任職位上調離去任其他官職的，他的年考按後任的官職申報校核考功。如果另有敕令賜考的，只能在當年附考，如果沒有趕上當年考，或者當年沒有考，那就在下一次有考年限再考。每年參加考課的官員數是有一定限額的；作出這個限額的依據是：京都各司官吏要看他們政務的忙閒程度，地方各州、縣依據他們等級的上下。如果沒有足夠的功績可供考課，就不要濫竽充數；功績已經超過了規定要求，亦可以酌情增加應考官數限額。凡是食祿的官員，考功的等第在中上以上，每進一等，加祿一季；中下以下，每退一等，減祿一季。犯有私罪而評為下中等以下的，犯有公罪而評為下下等的，都要解除他們現任的官職，剝奪當年的俸祿，並追回授任狀；滿一年以後，可依照他原來的品級重新參加銓敘。

【說　明】戰國後期，隨著中央集權官僚政治體制的初步形成，對官吏的考課亦相應問世。目前我們能看到的最早的考課標準，當推秦代的〈為吏之道〉，提出了五個方面，亦可說是五善：「一曰中（忠）信敬上；二曰精（清）廉毋謗；三曰舉事審當；四曰喜為善行；五曰龔（恭）敬多讓。」（《雲夢秦簡》）這五善都以個人品德為重心。漢代地方官上計的主要內容為「戶口墾田，錢穀入出，盜賊多少」，已注意到了政績的考核。而唐代的四善和二十七最，更包括了多方面的要求。四善側重於德行，既有個人品德修養上的要求，亦有公務上的德行要求，如廉潔、公正、勤懇，反映了職業道德上的三個不同側面。二十七最則是分別針對各個部門官員職能上提出的具體要求，既注重才能，亦顧及到功績。這樣，四善、二十七最，就把品德、才能、功績三個方面有機地結合了起來。此外，對於州縣的親民官，還依據其特殊的地理人文環境，以戶口增殖、農田勸課作為考核重點。如對戶口的考核就有這樣規定：「諸州縣官人，撫育有方，戶口增益者，各準見戶為十分論，每加一分，刺史、縣令各進考一等」；「若撫養乖方，戶口減省者，各準增戶法，亦每減一分降一等」（《通典．選舉三》）。

四

其流外官，本司量其行能、功過，立四等考第而勉進之。清謹勤公，勘當明審為上；居官不怠，執事無私為中；不勤其職，數有愆犯為下；背公向私，貪濁有狀為下下。每年對定，具簿上省。其考下下者，解所任。凡親、勳、翊衛❶，皆有考第。考第之中，略有三等。專勤謹慎，宿衛如法，便習弓馬者為上；番期不違，職掌無失，雖解弓馬，非是灼然❷者為中；違番不上，數有犯失，好請私假，不習弓馬者為下。諸衛主帥❸，如三衛之考。凡統領有方，部伍整肅，清平謹恪，武藝可稱者為上；居官無犯，統領得濟，雖有武藝，不是優長者為中；在公不勤，數有愆失❹，至於用武，復無可紀者為下。其監門校尉❺、直長❻，如帥之考。正色當官❼，明於按察。監當之處，能肅察姦非者為上；居官不怠，檢校❽無失，至於監察，未是灼然者為中；不勤其職，數有愆違，檢校之所，事多踈漏者為下。其諡議之法❾，古之通典，皆審其事，以為不刊❿。諸職事官三品已上、散官二品已上身亡者，其佐吏⓫錄行狀申考功，考功責歷任勘校，下太常寺⓬擬諡，訖，覆申考功，於都堂集省內官議定，然後奏聞。贈官⓭同職事。無爵者稱「子」。若蘊德丘園⓮，聲實明著，雖無官爵，亦奏賜諡曰「先生」。

【章　旨】記述對流外官及親、勳、翊衛等番上官吏考課的不同要求，以及對三品以上高級官故世後的議諡之法。

【注　釋】❶親勳翊衛　即親衛、勳衛、翊衛三衛，為隋唐宿衛宮廷的禁軍機構。三衛各有兩套組織，分別隸屬王宮禁軍左、右衛和東宮左、右率府。每衛由一中郎將及左、右郎將統率，掌宮廷禁衛之事。三衛軍的來源多為勳戚高官子弟。《新唐書・百官志》稱：「武德、貞觀世重資蔭，二品、三品子補親衛。」《舊唐書・職官志一》亦載：「若以門資入仕，則先授親、勳、翊衛，六番隨文武簡入選例。」經過六次番上，品官子弟才能由散官取得銓敘資格。作為散官，親衛是正七品上，勳衛是從七品上，翊衛是正八品上。他們出身最低的起點便相當於秀才及第。品子進入三衛，必須年二十一以上，其性質近似漢代作為二千石以上之任子的三署郎郎官。❷灼然　光彩鮮明貌。此處喻優秀。❸諸衛主帥　諸衛番上時，每番皆設主帥一人，以統率番上之品子。《新唐書・儀衛志》有載：朝堂置左、右引駕三衛六十人，分五番，「每番有主帥一人」。❹愆失　過失。❺監門校尉　左右監門衛屬官，正六品上。唐制，天子居曰「衙」，行曰「駕」，皆有警衛。凡衙門都設監門校尉六人，分左右，執銀裝長刀騎。另有校尉二人，往來檢校諸門。左、右監門衛共有監門校尉三百人輪值。又，東宮太子左、右監門率府亦有監門校尉。❻直長　指監門直長。唐左、右監門衛置直長六百八十員，正七品，掌禁衛宮門。太子左、右監門率亦置直長七十八員，從七品下。❼正色當官　意謂嚴肅認真地當班值日。❽檢校　指檢查和校驗。監門者對出入人員要校驗門籍，閱其人數；若是物貨器用出入，則要作檢查。❾謚議之法　皇帝、大臣或聲望卓著的社會名流死後，朝廷依據其生前行事給予相應稱號謂之謚，給予謚號的規程稱謚法。始於周，相傳有〈周公謚法〉、〈春秋謚法〉等。秦廢，漢復用，歷代因襲。❿不刊　不再改易。刊，刪改；修訂。⓫佐吏　當係「佐史」之誤。廣雅本正作「佐史」。本書後第十四卷太常寺博士條亦為「佐史」。⓬太常寺　九寺之一，掌管宗廟祭祀、禮儀之機構。謚號例由太常博士先擬，然後申報尚書都省議定奏聞。⓭贈官　授予已故官員或官員直系親屬之榮譽職銜。⓮丘園　丘陵和田園。指鄉村地區。

【語　譯】凡是流外官，都由所在的本司長官根據他們的行能功過，按照四等考第，勉勵他們進考。廉潔恭謹，克勤公務，核查明晰而精審的，列為上等；居官不懈怠，處事無私情的，列為中等；不能克勤職守，屢次犯有過失的，列為下等；背公徇私，貪鄙邪行而有情狀可據的，列為下下等。每年由吏部考功司與各司長官對定，然後具簿上報尚書省。其中考下下等的，就要解除所任職務。凡是在親、勳、翊三衛輪番宿衛的，都有考課。對他們的考核大體分為三等。專致勤懇，嚴謹恭慎，宿衛時恪守法紀，又諳熟弓馬技藝的，列為上等；不違誤番期，職掌以內沒有閃失，雖然懂得弓馬技藝，但還稱不上優秀的，列為中等；違誤番期，屢犯過失，經常因私請假，又不熟習弓馬技藝的，列為下等。各衛的主帥，他們的考課和三衛一樣。凡是統領有方，隊伍整齊嚴肅，自己清廉和平，嚴謹恭慎，武藝又值得稱揚的，列為上等；為官沒有過失，統領隊伍亦尚得當，雖有武藝但還稱不上優秀的，列為中等；對公務不能勤守，而且屢屢犯有過失，至於武藝方面更沒有長處可說的，列為下等。關於監門校尉和監門直長的考第，與各衛主帥相同。認真當值，嚴明審察巡按，在當監處所能察覺和整肅一切為非作奸的，列為上等；為官不懈怠，檢查校驗出入人員和物品沒有過失，至於監察奸非還稱不上優秀的，列為中等；不能勤於職守，屢犯過失，在所檢校場所多次發現疏忽和遺漏的，列為下等。關於議定謚號的辦法，是自古以來便有通行的典制，歷來都審慎地對待此事，因而可以不再修訂。各職事官三品以上，散官二品以上，去世的，由所在官署佐吏（史）記錄他的行狀向考功司申請，由考功司負責校勘他的歷任事跡，轉太常寺草擬謚號；草擬完畢後，再在尚書省都堂召集省內官員共同議定，然後奏報請旨。贈官的授予手續與職事謚法相同。生前沒有官爵的稱「子」。如果他積德所在的鄉里，名聲與實績都彰明卓著，即使生前沒有官爵，身後亦可奏請賜謚稱為「先生」。

五

員外郎掌天下貢舉[1]之職。開元二十四年[2]敕以為權輕，專令禮部侍郎一人知貢舉。然以舊職故，復敘於此云。凡諸州每歲貢人，其類有六：一曰秀才，二曰明經，三曰進士，四曰明法，五曰書，六曰算。其弘文、崇文生[3]，各依所習業隨明經、進士例。其秀才試方略策五條，文、理俱高者為上上，文高理平、理高文平者為上中，文、理俱平為上下，文、理粗通為中上，文劣理滯為不第。此條取人稍峻，自貞觀後遂絕[4]。其明經各試所習業，文、注精熟[5]，辨明義理，然後為通。正經有九：《禮記》[6]、《左傳》[7]為大經，《毛詩》[8]、《周禮》[9]、《儀禮》[10]為中經，《周易》[11]、《尚書》[12]、《公羊》[13]、《穀梁》[14]為小經。通二經者，一大一小，若[15]兩中經；通三經者，大、小、中各一；通五經者，大經並通。其《孝經》[16]、《論語》[17]並須兼習。諸明經試兩經，進士一經，每經十帖[18]。《孝經》二帖，《論語》八帖[19]，每帖三言。通六已上，然後試策：《周禮》、《左氏》、《禮記》各四條，餘經各三條，《孝經》、《論語》共三條，皆錄經文及注意為問。其答者須辨明義理，然後為通。通十為上上，通八為上中，通七為上下，通六為中上。其通三經者，全通為上上，通十為上中，通九為上下，通八為中上，通七及二經通五為不第。其進士帖一小經及《老子》⑳，皆經注兼帖。試雜文㉑兩首，策時務五條㉒。文須洞識文律，策須義理愜當者為通。若事義有滯、詞句不倫者為下。其經、策全通為甲，策通四、帖通六已上為乙，已下為不第。

【章旨】記述貢舉分設六科的名目以及秀才、明經、進士三科考試的課目和等第。

【注釋】❶貢舉　貢士與科舉的合稱，是隋唐後選拔官吏的一種新制度。古代諸侯有「貢士」，即向天子推薦人才的制度，隋唐增設了「科舉」，即分科目考試選拔官吏的制度。凡是不屬於學館的生徒，可懷牒（身份、履歷）自列於州縣，經州縣考試合格再到京城參加省試，稱之為鄉貢。這樣便把州縣貢士與科舉考試結合了起來，故稱為貢舉。案：本條正文及原注所載貢舉之制，與本書後第四卷禮部尚書侍郎職掌條所載每多不同。此為述舊制，而後者則兼及開元二十四年（西元七三六年）改隸前後體制變化的情況。❷開元二十四年　即西元七三六年。開元為唐玄宗李隆基年號。是年因考功員外郎李昂遭舉人詆訶，玄宗以員外郎望輕，遂移貢舉於禮部，以侍郎主之。禮部選士自此始。❸弘文崇文生　門下省有弘文館，東宮有崇文館，各有生員三十，均為皇緦麻以上親，皇太后、皇后大功以上親，宰相及散官一品、功臣身食實封者、京官職事從三品、中書、黃門二省侍郎之子弟。❹此條取人稍峻自貞觀後遂絕　此言秀才科在隋唐實施情況。秀才為隋唐貢舉科目之最，秀才出身的敘階在八品正從上下之間，如果考試成績同為上上，那麼秀才比明經高三等，比進士高四等。鑒於秀才地位崇高，因此主試者皆重難其事。如隋代楊素復試秀才杜正玄時，要他擬司馬相如〈上林賦〉、王褒〈聖主得賢臣頌〉、班固〈燕然山銘〉、張載〈劍閣銘〉〈白鸚鵡賦〉；再次蘇威復試時，要他擬賈誼〈過秦論〉、《尚書．湯誓》、〈匠人箴〉、〈連理樹賦〉、〈幾賦〉、〈弓銘〉等各種文體，其難度可想而知。據《通典．選舉三》記載：「貞觀中，【秀才科】有舉而不第者，坐其州長，由是廢絕。自是士族所趨向，惟明經、進士二科而已。」至唐高宗永徽二年（西元六五一年），便明令廢止秀才科。❺文注精熟　指對所習經書之正文與注釋均能精通熟練。❻禮記　儒家經典之一。有四十九篇，為孔子弟子及其後學所記，係西漢以前各種禮儀論著的選編，相傳為西漢學者戴德之姪戴聖編纂，故又稱《小戴禮記》；東漢鄭玄注。❼左傳　儒家經典之一，亦稱《左氏春秋傳》，相傳為春秋時左丘明所撰，更大可能出自戰國人之手。以史實解釋《春秋》，而與《公羊》、《穀梁》重義理釋《春秋》

異。起於魯隱公元年（西元前七二二年），終於魯悼公四年（西元前四六六年），比《春秋》多十七年。注有西晉杜預《春秋左氏經傳集解》。❽毛詩　儒家經典之一。相傳為西漢初毛亨和毛萇所傳之《詩經》。據傳其學出於孔子弟子子夏。《漢書・藝文志》著錄《毛詩》二十九卷，《毛詩故訓傳》三十卷，東漢鄭玄曾作箋，唐孔穎達定《五經正義》，《詩》取毛、鄭。故為當時所宗。❾周禮　亦稱《周官》，儒家經典之一。係搜集周王室官制和戰國時各國制度，附加以儒家政治理想增減排比而成的彙編。有東漢鄭玄注。❿儀禮　亦稱《禮經》或《士禮》，儒家經典之一。春秋戰國時代部分禮制的彙編，共十七編。有東漢鄭玄《儀禮注》，唐賈公彥《儀禮疏》。⓫周易　亦稱《易經》，儒家經典之一。內容包括經和傳兩部分。有六十四卦，三百八十四爻，卦辭（包括卦形、卦名）、爻辭（包括爻題）為經，而象（上、下）、象（上、下）、文言、繫辭（上、下）、說卦、序卦、雜卦七種共十篇為傳，傳乃經之最古注解。舊有東漢鄭玄注，今已失傳，通行為魏王弼、晉韓康伯注。⓬尚書　亦稱《書經》，儒家經典之一。相傳為孔子編纂而成。西漢存二十八篇，即《今文尚書》；另有漢武帝時在孔子住宅壁中發現的，稱《古文尚書》；還有東晉梅賾所獻孔安國傳的亦稱《古文尚書》。《尚書》中保存了殷周，特別是西周初期的一些政府文告。今存《尚書》即孔安國傳的《古文尚書》。共五十八篇，分別稱〈虞書〉、〈夏書〉、〈商書〉和〈周書〉。其中三十三篇為漢代伏生所傳，較《今文尚書》增多二十五篇。唐初孔穎達以孔傳《古文尚書》為底本，撰成《尚書正義》作為官方定本頒行。⓭公羊　亦稱《春秋公羊傳》，儒家經典之一。舊題戰國公羊高撰。最初僅口說流傳，西漢初年由公羊壽與胡毋生著於竹帛，才形成書面文字。偏重闡述《春秋》之理義。為今文經學重要典籍，歷代今文學家奉為圭臬。⓮穀梁　亦稱《春秋穀梁傳》，儒家經典之一。相傳為戰國時魯人、子夏弟子穀梁赤所撰。初僅口頭傳說，西漢時才成書。體裁與《公羊傳》相近。注本有晉范寧的《春秋穀梁傳集解》。⓯若　或者。⓰孝經　儒家經典之一。作者有多說，可能為儒家後學所作。共十八章。東漢列為七經之一。有孔安國、鄭玄兩家注本。⓱論語　儒家經典之一。孔門弟子關於孔子言行的記錄。共二十篇。內容有孔子談話、答弟子等問及弟子間相與談論。東漢時列為七經之一。又，《唐會要・貢舉上》引錄表文多處提到「並須兼習」的經目除《孝經》、《論語》外，還有老子《道德經》。本書後第四卷禮部尚書、侍郎職掌條所載亦為「《孝經》、《論語》、《老子》並須兼習」。⓲每經十帖　指每部經出十道帖經試題。帖經是把經書前後兩邊遮上，中間只留一行，再用紙把其中某三字貼住，讓考生把貼住的字填寫出來。⓳孝經二帖論語八帖　本書後第四卷禮部尚書侍郎職掌條原注，此二句後還有一句：「《老子》兼注五帖。」全文為：「舊制：諸明經試每經十帖，《孝經》二帖，《論語》八帖，《老子》兼注五帖。」⓴老子　亦稱《道德經》，道家主要經典。相傳春秋末老聃著。注本有西漢河上公、魏王弼等。又，因一九九三年出土的郭店楚墓竹簡中有一《老子》

話本，學術界對老子的研究形成了新的熱點，《老子》的作者亦出現了多說。如有學者以為《史記．老子韓非列傳》所言老子「姓李氏，名耳，字聃」，當是生活於前後兩個時代的兩人，《老子》亦應有兩個版本，即郭店《老子》做者為李耳，流行本《老子》則為老聃所撰。尚無定論，錄以備考。㉑雜文　指箴、表、詩賦一類文體。唐初，進士只試時務策，高宗調露時考功員外郎劉思立提出增試雜文二道，並帖小經。武則天時試進士實行帖經、雜文、時務策三場考試。起初試雜文多為箴、表、銘、賦一類，至開元年間，雜文二首是詩賦居其一，箴、表、銘居其一。開元二十六年的試題為〈擬孔融薦禰衡表〉、〈明堂水詩〉。天寶以後，詩賦逐漸成為主司評價考生水平的主要依據，甚至帖經不及格的，可以詩賦取代帖經的成績，稱之為「贖帖」。這樣不僅為文學之士的仕進開了方便之門，還使看重文學成為一時的社會風尚。㉒策時務五條　指進士須試時務策五條，即五篇命題作文。題目不外乎刑禮關係、用刑寬猛、賢才之選拔一類。文體須用駢，聲律嚴格，文辭要華美，通篇須用典。由於考題大多雷同，時間一久，應舉之人往往「不尋史傳，唯讀舊策，共相模擬」（《唐大詔令集》卷一〇六）。

【語　譯】考功員外郎分掌全國貢舉考試的職務。開元二十四年玄宗頒佈敕令，認為員外郎的權位太輕，專門下令由禮部侍郎一人來主管貢舉考試。由於考功員外郎是舊職，因而作為歷史記述在這裡。關於各州每年的貢士，大體上有六類：一是秀才，二是明經，三是進士，四是明法，五是書，六是算。弘文館和崇文館的生徒，各自依照他們所學習的專業分別參加明經、進士的考試。關於秀才科，考試的內容是方略策五條。文理俱高的為上上等，理高文平的為上中等，文理都平平的為上下等，文理粗通的為中上等，文劣理滯的為落第。這一科目，由於錄取的要求過於嚴峻，從貞觀以後就終止。關於明經科，考試的內容是各自所學習的經典。要求經文與注釋都精通熟練，能夠明白和辨析它的義理，這才能算「通」。正經有九部：其中《禮記》、《左傳》為大經，《毛詩》、《周禮》、《儀禮》為中經，《周易》、《尚書》、《公羊》、《穀梁》為小經。通二經的，是一大一小，或者是兩部中經；通三經的，是大、中、小各一部；如果通五經，那麼兩部大經都要通。至於《孝經》、《論語》所有參加明經考試的，都要兼習。凡是應試明經科的，都要試兩經；應試進士科的，試一經。大、中、小九經每部試十道帖經題目，亦就是十帖。此外，《孝經》試二帖，《論語》試八帖。每帖是三個字。十題中有六題以上達到通過的要求，才能參加試策。試策的規定是：《周禮》、《左傳》、《禮記》各四條，其他經為每部經三條，《孝經》、《論語》共三條。每條都是選錄一段經文以及注釋，並就此提出問題。考生的答案必須辨明經文的義理，才能被認為「通」。在十條問答中，通十條為上上等，通九條為上中等，通八條為上下等，通七條為中上等，通六條為中上等。其中通三經的考生，全通為上上等，通十條為上中等，通九條為上下等，通八條為中上等。如果考三經只通七條、考二經只通五條，就要算落第。關於進士科，考試的內容是帖經，帖一部小經，再加《老子》。都是經文與注釋都要帖試。然後考雜文二篇，時務策五條。雜文能做到精通文字格律，時務策能做到義理恰當的，才能算「通」。如果雜文事義凝滯，詞句不倫不類的，就是下等，不能通過。帖經和時務策全部通過的為甲等；策通過四條，帖通過六條以上的，為乙等。在此以下的，就為落第。

【說　明】唐代貢舉生員來源有二：一為學館生徒，二為州縣的鄉貢。其考試科目，分常舉和制舉兩大類。常舉考科除了本章中列舉的六類，還有一史、三史、開元禮、道舉、童子等科；明經除五經、三經、二經外，亦還有學究一經、三禮、三傳、史科諸項。所謂制舉，是為求非常之才以應不時之需，而由皇帝親自主持的考試。其科目歷世相積，頗為繁複，德宗時稍事簡略，規定主要有賢良方正、直言極諫、博通墳典達於教化、軍謀宏遠堪任將帥、詳明政術可以理人等。在如此眾多科目中，最重要的還是進士和明經，特別是前者。《新唐書・選舉志》稱：「大抵眾科之目，進士尤為貴，其得人也最盛焉。方其取以辭章，類若浮文而少實；及其臨事設施，奮其事業，隱然為國之名臣者，不可勝數，遂使時君篤意，以謂莫此之尚。」至於考試的方式，無非是筆試與口試。帖經相當於現在填充題，明經的試策則類似問答題，可以口試，亦可筆試。進士的時務策為命題作政論文，而雜文無論詩或賦都是命題而作的韻文。大體說來，明經偏重於記憶、背誦，進士則偏重於文學才能。但科舉考試能否及第，往往並非完全決定於省試成績的優劣，還要看考生能否得到當朝權貴的「公薦」，或主考官事先「覓舉」有否覓到你頭上。為此考生一到京城便要東西奔走，把自己力作用工整的字體寫成卷軸，呈獻給權貴以求青睞，稱之為「行卷」。白居易應舉時，就曾經有過這種經歷。他去向當時著名詩人顧況「行卷」，顧讀到「野火燒不盡，春風吹又生」詩句時，便擊案驚嘆：「有句如此，居天下有甚難！」於是便「薦之」（《唐摭言》卷七）。科舉及第，只是有了一個出身，還要經過吏部銓試合格，才能授任官職，因而吏部的選試被稱之為「釋褐試」，意味著此試若合格，即可脫下平民衣服，躋身顯貴行列，但這又談何容易呢！即使像韓愈這樣的大家，也曾「四舉於禮部才一得，三選於吏部卒無成」（王鳴盛《十七史商榷》卷八十一）。而在歷史上，有這類遭遇的人，可謂屢見不鮮。

六

其明法試律、令[1]各一部，識達義理，問無疑滯者為通。粗知綱例[2]、未究指歸[3]者為不通。所試律、令，每部試十帖。策試十條：律七條，令二條[4]。全通者為甲，通八以上為乙，已下為不第。其明書則《說文》[5]六帖，《字林》[6]四帖。諸試書學生帖試通訖，先口試，不限條數，疑則問之，並通，然後試策。其明算則《九章》[7]三帖，《海島》[8]、《孫子》[9]、《五曹》[10]、《張丘建》[11]、《夏侯陽》[12]、《周髀》[13]、《五經》[14]等七部各一帖。其《綴術》[15]六帖，《緝古》[16]四帖。錄大義本條[17]為問。答者明數造術[18]，辨明術理，然後為通。《記遺》[19]、《三等數》[20]，讀令精熟，試十得九為第。其試《綴術》、《緝古》者，《綴術》七條，《緝古》三條。諸及第人並錄奏，仍關送吏部。書、算於從九品下敘排[21]。弘、崇生雖同明經、進士，以其資蔭全高[22]，試亦不拘常例。弘、崇生習一大經、小經者[23]，兩中經者，習《史記》[24]者，《漢書》[25]者，《東觀漢記》[26]者，《三國志》[27]者，皆須讀文精熟，言音典正。策試十道，取粗解注義，經通六，史通三。其試時務策者，須識文體，不失問目義，試五得三。皆兼帖《孝經》、

《論語》共十條。應簡齋郎㉘，準貢舉例帖試。太常㉙解申禮部勘責，十月內送考功，帖《論語》及一大經，及第者奏聞。國子監㉚大成㉛二十員㉜，取貢舉及第㉝人聰明灼然者，試日誦千言，并口試，仍策所習業，十條通七，然後補充，各授官㉞，依色令㉟於學內習業，以通四經為通。其祿俸、賜會㊱準非伎術直㊲例給。業成者於吏部簡試，《孝經》、《論語》共試八條，餘經各試八條，間日一試，灼然明練精熟為通。口試十通九、策試十通七為第。所加經者，《禮記》、《左傳》、《毛詩》、《周禮》各加兩階，餘經各加一階。及第者放選，優與處分；如不及第，依舊任。每三年一簡。九年業不成者，解退，依常選例。業未成、年未滿者，不得別選及充餘使。若經事故，應敘日，還令覆上。其先及第人欲加經及官人請試經者，亦准此。

【章旨】貢舉制之續：有關明法、明書、明算諸科和弘文、崇文二館生徒以及禮部太廟齋郎、國子監大成參加考試的一些具體規定。

【注釋】❶律令　兩種既有聯繫又有區別的法制文書。令為有關國家制度的基本法規，律則是對一切違反法令行為定罪判刑的根據。《唐律》參照《隋律》，凡十二章、五百條；《唐令》則有二十七篇、三十卷。❷綱例　大綱與案例。❸指歸　要旨之所歸。❹令二條　《通典・選舉三》為「令三條」。❺說文　《說文解字》之簡稱。文字學書，東漢許慎撰。本文十四卷，敘目一卷，共收字九千五百五十三，重字一千一百六十三。每字下之解釋，大抵先字義，次形體構造及讀音。依照六書解說文字。❻字林　字書。晉呂忱撰。部目依據《說文解字》，亦分五百四十部，收字一萬二千八百二十四。為補《說文》漏略而作。唐以前與《說文》並重。後亡佚。❼九章　指《九章算術》。為算經中最重要一種，系統總結了自先秦至東漢的算學成就。成書於東漢時。有魏晉劉徽、唐李淳風注本。❽海島　指《海島算經》。魏晉間劉徽撰，一卷。《舊唐書・經籍志下》有著錄。

❾孫子　指《孫子算經》。北周甄鸞撰注，三卷。《舊唐書・經籍志下》有著錄。❿五曹　指《五曹算經》。北周甄鸞撰，五卷。《舊唐書・經籍志下》有著錄。⓫張丘建　指《張丘建算經》。北周甄鸞撰，一卷。《舊唐書・經籍志下》有著錄。⓬夏侯陽　指《夏侯陽算經》。三卷，北周甄鸞注。《舊唐書・經籍志下》有著錄。⓭周髀　指《周髀算經》。一卷，佚名著。為西漢或更早時期的天文曆算著作。闡明當時的蓋天說和四分曆法。在數學方面使用了分數算法和開平方法，最早應用勾股定理。唐李淳風注。⓮五經　指《五經算術》。一卷。《隋書・經籍志》有著錄。⓯綴術　算書。南朝宋齊間祖沖之著，五卷。唐李淳風注。《舊唐書・經籍志下》有著錄。⓰緝古　指《緝古算術》。四卷，王孝通撰。唐李淳風注。《舊唐書・經籍志下》有著錄。自《九章》至《緝古》共十本算書，唐代國子監算學館規定為必讀課本，合而稱之為「算經十書」。現在流傳的是北宋元豐七年（西元一〇八四年）秘書省刻印的各種傳刻本。其中《綴術》已佚，後來代之以《數術記遺》。《夏侯陽算經》亦非真本，係後人托名編撰。⓱大義本條　指某條數學定義。⓲明數造術　指以自然數為基礎的從加、減、乘、除到乘方、開方、計算面積、體積、圓周、球體等運算方法。⓳記遺　指《數術記遺》。一卷。《舊唐書・經籍志下》有著錄。漢徐岳撰，北周甄鸞注。主要內容是大數進位和記數法。書中載有命數法和積算（以籌記數之計算法）、珠算、心算等十四種計算方法，但多數不能應用於實際。有宋刻本存世。⓴三等數　算書。一卷，董泉撰，北周甄鸞注。書中把數分成大數、中數、小數三等。《舊唐書・經籍志下》有著錄。㉑敘排　疑為「敘階」之誤。㉒資蔭全高　意謂弘文館、崇文館生員全係皇帝緦麻以上親，皇太后、皇后大功以上親，宰相及京官職事從三品、中書黃門侍郎之子為之，其門蔭皆居高位者。㉓習一大經小經者　句中「小經」上，據本書後第四卷禮部尚書侍郎職掌條原注，應補一「二」字。㉔史記　原名《太史公書》，漢司馬遷撰。一百三十篇。起於黃帝，迄於漢武帝，為我國第一部紀傳體通史。㉕漢書　東漢班固撰。一百篇，分一百二十卷。為我國第一部紀傳體斷代史。㉖東觀漢記　東漢官修本朝紀傳體史書。漢明帝時開始編撰，以後歷朝增修，至桓靈時共修一百四十三卷，尚未定稿。此書魏晉時很流行，唐中葉後流行暫少。今本係清人輯本。東觀為洛陽宮中殿名，即當時修史之處。㉗三國志　西晉陳壽撰。分魏、蜀、吳三志，紀傳體，但無表、志，共六十五卷。㉘應簡齋郎　指應試的齋郎。唐代太常寺設太廟齋郎，五品以上官員子孫蔭補；郊社齋郎，六品官員子蔭補。為祭祀時之執事吏員，年齡在十五以上、二十以下。六考為滿，由太常寺送禮部應試。㉙太常　即太常卿，九卿之一。掌太廟郊社祭祀等事。㉚國子監　教育行政主管機構，兼領國立諸學校。漢有太學，晉稱國子學，北齊稱國子寺，隋始稱國子監，唐因之。設祭酒、司業為正副長官。並以官兼師，總國子、太學、廣文、四門、律學、書學、算學等七學。㉛大成　意謂學業大有成就。國子監設有大成班，為明經貢舉考試及格後，繼續留在國子監學習

深造者，相當於現代大學研究生班。㉜二十員　初置二十員，至開元二十年（西元七三二年）改為十員。㉝貢舉及第　本書後第四卷禮部尚書侍郎職掌條正文為「明經及第」。當以「明經」為是。㉞各授官　本書後第四卷禮部尚書侍郎職掌條為「各授散官」。㉟依色令　《舊唐書・職官志二》禮部尚書侍郎職掌條為「依舊令」。㊱祿俸賜會　唐代國家給予官吏的諸種物質待遇的合稱。祿是依據本品，春秋二季以糧食發給；俸則包括俸、料、課、雜錢四種按月發給錢物。此外，還有各種食物作為膳食供應。賜會，亦稱會賜，是與俸祿平行的待遇，每年元旦、冬至朝會時賞賜，主要是絹及金銀器皿。按官吏本品賜給，分五品以上和六品以下兩等。㊲非伎術直　唐代直官是界於官與吏之間的一類屬員。他們處於長官、通判、判、典四等官之外，不負行政責任，但又不是工匠，而是官，是國家為寺、監等官署配置的專業技術人才，相當於現代各級政府機關的會計師、工程師之類。非伎術性直官多在戶部、刑部、度支、比部諸司，是從事起草、校勘、計算等帶有專業性的工作人員，諸如「明法之官」、「直中書」、「直刑部」等便是。此處把大成的待遇定位於非伎術性直官，是使之處於官與吏之間的一種事業性人才的地位。

【語　譯】關於明法科，考試的內容是律和令各一部。能夠熟記和通曉律、令的相關義理，回答問題時沒有疑惑和呆滯的，方可通過。如果只是粗略地知道一些大綱案例，而不能探究律、令要旨所歸的，就不能及格。所考試的律和令，每部都要試十帖；策問試十條，其中律七條，令三條。全部通過的為甲等，通過十分之八以上的為乙等，十分之八以下的不及格。關於明書科，考試的內容是《說文》六帖，《字林》四帖。凡是應試明書科的考生，帖試通過以後，先口試，不限條數，提出疑問來要考生回答。口試通過後，再筆試策問。關於明算科，考試的內容是《九章》試三帖，《海島》、《孫子》、《五曹》、《張丘建》、《夏侯陽》、《周髀》、《五經》這七部算經，各試一帖。再加上《綴術》試六帖，《緝古》試四帖。摘錄數學中某條基本定義作為題目來詢問考生，考生的答案不僅要用數字進行實際運算，而且還要說明運算的方法和理論依據，才能及格通過。《數學記遺》、《三等數》這兩本算經要精心閱讀，熟練運用，試十題，九道對的為及第。對《綴術》、《緝古》的考試，前一本有七道題目，後一本是三道題目。凡是參加明算科及格的人，都要記錄申奏他們名單，並報送吏部。明書、明算科及第的，都是從九品下敘排（階）。弘文館、崇文館的生員，雖然與明經、進士科舉人一起應考，但由於他們的門蔭品階都很高，所以對試卷的考評，亦就不能拘泥於一般常例來進行。弘文館、崇文館生員原來學習一大經、【二】小經的，學習兩中經的，學習《史記》的，《漢書》的，《東觀漢記》的，和學習《三國志》的，都必須對文字精讀熟記，吐音雅正。策問試十道題，要求能夠粗通經義及注解。經籍通過六道題，史著通過三道題。考時務策的，要能識別各種文體，答案要不離開問目所詢問的原意。五題通過三題就算及格。以上兩館生員都要兼試帖經《孝經》、《論語》共十條。參加考試的齋郎，依照貢舉考試的做法，考帖經。齋郎參加考試，由太常寺將名單申報禮部覆核，十月份以內報送吏部考功員外郎。試題是帖《論語》再加一大經。考試及第的便可向上奏報。國子監設有大成班，生員共有二十名，取自貢舉（明經）考試及第中聰明卓越的。考試之日背誦一千字，並當場口試；再策問所習的專經，十條中能通過七條，就可錄取進大成班，各授給【散】官品階，並依照色（舊）令，在國子監內繼續深造學習，以通四經為及格。對大成的俸祿和賜會，按照非伎術直官的標準發給。能夠結業的，再在吏部參加考試，內容是《孝經》、《論語》共試八條，其餘專攻的經，各試八條，隔天考一次。文采斐然、明晰精通而又熟練的，即可通過。口試十條中通過九條，策問十條中通過七條，為及第。考生所加修的經典，如果是《禮記》、《左傳》、《毛詩》、《周禮》，可以各人加兩階；其餘各經，各加一階。及第的由吏部放選，從優銓敘。若是不及第，那就仍在國子監繼續學習。每三年簡試一次。九年都不能及第的，就要退學，按照常規參加吏部選。學業沒有完成，規定年限又沒有達到的，不得參加其他銓選或者充當其他使職。如果因事故請假，規定的期限還得補上。原來明經考試及第的人要加試其他經籍，或者已經在職的請求加試經籍，亦參照這些規定辦理。

【說　明】從兩漢的察舉到隋唐的科舉，無疑是選拔人材制度上的一個歷史進步。察舉是一種他薦的選舉制度，科舉則允許士子「懷牒自列」、「投牒自舉」，因而是在歷史上第一次出現的以自薦為特徵的選舉制度。這對作為個體的人的才智的發掘，以至個性的發展，都是有利的。但我們不應把這種制度的自主性估計過高。科舉考試產生了很大的社會影響，而首當其衝的便是學校教育。很明顯，正是科舉考試的科目支配了學校教學的方向與內容。弘文館、崇文館生員的修業，國子監的國子學、太學、四門學的課程設置，以至教育方法，全都是與明經、進士兩科相對應的。各地方的州縣學自然是照葫蘆畫瓢跟著跑，大家一起都往這條狹隘的小胡同內擠。儘管亦有醫、藥、卜、曆諸項專業教育，但其地位極其低微，因而往往很少有人問津。一個學子可說從他啟蒙開始，到入學、進考、省試、殿試直至徵俸授官，都被籠罩在一個皇權至上的模式中，他是無法逃脫這個模式對他的鑄造的。因而據說唐太宗來到端門前，當他看到新錄取的進士們魚貫而出時，一高興不由脫口說了這樣一句話：「天下英雄盡入吾彀矣！」

卷三

尚書戶部

卷目

戶部尚書一人
侍郎二人
郎中二人
員外郎二人
主事四人
令史十七人❶
書令史三十四人
計史一人
亭長六人
掌固十人

度支郎中一人
員外郎一人
主事二人
令史十六人
書令史三十三人
計史一人
掌固四人

金部郎中一人
員外郎一人
主事三人
令史十人❷
書令史二十一人
計史一人
掌固四人

倉部郎中一人
員外郎一人
主事三人
令史十二人❸
書令史二十三人❹

---

❶令史十七人　《新唐書・百官志》同此，《舊唐書・職官志》作「十五人」。
❷令史十人　《新唐書・百官志》同此，《舊唐書・職官志》作「八人」。
❸令史十二人　《新唐書・百官志》同此，《舊唐書・職官志》作「九人」。

計史一人

掌固四人

❹書令史二十三人 《新唐書・百官志》同此，《舊唐書・職官志》則為「二十人」。

卷旨

唐朝前期尚書省的戶部，實際即中央政府的財政機關，其職能是「掌天下戶口井田之政令，凡徭賦職貢之方，經費賙給之算，藏貨贏儲之准，悉以咨之」(本卷第一篇)。這段話的中心是「經費賙給之算」，亦就是全年國家收支的財政預算。至於「戶口井田之政令」，是為了保障財政收入；「徭賦職貢之方」，只是稅收的形式；「藏貨贏儲之准」，是有關收入的儲藏轉運和分配。概括起來戶部的任務是三條：保障財政收入，編製財政收支預算，做好物資的轉運、儲藏和分配。戶部所屬四司正是環繞著這三條主要任務進行分工和實際操作的。

戶部四司中為首的是戶部司，掌全國各州縣土地、人民、錢穀之政，貢賦之差。其工作重點是保證全年的財政收入，所有關於戶口、田制、賦役、貢賦的政令，都以保障賦稅的徵收為指歸。由戶部司稟集的全國各州縣計帳，則是度支司編製財政預算的依據。其次是度支司，職掌為支度國用租賦少多之數，按照量入為出原則，編製年度預算，根據產需對應要求調撥和轉運全國物資。本卷度支郎中篇中這方面的記述頗為詳細，如果與日本學者大津透等根據吐魯番出土文書恢復的「儀鳳三年度支奏抄、四年金部旨符」相對照，還可得到度支司具體如何度支國用的實物印證。在唐帝國這樣一個幅員遼闊、機構龐大，卻是以分散的小農經濟為主體的國度裡，為了保障物資的集中、轉輸和分配，從策劃到組織建立起一個相應的轉輸、倉儲系統，這本身就是一項巨大的工程。故度支司無論從政令或行政關係上說，都該是戶部四司的核心。再次是金部、倉部二司。金部郎中掌管錢帛之出納，倉部郎中掌穀粟之出納，似乎都只是度支預算的執行機構，但事實上度支司的預算編製也離不開金倉二司的參與。例如編製全年開支的依據是各級官府機構被稱為「八月都帳」的來年開支預算，而按規定八月都帳是先向金倉二司申報並由其審批後，再轉送度支司的。不僅如此，度支司編製完畢後的預算，還要經金部司和倉部司遞覆確認無誤方能付諸實施；預算實施的結果亦須向這兩個司作出年終申報，然後才進入新一個年度的支度國用計劃的編製。除此之外，金倉二司還有一個與司農寺、太府寺所屬機構的「橫向」關係。因為如果就出納而言，國庫亦按錢帛與粟米分成兩部分，粟米的營儲出納，諸如太倉署以及太原、永豐、龍門諸倉，都屬司農寺管轄；而錢帛及金銀等物之儲積出納，如左藏署、右藏署，則為太府寺所統屬。以上兩類庫藏，規定分別須有金部司或倉部司簽發的符信（木契）和符文，方可支領。所以單就這一職掌來看，司農寺、太府寺分別與倉部司、金部司對應，前者是後者政令的執行機關。弄清了戶部四司的這種內外相互關係及各自的基本職能，那麼亦就大體掌握了本卷的要旨。

唐代尚書省戶部官署在西京和東都的位置，可參閱第一卷卷旨。

戶部尚書・戶部郎中（上）

【篇　旨】本篇敘述戶部尚書、侍郎和戶部司郎中、員外郎的定員、品秩、沿革及職掌。戶部司是戶部四司之首，其長官郎中、員外郎各有二人，而戶部其他三司則為各一人。唐朝前期的支度國用，是建立在均田制下以丁身為本的租庸調制的基礎之上，以量入為出作為財政收支的基本原則，一年所入是當年度支國用即財政預算的依據，而戶部司正是確定當年所入的一個機構。戶部司的職掌大致可以分為掌握戶口與籍帳，以及統領田制賦役的政令這樣兩個部分。在本卷中，記述這兩部分的篇幅要佔到三分之二以上，為了方便閱讀，我們把它分成了上下兩篇。這一篇敘述的為與戶口籍帳相關的內容。

戶部司編製年度國用計劃，是以全國諸州申報的計帳為原始依據的，本書作者便以此為貫串線，在篇中記述了：㈠唐初十道州縣的行政區劃，其詳盡程度幾乎可以視為一部完整的地理志，而細檢其材料來源，則多出自《開元十道圖》。《通志・地理略》全文引錄了《開元十道圖》，鄭樵在文前按語中稱：「唐《開元十道圖》，其山川之所分，貢賦之所出，得禹貢別州任土之制，遠不畔古，近不違今，載之《六典》，為可書也。」這倒給我們現在讀這部書帶來了一個方便：以《通志》引載的《開元十道圖》與《唐六典》第三卷有關十道文字互校，可以改正後者某些脫漏和錯訛。㈡州、縣二級行政區劃及其組織體系，和鄉、里、鄰保這些最基層的組織結構。㈢戶籍管理制度。從篇中的記述可以看出，當時全國四千六百二十餘萬人口都被嚴密地組織在這一套完整的行政管理和戶籍管理的監控之下，這成了整個唐王朝統治的基礎。一旦戶籍管理失控，就會動搖這個基礎，所以《唐律》對逃亡戶的制裁，有著極嚴厲的規定。

一

戶部尚書一人，正三品；周之地官卿❶也。漢成帝❷置尚書五人，其三曰民曹，主吏人上書事。後漢以民曹兼主繕修功作，當工官之任。魏置左民尚書，晉初省之，太康❸中又置。惠帝❹時有右民尚書。東晉及宋、齊並置左民尚書，梁、陳並置左戶尚書，並掌戶籍，兼知工官❺之事。後魏、北齊有度支尚書，亦左民、右戶❻之任也。後周依《周官》❼，置地官府大司徒卿。隋初曰度支尚書，開皇三年❽改為民部，皇朝因之。貞觀二十三年❾改為戶部，顯慶元年❿改為度支，龍朔二年⓫改為司元太常伯，咸亨元年⓬復為戶部。光宅元年⓭改為地官尚書，神龍元年⓮復故。

侍郎二人，正四品下。周之地官小司徒中大夫⓯也。漢以來尚書侍郎，今郎中之任。後周依《周官》。隋煬帝⓰置民部侍郎，皇朝因之。貞觀二十三年改為戶部，顯慶元年改為度支，龍朔二年改為司元少常伯，咸亨、光宅、神龍並隨曹改復。

【章　旨】規定戶部尚書和侍郎之官數、品秩，並記述其沿革。

【注　釋】❶地官卿　指地官司徒卿，《周禮》六卿之一。掌管土地和人民。西周始置。在金文中稱司土或司徒。❷漢成帝　西漢皇帝劉驁。在位二十年，終年四十五歲。❸太康　晉武帝司馬炎年號。❹惠帝　西晉皇帝司馬衷，為低能兒。在位十六年，終年四十八歲。❺工官　官署名。西漢屬少府。有些郡，如蜀、廣、漢等，亦各置工官。主造作武器、日用物品及金銀漆器等。❻右戶　據《職官分記》卷九戶部尚書條應為「左戶」。❼周官　即《周禮》，儒家經典之一。係搜集西周至戰國列國制度，並附麗以儒家某些政治理想而成之彙編。❽開皇三年　即西元五八三年。開皇為隋文帝楊堅年號。❾貞觀二十三年改為戶部　貞觀二十三年，即西元六四九年。貞觀為唐太宗李世民年號。是年五月，李世民去世，李治即皇位；六月，以避李世民諱，改民部尚書為戶部尚書。❿顯慶元年　即西元六五六年。顯慶為唐高宗李治年號。⓫龍朔二年　即西元六六二年。龍朔為唐高宗李治又一年號。⓬咸亨元年　即西元六七〇年。咸亨亦為唐高宗李治年號。⓭光宅元年　即西元六八四年。光宅為武后稱制時年號。⓮神龍元年　即西元七〇五年。神龍為唐中宗李顯年號。按：龍朔、咸亨、光宅、神龍四個年號，因牽涉到唐高宗與中宗年間有關曹名、官名的兩改兩復，所以在本書各卷中被一再提及。為節省篇幅，以後只在隔卷首見時設注，同卷重見一般不再另注。⓯小司徒中大夫　《周禮》地官卿之副貳，員額二人。後世常用於對戶部侍郎的尊稱。⓰隋煬帝　隋朝皇帝楊廣。在位十三年，終年五十歲。

【語譯】尚書戶部：尚書，定員一人，官品為正三品。這個職務在周代稱為地官卿。漢成帝時，設置尚書五人，第三個稱民曹，主管吏民上書的事。東漢讓民曹兼管內庭的修繕和營造，相當於工官的職司。曹魏時設置左民尚書。西晉初年省略了這個職務，晉武帝太康中重新設置。晉惠帝時又增設了右民尚書。東晉以及南朝的宋和齊都設有左民尚書，梁和陳同置左戶尚書，而職掌是相同的：都是負責戶籍的事務，並且兼管工官的事。北魏、北齊設置度支尚書，它的職務與左民、右（左）戶相近。北周依照《周官》，設置地官府大司徒卿。隋初這個職務稱度支尚書，到開皇三年改稱民部。本朝因承隋的官制。貞觀二十三年改民部為戶部，到顯慶元年改名為度支。龍朔元年再次改名稱為司元太常伯，咸亨元年恢復舊稱戶部。光宅元年改名為地官尚書，神龍元年恢復戶部尚書的舊稱。

侍郎，定員二人，官品為正四品下。這個職務在周代為地官小司徒中大夫。漢以後稱尚書侍郎，相當於現今郎中的職任。北周依照《周官》設置官吏。隋煬帝時設置了民部侍郎，本朝沿襲隋朝的官制。貞觀二十三年改名稱戶部，顯慶元年又改為度支。龍朔二年改名稱司元少常伯。在咸亨、光宅、神龍年間，它的稱謂隨著曹名的更改、恢復而一起更改、恢復。

二

戶部尚書、侍郎之職，掌天下戶口井田之政令❶。凡傜賦❷職貢❸之方，經費賙給❹之算，藏貨贏❺儲之准，悉以咨之。其屬有四：一曰戶部，二曰度支，三曰金部，四曰倉部。尚書、侍郎總其職務而奉行其制命❻。凡中外百司之事，由於所屬，皆質正焉。

【章旨】敘述戶部尚書和侍郎之職掌及其下屬四司。

【注釋】❶戶口井田之政令　指〈戶令〉和〈田令〉。井田即指均田。本書後第六卷第一篇列舉《唐令》二十七令中，第九為有關戶籍管理之〈戶令〉，第十八為有關土地管理之〈田令〉；《唐令拾遺》復舊前者凡四十八條，後者凡三十九條。❷傜賦　傜役和賦稅。《唐令》第十九為〈賦役令〉，《唐令拾遺》復舊凡二十七條，對課戶租庸調作了具體規定。❸職貢　指各地向朝廷貢獻各種物產。其名目有常貢、雜貢、別索貢、折造貢、絕域貢等。❹賙給　指經費的支付和給予。❺贏　通「盈」。充滿。❻制命　帝王的制書和命令。

【語譯】戶部尚書和侍郎的職務，是執掌全國有關戶口、土地的政令。舉凡傜役、賦稅和貢獻的徵集，經費調撥支付的核算，倉庫貨物儲藏的考核，都在它的管轄之下。它的下屬有四個司：一是戶部司，二是度支司，三是金部司，四是倉部司。由尚書和侍郎總攬本部事務，奉行君王有關上述諸方面的制書和命令。京師內外所有官署，凡是涉及由戶部管轄的事務，都要向他們報告，以便得到指正。

三

郎中二人，從五品上；《周官》❶司徒屬官有下大夫，蓋郎中之任也。漢尚書郎一人主戶口墾田。魏有左民郎曹❷，西晉兼置右民郎曹，東晉及宋、齊唯有民部曹❸，梁、陳為左戶郎，後魏為左戶曹郎，北齊有左民郎曹❹。隋初，民部郎曹置侍郎二人，煬帝❺除「侍」字，皇朝為郎中。貞觀二十三年❻改為戶郎❼，顯慶❽為度支，龍朔為司元大夫，咸亨、光宅、神龍並隨曹改復。

員外郎二人，從六品上；《周官》司徒屬官有上士，後周依焉，蓋今員外之任也。隋開皇六年❾置民部員外郎，煬帝改為民曹承務郎，皇朝改為民部員外郎。貞觀、顯慶、龍朔、咸亨、光宅、神龍並隨曹改復。

主事四人，從九品上。隋煬帝置。

郎中、員外郎掌領天下州縣戶口之事。凡天下十道❿任土所出而為貢賦⓫之差。其物產經不盡載，並注下注⓬。舊額貢獻，多非土物。或本處不產，而外處市供；或當土所宜，緣無額遂止。開元二十五年⓭，敕令中書門下⓮對朝集使⓯隨便條革，以為定準，故備存焉。

【章旨】記述戶部司郎中、員外郎和主事之員數、官品及其沿革和職掌。

【注釋】❶周官　即《周禮》，儒家經典之一。係周王室官制和戰國時列國制度之彙編。❷魏有左民郎曹　《宋書・百官志》及《晉書・職官志》「左民郎曹」並作「民曹」。❸東晉及宋齊唯有民部曹　《晉書・職官志》、《宋書・百官志》及《南齊書・百官志》所載，皆為「左民曹」，非「民部曹」。❹北齊有左民郎曹　據《隋書・百官志》及《通典・職官五》，北齊兼有左、右戶曹。❺煬帝　隋朝皇帝楊廣，在位十四年。❻貞觀二十三年　即西元六四九年。貞觀為唐太宗李世民年號。❼戶郎　據南宋本和廣池本，當為「戶部」。❽顯慶　唐高宗李治年號。❾開皇六年　即西元五八六年。開皇為隋文帝楊堅年號。❿十道　唐太宗貞觀二年（西元六二七年），下令依山川形勢之便分全國為十道。起初只是地理區劃，非監察或行政區劃。武周天授元年（西元六九〇年）遣十道存撫使，中宗神龍二年（西元七〇六年）又遣十道巡察使，睿宗景雲二年（西元七一一年）再遣十道按察使，道遂漸演變為監察區劃。至玄宗開元二十一年（西元七三三年）增為十五道，每道置採訪使，檢察非法，如漢刺史之職。⓫貢賦　指地方向中央的土貢和賦稅徭役。⓬並注下注　據南宋本、廣池本當為「並具下注」。⓭開元二十五年　即西元七三七年。⓮中書門下　為宰相議事之處。唐初以中書、門下、尚書三省長官為宰相之任，以門下之政事堂為議事處。高宗時裴炎為中書令，遷政事堂於中書省。開元十一年（西元七二三年）張說為中書令，遂改政事堂為中書門下，其政事印亦改為中書門下之印。⓯朝集使　指諸州赴京師賀正旦朝會者。隋時已有。唐玄宗開元八年（西元七二〇年）定制，諸州都督、刺史或其上佐，每年輪流朝集，十月二十五日到京，十一月一日朝見，稟報民情風俗、屬官考課，並進獻貢物，聆聽敕命。

【語譯】【戶部司：】郎中，定員二人，官品為從五品上。《周官》在司徒的屬官有下大夫，那就是郎中的職任。漢代設有尚書郎一人，主管戶籍和墾田。曹魏有左民郎曹，西晉時又同時設置了右民郎曹。東晉及南朝的宋和齊都只有民部（左民）曹；梁和陳稱左戶郎。北朝的北魏稱為左戶曹郎，北齊則為左民郎曹。隋初，民部郎曹設置有侍郎二人。隋煬帝時除去了「侍」字，單稱郎。本朝改稱郎中。太宗貞觀二十三年改民部為戶郎（部），高宗顯慶時稱為度支，龍朔時改為司元大夫，咸亨、光宅、神龍年間，這個職務的稱謂隨著曹名的更改或恢復而更改、恢復。

員外郎，定員二人，官品為從六品上。《周官》在司徒的屬官中有上士，北周曾經照著設置過，那上士就相當於員外郎的職任。隋文帝開皇六年設置民部員外郎，煬帝時改名為民曹承務郎。本朝初改名為民部員外郎，後來在貞觀、顯慶、龍朔、咸亨、光宅、神龍年間，它的名稱隨著曹名的更改或恢復而一起變化。

主事，定員四人，官品為九品上。這一職務隋煬帝時設置。

戶部司郎中、員外郎的職掌，是統領全國各州縣戶籍以及相關事務。全國共有十個道，根據各地的出產，規定不同的貢賦負擔。貢賦的物產，過去典籍上沒有完全記載，需要一起在下文具體加以注明。過去規定的各地貢物，大多不是當地的土特產，有的本處不出產，是到外處去買來上貢的；有的倒是當地適宜於種植出產的，由於未定貢額亦就沒有上貢。玄宗開元二十五年，敕令中書門下與各州的朝集使，一起商議了一個切合實際情況的改革辦法，以此作為定則，因而就錄存在這裡。

四

分十道以總之：一曰關內道[1]，古雍州[2]之境，今京兆[3]、華[4]、同[5]、岐[6]、邠[7]、隴[8]、涇[9]、寧[10]、坊[11]、鄜[12]、丹[13]、延[14]、慶[15]、鹽[16]、原[17]、會[18]、靈[19]、夏[20]、豐[21]、勝[22]、綏[23]、銀[24]，凡二十有二州焉。其原、慶、靈、夏、延，又管諸蕃[25]落降者，為羈縻州[26]。東拒河[27]，西抵隴坂[28]，南據終南之山[29]，北邊沙漠。河歷銀、綏、延、丹、同、華六州之界，隴坂在隴州之西，終南山在京兆之南，沙漠在豐、勝二州之北。其名山有太白[30]、九嵕[31]、吳山[32]、岐山[33]、梁山[34]、泰華[35]之嶽在焉。太白在京兆武功縣[36]，九嵕在奉天縣[37]，吳山在隴州[38]，岐山在岐州[39]，梁山在同州韓城[40]縣，華嶽在華州。其大川有涇[41]、渭[42]、灞[43]、滻[44]。涇水出涇州，至京兆入渭；渭水出渭州，歷秦、隴、岐、京兆、同、華六州入于河；灞、滻並出京兆，入渭。厥賦絹[45]、綿、布、麻[46]。京兆、同、華、岐四州調[47]綿、絹，餘州布、麻。開元二十五年㊽敕：「關輔㊾既寡蠶桑，每年庸㊿調並宜折納粟造米支用。其河南、河北51不通水運州，宜折租52造絹，以替關中53。厥貢岱赭54，鹽山55、角弓56、龍鬚席57、蓯蓉58、野馬皮、麝香59。京兆粲草席、地骨白皮60、酸棗仁61，華州茯苓62、茯神63、細辛64，同州皺文吉莫皮65，岐、隴、涇、寧、鄜、坊、丹等州龍鬚席，原、夏等州白氈，夏州角弓，鹽州鹽山，會州駞褐66，靈州鹿角膠、岱赭、花蓯蓉、鵰翎67，靈州、豐州野馬皮，勝、寧等州女稽布68，邠州火筯69、剪刀、華豆70、澡豆71，丹、延、慶等州麝香。遠夷則控北蕃72、突厥73之朝貢焉。

【章旨】記述關內道轄境四至、所屬二十二州以及境內名山大川、土貢之物。

【注釋】❶關內道　唐初十道之一。其範圍大體包括今陝西省全部、內蒙古自治區、甘肅省以及銀夏回族自治區的一部分。據《新唐書・地理志》當時其所轄有二府、二都護府、二十二州和一百三十五縣。其採訪使由京官領。❷雍州　古九州之一。《爾雅・釋地》稱：「河西曰雍州。」泛指黃河以西、秦嶺以北地區。❸京兆　府名。唐開元元年（西元七一三年）置。治長安、萬年（今西安市）。轄今陝西秦嶺以北、乾縣以東、銅川以南、渭南以西地區。唐代之京城所在。❹華　州名。唐武德初置。治所在今華縣，轄境相當於今陝西華縣、華陰、潼關及渭北的下邽鎮附近之地。❺同　州名。唐時轄境相當於今陝西之大荔、合陽、韓城、澄城、白水等市、縣地。❻岐　州名。治雍縣（今鳳翔縣），轄境在今陝西之周至、寶雞、太白等地。❼邠　州名。唐開元二十三年（西元七二五年）改豳州為邠州。治新平（今彬縣），轄今陝西之彬縣、長武、旬邑、永壽四縣地。❽隴　州名。治所今陝西隴縣，轄今陝西千水流域及甘肅華亭地區。❾涇　州名。治所在今安定縣，轄區今甘肅省東北部，今涇川、靈臺、鎮源等縣。❿寧　州名。治安定（今寧縣），轄境包括今甘肅之寧縣、正寧及陝西之彬縣、旬邑、長武、永壽等縣地。⓫坊　州名。唐武德二年（西元六一九年）因州界內有馬坊而定名。治中部（今黃陵東南），轄境相當於今陝西之黃陵、宜君兩縣。⓬鄜　州名。治所洛交（今陝西富縣），轄境為今陝西之甘泉、洛川、直羅、三川等縣。⓭丹　州名。治所義川（今陝西宜川），轄境雲巖、咸寧、汾川四縣，均在今陝北宜川境內。⑭延　州名。治所今陝西延安，轄境有今延川、延長、安塞等縣。⑮慶　州名。治所安化（今陝西慶陽），轄境包括今甘肅之合水、華池、環縣等地。⑯監　據南宋本及新舊《唐書》當為「鹽」。鹽，州名。治所鹽州（今陝西定邊），轄境有五原、白池等地。⑰原　州名。治所為原州（今甘肅固原），轄縣有平高、百泉、平涼等，在今甘肅平涼地區。⑱會　州名。治所會寧（今甘肅靖遠），轄今甘肅之靖遠、景泰、會寧，及寧夏之海原等縣地。⑲靈　州名。治所靈州（今寧夏靈武），轄境相當於今寧夏之中衛、中寧以北地區。為朔方節度使治所。⑳夏　州名。治朔方（今陝西靖邊東北），轄境相當於今大理河以北之紅柳河流域及內蒙古杭錦旗、烏審旗等地區。㉑豐　州名。治所九原（今內蒙古五原南），轄今內蒙古河套西北部及其迤北一帶。㉒勝　州名。治所榆林（今內蒙古準格旗東北），轄今內蒙古準格爾旗、達拉特旗、伊金霍洛旗和東勝等黃河以西地區。㉓綏　州名。治所綏州（今陝西綏德），轄今陝西之吳堡、清澗等縣。㉔銀　州名。治所銀州（今陝西榆林以南），轄今陝西之榆林、佳縣、米脂諸縣境。㉕諸蕃　泛指西北地區少數民族，如突厥、党項、吐蕃等。㉖羈縻州　唐在邊遠少數民族地區設置之行政單位。共有羈縻府、州、縣八百五十六個，由朝廷任命各族首領為都督刺史等官，世襲，受都護府、邊州都督或節鎮統轄。㉗河　指黃河。㉘隴坂　六盤山脈南段古稱隴坂。南北走向，延伸於今陝甘邊境。㉙終南之山　指秦嶺。㉚太白　一稱太一，山名。在陝西之周至、眉縣、太白等縣之間，為秦嶺主峰。因冬夏山頂積雪常白，故以為名。海拔三千七百六十七米。㉛九嵕　山名。在今陝西乾縣境內。㉜吳山　古代又名岳山、吳岳、汧山。在陝西隴縣西南。《爾雅・釋山》以為五岳之一。㉝岐山　在陝西岐山縣東北。因山形如柱，亦稱天柱山。㉞梁山　在今陝西境內，自郃陽西北，直抵韓城，東臨黃河。即傳說中禹所鑿之呂梁。㉟泰華　山名。在今陝西華縣境內。㊱武功縣　故址在今陝西武功縣西。㊲奉天縣　故址在今陝西之乾縣。㊳隴州　古縣名。即今陝西之隴縣。㊴岐州　北魏置，以境內有岐山故名。唐時改為鳳翔府，故址為今陝西鳳翔縣。㊵韓城　古縣名。秦時為夏陽縣，隋改此名。在今陝西韓城縣境內。㊶涇　即涇水。渭河支流，在陝西省中部。發源於寧夏六盤山東麓，東南流經甘肅、陝西，在高陵縣入渭，長四百五十一公里。㊷渭　即渭河。黃河最大支流，源于甘肅省渭源縣。東流橫貫陝西省渭河平原，在潼關入黃河。長七百八十七公里。㊸灞　即灞河。渭河支流，在陝西省中部。源出藍田縣秦嶺北麓，西南流入藍水，向西北過西安之灞橋入渭河。長一百零七公里。㊹滻　即滻水。源出陝西藍田西南秦嶺山中，至西安市東入灞水。㊺絹　平紋之生絲織物，似縑而略疏。㊻麻　指大麻。我國最古老的種植物之一。雌雄異株，古代分別以「苴」、「枲」稱之。其實可榨油供製油漆，莖部韌皮纖維可織麻布。此處即指麻布。㊼調　即戶調，唐代賦稅的一種。武德七年（西元六二四年）令規定：「調則隨鄉土所產，綾、絹、絁各二丈，布加五分之一。輸綾、絹、絁者，兼調綿三兩；輸布者，麻三斤。」（《舊唐書・食貨志》）㊽開元二十五年　即西元七三七年。㊾關輔　泛指關中地區。㊿庸　即力庸，唐代的一種賦役。武德七年（西元六二四年）令規定：「凡丁，歲役二旬。若不役，則收其庸，每日三尺。」以丁計役折庸為絹六丈。(51)河南河北　指河南道與河北道。(52)租　田租。武德七年（西元六二四年）令規定：「租以丁計徵，每丁歲入租二石。」(53)關中　地區名。這是沿用古代建都於今陝西境內若干王朝的習慣說法，但所指不一。通常指函谷關以西、秦嶺以北，西至隴關地區。(54)岱赭　中藥名。亦稱赭石，純度較高的赤鐵礦石，主要成分為三氧化二鐵。(55)鹽山　即鹽州所產之池鹽。(56)角弓　以獸角裝飾之弓。(57)龍鬚席　即以龍鬚草編製的草蓆。龍鬚草，亦稱蓑草，多年生草本植物。席今作「蓆」。(58)蓯蓉　草名。寄生植物，生於高山，莖可入藥為補劑。(59)麝香　雄麝香腺中乾燥的分泌物。保香力極強，是名貴的香料和中藥材。(60)地骨白皮　中藥名。即枸杞之根與皮。(61)酸棗仁　中藥名。酸棗，古稱樲，為棗之變種。落葉亞喬木。其仁可作藥用，能安神。(62)茯苓　中藥名。多孔菌科，生於馬尾松、黃山松根上。可安神、利尿。(63)茯神　中藥名。與茯苓同科。(64)細辛　中藥名。多年生草科。隨處皆有，根可入藥。(65)皺文吉莫皮　皺文，泛指柔軟物體之折紋。吉莫，指皮革一類。《朝野僉載》謂：「唐紫紹弟某材力，輕趫迅捷，嘗著吉莫靴上磚城，直至女牆，手無攀引。」吉莫或以帶有細紋為優，貢而為皇家製作皮靴一類之用。(66)駞褐　駝絨。駞即「駝」字。(67)雕翎　雕屬鷹科。雕翎為雕之羽毛，可作冠飾。(68)女稽布　又名胡布、胡女布。游牧族婦女手工生產的一種布匹。(69)火筯　挾柴火之鐵鉗。(70)華豆　又名華茇、華拔。據傳原產波斯國，今嶺南有之，多生竹林內。正月發苗作叢，高三、四尺，其莖如箸。三月開花，七月結子，青黑色，類桑椹而長。九月收採，灰殺曝乾。南人愛其辛香，或取葉生茹之。可治頭痛、鼻淵、牙痛。(71)澡豆　猶今之肥皂，用豆末合諸藥製成，以洗手面，使之光澤。(72)北蕃　泛指北方之少數民族。(73)突厥　廣義包括突厥、鐵勒等部落；狹義指游牧於金山（今阿爾泰山一帶）的突厥族。隋初突厥分為東西兩支。東突厥生息於蒙古草原，其首領頡利可汗因敗於唐太宗李世民而歸附於唐。此處即指東突厥。按：唐制羈縻州及外蕃的定額常貢，規定由所在道及都督府轉獻。一般常貢之物，通常由朝集使赴京時經由戶部送納。若係藥物及滋味之屬，則須經鴻臚寺、少府監、市檢勘，方可上貢。

【語譯】共分十個道，來總領全國。一稱關內道，大體就是古代雍州的境界。包括現在的京兆、華、同、岐、邠、隴、涇、寧、坊、鄜、丹、延、慶、鹽、原、會、靈、夏、豐、勝、綏、銀，一共二十二州。其中，原、靈、夏、延四個州，又兼管蕃邦部落降附內遷而設立的羈縻州。關內道東面以黃河為界，西面抵達隴坂即六盤山脈，南面以終南山為屏障，北面一直延伸到大沙漠。黃河歷經銀、綏、延、丹、同、華六州的地界，終南山在京兆的南面，大沙漠則在豐、勝二州的北面。著名的山有太白、九嵕、吳山、岐山、梁山、泰華等六座大山，都在關內道境內。太白山在京兆的武功縣境內，九嵕山在奉天縣境內，吳山在隴州，岐山在岐州，梁山在同州的韓城縣，泰華山就在華州。道內大的河川有涇、渭、灞、滻四條。涇水出於涇州，到京兆入渭水；渭水出於渭州，歷經秦、隴、岐、京兆、同、華六州，流入黃河；灞水和滻水都是出於京兆而入於渭水。關內道的賦稅規定為絹、綿、布和麻。京兆、同、華、岐四州的戶調是綿與絹，其餘各州是布與麻。唐玄宗開元二十五年下的一道敕令中說：「關輔地區既然很少蠶桑，每年徵收的庸和調都可折合成粟米繳納，而河南、河北兩道中水路運輸不便的一些州，則可把田租折合成絹疋繳納，用來抵補因關中地區換繳粟米造成的絹疋缺額。道內常貢的物品是岱赭、鹽山、角弓、龍鬚蓆、蓯蓉、野馬皮和麝香。具體說來，京兆的常貢是上等草蓆、地骨白皮和酸棗仁；華州是茯苓、茯神和細辛；同州是皺文吉莫皮；岐、隴、涇、寧、鄜、坊、丹等州，是龍鬚蓆；原、夏等州是白氈，夏州還有角弓；鹽州是鹽山，會州是駝褐；靈州是鹿角膠、岱赭、花蓯蓉和雕翎；靈州、豐州是野馬皮；勝、銀等州是女稽布；邠州是火筯、剪刀、華豆、澡豆；丹、延、慶等州是麝香。至於遠方各蠻夷，屬於關內道要轉輸的是北蕃和突厥的朝貢。

【說　明】十道的劃分始於唐太宗貞觀元年（西元六二七年），「始命併省，又因山川形便，分天下為十道」（《新唐書‧地理一》）。睿宗景雲二年（西元七一一年）又把十道中的山南道分為東西二道，隴右道的黃河以西地區另設為河西道。玄宗開元二十一年（西元七三三年），在保留睿宗將山南道分為東西二道、撤銷其新設的河西道的同時，又將江南道亦劃分為東西二道，江南道的另一部分新設為黔中道，另外在京兆設京畿道，河南設都畿都，這樣全國共有了十五道。每道設置採訪使，檢察非法，類似漢代的刺史之職。

道的區劃，可說是唐代為加強對地方監控而採取的一項權宜性措施。唐初地方行政實施的是州縣二級制。全國有三百二十多個州，一千五百七十餘縣，中央政府如何加強對地方各州以至縣的監控，實是一大難題。初期先是向各地頻繁派遣大量的監察使臣，巡視地方的吏治，其名義先後有巡察、巡按、巡省、按察、黜陟等等，多屬臨時差遣，非為專職。至開元二十一年（西元七三三年）始設採訪使，規定固定的治所，有印信，考課官人善惡，三年一奏，定為常式。此後，採訪使的權力逐步擴大，其間一度允許其「專停刺史務，廢置由己」。設置採訪使的初衷是為了加強對地方的監控，而採訪使權力的過分龐大，很快顯出了反而有隔絕中央與地方聯繫的趨勢，這當然是最高統治者絕不願意看到的。因而天寶以後，又三令五申加以限制，規定「採訪使但訪察善惡，舉其大綱，自餘郡務，所有奏請，並委郡守，不須干及」（《唐會要》卷七八）。所以唐代的採訪使始終停留在地方監察機構的職能上，未能轉化為獨立的一級行政組織。導致唐代地方行政由二級制向三級制轉化的不是採訪使，而是帶有軍事性質的都督演化為方鎮的節度使。有關這方面的情況，參見本篇第十四章關於都督的說明。

五

二曰河南道❶，古豫❷、兗❸、青❹、徐❺四州之境，今河南府❻、陝❼、汝❽、鄭❾、汴❿、蔡⓫、許⓬、豫⓭、潁⓮、陳⓯、亳⓰、宋⓱、曹⓲、滑⓳、濮⓴、鄆㉑、濟㉒、齊㉓、淄㉔、徐㉕、兗㉖、泗㉗、沂㉘、青㉙、萊㉚、登㉛、密㉜、海㉝，凡二十有八州㉞焉。東盡於海，西距函谷㉟，南瀕於淮㊱，北薄於河。海水在青、萊、登、密、海、泗六州之境；函谷在虢州㊲；淮水出唐州㊳，歷豫、潁、亳、泗四州之南境；黃河歷虢、陝、河南府、鄭、滑、濮、濟、齊、淄、青十州之北境。名山則有三崤㊴、少室㊵、砥柱㊶、蒙山㊷、嶧山㊸，嵩㊹、岱㊺二嶽在焉。三崤在河南永寧縣㊻界；少室在登封縣；砥柱在陝州河北縣㊼；蒙山在沂州費縣㊽；嶧山在兗州鄒縣㊾；中岳嵩山在河南告成縣㊿；東岳泰山，一名岱山，在兗州乾封縣[51]。大川有伊[52]、洛[53]、汝[54]、潁[55]、沂[56]、泗[57]之水，淮、濟[58]之瀆[59]。伊出河南伊陽縣[60]，北流入洛；洛出商州[61]上洛[62]縣，經虢州河南入河；汝水在汝州；潁水在潁州；沂、泗二水並出兗州；淮水源在唐州桐柏縣[63]，濟水源在河南濟源縣[64]。厥賦絹、絁[65]、綿、布。陳、許、汝、潁州調[66]以絁、綿，唐州麻布[67]，餘州並以絹及綿。厥貢紬[68]、絁、文綾[69]、絲葛[70]、水葱[71]、薰心[72]蓆，瓷石之器。鄭、汴、許、陳、亳、宋、曹、濮、鄆、徐等州絹，汝州細絁，陝、潁、徐三州紬、絁，仙、滑二州方紋綾，豫州鸂鶒綾[73]、雙絲綾、著草[74]、碁子[75]，仁州[76]綿，兗州鏡花綾，齊州絲葛，淄、兗、齊等州防風[77]，青州仙文綾，鄭州麻黃[78]，許州薰心蓆，登州水葱蓆，陝州括蔞根[79]、栢子仁[80]，曹州蚍牀子[81]，濟州阿膠[82]，泗水賨布[83]，沂、兗等州紫石英[84]，萊、登、密等州牛黃[85]，登州文石器、海砂，密州布，海州楚布，萊州石器，河南府瓷器。遠夷則控海東新羅[86]、日本之貢獻焉。

【章　旨】記述河南道轄境四至、所屬二十八州以及境內名山大川、土貢之物。

【注　釋】❶河南道　唐初十道之一。其轄區包括今河南、山東黃河以南、安徽、江蘇淮河以北之地。全道共二十八州，一百九十六縣，包括東都洛陽所在之河南府。河南採訪使治所在汴州。❷豫　古九州之一。《爾雅·釋地》稱：「河南曰豫州。」河指黃河。約當今黃河以南、淮河以北，伏牛山以東的豫東、皖北之地。❸兗　古九州之一。《爾雅·釋地》稱：「濟河間曰兗州。」濟指黃河以南自今河南滎陽東北流經山東利津南入海的古濟水；河指自今河南武陟東北流至今河北滄縣東北入海的古黃河。❹青　古九州之一。《尚書·禹貢》稱：「海岱惟青州。」海指渤海，岱即泰山。❺徐　古九州之一。《尚書·禹貢》

稱：「海岱及淮惟徐州。」海指今黃海，岱是泰山，淮指淮河。❻河南府　府名。唐初為洛州，開元元年（西元七一三年）改洛州為河南府。為唐東都洛陽（今洛陽市）所在地，治所在河南縣的宣範坊。轄境大體在今王屋山以南黃河與洛水兩岸地區。❼陝　州名，治所陝縣，今三門峽市郊區。轄區在今三門峽市周圍，包括陝縣、芮城、平陸等縣。❽汝　州名。以境內有汝水得名。治所在梁縣，今河南臨汝。轄境相當於今河南北汝河、沙河流域魯山、葉、龍興等七縣。❾鄭　州名。治所管城，今之鄭州市。轄境在今河南之鄭州市、滎陽、新鄭、中牟及原陽之西南部。❿汴　州名。因境內有汴水得名。治所浚儀，今之開封市。轄境相當於今河南之開封市、封丘、尉氏、藍考、杞縣等地。⓫蔡　州名。治所汝陽，今河南之汝南。轄境相當於今河南淮河以北、洪河上游以南、桐柏山以東地區。⓬許　州名。治所長社，今之許昌市。轄境相當於今河南之許昌、長葛、鄢陵、扶溝、臨潁、舞陽地區。⓭豫　即蔡州。唐初稱豫州，肅宗寶應元年（西元七六二年）改為蔡州。故豫、蔡異名而實為一州。疑此處有誤。⓮潁　州名。治所汝陰，今安徽之阜陽。轄境相當於今安徽之潁上、阜陽、阜南、太和、界有、臨泉等市縣。⓯陳　州名。治所宛丘，今之淮陽。轄境相當於今河南之淮陽、太康、西華、項城、商水、沈丘等縣。⓰亳　州名。治所譙縣，今安徽亳縣。轄境相當於今安徽之亳縣、渦陽、蒙城及河南鹿邑、永城等縣。⓱宋　州名。治所宋城，今河南商丘縣。轄境相當於今河南之商丘、虞城、寧陵、睢縣、拓城、夏邑，安徽之碭山，以及山東之曹縣、單縣。⓲曹　州名。治所濟陰，今山東曹縣西北。轄境相當於今山東荷澤、成武、東明及河南藍考、民權等縣市。⓳滑　州名。治所白馬，即古滑臺城，今河南滑縣。轄境相當於今河南之滑縣、延津、長垣等縣。⓴濮　州名。治所鄄城，今山東鄄城北舊城。轄境相當於今山東鄄城及河南濮陽等地區。㉑鄆　州名。治所須昌，今山東東平西北。轄境相當於今山東荷澤地區之梁山、鄆城、巨野、嘉祥等縣。㉒濟　州名。北魏始置，隋開皇間廢，唐武德四年（西元六二一年）復置，天寶十三載（西元七五四年）為黃河所陷，其未陷地區併入鄆州。故《舊唐書》、《新唐書》之地理志所載河南道皆不列濟州。㉓齊　州名。治所歷城，今山東濟南市。轄境相當於今山東之濟南市及章丘、濟陽、禹城、臨邑等縣。㉔淄　州名。治所淄川，今淄博市南。轄境相當於今山東之淄博、鄒平、高青等市縣。㉕徐　州名。治所彭城，今徐州市。轄境相當於今江蘇之徐州市及沛縣、豐縣，安徽之宿縣、蕭縣和山東之滕州市。㉖兗　州名。治所瑕丘，今山東濟寧市東北。轄境相當於今山東之濟寧、泰安、萊蕪、泗水、鄒縣、金鄉等縣市。㉗泗　州名。治所臨淮，今江蘇盱眙對岸，泗洪東南。其轄境相當於今江蘇之泗洪、泗陽、宿遷、漣水、灌南、邳縣、睢寧及安徽之泗縣。㉘沂　州名。治所臨沂，今山東之臨沂市。其轄境相當於今山東之費縣、沂源、沂水、蒙陰、新泰、平邑、東莊、蒼山、臨沭等縣市。㉙青　州名。治所益都，今山東益都。轄境相當於今山東之益都、臨朐、昌樂、濰坊、濰縣、昌邑、壽光等市縣。㉚萊　州名。治所掖縣，今山東之掖縣。轄境相當於今山東之招遠、萊遠、海陽、平度、即墨以及青島市。其位置北瀕渤海，南臨黃海。㉛登　州名。治所蓬萊，今山東之蓬萊，位於山東半島頂端。其轄境相當於今山東之棲霞、煙臺、黃縣、福山、乳山、文登、榮成、威海、牟平等縣市。㉜密　州名。治所諸城，今山東之諸城。其轄境相當於今山東之諸城、安丘、高密、膠縣、膠南、五蓮、日照、莒縣、莒南等縣市。㉝海　州名。治所朐山，今江蘇連雲港市西。其轄境相當於今江蘇之連雲港以及東海、沭陽、贛榆、灌雲、灌南等縣。㉞凡二十有八州　唐河南道應有二十八州。但以上所列，豫、蔡兩名而實為一州，故尚缺一州。詳後「虢州」注。㉟函谷　山谷名。東自崤山，西至潼津，通名函谷，號稱天險。戰國時秦在谷中置關，以深險如函得名，稱函谷關，函谷亦因關而著名。㊱淮　即淮河。源出河南桐柏山，東流經河南、安徽等省到江蘇入洪澤湖，全長八百四十五公里。㊲虢州　州名。治所弘農，今河南靈寶。其轄境相當於今河南西部之盧氏、欒川等縣。前列河南道二十八州中，尚缺一州，應補上的，當即此虢州。《舊唐書》、《新唐書》地理志均將虢州列入河南道。唯《唐六典》將虢州列為河東道，但原注又稱：「虢州或屬河南。」(見後文)㊳唐州　州名，屬山南道。治所比陽，今河南之泌陽。其轄境相當於今河南之泌陽、桐柏、唐河、方城等縣。淮河即發源於唐州境內之桐柏山。㊴三崤　山名。又名欽崟山。位河南省西部，東北、西南走向，處於黃河與洛河之間。山勢由西南至東北逐漸低緩。長一百六十公里。㊵少室　山名。在河南登封縣，與嵩山相近。㊶砥柱　山名。在河南省三門峽市北面之黃河中。「中流砥柱」成語即因此而來。㊷蒙山　山名。位山東省中部，西北、東南走向，長百餘公里，為東汶河、祊河分水嶺。主峰龜蒙頂，在平邑縣東北。㊸嶧山　山名。又名鄒山。在山東鄒縣東南。秦始皇曾登此山刻石頌秦德。主峰名五華峰。㊹嵩　山嶽名。在今河南登封縣北，古稱中嶽。由太室山、少室山組成，有七十二峰，東西綿延六十公里。主峰峻極峰，亦稱嵩頂。㊺岱　即泰山。在今山東泰安市，古稱東嶽。綿延二百公里，主峰玉皇頂。㊻永寧縣　在今河南洛寧縣東北。㊼河北縣　在今河南三門峽市之北。㊽費縣　即今山東之費縣。㊾鄒縣　即今山東之鄒縣。㊿告成縣　在今河南登封縣之東南。(51)乾封縣　今山東泰安市之東南。(52)伊　水名。即伊河，在河南省西部，為洛河之支流。(53)洛　即洛河，又稱南洛河。發源於陝西洛南縣西北，秦嶺南麓，流經河南省西部，至鞏縣洛口以北入黃河。(54)汝　水名。發源於河南泌陽，經臨汝、寶豐、郾城、上蔡、新蔡匯入淮河。(55)潁　水名。淮河最大支流，在河南省東部、安徽省西北部，發源於河南登封縣嵩山西南，東南流經周口市，納沙河、賈魯河，至安徽省壽縣正陽關入淮河。長五百五十七公里。(56)沂　水名。起源於山東之沂源縣魯山，南經臨沂入蘇北平原河水入大運河和駱馬湖，下游匯灌河入黃海。(57)泗　水名。在山東省中部，源出山東泗水縣東蒙山南麓，四源并發故名。西流經泗水、曲阜、兗州，折南至濟寧池東南魯橋鎮入運河；運河以下至南陽鎮穿南陽湖而南，經昭陽湖西江蘇沛縣東，又東南流至淮陰注入淮河。全長千餘里，是淮河下游第一大支流。58濟　即濟水。包括黃河南北兩部分。此處指黃河以北部分。源出河南濟源縣西王屋山，下游因黃河泛濫而屢經變遷。漢時在今武陟縣南入黃河；北魏時則改在今溫縣入黃河，與今水道略同。近代其入河處由於為黃河大堤所阻，已折向漭河。59瀆　大川。《爾雅・釋水》稱：「江、淮、河、濟為四瀆，四瀆者，發原注海者也。」60伊陽縣　今河南嵩縣西南。61商州　屬山南道，治所上洛，今陝西商縣。62上洛　為商州之治所。但洛水發源地應為其北之洛南，即今陝西之洛南縣境內。63桐柏縣　故址在今河南桐柏縣東。64濟源縣　即今河南之濟源縣，在焦作市西部。65絁　粗綢，似布。66調　指戶調，唐代一種依丁徵發的賦稅。據唐高祖武德七年（西元六二四年）令稱：「調則隨鄉土所產，綾、絹、絁各二丈，布加五分之一。輸綾、絹、絁者，兼調綿三兩；輸布者，麻三斤。」（《舊唐書・食貨志》）67唐州麻布　此四字疑為衍文。據本篇後第八章山南道正文及原注，唐州在《唐六典》撰定之時，已劃歸山南道。此處「唐州麻布」四字或因唐州原屬河南道而誤入。68紬　即「綢」字。69文綾　一種斜紋地、提花織成的絲織品。70絲葛　絲與棉或麻的混合織品。71水蔥　即莞草。多年生的草本植物，有紅、黃、紫三種，生於湖邊或淺水中。稈可織蓆，即稱水蔥蓆。72藨心　多年生草本植物，生於水溝和水塘邊或沼澤地。根狀莖細長，匍匐。稈單生，粗壯，三棱形，可編蓆。73鸂鶒綾　織有鸂鶒花紋之綾。鸂鶒為水鳥，略大於鴛鴦而紫色，因亦稱紫鴛鴦。74蓍草　多年生直立草本植物，亦稱鋸齒草。我國北部分布較廣。可入藥。古人筮卜即用蓍草之莖。75萁子　即棋子。76仁州　河南道二十八州中無「仁州」之名。南宋本及廣池本均為「潁州」，當據以改。77防風　中藥名。多年生草本植物，傘形科，夏秋開花，花白色。實似胡荽子而大，根土黃色。因其可療頭風，故名防風。78麻黃　中藥名。草本狀灌木，枝叢生，初夏開花，莖枝入藥，能使血管收縮。79括蔞根　據正德及廣池本當作「栝蔞根」。栝蔞根，中藥名。葫蘆科，多年生攀援草本。塊根肥厚，富含澱粉。根亦稱天花粉，能清熱、生津。80栢子仁　中藥名，柏科植物，側柏的乾燥種仁。功能養心、安神。栢即「柏」字。81虵床子　中藥名。為一年生的草本植物，傘形科。夏季開花，花白色。果實入藥，稱蛇牀子。煎湯外洗，可治癬癬濕疹。虵即「蛇」字。82阿膠　中藥名。亦稱驢皮膠，古時用山東東阿縣之阿井（今陽谷縣阿城鎮）水與驢皮煎熬成膠。功能養血、止血。83泗水賨布　賨，古代巴人交納貢賦的名稱。如所交納為錢，稱「賨錢」，為布則稱「賨布」。泗水非巴蜀之地，原注恐有誤。《新唐書・地理志》作「貲布」。貲布，細麻布。貲通「⿱此巾」。84紫石英　即水晶。紫色的稱紫水晶、紫石英，是工藝品的製作材料。85牛黃　中藥名。黃牛或水牛膽囊結石，具有消炎解痙作用。86新羅　朝鮮半島東南部古國名。七世紀滅百濟、高句麗，統一朝鮮半島大部，為其鼎盛期。

九世紀後衰落。新羅與唐有密切聯繫。

【語　譯】【十道之】二稱河南道，大致相當於古代豫、兗、青、徐四州的境界。包括現今的河南府、陝、汝、鄭、汴、蔡、許、豫、潁、陳、亳、宋、曹、滑、濮、鄆、濟、齊、淄、徐、兗、泗、沂、青、萊、登、密、海，共二十八州。河南道東面臨大海，西抵達函谷，南瀕臨淮水，北鄰近黃河。濱海的有青、萊、登、密、海、泗六州；函谷在虢州；淮水源於唐州，經過豫、潁、亳、泗四州的南境；黃河則流經虢、陝、河南府、鄭、滑、濮、濟、齊、淄、青十州的北境。著名的大山有三崤、少室、砥柱、蒙山、嶧山；嵩、岱二嶽亦在境內。三崤在河南府永寧縣界內；少室山在登封縣界內；砥柱山在陝州的河北縣界內；蒙山在沂州的費縣；嶧山在兗州鄒縣；中嶽嵩山在河南告成縣；東嶽泰山，又稱岱山，在兗州乾封縣地界。大河有伊水、洛水、汝水、潁水、沂水、泗水，還有淮河與濟水。伊水出於河南府的伊陽縣，向北流入洛水；洛水出於商州的上洛縣，經過虢州、河南府流入黃河；汝水在汝州；潁水在潁州；沂、泗二水都出於兗州；淮水發源於唐州的桐柏縣；濟水源頭在河南齊縣。河南道的賦稅是絹、絁、綿和布。陳、許、汝、潁各州的戶調是絁和綿；唐州是麻布；其他州都是絹和綿。本道的貢品有紬、絁、文綾、絲葛和水葱蓆、蔗心蓆，以及瓷器和玉石器皿。鄭、汴、許、陳、亳、宋、曹、濮、鄆、徐等州貢絹，汝州貢紬、絁，陝、潁、徐三州貢紬、絁，仙、滑二州貢方紋綾，豫州貢鸂鶒綾、雙絲綾和蓍草、碁子，仁（潁）州貢綿，兗州貢鏡花綾，齊州貢絲葛，淄、兗、齊等州貢防風，青州貢仙文綾，鄭州貢麻黃，許州貢藨心蓆，登州貢水葱蓆，陝州貢括蔞根（栝蔞根）、柏子仁，曹州貢蛇牀子，濟州貢阿膠，泗州貢賨（貲）布，沂、兗等州貢紫石英，萊、登、密等州貢牛黃，登州又貢文石器、海砂，密州貢布，海州貢楚布，萊州貢石器，河南府貢瓷器。遠方各蠻夷，屬於本道要轉輸的是大海以東新羅和日本的貢獻。

【說　明】所謂土貢即「任土作貢」（《尚書・禹貢》），指地方和藩屬向君王進獻所轄範圍內的土特產和珍寶財物。貢與賦是有區別的，貢為皇室貴族享用的來源，而賦則是國家財政開支之費，因而本書將賦與貢分別敘述。貢的種類繁多，本卷所述的是其中的每年常貢，本書後第二十卷太府寺右藏署令條還將提到五十六州的三十六種貢品，可稱之為雜貢。此外，還有為滿足皇室貴族醫藥、飲食、起居等方面的需要，以至對異物、異味、聲色犬馬等特殊需求而規定的所謂別索貢、訪求貢等等。本卷第二篇度支郎中職掌條有這樣一個規定：「凡金銀寶貨綾羅之屬，皆折庸調以造焉。」這便又是一種所謂折造貢，它是常年貢的補充。所以本卷「十道」中所記僅為常貢，遠非土貢的全部。

關於常貢，《通典・食貨六》在「天下諸郡每年常貢」下本注稱：「按令文，諸郡貢獻皆盡當土所出，準絹為價，不得過五十匹，並以官物充市。所貢至薄，其物易貢，聖朝恆制在於斯矣。其有加於此數者，蓋修令後續配，亦折租賦，不別徵科。」這裡規定了三條：一、各郡上貢必須當地所產，不得購買其他地區產物頂替；二、由官府出資購買，以絹價折算，總價不超過五十匹；三、如有超過，其超過部分可以折抵租賦。然而實際執行狀況往往並非如此，本卷第一篇（上）戶部郎中職掌條就有這樣記載：「舊額貢獻，多非土物，或本處不產而外處市貢，或當土所宜，緣無額遂止。」箇中原因不外有二：一是地方官員邀寵固位而多方獵奇以貢，一是向外處市貢，轉手之間，亦是中飽私囊的好機會。

本卷記述十道常貢，是以州為單位的，而實際上唐代是以縣為單位徵收，州則在縣的基礎上進行彙綜。常貢每年大多於元正、冬至由都督、刺史或上佐充任的朝集使至京進獻，別索貢一類特別貢物則由專使輸納。貢物的來源，除少數出自官方作坊外，主要由民戶提供。各地都有不少民戶，被規定作為賦役終生以至世代從事貢物生產。元稹在〈古題樂府織婦詞〉下自注說：「予掾荊時，目擊貢綾戶有終老不嫁之女。」（《元氏長慶集》卷二三）德宗時，宣州進貢紅線毯，是宣城太守親自督責要百夫竭力同擔進宮，為此白居易責問宣城太守知不知「一丈毯，千兩絲，地不知寒人要暖，少奪人衣作地衣」（《白氏長慶集》卷四）。有不少特殊貢品須由專門的貢戶來承擔，如柳宗元的名篇〈捕蛇者說〉便記述了永州之地一個姓蔣的世代捕捉毒蛇的貢蛇戶，此即所謂別索貢，貢戶則以貢品代租賦。當作者問起捕捉毒蛇的危險性時，蔣氏回答說：「吾祖死於是，吾父死於是，今吾嗣之二十年，幾死者數矣！」即使這樣，永州人還是要爭著想當貢蛇戶，當時一般民戶賦役租調負擔之苛重，於此可見。頗為奇異的是唐官府竟將體軀矮小的人也列為土貢，稱貢奴。《舊唐書・隱逸・陽城傳》稱：「道州土地產民多矮，每年常配鄉戶，貢其男，號為矮奴。」白居易的〈道州民〉便記述了一個道州貢奴事件。事情發生在德宗年間，其時《唐六典》已經問世，在這部當時被視為法定依據的典籍中，道州的土貢並沒有「矮奴」一項，事情的發展亦因而充滿了戲劇性。且看香山居士生動形象的描寫：「道州民，多侏儒，長者不過三尺餘，市作倭奴年進送，號為道州任土貢。土貢寧若斯不聞，使人生別離，老翁哭孫母哭兒。一自陽城來守郡，不進矮奴頻詔問，城云臣按《六典》書，任土貢有不貢無，道州水土所生者，只有矮民無矮奴。吾君璽書下，歲貢倭奴宜悉罷。」（《白氏長慶集》卷三）十分難得的是，據說德宗倒沒有因此而「龍顏大怒」，居然還能稍示寬宏，因而悲劇得以喜劇而終。

六

三曰河東道[1]，古冀州[2]之境，今太原[3]、潞[4]、澤[5]、晉[6]、絳[7]、蒲[8]、虢[9]、汾[10]、慈[11]、隰[12]、石[13]、沁[14]、儀[15]、嵐[16]、忻[17]、代[18]、朔[19]、蔚[20]、雲[21]，虢州或屬河南。凡十有九州焉。東距恆山[22]，西據河，南抵首陽[23]、太行[24]，北邊匈奴[25]。恆山在太原之東；河水經嵐、石、隰、慈、絳、蒲六州之西境；首陽在蒲州南；太行在澤州南。其名山則有雷首[26]、介山[27]、霍山[28]、崞山[29]。雷首在蒲州；介山在汾州；霍山在晉州；崞山在代州，一名五臺山。其大川有汾[30]、晉[31]及丹[32]、沁[33]之水。汾水出忻州，歷太原、汾、晉、絳、蒲五州入河；晉水出太原晉陽，入汾；丹水出澤州；沁水出沁州，歷晉、絳、澤三州，至懷[34]南入河。厥賦布、襺[35]。蒲州調以襺，餘州並用麻布。厥貢麴扇[36]、龍鬚蓆[37]、墨、蠟、石英、麝香、漆、人參。太原龍骨[38]、甘草[39]、礬石[40]、漆、鉄[41]，潞州墨、人參、花蜜、兔絲子㊷，澤州白石英、黟雞㊸、禹餘糧㊹，晉州蠟燭，絳州防風㊺，蒲州龍骨、竹扇，虢州硯瓦、地骨白皮㊻，汾州石膏，慈州蠟，隰、石二州胡女布㊼，晉、汾二州龍鬚蓆，儀、澤、潞等州人參，嵐、虢、忻等州麝香，忻州豹尾，代州熟青、熟綠㊽，朔、代二州白鵰翎㊾，蔚州松子，雲州鵰翎。

【章　旨】記述河東道之四至和所轄各州及其山川、賦調與土貢。

【注　釋】❶河東道　唐初十道之一。其轄區包括今山西全部及河北、內蒙古的一部分；所屬有十九州，一百一十縣。河東採訪使治所在蒲州。❷冀州　古九州之一。《尚書・禹貢》記載的九州，西以黃河為界，東鄰兗州、青州，南抵雍、豫二州，相當於現今山西及河北的部分地區。❸太原　隋為太原郡，唐開元十一年（西元七二三年）升并州置府，治太原，今太原市西南之晉源鎮。此處以太原代指并州。轄境相當於今山西陽曲以南、文水以北，和陽泉市、平定、壽陽、昔陽、盂縣等地。❹潞　州名。治所上黨，今山西長治市。其轄境相當於今山西長治、武鄉、襄垣、沁縣、黎城、屯留、平城、長子、壺關等縣市及河北涉縣地區。❺澤　州名。治所晉城，今山西晉城。轄區相當於今山西東南部沁水、陽城、高平、陵川等縣。❻晉　州名。治所今山西之臨汾。轄境相當於今山西汾西、霍縣、洪洞、浮山、安澤等縣。❼絳　州名。治所正平，今山西新絳。轄區相當於今山西之翼城、垣曲、絳縣、曲沃、聞喜、夏縣、萬榮、河津、稷山等縣。❽蒲　州名。治所河東，今山西永新之西。轄區相當於今山西之運城、臨猗、永濟等縣。❾虢　州名。原注已說明其「或屬河南」，從其治所弘農的地理位置看，亦不可能歸屬河東道。參閱前章河南道「虢州」注。❿汾　州名。治所隰城，今山西汾陽。其轄境相當於今山西之平遙、介休、靈石、孝義等縣。⓫慈　州名。治所吉昌，今山西吉縣。其轄境還包括今山西鄉寧縣。⓬隰　州名。治所隰川，今山西隰縣。轄境相當於今山西之蒲縣、大寧、永和、石樓和孝義西南部地區。⓭石　州名。治所離石，即今山西之離石。轄境相當於今山西之臨縣、中陽等縣，三川河、湫水河流域。⓮沁　州名。治所沁源，即今山西沁源縣。其轄境在當時北有綿上，南有和川二縣。⓯儀　州名。原名遼州，武德八年（西元六二五年）改名為箕州，避唐玄宗李隆基名諱改為儀州。治所遼山，今山西左權縣。其轄境相當於今山西之榆社、和順等縣。⓰嵐　州名。治所宜芳，今山西嵐縣之北。其轄境相當於今山西之岢嵐、興縣、靜樂等縣。⓱忻　州名。治所秀容，今山西忻縣。其轄境還包括今之定襄縣。⓲代　州名。治所雁門，今山西代縣。其轄境包括今山西之五臺、繁峙、平原等縣。⑲朔　州名。治所善陽，今山西之朔縣。其轄境包括今山西之山陰、應縣、神池、偏關等縣。⑳蔚　州名。治所靈丘，即今山西之靈丘。其轄境還包括今河北之蔚縣、陽原、淶源、天鎮、陽高等縣。㉑雲　州名。治所雲州，今山西大同市。其轄境包括今山西之左雲、懷仁、渾源、豐鎮等縣以及內蒙古察哈爾右翼前旗。㉒恆山　古稱北嶽，在山西省東北部。東北—西南走向，東至河北省邊境，綿延一百五十公里。為桑乾河、滹沱河的分水嶺。㉓首陽　山名。相傳商末周初伯夷、叔齊曾隱於首陽山。《史記集解》注稱：「馬融曰：『首陽山在河東蒲阪華山之北，河曲中。』」另有雷首山、蒲山等多個名稱。㉔太行　即太行山。在山西高原與河北平原間，東北—西南走向，北起托馬河谷，南至山西、河南邊境，綿延四百公里。㉕匈奴　古代北方游牧族名，亦稱胡。㉖雷首　山名。稱雷首山，在今山西介於黃河、涑水間的中條山脈西南端，在小濟縣西南。㉗介山　在今山西介休東南，春秋時介之推曾隱居此山故有此名。又因山下有綿上之田，亦稱綿山。㉘霍山　在今山西霍縣東面，南接趙城、洪洞二縣界。《爾雅》稱：「西方之美者，有霍山之多珠玉焉。」即指此。㉙崞山　此山名近衛本校稱「當作崞山」。《通志・地理略》引《開元十道圖》亦為「崞山」。崞山有二，一在今山西原平縣西北；一指今山西繁峙縣東南部之五臺山。㉚汾　水流名。黃河第二大支流，縱貫山西省中部，源出山西管岑山，經太原市南至新絳縣折向西，在河津縣西入黃河，全長七百十六公里。㉛晉　水流名。在太原晉陽境內。由於太原「井苦不可飲，貞觀中，長史李勣架汾引晉水入東城，以甘民食，謂之晉渠」(《新唐書・地理志》)。㉜丹　即丹河，衛河的上游，在山西省東南部，源出今山西高平縣北朱丹嶺，南流入河南省境內。㉝沁　即沁河，黃河下游的支流，在山西省東南部，源出沁源縣北太岳山東麓，南流至河南省武陟縣入黃河。㉞懷　州名。屬河北道轄區，治所在河內，今河南沁陽。㉟襺　據《新唐書・地理志》及《通志・地理略》引《開元十道圖》當為「襺」，形近而誤。襺，以絲綿充內的衣物。《爾雅・釋言》：「袍，襺也。」㊱麲扇　以麥秆編製之扇。麲為麥莖。㊲龍鬚蓆　以龍鬚草編製之草蓆。龍鬚草亦稱蓑草，為多年生草本植物。㊳龍骨　指古代脊椎動物骨骼和牙齒之化石，中醫以之入藥。㊴甘草　中藥名。亦稱甜草，豆科，多年生草本，以其根入藥。㊵礜石　亦稱毒砂，即硫砒鐵礦，為製砷及亞砷酸之原料。煅之成末，可殺鼠，亦可入藥。舊說謂其所產山谷草木不生，霜雪不積，或有溫泉。㊶鉄　應作「鐵」。鉄，古文「銕」字，俗用為「鐵」字，誤。又據《通志・地理略》引《開元十道圖》，「鐵」上還有一「鋼」字，為「鋼鐵」。㊷兔絲子　即菟絲子，一年生纏繞寄生草本植物。莖細柔，呈絲狀，莖上有吸取寄生植物體內養料之器官。其種子能入藥，即為菟絲子。㊸黔雞　《通志・地理略》引《開元十道圖》及《新唐書・地理志》均作「野雞」。㊹禹餘糧　相傳由大禹打勝仗後所棄餘糧化生之麥類作物。《博物志》稱：「海上有草名篩，其實食之如麥，七月稔熟，名曰自然穀，或曰禹餘糧。」又，一種大小圓石，常膠附褐鐵礦上，中空而含有勻細潔淨之黃色黏土者，亦稱禹餘糧。㊺防風　中藥名。傘形科，多年生草本植物，夏秋開花，花白色。根入藥，主治外感風寒。㊻地骨白皮　中藥名，即枸杞的根與皮。㊼胡女布　又名胡布，女稽布。泛指塞外民族女子穿戴之布。㊽熟青熟綠　即國畫顏料中的石青、石綠，是藍礦石，即硫化銅。《新唐書・地理志》稱「青碌彩」。㊾白鷴翎　白色鷹鷴之羽毛。

【語譯】【十道之】三稱河東道，就是古代冀州的大部分疆界。包括現今太原、潞、澤、晉、絳、蒲、虢、汾、慈、隰、石、沁、儀、嵐、忻、代、朔、蔚、雲，虢州或許屬於河南道。共有十九州。它的東面到恆山，西面以黃河為界，南面抵達首陽、太行山脈，北邊是匈奴。恆山在太原的東面，黃河流過嵐、石、隰、慈、絳、蒲六州西面的邊境，首陽山在蒲州以南，太行山脈在澤州的南面。境內著名的山有雷首、介山、霍山和崞（崞）山。雷首山在蒲州境內，介山在汾州，霍山在晉州，崞（崞）山在代州，它另一名稱叫五臺山。境內的大河有汾水、晉水和丹水、沁水。汾水源出忻州，經過太原、汾、晉、絳、蒲五州流入黃河；晉水源出太原的晉陽，流入汾水；丹水源出澤州；沁水源出沁州，流過晉、絳、澤三州，到河北道的懷州南部匯入黃河。河東道的稅賦是布和襺（繭）。蒲州徵發的戶調是襺（繭），其他州都是麻和布。本道的貢品有麴扇、龍鬚蓆、墨、蠟、石英、漆和人參。太原貢龍骨、甘草、礜石、漆、鉄（鋼鐵），潞州貢墨、人參、花蜜、菟絲子，澤州貢白石英、黔（野）雞和禹餘糧，晉州貢蠟燭，絳州貢防風，蒲州貢龍骨、竹扇，虢州貢硯瓦、地骨白皮，汾州貢石膏，慈州貢蠟，隰、石二州貢胡女布，晉、汾二州貢龍鬚蓆，儀、澤、潞等州貢人參，嵐、虢、忻等州貢麝香，忻州貢豹尾，代州貢熟青、熟綠，朔、代二州貢白鷴翎，蔚州貢松子，雲州貢鷴翎。

七

四曰河北道❶，古幽❷、冀二州之境，今懷❸、衛❹、相❺、洺❻、邢❼、趙❽、恆❾、定❿、易⓫、幽⓬、莫⓭、瀛⓮、深⓯、冀⓰、貝⓱、魏⓲、博⓳、德⓴、滄㉑、棣㉒、嬀㉓、澶㉔、營㉕、平㉖、安東㉗，凡二十有五州焉。其幽、營、安東各管羈縻州㉘。東並于海，南迫于河，西距太行、恆山，北通渝關㉙、薊門㉚。海在棣、滄、幽、平、營五州之東，河水經懷、衛、相、魏、博、德、棣七州之南境，太行在懷州北，恆山在定州西，渝關在平州東，薊門在幽州北。其名山有林慮㉛、白鹿㉜、封龍㉝、井陘㉞、碣石㉟之山，恆嶽㊱在焉。林慮在相州西，白鹿在衛州北，封龍在趙州西，井陘在恆州西，碣石在營州東，恆山北岳在定州恆陽縣。其大川有漳㊲、淇㊳、呼沲㊴之水。漳水出潞州，歷相、洺、邢、冀、滄入海；淇水出衛州，與青水㊵合，歷魏、貝、德、滄四州與漳水合；呼沲在定、滄二州界，亦與漳水合。厥賦絹、綿及絲。相州調兼以絲，餘州皆以絹、綿。厥貢羅㊶、綾㊷、平紬㊸、絲布、絲紬㊹，鳳翮㊺、葦蓆、墨。恆州貢春羅、孔雀等羅㊻，定州兩窠紬綾㊼，懷州子溙㊽，洺、博、魏等州平紬，邢州瓷器，魏州綿紬，衛、趙、莫、冀等州綿，瀛、深、冀、德、棣等州絹，相州紗㊾、鳳翮席、胡粉㊿，邢州絲布，恆州羅，定州紬、綾，幽州范陽(51)綾，貝州白氈(52)，滄州葦蓆、柳箱，媯、營、歸順(53)等州麝香，檀州、安東府人參，平州蔓荊子(54)，薊州(55)鹿角膠，易州墨，蔚州(56)墨、豹尾，安東、單于野馬皮。遠夷則控契丹(57)、奚(58)、靺鞨(59)、室韋(60)之貢獻焉。

【章　旨】記述河北道之四至、所轄各州，及其山川、賦調和土貢。

【注　釋】❶河北道　唐初十道之一。其轄區相當於今河北、山東的北部，遼寧、吉林、黑龍江和內蒙古自治區。當時管轄二十五州，一都護府和二都督府，一百七十四縣。河北道採訪使治所在魏州。❷幽　指幽州，古九州之一。《爾雅・釋地》稱：「燕曰幽州。」燕指戰國燕地，今河北北部及遼寧一帶。❸懷　州名。治所河內，今河南沁陽。其轄境相當於今河南焦作、沁陽、武陟、修武、博愛、獲佳等市縣。其地北倚太行山，南臨黃河，為洛陽北面的門戶。❹衛　州名。治所汲縣，即今河南汲縣。其轄境相當於今河南新鄉、輝縣、浚縣、淇縣等地。❺相　州名。治所鄴縣，今河北臨漳縣鄴鎮。其轄境相當於今河北安成、廣平、和魏縣西南，河南安陽、湯陰、林縣、內黃及濮陽西南部。❻洺　州名。治所永年，即今河北永年縣。其轄境相當於今河北邯鄲、雞澤、曲周、丘縣、肥鄉、武安等市縣。❼邢　州名。治所龍岡，今河北邢臺市。其轄境相當於今河北之內丘、巨鹿、平鄉、廣宗和任縣等地。❽趙　州名。治所平棘，今河北趙縣。其轄境相當於今河北之寧晉、元氏、贊皇、高邑、欒城、臨城、柏鄉等縣。❾恆　州名。治所真定，即今河北正定縣。其轄境相當於今河北之阜平、行唐、井陘、藁城、獲鹿和石家莊等縣市。❿定　州名。治所安喜，今河北定縣。其轄境相當於今河北之曲陽、唐縣、完縣、望都、無極、深澤和安國等縣。⓫易　州名。治所易縣，即今河北易縣。其轄境相當於今河北之淶水、徐水、安新和容城等縣。⓬幽　州名。治所薊縣，今之北京市。其轄區相當於今之北京、通縣、房山、大興、天津、武清、永清和廊坊等市縣。⓭莫　州名。治所莫縣，今河北任丘北鄚州。其轄境相當於今河北之保定、清苑、任丘、文安等市縣。⓮瀛　州名。治所河間，即今河北河間縣。其轄境相當於今河北之博野、蠡縣、高陽、肅寧、獻縣和大城等縣。⓯深　州名。治所陸澤，今河北深縣。其轄境相當於今河北之饒陽、束鹿和安平等縣。⓰冀　州名。治所信都，今河北冀縣。其轄境相當於今河北之武邑、阜城、武強、衡水、棗強、南宮和新河等縣。⓱貝　州名。治所清河，即今河北清河縣。其轄境相當於今河北之武城、故城、臨清、夏津等縣。⓲魏　州名。治所元城，今河北大名東北。其轄境相當於今河北之館陶、冠縣、莘縣、范縣、清豐、南樂、大名魏縣等地區。⓳博　州名。治所聊城，今河北聊城東北。其轄境相當於今河北之高堂、茌平、聊城等地區。⓴德　州名。治所安德，今河北陵縣。其轄境相當於今河北之德州、景縣、吳橋、平原等縣。㉑滄　州名。治所清池，今河北鹽山縣西北。其轄境相當於今河北青縣、交河、南皮、東光、寧津、樂陵、無棣、長蘆、海興、孟村等縣。㉒棣　州名。治所厭次，今山東惠民縣東南。其轄境相當於今山東之濱州、陽信、商河、利津、霑化等市縣。㉓嬀　州名。治所懷戎，今河北懷來官廳水庫。其轄境相當於今河北之承鹿、宣化、張家口、萬全、張北和延慶等縣市。㉔澶　下文原注作「檀」。南宋本也為「檀」。檀州。治所密雲，即今河北密雲縣。其轄境相當於今河北之懷柔、平谷、密雲等縣。㉕營　州名。治所柳城，今遼寧朝陽市。其轄境相當於遼寧大小淩河流域。開元後，平盧節度使治此。㉖平　州名。治所盧龍，即今河北盧龍縣。其轄境相當於今河北之唐山、遷西、遷安、撫寧、昌黎、樂亭、灤縣、灤南等縣市。㉗安東　都護府名。唐高宗時李勣平高麗，治所平壤（今朝鮮半島之平壤）。玄宗開元二年（西元七一四年）遷平州。㉘羈縻州　唐代在周邊少數民族地區設置的地方行政單位。其都督、刺史、縣令經朝廷任命分別由各族首領擔任並為世襲。羈縻州受都護府都督或節鎮統轄。河北道統制羈縻州的為營州都督府、幽州都督府和安東都護府。㉙渝關　一作「榆關」，古關名。舊址在今河北秦皇島市之東山海關，為隋唐時東北軍事重鎮。㉚薊門　唐代關名，即今河北之居庸關。在昌平縣西北，兩山夾峙懸崖峭壁，為古代著名要塞。原名軍都關，北齊稱納款關，唐改為薊門關。㉛林慮　山名。在今河北林縣之西。㉜白鹿　山名。在今河北輝縣之西。㉝封龍　山名。在今河北欒城之西。㉞井陘　山名。在今河北獲鹿縣，與封龍山南北相對。㉟碣石　山名。在今河北昌黎縣。㊱恆嶽　五嶽之一，稱北嶽，在今河北曲陽縣西北。㊲漳　有清漳河、濁漳河二源，均出自山西省東南部。二水分流，至河南涉縣之合漳村始合流，稱漳河。㊳淇　水名。在今河南省北部，古為黃河支流，南流至今汲縣東北淇門鎮入黃河。三國時曹操於淇口作堰，使淇水東北流注入白溝（當時之漳水、今之衛河），以通漕運，因而成了衛河的支流。㊴呼沲　水名。源出山西省五臺山東北泰戲山，穿割太行山東流入河北平原，唐時經恆州、定州、瀛州、莫州至滄州而與漳水合。㊵青水　即前注中白溝之上游，在衛州汲縣與淇水合而匯成後來的衛河，再與漳水合。㊶羅　細薄輕軟的絲織品。㊷綾　斜紋提花的絲織品。質地輕薄，光滑而柔軟。㊸平紬　綢緞中之紡綢。㊹絲紬　即綿綢，平紋綢的一種。質地厚實堅韌，適宜於做袍料和被面用。㊺鳳翮　一種精緻的草蓆。㊻春羅孔雀等羅　羅類中花紋有所不同的各種絲織品。《新唐書・地理志》恆州的貢品中列有春羅、孔雀羅、爪子羅等多種名稱。㊼兩窠紬綾　綾類中各種絲織品。《新唐書・地理志》定州的貢品中列有細綾、兩窠綾、瑞綾、獨窠綾、二包綾、熟線綾等名稱。又，句中「紬」，據南宋本當作「細」。㊽子漆　據《通志・地理略》引《開元十道圖》，「子漆」當係「牛膝」之誤。牛膝，莧科，多年生草本植物，根可入藥，主治腰膝痺痛、關節不利。㊾紗　一種經緯稀疏，呈半透明狀的絲織物。㊿胡粉　滋潤面頰的化妝品。《後漢書・李固傳》：「胡粉飾貌搔頭弄姿。」胡指原產地為胡中。51范陽　縣名。原稱涿縣，唐高祖武德七年（西元六二四年）改此，治所在今河北涿州市，屬幽州。唐代宗大歷四年（西元七六九年）折幽州之范陽、歸義、固安置涿州，治所在范陽。52白氈　白色的毛毯。用羊毛經濕熱擠壓而成。53歸順　州名。屬幽州，治所懷柔，今河北順義。54蔓荊子　中藥名。馬鞭草科，果實可入藥，稱蔓荊子，主治風熱感冒。55薊州　唐開元十八年（西元七三〇年）置，治所漁陽，今天津市薊縣。轄境相當於今天津薊縣，河北之三河、玉田、豐潤、遵化等縣。56蔚州　南宋本作「燕州」。燕州，治所遼西，今河北懷柔縣境內。屬幽州。57契丹　古族名。游牧為生，源於東胡，北魏以來在今遼河上游一帶游牧。唐以其地置松漠都督府，並任契丹首領為都督。58奚　古族名。南北朝時稱庫莫奚，與契丹同為東胡鮮卑族支族，分布在饒樂水即今內蒙古老哈河流域營游牧生活。唐初以其地建饒樂都督府，開元時與契丹並稱「兩蕃」。59靺羯　亦作「靺鞨」。古族名。來源於古老的肅慎之族。北魏時稱勿吉，隋唐時稱靺鞨。分布在牡丹江、松花江及黑龍江中下游，東至日本海。從事農業和狩獵。部落眾多，逐漸發展為七大部。唐時其中之粟末部建渤海都督府，治所在今吉林之敦化；黑水部建黑水都督府，治所在今俄羅斯之伯力。60室韋　古族名。北魏時始有記載，有五部，分布在嫩江流域及黑龍江兩岸。唐時有二十多部，蒙兀室韋為其中之一部。各部經濟發展不平衡，有的以狩獵為主，有的以游牧為主。唐時曾建室韋都督府。

【語譯】【十道之】四稱河北道，就是古代幽州和冀州的部分境界。包括現今懷、衛、相、洺、邢、趙、恆、定、易、幽、莫、瀛、深、冀、貝、魏、博、德、滄、棣、媯、澶(檀)、營、平、安東，共有二十五州。其中幽、營、安東，各自還管轄一些羈縻州。河北道東面靠大海，南面接黃河；西面到達太行山脈和恆山，北面通連渝關和薊門關。大海在棣、滄、幽、平、營五州的東面，黃河經過懷、衛、相、魏、博、德、棣七州的南面邊界，太行山在懷州以北，恆山在定州的西面，渝關在平州的東面，薊門關則在幽州的北面。本道著名的山有林慮、白鹿、封龍、井陘和碣石，還有北嶽恆山亦在境內。林慮山在相州的西面，白鹿山在衛州的北面，封龍山在趙州的西面，井陘山在恆州的西面，碣石山在營州的東面，北嶽恆山在定州恆陽縣境內。境內的大河有漳水、淇水和呼沲水。漳水源頭出在潞州，流經相、洺、邢、冀、滄五州而入於渤海；淇水源頭出在衛州，與青水匯合後，經魏、貝、德、滄四州，再與漳水合到一起；呼沲河則是在定州與滄州的邊界與漳水合流。河北道的稅賦是絹、綿以及絲。相州的戶調除了絹、綿以外，還要繳納絲，其他州的戶調只是絹和綿。本道的貢品為羅、綾、平紬、絲布、絲紬、鳳翮葦、葦蓆和墨。恆州貢羅，有春羅、孔雀羅等；定州貢綾，有兩窠綾、細綾等；懷州貢子漆、(牛膝)，洺、博、魏等州貢平紬，邢州貢瓷器，魏州貢綿紬，衛、趙、莫、冀等州貢綿，瀛、深、冀、棣等州貢絹，相州貢紗、鳳翮葦和胡粉，邢州貢絲布，恆州貢羅，定州貢紬、綾，幽州的范陽貢綾，貝州貢白氈，滄州貢葦蓆、柳箱，媯、營、歸順等州貢麝香，檀州、安東府貢人參，平州貢蔓荊子，薊州貢鹿角膠，易州貢墨，蔚(燕)州貢墨、豹尾，安東單于貢野馬皮。遠方各蠻夷屬於本道轉輸朝貢品的，有契丹、奚、靺羯和室韋等。

【說明】唐設安東都護府是在高宗總章元年（西元六六八年），由其統九都督府，四十二州。在此之前，朝鮮半島上是高麗、百濟、新羅所謂「三國鼎立」時代。高宗乾封元年（西元六六六年）高麗王蓋蘇文死，其子泉男為兩弟所逐，脫身來奔，因命李勣往伐，從而完成了太宗在貞觀末年未了之事。此前六年，即顯慶五年（西元六六〇年）高宗已命蘇定方討伐百濟並服之，因百濟之五部置熊津、馬韓、東明、金漣五都督府，三十七州，二百五十縣。但唐王朝對這兩個地區實際上並沒有得到有效控制，百濟之地不久即為新羅所併吞，而安東都護府在平壤也只維持了短短幾年便後撤至遼東的遼城州都督府，治所在今遼寧的遼陽市。

八

五曰山南道[1]，古荊[2]、梁[3]二州之境，今荊[4]、襄[5]、鄧[6]、商[7]、復[8]、郢[9]、隨[10]、唐[11]、峽[12]、歸[13]、均[14]、房[15]、金[16]、夔[17]、萬[18]、忠[19]、已上十六州為山南道[20]。梁[21]、洋[22]、集[23]、通[24]、開[25]、壁[26]、巴[27]、蓬[28]、渠[29]、涪[30]、渝[31]、合[32]、鳳[33]、興[34]、利[35]、閬[36]、果[37]，已上西道。凡三十有三州焉。東接荊、楚[38]，西抵隴、蜀[39]，南控大江[40]，北據商華[41]之山。江水自蜀歷渝、涪、忠、萬、夔、歸、峽、荊八州界。其名山有嶓冢[42]、熊耳[43]、巫峽[44]、銅梁[45]、荊山[46]、峴山[47]。嶓冢在梁州金牛縣[48]，熊耳在商州上洛縣[49]，巫峽在夔州巫山縣[50]，銅梁在合州石鏡縣[51]，荊山在襄州荊山縣[52]，峴山在襄州襄陽縣[53]。大川則有巴[54]、漢[55]、沮[56]、淯[57]之水。巴水在合州界入江，漢水源出梁州金牛縣，初名漾水[58]，壹名沔水[59]，歷洋、金、均、襄、郢、荊、復七州，至荊州入於江；沮水源出房州永清縣[60]，至荊州界入江；淯水出鄧州，南入漢。**厥賦絹、布、綿、紬**[61]。梁、利、隨、均、荊、襄雜有綿、絹，合州調[62]以綿、紬，餘州並調以麻、布。**厥貢金、漆蜜蠟**[63]**、蠟燭、鋼鐵**[64]**、芒硝**[65]**、麝香**[66]**、布、交梭白縠**[67]**、紬紵**[68]**、綾**[69]**、葛**[70]**、綵綸**[71]**、蘭干**[72]。利州貢金、鋼鐵，荊州交梭縠、子方縠、紋綾，襄州漆隱起唐路貞[73]，鄧、利、果等州絲布，襄、均、房、商等州麝香，復、郢、開等州白紵，隨州綾，唐州絹，峽州芒硝，歸州紵、麻布，金州麩金[74]，萬州金，忠州蘇薰席[75]，梁州支[76]、紅花[77]，洋州白交梭，壁、巴、蓬、通、忠、渠[78]等州綿紬，渠、通、合等州白藥子[79]，通州絳香[80]，渠州買子木拜子[81]，涪州連頭獠布[82]，渝、峽、隨等州葛，合州牡丹皮[83]，閬州重暈綾[84]，襄州白縠，鳳州蠟燭，巴州蘭干布，房州紵，襄州烏漆碎石文漆器[85]、白綸巾，興、鳳、集、夔等州蜜蠟。

【章　旨】記述山南道之四至、所轄各州，及其山川、賦調和土貢。

【注　釋】❶山南道　唐初十道之一。其轄區相當於今陝西南部、四川東部、河南西部以及湖北的大部分。當時所轄三十三州，其中有二府，一百六十一縣。開元二十一年（西元七三三年）分山南道為東西二道，山南東道採訪使治所在襄州，山南西道採訪使治所在梁州。❷荊　古九州之一。《爾雅・釋地》稱：「漢南曰荊州。」漢指漢水。其範圍大體在今兩湖地區。❸梁　古九州之一。《尚書・禹貢》稱：「華陽黑水惟梁州。」大體為華山以南、嘉陵江以西川、陝相連地區。❹荊　州名。治所江陵，今湖北沙市。轄區約有今湖北松滋至石首間長江兩岸地區，有荊門、當陽、枝江、松茲、石首、潛江等縣市。玄宗天寶元年（西元七四二年）更名為江陵，肅宗上元元年（西元七六〇年）改為江陵府。❺襄　州名。治所襄陽，今湖北襄樊市。其轄境相當於今湖北之襄陽、谷城、光化、丹江口、南漳、宜城等縣市。❻鄧　州名。治所穰縣，今河南鄧縣。其轄境相當於今河南之西峽、淅川、內鄉、鎮平、新野、南召、南陽等市縣。❼商　州名。治所上洛，今陝西商縣。其轄境相當於今陝西之洛南、丹鳳、商南、山陽、鎮安、柞水等縣。❽復　州名。治所沔陽，今湖北仙桃市。其轄境相當於今湖北之仙桃、天門、監利、洪湖等市縣。❾郢　州名。治所京山，即今湖北京山縣。其轄境相當於今湖北之鍾祥、京山等縣。❿隨　州名。治所隨縣，即今湖北之隨縣。其轄境相當於今湖北之棗陽、隨縣等地區。⓫唐　州名。治所比陽，今河南泌陽縣。其轄境相當於今河南之方城、社旗、唐河、桐柏等縣。⓬峽　州名。治所夷陵，今湖北宜昌市。其轄境相當於今湖北之遠安、宜都、長陽等縣市。⓭歸　州名。治所秭歸，即今湖北秭歸縣。轄區相當於今湖北之巴東、興山、秭歸等縣。⓮均　州名。治所武當，今湖北均縣之西。其轄區相當於今湖北之鄖西、鄖縣、白河、十堰等縣市。⓯房　州名。治所房陵，今湖北房縣。其轄境相當於今湖北之竹山、竹溪、房縣、保康等縣。⓰金　州名。治所西城，今陝西之安康市。其轄境相當於今陝西南部之寧陝、石泉、漢陰、洵陽、平利、紫陽、嵐皋、鎮坪等縣。⓱夔　州名。治所奉節，即今四川奉節縣。其轄境相當於今四川之雲陽、奉節、巫山、巫溪以及長江三峽的兩岸。⓲萬　州名。治所南浦，今四川萬縣市。其轄區相當於今四川梁平、萬縣等地區。⓳忠　州名。治所臨江，今四川忠縣。其轄境相當於今四川之石柱、豐都、墊江等縣。⓴山南道　應是「山南東道」，脫一「東」字。近衛本亦已校出：「『道』上恐脫『東』字。」開元十年（西元七二二年）分山南道為東西二道。㉑梁　州名。治所南鄭，今陝西之漢中。其轄區相當於今陝西之勉縣、南鄭、城固等縣。開元十三年（西元七二五年）改名為褒州，二十年（西元七三二年）復稱梁州；德宗興元元年（西元七八四年）改名為興元府。㉒洋　州名。治所西鄉，即今陝西西鄉縣。其轄區相當於今陝西之鎮巴、洋縣、佛坪等縣。㉓集　州名。治所難江，今四川南江縣。其轄區僅相當於今四川之南江縣。㉔通　州名。治所通川，今四川達縣。其轄境相當於今四川之開江、宣漢、萬源等縣。㉕開　州名。治所盛山，今四川開縣。其轄境僅相當於今四川開縣附近地區。㉖壁　州名。治所諾水，天寶元年（西元七四二年）改名為通江，即今四川之通江縣。轄境僅今四川通江地區。㉗巴　州名。治所化城，今四川巴中縣。其轄境相當於今四川之巴中、平昌等縣。㉘蓬　州名。治所大寅，今四川儀隴以南。其轄區相當於今林溪流域及迤東一帶。㉙渠　州名。治所流江，今四川渠縣。其轄區相當於今四川之廣安、鄰水、大竹等縣。㉚涪　州名。治所涪陵，即今四川涪陵縣。其轄區相當於今四川之涪陵、長壽、大竹等縣。㉛渝　州名。治所巴縣，今四川重慶市。其轄區相當於今四川之江北、巴縣、江津、璧山、永川等縣市。㉜合　州名。治所石鏡，今四川合川縣。其轄區相當於今四川之大足、銅梁、武勝等縣。(33)鳳　州名。治所梁泉，今陝西鳳縣東北。其轄區相當於今甘肅之兩當、徽縣及陝西之留壩縣。(34)興　州名。治所順政，今陝西略陽縣。其轄區僅在今陝西略陽附近。(35)利　州名。治所綿谷，今四川廣元縣。其轄區相當於今陝西之寧強，四川之廣元和旺蒼等縣市。(36)閬　州名。治所閬中，即今四川閬中縣。其轄區相當於今四川之蒼溪、南部、閬中等縣。(37)果　州名。治所南充，即今四川南充市。其轄境相當於今四川之蓬安、營山、西充、岳市等縣。(38)荊楚　古地區名。泛指今湖北、湖南及安徽的部分地區。(39)隴蜀　古地區名。泛指今甘肅及四川的部分地區。(40)大江　指長江。(41)商華　指商山與華山。商山在陝西商縣東南。華山在陝西東南部，屬秦嶺東段，主峰太華山，古稱西嶽。商華連稱亦泛指秦嶺山脈。(42)嶓冢　山名。此處指在陝西寧強縣西北之潘冢山，為漢水發源地。(43)熊耳　山名。在河南省西部秦嶺東段的支脈，主峰熊耳山，以兩峰狀若熊耳得名。其山脈東北—西南走向，長百餘公里。(44)巫峽　長江三峽之一，因有巫山得名。西起四川巫山縣，東至湖北巴東縣，綿延四十公里。巫山十二峰並列長江兩岸，以神女峰最奇。(45)銅梁　山名。在今四川合州縣境內。(46)荊山　山名。在湖北西部南漳、保康二縣之間，武當山東南。南漳縣原名荊山縣。(47)峴山　又名南峴或峴首山，在湖北襄陽南。東臨漢水，為襄陽南面要塞。(48)金牛縣　故址在今陝西寧強縣北。(49)上洛縣　為古商州治所，今河南之商縣。(50)巫山縣　即今四川巫山縣。(51)石鏡縣　今為四川合川縣。(52)荊山縣　今湖北之南漳縣。(53)襄陽縣　即今湖北襄陽縣。(54)巴　水名。在四川東北部，有東西兩源，出自陝西南鄭、鎮巴境內米倉山，南流至四川通江南匯合，西南流至平昌注入南江。(55)漢　水名。一稱漢江，長江最長支流。上源五帶河，出陝西省西南部寧強縣，東流至勉縣與褒河匯合後稱漢江，東南流經陝西省南部、湖北省西北部和中部，在武漢市入長江，長一千五百三十二公里。(56)沮　水名。同以此名者有多條，此處指源出湖北省中部保康縣西南之沮水，東南流經遠安縣、當陽縣，與漳水匯合為沮漳河，再南流至江陵縣西入長江。(57)淯　水名。發源於河南伏牛山，流經向城、南陽、新野，在襄陽匯入漢水。(58)漾水　指漢水上源，即勉縣以西一段水源，稱為漾水。亦有以為指西漢水之上源，南北朝地震時，東西二漢水始隔絕不通。(59)壹名沔水　壹名，南宋本作「一名」。沔，錯字，應為「沔」。漢水下游過湖北沔陽縣後，稱沔水。(60)永清縣　古縣名。故址在今湖北保康縣西北。(61)紬　即「綢」字，指粗綢。(62)調　指戶調。按戶依丁徵發的實物稅。唐高祖武德七年（西元六二四年）令稱：「調隨鄉土所產，綾、絹、絁各二丈，布加五分之一。輸綾、絹、絁者，兼調綿三兩；輸布者，麻三斤。」（《舊唐書・食貨志》）(63)密蠟　即蜂蠟。密應作「蜜」。原注中亦誤作「密蠟」。(64)鋼鉄　鉄應作「鐵」。「鉄」係古文「紩」字，俗誤用為「鐵」字。(65)芒硝　礦物名。產於鹽湖中。中醫稱其粗製品為皮硝，精製品為芒硝。可治大便燥結。(66)麝香　雄麝香腺中乾燥的分泌物，保香力極強，可入藥，治療冠心病等。67交梭白縠　縠的一種。縠為縐紗一類絲織品。68紵　即紵麻，可織布。69綾　用斜紋提花組織的絲織品。70葛　絲織物類名。絲與毛線交織而成，俗稱「毛葛」。分素織、提花兩類。71綵綸　綵色的絲帶。72蘭干　用紵麻織成的一種細布。《漢書·哀牢夷傳》注「蘭干細布」：「蘭干，獠言紵也。」73漆隱起唐路真　似為兩種漆器名稱。《新唐書·地理志》載：襄州的貢品有「漆器，庫路真二品：十乘花文，五乘碎石文」。又，句中「唐路真」南宋本亦作「庫路真」。74麩金　一種粒狀生金。《博物要覽》稱：麩金「產雲南麗江，浮水面，如沙糖。土人以鐵杓取之，鑄煉方成」。《合璧事類》亦有載：「麩金，即在江沙水中淘汰而得，其色淺黃。此等生金，得之皆當銷煉。麩金耗折少，塊金耗折多。」75蘇薰席　草蓆的一種。76支　南宋本作「燕支」，此處脫一「燕」字。《新唐書·地理志》興元府即梁州的土貢為「燕脂」。燕脂即胭脂，一種常用的化妝品，亦可作繪畫顏料。77紅花　中藥名。一年生草本植物。花可入藥，能活血祛瘀。78渠　南宋本為「集」。渠州、集州同屬山南西道。79白藥子　中藥名。為白藥的籽粒。多年生的草本植物。80絳香　《新唐書·地理志》通州的貢品為「楓香」。《本草綱目》稱：「楓樹枝弱善搖，故字從風，俗呼楓香。」今南方甚多。據唐《新修本草》介紹，香脂主治「癮疹風癢浮腫，煮水浴之，又治齒痛」。81買子木拜子　《新唐書·地理志》渠州土貢中稱「買子本實」。性狀不詳。82連頭獠布　《新唐書·地理志》涪州土貢中稱「獠布」，當是麻布的一種。83牡丹皮　牡丹之根皮，可入藥，清熱，散瘀。84重暈綾　當是「重蓮綾」之誤。南宋本及《新唐書·地理志》閬州土貢均作「重蓮綾」，為綾的一種。85鳥漆碎石文漆器　句中「鳥」據南宋本當作「烏」；「文」通「紋」。意謂黑漆而具有碎石狀花紋的漆器。

【語　譯】【十道之】五稱山南道，在古代荊、梁兩州境內，包括現今荊、襄、鄧、商、復、郢、隨、唐、峽、歸、均、房、金、夔、萬、忠，以上十六州為山南（東）道。梁、洋、集、通、開、壁、巴、蓬、渠、涪、渝、合、鳳、興、利、閬、果，以上十七州為山南西道。總共是三十三個州。它的東面連接荊楚之地，西面與隴蜀地區接界，南面瀕臨長江，北面緊靠商山和華山。長江的水流從蜀經過渝、涪、忠、萬、夔、歸、峽、荊八個州的地界。境內的名山有嶓冢、熊耳、巫峽、銅梁、荊山和峴山。嶓冢山在梁州的金牛縣，熊耳山在商州的上洛縣，巫峽在夔州的巫山縣，銅梁在合州的石境縣，荊山在襄州的荊山縣，峴山在襄州的襄陽縣。境內大的河川有巴水、漢水、沮水和淯水。巴水在合州境內流入長江；漢水的源流出自梁州的金牛縣，最初稱漾水，又名沔（沔）水，經過洋、金、均、襄、郢、荊、復七個州，到荊州匯入長江。沮水的源頭出在房州永清縣，到荊州境內匯入長江；淯水的源頭在鄧州，向南流入漢水。本道徵調的實物稅賦是絹、布、綿和紬。梁、利、隋、均、荊、襄六州的戶調是綿和絹都有，合州的戶調是綿和紬，其他州的戶調都是麻和布。道內的貢品為金、漆、密（蜜）蠟、蠟燭、鋼鉄（鐵）、芒硝、麝香、布、交梭白縠、紬、紵、綾、葛、綵綸和蘭千布。利州的貢品為金和鋼鉄（鐵），荊州貢的是交梭縠、子方縠、紋綾，襄州的貢品是稱為「唐路貞」（「庫路真」）的漆器，鄧州、利州、梁州的貢品為絲布，襄、均、房、商等州貢麝香，復、郢、開等州貢白紵，隨州貢綾，唐州貢絹，峽州貢芒硝，歸州貢紵和麻布，金州貢麩金，萬州貢金，忠州貢蘇薰席，梁州貢支（胭脂）和紅花，洋州貢白交梭，壁、巴、蓬、通、忠、渠等州貢綿紬，渠、通、合等州貢白藥子，通州貢絳（楓）香，渠州貢買子木拜（并）子，涪州貢連頭獠布，渝、峽、隨等州貢葛，合州貢牡丹皮，閬州貢重暈（蓮）綾，襄州貢白縠，鳳州貢蠟燭，巴州貢蘭干布，房州貢紵，襄州貢鳥（烏）漆碎石紋漆器和白綸巾，興、鳳、集、夔等州貢密（蜜）蠟。

九

六曰隴右道❶，古雍❷、梁❸二州之境，今秦❹、渭❺、成❻、武❼、洮❽、岷❾、疊❿、宕⓫、河⓬、蘭⓭、鄯⓮、廓⓯、已上隴右⓰。涼⓱、甘⓲、肅⓳、瓜⓴、沙㉑、伊㉒、西㉓、北庭㉔、安西㉕，已上河西㉖。凡二十有一州焉。其秦、涼、鄯、洮、北庭、安西、甘、岷，又管羈縻州㉗。東接秦州，西逾流沙㉘，南連蜀㉙及吐蕃㉚，北界朔漠。流沙在沙州已北，連延數千里。其名山有秦嶺㉛、隴坻㉜、西傾㉝、朱圉㉞、積石㉟、合黎㊱、崆峒㊲、三危㊳、鳥鼠同穴㊴。秦嶺在秦州上邽縣㊵，隴坻在清水縣㊶，西傾在洮州之西南，朱圉在秦州伏羌縣㊷，積石在河州枹罕縣，合黎在甘州張掖縣㊸，崆峒在肅州福祿縣㊹，三危在沙州燉煌縣㊺，鳥鼠同穴在渭州渭源縣㊻。其大川則有洮水㊼、弱水㊽、羌水㊾，洮水出西羌㊿中，歷岷、蘭二州界入河；弱水在甘州刪丹縣[51]；羌水歷宕、武、文[52]三州之界。河瀆[53]及休屠之澤[54]在焉。河水歷廓、河、鄯、蘭等州界，休屠澤在涼州界。厥賦布、麻。厥貢麩金[55]、礪石[56]、碁石[57]、蜜蠟、蠟燭、毛毼[58]、麝香[59]、白氎[60]及鳥獸之角、羽毛、皮革。廓、宕二州貢麩金，宕州散、麝香[61]，沙州碁子，肅州礪石，成州、武州蠟燭，洮州毛毼，涼州毼布，甘、肅、瓜、涼等州野馬皮，西州白氎，瓜州吉莫皮[62]，伊州陰牙角[63]、胡桐律[64]，鄯州羚羊角[65]、野馬皮，岷、秦二州龍鬚席[66]、蜂牛尾[67]、鵰翎[68]，秦州芎藭[69]，肅州肉蓯蓉[70]、栢脉根[71]，瓜州草豉子[72]，北庭州速霍角[73]、陰牙角、阿魏藏根[74]，安西緋氈、硇砂[75]、陰牙角、氍毹[76]，甘、沙、渭、河、蘭、疊等州麝香。遠夷則控西域諸戎[77]之貢獻焉。

【章旨】記述隴右道之四至、所轄各州，及其名山大川、賦調和土貢。

【注釋】❶隴右道 唐初十道之一。其轄區包括今甘肅、新疆及境外廣大地區，西與波斯古國相鄰。當時所轄有十九州、二都護府和六都督府，共六十縣。所設之採訪使治鄯州。❷雍 古九州之一。《爾雅·釋地》稱：「河西曰雍州。」河西指山西、陝西黃河段以西即今陝西、甘肅部分地區。❸梁 古九州之一。其主要劃區在秦嶺以南，即今陝西南部和四川、湖北、河南相關連地區。屬唐代隴右道轄境的是渭水流域那部分。❹秦 州名。治所本在上邽，今甘肅天水市；開元二十三年（西元七三五年）因地震徙治成紀，今天水池之北；天寶元年（西元七四二年）還治上邽。其轄境相當於今甘肅之秦安、天水、清水、甘谷、禮縣、西和、成縣等縣市。❺渭　州名。治所襄武，今甘肅隴西縣東南。其轄境相當於今甘肅之隴西、定西、漳縣、渭源、武山等縣地。❻成　州名。治所上祿，今甘肅禮縣之南。其轄境相當於今甘肅禮縣、西和、成縣等地。❼武　州名。治所將利，今甘肅武都縣。其轄境相當於今甘肅之武都、康縣等地。境內山川險阻，為唐與吐蕃爭奪之要地。❽洮　州名。治所臨潭，即今甘肅臨潭縣。其轄境相當於今臨潭、卓尼二縣。❾岷　州名。治所溢樂，今甘肅岷縣。其轄境即今岷縣一帶。❿疊　州名。治所合川，今迭部。其轄區即今迭部縣地區。⓫宕　州名。治所懷道，今甘肅舟曲縣。其轄區相當於今甘肅舟曲、宕昌二縣。⓬河　州名。治所枹罕，今甘肅和政縣西北。其轄區相當於今甘肅之和政及東鄉族自治縣。代宗寶應初地入吐蕃。⓭蘭　州名。治所金城，今甘肅蘭州市。其轄境相當於今甘肅之永登、榆中、臨洮、皋蘭和蘭州市。⓮鄯　州名。治所鄯城，今青海西寧市。其轄區相當於今青海之湟中、樂都、湟源、民和等縣，為隴右道採訪使及隴右節度使治所，安史之亂後為吐蕃所佔。⓯廓　州名。治所化隆，後改名為化成，今青海化隆西黃河北岸。其轄境相當於今青海化隆、循西黃河兩岸地區。⓰隴右　指上述各州位於隴山即六盤山脈之西。古以東為左，西為右。⓱涼　州名。治所姑藏，今甘肅武威市。其轄境相當於今甘肅永昌以東、天祝以西地區，包括永昌、武威、古浪、天祝等縣。⓲甘　州名。治所張掖，即今甘肅張掖縣。其轄區相當於今甘肅弱水上游，包括高臺、臨澤、張掖、山丹、民樂等縣。⓳肅　州名。治所酒泉，即今甘肅酒泉縣。其轄境相當於今甘肅之玉門、嘉峪關、酒泉、金塔等市縣。⓴瓜　州名。治所晉昌，今甘肅安西東南。其轄境相當於今安西附近，包括玉門關、石包城、昌馬等城鎮。㉑沙　州名。治所燉煌，即今甘肅敦煌。其轄區相當於今敦煌附近一帶。㉒伊　州名。治所伊吾。今新疆哈密市。其轄區相當於今新疆哈密附近包括、伊吾、巴里坤、哈薩克自治縣等地。㉓西　州名。唐貞觀十四年（西元六四〇年）滅麴氏之高昌，以其地置西州，治高昌，寶應初改名為前庭，今新疆吐魯番盆地東南。其轄境相當於今吐魯番盆地一帶。㉔北庭　稱北庭大都護府，唐六都護府之一。治庭州，今新疆吉木薩爾北破城子，統天山北路突厥諸羈縻府州，轄境東起今阿爾泰山巴里坤湖，西迄今鹹海西突厥諸部族。㉕安西　稱安西都護府，唐六都護府之一。西盡波斯國，皆隸安西。顯慶三年（西元六五八年）徙治龜茲都督府，今新疆庫車縣。景雲元年（西元七一〇年）以安西都護兼四鎮經略大使（四鎮為龜茲、疏勒、于闐、碎葉），或稱磧西，以治所在安西都護府。由於節度使例兼安西都護，故亦稱安西或安西四鎮。㉖河西　指以上各州位於黃河以西，即今甘肅之河西走廊。㉗羈縻州　唐代在周邊少數民族地區設置之地方行政單位。其都督、刺史、縣令經朝廷任命分別由當地各族首領擔任並為世襲。屬隴右道的羈縻州分別受二都護府、六都督府統轄。㉘流沙　指塔里木大沙漠。㉙蜀　泛指今四川地區。㉚吐蕃　古代藏族在青康藏高原建立之政權。贊普松贊干布定都於邏些，今西藏之拉薩。㉛秦嶺　在上邽（今甘肅天水市）及清水縣（今甘肅清水縣）之東南側。《新唐書・地理志》在清水縣條下記有秦嶺縣，貞觀十七年（西元六四三年）省。此處所指之秦嶺當在其境內。其地古為嬴秦始封之邑。㉜隴坻　山名。即六盤山脈之南段。在陝西省隴縣西南，甘肅清水縣東南，呈南北走向，約一百公里，為陝、甘二省之邊界。㉝西傾　山名。在甘肅臨潭和碌曲縣西南，為甘肅、青海二省之邊界。㉞朱圉　山名。《新唐書・地理志》伏羌縣條下記有朱圉山。伏羌縣即今甘肅甘谷縣，在天水市西部，渭河流域。㉟積石　山名。廣義的積石山脈指今阿尼瑪卿山，此處則指小積石山，在今甘肅臨夏縣西北。㊱合黎　山名。又名要塗山。在今甘肅張掖市西北，高臺縣北面。㊲崆峒　山名。在今甘肅平涼市西。屬六盤山脈。南北走向，長一百公里。為涇河發源地。㊳三危　山名。《新唐書・地理志》燉煌條下記其東四十七里「有三危山」。㊴鳥鼠同穴　山名。《新唐書・地理志》在渭州渭源（今甘肅渭源縣）條下記「有鳥鼠同穴山，一名青雀山。」㊵上邽縣　今甘肅天水市。㊶清水縣　即今甘肅清水縣。㊷伏羌縣　今甘肅之甘谷縣。㊸張掖縣　即今甘肅張掖市。㊹福祿縣　在今甘肅酒泉市之東南。㊺燉煌縣　即今甘肅之敦煌縣。㊻渭源縣　即今甘肅之渭源縣。㊼洮水　黃河上游支流。在甘肅省西南部，源出甘肅、青海二省邊境西傾山東麓，東流岷縣折北經臨洮至永靖縣城附近入黃河，全長六百六十九公里。㊽弱水　今稱山丹河。源於祁連山北麓，經甘肅山丹縣，在張掖與張掖河合流。㊾羌水　發源於甘肅西傾山，因其流經羌人居住區故稱羌水，為白龍江的上游。經過當時隴右道之疊州、宕州、武州然後進入劍南道之文州，稱白龍江，在今四川的廣元與嘉陵江匯合。㊿西羌　東漢羌人內遷的一支，定居在今青海、甘肅邊區，因住地偏西，故稱西羌。(51)刪丹縣　即今甘肅之山丹縣，在張掖市東面。(52)文　州名。屬劍南道，治所曲水，在今甘肅之文縣。又，羌水在隴右道經過的三州應是疊州、宕州、武州。(53)瀆　發源而注海之河流稱瀆。《爾雅・釋水》：「江、淮、河、濟為四瀆。四瀆者，發源注海者也。」故黃河可稱為瀆。(54)休屠之澤　即休屠澤。在今甘肅武威、民勤縣東北、西渠、東鎮一帶。《尚書・禹貢》稱其為野豬澤，西漢時以澤在匈奴故休屠王地，故以為名。唐以後稱為白亭海。(55)麩金　一種粒狀生金。產於雲南。從江沙水中淘汰而得，銷煉成金。(56)礪石　磨刀石。(57)碁石　用以製作棋子之石料。(58)毛毼　亦稱氀毼，一種毛織品，即毛布。《後漢書・烏桓傳》稱：「婦人能刺韋作文繡，織氀毼。」(59)麝香　為雄麝香腺中乾燥之分泌物，保香力極強，可入藥治療冠心病等。(60)白氎　白細棉布。《新唐書・南蠻傳》：「古貝，草也。緝其花為布，粗曰貝，精曰氎。」杜甫〈大雲寺贊公房〉詩：「光明白氎巾。」(61)宕州散麝香　《通典・食貨六》及《新唐書・地理志》宕州土貢中均有「散金」一項。此處句中「散」下脫一「金」字，應據補。(62)吉莫皮　皮革，用以製靴、韉一類毛皮製品。(63)陰牙角　即淫羊藿，俗名仙靈脾。古稱服之使人好為陰陽。西川北部有淫羊，一日百遍合，蓋食此藿所致，故名淫羊藿。其葉形似小豆而圓薄，莖細而堅。《神農本草經》稱：「主治陽萎絕傷，莖中痛，利小便，益氣力，強志。」(64)胡桐律　似當為「胡桐淚」。廣雅本作「胡桐淚」。《通典・食貨六》伊州土貢中亦記有「胡桐淚二十五斤」。胡桐淚，中藥名。《爾雅》記西域鄯善國有胡桐，蟲食其木則沫出，其下流者俗稱胡桐淚。(65)牸羊角　牸，牝。本指母牛，也泛指雌性牲畜，此處指母羊角。《新唐書・地理志》鄯州的土貢為牸犀角。(66)龍鬚席　以龍鬚草編製之草蓆。龍鬚草亦稱蓑草，多年生的草本植物。(67)蜂牛尾　近衛本校注稱：「蜂疑當作『峰』。」《後漢書》注疏勒國獻獅子、犎牛：「領上肉隆起若封然，因名。即今之峰牛。」據此，當為峰牛之尾。又，南宋本則作「犛牛尾」，錄以備考。犛牛即牦牛。牦牛主要分布於我國青康藏高原三千米以上高寒地區，善馱運，故有「高原之舟」之稱。(68)雕翎　鷹雕之羽毛。(69)芎藭　即川芎，中藥名。多年生草本植物，根狀莖入藥，能活血化瘀。(70)肉蓯蓉　草名。寄生於高山檀木屬植物之根上。莖為肉色可入藥作補劑。(71)栢脉根　即柏樹之根，能入藥。(72)草豉子　即豆豉。用大豆釀造的食品。(73)速霍角　即藿香的豆角。藿香為多年生芳香類草本植物。其豆角可入藥，功能是通氣解悶。(74)阿魏藏根　據南宋本句中「藏」係「截」之誤，當為「阿魏截根」。阿魏為多年生草本，原產波斯、阿富汗。截其根，流白汁如乳，俟乾刮取，經年凝集成塊，可為祛痰驅風等藥。(75)硇砂　藥石名。硇即「磠」。以磠砂為主藥與血餘、乳香、沒藥等配製而成的磠砂膏，為消腫止痛的外用藥。(76)氍毯　為織毛而有花紋的地毯。南宋本則作「氍毹」，亦為毛織地毯。古樂府《隴西行》：「請客北堂上，坐客氈氍毹。」(77)諸戎　南宋本及《通志・地理略》引《開元十道圖》均為「胡戎」。胡戎為我國古代分別對北方和西部各族的泛稱。

【語　譯】【十道之】六稱隴右道，就是古代雍、梁兩州的境界，包括現今之秦、渭、成、武、洮、岷、疊、宕、河、蘭、鄯、廓，以上各州都在隴右。涼、甘、肅、瓜、沙、伊、西、北庭、安西，以上各州都在河西。共二十一州。其中秦、涼、鄯、洮、北庭、安西、甘、岷這些州，又兼管各相關的羈縻州。隴右道東面抵達秦州，西面越過大沙漠，南面與蜀地和吐蕃相連，北面以荒漠為界。流沙地在沙州以北，連綿數千里。境內有名的大山有秦嶺、隴坻、西傾、朱圉、積石、合黎、崆峒、三危、鳥鼠同穴。秦嶺在秦州的上邽縣，隴坻山在清水縣，西傾山脈在洮州的西南，朱圉山在秦州的伏羌縣，積石山在河州的枹罕縣，合黎山在甘州的張掖縣，崆峒山在肅州的福祿縣，三危山在沙州的燉煌縣，鳥鼠同穴山在渭州的渭源縣。境內大的河川有洮水、弱水和羌水。洮水起源於西羌，經過岷、蘭二州的地界匯入黃河；弱水在甘州的刪丹縣；羌水流經宕、武、文三州的境界。黃河和休屠澤亦在它境內。黃河經過廓、河、蘭等州的境界，休屠澤在涼州界內。本道徵調的賦稅是布和麻。貢獻的貢品有麩金、礪石、碁石、蜜蠟、蠟燭、毛毼、麝香、白氎及鳥獸的角和羽毛、皮革。廓、宕二州的貢品是麩金、麝香，沙州的貢品是碁子，肅州的貢品是礪石，成州、武州的貢品是蠟燭，洮州的貢品是毛毼，涼州的貢品是毼布，甘州、肅州、瓜州、涼州等的貢品為野馬皮，西州的貢品為白氎，瓜州的貢品是吉莫皮，伊州的貢品是陰牙角和胡桐律（淚），鄯州貢羚羊角、野馬皮，岷、秦二州貢龍鬚蓆、蜂（峰）牛尾和雕翎，秦州的貢品為芎藭，肅州的貢品是肉蓯蓉、柏脉根，瓜州貢草豉子，北庭州貢速霍角、陰牙角和阿魏藏（截）根，安西貢緋氈、硇砂、陰牙角和氍毹，甘、沙、渭、河、蘭、疊這幾個州都貢麝香。遠方各蠻夷如西域胡戎的貢物，亦由本道控制和轉獻。

【說　明】關於北庭和安西都護府的設置，可說是唐王朝與西突厥不斷較量的產物。先是貞觀十四年（西元六四〇年）在進兵高昌西突厥被迫投降後，便設置了西、庭二州，並置安西都護府以為統轄。但不久西突厥降而復叛，於是又在高宗顯慶二年（西元六五七年）命蘇定方率回紇等兵分道進軍，徹底平定了西突厥，裂其地為蒙池、崑陵二都護府，分其部族而列置州、縣，原臣屬於西突厥的中亞諸國亦轉而歸服於唐。第二年，再遣董寄生、王名遠至蔥嶺以西諸國冊立都督府、州，西抵波斯即今伊朗的範圍。安西都護府治所亦移龜茲即今新疆之庫車。到高宗龍朔元年（西元六六一年），又在于闐以西、波斯以東十六國分置都督府十六、州七十二、縣一百一十、軍府一百二十六，由安西都護府統轄。其所謂十六國之今地，大略為：吐火羅（月氏都督府）、嚈噠（大汗都督府）、訶達羅支（條支都督府）、罽賓（修鮮都督府）、失範延（烏風都督府）、石汗那（悅般都督府）、護時健（奇沙都督府）、多勒健（崑墟都督府）等八國，在今阿富汗境內；怛沒（姑墨都督府）、烏拉喝（旅獒都督府）二國，在今烏茲別克共和國境內；解蘇（天馬都督府）、骨咄施（高附都督府）、俱密（至拔都督府）、久越得犍（王庭都督府）等四國，在今塔吉克共和國境內；餘二國波斯即今伊朗，護密多之一部則即在我國境內。在此之前歸唐的西域諸國還有：康國（康居都督府）、何國（貴霜州）、拔汗那（休循州）、石國（大宛都督府）、米國（南謐州）、安國（安息州）、東安國（木鹿州）、史國（佉沙州等，均屬今烏茲別克共和國；葛邏祿（陰山、大漠、立池三都督府），今新疆北部與蒙古西部；龜茲（安西都護府治所），今新疆之庫車。

唐代在西域地區設置的羈縻府、州，有這樣一些特點：一是即其部落或城廓列置州縣；二是以蕃首酋長為都護、都督或刺史，遞相統率，皆得世襲；三是居民不直接向國家繳納賦稅，戶籍不呈送戶部，僅貢獻土產方物；四是保留原來的軍隊和行政組織，但必須服從朝廷和都護府的調遣。在實際管理上，又有三種不同情況。譬如在吐魯番盆地和新疆東部靠近內地的地方設置的如伊州、庭州、西州，其體制與內地州、縣相同，由朝廷直接管轄。在塔里木盆地及新疆北部地區，大體上都屬朝廷軍事力量勢能所及，則由安西、北庭都護府直接管轄，實行都護統治。而在蔥嶺以西、波斯以東的錫爾河以南地區，已是所謂天高皇帝遠，為唐王朝勢力鞭長莫及，其所設置之羈縻府、州、縣只是名義上的一種冊封。但有一點是共同的，即朝廷對西域所有羈縻府、州、縣有徵發其所屬軍隊的權力。唐在西域用兵，都是靠就近徵發，例如在安史之亂時，就曾調發于闐、拔汗那以及吐火羅等九國軍隊東進勤王。

十

七曰淮南道❶，古楊州❷之境，今楊❸、楚❹、和❺、滁❻、濠❼、壽❽、廬❾、舒❿、蘄⓫、黃⓬、沔⓭、安⓮、申⓯、光⓰，凡一十有四州焉。東臨海，西抵漢⓱，南據江⓲，北距淮⓳。海在楊、楚二州東，漢在沔州，淮水經申、光、壽、濠、楚五州北境入海，江水經沔、黃、蘄、舒、和、楊六州南境入海。其名山有八公⓴、灊㉑、大別㉒、霍山㉓、羅山㉔、塗山㉕。八公山在壽州壽陽縣㉖；大別山在壽州霍山縣㉗；霍山一名天柱，在舒州懷寧縣㉘，自漢以來為南岳，隋文帝開皇七年㉙，以南衡山㉚為南岳，廢霍山為名山；羅山在申州，塗山在濠州鍾離縣㉛。其大川有滁㉜、肥㉝之水，巢湖㉞在焉。滁水源出廬州合肥縣㉟，巢湖在合肥、巢㊱二縣界。厥賦絁㊲、絹、綿、布。淮南道庸㊳、調㊴雜有紵、貲、火麻等布㊵，壽州以絁、布、綿、麻，安、光二州調以絁、絹，申州綿、絹。厥貢交梭㊶、紵、絺㊷、孔雀㊸、熟絲布、青銅鏡。揚州貢青銅鏡、莞蓆㊹、細紵㊺，廬州交梭，申、光二州貢絺、綄㊻、葛㊼，楚州貢孔雀布，和州紵練㊽，滁、沔㊾二州麻、貲布，蘄、舒二州白紵布，黃州紵、貲布、烏蛇㊿，安州青紵布，壽、廬、光等州生石斛(51)，壽州葛布，廬州貢熟絲布。

【章旨】記述淮南道四至和所轄各州，及其名山大川、賦調和土貢。

【注釋】❶淮南道　唐初十道之一。其轄區包括今河南南部、湖北以及安徽、江蘇長江以北地區。當時所轄有十四州，五十三縣。其採訪使治所在揚州。❷揚州　古九州之一。《書經・禹貢》：「淮海惟揚州。」《爾雅・釋地》：「江南曰揚州。」《周禮・夏官・職方氏》：「東南曰揚州。」據此可知古代揚州泛指淮河以南，包括長江以南東到黃海和東海的東南廣大地區。❸揚　州名。治所江都，今江蘇揚州市；置大都督府。其轄區相當於今江蘇之揚州、泰州、高郵、興化、六合、泰興、海安、如皋、泰縣和安徽天長等市縣。❹楚　州名。治所山陽，今江蘇淮安縣。其轄區相當於今江蘇淮河以南，盱眙以東，包括洪澤、寶應、鹽城等縣市。❺和　州名。治所歷陽，今安徽和縣。其轄區相當於今安徽和縣、含山等地區。❻滁　州名。治所清流，今安徽滁縣。其轄區包括今安徽之來安、全椒等縣。❼濠　州名。治所鍾離，今安徽鳳陽縣。其轄區包括今安徽之蚌埠、嘉山、定縣等市縣。❽壽　州名。治所壽春，今安徽壽縣。其轄區相當於今安徽之六安、霍丘、霍山、金寨等縣市。❾廬　州名。治所合肥，即今安徽合肥市。其轄區相當於今安徽之肥東、肥西、巢縣、無為、舒城和廬江等縣市。❿舒　州名。治所懷寧，今安徽潛山縣。其轄區相當於今安徽之岳西、安慶、桐城、樅陽、懷寧、太湖和宿松等縣市。⓫蘄　州名。治所蘄春，即今安徽蘄春縣。其轄區相當於今安徽之英山、羅田、黃梅、浠水等縣市。⓬黃　州名。治所黃岡，今湖北新洲縣。其轄區相當於今湖北紅安、麻城、黃陂、黃岡等縣市。⓭沔　州名。治所漢陽，即今湖北漢陽市。其轄區相當於今湖北漢陽市周圍地區。⓮安　州名。治所安陸，今湖北安陸縣。其轄區相當於今湖北之應山、孝感、雲夢、應城等地區。⓯申州名。治所義陽，今河南信陽市。其轄區相當於今河南之信陽、羅山等縣。⓰光　州名。治所定城，今河南潢川。其轄區包括今河南之光山、固始、商城和新縣等縣市。⓱漢　指漢水。⓲江　指長江。⓳淮　指淮河。⓴八公　山名。在安徽壽縣東北，淝水之北，形勢險要，為淝水之戰古戰場。苻堅登壽陽城，望八公山草木疑為晉兵，「風聲鶴唳，草木皆兵」的典故即由此而來。㉑灊　山名，即灊山。在今安徽灊山縣境內。㉒大別　山名。在豫、鄂、皖三省邊境，西接桐柏山，東延為霍山，西北—東南走向，為長江與淮河的分水嶺。主峰在湖北羅田縣。㉓霍山　在安徽省西部，西北接大別山，東北延伸為丘陵，主峰白馬尖在霍山縣東南。㉔羅山　在河南羅山縣境內。㉕塗山　又名當塗山。在今安徽蚌埠市西，淮河東岸，與荊山隔淮相對。相傳為夏禹娶塗山氏及會諸侯處。㉖壽陽縣　即今安徽之壽縣。㉗霍山縣　即今安徽霍山縣。㉘懷寧縣　今安徽之潛山縣。㉙開皇七年　據《通志・地理略》引《開元十道圖》，當為「開皇九年」，即西元五八九年。開皇為隋文帝年號。開皇七年，隋尚未滅陳，衡山尚在陳境內，隋文帝不可能改衡山為南嶽。㉚衡山　在湖南省衡山縣西，為五嶽之一的南嶽。㉛鍾離縣　今安徽之鳳陽縣。㉜滁　古稱涂水，長江下游支流。在安徽省東部，源出肥東縣東北，曲折東流，經全椒、滁州、來安等市縣，至江蘇六合縣入長江，全長二百二十七公里。㉝肥　俗稱東肥水，源出安徽合肥市西北，流入壽縣境後，經八公山南入淮。西元三八三年，東晉、前秦戰於肥水，即此。㉞巢湖　一稱焦湖。在安徽省中部，為陷落所成，湖成鳥巢狀，面積八百平方公里。湖水經裕溪河下洩長江。㉟合肥縣　今安徽合肥市。㊱巢　即今安徽巢縣。㊲絁　粗綢。㊳庸　指力庸，唐代的一種賦役制度。唐武德七年（西元六二四年）令規定：課戶凡丁歲役二旬，若不役則收其庸，每日折納絹三尺，二十天為六丈。故庸常以勞役折合成實物繳納。㊴調　指戶調，唐代的一種賦稅制度。唐武德七年（西元六二四年）令規定：課戶按丁徵發的調為綾、絹、絁各二丈，布加五分之一。輸綾、絹、絁者，兼調綿三兩；輸布者，麻三斤。㊵雜有紵貲火麻等布　意謂淮南道徵收庸、調這一類實物稅的品種，除了絁、絹、綿、布以外，還雜有紵布、貲布、火麻布等。紵布，即紵麻織成的布。貲布、火麻布，均屬麻布品種。火麻即大麻。㊶交梭　為縠的一種。縠係縐紗一類絲織品。唐代貢品中除交梭縠外，還有子方縠等。㊷絺　細的葛布。㊸孔雀　指孔雀布，一種帶有彩色孔雀花紋的絲織品。㊹莞蓆　以莞草編成的蓆子。莞草，亦稱水蔥，或蓆子草。㊺細紵　以紵麻織成的細麻布。㊻綄　為古代的一種候風器。《通志・地理略》引《開元十道圖》此字作「紵」。㊼葛　一種混紡織品。以絲作經，毛線作緯，斜紋提花組織而成。㊽練　粗絲布，可作巾、衿。東漢禰衡就著綀巾。㊾沔 此為錯字，當作「沔」。沔，州名。見前⓭注。㊿烏蛇 據南宋本當作「烏蛇」，即烏梢蛇。去內臟，曬乾後可入藥，主治風濕痹痛。(51)生石斛 即石斛。多年生常綠草本植物，附生於樹幹，常盆栽供觀賞，莖可入藥，功能養胃生津。

【語 譯】【十道之】七稱淮南道，屬於古楊州的境界，包括現今楊、楚、和、滁、濠、壽、廬、舒、蘄、黃、沔、安、申、光，共有十四州。它的東面濱臨黃海，西面抵達漢水，南面以長江為界，北面靠著淮河。東海在楊、楚二州的東面，漢水經過西面的沔州，淮水經過申、光、壽、濠、楚五州的北部入海，長江經過沔、黃、蘄、舒、和、楊六州的南部入海。境內的名山有八公山、灊山、大別山、霍山、羅山和塗山。八公山在壽州的壽陽縣；大別山在壽州的霍山縣；霍山又叫天柱山，在舒州的懷寧縣，從漢朝以來，一直被看作是南嶽，隋文帝開皇七（九）年因把衡山定為南嶽，才廢除了霍山的名山資格；羅山在申州；塗山在濠州的鍾離縣。境內的大河有滁水和肥水，還有巢湖。滁水的源頭在廬州合肥縣，巢湖位於合肥和巢縣二縣之間。淮南道賦調的實物稅為絁、絹、綿和布。本道的力庸和戶調除絁、絹、綿、布外，還雜有紵、貲、火麻等布。壽州的戶調是絁、布、綿、麻，安、光二州的戶調是絁和絹。本道貢獻的物品為交梭、紵、絺、孔雀布和熟麻布，還有青銅鏡。楊州的貢品為青銅鏡、莞蓆和細紵布，廬州的貢品為交梭縠，申、光二州的貢品為絺、綻（紵）、葛，楚州的貢品為孔雀布，和州的貢品為紵和綀，滁、沔（沔）二州的貢品為麻和貲布，蘄、舒二州的貢品為白紵布，黃州的貢品為紵、貲布和烏（烏）梢蛇，安州的貢品為青紵布，壽、廬、光等州貢生石斛，壽州貢品葛布，廬州貢熟絲布。

十一

八日江南道❶，古楊州之南境❷，今潤❸、常❹、蘇❺、湖❻、杭❼、歙❽、睦❾、衢❿、越⓫、婺⓬、台⓭、溫⓮、明⓯、括⓰、建⓱、福⓲、泉⓳、汀⓴，已上東道。宣㉑、饒㉒、撫㉓、虔㉔、洪㉕、吉㉖、郴㉗、袁㉘、江㉙、鄂㉚、岳㉛、潭㉜、衡㉝、永㉞、道㉟、邵[36]、澧[37]、朗[38]、辰[39]、敘[40]、錦[41]、施[42]、南[43]、溪[44]、思[45]、黔[46]、費[47]、業[48]、巫[49]、夷[50]、播[51]、溱[52]、珍[53]，凡五十有一州[54]焉。黔中又管羈縻州[55]。東臨海，西抵蜀，南極嶺[56]，北帶江。海水在蘇、杭、越、台、溫、括、泉、福八州之東，江水經岳、鄂、江、宣、潤、常、蘇七州之北入海。其名山有茅山[57]、蔣山[58]、天目[59]、會稽[60]、四明[61]、天台[62]、括蒼[63]、縉雲[64]、金華[65]、大庾[66]、武夷[67]、廬山[68]，而衡岳[69]在焉。茅山在潤州延陵[70]、句容[71]二縣界；蔣山一名鍾山，在潤州江寧縣[72]；天目在杭州於潛縣[73]；會稽在越州山陰縣[74]；四明在餘姚縣[75]；天台在台州始豐縣[76]；括蒼、縉雲皆在括州；金華在婺州；大庾在虔州南康縣[77]；武夷在建州建安縣[78]；廬山在江州尋陽縣[79]；衡山在衡州湘潭縣[80]。其大川有浙江[81]、湘[82]、贛[83]、沅[84]、澧[85]之水，洞庭[86]、彭蠡[87]、太湖[88]之澤。浙江水有三源：一出歙州，一出衢州，一出婺州，歷睦、杭、越三州界入海。湘水出桂州湘源縣[89]，北流歷永、衡、潭、岳四州界入洞庭。贛水經虔、吉、洪三州界，入彭蠡。沅水歷巫、辰、朗、岳四州界，入洞庭。澧水源出澧州石門縣[90]，至岳州界入洞庭。洞庭湖在岳州巴陵縣[91]界。彭蠡湖一名宮亭湖，在江州潯陽縣[92]界。太湖在蘇、常、湖、宣四州界。厥賦麻、紵。潤州調[93]火麻[94]，餘州並以紵布[95]。厥貢紗[96]、編[97]、綾[98]、綸[99]、蕉[100]、葛[101]、練[102]、麩金[103]、犀角[104]、鮫魚[105]、藤紙[106]、朱砂[107]、水銀[108]、零陵香[109]。潤州方棊水波綾[110]，常州紫綸巾[111]、兔褐[112]，蘇州紅綸巾，杭、越二州白編[113]，睦、越二州交梭[114]，衢、婺二州藤紙，綿、越州吳綾，建州蕉、練，福州蕉、海蛤[115]，泉、括二州綿，饒、衡、巫等州麩金、犀角，洪、撫、潭、永等州葛，蘇州吳石脂[116]、吳蛇床子[117]，台州金漆、乾薑、甲香[118]，江州生石斛[119]，鄂、江二州銀，永州石燕[120]，道州零陵香，澧州龜子綾[121]、五入簟[122]，朗州紵、練[123]，辰、錦二州光明砂[124]、水銀，溪、錦二州朱砂，常、湖、歙、宣、虔、吉、郴、袁、岳、道等州白紵布，施、宣二州黃連[125]，宣州綺[126]，南州班布[127]，思、黔、費、業、溱、珍等州蠟，夷州蠟燭，溫、台二州鮫魚皮。**遠夷則控五溪之蠻**[128]。

【章　旨】記述江南道轄區四至、所屬諸州，以及境內之名山大川和土貢方物。

【注　釋】❶江南道　唐初十道之一。當時轄五十一州，二百四十七縣，包括今蘇南以及浙江、安徽、江西、湖南、貴州、湖北、四川和福建等省的部份地區。開元二十一年（西元七三三年）分江南道為東西二道，江南東道採訪使治所在蘇州，江南西道採訪使治所在洪州。又增置黔中道，其採訪使治所在黔州。並置黔州都督府，管轄五十羈縻州。❷古揚州之南境　古揚州泛指淮河以南之東南沿海地區；其南境即為長江以南之東南沿海地區。❸潤　州名。治所丹徒，今江蘇鎮江市。其轄境相當於今江蘇南京、鎮江、丹陽、句容、金壇、江寧等市縣。❹常　州名。治晉陵，今江蘇常州市。其轄境相當於今江蘇常州、無錫、武進、江陰、宜興等縣市。❺蘇　州名。治吳縣，即今江蘇吳縣。其轄境相當於今江蘇之蘇州、常熟、昆山，上海市和浙江之嘉善、嘉興等市縣。❻湖　州名。治所烏程，今浙江吳興縣。其轄區相當於今浙江之長興、安吉、吳興等縣市。❼杭　州名。治所錢塘，今浙江杭州市。其轄境相當於今浙江之桐溪、臨安、海寧、富陽等縣市。❽歙　州名。治所歙縣，即今安徽歙縣。其轄區包括今安徽休寧、績溪、黟縣、祁門，及江西婺源等縣地。❾睦　州名。治所建德，即今浙江建德縣。其轄區相當於今浙江之桐廬、建德、淳安三縣地。❿衢　州名。治所信安，今浙江衢縣。其轄境相當於今浙江之常山、開化、王山、江山等縣地。⓫越　州名。治所會稽，今浙江紹興市。其轄區相當於今浙江之山陰、蕭山、諸暨、餘姚、新昌和嵊縣等地。⑫婺　州名。治所金華，即今浙江金華市。其轄區相當於今浙江之蘭溪、武義、東陽、永康、義烏、浦江和金華等縣市。⑬台　州名。治所臨海，即今浙江臨海縣。其轄區相當於今浙江之仙居、黃岩、溫嶺、臨海、天台、三門、寧海和象山等縣市。⑭溫　州名。治所永嘉，今浙江溫州市。其轄區相當於今浙江之瑞安、平陽、樂清、永嘉、溫州、玉環、文成、泰順等縣市。⑮明　州名。治所鄮縣，今浙江寧波市之南。其轄區相當於今浙江之奉化、寧波、鎮海及舟山之定海等地。⑯括　州名。治所括蒼，今浙江麗水東南。其轄區相當於今浙江之遂昌、龍泉、雲和、麗水、青田和縉雲等縣地。⑰建　州名。治所建安，今福建建甌縣。其轄區相當於今福建之崇安、建陽、浦城、松政、南平、沙縣、將樂、泰寧、光澤等縣市。⑱福　州名。治所閩縣，今福州市。其轄區相當於今福建之古田、龍溪、大田、德化、永泰、福清、長樂、連江、羅源、寧德、霞浦、福鼎等縣市。⑲泉　州名。治所晉江，今福建泉州市。其轄區相當於今福建之廈門、同安、南安、安溪、永春、仙游、蒲田、惠安等市縣。⑳汀　州名。治所長汀，即今福建長汀縣。其轄區相當於今福建之武平、永定、長杭、龍岩、連城、永安、三明、寧化、清流等縣市。㉑宣　州名。治所宣城，即今安徽宣城縣。其轄區相當於今安徽之蕪湖、當塗、馬鞍山、繁昌、南陵、涇縣、寧國、郎溪、青陽、太平、貴池、東至、石台，及江蘇之溧陽、溧水等縣市。㉒饒　州名。治所鄱陽，今江西波陽。其轄區相當於今江西鄱江、信江兩流域，包括餘干、樂平、貴溪、弋陽、上饒、景德鎮、德興和鉛山等縣市。㉓撫　州名。治所臨川，今江西撫州市。其轄區相當於今江西之南豐、廣昌、宜黃、樂安、崇仁、南城、黎川、資溪、金溪等縣地。㉔處　此州名有誤。後本道名山原注中「處州」亦誤。處州即括州，已列入上「江南東道」，此處不應重見。據南宋本、廣池本當為「虔」。虔州，治所贛縣，今江西贛州市。其轄區相當於今江西之大庾、南康、干都、寧都、石城、瑞金、安縣、定南、尋烏、會昌等縣市。㉕洪　州名。治所豫章，今江西南昌市。其轄區相當於今江西之豐城、高安、永修、武寧、修水、銅鼓等縣市。㉖吉　州名。治所廬陵，今江西吉安市。其轄區相當於今江西之新淦、吉水、永豐、泰和、永新、蓮花、寧岡、遂川、安福等縣地。㉗郴　州名。治所今湖南郴州市。其轄境相當於今湖南之汝陽、資興、永興、桂陽、嘉禾、藍山、臨武、義章等縣。㉘袁　州名。治所宜春，即今江西宜春縣。其轄區相當於今江西之萍鄉、宜春、分宜、新渝等縣市。㉙江　州名。治所潯陽，今江西九江市。其轄區相當於今江西之瑞昌、德安、都昌、彭澤等縣市。㉚鄂　州名。治所江夏，今湖北武昌市。其轄區相當於今湖北武漢市長江以南部分，以及黃石、大冶、陽新、通山、崇陽、通城、蒲圻等縣市。㉛岳　州名。治所巴陵，今湖南岳陽市。其轄區相當於今洞庭湖東、南、北沿岸各縣，諸如華容、沅江、湘陰、汨羅、平江、臨湘等縣市。㉜潭　州名。治所長沙，即今湖南長沙市。其轄區相當於今湖南之瀏陽、株州、醴陵、湘鄉、雙峰、漣源、桃江、寧鄉、安化等縣市。㉝衡　州名。治所衡陽，即今湖南衡陽市。其轄區相當於今湖南之耒陽、常寧、安仁、酃縣、茶陵、攸縣、衡東等縣地。㉞永　州名。治所零陵，即今湖南零陵縣。其轄區相當於今湖南之祁東、祁陽、東安，和廣西的全州、資源等縣。㉟道　州名。治所營首，今湖南道縣之西。其轄區相當於今湖南之新田、寧縣、江永等縣地。㊱邵　州名。治所邵陽，即今湖南邵陽市。其轄區相當於今湖南之新化、新邵、邵東、隆回、洞口、武岡、新寧等縣市。㊲澧　州名。治所澧陽，今湖南澧縣。其轄區相當於今湖南之慈利、臨澧、澧縣、安鄉等縣市。㊳朗　州名。治所武陵，今湖南常德市。其轄區相當於今湖南之桃源、漢壽、常德等市縣。㊴辰　州名。治所沅陵，即今湖南沅陵縣。其轄區相當於今湖南之漵浦、辰溪、瀘溪、吉首、沅陵等縣地。㊵敘　州名。原稱巫州，代宗大歷五年（西元七七〇年）改此。治所龍標，今湖南懷化縣南。其轄區相當於今湖南之黔陽、懷化、芷江、會同、靖縣、天柱等縣地。㊶錦　州名。治所盧陽，今湖南麻陽縣西面。其轄境相當於今湖南之麻陽、花垣、鳳凰，及貴州之銅仁、松桃等縣市。㊷施　州名。治所清江，今湖北恩施縣。其轄區相當於今湖北之利川、咸豐、宣恩、鶴峰、五峰、建始、恩施等縣地。㊸南　州名。治所南川，今四川綦江縣。其轄區僅今貴州綦江縣附近。㊹溪　州名。治所大鄉，今湖南永順縣。其轄區相當於今湖南之龍山、保靖、古丈、永順等縣。㊺思　州名。治所務川，今貴州沿河縣。其轄區相當於今貴州之百陽、沿河、務川、印江、秀山等縣。㊻黔　州名。治所彭水，即今四川彭水縣。其轄區相當於今四川之黔江、彭水等縣地。貞觀四年（西元六二一年）置都督府，開元二十四年（西元七三三年）置黔中道，其採訪使治所在黔州。天寶三年（西元七四二年）改為黔中郡，依舊都督施、夷、播、思、費、珍、溱、商九州，包括黔州自身。㊼費　州名。治所涪川，今貴州思南縣。其轄區相當於今貴州之思南、德江二縣。㊽業　州名。治所峩山，今貴州新晃縣。其轄區相當於今貴州之新晃、正屏二縣境內。㊾巫　州名。參見前㊵敘州注，治所、轄區與敘州重。㊿夷　州名。治所綏陽，今貴州鳳岡縣。其轄區相當於今貴州之湄潭、綏陽、鳳岡等縣。(51)播　州名。治所遵義，今貴州遵義市。其轄區相當於今貴州之桐梓、遵義等縣市。(52)溱　州名。治所榮懿，今四川綦江縣東南，貴州正安縣西北。屬下有扶歡、麗皐、樂源等縣。轄區與南州、珍州有重。(53)珍　州名。治所夜郎，今貴州正安縣北。其轄區相當於今貴州之道真、正安二縣。又，按本篇以上幾章文例，此「珍」字下與後「五十有一州」句上，當有一原注，曰：「已上西道」。(54)五十有一州　上述五十一州中，敘州與巫州係同一地區。據《新唐書・地理志》江南道敘州條稱：「本巫州，貞觀八年（西元六三四年）以辰州之龍標置。天授二年（西元六九一年）曰沅州，開元十三年（西元七二五年）以『沅』、『原』聲相近，復為巫州。大曆五年更名。」可見此州先後名為巫州—敘州—沅州—巫州—敘州。又南、溱、珍三州的轄地在川貴邊境交叉重疊。另對照《舊唐書・地理志》

缺一牂州，此州永徽以後併省，改屬黔中道羈縻州。故實際不足「五十有一州」之數。(55)黔中又管羈縻州　黔中，即黔州都督府。天寶元年（西元七四二年）改名為黔中郡，「又領充、明、勞、義、福、犍、邦、琰、清、莊、峩、蠻、牂、鼓、儒、琳、鸞、令、那、暉、郝、總、敦、侯、晃、柯、樊、稜、添、普寧、功、亮、茂龍、延訓、卿、雙、整、懸、撫水、矩、思源、逸、殷、南平、勳、姜、襲等五十州。皆羈縻，寄治山谷。」（《舊唐書・地理志》）。其地為貴州南部山區。(56)嶺　指南嶺山脈，為湘、贛、粵、桂邊境一系列東北—西南走向山地的總稱，係長江與珠江的分水嶺。亦稱五嶺，即指自西而東的越城、都龐、萌渚、騎田、大庾五嶺。總稱為南嶺。(57)茅山　在蘇南西部，跨句容、溧陽、溧水等縣地。原名句曲山，為道教茅山派發源地。(58)蔣山　即南京市東北之鍾山。三國時孫權為避其祖父名鍾之諱，因東漢末秣陵尉蔣子文葬此而改名蔣山。(59)天目　山名。在浙江西北部臨安、於潛北面，東北—西南走向，長一百三十公里，為浙西遊覽名勝之地。(60)會稽　山名。在浙江中部，紹興市境內。近南北走向。相傳禹至防山，大會諸侯，因改名為會稽山。後禹葬於此。(61)四明　山名。浙江寧波市西南，天台山支脈，南北走向。(62)天台　山名。在浙江天台縣。主峰華頂山，有隋代建的國清寺，為佛教天台宗發源地。(63)括蒼　山名。在浙江省東南部，麗水縣東南。為風景名勝之地。(64)縉雲　山名。在浙江東南部，縉雲縣東面。(65)金華　山名。在浙江東南部，金華縣北面。(66)大庾　通稱大庾嶺，在今江西大庾、廣東南雄交界處，相傳因漢武帝時有庾姓將領築城於此而得名。為嶺南、嶺北之交通咽喉。唐玄宗開元時張九齡在此開通郵驛。(67)武夷　山名。在福建崇安縣城西南，為福建第一名山，著名風景名勝區。(68)廬山　一稱匡廬，在江西九江市南部，聳立於鄱陽湖、長江之濱。自古有「匡廬奇秀甲天下」之譽，為避暑、遊覽勝地。(69)衡岳　即南嶽衡山。在湖南衡山縣西部。山勢雄偉，有「五嶽獨秀」之稱。(70)延陵　縣名。治所在今丹陽縣西南。(71)句容　即今江蘇句容縣。(72)江寧縣　今江蘇南京市。(73)於潛縣　舊縣名。已併入浙江臨安縣境內。(74)山陰縣　今浙江紹興市。(75)餘姚縣　即今浙江餘姚縣。(76)始豐縣　據南宋本當作「始豐縣」。今浙江天台縣。(77)南康縣　今江西南康縣。(78)建安縣　今福建建甌縣。(79)尋陽縣　亦作「潯陽」。今江西九江市。(80)湘潭縣　今湖南衡山縣之北。(81)浙江　即錢塘江。源出安徽東南部休寧縣六股尖。源頭稱馮村河，安徽歙縣浦口以上稱率水，浦口以下至浙江建德稱新安江；梅城至桐廬間稱桐江；桐廬至蕭山聞堰間稱富春江；聞堰至閘口間河道曲折如「之」字故稱之江；閘口以下始稱錢塘江。這亦就是後文原注中所言浙江水有歙、衢、婺三源。全長六百零五公里，流域面積四萬八千餘平方公里。(82)湘　即湘江。源出廣西東北海洋山西麓，東北流經衡陽、衡山、株洲、湘潭，到湘陰入洞庭湖。全長八百十七公里，與瀟水為姊妹河。(83)贛　江西省最大河流。東源貢水出武夷山，西源章水出大庾嶺，在贛州匯合後稱贛江。曲折北流，經吉安、豐城、南昌，在星子縣入鄱陽湖。全長七百四十四公里。(84)沅　即沅江。在湖南省西部。上游稱清水江，源出貴州東南雲霧山，自湖南黔陽以下稱沅江。東北流經辰溪、沅陵、常德，到漢壽縣入洞庭湖，長一千零六十公里。(85)澧　即澧水。在湖南省西北部。源出桑植縣北，東流經大庸、慈利、石門、澧縣、津市、安鄉等市縣，注入洞庭湖。長三百七十二公里。(86)洞庭　湖名。在湖南北部，長江南岸。面積二千七百四十平方公里，為我國第二大淡水湖。在岳陽縣城陵磯匯入長江。(87)彭蠡　即鄱陽湖。古稱彭蠡、彭澤、彭湖。在江西北部，有贛江、修水、鄱江、信江、撫河匯入，分南北二湖，湖水北經湖口注入長江。面積三千九百六十平方公里，為我國第一大淡水湖。(88)太湖　古稱震澤、具區、笠澤，在江蘇省南部，面積二千二百五十平方公里，為我國第三大淡水湖。東由瀏河、黃浦江洩入長江，為江南水網中心。(89)湘源縣　今廣西壯族自治區東北端之全州縣。(90)石門縣　即今湖南石門縣。(91)巴陵縣　今湖南岳陽市。(92)潯陽縣　今江西之九江市。(93)調　指唐代的戶調。課戶按丁繳納綿、絹、麻布一類的實物賦稅。(94)火麻　即大麻。其纖維可織麻布、帆布。(95)紵布　紵麻織成的布。(96)紗　絹之輕柔細薄者，可呈半透明狀。(97)編　即繩子。(98)綾　一種以斜紋或斜紋提花組織的絲織品。(99)綸　絲的帶子或長巾。(100)蕉　生麻織布稱蕉布。其品類有三：蕉布、竹子布、葛布。(101)葛　以絲作經、毛或麻作緯交織而成的混紡織品。(102)練　把絲麻或布帛煮成柔軟潔白稱練。作為名詞用，多指潔白的熟絹。又，南宋本此字為「練」。近衛本校稱：「《通志略》『練』作『練』。」練為粗絲布。(103)麩金　金沙。(104)犀角　即犀牛之角。中藥材，功能為涼血、清熱、解毒。(105)鮫魚　即鯊魚。作為貢物是鯊魚之皮。(106)藤紙　以籐作為原料製成的紙。籐為一種蔓生植物。(107)朱砂　即辰砂。為硫化汞礦砂，煉汞的主要礦物原料。可作印泥，亦能入藥，功用安神定驚。(108)水銀　即汞。易流動的銀白色液態金屬。(109)零陵香　產自零陵的線香。零陵，舊縣名，其地在今湖南省南部，鄰近廣西壯族自治區。現已併入永州市。(110)方棊水波綾　據《新唐書·地理志》江南道潤州貢品有「水紋、方紋、魚口、繡葉、花紋等綾」。故方棊水波當是指綾的一種花紋圖案。(111)紫綸巾　紫色的絲帶。(112)兔褐　以兔毛絨織成的粗布。(113)白編　綾的一種。《新唐書·地理志》江南道杭州貢品中有「白編綾」。(114)交梭　為縠的一種。縠係縐紗一類絲織品。(115)海蛤　即蛤蜊。生活於淺海泥沙中的軟體動物，可食用。(116)吳石脂　中藥名。據《本草綱目》有青、黃、黑、白、赤五種，生於山谷，古人以為服食之品。其赤白兩種可入藥。吳指其產地。(117)吳蛇床子　蛇床為一年生草本植物，果實可入藥，稱蛇床子。能祛寒、濕，殺蟲。吳指其產地。(118)甲香　據《唐本草》：「甲香，蠡類。大如掌，青黃色，長四、五寸，取壓燒灰用之。」又據《蘇頌本草》：「海螺，即流螺，壓曰甲香。」(119)石斛　多年生常綠草本植物，附生於樹幹。莖可入藥，功能養胃生津，滋陰清熱。(120)石蒸　石類。據《本草集解》，湖南湘江之濱有石，狀類蒸而有紋，圓大者為雄，長小者為雌。(121)龜子綾　其花紋若龜形之綾。❶²²五入簟　一種供坐臥和晾曬用竹蓆。❶²³綀　南宋本作「綀」。《通志・地理略》引《開元十道圖》及《新唐書・地理志》朗州土貢條則均與此同為「綀」。誌以備考。❶²⁴光明砂　即朱砂。《新唐書・地理志》江南道辰州、錦州條下土貢有「光明丹砂」。❶²⁵黃連　中藥名。多年生草本植物，地下有長根狀莖，能入藥，功能瀉火解毒，治菌痢有特效。❶²⁶綺　有花紋的絲織品。❶²⁷班布　實即木棉布。《南史・夷貊傳上》：「古貝者，樹名也。其華成時如鵝毳，抽其緒，紡之以作布，布與紵布不殊，亦染成五色，織為班布。」❶²⁸五溪之蠻　泛指古代東南地區少數民族，通稱南蠻。五溪，《水經注》：「武陵有五溪，謂雄溪、樠溪、西溪、潕溪、辰溪，悉蠻夷所居。」

【語　譯】【十道之】八稱江南道，屬於古楊州在長江以南的地域，包括現今潤、常、蘇、湖、杭、歙、睦、衢、越、婺、台、溫、明、括、建、福、泉、汀、以上為江南東道。宣、饒、撫、處（虔）、洪、吉、郴、袁、江、鄂、岳、潭、衡、永、道、邵、澧、郎、辰、敘、錦、施、南、溪、思、黔、費、業、巫、夷、播、溱、珍，【以上為江南西道。】總共五十一州。黔中都督府又管羈縻州。它的東面濱臨大海，西面抵達川蜀，南面直到南嶺，北面以長江為界。大海在蘇、杭、越、台、溫、括、泉、福八州的東面，長江經過岳、鄂、江、宣、潤、常、蘇七州的北面入海。境內著名的山有茅山、蔣山、天目山、會稽山、四明山、天台山、括蒼山、縉雲山、金華山、大庾山、武夷山和廬山，還有南嶽衡山亦在本道境內。茅山在潤州的延陵、句容二縣境內；蔣山又叫鍾山，在潤州江寧縣；天目山在杭州的於潛縣；會稽山在越州的山陰縣；四明山在餘姚縣；天台山在台州始豊（豐）縣；括蒼山和縉雲山都在括州；金華山在婺州；大庾山在處（虔）州南康縣；武夷山在建州建安縣；廬山在江州潯陽縣；衡山在衡州湘潭縣。境內大的河川有浙江、湘水、贛江、沅江和澧水，大的湖泊有洞庭、彭蠡、太湖三大淡水湖。浙江有三條水源，一出歙州，一出衢州，一出婺州，經歷睦、杭、越三州的境界入海。湘水出桂州湘源縣，向北流經過永、衡、潭、岳四州境界，進入洞庭湖。贛水經處（虔）、吉、洪三州地界注入彭蠡湖。沅水經過巫、辰、朗、岳四州境界，進入洞庭湖。澧水源出澧州石門縣，到岳州地界進入洞庭湖。洞庭湖湖口在岳州巴陵縣界內。彭蠡湖又叫宮亭湖，湖口在江州潯陽縣界內。太湖地跨蘇、常、湖、宣四州境界。江南道的戶調是麻、紵二種。潤州徵調火麻，其他州都是紵布。本道各州的貢品有紗、編、綾、綸、蕉、葛、練（綀）、麩金、犀角、鮫魚、藤紙、朱砂、水銀和零陵香。潤州的貢品是方棊水波綾，常州的貢品是紫綸巾、兔褐，蘇州的貢品是紅綸巾，杭、越二州都是貢白編，睦、越二州同貢交梭，衢、婺二州的貢品為藤紙和綿，越州貢吳綾，建州貢蕉布、練布，福州的貢品是綿，海蛤蜊，泉、括二州的貢品是綿，饒、衢、湖等州貢麩金、犀角，洪、撫、江、潭、永等州都貢葛，蘇州的貢品有吳石脂、吳蛇床子，台州的貢品為金漆、乾薑和甲香，江州貢生石斛，鄂、江二州貢銀，永州的貢品有石蕈，道州的貢品為零陵香，澧州貢龜子綾、五入簟，朗州的貢品為紵布和綀（練）布，辰、錦二州的貢品有光明砂、水銀，溪、錦二州的貢品有朱砂，常、湖、歙、宣、虔、吉、郴、袁、岳、道等州的貢品都為紵布，施、宣二州則貢黃連，宣州貢綺，南州貢班布，思、黔、費、業、溱、珍等州都貢蠟，夷州貢蠟燭，溫、台二州貢鮫魚皮。邊遠地區的各個蠻夷，屬於江南道控制和轉輸的是五溪蠻族的朝貢。

十二

九曰劍南道[1]，古梁州之境，今益[2]、蜀[3]、彭[4]、漢[5]、綿[6]、劍[7]、梓[8]、遂[9]、普[10]、資[11]、簡[12]、陵[13]、邛[14]、眉[15]、雅[16]、嘉[17]、榮[18]、瀘[19]、戎[20]、黎[21]、茂[22]、龍[23]、扶[24]、文[25]、當[26]、松[27]、靜[28]、柘[29]、翼[30]、悉[31]、維[32]、巂[33]、姚[34]，凡三十有三州焉。其黎、戎、瀘、茂、松、巂、姚又管羈縻州，靜、柘、翼、悉、維五州，並管羌、夷。東連牂牁[35]，西界吐蕃[36]，南接群蠻，北通劍閣[37]。劍閣在劍州普安縣界，今謂之劍門。其名山有峨眉[38]、青城[39]、鶴鳴[40]、岷山[41]。峨眉在嘉州；青城在蜀州；鶴鳴在蜀州晉源[42]縣；岷山在岷州，劍南道之西北界。其大川有涪[43]、雒[44]及西漢[45]之水。江[46]瀆在焉。涪水歷松、龍、綿、梓、遂、合六州界入江；雒水出漢州什方縣[47]，經益、簡[48]、【資、瀘四州界】入江；西漢水歷利、閬、果、合江州界入江；大江水自松州甘松嶺(49)經翼、茂、彭、蜀、益、陵、眉、嘉、戎、瀘十州之界，入山南道。厥賦絹、綿、葛、紵。瀘州調以葛、紵等布，餘州皆用綿、絹及紵布。厥貢麩金，羅、綾、綿、紬、交梭、彌牟布(50)、絲、葛，麝香，羚羊(51)、犛牛(52)角、尾。益、蜀二州單絲羅(53)，益州高杼衫段(54)，彭州交梭，簡州綿紬(55)，漢州紵布、彌牟布，綿州雙紃(56)，梓州、遂州樗蒲綾(57)，戎、晉(58)、瀘等州葛，卭、劍、巂等州絲布，龍、雅、眉、嘉、資等州麩金，姚、茂、扶、靜、文、悉、松、維、當、柘、翼等州麝香，劍州蘇薰席(59)，普州天門冬煎(60)，榮州斑布(61)，黎州蜀椒(62)，龍州羚羊角，當、靜、柘等州當歸(63)、羌活(64)，松州狐尾，悉州當歸、犛牛尾，維州犛牛尾，姚州金。遠夷則控西河(65)及群蠻之貢獻焉。

【章　旨】記述劍南道之四至、所轄各州，及其名山大川、賦調和土貢。

【注　釋】❶劍南道　唐初十道之一。其轄區略小於今四川、雲南二省之和。當時所轄本書記為三十三州，《新唐書・地理志》則稱三十八州。府一，都護府一，一百八十九縣。其採訪使治所在益州，今四川成都市。❷益　益州，即成都府。治所成都，即今四川成都市。其轄區相當於今成都市及其周圍雙流、新都、郫縣等縣市。❸蜀　州名。治所晉原，今四川崇慶縣。其轄區相當於今四川之崇慶及新津兩縣。❹彭　州名。治所彭縣，即今四川彭縣。其轄區即此一縣。唐置州，明後為縣。❺漢　州名。治所德陽，即今四川德陽縣。其轄區相當於今四川之德陽、綿竹、什邡、金堂等縣。❻綿　州名。治所巴西，今四川綿陽縣。其轄區相當於今四川之綿陽、安縣、江油等縣市。❼劍　州名。治所普安，今四川之劍閣縣。其轄區相當於今四川之劍閣、梓潼等縣。❽梓　州名。治所郪縣，今四川三台縣。其轄區相當於今四川之三台、鹽亭、射洪、中江等縣。❾遂　州名。治所方義，今四川遂寧市。其轄區相當於今四川之蓬溪、遂寧、潼果等縣市。❿普　州名。治所安岳，即今四川安岳縣。其轄區相當於今四川之樂至、安岳兩縣。⓫資　州名。治所盤石，今四川資中縣。其轄區相當於今四川之資陽、資中和內江等縣市。⓬簡　州名。治所陽安，今四川簡陽縣。其轄區僅為簡陽附近地區。⓭陵　州名。治所仁壽，即今四川仁壽縣。其轄區相當於今四川之仁壽、井研二縣。⓮邛　南宋本作「邛」。邛、邛可通。州名。治所臨邛，今四川邛崍縣。其轄區相當於今四川之臨邛、大邑、蒲江等縣地。⓯眉　州名。治所通義，今四川眉山縣。其轄區相當於今四川之眉山、青神、彭山、丹陵、洪雅等縣地。⓰雅　州名。治所嚴道，今四川雅安縣。其轄區相當於今四川之滎經、雅安、名山、蘆山、寶興、康定、小金等縣地。《舊唐書‧地理志》稱其設有都督府，督一十九州，並生羌、生獠羈縻州，無州縣。⓱嘉　州名。治所龍游，今四川樂山縣。其轄區相當於今四川之峨眉、夾江、樂山、犍為、馬邊、峨邊等縣。⓲榮　州名。治所旭川，今四川榮縣。其轄區相當於今四川之榮縣、威縣、自貢等縣市。⓳瀘　州名。治所江陽，今四川瀘州市。其轄區相當於今四川之江安、高縣、珙縣、興文、富義、隆昌、榮昌、納溪、合江及貴州之赤水等縣。《舊唐書‧地理志》稱其設有都督府，都督十州，皆招撫夷獠置，無戶口、道里、羈縻州。⓴戎　州名。治所棘道，今四川宜賓市。其轄區相當於今四川之沐川、宜賓、屏山、綏江、南溪、雷波、永善等縣地。據《舊唐書‧地理志》，貞觀時曾設中都督府，督戎、郎、昆、曲、姚等十七州；天寶時改為南溪郡，羈縻三十六州。㉑黎　州名。治所漢縣，今四川漢源縣。其轄區相當於今四川之甘洛、石棉、漢源等縣。《舊唐書‧地理志》稱其領羈縻五十四州，皆徼外生獠，無州，羈縻而已。《新唐書‧地理志》則又稱其設黎州都督府。㉒茂　州名。治所汶山，今四川茂汶縣。其轄區相當於今四川之茂文、汶川、北川等縣。設都督府，下屬有羈縻州十。㉓龍　州名。治所江油，今四川江油縣北。其轄區相當於今四川之平武、清川及江油之北部地區。㉔扶　州名。治所同昌，今四川南坪縣。其轄區即南平附近地區。㉕文　州名。治所曲水，今四川文縣。其轄境即文縣附近地區。㉖當　州名。治所通軌，今四川黑水縣。其轄區即黑水縣附近地區。㉗松　州名。治所嘉誠，今四川松潘縣。其轄區僅有松潘附近地區。㉘靜　州名。治所悉唐。今四川黑水縣之南。其轄區不明。《舊唐書‧地理志》稱其設下都督府，都督羈縻三十州，又稱二十五州。領州，無縣、戶口，皆招撫生羌置焉。㉙柘　州名。治所柘州，約在今四川黑水縣西南。屬松州都督府，轄區不明。㉚翼　州名。治所翼針，約在今四川茂汶縣西北。轄區不明。㉛悉　州名。治所左封，今四川黑水縣東南。轄區不明。㉜維　州名。治所薛城，今四川理縣東北。轄區相當於今四川之理縣及汶川的一部分。㉝巂　州名。治所越巂，今四川西昌市。其轄區有今四川之越西、冕寧、喜德、西昌、昭覺、布施美姑、會理等縣。㉞姚　州名。治所姚城，今雲南姚安縣。其轄區在今雲南省境內。因州內人多姓姚故置姚州。管轄羈縻州三十二。㉟牂牁　即牂牁，郡名。隋大業三年（西元六〇七年）置。轄境相當於今貴州之金沙、平霸、紫雲以東，餘慶、施秉、岑鞏以南，三穗、榕江以西地區，及道真、正安、遵義市一帶。唐武德時改為牂州，高宗永徽時廢。㊱吐蕃　古代藏族在青藏高原上建立之政權，贊普松贊干布定都於邏些，即今西藏拉薩。㊲劍閣　縣名。在四川廣元市南部，山勢險峻，為蜀北之門戶。治所今之普安鎮。㊳峨眉　山名。在四川省峨眉縣西南，以有山峰相對如蛾眉故名。主峰萬佛頂，海拔三千零九十九米。峰巒挺秀，山勢雄偉，為中國佛教四大名山之一。㊴青城　山名。在今四川灌縣東南。㊵鶴鳴　山名。在今四川崇慶縣。㊶岷山　在四川省北部，綿延川、甘兩省邊境。近南北走向，海拔四千米左右。主峰雪寶頂，在橋潘縣東。為長江、黃河分水嶺，岷江、嘉陵江發源地。㊷晉源　今四川之崇慶縣。㊸涪　一稱內江。嘉陵江支流，在四川省中部。源出南坪縣南，東南流經平武、江油、綿陽、潼南、遂寧等縣市，在合川入嘉陵江。長七百公里。㊹雒　一作「洛」。雒水指今四川廣漢境內沱江諸源之一。兼指今金堂以下之沱江。㊺西漢　即西漢水。嘉陵江上游稱西漢水。發源於隴右道秦州嶓冢山，在今甘肅天水市南面，經過山南西道興州、利州、閬州、果州、合州、渝州，在今之重慶市入長江。自利州以下稱嘉陵江。在利州境內有一段與劍南道的劍州夾江為界。㊻江　指長江。但下文原注所指則是岷江，非長江。詳後注。㊼什方縣　今四川什邡縣。㊽經益簡　據南宋本此處缺「資瀘四州界」五字，茲據以補，並加方括號以與原注區別。㊾大江水自松州甘松嶺二句　此句原注恐有誤。「大江」當是對應正文中「江」即長江而言。但松州甘松嶺在今四川阿壩台治州之松潘縣，甘松嶺屬岷山山脈，此處是岷江而非長江的源頭。流經翼、茂、彭、蜀、益、陵、眉、嘉諸州的亦是岷江，非長江。㊿彌牟布　明方以智《通雅》謂：「彌牟，細紵名。彌牟，言細也。或曰牟為纏首者。」據此，彌牟布似為一種細緻的紵麻布。(51)羚羊　為牛科動物，體形輕捷、細長，生活於曠野或荒漠地帶。其角為中藥材，能清熱定驚。(52)犛牛　即牦牛。生長於高寒的青藏高原，善馱運，有「高原之舟」之稱。其角為中藥材，尾有滋補功用。(53)單絲羅　羅的一種。(54)高杼衫段　《新唐書・地理志》載益州貢品中有高杼布，當是麻布的一種。(55)綿紬　即綿綢，用紬絲織成的一種平紋綢，表面有粗節和凹凸不平，給人以柔軟暖和的感覺。(56)雙紃　雙股絲帶。《禮記・內則》注「織紝組紃」句：「薄闊為組，似繩者為紃。」(57)樗蒲綾　綾的一種。《演繁露》稱：「今世蜀地織綾，其紋有兩尾尖削而中間寬廣者，既不像花，亦非禽獸，乃遂名為樗蒲。」(58)晉　本道無晉州，當係「普」字形近而誤。(59)蘇薰席　草薦的一種。(60)天門冬煎　天門冬為百合科多年生攀援草本植物，其紡錘形肉質塊根可入藥，能養肺、滋腎、止咳。煎是指以天門冬煎製的成藥。(61)斑布　據南宋本應為「班布」。班即古貝，樹名。以其花織布，稱班布，實即木棉布。《南史・夷貊傳上》：「古貝者，樹名也，其華成時如鵝毳，抽其緒紡之以作布，布與紵不殊，亦染成五色，織為班布。」(62)蜀椒　即花椒，亦稱胡椒。(63)當歸　中藥名。傘形科多年生草本植物，根肥大，能入藥，功能補血、活血、鎮痛。㉔羌活　中藥名。傘形科多年生大型草本植物，其根入藥，功能祛風寒濕熱，治感冒頭痛和關節疼痛。㉕西河　諸本皆為「西河河」，近衛本校稱：據《通志略》，中一「河」字當為「洱」。據此，此處應補一「洱」字。西洱河，又稱洱河，源出雲南省西部洱海，匯合漾濞江流入瀾滄江。其位置在今雲南之大理市。

【語　譯】【十道之】九稱劍南道，屬於古代梁州的境界，包括現今益、蜀、彭、漢、綿、劍、梓、遂、普、資、簡、陵、邛、眉、雅、嘉、榮、瀘、戎、黎、茂、龍、扶、文、當、松、靜、柘、翼、悉、維、巂、姚，一共三十三州。其中黎、戎、瀘、松、巂、姚等州，又兼管羈縻州；靜、柘、翼、悉、維五州，還兼管羌夷的羈縻州。它的轄境東面和牂牱相連，西面與吐蕃為界，南部與滇境內的群蠻接鄰，北邊則有劍閣之險。位於劍閣在劍州的普安縣界內，現今稱為劍門。境內的名山有峨眉、青城、鶴鳴和岷山。峨眉山在嘉州，青城山在蜀州，鶴鳴山在蜀州的晉源縣，岷山在岷州，劍南道西北的邊界上。境內大的河川有涪水、雒水和西漢水，長江亦在道內流過。涪水經過本道的松州、龍州、綿州、梓州、遂州以及山南西道的合州，然後注入長江；雒水源頭出在漢州的什邡縣，經過本道的益州、簡州、【資州、瀘州這四州的區域】流入長江；西漢水出境後經過山南道的利、閬、果、合四州，進入長江；大江水從松州的甘松嶺，經過翼、茂、彭、蜀、益、陵、眉、嘉、戎、瀘這十個州的境界，轉入山南西道。劍南道徵收賦調的物品為絹、綿、葛和紵。瀘州的賦調是葛布和紵布，其他州都是用綿、絹及紵布。本道日常的土貢為麩金、羅、綾、綿、紬、交梭、彌牟布、絲、葛和麝香，以及羚羊和牦牛的角、尾巴。益、蜀二州的貢品為單絲羅，益州的貢品為高杼衫段，彭州貢交梭，簡州貢綿紬，漢州貢紵布和彌牟布，綿州貢雙紃，梓州、遂州貢樗蒲綾，戎州、晉（普）州、瀘州等貢葛布，邛州、劍州、巂州等貢絲布，龍州、雅州、眉州、嘉州、資州等貢麩金，姚、茂、扶、靜、文、悉、松、維、當、柘、翼這些州都貢麝香，劍州貢蘇薰席，普州貢天門冬煎，榮州貢斑（班）布，黎州貢蜀椒，龍州貢羚羊角，當州、靜州、柘州貢當歸、羌活，松州貢狐狸尾巴，悉州貢當歸和牦牛的尾巴，維州亦貢牦牛尾巴，姚州貢金。邊遠地區各蠻夷，本道要負責轉輸的是，西【洱】河地區各蠻族的貢品。

十三

十日嶺南道[1]，古揚州之南境[2]，今廣[3]、循[4]、潮[5]、漳[6]、韶[7]、連[8]、端[9]、康[10]、岡[11]、恩[12]、高[13]、春[14]、封[15]、辯[16]、瀧[17]、新[18]、潘[19]、雷[20]、羅[21]、儋[22]、崖[23]、瓊[24]、振[25]、已上廣府管內[26]。桂[27]、昭[28]、富[29]、梧[30]、賀[31]、龔[32]、象[33]、柳[34]、宜[35]、融[36]、古[37]、嚴[38]、已上桂府[39]管內。容[40]、藤[41]、義[42]、竇[43]、禺[44]、白[45]、廉[46]、繡[47]、黨[48]、牢[49]、巖[50]、鬱林[51]、平琴[52]、已上容府[53]管內，鬱林、平琴二州複名[54]。邕[55]、賓[56]、貴[57]、橫[58]、欽[59]、潯[60]、瀼[61]、籠[62]、田[63]、武[64]、環[65]、澄[66]、已上邕府[67]管內。安南[68]、驩[69]、愛[70]、陸[71]、峯[72]、湯[73]、萇[74]、福祿[75]、龐[76]，已上安南[77]管內，福祿州複名。凡七十州焉[78]。其五府又管羈縻州[79]。東、南際海，西極群蠻[80]，北據五嶺[81]。其名山有黃嶺[82]及鬱之水靈洲[83]焉。黃嶺在廣州寶安縣[84]，靈洲在廣州南海縣[85]鬱水之中。其大川有桂水[86]、鬱水[87]。桂水出桂州臨源縣[88]，歷昭、富、梧三州界，入鬱水；鬱水一名浪水，歷藤、梧、封、康、端、廣六州界，入海。厥賦蕉[89]、紵、落麻[90]。廣州等調以紵布，端州調蕉布，康、封二州調以落麻布。厥貢金、銀、沉香[91]、甲香[92]、水馬[93]、翡翠[94]、孔雀、象牙、犀角、龜殼、鼅鼊[95]、絲藤[96]、竹布[97]。融、象二州貢金，桂、邕、昭、柳等五十餘州貢銀，桂州銅盤，連州細布、鍾乳[98]，崖、欽二州高良薑[99]，廣州竺席[100]、生沉香、水馬、甲香、鼅鼊皮、藤簟[101]，廣州、安南並貢龜殼，循、振二州五色藤盤，振州斑布[102]、欽牢[103]，安南及潮州蕉，安南桄榔[104]、鮫魚皮[105]、翠毛[106]，愛、龐等州孔雀尾，驩州象牙、藥、犀角、金箔黃屑[107]、沉香，漳、潮等州鮫釗皮[108]、甲香，韶州竹子布，岡州甲香、詹糖香[109]，廣、潮、高、循、峯、邵[110]等州及安南蚺蛇膽[111]，春、韶、瀧、廣等州石斛[112]，雷州絲電[113]，富州班布、石英[114]，蒙州麩金[115]，古州蠟，容州朱砂[116]、銀，欽州翡翠毛，陸州瑇瑁[117]、鼊皮、翠毛、甲香，峯州豆蔻[118]，福祿、邵二州白蠟，福祿、龐二州紫鉗木[119]，昆州[120]桂心[121]。其遠夷則控百越[122]及林邑[123]、扶南[124]之貢獻焉。

【章　旨】記述嶺南道之四至、所轄諸州，及境內名山大川和土貢之物。

【注　釋】❶嶺南道　唐初十道之一。其轄區相當於今廣東、廣西、海南三省及今越南的北部地區。所屬共有七十州，三百十四縣；另設有五個都督府，有名可查的羈縻州九十二。嶺南道採訪使治所在廣州。❷古揚州之南境　揚州，古九州之一，泛指淮河以南的東南沿海地區。南境指其南部地區。按：揚州，前十章淮南道、十一章江南道均作「楊州」。揚州、楊州古籍中多有混用者。如《周禮·夏官·職方氏》「東南曰楊州」句，諸版本即「楊」、「揚」不一。對此，阮元校稱：「按《廣韻》二十一震、《太平御覽》七十二皆引作『楊州』。蓋州名本從木，自開成石經定從手旁後，俱作『揚』。閩、監本作木旁者，又由手旁轉改，非古本如是矣。」❸廣　州名。治所南海，即漢之番禺，今之廣州市。其轄區相當於今廣州市番禺、佛山、高鶴、臺山、中山、珠海、增城、龍門、佛岡、從花、花縣、清遠、英德、懷集、廣寧、四會等縣市。❹循　州名。治所歸善，今之惠州市。其轄區包括今之博羅、惠東、海豐、陸豐、紫金、五華、興寧、龍川、和平、連平、新豐和河源等縣市。❺潮　州名。治所潮陽，今廣東潮安縣。其轄區相當於今廣東之汕頭、澄海、饒平、大埔、蕉嶺、梅縣、豐順、普寧、揭西、揭陽等縣市。❻漳　州名。治所漳浦，即今福建漳浦縣。其轄區相當於今福建之漳浦、龍海、雲霄、詔安、平和、安靖、漳州、華安等縣市。❼韶　州名。治所曲江，今廣西之韶關。其轄區相當於今樂昌、南雄、始興、仁化、曲江、翁源等縣市。❽連　州名。治所桂陽，今廣東之連縣。其轄區相當於今廣東之連縣、連山、陽山等縣地。❾端　州名。治所高要，今廣東肇慶市。其轄區相當於今廣東之肇慶、高要、高明等縣市。❿康　州名。治所瑞溪，今廣東德慶縣。其轄區相當於今廣東之郁南、雲浮、德慶等縣。⓫岡　州名。治所義寧，今廣東開平縣西。其轄區即在今廣東開平附近地區。⓬恩　州名。治所齊安，今廣東恩平縣。其轄區相當於今廣東之恩平、陽春等縣。⓭高　州名。治所德良，今廣東高州東北。其轄境相當於今廣東之茂名、高州、電白等縣。⓮春　州名。治所陽春，即今廣東陽春縣。其轄區相當於今廣東之陽春、羅平二縣。⓯封　州名。治所封川，今廣東封開縣。其轄區相當於今廣東之封開、開建二縣。⓰辯　州名。治所石龍，今廣東化川縣。其轄境相當於今廣東化川縣及南河、陵羅等地。⓱瀧　州名。治所瀧水，今廣東羅定縣。當時轄開陽等三縣，皆為今廣東羅定縣附近地區。⓲新　州名。治所新興，即今廣東新興縣。其轄區即新興縣附近地區。⓳潘　州名。治所茂名，今廣東茂名縣。係由高州分出，其轄區與高州相重。⓴雷　州名。治所海康，即今廣東海康縣。其轄區相當於今廣東雷州半島，包括徐聞、海康、湛江、遂溪等縣地。㉑羅　州名。治所石城，今廣東廉江縣。其轄區即今廣東廉江附近。㉒儋　州名。治所義倫，今海南儋縣西北。其轄區相當於今海南之昌江、儋縣、白沙等縣地。㉓崖　州名。治所舍城，今海南瓊山以東。其轄區相當於今海南之文昌、定安、瓊海、海口、澄邁、臨高等縣市。㉔瓊　州名。治所瓊山，即今海南瓊山縣。其轄區相當於今海南省之海南島海口市及瓊山、定安、澄邁、臨高等縣地。㉕振　州名。治所寧遠，今海南崖縣以西。其轄區相當於今海南省之涯縣、樂南等縣地。又，據《新唐書・地理志》嶺南道下尚有萬安州，此處缺。萬安州，治所陵水，今海南陵水黎族自治縣。其轄區有今海南省之保亭、萬寧、瓊中等縣。㉖已上廣府管內　廣府即廣州都督府。指以上諸州受廣州都督府節制。㉗桂　州名。治所靈川，即今廣西靈川縣。其轄區相當於今廣西之荔浦、陽朔、桂林、永福、靈川、興安等縣市。㉘昭　州名。治所平樂，即今廣西平樂縣。其轄區相當於今廣西之恭城、平樂等縣市。㉙富　州名。治所龍平，今廣西昭平縣。其轄區即今廣西昭平附近地區。㉚梧　州名。治所蒼梧，今廣西梧州市。其轄區相當於今廣西之梧州、蒼梧附近地區。㉛賀　州名。治所臨賀，今廣西賀縣之南。其轄區相當於今廣西之賀縣、鐘山、富川等縣地。㉜龔　州名。治所平南，即今廣西平南縣。其轄區就在今廣西平南地區。㉝象　州名。治所武化，今廣西象州東北。其轄區即今廣西象州附近地區。㉞柳　州名。治所馬平，今廣西柳州市。其轄區相當於今廣西之柳城、柳州、鹿寨等縣市。㉟宜　州名。治所龍水，今廣西宜山縣。其轄區即今廣西宜山附近地區。㊱融　州名。治所融水，即今廣西融水縣。其轄區相當於今廣西之融水、融安、三江、羅城等縣地。㊲古　州名。治所樂山。為貞觀時李弘節開夷獠置。《舊唐書・地理四》稱：「天寶元年（西元七四二年）改為樂古郡。乾元元年（西元七五八年），復為古州。」今址不詳。㊳嚴　州名。治所來賓，即今廣西來賓縣。其轄區相當於今廣西來賓縣附近地區。㊴桂府　指桂州都督府。㊵容　州名。治所北流，即今廣西北流縣。其轄區相當於今廣西之北流及容縣等地。㊶藤　州名。治所鐔津，今廣西籐縣。其轄區相當於今籐縣附近地區。㊷義　州名。治所龍城，今廣西岑溪縣東南。其轄區即今廣西岑溪縣周圍。㊸竇州名。治所信義，轄區僅有高州與瀧州間之狹長地區。曾寄存於瀧州，天寶時復為竇州。㊹禺　州名。治所峨石，今廣西陸川縣東北。轄區即今廣西陸川縣附近。㊺白　州名。治所博白，即今廣西博白縣。其轄區僅今廣西博白縣附近地區。㊻廉州名。治所合浦，今廣西合浦縣東北。其轄區相當於今廣西之北海、合浦、浦北等縣市。㊼繡　州名。治所常林，今廣西桂平縣南。其轄區約當今廣西桂平、平南二縣南部地區。北宋開寶時廢。㊽黨　州名。治所撫安。《新唐書・地理七》稱其「本鬱林州地，永淳元年開古黨洞置」。《舊唐書・地理四》則謂：「天寶元年（西元七四二年）以黨州為寧仁郡，乾元元年（西元七五八年）復為黨州。」其治所和轄區在今廣西玉林縣以北山區。㊾牢　州名。原為義州，因其東北有地名牢石，於貞觀時改稱牢州。據《新唐書・地理七》稱：牢州共有「戶千六百四十一，口萬一千七百五十六。縣三」。所轄三縣為南流、定川、宕川。㊿巖　州名。治所常樂。其所轄為今廣西貴縣與橫縣之間山區。(51)鬱林　州名。治所石南，今廣西玉林縣石南鎮。其轄區即在今廣西貴縣與玉林之間。(52)平琴　州名。治所容山。其治所和轄區亦在今廣西貴縣、玉林、桂平、容縣之間的山區。平琴與鬱林二州轄區有交叉和重疊。(53)容府　指容州都督府。(54)複名　指州名有兩個字。(55)邕　州名。治所宣化，今廣西南寧市。其轄區相當於今廣西南寧、邕寧、武鳴、隆安、大新、崇安、上思、扶綏等市縣地。(56)賓　州名。治所嶺方，今廣西賓陽縣南。轄區即今賓陽附近地區。(57)貴　州名。治所鬱平，轄今廣西貴縣附近地區。(58)橫　州名。治所寧浦，今廣西橫縣。轄區相當於今廣西橫縣附近地區。(59)欽　州名。治所欽江，今廣西欽州縣。其轄區相當於今廣西之欽州、靈山等縣地。(60)潯　州名。治所桂平，今廣西桂平縣。所轄即今廣西桂平附近地區。(61)瀼　州名。治所臨江，今廣西寧明縣西，其轄區即今廣西寧明與上思之間，明江沿岸一帶，地處十萬大山之北。(62)籠　州名。治所武勸，今廣西扶綏縣。其轄區相當於今廣西之扶綏、上思、崇左等縣地。(63)田　州名。治所都救，今廣西田陽縣東。其轄區相當於今廣西之百色、田陽、田東等縣市。(64)武　州名。《舊唐書》及《新唐書》地理志嶺南道邕州都督府管內均未見武州。兩書在安南都督府統制下則有武峩州，轄區在今越南太原市附近；又有武安州，轄區在今越南海防市周圍地區。(65)環　州名。治所正平，今廣西環江縣，所轄相當於今廣西之環江、河池等縣地。(66)澄　州名。治所上林，即今廣西上林縣。其轄區相當於今廣西之上林、馬安等縣地。(67)邕府　指邕州都督府。(68)安南　即安南都護府。又名交州。治所交趾，今越南民主共和國之河內。當時所轄即今越南河內周圍地區。(69)驩　州名。治所九德，今越南之榮市。轄區相當於今越南之榮市、宜春等地區。(70)愛　州名。治所九真，今越南北部之清化。轄區即今越南清化附近地區。(71)陸　州名。治所安海，今中越邊境之東興，轄區今廣西東興、防城等縣地。(72)峯　據南宋本應作「峯」。原注中二「峯」字亦同。峯，州名。其址在今越南富壽東南地區。(73)湯　州名。其址在今越南涼山以南地區。(74)萇　州名。其址在今越南南定附近地區。(75)福祿　州名。其址在今越南河內西北。(76)龐　州名。治所與轄區不詳。《新唐書・地理志》稱：「開元中，安南所鎮有龐州，土貢孔雀尾、紫鉚，又有南登州。復皆廢省。」(77)安南　指安南都督府。(78)凡七十州焉　所載州名僅六十九，疑逸一州。據陳仲夫點校本考證，所逸一州係蒙州。蒙州，新舊兩《唐書》及《通典》均有錄。(79)其五府又管羈縻州　意謂嶺南道的廣、桂、容、邕、安南五都督府，分別管轄若干羈縻州。《新唐書・地理志》載嶺南道除廣州都督府外，諸府的羈縻州共九十二。(80)西極群蠻　指嶺南道西面與其相鄰的是當時居住於雲貴高原的各少數民族。(81)五嶺　即越城、都龐、萌渚、騎田、大庾五嶺之總稱。亦稱南嶺。(82)黃嶺　在今廣東東莞市之南。(83)鬱之水靈洲　此句中有倒乙。近衛本校稱應作「鬱水之靈洲」，是。鬱水，詳後(87)注。靈洲，山名，在今廣州市境內。(84)寶安縣　其址在今廣東寶安縣西面。(85)南海縣　即今之廣州市。(86)桂水　今西江之支流。上游為漓江的上源大榕江，出興安縣苗兒山，南流經桂林、陽朔、昭平等縣市，至梧州入西江。(87)鬱水　古代鬱水是一個廣泛的水系概念，凡今廣西之右江、鬱江、潯江及廣東之西江，以至在廣州入海之珠江，皆稱鬱水。今廣西境內的鬱江，僅為鬱水水系之一段。(88)臨源縣　其址為今廣西興安縣。(89)蕉　即蕉麻布，以生麻線織成。(90)落麻　指落麻布，麻布的品種之一。(91)沉香　亦稱奇南香、伽南香。為瑞香科常綠喬木。原產印度、泰國。其根或幹加工後可入藥，功能納氣平喘、溫中行氣。(92)甲香　藥材名。據《唐本草》：「甲香，蠡類。大如掌，青黃色，長四、五寸，取壓燒灰用之。」(93)水馬　海馬之別名。《本草綱目》引陶宏景稱：「是魚蝦類也，狀如馬形，故名。」(94)翡翠　鳥名。屬翠鳥科。其羽毛可供鑲嵌飾品用。又，一種名貴的玉石亦稱翡翠。呈蘋果綠，可雕製各種玉器。(95)龜鼊　龜屬。形如笠，四足，甲有黑珠。其皮可作裝飾品，肉如龜肉，肥美可食。(96)絲藤　據南宋本應為「綵藤」。後文原注循州貢品中有「五色藤盤」，當由綵藤即著色之藤編製而成。(97)竹布　以竹為原料織成的布，或稱竹疏布。其竹名丹竹，亦稱單竹、簞竹。《南方草木狀》卷下：「簞竹葉疏而大，一節相去六七尺，出九真，後人取嫩者磓浸紡織為布，謂之竹疏布。」(98)鍾乳　即鐘乳石。溶洞中自洞頂下垂之石灰質體，狀如鐘乳，故以此名。鍾同「鐘」。(99)高良薑　薑科多年生草本植物，有似薑的根狀莖可入藥，能散寒止痛。(100)竺席　即竹蓆。竺、竹古通。(101)藤簟　藤製之臥蓆。(102)斑布　據南宋本應為「班布」。即木棉布。古貝樹棉絮織成的布。(103)欽牢　南宋本及《通志・地理略》引《開元十道圖》均作「食單」。食單即食簞，竹或葦製之食物盛器。(104)梹榔　棕櫚科常綠喬木。花、果均具芳香，可供食用。籽即檳榔子，含檳榔碱、鞣酸等，可入藥，主治蟲積、食滯等症。梹同「檳」。(105)鮫魚皮　即鯊魚皮。(106)翠毛　即翡翠或翠鳥之羽毛。(107)金箔黃屑　即箔狀或屑狀之黃金。(108)鮫剑皮據《通志·地理略》引《開元十道圖》當為「鮫魚皮」。(109)詹糖香　中藥名，即蟾酥丸。由蟾酥、麝香、乳香等合成，能解毒消腫。(110)邵　州名。但前正文七十州州名中無邵州。唐有邵州，新舊《唐書》皆載，屬江南西道，與嶺南道無涉。嶺南道安南都護府所轄諸蠻內有一郡州，「郡」、「邵」形近，抑或因而致訛，姑錄以備考。(111)蚺虵膽　即蟒蛇之蛇膽，可入藥，能明目。虵即「蛇」字。(112)石斛　藍科多年生草本植物。附生於樹幹上。莖能入藥，功用清熱、生津、養胃。(113)絲電　不詳。(114)石英　為天然矽酸化合物。有塊狀與結晶兩種。其中含有錳質而顯紫色者，為紫石英，可作寶石，為裝飾品之用。(115)麩金　金沙。(116)朱砂　即辰砂，又稱光明砂。可作印泥用，亦有藥用價值。(117)瑇瑁　即玳瑁，海龜科。有褐色及淡黃色花紋，甲片能入藥，功能清熱解毒。(118)豆蔻　薑科，多年生常綠草本植物。形似芭蕉，種子可入藥，功能化濕和胃。(119)紫鉗木　即紫檀木，通稱紅木。木材紅棕色，堅重細緻，是貴重家具原料。樹脂或木片銼末能入藥。又，近衛本校明本稱：「『鉗』，當作『鉚』。」《新唐書·地理志》亦作「鉚」。紫鉚，藥材名。《本草集解》謂：「紫鉚出南番，乃細蟲如蟻蝨，緣樹枝造成，今吳人用造胭脂。按張勃吳錄云：九真有土赤色如膠，以木枝插其上，則蟻緣而上，生漆凝結，如螳螂螵蛸子之狀，人折漆以染絮物，色正赤，謂之蟻漆赤絮，即紫鉚也。血竭乃其樹之脂膏。」(120)昆州　由桂州附貢之羈縻州。治所夷蒙，轄今廣西河池縣以南山區。(121)桂心　即肉桂，中藥名。《本草綱要》載：「菌桂、牡桂、桂心三色，同是一物。」梁簡文帝〈勸臣論〉：「甘草為甜，桂心為辣。」可治風僻失音喉痺、陽虛失血、癰疽痘瘡，能引血化淤化膿，解蛇毒。(122)百越　泛指嶺南道以南越人建立之各個部落。(123)林邑　古國名，唐後稱占城。為古代生活於今越南中南部地區的各個部落。(124)扶南　古國名。泛指古代生活於今柬埔寨、老撾和越南南部地區的各個部落。

【語　譯】第十稱嶺南道，位置在古代揚州的南部，包括現今廣、循、潮、漳、韶、連、端、康、岡、恩、高、春、封、辯、瀧、新、潘、雷、羅、儋、崖、瓊、振，以上各州屬於廣州都督府管轄之內。桂、昭、富、梧、賀、龔、象、柳、宜、融、古、嚴，以上各州屬於桂州都督府管轄範圍。容、藤、義、竇、禺、白、廉、繡、黨、牢、巖、鬱林、平琴，以上各州屬於容州都督府管轄範圍之內，其中鬱林、平琴兩個州是複名。邕、賓、貴、橫、欽、潯、瀼、籠、田、武、環、澄，以上各州屬於邕州都督府管轄範圍內。安南、驩、愛、陸、峯（峯）、湯、萇、福祿、龐，以上各州屬安南都護府管轄的範圍。其中福祿一州是複名。總共有七十州。五個都督府除了分別管轄上面各個州之外，還各自管領若干個羈縻州。本道的東面和南面濱臨大海，西面直到與各個蠻族接鄰，北面以五嶺與江南道為界。境內著名的大山有黃嶺和在鬱水中的靈洲山。黃嶺在廣州的寶安縣，靈洲山在廣州南海縣的鬱水中。境內著名的河流有桂水和鬱水。桂水的源頭出在桂州的臨源縣，經過昭州、富州、梧州這三州的境界，注入鬱水。鬱水又名浪水，經過藤州、梧州、封州、康州、端州、廣州六州的境界，流入南海。嶺南道賦調徵收的物品有蕉布、紵布和落麻布。廣州等州的賦調是紵布，端州調蕉布，康州、封州調落麻布。本道的土貢為金、銀、沉香、甲香、水馬、翡翠、孔雀、象牙、犀牛角、龜殼、𪓟鼊、絲（綵）藤和竹布。融州、象州的土貢是黃金，桂州、邕州、昭州、柳州等五十餘州的貢品是銀，桂州貢銅盤，連州貢細布、鐘乳，崖州、欽州的土貢為高良薑，廣州的土貢為竹蓆、生沉香、水馬、甲魚、𪓟鼊皮和藤製的食具，廣州和安南都還要貢龜殼，循州、振州貢五色藤盤，振州貢斑（班）布、欽牢（食簞），安南及潮州貢蕉布，安南還要貢檳榔、鮫魚皮和翠毛，愛州、龐州的貢品為孔雀毛，驩州的貢品為象牙、蘗、犀牛角、金箔黃屑、沉香，漳、潮等州貢鮫釗（魚）皮、甲香，韶州貢竹子布，岡州貢甲香、詹糖香，廣、潮、高、循、峯（峯）、邵（郡）等州以及安南都護府貢蚺蛇膽，春州、韶州、瀧州、廣州的土貢都為石斛，雷州貢絲電，富州貢班布、石英，蒙州貢麩金，古州貢蠟，容州貢朱砂、銀，欽州貢翠毛，陸州貢玳瑁、𪓟鼊皮、翠毛和甲香，峯（峯）州貢豆蔻，福祿州和邵州貢白蠟，福祿州和龐州貢紫鉗（鉚）木，昆州貢桂心。由嶺南道負責轉輸貢品的邊遠地區各蠻夷，則有百越、林邑和扶南。

十四

凡天下之州、府三百一十有五❶，而羈縻之州蓋八百❷焉。京兆❸、河南❹、太原❺為三都。潞❻、揚❼、益❽、荊❾、幽❿為大都督府，單于⓫、安西⓬、安北⓭為大都護府，安南⓮、安東⓯、北庭⓰為上都護府，涼⓱、秦⓲、靈⓳、延⓴、代㉑、兗㉒、梁㉓、安㉔、越㉕、洪㉖、潭㉗、桂㉘、廣㉙、戎㉚、福㉛為中都督府，夏㉜、原㉝、慶㉞、豐㉟、勝㊱、營㊲、松㊳、洮㊴、鄯㊵、西㊶、雅㊷、瀘㊸、茂㊹、嶲㊺、姚㊻、夔㊼、黔㊽、辰㊾、容㊿、邕(51)為下都督府。同(52)、華(53)、岐(54)、蒲(55)為四輔州(56)，蒲新升入。陝(57)、懷(58)、鄭(59)、汴(60)、魏(61)、絳(62)為六雄州，絳新升入。虢(63)、汝(64)、汾(65)、晉(66)、宋(67)、許(68)、滑(69)、衛(70)、相(71)、洺(72)為十望州。汾新升入。安東、平、營、檀、嬀、蔚、朔、忻、安北、單于、代、嵐、雲、勝、豐、鹽、靈、會、涼、甘、瓜、沙、伊、西、北庭、安西、河、蘭、鄯、廓、疊、洮、岷、扶、柘、維、靜、悉、翼、松、當、戎、茂、嶲、姚、播、黔、驩、容為邊州(73)。四萬戶已上為上州，陝(74)、汝(75)、虢(76)、仙(77)、澤(78)、邠(79)、隴(80)、涇(81)、寧(82)、鄜(83)、坊(84)，戶雖不足，亦為上州。三萬戶已上(85)為中州，不滿為下州。

【章　旨】記述唐全國州府之總數以及都督府和州各種不同等級的區劃狀況。

【注　釋】❶凡天下之州府三百一十有五　由於唐代地方行政區劃廢置改易變化甚多，因而州府總數亦記載不一。如《開元十道圖》十道州數計為三百一十六，而《通典・州郡一》則稱開元二十八年（西元七四〇年）時「凡郡府三百二十有八」。本書此處記為「三百一十有五」當是又一種統計。若以漢、唐作比，則漢平均每郡轄縣十五左右，唐每州轄縣僅四至五，即唐之州只及漢代郡的三分之一。唐代將三百多個州劃分為府、輔、雄、望、緊和上、中、下這樣一些等級。其中府，在唐朝前期只有三個，即原為雍州之京兆府，原為洛州之河南府，原為并州之太原府，三府分別為唐代上都、東都、北都之所在地。

❷羈縻之州蓋八百　唐代對邊遠諸少數民族部落採取建立羈縻州的制度，大的稱府，小的稱州、縣，由其部族首領任都督或刺史，皆得世襲；屬邊州都督、都護統制。《新唐書・地理志》稱：「突厥、回紇、党項、吐谷渾隸關內道者，為府二十九，

州九十。突厥之別部及奚、契丹、靺鞨、降胡、高麗隸河北者，為府十四，州四十六。突厥、回紇、党項、吐谷渾之別部及龜茲、于闐、焉耆、疏勒、河西內屬諸胡、西域十六國隸隴右者，為府五十一，州百九十八。羌、蠻隸劍南者，為州二百六十一。蠻隸江南者，為州五十一；隸嶺南者，為州九十二。又有党項州二十四，不知其隸屬。大凡府、州八百五十六，號為羈縻云。」據此可知，本書此處記為「羈縻之州蓋八百焉」，係約數。❸京兆　唐時又稱上都，今陝西西安市。❹河南　又稱東都，今河南洛陽市。❺太原　又稱北都，今山西太原市。❻潞　州府名。屬河東道，治所上黨，今山西長治市。貞觀八年（西元六三四年）置大都督府。❼揚　州府名。屬淮南道，治所江都，今江蘇揚州市。武德九年置大都督府。❽益　大都督府名。屬劍南道，治所成都，今四川成都市。武德九年（西元六二六年）置都督府，龍朔二年（西元六六二年）升為大都督府。❾荊　州府名。屬山南東道，治所江陵，今湖北江陵縣。武德六年（西元六二三年）置大都督府。❿幽　大都督府名。屬河北道，治所薊縣，今北京市。武德七年（西元六二四年）置大都督府。⓫單于　據南宋本當為「單于」。單于，州府名。屬關內道。本雲中都護府，龍朔三年（西元六六三年）置，次年改名為單于都護府。下屬有三羈縻都督府，十五羈縻州。轄區相當於今內蒙、寧夏、甘肅相連的地區。⓬安西　州府名。屬隴右道。治所原在高昌，稱西州都護府；顯慶三年（西元六五八年）移龜茲鎮，今新疆之庫車，稱安西大都護府。轄區相當於今天山以南，帕米爾高原以西廣大地區。⓭安北　州府名。屬關內道。原名翰海都護府，總章中改名為安北大都護府。轄區在大漠以北、阿爾泰山以東，今俄羅斯貝加爾湖與蒙古人民共和國地區。⓮安南　州府名。屬嶺南道。調露元年（西元六七九年）改立州都督府為安南都護府。治所交趾，今越南之河內。其管轄有名稱可考的羈縻州四十餘。⓯安東　州府名。屬河北道。總章元年（西元六六八年）置安東都護府於今朝鮮之平壤，下轄有九都督府，四十二州，一百縣。⓰北庭　州府名。屬隴右道。貞觀二十年（西元六四六年）西突厥內附而置庭州，長安二年（西元七〇二年）改為北庭都護府，治庭州，今新疆吉木薩爾北破城子。統天山北路突厥諸羈縻府、州，轄境東起阿爾泰山、巴里坤湖，西迄今咸海西突厥諸部族。⓱涼　州府名。屬隴右道。治所姑藏，今甘肅武威市。武德七年（西元六二四年）置中都督府，督涼、肅、甘、沙、瓜、伊、芳、文八州。⓲秦　州府名。屬隴右道。治所上邽，今甘肅天水市。武德二年（西元六一九年）設秦州總管府，後改都督府，督秦、渭、岷、洮、疊、文、武、成、康、蘭、宕、扶等十二州。屬下另有党項州七十三，府一，縣一。⓳靈　州府名。屬關內道。武德元年（西元六一八年）置靈州總管府，貞觀時置靈州都督府。治所靈州，今寧夏靈武縣。轄回紇羈縻州十八，府九，党項州五十一，府十五。轄區在今寧夏回族自治區。⓴延　州府名。武德時設延州總管府，貞觀時罷省，開元時復置都督府。治所膚施，今陝西延安市。領丹、綏、渾等州。㉑代　州府名。屬河東道。治所雁門，今山西代縣。武德元年（西元六一八年）置代州總管，後改為都督府。督代、蔚、忻、朔等州。㉒兗　州府名。屬河南道。治所瑕丘，今山東兗州縣。貞觀十四年（西元六四〇年）置都督府，管兗、泰、沂三州。㉓梁　州府名。屬山南西道。治所南鄭，今陝西漢中市。武德元年（西元六一八年）時置梁州總管府，武德七年（西元六二五年）改為都督府。督梁、洋、集、興、褒五州。㉔安　州府名。屬淮南道。治所安陸，今湖北安陸縣。武德初置總管，武德七年（西元六二五年）置大都督府，後改為中都督府。督安、中、陽、溫、沔、光、黃、蘄九州。㉕越　州府名。屬江南東道。治所會稽，今浙江紹興市。武德初置越州總管，武德七年（西元六二五年）改為都督府。督越、婺、鄞、嵊、麗五州。㉖洪　州府名。屬江南西道。治所豫章，今江西南昌市。武德五年（西元六二二年）置洪州總管府，後改為都督府。督洪、饒、撫、吉、虔、袁、江、鄂八州。㉗潭　州府名。屬江南西道。治所長沙，今湖南長沙市。武德四年（西元六二一年）置潭州總管府，後改為都督府。管潭、衡、永、郴、連、南梁、南雲、南營八州。㉘桂　州府名。屬嶺南道。治所始安，今廣西桂林市。武德四年（西元六二一年）置總管府，後改為都督府。開元時督桂、昭、賀、富、梧、藤、容、潘、白、廉、繡、欽、橫、邕、融、柳、貴十七州。㉙廣　州府名。屬嶺南道。治所南海，今之廣州。武德四年（西元六二一年）置廣州總管府，貞觀時改為中都督府。開元時督廣、韶、端、康、封、岡、新、藥、瀧、竇、義、雷、循、潮十四州。永徽後以廣、桂、容、邕、安南五府皆隸廣州都督府統攝，稱之五府節度使，名嶺南五營。㉚戎　州府名。屬劍南道。治所僰道，今四川宜賓市。貞觀四年（西元六三〇年）置戎州都督府，督戎、郎、昆、曲、協、黎、盤、曾、鉤、髳、尹、匡、袁、宗、靡、姚、微十七州。另領羈縻十六州。㉛福　州府名。屬江南東道。治所閩縣，今福建福州市。景雲二年（西元七一一年）置都督府，督閩、泉、建、漳、湖五州。㉜夏　州府名。屬關內道。治所朔方，今內蒙古白城子。貞觀二年（西元六五一年）置夏州都督府，領夏、綏、銀三州。㉝原　州府名。屬關內道。治所平高，今甘肅之固原縣。貞觀五年（西元六五四年）置都督府，管原、慶、會、銀、亭、達、要七州。㉞慶　州府名。屬關內道。治所安化，今陝西慶陽縣。武德六年（西元六二三年）置總管府，次年改為慶州都督府。貞觀時罷歸原州都督府，開元時復置都督府。督寄在慶州都督府的小州二十四。㉟豐　州府名。屬關內道。治所九原，今內蒙古五原縣南面。貞觀四年（西元六三〇年）以突厥降附，置豐州都督府，不領州縣，僅領蕃戶。㊱勝　州府名。屬關內道。治所榆林，今內蒙古托克托西南。設置勝州都督府之年代不詳。㊲營　州府名。屬河北道。治所柳城，今遼寧朝陽市。武德元年（西元六一八年）置營州總管府，武德七年（西元六二四年）改為都督府，督營、遼二州，以後又增督昌、師、崇、順、慎等州。㊳松　州府名。屬劍南道。治所嘉誠，今四川松潘縣。貞觀二年（西元六二八年）

置都督府，督二十五羈縻州。據天寶十二年（西元七五三年）簿籍共督一百零四州，但僅二十五州有戶口。(39)洮　州府名。屬隴右道。治所臨潭，今甘肅臨潭縣。永徽元年（西元六五〇年）置都督府，開元十七年（西元七二九年）廢。(40)鄯　州府名。屬隴右道。治所湟水，今青海樂都縣。貞觀中置都督府。(41)西　州府名。屬隴右道。治所高昌，今新疆吐魯番市東南。貞觀十三年（西元六三九年）平高昌，置西州都護府，顯慶三年（西元六五八年）改為都督府，同時將西州都護府改稱安西都護府，移置龜茲，今新疆之庫車。(42)雅　州府名。屬劍南道。治所嚴道，今四川雅安市。開元三年（西元七一五年）置都督府，督羈縻州十九。(43)瀘　州府名。屬劍南道。治所瀘川，即今四川瀘州市。武德三年（西元六二〇年）置總管府，後改為都督府，下督羈縻十州、四郡。(44)茂　州府名。屬劍南道。治所汶山，今四川之茂縣。武德三年（西元六二〇年）置總管府，武德七年（西元六二四年）改為都督府，督南會、翼、向、維、塗、冉、穹、炎、徹、笮十羈縻州。(45)嶲　州府名。屬劍南道。治所越嶲，今四川西昌市。武德三年（西元六二〇年）後改為都督府，督十六羈縻州。(46)姚　州府名。屬劍南道。治所姚城，今雲南姚安縣。置都督府時間不詳，督三十二羈縻州。(47)夔　州府名。屬山南東道。治所奉節，即今四川奉節縣。武德二年（西元六一九年）置總管府，貞觀十四年（西元六四〇年）改為都督府，督歸、夔、忠、萬、涪、渝、南七州。(48)黔　州府名。屬江南道。治所彭水，即今四川彭水苗族土家族自治縣。武德四年（西元六二一年）置都督府，督施、夷、播、思、費、珍、溱、商九州，領羈縻州五十。(49)辰　州府名。屬江南道。治長溪，今湖南辰溪縣。景雲二年（西元七一一年）置都督府，督巫、業、錦三州。開元二十七年（西元七三九年）罷。(50)容　州府名。屬嶺南道。治所北流，即今廣西北流縣。貞觀十一年（西元六三七年）置都督府，督辯、白、牢、欽、禺、湯、瀼、巖等十州。(51)邕　州府名。屬嶺南道。治所宣化，今廣西南寧市。貞觀六年（西元六三二年）置邕州都督府，督貴、黨、横、嚴、山、巒、羅、潘等州。(52)同　州府名。屬京畿道。治所馮翊，今陝西大荔縣。(53)華　州府名。屬京畿道。治所鄭縣，今陝西華縣。(54)岐　州府名。屬京畿道。治所雍縣，今陝西鳳翔縣。(55)蒲　州府名。屬河東道。治所河東，今山西永新縣西。(56)輔州　唐代州的等級之一。意謂以上四州皆位於京兆左右，為上都之側翼和護衛。後文提到的另外兩個等級「雄州」、「望州」，亦是各就其地理位置對維護都城和王朝穩定的重要性而言。(57)陝　州府名。屬河南道。治所陝縣，今河南三門峽市，位於東都河南府西翼。(58)懷　州府名。屬河南道。治所河內，今河南沁陽縣，位於東都河南府東北翼。(59)鄭　州府名。屬河南道。治所管城，今河南鄭州市，位於東都河南府東側。(60)汴　州府名。屬河南道。治所浚儀，今河南開封市，貼近鄭州為東都河南府東翼。(61)魏　州府名。屬河北道。治所元城，今河北大名縣，位於東都河南府的東北翼。(62)絳　州府名。屬河東道。治所正平，今山西新絳縣，位於東都河南府之西北翼。63虢　州名。屬河南道，治所弘農，今河南之靈寶。本書將其劃入河東道。位於東都河南府的西南。64汝　州名。屬河南道，治所梁縣，今河南之臨汝，位置在東都洛陽的南面。65汾　屬河東道，治所隰城，今山西之汾陽。66晉　州名。屬河東道，治所臨汾，今山西之臨汾，晉、汾二州處於太原與蒲州之間，位置很重要。67宋　州名。屬河南道，治所宋城，今河南之商丘。68許　州名。屬河南道，治所長所，今河南之許昌市。69滑　州名。屬河南道，治所白馬，即古滑臺城，今河南之滑縣。70衛　州名。屬河北道，治所汲縣，今河南之汲縣。71相　屬河北道，治所安陽，今河南之安陽市。72洺　州名。屬河北道，治所永年，今河北之永年。73自「安東」至「邊州」　此處所列共有五十州，其位置、治所及所轄，已分別見前「十道」即本篇第四章至第十三章各有關注釋，此處不再重復。邊州，指上述五十州其地理位置都處於邊疆，為中原地區之外圍。74陝　州名。屬河南道，治所陝縣，今河南三門峽市。陝州於天寶時戶僅二萬九百餘，因其為六雄州之一，故亦列為上州。75汝　州名。屬河南道。治所梁縣，今河南臨汝縣。天寶時戶已在六萬以上，且為十望州之一，故應為上州。76虢　州名。屬河南道。治所弘農，今河南靈寶縣。天寶時戶僅二萬八千餘，因其為十望州之一，地處上都與東都之間，故亦列為上州。77仙　州名。屬河南道。開元二年（西元七一四年）置，開元二十六年（西元七三八年）廢。因置廢不定，本篇前第五章河南道未列此州。仙州地處許州、唐州、汝州之間，為逃亡之淵藪，故設州建制以鎮之，並被定為「緊州」（亦為唐代州的等級之一，本書略而不論，《通典・職官》有載）。此處則又因其為緊州而列為上州。78澤　州名。屬河東道。治所晉城，今山西晉城市。因其有太行之險固，實為東洛之藩垣，故雖戶僅二萬七千餘，亦被列為上州。79邠　州名。屬關內道。治所新平，今陝西彬縣。為上都西北之屏障，因而是為緊州之一，雖戶口不及二萬三千，亦列為上州。80隴　州名。屬關內道。治所汧源，今陝西隴縣。戶僅二萬四千餘，因其為上都西部之門戶，故亦列為上州。81涇　州名。屬關內道，治所安定，今甘肅涇川縣。戶僅三萬一千餘，因其為上都西北之屏障，故亦被列為上州。82寧　州名。屬關內道。治所定安，今陝西寧縣。戶三萬七千餘，且為上都北邊之屏障，故定為上州。83鄜　州名。屬關內道。治所洛交，今陝西富縣。戶二萬三千餘，為上都東北之屏障，故列為上州。84坊　州名。屬關內道。治所中部，今陝西黃陵縣。戶僅二萬二千餘，因其為上都東北之屏障，故列為上州。85三萬戶已上　《通志・地理略》引《開元十道圖》與《舊唐書・職官志》均作「三萬戶以上」。誌以備考。

【語　譯】全國設置的州、府一級行政機構，總共是三百一十五個，此外還有羈縻州八百多個。京兆府為上都，河南府為東都，太原府為北都，總稱三都。潞、揚、益、荊、幽這五個州，各設有大都督府；軍（單）于、安西、安北這三個州，各設有大都護府。三個上都護府分別設在安南、安東、北庭，十五個中都督府分別設在涼州、秦州、靈州、延州、代州、兗州、梁州、安州、越州、洪州、潭州、桂州、廣州、戎州和福州；二十個下都督府分別設在夏州、原州、慶州、豐州、勝州、營州、松州、洮州、鄯州、西州、雅州、瀘州、茂州、嶲州、姚州、夔州、黔州、辰州、容州和邕州。同、華、岐、蒲四個州，稱為「輔州」；其中蒲州是新近升入的。陝、懷、鄭、汴、魏、絳六個州，稱為「雄州」；其中絳州是新近升入的。虢、汝、汾、晉、宋、許、滑、衛、相、洺這十個州，稱為「望州」。其中汾州是新升入的。此外，稱為「邊州」的五十個州分別是：安東、平州、營州、檀州、媯州、蔚州、朔州、忻州、安北、單于、代州、嵐州、雲州、勝州、豐州、鹽州、靈州、會州、涼州、肅州、甘州、瓜州、沙州、伊州、西州、北庭、安西、河州、蘭州、鄯州、廓州、疊州、洮州、岷州、扶州、柘州、維州、靜州、悉州、翼州、松州、當州、戎州、茂州、嶲州、姚州、播州、黔州、驩州、容州。戶口在四萬戶以上的，可稱為上州，陝、汝、虢、仙、澤、邠、隴、涇、寧、鄜、坊這幾個州，戶數雖然不足四萬，由於各有特別原因，亦都被列為上州。三萬戶以上的，可稱為中州；不滿三萬戶的，為下州。

【說明】唐代的地方行政機構是州、縣二級制。與漢代相比，唐的州比漢的郡要小得多。西漢末，全國郡數不過一百零三，唐的州數則多達三百以上。漢代的郡平均轄縣十五左右，而唐代每州平均轄縣僅四至五個。漢代的郡縣除主要官吏由中央任免外，其屬僚則是由郡守、縣令自行辟除；而唐代州縣的各級官吏，上至刺史下至各曹參軍，都由吏部直接任命與調遷，權在中央。這一方面有利於中央集權，抑制地方的割據，但是如何管理好三百多個州及其所屬的那支龐大的官吏隊伍，就成了困擾唐王朝的一個難題。唐代後期終於從二級制轉化成為三級制，既是事物發展之必然，亦反映了當國者在這個難題面前的無奈。

唐初從貞觀時分全國為十道，到開元時增至十五道，並設置採訪使，道的職能雖出現了由單純的督責監察逐漸向固定的權力行施過渡的傾向，但它還不能算是一級行政機構。此前又於武德初年在邊關要地設置了由隋之總管府演化而來的都督府，開始它是中央與州之間的一個側重於軍政的機構。武德七年（西元六二四年）令規定管十州以上為上都督府，不滿十州的為都督府；開元元年令則規定戶滿二萬以上為中都督府，不滿二萬為下都督府。都督府地位略高於州，大都督府的都督是從二品，中都督府的都督為正三品，略高於上州的刺史，而下都督府的都督與上州的刺史均屬從三品。都督府的組織機構與上等州的組織機構大致相同。這些情況說明，都督府在不斷發展中已經帶有了一級行政機構的性質。但從當時最高執政者的主觀意願來說，似乎並不希望再增加一級行政組織。這種意願可以從景雲二年（西元七一一年）分置二十四都督府的敕文中約略看出。敕文特別強調的是都督府的監督職能。文中說，都督府的「錄事參軍為司舉從事，令糾察管內官人，每府置二人，並同京官，資望比侍御史。若糾不以實，姦不能禁者，令左右御史臺彈奏」（《唐會要》卷六十八）。安史之亂是由二級制轉變為三級制的催化劑。在此前後，一部分都督可謂風雲際會，因軍事職能的突然升值而先後兼任了節度使。這樣都督府便開始向方鎮演化，成為軍政合一的地方一級行政組織。中唐以後，方鎮總數多達四十有餘，而據《舊唐書．地理志》記載，在四十四個方鎮中，有三十二個治所都曾設立過都督府，其中十九個是方鎮與都督府並存。方鎮一級行政機構的出現，標誌著中央權威的日趨衰落，大唐王朝也由盛世迅速走向衰世。「白頭宮女在，閒坐說玄宗。」（元稹詩）往昔的盛唐氣派，只有在人們回憶中還存在。

唐代對州的等級劃分，實際上存在著兩個不同的標準。一是從地理位置上，相對於上都、東都、北都三座都城的重要性來劃分，例如京兆、河南、太原之所以稱三府，其府牧官品為從二品，在地方長官中是最高的，就因為三府正是三都所在地。還有所謂四輔州、六雄州，亦是依據這個標準確定的。再就是以戶數的多寡為標準，將全國各個州分為上、中、下三等。只是對三等分界戶數的規定，前後變化頗多。《唐會要》卷七十量戶口定州縣等第條載：「武德令三萬戶已上為上州，永徽令二萬戶已上為上州。至顯慶元年（西元六五六年）九月十二日敕：戶滿三萬已上為上州，二萬已上為中州；先已定為上州、中州者，仍舊。至開元十八年（西元七三〇年）三月十七日敕：太平時久，戶口日殷，宜以四萬戶已上為上州，二萬五千戶為中州，不滿二萬戶為下州」。此外，六雄、十望、四輔並為上州。本章正文中規定的上、中、下三等州的戶數，看來所依據的是開元制。

除了上述兩種分等法以外，還有一種《唐六典》未論及的情況，那就是把某些特別地區的州稱為「緊州」。《通典．職官十五》在「十緊」下本注稱：「初有十緊州，後入緊者甚多，不復具列。」《唐會要》卷七十還載有開元時期一次關於是否應當保留仙州的建制並定為「緊州」的廷議，中書侍郎崔沔的主張是「仙州四面，去餘州界雖近，若據州而言則元遠。土地澆沃，戶口稀疏，逃亡所歸，頗成淵藪，舊多劫盜，兼有宿寇，所以往年患之，置州鎮壓，今與役幾年，主司粗定，累年成規，一朝廢省，前功盡棄，後弊方深」。從崔沔的這番話中可以看出，所謂緊州，是社會治安狀況比較緊急的地區。仙州處於許、魯、唐三州的邊區即所謂「三不管」地帶，成了逃亡者聚集區。唐前期十緊州的名稱除仙州外，難以全部確考，《唐會要》卷七十在關內道提到因治安狀況吃緊而須新定為緊州的則有渾州、徐州和蔡州；並規定緊州官員的俸錢可以有所提高：「以蔡州為緊，其刺史俸錢一百八十千，長史以下有差。」

十五

凡三都[1]之縣，在城內曰京縣[2]，奉先[3]同京城。城外曰畿縣[4]。又望縣[5]有八十五焉。同州[6]：馮翊[7]、朝邑[8]、登成[9]、白水[10]、郃陽[11]。華州[12]：鄭縣[13]、華陰[14]、下邽[15]。岐州[16]：雍縣[17]、扶風[18]、陳倉[19]。陝州[20]：陝縣[21]、桃林[22]、硤石[23]、河北[24]、芮城[25]。虢州[26]：閿鄉[27]、湖城[28]。鄭州[29]：管城縣[30]、陽武[31]、新鄭[32]、滎澤[33]。汴州[34]：浚儀[35]、開封[36]、尉氏[37]、雍丘[38]。宋州[39]：宋城[40]。滑州[41]：酸棗[42]。兗州[43]：金鄉[44]。許州[45]：扶溝[46]。汝州[47]：梁縣[48]。僊州[49]：襄城[50]。蒲州[51]：河東[52]、桑泉[53]、安邑[54]、虞鄉[55]、汾陰[56]、猗氏[57]、解縣[58]。絳州[59]：正平[60]、龍門[61]、夏縣[62]、聞喜[63]、翼城[64]。晉州[65]：臨汾[66]、陰洞[67]。汾州[68]：隰城[69]、平進[70]、介休[71]。潞州[72]：上黨[73]。懷州[74]：河內[75]、武德[76]、武陟[77]、獲嘉[78]。魏州[79]：貴鄉[80]、魏縣[81]、昌樂[82]、頓丘[83]、元城[84]。相州[85]：塗陽[86]。洺州[87]：永年[88]。冀州[89]：信都[90]、南宮[91]。瀛州[92]：河間[93]。

深州(94)：饒陽(95)。益州(96)：成都(97)、蜀縣(98)、郫縣(99)、新繁(100)。彭州(101)：九龍(102)、導江(103)。蜀州(104)：晉原(105)、青城(106)。漢州(107)：維縣(108)。潤州(109)：曲阿(110)、江寧(111)。常州(112)：晉陵(113)。蘇州(114)：吳縣(115)。杭州(116)：餘杭(117)。越州(118)：會稽(119)。婺州(120)：金華(121)。荊州(122)：江陵(123)。襄州(124)：襄陽(125)。揚州(126)：江都(127)、揚子(128)。其餘則六千戶已上為上縣，二千戶已上為中縣，一千戶已上為中下縣，不滿一千戶皆為下縣。

【章旨】記述有關縣的等級及其區劃標準。

【注釋】❶三都　指唐代上都長安，東都洛陽，北都太原。❷京縣　又稱赤縣。三府共有六赤縣，即京兆府的長安、萬年縣，河南府的河南、洛陽縣，太原府的太原、晉陽縣。❸奉先　開元四年（西元七一六年）改蒲城縣為奉先縣，以奉祀唐睿宗李旦的陵墓。治所今陝西蒲城縣。《新唐書．地理志》稱奉先為次赤縣。曾升為次赤縣的除奉先縣外，據《唐會要》卷七十還有華州的鄭縣等。❹畿縣　《通典．職官十五》：「京之旁邑為畿縣。」又稱：「畿八十二。」這八十二畿縣集中在京兆、河南、太原三府。此三府除六赤縣外，所有屬縣均為畿縣。三府之鄰州也有一些畿縣，皆為其後來自三府割隸者。❺望縣　唐代按照「戶口多少、資地美惡」來劃分縣的等級，望縣為第一等。依次為緊縣、上縣、中縣、中下縣、下縣。稱望之縣不僅戶數多，地望即地理位置亦較為重要。後文原注開列的八十五望縣，其中關內、河南、河北、河東等北方四道有六十五個，佔總數四分之三，可見作為唐王朝政治經濟重心的城市，大都集中在黃河流域。❻同州　屬關內道，四輔州之一。❼馮用　縣名。「用」字誤，當為「翊」。廣雅本及《通志．地理略》引《開元十道圖》均作「馮翊」。馮翊，同州治所，今陝西大荔縣。❽朝邑　縣名。今陝西大荔縣東側。❾登成　縣名。據《通志．地理略》引《開元十道圖》為「澄城」。今陝西澄城縣。❿白水　縣名。即今陝西白水縣。⓫郃陽　縣名。今陝西合陽縣。⓬華州　屬關內道，四輔州之一。⓭朗縣　據《通志．地理略》引《開元十道圖》，「朗」字當係「鄭」字之誤。鄭縣，華州治所，今陝西鄭縣。⓮華陰　縣名。今陝西華陰縣。⓯下邽　縣名。今陝西渭南市東北。⓰岐州　屬關內道，四輔州之一。⓱雍縣　岐州治所，今陝西鳳翔縣。⓲扶風　縣名。今陝西寶雞市東部。⑲陳倉　縣名。今陝西寶雞市。⑳陝州　屬河內道，六雄州之一。㉑陝縣　陝州治所。今河南三門峽市。㉒桃林　縣名。今河南靈寶縣。㉓硤石　縣名。貞觀十四年（西元六四〇年）改崤縣置硤石，今河南三門峽市東南。㉔河北　縣名。今河南三門峽市西北。㉕芮城　縣名。今河南之芮城縣。㉖虢州　屬河南道，十望州之一。㉗閿鄉　縣名。今河南靈寶縣境內。㉘湖城　縣名。今河南靈寶縣西。㉙鄭州　屬河南道，六雄州之一。㉚管城縣　鄭州治所，今河南鄭州市。㉛陽武　縣名。今河南原陽縣。㉜新鄭　縣名。即今河南新鄭縣。㉝滎澤　縣名。今河南滎陽縣東北。㉞汴州　屬河南道，六雄州之一。㉟浚儀　汴州治所。今河南開封市。㊱開封　縣名。在今河南開封市南。㊲尉氏　縣名。即今河南尉氏縣。㊳雍丘　縣名。今河南杞縣。㊴宋州　屬河南道，十望州之一。㊵宋城　宋州治所。今河南商丘縣南。㊶滑州　屬河南道，十望州之一。㊷酸棗　縣名。今河南延津縣西。㊸兗州　屬河南道，為中都督府所在地。㊹金鄉　縣名。今山東金鄉縣，位於當時泗水線上。㊺許州　屬河南道，十望州之一。㊻扶溝　縣名。今河南扶溝縣。㊼汝州　屬河南道，十望州之一。㊽梁縣　汝州治所。今河南臨汝縣。㊾僊州　即仙州。屬河南道，在汝州、許州、唐州之間。置廢屢易。㊿襄城　縣名。今河南襄城縣。(51)蒲州　屬河東道，四輔州之一。(52)河東　蒲州治所。今山西永濟縣西，臨黃河邊。(53)桑泉　縣名。今山西臨猗縣西面臨晉鎮。(54)安邑　縣名。今山西運城東北安邑鎮。(55)虞鄉　縣名。今山西永濟縣東虞鄉鎮。(56)汾陰　縣名。今山西萬榮縣西南寶井鎮。(57)猗氏　縣名。今山西臨猗縣。(58)解縣　即今山西解縣。(59)絳州　屬河東道，六雄州之一。(60)正平　絳州治所。今山西新絳縣。(61)龍門　縣名。今山西河津縣。(62)夏縣　即今山西夏縣。(63)聞喜　縣名。今山西聞喜縣北。(64)翼城　縣名。即今山西翼城縣。(65)晉州　屬河東道，十望州之一。(66)臨汾　晉州治所。今山西臨汾市。(67)陰洞　「陰」字當係「洪」字之誤。《通志・地理略》引《開元十道圖》為「洪洞」。即今山西洪洞縣。(68)汾州　屬河東道，十望州之一。(69)隰城　汾州治所。今山西汾陽縣。(70)平進　廣雅本及《通志・地理略》引《開元十道圖》均作「平遙」。即今山西之平遙縣。(71)介休　縣名。即今山西介休縣。(72)潞州　屬河東道，為大都督府所在地。(73)上黨　潞州治所。今山西長治市。(74)懷州　屬河南道，六雄州之一。(75)河內　懷州治所。今河南沁陽縣。(76)武德　縣名。今河南溫縣境內。(77)武陟　縣名。即今河南武陟縣。(78)獲嘉　縣名。即今河南獲嘉縣。(79)魏州　屬河北道，六雄州之一。(80)貴鄉　魏州治所。今河北大名縣。(81)魏縣　縣名。今河北魏縣東南。(82)昌樂　縣名。今河北南樂縣。(83)頓丘　縣名。今河北內黃縣東南。(84)元城　縣名。今河北大名縣境內。(85)相州　屬河北道，十望州之一。(86)塗陽　據《通志・地理略》引《開元十道圖》當為「滏陽」。今河北之磁縣。(87)洺州　屬河北道，十望州之一。(88)永年　洺州治所。即今河北永年縣。(89)冀州　屬河北道。(90)信都　冀州治所。今河北之冀縣。(91)南宮　縣名。即今河北南宮縣。92瀛州　屬河北道。93河間　瀛州治所。今河北河間縣。94深州　屬河北道。95饒陽　縣名。即今河北饒陽縣。96益州　屬劍南道。97成都　益州治所。即今四川成都市。98蜀縣　貞觀十七年（西元六四三年）分成都縣置蜀縣，治所有州郭之下，與成都分理。99郫縣　縣名。即今四川郫縣。100新繁　縣名。今四川新都縣境內。101彭州　屬劍南道。102九龍　據《通志・地理略》引《開元十道圖》，「龍」應為「隴」。九隴係彭州治所，今四川之彭縣。103導江　縣名。今四川灌縣之灌口鎮。104蜀州　屬劍南道。105晉原　縣名。今四川之崇慶縣。106青城　縣名。今四川灌縣東南。107漢州　屬劍南道。108維縣　據《通志・地理略》引《開元十道圖》當為「雒縣」。今四川廣漢縣。109潤州　屬江南東道。110曲阿　縣名。今江蘇丹陽市。111江寧　縣名。今江蘇南京市。112常州　屬江南東道。113晉陵　常州治所。今江蘇常州市。114蘇州　屬江南東道。115吳縣　蘇州治所。即今江蘇吳縣。116杭州　屬江南東道。117餘杭　縣名。即今浙江餘杭縣。118越州　屬江南東道。119會稽　越州治所。今浙江紹興市。120婺州　屬江南東道。121金華　婺州治所。即今浙江金華市。122荊州　屬山南東道。123江陵　荊州治所。即今湖北江陵縣。124襄州　屬山南東道。125襄陽　襄州治所。今湖北襄樊市。126楊州　屬淮南道。127江都　揚州治所。今江蘇揚州市。128揚子　分江都縣置，在今江蘇揚州市境內。

【語譯】凡是在上都、東都、北都範圍內的縣，在京城內的稱京縣，奉先縣與京縣相同。京城外的稱畿縣。又，全國共有望縣八十五個。全國望縣的分佈情況是：同州的馮用（翊）、朝邑、登成（澄城）、白水和郃陽；華州的鄭縣、華陰和下邽；岐州的雍縣、扶風和陳倉；陝州的陝縣、桃林、硤石、河北和芮城；虢州的閿鄉和湖城；鄭州的管城縣、陽武、新鄭和滎澤；汴州的浚儀、開封、尉氏和雍丘；宋州的宋城；滑州的酸棗；兗州的金鄉；許州的扶溝；汝州的梁縣；僊州的襄城；蒲州的河東、桑泉、安邑、虞鄉、汾陰、猗氏和解縣；絳州的正平、龍門、夏縣、聞喜和翼城；晉州的臨汾和陰（洪）洞；汾州的隰城、平進（遙）和介休；潞州的上黨；懷州的河內、武德、武陟和獲嘉；魏州的貴鄉、魏縣、昌樂、頓丘和元城；相州的塗（滏）陽；洺州的永年；冀州的信都和南宮；瀛州的河間；深州的饒陽；益州的成都、蜀縣、郫縣和新繁；彭州的九龍（隴）和導江；蜀州的晉源和青城；漢州的維（雒）縣；潤州的曲阿和江寧；常州的晉陵；蘇州的吳縣；杭州的餘杭；越州的會稽；婺州的金華；荊州的江陵；襄州的襄陽；還有楊州的江都和揚子。除此之外的全國各縣，分為四等：六千戶以上的為上縣，二千戶以上的為中縣，一千戶以上的為中下縣，不滿一千戶的，都為下縣。

【說　明】唐代對縣的等級的劃分，其標準前後亦有所變化。武德令規定五千戶以上為上縣，二千戶以上為中縣，一千戶以上為中下縣。到開元十八年（西元七三〇年）令，又提高了升等標準，規定六千戶以上為上縣，三千戶以上為中縣，不滿三千戶為中下縣。本章正文中規定的標準，大致介乎武德令與開元令之間。開元十八年（西元七三〇年）令還規定被列為赤、畿、望、緊等縣的，可不據戶數，並為上縣。去京城五百里之緣邊州縣，戶五千以上亦為上縣，二千以上為中縣，一千以上為中下縣。據開元二十八年（西元七四〇年）戶部計帳，全國共有一千五百七十三縣。對這些縣《通典·職官十五》作了以下分類：赤縣六，畿縣八十二，望縣七十八，緊縣一百十一，上縣四百四十六，中縣二百九十六，下縣五百五十四。其中的下縣包括中下縣。如果把赤、畿、望、緊四類共二百七十七縣都作為上縣，那麼上縣之數將是七百二十三，接近全國總數之半。州、縣等級並非固定不變，可以隨著戶數的增減，形勢的變化而或升或降。這種升降，又是與州縣機構的大小和官員品級高下聯繫在一起的，《冊府元龜》令長部中有這樣一段話：「唐制有赤縣、畿縣、望縣、緊縣、上縣、中縣、中下縣之差，赤令其品正五，畿令其品正六，上縣令其品從六，緊、望同之，中縣令其品正七，下縣令其品從七。」這段記載說明，州縣定為何種等級不僅直接關係到刺史、縣令的俸祿，還影響到整個衙門上下一大幫子人的實際利益。譬如關於外官料錢的分配就有這樣規定：「外官以州、府、縣上、中、下為差，少尹、長史、司馬及丞減官之半，參軍、博士減判司三之二，主簿、縣尉減丞三之二。」（《新唐書·食貨志》）這就難怪在《唐會要》卷七十州縣分望道中記下了那麼多州縣為升等升級而到處斡旋鑽營、奔走忙碌的實例，這一點倒真可謂古今相通呢！

十六

凡天下之戶八百一萬八千七百一十，口四千六百二十八萬五千一百六十一。開元二十二年❶數。百戶為里，五里為鄉❷。兩京及州縣之廓❸內分為坊❹，郊外為村❺。里及村、坊皆有正，以司督察。里正兼課植農桑，催驅賦役。四家為鄰，五家為保❻。保有長，以相禁約。凡男女始生為「黃」，四歲為「小」，十六為「中」，二十有一為「丁」，六十為「老」❼。每一歲一造計帳❽，三年一造戶籍❾。縣以籍成于州，州成于省❿，戶部總而領焉。諸造籍起正月，畢三月。所須紙、筆、裝潢、軸帙皆出當戶內，口別一錢。計帳所須，戶別一錢。凡天下之戶⓫，量其資產，定為九等。每三年，縣司注定⓬，州司覆之，然後注籍而申之于省。每定戶以仲年⓭，子、卯、午、酉。造籍以季年⓮。丑、辰、未、戌。州、縣之籍恆留五比⓯，省籍留九比⓰。凡戶之兩貫者⓱，先從邊州為定⓲，次從開內⓳，次從軍府州⓴；若俱者，各從其先貫焉。樂住之制㉑：居狹鄉者，聽其從寬；居遠者，聽其從近；居輕役之地者，聽其從重。畿內諸州不得樂住畿外，㉒【京兆、河南府不得住。】餘州，其京城縣不得住餘縣，有軍府州不得住無軍府州。辨天下之四人㉓，使各專其業。凡習學文武者，為士；肆力耕桑者，為農；工作貿易㉔者，為工；屠沽興販㉕者，為商。工、商皆為家專其業以求科者㉖；其織紝、組紃之類，非也。工商之家不得預於士，食祿之人不得奪下人之利㉗。

【章　旨】記述有關戶籍制度的各項具體規定，以及城鄉坊里基層組織的結構。

【注　釋】❶開元二十二年　即西元七三四年。❷五里為鄉　鄉、里為隋、唐縣以下行政組織。以百戶為里，一個鄉有五里，即五百戶。里設里正，其職司為課植農桑，催驅賦役。鄉隋亦置正，唐貞觀時改稱鄉長，以後又改為父老，亦稱耆老。其職掌包括本鄉籍帳之編制申報以及土地還授、賦役督課等事。從北魏的三長（鄰、里、黨）制到唐代設置的以五百戶為鄉、百戶為里的鄉里制，有著明顯的區別。鄉里制是以地緣為基礎的聚落，而三長則是以「長」個人的私人關係為中心。這個變化反映了地方的基層組織從半獨立的宗主督護轉化為從屬於國家的地方行政組織。這是唐朝保持全國統一的一個重要因素。❸廓　《通志・地理略》引《開元十道圖》作「郭」。廓通「郭」，外城。❹坊　唐代城邑中之基層行政單位，相當於里。坊有相應的構築形式，一般四周築夯土牆，坊內有街有巷，兩端開坊門與坊外大街相通。坊門晨啟昏閉，閉後若有急事出入者，須有本坊或州府文牒方可通行。坊設坊正，為坊之直接管理者。開元二十五年（西元七三七年）令規定其「掌坊門管鑰、督察奸非，並免其課役」（《通典・食貨三》）。❺村　唐代農村基層組織，相當於里。開元二十五年（西元七三七年）令稱：「村別置村正一人，其村滿百家增置一人，其村居如【不】滿十家者，隸入大村，不須別置村正。」（《通典・食貨三》）❻四家為鄰五家為保　唐制以四家為鄰，加保長一家為五家，構成一保，故亦謂之「五保」，合稱則謂之「五鄰四保」或「鄰保」。在鄰保之內互有督察之責。《唐律疏議・鬭訟四》：「諸強盜及殺人賊發，被害之家及同伍即告其主司。若家人、同戶單弱，比伍為告。」❼自「凡男女始生為黃」至「六十為老」　黃、小、中、丁、老這些年齡段的劃分，由於男子成丁和入老關係到始役和免役，亦即影響到國家財政收入和百姓賦役負擔，所以歷代變化較多，此處所記為唐武德六年（西元六二三年）令的規定。而西晉的戶調式規定十六至六十為正丁，十五以下至十三、六十一以上至六十五為次丁，延長了服役年齡。北齊河清三年（西元五六四年）令規定男子十八以上、六十五以下為丁，十六以上、十七以下為中，六十六以上為老，二十充兵。成丁的起點從十六推遲到了十八。隋開皇時十八以上為丁，六十為老，稱老的年齡提前了若干年。煬帝大業初年一度規定男子二十二成丁，唐武德六年（西元六二三年）令又把成丁的年齡改為二十一歲，天寶三年（西元七四四年）則推遲到二十三歲；至代宗廣德元年（西元七六三年）更改為二十五歲成丁，五十五歲入老，服役的年齡段在逐漸縮小。❽計帳　以縣為單位的一年一度的戶籍報告。計帳是以里正稱之為「手實」的文字材料為基礎的。《唐令拾遺》二三九頁載開元七年（西元七一九年）令：「每歲一造計帳，責里正所部手實，具注家口年紀。」手實是里正收集的各戶戶主戶口、田宅申告書的彙綜。現存的手實有從新疆吐魯番阿斯塔娜村古墓中發掘出來的貞觀十四年（西元六四〇年）、載初元年（西元六九〇年），以及敦煌發現的大曆四年（西元七六九年）等幾種，內容包括現存戶口、異動戶口以及死亡、遺漏等項，並留一空白以記載「應授田」、「已受田」；在「已受田」中注明田畝四至及承業和口分，末尾則有固定的套語：「總計本戶新舊口及田地畝數四至申告如上，若將來有人指出隱漏一口，願受違敕之罪。謹此呈報。」計帳便是由里到鄉、由鄉到縣，對所屬手實的彙總，並由此確定來年可能徵收到的課役。❾三年一造戶籍　《唐會要》卷八十五籍帳條開元十八年（西元七三〇年）敕文規定了造籍的具體過程：「諸戶籍三年一造，起正月上旬，縣司責手實計帳，赴州依式勘造，鄉別為卷，總寫三通，其縫皆注某州、某縣、某年籍，州名用州印，縣名用縣印，三月三十日納訖，並裝潢一通，送尚書省，州、縣各留一通。」戶籍以每鄉為一卷，現存開元年間的戶籍，縫上皆注有「某鄉籍」字樣。❿省　尚書省之簡稱。⓫凡天下之戶三句　唐制戶分九等，即上上、上中、上下、中上、中中、中下、下上、下中、下下。戶等的高低與戶調稅額的多少有關，故課戶皆求低避高。《唐會要》卷八十五載開元十八年（西元七三〇年）敕文稱：「天下戶等第未平，升降須實。比來富商大賈，多與官吏往還，遞相憑囑，求居下等。自今已後，不得更然。」從敦煌文書的戶籍資料可以看到，從開元到天寶，下下戶的比例不斷增加。開元時不足半數，天寶時超過了二分之一，至德宗大曆時已大部分為下下戶，反映了唐王朝在開元後，對戶籍逐漸處於失控狀態。⓬每三年縣司注定　指縣令每三年須確定一次戶等，並記入籍帳。關於具體注定過程，據《唐會要》卷八十五定戶等第條載，須由縣令與鄉村父老對定，並審於眾議，皆稱允當方可。這一點，近年吐魯番發掘的蒲昌縣於開元二十一年（西元七三三年）十二月上呈西州都督的文書，已作了證實，至少說明形式上正是這樣做的。該文書稱：「本縣定戶，奉命辦理完畢。今年定戶，宜升宜降，力求公允。鄉村父老具狀前來，惟蒲昌小縣，百姓不多，明府對城鄉父老評定戶等，並無延誤，人無怨言，皆得均平。謹具狀上報。」（《文物》一九七五年第七期）⓭仲年　指干支紀年中，逢地支為子、卯、午、酉之年。⓮季年　指干支紀年中，逢地支為丑、辰、未、戌之年。⓯州縣之籍恆留五比　意謂州縣之戶籍須保存十五年，三年一造戶籍，故一比為三年。⓰省籍留九比　依一比三年計，即尚書省須將戶籍保存二十七年。但據《舊唐書．食貨志》及《通典．食貨三》記載，均為三比，即保存九年。⓱戶之兩貫者　指一戶兩地著籍者，屬於應合戶。《唐律疏議．戶婚律》有關於應合戶的說明：「可合戶者，流離失鄉，父子異貫，依令合戶。」在原則上夫與妻或父母與子女分別立籍是不允許的，但在戰亂饑饉時，流戶失散，依附別籍成為寄居戶的，不在少數，這就出現了該如何合戶的問題。敦煌藏書《判集》中，有一例是母居揚州，兄弟三人各自附籍邊州，母老病無人照顧，提出申請合戶，其批文是：「移子從母，於理無疑。」⓲先從邊州為定　指兩貫中有邊州和非邊州者，依邊州合戶定籍。⑲開內　據廣雅本與《舊唐書・職官志》當作「關內」。關內即指關內道，為唐王朝京都所在地。⑳次從軍府州　指一戶兩貫於有軍府州與無軍府州者，則應合戶著籍於有軍府之州。㉑樂住之制　指有關居住地點自願遷移的規定。這種遷移是有條件的、定向的，即如下文所言：人口多的狹鄉可以遷往人口少的寬鄉，離京城遠的可以遷到離京城近的，賦役輕的可以遷向賦役重的地區；但不能逆此流向遷移。㉒畿內諸州句　據南宋本，本句下闕「京兆河南府不得住」八字。姑據以補，並加方括號以示區別。㉓辨天下之四人　意謂要區別士、農、工、商四種人。㉔工作貿易　工通「功」。指通過個人勞動製作商品以貿易者，用現代語即為從事商品生產的工人。㉕屠沽興販　指殺豬賣酒一類從事商品貿易者。㉖工商皆為家專其業以求科者　據南宋本，句中「為」、「科」當作「謂」、「利」。㉗食祿之人不得奪下人之利　指為官者不得經營工商等業。工商之社會地位，在中國古代長期低於士農，故稱其為「下人」。

【語譯】總計全國戶口共有八百零一萬八千七百一十戶，四千六百二十八萬五千一百六十一人。這是開元二十二年的統計數。每一百戶為一里，每五里為一鄉。京兆、東都以及各地州、縣的城郭之內，都以坊為行政單元；城郊之外則以村為行政單元。里、村和坊，都設置一個長，稱為里正、村正和坊正，負責督察住戶的非違活動。里正的職掌還要兼管按規定課責住戶種植農桑，並催徵賦役。住戶以四家組織為一鄰，五家構成一保。保設有保長，負責禁止和約束非違行為。凡是男女剛出生時稱為「黃」，滿四歲的稱為「小」，滿十六歲的稱為「中」，滿二十一歲的稱為「丁」，滿六十歲的稱為「老」。每年都要編造計帳，每三年要編造一次戶籍。縣把戶籍彙總到州，州再把戶籍彙總到尚書省，在尚書省由戶部總領這件事。各地編製戶籍，從正月開始，三月間完成。造籍所需用的紙筆、裝潢、軸帙，都由各戶分擔，每口出一錢。計帳的費用，則是每戶出一錢。全國所有住戶，都要按照他們資產的多少，分別定出九個等次。每過三年，由縣令負責對所屬住戶注定一次戶等，由州的刺史覆核審定，然後記入籍內，申報到尚書省。每次確定戶等都在仲年，仲年就是子、卯、午、酉年。造籍則是在季年。季年就是丑、辰、未、戌年。按規定州縣的戶籍要保存五比，就是十五年；尚書省的全國戶籍要保存九比，就是二十七年。凡是一戶中數口因故落籍在兩地而應當合戶的，要按照以下規定辦理：兩貫分別在邊地和內地的，應先從邊州定籍；其次，兩貫分別在關內和關外的，先從關內定籍；再次，兩貫分別在有軍府州和無軍府州的，則應著籍在有軍府的州。此外，如果兩貫是在同一地區，那麼就在他們先落籍的地方合戶著籍。關於想要遷移的住戶，規定是這樣：居住在人口稀少的「寬鄉」，離京城遠的地區的，可以允許遷往離京城近的地區；賦役輕的地區的，可以允許遷往賦役重的地區。畿內各州的住戶，不得借口要求遷往畿外；【京兆府、河南府的住戶，不得要求遷往】其他州；京城內縣的住戶不得遷往其他的縣；有軍府州的住戶，不得遷往無軍府的州。要區別天下從事四等高卑不同的職業的人，使他們各自專心於自己的職業。這四等職業是：凡是專習文學武藝的稱為士，努力耕作農桑的稱為農，巧於製作器皿用來交換衣食的稱為工，殺豬沽酒往來買賣的稱為商。工、商，是指一家人都以此為專業來貿求利益的；至於農村裡家庭從事手工紡織、縫紉為副業的，就不屬於工、商一類。以工商為業的家庭，不得謀求入仕做官；食祿的官宦之家，亦不得做工經商，去與下等人爭利。

【說　明】戶籍制度對一個封建王朝來說，具有政治和經濟的雙重意義：一方面，通過尚書省直至州、縣、鄉、里對戶籍的管理，以鞏固王朝的統治；另一方面，也許是更重要的一方面，通過對戶籍的有效掌握，一切租賦、徭役即財政之源有了可靠的根據，國家機器才得以正常運作。唐朝前期的財政制度是量入為出，每年由各州彙總的計帳，是預算來年支出的根據。《通典·食貨六》賦稅下云：「諸課役，每年計帳至尚書省，度支配來年事，限十月三十日以前奏訖。」由戶部司上奏的便是依據全國上報計帳作出的下一財政年度的預算。第一個環節便是先通過里正督責各戶提出本戶戶口、田宅的申報，即所謂「手實」，然後逐級向上彙總，縣和州便能計算出本地區戶口和公課的總數，編成計帳向尚書省戶部報告。在此基礎上每三年造一次戶籍，每三年對住戶的資產核定一次等第（分九等）。為了防止手實和戶籍中出現偽濫，還規定縣令要親自「貌閱」，特別要仔細察看五「九」，即處於十九、四十九、五十九、七十九、八十九年齡段的人。因為十九歲是作為二十一歲成丁的準備，四十九歲則是再長一歲就要免除課役，減輕某些負擔；五十九歲眼看進入六十稱老在即，需要作出養老的安排；而七十九、八十九歲之所以亦要仔細察看，是因為從八十歲、九十歲開始國家將賜予侍丁，按規定有某些優待。貌閱後，縣令要貌形狀以為定簿。貌，就是描摹人的形象。古代沒有照相，只能用文字描摹其形狀。貌定所作成的帳籍稱「貌案」。接下去便是以縣為單位編制差科簿，相當於縣署徵集轄區內住民服勞役的花名總冊，亦要由縣令親自注定。差科簿徵發的是除了法定的租庸調賦斂以外的臨時差科。由於一切賦稅徭役都來源於戶和口，所以《唐律・戶婚律》的第一條便規定若戶籍中漏掉了戶和口，戶主及相關的里正和地方官就要受到處罰。這樣一整套嚴密的戶籍制度，具體執行者除了州、縣，便是鄉、里、鄰、保，這大概就是本書把鄉、里等基層組織與戶籍制度合在一起敘述的原因吧！

在上述前提下作出的戶口統計，就已不單純是統計學上的意義，戶口的變化實際上成了王朝國力消長的標誌。而在戶口統計數字背後，既有各地州、縣為提高等級而弄虛作假，又存在種種隱匿漏報現象，其中之一便是戶口的逃亡。逃亡的個體目的是為了躲避賦役負擔，但當它形成一個群體時，又必然會對王朝的統治造成威脅。《唐會要》卷七十州縣改置條載：河南道的仙州，開元二年（西元七一四年）折許、魯、唐三州的邊區而設置，原因是這個地區是三州交界之區，土地肥沃而人口稀少，因而成為逃亡戶口的聚集地。為了加強對其控制，因而單獨設置一州以鎮之。到了開元十一年（西元七二三年），由於仙州地區的刺史、縣令頻頻為逃民所害，因而玄宗要特召公卿們討論是否索性廢掉仙州。討論的結果是認為不應向逃民認輸，但又想不出有效措施，於是採取退讓一步的政策：把治所移到許州舞陽。這樣勉強拖到開元二十六年（西元七三八年），最後還是廢了仙州，即不得不聽任這一地區雖仍屬唐帝國版圖卻已處於無政府狀態。

由於戶籍制度是與國家的賦稅徭役緊密聯繫在一起的，所以隨之而來的便是人民失去了遷徙的自由。這一章中提到的所謂「樂住之制」，實際上是有條件的、定向的，並非樂意到那裡住就可以到那裡住。這個不利於社會和個性發展的傳統幾乎一直保持到現在。人們都驚嘆中國史籍有從漢代以來二千多年戶籍制度和戶口統計的完整記載，在世界上確實可說是無與倫比；但我們也不應忽略了在這背後一代接一代的平民百姓以至整個社會為此付出的嚴重代價！

戶部尚書・戶部郎中（下）

【篇　旨】本篇為上篇之續，記述與戶部司職掌有關聯的第二部分內容：田制和稅制。

篇中述及的唐代的田制有四種：一為均田制，二為皇族和品官的授田，三為公廨田，四為職分田。這四種有關土地制度的規定，其性質與作用是不相同的。唐在高祖武德七年（西元六二四年）統一全國不久，即對始於北魏、歷朝相沿的均田制略作修訂後即頒佈施行。均田制在唐代前期作為一項帶有根本性的土地制度，可說是王朝賴以建立的經濟基礎。〈均田令〉與〈賦役令〉就是執行均田制的配套措施。從原則上說，按戶丁徵收的正稅租庸調是以課戶有土地從事農耕為前提的，〈均田令〉中關於土地佔有的各種規定，就是為了調節土地佔有狀況，保障每個自耕農都能擁有一塊小額土地，以負擔租稅和傜役。但〈均田令〉上規定的各種佔有土地定額，並非實際佔有狀況，往往只表現為國家允許佔有的一種限額；土地還授的規定，亦大都徒具形式。寬鄉、狹鄉的區別，便說明了〈均田令〉在各個地區實施情況參差不齊。在黃河流域，由於魏晉以來，長期處於戰亂狀態，人口流動性大，空荒地多，屬於地曠人稀的「寬鄉」，又有實施均田制的歷史傳統，按額授田一般不成問題；而在南方江淮地區，大多屬於不再存在無主空地的「狹鄉」，實施起來就要困難得多。從吐魯番出土的敦煌文書來看，河西地區的均田制實際多為以此形式套用到原已存在的土地佔有關係上，而不是打亂舊有狀態重新分配。很可能，這同時亦是江淮一帶通行的模式。至於皇族和品官的授田以及公廨田、職分田，性質類同，都可視為帝王與宗室、臣子間的經濟權益再分配。在實際生活中，對皇族和品官按等第授田的份額，既是一種佔田特權，又是一種不得「逾制」的限田措施；而公廨田和職分田則是官員俸祿的一種補充形式。俸祿是按本品給糧食的，包括倉食（即貯米），屬戶部倉部司管轄；而職分田是按職事品給的，外官職田的收入比京官略高，成為本品卑官的主要收入，是依本品給祿的一種補充。公廨田的收入規定供諸司「公私之費」：公指諸司常食公用，是官吏午餐費的來源；私是作為諸司官吏月料來源之一。

關於稅制，在唐代可分兩大類：一類是正稅，就是通常所說的租、庸、調；另一類是戶稅和別稅。在租、庸、調這三項中，對農民來說，以原為徭役後折成實物而稱為「庸」的負擔最重，通常要佔到負擔總量的百分之四十，租和調各佔百分之三十。租、庸、調均依戶丁計徵，它們是固定的，因此官府只要正確地掌握了全年現存戶丁的數額，就能估算出租、庸、調的總收入，並據此來安排下一年度的各項財政開支。另一大類是戶稅與別稅。兩種稅制都依戶等徵收。戶以資產多寡定為九等，縣司每三年一定戶等。戶稅用於軍國傳驛及郵遞之費，別稅則是為供外官月料及公廨之用而設。戶稅、別稅的徵收分為第一限和第二限，亦就是分兩次徵收，這可說是開了後世二稅法的先河。此外還有雜徭。唐代給予文武官吏的俸祿中，有一項被稱作「力祿」的，諸如防閤、庶僕、白直、執衣等，這類名目繁多的色役，都是按官員品位高低給予不等數量的由其個人支配的勞役。後來這類勞役亦折納為貨幣，於是又成了官員們額定俸料錢的一個組成部分。

本篇之末，還敘述了守陵戶、食實封戶以及有關侍丁和驛遞的一些特殊規定，並以朝集使制度與戶部司職掌有關的內容作為結束。

一

凡天下之田，五尺為步，二百有四十步為畝❶，百畝為頃。度其肥瘠、寬狹❷，以居其人。凡給田之制有差：丁男❸、中男以一頃；中男年十八已上者，亦依丁男給。老男❹、篤疾、廢疾❺以四十畝；寡妻、妾以三十畝，若為戶者則減丁之半。凡田分為二等：一曰永業❻，一曰口分❼。丁之田二為永業，八為口分。凡道士❽給田三十畝，女冠❾二十畝；僧、尼❿亦如之。凡官戶⓫受田減百姓口分之半。凡天下百姓給園宅地者，良口三人已上⓬給一畝，三口加一畝；賤口五人給一畝，五口加一畝⓭，其口分、永業不與⓮焉。若京城及州、縣郭下園宅，不在此例。凡給口分田皆從便近；居城之人本縣無田者，則隔縣給受。凡應收授之田皆起十月，畢十二月⓯。凡授田先課後不課，先貧後富，先無後少。凡州、縣界內所部受田悉足者，為寬鄉；不足者，為狹鄉。

【章旨】記述有關還授田地的具體規定。

【注釋】❶畝　畝為我國傳統的計算土地面積單位，但其作為單位的實際面積，古今有別。此處記五尺為一步，寬一步、長二百四十步為一畝。唐代的尺有大小之分，小尺合今〇·二四五米，大尺合今〇·二九四米。近年來地下發掘的三十五件唐尺長度在二八到三一·四八厘米之間，平均為三〇·二一厘米。以此標準推算則唐時一畝的面積為五三·九四平方米，折合今為〇·七八二九一市畝。❷寬狹　指相對於人口密度的可耕地面積：人口密度高的為狹，低的則為寬。按照〈均田令〉標準授田足者為寬鄉，授田不足者為狹鄉。❸丁男　年滿二十一歲之男丁。❹老男　年滿六十歲之男丁。❺篤疾廢疾　與殘疾合在一起總稱「三疾」。《白氏六帖》卷九疾條記載：「〈三疾令〉、〈戶令〉：諸一目盲、兩聾、手無二指、足無大拇趾、禿瘡無髮、久漏、下重、大癭瘇，如此之類皆為殘疾；癡瘂、侏儒、腰折、一肢廢，如此之類皆為廢疾；癲狂、兩肢廢、兩目盲，如此之類皆為篤疾。」❻永業　指在均田制度下，授予皇族、貴戚、勳臣、品官可以子孫相傳為世業的土地。其性質為私有土地，習慣上稱為永業田或世業田。❼口分　指在均田制度下，計口分配給種植穀物，而要交還的土地。口分田在一定條件下亦可以買賣，如由狹鄉遷寬鄉者聽賣口分。❽道士　信奉道教、專業從事齋醮祭禱儀式的男子。❾女冠　信奉道教、專業從事齋醮祭禱儀式的女子，即女道士。❿僧尼　信奉佛教、從事宗教職業的和尚、尼姑。⓫官戶　雜戶、番戶的總稱。凡反逆相坐沒其家為官奴婢者，一免為番戶，再免為雜戶，三免為良人。實為賤民階層。官戶的地位高於官奴婢而低於良人，故授田須減百姓之半。官戶的戶籍不在州縣，隸屬於司農寺或諸司機構。番戶一年三番，雜戶二年五番，番皆一月，十六以上當番。亦可以納資代役。官奴婢則長役無番。⓬良口三人已上　句中「已上」，據《通典・食貨二》田制下錄大唐開元二十五年（西元七三七年）令，當為「已下」。其文為：「良口三人已下給一畝，三口加一畝。」⓭賤口五人給一畝五口加一畝　據《通典・食貨二》田制下，此二句各脫一「每」字。其文為：「賤口每五口給一畝，每五口加一畝。」意為賤口每五口授給一畝宅園田，五口已上，每五口加授一畝。賤口，即賤民。唐代賤民分為官私兩類，其中官私奴婢為最底層。此外包括官戶（番戶）、工樂戶、雜戶、太常聲音人、部曲、客女、隨身等。這些不同名稱的賤民，在法律上有不同的身份地位，界限森嚴。⓮其口分永業不與　《通典・食貨二》田制下與此句對應的文字為：「並不入永業口分之限。」意謂宅園地的分配，並不佔永業、口分田分配的限額。後面原注亦已作了類似的解釋。⓯凡應收授之田皆起十月畢十二月　土地還授的操作過程，在《唐律疏議・戶婚上》疏文中，有更具體規定，謂依田令「應收授之田，每年起十月一日，里正預校勘造簿，縣令總集應退、應受之人，對共給授，又條授田先課役後不課役，先無後少，先貧後富，其里正皆須依令造簿通送」。

【語譯】關於全國可耕土地面積的計算，規定以五尺為一步，一步寬、二百四十步長為一畝，一百畝為一頃。依據土地的肥瘠程度和寬鄉、狹鄉的區分，來安排居住百姓。有關土地還授制度的規定是這樣的：丁男、中男，每人授田一頃；中男年十八以上的，亦按照丁男的規定授田。凡是屬於老男、篤疾、廢疾的，每人授田四十畝；寡妻寡妾，每人授給三十畝；上面兩類人如果是戶主的，那麼按照丁口的半數授田。所授給的田畝分為兩類，一類是永業田，一類是口分田。授給丁男的田，十分之二是永業田，十分之八是口分田。道士每個給田三十畝，女道士給二十畝；和尚和尼姑亦是這樣。凡是官戶，授給百姓口分田數的一半。關於全國百姓園宅地的分配，規定是：良民，三人以上（下）給一畝，超過三口以上的，每三口加一畝；賤民，五人給一畝，每超過五人加一畝。園宅地分配數，不計算在口分、永業田的限額以內。如果在京城或州縣城郭以內，那就不屬於上述規定的範圍。在授給口分田的時候，都要考慮到靠近居住地使耕作的方便。居住在城郭之內的人，如果本縣無田，可以在隔縣給授。具體實施土地還授的時間，每年都是從十月起，到十二月完畢。授給土地先後的原則是：先課戶，後不課戶；先貧困戶，後富裕戶；先無田戶，後少田戶。在州縣範圍內，凡是能依照均田令足額授田的，稱寬鄉；不足的，稱狹鄉。

【說　明】唐朝前後頒佈過三次〈均田令〉，分別是武德七年（西元六二四年）、開元七年（西元七一九年）和開元二十五年（西元七三七年）。《舊唐書・食貨志》依據的是武德七年令，《通典》採用開元二十五年令，而《唐六典》擷取的則是開元七年令。三份〈均田令〉，其基本方面是一致的，但以開元二十五年令較為完備而具體。日本仁井田陞著的《唐令拾遺》對這三次均田令逐條作了並列比較，頗有助於理解唐初三個不同時期對均田制的立法意圖。如果能進一步參照吐魯番唐墓葬出土的有關文書，那將使我們對唐代均田制演變及其實施狀況有更切近實際的瞭解。

開元二十五年令在七年令的基礎上增添了若干內容，比較突出的是與寬、狹鄉有關的規定。如「應給寬鄉並依所定數；若狹鄉，新受者減寬鄉之半，其給口分田者，易田則倍給」；「諸狹鄉田不足者，聽於寬鄉遙受」。從這兩條補充規定中可以看出，由於人口的增加，狹鄉土地還授的再分配越來越困難了，因而不得不更多地依靠寬鄉。稍有例外的是北方某些地區，由於南北朝時長期戰亂不止，人口流動性極大，人與土地關係不固定，因而還有較多的無主空地有待授給和開墾。在其他地區，特別是迅速富庶起來的南方，已經很難見到有無主之地。以致不僅對百姓，就是對品官要在狹鄉授田亦變得無法做到。開元二十五年令規定「諸所給五品以上永業田，皆不得狹鄉受，任於寬鄉隔越射無主荒地充」。連五品以上官員亦只得以無主荒地充授，說明狹鄉土地的還授已經緊張到了何等程度！

開元二十五年令增添的內容中，另一個值得注意的問題，是對土地賣買的補充規定。如：「諸庶人有身死家貧無以供葬者，聽賣永業田，即流移者亦如之。樂遷就寬鄉者並聽賣口分（賣充住宅、邸店、碾磑者，雖非樂遷亦聽私賣）」；「諸買地者不得過本制，雖居狹鄉亦聽依寬制；其賣者不得更請」；「諸賣買田皆須經所部官司申牒，年終彼此除附。若無文牒輒買賣，則沒不追，地還本主」。這就是說，不僅永業田可以買賣，口分田也允許進入市場，只不過規定了一些限制，諸如：買賣要經過官府審核，買進的田數不能超過授田本額，賣出田後，不能再請求授田等。在允許有限制地買賣的同時，又允許有條件地以土地抵債和抵押借貸。令中雖規定「諸田不得貼賃及質，違者財沒不追，地還本主」，但接下去卻開了個不大不小的口子：「若從遠役外任，無人守業者，聽貼賃及質。其官人永業田及賜田欲賣及貼賃者，皆不在禁限。」所有這一切，都說明，均田制在發展過程中，必然會產生出它的對立物——土地私有制。這應該說是一個歷史性的進步。儘管在開元之世土地的私有化還是不獨立、不完全的，國家還握有著隨時無償徵收之權。如同是開元二十五年令中就有這樣的規定：「諸親王出藩者，給地一頃作園，若城內無可開拓者，於近城便給；如無官田，取百姓地充，其地給好地替。」只要一有親王要作園宅或別的什麼需要，便可以徵收百姓的土地，至於「給好地替」云云，那當然只是一張空頭支票。

二

凡官人受永業田：親王[1]一百頃，職事官[2]正一品六十頃，郡王[3]及職事官從一品五十頃，國公[4]若職事官二品四十頃，郡公[5]若職事官從二品三十五頃，縣公[6]若職事官正三品二十五頃，職事官從三品二十頃，侯[7]若職事官正四品十四頃，伯[8]若職事官從四品十一頃，子[9]若職事官正五品八頃，男[10]若職事官從五品五頃；上柱國[11]三十頃，柱國[12]二十五頃，上護軍[13]二十頃，護軍[14]十五頃，上輕車都尉[15]一十頃，輕車都尉[16]七頃，上騎都尉[17]六頃，騎都尉[18]四頃，驍騎尉[19]、飛騎尉[20]各八十畝，雲騎尉[21]、武騎尉[22]各六十畝。其散官[23]五品已上同職事給。其地並於寬鄉請授，亦任隔越請射[24]、蒞帥[25]，皆許傳之子孫，不在此授之限。若未請受而身亡者，子孫不合追請。若襲爵者，祖、父未請地，其子、孫減初受封者之半。

【章　旨】記述有關官員授田之各項規定。

【注　釋】❶親王　皇兄弟、皇子封國，謂之親王。❷職事官　有實際職務之官員，相對於無具體職務之散官、勳官而言。職事官分正、從九品。❸郡王　皇太子諸子並為郡王。親王之子承恩澤者亦可為郡王。❹國公　嗣王、郡王及特封王子孫承襲者授國公。❺郡公　親王諸子封郡公。❻縣公　封爵名，從二品。❼侯　即縣侯。封爵名，從三品。❽伯　即縣伯，封爵名，正四品。❾子　即縣子，封爵名，正五品。❿男　即縣男，封爵名，從五品。⓫上柱國　勳官名。唐制勳官十二轉稱上柱國，比正二品。⓬柱國　勳官十一轉，比從二品。⓭上護軍　勳官十轉，比正三品。⓮護軍　勳官九轉，比從三品。⓯上輕車都尉　勳官八轉，比正四品。⓰輕車都尉　勳官七轉，比從四品。⓱上騎都尉　勳官六轉，比正五品。⓲騎都尉　勳官五轉，比從五品。⓳驍騎尉　勳官四轉，比正六品。⓴飛騎尉　勳官三轉，比從六品。㉑雲騎尉　勳官二轉，比正七品。㉒武騎尉　勳官一轉，比從七品。㉓散官　表示官員品階等級的稱號。唐散官有文武之分，文散官自開府儀同三司至將仕郎凡二十九階，武散官自驃騎大將軍至陪戎副尉凡四十五階。㉔請射　即請求授田之意。古人佔有荒地以一箭射到之處，即為己有。此取引伸義。㉕蒞帥　蒞，即「莅」，親臨。莅帥，猶言臨職、到任。此處指任職之所。

【語　譯】關於官員授予永業田的規定是：親王，給田一百頃；職事官正一品，給田六十頃；郡王和職事官從一品，各給田五十頃；國公或者職事官正二品，給田四十頃；郡公或者職事官從二品，給田三十五頃；縣公或者職事官正三品，給田二十五頃；職事官從三品，給田二十頃；侯或者職事官正四品，給田十四頃；伯或者職事官從四品，給田十一頃；子或者職事官正五品，給田八頃；男或者職事官從五品，給田五頃。勳爵上柱國給田三十頃，柱國給田二十五頃，上護軍給田二十頃，護軍給田十五頃，上輕車都尉給田十頃，輕車都尉給田七頃，上騎都尉給田六頃，騎都尉給田四頃，驍騎尉、飛騎尉各給田八十畝，雲騎尉、武騎尉各給田六十畝。至於散官五品以上，按照職事官相同品級給田。所給的田畝，都在寬鄉請授，亦聽任離開所住地隔鄉、隔縣或隔州於任職所在地的寬鄉求授，都准許傳給子孫，不受授田額的限制。如果本人還沒有請授而身已亡故的，子孫不得追請；若是承襲封爵而他的祖父或父親還沒有請授過土地的，他們子孫按初封時田數的一半請授。

【說　明】對皇族和品官的授永業田按不同品級作出量的規定，實際上是朝廷想對當時皇族、品官日趨嚴重的佔田傾向作出一個限額，超過這個規定量的就是「逾制」，其田稱為「籍外羨田」，國家有權予以檢括。在武周和開元時期曾有過兩次括戶，都與括田結合在一起的。開元二十五年（西元七三七年）令還規定：「若官爵之內有解免者，從所解者追其除名者依口分例給，自外及有賜田者，並追。若當家之內有官爵及少口分應受者，並聽迴結，有賸追收。」這就是說被罷了官或降了級的，授田標準就要隨著降低，原先佔田的超過部分就要被追回。但這些貌似嚴厲的規定，恰恰反映了當時還處於盛世的唐王朝，首先從均田制即從王朝賴以建立的經濟基礎方面，出現了難以控制的殆勢。道理很簡單：你要實行按〈均田令〉授田，手裡就得有足夠的田。但當時朝廷還能勉強授的，只有一部分無主荒地。於是只好又開一個口子：允許皇族、品官用自己買來的田抵充按品級應授田數，只是宣佈一條：不準超過授田限額，否則就將以「逾制」論。實際上只要這個口子一開，皇族、品官們就可以合法名義去侵奪田地了，於是巧取豪奪，各顯神通；至於是否「逾制」，朝廷原本是為了維護自己權威形象而空言一句，又如何真能管得了那麼多！

從貴族、品官的授田情況，反觀百姓在均田制下的所謂授田，除非所授屬無主空地，通常僅僅是對原有土地佔有狀況作一次認可罷了。日本池田溫在所著《中國古代籍帳研究》中，對吐魯番出土的敦煌文書作了排列和分析，其中唐代戶籍上記載土地佔有情況的部分列有「應受田」與「已授田」兩欄，應受田是按均田制該戶應得的田畝額，已授田則是指該戶的實際佔有田數。具體記載說明，二者大都是不相對應的：有的應受田多，已授田少，有的則應受田少，已授田多，而各戶之間所佔的土地額，無論按戶還是按口計算，都相差很大。按規定，丁男所受之田口分與永業為八與二之比，但實際卻多是永業大於口分，還授部分所佔比例很小，往往只是一畝、二畝。這些情況都說明，均田制並沒有真正做到按人口平均分配土地。也許均田制在無主空荒地上，不失為一種土地分配的形式，但如果土地佔有關係已經存在，那麼它實際上變成了一種對私有土地的管理制度，充其量在一定時間內和某種程度上對土地的集中和兼併有所制約而已。池田溫還把現藏於倫敦大英圖書館的沙州敦煌縣懸泉鄉宜禾里大曆四年（西元七六九年）手實，與天寶以前的戶籍作了比較，發現前者有三戶出現買田的登錄，而後者僅一例。這儘管只是個例，但它還是在一定程度上說明：從天寶到大曆歷史僅僅走過了二十餘年，土地買賣現象越發普遍化和公開化了，它像均田制堤壩上的一個缺口，預示著這道堤壩將被日趨洶湧的土地兼併、集中的洪流所衝垮，已是為期不遠。

三

凡天下諸州公廨田❶：大都督府❷四十頃，中都督府❸三十五頃，下都督❹、都護❺、上州❻各三十頃，中州❼二十頃，宮總監❽、下州❾各十五頃，上縣❿十頃，中縣⓫八頃，中下縣⓬六頃，上牧監⓭、上鎮⓮各五頃，下縣⓯及中牧、下牧、司竹監⓰、中鎮、諸軍折衝府⓱各四頃，諸冶監⓲、諸倉監⓳、下鎮、上關⓴各三頃，互市監㉑、諸屯監㉒、上戍㉓、中關及津㉔各二頃，津隸都水，則不別給。下關一頃五十畝，中戍、下戍、嶽㉕、瀆㉖各一頃。

【章　旨】記述有關京外諸州公廨田之各項規定。

【注　釋】❶公廨田　唐政府內外各官署機構，依據其官品高低和員額多少，配給一定數量的公廨田，徵收田課以供公私之用。❷大都督府　唐代軍政區劃。武德七年（西元六二四年）改隋大總管府為大都督府。開元時有潞、揚、益、荊、幽五大都督府。設都督一人，從二品。❸中都督府　唐制轄區戶滿二萬以上之州設中都督府。其都督為正三品。❹下都督　轄區不滿二萬戶之州為下都督府。其都督為從三品。❺都護　官名。漢已有置。唐貞觀十四年（西元六四〇年）平高昌後，始置安西都護府，都護即為都護府長官，掌境內軍政和各族事務。中宗時，先後置安西、安北、單于三大都護府，安南、安東、北庭三上都護府。大都護府都護從二品；上都護府都護正三品。❻上州　〈武德令〉以三萬戶以上為上州，〈永徽令〉以二萬戶以上為上州，〈開元令〉以四萬戶以上為上州。❼中州　顯慶元年（西元六五六年）令以二萬戶以上為中州，開元十八年（西元七三〇年）令以二萬五千戶以上為中州。❽宮總監　唐司農寺屬官，又稱京都苑總監、宮苑總監。掌苑內宮館、園池、禽魚、果木之事。從五品下。❾下州　開元十八年（西元七三〇年）令以不滿二萬戶為下州。❿上縣　〈武德令〉以五千戶以上為上縣，〈開元令〉以六千戶以上為上縣，凡列為赤、畿、望、緊等縣，不限戶數並為上縣。⓫中縣　〈武德令〉以二千戶以上為中縣，〈開元令〉以三千戶以上為中縣。⓬中下縣　〈武德令〉以一千戶以上為中下縣，〈開元令〉以不滿三千戶為中下縣。⓭上牧監　唐太僕寺屬官。掌群牧孳課之事。凡監馬五千匹為上監，從五品。又，下文有中牧、下牧，分別為監馬三千匹以上、三千匹以下，正六品下和從六品下。⓮上鎮　唐於戍守之地設鎮，分上、中、下三等，長官稱使或鎮將，掌鎮捍防守，總判鎮事，地位相當於縣令。上鎮設鎮將一人，正六品下。又，下文有中鎮、下鎮，其鎮將分別為正七品上、正七品下。⓯下縣　不滿一千戶為下縣。⓰司竹監　唐司農寺屬官。掌植養園竹之事。凡宮廷及百司所需簾、籠、筐、筴之屬，命工人擇其材竿供之。其筍則以時供尚食。歲終以竹功之多少為考功。正八品下。⓱折衝府　唐府兵機構。太宗貞觀十年（西元六三六年），採隋禁軍將軍折衝郎將之名，改隋鷹揚府為折衝府。全國十道先後設置府六百三十四，因其地名而冠以名號。其中關內道有折衝府二百六十一，佔總數三分之一以上，其責為捍衛京師。府分三等：上府一千二百人，中府一千人，下府八百人，皆隸屬於中央的十二衛。各府都由折衝都尉統領。上府正四品上，中府從四品下，下府正五品下。⓲冶監　唐少府監屬官。掌鎔鑄銅鐵之事，以供少府監。正七品下。⓳倉監　司農寺屬官。唐在太原、永豐、龍門設倉，每倉設監一人，正七品下。各掌其倉窖儲積之事。凡糧食出納之帳，歲終上於司農寺。⓴上關　唐在交通要道設有關隘。關分上、中、下三等，上關設令一人，從八品下，掌禁末遊，伺姦慝，凡行人車馬出入往來，必據過所以勘之。又，下文有中關、下關，其關令分別為正九品下、從九品下。㉑互市監　唐少府監屬官，各隸於所管州府。掌諸番交易馬、駝、驢、牛之事。凡互市所得馬駝驢牛等，各別其齒歲、膚色以報於所隸州府，然後由太僕差官吏相與受領。從六品下。㉒屯監　司農寺屬官。唐於邊疆各地設置軍屯，全國總計有一千零四十一屯，大者五十頃，小者二十頃。屯設監一人，從七品下，各掌其屯稼穡事。㉓上戍　唐在邊境駐軍重地設戍，其地位次于鎮。戍分上、中、下三等，各設戍主一人。上戍之戍主正八品。又，下文有中戍、下戍，其戍主分別為從八品下，正九品下。㉔津　即渡口。附屬於關，置津令一人，正九品上。在京兆、河南界，隸都水監，其在外者隸當州界。諸津令各掌其津濟渡舟梁之事。㉕嶽　嵩山、泰山、華山、衡山、恆山為五嶽，各設令一人，正九品上。掌祭祀及判祠事。㉖瀆　江、淮、河、濟為四瀆，各設令一人，正九品上。掌祭祀及判祠事。

【語　譯】京師以外全國各個州公廨田的數額，規定為：大都督府四十頃，中都督府三十五頃，下都督府、都護府和上州府，各為三十頃；中州府二十頃，宮苑總監、下州府各為十五頃；上縣十頃，中縣八頃，中下縣六頃；上牧監、上鎮各五頃；下縣和中牧監、下牧監、司竹監以及中鎮、各軍的折衝府，都是四頃；各冶監、各倉監和下鎮、上關，都是三頃；互市監、各屯監和上戍、中關以及津，各為二頃；隸屬於都水監在京都、河南二府的津，都不另外給公廨田。下關為一頃五十畝，中戍、下戍和五嶽、四瀆，都是一頃。

【說　明】關於公廨田之制，本書以其官員職掌帶典制這種特殊的寫作體例，分別置於兩處敘述。有關在京諸司的公廨田和職分田，因其屬尚書工部的屯田郎中、員外郎統領範圍，故置於後第七卷第二篇；本章所述僅為京師以外諸州之公廨田。

《冊府元龜》卷五〇五邦計部俸祿門武德元年（西元六一八年）下稱：「京司及州縣公廨田，課其營種，以供公私之費。」公指諸司常食之費，私則是諸司官吏月料。據李錦繡《唐代財政史稿》記述，外官的月料有三個來源：公廨田課、戶稅和公廨本錢的息錢收入。在唐代，公廨田多以租佃給百姓耕作為基本經營方式。公廨田的管理有白簿和黃籍：白簿記載公廨田的四至、地段和租佃；黃籍則載錄公廨田的租佃者及租價，它們是州府徵收公廨田課和朝廷檢查公廨田經營狀況的依據。公廨田和品官的職分田，同為官員俸給的一種形式。

四

凡諸州及都護府❶官人職分田❷：二品一十二頃，三品、四品以二頃為差❸，五品至八品以一頃為差❹，九品二頃五十畝。鎮、戍、關、津、嶽、瀆及在外監官❺：五品五頃，六品三頃五十畝，七品三頃，八品二頃，九品一頃五十畝。三衛中郎將❻、上府折衝都尉❼各六頃，中府、下府以五十畝為差；郎將❽各五頃；上府果毅都尉❾四頃，中府、下府以五十畝為差；上府長史、別將❿各三頃，中府、下府各二頃五十畝。親王府典軍⑪五頃五十畝，副典軍四頃，千牛備身⑫、備身左右⑬、太子千牛備身各三頃。諸軍上折衝府兵曹⑭各二頃，中府、下府各一頃五十畝。其外軍校尉⑮一頃二十畝，旅帥⑯一頃，隊正、副⑰各八十畝。凡給公廨田⑱，若陸田限三月三十日，稻田限四月三十日，以前上者，並入後人；以後上者，入前人⑲。其麥田以九月三十日為限⑳。若應給職田無地可克者，率畝給粟二斗。

【章旨】記述京外諸州有關職分田之各項規定。

【注釋】❶都護府　此句《通典・食貨二》在「都護府」下尚有「親王府」三字。❷職分田　朝廷依官品授予官吏個人的代祿田。北魏始見，隋定制。上古有圭田、士田之名，東漢兩晉及南北朝則有祿田之稱，當為一脈相承。唐代俸祿按本品計，而職分田則是以職事品授給。❸三品四品以二頃為差　指三品為十頃，四品為八頃。❹五品至八品以一頃為差　《山堂群書考素》前集卷六十五地理門田制類記作五、六品之間有二頃之差。其文為：「五品七頃，六品五頃，七品四頃，八品三頃。」❺在外監官　指上章已提及的牧監、司竹監、互市監以及諸冶監、倉監、屯監等監官。❻三衛中郎將　唐代宿衛宮庭之禁軍機構所屬親衛、勳衛、翊衛合稱三衛。每衛由一中郎將及左、右郎將統率。中郎將之職事品為正四品下，左、右郎將為正五品上。❼上府折衝都尉　折衝府為唐府兵機構。分上、中、下三府，府設都尉一人。都尉之職事品上府為正四品上，中府從四品上，下府正五品下。唐全國共置折衝府六百三十四。❽郎將　隋開皇初置驃騎將軍府，大業三年（西元六〇七年）改稱鷹揚府，置鷹揚郎將與鷹擊郎將。唐初因隋名。❾果毅都尉　折衝府置果毅都尉。上府從五品下，中府正六品下，下府從六品下。唐代各地折衝府多各自為名，有稱折衝都尉，有稱果毅都尉，亦有稱郎將者。❿上府長史別將　長史、別將均為折衝府屬官。長史，上府正七品下，中府從七品上，下府從七品下；別將，上府正七品下，中府從七品上，下府從七品下。⓫親王府典軍　本書後二十九卷第二篇：「親王帳內府典軍二人，正五品上」；「副典軍二人，從五品上」。典軍職掌為領校尉以下守衛陪從事。⓬千牛備身　禁衛武官。千牛，刀名。出自《莊子》，取其鋒利能解千牛之意，其刀可以備身，因以名官。掌執御刀，侍衛帝王左右。正六品。又，後文有太子千牛備身，為東宮左、右內率屬官，隋正七品，唐為從七品上。⓭備身左右　禁衛武官。北魏始置，隋唐沿置。屬左、右千牛衛。皇帝臨朝時，升殿列侍。唐為正六品。千牛備身、備身左右皆由貴族子弟少年端莊者以門蔭充任。⓮上折衝府兵曹　諸折衝府置兵曹參軍一人，上府從八品下，中府正九品上，下府從九品下。兵曹掌兵吏糧倉、公廨財物、田園課稅之事，與其出入勾檢之法，每月番上衛士之數。⓯外軍校尉　指折衝府校尉。折衝府一般以衛士三百人為一團，以校尉領之。每府校尉五人，從七品下。⓰旅帥　府兵將領。諸折衝府轄有團、旅、隊、伙。校尉統一團，率二旅，旅有旅帥統領，掌一旅府兵之訓練、出征、戍守。從八品上。⓱隊正副　唐府兵以五十人為一隊，由隊正、隊副統率。隊正為正九品下，隊副為從九品下。⓲公廨田　當係「職分田」之誤。原注下文就有「應給職田」之句，且《通典・食貨二》及〈職官十七・職田公廨田〉均為「職分田」。⓳以前上者並入後人以後上者入前人　此是對職官交接時其職分田課入歸屬的規定。陸田以三月三十日為限，稻田以四月三十日為限，如新官在限前上任，職分田課入歸新官，即原注中所稱「後人」；如新官在限後上任，則其課入歸前任，即原注所稱「前人」。⓴麥田以九月三十日為限　《通典・職官十七》在此後尚有：「若前人自耕未種，後人酬其功直；已自種者，準租分法。其價六斗已下者，依舊定，不得過六斗，並取情願，不得抑配。」補充了前面的規定。錄以備考。

【語　譯】關於京師以外各州以及都護府官員的職分田的數額，規定是：二品十二頃；三品、四品二頃為差，亦就是三品十頃，四品八頃；五品到八品，依次相差一頃，亦就是五品七頃，六品五頃，七品四頃，八品三頃；九品二頃五十畝。鎮將、戍主、關令、津吏、嶽令、瀆令以及京師在外的各類監官：五品五頃，六品三頃五十畝，七品三頃，八品二頃，九品一頃五十畝。三衛中郎將和上府折衝都尉，都是六頃，中府和下府的折衝都尉，比上府遞減五十畝；各郎將都是五頃。上府果毅都尉四頃，中府和下府的果毅都尉比上府遞減五十畝。上府長史、別將各三頃，中府和下府的長史、別將都是二頃五十畝。親王府的典軍五頃五十畝，副典軍四頃。千牛備身、備身左右和太子千牛備身各為三頃。各軍折衝府上府的兵曹都是二頃，中府和下府的兵曹各為一頃二十畝。各折衝府屬下的校尉一頃二十畝，旅帥一頃，隊正和隊副各為八十畝。凡是授給公廨（職分）田，如果是旱田，以三月三十日為限，是水稻田，則以四月三十日為限。在期限以前上任交接的，職分田的當年課入全歸新上任的官員；在期限以後上任的，當年的課入仍歸前任官員。麥田以九月三十日為限。如果按規定應該授給職分田但卻無地可給的，那就依據該授的田數每畝給粟二斗。

【說　明】本章所記有關職分田的規定，屬京外諸州官，未及京師文武諸職事官。《通典》〈食貨二〉及〈職官十七〉引錄開元二十五年（西元七三七年）令，對京官職分田亦有所規定。其文為：「諸京官文武職事各有職分田：一品十二頃，二品十頃，三品九頃，四品七頃，五品六頃，六品四頃，七品三頃五十畝，八品二頃五十畝，九品二頃。並去京城百里內給。其京兆、河南府及京縣官人職分田，亦準此。」兩廂作比，外官職分田的配置要略高於京官。其中原因，可能是由於京畿地狹，田土不足，配置從緊，此其一。其二是外官祿米通常較京官降一等，多授些職分田也許為了作點彌補吧？

如果我們以《唐六典》所記唐代官吏總數及其官品為據大致作一個框計，那麼京官的職分田總額在九千頃左右，外官為五萬二千餘頃，各鎮、關、戍、監及諸衛官約為三千頃，折衛府諸衛為三萬五千餘頃，以上合計當在十萬頃左右。若每畝租粟平均以五斗計，職分田收入的粟高達五百萬石以上，折米三百萬石，超過全國祿米一倍還多。考慮到在唐代職分田往往不能按規定量配足，即使打個八折或七折吧，官員在這方面的收入還是著實可觀。何況他們還常常既徵田租，兼及雜課，在職分田上翻出種種侵漁佃農的花樣來。也許是有鑒於此，開元十年（西元七二二年）曾命令職田課官收，官吏則按授田數給予「地子」，正倉粟畝二升。但到了開元十八年（西元七三〇年）又不得不恢復舊制，原因除了京內外官員均有不滿以外，連年發放了那麼多地子，國家財政也無法負擔。到了天寶時，代耕職分田的佃農不僅要繳租，還要附加所謂「腳價」。《唐會要》卷九二內外官職田條下載錄的天寶二年（西元七五三年）十月敕文稱：「兩京百官職田，承前佃民自送，道路或遠，勞費頗多。自今已後，其職田去城五十里內者，依舊令田民自送入城，其餘限十月內使於所管州、縣併腳價貯納，其腳價五十里外，每斗徵二文，一百里外不過三文，並令本官差本司請受。」元稹〈周州奏均狀〉在敘述唐後期百姓職田的負擔中稱：「其諸色職田，每畝約稅粟三斗，草三束，腳錢一百二十文。」（《元稹集》卷三十八）在農業經濟佔據絕對統治地位的封建社會裡，整個上層建築所有浩繁的靡費，最終無一例外地都要落到農民頭上。

五

凡賦役之制有四：一曰租，二曰調❶，三曰役❷，四曰雜徭❸。開元二十二年❹敕以為天下無事，百姓徭役務從減省，遂減諸司色役一十二萬二百九十四。課戶每丁租粟二石，其調隨鄉土所產❺綾絹絁各二丈，布加五分之一，輸綾、絹、絁者綿三兩，輸布者麻三斤，皆書印❻焉。若當戶不成匹❼、端❽、屯❾、綟❿者，皆隨近合成。其調麻每年支料⓫有餘，折一斤納粟一斗。凡丁歲役二旬，有閏之年加二日。無事則收其庸⓬，每日三尺；布加五分之一。有事而加役者，旬有五日免其調，三旬則租、調俱免。通正役並不得過五十日。凡庸、調之物，仲秋⓭而斂之，季秋發於州。租則准土收穫早晚，量事而斂之，仲冬起輸，孟春而納畢⓮；江南諸州從水路運送之處，若冬月水淺上埭⓯難者，四月已後運送⓰。本州納者，季冬而畢。凡諸國蕃胡內附者⓱，亦定為九等，四等已上為上戶，七等已上為次戶，八等已下為下戶⓲。上戶丁稅銀錢十文，次戶五文，下戶免之。附貫經二年已上者，上戶丁輸羊二口，次戶一口，下戶三戶共一口。無羊之處，准白羊估折納輕貨⓳。若有征行，令自備鞍馬，過三十日已上者，免當年輸羊。凡內附後所生子，即同百姓，不得為蕃戶也。凡嶺南諸州稅米者⓴，上戶一石二斗，次戶八斗，下戶六斗。若夷、獠之戶，皆從半輸㉑。輕稅諸州、高麗㉒、百濟㉓應差征鎮㉔者，並令免課、役㉕。凡天下諸州，稅錢各有準常㉖。三年一大稅，其率一百五十萬貫；每年一小稅，其率四十萬貫，以供軍國傳驛及郵遞㉗之用。每年又別稅㉘八十萬貫，以供外官之月料㉙及公廨之用。凡水、旱、蟲、霜為災害，則有分數：十分損四已上，免租；損六已上，免租、調；損七已上，課、役俱免。若桑、麻損盡者，各免調。若已役、已輸者，聽免其來年。凡丁新附於籍帳者，春附則課、役並徵，夏附則免課從役，秋附則課、役俱免㉚。其詐冒、隱避㉛以免課、役，不限附之早晚，皆徵之。凡丁戶皆有優復蠲免之制。諸皇宗㉜籍屬宗正者及諸親㉝，五品已上父祖、兄弟、子孫，及諸色雜有職掌人㉞。若孝子、順孫、義夫、節婦志行聞於鄉閭者，州縣申省奏聞，表其門閭，同籍悉免課役；有精誠致應者，則加優賞焉。

【章旨】記述賦役制度中有關租庸調及雜傜、戶稅等具體規定。

【注釋】❶一曰租二曰調　租與調是兩種既有區別又緊密聯繫的賦稅。租以田課，稱田租；調以戶徵，稱戶調。租調的徵發，最早可追溯到建安九年（西元七〇四年），曹操平定袁紹後發令：「其收田租畝，戶出絹二匹、綿二斤而已，他不得擅興發。」（《三國志・魏武本紀》裴松之注引《魏書》）此後自魏晉至隋唐，按田徵租、按戶徵調之制一脈相承。租調徵收的對象是農民。在封建制度下，皇朝允許農民擁有一定數量的農田，以從事耕作和紡織，為此他們必須付出的代價，便是相應的租調負擔。因而均田制、課田制等等，總是與租調制互為聯繫的。❷役　指傜役，或稱正役。每個人丁每年都要按規定為官府服徭役若干日。役的主要內容是治河、築路、營建宮室、運送官物等。唐徭役制度，承西魏、北周、隋而來。《隋書・食貨志》載，北周武帝時，把人丁每年服役時間從四十五天改為三十天，西魏又延長到六十天，隋則縮短為二十日。唐承隋制，「凡丁歲役二旬」。❸雜徭　亦稱色役。為農民為各級官府所服之勞役。其名目繁多，諸如守墓、營墓、防閤、庶僕、胥士、白直、仗身、執衣、士力等等。❹開元二十二年　即西元七三四年。❺其調隨鄉土所產　調的徵發以縣為單位，因而所謂調隨鄉土所產，亦即隨縣轄範圍內所產。下文規定調的色目為綾、絹、絁與綿、布、麻，但全國物產多異，就不免常常會出現所產與所徵不符的矛盾。為此從唐初到開元、天寶年間，調的色目範圍不斷擴大，以使有所調劑。而在實際交納過程中，又產生了「折納」的變通辦法。有折納成金銀、寶貨、綾羅之屬的，有等量折納的，如絹一匹等於布一端，綿三兩等於麻三斤，麻一斤等於粟一斗或布五尺等。亦有個別地區如揚州折納成錢的。其中以麻被折納成他物最多。❻書印　指作為調的絹、絁、布之一端，須注明輸納者姓名及其所屬州、縣、鄉里，並蓋上州、縣印記。❼四　當係「匹」之誤。南宋本及廣池本均作「匹」。匹，古布帛量名。其長度因品種而異。絹四丈為一匹。❽端　古布帛量名。其長度記載不一。《左傳・昭公二十六年》杜預注「二丈為一端」，《集韻・二十六桓》則謂「布帛六丈一端」，《通典・食貨六》又稱「布五丈為端」。❾屯　古重量單位。據《通典・食貨六》本注：「綿六兩為屯。」❿綾　據南宋本當為「緵」。緵，古重量單位。據《通典・食貨六》本注：「麻三斤為緵。」又，以上匹、端、屯、緵四個度量衡單位，本卷後第三篇第四章原注謂：「羅、錦、綾、段、紗、縠、絁、紬之屬，以四丈為匹，布則五丈為端，綿則六兩為屯，絲則五兩為絇，麻則三斤為緵。」⓫科　據南宋本當作「料」。⓬庸　《新唐書・食貨志》：「不役者日為絹三尺謂之庸。」以庸代役早在隋初便已存在，開皇十年（西元五九〇年）規定「人年五十，免役收庸」（《隋書・食貨志》）。唐承隋制，武德初年始行，至開元時期普及。租、調、庸三者的比例大體為三、三、四，以庸最重。⓭仲秋　秋季第二個月，即夏曆八月。古以孟、仲、季作為每季三個月份先後次序的代稱，故後文季秋、仲冬、孟春、季冬分別為夏曆九月、十一月、正月和十二月。⓮孟春而納畢　唐前期租庸調的輸納分為留州、外配及送兩京三部分。此處指送兩京部分要在每年正月納畢。送兩京的運輸路線，以東都洛陽為樞紐，江南、河東、河南、河北都要經東都再轉輸長安，只有劍南、隴右可直達長安。⓯上埭　埭為水邊土堤，上埭指在堤上逆水背縴拉船上行。⓰四月已後運送　《通典・食貨六》本注此句下尚有「五月三十日納完」一句。⓱諸國蕃胡內附者　主要指北方突厥和西域諸國歸附於唐者。如太原突厥九姓，以牧業為主；西域的昭武九姓，又名雜種胡，以經營商業為主。其中有的保留其部落組織大規模內附，有的則是分散內附，或落戶於寬鄉，或居住於長安、洛陽。⓲自「亦定為九等」至「八等已下為下戶」　《舊唐書・食貨上》載錄武德七年（西元六二四年）令有關蕃胡內的規定，只分上戶、次戶、下戶三等，並無亦分九等一類文句。唐分戶九等是在貞觀九年（西元六三五年），此後開元七年（西元七一九年）令為了保持法令上的統一，才有了戶分九等的相應規定。本書此處所據可能正是開元七年令，但其下文具體表述實際上仍是武德令之三等定戶，因而就顯得前後不盡一致。⑲輕貨　指銀錢。⑳嶺南諸州稅米者　因嶺南諸州離中原路途遙遠，故折納成米。《新唐書・食貨志一》稱：「先是揚州租、調以錢，嶺南以米，安南以絲，益州以羅、紬、綾、絹供春綵。」如果把各戶等之稅米折算成粟，則上戶為二石，中戶為一石三斗，下戶一石，比其他各州負擔要輕得多，屬輕稅之州。㉑夷獠之戶皆從半輸　夷、獠是對嶺南諸少數族之統稱。半輸係指下戶稅額之半。本卷後第四篇原注稱：「夷獠薄稅並不在取限，半輸者皆準下戶之半。」㉒高麗　朝鮮高句麗之別稱。在今朝鮮半島北部。㉓百濟　朝鮮古國。約西元一世紀興起於漢江流域，建國於朝鮮半島西南部。㉔征鎮　出征和鎮守。㉕課役　課指租調；役指歲二十日役。㉖諸州稅錢各有準常　稅錢即戶稅，按戶等起徵。據《通典・食貨六》記載，天寶中全國共八百九十餘萬戶，因通常是高等戶少而下等戶多，若統以八等以下戶計算，則八等戶年稅額為四百五十二文，九等戶為二百二十二文，全國稅額共約二百餘萬貫。㉗傳驛及郵遞　唐代三十里設一驛，全國有一千六百三十九所。驛設驛長，有一定數量的驛丁和馬匹，負責傳遞公文，運送物資和接待過往使臣及官吏家屬。由於接待過於繁重，郵遞的職能逐漸分化出來由專門人員擔當。《舊唐書・劉晏傳》有「募疾足，置遞相望」之句，疾足即步行者，又被稱作腳力、健步、捷步等，亦即郵遞。㉘別稅　指在大小稅外增收之稅。別稅徵收時間與大小稅是分開的，後者在第一限期，而前者則在第二限期。別稅之總額，下文錄為全國每年八十萬貫，如以當時全國總戶數為七百萬計，則平均每戶在一百二十文左右。㉙月料　按月給予外官之俸料錢。月料來源除公廨田之課入外，主要便是別稅。㉚秋附則課役俱免　據《唐會要・籍帳》引舊制，「秋」下似應補一「冬」字。㉛詐冒隱避　指假冒與高品官有親戚關係以逃避課役等情事。《唐律疏議・戶婚律》諸相冒合戶者條疏議稱：依《賦役令》，文武職事官三品以上，若郡王期親、同居大功親及國公同居期親，並免課役；所蔭，親疏亦各有差異。故時有偽稱與高品同居合戶，以疏冒親，隱匿戶籍，逃避課役者。㉜諸皇宗　指皇帝之宗室，在宗正寺屬籍者。宗室的範圍包括皇帝「九廟之子孫繼統為宗，餘曰族」（《舊唐書・職官三》）。㉝諸親　指太皇太后、皇太后、皇后緦麻以上親。㉞諸色雜有職掌人　指京師各種流外在職掌事者。由其本司陳牒戶部，由戶部核准給符，即可免除課役。參見《唐會要》卷五十八寶曆二年條。

【語　譯】關於徵收賦役的方式有四種：一是租，二是調，三是役，四是雜徭。開元二十二年頒發的敕文認為，如今天下太平無事，百姓的徭役負擔一定要減省。於是就減免了各個官府的雜徭，一共有十二萬二百九十四天。課戶每個人丁規定納租粟二石；課戶所納的調，原則上依據鄉土出產什麼就繳納什麼，一般是綾、絹、絁這些絲織品，無論哪一種都是每戶二丈；如果納布，要比絲織品加五分之一。若是輸綾、絹、絁的，還要納綿三兩；輸布的，還要納麻三斤。在課戶繳納的織物上，都要寫明繳納人的姓名和所在的州縣鄉里，並由州縣蓋上印。如果當戶所繳納的絹、絁或布、麻，長度或重量不滿四（匹）、端或屯、綟（緵）的，那就應當與鄰近課戶繳納的合起來，湊滿四（匹）、端或屯、綟（緵）。原來規定納麻的，因為麻每年支科（料）有節餘，所以折麻一斤為納粟一斗。凡是丁男，每年都要服役二十天。逢上閏年，要加兩天。如果沒有役事，那就折納成庸，每天納絹三尺。折成布，要加五分之一。若是役事多，須要外加服役時間的，那麼增加十五天，就免除納調；增加三十天，租和調全都免去。如果全部服正役，每丁一年不得超過五十天。凡是庸調所繳納的物品，每年都是在八月集齊，九月開始從州向京師發送。田租則允許按所在州作物收穫的早晚，依據實際所需的時間集齊，十一月開始向京師發送，到新年正月輸納完畢。江南各州通過水路運送的地方，如果冬天水淺，在堤上背縴行船有困難的話，可以推遲到來年四月以後運送。在本州就近交納的，每年到十二月都應輸納完畢。關於周邊各國的蕃胡歸附於本朝的，同樣依戶分別定為九等，四等以上為上戶，七等以上為次戶，八等以下為下戶。上戶每丁稅銀錢十文，次戶五文，下戶免除。附籍超過兩年以上的，上戶每丁輸羊二隻，次戶一隻，下戶三戶合出一隻羊。不畜養羊的地方，允許把羊折納為銀錢一類輕貨。倘若被徵發出征，要自備鞍馬；出征時間超過三十天以上的，免除當年輸羊。凡是歸附本朝以後所生的子女，就要與百姓同等看待，不再作為蕃戶論。嶺南各州的租調是折成稅米計算的，依戶等，上戶一石二斗，次戶八斗，下戶六斗。如果是夷獠之戶，都按下等戶的一半繳納。規定為輕稅的各個州內，以及高麗、百濟這些地方，應差遣而出征的，或者赴鎮鎮守的，都一概免除課役。全國各州按戶稅錢，都要按照統一的準則，三年一大稅，通常全國可徵收到一百五十萬貫；每年一小稅，通常全國可徵收到四十萬貫，這些都用來供給國家與軍隊在驛傳和郵遞方面的費用。此外，每年又增加別稅八十萬貫，用來供應外官的月料和公廨的日常費用。如果出現了水、旱、蟲、霜等造成的災害，那就要按照損害的程度來確定減免的標準：損害四成以上的，免除田租；損害六成以上的，免除租和調；損害七成以上的，課與役都免除。如果災害把桑麻都損傷完了，就免去調的輸納。如果按規定可以減免而已經服役、已經輸納的，允許留著減免他第二年的課役。關於丁戶新附於戶籍和計帳的規定是：春天附於籍帳的，當年的課和役都要徵收；夏天附於籍帳的，可以免除課，但要服役；秋天【或冬天】附於籍帳的，當年的課役都可免繳。用詐冒隱避一類辦法想要逃避課役的，那就不管他附籍時間的早晚，一經查出，全年的課役都要徵收。關於丁戶課役的優待和減免，都有明確的制度。應受優待和減免的人包括：戶籍屬宗正寺管理的皇室各個宗族，太皇太后、皇太后、皇后緦麻以上諸親，本品五品以上職事官的父祖、兄弟和子孫，還有京師各種流外在職掌事的人。倘若有孝子、順孫、義夫、節婦，優異的志向和行為在周圍鄉閭很有名的人，州縣要向尚書省奏報，經過批准可以表彰他的門閭，他和他同籍的課役，都可免除。能夠精誠響應一起這樣做的，亦可加以優待和獎賞。

六

凡京畿[1]充奉陵縣[2]及諸陵墓及廟邑戶，各有差降焉。橋陵盡以奉先[3]；獻陵以三元[4]，昭陵以豐泉[5]，乾陵以奉天[6]，定陵以富平[7]，各三千戶。若獻祖[8]、懿祖[9]二陵，各置洒掃三十人；興寧[10]、永康[11]二陵，各置一百人；恭陵[12]亦如之。隱太子[13]及章懷[14]、懿德[15]、節愍[16]、惠莊[17]、惠文[18]、惠宣[19]等七陵，各置三十人；諸親王墓各置十人，諸公主墓各置五人。周文帝[20]、隋文帝[21]陵各置二十人，周、隋諸帝陵各置十人。皆取側近下戶充，仍分作四番上下[22]。凡內外職事葬者[23]，一品給營墓夫[24]一百人，以三十人為差[25]，至五品二十人。人別役十日。凡太山天齊王[26]置守廟三百戶[27]，亳州㉘玄元皇帝㉙廟置三十戶。其亳州每戶營田十畝，以充祠祭等用。

【章　旨】記述諸奉陵縣守陵墓戶及廟邑戶設置之具體規定。

【注　釋】❶京畿　帝王所都之地。唐代指京都長安所在京兆府及其附近地區。❷奉陵縣　帝王陵墓所在地建置的特別縣級機構，以供奉陵墓。❸橋陵盡以奉先　橋陵，唐睿宗李旦墓名。其所在地原為蒲城縣，屬同州；開元四年（西元七一六年）以管橋陵，改屬京兆府，改稱奉先縣。今陝西蒲城縣。❹獻陵以三元　句中「三元」據南宋本當為「三原」。獻陵，唐高祖李淵墓名。所在地為三原縣，屬雍州。今陝西咸陽市東北。❺昭陵以豐泉　句中「豐泉」據南宋本當為「醴泉」。昭陵，唐太宗李世民墓名，其址為醴泉縣（今陝西禮泉）渭河北之九嵕山。係李世民親自選定，由唐代著名工藝家和畫家閻立德、閻立本設計。佔地面積達三十萬畝，周長六十公里，除主陵外，有陪葬墓一百六十二座。迄今昭陵保存完好，其石刻浮雕皆為藝術珍品。❻乾陵以奉天　乾陵，唐高宗李治與武則天合葬墓名，其址在奉天縣（今陝西乾縣）粱山上。乾陵氣勢宏偉。據《長安圖志》等記載及近年實地探測，陵園分內外兩重城垣，外周五千八百米，四門分別命名為青龍、白虎、朱雀、玄武。中軸線上有闕樓、回廊、偏房、獻殿等建築。現陵園雖已毀圮，但所留牆基及門址仍清晰可辨。❼定陵以富平　定陵，唐中宗李顯墓名，所在地為富平縣，即今陝西之富平縣。❽獻祖　李熙，為唐高祖李淵前四代祖，涼武昭王李暠之第三代孫。❾懿祖　李天錫，李熙之子，李淵之曾祖父，李暠之曾孫。❿興寧　為李淵之父李昞之陵墓。⓫永康　為李淵祖父李虎之陵墓。李虎為北周八柱國家之一。⓬恭陵　唐高宗李治第五子李弘之陵墓。李弘被立為太子，年二十四即去世，謚號為孝敬皇帝，葬於緱氏縣景山，今河南偃師之南。⓭隱太子　指李建成，唐高祖李淵之長子，武德元年（西元六一八年）被立為皇太子。在武德九年（西元六二六年）玄武門之變中被其弟李世民射殺，死時年三十八歲。太宗李世民即位後，謚之為「隱」（《謚法解》：「隱，哀也。」）。貞觀十六年（西元六四二年）追贈為皇太子，以禮改葬。故稱隱太子。⓮章懷　指李賢，唐高宗李治第六子。上元二年（西元六七五年）立為太子，後被武則天逼迫自殺。睿宗追贈皇太子，謚曰章懷，陪葬乾陵。一九七一年發掘，墓早年被盜，墓道東西兩壁有壁畫五十餘幅保存完好，反映了唐代貴族生活的場景。⓯懿德　指李重潤，唐中宗李顯長子。高宗立為皇太孫，十九歲時，為武則天令人杖殺。中宗即位，追贈為皇太子，謚為懿德，陪葬乾陵。⓰節愍　指李重俊，唐中宗李顯第三子。因發動宮廷政變誅武三思而被殺，睿宗即位後追贈皇太子，謚曰節愍，陪葬定陵。⓱惠莊　指李撝，唐睿宗李旦第二子。死於開元十二年（西元七二四年），冊贈惠莊太子，陪葬橋陵。⑱惠文　指李範，唐睿宗李旦第四子。開元十四年（西元七二六年）病死，冊贈為惠文太子，陪葬橋陵。⑲惠宣　指李業，唐睿宗李旦第五子。開元二十二年（西元七三四年）死，冊贈惠宣太子，陪葬橋陵。⑳周文帝　即宇文泰，代郡武川（今屬內蒙古）人。原為西魏大臣，死後其子覺代魏建周，追尊為文皇帝，葬於成陵。㉑隋文帝　隋朝開國皇帝楊堅。死於仁壽四年（西元六〇四年），葬於太陵。㉒四番上下　指由四戶輪值，一年四番，每戶每年服役三個月，比傜役最高限額五十日還要多四十日。㉓凡內外職事葬者　本書後第十八卷第二篇鴻臚寺司儀令職掌條為：「凡職事五品已上葬者。」㉔營墓夫　為品官營造墳墓者，屬雜傜，此為對被差派服此雜傜的百姓的稱謂。現藏於彼得堡的《唐開元年間西州抄目歷》文書稱：「戶曹符，為給張玄應墓夫十人事。」《舊唐書・蘇味道傳》云：「長安中，請還鄉改葬其父，優制，令州縣供其葬事。味道因此侵毀鄉人墓田，役使過度，為憲司所劾。」這兩條材料都反映了營墓夫在唐代的實際役使情況。㉕以三十人為差　據本書後第十八卷第二篇鴻臚寺司儀令職掌條當為「以二十為差」。㉖太山天齊王　句中「太山」即「泰山」。開元十三年（西元七二五年），唐玄宗封禪於泰山，封泰山神為天齊王，禮秩加三公一等，近山十里，禁其樵採。㉗守廟三百戶　《舊唐書・禮儀三》「三百戶」作「二十戶」。㉘亳州　今亳縣，在安徽省西北部，渦河上游，鄰近河南省。㉙玄元皇帝　唐高宗於麟德三年（西元六六六年）次亳州，幸老君廟，追尊老子李耳為「太上玄元皇帝」，並修造祠堂；其廟置令、丞各一員。

【語譯】在京畿附近地區有專門劃充為奉陵的縣份，各個陵廟設置掃陵戶、廟邑戶都有等差的規定。橋陵的奉陵縣在奉先縣，獻陵在三元（原）縣，昭陵在豐（醴）泉縣，乾陵在奉天縣，定陵在富平縣，以上各設看守陵墓戶三千。像獻祖、懿祖這兩座陵墓，各設置從事灑掃的陵墓夫三十人；興寧、永康兩座陵墓各設置一百人；恭陵亦同等待遇。隱太子和章懷、懿德、節愍、惠莊、惠文、惠宣等七位太子的陵墓，各置灑掃的營墓夫三十人。各親王墓都是十人，各公主墓都是五人。周文帝的成陵，隋文帝的太陵，各置灑掃營墓夫十人。上面各個陵墓的營墓夫，都由就近地區的下等戶充當，分成四番輪值。凡是內外職事官五品以上的，都給營墓夫：一品給一百人；從一品到五品，每品按三（二）十人等差遞減，到五品就是二十人。每人每年另外加役十天。給太山天齊王設置守廟戶三百戶，給在亳州玄元皇帝廟置二十戶廟邑戶。在玄元皇帝廟所在的亳州，每戶要另外耕種田十畝，田畝的收入用來充當廟內祭祀等費用。

七

凡京司文武職事官皆有防閤❶，一品九十六人，二品七十二人，三品三十八人❷，四品三十二人，五品二十四人；六品給庶僕十二人❸，七品八人，八品三人，九品二人。公主邑士❹八十人，郡主六十人，縣主四十人，特封縣主三十四人。京官任兩職者，從多❺。凡州、縣官僚皆有白直：二品四十人，三品三十二人，四品二十四人，五品十六人，六品十人，七品七人，七品佐官❻六人。八品五人，九品四人。凡州、縣官及在外監官❼皆有執衣❽以為驅使：二品十八人，三品十五人，四品十二人，五品九人，六品、七品各六人，八品、九品各三人。執衣並以中男充。凡諸親王府屬並給士力❾，其品數如白直。其防閤、庶僕、白直、士力納課者，每年不過二千五百，執衣不過一千文。凡州、縣有公廨白直及雜職❿，其數見州、縣中。兩番上下⓫；執衣，三番上下⓬。邊州無白直、執衣者，取比州充。

【章　旨】記述京師內外文武職事官依品給予防閤、白直等力祿及其納課的概況。

【注　釋】❶防閤　南宋本、《通典》等並作「防閣」。「閣」字即「閤」字。唐親王府以及五品以上執事官皆依官品給予不等數量的侍從人員，稱防閤。這是以勞役形式給予官員的一種「力祿」。六品以下則給庶僕，州縣官吏給白直。防閤、庶僕、白直等只是稱謂有異，其服役人員均為課戶雜傜。服役者亦有折錢代役的，稱為納課，此項收入便成為官員俸祿一個組成部分。它常與勳官、散官、品子等納資代役，合在一起稱「資課」。❷三品三十八人　《通典・職官十七》及《新唐書・食貨志》均作「四十八人」。❸六品給庶僕十二人　《通典・職官十七》為「五人」，而《新唐書・食貨志》則作「十五人」。❹邑士　指給予公主封邑服役者。❺京官任兩職者從多　據《通典・職官十七》此句在「多」字下當補一「給」字。京官任兩職者，指京官兼外官，以及親王任外官帶京官者。從多給，指兩處所給力役規定若有多少則從多處給。❻七品佐官　指職事七品而從事諸曹參軍、長史、縣丞一類屬於副佐之官員。❼在外監官　諸如在京外之牧監、司竹監以及諸冶監、諸倉監等監之監官。❽執衣　侍奉官員生活雜事之服役者。因執衣奉巾之類屬輕勞役，故多以中男充當。唐制，中男為十六至二十歲之男丁。二十一歲起稱丁男。❾士力　又一類服雜徭者之稱謂。❿公廨白直及雜職　泛指在州縣公廨服役之課戶。其稱謂除白直外，還有司功佐、司倉佐、司戶佐、司兵佐、執刀、典獄、問事等。其人數依州縣等第而定。由於種類繁多，故總稱雜職。⓫兩番上下　指兩人輪番服役，每人半年。⓬三番上下　指三人輪番一年，每人服役四個月。

【語　譯】凡是在京的文武職事官都要依官品給予不等數額的防閤，規定是：一品九十六人，二品七十二人，三品三(四)十八人，四品三十二人，五品二十四人。六品以下是給庶僕：六品十二人，七品八人，八品三人，九品二人。京官兼任兩個職務的，按給侍從多的那個職務給。凡是州、縣的官員，都給予白直，規定為：二品四十人，三品三十二人，四品二十四人，五品十六人，六品十人，七品七人。為佐官七品的，給六人。八品五人，九品四人。凡是州、縣官員以及京司派駐在外的監官，都給執衣，供他們使喚。執衣的數額規定是：二品十八人，三品十五人，四品十二人，五品九人，六品、七品各六人，八品、九品各三人。執衣可由中男充當。凡是各親王府的屬官，都給予士力，各品給予的數額，與白直相等。防閤、庶僕、白直、士力要納課代役的，每年不超過二千五百文錢，執衣不超過一千文錢。各個州、縣，還有公廨白直和雜職。有關這類人數的配置，參看本書後面第三十卷州縣官吏的規定。白直一般分兩番上下輪值服役，執衣則分三番上下。邊境州縣，沒有課戶服白直、執衣的，可以從鄰近的州縣徵取。

【說　明】防閤、白直之名，南北朝已見，本為侍從武官，以防衛齋閤，後來逐漸變為徵自課戶的勞役，成為文武品官的侍從人員。再後來，又行出了折納錢幣以代役的辦法，稱為納課，於是又變成了各級品官俸祿之一。在唐代，納課的名稱除了本章提及的防閤、庶僕、白直、執衣、士力之外，還有仗身（給鎮、戍之官），以及品子番上服役的稱親事、帳內（給親王、嗣王、郡王和開府儀同三司以及三品以上帶勳官）等，這些稱為品子課錢，合到一起，總稱「資課」。以納資課代役，在客觀上說，有一個價值尺度從某種實物向錢幣轉變的問題，因而被開元二十三年（西元七三五年）敕文稱之為「因納資課，取便公私」（《冊府元龜》卷四八七），但對廣大課戶卻不啻是一場災難。《唐會要》卷九十一載錄天寶五年（西元七四四年）敕文稱：「郡縣官人及公廨白直，天下約計一載破十萬丁已上，一丁每月輸錢二百八文。每至月初，當處徵納，送縣來往，數日功程，在於百姓，尤其是重役。其郡縣白直，計數多少，請用料錢，加稅充用，其應差丁充白直，望請並停，一免百姓艱辛，二省國家丁壯。」在唐代前期，類似這樣企圖改革官料俸錢辦法已不止一次，在儀鳳三年（西元六七八年），開元六年（西元七一八年），都曾經提出過。其要點是把原來少數人負擔的色役，改為向全體編戶攤徵，依戶等按丁徵收，這樣就變成統收，而料錢的發放也成了統支。開元二十四年（西元七三六年）的敕文就提到：「百官料錢，宜合為一色，都以月俸為名，各據本官，隨月給付。」（《唐會要》卷九十一）從一品到九品，都有具體規定。一個九品官，月入一千九百十七文，一品三萬一千文，後者為前者的十六倍。在九品的一千九百十七文中，來自百官料錢的月俸為一千零五十文，來自公廨田的食料二百五十文，還有來自庶僕的四百一十七文，雜用二百文。

八

凡有功之臣賜實封❶者，皆以課戶充準戶數，州、縣與國官、邑官❷執帳共收其租調，各準配租調遠近，州、縣官司收其腳直❸，然後付國、邑官司；其丁亦準此，入國、邑者，收其庸。凡食封皆傳於子孫。食封人身沒以後，所封物隨其男數為分，承嫡者❹加與一分。若子亡者，即男❺承父分；寡妻無男，承夫分。若非承嫡房❻，至玄孫即不在分限，其封物❼總入承嫡房，一依上法為分。其非承嫡房，每至玄孫準前停。其應得分房無男，有女在室者❽，準當房分得數與半，女雖多，更不加。雖有男，其姑、姊、妹在室者，亦三分減男之二。若公主食實封，則公主薨乃停。凡庶人年八十及篤疾❾，給侍丁❿一人；九十給二人；百歲，三人。皆先盡子孫，次取近親，次取輕色丁⓫。凡親王入朝，皆給車牛、馱馬⓬。車牛六十乘，馱馬一百匹。若太妃⓭同來，加車牛十乘，馬二十匹。別敕追入，給馬六十匹。內外百官家口應合遞送⓮者，皆給人力、車牛。一品手力三十人，車七乘，馬十匹，驢十五頭；二品手力二十四人，車五乘，馬六匹，驢十頭；三品手力二十人，車四乘，馬四匹，驢六頭；四品、五品手力十二人，車二乘，馬二匹，驢四頭；六品、七品手力八人，車一乘，馬二匹，驢三頭；八品、九品手力五人，車一乘，馬一匹，驢二頭。若別敕給遞者，三分加一。家口少者，不要滿此數。無車牛處，以馬、驢代。

【章旨】記述有關功臣賜食實封、庶人給侍丁以及親王百官入朝給人力、車牛之具體規定。

【注釋】❶實封　指食實封。漢制，凡諸侯王有封地即可得封邑租稅收入。魏晉以後，食邑若干戶，只是空名，須另加稱食實封者，才可得相應租稅收入。唐時親王食邑一萬戶，食實封僅一千戶。唯此一千戶才能得真戶，以近京之地中等以上戶給之，戶皆三丁以上。封戶的租稅，三分中一分入官，二分入封國。開元二十五年（西元七三七年）又規定封戶以三丁為限，租調收入全部入封家，丁傜折收其庸。武德初年，食實封之封家僅有二、三十，其後不斷增加。唐中宗景龍時統計已有一百四十餘家，至開元十年（西元七二二年）更增至三百家。中宗時食實封家共佔有六十餘萬丁，若以戶調每丁絹二匹、綿三兩計，便有絹一百二十餘萬匹，綿三十餘萬屯。❷國官邑官　指封國、封邑所置令、尉、丞等官。國官與邑官皆掌主家財貨出入、田園徵封之事。他們可以直接到地方與州、縣官一起徵發租調。❸腳直　亦稱腳價、腳費。指租調外附加之運輸費用。❹承嫡者　指嫡子，承襲其父之封爵者。❺即男　指其孫。❻非承嫡房　指庶子。❼封物　指向封戶徵得的租調及庸等實物。❽有女在室者　指未嫁的女兒。❾篤疾　《白氏六帖》卷三十三所載開元二十五年（西元七三七年）〈三疾令〉稱：「癲狂、兩肢廢、兩目盲，如此之類皆為篤疾」。❿侍丁　依法免役留侍父母之男丁。《唐律疏議・名例律》，犯死罪非十惡條疏議：「侍丁，依令，免役唯輸調及租。」⓫輕色丁　指在子孫、近親以外之中男。⓬馱馬　用以負重載物之馬匹。⓭太妃　指親王之母。⓮遞送　又稱傳送、傳乘。指官員依品在交通方面的不同優遇。唐代前期各州縣設有馬坊，提供馬匹為使節包括官員及其家屬往來或運送物資服務。享受遞送者須有相應官府發放之傳符或紙卷作憑，亦有如原注所言「別敕給遞者」，如《唐會要》卷六十一載大足元年（西元七〇一年）五月六日敕：「諸軍節度大使，聽將家口八人，副大使六人，萬人已上鎮軍大使四人，副使三人，五千人已上大使三人，副使二人，並給傳乘。」又如敦煌P三七一四號文件載開元七年（西元七一九年）七月一日敕：「諸道按察使家口，往過宜給傳遞。」

【語　譯】所有有功之臣賜給了食實封的，都可以按照所實封戶數得到相應的課戶，由州或縣的官員與封國或封邑的官員一起憑籍帳向所屬封戶徵收租調；同時，州或縣的官司還可根據這些封戶繳納租調的路程遠近，徵收相應的腳值作為運費，然後交給封國或封邑的官吏，其丁傜徵收亦照此辦理，凡交給封國或封邑的，都照傜役天數折納為庸。凡是食實封戶，封家都可傳給子孫。受食實封本人身亡後，所封到的戶數，他有多少兒子就分成多少份額，每人得一份，承嫡嗣的多得一份。如果兒子亦亡故，那就由孫子，亦就是繼承人的兒子，來承襲亡父的那一份。如果遺孀沒有兒子就由她承襲亡夫的份額。倘若不是承嫡房，那麼傳到玄孫，就不再在分限以內，這一份從所封戶取得的實物就併到承嫡房去，再按照上面的辦法來分。如果不是承嫡房，同前面一樣傳到玄孫為止，不再傳下去。如果應得繼承份額那房沒有兒子，但有女兒還沒有出嫁的，那就按照那房應得的半數給；女兒即使不止一個也不多給。或者除了有兒子，還有姑、姊、妹在家沒有出嫁的，亦給她們男的三分之一。如果是公主受食實封，公主一去世就停止。平民百姓年滿八十歲，或有患有篤疾的，給侍丁一人；年滿九十的，給侍丁二人；活到一百歲，給侍丁三人。侍丁要先從他子孫中挑選，再從他近親中選擇，最後才選取輕色丁充當。凡是親王入朝，都要給他車牛和馱馬。數額規定是車牛六十乘，馱馬一百匹。如果太妃一起同行，再加車牛十乘，馬二十匹。倘若是別敕追入的，只給馬六十匹。京師內外百官和他們的家屬，凡是符合驛遞傳送資格的，都要給予人力和車牛。數額規定是：一品給手力三十人，車七乘，馬十匹，驢十五頭；二品給手力二十四人，車五乘，馬六匹，驢十頭；三品給手力二十人，車四乘，馬四匹，驢六頭；四品、五品各給手力十二人，車二乘，馬三匹，驢四頭；六品、七品各給手力八人，車一乘，馬二匹，驢三頭；八品、九品各給手力五人，車一乘，馬一匹，驢二頭。如果另外有敕文給遞的，每三分加一分。家口少的，可低於此數給予。沒有車牛的地方，可用馬和驢代替。

【說　明】關於食實封問題　唐前期諸王、公主主要經費來源，便是其封邑收入。開元以前，按照所食封邑均分三份，一份入官，二份入國；丁傜亦征庸入封國。而王公的食邑全給封國，國官、邑官與州、縣官一起徵收租調。這無論對官府或編戶百姓，都是一項沉重的負擔。中宗時食實封者不過一百四十餘家，而封戶已遍及五十四州，且都為膏腴之地，「百姓著封戶，甚於征行」。滑州一共七個縣，食實封的親王之家便有五家，國官、邑官們的徵納，超過了官府，所謂「王賦少于侯租，入家倍于輸國」，結果是：「每科封丁，有甚徵藝，因而失業，莫返其居。此土風俗，逃者舊少，頃日波散，良緣封多」（《唐會要》卷九十）。當時河南巡院監察御史提了兩條建議，一是從封戶過於集中的州縣中分出一些來，散配其餘諸州，使負擔均勻一些；二是取消國官、邑官這一類徵封使者去采地徵封的規定，避免與州、縣執行此項公務的官吏往來相繼，既勞傳驛，又擾公私。食封制度的較大變化，是在開元二十五年（西元七三七年）令發佈以後。一是對諸王、公主封戶數規定了限額；二是由封家去地方徵封改為到賜坊請受；三是規定封戶以三丁為限，其租庸調之三分之二全入封家。這實際上使食封制度從衣食租稅的形式，轉變為俸級的形式。另一項較大的變革，是縮短了子孫襲食實封的年限，至元孫即止。唐代宗時又規定「自今已後，子孫襲實封，宜減半，永為常式」。應請封的，三份只給二份。

關於侍丁的配給　此項規定唐代在實施中似乎還是比較認真的。如縣令要親自貌閱，確認「五九」、「三疾」（詳上篇第十六章說明）對象，既防止作偽，亦避免漏定。《唐律》還規定有犯非十惡罪判處死罪的囚犯，若有八十以上老人而家裡又無期親以充侍丁的，允許請求假釋充當侍丁，如果在此期逢到恩赦，還可免除死罪。同時又規定「祖父母、父母老疾無侍，委親之官」是有罪的。從中不難看出，敬老的觀念，已反映在當時體制的方方面面。

關於官員乘傳待遇　唐代前朝，還能做到按制為官員及其家屬提供人畜力和驛傳。原因是那時唐的國力還控制著北方和西北邊遠地區，不愁馬匹的來源。但隨著馬坊的敗壞，馬匹日趨短缺，而諸如徵封使者及眾多官吏又濫用傳驛，致使官員乘傳待遇終於難以為繼了。開元十八年（西元七三〇年）六月十三日敕：「如聞比來給傳使人，為無傳馬，還只乘驛，徒押傳遞，事頗勞煩。自今已後，應乘傳者，宜給紙卷。」（《唐會要》卷六十一）凡應乘傳者都須經核准並發給紙卷才能享受此項待遇，不等於宣佈原先有關百官及其家屬「皆給人力、車牛」的規定已經無效了嗎？安史之亂以後，唐國力愈益衰微，對北方和西北牧區處於失控狀態，不僅官員的乘傳待遇難以兌現，就連驛傳制度亦無法維持了。此後公文的傳送主要依靠「郵驛」，即在相當大程度上是依靠人步行，出現了被稱為腳力、疾足、健步等等的服役者，他們倒是現代郵務人員的前身呢！（又，有關傳驛管理，因屬兵部駕部司郎中職掌，故本書將在後第五卷第三篇中介紹。）

九

凡天下朝集使❶皆令都督、刺史及上佐更為之；若邊要州都督、刺史及諸州水旱成分，則佗❷官代焉。皆以十月二十五日至於京都，十一月一日戶部引見訖，於尚書省與群官禮見❸，然後集於考堂❹，應考績之事❺。元日，陳其貢篚❻於殿庭。凡京

都諸縣令，每季一朝。

【章　旨】記述有關朝集使上計制度諸項規定。

【注　釋】❶朝集使　入朝參加朝會的地方官。開元八年（西元七二〇年）定制，諸州都督、刺史或上佐，每年輪流十月二十五日到京，十一月一日朝見，因稱朝集使。又稱上計使，因其屆時要向尚書省上送當年本地區的計帳以及官員考課文案，同時交納本州之年支常貢。朝集使赴京，少不得還要通過送禮等辦法，謀求昇官的機會。《資治通鑑》卷二百十二記開元七年（西元七一九年）事中便提到：「先是朝集使往往齎貨入京師，及春將還，多遷官。」❷佗　即「他」字。❸於尚書省與群官禮見　指在尚書都堂與尚書省群官禮見。在整個尚書省所在的建築中，都堂居中，為尚書省舉行各種禮儀的大廳。❹考堂　即都堂。❺應考績之事　指應對有關其所屬地區官員考課之事。州縣官員稱之為功狀的考課文書由朝集使送達尚書省，由京官位望高者一人與戶部員外郎一起，檢核同意後，才予上奏。❻貢篚　將貢物盛於竹製之籃筐，陳於殿庭，是正旦朝會的一種儀式。《尚書・禹貢》稱：「厥篚織文。」孔傳：「織文錦綺之屬，盛之筐篚而貢焉。」

【語　譯】全國各州的朝集使，都是由都督、刺史或者上佐輪番擔任；如果是邊境和要害地區，或者有水旱災荒的州，那就不必由都督、刺史擔任，可以讓其他官員代替。各州的朝集使都要在十月二十五日以前到達京都，十一月一日由戶部司引見，完畢後，在尚書省都堂與群官舉行會面的禮儀，然後集合於考堂，應對有關考狀檢覆的事。到正旦那天參加朝會，把裝著本州貢品的籃筐陳列到殿庭上，以向君王表示敬意。凡是京都各縣的縣令，每季參加朝會一次。

度支郎中

【篇 旨】唐前期，度支司在戶部四司中是分管編製支度國用亦即國家預算的。支度國用要以賦稅收入為基礎，這就不能不從最基層的課戶統計開始，因而國用計劃的編製，實際上成了一項自下而上的全國規模的活動。其過程是：每年五月三十日以前，全國各州將一年「計帳」送達戶部司，戶部司加以彙總並計算出全年能支配的丁租庸調總數，折算出全年賦稅收入的概數，再加上資課與勾徵兩項特殊收入，便有了一個可以作為一年支用來源的收入總額，在七月三十日以前申報到度支司。支出方面，規定每年八月諸司向度支司申報所謂「八月都帳」，其中有一年內各個官署的破除數（已支額）、現在數（積餘額）、來年所需的支出數額。這樣收支兩方面內容齊備，度支司即可著手編製。規定每年在十月三十日以前編製完成，經過門下省的審核，由門下省的判官、通判官、長官依次署名，奏聞皇帝，皇帝御畫認可，作為「發日敕」下達，尚書都省按內容分別付與金部司與倉部司遞覆後頒行到內外諸司，於是便開始了支度國用計劃的實施過程。

支度國用計劃的內容，大體包括三個方面：一是對來年賦稅的徵斂、轉運、送納的規定；二是對來年賦稅折受餘物的規定；三是對來年賦稅在預算年度中支用給付的規定。當時國家開支，主要是兩部分：供軍與供國。地方的賦稅收入，一般分成三份：一為本州，或稱留州；二為京都，輸納到京城的；三為配所，亦就是外配。輸納京城的供國用，外配則供軍用。這樣，整個國用支度的重點，最後就表現為資金的調撥和物資的轉運。所以度支司在唐朝前期可說是國家物力和財力調度轉運的總指揮。依據上述實際情況，本篇的內容，亦有兩個重點：一為編製支度奏抄，亦就是年度預算；一是規劃轉輸。

篇末提到在開元年間頒行的「長行旨」，簡化了每年支度奏抄繁複的編製下達過程，並把基本收支數額在中央與地方之間相對穩定地規定了下來，這為唐代財政制度從前期的「量入為出」向後期的「量出制入」過渡，準備了條件。

一

度支郎中一人❶，從五品❷。漢有度支侍郎❸，即郎中之任也。歷魏、晉、宋、齊、後魏、北齊並有度支郎中，梁、陳、隋為侍郎，煬帝但曰「郎」。自漢、魏以來，皆度支尚書領度支郎，開皇三年❹，改度支尚書為民部尚書，始民部領之，皇朝因焉。武德三年加「中」字❺。龍朔二年❻改為司度大夫，咸亨元年❼復故。

員外郎一人，從六品❽。隋開皇六年❾置，煬帝改曰承務郎，皇朝為員外郎。龍朔、咸亨隨曹改復❿。

主事二人，從九品上。

【章旨】記述度支司郎中、員外郎和主事之員額、品秩及其沿革。

【注釋】❶度支郎中一人　度支，即度支司，尚書戶部四司之一。追本溯源，則先有度支，後有戶部，戶部出於度支。度支為主計算之官。《通典・職官五》稱：「至魏文帝，置度支尚書寺，專掌軍國支計。吳有戶部，而晉有度支，皆主算也。」關於度支司定員，天寶以前，為郎中、員外郎各一人，安史之亂後，因事務日趨繁複，改為郎中、員外郎各二人。❷從五品　據《舊唐書・職官志》當為「從五品上」。諸司郎中之品秩皆為從五品上。❸漢有度支侍郎　度支之名始於魏，未見漢代設有度支侍郎之正式記載。《後漢書・百官志三》本注稱：「侍郎三十六人，四百石」。此句所指或即係三十六侍郎之一。❹開

皇三年　即西元五八二年。❺武德三年加中字　武德為唐高祖李淵年號；武德三年即西元六二〇年。隋煬帝時改諸曹侍郎為「郎」，唐高祖在「郎」字下添一「中」字，稱為郎中。❻龍朔二年　即西元六六二年。龍朔為唐高宗李治年號。❼咸亨元年　即西元六七〇年。咸亨亦為唐高宗李治年號。❽從六品　據《舊唐書・職官志》當為「從六品上」。諸司員外郎皆為從六品上。❾開皇六年　即西元五八五年。❿隨曹改復　指在龍朔、咸亨年間，員外郎的稱謂隨曹名的更改和恢復而更改和恢復。

【語　譯】度支司：郎中，定員一人，官品為從五品【上】。漢代便設有度支侍郎，職司相當於現今郎中的責任。歷經魏、晉、宋、齊、北魏、北齊，各朝都設有度支郎中。梁、陳、隋稱為侍郎，隋煬帝時改為單稱「郎」。從漢、魏以來，都是度支尚書統領度支郎。隋文帝開皇三年，改稱度支尚書為民部尚書，於是開始由民部尚書統領度支郎。本朝因承了這一統領關係。唐高祖武德三年在「郎」字下加了個「中」字，稱為郎中。高宗龍朔二年改名為司度大夫，咸亨元年又恢復了度支郎中的原稱。

員外郎，定員一人，官品為從六品【上】。這個職務隋文帝開皇六年開始設置，隋煬帝時改名稱承務郎，本朝又改為員外郎。高宗龍朔和咸亨年間，它的名稱曾隨著曹名一起更改和恢復。

主事定員二人，官品為從九品上。

【說　明】《唐會要》卷五十八對度支司地位在安史之亂前後變化作詮釋時，引錄了蘇冕（唐前期九朝《會要》編撰者）這樣一段話：「故事，度支案，郎中判入，員外郎判出，侍郎總統押案而已。官銜不言專判度支，至乾元元年（西元七五八年）十月，第五琦改戶部侍郎，帶專判度支，自後遂為故事，至今不改，若別官來判度支，即云『知度支事』，或云『專判度支』。」蘇冕的這段話告訴我們：（一）度支司郎中與員外郎的分工是前者判入，主要是指對戶部司的折算及勾徵、資課總收入的勘會；後者判出，即根據八月都帳編製支度國用計劃；（二）對度支司的統領，在肅宗以前，一直按慣例歸戶部侍郎，並不須要另外「專判度支」一類官銜，即它與諸司並無特別區別；（三）變化發生在乾元元年。是年，肅宗給新任戶部侍郎的第五琦加了個「專判度支」的職銜，這是一種所謂差遣使職，而且從此成為定制。這就是說，此後戶部侍郎若不受到皇帝差遣就不能再統領度支司，相反他官只要得到加授「知度支事」或「專判度支」的職銜，就有權成為度支司的統領者。這種變化說明安史之亂（西元七五五—七六三年）以後，民戶流亡，田地荒廢，簿冊散失不全，均田制名存實亡，建立在以均田制為條件的租庸調基礎上的「量入為出」的財政制度，已瀕臨崩潰，新的以「量出制入」為特徵的財政制度及兩稅法即將應運而生。在這種背景下，度支司的事務日趨繁劇，其地位亦越來越重要，為此要對它的統領關係作出如上的特殊處理。

二

度支郎中、員外郎掌支度國用❶、租賦少多之數❷，物產豐約之宜❸，水陸道路之利❹，每歲計其所出而支其所用❺。開元二十二年❻敕：諸司繁冗，及年支色役❼，費用既廣，姦偽日滋，宜令中書門下與諸司長官量事，停減冗官及色役、年支、雜物❽等，總六十五萬八千一百九十八❾，官吏稍簡而費用省矣。凡物之精者與地之近者，以供御❿；謂支納司農、太府、將作、少府等物⓫。物之固者與地之遠者，以供軍⓬。謂支納邊軍及諸都督、都護府。皆料其遠近、時月、眾寡、好惡而統其務焉。凡陸行之程：馬日七十里，步及驢五十里，車三十里。水行之程：舟之重者，泝⓭河日三十里，江四十里，餘水四十五里；空舟泝河四十里，江五十里，餘水六十里。沿流之舟⓮則輕重同制，河日一百五十里，江百里，餘水七十里。其三峽⓯、砥柱⓰之類，不拘此限。若遇風、水淺不得行者，即於隨近官司申牒上記，聽以年功⓱。轉運、徵斂、送納，皆準程而節其遲速。

【章旨】記述度支郎中和員外郎職掌的兩個方面：編製支度國用計劃和調度全國租調的轉輸。

【注 釋】❶支度國用 國家年度的開支計劃。唐朝前期國家的收入率是固定的，因而理財的重點在支而不在於收。日本學者大津透等對吐魯番出土的十餘件唐代文書作了拚接，恢復了唐高宗儀鳳三年（西元六七八年）的度支奏抄和四年的全部旨符，從中可以看到唐朝前期支度國用之概貌。❷租賦少多之數 指戶部司依據各地計帳上的戶丁數，以賦役令為準，推算出來的未來一年總收入。總收入中除租庸調外，還有諸色資課及勾徵數。戶部司的折算是度支司支度國用的基礎。規定每年七月送度支司，由度支郎中進行會勘。❸物產豐約之宜 此句意謂所賦之物，既須根據國家需要，又要照顧到各地物產品種及其產量多寡有異，如何做到兩相適宜，折納便是一種常用的辦法。如庸、調可折為米、粟，租可折為布；布鄉可輸絲、綿，米鄉可輸米，亦可依上估納錢帛等等。❹水陸道路之利 指租調的徵收，要依據水陸道路的便利條件，在規定限期內轉運到指定的地點去。❺每歲計其所出而支其所用 計其所出指全年國家租調所入；支其所用指根據所入安排全年國家諸項用途。這便是唐朝前期財政收支的一條基本原則：量入為出。它與德宗建中元年（西元七八〇年）頒布實施兩稅法後的「量出制入」的財政原則有很大不同，二者分別從經濟制度上劃出了唐朝前後兩個時期。❻開元二十二年 即西元七三四年。❼年支色役 指內外官員由防閤、庶僕、白直、執衣、親事、帳內這一類色役折納而來的俸料錢。❽雜物 即俸料錢中屬於雜用錢的項目。❾總六十五萬八千一百九十八 這是由色役折納而來的全國總額，單位為「貫」。❿供御 《太平御覽》卷二一七度支郎中條引《唐六典》原文作「供國」。⓫謂支納司農太府將作少府等物 此句在解釋正文：意謂句中所列官署出納的財物。支納即出納。太府寺、司農寺分別為金寶、財貨與米粟的出納機構，太府寺所轄之左、右藏，司農寺所轄之太倉等為具體掌管錢帛、粟穀的收納與出給。少府監掌百工伎巧，下屬有中尚、左尚、右尚、織染、掌冶五署，實際上是一大手工業工場，其種種製作專供帝王及宮廷服御等需要。將作監負責內外工程營造，其所需材料和食料，由少府監申報尚書戶部金部司，金部司則根據經過御畫認可的本年度國用支度奏抄下符准給。⓬供軍 即軍費。包括軍器、軍糧、軍衣賜及其它雜費，諸如行官祿料、折衝府官待遇、宴設費、戰俘費、醫藥費、陣亡將士撫恤費等。唐朝前期士兵的種類很多，有府兵、募兵、防人、土鎮兵、團結兵、健兒等，兵糧都由國家供給，軍用的主要來源則為賦稅，尤其是庸調的收入。故外配供軍是度支司安排國用的重點。⓭泝 即「溯」字。⓮沿流之舟 指順水而行之舟船。⓯三峽 指三門峽。黃河中游著名峽谷之一，在河南省三門峽市。河床中有巖島將水道分成三股急流，北為人門，中為神門，南為鬼門。⓰砥柱 一稱底柱山。在河南省三門峽市黃河中。此處水流湍急，行船艱難。⓱聽以年功 不成語句，當有誤。南宋為「聽□半功」。陳仲夫點校本作「聽折半功」，據稱係依「《通鑑》董昌加斂貢獻條胡注改」，似可從。

【語譯】度支郎中和員外郎的職掌是，編製年度的支度國用計劃。為此要勘會全國年度租調收入的數字，再根據各地區物產品種的不同和數量的多少規定折納的標準，還要按照各地水陸道路的利便規劃轉輸和送納的期限，總的原則是：計量全國租賦一年的收入，來規劃全國一年的支出。唐玄宗開元二十二年敕令中說：各司機構過於冗繁，年支色役折納的料錢費用太廣，其中姦偽弊端日益滋長。為此應該叫中書門下與各司長官一起商議，根據事務的實際情況，停減多餘的官員和年支色役折納的料錢以及其他雜用。現在這方面開支的總額已達六十五萬八千一百九十八貫了，只要機構和冗官稍微作點精簡，費用就可以節省下來。各地貢賦的物品中，凡是質地精細的，產地靠近京城與東都的，都要供應御用。這主要是指輸納到司農寺、太府寺的租賦，以及將作監、少府監等從司農寺、太府寺支領的物品。貢賦的物品中，質地堅固的，產地僻遠的，那就轉輸去供應軍需。指邊防軍和各都督府、都護府要支用的物品。總之，所有貢賦物品，都要根據距離的遠近，送納的時間，數量的多少，質地的優劣，來進行統籌調度。凡是陸路運輸的行程，規定是：馬每天行七十里，人步行及驢馱行為五十里，牛車則日行三十里。水上行程規定是：滿載逆水航行，在黃河每天為三十里，長江為四十里，其他水路為四十五里；空船逆水航行，在黃河每天的航程為四十里，長江為五十里，其他水道為六十里；順水航行，無論空船還是重載規定都一樣，黃河是每天一百五十里，長江是一百里，其他水道為七十里。如果是在三峽、砥柱這類航行險灘的地段，那就不受上面里程規定的限制。若是遇到大風或淺水期，無法航行的話，可以向就近官府申牒請求檢驗並作出記錄，可以允許航速年（減半）計算。全國租賦的轉運、徵收和送納，都按照上面的規定日行里程來節制各地輸送速度的快慢和期限的遲早。

三

凡和市、糴❶皆量其貴賤，均天下之貨，以利於人。凡金銀、寶貨❷、綾羅之屬，皆折庸、調以造❸焉。凡天下舟車水陸載運皆具為腳直❹，輕重、貴賤、平易、險澀而為之制。河南、河北、河東、關內等四道諸州運租、庸、雜物等腳❺，每馱一百斤、一百里一百文，山阪處一百二十文；車載一千斤九百文。黃河及清水河❻，并從幽州運至平州❼，上水，十六文；下水六文。餘水，上十五文，下五文。從澧❽、荊❾等州至揚州❿，四文。其山陵險難、驢少處，不得過一百五十文；平易處，不得下八十文。其有人負處，兩人分一馱。其用小船處，并運向播⓫、黔⓬等州及涉海，各任本州量定。凡天下邊軍皆有支度之使，以計軍實、糧、仗之用，每歲所費，皆申度支而會計之，以《長行旨》⓭為準。支度使及軍州，每年終各具破用、見在數⓮申金部、度支、倉部勘會⓯。開元二十四年數⓰，以每年租耗雜支⓱，輕重不類，令戶部修《長行旨條》五卷，諸州刺史、縣令改替日⓲，並令遞相交付者。省司⓳每年但據應支物數⓴進畫頒行㉑，附驛遞送。其支配處分，並依旨文為定，金部皆遞覆而行之㉒。

【章　旨】記述有關和市和糴、金銀寶貨之折納、水陸運載之腳值以及邊軍年度支出之安排等項財政經濟制度，其中還涉及了「長行旨」的推行。

【注　釋】❶和市糴　即和市與和糴。指運用國家力量帶有強制性的平抑物價，前者為一般市場物價，後者特指糧價。唐太府寺設有平準署和常平署，分別負責這兩方面具體事務，總體規劃則由度支司統領。和市、和糴本意都為平抑物價，但在實施過程中，往往成為官吏漁利百姓的一個借口。白居易的〈論和糴狀〉便對「號為和糴，其實害人」的種種弊端有所揭露。（見《白居易集》卷五八）❷寶貨　金銀之屬謂之寶，錢帛之屬稱為貨。❸折庸調以造　指以庸調折納為貢物，即貢品中之所謂「折造貢」，與常年貢並行，其貢品有的非當土所出。文中所言金銀寶貨入右藏內庫，供君王頒賜之用。❹腳直　租調運費。直同「值」。據《通典・食貨六》所記開元二十五年（西元七三七年）賦役令規定：「其運腳出庸調之家，任和顧送達。」

即由課戶按所納數量及輸程遠近支付腳錢，官府僱人運送。❺腳　即腳直。❻清水河　據南宋本當為「洛水河」。❼并從幽州運至平州　此句疑由下文「從澧、荊等州至揚州，四文」下誤移於此。從上下文看，黃河、洛河的水運是河南、河北、河東運輸租調至京都必經水路，所以才有上水與下水之區別；而從幽州（今之北京）運至平州（今河北盧龍縣）走的只能是陸路，屬於配所部分，以軍用輸邊的。語譯姑依此，並加圓括號以為標誌。❽澧　州名。治所澧陽，今湖南澧縣。轄境相當於今湖南澧水流域西起桑植，東至安鄉各縣。❾荊　州名。治所江陵，即今湖北江陵縣。轄區相當於今枝江至石首的長江西岸地區。❿揚州　即今江蘇揚州市。唐江南道的漕運皆水運至揚州，然後北上東都。自澧、荊至揚州沿長江水運係順流而下，故腳直每百斤僅四文。⓫播　州名。治慕水，今貴州遵義市。轄境相當於今貴州桐、梓等縣。⓬黔　州名。治所今四川彭水縣。轄境相當於今四川之彭水、黔江等縣地。劍南道、江南道都有把租調配所給黔中道、嶺南道的任務。⓭長行旨　亦稱《常行旨符》。開元後期頒行的一種將支度國用計劃簡化並相對固定的文書。《新唐書・藝文志》刑法類錄有《度支長行旨》五卷，說明此種文書與律令格式等相類，具有法定意義。唐代前期一年一度的度支奏抄（即支度國用計劃）的操作過程較為繁複，改為長行旨後，就要便捷得多，且利於執行。詳見本章後說明。⓮破用見在數　均為古代財政術語。破用指已開支使用的數字；見在數即「現在數」，指使用後的積餘額。度支來年國用時，須算清上一年度使用情況及回殘數，然後斟酌配給。⓯勘會　即核查。庸調雜彩由金部司勘會，租粟由倉部司勘會，最後彙總到度支司，以便安排來年全國支用。⓰開元二十四年數　開元二十四年，即西元七三六年。數，近衛本已校出當作「敕」。南宋本正為「敕」。⓱租耗雜支　租耗，指附加於正租或地稅的費用。據唐代〈含嘉倉銘磚〉（圖版見一九七二年第二期《文物》）所錄文字，正租之耗為百分之一，地稅每斛耗二升，稅草加耗百分之二。雜支，指腳直、營窖、裹束等。租耗和雜支同樣要由課戶負擔。⓲改替日　指州、縣前後任長官交接之時。諸州、縣根據《長行旨》的規定，各有本州或本縣應輸納庸調、資課及各色錢物的簿籍，在州、縣前後任長官交接時，要辦理相應的移交手續。類似的規定，見《唐會要》卷五十八戶部尚書條所載開元六年（西元七一八年）五月四日敕文：「諸州每年應輸庸調、資課、租及諸色錢物等，令尚書省本司豫印紙送部，每年通為一處，每州作一簿，預皆量留空紙，有色數，并于腳下具書綱典姓名，郎官印置（署），如替代，其遞相分付。」綱典是州府或縣衙差遣護送官物者之官稱，綱為首，典為從。⓳省司　指尚書省。⓴據應支物數　指據《長行旨》規定之應支用物數。㉑進畫頒行　指申奏皇帝御批認可後，即予頒行。㉒金部皆遞覆而行之　指度支司最後編製確定經御畫批准的預算計劃，在實施之前，還要交付金部司覆核無誤後，才由金部司下達符文給有關機構，正式開始國家預算之實施。這裡只提到金部司，實際上還應包括倉部司。因為金部掌庫藏，倉部掌倉廩，二者在預算執行上互有分工，缺一不可。

【語　譯】關於和市與和糴，都要及時估量各地物價和糧價的貴賤，貴了就賣出去，賤了就買進來，這樣來均抑全國的貨價，以利於百姓。凡是金銀、寶貨、綾羅這類折造貢物，都是由各地以庸調折納的。各地租調貨物的舟車水陸運輸，都要加上相應的運輸費用，運費的數額，則根據貨物的輕重、貴賤以及路程的遠近、運途的平易或險阻作出不同的規定。河南、河北、河東、關內等四道各州運輸的租、庸、雜物的運費：陸運，用畜力載運，每馱一百斤運送一百里為一百文，有山坡的地方為一百二十文；用車裝運，每一千斤九百文。水運，在黃河和清（洛）水河，上水十六文，下水六文；其他水道，上水十五文，下水五文；從澧州、荊州沿長江順水到揚州，四文。（配所運到邊州的，從幽州運到平州，）在有山坡險阻，缺少驢馬的地方，不得超過一百五十文；平坦的地方不得低於八十文。凡是用人力背負的地方，負重量為兩個人分擔一馱。在用小船載運的地方，如運到播、黔等州以及經過海運的，由各州根據不同情況確定。全國各地所有邊軍都設有支度使，負責計劃每年軍資、糧、仗的用途，並以《長行旨》的規定為準則，會計每年開支的實際情況，向度支司申報。各邊軍支度使以及軍州，每年底都要將已經支用的數字和現在積餘的數字，申報金部、度支、倉部三司審核。玄宗開元二十四年數（敕）文認為各地每年租耗雜支有輕有重，很不一致，因而命令戶部編制《長行旨條》五卷，並且規定各州刺史和縣令前後任在交接時，必須把《長行旨》和本州縣應交納的租調、資課及諸色錢物的簿籍，亦一起相互交付清楚。這樣，尚書省每年只要根據《長行旨》開具應支的物數，經御畫認可後便可以頒行，附隨驛遞送達給各州。預算中的一切支配處分，都依照《長行旨》條文的規定辦理，最後經過金部司【和倉部司】遞覆後交付施行。

【說　明】「長行旨」的頒行，是唐朝前期財政制度中的一項重要改革，主持和推行這項改革的是李林甫。改革前，一年一度的度支奏抄編製過程相當繁複，完成以後經皇帝御畫認可，成為上達於下的「發日敕」，再由金部、倉部二司仔細遞覆無誤，然後以符文形式下達到內外諸司，由於數量繁多，須由百司抄寫，既費人力又費財力，還極易出錯。所以據《唐會要》卷五九度支員外郎條載錄，李林甫提出改革的一條理由是：「承前每年一造，據州府及諸司計紙當五十餘萬張。仍差百司抄寫，事甚勞煩。條目既多，計檢難徧。」急需改革的另一條理由是：「緣無定額，支稅不常」，加上所繳納物品多「非當土所出者」，所以「涉情兼長奸僞」，容易產生各種弊端。《長行旨》又稱《常行旨符》，這種新制度的一個特點就是「常行」，即把基本收支的定額相對穩定下來，使「人知定準，政必有常」。由於「長行旨」代替了一年一度的預算計劃，這樣「省司每年但據應支物數，進書頒行。每州不過一兩紙，仍附驛送」。不僅大大簡化了原先編製支度國用奏抄那個繁複過程，還使租庸調的收入制度化、固定化，從而使支度國用的重點轉移到對地稅、戶稅的徵收上，為爾後依據全國新的經濟形勢而改行的「量出制入」財政原則鋪平了道路。

金部郎中

【篇旨】本篇記述尚書戶部第三司——金部。

在唐朝前期，金部司與倉部司一起為度支預算的執行機構，共同掌管錢物的出納。金部司掌金寶、財貨的庫藏出納，倉部司掌全國倉儲，受納租稅，出給祿廩；大致說來，前者是掌錢貨，後者管糧米。這兩個機構與度支司的關係，不妨借用現代財務運作中的一對分工：度支司是會計，金、倉二司則為出納。固然，出納是具體執行會計預算的，但度支司在編製預算過程中不能沒有金部司和倉部司的參預，而預算要付諸實施，更離不開它們的積極執行。這是金、倉二司在戶部諸司的內部關係。此外，還有部外的橫向關係。既然金部司和倉部司掌管著庫藏財貨的出納，那麼分管倉庫的太府寺所轄之左、右藏，司農寺所轄之太倉，一是貯藏金寶財貨，一是掌管米糧粟穀的貯藏，它們自然分別要接受金倉二司的管轄。所以篇中記述的金部司有關倉儲出納的木契是與太府寺相對應聯繫的。《新唐書・百官志》把金部司的職能概括為：「掌天下庫藏出納、權衡度量之數，兩京市、互市、和市、宮市交易之事，百官、軍鎮、蕃客之賜，及給宮人、王妃、官奴婢衣服。」還是符合實際的。

一

金部郎中一人，從五品上。漢置尚書郎四人，其一人主財帛委輸，蓋金部郎曹之任也。歷魏、晉、宋、齊、後魏、北齊並有金部郎中，梁、陳、隋為侍郎，煬帝[1]但曰「郎」，皇朝因之。

武德三年❷加「中」字。龍朔二年❸改為司珍大夫，咸亨元年❹復故。

員外郎一人，從六品上。隋開皇六年❺置，煬帝改曰承務郎，皇朝為員外郎。龍朔、咸亨隨曹改復。

主事三人，從九品上。

金部郎中、員外郎掌庫藏出納之節❻，金寶、財貨之用，權衡度量之制，皆總其文籍而頒其節制❼。

【章旨】記述金部司郎中和員外郎和主事之員數、品秩及其職掌。

【注釋】❶煬帝　隋朝皇帝楊廣，在位十四年。❷武德三年　即西元六二〇年。武德為唐高祖李淵年號。❸龍朔二年　即西元六六二年。龍朔為唐高宗李治年號。❹咸亨元年　即西元六七〇年。咸亨為唐高宗李治又一年號。❺開皇六年　即西元五八六年。開皇為隋文帝楊堅年號。❻節　指符節。倉庫貨物出納之憑證。如金部司所掌之木契，便是節之一種。❼節制　指法度、法令。

【語譯】金部司：郎中，定員一人，官品為從五品上。漢代始置尚書郎四人，其中有一人負責財帛的出納，這就是金部司郎中的職掌。以後歷經魏、晉、宋、齊、北魏、北齊各朝，都曾設置金部郎中。梁、陳、隋時稱金部侍郎，隋煬帝時單稱「郎」。本朝起初因承這個稱呼，到高祖武德三年又在「郎」字下添了個「中」字，稱金部郎中。高宗龍朔二年一度改稱為司珍大夫，到咸亨元年又恢復舊稱金部郎中。

員外郎，定員一人，官品為從六品上。這一職務隋文帝開皇六年設置，隋煬帝時改名為承務郎，本朝稱為員外郎。在唐高宗龍朔、咸亨期間，隨著曹名的更改和恢復，這一職名亦一起更改和恢復。

主事定員是三人，官品為從九品上。

金部司郎中、員外郎的職掌，是掌管倉庫出納的符節和金寶、財貨的支用以及權衡度量的制定；有關職掌範圍內的一切文籍、帳冊，全都總在金部司，並由它頒佈相關的法度。

二

凡度以北方秬黍❶中者一黍之廣為分❷，十分為寸，十寸為尺❸，一尺二寸為大尺❹，十尺為丈。凡量以秬黍中者容一千二百為龠❺，二龠為合，十合為升，十升為斗，三斗為大斗，十斗為斛。凡權衡❻以秬黍中者百黍之重為銖❼，二十四銖為兩，三兩為大兩，十六兩為斤。凡積秬黍為度❽、量❾、權衡者，調鍾律❿、測晷景⓫、合湯藥⓬及冠冕之制⓭則用之；內外官司悉用大者⓮。

【章旨】記述有關度量衡之各項具體規定。

【注釋】❶秬黍　即黑麥。產於我國北方。❷一黍之廣為分　指以一粒麥之寬度為一分。❸十寸為尺　此係指小尺。小尺合今〇・二四五七八四米。❹一尺二寸為大尺　唐代民間通常使用大尺。一大尺的長度約為〇・二九四九四〇八米。唐時規定開元通寶錢的長度為八分，經實測折算成一尺的長度為〇・三〇三至〇・三一六米，接近於一大尺。❺龠　古量器名。漢尺方九分、深一寸為龠，其容量約為八百一十立方分。《漢書・律曆志》稱：「合龠為合，十合為升，十升為斗，十斗為斛，而五量嘉矣。」❻權衡　權，稱錘；衡，稱杆。借指重量計算單位。❼銖　我國古代衡制中的重量單位。《漢書・律曆志上》：「一龠容一千二百黍，重十二銖，兩之為兩。二十四銖為兩，十六兩為斤。」顏師古注：「十黍為絫，十絫為銖」，故百黍為銖。唐代以後，兩以下改用錢、分、厘，十錢為一兩，十分為一錢，一錢等於二銖四絫，相當於一枚開元通寶錢之重量。❽

度　指長度之計算單位。❾量　指容積之計算單位。❿調鍾律　指調制音律時計算律管長度之依據。中國古代十二音律，採取「三分損益法」，如以黃鍾律為基準，管長九寸，減去三分之一等分，便是六寸，六寸即為林鍾律律管之長度。此為下生。再以林鍾律為基準，管長六寸，加上其三分之一等分，便是八寸，八寸即為太簇律律管之長度。此為上生。十二音律的律管長度的計量，要以積秬黍為度。⓫測晷景　指測日影以定時刻，亦要以積秬黍為度。景通「影」。⓬合湯藥　指合成中藥時之重量測定，要以銖、兩為單位。⓭冠冕之制　指製作冠冕時計算長度的單位，要用到寸與分。⓮大者　指丈、尺，斗、斛，斤、兩，這些較大的計量單位。

【語譯】關於長度的計量，是以北方秬黍，即黑麥中中等大小的一粒寬度為一分，十分為一寸，十寸為一尺，一尺二寸為一大尺，十尺為一丈。關於容積的計量，是以秬黍即黑麥中中等大小的一千二百粒的容積為一龠，二龠為一合，十合為一升，十升為一斗，三斗為一大斗，十斗為一斛。關於重量的計量，亦是以秬黍即黑麥中中等大小的一百粒的重量為一銖，二十四銖為一兩，三兩為一大兩，十六兩為一斤。此外還有一些亦是需要用累積秬黍來作為度、量、權衡標準的，譬如調整十二音律音管長度，測量日影計算時間，合成湯藥時計算每味藥的重量，製作冠冕時的計量長、闊、高等，都要用到。至於內外官司機構使用的，都是比較大的計量單位，如大尺、斗斛、斤兩等。

三

凡庫藏出納，皆行文傍❶，季終而會之。若承命出給，則於中書省覆而行之。百司應請月俸❷，則符、牒到，所由皆遞覆而行之。舊制，京官有防閤、庶僕、給食、雜用❸等，開元二十年❹，敕以為「名目❺雖多，料數先定❻，既煩案牘，因此生姦。自今以後，合為一色，都以月俸為名，其貯米❼亦合入祿數同申」。遂有恆式。乃置木契❽，與應出物之司❾相合，以次行用⑩，隨符、牒而合之⑪，以明出納之慎。金部置木契一百一十隻：二十隻與太府寺合，十隻與東都合，十隻與九成宮⑫合，十隻與行從⑬太府寺合，十隻行從金部與京金部合，十隻行從金部與東都合，二十隻與東都太府寺合，二十隻東都金部與京金部合。

【章旨】記述庫藏出納之各項制度和規定。

【注釋】❶凡庫藏出納皆行文傍　意謂太府寺所屬左、右藏署所管藏之財貨，必須有金部司簽發之文書，才能依令支出。傍是一種簡易文書，內容為所出納器物名數及相關者姓名。將作監去太府庫藏領物料，本書後第二十二卷第一篇少府監丞條有這樣規定：「凡五署所修之物須金石（玉）齒革、羽毛、竹木而成者，則上於尚書省，尚書省下所由司以供給焉。」其中「所由司」即指金部司。《新唐書・百官志三》稱：太府寺丞中有「一人主左、右藏署帳，凡在署為簿，在寺為帳，三月一報金部」。太府寺左、右藏署的帳簿，每季彙總於金部司。於此可見太府寺與金部司的關係是：後者為政令機構，前者為執行機構。❷百司應請月俸　百司月俸屬預算以內，金部司可根據度支編製經皇帝畫可的支度奏抄直接判給，故下文云諸司「符牒到所由皆遞覆而行之」。❸防閤庶僕給食雜用　為四種課戶色役名稱。按品級高低定出不等數額賜給官員，即所謂「力祿」。折納成錢後，又成為官員俸祿的一個組成部分。❹開元二十年　據《通典・職官十七》及《唐會要》卷九十一應為「開元二十四年」，即西元七三六年。❺名目　指料錢之名目。有俸料、食料、雜錢和防閤、庶僕的納課等四類。❻料數先定　料錢的數額按職事品分配，其數額是固定的。❼貯米　指職事官之倉食，即口糧。本卷第四篇倉部司郎中員外郎條稱：「凡在京諸司官人及諸色人應給倉食者，皆給貯米。本司據見在供養，九品以上給白米。」❽木契　木製之符信。分雌雄二片，指令與執行兩個機構各執一片，作為支付的憑信，合符為驗。❾應出物之司　指具體管轄庫藏之太府寺。雌雄木契，一在金部司，一在太府寺，兩契相合，庫藏才可以支物。❿以次行用　指木契有編號，按編號次序使用。⓫隨符牒而合之　與木契一起的還有金部司行文給大府寺的符牒，二者合在一起，方為有效。符牒相當於現代支票，木契則為印信，二者俱全支付才能生效。⓬九成宮　宮殿名。隋稱仁壽宮，建於陝西麟德縣西。唐太宗貞觀五年（西元六三一年）重修，作為避暑行宮。因山有九重，故改名九成宮。⓭行從　指皇帝出巡時隨行之政府機構。

【語譯】凡是庫藏的出納，都由金部司行文傍到太府寺，每個季度末彙總一次。如果是承制命出給的，那就由金部司申報中書省覆核後執行。各個官署按規定請領的月俸，只要各司符牒一到，金部司遞覆後就可出給。按照舊制，京官都配有防閣、庶僕、給食、雜用等侍從人員。開元二十四年頒發的敕文認為「力祿的名目這麼多，而百官的料錢數又是固定的，因而這樣做既使案牘勞繁，又容易被利用來滋生奸邪。從今後，各種名目合為一色，都以月俸的名義發放。此外，官員的貯米亦合入祿數，一起申報」。這以後，才有了這個定式。金部司備有木契，與主管支物的太府寺對應配合。木契都編上號，按照順次行用。木契是與符牒一起配合使用的，用以表明出納工作必須謹慎又謹慎。金部司共備有木契一百一十隻，其中二十隻是與太府寺合的，十隻與東都合，十隻與九成宮合，十隻與行從太府寺合，十隻是行從金部司與在京師的金部司合，十隻是行從金部司與東都合，二十隻與東都太府寺合，二十隻東都金部司與京師金部司合。

四

凡有互市❶，皆為之節制。諸官私互市，唯得用帛練❷、蕃綵❸，自外並不得交易。其官市者，兩分練❹，一分蕃綵。若蕃人須糴粮食者，監司斟酌須數，與州司相知，聽百姓將物就互市所❺交易。凡縑、帛❻之類，必定其長短廣狹之制❼，端、匹、屯、綟之差焉。羅❽、錦❾、綾❿、段⓫、紗⓬、縠⓭、絁⓮、紬⓯之屬以四丈為匹，布則五丈為端，綿⓰則六兩為屯，絲則五兩為絇⓱，麻則三績⓲為綟。凡賜物十段，則約率而給之：絹三匹，布三端，綿三屯⓳。貲布⓴、紵布、罽布㉑各端，春、夏以絲代綿。若雜綵十段，則絲布二匹㉒、〔紬二匹、綾二匹、縵㉓四匹。若賜蕃客錦綵，率十段則錦一張、綾二匹、縵三匹、綿四屯。」

【章　旨】記述唐代的互市制度及相關規定。

【注　釋】❶互市　指與外國或周邊少數族間之貿易。本書後第二十二卷第二篇少府監下屬有諸互市監，分別隸屬於緣邊所管州府，其職掌便是「各掌諸蕃交易之事。互市所得馬、駞、驢、牛等各別其色，具齒歲膚第，以言於所隸州府，州府為申聞，太僕差官吏相與受領印記，上馬送京師，餘量其眾寡，並遣使之」。互市為唐朝馬匹的主要來源。互市之場所、價格，允許交易出境之物品，均有節制。金部司屬政令機構，少府監下屬諸互市監則為執行機構。❷帛練　指練過的布帛。布帛經煮練顯得柔軟、潔白。一般指潔白之熟絹。❸蕃綵　指顏色、花紋適應周邊少數族欣賞習慣之絹帛。❹兩分練　據上文，應是「兩分帛練」。❺互市所　緣邊州府被指定為蕃邦互市之場所。如開元十五年（西元七二七年）唐許在西受降城（今內蒙古杭錦後旗北）與突厥互市；又許吐蕃在赤岺（今青海之日月山）為互市。《白氏六帖事類集》卷二十四互市引開元二十五年（西元七三七年）〈關市令〉稱：「諸外蕃與緣邊互市，皆令互官司檢校，其市四面穿壍及立籬院，遣人守門；市易之日，卯後，各將貨物、畜產俱赴市所，官司先與蕃人對定物價，然後交易。」❻縑帛　縑與帛皆為古代絲織物之通稱。❼長短廣狹之制　長短，原注已注明。廣狹，據《唐令》：絹布的寬度為一尺八寸。❽羅　稀疏而輕軟之絲織品。❾錦　有彩色花紋之絲織品。❿綾　一種薄而細，紋如冰凌、光滑如鏡面之絲織品。⓫段　即緞。絲織品類名。以緞紋組織或以緞紋作地組織提花織成。南宋本作「絹」。絹為平紋絲織物。⓬紗　絹之輕細者。⓭縠　縐紗一類絲織品。⓮絁　粗綢，似布。猶今綿綢一類。⓯紬　即「綢」字。⓰錦　南宋本及《通典・食貨六》均作「綿」。⓱紵　當為「絢」。《通典・食貨六》賦稅下本注：「絲以五兩為絢。」⓲三績　南宋本及《通典・食貨六》均為「三斤」。⓳綿三屯　當為「綿四屯」。因絹三匹、布三端與綿四屯才構成「十段」。南宋本及《舊唐書・職官二》均作「四屯」。⓴貲布　細麻布。貲通「𢂁」。㉑罽布　織毛為布。《漢書・高帝紀下》顏師古注罽為「織毛，若今毼氍及氍毹之類也」。㉒絲布二匹　此句以下，《唐六典》四庫本有較多缺文。屬於本章的有三十一字，據以南宋本為底本的陳仲夫點校本補上，並加方括號以為區別。㉓縵　無紋飾之繒帛。

【語　譯】周邊各州設立的互市，都受金部司的節制。所有官私互市，都只能用帛練、蕃綵兩類商品與蕃人交易，其餘物品都不得進入互市市場。由官府經營的互市，商品總量中三分之二是帛練，三分之一為蕃綵。如果蕃人要求糴糧食的，各互市監司可以斟酌所需糧食的數量，與所在州府一起商定辦理。官司互市以後，准許百姓攜帶貨物進入互市所與蕃人交易。凡是縑、帛一類絲織物，它們的長短闊狹都有定制，譬如端、匹、屯、線這些計量單位都各有差等。羅、錦、綾、緞、紗、縠、絁、紬之類，都以四丈為一匹，布則以五丈為一端；錦（綿）六兩為一屯，絲五兩為一紵（絢），麻則以三績（斤）為一緉。凡是君王賜物十段，給付時都要按照規定的比例：絹三匹，布三端，綿三（四）屯。布三端為貲布、紵布、罽布各一端。春、夏賜物時，則以絲代綿。如果是賜雜綵十段，比例是絲布二匹、【紬二匹，綾二匹，縵四匹。如果是賜蕃客錦綵十段，比例則是錦一張，綾二匹，縵三匹，綿四屯。】

【說　明】唐前期互市主要是在北方沿邊諸州，以縑、帛與突厥等游牧族換馬，高宗時，可以一匹縑易一匹馬，每年貿易額達九十萬匹之多。《冊府元龜》卷九八〇載玄宗給毗伽可汗詔稱：「國家舊與突厥和好之時，蕃漢非常快活，甲兵休息，國家買突厥馬羊，突厥將國家絲綿，彼此豐足，皆有便宜。」唐朝軍馬主要來源就是這種互市。在互市中，內地出口去邊外的物資的品種，是有限制的。《唐會要》卷八十六載開元二年（西元七一四年）敕文規定：「諸錦、綾、羅、縠、繡、紬、綿、絹、絲、布、氂牛尾、真珠、金、銀、鐵，並不得度西邊、北邊諸關，及至緣邊諸州興易。」但這種限制，主要是針對民間參加的互市，目的是為了保證官方對互市的壟斷地位，能以比較低的價格來換取馬匹。其中限制鐵器進入互市，自然亦含有防止對方擁有更多鐵器後用來侵擾邊境之意。在交易中，市場價格是官府定的，先要滿足官方的需要後，才允許民間進入互市貿易。

五

〔補〕❶

〔凡遣使覆囚❷，則給以時服❸一具，隨四時而與之。若諸使經二季不還，則給以時服一副，每歲再給而止。諸□人❹出使覆囚者，并典各給時服一具，春、夏遣者給春衣，秋、冬去者給冬衣。其出使外蕃及傔人❺并隨身雜使、雜色人有職掌者，量經一府已上，亦準此。其雜色人邊州差者，不在給限。其尋常出使過二季不還者，當處酌量，并典各給時服一副。去本任五百里內充使者，不在給限。凡時服稱一具者，全給之；一副者，減給之。一具者，春、秋給袍❻一、絹汗衫❼一、頭巾一、白練袴❽一、絹褌❾一、鞾❿一量並氈，夏則以衫代袍，以單袴代裌袴，餘依春、秋；冬則袍加綿一十兩，襖子八兩，袴六兩。一副者，除襖子、汗衫、褌、頭巾、鞾，餘同上。正、冬之會⓫，稱束帛有差⓬者，皆賜絹，五品已上五匹，六品已下三匹。命婦會⓭，則視其夫、子。」

【章旨】記述官吏出使時給時服之規格以及正冬朝會時賞賜之標準。

【注釋】❶補 《唐六典》四庫本此章脫漏，據以南宋本為底本的陳仲夫點校本補，並用方括號括出，以為區別。❷遣使覆囚 唐制，凡全國諸州斷罪應申覆者，每年正月刑部與吏部擇使分道巡覆。或者奉制命，御史大夫與刑部尚書一起擇使巡覆。❸時服 按季節不同，質地、裁製、顏色都有所變化的官服。❹諸□人 本條正文有「凡遣使覆囚」句，疑空框處為一「遣」字。❺傔人 唐制，節度使、大使、副使屬下都有傔人。相當於今之秘書副官。《舊唐書・職官志二》稱：「凡諸軍鎮大使、副使已下，皆有傔人，別奏以從之。」❻袍 長衣之通稱，如長袍、棉袍。❼汗衫 指短袖單衣。❽袴 即「褲」字。❾褌 有襠之褲，可用絹製，而袴只許用練帛。❿鞾 即「靴」字。筒高踝骨以上之鞋，內襯有毛氈。⓫正冬之會 指正旦（元旦）、冬至之朝會。屆時，皇帝要袞冕臨軒，奏樂，陳各種寶器；文武百官、朝集使、諸王並朝服陪位。儀式開始時，皇太子獻壽，次上公獻壽，次中書令奏諸州表，黃門侍郎奏祥瑞，戶部尚書奏諸州貢獻，禮部尚書奏諸蕃貢獻，太史令奏雲物，侍中奏禮畢。然後中書令又與供奉官獻壽。這時殿上皆呼萬歲。⑫稱束帛有差　意謂正冬朝會結束時，由侍中宣告御賜束帛，依官品各有差等。⑬命婦會　命婦指有封爵的貴族官僚之母或妻，可以享受朝廷給予的封號及各種儀節上的待遇。命婦分內外兩類，內命婦為皇帝妃嬪及太子良娣以下；外命婦為公主、諸王妃以下。正冬朝會之日，命婦至中宮為皇后稱觴獻壽，同樣由司宮宣賜束帛有差，只是其差等以其夫或子官品為據。

【語　譯】凡是每年正月派遣使節到各地覆審囚犯，都發給時服一具，按照不同的季節發給不同的衣服。如果被派遣的使節要經歷兩個季節不能返還，那就給予時服一副，每年給二次為止。凡是派遣人出使到各地去覆核囚犯的，連同主典各給時服一具。如果是春季或夏季派遣的，就給春衣；秋季或冬季出發的，就給冬衣。至於是奉命出使到境外蕃邦，那麼使節本人和他的傔人以及隨身攜帶的被差遣的雜色人員中有職掌的，曾經在一州府以上任事的，亦按這個標準發給。但如果他的隨行雜色人員是邊州差遣的，那就不在應給的範圍。通常出使超過兩個季度還不能返還的，由當地斟量，可以包括主典在內，給予時服一副。但如果只是在離開本任所五百里以內充任使節的，那就不屬於發給的範圍。凡是時服稱一具的，全套都要給予；稱一副的，那就減量給予。所謂一具，包括：春秋給長袍一件，絹汗衫一件，頭巾一條，白練套袴一條，絹褌一條，長鞾一雙以及襯墊的毛氈；夏天發給則以短衫代替長袍，以單袴代替夾袴，其餘依照春、秋的標準；冬天發給長袍可加綿十兩，短襖可加綿八兩，袴子可加綿六兩。所謂一副，除去襖子、汗衫、褌、頭巾、鞾不發給以外，其餘同上面一樣。元旦和冬至朝會時，侍中所以宣告御賜束帛，各有差等，賞賜物品是一樣的，都是絹；差等在於數量：五品以上為五匹，六品以下為三匹。命婦參加朝會時，賞賜亦有差等，那就要根據她們丈夫或兒子的官品的高低來定。

倉部郎中

【篇　旨】本篇記述戶部四司中最後一司倉部司，其職掌為主管全國倉廩系統，負責受納租稅和出給百官祿廩。

唐代前期倉穀的來源，大體上有四個方面：一是以戶丁為徵收對象（每丁租粟二石）的課入；二是軍屯屯糧的收入；三是常平倉的糴入；四是義倉稅亦即後來的地稅（畝稅二升）的收入。支出是內外百官的祿廩和諸司官人的倉食、軍糧以及各色番役、官奴婢的口糧。為了保障這個全國規模數量巨大的糧食收集和重新分配的過程得以有條不紊地進行，需要有一個從中央到地方的周全嚴密的儲藏和調運系統；可以說整個王朝龐大的上層建築都是建立在這個基礎之上的，沒有它，國家各個部門最基本的生活必需品——糧食的分配和消費，就不可能得到起碼的保障。

唐代的倉廩系統的基礎機構，是分布在全國各州縣的一千五百七十三座正倉。唐制地方以縣倉和州倉受納正租，正倉是州倉和縣倉的統稱。州縣衙門中設有倉曹、司曹參軍，正租、義倉或地稅、常平倉粟，都由他們直接管轄。每年他們要把「常【平】與正、義倉帳具本利申尚書省」（三十卷一篇州倉曹職掌），在尚書省，具體執掌此事的便是戶部的倉部司。集中於正倉的糧食，從原則上講，在上面提到的四個來源中，能夠進入再分配的只有正租，通常分成三個部分：一是留州，作為地方開支；二是配所，即轉為軍糧，三是輸納京都，供皇朝各個官府機構消費。其他如常平倉，特別是義倉，是有明文規定「唯荒年給糧，不得雜用」（本篇五章）的，但實際上卻常常或明或暗地也進入了再分配的渠道。這當然屬不正常，卻又總是屢禁而不止。此類現象篇中亦有所涉及。

把各地送納的稅糧集中到長安和洛陽，這就有一個非常繁重的運輸任務。唐朝的政治中心在關中，而產糧區則多在河南、河北、河東以及江淮一帶。這就需要建立龐大的糧食轉運系統，才能把分散在各地的糧食集中起來，以保證朝廷的需求。因而漕運線路往往被視為生命線，直接關係到王朝的存亡安危。篇中對唐代前期的漕糧運輸，包括水陸兩路沿線的機構與設施，運費的支付等，都有較詳細記述。而糧食的轉輸運費，稱為「腳直」或「函腳」，附加於正額租稅之上，對廣大農民實為一項沉重的負擔。據《新唐書・食貨三》記載，開元時「民間傳言用斗錢運斗米，其糜耗如此」！

一

〔補〕❶

〔倉部郎中一人，從五品上。《周禮・地官》❷有廩人❸下大夫❹之職，為舍人❺、倉人❻、司祿❼之長，掌九穀❽之數，賙賜稍食❾，以知足否❿，蓋倉部之任也。自魏、晉、宋、齊、後魏、北齊並有倉部郎中，梁、陳為侍郎。後周地官府有司倉下大夫一人。隋初置倉部侍郎，煬帝但曰「郎」。宋、齊、梁、陳、後魏、北齊並以度支尚書領倉部；開皇三年⓫改度支為民部領之。皇朝因隋，曰倉部郎，武德三年⓬加「中」字。龍朔二年⓭改曰司庾大夫，咸亨元年⓮復故。

員外郎一人，從六品上。後周地官府有小司倉上士一人，則其任也。隋開皇六年⓯置，煬帝曰承務郎，皇朝復曰倉部員外郎。龍朔、咸亨並隨曹改復。

主事三人，從九品上。

倉部郎中、員外郎掌國之倉庾⑯，受納租稅，出給祿廩⑰之事。」

【章　旨】記述倉部司郎中、員外郎和主事之員數、品秩及職掌。

【注　釋】❶補　《唐六典》四庫本此章脫漏，據以南宋本為底本的陳仲夫點校本補，並加方括號以作區別。❷周禮地官　書名和篇名。《周禮》，亦稱《周官》，儒家經典之一。係搜集周王室和戰國時各國制度，按照儒家理想，增減排比編纂而成。全書分〈天官〉、〈地官〉、〈春官〉、〈夏官〉、〈秋官〉、〈冬官〉六篇。其中〈地官〉篇記述司徒，其職掌土地和人民。❸廩人　官名。掌計一年穀入之數，並主管穀米收藏及配發給官員。❹下大夫　古代在君主之下，有卿、大夫、士三級，大夫又分為上、中、下三級。廩人由下大夫二人充任。❺舍人　官名。掌理王宮中用穀之政務。計其人數多寡、爵秩高下，以定祿食需用穀之多少。❻倉人　官名。掌穀物之貯藏。❼司祿　官名。鄭玄注：主班祿。❽九穀　古以稷、秫、黍、稻、麻、大豆、小豆、大麥、小麥為九穀，亦泛指穀類。❾賙賜稍食　賙賜，意謂周濟與恩賜；稍食，指官府工役之廩食。《周禮・地官》原文在此句前尚有：「以待國之匪頒。」匪頒亦稱「分頒」，指分賜群臣所需財用，相當於後世的俸祿。據此，廩人「掌九穀之數」大致用於三個方面開支：分賜群臣俸祿，周濟臣民不足之處和給工役以廩食。❿以知足否　《周禮・地官》原文，在此前後尚各有相關文字，全句是：「以歲之上下數邦用，以知足否，以詔穀用，以治年之凶豐。」大意為：依據年成的好壞和邦國支度的費用，計算出國用是否充足，從而訂定用穀的標準，以適應豐年或災年的各項施政。⓫開皇三年　即西元五八三年。開皇為隋文帝楊廣年號。⓬武德三年　即西元六二〇年。武德係唐高祖李淵年號。⓭龍朔二年　即西元六六二年。龍朔為唐高宗李治年號。⓮咸亨元年　即西元六七〇年。咸亨亦為唐中宗李治年號。⓯開皇六年　即西元五八六年。⓰倉庾　方形貯糧建築物稱倉，露天積穀處稱庾。⓱祿廩　指以糧食形式發給百官的俸祿。

【語　譯】倉部司：郎中，定員一人，官品為從五品上。《周禮》的〈地官〉篇中有由下大夫出任的廩人這個職務，是舍人、倉人和司祿的長官，執掌每年穀物徵收的數字，除供給群臣俸祿外，還用來周濟與恩賜以及官府工役的廩食，通過收支測算，瞭解倉儲是否充足。這亦就是如今倉部司的責任。自魏、晉、宋、齊和北魏、北齊以來，歷朝都設置有倉部郎中，其中梁、陳兩朝稱為倉部侍郎，北周的地官府設有司倉下大夫一人。隋初設置倉部侍郎，煬帝時，單稱為「郎」，就是倉部郎。宋、齊、梁、陳、北魏、北齊都是以度支尚書統領倉部。隋文帝開皇三年，改稱度支為民部，這樣就由民部尚書統領倉部。本朝因承隋朝的體制，稱倉部郎，高祖武德三年加了一個「中」字，稱郎中。高宗龍朔二年改稱司庾大夫，咸亨元年又恢復稱倉部郎中。

員外郎，定員一人，官品為從六品上。北周的地官府設有小司倉上士一人，這個職務就相當於現今的員外郎。員外郎的職名隋文帝開皇六年設置，隋煬帝時改稱承務郎，本朝恢復稱倉部員外郎。但在高宗龍朔、咸亨年間，曾經隨著曹名的更改和恢復而一起作過更改和恢復。

主事，定員三人，官品為從九品上。

倉部司郎中和員外郎的職掌，是管理國家的糧倉，負責收受和接納租稅，以及供給百官廩祿一類事務。

二

〔補〕❶

〔凡京官每年祿：正一品七百石，從一品六百石，正二品五百石，從二品四百六十石，正三品四百石，〕從三品三百六十石，正四品三百石，從四品二百六十石，正五品二百石，從五品一百六十石，正六品一百石，下以十石為差，至從七品七十石，正八品六十七石，下以五石為差，至從九品五十二石。外官降一等。應降等者，正、從一等❷各以五十石為一等，二品、三品皆以三十石為一等，四品、五品皆以二十石為一等，六品、七品皆以五石為一等，八品、九品皆以二石五斗為一等。春、夏二季則春給之，秋、冬二季則秋給之。有閏者不別給。

【章旨】記述京師內外百官按品秩給予俸祿之數額及給付之時間。

【注釋】❶補 從「凡京官每年祿」至「正三品四百石」共三十八字，四庫本《唐六典》闕，此據以南宋本為底本的陳仲夫點校本補。❷正從一等 句中「等」字，據《通典・職官十七》當為「品」字。

【語譯】凡是在京師的官員，每年祿米的數額規定是：正一品七百石，從一品六百石，正二品五百石，從二品四百六十石，正三品四百石，從三品三百六十石，正四品三百石，從四品二百六十石，正五品二百石，從五品一百六十石，正六品一百石；正六品以下，每下降一個等級，祿米遞減十石。京師外的官員，按照上面標準降一等。應降一等的含義是：正一等（品）和從一等（品）以減五十石為一等，二品、三品都以三十石為一等，四品、五品都以二十石為一等，六品、七品都以五石為一等，八品、九品都以二石五斗為一等。春夏兩季的祿米，都是在春天發給；秋冬兩季的祿米，都是在秋天發給。有閏月的年份，不另外加給。

【說明】唐朝前期，給祿制度有多次變更。在高祖武德期間，京官給祿，外官無祿。貞觀二年（西元六二八年）改為外官有上考亦可給祿。到了貞觀八年（西元六三四年），中書舍人高季輔上表稱「外官卑品，猶未得祿」，請求「斟量給祿」（《唐會要》卷九十）。大概此後不久，外官才都有了祿。給祿有粟亦有米，其比例通常為一比零點六。《新唐書・食貨五》載開元二十四年（西元七三六年）令有「祿米則歲給之」，可見祿令中規定的數額是米。如果發的是粟，那要折算成米。此外亦有以鹽為祿的。給祿的依據是本品，亦就是散官的品階，不是職事品。給祿還與考課有聯繫，本書前第二卷第四篇考功郎中職掌條原注稱：「諸食祿之官，考在中上已上，每進一等，加祿一季；中下以下，每退一等，奪祿一季。」唐代京官祿米來源於地租，即租調以外的地稅，由義倉轉化而來。京官併在俸祿中的還有貯米，這是給京師職事官的倉食。每年供應給京官的祿米總額大致在十五萬石左右。外官祿米的總額則為一百四十萬石上下。俸祿僅是內外百官收入的一個方面，此外還有職分田、公廨田、俸料錢等多種名目。

三

乃置木契❶一百枚以與出給之司相合❷，以決行用❸，隨符、牒內而給之❹。倉部置木契一百隻：三十隻與司農寺❺合，十隻與太原倉❻監合，十隻與永豐倉❼監合，二十隻與東都司農寺合，二十隻行從❽倉部與京倉部合，十隻與行從司農寺合。凡在京諸司官人及諸色人應給倉食者，皆給貯米，本司❾據見在供養。九品以上給白米。流外長上者❿，外別給兩口糧⓫。諸牧尉⓬給五口糧，牧長⓭四口糧。兩口准丁，餘准中男⓮給。諸牧監獸醫上番日，給衛士⓯、防人⓰以上征行若在鎮及番還⓱，并在外諸監、關、津⓲番官；上番日給。土人任者，若尉、史⓳，並給身糧。諸官奴婢⓴皆給公糧，其官戶㉑上番充役者亦如之。凡致仕㉒之官五品已上及解官充侍㉓者，各給半祿。即還官者，通計前祿以充後數㉔。

【章　旨】記述有關倉廩出納及京師諸司官人及諸色番上人等供給倉食之各項具體規定。

【注　釋】❶木契　木質符信。分雌雄二片，指令與執行兩個機構各執一片，作為支付的憑證，合符以驗。❷與出給之司相合　出給之司，指司農寺所屬之太倉署及太原、永豐、龍門諸倉。相合，指兩個機構分執的雌雄木契相合。合符無誤，方可支付。❸以決行用　句中「決」當係「次」之誤，南宋本及本書本卷前第三篇金部郎中職掌條均作「以次行用」。木契是有編號的，須依照順號使用。故曰「以次行用」。❹隨符牒內而給之　意謂與木契一起的，還有倉部司下發的符文或牒文，兩相驗證，才能出給倉廩。又，句中「內」字南宋本無，疑為衍文。❺司農寺　唐九寺之一。北齊始置。除主管倉儲市易、供應宮廷糧菜外，並掌京都百司官吏祿廩之給付，具體由其下屬太倉署執行。太倉包括北太倉與太倉兩部分，北太倉即東渭橋倉，太倉在宮城內。《文苑英華》卷八〇二沈亞之〈東渭橋倉給納使新廳記〉云：「渭水東附河，輸流透迤，於帝垣之後，倚垣而跨為梁者三，各分中、東、西，天廩居最東，內江淮之粟，而群曹百衛於是仰給。」可見給付百官俸祿的是東渭橋倉。粟米的來源是入北太倉的江淮地稅回造米。外官的祿米則由各地正倉支給。❻太原倉　其倉址在陝縣（今三門峽市）西南四里，北臨焦水，西俯大河，地勢高平，周圍有六里，規模頗大。它是一個轉運倉，因倉址距河岸稍遠，地勢又高，成為河上漕運與陸運遞場的會合點。遞場運糧到此，還須倉車載米至河邊，然後登舟，頗為不便。陝州刺史姜師度曾鑿地道，自上注之，使至水次，成為漕糧轉運史上的一件大事。太原倉的重要性，在於它「扼控兩京水陸二運」（《舊唐書・姜師度傳》）。❼永豐倉　其倉址在華陰縣東北三十五里的渭河口。太原倉和龍門倉兩個方向來的漕船，並由其接納轉河入渭。天寶三年（西元七四四年）韋堅自苑西引渭水，利用漢、隋運渠故道開漕河，直至永豐倉下，從而提高了永豐倉的轉輸能力。❽行從　皇帝出行時隨從的政府機構。❾本司　南宋本及廣池本「本司」二字均為正文，非原注。語譯據以改。❿流外長上者　流外官中長期輪番服役者。⓫口糧　指每人每天的糧食定量。本書後第六卷第二篇都官郎中職掌條原注云：「其糧丁口日給二升，中口一升五合，小口六合。諸戶留長上者，丁口日給三升五合，中男給三升。」⓬牧尉　唐諸牧監之屬官。掌馬、牛、駝、羊等畜群的牧養和孳課之事。每一尉下配有調習馬十人，分為五番上下。⓭牧長　唐諸牧監屬官。以一百二十頭馬、牛為一群，群有牧長、牧尉，掌畜群牧養和孳課之事。⓮中男　唐制男子十六歲至二十歲為中，二十一歲為丁。中男的口糧低於丁半升：丁口日給二升，中男為一升五合。⓯給衛士　句首「給」，南宋本作「及」，當據以改。衛士，府兵番上充宿衛者稱衛士。唐前期的士兵有府兵、募兵、防人、土鎮兵、團結兵、健兒等諸種。⓰防人　為鎮戍防守之人。鎮的兵曹參軍掌防人名單，防人或差府兵，或差百姓充當。《唐律疏議・擅興律》遣番代違限條疏議稱：「依〈軍防令〉：防人在防，守固之外，唯得修理武器、城隍、公廨、屋宇。各量防人多少，於當處側近給空閑地，逐水陸所宜，斟酌營種，并雜蔬菜，以充糧貯及充防人等食。」府兵制衰落後，防人演變成為防丁。由於防丁不在正額兵員之內，其糧食有一部分要由自己耕墾提供。⓱征行若在鎮及番還　指士兵出征、在鎮戍守、番上完畢後返還這三種情況，都要給身糧，亦即本身之口糧。⓲監關津　設置在外地的三種機構。監指在諸州之牧監、竹監、冶監、倉監等；關指在交通要道設置之關隘；津設於渡口，除在京兆、河南界者屬都水監外，其餘均附屬於關。⓳尉史　指地方官府流外的下級屬吏或吏胥。⓴官奴婢　唐制規定由刑部都官司管理官奴婢，每年諸司有官奴婢的都要團貌造籍二通，一通送尚書省，一通留本司，並置簿貼身團貌，然後關金倉二司給衣糧。其衣糧供給標準據本書後第六卷第二篇都官郎中職當條云：「春衣每歲一給，冬衣兩歲一給，其糧則季一給。」定量為：「丁口日給二升，中口一升五合，小口六合。」㉑官戶　又稱番戶。由官奴婢放免而來。番戶一年三番，上番充役時，由官府給予公糧。㉒致仕　即退休。唐制規定官吏年七十以上應致仕。㉓解官充侍　指在職官員父母或祖父母為八十以上老人或疾篤者，應請求解除職官，返鄉侍親。若委親不顧屬違令有罪。㉔通計前祿以充後數　指官吏未考滿而遷官就新任，其祿要以作前官時之考課為依據，若前任考課等第在中上以上，加祿一季者，則應將此加祿充入後任俸祿數內。

【語譯】關於倉廩出納的制度是設置木契一百枚，倉部司與負責出給倉廩的司農寺同樣的木契對應配合。木契都有編號，依照順號使用。同時附隨有尚書省簽發的相應符牒，一起驗證，然後供給。倉部司設置的一百枚木契，其中三十枚與司農寺合，十枚與太原倉監合，十枚與永豐倉監合，二十枚與東都司農寺合，二十枚是行從倉部司與在京的倉部司合，還有十枚與行從司農寺合。凡是在京師的各個官府機構的官員，以及其他各種應該給予倉食的人，供給的都是貯米，由官員所在各司根據現在的名冊供應。九品以上的給白米。流外官長期在番上的，另外給兩人的口糧。各個牧監所屬的牧尉，給五口糧，牧長給四口糧。其中兩口按丁的標準給，其餘按中男標準給。各個牧監獸醫在番上期間，和衛士、防人以上人員或出發征行，或在鎮戍防衛，或剛從番上返還，以及在各州的監、關、津的番官，都給口糧。意思是上番的日子給口糧。由當地人充任的，如尉史這一類職務，亦都給本身的口糧。各個機構所屬的官奴婢都給公糧。官戶上番時服役期間，亦給公糧。凡是致仕退休的五品以上的官員，以及解除官職回家侍養老人的人員，都給半俸祿。考課未滿而遷官新任的，他原先的俸祿，可以充入到後任官的俸祿數裡面去。

四

凡都之東租納於之含嘉倉❶，自含嘉倉轉運以實京之太倉❷。自洛至陝運於陸❸，

自陝至京運於水❹，量其遞運節制，置使以監充之❺。陸路從洛至陝分別量計十五文❻，付運使。於從路分為之遞❼，應須車牛，任使司量運多少召雇情願者充。以十月起運，盡歲止。

【章　旨】記述東都之含嘉倉及由含嘉倉至京師太倉之糧食轉運線路。

【注　釋】❶含嘉倉　倉址在唐東都洛陽含嘉門之北。據宋敏求《河南志》卷三記載：洛陽南面一門曰承福門，北面一門曰含嘉門，其北即含嘉倉；倉有城，號含嘉城，南北長七百五十二米，東西寬六百十二米，面積約四十三萬平方米。倉城內分布有排列整齊的密封式圓形窖，已探出有二百八十七座，已發掘的有十一座。窖穴口徑一般為八──十八米，深三──十一米，口大底小，壁斜下內收。窖底堅硬，經過火燒處理；其上縱橫鋪木板兩層，周圍亦砌有木板。估計原存糧可達五十五萬斤左右，曾發掘一窖存有炭化的粟米。大部分窖內有倉銘磚，記載著倉窖的位置編號、儲糧來源、品種、數量、入窖年月以及相關人員的姓名、官職等。據銘文載，含嘉倉糧食來源於蘇、徐、邢、冀、濮、德、魏、滄、楚、徐等州，每窖最高儲量在萬石以上。如此規模的地下窖藏糧，實為歷史所罕見。❷太倉　倉址在長安宮城西北角，與渭水相接的東渭橋倉亦是太倉的一個組成部分。沈亞之〈東渭橋給納使新廳記〉稱：「渭水東附河，輸流逶迤於帝垣之後。倚垣而跨為梁者三，各分中、東、西，天廩居最東，內淮江之粟，而群曹百衛於是仰給。」（《全唐文》卷七三六）天廩之義即為太倉。東渭橋倉亦稱太倉。❸歐陽修在《新唐書・食貨志三》中說：「【李泌】輸東渭橋太倉米至，凡百三十萬石。」可見宋人仍把東渭橋倉看作太倉。❹自洛至陝運於陸　指自東都洛陽至陝州（今三門峽市）漕糧的運輸走陸路。那是因為黃河水險，特別是三門峽段水勢湍急，難以航行，故採陸運。❹自陝至京運於水　自陝州至京師長安採水運。由黃河入渭水直抵東渭橋倉。❺置使以監統之　由於糧食轉運直接關係到京師的安危，唐以河南尹兼充河南水陸運使，陝州自開元元年（西元七一二年）起，以陝州刺史兼陝州水陸運使，天寶十年（西元七五一年）楊國忠一度自兼此職。河南、陝州二轉運使每年轉運的糧食常在一百八十萬石以上，足見其地位之重要。❻量計十五文　意謂按運量計算運費，自洛至陝每百斤為十五文。❼於從路分為之遞　句中「之遞」，南宋本為「八遞」。《通典・食貨十》漕運本注稱：「開元初河南尹李傑始為陸運使，從含嘉倉至太原倉置八遞場，相去每長四十里。」據此，應為「八遞」，即從洛陽之含嘉倉由陸路轉運至太原倉，沿途分設八個遞場，以作接力運輸。又，句中「從路」

南宋本作「北路」。含嘉倉址在東都洛陽，太原位於其北，稱「北路」亦通。

【語　譯】凡是東都以東地區的田租米粟，全部接納到東都的含嘉倉，然後從含嘉倉轉運去充實京師的太倉。從洛陽到陝州採取陸路運輸；從陝州至京師採取水路運輸。並依據節制交接轉運的需要，設置河南與陝州轉運使，以加強對漕運的監督和管理。陸運從洛陽到陝州，分別按運量計算，每一百斤為十五文，交付給轉運使。在這條陸路運輸線的沿途，分別設置八個遞場轉遞，需要多少車輛和牛隻，由轉運使根據轉運量多少，招僱願意擔當的人充當。從十月間開始起運，到年底結束。

【說　明】唐朝建都在長安，地處關中，糧運有諸多不便。高宗以前，京師糧食的需求還不大，高宗即位以後，情況發生了變化。一是官僚機構迅速膨脹，人口激增，糧食消費量直線上升；二是西北地區戰事頻繁，京師兵員日多，軍糧自然亦隨之大增；三是高宗總章元年（西元六六八年）關中發生旱災，並由此引起饑荒，糧食短缺更達到了空前的地步。在這種情況下，運輸的是否暢通，就成了一個嚴重問題。偏偏當時河汴轉運不暢，特別是三門峽湍流更為艱險，而單靠陸運牛車拖拉數量畢竟有限。以至自顯慶二年（西元六五七年）至咸亨三年（西元六七二年）前後十五年間，連高宗亦不得不攜帶百司及禁軍四次赴東都洛陽就食，留駐時間長達六年半。武則天稱帝的二十年間，大都是在洛陽度過的，神都成了實際上的京都，這當然是由諸多原因促成，但糧運問題亦該是因素之一。洛陽既已成為京都，含嘉倉亦就成了實際上的太倉。在此期間，整個糧食的轉運便以洛陽為中心。直到中宗即位後，朝廷自洛陽返回長安，政治中心復歸關中，以後長安漕糧不足的矛盾又日趨尖銳起來，以至玄宗不得不步高宗後塵，四次被迫赴洛陽就食。本章所述洛陽含嘉倉至長安太倉水陸轉運線路，反映的是開元初年的形勢。由於自洛至陝只能以陸運為主，限制了漕運的規模，無法滿足京都日益增長的糧食需求。開元二十年（西元七三二年）長安又一次糧價飛漲，玄宗召見京兆尹裴耀卿，問其「救人之術」，裴的建議是改陸運為水運。具體辦法是在河口置一倉，江南的運糧船到河口為止，便放船歸，官府自己僱船載運至三門峽之東，再置一倉，因水險無法水運，在河岸開山闢路車行十多里至三門峽西，復置一倉，水通即運，水細即止，最後自太原倉泝河入渭。玄宗採納了裴耀卿的建議，在河陰縣置河陰倉，河清縣置柏崖倉，三門峽東置集津倉，三門峽西置三門倉；開三門峽北山十八公里，陸運以避湍險。這樣江淮來的漕船便能「悉納河陰倉，自河陰送含嘉倉，又遞納太原倉，自太原倉浮渭，以入關中」（《唐會要》卷八十七）。據統計，建議實施後三年共運糧七百萬石，省運費三百萬貫，暫時緩解了京都糧食需求的緊張局面。

五

凡王公以下，每年戶別據已受田及借荒等，具所種苗頃畝，造青苗簿❶，諸州以七月已前申尚書省；至徵收時，畝別納粟二升，以為義倉。寬鄉據見營田❷，狹鄉據籍徵❸。若遭損四已上，免半；七已上，全免。其商賈戶無田及不足者，上上戶稅五石，上中已下遞減一石，中中戶一石五斗，中下戶一石，下上七斗，下中五斗，下下戶及全戶逃并夷獠薄稅並不在取限，半輸者準下戶之半❹。鄉土無粟，聽納雜種充。凡義倉之粟唯荒年給糧❺，不得雜用。若有不熟之處，隨須給貸及種子，皆申尚書省奏聞❻。

【章　旨】記述有關義倉制之各項規定。

【注　釋】❶青苗簿　徵收義倉稅的簿籍。唐初因建立義倉而別徵義倉稅，亦即地稅。其稅據畝計徵，與戶稅及租庸調徵納方法有異，故需另造此青苗簿以為納稅依據。義倉稅貯於州、縣，負責造青苗簿的是州、縣的戶曹，負責據青苗簿徵收義倉粟的則是倉曹。本書後第三十卷州、縣官吏倉曹條稱：「每歲據青苗徵稅，畝別二升，以為義倉，以備凶年。」❷寬鄉據見營田　寬鄉或有無主荒田，故義倉稅以現在之墾田計徵。❸狹鄉據籍徵　籍，指青苗簿。狹鄉即據青苗簿徵收。❹自「其商賈戶無田及不足者」至「半輸者準下戶之半」　此為對不同戶籍稅額之規定。義倉稅徵收的方法，在高宗永徽二年（西元六五一年）間曾有過一個變化。《唐會要》卷八八倉及常平倉條記有此年閏九月六日敕文稱：「義倉據地收稅，實是勞煩，宜令率戶出粟，上下戶五石，餘各有差。」即由原來的按田取稅改為按戶取稅，以減省按田畝出稅要造青苗簿一類「勞煩」事；所稅色目亦由原來的粟、麥、粳稻多種改為粟（或折納為粟）一種，並提出不同戶籍稅額應各有差別。本書此處所記，正是「餘各有差」的體現。❺義倉之粟唯荒年給糧　這是規定義倉粟之用途。據《唐會要》卷八十八倉及常平倉條記載，唐朝貞觀時建立義倉是根據尚書左丞戴冑的建議，鑒於「喪亂之後，戶口凋殘，每歲納租，未實倉廩，隨時出給，纔給常年，若有凶災，將何賑恤」？因而「今請自王公已下，爰及眾庶，計所墾田，稼穡頃畝，每至秋熟，準其見苗，以理勸課。盡令出穀，稻麥之鄉，亦同此稅，各納所在，立為義倉」；這樣，「若年穀不登，百姓饑饉，當所州縣，隨便取給，則有無均平，常免匱竭」。義倉之設，本義取之於民、用之於民，專項專用，但實際上移作他用之事，還是不斷發生。《舊唐書．食貨志下》載：「高宗、則天，數十年間，義倉不許雜用。其後公私窘迫，漸貸義倉支用，自中宗神龍之後，天下義倉，費用向盡。」由於義倉粟常被濫用，才有開元四年（西元七一六年）五月二十一日這樣的詔書：「州縣義倉，本備饑年賑給，近年以來，每三年一度，以百姓義倉糙米，遠送京納，仍勒百姓私出腳錢。自今以後，更不得以義倉變造。」（《唐會要》卷八八）❻自「若有不熟之處」至「皆申尚書省奏聞」　此句規定了義倉雖貯於州、縣，其使用權卻直屬尚書戶部倉部司；州、縣要動用義倉貯粟賑濟，包括給歉收地區給貸種子，亦須申報尚書省奏聞。

【語　譯】凡是王公以下，直到庶民百姓，每年每戶都要根據已授田和借荒田等，申報各自所種青苗的頃數、畝數，由主管州、縣彙編成青苗簿，各州在七月以前申報尚書省。到秋季徵收時，除田租外，每畝另外再繳納粟二升，作為義倉的積穀。寬鄉根據實際經營的田畝數徵收，狹鄉根據青苗簿載錄的田畝數徵收。如果遭災荒損失四成以上，可以免半徵收；損失在七成以上，全免。其中商賈人家沒有土地或土地不足的，那就按戶等起稅：上等戶稅五石，上等戶以下，每降一等遞減一石；中中戶一石五斗，中下戶一石，下上戶七斗，下中戶五斗；下下戶和全戶逃亡的，以及周邊夷獠屬於薄稅地區的，那就不在徵收範圍之內；規定為半輸戶的，按照下等戶標準減一半。所在鄉土如果不出產粟，可以納其他糧種代替。凡是義倉的貯粟，只能用於荒年賑濟給糧，不得雜用他途。如果有年成不熟的地方，需要給貸義倉貯粟或者發放種子，都必須先申報尚書省奏聞允准後，方能出給。

【說　明】唐朝前期的義倉制度脫胎於隋之社倉制，正式建置當始於貞觀二年（西元六二八年）戴冑的創議。其依墾田多寡、畝稅二升的基本方法，雖在永徽年間有過短暫曲折，基本上還是沿襲了下來。徵收的依據是由諸州戶曹負責編製的青苗簿，而倉曹則據以開徵。這與尚書省戶部司與金、倉部司的關係極為類似。義倉粟與正租是置於一處的，就穀物而言，只有新陳之別，而無地稅、丁租之分，但就帳目而言，義倉與正倉各有所屬，不可混淆。隨著租庸調制的逐漸解體，戶稅與地稅逐漸成為國家財政支用的主要來源，在新的經濟形勢下兩稅法開始醞釀和萌生，義倉的性質亦出現了變化。據《通典·食貨十二》記載，天寶八年（西元七四九年）天下諸色米儲藏的總量為九千六百零六萬二千二百二十石，其中義倉粟的總量達到六千三百十七萬七千六百六十石，即佔到總貯量的三分之二。也正是這一年，楊國忠奏請所在各州、縣租粟「糶變為輕貨，及徵丁租、地稅皆變布帛輸京師」（《通鑑》卷二一六）。這就是說，地稅即義倉粟，已經可以隨意被徵用、變賣成輕貨，再轉輸到京師供玄宗皇帝奢侈揮霍了！到了這一步，唐初期的義倉制可說已名存實亡。唐德宗貞元元年（西元七八五年）冬至大禮赦文再次提出要恢復義倉制，規定「每豐稔之歲，秋、夏兩時州、縣長官，以理勸課，據頃畝多少，隨所種粟、豆、稻、麥，逐便貯納，以為義倉。如年穀不登，即量取賑給。官司代為其立法勸諭，不得收管，各委本道觀察使逐便宜處置奏聞」（《全唐文》卷四六一）。如果對照一下貞觀時的做法，區別是很明顯的：一是唐前期的義倉不論豐歉，每歲徵收；此時規定只徵收於「豐稔之歲」；二是徵收時間唐前期規定為秋熟之時，此時則為夏、秋兩季兩次徵收；三是唐前期義倉貯之州、縣，官為掌舉；這時改為「官司不得收管」。綜合這些變化，說明義倉的相對獨立性在進一步加強，其徵收方式亦正在向兩稅法靠近。

六

凡常平倉❶所以均貴賤。今太府寺屬官有常平署❷。開元二十四年❸敕：「常平之法，其來自久。比者，州、縣雖存，所利非廣；京師輻輳，浮食者多。今於京城內大置常平，賤則加價收糴，使遠近奔委；貴則終年出糶，而永無匱乏也。」

【章　旨】記述設置常平倉之有關規定。

【注　釋】❶常平倉　為平抑糧價而建立的糧倉。唐初武德初年即設有常平監，但未置倉。貞觀十三年（西元六三九年）下令在洛、相、幽、齊、并、秦、蒲等八個主要產糧州置常平倉。據太倉銘磚，次年太倉曾納和糴粟六千五百石，說明貞觀十三年令是付諸實施的。高宗永徽六年（西元六五五年）在長安東西兩市置常平倉糶粟。直到開元、天寶年間，常平倉在諸州、縣才有比較廣泛的發展，在這一期間有關平糴平糶的文獻記載甚多。如開元二年（西元七一四年）敕文：「令諸州加時價三兩錢糴」（《唐會要》卷八八）；天寶三年（西元七四四年）詔書：「令各郡縣「每升（似應為『斗』）減時價十文糶與當處百姓」（《全唐文》卷三三）。❷常平署　執掌常平倉的機構。始置於高宗顯慶二年（西元六五七年）：「京常平倉置常平署官員。」（《唐會要》卷八八）《舊唐書・職官三》常平署注文稱：「國家垂拱初，兩京置常平署，天下州府亦置之。」❸開元二十四年　即西元七三六年。開元為唐玄宗李隆基年號。

【語　譯】設置常平倉，目的是用以均平糧價的漲落。現今太府寺的下屬就設有常平署。玄宗開元二十四年敕文說：「用設立常平倉平抑糧價的方法，由來很為久遠。現在各個州縣雖然建立這類機構，但效果仍然不廣泛。尤其是京師地方，八方輻輳，人口眾多，吃浮食的人亦不少。所以決定在京城內普遍設立常平倉，糧價賤時加價收糴，吸引遠近糧商都來爭相拋售；糧價貴時，全年平價出糶。這樣就可確保糧食供給永無匱乏之虞。」

【說　明】唐代常平倉的整個營運都是在官府的直接管理和干預下進行的。首先是作為常平倉營運基礎的「本」，須由官府直接調撥。開元七年（西元七一九年）敕文規定了「常平本」的數額：「上州三千貫，中州二千貫，下州一千貫。」（《舊唐書・食貨志下》）開元十三年（西元七二五年）監察御史宇文融檢括客戶得稅錢數百萬緡，全部留在各州做常平本。《玉海》卷一八四〈唐常平倉〉記此事稱「唐常平本錢，元（玄）宗取諸客戶」。在管理上，開元時已形成以道為主，州、道協調的兩級管理。開元七年敕文命「按察使充常平之檢校覺察」（《冊府元龜》卷五〇二）；天寶四年（西元七四五年）又詔「諸道採訪使委以運用常平錢，以其結果錄奏之」（同上）。在各州縣是由倉曹、司倉參軍實行糴糶。本書後第三十卷第一篇倉曹的職掌中規定「歲豐，則出錢加時價而糴之；不熟，則出粟減時價而糶之，謂之常平倉。常與正、義倉帳具本利申尚書省」。這是說倉曹每年申報尚書省的有正倉、義倉、常平倉三本帳，而實際上三倉之糧同貯於一個倉窖之內，即收丁租的正倉。常平倉名義上是為平抑物價而設，但在實施過程中，卻往往蛻變成為利用糧食季節差價從中漁利的機構。據《通典．食貨十二》記載，天寶八年（西元七四九年）常平倉貯備的米糧總量達到四百六十萬二千二百二十石，折合成粟為六百十六萬石，這是一筆不小的數字，其中相當一部分便是盈利所得。官辦的常平倉與平民百姓間的糧食交易，在多數情況下是不平等的，官方文字上的規定與實際執行情況往往是兩回事。如糴，有配糴，是強迫百姓多賣，以斂集穀物。還有「懸欠」糴價的，即以一紙空文（類似現今大陸農村相當流行的所謂「白條」）「收購」農民辛苦得來的糧食，這是一種變相的掠奪。至於糶，又有賒糶，常常是官府為了解決穀倉出陳納新的問題，春荒時以高價賒糶給農民，乘機把陳米、爛米抑配出去；到秋熟時，又以低價收購農民的新米，在這一糴一糶之間，官府可獲數倍之利。這說明常平倉與公廨錢等類一樣，在實施過程中，往往演變成為一種官辦的高利貸。

卷四

尚書禮部

卷目

禮部尚書一人
侍郎一人
郎中一人
員外郎一人
主事二人
令史五人
書令史一十人❶
亭長六人
掌固八人

祠部郎中一人
員外郎一人
主事二人
令史六人❷
書令史十三人❸
掌固四人❹

膳部郎中一人
員外郎一人
主事二人
令史四人
書令史九人
掌固四人

主客郎中一人
員外郎一人
主事二人
令史四人
書令史九人
掌固四人

❶令史一十人　新舊《唐書》官志均作「十一人」。
❷令史六人　《新唐書・百官志》同此，《舊唐書・職官志》作「五人」。
❸書令史十三人　《新唐書・百官志》同此，《舊唐書・職官志》則為「十一人」。
❹掌固四人　《新唐書・百官志》同此，《舊唐書・職官志》作「八人」。

卷旨

本卷記述尚書禮部。

禮部尚書和侍郎的職務是，執掌有關禮儀、祭祀、宴饗和貢舉之政令。其中貢舉原屬吏部考功員外郎職掌，因其位卑權輕，於開元二十四年（西元七三六年）轉歸禮部，並由侍郎一人直接掌管。禮部的下屬有四個司：禮部、祠部、膳部和主客。如此組合為尚書省六部之一的禮部，始於隋。在這四個司中，禮、祠二司處於主導的地位。禮部司是頭司，其職務是以帝王為中心，規範在朝官員一切行為準則，小到相互間的稱謂、拜見禮節，大到元日、冬至朝會的程序和禮儀，都在禮部司政令直接管轄範圍之內。祠部司亦是以帝王為中心，執掌祭祀天地、山川、社稷宗廟，以及封禪、巡狩等各種禮儀規制。膳部司主管為宴饗和祭祀所用的牲豆、酒膳的品類、數量和規格，直接服務於禮、祠二司；主客司則根據禮部和祠部司的政令，規範諸蕃朝貢和宴享的禮儀。四司既各有分工，又緊密聯繫配合，共同體現一個中心主題，就是突出帝王至高無上的權威和地位。

在古代，禮是由氏族社會的習俗演變而來的，如籍田禮是族長或長老鼓勵集體勞動的儀式，冠禮本為氏族社會的成丁禮，鄉飲酒禮則源於氏族社會的會食制度。隨著社會交往的擴大，貴族階級的出現，特別是國家機構的形成，禮亦就在原來習俗的基礎上應運而生，成為規範社會上層人物行為、維護新的社會秩序的一種政治制度。所以禮既非一時一世而成，亦不是永久不變的。《荀子・禮論篇》中說：「禮有三本：天地者性之本，先祖者類之本，君師者治之本也。」這「三本」就說明禮是在氏族社會末期隨著國家的出現而出現的。人們對天地自然的崇拜，對祖先的崇拜，對國家權力的崇拜，從宗教的儀式向人倫交往的形式過渡，逐漸構成一套完整的涉及祭祀、喪禮、朝覲、聘問、婚姻、盟會、宴享、軍禮、冠禮等禮儀形式，儒家又將孝悌仁義忠孝這一套觀念滲透其中，並與整個帝王制度融為一體，通過禮儀這種形式，使帝王制度規範化、理想化，從而達到使其永世長存的目的。這就難怪列朝如此重視禮儀，每個新王朝創建之初，都少不得要重新頒發禮典或把前朝禮制修訂一番。唐初太宗貞觀時修過禮，稱《貞觀禮》；高宗顯慶時，又修過一次禮，稱《顯慶禮》；開元時，再一次以更大規模修訂禮制，稱為《大唐開元禮》，規定五禮依吉、嘉、賓、軍、凶為次，凡一百五十卷。本卷禮部各司的禮儀，所據的便是《開元禮》。如果我們讀完本卷中分別以禮部尚書、侍郎和諸司郎中、員外郎職掌為貫穿線而連帶述及的那種種繁細的禮儀制度，再稍作一番思索，那就不難發現：在唐代尚書六部中，禮部實在是一個不尋常的部。它所掌管的那一套禮儀政令，就是帝王思想的制度化、凝固化以至物質化（如禮器、章服之類）；因而與其說它是一個具體行政機構，還不如說它是一個掌握以帝王思想為核心的意識形態的重要部門。這一特徵，自開元時科舉考試由吏部轉歸禮部後，就更為明顯。它是這樣來完成它的使命的：一方面，使禮儀化了的帝王思想，在作為官吏行為準則的同時，又作為人格模式，來馴化和熔鑄一代又一代的臣民心靈；另一方面，又使經典化了的帝王思想，在作為考試科目的同時，又作為學校教育內容的規範，從而使青少年一代都以此作為人生追求目標，以至最敏於思考的智識階層亦往往落入了帝王制度設下的這個「彀」——據說一次唐太宗來到端門，看到新錄取的進士們魚貫而出，便高興地脫口說道：「天下英雄盡入吾彀矣！」

唐代禮部官署在兩京的位置，參閱第一卷卷旨。禮部的南院則在承天門之東，第五橫街之北，隔第四橫街與尚書省相望，西與吏部選院為鄰。進士在尚書都省考試，放榜於禮部南院，張榜處即為南院之東牆。放榜時間是在凌晨。《唐摭言》載落第進士陳標〈獻諸先輩〉詩云：「春官南院院牆東，地色初分月色紅；文字一千重馬擁，喜歡三十二人同。」

禮部尚書・禮部郎中

【篇　旨】此篇前三章有關尚書禮部本部的內容，並由禮部尚書、侍郎之職掌，連帶記敘了開元後科舉考試中的一些規定；四章至十八章則集中介紹禮部所屬四司之頭司——禮部司。

唐代禮部司這一機構，在魏晉至南朝都稱為儀曹，自東晉起一直是祠部尚書屬下，而祠部尚書又往往由尚書省右僕射兼領。直到北魏孝文帝時，儀曹的地位才開始上升，設儀曹尚書，以儀曹為首，下領祠部、左右主客、虞曹、屯田和起部共七曹。北齊則改設祠部尚書統領諸曹，又將儀曹分出，轉屬殿中。隋文帝在定制時，於開皇三年（西元五八三年）將其改名為禮部司，作為禮部尚書屬下四司之首，唐承隋制。有關禮部司的建置及職掌，就是本篇第二部分的主要內容。

在四司中，禮部司是執掌政令的，涉及範圍主要是五禮中的嘉禮，亦傍及軍禮和凶禮。（五禮中的吉禮、賓禮則分別屬祠部司、主客司職掌，見本卷後第二、第四篇）禮部司與諸寺、監，亦有錯綜複雜關係。各種儀式的操作與準備，要與鴻臚寺的司儀署對口，而皇帝、后妃以及東宮皇太子與皇太子妃的冠服以及百官章服的供給，則分別要與少府監的織染署、殿中省的尚衣局、內侍省的尚服局以及東宮的左春坊、右春坊相互對應。大抵尚書六部諸司與諸寺、監之間是一種上下左右交錯的網狀結構，指令與執行之間有著不同層次的分工。不妨說，理解這一點，是通解本書的一把鑰匙。

本篇所記述禮制，多依《大唐開元禮》。唐初施行的是《貞觀禮》和《顯慶禮》，武后稱制，則以為禮官不甚詳明，特詔國子司業韋叔夏等每加刊定。開元時期對禮制曾有過多次廷議，並令徐堅、李銳等檢撰，歷年而其功不就；後由集賢院學士蕭嵩奏起居舍人王仲丘修訂，開元二十年（西元七三二年）新禮成，凡一百五十卷，此即為《大唐開元禮》。這部禮典絕非一人之功，所以杜佑在《通典·禮序》中，特地加了一條注，列舉了歷代直接參預制禮的一長串名單，從漢初的叔孫通起，到唐代的常紹為止，計一百七十餘人。實際上為此作出努力的人，自然遠不是這個數。《大唐開元禮》作為中國封建時代傳統文化一個頗為完備的典型，它是歷經一千餘年由大批禮學家共同和相繼作出貢獻的結果。在這一點上，杜佑的認識是公正而客觀的。

一

禮部尚書一人，正三品。周之春官卿❶也。漢成帝❷置尚書五人，其四曰客曹，主外國封貢事❸。光武分六曹❹，吏部曹主選舉、齋祀事。然則封貢、齋祀，皆今禮部之職。東晉始置祠部尚書，常與右僕射❺通職，若右僕射闕，則以祠部尚書知右事。宋、齊、梁、陳皆號祠部尚書，後魏稱儀曹尚書。北齊亦為祠部尚書❻，掌祠祭、醫藥、死喪、贈賻等事。後周依《周官》❼，置春官府大宗伯卿❽一人。隋更為禮部尚書，皇朝因之。龍朔二年❾改為司禮太常伯，咸亨元年❿復為禮部。光宅元年⓫為春官尚書，神龍元年⓬復故。

侍郎一人，正四品下。周之春官小宗伯中大夫也。漢已來尚書侍郎，今郎中之任。後周依《周官》⓭。隋煬帝⓮置禮部侍郎，皇朝因之。龍朔二年改為司禮少常伯，咸亨、光宅、神龍並隨曹改復。

【章旨】記述禮部尚書和侍郎之員數、品秩及其沿革。

【注　釋】❶春官卿　《周禮》六官（天、地、春、夏、秋、冬）之一。稱大宗伯卿。其職掌是「帥其屬而掌邦禮，以佐王和邦國，禮官之屬」（《周禮・春官》）。古代有天子、諸侯、卿、大夫、士的等級，卿為對天子或諸侯所屬高級長官的稱謂。❷漢成帝　西漢皇帝劉驁，漢元帝劉奭之子。二十歲即位，在位二十六年，終年四十五歲。❸主外國封貢事　南宋本及廣池本均為「主外國夷狄事」。❹光武分六曹　光武，東漢開國皇帝劉秀。在位三十二年，終年六十二歲。其分尚書為六曹事，載《後漢書・百官三》。❺右僕射　指尚書右僕射。唐初尚書令罕有除授，高宗龍朔時又廢，因而左右僕射成為尚書省實際上的長官，與中書、門下長官並為宰相。❻北齊亦為祠部尚書二句　《隋書・百官志》：北齊有六尚書。其祠部尚書「統祠部（掌祠部、醫藥、死喪、贈賜等事）、主客（掌諸番雜客等事）、虞曹（掌地圖、山川遠近、園囿田獵、殽膳雜味等事）、屯田（掌籍田、諸州屯田等事）、起部（掌諸興造工匠等事）五曹。祠部無尚書則右僕射攝」。本書此處所言「北齊亦為祠部尚書，掌祠祭醫藥死喪贈賻等事」，係以偏概其全，並非祠部尚書職掌全部。❼周官　亦稱《周禮》，儒家經典之一。係戰國時人彙編周王室官制和戰國時各國制度而成。❽春官府大宗伯卿　春官府，西魏恭帝時仿《周禮》置，北周當係沿置。與天官、地官、夏官、秋官、冬官府合稱六府。大宗伯卿，春官府長官。掌制訂國家各項禮儀，主持祭祀儀式，守護宗廟陵墓，草擬皇帝詔命，修撰國史以及音樂、卜、祝、僧、道等方面事務。設有小宗伯上大夫、中大夫、下大夫等屬官，以佐其職。❾龍朔二年　即西元六六二年。龍朔為唐高宗李治年號。❿咸亨元年　即西元六七〇年。咸亨亦為唐高宗李治年號。⓫光宅元年　即西元六八四年。光宅是武則天稱制時年號。⓬神龍元年　即西元七〇五年。神龍為唐中宗李顯年號。⓭後周依周官　意謂北周依照《周官》設置小宗伯，任小宗伯者為尉遲迥，《北史・尉遲迥傳》：「六官建，拜小宗伯」。⓮隋煬帝　楊廣，隋朝皇帝。在位十四年，終年五十歲。

【語　譯】尚書禮部：尚書，定員一人，官品為正三品。這個職務在周代就是春官卿。漢成帝時設置尚書五人，其中第四位稱客曹，職掌外國封賜進貢方面的事務；東漢光武帝時把尚書臺分為六曹，其中吏部曹主持選舉、齋祀方面事務。而封爵進貢、選舉齋祀方面的事務，都屬現今禮部的職掌。東晉方始設置祠部尚書，它常與尚書省右僕射通共一職，如果右僕射缺位，那就由祠部尚書兼行右僕射的事。宋、齊、梁、陳都稱祠部尚書，北魏稱儀曹尚書，北齊亦稱祠部尚書，掌祭祀、醫藥、死喪、贈賻一類事。北周依照《周禮》設置春官府大宗伯卿一人。隋朝改稱為禮部尚書，本朝因承隋朝的定制。高宗龍朔二年改名為司禮太常伯，到咸亨元年恢復舊名又稱為禮部。武后光宅元年再次改名稱為春官尚書，到中宗神龍元年重新恢復稱禮部。

侍郎，定員一人，官品為正四品下。這個職務在周代就是春官小宗伯大夫。漢以來的尚書侍郎，亦就是現今郎中的職任。北周依《周禮》的體制設置了小宗伯。隋煬帝時改置禮部侍郎。本朝因襲隋朝的官制。到高宗龍朔二年改名為司禮少常伯。在咸亨、光宅、神龍年間，這一職名隨著曹名的更改而更改，恢復而恢復。

二

禮部尚書、侍郎之職，掌天下禮儀❶、祠祭❷、燕饗❸、貢舉❹之政令。其屬有四：一曰禮部，二曰祠部，三曰膳部，四曰主客；尚書、侍郎總其職務而奉行其制命。凡中外百司之事，由於所屬，皆質正焉。

【章　旨】記述禮部尚書和侍郎之職掌及其下屬四司。

【注　釋】❶禮儀　指吉、賓、軍、嘉、凶五禮之各種儀式，包括器物、服飾以及各種儀式進行的程序。❷祠祭　指祭祀天神、地祇、先師、祖宗的各種儀式和規範。❸燕饗　指宴飲及祭獻時的各種儀式和規格。燕通「宴」。❹貢舉　泛指各地官吏按規定分科標準向朝廷推舉人才，此處則專指唐代科舉考試取士制度。在唐代參加科舉考試的考生有生徒與鄉貢兩種。前者係國子監、弘文館、崇文館及州縣學館在校內考試合格的學生，後者則是先由自己懷牒自列於州縣，經州縣考試合格再向朝廷貢舉的生員。貢舉原屬吏部考功員外郎職掌，開元二十四年（西元七三六年）轉歸禮部，由禮部侍郎一人知貢舉之事。

【語　譯】禮部尚書和侍郎的職務，是分掌全國有關禮儀、祠祭、宴饗、貢舉的政令。他們的下屬機構有四個：一是禮部司，二是祠部司，三是膳部司，四是主客司。整個禮部事務由尚書和侍郎遵奉君王有關上述幾個方面的制書、命令總攬和統領。京師內外各個官署，凡是涉及到禮部管轄範圍內的事務，都要請示和求正於他們。

三

凡舉試之制，每歲仲冬，率與計偕。其科有六：一曰秀才，試方略策五條。此科取人稍峻，貞觀已後遂絕。二曰明經，三曰進士，四曰明法，五曰書，六曰筭❶。凡正經有九：《禮記》❷、《左氏春秋》❸為大經，《毛詩》❹、《周禮》❺、《儀禮》❻為中經，《周易》❼、《尚書》❽、《公羊春秋》❾、《穀梁春秋》❿為小經。通二經者，一大一小，若兩中經。通三經者，大、小、中各一。通五經者，大經並通。其《孝經》⓫、《論語》⓬、《老子》⓭並須兼習。凡明經，先帖經⓮，然後口試并答策，取粗有文性⓯者為通。舊制，諸明經試每經十帖，《孝經》二帖，《論語》八帖，《老子》兼注五帖，每帖三言，通六已上⓰，然後試策十條，通七，即為高第。開元二十五年⓱勅：諸明經先帖經，通五已上，然後口試，每經通問大義十條，通六已上，并答時務策⓲三道。凡進士先帖經，然後試雜文⓳及策；文取華實兼舉，策須義理愜當者，為通。舊例帖一小經并注，通六已上；帖《老子》兼注，通三已上，然後試雜文兩道，時務策五條。開元二十五年，依明經帖一大經，通四已上，餘如舊。凡明法試律、令⓴，取識達義理，問無疑滯者為通。所試律、令，凡每部試十帖。策試十條，律七條，令三條。凡明書試《說文》㉑、《字林》㉒，取通訓詁，兼會雜體者為通。《說文》六帖，《字林》四帖；兼口試，不限條數。凡明筭試《九章》㉓、《海島》㉔、《孫子》㉕、《五曹》㉖、《張丘建》㉗、《夏侯陽》㉘、《周髀》㉙、《五經》㉚、《綴術》㉛、《緝古》㉜，取明數造術㉝，辨明術理者為通。《九章》三帖，《五經》等七部各一帖，《綴術》六帖，《緝古》四帖，錄大義㉞本條為問。凡此六科，求人之本，必取精究理實而升為第。其有博綜兼學，須加甄獎㉟，不得限以常科。開元二十五年敕：明經、進士中，除所試外，明經有兼明五經已上，每經帖十通五已上，口問大義十條，疏義精通，通五已上，進士有兼通一史，試策及口問各十條，通六已上，須加甄獎，所司錄名奏聞。其進士唱及第訖，其所試雜文及第㊱，送中書門下㊲詳覆。其明經口問，仍須對同舉人考試。其試宏文、崇文生㊳，自依常式。其宏文、崇文館學生雖同明經、進士，以其資廕㊴全高，試取粗通文義。宏、崇生習一大經一小經、兩中經者，習《史記》㊵者，《漢書》㊶者，《東觀記》㊷者，《三國志》㊸者，皆須讀文精熟，言音典正，策試十道，取粗解注義，經通六，史通三。其試時務策者，皆須識文體，不失問目意，試五得三。皆兼帖《孝經》、《論語》，共十條。太廟齋郎㊹亦試兩經，文義粗通，然後補授，考滿簡試。其郊社齋郎簡試亦如太廟齋郎。其國子監㊺大成㊻十員，取明經及第人聰明灼然者，試日誦千言，并口試，仍策所習業十條通七，然後補充，各授散官㊼，依邑令㊽於學內習業，以通四經為限。其祿俸賜會㊾准非伎術直㊿例給。業成者，於吏部簡試，《孝經》、《論語》共試八條，餘經各試八條，間日一試，灼然明練精熟為通。口試十通九，策試十通七為第。所加經者，《禮記》、《左傳》、《毛詩》、《周禮》各兩階51，餘經各加一階。及第者放選，優與處分；不第者52，三年一簡，九年業不成者，解退，依常選例。業未成、年未滿者，不得別選及充餘使。若經事故，應敘日，還令覆上。其先及第人欲加經及官人請試經者，皆准此。

【章旨】因禮部尚書、侍郎之職掌而記敘唐代開元後貢舉制中有關常舉六科考試的辦法，以及宏文、崇文二館、國子監大成生員、太廟、郊社齋郎參加考試之若干規定。

【注釋】❶自「一曰秀才」至「六曰筭」 唐代科舉考試，可分為因某種特別選才需要由皇帝親自主持的非定期的制舉，與定時定科目的常舉兩類，此處所述六科均屬常舉。其中秀才科被列為六科之最。考試成績同為上上等，秀才科要比明經科高三等，比進士科高四等。秀才出身的敘階在八品正、從上下之間。鑒於秀才地位崇高，主考官皆重難其事，因而能及第者鳳毛麟角。《通典・選舉三》稱：「貞觀中，【秀才科】有舉而不第者，坐其州長，由是廢絕。自是士族所趨向，惟明經、進士二科而已。」至高宗永徽二年（西元六五一年），便明令廢止秀才科，以至此後往往用明經或進士來代稱科舉制度。句中「筭」即「算」字。❷禮記 儒家經典之一。為孔子弟子及其後學所記，係西漢以前各種禮儀論著之選編。相傳為西漢學者戴德之姪戴聖編纂，故又稱《小戴禮記》；東漢鄭玄注。❸左氏春秋 即《左氏春秋傳》，簡稱《左傳》，儒家經典之一。相傳為春秋時左丘明所撰，更大可能出自戰國人之手。以史實詮釋《春秋》，而與並稱《春秋》三傳的其餘二傳《公羊》和《穀梁》重理義釋《春秋》異。起於魯隱公元年（西元前七二二年），終於魯悼公四年（西元前四六六年），比《春秋》多十七年。注有西晉杜預《春秋左氏經傳集解》。❹毛詩 儒家經典之一。相傳為西漢初毛亨和毛萇所傳之《詩經》。舊說以為其學出於孔子弟子子夏。《漢書・藝文志》著錄《毛詩》二十九卷，《毛詩古訓傳》三十卷，東漢鄭玄曾作箋，唐孔穎達定《五經正義》，《詩》取毛、鄭，故為當時所宗。❺周禮 亦稱《周官》，儒家經典之一。係搜集周王室官制和戰國時列國有關制度，附加以儒家政治理想，增刪排比而成之彙編。有東漢鄭玄注。❻儀禮　亦稱《禮經》或《士禮》，儒家經典之一。春秋戰國時代部分禮制的彙編，共十七篇。有東漢鄭玄《儀禮注》，唐賈公彥《儀禮疏》。❼周易　亦稱《易經》，儒家經典之一。舊傳伏羲作八卦，文王作辭，雛型可能成於殷周之際。內容包括經和傳兩部分。有六十四卦，三百八十四爻，卦辭（包括卦形、卦名）、爻辭（包括爻題）為經，而彖（上、下）、象（上、下）、文言、繫辭（上、下）、說卦、序卦、雜卦七種共十篇為傳。傳即經之最古注解。舊有東漢鄭玄注，今已失傳；通行為魏王弼、晉韓康伯注。❽尚書　亦稱《書經》，儒家經典之一。相傳為孔子編纂而成。西漢時存二十八篇，即《今文尚書》；另有漢武帝時在原孔子住宅壁中發現的稱《古文尚書》；還有東晉時梅賾所獻孔安國傳的亦稱《古文尚書》。《尚書》中保存了殷、周，特別是西周初期的一些政府文告。今存《尚書》即孔安國傳的《古文尚書》，共五十八篇，分別列為〈虞書〉、〈夏書〉、〈商書〉和〈周書〉。其中三十三篇為漢代伏生所傳，較《今文尚書》增多二十五篇。唐初孔穎達以孔傳《古文尚書》為底本輯成《尚書正義》，作為官方定本頒行。❾公羊春秋　亦稱《春秋公羊傳》，簡稱《公羊傳》，儒家經典之一。舊題戰國時公羊高撰。最初僅口說流傳，西漢初年由公羊壽與胡毋生著於竹帛，才形成書面文字。偏重闡述《春秋》之理義，為今文經學的重要典籍，被歷代今文學家奉為圭臬。❿穀梁春秋　亦稱《春秋穀梁傳》，簡稱《穀梁傳》，儒家經典之一。專門闡釋《春秋》。相傳為戰國時子夏弟子穀梁赤撰。初僅為口頭傳說，西漢時才成書，體例與《公羊傳》相近。注本有晉范寧《春秋穀梁傳集解》。⓫孝經　儒家經典之一。共十八章。作者有多說，可能為儒家後學所撰。東漢列為七經之一。有孔安國、鄭玄兩家注本。⓬論語　儒家經典之一。孔門弟子關於孔子言行的記錄。共二十篇。內容有孔子談話、答弟子等問及弟子間相與談論。東漢時列為七經之一。⓭老子　即《道德經》，亦稱《道德真經》或《老子五千文》。道家經典。傳為春秋末李耳，亦即老聃或老子撰。舊題西漢河上公注，成《老子章句》八十一章。最古本為西元一九七三年湖南長沙馬王堆出土帛書《老子》，當係漢高祖劉邦在位時抄寫。又，因一九九三年郭店楚墓竹簡的出土，又有一與今本《老子》多異的《老子》話本重新問世，學術界對《老子》的研究形成了新的熱點，同時對今本《老子》的作者亦提出了不同見解。參見前第二卷第四篇第五章⓴注。⓮帖經　唐代進士、明經科考試的一種方法。即以所習經掩其兩端，中間唯留一行，再用紙將其中某三字貼住，讓考生填出所貼住之字句來。⓯文性　據《通典·選舉三》當為「文理」。⓰通六已上　意謂在十題中能答出六題以上即可算通過。⓱開元二十五年　即西元七三七年。⓲答時務策　即命題作文。題目不外刑禮關係、用刑寬猛以及賢才之選拔一類。文體須用駢，聲律嚴格，詞藻華美，並要求通篇用典。由於考題大多雷同，時間一久，應舉之人往往「不尋史傳，唯讀舊策，共相模擬」（《唐大詔令集》卷一〇六）。⓳雜文　指箴、表、詩、賦一類文體。唐初，進士只試時務策，高宗調露時考功員外郎劉思立提出增試雜文二道，並帖小經。武則天稱制時，試進士實行帖經、雜文、時務策三場考試。起初雜文多為箴、表、銘、賦一類，至開元年間，雜文二道是詩賦居其一，箴、表、銘居其一。開元二十六年（西元七三八年）的試題為「擬孔融薦彌衡表」、「明堂水詩」。天寶以後，詩賦逐漸成為主司評價考生水準的主要依據，甚至帖經不及格的，可以詩賦作補，稱之為「贖帖」。這樣，不僅為文學之士的仕進開了方便之門，還使注重文學成為一時的社會風尚。

⑳律令　兩種既有聯繫又有區別的法制形式。令為有關國家制度的基本法規，律則是對一切違反法令行為定罪判刑的依據。《唐律》參照《隋律》，凡十二章，五百條；《唐令》有二十七篇，三十卷。㉑說文　即《說文解字》，文字學書。東漢許慎撰。本文十四卷，敘目一卷，共收字九千五百五十三，重字一千一百六十三。每字下的解釋，大抵先字義，次形體構造及讀音，依照六書解說文字。㉒字林　字書。晉呂忱撰。部目依據《說文解字》，亦分五百四十部，收字一萬二千八百二十四，為補《說文》漏缺而作。唐以前與《說文》並重，後亡佚。㉓九章　又稱《九章算術》。為算經中最重要的一種，系統總結了自先秦至東漢的算學成就，成書於東漢時。有魏晉間劉徽、唐李淳風注本。㉔海島　指《海島算經》。魏晉間劉徽撰，一卷。《舊唐書・經籍志下》有著錄。㉕孫子　指《孫子算經》。北周甄鸞撰注，三卷。《舊唐書・經籍志下》有著錄。㉖五曹　指《五曹算經》。北周甄鸞撰，五卷。《舊唐書・經籍志下》有著錄。㉗張丘建　指《張丘建算經》。北周甄鸞撰，一卷。《舊唐書・經籍志下》有著錄。㉘夏侯陽　指《夏侯陽算經》。三卷，北周甄鸞注。《舊唐書・經籍志下》有著錄。㉙周髀　指《周髀算經》。一卷，佚名著。為西漢或更早時期的天文曆算著作。闡釋當時的蓋天說及四分曆法。在數學方面使用了分數算法和開平方方法，並最早應用了勾股定理。唐李淳風注。㉚五經　指《五經算術》。一卷。《隋書・經籍志》有著錄。㉛綴術　算書。五卷。南朝宋齊間祖沖之著，唐李淳風注。《舊唐書・經籍志下》有著錄。㉜緝古　指《緝古算術》。四卷，王孝通撰，唐李淳風注。《舊唐書・經籍志下》有著錄。以上自《九章》至《緝古》共十部算書，唐代國子監算學館規定為館內生員必讀課本，合而稱「算經十書」。現在流傳的是北宋元豐七年（西元一〇八四年）秘書省刻印的各種傳刻本。其中《綴術》已佚，後來代之以《數術記遺》。《夏侯陽算經》亦非真本，係後人託名編撰。㉝明數造術　指以自然數為基礎的從加、減、乘、除到乘方、開方、計算面積、體積、圓周、球體等運算方法。㉞大義　此處指數學定義或定理。㉟甄獎　表彰；嘉獎。㊱第　據《通典・選舉三》應為「策」。㊲中書門下　官署名。為唐代真宰相即中書、門下、尚書三省長官共議國政之所，原稱政事堂，玄宗開元十一年（西元七二三年）改稱中書門下，移置於中書省，仍為宰相議政辦公之地。下設吏、樞機、兵、戶、刑禮五房，分主眾務。㊳宏文崇文生　門下省設有弘文館，太子東宮設有崇文館，各有生員三十，均為皇帝緦麻以上親，皇太后、皇后

大功以上親，宰相及散官一品、功臣身居食實封者、京官職事從三品和中書、黃門二省侍郎等官員之子弟。㊴資廕　亦稱門蔭。因家庭與王室的親戚關係或一定的官品，而使其子弟獲得庇蔭，享有某些特權。廕同「蔭」。㊵史記　原名《太史公書》，漢司馬遷撰。一百三十篇，起於傳說中的黃帝，迄於漢武帝，為我國第一部紀傳體通史。㊶漢書　東漢班固撰。一百篇，分一百二十卷，為我國第一部紀傳體斷代史。㊷東觀記　據本書前第二卷第四篇第六章原注，當為「東觀漢記」，此處脫一「漢」字。《東觀漢記》為東漢官修本朝紀傳體史書。東觀為洛陽宮中殿名，即當時修史處。漢明帝時開始編撰，以後歷代增修，至桓、靈時共修一百四十三卷，尚未完稿。此書魏晉時頗流行，唐中葉後漸次稀見。今本係清人輯本。㊸三國志　西晉陳壽撰。分魏、蜀、吳三志，紀傳體，但無表、志，共六十五卷。㊹齋郎　祭祀時之執事吏員，掌執俎豆及灑掃等事。歷代多置。唐代太常寺有太廟齋郎，兩京郊社署有郊社齋郎，鴻臚寺司儀署及四岳五瀆亦置齋郎。太廟齋郎通常由五品以上子孫進補，郊社齋郎由六品官子孫蔭補，皆須通過考試。其年久者，太廟齋郎可補室長，郊社齋郎可補掌坐、常次，稱為黃衣選人。因而齋郎常常成為吏職入仕途徑之一。㊺國子監　教育行政主管機構，兼領國立諸學校。漢有太學，晉稱國子學，北齊稱國子寺，隋始稱國子監。唐因之，設祭酒、司業為正副長官。並常以官兼師，總國子、太學、廣文、四門、律學、書學、算學等七學。㊻大成　意謂學業大有成就。國子監設有大成班，為明經貢舉考試及格後，繼續留在國子監學習深造者，類似現代大學研究生班。㊼散官　表示官員品階等級的稱號，與職事官表示所任職務的稱號相對而言。官之散位漢以來即有，散官稱號則始見於隋。唐定散官之號，文散官自開府儀同三司至將仕郎凡二十九階；武散官自驃騎大將軍至陪戎副尉凡四十五階。散官只是一種虛銜，用以表示服色、資蔭、儀制等級別，與職事官的品級並不完全一致，兩者關係類似現代國家官員之行政級別與實際職務。㊽依邑令　《舊唐書・職官志二》為「依舊令」。㊾祿俸賜會　唐代國家給予官吏諸種物質待遇之合稱。祿是依據本品，春秋二季以糧食發給；俸則包括俸、料、課、雜錢四種，按月發給錢物。此外還有各種食物，作為膳食供應。賜會，亦稱會賜，是與祿俸平行的待遇，每年元旦、冬至朝會時賞賜，主要是絹及金銀器皿，按官員本品，分為五品以上和六品以下兩類。㊿非伎術直　唐代直官是介於官與吏之間的一類屬員。他們處於長官、通判、判、典四等官之外，但又不是工匠，而是官。他們不擔負行政責任而各司專職業務，是國家為寺、監等官署配置的專業技術人才，相當於現代各級政府機關的會計師、工程師之類。非伎術性直官，多為在戶部、刑部、度支、比部諸司從事起草、校勘、計算等帶有專業性實際事務的工作人員，諸如「明法之官」、「直中書」、「直刑部」等便是。此處把大成的待遇定位於非伎術直官，是使之處於官與吏之間的一種專業性人才的地位。(51)各兩階　據本書前第二卷第四篇第六章當為「各加兩階」，此處脫一「加」字。(52)不第者　據本書前第二卷第四篇第六章，此下當有「依舊任」三字。補上後，全句為：「不第者，依舊任，三年一簡。」

【語　譯】關於科舉考試的制度，規定在每年仲冬十一月，大體與各州縣的上計同時進行。舉試科目有六個：一是秀才科，考試內容為五道題目的時務策方略。這一科錄取標準掌握比較嚴格，太宗貞觀以後便停止舉試。二是明經科，三是進士科，四是明法科，五是明書科，六是明算科。考試涉及的典籍，正經共有九部，其中《禮記》、《左氏春秋》為大經，《毛詩》、《周禮》、《儀禮》為中經，《周易》、《尚書》、《公羊春秋》、《穀梁春秋》為小經。通兩經的，那就是一大經、一小經，或者兩部中經。通三經的，就是大、小、中經各一部。通五經的，兩部大經都要通。至於《孝經》、《論語》、《老子》，所有參加明經考試的都要兼習。凡是報考明經科的，都要先參加帖經考試，然後再口試，並對答策問。錄取時以粗有文理的可以獲得通過。按照開元前的舊制規定，各類明經考試，九部正經每部經都要試十帖，《孝經》試二帖，《論語》試八帖，《老子》和它的注釋試五帖。每一帖是三個字，十帖中答對六帖以上的，作為通過。帖試通過後，再考試策問十道題，能夠通過七道題的，就算高第。玄宗開元二十五年的敕文指出：各類明經考試，都要先經過帖經考試，能夠在十帖中通過五帖以上的，再參加口試。每部正經都提問大義十條，答對六條以上作為通過。此外還要對答時務策三道題目。凡是報考進士科的，先試帖經，然後試雜文和策問。雜文以文詞既華美、內容又豐實為可取，策問必須做到義和理兩個方面都得當才能算通過。按照以往的通例，帖試一部小經和它的注，十帖中通六帖以上的；帖試《老子》和它的注，十帖中通三帖以上的，然後再參加考試雜文題兩道和時務策五條。玄宗開元二十五年，改為依照明經考試做法，帖試一部大經，要求十帖中通四帖以上。其餘仍然與舊例一樣。凡是報考明法的，考試的內容是律和令各一部。能夠熟記和通曉律、令的相關義理，回答提問時沒有任何疑惑或呆滯的，方可通過。列入考試範圍的律和令，每部試十帖，策試共十條，其中律七條，令三條。凡是報考明書科的，考試的內容是《說文》和《字林》。能夠通曉訓詁方法，又兼會各種書體的，可以作為通過。《說文》試六帖，《字林》試四帖，兼試口試，不限定條數。凡是報考明算科的，考試的內容是《九章》、《海島》、《孫子》、《五曹》、《張丘建》、《夏侯陽》、《周髀》、《五經》、《綴術》和《緝古》等十部算經。不僅能夠用數字進行運算，而且還能說明其中的方法和原理的，方可獲得通過。《九章》試三帖，《五經》等七部算經各試一帖，《綴術》試六帖，《緝古》試四帖，並摘錄相關條目中的數學定理向考生提問。以上共六科，是選拔人材的根本。在試舉中，必須選取那些能夠精究理義和實務的人，登為及第。其中如果有學識廣博、兼通多門專業的人，那就必須加以嘉獎，不可用以上常科加以限制。玄宗開元二十五年敕文指出：明經、進士科中，除了參加按規定應試的內容以外，如果明經科有兼明五經以上的，那就每經帖試十道，答對五道以上作為通過，口試經書中的大義十條，要求解釋義理精微通達，這樣答對五條以上作為通過；進士科有兼通一史的，策問和口試各為十條，答對六條以上算通過。以上兩類舉人都必須加以嘉獎，由有關司記錄他們名籍，向上奏聞。其中，報考進士科的，唱完及第後，要將他應試的雜文和第（策）文一併送中書門下詳細覆核；而報考明經科的，對他的口試仍須對同舉人一起考試。至於對宏文館、崇文館生員的考試，依然按照常式進行。弘文館、崇文館的生員，雖然與明經、進士科舉人同時應考，但由於他們的門蔭品階都很高，所以對試卷的考評不妨放寬尺度，只要粗通文義即可。宏文館生員中原來學習一大經、一小經、兩中經的，學習《史記》的，《漢書》的，《東觀【漢】記》的，《三國志》的，都必須對文字精讀熟記，吐音雅正。策問試十道題，要求能夠粗通經義及注解。經籍通過六道題，史籍通過三道題。考試時務策的，都必須能夠識別各種文體，答案不能離開問目所詢問原意。五題通過三題就算及格。以上兩館生都要兼試帖經《孝經》、《論語》，共十條。應考的太廟齋郎，亦是考試兩部經籍。能夠文義粗通，就算通過，然後補授官職，待考課期滿後，再進行簡試。關於郊社齋郎的簡試，亦是按照太廟齋郎的格式進行。國子監設有大成班，生員共有十名，是由明經及第中選取特別聰明卓越的組成的。對他們考試的方法是一天背誦一千字，並當場口試，再策問所習的專經，要求十條中能夠通過七條，這就可錄取補入大成班，並分別授予散官品階。依照邑（舊）令，在國子監內繼續學習深造，以學通四經為及格。對大成的祿俸和賜會，按照非技術直官的標準發給。能夠結業的，再在吏部參加考試，內容是《孝經》、《論語》，共試八條，其餘專攻的經，各試八條。隔天考一次。文采斐然、明晰精通而又熟練的，即可通過。口試十條中通過九條，策問中十條通過七條，作為及第。考生所加修的經典，如果是《禮記》、《左傳》、《毛詩》、《周禮》，可以各人〔加〕兩階；如果是其他經籍，各加一階。及第的，可以由吏部放選，而且從優銓敘。若是不及第，那就〔仍在國子監繼續學習〕，每過三年再簡試一次，九年亦就是三次都不能及第的，就要退學，按照常規參加吏部選。學業沒有完成、規定年限又沒有達到的，不得參加其他銓選或者充任別的使職。如果因事故請假，規定的期限還得補上。明經考試已經及第的人要加試其他經籍，或者在職的官吏請求加試經籍，都參照這個辦法進行。

四

郎中一人，從五品上。《周官》❶大宗伯屬官有下大夫❷，蓋郎中之任也。魏、晉、宋、齊、梁、陳、後魏、北齊有殿中郎、儀曹郎，而殿中掌表疏❸，儀曹掌吉凶禮制，皆禮部之職也。後周依《周官》❹。隋初，禮部曹置侍郎一人，煬帝❺除「侍」字，又改為儀曹。皇朝因稱郎中。武德三年❻復為禮部，龍朔二年改為司禮大夫。光宅、神龍隨曹改復。

員外郎一人，從六品上。《周官》大宗伯屬官有上士❼，後周依焉❽，蓋今員外郎之任也。隋開皇六年❾置禮部員外郎，煬帝改為儀曹承務郎。武德初改為禮部員外郎，龍朔二年改為司禮員外郎。咸亨、光宅、神龍並隨曹改復。

主事二人，從九品上❿。

禮部郎中、員外郎掌貳尚書、侍郎，舉其儀制而辨其名數。

【章旨】記述禮部司郎中、員外郎和主事之員數、品秩及其沿革與職掌。

【注釋】❶周官　即《周禮》，儒家經典之一。由戰國時人彙編周王室官制及戰國時各國制度而成。❷下大夫　《周禮》春官大宗伯屬官中，有下大夫四人。大夫是爵稱，分上、中、下三等。此處則以下大夫比擬禮部郎中之職。❸殿中掌表疏

《隋書·百官志中》殿中曹的職掌是「掌駕行百官留守名帳，宮殿禁衛，供御衣食等事」，與此處所記「掌表疏」有異。錄以備考。❹後周依周官　指北周依照《周禮》設置司宗。北周的司宗，初名禮部。《周書·柳敏傳》稱柳敏「復拜禮部，後改禮部為司宗，仍以敏為之」。❺煬帝　隋朝皇帝楊廣。在位十四年，終年五十歲。❻武德三年　即西元六二〇年。武德為唐高祖李淵年號。❼上士　《周禮》春官大宗伯屬官中有上士八人。士是爵稱，位次于大夫，亦分上、中、下三等。❽後周依焉　指北周依照《周禮》體制建置，曾設司宗上士。《隋書·宇文弼傳》載其「仕周，為禮部上士」。按北周之司宗，初名禮部。❾開皇六年　即西元五八六年。開皇為隋文帝楊堅年號。❿從九品上　《舊唐書·職官志一》總敘官品條禮部主事列為「從第八品下」。其注文稱：「舊從九品上，開元二十四年（西元七三六年）改七司入八品，其省內諸司依舊。」錄以備考。

【語　譯】禮部司：郎中，定員一人，官品為從五品上。《周禮》春官大宗伯的屬官中有個稱為下大夫的，那就相當於現今郎中的職務。魏、晉和南朝的宋、齊、梁、陳以及北朝的北魏、北齊，都設有殿中郎和儀曹郎，殿中曹的職司是負責表疏，儀曹執掌吉凶禮制，都屬於禮部曹的職務。北周依照《周禮》設置司宗中大夫。隋初，禮部曹設有侍郎一人，到隋煬帝時職名中除去了一個「侍」字，官署亦改回舊稱儀曹。本朝因承隋制稱為郎中。高祖武德三年官署名稱恢復稱禮部，高宗龍朔二年職名改稱為司禮大夫，到咸亨時又恢復了舊稱。在光宅、神龍期間職名隨著曹名的更改和恢復亦作了更改和恢復。

員外郎，定員一人，官品為從六品上。《周禮》春官大宗伯屬官中有上士這一職務，北周曾經照著設置過，那就是現今員外郎的職任。隋文帝開皇六年設置禮部員外郎，隋煬帝把它改名為儀曹承務郎。本朝高祖武德初年又改名為禮部員外郎，高宗龍朔二年再改名為司禮員外郎，而在咸亨、光宅、神龍年間則隨著曹名的更改和恢復，這一職名亦一起更改或恢復。

主事，定員二人，官品為從九品上。

五

禮部郎中和員外郎的職掌是，充當尚書和侍郎的副貳，推行各種禮制的儀式，並辨正儀式中不同的名物和規制。

凡五禮之儀，一百五十有二：一曰吉禮，其儀五十有五：一曰冬至祀圜丘❶，二曰祈穀于圜丘❷，三曰雩祀于圜丘❸，四曰大享于明堂❹，五曰祀青帝于東郊❺，六曰祀赤帝于南郊❻，七曰祀黃帝于南郊❼，八曰祀白帝于西郊❽，九曰祀黑帝于北郊❾，十曰蜡祭百神于南郊❿，十一曰朝日于東郊⓫，十二曰夕月于西郊⓬，十三曰祀風伯⓭、雨師⓮、靈星⓯、司中、司命、司人、司祿⓰，十四曰夏至⓱祭方澤⓲，十五曰祭神州于北郊⓳，十六曰祭大社⓴，十七曰祭五岳、四鎮㉑，十八曰祭四海、四瀆㉒，十九曰時享于太廟㉓，二十曰祫享㉔于太廟，二十一曰禘享㉕于太廟，二十二曰拜五陵㉖，二十三曰巡五陵㉗，二十四曰祭先農㉘，二十五曰享先蠶㉙，二十六曰享先代帝王㉚，二十七曰薦新㉛于太廟，二十八曰祭司寒㉜，二十九曰祭五龍壇㉝，三十曰視學㉞，三十一曰皇太子釋奠㉟，三十二曰國學釋奠㊱，三十三曰釋奠于齊太公㊲，三十四曰巡狩㊳告圜丘㊴，三十五曰巡狩告社稷，三十六曰巡狩告宗廟，三十七曰巡狩，三十八曰封禪㊵，三十九曰祈于太廟㊶，四十曰祈于太社，四十一曰祈于北郊，四十二曰祈于岳、瀆，四十三曰諸州祭社稷㊷，四十四曰諸州釋奠，四十五曰諸州祈禜㊸，四十六曰諸縣祭社稷，四十七曰諸縣釋奠，四十八曰諸縣祈禜，四十九曰諸太子廟時享㊹，五十曰王公已下時享其廟㊺，五十一曰王公已下祫享其廟，五十二曰王公已下神享㊻其廟，五十三曰四品已下時享其廟，五十四曰六品已下時祭，五十五曰王公已下拜掃㊼。二曰賓禮，其儀有六：一曰蕃國王來朝㊽，二曰戎蕃王見㊾，三曰蕃王奉見，四曰受蕃使表及幣，五曰燕蕃國王，六曰燕蕃國使。三曰軍禮，其儀二十有三：一曰親征類于上帝[50]，二曰宜于太社[51]，三曰造[52]于太廟，四曰禡于所征之地[53]，五曰軷于國門[54]，六曰告所過山川，七曰露布[55]，八曰勞軍將，九曰講武[56]，十曰田狩[57]，十一曰射于射宮[58]，十二曰觀射于射宮，十三曰遣將出征宜于太社[59]，十四曰遣將告于太公廟，十五曰遣將告于太廟，十六曰祀馬祖[60]，十七曰享先政[61]，十八曰祭馬社[62]，十九曰祭馬步[63]，二十曰合朔伐鼓[64]，二十一曰合朔諸州伐鼓，二十二曰大儺[65]，二十三曰諸州縣儺[66]。四曰嘉禮，其儀有五十：一曰皇帝加元服[67]，二曰納后[68]，三曰正至[69]受皇太子朝賀，四曰皇后正至受皇太子朝賀，五曰正至受皇太子妃朝賀，六曰皇后正至受太子妃朝賀，七曰正至受群臣朝賀，八曰千秋節受群臣朝賀[70]，九曰皇后正至受群臣朝賀，十曰皇后受外命婦[71]朝賀，十一曰皇帝於明堂讀春令[72]，十二曰讀夏令，十三曰讀秋令，十四曰讀冬令，十五曰養老于太學[73]，十六曰臨軒冊皇后[74]，十七曰臨軒冊皇太子[75]，十八曰內冊皇太子[76]，十九曰臨軒冊王公[77]，二十曰朝堂冊諸臣[78]，二十一曰冊內命婦[79]，二十二曰遣使冊授官爵[80]，二十三曰朔日受朝[81]，二十四曰朝集使辭見[82]，二十五曰皇太子加元服[83]，二十六曰納妃[84]，二十七曰正至受群臣賀[85]，二十八曰受宮臣賀[86]，二十九曰與師、傅、保相見[87]，三十曰受朝集使參辭[88]，三十一曰諸王冠[89]，三十二曰納妃[90]，三十三曰公主降嫁[91]，三十四曰三品以上冠[92]，三十五曰四品以下冠，三十六曰六品以下冠，三十七曰三品以上婚[93]，三十八曰四品以下婚，三十九曰六品以下婚[94]，四十曰朝集使禮見及辭[95]，四十一曰任官初上[96]，四十二曰鄉飲酒[97]，四十三曰正齒位[98]，四十四曰宣赦書[99]，四十五曰群臣詣闕上表[100]，四十六曰群臣起居[101]，四十七曰遣使慰勞諸蕃[102]，四十八曰遣使宣撫諸州[103]，四十九曰遣使諸州宣制[104]，五十曰遣使諸州宣赦書[105]。五曰凶禮，其儀一十有八。一曰凶年振撫[106]，二曰勞問疾患[107]，三曰中宮勞問[108]，四曰皇太子勞問[109]，五曰五服制度[110]，六曰皇帝為小功已上舉哀[111]，七曰勅使弔祭[112]，八曰會喪[113]，九曰冊贈[114]，十曰會葬[115]，十一曰致奠[116]，十二曰皇后舉哀弔祭[117]，十三曰皇太子舉哀弔祭[118]，十四曰皇太子妃舉哀弔祭[119]，十五曰三品以上喪[120]，十六曰四品以下喪[121]，十七曰六品以下喪[122]，十八曰王公以下喪[123]。禮制通議其[124]《新五禮》[125]，開元二十年修[126]，凡一百五十卷。

【章　旨】由禮部郎中和員外郎之職掌而列述唐代吉、賓、軍、嘉、凶五禮及各種相關儀式。

【注　釋】❶冬至祀圜丘　冬至，二十四節氣之一。陽曆每年十二月二十二日，太陽到達黃經二百七十度時開始。夏曆則多在十一月中旬，大雪以後十五天。古時冬至日皇帝要親臨圜丘祭祀昊天上帝。唐代據《開元禮》祭天時，還要配享以高祖李淵神主。圜丘為古時祭天之壇。土之高者曰丘。圜同「圓」。圓形象徵天，古人信仰天圓地方之說。今存北京的天壇，即帝王祭天之所。❷祈穀于圜丘　指正月上旬辛日這一天，君王要祈穀祭祀昊天上帝於圜丘。開元時以高祖李淵的神主配享。❸雩祀于圜丘　雩祀是古代帝王為求雨而在孟夏四月于圜丘舉行祭天的儀式。《開元禮》規定，雩祀祭天以太宗李世民神主配享。❹大享于明堂　明堂傳為古代天子舉行祭祀及起居之所。《呂氏春秋・孟春紀》東漢高誘注稱：明堂，中方外圓，通達四出，各有左、右房謂「个」，个猶隔也。東出謂之青陽，南出謂之明堂，西出謂之總章，北出謂之玄堂。在季秋收成以後，天子要在明堂舉行盛大祭天儀式。開元時以睿宗李旦的神主配享。以上四次祭祀正是春、夏、秋、冬四時的祭禮。❺祀青帝于東郊意謂立春日祀青帝於京城東郊外。郊為祭天的場所。青帝，古代傳為五天帝之一，主東方之神；亦稱蒼帝，謂之春神。❻祀赤帝于南郊　意謂立夏日祭赤帝於京城南郊外。赤帝，古代傳為五天帝之一，主南方之神，謂之夏神。❼祀黃帝于南郊　意謂季夏日祀黃帝於京城南郊外。黃帝，古代傳為五天帝之一，係中央之神。❽祀白帝于西郊　白帝古代傳為五天帝之一，係西方之神，亦謂之秋神。立秋日祀白帝於京城西郊。❾祀黑帝于北郊　黑帝亦傳為五天帝之一，係北方之神，亦謂之冬神。立冬日祀黑帝於京城北郊。❿蜡祭百神于南郊　蜡或臘為古代年終祭祀百神的儀式。周稱蜡，秦稱臘。《禮記・郊特牲》：「蜡也者，索也。歲十二月，合聚萬物索饗之也。」唐據《開元禮》於臘日祭百神於南郊。⓫朝日于東郊　古代祭祀日月星辰的一種儀式。迎春氣到時，祭日於東郊。日以早晨升起，故稱朝日。祭時以牲置於柴上而燔之，升烟於天。唐據《開元禮》規定春分日朝日於東郊。⓬夕月于西郊　《開元禮》以秋分日祭月於西郊。月以晚上升起，故稱夕月。⓭風伯　傳說中的風神。《風俗通・風伯》：「飛廉，風伯也。」另一說，指箕星。〈月令〉：立春後丑日，祭風師於國城東北。⓮雨師　傳說中司雨之神。說法不一：《周禮》春官鄭玄注，以畢宿為雨師；《風俗通》卷八以元（玄）冥為雨師；《山海經》郭璞注，以屏翳為雨師。〈月令〉稱：立夏後申日，祀雨師於國城西南。⓯靈星　亦稱歲星，即太陽系九行星中之木星。〈月令〉稱其為壽星：秋分日，享壽星於南郊。⓰司中司命司人司祿　古代傳說中之諸神。一說文曲星有六星，其四為司命，五為司中，六為司祿。〈月令〉：立冬後亥日，祀司中、司命、司人、司祿於國城西北。⓱夏至　二十四節氣之一。每年六月二十二日，太陽抵達黃經九十度時開始。夏曆則通常在五月中，這一天白晝時間最長。⓲方澤　指澤中之方丘。南宋本及廣池本均作「方丘」。《通典・禮五》：「周制，〈大司樂〉云：『夏日至禮地祇於澤中之方丘。』」方丘，祭地之所。古人信仰天圓地方之說，王者父天母地，祭天是圓形的壇，祭地神為方形的壇。唐於宮城之北郊十四里為方丘壇，夏至日祭地祇於方丘壇上，並列以高祖李淵神主作為配享。⓳祭神州于北郊　立冬後，祭神州地祇於京城北郊。據鄭玄《周禮注》稱：「祭地有二，一是大地崑崙為皇地祇，則宗伯黃宗所祭者；二是帝王封域內之神州，則兩圭有邸所祭者。」⓴祭大社　南宋本作「太社」，「大」、「太」互通。大社，即社稷，或稱太稷。社是土神，稷是穀神。唐代設社稷祭壇在含光門內之右，仲春、仲秋戊日祭大社。㉑祭五岳四鎮　岳同「嶽」。鎮大山為一方之鎮者。東嶽岱山，祭於兗州界；東鎮沂山，祭於沂州界。南嶽衡山，祭於衡州界；南鎮會稽山，祭於越州界。中嶽嵩山，祭於河南府界。西嶽華山，祭於華州界；西鎮吳山，祭於隴州界。北嶽恒山，祭於定州界；北鎮醫無閭山，祭於營州界。年別一祭，以本州縣官祭之。㉒祭四海四瀆　瀆為大川。祭東海於萊州界，祭東瀆大淮於唐州界；祭南海於廣州界，祭南瀆大江於益州界；祭西海及西瀆大河於同州界，祭北海北瀆大濟於河南府界。年別一祭，以本州縣官祭之。㉓時享于太廟　時享，指四時之享祭。《禮記・王制》：「春禴，夏禘，秋嘗，冬烝。」據《通典・禮九》：唐代四時各以孟月即每個季度的第一個月享太廟。太廟為帝王的宗廟。開元時唐之太廟有九室，祭時每室各用一太牢，並以滋味與新物相宜者配之，由太常卿及少卿一人奉薦。㉔祫享　集合遠近祖先神主於太廟舉行大合祭稱祫。《通典・禮九》：「古者天子諸侯三年喪畢，皆合先祖之神而享之，以生有慶集之懽，死亦應備合食之禮。」《公羊傳・文公二年》：「大事者何？大祫也。大祫者何？合祭也。其合祭奈何？毀廟之主陳於大祖，未毀廟之主皆升合食於大祖，五年而再殷祭。」據此則知祫享三年喪畢時舉行一次，此後每五年舉行一次。㉕禘享　禘指帝王既立始祖之廟，禘祭為天子諸侯五年一次的盛祭。三年之喪畢之次年一禘，此後五年一禘。㉖拜五陵　五陵是葬高祖李淵之獻陵，葬太宗李世民之昭陵，葬高宗李治之乾陵，葬中宗李顯之定陵，葬睿宗李旦之橋陵。玄宗時設有五陵署，開元十七年（西元七二九年）十一月玄宗拜謁五陵。㉗巡五陵　指君王派太常卿巡行諸陵。㉘祭先農　先農係古代傳說中的神農氏。天子在孟春之月，擇吉日祭先農後，舉行籍田儀式。開元二十三年（西元七三五年）二月玄宗親祀神農於東郊，禮畢，躬御耒耜於千畝之甸。㉙享先蚕　蚕即「蠶」字。據《大唐郊祀錄・饗先蠶》稱：「先蠶者，即祭義雲公桑蠶室之文，後代因而饗焉。」季春穀雨後吉日，使公卿以一太牢祀先蠶於壇上，禮畢皇后親桑於壇，以勸桑事。㉚享先代帝王　仲春之月享古代帝王，包括傳說中的帝君。其中有：帝嚳，享於頓丘；帝堯，享於平陽；帝舜，享於河東；夏禹，享於安邑；殷湯，享於偃師；周文王，享於酆；武王，享於鎬；漢高祖，享於長陵。㉛薦新　四時新物初登皆先獻太廟而後食，稱薦新。《舊唐書・禮儀五》稱：「若品物時新堪進御者，所司先送太常，與尚食相知，簡擇精好者，以滋味與新物相宜者配之。」如二月獻羔開冰，四月以彘嘗麥，七月獻新穀，九月嘗稻，十二月嘗魚等。又《通典・禮七十六・開元禮纂十一》薦新於太廟之下，尚有「季夏祭中霤於太廟」句。㉜祭司寒　司寒，指水神。唐制先立春三日，以黑牡、秬黍祭司寒之神於冰室。祭訖，鑿冰千段，方三尺，厚尺五寸而藏之。仲春開冰，祭如藏禮。㉝祭五龍壇　指在興慶宮祭五龍壇。五龍為青、赤、黃、白、黑五色之龍。一說指蒼龍、朱鳥、麒麟、騶虞、玄武五種傳說中動物之神。㉞視學　指皇帝、皇太子視察太學時所舉行的儀式。㉟釋奠　置樽於神前而祭之稱釋奠。此處指皇太子於孔廟釋奠孔子之儀式。㊱國學釋奠　每年仲春、仲秋，皇太子於國子學行釋奠之禮。㊲齊太公　即呂尚，亦稱太公望。因佐周武王克殷有功而封於齊，故稱齊太公。此處則指齊太公廟。開元十九年（西元七三一年）令兩京及天下諸州，各置太公廟一所，以西漢開國功臣張良配饗。㊳巡狩　即巡守，意謂帝王巡行所守。傳為古制，如《通典・禮十四》稱：「唐虞天子五載一巡狩。」秦漢後帝王出巡時，備大駕鹵簿皆如常儀，並祭路神於國門，祭後以車輪輾過牲口，取行道無艱險之意。沿途祭所過之山川、古先帝王、名臣、烈士等，如親征之禮。所經之州、縣，刺史、縣令先恭候於境。㊴告圜丘　指皇帝離京巡狩前，要先赴圜丘舉行告別的祭祀儀式，亦可以派有司攝行其事。後文「巡狩告社稷」、「巡狩告宗廟」亦類此。㊵封禪　古代帝王赴泰山舉行祭祀天地的儀式。在泰山築壇祭天稱「封」，在山南梁父山上闢基祭地稱禪。祭享昊天上帝如圜丘之儀，祭皇地祇如方丘之儀。唐朝前期，高宗李治與玄宗李隆基曾舉行過封禪的祭禮儀式。㊶祈于太廟　祈，求也。《通典・禮十五》：「天神人鬼地祇不和，則六癘作見，故以祈禮同之。」祈的內容包括「以祈福祥，逆時雨，寧風旱，彌災兵，遠罪疾」；祈的處所，除太廟外，後文還有太社、北郊、岳瀆等。㊷諸州祭社稷　各州於治所分別設社、稷壇，以本司為祈官，致祭於社、稷。㊸祈禜　周制，春官大祝掌六祈，其第四祈即為「禜」。《通典・禮十五》本注云：「禜為營酇，所祭門，國門也。」所祈或為癘疫，或為水旱之災。若為霪雨不止，則其祝文為：「維某年歲次月朔日，子刺史姓名，縣則縣令姓名，遣具位姓名昭告於城門：霖雨淹久，害於百穀，惟靈降福，應時開霽。謹以清酌嘉薦，明告於城門，尚饗。」若雨止，報祠用特牲飲福。㊹諸太子廟時享　開元時之諸太子廟係指：隱太子廟（高祖李淵之子李建成）、章懷太子廟（高宗李治之第六子李賢）、懿德太子廟（中宗李顯之長子李重潤）、節愍太子廟（中宗李顯第三子李重俊）、惠莊太子廟（睿宗李旦第三子李撝）、惠文太子廟（睿宗李旦第四子李範）。時享指每年四時之享。㊺王公已下時享其廟　指王公以下、三品以上，可以四時享其子孫之廟祭。㊻神享　據《通典・禮八十一》當為「禘享」。㊼拜掃　即墓祭。在忌日或寒食節（清明前一天）赴墳塋祭掃。此外，如解滿遠行亦須辭墓，哭而後行。㊽蕃國王來朝　指蕃國君主來朝，遣使者以束帛相迎之禮儀。㊾戎蕃王見　句中「戎」，據《通典・禮六十六》當作「戒」。戒蕃王見，意謂遣使告知蕃王於某日奉見。戒，命令；告請。㊿親征類於上帝　意謂皇帝親自征戰出發前，須於圜丘舉行祭告上天的儀式。類，祭天。《尚書・舜典》：「肆類於上帝。」(51)宜于太社　意謂皇帝親征前，祭祀於太社，其禮與巡狩告社同。宜，事也。引申為用事，即祭祀。《爾雅・釋天》：「起大事，動大眾，必先有事乎社而後出，為之宜。」(52)造　《通典・禮六十六》當為「告」。(53)禡于所征之地　禡為古代軍祭之名。皇帝親征前，服武弁之服，詣祭所致祭。(54)軷于國門　軷為路祭。先於國門外委土為軷，象山丘，並為瘞埳於神座西北，令宰人刳羊，埋於埳處，祭畢，以車輪輾過牲口，取行道無艱險之意。梁簡文帝〈和武帝宴〉詩：「犒兵隨後拒，軷祭逐前師。」(55)露布　亦稱露板，是為文書不加檢封，表示公開宣佈之意。古代用以為報捷之書。此處指皇帝親征取勝後，宣發露布的儀式。(56)講武　仲冬之月，皇帝講武於都外所舉行的檢閱軍隊的儀式。(57)田狩　每年仲冬，皇帝要舉行狩田禮儀。有司驅獸出於帝前以供狩獵。所獲其上者以供宗廟，次者以供賓客，下者以充庖廚。(58)射于射宮　指皇帝於射宮御射時所舉行的禮儀。(59)遣將出征宜于太社　皇帝遣大將出征時，諸將祭告於太社壇、太稷壇；若凱旋，亦要陳俘馘及軍實於北門外，舉行祭告儀式。(60)祀馬祖　馬祖古傳為天駟之神，亦即房星，二十八宿之一。古代天文學家以其主車馬，故仲春祭馬祖於郊社。(61)享先政　先政，據南宋本當為「先牧」。指先牧之神。每年仲夏祭享，其儀如祭馬祖。(62)祭馬社　仲秋祭馬社。儀式與祭馬祖相類，其祭文云：「惟神肇教人乘，用賴於今，式因肆僕，爰以制幣云云，尚饗。」(63)祭馬步　馬步，神名，為災害馬者。仲冬祭馬步，其祭文云：「惟神為國所重，在於閑牧。神其屏茲凶慝，使無有害；載因獻校，爰以制幣云云，尚饗。」(64)合朔伐皷　皷即「鼓」字。合朔，意謂日月相會，此處指日蝕時之禮儀。其日皇帝及百官以下皆素服；皇帝避正殿不視事，百官不理務。郊社令及門僕守四門，令巡門監察；鼓吹令帥工人以方色執麾旒，分置四門屋下，龍蛇鼓隨設於左。隊正執刀帥衛士執五兵於鼓外，矛處東，戟在南，斧鉞在西，矟在北。並設龍鼓一面，弓一張，矢四隻。屆時，太史官一人赤幘、赤衣立於社壇之北向日觀變。日有變，史官高呼：「祥有變！」工人舉麾，齊擊鼓發聲如雷鳴。史官稱止，工人罷鼓。後文「合朔諸州伐鼓」，其儀式與此相類。(65)大儺　為驅疫之儀式。於臘日十二月初八前一日，擊鼓驅疫鬼。禁中於是日亦舉行大儺儀式。選年十二以上十六以下為侲子，二十四人為一隊，戴假面，擊鼓吹角，邊唱邊跳，以驅除惡鬼。禁中諸門則殺雄雞磔禳設祭。其唱詞有「凡使十二神追惡鬼凶，赫汝軀，拉汝幹，節解汝肌肉，抽汝肺腸，汝不急去，後者為糧」等。(66)諸州縣儺　亦於臘八前一日舉行，儀式與大儺相類。其祝文有：「維某年歲次月朔日，子祝姓名，敢昭告於太陰之神，寒往暑來，陰陽之常度，惟神以屏殄厲，謹以酒脯之奠，敬祭於神，尚饗。」(67)皇帝加元服　指為皇帝舉行冠禮。元，首也；冠，首之所著，故稱元服。古代貴族男子通常二十歲行加冠之禮。為皇帝舉行冠禮，要卜日，告圜丘，告宗廟，然後臨軒舉行冠禮。由太師、太尉替皇帝執行加冕儀式。加冕後要見太后，進謁太廟，次日會見群臣。(68)納后　指皇帝納后的禮儀。有卜日，告圜丘，命使納采、納徵，告迎親的日期，告太廟；然後遣使冊后，命使奉迎入宮，同房；次日皇后上表致謝，皇后朝皇太后，皇后受群臣賀；皇帝會見群臣，外命婦朝會，皇后至太廟見先祖等一系列禮儀過程。(69)正至　指正月元日和冬至日。(70)千秋節受群臣朝賀　千秋節為皇帝誕辰。千秋節之稱始於唐玄宗時。玄宗誕辰為八月五日。開元十七年（西元七二九年）這一日，玄宗賜宴花萼樓下，百僚表請以每年八月五日為千秋節。其後凡逢此日都要舉行隆重的朝賀禮。由侍中向皇帝敬壽酒，跪奏稱：「千秋令節，臣等不勝大慶，謹上千萬歲壽。」皇帝受酒，承制宣云：「得卿等壽酒，與卿等內外同慶。」於是三呼萬歲，再拜。賀畢垂簾，群官退。(71)外命婦　指皇姑、皇姊妹、皇女、皇太子女及王之女等。(72)皇帝於明堂讀春令　指皇帝在明堂聽刑部郎中宣讀〈月令〉。明堂，傳為古代天子祀上帝、祭先祖、朝諸侯及起居之所。〈月令〉，《禮記》篇名，所記為十二月不同之天象、物候以及相應之政令等。後文「讀夏令」、「讀秋令」、「讀冬令」同此。惟依禮儀，所讀時令不同，御座所置於明堂之方位亦異。如孟春於青陽左个，仲夏於明堂太廟，季秋於總章右个，孟冬於玄堂左个等。詳《通典・禮八十四・皇帝於明堂讀五時令》。(73)養老于太學　指仲秋之月吉日，皇帝親養三老五更於太學。三老五更是群老的席位，由有司在致仕的三師、三公中，以德行及年高者一人為三老，次一人為五更，於太學受皇帝執醬饋食。(74)臨軒冊皇后　皇帝離開正殿，在殿前平臺上接見使臣或發佈命令稱臨軒。帝王立后妃、諸王及大臣所用的文書，稱冊命。冊命皇后的禮儀包括皇帝臨軒命使，皇后受冊，皇后受群臣賀，皇后表謝、朝皇太后，皇帝會群臣，群臣上禮，皇后會外命婦等。(75)臨軒冊皇太子　其禮儀包括臨軒冊命，朝皇后，謁太廟，會群臣，群臣上禮；皇后受群臣賀，皇后會命婦；皇太子會群臣，皇太子會宮臣，宮臣上禮等。(76)內冊皇太子　其禮儀包括臨軒命使，皇太子受冊，皇太子朝謁，謁太廟；皇帝會群臣，群臣上禮；皇后受群臣賀，皇后會外命婦；皇太子會群臣，皇太子會宮臣，宮臣上禮等。(77)臨軒冊王公　其禮儀由侍中主持，皇帝即御座，由中書令向受冊者當面宣讀冊文，受冊者拜受。(78)朝堂冊諸臣　其禮儀為受冊者朝服詣朝堂，設受冊者版位，舍人宣冊位於其北，引受冊者就版位立，舍人公服以冊書置於案，舍人稱「有制」，受冊者拜受，由舍人宣冊訖，受冊者北面受冊，受冊者退。(79)冊內命婦　典儀設冊使，受冊者花釵翟衣就受冊位，謁者引冊使就位，持冊案者以案進，副使取冊授使者，使者立於受冊者北，南向稱「有制」，受冊者再拜，宣冊訖，再拜，受冊者進受冊以退。(80)遣使冊授官爵　指遣使者冊授官爵所舉行的禮儀。與上述冊命儀式相類。(81)朔日受朝　朔日為夏曆每月之初一日，十五則為望日。唐代故事，朔望日，御宣政殿見群臣，謂之大朝。開元時群臣的朔望朝多屬禮儀性，皇帝一般不聽政。(82)朝集使辭見　指朝集使朝見與奉辭儀式。朝集使，唐代諸州都督、刺史或上佐，每年冬季輪流赴京朝見者。朝見規定在十一月一日。其時朝集使朝服集於朝堂，京師文武九品以上並服袴褶，四品以上就位如式。通事舍人各引三品以上詣橫街相對北面立，然後引朝集使入就北面位，典儀曰「再拜」，由中書舍人宣敕，再拜。若皇帝承恩慰問，即舞蹈，訖，又再拜。侍中奏禮畢，群官以次退，奉辭準奉參之儀。(83)皇太子加元服　即皇太子加冠儀式。其過程包括告太廟，臨軒命賓贊，冠，會賓贊，朝謁，皇太子謁太廟，會群臣，群臣上禮，皇太子會宮臣，宮臣上禮。(84)納妃　指皇太子納妃禮儀。其過程包括臨軒命使，納采，問名，納吉，納徵，告期，告廟，冊妃，臨軒醮戒，新迎，同牢，妃朝見，會群臣。(85)正至受群臣賀　指皇太子在元旦及冬至日受群臣朝賀的禮儀。(86)受宮臣賀　指皇太子於元旦及冬至日受宮臣朝賀的儀式。宮臣，皇太子東宮宮官。(87)與師傅保相見　師、傅、保分別指太子太師、太子太傅、太子太保，太子少師、太子少傅、太子少保。其相見之禮為：皇太子至東階下西面立，通事舍人引師、傅、保及三少入就位，皇太子再拜，師、傅、保再答拜。如果三少特見，則三少先拜。禮畢，通事舍人引師、傅、保出。(88)受朝集使參辭　皇太子在東宮受朝集使與宮臣參拜。(89)諸王冠　據南宋本應為「親王冠」。指親王諸子加冠禮儀。由將冠者之父主持，請賓客為其加冠，並舉行隆重儀式。禮畢，詣闕朝見皇帝、皇后。(90)納妃　指親王納妃禮儀。包括納采、問名、納吉、納徵、請期、冊妃、親迎、同牢，妃朝見婚會、婦人禮會、饗丈夫送者、饗婦人送者等禮儀。(91)公主降嫁　其禮儀包括冊公主，公主受冊，納采、問名、納吉、納徵、請期、親迎、同牢，見舅姑、盥饋舅姑、婚會、婦人禮會、饗丈夫送者及饗婦人送者。(92)三品以上冠　指三品以上官之子舉行冠禮。儀式與親王子冠禮類同，稱謂略異，相稱各隨官爵。禮畢就不必再詣闕朝見。後文「四品以下冠」、「六品以下冠」儀式均相類。(93)三品以上婚　指三品以上官員之子婚禮。其禮儀與親王納妃類同。(94)六品以下婚　《通典‧禮六十六》五禮篇目中無此條目。六品以上官員之子的婚禮，其禮儀與前注同。(95)朝集使禮見及辭　指朝集使於尚書省禮見與辭別之儀式。朝集使與九品以上京官來到尚書省都堂之前，儀式由奉禮郎主持，朝集使向京官再拜，京官揖避並答拜，禮畢依次退。辭別之禮亦如之。(96)任官初上　任官受冊命之後，先拜謁太廟，再至本司官衙，著公服，在廳事之前受本司之卑官拜見，並答拜。若先任者尊或官位等者，則先任者立於東階下，受新任者拜見，並答拜。如果官卑不合拜太廟，但詣本司拜見。不判事者，禮見而已。(97)鄉飲酒　此為地方上尚賢敬賢之禮儀。州以刺史為主人，邀請地方賢者舉行酒宴，賢者分成賓、介、眾賓三等，舉之行禮而賓舉之。(98)正齒位　每年季冬，縣令為主人，邀請鄉之老人六十以上有德行者一人為賓，次一人為介，又其次為三賓，又其次為眾賓，舉行酒宴，其禮儀類似鄉飲酒。(99)宣赦書　指集合囚犯，向其宣告赦書的儀式。由中書令宣詔，宣詔訖，刑部釋囚。(100)群臣詣闕上表　指群臣在朝堂上表之禮儀。其日，量時刻文武群官集，俱就位各服朝服。由禮部郎中取表以授，中書令受表，郎中、舉案退後位。通事舍人引中書令以表入奏。若有詔，群官再拜。(101)群臣起居　指群臣奉參皇帝起居的儀式。由舍人引九品以上文武官就位，舍人引為首者進，通問起居訖，舍人入奏，承旨出，宣旨訖。(102)遣使慰勞諸蕃　指皇帝遣使慰勞周邊蕃主的禮儀。使者以下俱公服，執事者引就次，蕃主朝服立於東階迎。使者詣階閒，東面立。執事者引蕃主入立於使者之南。使者稱「有詔」，蕃主再拜；宣詔後又再拜。執事者引使者出，蕃主拜送於大門外。(103)遣使宣撫諸州　指皇帝遣使者宣撫諸州，刺史出城相迎、使者在廳事前宣讀制書的儀式。(104)遣使諸州宣制　指皇帝遣使者詣諸州宣制勞會，其儀式略同上注。宣制後設席行酒會，會畢拜別。(105)遣使諸州宣赦書　其儀式為：本司設使者迎皇帝所遣使者於州之大門外，刺史與應集之官候於廳事閒階北面而立，文官在東，武官在西，以北為上。同時錄本州之現囚，集於州門之外。使者入，稱「有制」，刺史等再拜。宣制書訖，再拜。本司釋囚。刺史北面受赦書，拜送使者。(106)凶年振撫　指皇帝遣使至諸州賑撫水旱蟲災之禮儀。振為「賑」之本字，救濟。其儀式為使者持節至其州，刺史迎使者於庭；使者南面，持節在其東南；長官北面，寮佐、正長、老人在其後，再拜以授制書。

107勞問疾患　指皇帝遣使節勞問諸王疾患之禮儀。其儀式為主人迎使者於門外，使者東面，主人西面，再拜而入。問外祖父、后父、大臣、都督、刺史及蕃國主同此。其問婦人之疾，則受勞問者北面。

108中宜勞問　句中「宜」據《通典・禮六十六》當作「宮」。中宮勞問，指太皇太后、皇太后、皇后遣使勞問諸王以及外祖父的禮儀。

109皇太子勞問　指東宮勞問諸王，包括勞問外祖父以及師、傅、保、宗戚、上臺貴臣之禮儀。

110五服制度　指斬縗、齊縗、大功、小功、緦麻五種喪服制度。由服者與死者不同的血親關係而定。

111皇帝為小功已上舉哀　小功，五服之一，此處代指本宗曾祖父母、伯叔祖父母、堂伯叔父母，未嫁祖姑、堂姑，已嫁堂姐妹，從堂兄弟及未嫁從堂姐妹；外親為外祖父母、母舅、母姨等親屬關係。舉哀之日，皇帝為位於別殿，文武三品以上入哭於庭，四品以下哭於門外。有司版奏「中嚴」、「外辦」。皇帝變服而哭，然後百官內外在位者皆哭。十五舉聲，哭止而奉慰。

112勑使弔祭　勑即「敕」。指皇帝敕命使者前去弔喪之禮儀。如弔諸王妃，弔外祖父母喪等。使者素服至，主人迎於大門外，司儀引使者入門，南向立，主人進當使者前，北向立；使者稱「有制，弔」，主人哭拜，內外皆哭。司儀引主人進受弔書，退立於東階，向西面哭。使者出，主人拜送於大門外。

113會喪　指以制遣百僚會王公以下喪。

114冊贈　指以敕使冊贈諸王。其儀式為受冊於朝堂，載以犢車，備鹵簿至第。妃主則以內侍為使，贈者以蠟印畫綬。冊贈必因其啟葬，既葬則受於靈寢，既除則受於廟。主人公服而不哭，或單衣而介幘。受必有祭；未廟，受之寢。

115會葬　指以制遣百僚會王公以下葬。百官應會葬者，赴集主人第門外，素服，依次入就班位，司儀贊可哭，諸官在位者皆哭，十五舉聲；司儀贊可止，諸官在位者皆止。司儀引諸官行首一人升，詣主人前席位展慰，然後依次出。

116致奠　指皇帝遣使致奠諸王妃主喪。其儀式為司儀引使者入，主人就東階下迎；謁者引使者入，立於柩東少北，南面。執事者以牢饌入，升設於柩東，西向南上。司儀引主人當使者立，執事者北面酌酒，使者曰：「某封若某位，將歸幽宅，制使某奠。」主人降詣階間，北面哭拜，內外俱哭。使者出，主人止哭，拜送於大門外。

117皇后舉哀弔祭　指皇后為父母、祖父母舉哀。其儀式為皇后升殿，內侍版奏訃，尚儀傳奏，稱某官或某夫人以某月、日辰薨。后啼哭（喪者係父母啼，祖父母則哭），六宮從哭，盡哀，后問故，又哭，盡哀。乃變素服，六宮皆素服，哭不絕聲，又盡哀。六宮各就班位，皆再拜，司贊稱哭，六宮在位者皆哭，十五舉聲；司贊稱止，六宮在位者皆止。司贊稱拜，六宮在位者皆拜；司贊稱下，司賓引六宮退。尚儀跪奏，請哭止，后止，從臨者皆止。后退舍別次。

118皇太子舉哀弔祭　指皇太子在東宮為諸王妃主舉哀弔祭的儀式。

119皇太子妃舉哀弔祭　指皇太子妃聞父母、祖父母喪在東宮舉哀弔祭的儀式。

120三品以上喪　其喪禮自臨終至祔廟其過程為：臨終，以新綿絮置於其口鼻以候氣，氣絕，廢床，寢於地，主人啼，餘皆哭。以死者衣上屋招魂，入以覆尸。設牀遷尸於牀，覆斂衾。祭奠，沐浴，襲衣，含，赴闕報喪，敕使弔，掛銘，書「某官封之柩」。以喪之次日行小斂，斂髮祭奠，大斂，祭奠，三日成服，每日朝夕哭奠。賓客弔祭，親故哭祭，州、縣官長弔，刺史遣使弔，親故遣使賻，每朔望具殷奠。卜宅，卜葬日，啟殯，贈謚，親賓致奠，將葬陳車位，陳器用，進引，引輴（即柩車），柩車至庭，祖奠，柩升靈車，遣奠，啟動靈車，諸孝乘車，宿次，宿處哭泣，行次奠，到墓，陳明器，下柩於輴，入墓，墓中置器，掩壙，祭后土於墓左，下柩於壙。虞祭，卒哭祭，小祥祭，大祥祭，禫祭，祔廟。此即三品以上喪自臨終至祔廟全過程。[121] 四品以下喪　與三品以上喪大體相似，有所區別的是三品以上死稱「薨」，四品以下則逕言死；三品以上含用粱、璧，四品、五品則用稷和璧等。[122] 六品以下喪　規格又低於四品、五品，如沒有赴闕報喪、敕使弔，和親故遣使賻以及殷奠等喪禮程式；銘幅長度四、五品為八尺，六品以下則減為六尺。[123] 王公以下喪　類同於三品以上喪。[124] 其　近衛本校稱「疑當作『具』」。[125] 新五禮　即後文所稱《開元禮》。[126] 開元二十年修　開元二十年，即西元七三二年。是年起居舍人王仲丘受命修撰《大唐開元禮》成，時人稱為「新禮」。

【語　譯】五禮的儀式，共有一百五十二種。第一是吉禮，它的儀式有五十五種。一是冬至皇帝在圜丘祭天，二是正月上辛皇帝在圜丘祈穀，三是孟夏四月在圜丘雩祀祭天求雨，四是季秋在明堂為慶收成舉行大享，五是立春日在京城東郊祀青帝，六是立夏日在京城南郊祀赤帝，七是季夏六月在京城南郊祀黃帝，八是立秋日在京城西郊祀白帝，九是立冬日在京城北郊祀黑帝，十是臘日在京城南郊祭百神，十一是春分在京城東郊朝日，十二是秋分時在西郊祭月，十三是祭祀風伯、雨師、靈星、司中、司命、司人和司祿，十四是夏至在方澤（丘）祭地祇，十五是在北郊祭神州地祇，十六是在太社祭土神，十七是在所在州界祭五岳（嶽）、四鎮，十八是在相關州界祭四海、四瀆，十九是於四時與臘月在太廟享祭，二十是每三年在太廟舉行一次祫享，二十一是每五年在太廟舉行一次禘享，二十二是拜祭五陵——獻陵、昭陵、乾陵、定陵、橋陵，二十三是太常卿巡察五陵，二十四是在孟春祭先農神農氏，並舉行籍田儀式，二十五在季春享先蠶軒轅氏，二十六是在仲春享先代帝王，二十七是在太廟進獻初登新物，二十八是立春前三日祭司寒納冰，二十九是祭五龍壇，三十是皇帝和皇太子視察太學，三十一是皇太子祭奠孔廟，三十二是仲春、仲秋皇太子在國學祭奠孔子，三十三是在太公廟釋奠齊太公，三十四是皇帝巡狩祭告圜丘，三十五是皇帝巡狩祭告社稷，三十六是皇帝巡狩祭告宗廟，三十七是皇帝巡狩途中所舉行的禮儀，三十八是皇帝赴泰山封禪，三十九是時旱祈於太廟，四十是時旱祈於太社，四十一是時旱祈於北郊，四十二是時旱祭於岳（嶽）、鎮、海、瀆，四十三是各州本司因求雨致祭於社稷壇，四十四是各州釋奠祭孔子，四十五是各州在城門舉行禜祭，四十六是各縣祭社稷，四十七是各縣釋奠祭孔子，四十八是各縣在城門舉行禜祭，四十九是四時享祭諸太子廟，五十是王公以下四時廟祭，五十一是王公以下每三年在太廟舉行一次祫祭，五十二是王公以下每年在太廟舉行神（禘）享，五十三是四品以下四時舉行廟祭，五十四是六品以下四時的享祭，五十五是王公以下拜掃墳塋的禮儀。第二是賓禮，它的儀式有六種。一是蕃國君主來朝，二是遣使告知蕃國君主來朝見，三是蕃王奉見，四是蕃國使節進表和獻禮，五是宴飲蕃王，六是宴飲蕃王使節。第三是軍禮，它的儀式有二十三種。一是皇帝親征前在圜丘祭告上帝，二是親征前在太社祭祀，三是親征前祭告太廟，四是皇帝在所征之地舉行禡祭，五是在國門前舉行路祭，六是親征前在太社祭告所過的山川諸神，七是得勝後發佈稱為「露布」的捷報的儀式，八是皇帝遣使慰勞軍隊和將領，九是仲冬時皇帝檢閱軍隊並講武，十是皇帝田狩時舉行的儀式，十一是皇帝在靶場射箭的禮儀，十二是皇帝在射宮觀射的禮儀，十三是皇帝遣將出征時祭告太社，十四是遣將出征時祭告太公廟，十五是遣將出征時祭告太廟，十六是仲春在郊祭祀馬祖，十七是仲春時祭祀先政（牧），十八是仲秋時祭祀馬社，十九是仲冬時祭祀馬步，二十是日蝕時京師舉行伐鼓驅邪的儀式，二十一是日蝕時各個州伐鼓驅邪，二十二是臘月京師舉行大儺驅邪，二十三是各個州、縣舉行儺祭。第四是嘉禮，它的儀式有五十種。一是皇帝加冠，二是皇帝納后，三是元旦、冬至皇帝受皇太子朝賀，四是元旦、冬至皇后受皇太子朝賀，五是元旦、冬至皇帝受皇太子妃朝賀，六是元旦、冬至皇后受皇太子妃朝賀，七是元旦、冬至皇帝受群臣朝賀，八是千秋節皇帝受群臣朝賀，九是元旦、冬至皇后受群臣朝賀，十是皇后在元旦及冬至日受外命婦朝賀，十一是皇帝在明堂讀春令，十二是讀夏令，十三是讀秋令，十四是讀冬令，十五是皇帝到太學親養三老、五更，十六是臨軒冊命皇后，十七是臨軒冊命皇太子，十八是內命冊皇太子，十九是臨軒冊命王公，二十是朝堂宴飲大臣，二十一是冊立內命婦，二十二是派遣使者冊授官爵，二十三是皇帝朔日受文武百官上朝，二十四是朝集使朝見與奉辭，二十五是皇太子加冠，二十六是皇太子納妃，二十七是元旦、冬至皇太子受群臣進賀，二十八是元旦、冬至皇太子受宮臣進賀，二十九是皇太子與太師、太傅、太保和少師、少傅、少保相見，三十是皇太子在東宮受朝集使參拜，三十一是親王和諸子加冠，三十二是親王納妃，三十三是公主降嫁，三十四是三品以上官的冠禮，三十五是四品以下官的冠禮，三十六是六品以下官的冠禮，三十七是三品以上官的婚禮，三十八是四品以下官的婚禮，三十九是六品以下官的婚禮，四十是朝集使在尚書省禮見及辭別，四十一是任官初上任時的相關禮儀，四十二是鄉飲酒州敬賢，四十三是正齒位縣敬老，四十四是宣佈赦書，四十五是群臣詣闕上表，四十六是群臣奉參皇帝起居，四十七是遣使慰勞蕃主，四十八是遣使宣撫地方各州，四十九是遣使到各州宣告制文，五十是遣使到各州宣佈赦書。第五是凶禮，它的儀式有十八種。一是皇帝遣使賑撫各州水旱蟲災，二是皇帝遣使勞問諸王疾患，三是中官（宮）遣使勞問諸王疾患，四是皇太子勞問諸王，五是五服以內的喪服制度，六是皇帝為小功以上的親屬舉哀，七是敕使弔祭，八是下旨遣百僚會王公以下喪，九是敕使冊贈諸王，十是下旨遣百僚會王公以下葬，十一是遣使致奠諸王妃主喪，十二是皇后中宮舉哀弔祭，十三是皇太子東宮舉哀弔祭諸王，十四是皇太子妃東宮為父母、祖父母喪舉哀弔祭，十五是三品以上官員的喪儀，十六是四品以下官員的喪儀，十七是六品以下官員的喪儀，十八是五公以下的喪儀。有關以上各項禮制的具體論述，都在《新五禮》中。《新五禮》是開元二十年修訂的，共有一百五十卷。

【說　明】關於五禮，最早見於《周禮》，其〈地官〉篇在大司徒之職掌中稱：「以五禮防萬民之偽而教之中。」〈春官〉篇還對五禮作了這樣的概括：以吉禮事邦國之鬼神，以凶禮哀邦國之憂，以賓禮親邦國，以軍禮同邦國，以嘉禮親萬民。這個概括雖很簡略，但五禮都以天子邦國為指歸這一特點已相當明顯，至於《儀禮》十七篇，一般認為是孔子晚年考定的，所記述的主要是士禮，如冠、婚、喪、祭、鄉、射等禮，有的還深刻地影響到民間。而有關天子諸侯之禮只是一小部分，且很不系統。這種情況的出現，可能由於孔子既不得位，又生於所謂禮崩樂壞時代，雖然入太廟而每事問，其委曲詳細未必盡知。對這兩部古代禮書的關係，杜佑認為「《周禮》為體，《儀禮》為履」。何為「體」？「統之於心曰體」；何為「履」？「踐而行之曰履」（《通典・禮一》）。但天子諸侯之禮的長期闕如，亦在禮學家中間造成了一種斷層現象，以至漢儒論述古代天子之禮，都是如「后蒼等推士禮以致於天子，乃不得不然之勢，其實是禮家之通例」(皮錫瑞《經學通論》)。《漢書·禮樂志》說:「人性有男女之情,妒忌之別,為制婚姻之禮;有交接長幼之序,為制鄉飲之禮;有哀死思遠之情,為制喪祭之禮;有尊尊敬上之心,為制朝覲之禮。」這裡也還只列舉了婚禮、鄉飲之禮、喪禮和朝會之禮,比之於《周禮·春官》似乎並沒有前進一步。在《後漢書》裡,禮儀和祭祀是被分為兩個門類的;不過如果我們把二者合起來看,那麼五禮範圍內的禮儀節目已大體具備。五禮較為完備的修訂,該是齊、梁時代。這就是《新唐書·禮樂一》說的:「自梁以來,始以其當時所行傅於《周官》五禮之名,各立一家之學。」先是齊武帝永明二年(西元四八四年)詔尚書令王儉制定五禮,至梁武帝時,又命群儒分別裁成:吉禮由明山賓,凶禮由嚴植之,軍禮由陸璉,賓禮由賀瑒,嘉禮由司馬褧。隋文帝時,命牛弘、辛彥之等採梁及北齊儀注,以為五禮。唐初沿用隋禮,至太宗李世民時,令房玄齡、魏徵等修訂禮儀,為吉禮六十一篇,賓禮四篇,軍禮二十篇,嘉禮四十二篇,凶禮十一篇,稱為《貞觀禮》。高宗時又令長孫無忌等改訂五禮,增為一百三十卷,於顯慶三年(西元六五八年)奏上,因稱《顯慶禮》。在這個基礎上,蕭嵩在代為集賢院學士時,始奏起居舍人王仲丘重新修訂五禮。開元二十年(西元七三二年)九月,新禮成,凡一百五十卷,定名為《大唐開元禮》。本章原注所列的五禮之儀一百五十,即《大唐開元禮》五禮篇目。其中五禮排列的次序略有變化,《開元禮》是吉、嘉、賓、軍、凶,而本書則是吉、賓、軍、嘉、凶。少數篇目內容亦略有出入。此後從《大唐開元禮》直到清代的《大清通禮》,枝節雖有更易,總體格局基本不變。由此亦可看出,從隋到唐前期,是中國封建時代禮制統一和定型的時期。

六

凡君臣上下皆有通稱❶。凡夷夏之通稱天子曰「皇帝」❷,臣下內外兼稱❸曰「至尊」❹,天子自稱曰「朕」❺,臣下敷奏於天子曰「陛下」❻,服御曰「乘輿」。行幸曰「車駕」。皇太子已下,率土之內,於皇帝皆稱「臣」。六宮已下,率土之內,婦人於太皇太后、皇太后、皇后皆稱「妾」❼；百官曰「殿下」，自稱曰「臣」❽。百官於皇太子亦曰「殿下」，自稱名，東宮官則稱「臣」。凡散官正二品、職事官從二品已上，爵郡王已上，於公文皆不稱姓。凡六品已上官人奏事❾，皆自稱官號、臣、姓名，然後陳事。通事舍人❿、侍御史⓫、殿中侍御史⓬則不稱官號。凡上表、疏、牋、啟⓭及判⓮、策⓯、文章，如平闕之式⓰。謂昊天、后土、天神、地祇、上帝、天帝、廟號⓱、祧⓲皇祖、妣⓳，皇考⓴、皇妣㉑，先帝、先后，皇帝、天子，陛下、至尊，太皇太后、皇太后、皇后、皇太子皆平出；宗廟、社稷，太社、太稷，神主㉒、山陵㉓、陵號㉔，乘輿、車駕，制書、詔旨，明制、聖化、天恩㉕、慈旨㉖，中宮㉗、御前、闕廷、朝廷之類並闕字；宗廟中㉘、陵中、行陵、陵中樹木、待制、乘輿車中事，舉陵廟名為官，如此之類，皆不闕字。若泛說古典，聖㉙及天地，不指說平闕之名者，亦不平出。若寫經史群書及撰錄舊事，其文有犯國諱㉚者，皆為字不成㉛。

【章旨】記述有關君臣上下稱謂及公文書平闕之式等規定。

【注釋】❶通稱　指普偏通行之稱謂。❷皇帝　秦王嬴政二十六年（西元前二二一年）統一六國後，下令議帝號，王綰、馮劫、李斯等以為秦王功績自上古以來未嘗有，三王五帝所不及，建議上尊號為「泰皇」，命為「制」，令為「詔」，自稱為「朕」。秦王稱：「去『泰』，著『皇』，號曰『皇帝』，他如議」（《史記・秦始皇本紀》）。從此中國歷代封建王朝君主皆稱皇帝。❸兼稱　《通典・禮六十八・開元禮纂類三》序例下雜制條，《唐會要》卷二十六牋表例引儀制令，「兼稱」並作「通稱」。❹至尊　至高無上的地位，以為臣下對皇帝之代稱。❺朕　秦始皇規定、歷代沿襲的皇帝自稱。秦之前天子或諸侯的自稱有「余一

「人」、「寡人」、「不穀」等。據《爾雅・釋詁》，朕與卬、吾、予等一樣，都只取其音，不取其義，代表「我」。在金文和先秦文獻中，除君王外，其他身份的人亦可自稱朕。自秦以後，才成為皇帝專用的自稱代詞。❻陛下　臣子對皇帝的尊稱。陛，帝王宮殿的臺階。這是古代敬辭中一種所謂「以卑達尊」的修辭手法。蔡邕《獨斷》卷上稱：「謂之陛下者，群臣與天子言，不敢指斥天子，故呼在陛下者而告之，因卑達尊之意也。」後文「乘輿」、「車駕」等均同此意。❼自「六宮已下」至「皆稱妾」　此句與他書有異。《通典・禮六十八・開元禮纂類三》序例下雜制條稱：「皇后已下，率土之內，於皇帝、太皇太后，皆稱妾；六宮已下，率土婦人，於皇后同稱妾。」《唐會要》卷二十六牋表例引儀制令「太皇太后」下有「皇太后」三字，餘皆與《通典》同。❽百官曰殿下自稱曰臣　《唐會要》卷二十六牋表例引儀制令作「百官上疏於太皇太后、皇太后稱殿下，自稱曰臣」，較此為詳。❾凡六品已上官人奏事　句中「上」疑係「下」之訛。據《唐會要》卷二十五百官奏事引舊制為：「凡六品已下，官人奏事。」❿通事舍人　官名。隋為內史省屬官，稱謁者、通事謁者。唐改為通事舍人，隸四方館，名義上屬中書省。從六品上，定員為十六人。凡朝見引納，殿廷通奏，近臣入侍，文武官員就列，均掌其贊拜進退出入之禮儀。⓫侍御史　秦漢時為御史大夫屬官。唐代御史臺分臺院、殿院、察院，而臺院為三院之首，由侍御史領之。官品為從六品下，定員四人，其職掌有四，即推、彈、公廨、雜事。推為參預推問案件，彈為彈糾百官，公廨指監察臺外諸衙署之事，雜事指御史臺內諸事務。以年深者一人判臺事，知公廨雜事。⓬殿中侍御史　魏晉後侍御史分為侍御史、殿中侍御史兩職。殿中侍御史從七品下，定員六人，專掌殿廷供奉之儀式。⓭表疏牋啟　臣下向皇帝或下級對上級的四種公文形式。表、疏為臣子向皇帝上章奏，有賀表、謝表、請表、讓表等多種。歷史上著名的表文有諸葛亮〈出師表〉、李密〈陳情表〉等。疏的原意是分條陳迹，因而作為奏章往往用來分析原由，陳述事理。如《漢書・匡衡傳》稱：「是時有日蝕地震之變，上問以政治得失，衡上疏。」牋為臣下上呈皇后、皇太子及諸王之文書，如柳宗元的〈賀皇太子牋〉。啟為下級致上級的文書，其格式，一般以「某啟」開頭，文末書以「謹啟」即可。⓮判　對案件的評斷稱判，形諸文字即為判辭。吏部銓選時要試判。⓯策　一種文體。策通「冊」，原意為寫上文字的竹、木片經裝訂而成之冊。作為文體，內容往往為有關經義或政事等問題。以簡策難問，徵求對答，謂之「策問」；對答者因其意圖而闡發議論稱「射策」，針對專題而陳述政事為「對策」。起於漢代，如鼂錯有〈賢良對策〉。後世科舉考試亦多採用之。⓰平闕之式　文書寫作的兩種特殊格式，都為表示尊敬。平指寫到規定須尊敬的名諱或稱謂時，應平出，即另行頂格；闕則是空缺一格。此制始於秦始皇刻石紀功，以後歷代因襲，且愈演愈烈，不僅平出，還要高出一格、兩格甚至三格，乾隆皇帝晚年做太上皇時達到最高峰：規定提到太上皇要另行並高出四格。⓱廟號　皇帝死後，在太廟立室奉祀，特立名號，某祖、某宗等，稱廟號。如「太宗」即為李世民的廟號。⑱祧　遠祖廟。《禮記・祭法》：「遠祖為祧。」又，敦煌發現之《唐職官表》，「祧」上有一「皇」字，即應為「皇祧」。⑲皇祖妣　這是一種簡略表述法，意為「皇祖、皇祖妣」。指帝王之已故祖父、祖母。⑳皇考　帝王已故之父。㉑皇妣　帝王已故之母。㉒神主　此處指皇帝的牌位。㉓山陵　代指皇帝的陵墓。㉔陵號　皇帝陵墓的名號。如唐太宗李世民的陵號為昭陵。㉕明制聖化天恩　皆為皇帝詔書之別稱。㉖慈旨　指皇太后、皇后的懿旨。㉗中宮　皇太后、皇后的代稱。㉘宗廟中　指行文中提到宗廟中某一具體名物，如器皿、樹木或某一職官等，則皆不必闕字。㉙聖　據南宋本、廣池本當為「延」。㉚國諱　避諱原是我國古代社會語言文字交往中一種常見的現象，國諱則專指避諱皇帝及其父祖的名字，故又稱君諱、公諱。避諱的方法是或書寫時缺筆，或用他字代，亦有竟至不寫的。如為避東漢光武帝劉秀名諱，許慎在《說文解字》「秀」條下只書「上諱」二字，不作解釋。有時不僅要避本字，還要避同音字，這就是嫌名諱。如武則天名曌（音照），因此詔書改名為制書，詔令改稱為制令。㉛為字不成　意謂不將字寫完全，即「缺筆」，亦屬避諱的一種方式。

【語譯】君臣上下之間，都有通用的稱謂。無論蠻夷之區還是華夏之地，都稱天子為「皇帝」；臣子無論京師內外，一概稱天子為「至尊」。天子自稱為「朕」。臣下有章奏向天子陳述稱「陛下」，天子出巡途中稱「乘輿」，行幸到一處稱「車駕」。皇太子以下，全國所有官民，對皇帝都自稱「臣」。六宮以下，全國範圍之內，所有婦女，對太皇太后、皇太后、皇后都自稱為「妾」。百官對太皇太后、皇太后、皇后稱「殿下」，自稱為「臣」。百官對皇太子亦稱「殿下」，自稱本名，東宮的官屬則自稱「臣」。凡是散官正二品、職事官從三品以上，封爵郡王以上，在公文上都不稱姓，只具名。凡是六品以上官員奏事，自稱時都要把官號、臣、姓名連在一起，然後陳述事狀。作為例外，通事舍人、侍御史、殿中侍御史陳事時，不稱官號，只自稱臣和姓名。凡是上奏的表、疏、牋、啟及舉試時的判、策、文章，都要遵守平闕的格式。如指稱昊天、后土、天神、地祇、上帝、天帝，廟號、【皇】祧、皇祖、皇祖妣、皇考、皇妣、先帝、先后，皇帝、天子、陛下、至尊、太皇太后、皇太后、皇后、皇太子，都要換行頂格平出書寫；如指稱宗廟、社稷、太社、太稷、神主、山陵、陵號、乘輿、車駕、制書、詔旨、明制、聖化、天恩、慈旨、中宮、御前、闕廷、朝廷等等都要空缺一格書寫。但行文涉及宗廟中某具體事物，以及陵中、行陵、陵中的樹木、待制、乘輿車中馬匹，以陵廟名為官名的，像這一類都用不到空缺。如果是泛說古代典實因而涉及到天或地，並非指稱平闕式中規定的名稱的，亦可以不必平出。倘若書寫經史等各種書籍或撰錄往事，行文中凡是遇到國諱的字，都須缺筆，不能將字寫完全。

七

凡元日大陳設❶於太極殿❷，今大明宮❸於含元殿❹，在都則於乾元殿❺。皇帝袞冕❻臨軒❼，展宮縣之樂❽，陳歷代寶玉、輿輅❾，備黃麾仗❿。二王後⓫及百官、朝集使⓬、皇親、諸王⓭並朝服陪位。皇太子獻壽，次上公⓮獻壽，次中書令奏諸州表，黃門侍郎奏祥瑞⓯，戶部尚書奏諸州貢獻⓰，禮部尚書奏諸蕃貢獻，太史令奏雲物⓱，侍中奏禮畢。然後，中書令又與供奉官⓲獻壽。時，殿上皆呼萬歲。按：舊儀闕供奉官獻壽禮，但位次立，禮畢⓳，竟無拜賀。開元二十五年⓴，臣林甫㉑謹草其儀，奏而行之。大會㉒之日，陳設亦如之。皇帝服通天冠㉓。皇太子稱觴獻壽㉔，次上公稱觴獻壽，侍中宣賜束帛有差㉕。其日，外命婦㉖朝中宮，為皇后稱觴獻壽，司宮宣賜束帛有差㉗。凡冬至大陳設如元正之儀，其異者，皇帝服通天冠，無諸州表奏、祥瑞、貢獻。凡元正、冬至大會之明日，百官、朝集使等皆詣東宮，為皇太子獻壽。凡千秋節㉘，皇帝御樓㉙，設九部之樂㉚，百官袴褶㉛陪位，上公稱觴獻壽。凡京司文武職事九品已上，每朔、望朝參，五品已上及供奉官、員外郎㉜、監察御史㉝、太常博士㉞，每日朝參。凡蕃國王朝見，皆設宮縣之樂及黃麾仗；若蕃國使，則減黃麾之半。凡冊皇后、皇太子、皇太子妃、諸王王妃、公主，並臨軒冊命，陳設如冬、正之儀；訖，皆拜太廟。凡車駕巡幸及還京，百官辭迎皆於城門外；留守宮內者，在殿門外。行從官每日起居㉟，兩京文武職事五品已上三日一奉表起居，三百里內刺史朝見㊱。東都㊲留司文武官每月於尚書省拜表，及留守官共遣使起居，皆以月朔日，使奉表以見，中書舍人一人受表以進。北都㊳留守每季一起居。凡皇太子行，先一日，在京文武職事五品已上並詣宮辭；還宮明日，詣宮參。凡元正，若皇帝加元服，皇太后加號，皇后、皇太子初立，天下諸州刺史，若京官五品已上在外者，並奉表、疏賀，皆禮部整比，送中書總奏之。

【章　旨】記述有關元旦、冬至和千秋節朝會以及車駕巡幸等各項活動的禮儀。

【注　釋】❶陳設　指朝會時各種器物的陳列和擺設。❷太極殿　唐代皇城在長安西北隅，其正門為承天門，北為太極宮，太極宮的正殿即太極殿。唐初元旦、冬至朝會均在此舉行。太極之後殿稱兩儀，宮內有別殿、亭、觀三十五所。一九三四年三月，在西安南門內發現〈石刻唐太極宮殘圖〉，還可約略窺見其當時風貌。（參見何士驥〈石刻唐太極宮之研究〉，載北平研究院《史學研究》會編考古專報第一卷第一號）❸大明宮　唐京長安三大內之一，稱為東內（西內為太極宮，南內為興慶宮）。始建於貞觀八年（西元六三四年），建成於高宗龍朔二年（西元六六二年），為唐帝王聽政、寢息的主要宮殿。大明宮南北長二・五公里，東西寬一・五公里，宮牆周長七・五公里，中軸線的主體建築自南至北為含元殿、宣政殿、紫宸殿、蓬萊殿、含涼殿、玄武殿，左右別殿最大的為西側的麟德殿。其他殿閣有二十餘處，並有面積達一萬六千餘平方米的蓬萊池。❹含元殿　大明宮前殿。其遺址在今西安火車站北一公里的龍首原上。殿前東西兩側有翔鸞、棲鳳二閣，並有龍尾道，南距丹鳳門四百餘步。唐代盛大的朝會大多在此舉行。❺在都則於乾元殿　都，指唐東都洛陽。乾元殿，隋稱乾陽殿，李世民平王世充時毀，高宗麟德二年（西元六六五年）重建。武后垂拱三年（西元六八七年）毀而於其址建為明堂，號萬象神宮。開元五年（西元七一七年）又改名為乾元殿；開元十年（西元七二二年）再改名為明堂；開元二十五年（西元七三七年）恢復舊名乾元殿。❻袞冕　袞衣和冕，為古代皇帝上朝時穿戴的禮服和禮帽。冕由金飾，垂白珠十二旒；袞是玄衣，纁裳，十二章。❼臨軒　皇帝不坐正殿而在殿前平臺上接見臣屬或來使，稱「臨軒」。王維〈少年行〉：「天子臨軒賜侯印，將軍佩出明光宮。」❽宮縣之樂　樂縣之制中的最高等級，即在宮殿四面皆懸掛樂器。縣，通「懸」。此外尚有軒縣（三面懸）、判縣（兩面懸）、特縣（一面懸）。唐制，天子朝廟用宮縣，共三十六架樂器。❾輿輅　天子乘用之車輿。有玉輅、金輅、象輅、革輅、木輅，是為五輅。❿黃麾仗　即儀仗隊。以黃麾指揮，故名。左右廂各十二部，每部十二行，每行十人。按規定這支儀仗隊要由二千多人組成。⓫二王後　隋室楊氏之後酅公，周室宇文氏之後介公。詳本卷第四篇第一章末說明。⓬朝集使　依制定時入朝之外官。唐玄宗開元八年（西元七二〇年）定制，諸州都督、刺史或其上佐，每年輪流朝集，十月二十五日到京，十一月一日朝見，奏報屬官考課、民情風俗，並進獻貢物，聆聽敕命。邊要州及遭水旱災州，都督、刺史可不必親行，由他官替代。⓭皇親諸王　句末「王」疑係「親」字之誤。《通典・禮八十三》及《新唐書・禮樂志九》並有「諸親於四品、五品之南」句。諸親，指異姓親。皇親即宗親。⓮上公　指介公、酅公，分別為北周宇文氏和隋朝楊氏後裔，在唐初還受到某種優待。⓯祥瑞　被視為吉祥徵兆的事物。⓰諸州貢獻　此處指諸州之常貢。⓱太史令奏雲物　唐代太史令掌觀察天文、稽定曆數。所奏雲物，指記載天文氣象的圖籍。⓲供奉官　唐以中書、門下二省官及御史臺官為供奉官。包括侍中、中書令、左右散騎常侍、黃門侍郎、中書侍郎、諫議大夫、給事中、中書舍人、起居郎、起居舍人、通事舍人和左、右補闕、拾遺，以及御史大夫、御史中丞、侍御史、殿中侍御史等。⓳體畢　當是「禮畢」之訛。《唐會要》卷二十四受朝賀引舊制文作「禮畢」。⓴開元二十五年　即西元七三七年。開元為唐玄宗年號。㉑林甫　即李林甫。隴西人，唐王宗室。開元時任禮部尚書，同中書門下三品，歷兵部、刑部尚書。《唐六典》最終由其領銜敕注。㉒大會　指宴會。㉓通天冠　皇帝受朝賀或宴群臣時之首服。冠高九寸，正豎頂稍斜，直下為鐵卷，冠梁與展筩隆起如山。㉔稱觴獻壽　猶今之舉杯祝壽。觴，古代酒器。㉕賜束帛有差　束當作「束」。下文「束」字亦同。唐制諸官皆賜絹，但有差等。五品以上五匹，六品以下三匹。㉖外命婦　指皇姑、皇姊妹、皇女、皇太子女及諸王之女。至正朝賀皇后不限於外命婦，還包括諸親婦女和命婦。㉗司宮宣賜束帛有差　司宮，古內宮官。如《儀禮・公食大夫禮》：「司宮具几。」《左傳・襄公九年》：「令司宮，巷伯儆宮。」此處當係泛指。唐宮官中有司言，「掌宣傳啟奏之事」（本書十二卷一篇）。皇后賜束帛，外命婦依其視品，命婦則視其夫或子之官品，五品以上五匹，六品以上三匹。㉘千秋節　唐玄宗李隆基誕辰為夏曆八月五日，因定每年此日為千秋節。君臣共為歌舞於勤政樓下，當時流俗傳為盛事。肅宗以後皆以生日為節，而德宗不立節，止於群臣稱觴上壽而已。㉙皇帝御樓　指興慶宮內勤政務本樓。興慶宮原為玄宗藩邸所在的興慶坊，擴充改建為興慶宮，築有龍池、沉香亭和勤政務本樓。這裡一度成為唐代政治中心。㉚九部之樂　宴會時歌舞樂之總稱。不限於九部。《新唐書・禮志十二》稱：唐初「仍隋制設九部樂」，列舉樂名則超過九數。其中有燕樂伎、清商伎、巴渝舞、西涼伎、天竺伎、高麗伎、龜茲伎、安國伎、疏勒伎、康國伎等。千秋節這一天，玄宗在勤政樓下舉行盛大的歌舞慶會，故設九部之樂。㉛袴褶　武官騎馬用戎服，文官乘馬亦通服之。《舊唐書・輿服》云：「梁制云：袴褶，近代服以從戎，今纘嚴則文武百官咸服之。」袴褶的格式，《武德令》規定為：平巾幘，紫褶，白袴，寶鈿起梁帶。㉜員外郎　指尚書省六部之員外郎。品秩為從六品，屬五品以下參加常日朝，故特為列舉。㉝監察御史　御史臺屬官，定員十人，品秩為正八品。屬五品以下參加常日朝，故特為列舉。㉞太常博士　指太常寺所屬之諸藥醫博士、針博士、按摩博士、咒禁博士等，品秩在從八品至從九品。常日朝時，列在一邊以備不虞。因其品秩都在從八品以下，故特為列舉。㉟行從官每日起居　指隨從皇帝巡幸之官員，每日要向皇帝問起居安好。㊱三百里內刺史朝見　《通典・禮六十八・開元禮纂類三》序例下雜制條所記較此為詳，文中稱：「州界去行在所在三百里內者，刺史遣使參起居，若車駕從比州及州界過，刺史朝見。」錄以備考。㊲東都　指洛陽。㊳北都　即太原府。唐發祥於太原，故於太原府置北都，或稱北京。

【語　譯】每年元旦，都要在太極殿為朝會作大型陳設。現在則在大明宮的含元殿，如果在東都洛陽朝會，那就陳設在乾元殿。皇帝穿戴袞冕，臨軒受朝。在大殿上懸掛三十六架包括編鐘、磬等樂器，陳設歷代的珍寶玉器、皇帝的輿輅，和配備龐大的儀仗隊。在二王後的後面，有文武百官、朝集使、皇親、諸王（親），他們都穿著朝服，陪立在規定的位置上。皇太子首起向皇上祝壽，接著是介公、酅公向皇上祝壽，然後依次是中書令上奏各州的賀表，黃門侍郎稟奏各地的祥瑞，戶部尚書進獻各州常貢的品物清單，禮部尚書進獻各蕃王貢獻的品物清單，太史令呈奏天文氣象的簿籍，然後是侍中奏唱禮儀完畢。最後由中書令率領中書、門下二省及御史臺的供奉官向皇上祝壽，這時候大殿上群臣便一起山呼萬歲。按：開元前的舊儀制沒有供奉官獻壽這一禮式，他們只是站在規定的位置上，直到體（禮）畢，亦不需供奉官拜賀獻壽。開元二十五年，臣林甫恭謹地草擬了這項禮儀，奏聞皇上後，才實行起來。冬至宴飲大會這一天，大殿上的陳設亦像元旦朝會那樣。皇帝戴著通天冠，皇太子首先舉杯向皇上祝壽，接著是介公和酅公向皇上舉杯祝壽。會畢，侍中宣佈按照官品等級賞賜束（束）帛。在這一天，外命婦、命婦在中宮朝賀，為皇后舉杯祝壽，由司宮宣佈按照官品等級賞賜束（束）帛。冬至日朝會所作的大型陳設，同元旦正日的儀式一樣。有所差別的地方，是皇帝要戴通天冠，沒有各州表奏、祥瑞、貢獻那些節目。在元旦和冬至大會的第二天，文武百官、朝集使等，都要到東宮去為皇太子祝壽。每年到千秋節，當今皇上親臨務本勤政樓，陳設九部之樂，百官穿著戎服袴褶陪位，由介公、酅公領銜向皇上舉杯祝壽。凡是在京師各司的文武職事官九品以上，逢每月的朔、望日，都要上朝參拜。五品已上以及供奉官、員外郎、監察御史、太常博士，每日都要上朝參見。凡是蕃國君主朝見，都要在大殿上懸掛規定的樂器和陳設儀仗隊；如果是蕃國使臣朝見，那麼儀仗隊的人數可以減半。凡是冊立皇后、皇太子、皇太子妃、諸王、王妃、公主，都要舉行臨軒冊命的儀式，宮殿上的陳設與冬至、正旦的禮儀一樣。禮畢，受到冊立的都要去參拜太廟。凡是車駕巡幸離京及還京，文武百官都要辭別或迎接在城門外，如果是留守宮內的，那就辭別或迎接在殿門外。隨從巡幸的官員，每天要參問皇上的起居。東西兩京文武職事官五品以上的，每隔三天便要奉表參問起居；距離車駕三百里以內有關州的刺史，亦要朝拜參見。東都洛陽留守的各司文武官員，每月在尚書省拜表，同時還要與留守官一同派遣使節參問起居。時間都是在每月的朔日，由使節奉表參見，中書舍人一人受表進獻於皇帝。北都的留守，規定為每個季度參問一次起居。凡是皇太子出行，在京文武職事官五品以上的，都要在臨行前一天，到東宮辭別，再在還宮的第二天到東宮參見。如果在元正這一天，恰好又逢皇帝加元服、皇太后加號、皇后皇太子初立這樣的吉慶之事，那麼全國各州的刺史、京官五品以上在京外的，都要奉表或者上疏祝賀，這些表、疏都由禮部彙總以後，一起送中書省統一上奏。

【說　明】本章的敘述以嘉禮中皇帝正、至受群臣朝賀為線，包括千秋節、朔望朝、每日參、冊立皇后、皇太子、皇太子妃、皇帝加元服、皇太后加號和車駕出巡、還京以及文武百官參起居等各項禮儀。從元旦禮儀的設置可見其規模是何等宏大，僅黃麾仗人數就達二千餘之多。其儀式過程莊嚴而肅穆，還有殿中侍御史在一旁嚴密監督，若有隨意離班以至語言不慎、神情不肅者，將立刻受到糾舉。從禮制來說，正、至朝會都屬朝覲禮儀範圍，其目的都為了使君臣上下的尊卑秩序，通過這樣一種隆重的形式進一步嚴正起來。杜佑在《通典・禮序》中稱：「《周禮》為體，《儀禮》為履。」把官制與儀式二者之間的關係，概括為體與用的關係，以官制為體，儀式為用，這是頗有見地的。由此使人想起大家熟知的叔孫通為劉邦定朝儀的故事。漢初代秦而興，群臣飲酒爭功，或醉而妄呼，或拔劍擊柱，實在不像個朝堂的樣子。通過叔孫通把朝儀規範化以後，局面就完全不同了：「功臣列侯諸將軍軍吏以次陳西方、東鄉；文官丞相以下陳東方，西鄉。大行設九賓，臚傳。於是皇帝輦出房，百官執職傳警，引諸侯王以下至吏六百石以次奉賀。自諸侯王以下莫不振恐肅敬。至禮畢，後置法酒。諸侍坐殿上皆伏抑首，以尊卑次起上壽。觴九行，謁者言罷酒。御史執法舉不如儀者，輒引去。竟朝置酒，無敢讙譁失禮者。於是高帝曰：吾迺今日知皇帝之貴也！」（《史記・叔孫通傳》）這個故事生動地說明，君臣上下之間的尊卑等級關係，通過朝儀這樣一種形式，不僅充分地表現出來，而且得到了強化。如此積以時日，皇帝至尊、皇權至上，幾乎成了全社會的共識，化為多數人的思維定勢，而且就這麼千年百代地延續了下來。當然，朝儀也不能全歸結為確立尊卑秩序的需要。譬如文中提到的朔望朝和每日朝參，還是唐初御前決策會議的一種形式。如朔望朝，有關職事官可以向皇帝奏事，有時皇帝還會當場作出決定。只是到玄宗時朔望朝參會議才逐漸流為形式，能起到御前決策會議作用的是每日朝，稱常參。常參的場所，高宗以前在長安西內的兩儀殿，高宗以後則在東內的宣政殿、紫宸殿。常參一般每日或隔日舉行。自然亦有限制，因為參加常參的官員還是太多，無法進行認真細緻的討論。因而便有了一種範圍更小的御前決策會議，那就是在每日朝參後，皇帝留下宰相及相關大臣議決軍國大事，稱作仗下後決策會議。此制始於唐太宗李世民：「貞觀中，每日仗退後，太宗與宰臣參議政事，即令起居郎一人，執簡記錄。」（《唐會要》卷五十六）不過作為一種儀式，時間久了往往亦會出現懈怠鬆弛現象，議政之事常常為仗下後所取代，常參會議就曾出現過這種情況，中宗時左臺侍御史崔莅就上過一封《彈百僚班秩不肅奏》，其中說：「臣竊見在朝百僚，多不整肅。公門之內，詎合論私，班列之中，尤須致敬。或縱觀敕旨，或傍閱制詞，或交首亂言，或遠班問事，或私申慶弔，或公誦詩篇，或笑語喧嘩，或行立怠惰。承寬既久，積習如常。」(《全唐文》卷二七八) 皇皇朝堂，竟無異於茶館酒肆了！

八

凡祥瑞❶應見，皆辨其物名❷。若大瑞，大瑞謂景星❸、慶雲❹、黃星真人❺、河精❻、麟❼、鳳❽、鸞❾、比翼鳥❿、同心鳥⓫、永樂鳥、富貴、吉利、神龜⓬、龍⓭、騶虞⓮、白澤⓯、神馬⓰、龍馬⓱、澤馬⓲、白馬赤髦⓳、白馬朱騣之類，周匝⓴、角端㉑、獬豸㉒、比肩獸㉓、六足獸㉔、茲白㉕、騰黃㉖、騊駼㉗、白象㉘、一角獸㉙、天鹿㉚、鼈封、酋耳㉛、豹犬、露犬㉜、元珪㉝、明珠㉞、玉英㉟、山稱萬歲、慶山、山車㊱、象車㊲、鳥車、根車㊳、金車㊴、朱草㊵、屈軼㊶、蓂莢㊷、平露㊸、萐莆㊹、蒿柱、金牛、玉馬㊺、玉猛獸、玉瓮、神鼎㊻、銀瓮、丹甑、醴泉㊼、浪井㊽、河水清㊾、江河水五色、海水不揚波之類，皆為大瑞。上瑞，謂三角獸㊿、白狼(51)、赤羆、狡(52)、赤兔(53)、九尾狐(54)、白狐(55)、元狐(56)、白鹿(57)、白麞(58)、白兕(59)、元鶴(60)、赤烏(61)、青烏、三足烏(62)、赤鷰、赤雀(63)、比目魚(64)、甘露(65)、廟生祥木、福草(66)、禮草、萍實、大貝(67)、白玉赤文、紫玉(68)、玉羊(69)、玉龜、玉牟、玉英、闕【玉璜】(70)黃銀(71)、金藤(72)、珊瑚鉤(73)、駭雞犀(74)，及戴闕

【通】璧75、玉瑠璃76、雞趣璧之類，皆為上瑞。中瑞，謂白鳩77、白烏78、蒼烏79、白澤、白雌、雄闕【白首】80、翠鳥81、黃鵠82、小鳥生大鳥83、朱鴈84、五色鴈、白雀85、赤狐、黃羆、青燕、元貉、赤豹、白兔86、九真奇獸、充黃出谷、澤谷生白玉、琅玕景87、闕【碧】石潤色88、地出珠89、陵出黑丹90、闕【威】綏91、延喜92、福并、紫脫常闕【生】93、實連闊達94、善第95、草木長生，如此之類，並為中瑞。下瑞，謂秬秠96、嘉禾97、芝草98、華苹99、人參闕【生】100、竹實蒲101、椒桂合生、木連理102、嘉禾103、戴角麀鹿104、駮鹿105、神雀106、黑雉之類，為下瑞。皆有等差。若大瑞，隨即表奏，文武百僚詣闕奉賀。其他並年終員外郎具表以聞，有司告廟，百僚詣闕奉賀。其鳥獸之類有生獲者，各隨其性而放之原野。其有不可獲者，若木連理之類，所在案驗非虛，具圖畫上。

【章旨】記述祥瑞的名物和等差，以及有關官員表聞和奉賀的具體規定。

【注釋】❶祥瑞　字面意義為吉祥的徵兆。但在讖緯一類著作中，把「天」看作具有意志和無上權威的人格神，如果君主違背天命，天帝就會以災異來譴告和懲戒君主；如果君主順承天意，天帝亦會降下祥瑞來表示嘉獎。故祥瑞在古人心目中成了天人之際交流信息的工具。這些祥瑞或是自然界稀有的現象，或是讖緯家們虛構而難以名狀的事物，然後附會於人事，以神祕的方式曲折地表達出某種預言來。❷辨其物名　《舊唐書・職官志》及《新唐書・百官志》「物名」並作「名物」。❸景星　有二說，同載《宋書》，其〈符瑞下〉稱：「景星，大星也，狀如半月，於晦朔助月為明」；〈符瑞上〉則謂：「有赤方氣與青方氣相連，赤方中有兩星，青方中有一星，凡三星，皆黃色，以天清明時見於攝提，名曰景星。」❹慶雲　《宋書・符瑞上》稱：舜薦禹行天子事，「于時和氣普應，慶雲興焉，若煙非煙，若雲非雲，郁郁紛紛，蕭索輪囷，百工相和而歌慶雲」。

❺黃星真人　《延喜式》卷二十一治部省作「黃真人」。❻河精　《宋書・符瑞上》：「禹觀於河，有長人白面魚身，出曰：吾河精也。」又同書〈符瑞下〉：「河精者，人頭魚身，師曠時所受讖也。」❼麟　即麒麟。《宋書・符瑞中》：「麒麟者，仁獸也。牡曰麒，牝曰麟。不刳胎剖卵則至。麕身而牛尾，狼項而一角，黃色而馬足。含仁而戴義，音中鐘呂，步中規矩，不踐生蟲，不折生草，不食不義，不飲洿池，不入坑穽，不行羅網。明王動靜有儀則見。牡鳴曰逝聖，牝鳴曰歸和；春鳴曰扶幼，夏鳴曰養綏。」❽鳳　即鳳凰。《宋書・符瑞上》：「鳳凰者，仁鳥也。不刳胎剖卵則至。或翔或集，雄曰鳳，雌曰凰。蛇頭燕頷，龜背鼈腹，鶴頸雞喙，鴻前魚尾，青首駢翼，鷺立而鴛鴦思。」漢宣帝神爵四年（西元前五八年），以鳳凰甘露降集京師，嘉瑞並見，次年改年號為五鳳元年。❾鸞　傳說中之神鳥，鳳凰之佐。雞身赤毛，色備五彩，鳴中五音。據《山海經》其出於女床山，有鳥狀，如翟而五彩女，名曰鸞，見則天下安寧。❿比翼鳥　《爾雅・釋地》：「南方有比翼鳥也，不比不飛，其名謂之鶼鶼。」據傳其鳥狀如鳧而一翼一目，須兩兩相比並方能飛行。《宋書・符瑞中》：「比翼鳥，王者德及高遠則至。」⓫同心鳥　《宋書・符瑞下》：「王者德及遐方，四夷合同則至。」⓬神龜　即靈龜。《宋書・符瑞中》：「靈龜者，神龜也。王者德澤湛清，漁獵山川從時則出。五色鮮明，三百歲游於蕖之上，三千歲常游於卷耳之上。知存亡，明於吉凶。禹卑宮室，靈龜見。」⓭龍　據《宋書・符瑞中》：龍有黃龍、赤龍、青龍、白龍四種，而「黃龍者，四龍之長也。不漉池而漁，德至淵泉，則黃龍游於池。能高能下，能細能大，能幽能冥，能短能長，乍存乍亡」。⓮騶虞　或稱騶吾，傳說中獸名。白質黑文，尾長於軀，其齒前後若一，齊等無牙，故又名騶牙。不食生物，不履生草。（參見《漢書・東方朔傳》）⓯白澤　傳說中獸名。《雲笈七籤》稱：「黃帝得白澤神獸，通萬物之情，因問鬼神之事一萬一千五百二十種，帝乃令寫為圖。」後因以其為章服。《大唐開元禮》中大駕鹵簿有白澤旗。⓰神馬　《宋書・符瑞中》：「騰黃者，神馬也。其色黃。王者德御四方則出。」⓱龍馬　《宋書・符瑞中》：「龍馬者，仁馬也，河水之精。高八尺五寸，長頸有翼，旁有垂毛，鳴聲九音。」⓲澤馬　《宋書・符瑞中》：「澤馬者，王者勞來百姓則至。」⓳白馬赤髦　《宋書・符瑞中》：「白馬朱鬣，王者任賢良則見。」⓴周匝　即周印。《宋書・符瑞中》：「周印者，神獸之名也，星宿之變化。王者德盛則至。」㉑角端　《宋書・符瑞下》作「甪端」。「甪端者，日行萬八千里，又曉四夷之語，明君聖主在位，明達方外幽遠之事，則奉書而至」。㉒獬豸　《異物志》稱：「東北荒中有獸，名獬豸。一角，性忠，見人鬭，則觸不直者。」後世因以為御史補服之圖象。《宋書・符瑞》對以獬豸為祥瑞作了解釋：「獄訟平則至。」㉓比肩獸　據《爾雅・釋地》：一名蟨，前足低後足高，不能走而善覓食；一名邛邛岠虛，前足高後足低，喜走而不能覓食。二獸相需而生存。故合稱比肩獸。《宋書・符瑞》對以其為祥瑞作了解釋：「比

肩獸，王者德及矜寡則至。」㉔六足獸　《宋書・符瑞中》：「六足獸，王者謀及眾庶則至。」㉕茲白　傳說中獸名。據《逸周書・王會》：茲白者，若白馬，鋸牙，食虎豹。㉖騰黃　《宋書・符瑞中》：「騰黃者，神馬也，其色黃。王者德御四方則出。」㉗騊駼　良馬名。《逸周書・王會》有「禺氏騊駼」句，孔晁注：「騊駼，馬之屬也。」《爾雅・釋畜》：「騊駼，馬。」郭璞注引《山海經》：「北海內有獸，狀如馬，名騊駼，色青。」㉘白象　《宋書・符瑞中》：「白象者，人君自養有節則至。」白象是南亞能見到的一種動物，中原則罕見，《瑞應圖》將其列入祥瑞。㉙一角獸　《宋書・符瑞中》：「一角獸，天下平一則至。」㉚天鹿　《宋書・符瑞下》：「五色光耀洞明，王者道備則至。」㉛酋耳　據《瑞應圖》，酋耳似虎而大，不食生物，見虎豹則殺之。一說即騶虞。㉜露犬　據《逸周書》，又名飀犬，能飛食虎豹。㉝元珪　元即「玄」。《宋書・符瑞下》：「玄珪，水泉流通，四海會同則出。」㉞明珠　《宋書・符瑞下》：「明月珠，王者不盡介鱗之物則出。」㉟玉英　《宋書・符瑞下》：「玉英，五常並修則見。」《太平御覽》卷八〇五珍寶部四玉下條引《雒書》曰：「王者不藏金玉，則紫玉見於深山；服飾不逾祭服，則玉英出。」㊱山車　《宋書・符瑞下》：「山車者，山藏之精也。不藏金玉，山澤以時，通山海之饒，以給天下，則山成其車。」㊲象車　《宋書・符瑞下》：「象車者，山之精也。王者德澤流洽四境則出。」㊳根車　《宋書・符瑞下》：「根車者，德及山陵則出。」㊴金車　《宋書・符瑞下》：「金車，王者至孝則出。」㊵朱草　《宋書・符瑞下》：「朱草，草之精也。世有聖人之德則生。」㊶屈軼　又名指佞草，傳說中草名。《帝王世紀》稱：黃帝時有草生於庭，佞人入，指之。名曰屈軼。㊷蓂莢　《宋書・符瑞下》：「蓂莢，一名歷莢，夾階而生，一日生一葉，從朔而生，望而止，十六日，日落一葉，若月小，則一葉萎而不落。堯時生階。」㊸平露　《宋書・符瑞下》：「平露，如蓋，以察四方之政。其國不平，則隨方而傾。」㊹萐莆　莆亦作「甫」。《宋書・符瑞下》：「萐甫，一名倚扇，狀如蓬，大枝葉小，根如絲，轉而成風，殺蠅。堯時生於廚。」㊺玉馬　《宋書・符瑞下》：「玉馬，王者精明，尊賢者則出。」㊻神鼎　《宋書・符瑞下》：「神鼎者，質文之精也。知吉知凶，能重能輕，不炊而沸，五味自生，王者盛德則出。」㊼醴泉　《宋書・符瑞下》：「醴泉，水之精也，甘美。王者修理則出。」㊽浪井　《宋書・符瑞下》：「浪井，不鑿自成，王者清靜則應。」㊾河水清　黃河水有時比較清澈本是一種自然現象，在《宋書・符瑞下》卻記載了自漢至宋六次「河水清」，作為祥瑞。㊿三角獸　《宋書・符瑞中》：「三角獸，先王法度修則至。」(51)白狼　《宋書・符瑞中》：「白狼，宣王得之而犬戎服。」(52)赤羆狻　據《延喜式》卷二十一，「赤羆」與「狻」間尚有「赤熊赤」三字，即為「赤羆、赤熊、赤狻」三物。若依此，則屬上瑞的名物有三十九，與《資治通鑑》卷一九三胡三省注稱「上瑞名物三十九」正合。誌以備考。三赤中赤羆、赤狻《宋書

・符瑞志》無錄；赤熊，則謂：「佞人遠，姦猾息，則入國。」

(53)赤兔　《宋書・符瑞中》：「赤兔，王者德盛則至。」

(54)九尾狐　《宋書・符瑞中》：「九尾狐，文王得之，東夷歸焉。」

(55)白狐　《宋書・符瑞中》：「白狐，王者仁智則至。」

(56)元狐　正德本作「玄狐」。元可通「玄」。玄狐即黑狐。其皮為裘，價極昂貴。

(57)白鹿　《宋書・符瑞中》：「白鹿，王者明惠及下則至。」

(58)白麞　《宋書・符瑞中》：「白麞，王者刑罰理則至。」

(59)白兕　古代犀牛一類獸名。其雌性稱兕。頂止一角，皮可製甲。

(60)元鶴　即玄鶴。據《古今注》稱：「鶴千歲則變蒼，二千歲則變黑，謂之玄鶴。」

(61)赤烏　《宋書・符瑞下》：「赤烏，周武王時銜穀至，兵不血刃而殷服。」又，「吳孫權赤烏元年有赤烏見於殿前」，因改年號為赤烏。

(62)三足烏　《宋書・符瑞下》：「三足烏，王者慈孝天地則至。」

(63)赤雀　《宋書・符瑞中》：「赤雀，周文王時銜丹書來至。」

(64)比目魚　《宋書・符瑞下》：「比目魚，王者德及幽隱則見。」

(65)甘露　《宋書・符瑞中》：「甘露，王者德至大，和氣盛，則降。」甘露是一種自然現象，歷代有關以甘露降為祥瑞的記載卻很多。

(66)福草　《宋書・符瑞中》：「福草者，宗廟肅，則生宗廟之中。」

(67)大貝　《宋書・符瑞下》：「大貝，王者不貪財寶則出。」

(68)紫玉　《雒書》稱：「王者不藏金玉，則紫玉見于深山。」(《太平御覽》卷八〇五)

(69)玉羊　《宋書・符瑞下》：「玉羊，師曠時來至。」

(70)玉英闕　「玉英」與上文大瑞之「玉英」重。近衛校為「玉典」，闕文則校為「玉璜」。姑據以補，並加方括號。此下凡有增補，同。

(71)黃銀　《宋書・符瑞下》：「黃銀紫玉，王者不藏金玉，則黃銀紫玉光見深山。」

(72)金藤　《延喜式》卷二十一治部省「金藤」作「金勝」。《宋書・符瑞下》：「金勝，國平盜賊，四夷賓服則出。晉穆帝永和三年（西元三四七年）二月，春穀民得金勝一枚，長五寸，狀如織勝。明年桓溫平蜀。」

(73)珊瑚鉤　鉤即「鈎」字。《宋書・符瑞下》：「珊瑚鈎，王者恭信則見。」

(74)駭雞犀　《宋書・符瑞下》：「駭雞犀，王者賤難得之物則出。」

(75)戴闕璧　據《延喜式》卷二十一治部省，「戴」下缺字為「通」字。物名為「戴通璧」。姑據以補。

(76)玉瑠璃　《宋書・符瑞下》有：「璧流離，王者不隱過則至。」

(77)白鳩　鳩為鴿類的一種，我國產有綠鳩、南鳩、鶡鳩、班鳩等，白鳩則是少見的鳩，因而被古人目為祥瑞。《宋書・符瑞下》：「白鳩，成湯時來至。」還記錄了從魏至宋前後八見白鳩。

(78)白烏　《宋書・符瑞下》：「白烏，王者宗廟肅敬則至。」

(79)蒼烏　《宋書・符瑞中》：「蒼烏者，賢君修行孝慈於萬姓，不好殺身則來。」

(80)白雖雄闕　據《延喜式》卷二十一，「雖」和「雄」均係「雉」之誤，缺文則為「白首」二字。全句為「白雉、雉白首」二物。雉白首《宋書・符瑞志》無錄；白雉，則謂：「越常，周公時來獻白雉、象牙。」

(81)翠鳥　據《爾雅・釋鳥》，翠為鳥名，又稱鷸。羽毛有多種顏色。雄者胸前、背上、翼後有赤毛，或稱翡；雌者羽毛以蒼翠、暗綠為主，或稱翠。屈原〈九歌〉：「翾飛兮翠曾。」

(82)黃鵠　《宋書・符瑞下》稱：西漢昭帝時，

黃鵠下建章宮、太液池中；東漢章帝時，車駕東巡，柴祭岱宗，禮畢，黃鵠三十從西南來，經祠壇上東北過。(83)小鳥生大鳥　《宋書・符瑞下》：「小鳥生大鳥，王者土地開闢則至。」(84)朱鴈　鴈即「雁」字。《宋書・符瑞下》：「漢武帝太初三年二月五日，行幸東海，獲赤雁。」(85)白雀　《宋書・符瑞下》：「王者爵祿均則至。」(86)白兔　《宋書・符瑞下》：「白兔，王者敬耆老則見。」白兔為常見之物，《宋書・符瑞下》載自漢至宋，各地言見白兔或獲白兔者三十餘次。(87)琅玕景　琅玕為古代美玉名。《書・禹貢》：「厥貢惟球、琳、琅玕。」注云，石而似玉。《山海經》稱，崑崙山有琅玕樹。(88)闕石潤色　《延喜式》卷二十一治部省作「碧石潤色」，「石」上所缺當是「碧」字。《宋書・符瑞下》：「碧石者，玩好之物棄則至。」(89)地出珠　《宋書・符瑞下》：「地珠，王者不以財為寶則生珠。」(90)陵出黑丹　《宋書・符瑞下》：「陵出黑丹，王者修至孝則出。」(91)闕綏　據《延喜式》卷二十一治部省，此處所缺似為「威」字。又，「威綏」可能即「威蕤」。《宋書・符瑞下》：「威蕤，王者禮備則生於殿前。」錄以備考。(92)延喜　《宋書・符瑞下》：「延嬉，王者孝道行則至。」(93)紫脫常闕　《延喜式》卷二十一治部省作「紫脫常生」，此處所缺當是「生」字。紫脫，古代傳為瑞草。(94)實連闊達　據《延喜式》卷二十一治部省當為「賓連闊達」。《宋書・符瑞下》：「賓連闊達，生於房屋，王者御后妃有節則生。」(95)善第　《延喜式》卷二十一治部省，「第」字作「茅」字。當為「善茅」。(96)秬秠　即巨鬯，亦作巨鬯。古代祭祀用酒，此處則指用以釀酒之秬黍。《宋書・符瑞下》：「巨鬯，三禺之禾，一稃二米，王者宗廟修則出。」又稱：「漢章帝元和中，秬秠生郡國。」(97)嘉禾　《宋書・符瑞下》：「嘉禾，五穀之長，王者德盛，則二苗共秀。於周德，三苗共穗；於商德，同本異穟；於夏德，異本同秀。」自漢至宋，《宋書・符瑞下》所記載嘉禾生多達六十餘次。通常為一莖九穗，有的多達一百六十穗。孫權在黃龍三年（西元二三一年）有嘉禾生，因而次年改元為嘉禾。(98)芝草　《宋書・符瑞下》：「芝草，王者慈仁則生。食之令人度世。」(99)華萍　《宋書・符瑞下》：「華平（萍），其枝正平，王者有德則生。德剛則仰，德弱則低。」(100)人參闕　缺字似為「生」字。《延喜式》卷二十一治部省作「人參生」。《太平御覽》卷九九一人參條引《禮斗威儀》稱：「君乘木而王，有人參生。」(101)竹實　《延喜式》卷二十一治部省作「竹實滿」。竹實，即竹米，竹花之實，狀類小麥。竹極少開花，因而竹實為罕見之物。(102)木連理　《宋書・符瑞下》：「木連理，王者德澤純洽，八方合為一，則生。」自漢至南朝宋見於記載的多達一百二十次。所謂木連理者，為兩種樹木之間由嫁接而共生的現象。(103)嘉木　嘉木已見上文。據《延喜式》卷二十一治部省當為「嘉木」。(104)戴角麀鹿　麀鹿即雌鹿，通常無角，因以戴角為稀物。(105)駮鹿　《延喜式》卷二十一治部省作「駮麀」。(106)神雀　《宋書・符瑞下》記載，漢宣帝時，五色雀以萬數，飛過屬縣，集於長樂、未央、北宮、高寢、甘泉和泰畤諸殿。三國孫權時，神雀巢朱雀門。又，「神雀」下，《延喜式》卷二十一治部省有「冠雀」；「黑雉」下有「白鵲」。如補上此二名物，則屬下瑞的名物為十五，與《資治通鑑》卷一九三下胡三省注引《儀制令》下瑞「其名物十四」相違，而本章原注所列又僅為十三。未知孰是，待考。

【語　譯】凡是祥瑞應時出現，都要辨認清楚它是何種名物。譬如有的屬於大瑞，大瑞是指景星、慶雲、黃星真人、河精、麟、鳳、鸞、比翼鳥、同心鳥、永樂鳥、富貴、吉利、神龜、龍、騶虞、白澤、神馬、龍馬、澤馬、白馬赤髦、白馬朱騣之類，還有周匝、角（用）端、獬豸、比肩獸、六足獸、茲白、騰黃、騊駼、白象、一角獸、天鹿、鼈封、酋耳、豹犬、露犬、玄珪、明珠、玉英、山稱萬歲、慶山、山車、象車、烏車、根車、金車、朱草、屈軼、蓂莢、平露、蓮莆、蒿柱、金牛、王馬、玉猛獸、玉瓮、神鼎、銀瓮，丹甑、醴泉、浪井、河水清、江河水五色、海水不揚波等等，都是大瑞。有的屬於上瑞，指三角獸、白狼、赤羆、【赤】狡、赤兔、九尾狐、白狐、玄狐、白鹿、白麞、白兕、玄鶴、赤烏、青烏、三足烏、赤薷、赤雀、比目魚、甘露、廟生祥木、福草、禮草、萍實、大貝、白玉赤文、紫玉、玉羊、玉龜、玉牟、玉英、闕【玉璜】、黃銀、金藤（勝）、珊瑚鉤、駭雞犀、戴闕【通】璧、玉瑠璃、雞趣璧這一類，都是上瑞。有的屬於中瑞，指白鳩、白烏、蒼烏、白澤、白雉（雉）、雄（雉）【白首】、翠鳥、黃鵠、小鳥生大鳥、朱雁、五色雁、白雀、赤狐、黃羆、青燕、玄貉、赤豹、白兔、九真奇獸、充黃出谷、澤谷生白玉、琅玕景、【碧】石潤色、地出珠、陵出黑丹、【威】綏、延喜、福并、紫脫常【生】、實（賓）連闊達、善第（茅）、草木長生等，像這一些都是中瑞。有的屬於下瑞，指秬秠、嘉禾、芝草、華苹、人參【生】、竹實蒲（滿）、椒桂合生、木連理、嘉禾（木）、戴角麀鹿、駮鹿（麀）、神雀、冠雀、黑雉這一些，屬於下瑞。各種祥瑞都有等級上的差別。如果是大瑞，要立刻上表奏聞，文武百官都要奉表到皇宮前祝賀。其他的祥瑞，年終時由員外郎具表奏聞，由有司祭告太廟，文武百官則到皇宮前奉賀。其中屬於鳥獸一類有活捉到的，應當各隨牠們習性，到原野去放生。屬於不可上送的，譬如連理木之類，先由所在官司案驗屬實，再按照形狀用圖畫出上奏。

【說　明】祥瑞在古代被認為是帝王依順了天命，故天降符瑞以命之，因而又稱瑞應、符應或瑞命。《易・繫辭》上說：

「河出圖，洛出書，聖人則之。」這是經典中有關符應的記錄。而大量記載符瑞則是在讖緯一類書中。如《尚書・中候》說黃帝時，「河出龍圖，赤文象字，以授軒轅」（《開元占經》卷一二〇引）；帝堯時「龍馬銜甲，赤文綠色」（《藝文類聚》卷十一）；禹時見到河伯「面長，人首魚身，出水曰：吾河精也，授臣河圖」（《藝文類聚》卷十一引）等等，這些有關帝王受命的符瑞，是一類讖緯書的主要組成部分。《白虎通義・封禪》說：「德至天則斗極明，日月光，甘露降；德至地則嘉禾生，蓂莢起，秬鬯出，太平感；德至八表則景星見，五緯順軌；德至鳥獸則鳳凰翔，鸞鳥舞，麒麟臻，白虎到，狐九尾，白雉降，白鹿見，白鳥下。」這可看作是全部祥瑞說的一個袖珍版。本章所記述之大瑞、上瑞、中瑞及原注所列各類名物，可見於唐之《儀制令》及《延喜式》卷二十一。我們在注釋時，只擇其主要的，釋語則多本《宋書・符瑞志》，文字力求簡約。有關纖緯所言，原本玄虛莫測且又不盡相同，似乎沒有必要一一詳為列出。

但在我國古代，由於祥瑞關係到帝王所謂「奉天承運」的大問題，所以自秦漢以降，直至魏晉南北朝，始終受到歷代統治者的重視，有的因此而改年號，有的在朝廷上一再提倡，如頗有建樹的隋文帝楊堅卻對祥瑞亦深信不疑，還曾遣秘書監王劭在朝堂對各州朝集使焚香恭讀〈皇瑞感瑞經〉。比較起來，唐太宗李世民對祥瑞倒要看得淡漠些。據《資治通鑑・唐紀九》記載，一次李世民對臣下說：「比見群臣屢上表賀祥瑞，夫家給人足而無瑞，不害為堯舜；百姓愁怨而多瑞，不害為桀紂。後魏之世，吏焚連木，煮白雉而食之，豈足為至治乎！」當時曾有白鵲構巢於寢殿槐上，左右以為祥瑞紛紛上表稱賀。李世民卻說：「我常笑隋煬帝好祥瑞。瑞在得賢，此何足賀！」居然命令毀去白鵲巢，縱鵲於野外，並為此下了一道詔令：「所有祥瑞但令依式申報有司，不須聞獻，其珍禽奇獸，亦宜停進。」（《唐大詔令集》卷一一四）耐人尋味的是，同一個李世民，在貞觀十七年（西元六四三年）立李治為太子時，又對是否有相應的符瑞顯得格外關心。據說當時正好有雄雉飛集東宮顯德殿，便召來褚遂良以此為問。褚回答說：「昔秦文公時，有童子化為雉，雌者鳴於陳倉，雄者鳴於南陽，童子言曰：得雄者王，得雌者霸，文公遂以為寶雞祠。漢光武時得雄，遂起南陽，而有四海。陛下舊封秦王，故雄雉見於秦地，此所以表彰明德也。」李世民聽了「大悅曰：『立身之道，不可無學。』」（《唐會要》卷二八）褚遂良的這一番話，當然是無法驗證的，但它卻恰好迎合了李世民當時剛立了李治為太子，急欲穩定其地位的政治需要。於是並不真心相信祥瑞的太宗皇帝，便立刻抓住雉鳥飛集東宮這一偶然現象，大做起「奉天受命」一類文章來。可能就為這個緣故吧，高宗李治繼位後，就對祥瑞顯得情有獨鍾，他的那個「麟德」年號，便是據說含元殿前有人發現「麟趾」形跡而改稱的！

九

凡太陽虧，所司預奏。其日置五皷、五兵❶於太社❷，皇帝不視事，百官各素服守本司，不聽事，過時乃罷。月蝕則擊皷於所司救之。若五嶽❸、四鎮❹、四瀆❺崩竭，皆不視事三日。凡二分之月❻，三公❼巡行山陵，則太常卿❽為之副焉。若獻祖❾、懿祖❿二陵，今趙州⓫刺史年別一度巡行。

【章旨】記述出現日蝕、月蝕、山崩等災異時，自皇帝至百官之應對禮儀。

【注釋】❶五皷五兵 《春秋穀梁傳》：「天子救日，置五麾，陳五兵五鼓。」五鼓，指鼓數為五；五兵，指戈、殳、戟、酋矛、夷矛五種兵器。又，皷即「鼓」字。❷太社 即社稷壇。唐置社稷壇於含光門內之右。❸五嶽 指東嶽岱山、南嶽衡山、中嶽嵩山、西嶽華山和北嶽恆山。❹四鎮 東鎮沂山、南鎮會稽山、西鎮吳山和北鎮醫無閭山。❺四瀆 東瀆大淮、南瀆大江、西瀆大河和北瀆大濟。❻二分之月 指有春分的仲春和有秋分的仲秋這兩個月。❼三公 指太尉、司徒、司空。❽太常卿 即太常寺卿。正三品，掌禮樂郊廟祭祀之事。❾獻祖 指李熙。為唐高祖李淵之前四代祖，涼武昭王李暠之曾孫，李歆之孫，李重耳之子。其墓稱建初陵，在趙川昭慶縣（今河北隆饒東）。❿懿祖 指李天錫。為李熙長子，唐高祖李淵之曾祖父。其墓稱啟運陵，在趙州昭慶縣（今河北隆饒東）。⓫趙州 治所平棘，今河北趙縣。轄境相當於今河北之寧晉、元氏、趙縣、贊皇、高邑、欒城、臨城、柏鄉等縣。昭慶縣當時屬趙州。

【語譯】每逢太陽虧蝕，司天臺要預先奏報。日蝕這一天，在社稷壇要設置五面大鼓和五種兵器，皇帝不治理朝事，百官穿著素服守在本司，不辦理公務，要等日蝕過了，才恢復正常。月蝕時各司要在衙門擊鼓以救出月亮。如果五嶽、四鎮、四瀆出現山崩水竭的情況，皇帝以下都要停止處理政務三天。凡是春分所在的仲春二月，秋分所在的仲秋八月，三公要去巡行山陵，由太常卿為副職，陪同一起祭祀。至於獻祖、懿祖兩處陵地，就由趙州刺史每年一次去巡行祭祀。

【說明】災異與祥瑞是對應的。災異不限於本章記述到的日蝕、月蝕和山崩、地震。歐陽修在《新唐書・五行志》序文中說：「夫所謂災者，被於物而可知者也。水旱、螟蝗之類是已。異者不可知其所以然者也，日食、星索、五石、六鷁之類是已。孔子於《春秋》，記災異而不記其事應，蓋慎之也。以謂天道遠，非諄諄以諭人，而君子見其變，則知天之所以譴告，恐懼修省而已。」這大體上反映了唐代人對災異的認識。一方面，如日蝕是可以預測的，所以要司天臺預先奏聞；但另一方面，在那時還不可能預測得很準確，對所以產生日月蝕的原因亦還沒有弄清楚，因而還是把它看作是上天的譴告，採取的是恐懼修省的態度。不過無論如何，比起漢魏來，認識上已前進了一步。

十

凡百官拜禮各有差：文武官三品已下拜正一品；中書門下則不拜❶。東宮官拜三師❷，四品已下拜三少❸；自餘屬官於本司隔品者皆拜❹焉。其准品應致敬而非相統攝❺，則不拜。謂尚書都事於諸司郎中❻，殿中主事於主局、直長之類❼，其品雖卑，則亦不拜。若流外官，拜本司品官❽。凡致敬之式，若非連屬應敬之官相見，或自有親戚者，各從其私禮。諸官人在路相遇者，四品已下遇正一品、東宮四品以下遇三師，諸司郎中遇丞相，皆下馬。凡行路之間，賤避貴，少避老，輕避重，去避來❾。

【章　旨】記述百官之間相見之禮儀。

【注　釋】❶中書門下則不拜　中書門下，唐官署名，行宰相之職。唐制三省長官共議國政，初議事於門下省政事堂，後徙中書省；開元中，張說為相，改政事堂號中書門下，此後中書門下成了宰相之代稱。雖然中書門下成員中，中書令為正二品、侍郎為正三品，門下侍中為正二品、侍郎為正三品，尚書省左、右僕射為從二品；但由於其所行為總領百官宰相之職，而正一品的三師、三公則為虛銜，故規定中書門下官見正一品可不行拜見之禮。❷三師　指太子太師、太傅、太保。從一品，掌輔導皇太子事。❸三少　指太子少師、少傅、少保。從二品。對三師、三少下拜，除品級關係外，還含有尊師之意。❹本司隔品者皆拜　指在同一官司機構的上下級之間，品位低的見品位高的要行拜見之禮。❺其准品應致敬而非相統攝　意謂如果按照官品，二人有所高低，低者應向高者致敬，但由於他們並無直接統攝隸屬關係，故亦可不拜。❻尚書都事於諸司郎中　尚書都事為從七品上，而尚書省諸司郎中為從五品上，論品位，尚書都事應致敬於諸司郎中，但尚書都事屬尚書都省左丞、右丞，與諸司郎中沒有相統攝的隸屬關係，因此可以不行拜見之禮。❼殿中主事於主局直長之類　殿中主事為從九品上，屬於殿中省監、少監統攝；殿中省的主局一般為正五品下，直長為正七品上。由於前者與後二者並無直接受統攝關係，故相見時可不行拜見之禮。❽流外官拜本司品官　流外官指不列入九品、由雜途出身之吏員，他們只拜其所在本司之品官。❾去避來　《唐律疏議》作「來避去」。

【語　譯】關於百官相見時所行的拜見之禮，各有差別和等級，規定是：文武官員三品以下對正一品，要行拜見禮。中書門下官對正一品可以不拜。東宮的官員對三師，要行拜見之禮；四品以下見東宮的少師、少傅、少保，要行拜見之禮。其他官員之間，如同在本司的，低一品以下的，都要對高一品以上的下拜。按照品級雖應致敬但並無直接統攝關係的，那就不必下拜。例如尚書都省的都事對各司的郎中，殿中主事對殿中省的主局、直長等等，他們的品秩雖然低，但亦可以不拜。至於流外官，亦只對本司的品官行拜見禮。關於致敬的方式，如果不是有直接隸屬關係規定要行拜見禮的官員，或者原來有親戚關係的官員，都可按照他們原有私人關係的禮儀來處理。官員們在路上相遇時，如四品以下遇見正一品，東宮的官員四品以下遇見三師，各司郎中遇見丞相，都要下馬避讓。至於通常的行路之間，要遵守的規定便是：卑賤的避讓尊貴的，年少的避讓年長的，負載輕的避讓負載重的，去的避讓來的。

十一

凡國有五聲、八音❶，五聲謂宮、商、角、徵、羽❷，八音❸謂金❹、石❺、絲❻、竹❼、匏❽、土❾、革❿、木⓫。六律、六呂⓬。六律：黃鍾、太簇、姑洗、蕤賓、夷則、無射。六呂：大呂、夾鍾、中呂、林鍾、南呂、應鍾。陳四縣之度，四縣謂宮縣⓭、軒縣⓮、判縣⓯、犆縣⓰。分二舞之節，謂文舞⓱、武舞⓲。以和人倫，以調節氣，以享神鬼，以序賓客。凡眾樂之制，並載太常寺⓳。凡私家不得設鐘⓴、磬㉑。三品已上得備女樂㉒，五品已上女樂不得過三人，居大功已上㉓喪受冊㉔及之官㉕，雖有鼓樂縱而不作。

【章旨】記述有關音樂歌舞的規制。

【注釋】❶凡國有五聲八音　句中「國」似當為「樂」。《舊唐書・職官志》作「凡樂，有五聲，八音」。❷五聲為宮商角徵羽　五聲指中國古代五個基本音階。其標音宮，Do；商，Re；角，Mi；徵，Sol；羽，La。如果加上本音階清角Fa，變宮Si，即相當於現代的七個音階。這說明早在春秋之前，我國已出現完整的五音階和七音階。❸八音　指八類不同的樂器。❹金　指青銅製的打擊樂器。如鎛鐘、編鐘、歌鐘、錞、鐃、鐲、鐸等。❺石　指石製的打擊樂器。如磬、編磬、歌磬等。❻絲　為弦樂器。如琴、瑟、頌琴、頌瑟、箏等，此外如阮咸、筑亦歸入絲一類。❼竹　指竹製的吹奏樂器。如簫、管、篪、笛、舂牘等。❽匏　指竹製多管狀的吹奏樂器。如笙、竽、巢即大笙等。❾土　指以陶土燒製的樂器。如壎、嘂亦稱大壎等。❿革　指以獸皮製作的打擊樂器，如雷鼓、靈鼓、路鼓、建鼓、縣鼓、鼗鼓、節鼓和拊、相等。⓫木　指木製的打擊樂器，如柷、敔、雅、應等。⓬六律六呂　中國古代十二音律奇數各律稱「律」，偶數各律稱「呂」。六律屬陽律；六呂為陰律。在兩律、兩呂之間，如黃鐘與太簇之間，或大呂與夾鐘之間，都是全音階關係，而律呂之間則為半音階關係。這十二個半音階的高低與律管的長成三與二或三與四的簡單整數比，亦即所謂「三分損益法」。在先秦文獻中，《管子・地員》及《呂氏春秋・音律》，都記載了這個方法。如以黃鐘律為基準，管長九寸（周尺一尺長約二十三厘米），減去三分之一等分，便是六寸；以六寸為律管的音階為林鐘律，此為「下生」。如再以林鐘為基準，管長六寸，加上其三分之一等分，便是八寸，以八寸管長的音階便為太簇律，此為「上生」。如此一上一下地推衍，便能測算出十二律律管的長度比值。如果律管換成弦亦一樣。⑬宮縣　樂縣制之一。縣即「懸」。《新唐書・禮樂十一》：「宮縣四面，天子用之。」皇帝朝會或祭祀太廟時，東、南、西、北四面要懸掛三十六架樂器，其中鎛鐘十二，編鐘十二，編磬十二。⑭軒縣　樂縣制之一，次於宮縣。古代諸侯用軒縣，唐時皇太子用之。其制，去宮縣之南面。⑮判縣　樂縣制之一，次於軒縣。古代卿用判縣，唐時祭風伯、雨師、五嶽、四瀆用之。其制去軒縣之北面，另植建鼓於東北、西北兩隅。⑯犆縣　犆即「特」字。樂縣制之一，又次於判縣。《周禮・春官・宗伯下》：「正樂縣之位，王宮縣，諸侯軒縣，卿判縣，士特縣，辨其聲。」其制為去判縣之西面，或陳於階間。唐有其制，而無所用。⑰文舞　隋稱文舞，唐改名為治康。舞者六十四人。用於郊廟祭祀，初獻時作此舞。⑱武舞　隋稱武舞，唐更名為凱安。舞者亦為六十四人。郊廟祭祀時，亞獻、終獻作此舞。高宗儀鳳二年（西元六七七年）太常卿韋萬石定凱安舞六變：一變象龍興參野；二變象克靖關中；三變象東夏賓服；四變象江淮寧謐；五變象獫狁讋伏；六變復位以崇，象兵還振旅。（據《舊唐書・音樂一》）⑲太常寺　官署名。位列九寺之首。設太常卿，掌邦國禮樂、郊廟、社稷之事。下設八署，太樂署為其中之一，掌朝會宗廟音樂事務。⑳鐘　古代青銅製的打擊樂器。懸掛於架上，以槌扣擊發音。西周中期有大小相次成組的編鐘，大而單一的為特鐘；其口緣平而有懸紐者，稱鎛。㉑磬　玉或石製的打擊樂器。懸掛於架上，以槌扣擊而發音。西周已有大小相次組成的編磬。㉒女樂　古代歌舞伎。唐代女樂隸教坊，東西兩京各設二所，掌教習音樂，其官隸屬太常。㉓大功已上　指居斬衰、齊衰、大功之喪服，即五服中分別有前三項喪服在身者。㉔受冊　指受冊封。㉕之官　初上任。

【語　譯】關於國（音樂）有五聲、八音，五聲是指宮、商、角、徵、羽五個音階；八音是指金、石、絲、竹、匏、土、革、木八類樂器。六律、六呂。六律是指黃鍾、太簇、姑洗、蕤賓、夷則、無射；六呂是指大呂、夾鍾、中呂、林鍾、南呂、應鍾。對樂器的陳列，有四縣的規定，四縣是指宮縣、軒縣、判縣和特縣。又分別有兩套舞蹈節目。指文舞和武舞。這些音樂舞蹈用來和諧人倫，調適氣候和時令的變化，祭享鬼神，以及接待賓客。有關音樂的眾多體制，太常寺都有記載。凡是私人家內，不得設置鐘、磬這一類縣樂用的樂器。三品以上的官員家裡，可以備有歌舞伎，五品以上的官員家內的歌舞伎不得超過三人。居大功以上喪服，如果受到冊封或者蒞職上任時，雖然備有鼓樂，亦只能讓它們閑置在那裡，不可以演奏。

【說　明】本章敘述側重於祭祀和朝會使用的所謂廟堂音樂，帶有一種莊嚴肅穆以至神秘的氣息。有一些樂器，如鐘、磬一類，亦只在廟堂使用。至於娛樂的音樂，稱作俗樂，樂器則以絲、竹、匏、革類為主。唐朝前期的宮廷音樂有所謂十部樂、九部樂等，都是以地域來區分，有不少來自邊遠少數民族。歌舞分成坐部伎與立部伎兩類，坐部伎是在廳堂內演出的，規模小，人數少，比較精緻；立部伎則在大堂或庭院廣場演出，規模大，人數多，講究的是排場和氣勢。在歷史上，唐玄宗李隆基是以愛好音樂歌舞聞名的。他精通音律，好羯鼓，開元二年（西元七一四年）選坐部伎子弟三百教於梨園，號「皇帝梨園弟子」。宮女數百，亦為梨園弟子，居宜春北院。當時在太常寺有番上的樂人、音聲人多達數萬。上有所好，下必趨附。地方官亦常以獻新曲來討得玄宗歡心，如著名的〈霓裳羽衣曲〉十二遍，便是河西節度使楊敬忠所獻，不少達官大臣亦以好言音律來迎合玄宗。

十二

凡太廟❶、太社❷及諸宮殿門，東宮及一品已下諸州門，施戟有差❸：凡太廟、太社及諸宮殿門，各二十四戟；東宮諸門，施十八戟；正一品門，十六戟；開府儀同三司❹、嗣王❺、郡王❻，若上柱國❼、柱國、帶職事二品已上，及京兆、河南、太原府❽、大都督❾、大都護❿門，十四戟；上柱國、柱國、帶職事三品已上、中都督府⓫、上州⓬、上都護⓭門，十二戟；國公⓮及上護軍、護軍、帶職事三品⓯若下都督⑯、中下州⑰門，各一十戟。

【章　旨】記述太廟、太社和諸宮殿門及各級官府大門施戟之等第。

【注　釋】❶太廟　皇帝的宗廟。《尚書》有「七世之廟，可以觀德」之言，故皇帝宗廟通常以七室為規制。唐高祖武德時始立四室，至太宗去世時增為六室，後至中宗去世時增為七室，玄宗開元時再增至九室，自此以後唐的太廟以九室為常。唐建東西二都，初東都無廟，武則天建周，立周七廟於東都以祀武氏，改西京唐太廟為享德殿。中宗復位，以武氏故廟為唐太廟，故此後唐東西二都皆有太廟，歲時五次享祭。❷太社　即社稷壇。社是土神，稷為穀神。唐代設社稷壇於含光門內之右。❸施戟有差　戟為兵器，係矛與戈的結合，既能直刺，又可橫擊。諸司官衙大門前所施之戟，已為禮儀器具，以其多寡來顯示其尊卑差等。因戟列置門前，故又稱門戟。❹開府儀同三司　文散官名。唐制，開府儀同三司秩從一品，不帶職事官者朝參、俸祿同職事官，仍隸吏部。❺嗣王　親王之子承嫡者，為嗣王。❻郡王　親王之子承恩澤者為郡王，皇太子諸子並為郡王。❼上柱國柱國帶職事二品已上　上柱國、柱國均為唐勳官名。上柱國為勳品十二轉，比正二品；柱國為十一轉，比從二品。此處指有十二轉、十一轉勳級並兼職事官二品以上者。❽京兆河南太原府　京兆府，唐京都長安所在，領二十縣。河南府，東都洛陽所在，領二十縣。太原府，本為并州，開元十一年（西元七二三年）置府，北都所在，領縣十三。三府各置牧一人，從二品。❾大都督　唐制大都督府有潞、揚、益、荊、幽五個，各設都督一人，從二品。❿大都護　唐制單于、安西、安北為大都護府，各設大都護一人，從二品。⓫中都督府　唐制全國共設十五中都督府，各置都督一人，正三品。⓬上州　唐制四萬戶已上為上州，刺史為從三品。⓭上都護　唐制設安東、安南、北庭三上都護府，各設都護一人，為正三品。⓮國公　嗣王、郡王及特封王子孫承襲者，降授國公。⓯上護軍護軍帶職事三品　上護軍、護軍均為勳官名。上護軍為勳級十轉，比正三品；護軍為勳級九轉，比從三品。此處指具備以上兩種勳級兼帶職事官三品者。⓰下都督　唐制，在全國設下都督府二十，各設都督一人，從三品。⓱中下州　唐制，戶二萬以上為中州，不滿二萬者為下州。中州刺史正四品上，下州刺史正四品下。

【語　譯】東西兩京的太廟、太社和各個宮殿的大門，東宮各門以及一品以下官府、地方各州的正門，陳設戟的多少都要作出等級差別。規定是兩京的太廟、太社和各宮殿的正門，都陳設二十四戟；東宮各門，陳設十八戟；正一品官府正門列置十六戟；開府儀同三司、嗣王、郡王，勳級為上柱國、柱國帶職事官二品以上，和京兆府、河南府、太原府以及各大都督府、大都護的正門，設置十四戟；勳級為上柱國、柱國帶職事三品以上，和中都督府、上州、上都護的正門，陳設十二戟；國公和勳級為上護軍、護軍帶職事三品，以及各下都督，中、下等州的正門，都設置十戟。

【說　明】唐代至玄宗朝始有設置門戟的制度。這些戟皆由官給，規定五年一易。在京的職事官可以在京宅與本鄉兩處給戟。薨者，葬訖追還；應給子孫的，可以留下。始於唐的這個施戟制一直延續到趙宋王朝，因而門戟成了官宦之家社會政治地位的一種標誌。

本章有關施戟差等的記述，與《通典・職官七》所載及《唐會要・輿服下》戟條所引敕文，略有差異。如文中說「太廟、太社及宮殿門為二十四戟」，而《通典》、《唐會要》則均為二十戟；文中又記有開府儀同三司施十四戟，而《通典》、《唐會要》則缺；《通典》、《唐會要》有「散官光祿大夫以上，鎮國大將軍以上各同職事品十四戟」，本章則無此條文。又本章有「上護軍、護軍帶職事三品」，《通典》、《唐會要》則僅有「上護軍帶職事三品」；《通典》、《唐會要》末尾有「並官給」語，本書則無。

十三

凡內外百司皆給銅印一鈕。其吏部❶、司勳❷各置二印，兵部❸置一印，考功❹、駕部❺、金部❻，尚食❼、尚乘局❽各別置一印。其文曰「某司之印」，東都即云「東都某司之印」。內外諸司有傳符❾、銅符❿之處，各給封符印⓫一枚，發全封符及封魚函則用之。諸司從行者各給行從印，其文曰「某司行從之印」。駕還，則封納本司。凡內外百官有魚符之制⓬。並出於門下省⓭。

【章　旨】記述有關印章、傳符、銅魚符、隨身魚符行用與佩戴的相關禮制。

【注　釋】❶吏部　指吏部尚書屬下之吏部司。設吏部郎中二人，一人掌文官階品、朝集等，一人掌選補流外官。❷司勳　指吏部尚書屬下之司勳司。設郎中一人，掌官吏之勳級。❸兵部　指兵部尚書屬下之兵部司。設兵部郎中二人，一人掌武官階品等，一人掌軍戎調遣等。❹考功　指吏部尚書屬下之考功司。掌文武百官功過善惡之考課及行狀。❺駕部　兵部尚書下屬之一司。設郎中一人，掌輿輦、車乘、傳驛、廄牧及馬牛雜畜之籍。❻金部　戶部尚書下屬之一司。掌全國庫藏之出納、權衡度量之數。❼尚食　指尚食局。屬殿中省，設奉御二人，掌供皇帝常膳。❽尚乘局　屬殿中省。設奉御二人，掌內外閑廄之馬，辨其麤良，率其習馭。❾傳符　即傳信符，以給郵驛，通制命。在符上書寫文字，分成左右二枚，左者藏在內府，右者付給所在郵驛，二者相合，方可置信，給予郵驛上的方便。《新唐書・車服志》稱：「皇太子監國給雙龍符，左右皆十。兩京北都留守給麟符，左二十，右十九。東方諸州給青龍符，南方諸州朱雀符，西方諸州騶虞符，北方諸州玄武符，皆左四右三。左者進內，右者付外。行軍所亦給之。」❿銅符　《新唐書・車服志》稱：銅魚符或魚符，用以傳達命令包括「起軍旅，易守長」；給予的官署包括「京都留守、折衝府、捉兵鎮守之所，及左右金吾、宮苑總監、牧監」等。畿內是左三右一，畿外則左五右一；右者在宮外，左者在宮內。使用時按編號順序，周而復始。即使宮殿的門衛，亦須交魚符、巡魚符，左廂、右廂給開門符、閉門符，左符在內宮、右符由監門掌握。⓫封符印　用來密封封函的印章。⓬魚符之制　指隨身魚符之制。《新唐書・車服志》稱：「隨身魚符者，以明貴賤，應召命，左二右一，左者進內，右者隨身。皇太子以玉契召，勘合乃赴。親王以金，庶官以銅，皆題某位姓名。官有貳者加左右，皆盛以魚袋，三品以上飾以金，五品以上飾以銀。刻姓名者，去官納之，不刻者傳佩相付。」說明設此原為給受召見者的，以防召命或應召之詐，後來卻演變成了顯示身份尊貴的一種標誌。開元時，更發展到品位低的可以假紫給金魚袋，假緋給銀魚袋，致使當時人發出了「服朱紫、佩魚者眾矣」的感慨。白居易詩中曾多次提到魚袋，如「銀魚金帶繞腰光」、「魚綴白金隨步躍」等。⓭並出於門下省　門下省設有符寶郎，執掌國之符節。《舊唐書・職官二》稱其「凡國有大事，則出納符節，辨其左、右之異，藏其左而班其右，以合中外之契焉」。所執掌的符節，包括銅魚符、傳符、隨身魚符、木契、旌節五類。

【語　譯】凡是京師內外各個官司都給予一鈕銅印。其中有吏部、司勳二司各置二印，兵部司置一印，考功、駕部、金部三司，以及殿中省的尚食局、尚乘局各置一印。銅印上的文字為「某司之印」。東都的官司就稱「東都某司之印」。

內外各司中有傳符與銅魚符的官署，各給一顆封符印，在通過郵驛發送封符和封銅魚符的封函時，便啟用這顆印。各司隨車駕從行的，都給行從印，印章的文字為「某司行從之印」。車駕還京，就要將印封存交還本司。凡是京師內外文武百官，按制度規定，都給予隨身佩戴的魚符。有關符節的掌管，都屬於門下省的符寶郎。

【說　明】符節，作為溝通指令者與執行者之間的信息憑證，在我國具有悠久的歷史。至今發現最早的實物是用牛胛骨製成的骨符。一九九九年秋季在上海博物館為紀念甲骨文發現一百周年而舉辦的館藏甲骨文特展上，人們就看到了骨符這一珍貴文物。其形呈長矩狀，寬二四毫米，長四〇毫米。三邊皆鋸齊，唯一邊為垂直鑿斷面。正面刻有「庚王伐帚戍命旅五月」九字，當出於商末武丁時期。到春秋戰國時代，符節已廣為使用。如在著名的信陵君救趙故事裡，能否竊到那枚能夠調動晉鄙軍隊的虎符，便成了能否擊退秦兵以解邯鄲之圍的關鍵。除了銅製的虎符，還有竹製的竹使符，木製的木契。隋是使用竹使符的，唐高祖李淵入長安後，便罷隋之竹使符而班銀菟符，後來才改為銅魚符。無論何種形式的符節，其本義都是指令者與執行者之間檢驗真偽的一種憑證，至於像唐代的隨身魚符那樣用來顯示擁有者身分的尊卑高下，那只能算是它的一種異化。

十四

凡服飾尚黃，旗幟尚赤。乘輿❶之服，則有大裘冕❷、袞冕❸、鷩冕❹、毳冕❺、絺冕❻、玄冕❼、通天冠❽、武弁❾、弁服❿、白黑幘⓫、白紗帽⓬、平巾幘⓭、翼善冠⓮之服。並出於殿中省⓯。皇后之服，則有褘衣⓰、鞠衣⓱、鈿釵禮衣⓲之制。並出於內侍省⓳。皇太子之服，則有袞冕⓴、具服㉑遠遊冠㉒、公服遠遊冠、烏紗帽、弁服、平巾幘、進德冠㉓之服。並出於左春坊㉔。皇太子妃之服，則有褕翟㉕、鞠衣、鈿釵禮衣。並出於右春坊㉖。

【章　旨】記述皇帝、皇后及皇太子、皇太子妃冠服之有關規定。

【注　釋】❶乘輿　此處為皇帝之代稱。❷大裘冕　帝王冕服之一。其冕無旒，金飾，玉簪導，以組為纓，色如其綬。其裘以黑羊皮為之，玄領、褾、襟緣。祀天神地祇時服之。❸袞冕　帝王冕服之一。其冕垂白珠，十有二旒，黈纊充耳，玉簪導。其袞衣為玄衣纁裳，有日、月、星辰、龍、山、華蟲、宗彝、藻、火、粉米、黼、黻等十二章。享廟、謁廟、踐阼、加元服、納后、元日受朝及臨軒冊拜王公服之。❹鷩冕　應為「鷩冕」。正德本及新舊《唐書》服志均作「鷩冕」。帝王冕服之一。其冕為八旒，服為七章。鄭玄注《周禮・春官・司服》：「鷩，裨衣也……畫以雉，謂華蟲也。其衣三章，裳四章。」有事遠主則服之。❺毳冕　帝王冕服之一。其冕七旒，服五章：宗彝、藻、粉米在衣，黼、黻在裳。祭海嶽則服之。❻絺冕　帝王冕服之一。其冕六旒，服三章：粉米在衣，黼、黻在裳。祭社稷、饗先農則服之。❼玄冕　帝王冕服之一。其冕五旒，衣無章，裳刺黼一章。蜡祭百神、朝日、夕月服之。❽通天冠　帝王諸如祭還、受朝及元冬之會服之。《後漢書・輿服下》載：「通天冠，高九寸，正豎，頂少邪卻，乃直下為鐵卷梁，前有山，展筩為述，乘輿所常服。」❾武弁　武官所服之冠，帝王講武、出征、四時蒐狩亦服之。據《後漢書・輿服下》，武弁又稱武冠、大冠，附蟬為文，貂尾為飾。趙武靈王倡效胡服，以金璫飾首，前插貂尾為貴職。秦滅趙，以其君冠賜近臣。因又稱惠文冠。❿弁服　有皮弁服、韋弁服兩種，帝王視事、受朝或用兵時服之。鄭玄注《周禮・春官・司服》「視朝，則皮弁服」句：「視朝，視內外朝之事。皮弁之服，十五升白布衣，積素以為裳。」韋弁服則稱兵時服。⓫白黑幘　應為「黑介幘」。本書後第十一卷第二篇殿中省尚衣奉御職掌條及《舊唐書・輿服志》均為「黑介幘」。介幘為始於漢的一種長耳頭巾。《隋書・禮儀志六》：「幘，尊卑貴賤皆服之。文者長耳，謂之介幘；武者短耳，謂之平上幘。各稱其冠而制之。」此處則為帝王拜陵時所服。⓬白紗帽　由白紗製成的高頂之帽。據《通典・禮十七》始於南朝宋。先行烏紗帽，後又製白紗帽，帝王及士人通冠之。唐時亦有黑白兩種，帝王視朝、聽訟、宴見賓客則服之。⓭平巾幘　即前「白黑幘」注中之平上幘，帝王乘馬服之。⓮翼善冠　唐貞觀八年（西元六三四年）太宗始服此冠。據《事類通編》引黃一正語稱，因其轉腳不交向前，冠纓像「善」字故名翼善冠；後改轉腳向上，即名衝天冠。《舊唐書・輿服志》稱：「太宗又制翼善冠，朔望視朝以常服及帛練裙襦通著之。若服袴褶，則與平巾幘通用。著於令。」⓯並出於殿中省　意謂以上帝王所服用衣冠，皆由殿中省置辦。具體執行者則是殿中省之下屬尚衣局，其職掌為：「供天子衣服，詳其制度，辨其名數，而供其進御。」（本書十一卷二篇）⑯褘衣　皇后受冊、助祭、朝會等大事之服，其服色花紋見本書後第十二卷第一篇內侍省尚服局。⑰鞠衣　皇后親蠶之服。其服色花紋見本書後第十二卷第一篇內侍省尚服局。⑱鈿釵禮衣　本書後第十二卷第一篇尚服局原注稱：「鈿釵禮衣，十二鈿，服通典雜色，制與上同，雙佩，小綬，去舄加履。宴見賓客則服之。」⑲並出於內侍省　皇后衣服由內侍省尚服局「掌供內服用采章之數」（《舊唐書・職官三》）。⑳袞冕　此為皇太子侍從皇帝祭祀及謁廟、加元服、納妃時服之。與皇帝之袞冕有別，為白珠，九旒，衣裳為九章。朱組大綬四采，長一丈八尺，三百二十首，廣九寸，皆低於皇帝所服之數。其餘則同。㉑具服　指朝服。㉒遠遊冠　本為楚人之冠，秦滅楚後採其制，以後歷代多有之。《後漢書・輿服志下》：「遠遊冠，制如通天【冠】，有展筩橫之於前，無山述，諸王所服也。」唐制為皇太子謁廟還宮、元旦冬至朔日入朝及釋奠時服之。㉓進德冠　冠上有梁，又有稱之為璂的玉飾。皇太子為九璂，並以金飾梁及花趺。此冠與常服及白練裙襦通著之。㉔並出於左春坊　皇太子衣服屬左春坊內直局執掌。詳本書後第二十六卷第三篇左春坊。㉕褕翟　皇太子妃服，受冊、助祭、朝會等大事時服之。青織成為之，文為搖翟之形，青質，五色九等。《詩・鄘風・君子偕老》：「玼兮玼兮，其之翟也。」《毛傳》：「褕翟，闕翟，羽飾衣也。」㉖並出於右春坊　皇太子妃用服，由右春坊之太子內官執掌。

【語　譯】服飾崇尚黃色，旗幟則崇尚赤色。皇上的冠服有大裘冕、袞冕、鷩（鷩）冕、毳冕、絺冕、玄冕、通天冠、武弁、弁服、白黑（黑介）幘、白紗帽、平巾幘和翼善冠等多種。都出自殿中省的尚衣局。皇后的衣服有褘衣、鞠衣、鈿釵禮衣等幾種。都出自內侍省的尚服局。皇太子的衣服有袞冕、具服遠遊冠、公服遠遊冠、烏紗帽、弁服、平巾幘、進德冠等幾種。都出自左春坊的內直局。皇太子妃的衣服有褕翟、鞠衣、鈿釵禮衣等幾種。都出自右春坊太子內官。

【說　明】本章所列「乘輿之服」，都是皇帝在各種禮儀場合穿戴的禮服。此外自然還有不少。如據新舊《唐書》輿服志記載，還有稱白帢的臨喪之服，配以白紗單衣和烏皮履。有一種赤黃袍衫，配以折上頭巾，九環帶，六合靴，自貞觀以後，非元日冬至受朝及大祭祀，經常服用。至於皇太子，自永徽以後，一般都是穿戴袞冕、具服、公服，若乘馬袴褶，則著進德冠，沒有像皇帝那樣嚴格按照定制執行。

皇帝冕服上有十二章花紋和圖案，即日、月、星、龍、山、華蟲、火、宗彝、藻、粉米和黼、黻，據歷代著述，都含有象徵意義。日、月、星辰，三光普照天下，那自然只有帝王才有資格具備。龍是中國最古老的圖騰崇拜，作為圖案，它是最高權力的標誌，其變化無方，象聖王應機布教。山，一說取其能雲能雨，象至尊澤施下民；或說取其莊重之性格，王者能鎮重安定四方。華蟲、雉屬，取其有文彩，表示王者有文德。宗彝，為宗廟之禮器，有虎彝、蜼彝，取其勇猛智慧，象聖王神武定天下。藻，水草之有文者，取其清淨。火，取其明，有率土群明、向歸上命之意。粉米，若聚米形，取其潔白能養人之意。黼，繡成金斧形，白刃而銎黑，取其能斷割之義。黻，作「亞」形，取拂弼之義，即君臣能互相幫助。

十五

凡王公、第一品服袞冕❶，垂青珠九旒❷，以組為纓❸，色如其綬❹；青纊充耳❺；角簪導❻；青衣、纁裳❼、服九章❽，每章一行，重以為等，每行九；白紗中單❾，黼領❿，青褾⓫、襈⓬、裾⓭，革帶⓮、鉤䚢⓯、大帶⓰，韍⓱，劍，珮⓲，綬⓳，朱韈⓴，青舄㉑。二品服鷩冕㉒，八旒，七章，餘同袞冕。三品服毳冕㉓，七旒，五章，餘同鷩冕。四品服絺冕㉔，六旒，三章，餘同毳冕。五品服元冕㉕，五旒，無章，餘同絺冕。六品至九品服爵弁㉖。元纓，簪導，青衣、纁裳，白紗中單，青領、褾、襈、裾，革帶，鉤䚢，大帶，爵韠㉗，白韈，赤履㉘之服。凡冕服及爵弁服，助祭、親迎則服之。若私家祭祀，三品已上，及褒聖侯㉙祭孔子，皆服元冕；五品已上，服爵弁；六品已下，通服進賢冠㉚之服。若職事官三品已上有公爵㉛者，嫡子婚，聽假㉜絺冕；五品已上孫、九品已上子及五等爵婚，皆假以爵弁服；

庶人婚，假以絳公服㉝。凡百官朝服，陪祭、朝會，大事則服之；冠㉞，幘㉟，纓，簪導，絳紗單衣，白紗中單，皂領、褾、襈、裾㊱，白裙、襦㊲，革帶、鉤䚢、假帶㊳，曲領、方心㊴，絳紗蔽膝，韈，舄，劍，雙珮，雙綬㊵。六品已下去劍、珮、綬。公服，朔望朝謁見皇太子則服之；冠，幘，纓，簪導，絳紗單衣，白裙、襦，革帶、鉤䚢，假㊶，方心㊷，韈，履，紛㊸，鞶囊㊹，隻珮㊺。六品已下去紛、鞶囊、隻珮。凡綬，親王纁朱綬㊻，一品綠綟綬㊼，二品、三品紫綬㊽，四品青綬㊾，五品黑綬㊿；凡有綬，則有紛(51)。弁服(52)，尋常公事則服之。牙簪導，纓，玉琪(53)，朱衣、素裳，革帶，鞶囊，小綬(54)，隻珮(55)，白襪，烏皮履。一品九琪，二品八琪，三品七琪，四品六琪，五品五琪，六品以下去琪及鞶囊、隻綬。平巾幘之服(56)，武官及衛官尋常公事則服之。冠及褶(57)依本品色，並大口袴(58)，起梁帶(59)，烏皮鞾(60)。若武官陪立大仗(61)，加螣蛇(62)、裲襠(63)。袴褶(64)之服，朔望朝會則服之。五品已上通用紬綾(65)及羅(66)，六品已下用小綾。應著袴褶，並起十月一日至二月三十日已前。

【章旨】記述王公及群臣之服飾及其適宜於服用的相關禮儀場合。

【注釋】❶袞冕　古代帝王或諸侯禮冠。一品官亦可服此，但旒數有別，詳下注。❷青珠九旒　冕板前後懸垂之玉串稱旒，每旒有玉珠十二粒。以旒數多寡顯示尊卑等級。此指一品官之冕為青色玉珠九旒，而皇帝則為白色玉珠十二旒。❸以組為纓　組為織有花紋的帶子，纓是繫冠之帶。古代男子束髮加冠，冠圈兩邊各繫一絲帶，稱之為纓，結於頷下。全句意為以絲帶作纓。❹色如其綬　指纓之顏色與其佩玉之綬帶相同。古人佩玉綬帶之顏色，亦依其官品高卑而定。如親王則為朱綬。❺青

纊充耳　充耳為冠冕兩旁懸垂至耳的飾物，以示塞耳避聽。《詩．衛風．淇奧》：「有匪君子，充耳琇瑩。」《毛傳》：「充耳謂之瑱，琇瑩，美石也。天子玉瑱，諸侯以石。」此處指一品官以青纊為充耳。纊為絲綿絮。❻角簪導　指以角質製成的固定髮髻之長針。❼青衣纁裳　青色的上衣，紅色的下裳。纁為紅色，裳即裙，前三幅、後四幅，每幅寬二尺二寸。漢魏至唐，男子均著裙；唐以後，裙才成為女子專用服裝。❽服九章　意謂上衣下裳共繡繪九種具有象徵意義的花紋圖案。上衣五章為：龍、山、華蟲、火、宗彝；下裳四章為：藻、粉米和黼（黑白相次斧形花紋）、黻（黑青相次亞形圖案）。❾白紗中單　指以白紗製作的中衣。單亦作「襌」。❿黼領　指衣領上畫有黑白相間之斧形花紋。⓫青縹　據《通典．禮六十八》及新舊《唐書》輿服志，當為「青褾」。青色的袖端。⓬襈　衣邊。⓭裙　據《通典．禮六十八》及《新唐書．車服志》當為「裾」。衣服之前襟或後襟，亦稱下襬。⓮革帶　冕服在腰間大帶之下用以繫韍及佩巾之帶。用革製作，廣二寸。⓯鉤䚢　掛於衣帶上的金屬鉤。鉤即「鈎」字。⓰大帶　冕服之腰帶。束於革帶之上，主要用以繫裳。⓱韍　古代蔽膝的一種。作祭服的蔽膝稱韍，以熟皮製作。另有作朝服的蔽膝則稱韠。⓲珮　指佩戴之玉石。⓳綬　用絲織成之帶，以佩掛玉石。⓴朱韤　紅色的襪子。古時韤子多以熟皮製成，要用帶子繫上。㉑青舄　《通典．禮六十八》及新舊《唐書》輿服志，皆作「赤舄」，似應從。舄，古代的一種鞋。與今不同的是在鞋底下加有一層木底。舄以色分為三等：赤舄為上，次為白舄、黑舄。㉒鷩冕　鷩衣和冕。比一品之袞冕少一旒、二章，為八旒、七章。七章為衣三章：華蟲、火、宗彝；裳四章：藻、粉米和黼、黻。㉓毳冕　毳衣和冕。比二品之鷩冕少一旒、二章，為七旒、五章。五章為衣三章：宗彝、藻、粉米；裳二章：黼和黻。㉔絺冕　絺衣和冕。比三品之毳冕少一旒、二章，為六旒、三章。衣一章為粉米，裳二章是黼和黻。㉕元冕　元同「玄」。指玄衣和冕。比四品之絺冕少一旒，僅為五旒且無章。㉖爵弁　弁的形狀似冕而無旒，以紫黑色韋為之。因其顏色與雀相近，古「爵」、「雀」二字相通，故名爵弁。㉗爵韠　與爵弁一起服用的蔽膝。韠，蔽膝。㉘赤履　履即鞋。古代履與裳的顏色要相配，爵弁為纁裳，紅色的，故配以赤色之鞋。㉙褒聖侯　孔子後裔被封為褒聖侯，以祀孔子。㉚進賢冠　漢代承先秦緇布冠遺制而作之冠。原多儒生所戴，後用為官服。其形制為前高八寸，後高三寸，長八寸。有五梁至一梁，以分等級，以梁多者為貴。㉛公爵　指國之封爵。㉜假　通「借」。㉝絳公服　以服絳紗單衣故稱絳公服。公服亦稱省服。㉞冠　百官依職事和品位，戴不同之冠。如文官為進賢冠，親王為遠遊冠，御史大夫為法冠等。㉟幘　原為古代平民覆髻之巾，要蓋到額頭，為不冠者之服。至秦漢而有所演變，幘與巾漸合而為一，且成為流行常服。魏晉後，文官服介幘、武官服平上幘，漸成定制。區別在於介幘長耳，平上幘短耳。㊱裙　當為「裾」。說見前⓭注。㊲襦　短上衣。㊳假帶　即大帶。繫在腰上的帶子。㊴曲領方心　即方領。古代的衣領有三種：交領、直領和方領。方領頸下領形正方，多為學者之服。(40)雙珮雙綬　珮指所佩戴之玉石；綬為佩玉石之絲帶。《舊唐書・輿服》稱：「諸珮綬者，皆雙綬。」綬之色彩、長闊度及玉石之品類，都用以作為佩戴者官品、身份的一種標誌，有明細規定。(41)假　此「假」下似缺一「帶」字。《通典・禮六十八》及《新唐書・車服志》皆為「假帶」。(42)方心　即方領。(43)紛　飄帶。即佩印的絲帶。(44)鞶囊　皮革製成之囊。用以盛印綬，側懸於腰間。《晉書・輿服志》：「漢世著鞶囊者，側在腰間，或謂之傍囊，或謂之綬囊。」《隋書・禮儀志六》：「鞶囊，二品以上金鏤，三品金銀鏤，四品銀鏤，五品、六品綵鏤，七品、八品、九品綵縷，獸爪鞶。」(45)隻珮　新舊《唐書》輿服志「隻」字俱作「雙」。(46)纁朱綬　綬帶之一。纁為絳紅色。古代用以佩玉，秦漢後則又用來拴繫官印。色彩各異，以示不同官秩等級。此處稱親王為纁朱綬。其具體形制歷代有異，據《舊唐書・輿服志》在唐代為「四綵，赤、黃、縹、紺，純朱質，纁文織，長一丈八尺，二百四十首，廣九寸」。縹，青白色。紺，深青色。純朱質，以正紅為底色。(47)綠綟綬　綬帶之一，一品服此。據《舊唐書・輿服志》其形制為「四綵，紫、黃、赤、綠，純綠質，長一丈八尺，二百四十首，廣九寸」。(48)紫綬　綬帶之一，二、三品服此。據《舊唐書・輿服志》其形制為「三綵，紫、黃、赤，純紫質，長一丈六尺，一百八十首，廣八寸」。(49)青綬　綬帶之一，四品服此。據《舊唐書・輿服志》其形制為「三綵，青、白、紅，純青質，長一丈四尺，一百四十首，廣七寸」。(50)黑綬　綬帶之一，五品服此。據《舊唐書・輿服志》其形制為「二綵，青、紺，純紺質，長一丈二尺，一百首，廣六寸」。(51)紱　亦作「紼」、「韍」。繫官印之絲帶。(52)弁服　為文官九品公事之服。冠通用烏紗帽，以鹿皮為之。皇帝、皇太子亦有此服，冠則有別。(53)琪　又稱璂。古代皮弁縫中鑲嵌的五彩玉珠。既作為飾品，亦是尊卑標誌：按品位高低確定鑲嵌琪珠之數。(54)小綬　即小雙綬。《舊唐書・輿服志》注稱：「自王公以下皆有小雙綬，長二尺六寸，色同大綬而首半之。」(55)隻珮　《通典・禮六十八》及《新唐書・車服志》皆為「雙珮」。(56)平巾幘之服　即乘馬之服。除武官及衛官公事服用外，文官乘馬亦服之。(57)褶　夾衣。《急就篇》顏師古注：「褶，謂重衣之最在上者。其形若袍，短身而廣袖。一曰左衽之袍也。」五品以上紫褶，六品以下緋褶。(58)袴　又作褲、絝。古時之褲前後無襠，僅有兩個褲筒，類似後代的套褲。(59)起梁帶　繫袴之腰帶。帶上有玉飾，五品以上金玉雜鈿，六品以下金飾隱起。(60)韡　即「靴」字。(61)陪立大仗　意謂武官在朝會時，隨衛士執仗而立。(62)螣虵　虵即「蛇」字。據《新唐書・車服》其形制為：「以錦為表，長八尺，中實以綿，象蛇形。」可能是繫腰保暖用。(63)裲襠　即馬甲。今稱坎肩或背心。一當胸，一當背，短袖覆膊。(64)袴褶　上穿褶，下著袴，外不加裘裳。始為騎服，亦用作常服、朝服。(65)紬綾　綾的種。古代斜紋提花似綢之絲織品。《新唐書・車服》引武德四年（西元六二一年）八月敕：「三品已上大科紬綾及羅，其色紫，飾用玉；五品已上小科紬綾及羅，其色朱，飾用金；六品已下服絲布雜小綾，交梭雙紃，其色黃。」[66]羅紋理稀疏之絲織品。

【語譯】凡是王公和一品官，服用袞冕之服。這一官品的冕，冕板前後懸垂青珠九旒，用絲織的組帶作為繫冕的纓帶。纓帶的顏色與佩玉的綬帶一樣。用青色的棉絮作為充耳掛在耳邊，用角質的簪導固定髮髻。青色的上衣，絳紅色的下裳。在衣和裳上繡繪有九章花紋，每章一行，每行有九個圖紋，重復繡繪，作為等差。內襯白紗中單，領上有黼紋，袖口、衣邊和下襬都為青色。腰間有革帶，掛上鉤艓，再用大帶繫下裳，戴上稱為韍的蔽膝。還有劍、綬帶和佩玉，紅色的襪和青色的舄。二品官服用鷩冕之服。這一官品的冕，前後懸垂青珠八旒，衣裳上繡繪的花紋為七章。其餘與一品官的袞冕相同。三品官服用毳冕之服。他們的冕前後懸垂的青珠為七旒，衣裳上繡繪的花紋為五章。其餘與二品官的鷩冕相同。四品官服用絺冕之服。他們的冕前後各垂青珠六旒，衣裳上的花紋為三章。其餘與三品官的毳冕相同。五品官服用玄冕。冕的前後各垂五旒，衣裳上沒有花紋。其餘與四品官的絺冕相同。六品到九品的官員，服用爵弁之服。弁服包括繫弁冠的黑色的纓，固定髮髻的簪導，青色的上衣，紅色的下裳，內襯白紗中單，衣領、袖口、衣邊和下襬都是青色的。腰上繫革帶，還有鉤艓、大帶和爵韠即蔽膝，白色的韈，紅色的鞋。冕服和爵弁，官員都是在參加皇帝助祭或親迎那種禮儀場合服用的。如果是私家的祭祀，三品以上以及褒聖侯祭孔子，都服玄冕之服；五品以上服爵弁之服，六品以下都服進賢冠之服。若是職事官三品以上，或封有公爵的官員的嫡子成婚，允許假借服用絺冕；五品以上官員的孫子、九品以上官員的兒子，以及有五等封爵的本人結婚，都可以允許假借服用爵弁服。一般平民結婚，亦允許服用絳公服。關於朝服，各類官員要遇到陪祭、朝會等大事的時候才服用。朝服包括冠，幘，纓，簪導，絳紗單衣，白紗中單，黑色的衣領、袖口、衣邊和下襬，白裙，短上衣，革帶，鉤艓，大帶，短上衣為曲領方心，亦就是方領；絳紗蔽膝，韈，舄，以及佩的劍，成雙的佩玉和繫玉的雙綬帶。六品以下官員則減去劍、珮玉和綬帶。公服，是在朔望朝以及謁見皇太子的時候服用。公服包括冠，幘，纓，簪導，絳紗單衣，白裙，短上衣，革帶，鉤艓，假【帶】，短上衣為方領；韈，鞋，紛即飄帶，鞶囊，隻珮。如果是六品以下官員，就減去紛、鞶囊和隻佩。

佩玉石的綬帶，親王是纁朱綬，一品是綠綟綬，二品、三品是紫綬，四品是青綬，五品是黑綬。凡是有綬帶佩玉的，還有繫印章的紱帶。弁服，平常有公事時都要服用。弁服包括牙簪導，纓，玉琪，朱衣，素裳，革帶，鞶囊，小綬，隻珮，白韈和烏皮鞋。一品在皮弁上鑲九粒琪珠，二品八粒琪珠，三品七粒琪珠，四品六粒琪珠，五品五粒琪珠，六品以下減去琪珠、鞶囊和隻綬。平巾幘之服，武官和衛官平常有公事時服用。與本服配套的冠和褶的顏色，都依照他們各自本品的規定。同時都有大口袴、起梁帶和烏皮韡。如果武官陪位帶領儀仗，還要另加裲襠即背心，前後要有騰蛇。袴褶之服，在參加朔望朝會的時候服用。五品以上通用紬綾及羅製作，六品以下則用小綾。應該穿著袴褶的時間，規定在十月一日到第二年二月三十日之間。

【說　明】唐初冠服皆依隋舊，高祖武德四年（西元六二一年）始著衣服之令，在歷代服制基礎上略作改易，規定了天子冕服十四種，皇太子之服六種，皇后、皇太子妃及群臣之服，亦都有相應規定，目的是為了進一步嚴明貴賤尊卑的等級之差，即所謂上得兼下，下不得擬上。關於冠服問題，開元時還發生過一次有意思的討論。當時肅宗李亨剛被冊立為皇太子，太常儀注中有「服絳紗袍」這樣的文字，與皇帝所服名稱相同，李亨頗感惶恐，趕快上表辭「不敢當」。玄宗便讓百官來詳議這件事。於是左丞相裴耀卿、太子太師蕭嵩等出班奏議，先搬出武德〈衣服令〉，列出了皇太子具服的一大串名稱，然後說；「其絳紗衰只是冠衣之內一物之數，與裙、襦、劍、佩等無別。至於貴賤之差，尊卑之異，則冠為首飾，名制有殊，並珠旒及裳綵章之數，多少有別，自外不可事事差異。亦有上下通服，名制是同，禮重則具服，禮輕則從省。今以至敬之情，有所未敢，衣服不可減省，稱謂須更變名，望所撰儀注不以絳紗袍為稱，但稱具服，則尊卑有差，謙光成德。」（《唐會要》卷三十一）這篇行文曲折微妙的奏議，既說明了尊卑標誌主要顯示在冠冕的名制和衣裳綵章的多少上，此外沒有必要「事事差異」；又頌揚了皇太子「有所未敢」的「至敬之情」，可謂面面俱到，滴水不漏。提出的辦法更令人叫絕：只消變個名兒，即可兩全其美：既「尊卑有差」，又「謙光成德」。結果是：「議奏上，【玄宗】手敕改為朱明服，下所司行用焉。」（《舊唐書・輿服志》）儘管絳紗袍還是原來的絳紗袍，但當它被穿在皇太子身上時，已改名為朱明服，這至少在名稱上似乎已維護了「下不得擬上」的原則。

百官的章服，從總體上可以分成五類：一是冕服及爵弁服，二是朝服，三是公服，四是弁服，五是袴褶之服。這些都是官給的。在唐代，具體供應百官章服、飾物儀仗的，是少府監染織署。《唐會要・輿服上》稱：「開元二十五年（西元七三七年），工部太常寺衣冠祭服并幘，諸司供俸官衣冠履舄等，所司七年一替，三年一給，未滿三年有損壞者，并自修理。」事實上，不僅百官的章服三年發給一套，而且連外命婦及命婦的章服，諸如花釵翟衣、鈿釵禮衣等等，亦都是由官府供給。可見在中國歷史上，官員們等級森嚴而又給國家財政帶來沉重負擔的「供給制」，亦是由來已久，源淵而流長。

十六

凡百僚冠、笏[1]，遠遊三梁冠[2]、黑介幘[3]、青緌[4]，皆諸王服之；親王即加金附蟬[5]。若進賢冠[6]，三品已上三梁，五品已上兩梁，九品已上一梁，三師、三公，太子三師、三少，五等爵[7]、尚書省、秘書省、諸寺監[8]，詹事府[9]、東宮三寺[10]及散官[11]，親王傅、友、文學[12]，并關、津、岳、瀆[13]等流內九品已上服之。武弁、平巾幘[14]，文武官及中書、門下、殿中、內侍省[15]，諸衛[16]及太子諸坊、諸率府[17]，及鎮、戍流內九品已上服之。侍中、中書令、散騎常侍[18]加貂蟬[19]。法官[20]，一名獬豸，監察御史已上服之。高山冠[21]，內侍省內謁者等服之。郤非冠[22]，亭長、門僕服之。進德冠[23]，五品已上附山雲[24]加琪[25]，如弁服之制。三品已上笏前詘[26]後直，五品已上前詘後挫，並用象[27]；九品已上任用竹、木，上挫下方。男以上，聽依爵品執笏。繖[28]、幰[29]，若職事官五品已上，上及散官三品已上，爵國公[30]已上及縣令，並用繖。一品青洞纏通幰[31]，朱裡；三品已上青通幰，朱裡；五品已上青偏幰，碧裡。珂㉜、珮㉝，珂，三品已上九子，四品七子，五品五子。珮，一品山元玉，五品已上水蒼玉。各有差。凡常服㉞亦如之。親王、三品已上、二王後㉟，服用紫，飾以玉；五品已上服用朱，飾以金；七品已上服用綠，飾以銀；九品以上服用青，飾以鍮石㊱；流外、庶人服用黃，飾以銅、鐵。凡凶服不入公門。遭喪被起㊲在朝者，各依本品著淺色絁縵㊳；周已下慘者㊴，朝參起居亦依品色，無金、玉之飾。起復者㊵，朝會不預。周喪未練㊶，大功㊷未葬，則亦准此例。

【章旨】記述百官用冠、笏、繖、幰、珂、珮以及服色的有關制度和規定。

【注釋】❶笏　古時大臣朝見皇帝時手中所持之狹長形板，用以指畫和記事。亦稱手板。《釋名・釋書契》稱：「笏，忽也。君有教命及所白，則書其上，以備忽忘也。」由玉、象牙或竹片、木片製成。❷遠遊三梁冠　諸王之冠服。形制如通天冠。冠上有梁，以多寡示尊卑。天子五梁，諸侯王三梁。❸黑介幘　文官服用的一種黑色長耳頭巾。《隋書・禮儀志六》：「幘，尊卑貴賤皆服之。文者長耳，謂之介幘；武者短耳，謂之平上幘。各稱其冠而制之。」❹青綏　綏亦作「蕤」。冠纓於頷下繫結後下垂部分。孔穎達疏《禮記・內則》「冠綏纓」句：「結纓頷下以固冠，結之餘者，散而下垂，謂之綏。」青綏是青色之綏。❺加金附蟬　意謂冠的左右用細藤絲編成像蟬翼似的兩片，外塗以漆，飾以金，上綴以黃金玳瑁蟬。❻進賢冠　古代儒生所戴之冠，後成為官服。前高七寸，後高三寸，長八寸。冠上有梁，有五梁至一梁之分，以示等級。亦是黑介幘、青綏，為文官朝參用時。❼五等爵　指公、侯、伯、子、男五等封爵。❽諸寺監　指太常寺等九寺，國子監等五監。❾詹事府　即太子詹事府。東宮官署。設詹事一員，主持東宮事務。❿東宮三寺　指太子家令寺、太子率更寺和太子僕寺。⓫散官　指僅有品階而尚未任職事之官員。⓬親王傅友文學　親王府設有傅一人，從三品；友一人，從五品下；文學二人，從六品上。⓭關津岳瀆　關設關令一人，從八品下；津設令一人，正九品上。岳同「嶽」。嶽有五嶽，瀆有四瀆，皆設廟，有廟令，正九品上。又，《通典·禮六十八》此句上尚有「諸州縣」三字，全句為「諸州、縣關、津、岳、瀆等」。⓮武弁平巾幘　武弁為古代武官或侍從所戴之冠，又名武冠或大冠。冠下著平巾幘。《新唐書·車服》稱：「武弁者，武官朝參、殿庭武舞郎、堂下鼓人、鼓吹、按工之服」；武官則配有「平巾幘，武舞緋絲布大袖，白練裲襠，騰蛇起梁帶，豹文大口絝，烏皮鞾」。⓯中書門下殿中內侍省　由於上述機構的官員，均屬侍從官一類，故亦著武弁及平巾幘。⓰諸衛　指左、右衛等十六衛之武官。⓱太子諸坊諸率府　太子諸坊指左春坊、右春坊及其下屬機構；諸率府指太子左、右衛率府等十衛率府。⓲侍中中書令散騎常侍　侍中為門下省長官，正三品；中書令是中書省長官，正三品；散騎常侍為中書、門下之副官，從三品。⓳加貂蟬　指在武弁的兩側加飾蟬翼、貂尾。⓴法官　據正德本及廣池本當為「法冠」。亦稱獬豸冠。傳為楚文王所製。其形制，據《舊唐書·輿服志》記載為：「以鐵為柱，其上施珠兩枚，為獬豸之形，左右御史臺流內九品以上服之。」獬豸為傳說中之異獸，能辨曲直，見人鬬，即以角觸不直者；聞人爭，即以口咬不正者。㉑高山冠　傳為齊王所製，秦滅齊，以其君冠賜謁者服之。據《通典·禮十七》記載，此冠「形似通天冠，頂不邪卻直豎，鐵為卷梁，高九寸，無山展筩，一名側注冠」。唐因之，為內侍省內謁者及親王司閤等所服。㉒卻非冠　始製於漢，為宮殿門吏、僕射所服。《隋書·禮儀志六》：「卻非冠，高五寸，制似長冠。」唐因之，為亭長、門僕所服。㉓進德冠　冠上有梁，又有璂，並以其多寡顯示尊卑。據《通典·禮六十八》，此冠「五品以上附山雲，璂數準弁，以金飾梁，及花趺。內外百官文武官九品以上，十月以後，二月以前，常服及白練裙通著之」。㉔山雲　冠飾。繪有山和雲之形狀。㉕琪　亦作「璂」。皮弁縫中鑲嵌之玉珠，或縫在冠纓上。據《新唐書·車服志》弁服之制規定：一品九璂，二品八璂，三品七璂，四品六璂，五品五璂，六品以下去璂。㉖詘　通「屈」。屈曲。㉗象　指象牙。㉘繖　即傘。古代儀仗之一種。㉙幰　即車幰。張於車篷上方，用以遮陽擋塵。除了幰之顏色和圖案顯示著乘車者官品的高下以外，幰之張設亦有通、偏之分。所謂「通幰」，便是前後通貫，而「偏幰」則只張車前部分。後文原注中三品以上通幰、五品以上偏幰，便是其例。㉚國公　郡王之嗣子為國公，從一品。㉛青洞纁通幰　據《新唐書·車服志》，句中「洞」當為「油」。青油纁通幰，意謂絳紅色而又前後貫通的油布車幰。㉜珂　色白如玉之貝殼，作為馬勒上的飾物。㉝珮　即玉佩，古人佩戴在身上的飾物。按品位分別佩戴山玄玉或水蒼玉。㉞常服　又稱讌服，即平時所著之服。《舊唐書·輿服志》稱：「讌服，蓋古之褻服也，今亦謂之常服。江南則以中褐裙襦，北朝則雜以戎夷之制。」㉟二王後　隋室楊氏之後酅公，周室宇文氏之後介公。詳本卷第四篇第一章末說明。㊱鍮石　即黃銅。天然產者名真鍮，以銅與爐甘石（即菱鋅礦）煉成者為鍮石。㊲起　即下文「起復」之略稱。古時官員遭父母喪，在家守制未滿而應召復職者稱起復。《北史·李德林傳》：「尋丁母艱，以至孝聞，裁（才）百日，奪情起復，固辭不起。」約明清後，專指服滿後復任職，而服未滿應召起用則稱「奪情」。㊳緦縵　緦為粗綢，縵為無色彩之帛。㊴周已下慘者　周已下，指居喪期一年以下者。居喪杖期一年，稱周。慘，似可作兩解。一是慘服之略稱。慘服為期功（一年、九月、五月）等的喪服。如《舊唐書・睿宗紀》：「【景雲】三年（西元七一二年）春正月辛未朔，親謁太廟。癸酉，上始釋慘服，御正殿受朝賀。」一是泛指喪事。如《晉書・王忱傳》：「婦父嘗有慘，忱乘醉弔之。」此處當指後者。㊵起復者　指包括以上兩種情況在內的所有守制未滿而應召復職者。㊶周喪未練　練為古代祭名。父母去世第十一個月祭於家廟，可穿練過的布帛，故以為名。周喪未練指居喪未滿十一個月。㊷大功　五服之一。服喪期九個月。對應親屬關係則為堂兄弟、未嫁的堂姐妹等。

【語　譯】關於百官服用的冠和笏，遠遊三梁冠、黑介幘和青緌，都是諸王服用的；其中親王要在冠上加金附蟬。如果是戴進賢冠，冠上梁數各有區別：三品以上三梁，五品以上兩梁，九品以上一梁。服用的範圍包括三師、三公，太子三師及三少，五等爵、尚書省、秘書省、各個寺和監、詹事府、東宮三寺以及散官，親王府的傅、友、文學，還有（各地州、縣）關、津、岳、瀆等流內九品以上官員。武弁、平巾幘，服用的範圍包括文武官員，如中書、門下、殿中、內侍這些省和各個衛的武官，太子的左、右春坊和各個率府，以及各地的都督府和鎮、戍流內等九品以上的官員。中書省、門下省的長官侍中、中書令和侍郎，以及左右散騎常侍，則要另加貂蟬。法官（冠），也叫獬豸冠，監察御史以上官員服用。高山冠則是內侍省內謁一類官員服用。卻非冠是亭長、門僕等服用。進德冠，給五品以上官員服用時，要附加山雲和琪珠，可以按照弁服的體例處理。關於笏的形制，三品以上官員持用的是前面彎曲後面平直；五品以上的，前面彎曲，後面有挫角。都是用象牙製成。九品以上聽任選用竹或木製成，形制是上面有挫角，下面則是方形。封爵在男以上的，可以按照爵品來執笏。繖和幰，例如職事官五品以上，散官三品以上，封爵在國公以上，以及地方官如縣令，都可以用繖，也就是作為儀仗的傘。至於幰，也就是乘車的車幔，一品官用青洞（油）纁通幰，三品以上為青通幰，五品以上則是青偏幰。還有珂與珮，作為裝飾馬勒的珂，三品以上九子，四品七子，五品五子。玉佩，一品是山玄玉，五品以上為水蒼玉。都要依照品位，各有差等。關於常服的顏色，也按照官品有不同規定。親王三品以上和二王後，都服用紫色，以玉作為飾物；五品以上服用朱色，用金作為飾物；七品以上服用綠色，用銀作為飾物；

九品以上服用青色，用鍮石，也就是黃銅作為飾物；流外官吏和庶人服用黃色，飾物可以用銅或者鐵。凡是凶喪之服，都不能進入公門。遭父母喪守服未滿受召起用在朝廷做事的，各自依照本品官位著淺顏色的粗絲帛衣；服周年以下喪在朝任職的，朝參起居時可服用依照本品的顏色，但不得佩戴金玉的飾物。在服喪期應命起復視事的，都不能參預朝會。周親喪未到練祭的，大功親喪還未落葬的，亦按照上述規定辦理。

十七

凡外命婦之服，若花釵❶翟衣❷，外命婦受冊❸、從蠶❹、朝會、婚嫁則服之。第一品，花釵九樹，翟九等❺；二品，花釵八樹，翟八等；三品，花釵七樹，翟七等；四品，花釵六樹，翟六等；五品，花釵五樹，翟五等。其服並素紗中單❻，黼領❼，朱褾❽、襈❾，蔽膝，青衣，革帶❿，青韈⓫，舄⓬，珮⓭，綬⓮。其衣通用羅縠⓯充。鈿釵⓰禮衣⓱，外命婦朝參、辭見及婚會⓲則服之。一品九鈿，二品八鈿，三品七鈿，四品六鈿，五品五鈿，並通用雜色，制與翟衣同，如隻珮小綬⓳，去舄加履⓴。凡婚嫁花釵禮衣，六品已下妻及女嫁則服之㉑。其釵履笄㉒而已。其兩博鬢㉓任以金、銀、雜寶為飾，禮衣則大袖連裳，青質；素紗中單，朱褾、襈；蔽膝，大帶；以青衣帶、革履、韈㉔。其次花釵禮衣，庶人嫁女㉕則服之。釵以金、銀塗，琉璃等飾。連裳青質，以青衣帶、革履、韈，皆自制㉖也。凡婚嫁之服，若資蔭㉗高者，皆從高。女初嫁，聽攝母服廟見㉘，已後准常。親王孺人㉙服依本品。五品已上媵㉚，降妻一等；妾，降媵一等。凡婦人常服㉛五等㉜已上諸親女、婦及五品已上母、妻通服若。從多給，服已終則不給㉝。

【章旨】記述外命婦、命婦之服制以及婦女婚嫁時的有關服飾規定。

【注釋】❶花釵　婦女用頭飾。用金玉翡翠等製成，頂端呈花狀，分成平行的兩股叉，以便插於髮髻之上。❷翟衣　皇后及貴族婦女禮服。上綴有長尾翟圖形為飾。翟為雉名。❸外命婦受冊　指外命婦受冊封的儀式。皇帝之姑、姐妹、女兒，以及皇太子之女、親王之女等，稱外命婦。❹從蠶　指隨從皇后一起參加祭享先蠶後舉行親桑的儀式。❺花釵九樹翟九等　指其頭上插的花釵可以有九枝，衣上的雉形花紋可以有九行。皇后最高，可以飾花達十二樹。其他人則依品第遞減。❻素紗中單　指以素紗製成之中衣。單亦作「襌」。❼黼領　繡有黼紋的衣領。黼為黑白相間的斧形圖案。❽朱褾　正紅色的袖端。❾襈　衣邊。❿革帶　繫蔽膝及佩巾之帶。繫於腰間，在大帶之下，用革製作。⓫青韈　青色的用熟皮製作的韈子。⓬舄　古代的一種鞋。鞋底下有一層木底。⓭珮　指佩戴的玉石。如玦、環、珩一類佩飾。⓮綬　掛玉珮之絲織綬帶。⓯羅縠　縐紗一類絲織品。⓰鈿釵　亦是婦女用的花狀頭飾，較花釵次一等。⓱禮衣　即禮服。與翟衣的區別是無雉。⓲婚會　當為「禮會」。《通典・禮六十八》及新舊《唐書》輿服志均作「禮會」。⓳如隻珮小綬　句首「如」、「隻」二子，正德本及《通典・禮六十八》、新舊《唐書》輿服志均為「加」、「雙」。據此，此句似當為「加雙珮小綬」。小綬，又稱小雙綬，長二尺六寸，色同大綬，而首半之。⓴履　鞋子的一種。草製的稱屝，麻製的稱屨，皮製的稱履，絲製的稱絲履。履與舄的區別是，履底下沒有一層木底。㉑六品已下妻及女嫁則服之　此句《通典・禮六十八》為：「六品以下、九品以下妻，及九品以上女嫁則服之。」似以《通典》較能通解。又，《新唐書・車服志》則為「大袖連裳者，六品以下妻，九品以上女嫁服也」。亦與《通典》相符。㉒履笄　當是「覆笄」之誤。正德、廣池本及《通典・禮六十八》、新舊《唐書》輿服志均為「覆笄」。笄為古時用來插住挽起頭髮或髮髻的簪子。女子能盤髮插笄即標誌成年，故「及笄」成為女子成年的代稱。㉓博鬢　近耳鬢髮上的飾品。左右各一，形似半月，有長腳，插於髮中。㉔帶革履韈　此四字似有倒置。《新唐書・車服志》為「革帶、韈、履」。㉕庶人嫁女　《通典・禮六十八》及《新唐書・車服志》作「庶人女嫁」。㉖帶革履韈皆自制　據前注，此句中「帶革履韈」四字亦有倒置。

全句似應為「革帶、韈、履皆自制」。㉗資蔭　指以門蔭取得的散官品位。㉘廟見　指婦女婚後拜見宗廟的禮儀。《新唐書・車服志》稱：「百官女嫁，廟見攝母服。」意謂新嫁女廟見時，仍服母家之品服，以後才從夫服。㉙孺人　親王之妻稱孺人，視正五品。㉚媵　古時指隨嫁之人。鄭玄注《儀禮・士昏禮》「媵御餕」句：「古者嫁女必姪娣從，謂之媵。」此處指妾媵，即從嫁之妹或女侄。唐制五品以上官可以有媵，其地位低於妻而高於妾，因而其服飾亦在妻、妾之間。㉛常服　即公服。據《舊唐書・輿服志》，禮衣有大事則服之，尋常供奉則公服。公服較禮衣去中單、蔽膝、大帶等。㉜五等　指五等封爵，即公、侯、伯、子、男。㉝自「五品已上母妻」至「不給」　此段正文及原注，近衛本校明本稱應通貫，即均為正文。語譯姑依。又文中「若」，正德本、廣池本均作「者」。

【語譯】關於外命婦的服制，例如花釵翟衣，是她們接受冊立、隨從皇后親蠶、參加朝會和婚嫁時穿的。第一品，頭上戴花釵九枝，衣上繡翟綵九行；二品，花釵八枝，翟綵八行；三品，花釵七枝，翟綵七行；四品，花釵六枝，翟綵六行；五品，花釵五枝，翟綵五行。她們的衣服，都是素紗中禪，衣領繡有黼紋，袖口和衣邊都為紅色。掛有蔽膝，青衣，革帶，青色的韈、舄和珮、綬。衣料都用名叫羅縠的縐紗。鈿釵禮衣，是外命婦朝會、參見、辭別和覲見以及婚（禮）會時服用的。第一品有九鈿，二品八鈿，三品七鈿，四品六鈿，五品五鈿。衣服的製作可以通用雜色，規制與翟衣相同，只是要如隻（加雙）佩、小綬，用履取代舄。婚嫁時穿的花釵禮衣，六品以下官員的妻子以及他們的女兒出嫁時，可以服用。她們頭上戴的釵，規定只能有覆蓋笄的長度。臉面兩邊的鬢博，允許鑲嵌金銀雜寶作為裝飾。禮衣則是大袖連裳，質地是青色的；素紗中禪，袖口和衣邊都為紅色。腰圍大帶，蔽膝，青衣，革帶和韈、履。再次一等的花釵禮衣，平民女兒出嫁時可服用。釵用金銀塗上瑠璃等作為裝飾。青衣連裳，腰圍革大帶，韈和履。這些都要由自己製作。關於婚嫁時的服飾，如果門蔭散品高的，都可以依照高品穿著。女兒初嫁時，允許按照母家官品的服制參加廟見；廟見以後，就要依據常例，即從夫或子的官品規定的服飾穿著。親王的孺人，服制依據他的本品。職事五品以上官員的媵，服飾要比他的妻下降一等；妾再比媵降低一等。至於一般婦女的常服，五等封爵以上的各親女、婦，以及五品以上官員的母親、妻子通服的，可以從多給，如果喪服已盡，那就不給。

【說明】唐代婦女的禮服，自皇后以下主要有褘衣、鞠衣、鈿釵禮衣三等。鈿釵禮衣與褘、鞠衣的區別在於無雉綵及珮、綬。這些禮服都是在規定的禮儀場合穿著的，至於平時婦女的服飾，那又是一回事。「既不在公庭而風俗奢靡，不依格令，綺羅錦繡，隨所好尚。上自宮掖，下至匹庶，遞相仿效，貴賤無別」（《舊唐書・輿服志》），還是頗為自由，多姿多彩。

唐代婦女日常服裝，大都上身著襦、襖、衫，下身束裙裳，腰繫長帶，肩披長巾，足穿高頭鞋履。上衣短而窄，僅至腰部；而裙腰頭則可以高至胸部，裙裾拖地，充分顯示女性身材的豐滿秀美和嫋娜飄逸。衣服上的種種繡飾更為講究，王建的宮詞：「羅衫葉葉繡重重，金鳳銀鵝各一叢」；白居易的〈秦中吟〉詩：「紅樓富家女，金縷刺羅襦」，都是真實的寫照。開元年間，一度還曾盛行過女著男裝的風氣。那些貴閣千金，忽而頭束軟腳幞頭，身穿圓領或折領袍衫，腰繫革帶，腳登黑皮靴，儼然一英俊少年。這大概就是張萱〈虢國夫人遊春圖〉中那些婦女形象的歷史背景吧？此外婦女亦有穿用胡服的，如唐代女裝的披帛，便是受中亞的影響，在敦煌壁畫中不難看到這種圍巾式的披帛的形象。唐代貴族婦女非常注意髮式。「長安好高髻，四方高一尺」。式樣繁多的高髻，便於在其上插各種飾物，如花釵、鈿釵等等，既用以裝飾髮髻，又藉以顯示身份的尊貴。唐初宮人騎馬時，多著一種稱之為「冪䍦」的衣物，猶今阿拉伯婦女的裝束，幾乎把全身蓋沒。到高宗時，改行帷帽，拖裙至頸，甚至有遮沒臉部的。武則天以後，帷帽大行而冪䍦漸息了。中宗即位以後，特別是到了更為開放的開元初期，「從駕宮人騎馬者皆著胡帽，靚粧露面，無復障蔽。士庶之家，又相倣效，帷帽之制，絕不行用。俄又露髻馳騁，或有著丈夫衣服靴衫，而尊卑內外，始一貫矣」（《舊唐書・輿服志》）。這可說就是當時的「新潮」吧？而這種時裝新潮流，正是由宮廷引發起來的！

十八

凡內外職事五品已上在兩京薨、卒❶，及身死王事，將葬，皆祭以少牢❷，三品已上贈以束帛❸，一品加乘馬。既引❹，又遣使贈於郭門❺之外，皆以束帛，一品加璧❻。致仕❼薨、卒，並依職事見任之法。凡百官葬禮皆有輀車❽、引❾、披❿、鐸⓫、翣⓬、明器⓭、方相⓮、魌頭⓯之制，皆載於鴻臚之職⓰焉。碑碣⓱之制，五品已上立碑；螭首⓲龜趺⓳，趺上高不過九尺。七品已上立碑⓴，圭首方趺㉑，趺上不過四尺㉒。若隱淪道素，孝義著聞，雖不仕，亦立碣。凡石人、石獸之類，三品已上用六，五品已上用四。凡德政碑及生祠，皆取政績可稱，州為申省，省司勘覆定，奏聞乃立焉。

【章　旨】有關七品以上在京職事官喪葬禮儀等規定。

【注　釋】❶薨卒　唐制，二品以上官員死稱薨，五品以上死稱卒。❷少牢　古時祭祀或宴享只用羊、豕二牲謂少牢，與用牛、羊、豕三牲的太牢相對而言。《禮記・王制》：「天子社稷皆太牢，諸侯社稷皆少牢。」牢指祭祀用的犧牲，即牲畜。❸贈以束帛　唐制為贈絹五疋。❹引　指以紼牽引柩車出發。❺郭門　古代外城稱郭，郭的城門即郭門。❻璧　古代貴族朝聘、祭祀、喪葬時所用的禮器。玉質，平圓形，中有空。亦作裝飾品。❼致仕　還祿位於君，即退休。唐制，職事官七十以上應致仕。❽輀車　輿棺之車。按死者官品有不同的裝飾。❾引　又作「紖」。喪具。牽引柩車的繩索。引的數目由品位決定。如三品以上便有四引。❿披　喪具。用帛做成的帶子，繫於柩車兩側，備牽挽之用，以防傾覆。三品以上有四披。⓫鐸　古樂器。形如鐃、鉦而有舌，是大鈴的一種。此處亦作喪具，為柩車引路。三品以上有六鐸。⓬翣　喪具。出殯時用以屏障柩車之幃帳，入土時用以屏障棺木。古代以羽為之，形似扇。漢代以木、布製作，翣上有黼有畫。三品以上有六翣。⓭明器　隨葬給死者使用的器皿。亦稱冥器。明器亦按死者品位有相應的規定。⓮方相　原為職掌驅鬼之官，此處則為喪禮中由人裝扮用以開道者。《周禮・夏官》有「方相氏」，稱其「蒙熊皮，黃金四目，玄衣朱裳，執戈揚盾」。死者為五品以上，可用方相。⓯魌頭　驅鬼用之面具。有兩目，其作用與方相類同。死者為七品以上官用之。⓰載於鴻臚之職　指記載於本書後第十八卷第二篇鴻臚寺。具體掌此職者為鴻臚寺屬下司儀署。⓱碑碣　指墓碑。其頂方者為碑，圓者為碣。⓲螭首　指刻於碑額上的螭形花飾。螭為古代傳說中的一種動物，蛟龍之屬，頭上無角。⓳龜趺　碑下之龜形石座。⓴立碑　當為「立碣」。《唐律疏議・雜律》引喪葬令：「五品已上聽立碑，七品已上立碣。」㉑圭首方趺　圭為玉器名，長條形，圓頂或尖頂。此處指墓碣，上方似圭。趺指石座，方形的石座。㉒趺上不過四尺　按上「五品已上立碑」原注文例，此句似脫一「高」字，應為：「趺上高不過四尺」。

【語　譯】京師內外凡是職事官五品以上在東西兩京薨、卒，或者死於王事的，將要安葬時，都應以少牢為祭。三品以上的，還要贈以束帛；一品加贈乘馬。轜車出發，再遣使節贈祭於郭門之外，贈品都是束帛，一品官加贈璧。致仕官薨、卒，都可以依照職事官在職的規定處理。凡是百官的葬禮，都按照官品給轜車、引、披、鐸、翣、明器、方相、魌頭等喪禮器具，這方面的相關規制，都記載在第十八卷鴻臚寺司儀署的職掌之內。關於樹立碑和碣的制度是：五品以上立碑；碑的上端刻有螭首圖形，下面的石座為龜趺，趺的高度不能超過九尺。七品以上立碑（碣）。碣的上端為圭首，下面是方形的趺座，趺的高度不能超過四尺。如果是隱匿之士，道德高尚，孝義著聞，雖未曾出仕，去世時亦可以立石碣。墓前的石人、石獸之類，三品以上可以用六件，五品以上用四件。至於建立德政碑和生祠，都要選擇政績卓著，由州刺史向尚書省申報，再經尚書省相關的司勘查覆核定案，然後奏聞聖上，方可立碑建祠。

【說　明】《儀禮》中喪服佔有重要地位，喪服的服制，上從天子，下到庶民，都通用，因而被稱為通禮。本章記述的是職事官的喪禮，僅為《開元禮》凶禮中一小部分，且主要亦不是敘述喪服本身，而是側重百官在喪禮規制中的等級差異。至於天子自身的喪禮及與天子直接有關的喪服，卻一概付諸闕如，避而不談。原因不得而知，猜想可能是有所忌諱吧？

附　圖

一、冠服（選自《四庫全書・史部・明集禮》）

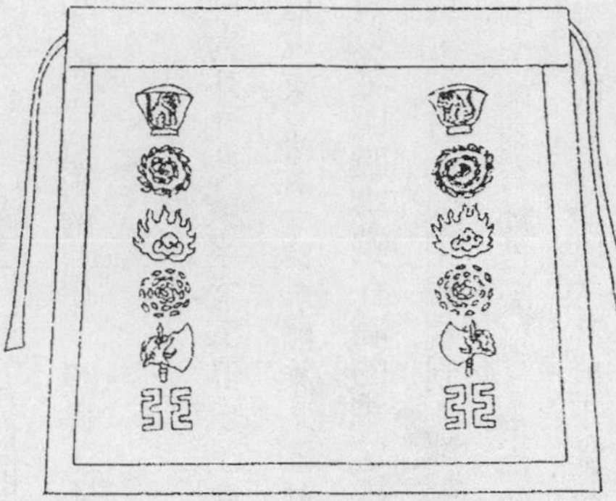

纁 裳

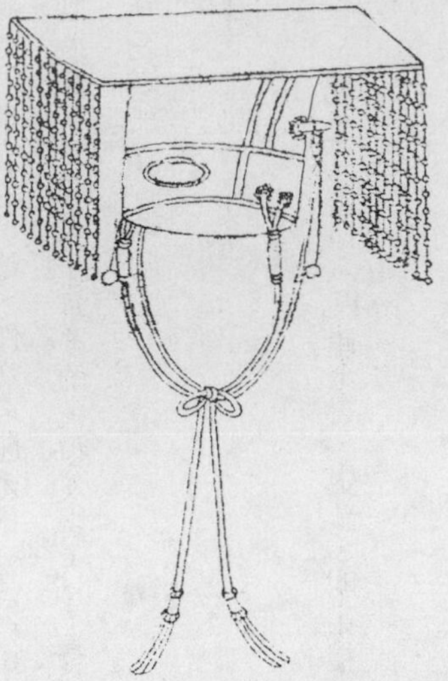

冕

中 單

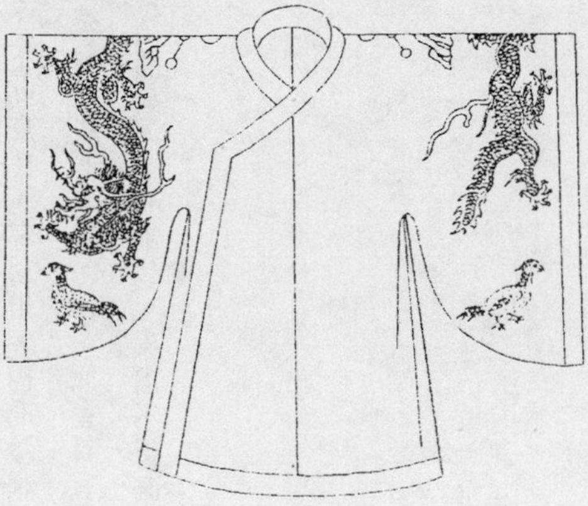

玄 衣

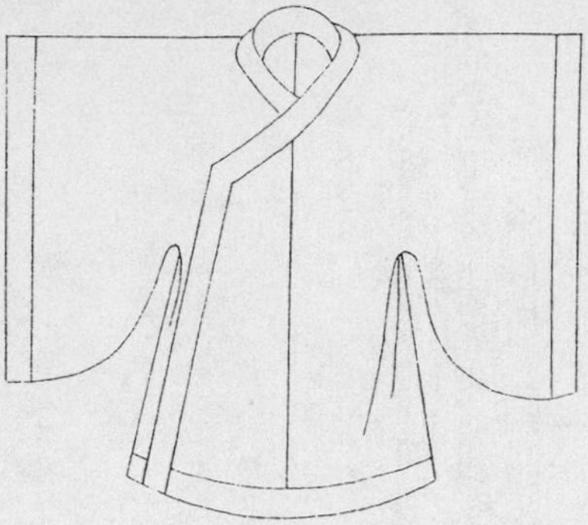

絳紗袍

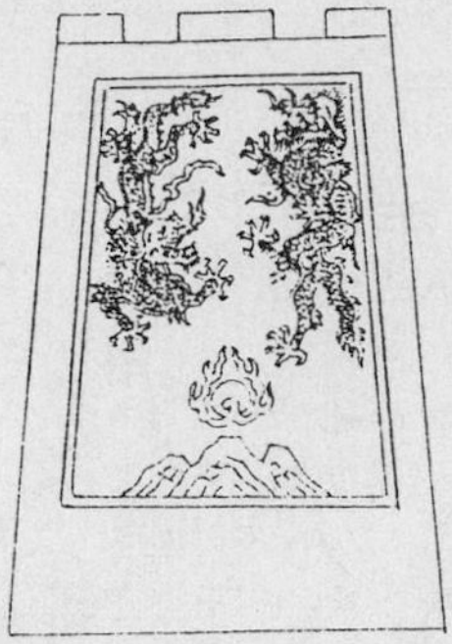

蔽 膝

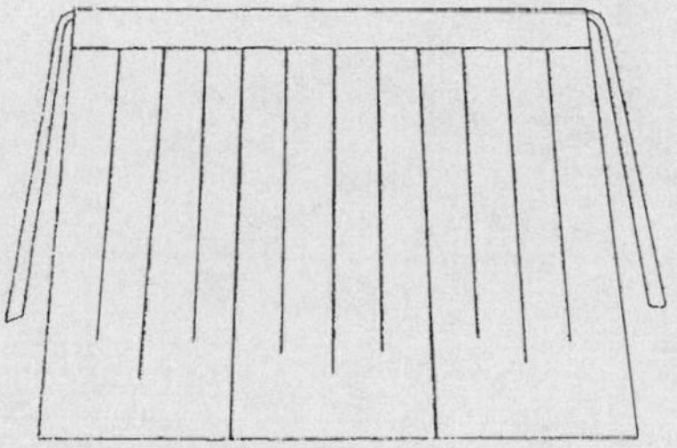

紅羅裳

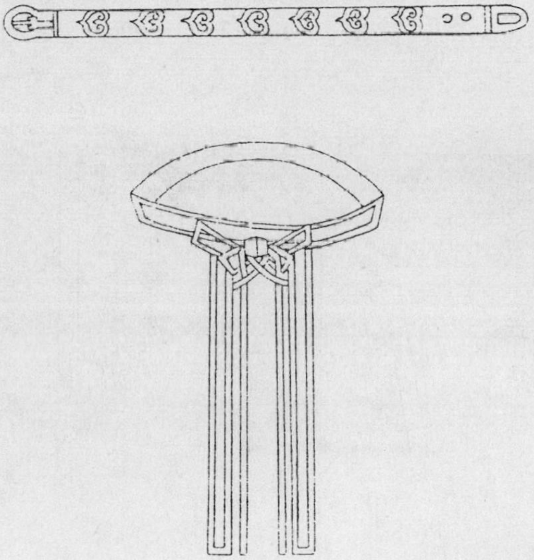

革帶、大帶

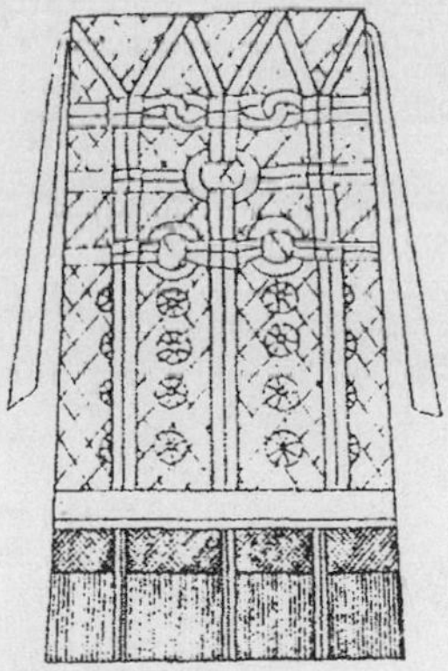

綬

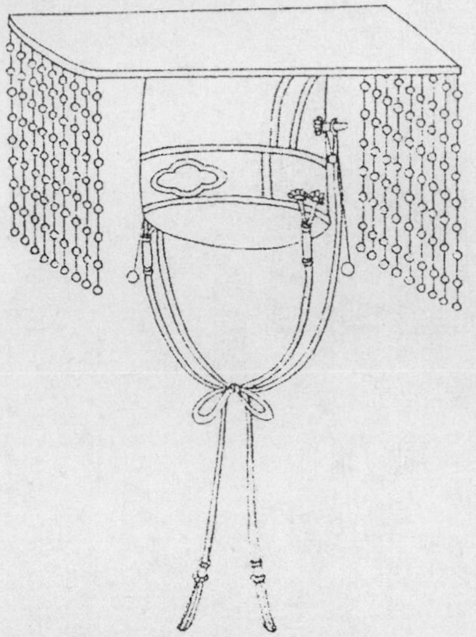

皇太子九旒冕

珮

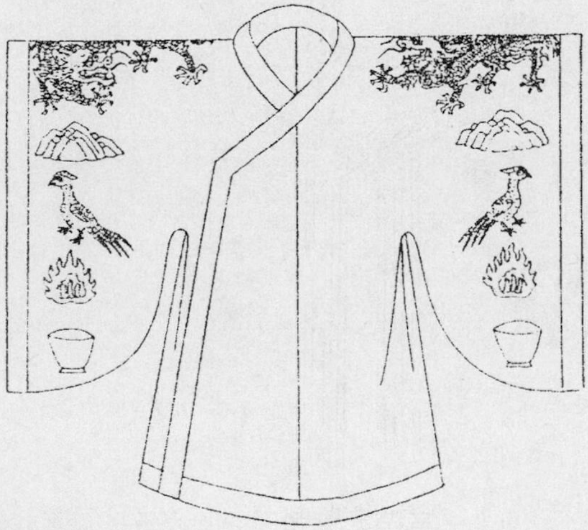

袞 服

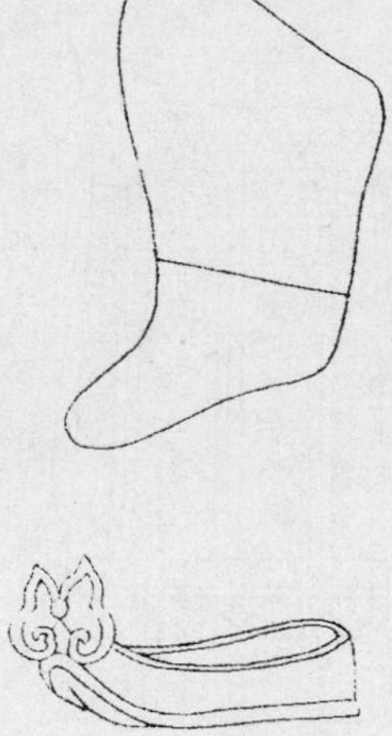

襪、舄

十二章示意（據《五經圖》）

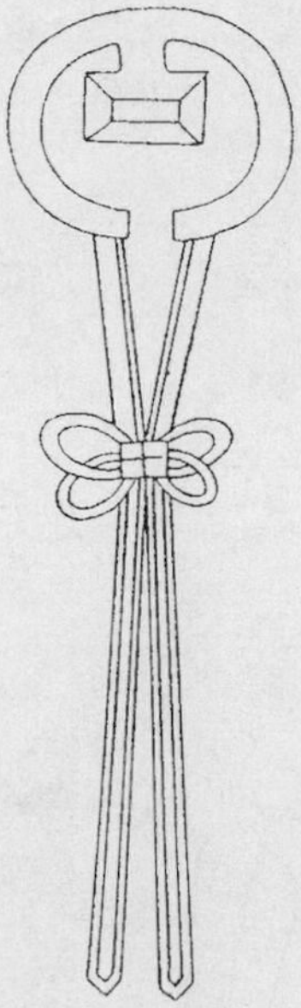

方心曲領

褘　衣

皇后九龍四鳳冠

二、冠冕（除注明出處外，皆選自《三才圖會》）

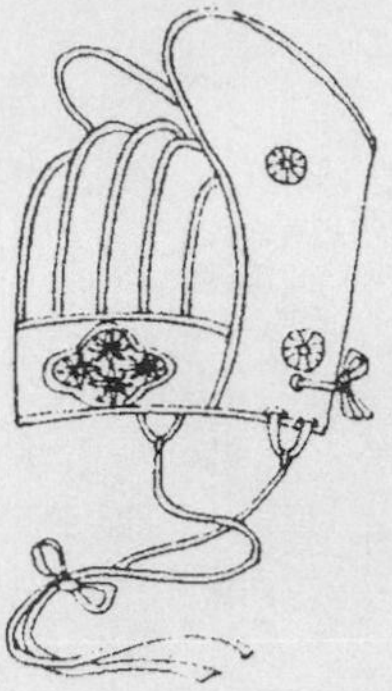

五梁冠

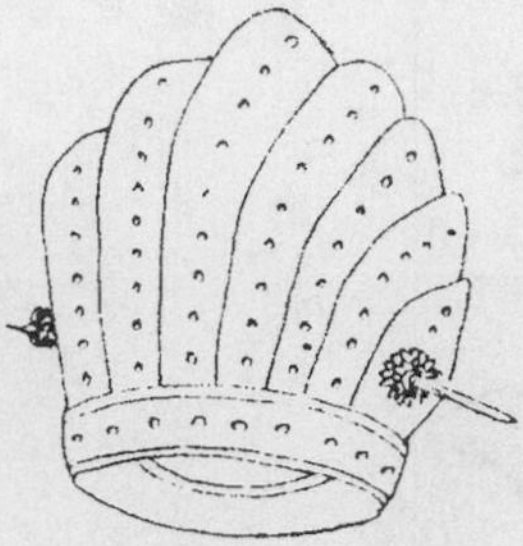

皮　弁

通天冠
（原載《三禮圖》）

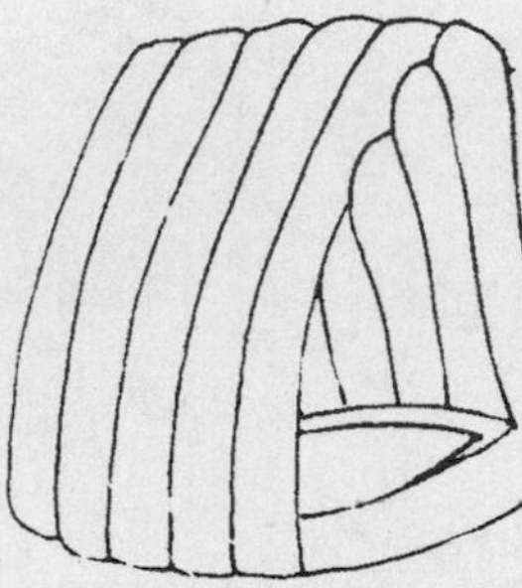

緇布冠
（原載《名物圖》）

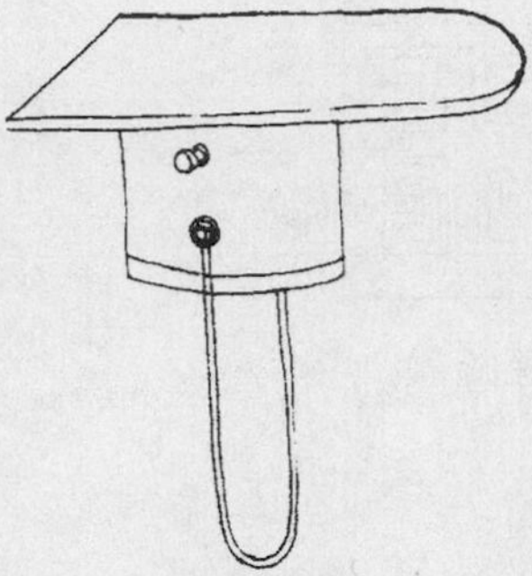

爵　弁

進賢冠
（同上）

玄冠
（同上）

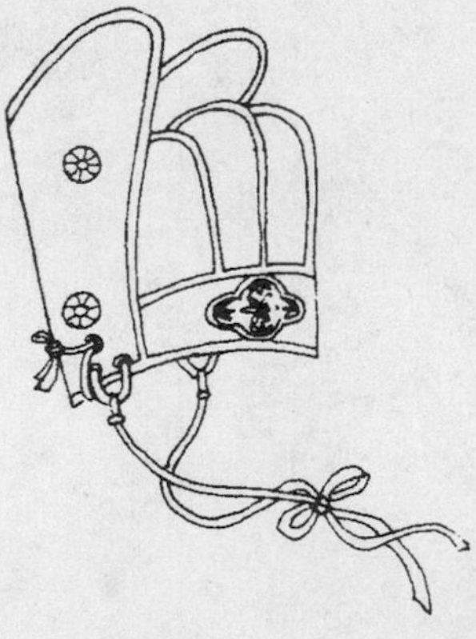

三梁冠

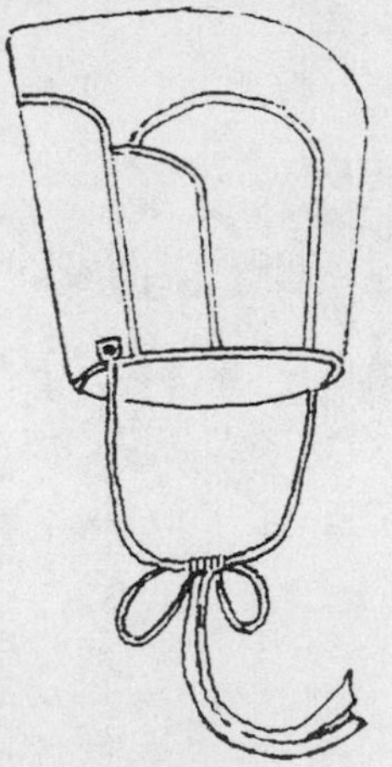

麻　冕

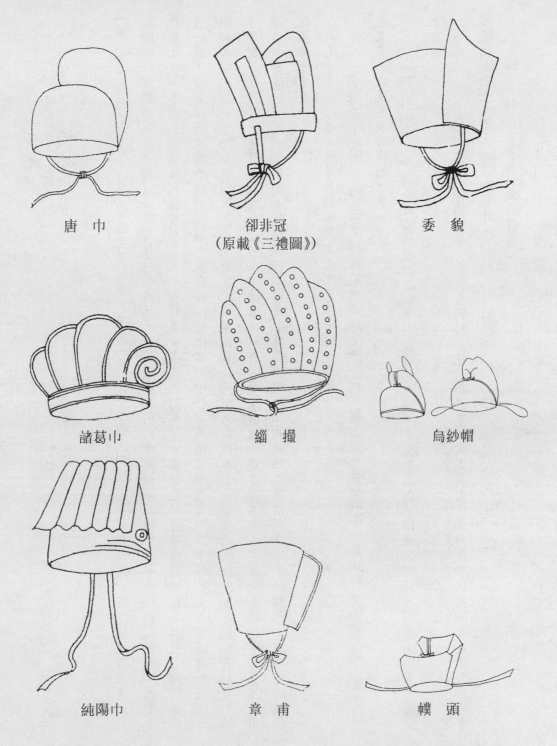

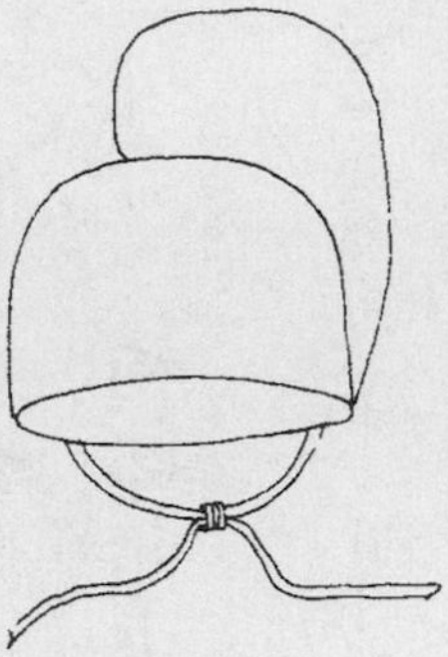

唐 巾

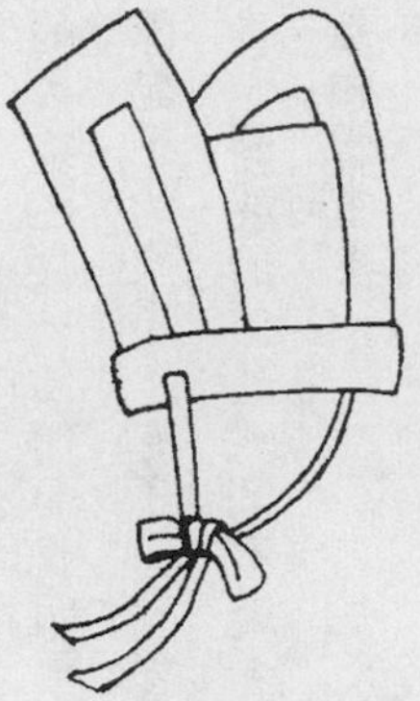

卻非冠
（原載《三禮圖》）

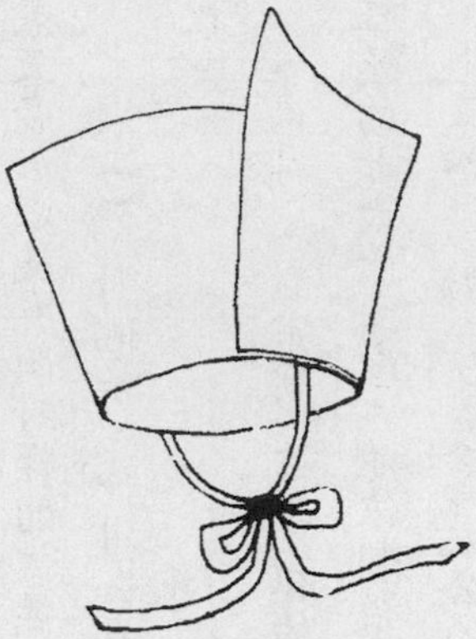

委 貌

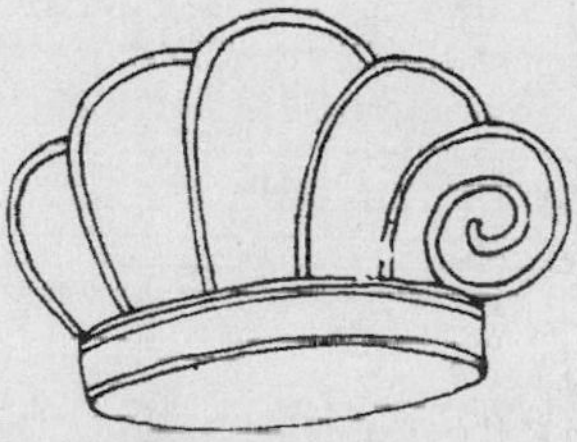

諸葛巾

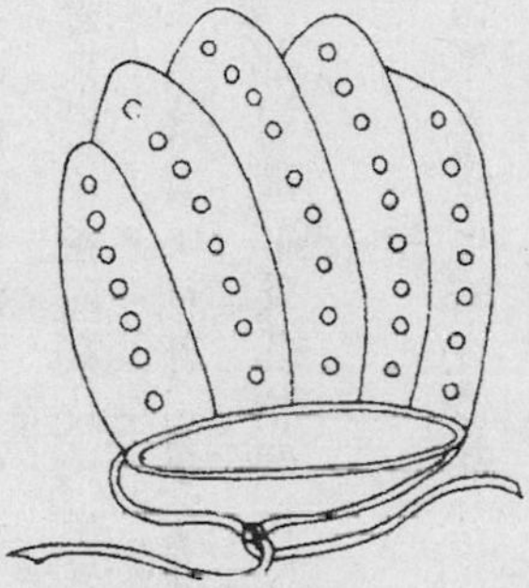

緇 撮

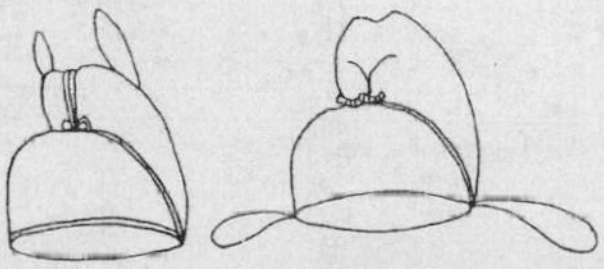

烏紗帽

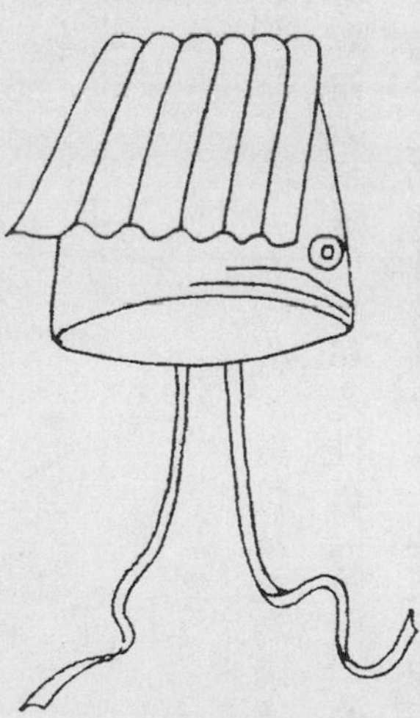

純陽巾

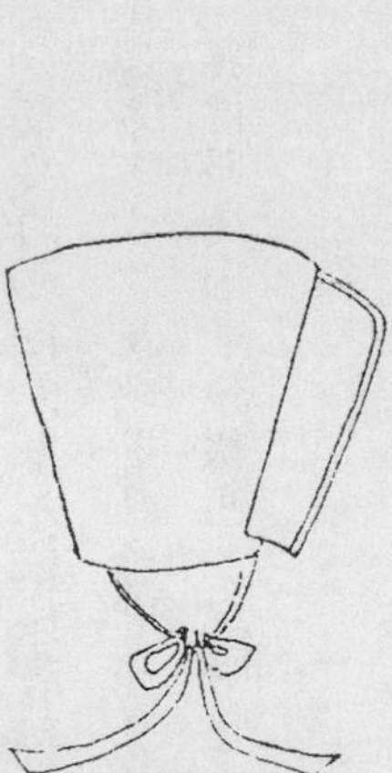

章 甫

幞 頭

祠部郎中

【篇 旨】祠部司郎中、員外郎的主要職掌，本篇一章中規定為「祠祀享祭」。在古代，祭祀被視為溝通天人之際的一座橋樑。因而與這一職掌相應的機構，在隋唐以前的尚書省組織系統中，都是排在「領銜」的重要位置上，而掌禮儀的機構往往屈居其次，有時甚至成為它的屬下。由於它的這種特殊地位，其長官即祠部尚書一職，經常由尚書省右僕射兼領。現存的《後漢書》中晉司馬彪《續漢書》三十卷的志，禮儀與祭祀是分開的，這也從一個側面說明，在古人看來祭祀在國家政治生活中具有十分重要的地位。本卷依據唐初官制的實際記下的次序，有了一點變化：禮部司為首，祠部司退居其次。這是否多多少少反映著社會實際生活向前演進、發展的信息呢？不過本篇記述祠部司職掌及其相關內容的篇幅，與禮部幾乎平分秋色，說明它的地位依然相當重要。

篇中所記禮儀，較多屬於《開元禮》五禮中的吉禮部分。內容包括：

(一)、對天帝在圜丘的祭祀，如冬至與正月上辛祭祀昊天上帝，每年四季和夏秋間郊祀青、赤、黃、白、黑五帝，以及有關封禪的禮儀。

(二)、對地祇、神州在方丘的祭祀，以及對社稷、先農、先蠶和五嶽、四鎮、四海、四瀆山川之神的祭祀。

(三)、對宗廟遠近先祖的祭享。唐代有別於其他王朝的是，玄宗為大多屬於在唐代前期宮廷權力角逐中枉死的七太子立廟，並依制祭享。

(四)、對孔子及齊太公的釋奠。

(五)、關於道教和佛教齋祀、法會的規定，以及官府對佛道二教管理的規制。

一

祠部郎中一人，從五品上。東晉置。歷宋、齊、梁、陳、後魏、北齊，皆有祠部郎。後周春官府有典祠中大夫一人。隋有祠部郎，皇朝稱郎中。龍朔二年❶改為司禋大夫，咸亨元年❷復故。

員外郎一人，從六品上。隋文帝❸置，煬帝❹為承務郎，皇朝復為祠部。員外郎龍朔、咸亨隨曹改復。

主事二人，從九品上。

祠部郎中、員外郎掌祠祀享祭❺，天文漏刻❻，國忌廟諱❼，卜筮醫藥❽，道佛之事。

【章旨】記述祠部司郎中、員外郎和主事之定員、品秩及職掌。

【注釋】❶龍朔二年　即西元六六二年。龍朔為唐高宗李治年號。❷咸亨元年　即西元六七〇年。咸亨亦為唐高宗李治年號。❸隋文帝　隋朝皇帝楊堅，在位二十四年，終年六十四歲。❹煬帝　隋朝皇帝楊廣，在位十四年，終年五十歲。❺掌祠祀享祭　指祠部司郎中執掌有關祭祀各項政令，而具體事務則由太常寺各相關署實際執行。❻天文漏刻　指有關天象的觀察及日常報時任務。漏刻為中國古代計時的方法。其具體機構設於秘書省太史局下，有靈臺郎觀察天象，包括日月薄蝕、五星陵犯以及瑞星、祅星、瑞氣、祅氣的觀測；由挈壺正與司辰採用漏刻方法，每天定時報時。❼國忌廟諱　國忌指帝王去世的忌日及相關禮儀；廟諱指帝王廟號的擬訂和名諱的確定。❽卜筮醫藥　祠部司只是執掌有關卜筮醫藥之政令，其日常事務，卜筮由太常寺之太卜署具體負責，醫藥則分別由太常寺所屬之太醫署、殿中省所屬之尚藥局具體負責。

【語譯】祠部司：郎中，定員一人，官品為從五品上。東晉開始設置祠部曹，歷經宋、齊、梁、陳和北魏、北齊，都設有祠部郎，北周的春官府設有典祠中大夫一人，亦相等於這個職務。隋設置祠部郎，本朝稱祠部郎中。高宗龍朔二年改名稱司禋大夫，咸亨元年又恢復了原來的名稱。

員外郎，定員一人，官品為從六品上。隋朝文帝時開始設置，煬帝時改名稱承務郎。本朝又恢復了舊名祠部員外郎。高宗龍朔、咸亨年間，隨著曹名的更改和恢復，這一職名亦曾一起作過更改和恢復。

主事，定員二人，官品為從九品上。

祠部司郎中、員外郎的職務是，執掌有關祭祀天地宗廟的各項政令，和觀察天象、漏刻計時，以及國家的忌日、帝王的廟諱與卜筮醫藥、道佛宗教等方面的事務。

二

凡祭祀之名有四：一曰祀天神❶，二曰祭地祇❷，三曰享人鬼❸，四曰釋奠于先聖先師❹。其差有三：若昊天上帝❺、五方帝❻、皇地祇❼、神州❽、宗廟為大祀，日、月、星辰、社稷❾、先代帝王❿、岳⓫、鎮⓬、海⓭、瀆⓮、帝社⓯、先蠶⓰、孔宣父⓱、齊太公⓲、諸太子廟⓳為中祀，司中、司命⓴、風師㉑、雨師㉒、眾星㉓、山林、川澤、五龍祠㉔等及州縣社稷、釋奠為小祀。

【章　旨】記述祭祀分天、地、鬼神、先聖先師四種類型和大、中、小三個等級。

【注　釋】❶祀天神　祀，原指對祖先的祭祀。《說文解字》：「祀，祭無巳也。」意謂子孫世祀不絕。後泛指祭祀。天神，如昊天上帝、五方帝等，為天上之神祇。❷祭地祇　通過某種儀式，把規定的食物或物品獻給崇拜對象稱祭。《說文箋注》：「無牲而祭曰薦，薦而加牲曰祭。」又云：「渾言則有牲無牲皆曰祭也。」地祇，如皇地祇、神州地祇等。為土地之神。❸享人鬼　享，亦為祭祀。古作「亯」。《說文解字》：「亯，獻也。」人鬼，指在宗廟受祭祀的祖先。❹釋奠于先聖先師　釋奠，古代學校祭典之名。鄭玄注《禮記》稱：「釋奠者，設薦饌酌奠而已。」又云：「非時而祭曰奠。」先聖，指孔子；先師，指顏子。❺昊天上帝　《通典·禮六十八》：「所謂昊天上帝者，蓋元氣廣大則稱昊天，遠視蒼蒼即稱蒼天，人之所尊莫高於帝，託之於天，故稱上帝。」意謂似天一樣至高無上之尊神。❻五方帝　指東、南、西、北、中央五方之帝。本篇三章錄有五方帝神之名號：「東方青帝靈威仰，南方赤帝赤熛怒，西方白帝白招拒，北方黑帝叶光紀，中央黃帝含樞紐。」❼皇地祇　指主崑崙之神。《通典·禮五》本注稱：鄭玄以為皇地祇為崑崙，即土地高著之稱。既舉最高為稱，是知四方之地皆及之也。❽神州　《通典·禮五》本注引《禹受地統書》云：「崑崙東南地方五千里，名曰神州。」此處則指神州地祇。❾社稷　社指五土之神。五土為山林、川澤、丘陵、墳衍、原隰。稷，特指五土中原隰之祇。五土雖各有所生，但古人認為山林、川澤、丘陵、墳衍四者僅能雜出材用等物，於五穀之功則少，而生人所急者食，故於五土之中，特別旌異能生五穀之原隰以報之，並以五穀之長稷名其神。據此可知社稷實即土神，突出的是能作為耕地的原隰之神祇。這是農業民族對自然崇拜的一種樸素認識。天寶時，社稷由中祀升為大祀。❿先代帝王　唐制祭祀的先代帝王有：帝嚳享於頓丘；帝堯享於平陽，帝舜享於河東，夏禹享於安邑，殷湯享於偃師，周文王享於豐，武王享於鎬，漢高祖享於長陵。⓫岳　指五嶽，即東嶽岱山，南嶽衡山，中嶽嵩山，西嶽華山，北嶽恆山。⓬鎮　指四鎮，即東鎮沂山，南鎮會稽山，西鎮吳山，北鎮醫無閭山。⓭海　指四海，即東海、南海、西海、北海。⓮瀆　指四瀆，即東瀆大淮，南瀆大江，西瀆大河，北瀆大濟。⓯帝社　即天子之社。唐社稷壇在含光門之右，分為太社、太稷。中宗神龍時改先農壇為帝社壇，於太壇西立帝稷壇。⓰先蠶　據《通典·禮七十五》錄《開元禮》祭先蠶祝文中有「惟神肇興蠶織，功濟黔黎」之語，先蠶當是始教民育蠶之神。一說為黃帝軒轅氏，一說指天駟，還有說是宛窳婦女和寓氏公主二神。⓱孔宣父　指孔子。唐開元二十七年（西元七三九年），追謚為文宣王。⓲齊太公　指呂尚。年七十餘遇文王於渭水之陽，文王與語大悅曰：「吾太公望子久矣。」因號「太公望」。佐武王滅紂，封於齊營丘，故稱「齊太公」。⑲諸太子廟 指唐前期隱太子、章懷太子、懿德太子、惠莊太子、惠文太子和惠宣太子七廟。⑳司中司命 星神名。屬紫微垣，共六星，司命、司中為第四、第五星。《史記・天官書》：「斗魁戴匡六星曰文昌宮：一曰上將，二曰次將，三曰貴相，四曰司命，五曰司中，六曰司祿。」㉑風師 即箕星。為二十八宿之一。舊說為風神的象徵。《尚書・洪範》：「庶民惟星，星有好風，星有好雨。」孔傳：「箕星好風，畢星好雨。」《史記・天官書》：「箕為敖客。」其索隱：「敖，調弄也。箕以簸揚，調弄象也。箕又受物，有去去來來，客之象也。」其正義：「箕主八風」，「月宿其野，為風起」。㉒雨師 即畢星。為二十八宿之一。《尚書・洪範》有「星有好雨」之言，孔傳：「畢星好雨」。㉓眾星 指星官以外諸星。《通典・禮四》稱：「隋令太史署，常以二月八日，於署廷中，以太牢祠老人星，兼祀天皇大帝、天一、太一、日月、五星、勾陳、北極、北斗、三臺、二十八宿、丈人星、孫星，都四十六座。」㉔五龍祠 唐在興慶宮有五龍壇，所謂五龍有多說，其一指蒼龍、朱鳥、麟、騶虞、玄武五種傳說中的動物之神。

【語 譯】關於受祭祀的神主有四類：一是祭祀天神，二是祭祀地祇，三是祭享人鬼，四是在學校釋奠先聖先師。祭祀的規模，有大、中、小三個等差。例如對昊天上帝、五方帝、皇地祇、神州、宗廟的祭祀，稱為大祀；對日、月、星辰、社稷、先代帝王、岳、鎮、海、瀆、帝社、先蠶、孔宣父、齊太公和各個太子廟的祭祀，為中祀；對司中、司命、風師、雨師、眾星、山林、川澤、五龍祠等以及州縣社稷的祭祀和釋奠，稱為小祀。

【說 明】從本章開列的諸多祭禮名目中，可以看到一個明顯的特點，便是自然神崇拜與祖先崇拜的結合。日、月、星辰、風、雨、山岳、江河海洋，都能成為崇拜的對象，自然現象被擬化成了神，這當是對原始社會以農業為主的條件下產生的自然崇拜的一種沿襲。只是社會跨入文明門檻、產生了帝王制度後，更依據所謂「天人合一」觀念，把人間的社會關係與天地星辰的自然現象對應起來，以人間君臣、父子、夫婦之間的尊卑等級來排列和組合日月星辰和各種自然神位，其目的則是欲以想像中的天國秩序返照人間來鞏固和強化地國秩序。因而帝王們在祭天祀地時，又總要與祭祀他們的祖先配置對應起來，在這裡兩種崇拜在內容和形式上都是統一的。每一種崇拜背後，大都還含蘊著一個美麗奇譎的神話故事，它不僅賦予這種崇拜以神聖或神祕的色彩，還使它更容易超越空間時間廣泛持久地流傳。這些神話大都保留在緯書裡，漢人對上述諸神的注文就多採自緯書，如鄭玄對五方帝的解釋，所據為《春秋緯》，對社稷的注文則由緯書《援神契》而來。這些被祭祀的神，是一個朝代一個朝代傳承和累積起來的，因而越積越多，愈久愈繁。帝王的這些崇拜，自然不能不影響到民間，如社稷的祭祀，在民間便表現為對土地神的崇拜；對歲星司中、司祿、司命的祭祀，在民間則表現為對福、祿、壽三星的廣泛敬奉。大祀、中祀、小祀的區劃，一方面是按人間的等級關係來劃分神靈世界，另一方面亦是對祭祀規模的規範和祭祀者資格的一種限定。例如屬於大祀的昊天上帝規模最為宏大，只有皇帝才能祭祀，連地方州縣都沒有資格祭天，又遑論尋常百姓呢！

三

冬至祀昊天上帝於圜丘[1]，以高祖配[2]焉；又祀東方青帝靈威仰[3]、南方赤帝赤熛怒[4]、西方白帝白招拒[5]、北方黑帝叶光紀[6]、中央黃帝含樞紐[7]及大明[8]、夜明[9]於壇之第一等，又祀內官[10]五十五坐於壇之第二等，又祀中官[11]一百五十九坐於壇之第三等，又祀外官[12]一百五坐眾星[13]三百六十坐於內壝[14]之內。正月上辛[15]祈穀于圜丘，祀昊天上帝，以高祖配焉；祀五方帝於壇之第一等。孟夏之月大雩於圜邱[16]，祀昊天上帝，以太宗配[17]焉；又祀五方帝於壇之第一等，又祀太昊[18]、炎帝[19]、黃帝[20]、少昊[21]、顓頊[22]於壇之第二等，又祀句芒[23]、祝融[24]、后土[25]、蓐收[26]、元冥[27]於內壝之內。季秋之月大享於明堂[28]，祀昊天上帝，以睿宗[29]配焉；又祀五方帝五帝五官各於其方[30]。

【章　旨】記述祀天儀式一歲有四：冬至祀天於圜丘，正月上辛祈穀於圜丘，孟夏之月大雩於圜丘，季秋之月大享於明堂，皆以昊天上帝為主神。

【注　釋】❶圜丘　古時祭天之壇。圓形，由土壘成，因其高而稱丘。我國古有天圓地方之說，故祭天之壇為圓形。據《新唐書·禮樂志二》，圜丘的建築共有四層，底層直徑為二十丈，每層高八尺一寸，每升高一層其直徑減少五丈，最高是第四層，直徑為五丈；每層之間有十二級臺階。其形制似今北京之天壇，但規模要小得多。唐圜丘的位置在京城明德門外，道東二里。京城南面三門，中間的城門即明德門。❷以高祖配　高祖即李淵。太宗貞觀後，奉其為唐受命之君，配祭昊天上帝。在貞觀前，則是由景帝即李淵祖父李虎配祭天帝。在北周受禪時，李虎被追封為唐國公。❸青帝靈威仰　五方帝神之一。《隋書·禮儀二》稱：「春迎靈威仰者，三春之始，萬物稟之而生，莫不仰其威德服而畏之也。」❹赤帝赤熛怒　五方帝神之一。《隋書·禮儀二》稱：「夏迎赤熛怒者，火色熛怒，其靈炎至明盛也。」❺白帝白招拒　五方帝神之一。《隋書·禮儀二》稱：「秋迎白招拒者，招，集；拒，大也。言秋時集成萬物，其功大也。」❻黑帝叶光紀　五方帝神之一。《隋書·禮儀二》稱：「冬迎叶光紀者，叶，拾；光，華；紀，法也。言冬時收拾光華之色，伏而藏之，皆有法也。」❼黃帝含樞紐　五方帝神之一。《隋書·禮儀二》稱：「中迎含樞紐者，含，容也；樞，機，有開闔之義；紐者，結也。言土德之帝能含容萬物，開闔有時，紐結有法也。」按：以上五方帝神名號，據《通典·禮二》本注，皆由鄭玄據《春秋緯》引來。而歷代帝王之所以要隆重祭祀五方帝神，又與古代的一種占星說聯繫在一起。據說五帝之神又稱五精之神，因而其所在之太微宮就成了精氣的聚集之地，人間帝王皆由其先祖感五帝之精氣而生。《史記正義》更認為帝位能否永固，亦要由五帝神靈來定：「五帝並設，神靈集謀者也。占：五座明而光，則天子得天地之心；不然，則失位。」❽大明　指日。《禮記·禮器》：「大明生於東，月生於西。」❾夜明　指月。❿內官　指處於「內官」等次之星座。古人以天上星辰與地面人事相應，即所謂「在野象物，在朝象官，在人象事」（《後漢書·天文志》注引張衡《靈憲》），因此星座亦有了高下尊卑，猶若人間之官曹列位。內官星座對應於內廷之官。以內官從祀，始見於《隋書·禮儀志》，起於北周，楊堅建隋後，以內官四十二座從祀，唐承隋制，以內官五十五座從祀。⓫中官　北周稱中官，隋稱次官，唐復稱中官。以星座對應於中朝之官。隋次官僅一百三十六座，唐增為中官一百五十九座。⓬外官　以星座對應於外廷之官。隋外官為一百一十一座，唐為一百五座。⓭眾星　指星官以外諸星。隋眾星亦為三百六十座。張衡《靈憲》稱：「中外之官，常明者百有二十四，可名者三百二十，為星二千五百，而海人之占未存也。微星之數，蓋萬一千五百二十。庶物蠢工咸得繫命。」（轉引《後漢書・天文志上》注）⓮內壝　壝，累土；土牆。崔豹《古今注・都邑》：「封疆畫界者，封土為臺，以表識疆界也。畫界者，於二封之間，又為壝埒，以畫分界域也。」此處壝指圜丘矮牆，有內外兩重，在內者稱內壝。又，正德本、廣雅本均作「壝」，《通典》亦為「壝」，義近。⓯正月上辛　指正月上旬之辛日。是日祭祀昊天上帝於圜丘，以祈當年五穀豐登。⓰大雩於圜邱　雩為古代求雨的祭祀。《通典・禮三》本注稱：「《春秋左氏傳》曰：『龍見而雩。』角亢見時，周之六月，陽氣盛，恒旱，故雩。雩之為言遠也，遠為百穀以祈膏雨。」圜邱即「圜丘」。⓱以太宗配　指以唐太宗李世民配享。⓲太昊　傳為五帝之一，即太皞。太皞死後祀於東方，被五行說稱為以木德之帝，故與春季相應。⓳炎帝　傳為五帝之一，即神農氏。姓姜氏，以火德王天下，死後祀於南方，為火德之帝，與夏季相應。⓴黃帝　傳為五帝之一，號軒轅氏。以土德王天下，死後託祀為中央之帝。㉑少昊　傳為五帝之一。名摯，黃帝之子，帝嚳之祖。以金德王天下，號為金天氏。死後祀於西方，為金德之帝，與秋季相應。㉒顓頊　傳為五帝之一。號高陽氏，黃帝之孫，昌意之子，以水德王天下。死後被尊為北方水德之帝，與冬季相應。㉓句芒　五官之一。少皞之裔子，名重，木德之帝之佐。㉔祝融　五官之一。名吳回，顓頊之孫，高辛氏之火官，死後被尊為火德之神。㉕后土　五官之一。共工氏句龍，能平九土，死後託祀為后土之神。㉖蓐收　五官之一。少皞氏之叔，死後被託祀為金神。㉗元冥　南宋本作「玄冥」。四庫本因避清聖祖玄燁名諱，改「玄」為「元」。五官之一。少皞之子，名脩，死後被託祀為水神。㉘明堂　古代天子舉行朝會、祭祀、宣佈政令和生活起居之所。關於明堂的構制歷來眾說不一。《禮記・月令》中稱其為中方外圓、不同方位的宮室有不同的稱謂，天子則依四時變換輪番居住其中等等描述，一般認為只是出於陰陽家的想象，並未真正出現過。隋文帝和唐初太宗、高宗兩朝，相繼有過修建明堂的打算，卻多因諸儒對其規制久議未決而延擱了下來。武則天臨朝，於垂拱四年（西元六八八年）毀東都乾元殿而就其址建成的可能是歷史上第一個稱之為明堂的建築物，其制則與〈月令〉記載迥異：高二百九十四尺，東、西、南、北各三百尺，有三層：下層象四時，中層法十二月，上層法二十四氣。頂為圓形，號萬象神宮。後又在明堂後造天堂，以安佛像，高百餘尺。不久佛堂起火，明堂一起被焚毀。武則天又令依原樣重造，並鑄九鼎，置於其中。開元時一度復稱其為乾元殿，後又改稱為明堂，但不再於此行享祀之禮。㉙睿宗　李旦，唐高宗李治第八子，玄宗李隆基之父。㉚祀五方帝五帝五官各於其方　據陰陽家言，五方帝、五帝、五官，在東、南、西、北、中五方中各主一方。明堂被描述為恰好有五室，因而「五方帝在五室，五帝各在其左，五官在庭，各依其方」（《新唐書・禮樂二》）。

【語　譯】每年冬至，在圜丘祭祀昊天上帝，以高祖配享。同是在冬至，還要祭祀東方青帝靈威仰、南方赤帝赤熛怒、西方白帝白招拒、北方黑帝叶光紀、中央黃帝含樞紐以及大明和夜明，地點是在圜丘壇的第一層；再要祭祀內官五十五星座，在圜丘壇的第二層；祭祀中官一百五十九星座，在壇的第三層；祭祀外官一百零五星座，眾星三百六十星座，在圜丘的內壝之內。正月上旬的辛日，在圜丘祈求五穀豐登，祭祀昊天上帝時，要以高祖配享。在這一日，還要祭祀五方帝神，地點在圜丘壇的第一層。孟夏四月，在圜丘進行雩祀，祭祀昊天上帝時，要以太宗配享。同是這一日，還要祭祀五方帝，地點在圜丘壇的第一層；再要祭祀太昊、炎帝、黃帝、少昊、顓頊五帝，在圜丘壇的第二層；祭祀句芒、祝融、后土、蓐收、玄冥五官，在圜丘的內壝之內。季秋九月，在明堂舉行盛大的祭享，祭祀昊天上帝時，要以睿宗配享。同時還要祭祀五方帝、五帝、五官，在它們各自的方位。

【說　明】唐代的祭祀對天稱祀，對地為祭，對宗廟稱享。祭祀儀式分為大祀、中祀、小祀三等規格。高祖武德初年就頒佈過祠令，對天、地、宗廟諸神的祭祀儀式，都作了具體規定。貞觀、開元時亦都頒佈過相應的祠令。祭祀天帝，每年有四次，其中「冬至」與「正月上辛」日子是固定的，另兩次只規定分別在「孟夏」、「季秋」之月，具體日子則要由占卜來決定。「凡大祀、中祀無常日者卜，小祀則筮。」（《新唐書·禮樂志》）卜日的地點是太廟，時間在祀前四十五日。在太常卿、太卜正的主持下，以龜卜的方式確定日期。卜日多為月之上旬，如不吉，再求中旬或下旬的日子。小祀則用筮。隆重的祭祀究竟何日進行，就聽命於在太卜令主持下筮人手中的一把蓍草。

四

夏至❶祭皇地祇❷於方丘❸，以高祖配焉；祭神州於壇之第一等，五嶽❹、四鎮❺、四海❻、四瀆❼，五方山林、川澤、丘陵、墳衍❽、原隰❾，凡七十坐，皆於內壝❿之內。汾陰⓫后土⓬祠廟亦四時祭焉。孟冬之月祭神州⓭地祇於北郊⓮，奉太宗以配⓯焉。

立春之日祀青帝[16]於東郊[17]，以太昊[18]配焉，其句芒[19]氏及歲星[20]、東方三辰[21]七宿[22]並從祀。立夏之日祀赤帝[23]於南郊[24]，以神農[25]配焉，其祝融[26]氏及熒惑星[27]、南方三辰七宿[28]並從祀。季夏土王日[29]祀黃帝[30]於南郊[31]，以軒轅[32]配焉，其后土氏、鎮星[33]並從祀。立秋之日祀白帝[34]於西郊[35]，以少昊[36]配焉，其蓐收氏[37]、太白星[38]、西方三辰七宿[39]並從祀。立冬之日祀黑帝[40]於北郊[41]，以顓頊[42]配焉，其元冥氏、辰星[43]及北方三辰七宿[44]並從祀。春分之日[45]朝日於東郊[46]，秋分之日[47]夕月於西郊[48]，立春後丑日祀風師[49]於國城東北，立夏後申日祀雨師[50]於國城西南，立秋後辰日祀靈星[51]於國城東南，立冬後亥日祀司中、司命、司人、司祿[52]於國城西北。仲春上戊祭太社[53]，以后土氏[54]配焉；祭太稷[55]，以后稷氏[56]配焉。仲秋之月[57]及臘日[58]亦如之。四孟月[59]及臘日大享太廟，春享則兼祭司命及戶[60]，夏享兼祭竈[61]。季夏之月祭中霤[62]。秋享兼祭門[63]及厲[64]，冬享兼祭行[65]。若臘享，則七祀[66]徧祭，皆於太廟之西門內之南。

【章　旨】記述有關祭祀地祇和山嶽、鎮、海、瀆、五方帝神以及相應的配祭、從祀等規定。

【注　釋】❶夏至　二十四節氣之一。陰曆一般為五月中旬，陽曆則為六月二十二日前後。這一天是一年中白晝最長的日子，為太陽北行之極點。❷皇地祇　指主崑崙之神。《通典・禮五》本注稱：鄭玄以為皇地祇是崑崙。在古人心目中，崑崙最高，舉最高的稱謂，則四周之地皆可及。❸方丘　土之高者稱丘；所以方，象地也。古有天圓地方之說。據《新唐書・禮樂二》，唐制方丘為八角三層，層高四尺，上層廣十有六步；又設八陛，上陛廣八尺，中陛一丈，下陛丈有二尺。❹五嶽　即東嶽岱山，南嶽衡山，中嶽嵩山，西嶽華山，北嶽恒山。❺四鎮　東鎮沂山，南鎮會稽山，西鎮吳山，北鎮醫無閭山。❻四海　指東海、南海、西海、北海。❼四瀆　即東瀆大淮，南瀆大江，西瀆大河，北瀆大濟。❽墳衍　指高原。❾原隰　低下的隰地，即平原。❿內壝　即方丘之內牆。⓫汾陰　縣名。以其位於汾水之南，故名。唐時治所在今山西省萬榮縣西南寶井鎮。開元十一年（西元七二三年）時，曾改名為寶鼎縣。⓬后土　為土官。有二說，一是《左傳·昭公二十九年》：「土正曰后土，共工氏有子曰句龍為后土。」杜預注：「句龍能平水土，故死而見祀。」另一鄭玄注則認為「后土，顓頊氏之子曰黎，兼為土官」。后土祠，以后土為土神，亦即竈神，故而四時被祭祀。⓭神州　《通典·禮五》本注引《禹受地統書》云：「崑崙東南地方五千里，名曰神州。」此處則指神州地祇。⓮北郊　指北郊的神州之壇，高、廣皆四丈。⓯奉太宗以配　指以唐太宗李世民配享神州地祇之祭祀。⓰青帝　即東方青帝威靈仰，五方帝之一。⓱東郊　即東郊祭祀青帝之壇，廣四丈，高八尺。⓲太昊　即太皞，五帝之一。傳說中的伏羲氏。⓳句芒　五官之一。為木神。少皞之裔子，木德之帝太昊之佐。⓴歲星　即木星。約十二年運行一周天。我國古代稱其為歲星，並用以紀年。㉑東方三辰　指十二辰中屬於東方的三辰。我國古代天文學家為度量日、月、五星運行位置，把黃道附近一周天分作十二等分，從東向西依次為子、丑、寅、卯、辰、巳、午、未、申、酉、戌、亥，稱為十二辰。它與十二次、二十八宿是相對應的，古代曾用以紀年和紀時。《史記·天官書》：「斗柄兼之，所從來久矣。」《正義》謂：「言北斗所建秉十二辰，兼十二州，二十八宿，自古所用，從來久遠矣。」此處及後文，則把十二辰視為神，分列於東南西北四方，於春夏秋冬四季祭祀之。㉒七宿　指東方蒼龍七宿，即角宿、亢宿、氐宿、房宿、心宿、尾宿和箕宿。㉓赤帝　即南方赤帝赤熛怒。㉔南郊　即南郊祭祀赤帝之壇，其廣四丈，高七尺。㉕神農　即炎帝，五帝之一。姓姜氏，為火德之帝。㉖祝融　五官之一，為火正，即火神。《史記·楚世家》云：「重黎為帝嚳高辛居火正，共工氏作亂，帝嚳使重黎誅之而不盡，帝乃以庚寅日誅重黎，而以其弟吳回為重黎後，復居火正為祝融。」㉗熒惑星　即火星。由于火星呈紅色，熒熒象火，亮度常有變化，且在夜空中運行時，從地球上看來，有時從西向東，有時又從東向西，令人迷惑，所以古人稱之為「熒惑」。㉘七宿　指南方朱鳥七宿，包括井宿、鬼宿、柳宿、星宿、張宿、翼宿和軫宿。㉙土王日　即季夏六月的戊己日。〈月令〉稱：「中央土，其日戊巳。」㉚黃帝　即中央黃帝含樞紐。㉛南郊　指南郊祭黃帝之壇，廣四丈，高五尺。㉜軒轅　即傳說中的黃帝軒轅氏。㉝鎮星　即土星。我國古代認為土星每二十八年運行一周天，猶若每年坐鎮於二十八宿，故名之為「鎮星」。㉞白帝　即西方白帝白招拒。㉟西郊　指西郊祭白帝之壇，廣四丈，高九尺。㊱少昊　五帝之一。名摯，黃帝之子，帝嚳之祖，號金天氏，託祀於西方。㊲蓐收氏　據《左傳·昭公二十九年》載，蓐收為金正。少皞氏有四叔，四叔之一，該為蓐收。死後被託祀為金神。㊳太白星　即金星。㊴七宿　指西方白虎七宿，包括奎宿、婁宿、胃宿、昴宿、畢宿、觜宿和參宿。㊵黑帝　即北方黑帝叶光紀。㊶北郊　指北郊祭黑帝之壇，廣四丈，高六尺。㊷顓頊　五帝之一。號高陽氏，黃帝軒轅氏之孫。五行說以他為水德王天下。死後託祀為北方水德之帝。㊸辰星　一般指北極星，此處則指水星。㊹七宿　指北方玄武七宿，包括斗宿、牛宿、女宿、虛宿、危宿、室宿和壁宿。㊺春分之日　春分為二十四節氣之一。在陰曆二月中，陽曆則在三月二十一日前後。是日晝夜大體等長。㊻朝日於東郊　指在東郊朝日壇祭日。據《新唐書．禮樂志二》，朝日壇為廣四丈，高八尺。㊼秋分之日　秋分為二十四節氣之一。在陰曆八月中，陽曆則在九月二十三日前後。是日晝夜大體等長。㊽夕月於西郊　指在西郊夕月之壇祭月。《新唐書．禮樂志二》：夕月之壇「為坎深三尺，縱廣四丈，壇於其中，高一尺，方廣四丈者」。㊾風師　指箕星，被視為風神之象徵。㊿雨師　指畢星，被視為雨神之象徵。(51)靈星　即歲星，今之木星。〈月令〉稱其為壽星。(52)司中司命司人司祿　文昌六星，其第四為司祿，司中，第五為司命。(53)太社　社指五土之神。五土為山林、川澤、丘陵、墳衍、原隰。因其各有所育，故群生報之。(54)后土氏　為五官中之土神。《左傳．昭公二十九年》載：「共工氏有子曰句龍，為后土，此其二祀也，后土為社。」后土既為土神，又是社神，故稱二祀，祭太社時並以后土配。(55)太稷　稷指五土中原隰之祇。五土雖各有所育，但原隰能生五穀，於人尤為重要，故特祭祀之。唐沿隋制，設社稷壇於含光門之右，有太社、太稷二壇。太社壇廣五丈，其四周各分置四方色，上覆以黃土，象徵王者德被四方。(56)后稷氏　稷傳為虞舜時農官名，周之先祖棄曾掌其事，因稱其為后稷。《左傳．昭公二十九年》載：「稷，田正也，有列山氏之子，曰柱，為稷，自夏以上祀之。周棄亦為稷，自商以來祀之。」更大的可能是古代各個部族都有自己農官和稷神。(57)仲秋之月　仲秋即夏曆之八月。《通典．禮五》：「仲春、仲秋二時戊日，祭太社太稷。」戊日指上旬的戊日。(58)臘日　古代臘祭的日子。漢代以冬至後第三個戊日為臘日。是日獵禽獸以祭先祖。後改十二月初八為臘。(59)四孟月　指四季之首月，即夏曆一月、四月、七月、九月。(60)戶　指戶祀。古人以為春天蟄伏的動物開始活動，出由戶，故須行戶祭。(61)竈　指竈祀。因夏主火，故祀竈。此竈神即火神祝融。(62)中霤　室中之祭，祭后土。古代室如今之蒙古包，室正中頂上所開之天窗，即稱中霤。(63)門　指門祀。孟秋開始收穫，穀物由門入，故祀門神。(64)厲　指祛禳災疫之祭。厲為主持災疫的惡鬼。《左傳．襄公二十六年》有「厲之不如」句，杜預注：「惡鬼也。」(65)行　指行祀。行為門內之地。孟冬人們守在室內，故祀行。(66)七祀　指前述司命、戶、竈、中霤、門、厲、行七祀。

【語譯】每年夏至，在方丘壇祭祀皇地神祇，以高祖配享。同時祭祀神州地祇，地點在方丘壇的第一層；還要祭祀五嶽、四鎮、四海、四瀆、五方山林、川澤、丘陵、墳衍、原隰，一共是七十神座，都在內壝之內。汾陰縣的后土祠廟，每年亦要按四時祭祀。孟冬十月在北郊祭神州地祇，以太宗配享。立春這天，在東郊神州之壇，祭祀青帝靈威仰，以太昊配享，同時又以句芒氏以及歲星、東方三辰、蒼龍七宿作為從祀。立夏這一天，在南郊神州之壇，祭祀赤帝赤熛怒，以神農氏配享，同時又以祝融氏以及熒惑星、南方三辰、朱鳥七宿作為從祀。季夏的戊己日，即土王日，在南郊神州之壇祭祀黃帝含樞紐，以軒轅氏配享，同時又以后土氏、鎮星作為從祀。立秋這一天，在西郊神州之壇祭祀白帝白招拒，以少昊配享，同時又以蓐收氏、太白星、西方三辰、白虎七宿作為從祀。立冬這一天，在北郊神州之壇祭祀黑帝叶光紀，以顓頊氏配享，同時又以玄冥氏、辰星、北方三辰和玄武七宿作為從祀。春分這一天，在東郊的朝日壇朝日，秋分這一天，在西郊的夕月壇祭月。立春以後的丑日，在京城東北祭祀風師；立夏以後的申日，在京城西南祭祀雨師；立秋以後的辰日，在京城東南祭祀靈星；立冬以後的亥日，在京城西北祭祀司中、司命、司人和司祿。仲春二月的上戊日，在社壇祭祀太社，以后土配享；在稷壇祭祀太稷，以后稷氏配享。在仲秋八月和冬至後的臘日，亦按以上規定祭祀。四季的孟月亦即第一個月和冬季的臘日，都要在太廟舉行盛大的祭祀。如果是孟春享祭太廟，要兼祭司命和戶；孟夏享祭太廟，要兼祭竈，季夏六月則兼祭中霤；孟秋享祭太廟，要兼祭門和厲；孟冬享祭太廟，要兼祭行。如果是臘日享祭太廟，那就上面提到的七祀都要徧祭。凡是兼祭，都是在太廟西門內側的南面。

五

凡三年一祫享❶，以孟冬；五年一禘享❷，以孟夏，皆七祀徧祭。若祫享，則配享功臣皆列於堂室之前❸。高祖之廟，則開府儀同三司淮安王神通❹、禮部尚書河間王孝恭❺、陝東道大行臺右僕射鄭國公殷開山❻、戶部尚書渝國公劉政會❼配饗。太宗之廟，則司空梁國公房元齡❽、尚書左僕射萊國公杜如晦❾、尚書左僕射申國公高士廉❿配享。高宗之廟，則司空英國公李勣⓫、尚書左僕射北平縣公張行成⓬、中書令高唐縣公馬周⓭配饗。中宗⓮之廟，則侍中平陽郡王敬暉⓯、侍中扶陽郡王桓彥範⓰、中書令博陵郡王崔元暉⓱、中書令漢陽郡王張柬之⓲、中書令南陽郡王袁恕己⓳配饗。睿宗⓴之廟，則太子少傅許國公蘇瓌㉑、尚書左丞相徐國公劉幽求㉒配饗。孟夏吉亥㉓享先農於東郊㉔，以后稷㉕配。季春吉巳享先蠶㉖於西郊。

【章　旨】記述太廟祫禘之享和有關功臣配享以及享祭先農、先蠶等規定。

【注　釋】❶祫享　古代祭名。天子或諸侯之宗廟，每三年把遠近祖先神主集合在一起，舉行一次大祭稱祫享。❷禘享　古代祭名。天子或諸侯每五年一次舉行的盛祭，或三年喪畢之次年舉行的祭祀，稱禘享。此後每三年一祫，五年一禘。❸配享功臣皆列於堂室之前　句中「堂室」，正德本及廣池本等均作「當室」。唐代在開元時，為宗廟立九室之制。九室為：獻祖、懿祖、太祖、代祖、高祖、太宗、高宗、中宗和睿宗。唐建國於高祖李淵，自高祖以下五帝在祫、禘時，都有相應的配享功臣。❹淮安王神通　李淵從父弟。李淵在太原起兵時，神通舉兵響應，封為淮安王。卒於貞觀四年（西元六三〇年）。❺河間王孝恭　李淵從父兄李安之子，為李淵率兵平定江南，貞觀初以功封河間郡王。貞觀十四年（西元六四〇年）暴卒，贈司空。❻鄖國公殷開山　殷嶠，字開山，雍州鄠縣（今陝西扈縣北）人。助李淵平定京師，從李世民平定王世充。在討伐劉黑闥途中病卒。貞觀十四年（西元六四〇年）贈司空。與淮安王神通、河間王孝恭、戶部尚書劉政會，以佐命功配饗高祖廟庭。❼渝國公劉政會　滑州胙城（今河南延津東北）人。李淵為太原留守時，劉政會即率兵歸其麾下，助淵起兵太原有功，後封為渝國公。貞觀九年（西元六三五年）卒。贈民部尚書。❽梁國公房元齡　正德本等及新舊《唐書》均為「房玄齡」。係四庫本為避清聖祖玄燁名諱而改「玄」為「元」。齊州臨淄（今山東淄博市東北）人。為李世民策劃擊敗隱太子李建成功居第一，被李世民視為當世蕭何，對其言聽計從。累進左僕射，徙梁國公，居相位十五年。貞觀二十二年（西元六四八年）卒，贈太尉。❾萊國公杜如晦　字克明，京兆杜陵（今陝西西安市東南）人。為李世民的秦王府兵曹參軍，助李世民擊敗建成、元吉，封為萊國公。貞觀時與房玄齡共掌朝政，世稱「房謀杜斷」，同被尊為良相。貞觀四年（西元六三〇年）卒，贈司空。❿申國公高士廉　即高儉，字士廉，渤海蓨（今河北景縣）人。係李世民長孫皇后之舅父，與長孫無忌一起參預李世民襲擊建成、元吉密謀。後封為申國公。貞觀時曾主持修撰《氏族志》。貞觀二十一年（西元六四七年）卒於京師。贈司徒。⓫英國公李勣　本姓徐，名世勣，字懋功。曹州離狐（今山東荷澤）人。隋末曾先後追隨翟讓、李密，後隨李密一起歸唐。高祖李淵封其為英國公，並賜姓李，以犯太宗名諱，改單名勣。先後從李世民平竇建德，降王世充，曾帶兵擊敗突厥，降頡利可汗。貞觀十七年（西元六四三年）立李治為皇太子，託幼孤於李勣。高宗乾封元年（西元六六六年）為遼東道行軍總管，帶兵過鴨綠江，克平壤。次年卒。贈太尉，陪葬昭陵。⓬北平縣公張行成　定州義豐（今河北定縣）人。太宗時為太子少詹事，兼尚書左丞，太宗沒，侍高宗即位於梓宮前，封北平縣公。永徽四年（西元六五三年）卒。中宗弘道元年（西元六八三年）以其配享高宗廟。⓭高唐縣公馬周　字賓王，清河茌平（在今山東茌平）人。因常何薦舉以直諫而受太宗器重，為晉王府長史。貞觀二十二年（西元六四八年）卒，追贈尚書右僕射、高唐縣公。武后垂拱中，以其配享高宗廟。⓮中宗　李顯，李治第七子。弘道元年（西元六八三年）高宗柩前即皇位；改元嗣聖。武則天以皇太后臨朝，不久被廢為廬陵王，聖曆元年（西元六九八年）又被立為皇太子；神龍元年（西元七〇五年）張柬之以羽林兵變迎皇太子監國，武則天傳位於皇太子；景龍四年（西元七一〇年）為韋后與安樂公主所毒死，終年五十五歲。⓯平陽郡王敬暉　絳州太平（今山西襄汾）人。以迎立中宗誅張易之、張昌宗功賜爵平陽郡王，後貶為崖州司馬，被殺於崖州。睿宗即位後，追復五王官爵，玄宗開元六年（西元七一八年），以其配享中宗廟。⓰扶陽郡王桓彥範　潤州曲阿（今江蘇丹陽）人。少以門蔭補右翊，歷遷御史中丞，張柬之引以與王敬暉為左右羽林將軍，掌握禁軍，在李顯的默許下，率羽林兵殺張易之、張昌宗於宮中，迎中宗復辟，因而進封為扶陽郡王。終為武三思所譖，貶為隴州司馬，後又流配瀼州，中途被殺。睿宗即位後復其官爵，開元時詔配享中宗廟。⓱博陵郡王崔元暉　「崔元暉」，《舊唐書·禮儀六》作「崔玄暐」。「元」字係四庫本為避清聖祖名諱而改，「暉」則是南宋本先訛，四庫本沿其舊。博陵安平（今河北安平）人。以參預誅張易之等功，拜中書令，封博陵郡王。後為武三思所中傷，被貶授白州司馬，死於途中。開元時，詔配享中宗廟。⓲漢陽郡王張柬之　字孟將，襄州襄陽（今湖北襄陽）人。以姚崇薦為鳳閣鸞臺平章事，首謀誅張易之兄弟，中宗即位，封漢陽郡王，不久，罷知政事，為武三思所構，貶新州司馬，怨憤而卒。開元時，詔配享中宗廟。⓳南陽郡王袁恕巳　據新舊《唐書》本傳應為「袁恕己」。滄州東光（今河北東光）人。以預誅張易之兄弟功，為中書侍郎，後封南陽郡王。不久即被貶為竇州司馬，流配環州，被殺。睿宗時復其官爵，玄宗開元時詔配享中宗廟。⓴睿宗　李旦，高宗李治第八子，中宗李顯兄弟。曾預誅張易之等謀劃，進號為安國相王。中宗為韋后毒死，其子臨淄王李隆基與太平公主合計殺韋后，由太平公主擁睿宗即位，李隆基以太子監國。不久李隆基又滅太平公主及其黨羽，景雲三年（西元七一二年）睿宗傳位於皇太子李隆基，自稱太上皇。死於開元四年（西元七一六年），終年五十五歲。㉑許國公蘇瓌　字昌容，京兆武功（今陝西武功）人。中宗時為尚書右僕射，中宗被毒死後，能維護睿宗，韋氏敗，轉尚書左僕射，卒於景雲元年（西元七一〇年）。開元四年（西元七一六年）詔配享睿宗廟。㉒徐國公劉幽求　冀州武強（今河北武強）人。曾從玄宗李隆基誅韋后，拜尚書右僕射；又與右羽林將軍定計誅太平公主，謀洩流於封州（今廣東封開），太平公主伏誅，官復尚書右僕射；開元初又貶為睦州刺史，憤恚而卒。贈禮部尚書、配享睿宗廟。㉓孟夏吉亥　孟夏即夏曆四月。一月當有二至三個亥日。卜吉日以用，故稱吉亥。㉔享先農於東郊　先農，即神農氏。唐制，帝王享先農於東郊，然後舉行躬耕籍田儀式。先農之壇在東郊，高五尺，周四十步。㉕后稷　稷傳為虞舜時農官名，周之先祖棄曾掌其事，因尊其為后稷。《左傳．昭公二十九年》載：「稷，田正也。有烈山氏之子曰柱為稷，自夏以上祀之。周棄亦為稷，自商以來祀之。」㉖先蠶　傳為始教民育蠶之神。有多說。一說為天駟，一說為黃帝軒轅氏，還有說是宛窳婦人和寓氏公主二神。其壇同先農壇。

【語　譯】在太廟，三年一祫享，都是在孟冬；五年一禘享，都是在孟夏。無論祫享或禘享，都要同時徧祭司命、戶、竈、中霤、門、厲、行七祀。如果是祫祭，還要以功臣配享在堂（當）室之前。在高祖廟室前配享的功臣有：開府儀同三司淮安王神通，禮部尚書河間王孝恭，陝東道大行臺右僕射鄭國公殷開山，戶部尚書渝國公劉政會。在太宗廟室前配享的有：司空梁國公房元（玄）齡，尚書左僕射萊國公杜如晦，尚書左僕射中國公高士廉。在高宗廟室前配享的有：司空英國公李勣，尚書左僕射北平縣公張行成，中書令高唐縣公馬周。在中宗廟室前配享的有：侍中平陽郡王敬暉，侍中扶陽王桓彥範，中書令博陵郡王崔元暐（玄暐），中書令漢陽郡王張柬之，中書令南陽郡王袁恕巳（己）。睿宗廟室配享的有太子少傅許國公蘇瓌，尚書左丞相徐國公劉幽求。每年孟夏四月的吉亥日，在東郊享祭先農，以后稷配享；季春三月的吉巳日，在西郊祭享先蠶。

【說　明】

此前若干章節的注釋中，已多次提到避諱的問題，在此簡略作一總的說明。

避諱，就是規定對君王或尊長的名字必須避免直接說出或寫出。這是中國特有的一種政治、社會現象，目的在於維護尊卑秩序。其制大體起始於周，延續至清。避諱包括書面和口頭兩個方面。在書面文字中，避諱的方法主要有改字、空字、缺筆三種。從文獻記載看，《禮記・曲禮》對避諱已有所述及。唐代避諱在律、令中都有明文規定。杜佑在《通典》中提到：武德九年（西元六一八年）六月，太宗居春宮，總理萬機，曾下令曰：依禮二名不偏諱，其官號、人名及公私文籍，有「世」及「民」兩字連讀者，並不須避諱。扯《舊唐書。高宗紀》記載，貞觀二十三年（西元六四九年）六月，太宗去世，高宗剛繼位，即改「民部尚書」為「戶部尚書」，便是為了避太宗名世民之「民」字的諱。尚書左僕射李世勣，亦因名字中「世」字犯太宗諱，而在永徽中改為單名李勣。高宗單名李治，所以又對相關官名作了更改，如改治書侍御史為御史中丞，治禮郎為奉禮郎，諸州之治中為司馬等。這些改動，在本書的某些篇章中亦有所反映。如第十三卷第一篇御史中丞條關於沿革的原注，便把隋的「治書侍御史」改為「侍書侍御史」或「持書侍御史」。然全書亦不統一，如第三十卷第一篇大都督府屬員司馬條原注：「皇朝改郡為州，各置治中一人，其都督府則置司馬。永徽中，改治中為司馬。」便沒有迴避高宗的名諱。這是《唐六典》南宋本中所反映的避唐代帝王名諱的大致情況。

作為本書底本的《唐六典》四庫本，刊於清乾隆年間，因而不僅保留了原書為唐代帝王所避的名諱，還增加了迴避清代前期帝王的名諱。編纂《四庫全書》時，乾隆帝曾為名諱的問題須發過上諭，文中說：「朕於異代之臣，尚不欲直呼其諱，乃千古以下之臣，轉將千古以上之君稱名不諱，有是理乎？」（轉引自《四庫全書總目》卷首語）本書底本中避清帝名諱頗多。如康熙帝名玄燁，便將「玄冥」改為「元冥」，「房玄齡」改為「房元齡」，「鄭玄」改為「鄭元」，「玄武」改為「元武」等。亦有幾處未改，可能出自謄寫人的疏漏。如第七卷第一篇工部郎中職掌條原注有「左右羽林軍在玄武門之北」一句，其中「玄」字即未作改動。歷史文獻中的避諱現象遠比上述介紹複雜，讀者諸君若對此有興趣，不妨找陳垣先生的《史諱舉例》來一讀，所舉凡八十餘例，歷史文獻中的諱例差不多都有提及。至於現實政治、社會生活中的避諱現象，更是形形色色、五花八門，但那顯然已越出這篇短文範圍，不說也罷。

六

仲春上丁[1]釋奠[2]于孔宣父，以顏回[3]配，其七十二弟子及先儒並從配；謂子淵[4]、子騫[5]、伯牛[6]、仲弓[7]、子有[8]、子路[9]、宰我[10]、子貢[11]、子游[12]、子夏[13]、曾參[14]、顓孫師[15]、澹臺滅明[16]、宓子賤[17]、原憲[18]、公冶長[19]、南宮适[20]、公晳哀[21]、曾點[22]、顏路[23]、商瞿[24]、高柴[25]、漆雕開[26]、公伯寮[27]、司馬牛[28]、樊遲[29]、有若[30]、公西赤[31]、巫馬期[32]、梁鱣[33]、顏相[34]、冉孺[35]、曹卹[36]、伯虔[37]、公孫龍[38]、冉季產[39]、秦子南[40]、漆雕哆[41]、顏子驕[42]、漆雕徒父[43]、壤駟赤[44]、商澤[45]、石作蜀[46]、任不齊[47]、公夏首[48]、公良孺[49]、后處[50]、秦冉[51]、奚容箴[52]、公肩定[53]、顏辛[54]、鄡單[55]、句井疆[56]、罕父黑[57]、秦商[58]、申黨[59]、公祖子之[60]、榮子旂[61]、縣成[62]、左人郢[63]、燕伋[64]、鄭子徒[65]、秦非[66]、施之常[67]、顏噲[68]、步叔乘[69]、顏之僕[70]、陳亢[71]、樂欣[72]、廉絜[73]、顏何[74]、叔仲會[75]、狄黑[76]、邽巽[77]、孔忠[78]、公西與如[79]、公西蒧[80]等，及左丘明[81]、公羊高[82]、穀梁赤[83]、伏勝[84]、高堂生[85]、戴聖[86]、毛萇[87]、孔安國[88]、劉向[89]、鄭眾[90]、杜子春[91]、馬融[92]、盧植[93]、鄭元[94]、服虔[95]、賈逵[96]、何休[97]、王肅[98]、王弼[99]、杜預[100]、范甯[101]等，凡九十八人。仲秋之月亦如之。仲春上戊釋奠于齊太公[102]，以留侯張良[103]配焉；仲秋之月亦如之。

【章旨】記述對孔子的釋奠以及配享的孔門弟子與歷代先儒。

【注　釋】❶仲春上丁　指夏曆二月上旬之丁日。❷釋奠　古代學校祭奠先師的一種儀式。《禮記·文王世子》：「凡學，春官釋奠於其先師。」❸顏回　孔子弟子。魯人，字子淵。少孔子三十歲，安貧樂道，早死，孔子哭之慟，稱其「好學，不遷怒，不貳過」，指怒當其理，過不貳犯。❹子淵　即顏回。❺子騫　孔子弟子。魯人，姓閔，名損，字子騫。少孔子十五歲，孔子稱其：「孝哉閔子騫！人不閒於其父母昆弟之言。」意謂其上事父母，下順兄弟，故人不得有非閒之言。❻伯牛　孔子弟子。魯人，姓冉，名耕，字伯牛。孔子以為有德行。❼仲弓　孔子弟子。魯人，姓冉，名雍，字仲弓，為伯牛之宗族。少孔子二十九歲，孔子以為有德行。❽子有　孔子弟子。魯人，姓冉，名求，字子有。少孔子二十九歲，為魯國季氏之宰。❾子路　孔子弟子。魯國卞邑人，名仲由，字子路。好勇力。子路問勇，孔子曰：「義之為上。君子好勇而無義則亂，小人好勇而無義則資。」孔子對子路的評語是升堂而未入於室。死於衛國內亂。❿宰我　即宰予，孔子弟子。字子我，魯人。利口善辯，孔子稱其「朽木不可雕也，糞土之牆不可圬也」。⓫子貢　孔子弟子。衛國人。姓端木，名賜，字子貢。少孔子三十一歲，為孔子弟子中最富有者。齊欲伐魯，子貢為魯出使，起到了「存魯、亂齊、破吳、彊晉而霸越」的作用。⓬子游　孔子弟子。吳人，名言偃，字子游。仕魯，為武城宰。少孔子四十五歲，孔子以子游習於文學。⓭子夏　孔子弟子。衛人，姓卜，名商。少孔子四十四歲。孔子沒，子夏居西河，為魏文侯師。⓮曾參　孔子弟子。字子輿，魯國南武城人。少孔子四十六歲，作《孝經》，死於魯。⓯顓孫師　孔子弟子。字子張，陳人，少孔子四十八歲。⓰澹臺滅明　孔子弟子。字子羽，武城人，少孔子三十九歲。以「取予去就，名施乎諸侯」。⓱宓子賤　孔子弟子。姓宓，名不齊，字子賤，魯人。少孔子三十歲，孔子曾稱「子賤君子哉」。⓲原憲　孔子弟子。字子思，魯人。⓳公冶長　孔子弟子。字子長，齊人。⓴南宮适　《史記·仲尼弟子列傳》作「南宮括」。字子容，魯人。孔子稱其「君子哉，若人；上德哉，若人」。㉑公晳哀　孔子弟子。字季次，《孔子家語》稱其為齊人。㉒曾點　《史記·仲尼弟子列傳》：「曾蒧，字晳。」《孔子家語》云：「曾參之父」。魯人。嘗侍孔子言志，曰：春服既成，冠者五六人，童子六七人，浴乎沂，風乎舞雩，詠而歸。孔子喟然嘆曰：吾與點也。㉓顏路　名無繇，字路，顏回之父。少孔子六歲，與顏回父子異時事孔子。㉔商瞿　孔子弟子。魯人，字子木。少孔子二十九歲，孔子傳《易》於瞿。㉕高柴　孔子弟子。字子羔，衛人。少孔子三十歲，孔子以為愚。㉖漆雕開　孔子弟子。字子開，魯人。㉗公伯寮　孔子弟子。字子周，魯人。㉘司馬牛　即司馬耕，孔子弟子。字子牛，宋人。㉙樊遲　孔子弟子。姓樊名須，字子遲，故又稱樊遲。齊人，少孔子三十六歲。樊遲問仁，孔子曰：「愛人」。問智，曰：「知人」。㉚有若　孔子弟子。魯人，少孔子四十三歲。狀貌似孔子，孔子沒，弟子相與共立為師，師之如夫子時。㉛公西赤　孔子弟子。字子華，魯人，少孔子四十二歲。

㉜巫馬期　孔子弟子。魯人，字子期，少孔子三歲。《說苑》云：「宓子賤理單父，彈琴，身不下堂，單父理。巫馬期，以星出，以星入，而單父亦理。巫馬期問其故，宓子賤曰：『我之謂任人，子之謂任力。任力者勞，任人者逸。』」㉝梁鱣　孔子弟子。字叔魚，齊人，少孔子二十九歲。㉞顏相　《史記·仲尼弟子列傳》作「顏幸，字子柳，少孔子四十六歲」，魯人。㉟冉孺　孔子弟子。字子魯，魯人，少孔子五十歲。㊱曹卹　孔子弟子。字子循，少孔子五十歲。㊲伯虔　孔子弟子。字子析，少孔子五十歲。㊳公孫龍　孔子弟子。字子石，少孔子五十三歲。鄭玄稱楚人，《孔子家語》云衛人。㊴冉季產　孔子弟子。魯人，字子產。㊵秦子南　孔子弟子。名秦祖，字子南，秦人。㊶漆雕哆　孔子弟子。字子斂，魯人。㊷顏子驕　孔子弟子。姓顏名高，《孔子家語》稱其名產，字子驕。孔子在衛，南子招孔子為次過市，時產為御也。㊸漆雕徒父　孔子弟子。《孔子家語》稱其字固。㊹壤駟赤　孔子弟子。字子徒，秦人。㊺商澤　孔子弟子。字子季。㊻石作蜀　孔子弟子。字子明。㊼任不齊　孔子弟子。字選，楚人。㊽公夏首　孔子弟子。字乘，魯人。㊾公良孺　孔子弟子。字子正，陳人。賢而有勇，常以家車五乘，從孔子遊。㊿后處　孔子弟子。字子里，齊人。(51)秦冉　孔子弟子。字開。(52)奚容箴　孔子弟子。字子晳，衛人。(53)公肩定　孔子弟子。字子中，魯人，或稱晉人。(54)顏辛　《史記·仲尼弟子列傳》作「顏祖，字襄」，魯人。(55)鄡單　正德本、廣池本作「鄥單」。字子家。(56)句井疆　「疆」，正德本作「彊」。衛人。(57)罕父黑　孔子弟子。字子索。《孔子家語》作「宰父黑」。(58)秦商　孔子弟子。字子丕。《孔子家語》稱：「魯人，字丕慈，少孔子四歲。其父堇，與孔子父紇俱以力聞也。」(59)申黨　孔子弟子。字周，魯人。(60)公祖子之　《史記·仲尼弟子列傳》作「公祖句茲，字子之」。(61)榮子旂　《史記·仲尼弟子列傳》作「榮旂，字子祈」。(62)縣成　孔子弟子。字子祺，魯人。(63)左人郢　孔子弟子。字行，魯人。(64)燕伋　孔子弟子。字思。(65)鄭子徒　《史記·仲尼弟子列傳》作「鄭國，字子徒」。(66)秦非　孔子弟子。字子之，魯人。(67)施之常　孔子弟子。字子恒。(68)顏噲　孔子弟子。字子聲，魯人。(69)步叔乘　孔子弟子。字子車，齊人。(70)顏之僕　孔子弟子。字叔，魯人。(71)陳亢籍　《史記·仲尼弟子列傳》作「厚亢籍」，《孔子家語》稱其「名亢，字籍」。(72)樂欣　《史記·仲尼弟子列傳》作「樂欬」，字子聲，魯人。(73)廉絜　正德本、廣池本均作「廉潔」。字庸，衛人。(74)顏何　孔子弟子。字冉，魯人。(75)叔仲會　孔子弟子。字子期。《孔子家語》稱其為「魯人。少孔子五十四歲」。(76)狄黑　孔子弟子。字晳。(77)邽巽　《史記·仲尼弟子列傳》稱：「邦巽，字子斂。」(78)孔忠　《孔子家語》稱「忠字子蔑，孔子兄之子」。(79)公西與如　孔子弟子。字子上。(80)公西蒧　孔子弟子。字子上，魯人。按：以上孔子諸弟子皆見於《史記·仲尼弟子列傳》。(81)左丘明　一說複姓左丘，名明；一說單姓左，名丘明。魯國人，雙目失明。《史記·十二諸侯年表》稱：「魯君子左丘明，懼弟子人人異端，各安其意，

失其真，故因孔子史記具論其語，成《左氏春秋》。」班固《漢書・劉歆傳》以為左丘明是孔子同時代人，魯國太史，並「親見夫子」；漢光武帝更認為左丘明曾「親受孔子」。唐以左丘明配享祭奠，並把《春秋》三傳並列，便是基於上述認識。[82]公羊高　戰國時齊人，相傳為子夏弟子。舊說係《春秋公羊傳》作者，今一般認為先由公羊高口述流傳，至漢景帝時，始由其玄孫公羊壽及胡毋生（子都）著於竹帛。[83]穀梁赤　戰國時魯人，複姓穀梁，名赤，或作喜、嘉、俶、寘。相傳亦為子夏弟子，《春秋穀梁傳》作者。[84]伏勝　濟南（今山東章丘南）人。曾任秦博士，漢初以《尚書》傳教於齊魯間，漢文帝時鼂錯曾向他學習《尚書》，時已九十歲。今文《尚書》二十篇，即由其傳授而存。[85]高堂生　西漢《儀禮》最早傳授者。字伯，魯人。《史記・儒林列傳》：「言禮自魯高堂生。」[86]戴聖　西漢今文禮學小戴學之開創者。字次君，梁（今河南商丘南）人。曾與其叔父戴德同學禮於后蒼，漢宣帝時立為博士，參加石渠閣議，世稱小戴。選集各種有關禮儀的論述，編成禮書稱《小戴禮記》，以區別於戴德所傳之《大戴禮記》。今十三經中之《禮記》即為《小戴禮記》。[87]毛萇　西漢趙（今河北邯鄲西南）人，曾任河間獻王博士。初魯有毛亨，為詩詁訓傳於眾，稱大毛公。毛萇詩學傳自毛亨而尤精，世稱小毛公。西漢時言詩齊、魯、韓三家，而毛詩未得立於學官。東漢馬融等皆治毛詩，鄭玄曾為其箋注，唐《五經正義》詩即取毛、鄭，後三家皆廢而毛詩大行。[88]孔安國　字子國，孔子後裔。漢武帝時曾任諫大夫，授都尉朝。相傳曾得孔子住宅壁中所藏古文《尚書》，開古文尚書學派。司馬遷曾從安國問故，因而《史記》多古文說，並載〈堯典〉、〈禹貢〉、〈洪範〉、〈微子〉諸篇。[89]劉向　本名更生，字子政，沛（今江蘇沛縣）人。漢楚元王四世孫。曾任諫大夫、宗正等。治《春秋穀梁傳》，亦好《左傳》。又校閱群書，撰成《別錄》，為我國目錄學之祖。另有《洪範五行傳》、《新序》、《說苑》、《列女傳》等今存。[90]鄭眾　字仲師，東漢河南開封（今河南開封）人。曾任給事中，官至大司農。傳其父鄭興《左傳》之學，兼通《易》、《詩》。世稱鄭興父子為先鄭，鄭玄為後鄭。[91]杜子春　東漢河南緱氏（今河南偃師南）人。曾傳《周禮》，以傳鄭眾、賈逵。所注《周禮》，鄭玄曾採用。[92]馬融　字季長，東漢右扶風茂陵（今陝西興平東北）人。曾任校書郎、議郎、南郡太守。從摯恂學，徧注《周易》、《尚書》、《毛詩》、《三禮》、《論語》、《孝經》，使古文經學達到成熟的境地。除群經外，兼注《老子》、《淮南子》。生徒常有千餘人，升堂進者五十餘生，鄭玄、盧植皆出其門。[93]盧植　字子幹，東漢涿郡涿縣（今河北涿州市）人。少年師事馬融，能通古今學，好研精而不守章句，作《尚書章句》、《三禮解詁》。曾建議為《毛詩》、《左傳》、《周禮》置博士，立學官。後因得罪董卓，離職而去。[94]鄭元　他本多為「鄭玄」。四庫本因避清聖祖玄燁之名諱而改「玄」為「元」。字康成，東漢北海高密（今山東高密、諸城間）人。曾入太學學今文《易》和公羊學，又從張慕祖學《古文尚書》、《周禮》、《左傳》、《韓詩》等，最後從馬融學古文經。又聚徒講學，弟子多至數百千人。因黨錮事被禁，潛心著述，以古文經說為主，兼採今文經說，徧注群經，成為東漢經學集大成者。今通行本《十三經注疏》中《毛詩》、《三禮》，即採用鄭注。另注《周易》、《論語》、《尚書》和緯書。(95)服虔　字子慎，初名重，又名祇，後改名虔，東漢河南滎陽（今河南滎陽東北）人。舉於孝廉，曾任九江太守。信古文經學，作《春秋左氏傳解》。南北朝時，北方盛行服注，唐孔穎達撰《五經正義》，《左傳》專用杜預注，服注遂亡。(96)賈逵　字景伯，東漢扶風平陵（今陝西咸陽西北）人。其父從劉歆受《左氏春秋》，兼習《國語》、《周官》，逵受父業，明《左氏傳》、《國語》，為《解詁》五十一篇。明帝重其書，寫藏秘閣。章帝時令逵自選公羊嚴顏諸生高才者二十人，教以《左氏傳》。和帝時累官侍中，以老病乞歸。所著經傳義詁及論難百餘萬言，為學者所宗。(97)何休　字邵公，東漢任城樊（今山東兗州西南）人。精研今文諸經，十七年覃思不窺門，著《春秋公羊解詁》，為《公羊傳》制訂義例，系統闡發《春秋》中的微言大義，成為今文經學議政的主要依據。(98)王肅　字子雍，三國魏時東海（郡治今山東郯城西南）人。曾官中領軍。徧注群經，不分今古文，對各家經義都加以綜合。善賈逵、馬融之學，與鄭玄立異。曾偽作《孔子家語》等書，所注《尚書》、《詩》、三禮、《左傳》、《論語》，在晉代立有博士，號稱王學。東晉後逐漸衰亡。(99)王弼　三國魏時山陽（今江蘇淮安）人。好論儒道，為尚書郎，年僅二十餘即卒。其《老子注》、《周易注》、《周易略例》今存，並有廣泛影響。(100)杜預　字元凱，西晉京兆杜陵（今陝西西安東南）人。曾任荊南大將軍，以滅吳功封當陽縣侯。博學多藝，曾撰有《春秋左氏經傳集解》，唐孔穎達《五經正義》中《左傳》專用杜預注，收入《十三經注疏》，為今傳《左傳》注本最早的一種。(101)范甯　字武子，東晉南陽順陽（今河南淅川東南）人。曾任臨淮太守、豫章太守。反對何晏、王弼等的玄學，推崇儒學。撰《春秋穀梁傳集解》，被收入《十三經注疏》，是今存最早的《穀梁傳》注本。(102)齊太公　即呂尚，姜姓，呂氏，名望，字尚父，一說字子牙。西周初年官太師，又稱師尚父，輔佐武王滅紂有功，封于齊，有太公之稱。(103)張良　字子房，相傳為城父（今河南寶豐）人。秦末楚漢相爭時，為劉邦重要謀士，漢朝建立，封為留侯。

【語　譯】 每年仲春二月上丁這一天，要祭奠孔宣父，以他的弟子顏回配享；其餘孔門七十二弟子和歷代先儒亦都列為配享。配享的成員屬於孔子弟子的有：子淵、子騫、伯牛、仲弓、子有、子路、宰我、子貢、子游、子夏、曾參、顓孫師、澹臺滅明、宓子賤、原憲、公冶長、南宮适、公晳哀、曾點、顏路、商瞿、高柴、漆雕開、公伯寮、司馬牛、樊遲、有若、公西赤、巫馬期、梁鱣、顏相、冉孺、曹卹、伯虔、公孫龍、冉季產、秦子南、漆雕哆、顏子驕、漆雕徒父、壤駟赤、商澤、石作蜀、任不齊、公夏首、公良孺、后處、秦冉、奚容箴、公肩定、顏辛、鄡（鄔）單、句井疆（彊）、罕（宰）父黑、秦商、申黨、公祖子之、榮子旂、縣成、左人郢、燕伋、鄭子徒、秦非、施之常、顏噲、步叔乘、顏之僕、陳（厚）亢籍、樂欣（欬）、廉絜（潔）、顏何、叔仲會、狄黑、邽（邦）巽、孔忠、公西與如、公西蒧等，以及歷代的先儒包括左丘明、公羊高、穀梁赤、伏勝、高堂生、戴聖、毛萇、孔安國、劉向、鄭眾、杜子春、馬融、盧植、鄭元（玄）、服虔、賈逵、何休、王肅、王弼、杜預、范甯等，一共是九十八人。到仲秋八月，還要對孔宣父舉行一次同樣的祭祀。仲春二月上戊這一天，祭奠齊太公，以留侯張良配享；到仲秋八月，還要對齊太公舉行一次同樣的祭祀。

【說明】 本章所列配享名單，除孔子七十七弟子全本諸《史記·仲尼弟子列傳》外，歷代先儒則是根據貞觀二十一年（西元六四七年）的制文；但制文確定有二十二人，此處則為二十一人，少列一人。

對孔子的尊崇，可說是從唐代開始推向高峰的。兩漢時期，孔子還沒有被尊為「至聖」。祭祀時，被奉為「先聖」的是周公，處於主祀地位；孔子僅為「先師」，處於從祀地位。《後漢書·禮儀志》記載漢明帝永平二年（西元五九年）「祀先聖師周公、孔子」。魏晉以後，周公逐漸降為周文王、武王的配享，孔子開始成為道統中的先聖。到了唐代，孔子被追贈為文宣王，作為先聖的地位已堅不可拔，無論京城與州縣，都要建立孔廟，神位分成主神、配享、從祀三個等級，即本章正文與原注中所列舉的那一大串名單。祭奠的儀式亦作了明確的規定，這個格局一直延續到清朝末年，亦未發生大的變化。孔廟的設立，先儒的陪祀，釋奠禮儀的推行，以及對禮學的鼓吹，所有這一切的目的，都是為了在官僚士大夫中樹立起一種為維護皇權所需要的人格典範，使之朝夕瞻仰遺容，觀看俎豆揖讓的禮儀，在潛移默化中熔鑄士人的心性，從而世世代代培育出能夠履行尊尊親親秩序、恪守君臣父子倫理的合格士子即那個時代的精英階層來。

孔廟又稱文廟。與文廟相對應的還有武廟。武廟制亦始於唐代。開元十九年（西元七三一年），詔令在兩京及諸州各為呂尚立廟，稱齊太公廟。此後為齊太公立廟即成為定制，唐代科舉考試文武分途，各州應試的武舉人，都要到太公廟行鄉飲酒禮。為了對應文廟的祭祀，提高齊太公的地位，肅宗上元元年（西元七六〇年）追贈呂尚為武宣王，其饗祭之典，一同文宣王孔子。武廟從唐代到宋代一直存在，至明初才發生變化，朱元璋洪武二十年（西元一三八七年）下詔取消武宣王廟，把太公移置於帝王廟從祀，代之而起的武廟是關帝廟和岳武穆廟，民間概稱為關岳廟。

七

孟冬[1]祭司寒[2]於冰室，仲春[3]祀馬祖[4]，仲夏[5]享先牧[6]，仲秋[7]祭馬社[8]，仲冬[9]祭馬步[10]，並以剛日[11]，皆於大澤[12]之中。季冬臘日前寅[13]蜡[14]百神於南郊，大明[15]、夜明[16]、神農[17]、后稷[18]、伊耆[19]、五官[20]、五星[21]、二十八宿[22]、十二辰[23]、五嶽、四鎮、四海、四瀆[24]、五田畯[25]、青龍[26]、朱雀[27]、麒麟[28]、騶虞[29]、元武[30]，及五方山林、川澤、丘陵、墳衍[31]、原隰[32]、井泉、水墉坊[33]，於菟[34]、鱗、羽、介、毛、贏[35]，郵表畷[36]、貓[37]、昆虫[38]，凡一百八十七座。若其方有災害，則闕而不祭。祭井泉於川澤之下。

【章旨】記述有關四時對諸神的祭祀和季冬蜡祭等規定。

【注釋】❶孟冬　即冬季首月，夏曆十月。❷司寒　傳說中主管寒冷之神，為北方冬神玄冥。其說始於先秦。《左傳·昭公四年》：「其藏之【冰】也，黑牡、秬黍，以享司寒。」杜預注：「司寒，玄冥，北方之神，故物皆用黑。有事於冰，均祭其神。」❸仲春　夏曆二月。❹馬祖　指天駟之神，亦即房星。❺仲夏　夏曆五月。❻先牧　始教民養馬者，因奉為神。❼仲秋　夏曆八月。❽馬社　指始乘馬者。《世本》稱：「相土作乘馬。」❾仲冬　夏曆十月。❿馬步　神名，為災害馬者。

⑪剛日　天干中逢甲、丙、戊、庚、壬為剛日，乙、丁、己、辛、癸為柔日。⑫大澤　指草澤之地。⑬季冬臘日前寅　一般指夏曆十二月初八前之寅日。⑭蜡　古代十二月祭百神之稱。《周禮・郊特牲》：「蜡也者，索也。歲十二月，合聚萬物而索饗之也。」⑮大明　指太陽。⑯夜明　指月亮。⑰神農　傳說中創造農業的先帝。⑱后稷　傳說中周之始祖棄。稷為虞舜時農官名，棄也曾掌其事，因稱「后稷」。⑲伊耆　指傳說中的堯帝。《禮記・郊特牲》：「天子大蜡八，伊耆氏始為蜡。」認為蜡祭是從伊耆氏即傳說中堯帝開始的。⑳五官　指五行之官，即勾芒、祝融、后土、蓐收、玄冥五神。㉑五星　古人認識到的太陽系九大行星中的五顆行星。即歲星（木星）、熒惑星（火星）、鎮星（土星）、太白星（金星）、辰星（水星）。早在甲骨文中已有「歲」、「大星」字樣，至戰國五星之名都有了記載。㉒二十八宿　我國古代天文學家觀察星象各個區域所定的名稱。東、南、西、北四方各七宿。其名稱，東方為角、亢、氐、房、心、尾、箕，南方為井、鬼、柳、星、張、翼、軫，西方為奎、婁、胃、昴、畢、觜、參，北方為斗、牛、女、虛、危、室、壁。通過月球在天空二十八宿的位置，可以推定太陽的位置，從而知道一年季節的變化，並據以安排一年農事。不僅中國古代對星象作過如上區分，古代巴比倫、印度和阿拉伯天文學家亦有類似做法，只是名稱不同。此處則是把二十八宿作了神化。㉓十二辰　古代天文學家為度量日、月、五星位置，把黃道附近一個周天分成十二等分，即為十二辰。其名稱由西向東依次為子、丑、寅、卯、辰、巳、午、未、申、酉、戌、亥。它們與十二次、二十八宿有對應關係。古代曾用以紀年和紀時。此處則把十二辰作了神化。㉔五嶽四鎮四海四瀆　其名稱見下一章正文。㉕五田畯　田畯為古代主農之官，五田畯指東、南、西、北、中各方之田畯。㉖青龍　中國古代傳說中代表東方的動物神。㉗朱雀　古代傳說中代表南方的動物神。㉘麒麟　傳說中象徵吉祥的動物神。《說文解字・鹿部》：「麒麟，仁獸也。麇身，牛尾，一角。」㉙騶虞　亦稱騶吾，傳說中吉祥之獸，王者有至信之德則現。《山海經・海內北經》：「林氏國有珍獸，大若虎，五綵畢具，尾長于身，名曰騶吾，乘之日行千里。」㉚元武　南宋本作「玄武」。四庫本因避清聖祖名諱而改「玄」為「元」。古代傳說中代表北方的動物神。塑像為龜蛇合體，被尊為水神。㉛墳衍　指高原。㉜原隰　低下的隰地，即平原。㉝水墉坊　《禮記・郊特牲》：「祭坊與水庸，事也。」指祭坊與水墉之神。坊，所以蓄水，亦以障水；墉，所以受水，亦以洩水，都是田間水利設施。古人在冬季祭其神，以報其一年之功效。㉞於菟　虎的別稱。古代蟲為動物的總稱，亦稱虎為大蟲，因而列在五蟲之前。㉟鱗羽介毛贏　這是古人對動物的分類。據陰陽五行說，冬蟲為介，指龜鼈一類甲殼類動物。甲象徵閉藏，故屬冬。到了春天，陽氣升，動物離開太陰，甲散而為鱗，鱗屬魚類，龍為之長。夏季盛陽，鱗散為羽，羽屬鳥類，以鳳為長。夏秋之際，陽氣發散，羽盡為贏，又作倮，屬贏蟲，麒麟為其長。進而至秋，秋屬金，金氣寒，裸者

衣毛，指長毛的動物，以虎為長。這樣分類當然是很表象和牽強的，但亦反映了古人意欲從整體和相互聯繫上去把握現象世界的努力。㊱郵表畷　古代田官（即田畯）於田井間所舍之處。郵若郵亭；屋宇處所稱表；田間小路稱畷。古之田官有功於民，故享之。《禮記．郊特牲》：「饗農，及郵表畷。」㊲猫　猫所以亦成為祭祀對象，是因其捕食田鼠，保護了糧食作物生長。《禮記．郊特牲》：「古之君子，使之必報之。迎貓，食田鼠也。」㊳昆虫　特指有害於田間作物之蟲類，祭祀是為了求其來年不再作祟。《禮記．郊特牲》所載蜡祭祝辭稱：「土反其宅，水歸其壑，昆蟲毋作，草歸其澤。」

【語　譯】每年孟冬十月，要在冰室祭祀司寒之神。仲春二月，祭馬祖，仲夏四月祭享先牧，仲秋八月祭祀馬社，仲冬十一月祭祀馬步。這些祭祀規定都是在當月的剛日中擇定，在大澤中舉行祭祀儀式。季冬十二月臘日前的寅日，要在南郊蜡祭百神。受祭祀的神有：大明、夜明、神農、后稷、伊耆、五官、五星、二十八宿、十二辰、五嶽、四鎮、四海、四瀆、五田畯、青龍、朱雀、麒麟、騶虞、玄武，以及五方的山林、川澤、丘陵、墳衍、原隰、井泉、水墉、水坊，還有於菟、鱗、羽、介、毛、贏和郵表畷，貓、昆蟲等，一共是一百八十七座。如果哪一方神靈主管的範圍當年有災害，便缺而不祭。祭祀井泉要在川澤的下方。

【說　明】季冬所蜡祭的百神，都與農業密切相關。在古代以自然經濟為基礎的社會裡，農業是最主要的生產部門，因而蜡祭亦顯得更為重要些。蜡祭最早見於《禮記．郊特牲》的記載，其文稱：「天子大蜡八，伊耆氏始為蜡。蜡也者，索也。歲十二月，合聚萬物而索饗之也。蜡之祭也，主先嗇而祭司嗇也，祭百種以報嗇也。」這裡祭祀的目的很明確：是為了報答這一年與農事有功之諸神。由於各季萬物都合藏歸根，祭祀者欲求索其神之有功於農事者而報享之，所以蜡祭之神包括了天地山川方方面面而稱之為百神。耐人尋味的是，如果發生災害，那麼相關之神似乎應承擔責任，因而可以缺而不祭。在這種對自然諸神的崇拜裡，彷彿還保留著相當多的原始拜物教成分，即帶有直接的現實的功利目的。崇拜是有條件的，或者說是契約式的：有功者則報以祭享，有災者則缺而不祭，賞罰分明。在我們先人心目中，求一神不如求多神；如果所求的神不靈，不僅可以棄置，而且可以移情他神，沒有明確的難以移易的「門戶之見」。這大概是中國傳統的宗教意識的一個特徵吧？它明顯有別於基督教和伊斯蘭教影響下的宗教意識。

八

立春①之日，祭東嶽泰山②於兗州③，東鎮沂山④於沂州⑤，東海於萊州⑥，東瀆淮⑦於唐州⑧；立夏⑨之日祭南嶽衡山⑩於衡州⑪，南鎮會稽山⑫於越州⑬，南海於廣州⑭，南瀆江⑮於益州⑯；季夏土王日⑰，祭中嶽嵩山⑱於河南府⑲；立秋⑳之日，祭西嶽華山㉑於華州㉒，西鎮吳山㉓於隴州㉔，西海及西瀆河㉕於同州㉖；立冬㉗之日，祭北嶽恒山㉘於定州㉙，北鎮醫無閭㉚於營州㉛，北海及北瀆濟㉜於河南府，各於其境內，本州長官行焉。蜀州㉝青城㉞丈人山㉟，每歲春、秋二時享以蔬饌，委縣令行。側近以三兩人洒㊱掃。

【章旨】記述關於五嶽、四鎮、四海、四瀆的定時祭祀。

【注釋】❶立春　二十四節氣之一。每年陽曆二月四日前後，我國習慣作為春季開始的節氣。❷東嶽泰山　指泰山的主峰玉皇頂。在山東泰安市之北，古稱東岳，亦稱岱山、岱宗。海拔一千五百二十四米。❸兗州　唐轄區在今山東省泰安、萊蕪、濟寧等縣市。治所在今泰安。❹沂山　四鎮之一。在山東省中部，主峰在臨朐縣南。一名東泰山，山上有東鎮廟。❺沂州　治所在今山東臨沂市。❻萊州　治所掖縣，今山東萊州市。❼淮　四瀆之一。即淮河。❽唐州　治所比陽，即今河南省之泌陽。淮水源於唐州桐柏縣。❾立夏　二十四節氣之一。每年陽曆五月六日前後，我國習慣作為夏季開始的節氣。❿衡山　一稱岣嶁山或虎山。在湖南省衡山縣西。俯瞰湘江，山勢雄偉。⓫衡州　治所衡陽，即今湖南衡陽市。⓬會稽山　四鎮之一。在浙江省中部。主峰在紹興縣南與諸暨、嵊縣交界處。相傳夏禹至茅山大會諸侯，故改名為會稽山。又傳秦始皇登此山以望南海，故又名秦望山。⑬越州　治所會稽，今浙江紹興市。⑭廣州　治所即今廣州市。⑮江　四瀆之一。即長江。⑯益州　治所今四川省成都市。⑰土王日　按陰陽五行說，把五行、五方與四時相配，勢必缺少一季，致使五行中的「土」，五方中的「中央」，五帝中的黃帝，無所歸屬。《管子》把它們安插在夏季之末與秋季開始之間，具體的日子定在戊巳日，因其為「土」、「中央」和黃帝所在，故稱「土王日」。⑱嵩山　在河南省登封縣北。由大室山、少室山等山組成，主峰為峻極峰。有中岳廟。⑲河南府　今河南省之洛陽市。為唐東都所在。⑳立秋　二十四節氣之一。每年陽曆八月八日前後。我國習慣作為秋季開始的節氣。㉑華山　在陝西華陰縣南。主峰太華山，海拔二〇八三米。㉒華州　治所鄭縣，今陝西華縣。㉓吳山　四鎮之一。在陝西省隴縣西南。又名岳山、吳岳、西鎮山。㉔隴州　治所汧陰，今陝西隴縣東南。㉕河　四瀆之一。即黃河。㉖同州　治武鄉，今陝西大荔縣。㉗立冬　二十四節氣之一。每年陽曆十一月八日前後，我國習慣作為冬季開始的節氣。㉘恒山　在山西省東北部。主峰玄武峰，又名天峰嶺，在渾源縣東南，海拔二〇一七米。有北岳朝殿。㉙定州　治所安喜，今河北定州市。㉚醫無閭　四鎮之一。在遼寧省北鎮縣西北。主峰望海山，海拔八六七米。㉛營州　治龍城，今遼寧朝陽市。㉜濟　四瀆之一。即古之濟水。分為黃河南北二部分。河北部分源出河南濟源縣西之王屋山，下游屢經變遷，在今溫縣西南入河。河南部分本係從黃河中分出支脈，因分流處與河北濟口隔岸相望，古人遂目為濟水的下游，至山東定陶縣東北注入巨野澤。㉝蜀州　即益州，或稱蜀郡。治所成都，即今四川成都市。㉞青城　今四川灌縣東南，因山為名。㉟丈人山　即青城山。在四川灌縣西南十五公里。相傳軒轅黃帝曾封此處寧封丈人為五岳丈人，因又名丈人山。杜甫曾詠詩：「自為青城客，不唾青城地；為愛丈人山，丹梯近幽意。」㊱洒　即「灑」字。

【語　譯】立春這一天，要在兗州祭祀東嶽泰山，在沂州祭祀東鎮沂山，在萊州祭祀東海，在唐州祭祀東瀆淮河；立夏這一天，在衡州祭祀南嶽衡山，在越州祭祀南鎮會稽山，在廣州祭祀南海，在益州祭祀南瀆長江；夏季最後一個月的土王日，在河南府洛陽祭祀中嶽嵩山；立秋這一天，在華州祭祀西嶽華山，在隴州祭祀西鎮吳山，在同州祭祀西海和西瀆黃河；立冬這一天，在定州祭祀北嶽恒山，在營州祭祀北鎮醫無閭山，在河南府的治所洛陽祭祀北海及北瀆濟河。以上各個祭祀儀式，具體都由所在地本州的刺史主持舉辦。蜀州青城的丈人山，每年春、秋二季亦要用菓蔬食品祭享，這項祭禮交由所在縣縣令去主辦。以上各處祠廟，都要就近安排三兩人日常進行灑掃。

【說　明】對山川河海定期舉行祭祀，作為一種定制，始於秦。「秦并天下，令祠官所常奉名山川鬼神可得而序。」

《通典·禮六》於是自崤山以東，對名山大川分列等第，並作出相應祭祀規定。至於最早提出祭祀五嶽、四鎮、四海、四瀆的，該是東漢經學家鄭玄。在圜丘祭天時，要以四望配祀。何謂四望？略早於鄭玄的鄭眾認為是日、月、星、海，而鄭玄則以為是五嶽、四鎮、四海、四瀆。嶽、鎮、海、瀆在四季作為單獨祭祀，定型於南朝梁武帝時期，後來北齊、隋又有所發展。本書有關祭祀嶽、鎮、海、瀆記述，所本多為武德、貞觀之制。祀官是當界的都督、刺史，所在地建祠立廟，如五嶽、四瀆的祠廟設令一人，祝史三人，齋郎三人。開元、天寶時還對嶽、鎮、海、瀆的山神、水神封王、封公，如封泰山為天齊王，嵩山為中天王，衡山為司天王，恒山為安天王；河瀆封靈源公，濟瀆封清源公，江瀆封廣源公；四鎮之一的會稽山封永興公，東海為廣德王，南海為廣利王，西海為廣潤王，北海為廣澤王。這是經過漫長的歷史過程，最後把自然神化為有意志的人格神，從而塑像祭享，以求福佑。

九

凡三年一享帝嚳氏❶于頓邱❷；享唐堯❸於平陽❹，而稷❺、禼❻配焉；享虞舜❼於河東❽，咎繇❾配焉；享夏禹❿於安邑⓫，伯益⓬配焉；享殷湯⓭於偃師⓮，伊尹⓯配焉；享周文王⓰於酆⓱，太公⓲配焉；享周武王⓳於鎬⓴，周公㉑、召公㉒配焉；享漢高祖㉓於長陵㉔，蕭何㉕配焉，皆以仲春㉖之月。四時仲月㉗，享隱㉘、章懷㉙、懿德㉚、節愍㉛、惠莊㉜、惠文㉝、惠宣㉞七太子廟，令其子孫主祭㉟，有司給牲牢㊱、樂縣㊲，太常博士㊳相禮焉。四仲月享隋文帝㊴、周武帝㊵廟，酅公、介公㊶主祭。凡州、縣皆置社稷，如京、都之制，仲春上戊㊷，州、縣官親祭；仲秋上戊㊸亦如之。凡州、縣皆置孔宣父㊹廟，以顏回㊺配焉，仲春上丁㊻，州、縣官行釋奠之禮；仲秋上丁㊼，亦如之。凡官爵二品已上，祠四廟㊽；五品已上，祠三廟；六品已下達於庶人，祭祖禰㊾而已。凡國有封禪㊿之禮，則依圜丘方澤之神位(51)。古封禪禮多闕而不載，其玉檢(52)文亦秘，代莫得知。開元十三年(53)，上封太山，乘馬直造山頂，唯一二大臣得從焉；其玉檢文(54)為蒼生祈福，當時不秘，人得以知之。若親征，禡、類(55)昭告，各依本神位焉。車駕巡幸，路次名山、大川，古昔聖帝、明王、名臣將相陵墓及廟應致祭者，名山大川三十里內，聖帝明王二十里內，名臣將相十里內，並令本州祭之。

【章　旨】記述有關先代帝王、本朝七太子廟的祭享和品官庶人祭祀祖先的規定；章末敘封禪禮儀。

【注　釋】❶帝嚳氏　即高辛氏。傳說中黃帝之曾孫。❷頓邱　一作「敦丘」。春秋衛地，今河南清豐縣西南。傳說帝嚳之塚在濮陽頓邱城南臺陰野中。❸唐堯　即帝堯。名放勳，傳為帝嚳之子。❹平陽　相傳堯都於平陽，今山西臨汾市西南。❺稷　傳說中周之始祖。其母姜源為帝嚳元妃，踐跡而孕，生子名棄。堯以棄為農師，故以稷配堯。❻卨　通作「契」，亦作「偰」。傳說中商之始祖，其母簡狄為帝嚳次妃，吞玄鳥卵而生契。佐禹治水有功，封於商，賜姓子氏。❼虞舜　名重華。舊說堯老，禪位於舜。❽河東　相傳舜耕於歷山，在河東，今山西永濟蒲州鎮。❾咎繇　即皐陶，偃姓。相傳被舜任命為掌管刑法之官，後被禹選為繼任人，因早死，未繼位。今本《尚書》存有〈皐陶謨〉篇，相傳為皐陶與禹在舜前關於施政方針的對話。❿夏禹　姒姓，名文命，傳說中的古代帝王。在舜時治水有功，後受舜禪位。其子啟建立了夏朝。⓫安邑　在今山西夏縣西北，相傳夏禹建都於此。⓬伯益　一作伯翳，亦稱大費。相傳其善於畜牧和狩獵，被舜任為虞，掌管草木鳥獸，供應鮮食，為禹所重用，助禹治水有功。⓭殷湯　名履。契的後代，自契至湯十四代。討滅夏桀，建立商朝，為殷商建國君主。⓮偃師　在今河南省洛陽市東北部，為商城遺址所在。⓯伊尹　名阿衡。為湯大臣，說湯以素王九主之事，助湯滅夏。⓰周文王　姓姬，名昌，為西伯，稱文王。周代在渭水流域建國的君主。⑰鄷　在今陝西長安西南，灃河以西，與鎬同為西周國都。周文王始遷於此。人們往往把鄷、鎬作為周代的發祥地。⑱太公　周代對呂尚的稱號。本姓姜，從其封姓，故稱呂尚。多兵權奇計，助周滅商。封於齊營丘，故亦稱齊太公。⑲周武王　姓姬，名發，周文王姬昌之子。繼承文王遺業，滅商，建立了西周王朝。⑳鎬　為西周國都。在今陝西長安縣西豐鎬村西北洼地一帶。㉑周公　姬旦，周武王之弟。佐武王伐紂，作〈牧誓〉。滅殷後，武王死，攝政輔成王。封於曲阜，為魯公。㉒召公　姓姬，名奭。成王時，召公為三公，自陝以西召公主之。滅殷後，封於北燕。㉓漢高祖　劉邦，沛人，漢代開國君主。㉔長陵　漢高祖劉邦陵墓。在咸陽北原東段，與渭河相對。㉕蕭何　沛人，從劉邦起兵。在建立漢朝過程中，劉邦論功，蕭何第一。劉邦與項羽對峙於滎陽時，蕭何留守關中，補給軍需，故稱其為萬世之功。㉖仲春　即夏曆二月。㉗四時仲月　指每季之第二月，即夏曆二月、五月、八月和十一月。㉘隱　指李建成，諡為隱。高祖李淵長子，太宗李世民兄。武德三年（西元六一八年）立為皇太子，四年後，李世民發動兵變，在玄武門親自射殺其兄建成，並盡殺建成諸子。玄宗為之立廟以祀。㉙章懷　指李賢，字明允，諡章懷。其父為高宗李治，母為武則天。上元二年（西元六七五年）前太子李弘死，李賢被立為太子，曾召集諸儒共注范曄《後漢書》。後武后寵信之明崇巖為盜所殺，武后疑係賢所為，因廢賢為庶人。武后臨朝稱制後，賢被迫自殺。㉚懿德　指李重潤，中宗李顯長子，諡懿德。永淳元年（西元六八二年）被立為皇太孫。武周大足元年（西元七〇一年），因被人構陷與其妹及婿竊議而被武則天令人杖殺，時年僅十九歲。中宗即位，追贈為皇太子。史稱其「風神俊朗，早以孝友知名，既死非其罪，大為當時所悼惜」。㉛節愍　指李重俊，中宗李顯第三子，諡節愍。神龍二年（西元七〇六年）被立為皇太子。時武三思及安樂公主以其非韋后所生，常無故欺凌，呼之為奴。重俊憤而率左羽林大將軍李多祚發兵三百餘人，殺武三思及其黨羽，入宮索韋后及安樂公主，結果兵敗被殺。睿宗即位，追贈為皇太子。㉜惠莊　指李撝，本名成義，睿宗李旦之子，母為宮女。卒後贈太子並諡惠莊。㉝惠文　指李隆範，睿宗之子，玄宗之弟。卒後贈太子並諡惠文。㉞惠宣　指李業，睿宗之子，玄宗之弟。卒後贈太子並諡惠宣。㉟令其子孫主祭　七太子廟原規定均由官祭，開元二十二年（西元七三四年）始改為有子孫的應由子孫自祭，無子孫的則按舊制官祭。七太子中，有子孫的只有惠莊、惠文、惠宣，其餘都已絕後。如隱太子建成之諸子全被李世民滅絕。㊱牲牢　指祭祀時用的牲畜。太牢為牛、豬、羊三牲，少牢為豬、羊二牲。㊲樂縣　縣通「懸」。樂縣為一種禮樂制度，分宮縣、軒縣、判縣、特縣四個等次，分別使用於不同場合。宮縣即禮儀場所四面都懸掛樂器，為最高等次，只有皇帝可以使用。此處祭祀太子廟則懸掛軒懸之樂，即去宮縣之南面，三面懸掛樂器。㊳太常博士　太常寺屬官，從七品上，掌祭祀時導贊禮儀。㊴隋文帝　楊堅，隋朝開國皇帝。在位二十四年，終年六十四歲。㊵周武帝　宇文邕，北周皇帝。在位十七年，終年三十六歲。㊶酅公介公二公分別為隋朝和北周皇帝後裔，在唐初還受到某些優待。㊷仲春上戊　指夏曆二月上旬之戊日。㊸仲秋上戊　指夏曆八月上旬之戊日。㊹孔宣父　指孔子。唐開元二十七年（西元七三九年）追謚為文宣王。㊺顏回　孔子弟子。以安貧樂道著聞。㊻仲春上丁　指夏曆二月上旬之丁日。㊼仲秋上丁　指夏曆八月上旬之丁日。㊽祠四廟　指能祭祀前四代之祖廟。後文「祠三廟」亦指允許祭祀先祖的代數。㊾祖禰　指祖先。祖謂祖宗，死後神主入廟為禰。㊿封禪　古代帝王祭祀天地的重大儀式。在泰山頂上築壇祭天稱「封」，在山南梁父山上辟基祭地為「禪」。春秋時期齊魯地區的方士認為五嶽中泰山最高，帝王應到泰山去祭祀。傳說上古帝王就多有封禪，史書有正式記載的則是始於秦始皇，後有漢武帝。唐代高宗李治、玄宗李隆基亦舉行過封禪大典。每次舉行此項活動時，其禮儀總是被描述得頗為神祕，且眾說紛紜，莫衷一是。(51)依圜丘方澤之神位　指封禪時，神位的設置，依照郊祀圜丘祭天及方丘祭地祇時設置神位的規定。(52)玉檢　封禪祭祀時作銘刻祝辭或紀事之用。有玉檢、玉牒兩種。唐代在貞觀時曾議定其形制：「玉牒，長尺三寸，廣、厚各五寸；玉檢，厚二寸，長短濶狹一如玉牒。其印齒隨璽大小，仍纏以金繩五周。」（《通典．禮十四》）(53)開元十三年　即西元七二五年。(54)其玉檢文　指玄宗封禪時的祝詞和銘文，詳見《通典．禮十四》所錄。又，下文言玄宗封禪時的玉檢「當時不秘」，據《新唐書．禮樂志》記載，其時玄宗曾問近臣：「前世何為秘玉牒？」賀知章回答說：「玉牒以通意於天，前代或祈長年，希神仙，旨尚微密，故外莫知。」玄宗說：「朕今為民祈福，無一祕請。」即出玉牒以示百僚。(55)禡類　皆為祭名。《通典．禮三十六》：「天子將出征，類於上帝」，「禡於所征之地」。其本注引孔穎達曰：「天道遠，以事類而祭告之也。」又云：「禡，師祭也，為兵禱也，其禮亡。其神蓋蚩尤，或云黃帝。」通常是至所征之地則祭黃帝與蚩尤，如是田狩，但祭蚩尤。

【語　譯】每三年要祭享一次先代帝王。在頓丘祭享帝嚳氏，在平陽祭享唐堯氏，同時以稷與卨（契）配享；在河東祭享虞舜，以咎繇配享；在安邑祭享夏禹，以伯益配享；在偃師祭享殷湯，以伊尹配享；在酆祭享周文王，以太公配享；在鎬祭享周武王，以周公和召公配享；在長陵祭享漢高祖，以蕭何配享。以上祭祀的日期，都定在當年的仲春二月。每年四季的第二個月，要祭享隱、章懷、懿德、節愍、惠莊、惠文和惠宣七位太子的太子廟，由他們的子孫主祭，官府供給祭祀用的牲牢和懸掛的樂器，並由太常博士贊導禮儀。在每年四季的第二個月，還要祭享隋文帝、周武帝廟，分別由酅公和介公主祭。地方各個州縣都要仿照京師和東都的格式，設置社稷祭壇，每年在仲春二月上旬的戊日，由州縣官親自祭祀；仲秋八月上旬的戊日，再依樣祭祀一次。各個州縣都要設置孔廟，祭享孔子時，以顏回配享。在每年仲春二月上旬的丁日，由州縣官主持祭孔儀式，仲秋八月上旬的丁日，再依樣祭祀一次。凡是官爵二品以上的官員，可以祭祀四廟，五品以上的可以祀三廟，六品以下直到庶民百姓，就只能祭祀先祖了。每逢國家在泰山舉行封禪大典，就要依照在圜丘和方丘祭祀天地的規定設置神位。古代有關封禪的禮儀大多空缺，沒有留下完整的記載。玉檢上記錄的祝詞一類文字，亦總是秘而不宣，所以歷代都不得而知。開元十三年當今皇上登泰山舉行封禪典禮，乘馬直接到達山頂，只有一二個大臣能夠隨從。玉檢上的祝文是為民眾祈求福祉，當時並沒有保守秘密，人們方始得以知曉。如果君王率師親征，要舉行禡祭、類祭昭告儀式，那就依照各個所奉祀的神祇安排神位。皇上車駕巡幸一路經過的名山大川、古代聖帝明王或名臣將相的陵墓、祠廟，應該致祭的範圍是：名山大川在三十里以內，聖帝明王陵墓在二十里以內，名臣將相祠廟在十里以內。這些祭祀都由相關各州的刺史主祭。

【說 明】比較系統的祭祀先代帝王，始於北魏，孝文帝太和時，祭祀堯、舜、禹、周文王。進一步使之完備的是隋唐二代，隋時較北魏增加了商湯、周武王和漢高祖；唐初修禮令無祭先代帝王的規定，後來始因許敬宗奏議，承隋制三年一祭，時間安排在仲春之月。

為太子建廟，始於漢宣帝為戾太子劉據所建陵園，因園為寢，以時祭享。漢宣帝所以會在歷史上開這個頭，除了戾太子是他祖父以外，還因為這位太子亦實在死得太冤了！劉據為漢武帝長子，原已立為太子，後因巫蠱之禍而逃亡抵湖，最後被迫自經而死。武帝晚年，當那些殘害戾太子的人都被族誅了的時候，便開始懷念起這個兒子來了！這時他認為劉據是「無辜」的，「乃作思子宮，為歸來望思之臺於湖，天下聞而悲之」(《漢書・戾太子傳》)。唐建太子廟，亦包含著為冤死的諸太子昭雪之意。如李建成為其弟李世民親手所殺，但因為後來李世民登上了皇位，有關建成、元吉的記載都被歪曲，掩蓋了兄弟自相殘殺的悲劇真相。再如章懷太子，為武則天親生骨肉，亦被逼死得毫無理由；懿德太子為武則天的孫子，僅因為議論了幾句張易之入宮之事，便被活活杖殺。節愍太子是被逼起來殺武三思的，事後證明他做的倒是符合李唐王朝利益的，但亦直到睿宗時才被追認為皇太子。在一般人看來，太子離至尊僅有咫尺之遙，那是何等榮幸的位置！但專制制度嚴重地扭曲了人際關係，在激烈的權力角逐中，往往越是關係親近，越要成為殘殺對象。所以太子歷來難做。那麼老子是否就好做些呢？亦不見得。唐代不僅為太子建廟的多，太上皇亦多，如李淵、武則天、李旦、李隆基都曾經做過太上皇。在常人心目中，「太上皇」簡直是無上榮耀的代名詞，但在唐代這些太上皇卻都是被迫的，而且大多晚景淒涼。人，一旦被推上宮廷權力爭奪這一特殊戰場，就不再存在父子、母子、兄弟姐妹這些屬性，剩下的只有刀劍相向，寸土不讓。中國歷史上，無論哪一個王朝都擺脫不了這個由皇位更替引發的悲劇陰影，而且只要封建專制制度不從根本上瓦解，真正建立起權力更替的民主制度，那麼這樣的歷史悲劇必然還會長演不衰，只是悲劇形式及其影響範圍大小與連累受害人多少有所差別而已。為太子立廟固然可讓後人藉以憑弔這一連串歷史悲劇，但卻不可能結束此類悲劇的一再上演。現在西安的乾陵，還保留著章懷、懿德二太子之墓和則天皇帝的無字碑，據說中外人士每年去那兒遊覽的頗多，只是不知他們之中是否有人因而鈎起對那些並未失去現實意義的歷史往事的回憶？

十

凡國有大祭祀之禮，皇帝親祭，則太尉[1]為亞獻[2]，光祿卿[3]為終獻；若有司攝事，則太尉為初獻，太常卿[4]為亞獻，光祿卿為終獻。孔宣父廟，則國子祭酒[5]為初獻，司業[6]為亞獻，國子博士[7]為終獻；齊太公廟，則太常卿為初獻，少卿[8]為亞獻，丞為終獻。諸小祀[9]唯官一獻。凡大祀[10]散齋[11]四日，致齋[12]三日；中祀[13]散齋三日，致齋二日；小祀散齋二日，致齋一日，皆祀前習禮、沐浴，並給明衣[14]。諸大祀齋官，皆於散齋日平明集尚書省受誓戒[15]。其致齋日，三公於都省安置，所司鋪設。若車駕親行及齋官向祀祭之所，本司預告州縣及金吾⑯相知，令平明視所行之路，道次不得見諸凶穢、縗絰⑰及聞哭泣之聲。散齋日不得弔喪問疾，不判署刑殺文書，不決罰罪人。

【章　旨】記述各類祭祀不同的「三獻」人選和齋戒日數以及相關規定。

【注　釋】❶太尉　三公之首。❷亞獻　指舉行祭獻禮時的第二位主持者。獻指以犬牲奉祭祀。盛大的祭獻分初、亞、終三獻，分別由不同品位的人主持。❸光祿卿　光祿寺長官，從三品。凡國家有大型祭祀，由其省察牲、鑊、濯、溉之事務。如以太尉攝祭，則由光祿卿為終獻。❹太常卿　太常寺長官，正三品。國家之大型禮儀，多由其執掌禮儀事務。如以太尉攝祭，則由其為亞獻。❺國子祭酒　國子監長官，從三品。❻司業　國子監祭酒之副貳。❼國子博士　正五品上，掌教授國子監生員。❽少卿　指太常寺少卿。為太常卿之副貳。❾小祀　唐制祭祀分大、中、小三等。對司中、司命、司人、司祿、風伯、雨師、靈星、山林、川澤、司寒、馬祖、先牧、馬社、馬步，以及州縣社稷的祭祀，稱小祀。❿大祀　對天、地、宗廟、五帝及追尊之帝、后的祭祀，稱大祀。⓫散齋　齋是古人祭祀前清心潔身，以示莊敬。散齋則是祭祀在規定的日子內不御、不樂、不弔。唐制還規定不判署刑殺文書，不行刑罰，不經穢惡等。⓬致齋　指在規定日子內，專一致志於祭祀之事，其餘悉行中止。⓭中祀　對社、稷、日、月、星、辰、嶽、鎮、海、瀆、帝、社、先蠶，以及司命、戶、竈、中霤、厲、行七祀，孔宣父、齊太公、先代帝王、贈太子廟之祭祀和釋奠，稱中祀。⓮明衣　祭祀時穿用的潔淨禮服。⓯誓戒　指齋日及祭祀時所必須遵守的戒律。有關官吏還須宣讀誓文。如太尉攝獻前的誓文為：「某月日祀昊天上帝於圜丘，各揚其職，不供其事，國有常刑。」⓰金吾　指左、右金吾衛，掌京城晝夜巡警。車駕出行時，由金吾衛為先驅和殿後，事先要清掃街巷。⓱縗絰　縗，用粗麻布製成之喪服，披於胸前。絰，束腰用的麻布腰帶。此處代指穿喪服者。

【語　譯】凡是國家有大型的祭祀典禮，如果是皇帝親自主祭，那麼就由太尉亞獻，光祿卿為終獻；若是有關官員攝行祭事，便由太尉作初獻，太常卿亞獻，光祿卿為終獻。祭奠孔宣父廟時，由國子祭酒為初獻，司業作亞獻，國子博士為終獻。祭奠齊太公廟，則由太常卿為初獻，少卿為亞獻，太常寺丞為終獻。各類小祀，只要有主持的官司一獻即可。凡是大祀，祭祀前，相關人員要散齋四天，致齋三天；中祀散齋三天，致齋二天；小祀散齋二天，致齋一天。在齋戒的日子內，要練習和熟悉祭祀的禮儀，要進行沐浴，並由有關官司發給明衣。所有參加大祀的官員，都要在規定散齋那天拂曉，到尚書都省集合，宣誓接受有關祭祀的戒律。在致齋的那三天，三公都要到尚書都省安置住宿，由各相關司提供住宿的床位。如果皇上車駕親往，以及齋官出發去祭祀場所，本司要預先通知相關州縣和金吾左、右衛，要他們在天亮前巡視和清理將要經過的道路，沿途不得出現有任何凶穢的現象，不許有穿喪服的人，不能聽到哭泣的聲音。在散齋的日子裡不准進行弔喪問疾一類事，官員不得判署與刑殺相關的文書，不決罰犯罪的人。

十一

凡京師孟夏❶已後旱則先祈嶽、鎮、海、瀆及諸山川能興雲雨者，皆於北郊望祭❷，又祈社稷，又祈宗廟；每七日一祈。不雨，還從嶽、瀆如初。旱甚，則修雩❸。秋分❹已後，雖旱不雩。雨足，皆報祀❺。若州、縣，則先祈社稷及境內山川。若霖雨❻，則京城禜諸門，門別三日，每日一禜❼；不止，祈山川、嶽鎮、海瀆；三日不止，祈社稷、宗廟。若州、縣，則禜城門及境內山川而已❽。

【章旨】敘述在京師或州縣發生水旱災害時，須分別進行的祈禱禮儀。

【注釋】❶孟夏　夏曆四月。❷望祭　指在京師北郊祭壇遙望諸嶽、鎮、海、瀆和諸山川而舉行祭祀的儀式。❸雩　古代為求雨而進行的祭祀稱雩。《左傳・桓公五年》：「龍見而雩。」服虔注：「謂四月昏，龍星體見，萬物始盛，待雨而大，故雩祭以求雨也。」（《後漢書・禮儀志》劉昭注引）❹秋分　二十四節氣之一。在每年陽曆九月二十三日前後。此日晝夜大致相等。❺報祀　指求雨而得雨，為報答感謝所雩之神而進行的祭祀。❻霖雨　指陰雨綿綿不絕而成災。❼禜　祭名。古代因久雨祈晴而舉行的祭祀，故又稱「請晴」。亦有因其他災害而行禜祭的。《左傳・昭公元年》：「山川之神則水旱癘疫之災，於是乎禜之；日月星辰之神，則雪霜風雨不時，於是乎禜之。」其祝辭為：「前日以霖雨式陳誠禱，惟神降祉，應時開霽。謹以清酌少牢，粢盛庶品，明薦於神，尚饗。」❽若州縣則禜城門及境內山川而已 此句《通典·禮六十八》祈禱條所載更為明晰，其文為：「若州、縣，禜城門；不止，祈界內山川及社稷。」

【語譯】凡是京師所在地，如果孟夏四月以後發生乾旱，就先向嶽、鎮、海、瀆以及各個山川能夠興雲降雨的神祇祈禱，都是在京師北郊遙望而祭；再向社稷祈禱，向宗廟祈禱。每七日祈禱一次。如果還不下雨，再向嶽、瀆祈禱一次，儀式與第一次相同。旱情更加嚴重，那就得舉行雩祭。如果發生在秋分以後，即使再乾旱亦不進行雩祭。雨水足了，都要報祀於神。如果是地方州、縣發生了旱情，要先祈禱社稷和境內的山川。若是霖雨不止，發生在京城所在地，就禜祭各個城門，每一門都要禜祀三天，每天一禜；霖雨依然不止，再向山川嶽、鎮、海、瀆祈禱，過三日還不止，則向社稷和宗廟祈禱。倘若霖雨發生在地方州縣，那就禜祭城門和境內山川就可以了。

十二

凡天下觀❶總一千六百八十七所。一千一百三十七所道士，五百五十所女道士。每觀觀主❷一人，上座❸一人，監齋❹一人，共綱統眾事。而道士修行有三號：其一曰法師❺，其二曰威儀師❻，其三曰律師❼。其德高思精謂之鍊師。而齋❽有七名：其一曰金錄大齋❾，調和陰陽，消災伏害，為帝王國王❿延祚降福。其二曰黃籙齋⓫，並為一切拔度先祖。其三曰明真齋⓬，學者自齋齊先緣。其四曰三元齋⓭，正月十五日天官，為上元；七月十五日地官，為中元；十月十五日水官，為下元，皆法身自懺愆⓮罪焉。其五曰八節齋⓯，修生求仙之法。其六曰塗炭齋⑯，通濟一切急難。其七曰自然齋⑰。普為一切祈福。而禳謝復三事：其一曰章⑱，其二曰醮⑲，其三曰理沙⑳。大抵以虛寂自然無為為宗㉑。其法出於老子㉒，自云有物混成，先天地生，視之不見，聽之不聞，摶之不得，湛然而存，隨感應物，厥數無常㉓。奉其道者，咸蠲去邪累，澡雪心神，及白日昇天，長生代上。又稱道者有三元㉔、九府、百二十官㉕，一切諸神，咸所統攝；至有化金消玉，行符敕水，奇方妙術，驅鬼役神之能，故好異者共尊事之。又言二儀㉖之間有三十三天㉗，一天之中三十六宮，宮有一主，最高者曰無極、至尊，次曰大至真尊，次天覆地載陰陽真尊，次供正真尊。其事甚妙，故敍其宗旨也。蓋老子生於殷末，在周為守藏吏㉘、柱下史，作為道書五千言，其要在清淨理國，立身之要出㉙。至後漢，張道陵㉚號天師，闡揚其化，周於四海者，以顯其德。

【章　旨】記述唐代道教道觀及其齋事概況。

【注　釋】❶觀　道士居所稱觀。❷觀主　主管道觀事務的道士稱觀主。❸上座　僅次於觀主的道觀主持者。由資深法師或德行高尚的道士居此位。上座之稱源於佛教，為佛教寺院三綱之一，全寺之長。❹監齋　主持寺院中戒律監督事務的道士。❺法師　指有相當德行的道士。亦用於對一般道士之尊稱。道教舉行齋會時，多不超過三十八人，少不得少于六人，為首者即為法師，其左右二人為護師。法師之稱，亦來自佛教。在佛教中，稱精通經典理論，並善於講解以及致力修傳佛法的僧人為法師。在道教中，法師還有多種等級，如洞神法師、高玄法師、昇玄法師、洞玄法師、洞真法師、三洞法師、大洞法師等。❻威儀師　主持齋醮禮儀的道士。《道教義樞・十二部義》稱：「威儀者，如齋法典式、請經軌儀之例。」❼律師　主持齋醮戒律的道士。佛教亦有律師之稱，指善於背誦、講解律藏的僧人。❽齋　道教設壇祭禱的一種儀式。即供齋醮神，借以求福免災。其法為清心潔身，築壇設供，書表章以禱神靈。據道藏《雲笈七籤》卷三十七稱：「《本相經》曰：『齋有二種，一則極道，二則濟度。』」齋的名目，有稱十二種，六種，本書謂七種。❾金錄大齋　齋事名。錄，通常寫作「籙」。為道教中記錄有關天官功曹、十方神仙名屬，役使神吏並施行法術的牒文。而此類文字，被說成是由道氣演衍而成，是太上神真的靈文，文中排列眾多神仙名號，受籙的道士用以作為做齋事的依憑。據《雲笈七籤》卷三十七稱：「金籙齋救度國王」；又稱：「上消天災，保鎮帝王，簡文亦云兼為師友」。❿國王　近衛校正德本稱：「王」當作「土」。⓫黃錄齋　齋事名。《雲笈七籤》卷三十七稱：「黃錄齋救世祖宗」，即供帝王用以超度祖宗；又稱「拯拔地獄罪根，開度九幽七祖」。⓬明真齋　齋事名。《雲笈七籤》卷三十七稱：「明真齋懺悔九幽」；又稱：「學士自拔億曾萬祖長夜之魂」。⓭三元齋　三元，詳原注。道教傳有一種說法，以為三元之日，天、地、水三官校人之罪福，因而要在這三天修齋持戒。《雲笈七籤》卷三十七稱：「三元齋首謝違犯科戒」；又稱：「學士己身悔罪」。⓮諐　即「愆」字。罪過。⓯八節齋　八節，指冬至、夏至、春分、秋分，立春、立夏、立秋、立冬。道教認為八節之日，有神仙相會，記人間之善惡，故須在此八日修齋持戒。《雲笈七籤》卷三十七稱：「八節齋懺洗宿新之過」；又稱其為「學士謝過求仙」。⓰塗炭齋　齋事名。《雲笈七籤》卷三十七稱：「塗炭齋拔罪謝殃，請福度命」；又稱：「以勤苦為功」。有的要自縛其身，躺於泥淖中，長時間體驗痛苦來免罪消災。⓱自然齋　齋事名。《雲笈七籤》卷三十七稱：「自然齋救度一切存亡，自然之中修行時節。」⓲章　指齋事中，道士為溝通神人所上奏的章表一類文字。⓳醮　亦稱齋醮，俗稱道場。道教祭禱儀式。其法為設壇擺供，焚香化符、念咒上章、誦經讚頌，並配以燭燈、禹步和音樂等儀注和程式，以祭告神靈，祈求消災賜福。⓴理沙　不詳。可能是一種煉丹的方法。又，《潛確類書》卷六十三鍊師條引《唐六典》原文此句，作「埋沙」。㉑以虛寂自然無為為宗　這是本書作者對道教教義的簡要概括。虛寂無為之說，源於先秦道家。儘管作為學術流派的道家與作為一種宗教的道教完全是兩回事，但道教創始人及其繼承者在理論上卻始終緊緊依託和利用道家老莊思想來發展自己。唐代尊《老子》為《道德真經》，《莊子》為《南華真經》，《列子》為《沖虛真經》，《文子》（大部分取自《淮南子》）為《通玄真經》，並依照道教的需要來詮注《老子》和《莊子》。㉒老子　據《史記·老子列傳》，即老聃，姓李名耳，字伯陽，楚國苦縣（今河南鹿邑東）厲鄉曲仁里人。春秋時期思想家，道家創始人，曾做過周之守藏史。著有《道德經》五千言。後文把老子生活的時間提早到殷末周初，可能本於當時道教理論家們的成說。他們為了抬高道教的權威性，不僅硬拉老子做了道教教主，還把他神化，奉為尊神，老子生活的年代自然也是說得越古老越好。㉓自「有物混成」至「厥數無常」　此為本書原注作者對道家老子學說中「道」這一概念的轉述和概括。今本《老子》二十一章有云：「有物混成，先天地生，寂兮寥兮，獨立而不改，周行而不殆，可以為天下母。吾不知其名，字之曰道」；十一章亦有謂：「視之不見名曰夷，聽之不聞名曰希，搏之不得名曰微。此三者，不可致詰，故混而為一」等。又，末句「厥數無常」，正德本、廣池本等均作「厥跡無常」。㉔三元　道教教義中的一種宇宙觀。元，始也。引伸為天地萬物之本原。古時稱三元者甚多。曆法家以夏曆正月初一為年、月、日之元始，稱三元日，亦有以正月十五、七月十五、十月十五為上、中、下三元；術數家以六十年為一甲子，第一甲子為上元，第二、三甲子為中、下元，合稱三元，共一百八十年為天地一變之周始。道教沿用這些元的概念，並使之與「元氣」、「三統」說相結合，作為宇宙生成和個人修煉的教義內容。㉕九府百二十官　道教教義中的神靈世界。據《太上洞玄靈寶三元品戒功德輕重經》稱：天官有三宮三府三十六曹，地官有三宮三府四十二曹，水官有三宮三府四十二曹，三官共有九宮九府一百二十曹，專司記載人之生死功過。這便是將天神與人世聯繫起來，構成一個對人的善惡行為無處、無時不在的監察系統。㉖二儀　指天地，亦有用以指日月或陰陽的。《易傳．繫辭上》：「易有太極，是生兩儀，兩儀生四象，四象生八卦。」㉗三十三天　道教教義中神靈神仙所在的世界。據《靈寶經》，以大羅天為最高之天，其下有：兜率天，大梵天，月行天，速行天，智慧天，娑利天，善法堂天，影照天，威德顏天，眾分天，住輪天，上行天，鉢宏地天，雜地天，山頂天，住峰天，俱吒天，光明天，周行地天，觀喜圓天，波利樹天，摩尼藏天，雜險岸天，柔軟地天，雜莊嚴天，如意地天，微細行天，密殿中天，寰影上天，音樂天，成輪天。道教中另有稱二十八天、三十二天或三十六天的。㉘守藏吏　正德本及《史記．老子列傳》均作「守藏史」。㉙要出　此二字疑為衍文。㉚張道陵　東漢末五斗米道創始人。原名張陵，字輔漢，沛國豐（今江蘇豐縣）人。曾任江州令，漢順帝時入鵠鳴山修道，作道書二十四篇，並用符水咒法為人治病，創立道教。入道者須出五斗米，故稱五斗米道。後被道教徒尊為「天師」。

【語　譯】全國道觀，總共有一千六百八十七所。其中一千一百三十七所居住道士，五百五十所居住女道士。每所道觀設有觀主一人，上座一人，監齋一人，共同統轄觀內各項事務。道士根據各人修行達到的程度，分三等名號：第一等為法師，第二等為威儀師，第三等為律師。其中德行高尚、思慮精深的，可稱作練師。道士舉行的齋事有七種名目：一是金籙大齋，這種齋能夠調和陰陽，消災滅害，為帝王和國家延祚降福。二是黃籙齋，這種齋可以超度一切先祖。三是明真齋，這種齋學士用來超度自己先祖。四是三元齋，正月十五日是天官的日子，稱為上元；七月十五日是地官的日子，稱為中元；十月十五日是水官的日子，稱為下元。這三天都是學士們懺悔自身罪過的日子。五是八節齋，這是學士自己悔罪求仙的法齋。六是塗炭齋，這是解救一切災難的齋事。七是自然齋，這種齋可以普救亡靈，為一切人祈福。總起來說，道教在消災祈福方面所做的是三件法事，一是上章，二是齋醮，三是理（埋）沙。道教教義大體是以虛寂自然無為作為它的宗旨。道教的淵源出自老子。他們對「道」作了這樣的描述：它混然而成，早在天地出現之前就誕生了。你看它看不見，聽它聽不到，用手觸摸它亦觸摸不著，可它卻確確實實存在著，還能隨時感應萬物，卻又沒有固定的常態。他們說信奉道教的，都能消除邪惡的牽累，蕩滌和明潔心神，以至能修行到白日昇天，長生在這個世上。又說在所謂道的世界裡，有三元、九府、一百二十官，所有神靈都受到它的統攝。甚至還有化金消玉、行符敕水、奇方妙術和驅鬼役神種種奇異的能力。所以那些對它感到奇異的人，都能尊信和供奉道教。又稱在天地二儀之間，有三十三重天，一天之中有三十六宮，每宮都有一個為主的，地位最高的為無極至尊，其次為大至真尊，再次為天覆地載陰陽真尊，再次受供奉的為正真尊。道教教義極其奧妙，因而要簡略敘述一下它的宗旨。至於老子這個人，他生活在殷朝末年，在周朝做過守藏吏（史）、柱下史，寫了有五千字的道書，它的要點在如何清靜理國，確定個人立身的根本。到東漢，有個叫張道陵的，號稱天師，闡揚老子的教化，傳徧四海，藉以顯示道教的教義。

【說　明】道教在唐朝，是繼魏晉南北朝以後第二個發展時期。唐初，所以特別崇尚道教，有其政治上的原因。唐宗室自稱是老子的後裔，編造了一個老子顯靈的神話，藉以掩蓋其為拓跋氏後裔的事實。太宗李世民及高宗李治都竭力崇奉道教，封老子為「太上玄元皇帝」。玄宗李隆基提倡道教，在初期除了吸取道家清靜無為思想，用以作為自己立朝治國理論依據的一個重要內容以外，同時還為了消除武則天崇佛的影響；到後期則還包含著為其個人企求長生不老的目的。採取的措施包括命侍臣講授《道德經》、《莊子》等書，將《老子》列入貢舉考試的科目等等，並給予道士在當時被視為一種極崇高的榮譽—入籍宗正寺。此外，唐代前期三個主要的皇帝，從李世民、李治到李隆基，都迷信方士們的煉丹術，相信道教服餌長生之說，李世民又正是服了他自己命天竺方士耶羅邇婆娑造作的所謂延年益壽之藥而送命的！

唐代道教教團的活動，大致有三個方面：一是道教內部經戒的傳授。道士、法師們都非常重視經典與戒律的傳承，因為只有經過傳承，才能在教團取得相應的地位。傳承有嚴格的程序和儀式，並據此而區分出多種派別。《隋書・經籍志》稱「其受道之法，初受《五千文籙》，次受《三洞籙》，次受《洞玄籙》，次受《上清籙》」。又稱「受者必先潔齋，然後齋金環一，並諸贄幣，以見於師。師受其贄，以籙受之，仍剖金環，各持其半，云以為約」。這樣才取得了進入教團身份，有了傳教的資格。二是法籙的傳授。通過齋事中的符籙咒術，被認為可以使天官功曹以及自然界的一切均受其調遣，達到所謂「天神保我，吏兵護我，凶邪不敢侵，疾病不能擾」的神奇功效。符籙是道教輔正驅邪、治病救人、助國禳災的主要手段，在道門內部被視為法寶，不是親信弟子、沒有取得一定法籙地位的，不能授與。三是修煉宣稱可以致人長生的丸藥。各個不同派別經過長期苦心研究，都有自己神秘而繁複的操作方法。但事實上水銀、鉛和雄黃一類砷化合物，以及金銀一類貴金屬，無論怎樣炮製，不僅都不可能達到使人長生的目的，而且它們大都具有強烈的毒性，或沉墜穿破胃腸，只會使人短命甚至猝死。

關於齋醮的儀式，《隋書・經籍志》有正式記載。先要為壇三層，每層皆置綿蕝，以為限域。傍各開門，皆有法象。通常在正齋開始前要作預告正奏，拜章告符。這就像在向一系列神靈發文書，報告齋醮即將開始，請它們協助。所寫章奏、申狀、牒狀，完全按照官府公文格式，儼然若真。在齋期中，有的還要舉行破獄、煉度、升度這樣一些程式。破獄是從酆都九幽地獄中解救出亡魂，通過召靈、沐浴、朝真、咒食，使招來的亡靈除去尸穢，享用天食，並作好修行準備；接著是煉度，即給亡魂以新的肉體；最後是升度，有傳戒、授符等多種儀式，使亡魂經由法橋，通向永生的天界。這些儀式和程序，一直保留到現在的道教齋醮中，只是略有簡化而已。

十三

凡天下寺[1]總五千三百五十八所。三千二百四十五所僧，一千一百一十三所尼。每寺上座[2]一人，寺主[3]一人，都維那[4]一人，共綱統眾事。而僧持行者有三品：其一曰禪[5]，

二曰法❻，三曰律❼。大抵皆以清靜慈悲為宗。釋氏❽之源，秦、漢已前未傳中土。至漢武元狩❾中，遣將軍霍去病❿討匈奴⓫，殺休屠王⓬，獲其祭天金人⓭，帝以為神，列於甘泉宮⓮。金人率長丈餘，不祭祀，但燒香⓯禮拜而已。及至張騫⓰使大夏⓱，聞其旁有身毒國⓲，一名天竺國⓳，有浮屠⓴之教。哀帝元壽元年㉑，受大月氏王使浮屠經㉒。後漢明帝永平三年㉓，夜夢金人，頂有白光，飛行殿庭，乃訪群臣，侍中傅毅㉔始以佛對。於是，帝遣郎中蔡愔㉕使於天竺國，寫浮屠遺範。愔乃與沙門迦葉摩騰、竺法蘭㉖東還洛陽。中國有沙門及拜禮之法，自此始也。愔得《佛經四十二章》㉗及釋迦立像，明帝令畫工圖佛像，置清涼臺及顯節陵上。愔之還也，以白馬負經，漢因立白馬寺㉘於洛城雍門西。浮屠正號曰佛陀，譯之則為靜覺。所謂佛者，本號釋迦文，即天竺釋迦衛㉙國王之子，於四月八日夜從母右脅而生，有三十二相㉚。當周莊王十年㉛，魯莊公七年㉜，夏四月，恒星不見夜明是也。以布施㉝、持戒㉞、忍辱㉟、精進㊱、禪定㊲、智慧㊳為宗，所謂六波羅密㊴者也。自齊、梁之後，其道彌尊。

【章旨】記述唐代佛教寺廟的概況、僧侶修行的品級和內容，以及佛學東來的經過。

【注釋】❶寺　佛教僧眾供佛和聚居修行之所。或稱佛寺、廟宇。❷上座　佛寺三綱之一，為全寺之長。梵音為「悉提那」，是對出家年資高或有德行的僧人的尊稱。《十誦律》卷五十：「有十法名上座。」意為做到十種守戒之善行者，可為上座。❸寺主　佛寺三綱之一，次於上座。主管一寺日常事務的僧職。❹都維那　律宗、禪宗稱維那。佛寺三綱之一，次於寺主。梵語音譯為羯摩陀那。維那為意譯與音譯的結合。維即「綱維」，意為統率僧眾；那係羯摩陀那之略稱。都維那與上座、寺主同為佛教寺院中管理僧眾一切修持事務的僧職。❺禪　梵文音譯「禪那」之略，意譯為「靜慮」、「思維修」、「棄惡」等修行方法。《瑜伽師地論》卷三三：「言靜慮者，於一所緣，繫念寂靜，正審思慮，故名靜慮。」認為能使心緒寧靜專注，便於深入思慮義理，故又稱為「善性攝一境性」。此處則指修行達到此種境界的僧侶。❻法　佛教對精通經典理論並善於講解而又致力修行傳法的僧人的尊稱，通稱為法師。❼律　指善於背誦、講解律藏的僧人，通稱律師。❽釋氏　指釋迦牟尼，亦稱釋迦文，佛教創始人。本姓喬答摩，名悉達多。釋迦為其族名，牟尼意為聖人，係佛教徒對其尊稱。相傳為古印度北部迦毗羅衛國（今尼泊爾南部）淨飯王的太子。其生卒年代南傳和北傳的佛教說法不同，一般認為生於西元前六二四年，卒於西元前五四四年。❾元狩　漢武帝劉徹的年號之一，西元前一二二年到前一一七年。❿霍去病　河東平陽（今山西臨汾西南）人。前後六次出征匈奴，解除了匈奴對漢朝的威脅。⓫匈奴　戰國秦漢之際活動於蒙古草原之游牧民族。漢朝初年，曾不斷南下侵擾漢之邊境。漢初對匈奴採取防禦政策，漢武帝轉取攻勢，多次出擊漠北，使其受到很大的打擊。⓬休屠王　匈奴西部部落首領之一。另一部落首領昆邪王殺休屠王而將其眾來降霍去病。⓭金人　指佛的塑像。⓮甘泉官　據正德本應為「甘泉宮」。故址在今陝西淳化西北甘泉山。本為秦之林光宮，漢武帝時加以擴建，常在此避暑。揚雄著有〈甘泉賦〉。⓯燈香　據《魏書・釋老志》當作「燒香」。⓰張騫　西漢漢中成固（今陝西城固）人，官大行，封博望侯。建元二年（西元前一三九年）奉漢武帝命出使大月氏，相約共擊匈奴。曾越過蔥嶺，親歷大宛、康居、大月氏、大夏等地。其間兩度為匈奴所得，被留十餘歲，終使西北諸族通於漢。⓱大夏　中亞細亞古國名。原屬巴克特里亞地，西元前一七一年—一三九年間，本居中國西部之大夏人，經新疆南部西遷，促使巴克特里亞國崩潰而佔居今阿姆河上游兩岸地區。此即張騫出使西域時之大夏國。⓲身毒國　古印度國之別稱。⓳天竺國　古印度國之另一別稱。⓴浮屠　為梵文的音譯，即佛陀。有稱佛教為浮屠氏，佛經為浮屠經。㉑哀帝元壽元年　即西元前二年。哀帝為漢朝皇帝劉欣，元壽為其年號。㉒受大月氏王使浮屠經　指博士弟子秦景憲奉命受大月氏王使者伊存所口授之佛經。事見《魏書・釋老志》。大月氏，古族名。漢文帝初年，大月氏人從敦煌、祁連間遷至今新疆伊犂河流域，稱大月氏國。漢武帝初年，又西遷至阿姆河上游原屬大夏地區，大夏受大月氏統治。約在漢武帝元朔元年（西元前一二八年）漢使張騫至其國。㉓明帝永平三年　即西元六〇年。明帝，東漢皇帝劉莊，永平為其年號。㉔傅毅　字武仲，扶風茂陵（今陝西興平東南）人。《後漢書》有其傳，但並未提及漢明帝夜夢金人之事，且其時明帝尚是少年，東漢與西域亦尚未互通使節。㉕蔡愔　此人史書無錄。㉖迦華摩騰竺法蘭　二人皆為印度僧人。又，迦華摩騰《魏書・釋老志》作「攝摩騰」。㉗佛經四十二章　即《四十二章經》，闡述早期小乘佛教基本教義，重點為人生無常和愛欲之蔽。關於此書的傳譯，則記載不一。

一般認為漢明帝派人赴西域求法而得此書可能只是一種傳說。傳譯時間當在東晉南朝前期，其原形或許在東漢末三國時就有流傳。梁啟超則斷定此書為中國人所作非譯自印度，與漢明帝無直接關係。㉘白馬寺　中國最早寺院之一。在今河南洛陽市東郊。舊說建於東漢明帝時，現代學者多以為建於西晉、北魏之間，其後亦屢建屢毀。今存白馬寺為明嘉靖三十五年（西元一五五六年）重修。㉙釋迦衛　《魏書・釋老志》作「釋迦維」。㉚三十二相　相為佛教用語，與性相對，指一切事物外現的可資識別的形象、狀態。三十二相，即是事物的三十二種形象、狀態。㉛周莊王十年　即西元前六八七年。周莊王姓姬，名佗。又，正德本、廣池本均作「周莊王九年」。㉜魯莊公七年　即西元前六八七年。魯莊公姓姬，名同。㉝布施　佛教「六度」之一。指施予他人以財物、體力和智慧等，為他人造福成智而求得積累功德以至解脫的一種修行方法。小乘布施的目的，在破除個人吝嗇和貪心，以免除來世的貧困；大乘布施則與大慈大悲聯繫，用於超度眾生。瑜伽行派等分布施為三種：財施、法施、無畏施。㉞持戒　佛教「六度」之一。指遵守佛教的戒律，包括出家和在家。梵音為「尸羅」。《大乘義章》卷一：「言『尸羅』者，此名清涼，亦名為戒。三業炎火焚燒行人，事等能燒戒能防息，故名清涼。清涼之名，正翻彼也，以能防禁，故名為戒。」㉟忍辱　佛教「六度」之一。指能忍受一切羞辱，及外界艱險饑寒之打擊。《六度集經》第三章：「忍不可忍者，萬福之源。」㊱精進　佛教「六度」之一。指在修善斷惡、去染轉淨的修行過程中，能按佛教教義不懈努力，成就一切善法。《百法明門論忠疏》：「云何精進？於善惡品修斷事中，勇悍為性，能治懈怠，滿善為業。」㊲禪定　佛教「六度」之一。指通過靜慮入定，達到涅槃境界。㊳智慧　佛教「六度」之一。指以「假有性空」理論去觀察認識一切現象的特殊觀點和方法，用以斷除一切煩惱，根治愚癡無知。㊴波羅密　梵文音譯「波羅密多」之略。意為「度」或「度彼岸」、「度無極」。指從生死迷界的此岸到達涅槃解脫的彼岸。大乘佛教以上述從布施到智慧六項修持內容為到達涅槃彼岸的方法或途徑，稱「六度」，亦稱「六波羅密」。

【語　譯】全國寺院，總共有五千三百五十八所。其中僧廟為三千二百四十五所，尼姑庵為二千一百一十三所。每所寺廟有上座一人，寺主一人，都維那一人，共同統轄和管理寺廟的一切事務。僧侶修行可分三個品級，第一稱禪師，第二稱法師，第三稱律師。佛教大體上都是以清靜慈悲為宗旨。關於佛教的來源：在秦漢以前，尚未傳入中國本土。到漢武帝元狩年間，派遣驃騎將軍霍去病討伐匈奴，殺了休屠王，獲得了他們祭天的金人，武帝把它奉為神，陳列在甘泉官（宮）裡。金人長有一丈多，當時沒有祭祀儀式，只是燈（燒）香禮拜罷了。後來到張騫出使西域大夏，聽說大夏附近有個身毒國，又叫天竺國，有一種稱為「浮屠」的宗教。西漢哀帝元壽元年，接受了大月氏王派使者獻來的浮屠經。東漢明帝永平三年，皇上夜裡夢見一個金人，頭頂炫著白光，飛行在殿庭。於是就這件事詢問朝廷群臣。當時侍中傅毅第一次用佛教的說法作了回答。這以後明帝就派遣郎中蔡愔出使到天竺國去，瞭解佛教的經典和風範。蔡愔在那裡結識了沙門迦葉摩騰、竺法蘭，後來便一起東還洛陽。從這時開始，中國才有了沙門和禮拜的方法。蔡愔在印度還得到了《佛經四十二章》和釋迦牟尼的立像。明帝派畫工圖畫佛像，並把它們安放在清涼臺和顯節陵上。蔡愔歸還洛陽的時候，是用白馬負載佛經的，為此漢皇在洛陽城雍門西面建立了一個寺院，就稱為白馬寺。浮圖正式的名號稱佛陀，意譯是靜覺。所謂佛，他本來的名號叫釋迦牟尼，是天竺釋迦衛（維）國國王的兒子，是四月八日夜裡從母親右脅下生出來的。據說有三十二種面相。他的出生年代，大概相當於周莊王九年亦就是魯莊公七年，這一年夏天的四月間。那天晚上，天空看不到星星，那就是一種所謂夜明的現象。佛教以布施、持戒、忍辱、精進、禪定、智慧這六個方面的修行內容作為宗旨，亦就是所謂六個「波羅密」。從南朝齊梁之後，佛教愈來愈受到人們的尊奉。

【說　明】關於佛教最早傳入中國的經過，本章原注所本為《魏書・釋老志》的若干記載，而《魏書》中的這些材料，大多採自當時佛教徒的傳說，缺少史書依據，其中真偽並存。例如漢哀帝受大月氏王使浮屠經，霍去病討匈奴獲金人，張騫使西域知浮屠之教，特別是漢明帝感夢求法的故事，還有因白馬負經而建白馬寺等等，早在南朝初年便有人懷疑了，近代中外學者經多方考證，否定了上述傳聞的根據。實際情況是，佛教的傳入中國，要到東漢末葉桓靈二帝時期，記載才逐漸翔實，史料亦日趨豐富。但在佛、道二教長期對立過程中，雙方互競教興先後，佛教東傳年代愈推愈遠，多數便是在這種歷史背景下產生的。當然，成書於北魏、北齊間的《魏書》，在《釋老志》中出現這些記述，亦非偶然，它反映了北魏時期一些人的認識。如北魏楊衒之的《洛陽伽藍記》卷四，便認為白馬寺是漢明帝所建造的中國最早的寺院，取名白馬寺是由於佛經和佛像是白馬馱來的緣故。北魏酈道元的《水經注》卷十六，亦有關於白馬寺的類似的記載。這種影響一直延伸到後世。如《隋書・經籍志》關於佛經傳入中國的記述，便是以《魏書・釋老志》的內容為基礎又作了些引申。本書本章原注的這些內容，便是反映了唐人的認識。

佛教在唐代的發展，亦是與唐代政治緊密聯繫在一起的。佛道二教，在唐初，究竟誰先誰後，亦即誰主誰次的問題，曾經有過尖銳激烈的辯論，但由於早在李淵起兵晉陽反隋時，就利用過「楊氏將滅，李氏將興」、「天道將改，將有老君子孫治世」（老君指被道教奉為尊神的老子，即李耳）等政治讖言，後來唐王又宣稱老子是他們的祖先，因而宗教界的這場爭論，不久就由至上的皇權做了結論。貞觀十一年（西元六三七年），唐太宗李世民下詔敕定了「道先佛後」的方針。武則天開始稱制時，亦還是順應李唐舊制崇尚道教，但她深知把李耳奉為道教始祖，進而又尊為李唐皇朝護國神這件事，對她要攫取最高權位是一大障礙。因而隨著她稱帝之心日益顯露，「道先佛後」的故制亦漸次改變成了「佛先道後」的新制。當時有個僧侶叫薛懷義的，為阿諛武后而造作《大雲經》，稱武則天是彌勒佛下凡，應該替代李唐而登基。後來發展的事實證明，這可說是武周政變的序幕。接著武后頒《大雲經》於全國，並在兩京及諸州徧置大雲寺。在天授二年（西元六九一年）三月，更以制文形式，明確規定：「釋教宜在道教之上，僧尼處道士之前。」（《唐會要》卷四十九）唐玄宗李隆基登上極位後，又來個一反武則天的做法，重新確定了「道先佛後」的次序，並把大雲寺改名為開元寺。不過若從有唐一代總體上看，佛教的影響還是在道教之上，這從唐代佛、道寺觀數量大致為三與一之比這一點上，亦可以得到證明。

十四

凡道士、女道士、僧、尼之簿籍，亦三年一造。其籍一本送祠部，一本送鴻臚，一本留於州縣❶。凡道士、女道士衣服，皆以木蘭❷、青碧、皂荊黃❸、緇壞❹之色。若服俗衣❺及羅綾、乘大馬、酒醉、與人鬭打、招引賓客、占相吉凶、以三寶物❻餉饋官寮、勾合朋黨者，皆還俗。若巡門教化、和合婚姻、飲酒食肉、設食五辛❼、作音樂博戲、毀罵三綱❽、凌突長宿❾者，皆苦役也。

【章旨】記述唐代前期官府對道佛二教的管理。

【注釋】❶自「其籍一本送祠部」至「留於州縣」　唐代關於道士、女道士和僧、尼名籍的管轄機構，前後幾經變化。唐初由諸寺觀監管轄，多少有點把他們當作賓客看待，因而屬掌管賓客的鴻臚寺。武后稱制時將其視為宗教事務，與祭祀相關，因而改屬祠部。玄宗一反武則天崇佛傾向，突出道教地位，為道教寺觀設崇玄署，屬宗正寺管轄；天寶二年（西元七四三年）又以道士隸吏部司封司。這樣僧尼的名籍，除留州縣外，還有一份要上祠部，而道士、女道士名籍，則一以上宗正，一以上司封。德宗貞元四年（西元七八八年），又設置左、右街大功德使、東都功德使、修功德使，以總僧尼之籍及功役。❷木蘭　樹之表皮。此指如樹皮般的顏色，即青灰色。❸皂荊黃　近衛校正德本稱：「本朝令作『皂黃』，無『荊』字。」皂黃為一種黃色的酸性染料，此處指黃色。❹緇壞　緇為黑色；壞即「瑰」字，意為珍貴，置於「緇」下，難以通解。近衛校正德本，以為此字應作「壞」。若據此，則「緇壞」意謂不正之黑色，亦即灰黑色。但如此組詞，亦未免牽強。姑存疑。又，按佛教戒律，僧尼須避用青、黃、赤、白、黑正五色，應穿雜色，即所謂袈裟色。根據我國佛教典籍記載，佛教在印度分部派後，各部派的衣色亦就有了區別，並無劃一規定。我國漢僧通常袈裟為赤色，五衣、七衣為黃色。歷朝亦不一致，如明代由皇帝規定：修禪常服茶褐色，講經穿藍色，律宗僧人則穿黑色。❺俗衣　指世俗百姓日常所穿的衣服。❻三寶物　指與佛、法、僧三寶有關的物品。據《行事鈔》為佛像、殿堂、香、花、幡、蓋等佛物，經卷、紙筆、箱函等法物，僧房、田園以及衣、鉢、穀、菜等僧物。此三類物品佛教規定不許盜用或互用。❼五辛　《梵綱》云：「不得食五辛。五辛者一蔥，二薤，三韮，四蒜，五興蕖。」❽三綱　指儒家主張的君為臣綱、父為子綱、夫為妻綱的倫常觀念。❾長宿　年老的長輩。

【語譯】道士、女道士和僧侶、尼姑的簿籍，三年登錄編製一次。他們的名籍，一本報送祠部，一本報送鴻臚寺，一本留在州、縣。所有道士、女道士的衣服，都只能是木蘭、青碧、皂黃和灰黑這幾種顏色。如果道士或僧侶穿著世俗的衣服或披戴綾羅綢緞，乘大馬，喝醉酒，與人打鬬吵架，在寺觀招引賓客，替人占卜吉凶，用三寶物餉賂官僚，相互勾合結黨營私的，都一律作還俗處理。如果巡門強行叫化，替人和合婚姻，飲酒吃肉，違戒食用蔥、蒜等五辛，私自演奏音樂，參加賭博戲耍，毀罵三綱五常，淩辱年老長者的，都要罰做苦役。

【說明】從本章把對道佛二教的管理列為祠部職掌之一亦可以看出，唐代始終是把宗教組織嚴格置於官府的監控之下的。這一點與前朝就有明顯不同。例如北魏就允許僧官自行管理僧尼，寺廟有僧祇戶作為自己固定的收入，甚至僧尼犯罪亦可由寺觀根據內律自行處理。唐朝則決不允許宗教游離於國家權力之外。儘管亦設有僧統、僧錄等僧官，但他們只能是功德使那樣的世俗官僚的從屬。不僅如此，還要求宗教教義必須服從於傳統禮制，即宗教意識必須服從於皇權意識。唐初，與佛教僧侶們爭論的一個焦點，便是僧侶要不要拜君王，要不要拜父母，最後當然都是以僧侶們完全屈從而告終。再如肅宗時，禪宗第六代祖師慧能的弟子令韜在上疏中向皇帝稱臣；每逢皇帝誕辰，非但在宮中，還要在寺院舉行法會等等，都是在印度和西域佛教中不可能出現的。中國的各個宗教最終都沒有從皇權政治的籠罩下獨立出來，官府的直接管理是否亦是一個重要原因呢？

十五

凡道觀三元日[1]、千秋節日[2]，凡脩金錄、明真等齋[3]及僧寺別勑設齋[4]，應行道官給料[5]。高祖神堯皇帝[6]，五月六日。文穆皇后[7]，五月一日。太宗文武聖皇帝[8]，五月二十六日。文德聖皇后[9]，六月二十一日。高宗天皇大帝[10]，十二月四日。大聖天后[11]，十一月二十六日。中宗孝和皇帝[12]，六月二日。和思皇后[13]，四月七日。睿宗大聖真皇帝[14]，六月十日。昭成皇后[15]，正月二日。皆廢務[16]。凡廢務之忌，若中宗已上，京城七日行道，外州三日行道；睿宗及昭成皇后之忌，京城二七日行道，外州七日行道。八代祖獻祖宣皇帝[17]，十二月二十三日。宣莊皇后，六月三日。七代祖懿祖光皇帝[18]，九月八日。光懿皇后，八月九日。皆不廢務。六代祖太祖景皇帝[19]，九月十八日。景烈皇后，五月六日。五代祖代祖元皇帝[20]，四月二十四日。元真皇后，三月六日。孝敬皇帝[21]，四月二十五日。哀皇后[22]，十二月二十日。皆不廢務，京城一日設齋。凡國忌日，兩京定大觀、寺各二散齋[23]，諸道士、女道士及僧、尼，皆集于齋所，京文武五品以上與清官[24]七品已上皆集，行香以退。若外州，亦各定一觀、一寺以散齋，州、縣官行香。應設齋者，蓋八十有一州焉。謂四輔[25]、五府[26]、六雄[27]、十望[28]、曹[29]、濮[30]、兗[31]、齊[32]、豫[33]、徐[34]、陳[35]、青[36]、亳[37]、仙[38]、涼[39]、秦[40]、瀛[41]、貝[42]、邢[43]、恒[44]、冀[45]、定[46]、趙[47]、滄[48]、德[49]、深[50]、博[51]、易[52]、相[53]、梁[54]、襄[55]、澤[56]、安[57]、綿[58]、梓[59]、遂[60]、眉[61]、邛[62]、果[63]、彭[64]、蜀[65]、漢[66]、潤[67]、越[68]、常[69]、蘇[70]、杭[71]、婺[72]、衢[73]、湖[74]、宣[75]、洪[76]、潭[77]、廣[78]、桂[79]、隴[80]、邠[81]、涇[82]等州是也。其道士、女道士、僧、尼行道散齋[83]，皆給香油、炭料。若官設齋，道、佛各施物三十五段，供修理道、佛，寫一切經；道士、女道士、僧、尼各施錢十二文。五品已上女及孫女出家者，官齋、行道，皆聽不預。若私家設齋，道士、女道士、僧、尼兼請不得過四十九人。凡遠忌日雖不廢務，然非軍務急切亦不舉事。餘如常式。

【章旨】記述道觀、寺院在三元日、千秋節和國忌日舉行齋會的時間、地點、規模及其相應的禮儀待遇。

【注釋】❶三元日　三元，指上、中、下三元。每年夏曆的正月十五為上元日，七月十五為中元日，十月十五為下元日。❷千秋節日　指皇帝誕辰。❸金籙明真等齋　道教共有七種齋會，本篇前十二章正文中有錄。此處所列金籙齋，係為帝王和國家延祚降福而作；明真齋，則用以超度祖宗。❹別勅設齋　勅即「敕」字。指除七種固定齋會外，由帝王下敕指定為某種目的而臨時舉行的齋會。❺官給料　意謂齋會所需物料由官府供給。❻高祖神堯皇帝　指李淵。去世時，太宗定其謚號為「大武皇帝」，廟號「高祖」。後高宗改上尊號為「神堯皇帝」。原注「五月六日」是其去世的忌日。下同。❼文穆皇后　新舊《唐書》皆作「太穆皇后」，當從。為竇毅之女。去世於涿郡，終年四十五歲，謚「穆」。李淵去世後，祔葬獻陵，尊為「太穆皇后」。高宗時再尊為「太穆神皇后」。❽太宗文武聖皇帝　指李世民。去世時謚號為「文皇帝」，廟號「太宗」。高宗上元元年（西元七六〇年）上尊號為「文武聖皇帝」。❾文德聖皇后　長孫晟之女，年十三即嫁於李世民。貞觀十年（西元六三六年）六月二十一日去世。高宗時上尊號為「文德順聖皇后」。❿高宗天皇大帝　指李治。卒於永淳元年（西元六八二年）十二月四日。謚號為「天皇大帝」，廟號為「高宗」。⓫大聖天后　指武則天。卒於神龍元年（西元六八二年）十一月二十六日。謚號為「則天大聖皇后」。⓬中宗孝和皇帝　指李顯。卒於景龍四年（西元七一〇年）六月二日。謚號為「孝和皇帝」，廟號為「中宗」。⓭和思皇后　趙氏，其母為高祖女常樂公主，中宗納以為妃，後因母故被幽死於內侍省。神龍初贈為「恭皇后」；中宗卒後，再追贈為「和思皇后」，行招魂祔葬之禮。⓮睿宗大聖真皇帝　指李旦。卒於開元四年（西元七一六年）六月十日，謚號「大聖貞皇帝」，廟號「睿宗」。⓯昭成皇后　竇氏，玄宗李隆基生母，曾冊立為德妃，因巫蠱之禍而為武則天所殺，是為長壽二年（西元六九三年）正月二日。睿宗去世時，被追尊為皇太后。⓰皆廢務　指昭成皇后以上之諸忌日，皆須停止公務，舉行齋祭。⓱獻祖宣皇帝　指李熙。仕於北魏，為金門鎮將。⓲懿祖光皇帝　指李天錫。仕於北魏，為幢主。⓳太祖景皇帝　指李虎。西魏時為「八柱國家」，賜姓大野氏，北周時追封為唐國公。武德初追尊為「景皇帝」，廟號「太祖」。⓴代祖元皇帝　指李昞，李淵之父。曾為北周安州總管，柱國大將軍，襲封唐國公。武德初追尊為「元皇帝」，廟號「世祖」。㉑孝敬皇帝　李弘，高宗李治之子。顯慶元年（西元六五六年）被立為皇太子，卒於上元二年（西元六七五年）。高宗謚之為「孝敬皇帝」。㉒哀皇后　李弘之妃裴氏，中宗時追贈為「哀皇后」。其父裴居道，貞觀時為尚書左丞，武則天稱制時冤死獄中。㉓散齋　指以七天為期之佛道齋會。㉔清官　魏晉後的一種官職制度。初時指適合於士族高門擔任的官職，後常指一些品階較高、政事不繁，不一定有實權的官位。唐制三省六部、太常寺、秘書省、國子監、詹事府等官署中，四品以下、八品以上為清官。㉕四輔　指四輔州，即京兆附近的同、華、岐、蒲四州。唐代將全國三百餘州分為府、輔、雄、望、緊和上、中、下這樣一些等級。「輔」屬其中第二類。下文「府」、「雄」、「望」分別為第一、第三、第四類。㉖五府　指潞、揚、益、荊、幽五大都督府。㉗六雄　指六雄州，即陝、懷、鄭、汴、魏、絳六州。㉘十望　指十望州，即虢、汝、汾、晉、宋、許、滑、衛、相、洺十州。㉙曹　州名。治所濟陰，今山東之曹縣。㉚濮　州名。治所鄄城，今山東之鄄城。㉛兗　州名。治所瑕丘，今山東之兗州。㉜齊　州名。治所歷城，今山東濟南市。㉝豫　州名。治所汝陽，今河南之汝南。㉞徐　州名。治所彭城，今江蘇徐州市。㉟陳　州名。治所項城，今河南淮陽縣。㊱青　州名。治所益都，今山東之青州。㊲亳　州名。治所譙，今安徽亳州市。㊳仙　州名。開元二年（西元七一四年）拆許、魯、唐三州置仙州，治所舞陽；開元二十六年（西元七三八年）廢。㊴涼　州名。治所姑藏，今甘肅武威市。㊵秦　州名。治所上邽，今甘肅天水市。㊶瀛　州名。治所河間，今河北河間縣。㊷貝　州名。治所清河，今河北清河縣西北。㊸邢　州名。治所龍岡，今河北邢臺市。㊹恒　州名。治所真定，今河北之正定。㊺冀　州名。治所信都，今河北冀縣。㊻定　州名。治所安喜，今河北定縣。㊼趙　州名。治所平棘，今河北趙縣。㊽滄　州名。治所清池，今河北滄縣東南。㊾德　州名。治所安德，今山東德州市。㊿深　州名。治所陸澤，今河北深縣西。(51)博　州名。治所聊城，今山東聊城。(52)易　州名。治所易縣，即今河北易縣。(53)相　州名。治所安陽，即今河南安陽市。(54)梁　州名。治所南鄭，今陝西漢中市。(55)襄　州名。治所襄陽，即今湖北襄陽市。(56)澤　州名。治所晉城，即今山西晉城縣。(57)安　州名。治所安陸，即今湖北安陸縣。(58)綿　州名。治所巴西，今四川綿陽市東。(59)梓　州名。治所郪縣，今四川三臺縣。(60)遂　州名。治所方義，今四川遂寧市。(61)眉　州名。治所通義，今四川眉山縣。(62)邛　州名。治所臨邛，今四川邛崍縣。(63)果　州名。治所南充，即今四川南充縣。(64)彭　州名。治所九隴，今四川成都市西北部之彭縣。(65)蜀　州名。武周時分益州四縣置，治所晉源，今四川新津縣。(66)漢　州名。武周時分益州五縣置，治所雒縣，今四川漢旺縣。(67)潤　州名。治所丹徒，今江蘇鎮江市。(68)越　州名。治所會稽，今浙江紹興市。(69)常　州名。治所晉陵，今江蘇常州市。(70)蘇　州名。治所吳城，今江蘇蘇州市。(71)杭　州名。治所錢塘，今浙江杭州市。(72)婺　州名。治所金華，即今浙江金華市。(73)衢　州名。治所信安，今浙江衢州市。(74)湖　州名。治所烏程，今浙江湖州市。(75)宣　州名。治所宣城，今安徽宣州市。(76)洪　州名。治所南昌，即今江西南昌市。(77)潭　州名。治所長沙，即今湖南長沙市。(78)廣　州名。治所番禺，今廣東廣州市。(79)桂　州名。治所臨桂，今廣西桂林市。(80)隴　州名。治所研陰，今陝西隴縣東南。(81)邠　州名。治所新平，今陝西彬縣。(82)涇　州名。治所安定，今甘肅涇川縣。⑧③散齊　應為「散齋」。下文「設齊」亦當作「設齋」。

【語　譯】全國各個道觀，在三元日、千秋節日舉行金籙、明真等齋會，以及各個僧寺奉敕舉辦的齋會，都應由主辦官府供應與齋會相關物料。國家的忌日有：高祖神堯皇帝，五月六日。文(太)穆皇后，五月一日。太宗文武聖皇帝，五月二十六日。文德聖皇后，六月二十一日。高宗天皇大帝，十二月四日。大聖天后，十一月二十六日。中宗孝和皇帝，六月二日。和思皇后，四月七日。睿宗大聖真皇帝，六月十日。昭成皇后，正月二日。以上日子一律停止辦理政務。在上述停止政務的各個忌日，要分別舉行天數不等的道會。如果是中宗以上各位先帝、先后的忌日，在京城舉行七天，外州是三天；睿宗和昭成皇后的忌日，在京城要連續舉行兩個七天，在外州是七天。八代祖獻祖宣皇帝，十二月二十三日。宣莊皇后，六月三日。七代祖懿祖光皇帝，七月八日。光懿皇后，八月九日。以上各個遠祖的忌日，都不必停止政務。六代祖太祖景皇帝，九月十八日。景烈皇后，五月六日。五代祖代祖元皇帝，四月二十四日。元真皇后，三月六日。孝敬皇帝，四月二十五日。哀皇后，十二月二十日。以上各個遠祖的忌日，都不必停止政務。在京城要設齋一天。凡是國家的忌日，在京城和東都要確定兩個大的道觀和兩個大的寺院舉行散齋。全體道士、女道士和僧尼，分別集合在規定齋祀的場所；在京的文武五品以上的官員和七品以上的清官，亦都要集體到道觀、寺廟上香，禮畢才可告退。還有京外各州，亦要各自確定一觀、一寺舉行散齋，由州、縣長官上香行禮。在全國應舉行齋會的，共有八十一州。其中包括四輔州、五府、六雄州和十望州，以及曹、濮、兗、齊、豫、徐、陳、青、亳、仙、涼、秦、瀛、貝、邢、恒、冀、定、趙、滄、德、深、博、易、相、梁、襄、澤、安、綿、梓、遂、眉、邛、果、彭、蜀、漢、潤、越、常、蘇、杭、婺、衢、湖、宣、洪、潭、廣、桂、隴、邠、涇等州。各地道士、女道士和僧、尼舉行散齋時，官府都給予香油、炭料。如果是官府設齋，對道觀和佛寺，各施捨物三十五段，供修理道觀、佛寺和繕寫經卷之用；對道士、女道士和僧、尼各施捨錢十二文。五品以上官員的女兒或孫女出家的，如果參加官府的齋會和行道，都可以允許，不加干預。如果是私家設的齋會，兼請道士、女道士和僧、尼，總數不能超過四十九人。關於遠祖的忌日，雖然用不到停止政務，但一般亦不辦理公務，除非是急切的軍務。其他事項則按常式辦理。

【說　明】這一章中提到佛道二教在國忌日要行香設齋，從前人眾多記述來看，還是付諸實施的。如《能改齋漫錄》卷二，《愧郯錄》卷十三，《識餘》卷三等，都有所介紹，《唐會要》卷二十三記載得更為詳細些。其中說到高祖忌日，在勝業、會昌二寺各設五百人齋；高祖皇后竇氏忌日，在興福寺、興唐觀各設二百五十人齋；太宗忌日，在青龍寺、經行寺設五百人齋；睿宗忌日，在安國、西明二寺各設三百人齋。不僅如此。唐代對皇帝忌日，還規定臣民百姓都要哀毀盡禮，表示悲痛。禁忌諸多，如不得飲酒作樂，不得茹食葷牲，不得殺豬宰羊，違者即繩之以法。《唐律疏議·雜律》國忌作樂條云：「諸國忌廢務日作樂者，杖一百。」在國忌日，自朝廷至州縣全國所有機構停止辦公，不再開庭審理刑獄案件。元稹的《長慶集》卷二十六有〈辛夷花〉詩云：「縛前推囚名御史，狼藉囚徒滿田地；明日不推緣國忌，依前不得花前醉。」

膳部郎中

【篇　旨】膳部司這一機構，為西魏文帝所置，當時為尚書省十二部之一。北齊則為都官尚書所轄諸曹中的一曹，掌侍官百司禮食餚饌等事。隋唐屬尚書禮部，掌祭器、酒膳之政。在唐代，同是分管膳食的機構，還有光祿寺的太官署，殿中省的尚食局，和內侍省的尚食。膳部司與上述三個機構的關係是掌握政令與具體執行的關係。膳部司掌酒膳政令，確定其規格、品種、數量和等級，太官署等，則據以向各自的供應對象提供規定的食品。這可說是一種外部的橫向關係。除此之外，在尚書禮部內部，膳部司與其他三司，例如禮部司、祠部司，它們所分別掌管的宴享和祭祀，都需要有種類繁多、品級各異的酒膳供應，自然都離不開膳部司的協調配合。僅就酒膳供應一項已經反映出，單是在中央一級官府內部，就存在著複雜錯綜的相互關係，不難設想，每一項具體細節的變動，都將引起眾多機構的連鎖反應。這一方面說明中國封建制度下的職官體制發展到唐代確實已相當完備，另一方面卻也不難看到，正是這種過於龐雜而又相互牽掣的關係，隨處播下了滋生官僚主義的種子。具有諷刺意味的是：儘管酒膳供應體制如此完備，歷代宮廷仍然有宮人或太監餓死的記載見之於史書。

本篇共三章。第一章照例是本司的官數、官品與職掌；第二章是因職掌而連帶記及祭祀時牲豆酒膳品數以及尚食供應的規定；第三章記述親王以下諸品官常食料供應的標準，以及鴻臚寺蕃客食料供給的規定。第三章的這些內容在《舊唐書·職官二》、《新唐書·百官一》、《職官分紀》卷十、《太平御覽》卷二百十八均未提及。按職掌分類，似應為尚書戶部屬下倉部郎中，不知是否由該處錯列於此，待考。

一

膳部郎中一人，從五品上。後魏《職品令》❶：太和中❷改定百官，都官尚書❸管左士郎❹。北齊《河清令》❺，改左士郎為膳部。隋亦號膳部郎，皇朝為郎中。龍朔二年❻為司膳大夫，咸亨元年❼復故。

員外郎一人，從六品上。隋文帝❽置，煬帝❾改為承務郎，皇朝復為膳部員外郎。龍朔、咸亨隨曹改復。

主事二人，從九品上。

膳部郎中、員外郎掌邦之牲豆❿、酒膳，辨其品數⓫。

【章旨】記述膳部司郎中、員外郎和主事之員數、品秩及其沿革與職掌。

【注釋】❶職品令　書名。《魏書・官氏志》稱：「太和中，高祖詔群臣議定百官，著於令。」其書已佚。❷太和中　太和，北魏高祖孝文帝年號。太和中，指太和十五年（西元四九一年），是年孝文帝改制。❸都官尚書　北魏設都官尚書，統都官、二千石、比部、水部、左右士六曹。❹左士郎　曹名。❺河清令　指齊武帝高湛河清三年（西元五六四年）令。為趙郡王高叡所撰。本書第六卷第一篇刑部郎中職掌條原注謂其有五十卷，《隋書・刑法志》記為三十卷，《通典》、《舊唐書・經籍志》、《新唐書・藝文志》則均定為八卷。書已佚。❻龍朔二年　即西元六六二年。龍朔為唐高宗李治年號。❼咸亨元年　即西元六七〇年。咸亨亦為唐高宗李治年號。❽隋文帝　楊堅，在位二十四年，終年六十四歲。❾煬帝　楊廣，在位十三年，終年五十歲。❿牲豆　牲指祭祀用的牲口，一般指牛、羊、豬。豆為古代食器。形似高足盤，或有蓋，用以盛食物。此處為祭器之總稱。⓫辨其品數　句中「辦」通「辨」。意謂祭祀時要按照〈祠令〉規定依據不同神位採取不同規格。用牲有太牢、少牢之分，豆器亦有品種和數量上的種種差別。

【語　譯】膳部司：郎中，定員一人，官品為從五品上。北魏《職品令》中說：太和年間，改定百官官制，都官尚書統轄左士郎。北齊《河清令》提到，北齊時改左士郎為膳部。隋朝亦稱這個職務為膳部郎。本朝改稱膳部郎中。高宗龍朔二年曾一度改名司膳大夫，到咸亨元年又恢復舊稱。

員外郎，定員一人，官品為從六品上。這個職位隋文帝最先設置，煬帝時改名為承務郎。本朝依舊稱為膳部員外郎。高宗龍朔、咸亨年間，這個職名曾經隨著曹名的更改和恢復而一起作過更改和恢復。

主事，定員二人，官品為從九品上。

膳部司郎中、員外郎的職掌是，主管國家祭祀用的犧牲、祭器和酒膳，依據不同的祭祀規格配以不同的品級和數量。

二

凡郊祀天地、日月、星辰、嶽瀆❶，享祭宗廟、百神，在京都者用牛、羊、豕，滌❷養之數，省閱之儀❸，皆載於廩犧❹之職焉。若諸州祭嶽、鎮、海、瀆、先代帝王，以太牢❺；州、縣釋奠於孔宣父及祭社稷，以少牢❻；其祈禜❼，則以特牛❽。

凡郊祀天地、日月、星辰、嶽瀆及享宗廟、百神在京都者，所用籩❾、豆❿、簠⓫、簋⓬、鈃⓭、㽅⓮、俎⓯之數，魚脯⓰醯⓱醢⓲之味，石鹽⓳菜果之羞⓴，並載於太官㉑之職焉。若諸州祭嶽、鎮、海、瀆及先代帝王，籩、豆各十㉒，簠、簋各二㉓，俎三㉔；

州、縣祭社稷、釋奠，每坐籩、豆各八㉕，簠、簋、俎如上，其所實之物，如京、都之制。凡祀闕㉖【享六尊，】所實之制，並載於良醞之職㉗焉。凡天下之珍闕㉘【羞供進】之物，多少之制，封檢之宜，並載於尚食㉙之職焉。凡非因大禮，不得獻食。若因大慶，獻食及所司供進，並不得用犢㉚。若牸羊㉛至廚生羔者，放長生。若大齋日，皆進素食，其應用之羊亦放為長生。凡諸陵所有進獻之饌，並載於陵令㉜之職焉。

【章　旨】記述各種祭祀所用祭器、祭品的規格、種類和數量。

【注　釋】❶嶽瀆　指五嶽四瀆。此處則代指山川之神。❷滌　指飼養祭牲之室。取名滌，意謂須將祭牲蕩滌潔淨。凡大祀，養牲在滌九旬，中祀三旬，小祀一旬。❸省閱之儀　指用於祭祀的牲口，須經太常寺卿省閱確認合格，然後牽牲以授太官而用之。❹廩犧　指廩犧署，太常寺八署之一。掌薦犧牲及粢盛之事。❺太牢　指供祭有犢一，羊一，豬一，酒二斗，脯一段，醢四合。❻少牢　較太牢為次，去犢，並減酒一斗。❼禜　祭名。古代因久雨祈晴而舉行的祭祀，故又稱「請晴」。亦有因其他災害而行禜祭的。《左傳・昭公元年》：「山川之神，則水旱癘疫之災，於是乎禜之；日月星辰之神，則雪霜風雨不時，於是乎禜之。」❽特牛　公牛。❾籩　古代竹器。其形若有足之盤，祭祀時常用來盛果脯。❿豆　古代食器。陶製，其形亦似有足之盤，或有蓋。盛行於商周時期。亦有以青銅製或木製塗漆的。⓫簠　古代食器。青銅製，長方形，器與蓋形狀相同，各有兩耳，用以盛黍、稷、稻、粱。西周晚期及戰國時使用較多。⓬簋　古代食器。圓口、圈足，有兩耳或四耳，帶蓋。青銅或陶製。盛行於商周。⓭鉶　古代酒器。形似小鐘而長頸，似壺而大。⓮甄　盛祭品的陶器。《新唐書・韋安石傳》：「大祀、中祀，簠簋甄俎皆一，小祀無甄。」⓯俎　古代禮器。祭祀時用以載牲。青銅製，亦有木製漆飾的。⓰魚脯　脯為肉乾。魚脯，即魚乾。此外還有牛脯、鹿脯、羊脯等。⓱醯　即醋。⓲醢　用魚或肉製成的醬。⓳石鹽　亦稱飴鹽。一種不甚鹹、帶有甜美之味的食鹽。《周禮・天官》：「王之膳羞共飴鹽。」鄭玄注：「飴鹽，鹽之恬者，今戎鹽有焉。」賈公彥疏：「即石鹽也。」⓴羞　美好的食品。今作「饈」。㉑太官　指太官令。太官署為光祿寺四署之一。設令二人，祭祀時由其掌供膳之事。上文所謂籩豆之數、魚脯之味、石鹽之差「並載於太官之職」，指載錄於本書後第十五卷第一篇太官署令職掌。㉒籩豆各十　指籩十盤，豆十盤。籩盛放的十種食品是：石鹽、乾魚、乾棗、栗黃、榛子人、菱人、芡人、鹿脯、白餅、黑餅；豆盛放的十種食品是：韭菹醓醢、菁菹、鹿醢、芹菹、兔醢、筍菹、魚醢、脾析菹、豚胉。㉓簠簋各二　簠二，分別盛稻、粱飯；簋二，分別盛黍、稷飯。㉔俎三　分別盛放牛、羊、豬。㉕籩豆各八　與前州祭「籩、豆各十」比較，籩減去的二盤為白餅、黑餅；豆減去的二盤為脾析菹、豚胉。㉖凡祀闕　據《職官分紀》卷十引《唐六典》原文，此處所缺為「享六尊」三字，姑據以補。尊為古代酒器，狀似今之大口杯，有圓形、方形、高足、鼓腹等不同造型。《周禮》所記六尊是犧尊、象尊、箸尊、壺尊、大尊和小尊，以為祭祀和宴飲賓客之用。㉗所實之制並載於良醞之職　良醞，指良醞署令。良醞署為光祿寺四署之一。設令二人，掌供邦國五齊、三酒之事。五齊，指按酒的清濁分為五等，即汎齊、醴齊、盎齊、醍齊、沈齊；三酒，為次於五齊的三種酒，即事酒、昔酒、清酒。「所實之制，並載於良醞之職」，意謂關於如何依據祭祀之不同品級，分別五齊三酒斟入六尊，都記載在本書後第十五卷第二篇良醞署令的職掌之內。㉘凡天下之珍闕　據《職官分紀》卷十引《唐六典》原文，此處所缺為「羞供進」三字，姑據以補。意謂全國各地進供的精美食品。㉙並載於尚食之職　尚食，官名。內官宮官內侍省設有尚食局，有尚食二人，正五品。凡內宮進食皆由其先行檢查並嚐食，驗明無毒，方可進供。全句意謂有關進供食物之制，都已載錄於本書第十二卷第一篇尚食局尚食之職掌。㉚犢　出生六個月之內的小牛。㉛牸羊　即母羊。牸，泛指雌性牲畜。㉜陵令　官名。太常寺下設諸陵署，諸陵各設陵令一人，從五品上。「並載於陵令之職」，指載錄於本書後第十四卷第二篇諸陵令之職掌。

【語　譯】凡是在京城和東都郊祀天地、日月星辰、五嶽四瀆和享祭宗廟百神，所需用的牛、羊、豬，滌養的數量和時間以及省閱的儀式，都記載在光祿寺廩犧署的職掌範圍內。如果是地方各州祭祀五嶽、四鎮、四海、四瀆和先代帝王，要用太牢的規格；州縣祭奠孔宣父以及祭祀社稷，可用少牢；至於祈禜祭祀各個城門，那就用公牛。凡是在京城和東都郊祀天地、日月星辰、五嶽四瀆和享祭宗廟百神，所需用的籩、豆、簠、簋、鉶、甑、俎的數量，魚脯醓醢之類祭品，以及石鹽蔬菜瓜果之類珍羞食品，都記載在光祿寺太官令的職掌範圍內。如果地方各州祭祀五嶽、四鎮、四海、四瀆以及先代的帝王，所用的籩和豆各為十盤，簠和簋各為兩盤，俎為三盤；州縣祭社稷、釋奠孔子，每座神位用籩和豆各八盤，簠、簋、俎的數量同前面一樣，祭器裡所供的祭品按照京城與東都的規制。關於祭享用的【六尊】，如何依據不同的祭祀品級分斟不同品類的酒，這方面的規定都記載在光祿寺良醞令的職掌之內。關於全國各地【進供】的珍奇食品，數量多少的規定，封存和檢查的體制，都記載在內侍省尚食的職掌之內。這類珍奇的食品，凡不是盛大的禮儀，都不得進獻供應。如果因為舉行盛大慶典，雖可以允許各地進獻、尚食供應這類食品，但都不得用初生犢。如果是懷胎的母羊到廚下就生羊羔的，就要放牠們去長生。在大型齋會的日子裡，都要進素食，齋會使用過的羊，亦要放牠們長生。有關各個皇陵、太子陵祭享進獻食品的規定，都已記載在太常寺各陵令的職掌之內。

三

凡親王❶已下常食料❷，各有差。每日細白米二升，粳米粱米各一斗五升，粉一升，油五升，鹽一升半，醋二升，蜜三合，粟一斗，梨七顆，蘇❸一合，乾棗一升，木橦十根，炭十斤，蔥、韮、豉、蒜、薑、椒之類，各有差。每月給羊二十口，豬肉六十斤，魚三十頭，各一尺；酒九斗。**三品已上常食料九盤，**每日細米二升二合，粳米八合，麵二升四合，酒一斤半，羊肉四分❹，醬四合，醋四合，瓜三顆，鹽、豉、蔥、薑、葵、韮之類，各有差；木橦，春二分，冬三分五釐；炭，春三斤，冬五斤。**四品、五品常食料七盤，**每日細米二升，麵二升三合，酒一升半，羊肉三分，瓜兩顆，餘並同三品。若斷屠❺及決囚日，停肉，給油一合、小豆三合。三品已上亦同此。**六品已下、九品已上常食料五盤。**每日白米二升，麵一升一合，油三勺，小豆一合，醬三合，醋三合，豉、鹽、葵、韮之類各有差；木橦，春二分，冬三分。**凡諸王已下皆**

有小食料、午時粥料❻，各有差。復有設食料、設會料❼，每事皆加常食料。又有節日食料。謂寒日❽麥粥，正月七日❾、三月三日❿煎餅，正月十五日、晦日⓫膏糜，五月五日粽饐⓬，七月七日斫餅，九月九日麻葛糕，十月一日⓭黍臛⓮，皆有等差，各有配食料。蕃客⓯在館食料⓰五等。蕃客設食料，蕃客設會料，各有等差焉。

【章　旨】記述親王以下諸品官常食料等食料以及對蕃客的若干食料的供應規格。

【注　釋】❶親王　爵名。其稱始於南北朝，指王族中封王者。唐以皇帝的兄弟和皇子為親王。正一品。❷常食料　指依本品等差每月供給官員的食料。這是仕人俸祿以外的一種特殊待遇，古人曾作詩嘆道：「仕人作官職，人中第一好。行即食天廚，坐時請月料。得祿四季頌，家口尋常飽。職田佃人送，牛馬足踖草。」（項楚校注《王梵志詩》卷五）❸蘇　即紫蘇，又名桂荏。張衡〈南都賦〉：「蘇、蔱、紫薑，拂徹羶腥。」嫩葉可食，種子可榨油。葉、莖、種子均可入藥。此處以「合」為計量單位，當指種子。❹羊肉四分　指一整頭羊的百分之四十。下文「木橦春二分，冬三分五釐」的計算辦法同此。❺斷屠　指禁止屠宰的日子，如國忌日等。❻小食料午時粥料　小食料指官員在衙署享受一頓午餐的待遇，與此相配的則是午時粥料。本書第一卷第三篇（下）左右司郎中職掌條有百官「日出而視事，既午而退」句，說明唐代官員為半天工作制，在衙署只吃一頓午餐。這頓午餐依據官員品級高低，分別由常參官廚、諸司官廚和中書門下官廚提供。由於其量較常食料為少，故冠以「小」以為區別。❼設食料設會料　設食料指官府為諸州朝集使、鄉貢制舉等人設置宴食所用的食料；設會料指舉行朝會等盛典時所提供的宴會食料。二者區別在於：一般宴會皆可稱設食料，設會料則專指元正、冬至大會宴享。❽寒日　一般指清明前一日為寒食節，隋唐時定在清明前二日。相傳起於春秋時介子推從晉公子重耳流亡功成而隱，重耳三請不出遂舉火焚山，介子推抱樹而死的故事。一說源於對大火星的崇拜。❾正月七日　為人日。《北齊書．魏收傳》：「魏帝宴百僚，問何故名人日，皆莫能知。收對曰：正月一日為雞，二日為狗，三日為豬，四日為羊，五日為牛，六日為馬，七日為人。」人日，指人類的生日。❿三月三日　為上巳節，指夏曆三月第一個巳日。相傳起源於周代。每逢此日，人們都去水邊洗滌污濁，舉行消災祛邪儀式，稱為「祓禊」。王羲之〈蘭亭集序〉所記即為上巳節流觴吟詠之景。⓫晦日　陰曆月終之日。⓬粽糉　一種竹箬裹蒸的果肉糯米粉糕。《齊民要術．粽糉法》引《食次》謂：「糉，用秫稻米末，絹羅、水、蜜溲之，如強湯餅麵，手搦之，令長尺餘，廣二寸餘。四破，以棗、栗肉上下著之徧，與油塗竹箬裹之，爛蒸。奠之，箬不開，破去兩頭，解去束附。」⓭十月一日　寒衣節。夏曆十月，已入冬季，故要象徵性地為先人致送寒衣。《帝京歲時紀勝》稱：「晚夕，緘書冥楮，加以五色彩帛作成冠帶衣履，於門外奠而燒之。」⓮黍臛　一種雜以黍米的肉羹。《太平御覽》卷八五〇引《風俗通義》：「今宴飲大會，皆先黍臛。」⓯蕃客　指唐代滯留在京師長安館舍的周邊諸國使節或相關人員。⓰食料　正德本作「設食料」。

【語　譯】凡是親王和親王以下品官的常食料，都各有差等。親王的常食料為：每日細白米二升，粳米、高粱米各一斗五升，粉一升，油五升，鹽一升半，醋二升，蜜三合，粟一斗，梨七隻，紫蘇一合，乾棗一升，木橦十根，炭十斤，蔥、韮、豉、蒜、薑、椒之類，亦各有差等。每月供給羊二十頭，豬肉六十斤，長各為一尺的魚三十條，酒九斗。三品以上官員的常食料，共為九盤。其中每日細米二升二合，粳米八合，麵粉二升四合，酒一斤半，羊肉四分，醬四合，醋四合，瓜三隻，鹽、豉、蔥、薑、葵、韮之類，亦各有差等。木橦春季每日給二分，冬季三分五釐；炭春季每日三斤，冬季五斤。四品、五品官員的常食料，共為七盤。其中每日細米二升，麵粉二升三合，酒一升半，羊肉三分，瓜兩隻，其餘都與三品以上官員的標準相同。如果逢上禁止屠宰或是處決囚犯的日子，就停止供應肉類，改為給食油一合，小豆三合。三品以上官員，亦照這個規定辦理。六品以下、九品以上官員的常食料，共為五盤。其中每日白米二升，麵粉一升一合，油三勺，小豆一合，醬三合，醋三合，豉、鹽、葵、韮之類，各有等差。木橦春季每天二分，冬季每天三分。各個封王和封王以下的品官，都按照官品可享受不同等級的小食料、午時粥料。還有設食料、設會料，每次遇有這類事，就有比常食料更多的供給。此外，還有節日食料。這是說，寒日節給麥粥，正月七日人日節、三月三日上巳節給煎餅，正月十五元宵節和月末晦日給膏糜，五月五日端午節給粽糉，七月七日為七夕給斫餅，九月九日重陽節給麻葛糕，十月一日寒衣節給黍臛。以上食品的供給標準各有等差，並都有相配的食料。住在京師館舍的各個蕃國賓客，供給他們的食料分為五等。蕃客的設食料、設會料，各有等差。

主客郎中

【篇　旨】主客司這一機構，北魏以前地位較高。西漢設主客尚書，東漢設客曹尚書，曹魏亦置客曹尚書，其下並設有南主客、殿中二郎。西晉在太康以前，有客曹尚書，下設南北主客；東晉、南朝，主客與殿中並屬尚書省左僕射管轄。北魏孝文帝以後，主客才開始成為儀曹尚書屬下，北齊時它屬於祠部，隋唐二代，都為禮部之一司。這個綿亙一千餘年的過程，可以看到主客的地位，亦即整個國家政務系統中「外交」事務的地位在逐漸下降。這一變化說明中原列朝的國力及其對周邊小國的影響或控制在日趨強大，特別是到了大唐盛世，「九天閶闔開宮殿，萬國衣冠拜冕旒」（王維詩句），所謂「四蕃之國」，有誰還敢不納貢稱臣呢！歷史地看，這大概就是產生所謂「天朝」觀念的基礎。但當時人們眼光所能看到的大唐及四蕃，其實只是整個人類世界中的一隅。這就不難理解，如果把這種在一個狹小的封閉系統中產生的「天朝」觀念一直保持到近代，不僅是不幸，而且必然要付出沉重的代價。

本篇所記述的主客司，在職掌上與其相對應的是鴻臚寺及其下屬典客署。二者相較，禮部的主客郎中是掌握政令的，鴻臚寺及其下屬典客署則為具體執行機構。例如確定貢使品級待遇的是主客郎中，據此規格實施接待的則是鴻臚寺。全篇僅有二章，首章記述主客郎中的沿革及其職掌，末章介紹當時尚存的七十餘朝貢國的名稱。從這份長長的名單中，可以看到其時唐與周邊諸國相互間的概況，以及唐帝國當時所認識到的自己在整個國際中的地位。

一

主客郎中一人，從五品上。《漢舊儀》❶云：「尚書郎四人，其一主匈奴單于營部。」蓋主客之任也❷。【魏武有南主】客。晉氏主客分為左、右、南、北，東晉省。宋置主客❸闕，【齊、梁、陳皆】因【之】。後魏《職品令》❹：太和中❺，吏部管南主客闕、北主客闕❻，【祠部管左主】各❼、右主客。北齊《河清令》❽，改左主客為主爵，南主闕❾【客為主客，掌】諸蕃雜客事。隋開皇❿為主客郎，大業五年⓫改為司蕃郎，皇朝為主客郎中。龍朔二年⓬改為司藩大夫，咸亨元年⓭復故。

員外郎一人，從六品上。隋文帝置，煬帝為承務郎。皇朝為主客員外郎。龍朔、咸亨隨曹改復。

主事二人，從九品上。

主客郎中、員外郎掌二王後⓮及諸蕃朝聘之事。

【章旨】記述主客司郎中、員外郎和主事之員數、品秩及其沿革與職掌。

【注釋】❶漢舊儀　書名。東漢議郎東海衛宏撰。宏字敬仲，其事蹟見於范曄《後漢書》本傳。此書《隋書・經籍志》、《舊唐書・經籍志》、《新唐書・藝文志》均有著錄，後散佚，但見於《漢書》、《後漢書》注，有殘本保留於《永樂大典》，清孫星衍另作補遺二卷。❷蓋主客之任也闕　據《職官分紀》卷十引《唐六典》原注，此下所缺為「魏武有南主」五字，姑據以補，並加方括號。下同。魏武指曹操，東漢獻帝時曾為相，卒謚武，魏黃初追尊為武帝。此處代指曹魏。❸宋置主客闕　據《職官分紀》卷十引《唐六典》原注，此下缺字為「齊梁陳皆因之」，其中「因」字原有，所缺為五字。❹職品令　書名。已佚。《魏書・官氏志》稱：「太和中，高祖詔群臣議定百官，著於令。」❺太和中　指太和十五年，西元四九一年。太和為北魏高祖孝文帝年號。❻吏部管南主客北主客闕　此下缺字近衛校正德本稱：據《通典》當填以「祠部管左主」五字。❼各　據正德本及廣池本當作「客」。❽河清令　指北齊武帝高湛河清三年（西元五六四年）所頒發之令。❾南主闕　《隋書・百官志》稱：祠部尚書屬官有主客。注曰：『掌諸蕃雜客事。』」據此，近衛校正德本謂：「當填以『客為主客掌』五字。」茲據以補。❿開皇　隋文帝楊堅年號。⓫大業五年　即西元六〇九年。大業為隋煬帝楊廣年號。⓬龍朔二年　即西元六六二年。龍朔為唐高宗李治年號。⓭咸亨元年　即西元六七〇年。咸亨為唐高宗李治又一年號。⓮二王後　指隋朝王室楊氏及北周王室宇文氏之後裔。據《新唐書・高祖本紀》記載，李淵滅隋建唐後，即「奉隋帝為酅國公」，並下詔稱：「近世時運遷革，前代親族，莫不夷絕。曆數有歸，實惟天命；興亡之效，豈伊人力。前隋蔡王智積等子孫，皆選用之。」

【語　譯】主客司：郎中，定員一人，官品為從五品上。《漢舊儀》說：「尚書郎共四人，其中一人主管匈奴單于營部。」這個職務就屬於主客司的職掌。【到曹魏時稱為南主】客。西晉時，這個機構又分為左、右、南、北四個主客曹。東晉省去了這些機構。南朝劉宋重新設置主客，【齊、梁、陳都因襲了宋的這種設置】。北魏的《職品令》說：太和年間，吏部管南主客、北主客，【祠部管左主】各（客）、右主客。北齊的《河清令》，改左主客為主爵，南主【客為主客，掌管】各蕃的雜客事務。隋朝開皇時稱為主客郎，煬帝大業五年改名為司藩郎。本朝初期定名為主客郎中，到龍朔二年改名為司藩大夫，咸亨元年又恢復原來的名稱。

員外郎，定員一人，官品為從六品上。隋文帝時開始設置，煬帝時改名為承務郎。本朝初期定名為主客員外郎。龍朔、咸亨年間，這個職名又隨曹名的更改和恢復而作過更改和恢復。

主事，定員二人，官品為從九品上。

【說　明】

主客司郎中、員外郎的職掌是，負責有關兩代前朝王室的後裔和周邊各個蕃國朝聘的事務。

本章中的「二王後」，本書此前已多處提到。這種帶有統戰色彩的做法，杜佑在《通典》中認為始於周：「周得天下，封夏、殷二王後。」其後的千百年間，「二王後」已成為歷史陳跡。至三國魏，由漢獻帝禪位于曹丕而受封為山陽公始，繼而有晉封曹魏末帝為陳留王，劉宋封晉末帝為零陵王，蕭齊封宋末帝為汝陰王，這樣每個新朝興起後，要封前朝末帝為王似乎成了一種慣例。唐代的二王後為介公和酅國公。介公，始封於隋文帝，開皇元年（西元五八一年）「以周帝為介國公，邑五千戶，為隋室賓，旌旗車服禮樂，一如其舊，上書不為表，答表不稱詔」（《隋書·高祖紀》）。酅國公則始封於唐高祖武德元年（西元六一八年）。新王朝對已被推翻的前朝帝王或帝室後裔的這一優待措施，既可用來標榜新朝的天命所歸，又可借以籠絡舊朝貴族官僚，體現儒家所謂「興滅國，繼絕世」的思想，還可以利用他們作為政治擺設，充當朝廷禮儀中的賓客，玄宗在冊立宇文宴為介國公的制文中，便曾稱其「雅有助祭之容，宛是宜邦之具」（《全唐文》卷二三）。實際上這仍是一種控制手段，或可稱之為「儒表法實」，在多數情況下，新朝對前朝亡國之君總要置之死地才安心。周靜帝曾被隋文帝封為介國公，只過了三個月便被秘密殺害。隋恭帝亦曾被封為酅國公，一年多後就不明不白死去。唐代到建國已過了一百多年後的玄宗時期，對隋楊的後裔仍是處處設防，以至一聽那些捕風捉影式的奏報，立即作出非常嚴厲的處置。如楊慎矜是隋煬帝的玄孫，有兄弟三人皆頗具才幹，在理財方面對開元盛世有相當貢獻。天寶時，楊慎矜任御史中丞，李林甫忌其正直，便奏以「隋家子孫，心規克服隋室，故畜異書，與凶人來往，而說國家休咎」。於是便在玄宗的允准下，立專案，興大獄，「詔楊慎矜、慎餘、慎名並賜自盡」（《舊唐書·楊慎矜傳》）。其弟楊慎名自盡前，「覆鏡歎惋曰：『吾兄弟三人，盡長六尺餘，有如此貌、如此材而見容當代以期全，難矣！何不使我少體弱耶？』」（同上）前朝的後裔只有對新朝表示絕對臣服，並無人在一旁設陷進讒的情況下，才得以苟延殘喘。這一點，自古及今小異而大同，末代皇帝溥儀的《我的前半生》，也可說是「二王後」生活的一種現代版，其後半生的境遇亦並未有多少實質性的差別。

二

二王之後：酅公，隋室楊氏。介公，周室宇文氏。凡四蕃之國❶，經朝貢已後自相誅絕及有罪見滅者，蓋三百餘國。今所在者，有七十餘蕃。謂三姓葛邏祿❷、處蜜❸、處同❹、三姓咽蔑❺、堅昆❻、拔番蜜❼、窟內有姓殺下❽、突厥❾、奚❿、契丹⓫、遠蕃靺鞨⓬、渤海靺鞨⓭、室韋⓮、和解⓯、烏羅護⓰、烏素固⓱、達末婁⓲、達垢⓳、日本⓴、新羅㉑、大食㉒、吐蕃㉓、波斯㉔、拔汗那㉕、康國㉖、安國㉗、石國㉘、俱戰㉙、提敦律國㉚、罽賓國㉛、東天竺、西天竺、南天竺、北天竺、中天竺㉜、吐火羅㉝、米國㉞、火尋國㉟、骨咄國㊱、訶毗施國㊲、曹國㊳、拂菻國㊴、謝颶㊵、敦時山屋馱國㊶、師子國㊷、真臘國㊸、尸科佛誓國㊹、婆利國㊺、蔥領國㊻、俱位國㊼、林邑國㊽、護密國㊾、怛沒國㊿、悒怛國(51)、烏萇國(52)、迦葉彌羅國(53)、無靈心國(54)、蘇都瑟匿國(55)、史國(56)、俱蜜國(57)、于建國、可薩國、遏曜國(58)、習阿薩般國(59)、龜茲國(60)、疎勒國(61)、于闐國(62)、焉耆國(63)、突騎施(64)等七十國，各有土境，分為四蕃焉。其朝貢之儀，享燕之數，高下之等，往來之命，皆載於鴻臚(65)之職焉。

【章　旨】由主客司主管二王後裔及諸蕃朝聘事務這一職掌，連帶記述唐時尚存的七十餘蕃邦的名稱。

【注　釋】❶四蕃之國　泛指東、南、西、北四方蕃邦所建之國家。❷三姓葛邏祿　古部族名。據《新唐書・回鶻傳下》，葛邏祿本突厥族之一支，活動於漠北及阿爾泰山以西地區。有三部落，一稱謀落，或為謀剌；一稱熾俟，或為婆匐；一為踏實力。這三個部落地處東西突厥之間，常依據自力盛衰，對唐王朝或附或叛，反覆無常。永徽初三族皆內屬，開元初再來朝。❸處蜜　古部族名。據《舊唐書・突厥傳下》，其為西突厥之一部。❹處同　古部族名。據《舊唐書・突厥傳下》，「同」係「月」之誤，當為「處月」。西突厥之一部。沙陀即處月之後裔。❺三姓咽蔑　古部族名。西突厥之一部。《隋書・突厥傳》作「三索咽」。❻堅昆　古國名。《新唐書・回鶻傳下》稱：「堅昆，本彊國也，地與突厥等，突厥以女妻其酋豪，東至骨利幹，南吐蕃，西南葛邏祿。始隸薛延陀，延陀以頡利發一人監國。」貞觀時遣使入臣，玄宗時四次來朝。❼拔番蜜　古國名。《舊唐書・突厥傳》「番」作「悉」，稱拔悉蜜。薛延陀之一部。貞觀時來朝，天寶初，與回紇葉護一起擊殺突厥可汗，立拔悉蜜大酋阿史那施為賀臘毗伽可汗，但不久即為回紇與葛邏祿所破，地與眾入回紇。❽窟內有姓殺下　疑是西突厥之一支。未見有其他著錄。❾突厥　古部族名。古匈奴北部，居阿爾泰山之南，臣於蠕蠕，北朝後期崛起於北方，為隋及唐所破，分為東突厥、西突厥二部，分別為唐所敗。❿奚　古部族名。據《舊唐書・北狄傳》稱其為匈奴之別種，居鮮卑故地，東接契丹，西至突厥，南拒白狼河，北至霫國。其風俗為逐水草而居，以畜牧為業，遷徙無常。部落皆散居山谷，無賦稅，善射獵。⓫契丹　古部族名。源於東胡族，至北魏始號契丹，在今遼河上游一帶放牧。唐以其地置松漠都督府，並任契丹首領為都督。唐末，迭剌部首領耶律阿保機統一契丹諸部，並建立遼朝，與五代並立。⓬遠蕃靺鞨　古部族名。遠蕃靺鞨意謂距離最遠的靺鞨部族，當是指居於最北方的黑水靺鞨，靺鞨中一支。靺鞨部族魏時稱勿吉，隋唐時稱此名，分布在松花江、牡丹江及黑龍江流域，東至日本海，分成粟末、伯咄、安車首、拂涅、號塞、黑水、白山七部，從事農業和狩獵業，北朝至隋唐多次至中原朝貢。其中，粟末居最南方，黑水居最北方。唐開元十年（西元七二二年）黑水靺鞨酋長倪屬利稽入朝，唐玄宗命其為勃利（即伯力）州刺史。五代時靺鞨改稱女真。⓭渤海靺鞨　即前注中之粟末靺鞨。粟末居最南方，地處松花江流域，以農耕為主。後建立渤海國，改稱此。⓮室韋　古部族名。東胡的一支，丁零的後裔。東與黑水靺鞨為鄰，西接突厥，南瀕契丹，在嫩江及黑龍江上游的兩岸，以游牧為主。唐時有二十多部，室韋為其中之一部。各部落發展很不平衡，部落由千戶或數千戶組成，濱散川谷，逐水草而處，自貞觀至開元前後十多次朝貢。契丹建立遼朝時，曾部分合併入遼。⓯和解　古部落名。室韋之一部。見《舊唐書・北狄傳》室韋條。⓰烏羅護　古國名。據《舊唐書・北狄傳》：「烏羅渾國，蓋後魏之烏洛侯也。今亦謂之烏羅護」；「東與靺鞨，西與突厥，南與契丹，北與烏丸接。風俗與靺鞨同」。貞觀時，其君長曾遣使獻貂皮。一說為室韋的一支。⓱烏素固　古部落名。室韋之一部落。《舊唐書・北狄傳》稱：「今室韋最西與迴紇接界者，烏素固部落，當俱輪泊之西南。」⓲達末婁　古部落名。據《新唐書・東夷傳》稱：「達末婁自言北扶餘之裔，高麗滅其國，遺人度那河，因居之。或曰他漏河，東北流入黑水。」開元時，其首領曾至唐朝貢。⓳達姤　古部落名。據《新唐書・東夷傳》稱：「達姤，室韋種也，在那河陰，涑末河之東，西接黃頭室韋，東北距達末婁云。」開元時，其首領曾至唐朝貢。⓴日本　古國名。即今之日本國。《舊唐書・東夷傳》稱：「以其國在日邊，故以日本為名。」隋唐時日本遣使達十餘次之多，每次使船都有大批留學生隨同而來。日本的大化改新，大多仿照唐的政治和文化。唐對日本亦極為友好，玄宗還曾派學者到日本使節寓所講授儒家經典。㉑新羅　古國名。唐初朝鮮半島分成高麗、百濟、新羅三國，新羅是在辰韓、弁韓故地上建立起來的國家，西接百濟，北鄰高麗，其國人多金朴二姓，國王姓金。新羅與百濟、高麗之間迭相攻擊，在三國之中，唯新羅與唐的關係最為友好，曾與唐聯兵進攻高麗和百濟，並最終統一了朝鮮半島。新羅全面接受唐的經濟文化影響，採納唐朝封建專制國家制度。㉒大食　古國名。即當時在阿拉伯半島上崛起的阿拉伯帝國。其位置在波斯即伊朗之西，大秦即東羅馬拜占庭帝國之東，唐人呼之為多食、大食、大實、大石，由于闐文或藏文轉譯而來。天寶時大食國開始崛起，對唐帝國在西域的影響是一種遏制。㉓吐蕃　古國名。為古代藏族所建立的政權，唐時存在於青藏高原，由雅隆（今西藏山南地區）農業部族為首的部落聯盟發展而成。貞觀中，太宗曾與之聯姻，將宗室女文成公主嫁吐蕃王棄宗弄贊。㉔波斯　古國名。即今之伊朗。西漢時稱安息。貞觀七年（西元六三三年）大食侵波斯，波斯國王伊嗣候及其子卑路支，先後曾向唐遣使請求援兵，唐皆以道路遙遠而不允。高宗咸亨年間，卑路支來朝，死於長安。高宗派裴行儉護送其子泥涅師回國，亦客死於吐火羅。當時波斯已大部分為大食所佔領，其殘部始終對唐有好感，不少波斯人留在長安經商。㉕拔汗那　古國名。即西漢時之大宛國。位於蔥嶺北道要衝，唐高宗時曾遣使來朝。高宗顯慶三年（西元六五八年）置休循州都督府，以其國王為都督。開元二十七年（西元七三九年）曾封其國王為奉化王。開元二十九年（西元七四一年）改國號為寧遠。天寶十三年（西元七五四年）遣王子入朝，留長安學習中原文化。㉖康國　古國名。西漢時稱康居國，國王的祖先為月氏人。隋唐時，其位置在今烏茲別克撒馬爾罕一帶，為昭武九姓之一。唐太宗時，曾向唐遣使來求內附，高宗時置康居都督府，任康國國王為都督。㉗安國　古國名。位於今烏茲別克之布哈拉一帶，昭武九姓之一。貞觀初年曾遣使來朝，唐高宗時置安息州，任安國國王為刺史。㉘石國　古國名。位於今烏茲別克的塔什干一帶。亦稱者舌、柘折、柘支，為昭武九姓之一。曾向唐遣使來朝，高宗置大宛都督府，任其國王為都督。㉙俱戰　古國名。疑即俱密國。位於帕米爾高原，曾向唐遣使來朝。㉚提教律國　古國名。有大小教律之分。大教律在今喀什米爾的巴爾提斯坦，小教律則在今喀什米爾的吉爾吉特。唐開元中先後冊封大小教律各兩代之王。天寶時安西副都護高仙芝曾至小教律，唐改其名為歸仁，並置歸仁軍。

㉛罽賓國　古國名。位於今喀什米爾一帶，其俗信佛法。貞觀時其國王曾遣使向唐獻馬，高宗時改其城為修鮮都督府，其後多次向唐遣使來朝。

㉜自「東天竺」至「中天竺」　五天竺均為古國。《舊唐書‧西戎傳》稱：「天竺國，即漢之身毒國，或云婆羅門地也。在蔥嶺西北，周三萬餘里。」傳中稱五天竺「地各數千里，城邑數百。南天竺際大海，北天竺拒雪山，四周有山為壁，南面一谷，通為國門；東天竺東際大海，與扶南、林邑鄰接；西天竺與罽賓、波斯相接；中天竺據四天竺之會，其都城週迴七十餘里，北臨禪連河」。同傳還提到：太宗貞觀十年（西元六三六年），沙門玄奘至其國，將梵本經論六百餘部而歸。武周天授二年（西元六九一年），五天竺諸國皆有使來朝。

㉝吐火羅　亦作吐呼羅，中亞古國。即西漢時之大夏國。其位置在今阿富汗北部，興都庫什山與阿姆河上游之間，都城在阿緩城。唐時任其國王為月氏都都府都督，分全國為二十五州。

㉞米國　古國名。或稱彌末、彌秣賀。其地在今烏茲別克撒馬爾罕以東，為昭武諸國之一。《北史》、《隋書》、《新唐書》之西域傳皆有記載。高宗永徽時為大食所破，顯慶三年（西元六五八年）以其地為南謐州，授其君昭武開拙為刺史，自是朝貢不絕。

㉟火尋國　古國名。在中亞阿姆河下游，西南與波斯相接。唐天寶時曾遣使入朝，《新唐書‧西域傳下》有著錄。

㊱骨咄國　古國名。或稱珂咄羅。開元時曾遣使來朝。《新唐書‧西域傳下》有著錄。

㊲訶毗施國　古國名。當係西域僻遠小國，被《新唐書‧西域傳下》列入「遠小國君遣使者來朝獻，有司未嘗參考本末者」之一。傳中稱：開元七年（西元七一九年），「訶毗施王捺塞因吐火羅大酋羅摩獻師（獅）子、五色鸚鵡」。

㊳曹國　古國名。位於今烏茲別克撒馬爾罕北方，分東曹、西曹、中曹三國，為昭武九姓之一，都曾向唐遣使來朝。《北史》、《隋書》、《新唐書》之西域傳有著錄。

㊴拂菻國　古國名。即東羅馬帝國，漢時稱大秦國。因受阿拉伯帝國入侵的威脅，唐初曾七次遣使與唐修好，當時中國亦有人到過東羅馬帝國。《舊唐書》、《新唐書》的西域傳均載有拂菻的國土和風俗人情。

㊵謝颶　古國名。《新唐書‧西域傳下》稱：謝颶原稱漕矩吒，或曰漕矩。居吐火羅西南，東距罽賓，東北帆延，皆四百里。南婆羅門，西波斯，北護時健。其王居鶴悉那城，地七千里，亦治阿娑你城。國中有突厥、罽賓、吐火羅種人雜居。玄宗時曾數次向唐遣使朝貢。

㊶教時山屋馱國　中亞古國，未見著錄。

㊷師子國　即獅子國。古國名，即今之錫蘭。《新唐書‧西域傳下》稱：「獅子，居西南海中，延袤二千餘里，有稜伽山，多奇寶，以寶置洲上，商舶償值輒取去。後鄰國人稍往居，能馴養獅子，因以名國。」唐初曾有使來朝。

㊸真臘國　古國名。其地大體為今之柬埔寨，處湄公河三角洲。本為古代扶南之屬國，唐中宗神龍後，分裂為南部近海的水真臘與北部陸真臘二國。在玄宗朝兩國皆來朝。

㊹尸科佛誓國　古國名。《新唐書‧南蠻傳》作「尸利佛誓」，亦作「室利佛誓」。位今蘇門答臘島上，其國王號「曷密多」。在唐代高宗、玄宗年間，數遣使者入朝，由廣

州慰撫，曾冊封為賓義王。㊺婆利國　古國名。據《舊唐書．南蠻傳》稱：婆利國在林邑東南海中洲上，其地延袤數千里。國王姓刹利耶伽，名護路那婆。貞觀時，曾向唐遣使隨林邑獻方物。其方位當在今之婆羅洲。㊻蔥領國　正德本作「葱嶺國」。其中「葱」同「蔥」。蔥嶺為帕米爾高原之古稱。唐時在蔥嶺內外有識匿國、似密國、羯盤陀國等，都曾遣使至唐。所謂蔥嶺國，是對這個地區幾個小國的泛稱。㊼俱位國　古國名。《新唐書．西域傳下》稱：「俱位，或曰高彌。治阿賒颶師多城，在大雪山教律河北。地寒，有五穀、蒲陶、若榴，多窟室。國人常助小教律為中國候。」㊽林邑國　古國名。位於今越南中南部。中國史籍初稱之為林邑，唐至德後稱為環玉，西元九世紀後期改稱占城，亦稱占婆。其國情民俗，《舊唐書．南蠻傳》記述頗詳。唐初曾多次遣使來朝。㊾護密國　古國名。位於今阿富汗東北部的瓦罕。《新唐書．西域傳下》稱：「護密者，或曰達摩悉鐵帝，曰鑊侃，元魏所謂鉢和者，亦吐火羅故地」；「王居塞迦審城，北臨烏滸河。地寒沍，堆阜曲折，沙石流漫。有豆、麥，宜木果，出善馬。人碧瞳。顯慶時以地為烏飛州，王沙鉢羅頡利發為刺史」。開元時，其國王多次入朝。玄奘《西域記》卷十二曾提到達摩悉鐵帝國，即此護密國。㊿怛沒國　古國名。《新唐書．西域傳下》稱：「怛滿，或曰怛沒。東陀拔斯，南大食，皆一月行；北岐蘭，二十日行；西即大食，一月行。居烏滸河北平川中，獸多師（獅）子。西北與史接，以鐵關為限。」(51)悒怛國　古國名。亦作「挹怛」。《新唐書．西域傳下》稱：「挹怛國，漢大月氏之種。大月氏為烏孫所奪，西過大宛，擊大夏臣之。治藍氏城。大夏即吐火羅也。嚈噠，王姓也，後裔以姓為國，訛為挹怛，亦曰挹闐。俗類突厥。天寶中遣使朝貢。」(52)烏萇國　古國名。位於今阿富汗境內。《新唐書．西域傳上》稱：「烏荼者，一曰烏伏那，亦曰烏萇，直天竺南。地廣五千里，東距勃律六百里，西罽賓四百里。山谷相屬，產金、鐵、蒲陶、鬱金。稻歲熟。人柔詐，善禁架術。國無殺刑，抵死者放之窮山。」唐初曾遣使者向唐朝貢。(53)迦葉彌羅國　古國名。此國玄奘作「迦濕彌羅」，《冊府元龜》作「箇失密」。《新唐書．西域傳下》稱：「箇失密，或曰迦濕彌邏。北距勃律五百里，環地四千里，山回繚之，它國無能攻伐。王治撥邏勿邏布邏城，西瀕彌那悉多大河，地宜稼。多雪不風。」開元時，曾遣使向唐來朝。此古國玄奘、慧超、悟空均有記載，其位置在今喀什米爾以南，印度東北部。(54)無靈心國　古國名。疑即小拂菻國。(55)蘇都瑟匿國　又名蘇跋那具怛羅國，亦稱蘇毗國。《新唐書．西域傳下》稱「蘇毗，本西羌族，為吐蕃所併，號孫波，在諸部中最大。東與多彌接，西距鶻莽硤，戶三萬。」蘇毗最盛時，其領域在今新疆南部，西抵印度，東北伸入青海玉樹一帶，南接吐蕃。王都最初在楚河流域，爾後其中心逐漸南移，與吐蕃東西為鄰，並與吐蕃結盟，但後為吐蕃所滅，其餘部退居西藏高原之阿里地區。吐蕃對其控制甚嚴，不許其向西恢復故土，因而引起蘇毗反抗，準備歸順唐朝。(56)史國　古國名。位於今烏茲別克撒馬爾罕之南。為昭武九姓之一。唐高宗置佉沙州，任其國君為刺史。詳見《北史》、《隋書》、《新唐書》西域傳。57俱蜜國　《新唐書・西域傳下》稱：「俱蜜者，治山中。在吐火羅東北，南臨黑河。其王突厥延陀種，貞觀十六年（西元六四二年），遣使者入朝。開元中，獻胡旋舞女，其王那羅延頗言大食暴賦，天子但慰遣而已。」58于建國可薩國遏曜國　為中亞三小古國。未見史籍著錄。59習阿薩般國　《新唐書・西域傳下》稱：「開元五年（西元七一七年）有習阿薩般王安殺並遣使者朝貢。」60龜茲國　古國名。又作歸茲、丘茲、屈茲、屈支、屈茨。以龜茲一名使用最廣。故址在今新疆庫車一帶，唐在此設羈縻都督府，屬安西都督府，其地一度為安西治所。61疎勒國　古國名。故址位於今新疆喀什市。唐初，疎勒在西突厥勢力影響下，唐高宗儀鳳時，吐蕃破其國，開元十六年（西元七二八年）始遣大理正喬夢松攝鴻臚少卿，冊其君阿摩支裴安定為疎勒國王。此後一直歸附唐朝。唐高宗上元時，開始在此設置都督府，屬安西都護府，與龜茲、于闐、碎葉一起，成為安西四鎮。62于闐國　古國名。又稱于寘、瞿薩旦那、渙那、屈丹、于遁、豁旦。位於今新疆和田一帶。其王姓尉遲氏，名屋密。本為突厥之屬國，貞觀初遣使入朝，高宗時以其地為毗沙都督府，授其國王為都督。屬安西都護府，為安西四鎮之一。63焉耆國　古國名。亦稱烏夷、烏耆，《大唐西城記》作「阿耆尼」。位於今新疆焉耆西南，以農業為主。本為西突厥之屬國，貞觀初曾遣使來朝，貞觀十八年（西元七一九年）郭孝恪破其城，置都督府，後為安西四鎮之一。64突騎施　古部族名。係西突厥之別部。武則天時，斛瑟羅率其部入居內地；仍留在當地的一部分，在首領烏質勒率領下，以碎葉（今吉爾吉斯北部託克馬克西南）為其牙帳之地，稱碎葉川（即楚河）為大牙，伊犁水為小牙。中宗時封為懷德郡王。其子娑葛立，唐冊立其為十姓可汗。開元時十姓內亂，其部前後降唐者數萬帳。又有名蘇祿者自十姓崛起，又冊其為忠順可汗，並把碎葉完全讓給了突騎施部。65鴻臚　指鴻臚卿。鴻臚寺為九寺之一，設卿一人，掌賓客之迎送、諸蕃之冊封及凶儀喪葬事務，有關政令則仰承禮部。「皆載於鴻臚之職」，指載錄於本書後第十八卷第二篇鴻臚卿之職掌。

【語　譯】兩代前朝王室的後裔便是：酅公，隋朝宗室楊氏。介公，北周宗室宇文氏。至於四周那些蕃邦國家，它們在向本朝朝貢以後，或者因自相誅殺而絕滅的，或者因有罪被本朝消滅的，加起來約有三百餘國。現在還存在著的，有七十餘個蕃邦國家。它們是：三姓葛邏祿、處蜜、處同（月）、三姓咽蔑、堅昆、拔番（悉）蜜、窟內有姓殺下、突厥、奚、契丹、遠蕃靺鞨、渤海靺鞨、室韋、和解、烏羅護、烏素固、達末婁、達垢、日本、新羅、大食、吐蕃、波斯、拔汗那、康國、安國、石國、俱戰、提敦律國、罽賓國、東天竺、西天竺、南天竺、北天竺、中天竺、吐火羅、米國、火尋國、骨咄國、訶毗施國、曹國、拂菻國、謝颶、敎時山屋馱國、師（獅）子國、真臘國、尸科佛誓國、婆利國、葱領（嶺）國、俱位國、林邑國、護密國、怛沒國、悒怛國、烏萇國、迦葉彌羅國、無靈心國、蘇都瑟匿國、史國、俱蜜國、于建國、可薩國、遏曜國、習阿薩般國、龜茲國、疎勒國、于闐國、焉耆國、突騎施等，一共七十國。它們都有土境，分為東南西北四個蕃邦區域。有關這些蕃國朝貢的禮儀，享宴的規格，高低的等級，以及使節往來的規定，都已記載在鴻臚令的職掌中。

【說　明】本章所列七十（實為六十九）個所謂「四蕃之國」，都是與唐王朝曾經有過朝貢關係的。貢使往來，可說是中世紀國際交往的一個特色。當時那些跋涉於崎嶇長途上的使節，往往一身而二任：亦貢亦賈。但對唐王朝來說，卻不是一樁賺錢的買賣，而是一項沉重的經濟負擔。這些貢使進入國境後，官府便要提供交通和食宿，接著是引見宴勞，少不得還要給予賞賜。而對於他們的貢品，通常都不是無償的，如唐玄宗在開元七年（西元七一九年）就下令規定「計價酬答，務從優厚」（《冊府元龜》卷一六八）。這從經濟上說，實在是一種不等價交換。但唐王朝更為看重的，似乎亦並非想從中獲取經濟實利，而是那種天朝盛世、諸夷來歸的心理滿足。

從唐初到開元、天寶，亦就是從西元七世紀到八世紀初這一階段，環顧亞歐大陸，確實只有唐王朝在政治、經濟、文化各個方面獨佔鰲頭。天寶末，進士鮑防在〈雜感〉一詩中描述過西胡入貢的盛況：「漢家海內盛平久，萬國戎王皆稽首；天馬常銜苜蓿花，胡人歲貢葡萄酒。」（《全唐詩》卷三〇七）詩中所讚美的唐朝當時為萬邦所尊的國際地位，雖有誇張，卻亦有事實為據。那時在北方打敗了東突厥、西突厥，在東北方，平定了高句麗，連綿數千里的大興安嶺、長白山一帶，再也沒有可與唐帝國抗衡的勢力。而整個黑龍江、松花江廣闊地區，仍處於部落眾多的分散自治狀態，還未進入部落聯盟階段。渤海國的興起只是初露端倪，而且還受著唐文化的直接影響，僅玄宗時期便先後向唐進貢達二十九次之多。至於東瀛日本，其時的所謂「大化改新」，就是唐文化直接影響的產物，那時正不斷有大批遣唐使團與留學生來中國。在南方，無論中南半島還是南洋群島，還只有少數地區，如扶南，後來的真臘，蘇門答臘的室利佛逝，以及此後的夏利特拉王朝，有一些初步的國家規模，其他都尚處於部落聯盟階段。值得注意的是常常成為多事之秋的西域這一地區。那時西域流傳著一個「四天子」，又稱「四主」的傳說。所謂「四主」即「人主」中國，「象主」印度，「寶主」波斯或拂森，「馬主」月氏或突厥，分別統治東、西、南、北四方。(伯希和〈四天子說〉，載《西域海南史地考證譯叢三編》)《新唐書・西域傳》中提到有個叫「何國」的小國家，在城樓上「北繪中華古帝」，「其君旦詣則拜退」。如果說這個何國小國王把中華古帝當作救世主來朝拜還只是一種傳說的話，那麼到貞觀以後就成為一個活生生的現實了。這時候，北方的東突厥和西突厥已被唐帝國擊敗；南方的印度在戒日王去世後，又重新陷於四分五裂；西方大食帝國，也就是阿拉伯帝國則迅速崛起，嚴重威脅著波斯、拂菻以及印度和中亞各小國的安全；而唐帝國正是由於征服了東西突厥，建立了安西四鎮，處於政治、軍事力量的鼎盛時期。因此那些在強大的大食帝國凶猛的攻擊下惶恐不安的西域諸多小國，都希望能從東方的大唐帝國尋求支持和保護。他們的貢使匆匆奔赴長安的主要動機，便是尋求援兵。如開元七年(西元七一九年)康國國王烏勒伽的貢表，就是在敵軍壓境的危急情況下，向唐王朝發出呼救的。還有一些國家的貢使則是在國破城亡後來到長安，大概是代表流亡政府或復國勢力入貢的，其中不少人竟就此長期寄食長安，被鴻臚寺稱之為「胡客」。這種局面大約也只維持了一百年左右，大唐帝國終於無法扭轉阿拉伯帝國向中亞發展的趨勢，而吐蕃卻乘機崛起，切斷了河西走廊。幾乎在此同時，「漁陽鼙鼓動地哀，驚破〈霓裳羽衣曲〉」(白居易詩句)，安史之亂爆發了！在內外交困中，大唐帝國逐漸趨向衰落，國際地位亦失去了昔日的輝煌。

卷五

尚書兵部

卷目

兵部尚書一人
侍郎二人
郎中二人
員外郎三人❶
主事四人
令史三十七人❷
書令史六十人
制書令史十三人
甲庫令史十二人
亭長八人
掌固十二人

職方郎中一人
員外郎一人
主事二人
令史四人
書令史九人
掌固四人

駕部郎中一人
員外郎一人
主事三人❸
令史十人
書令史二十四人❹
掌固四人

庫部郎中一人
員外郎一人
主事二人
令史七人
書令史十五人
掌固四人

---

❶員外郎三人　本卷正文及《通典・職官五》和新舊《唐書》官志均作「員外郎二人」。

❷令史三十七人　新舊《唐書》官志皆為「令史三十人」。

❸主事三人　《舊唐書・職官志》同此，《新唐書・百官志》為「主事二人」。

❹書令史二十四人　《新唐書・百官志》同此，《舊唐書・職官志》作「書令史二十人」。

卷旨

作為尚書省六部之一的兵部，是一個軍政領導機構，掌管全國軍隊組織管理的政令。軍隊是國家政權的基石，對於實行專制主義的封建皇權更其如此。要建立一支龐大的軍隊，首先面臨的一個問題是士兵的來源。唐代的士兵有兩個來源：前期是府兵，後期是募兵。全國有六百多個折衝府，府分三等，上府有士兵一千二百人，中府千人，下府八百人。平均以一千人計，全國就有六十餘萬士兵。軍隊的基層組織有火、隊、團三級：「士以三百人為團，團有校尉；五十人為隊，隊有正；十人為火，火有長。」（《新唐書・兵志》）團之上便是折衝府，設折衝都尉、果毅都尉以為統轄。軍隊要靠武官統率，這就提出武官的選拔和任命的問題。兵部尚書和侍郎的一個重要職掌，便是銓選武官。銓選武官要有根據和標準，參選的人要具備一個可以進行量化比較的資歷，那就是武散官的二十九階。兵部郎中之一的主要職掌便是為參選的武官候選人敘階；而兵部員外郎之一掌選院，即所謂「南曹」，具體負責審核選人的資歷；選人要經過南曹審核以後，才能參加每年舉行的三銓。在唐代，文官可以通過科舉考試取得出身資格參加銓選；武官在武周長安二年（西元七〇二年）亦建立了貢舉制度，由兵部員外郎一人掌管此事。在平時，府兵的主要任務是輪番赴京師執勤宿衛，本卷中對府兵進京宿衛的管理制度有詳盡的記述。唐代的禁軍機構有南北衙之分，南衙的十四衛和北衙的左右羽林軍，又統稱為十六衛。全國六百多個折衝府便分別隸屬於諸衛，而諸衛又有自己的組織管理系統，如每衛設大將軍一人，將軍二人，長史一人，錄事參軍一人等，又是一支龐大的武官隊伍。在諸衛執勤宿衛的又分若干檔次，如貼近皇帝的三衛五府，只有貴胄子弟才能番上值勤，番滿以後還能取得參加簡試預選的資格；而各折衝府的衛士赴京番上，只是服兵役而已。駐守邊防的軍隊則另有一個系統。《新唐書・兵志》稱：「兵之戍邊者，大曰軍，小曰守捉，曰城，曰鎮，而總之者曰道。」在軍、守捉、城、鎮，均設使；五千到萬人以上的軍，除使外，另設副使一人，其下尚有倉曹、胄曹、兵曹等屬官。在道設都督府，帶使持節者，便成為節度使。軍隊差遣調防之權，都集中在兵部。

軍隊要有裝備，府兵固然規定須自備一部分兵器，但主要的裝備和給養還是要靠國家供給，本卷第四篇中的庫部司便是執掌有關兵器製作、貯存及分配之政令的。而兵器的具體製作，由北都軍器監、甲坊署和弩坊署負責；兵器的貯藏，前期在衛尉寺的兩京武庫，後期在軍器使；武器的出納則由衛尉寺的武器署主管。在冷兵器作戰的時代，軍隊作戰離不開馬匹，騎兵是軍隊機動的主力。唐王朝在河西、隴右、陝北以及關中地區飼養有龐大的馬群。具體負責畜養馬匹的是太僕寺的典牧署、諸牧監，以及殿中省的尚乘局。為了保障軍隊的機動靈活，需要有相應的運輸和通訊設施，那就是分佈在全國各地的一千六百餘所驛站，以及配有車、牛的車坊。分管執掌這方面政令的，便是本卷第三篇中的駕部司。要調度軍隊指揮作戰，離不開地圖。各州三年一造地圖，彙總全國地圖的是本卷第二篇中的職方司。軍隊作戰需要偵候，全國周邊要地相去三十里，皆設置烽候，執烽候之政令者，亦為職方司。由此可見，兵部的四個司，涉及到軍隊組織管理的方方面面。

如此龐大的軍隊組織管理系統建立以後，最關緊要的一個問題是，如何保證對這個系統的絕對控制，其中最核心的是對高級軍官的控制。唐代前期，五品以上的武官須奏聞制授，就是為了保證高級將領的任命必須由皇帝親自過問，並由被認定為確實可靠的人去帶兵。節度使初授日要「具帑抹兵杖，詣兵部辭見」（《新唐書・百官志四下》）；大將出征時要「告廟、授斧鉞、辭齊太公廟」（本卷一篇）等等，亦都是為了確保皇帝對軍隊的控制權。有鑒於龐大的邊軍還是日趨跋扈，中宗神龍後又採取了派遣御史和宦官監軍的辦法。向軍隊派遣監軍始於春秋，歷朝大都沿襲，但多為臨時差遣，並未制度化。唐代至天寶時已漸成定制，且所派多為近侍心腹宦官，表現了朝廷對邊軍將領的不信任。此制對前方將領的離心傾向雖暫時有所制約，但事權不一，摩擦叢生，結果卻進一步激化了矛盾。安史之亂後，監軍使制度化為中央在邊軍的常設機構，最終也還是無法改變方鎮林立、藩鎮割據的局面。當然，那已屬《唐六典》問世以後的歷史。

唐代兵部官署在兩京的位置，參見第一卷卷旨。

兵部尚書・兵部郎中

【篇　旨】本篇分兩部分。第一部分記述兵部尚書、侍郎的定員、品秩及其職掌。兵部為唐代的軍政領導機構，其下屬有兵部、職方、駕部、庫部四司。尚書和侍郎除統領全部外，直接處理的事務有：一、軍官的選拔。《新唐書・選舉志下》：「凡選有文武，文選吏部主之，武選兵部主之。」武官選授與文官選授的方式相同，亦分尚書銓、東銓、西銓，分別由尚書和兩侍郎主持，擬注的職權亦同於吏部文選。二、軍籍的管理和軍隊的調遣。如各軍事單位的編制、定額及其審定，兵員的招募和減省，兵馬的調動簽發，以及對武官的日常管理。《新唐書・百官志一》稱：「凡將上征，告廟，授斧鉞；軍不從令，大將專決，還日，具上其罪。凡發兵，降敕書於尚書，尚書下文符。」三、軍訓講武。按《開元禮》，皇帝講武，兵部尚書要介冑乘馬，奉引天子至講武所。開元元年（西元七一三年）十一月，玄宗講武驪山，兵部尚書郭元振曾因「虧失軍容」而流配邊州。

第二部分記述兵部四司中的頭司——兵部司。因其事務在諸司中最為繁重，故設郎中二人，員外郎二人，其分工是：郎中一人掌兵馬名帳，武官階品選授之事，以及諸衛的番上宿衛；另一人掌兵馬調遣，包括邊疆兵馬的補充和臨時軍團的屯駐。員外郎二人其中一人掌武舉，這是從武則天稱帝時開始的；另一人掌判南曹，即主管審核選人的資歷及檔案工作。

文官有二十九階散位品階，武官亦相應有二十九階散位品階，文武散官敘階的方法是一致的，武散官與文散官一樣要通過番上服役，才能取得參預簡選的資格。番上主要是參加諸衛的宿衛。諸衛即皇帝的禁軍，分南北二衙，南衙是以左右衛為首的十四衛，北衙主要是左右羽林軍。南衙衛城，北衙衛宮。雖然北衙是從南衙中分化出來的，但北衙地位高於南衙。禁軍的宿衛有內府與外府之分：內府指五府三衛，即親衛一府，勳衛、翊衛各分一、二兩府，東宮三衛各一府。外府是諸衛所屬的分佈於諸州的折衛府。內府通常由勢官子弟以門蔭通過番上宿衛取得進身為官的資格，外府則是諸折衛府府兵的番上服役，二者性質是不同的。武散官番上宿衛亦可以取得進身資格，六品以下的品子還可以通過在親王府充當親事、帳內考滿後取得參選的資格。除府兵外，在地方諸州有由地方團練使統率的團結兵，在少數地區還有高麗兵、羌兵等。

唐代對邊軍差遣採行節度使制度。它起始於邊軍的屯防。唐初，戍邊之兵「大曰軍，小曰守捉，曰城，曰鎮，而總之者曰道」，「其軍、城、鎮、守捉皆有使，而道有大將一人，曰大總管，在其本道曰大都督，自高宗永徽以後，都督帶使持節者，始謂之節度使」（《新唐書・兵志》）。在沿邊軍事活動頻繁的地區，先後設置了八個主要節度使。安史之亂以後，節度使制度遍及全國，最終演化成了方鎮割據的局面。

篇末由員外郎職掌而連帶述及的武舉制度，大致仿照文吏的科舉制度，設置了相應的科目、規範及考試的方法。唐代著名將領由武舉選拔的僅有郭子儀一人，其餘大多出身於門蔭或文吏，由蕃人行伍出身的更多些。因而整個說來，武舉在選拔將領的作用上，不甚顯著。

一

兵部尚書一人，正三品。《周官》❶夏官卿❷也。漢置五曹❸，未有主兵之任也。魏始置五兵尚書，謂中兵、外兵、騎兵、別兵、都兵也。晉太始❹中，省五兵尚書。太康❺中，又置七兵尚書❻，以舊五兵尚書中兵、外兵分為左右。東晉及宋又為五兵，孝武大明二年❼又省之，順帝昇明元年❽又置。歷齊、梁、陳、後魏、北齊皆置五兵尚書❾。後周依《周官》，置大司馬卿一人。隋改為兵部尚書，皇朝因之。龍朔二年❿改為司戎太常伯，咸亨元年⓫復為兵部尚書。光宅元年⓬改為夏官尚書，神龍元年⓭復故。

侍郎二人，正四品下。《周官》夏官小司馬中大夫⓮也。漢以來尚書侍郎，今郎中之任也。後周依《周官》。隋煬帝⓯置兵部侍郎，皇朝因之。龍朔二年改為司戎少常伯，咸亨元年復為兵部侍郎。總章元年增置一員⓰。光宅、神龍並隨曹改復。

【章旨】記述兵部尚書、侍郎之官數、品位及其沿革。

【注釋】❶周官　書名。亦稱《周禮》，儒家經典之一。搜集周王室官制和戰國時各國官制度，彙編而成。❷夏官卿　官名。《周禮》立夏官司馬，設大司馬卿一人。此處簡稱為夏官卿。掌軍政和武事。❸漢置五曹　指西漢成帝時，設尚書五曹，即侍曹、二千石、戶曹、主客、三公五曹尚書。❹太始　即「泰始」，西晉武帝司馬炎年號。起於西元二六五年，迄於西元二七四年。❺太康　西晉武帝司馬炎又一年號。起於西元二八〇年，迄於西元二八九年。❻七兵尚書　此句似有誤。《通典・職官五》尚書下兵部尚書條本注稱：「按：晉雖分中兵、外兵為左、右，與舊五兵為七曹，然尚書唯置五兵而已，無七兵尚書之名，至後魏始有七兵尚書耳。今諸家著述或謂晉太康中置七兵尚書，誤矣。」❼孝武大明二年　即西元四八五年。孝武為南朝宋皇帝劉駿之謚號，大明是其年號。是年六月，省五兵尚書。❽順帝昇明元年　即西元四七七年。順帝為南朝宋皇帝劉準謚號，昇明為其年號。❾歷齊梁陳後魏北齊皆置五兵尚書　《通典・職官五》尚書下兵部尚書條云：「後魏為七兵尚書。」❿龍朔二年　即西元六六二年。龍朔為唐高宗李治年號。⓫咸亨元年　即西元六七〇年。咸亨亦是唐高宗李治年號。⓬光宅元年　即西元六八四年。光宅為武后稱制時年號。⓭神龍元年　即西元七〇五年。神龍為唐中宗李顯年號。⓮小司馬中大夫　《周禮》官名。為夏官大司馬之副職，掌戎政。⓯隋煬帝　即楊廣。在位十四年，終年五十。⓰總章元年增置一員　據《唐會要》卷五十九兵部侍郎條，增置兵部侍郎一員事，係在高宗總章二年（西元六六九年）。後至武周長壽二年（西元六九三年）又加一員，增為三員；長安四年（西元七〇四年）復減一員，是為二員。

【語　譯】尚書兵部：尚書，定員一人，官品為正三品。這個職務，就是《周官》中的夏官卿。西漢曾設置五曹尚書，然而沒有主管兵戎的尚書。曹魏時，開始設置五兵尚書，那就是中兵、外兵、騎兵、別兵和都兵這五個曹郎。西晉太始時期，省去了五兵尚書，到太康年間，又重新設置七（五）兵尚書，就是把原來五兵尚書中的中兵、外兵各分出左、右兩個曹來。東晉和南朝宋，又都是設五兵尚書，到孝武帝大明二年再次省去五兵尚書，順帝昇明元年時又恢復設置。這以後，歷經齊、梁、陳和北魏、北齊，都設有五兵尚書。北周依照《周官》設置大司馬卿一人。隋朝改稱兵部尚書，本朝因襲隋的設置。高宗龍朔二年，曾經改名為司戎太常伯，到咸亨元年，恢復稱兵部尚書。武后光宅元年再次改名為夏官尚書，到神龍元年還是恢復原來的名稱。

侍郎，定員二人，官品為正四品下。這個職務，就是《周官》中的夏官小司馬中大夫。漢以後稱為尚書郎，亦就是現今郎中的職任。北周依照《周官》的稱謂。隋煬帝時，設置兵部侍郎，本朝因襲隋代的體制。高宗龍朔二年時，一度改名為司戎少常伯；到咸亨元年又恢復舊名稱兵部侍郎。高宗總章元（二）年增設了一員侍郎。侍郎這個官名，在光宅、神龍年間，曾經隨著曹名的更改、恢復而更改、恢復過。

二

兵部尚書、侍郎之職，掌天下軍衛武官❶選授之政令。凡軍師卒戍之籍❷，山川要害之圖❸，廄牧甲仗❹之數，悉以咨之。其屬有四：一曰兵部，二曰職方，三曰駕部，四曰庫部；尚書、侍郎總其職務而奉行其制命。凡中外百司之事，由於所屬，咸質正焉。凡選授之制，每歲孟冬❺，以三旬會其人：去王城五百里，集於上旬；千里之內，集於中旬；千里之外，集於下旬。以三銓❻領其事：一曰尚書銓，二曰東銓，三曰西銓。尚書為中銓，兩侍郎分為東、西銓。以五等閱其人：一曰長朵❼，二曰馬射❽，三曰馬槍❾，四曰步射，五曰應對。以三奇拔其選：一曰驍勇，二曰材藝，三曰可為統領之用。其尤異者，登而任之，否則量以退焉。然後據其狀以覈❿之，考其能以進之。所以錄深功，拔奇藝，備軍國，綜勳賢也。五品已上，皆奏聞而制授⓫焉；六品已下，則量資注擬⓬。其在軍、鎮要籍⓭不得赴選，委節度使⓮銓試，具等第以申焉。其三奇、五等之選有殊尤者，得令宿衛。其宿衛皆帶本官以充。其選人有自文資入者⓯，取少壯六尺以上，材藝超絕；考試不堪，還送吏部。凡官階注擬⓰，團甲進甲⓱，皆如吏部之制。凡大選終於季春之月。所以審名實之銓綜⓲，備戎仗之物數，以戒⓳軍令，而振國容焉。

【章　旨】記述兵部尚書與侍郎之職掌及其屬司和選授武官之制。

【注　釋】❶軍衛武官　軍和衛是唐朝統率軍隊的組織。衛有十六衛，如左、右衛，左、右驍衛，左、右武衛，左、右威衛，左、右領軍衛，左、右金吾衛，左、右監門衛，左、右千牛衛。軍，在邊防有官兵五千人以上者稱軍，不足者則稱守捉、城、鎮、戍。諸軍各置使和副使；在中央禁軍稱軍的有左、右羽林軍，左、右龍武軍等。各個軍、衛統率的武官有大將軍、將軍、長史和錄事參軍、倉曹參軍、兵曹參軍、騎曹參軍以及旅帥、校尉、隊正等。此外還有東宮各率府的武官。❷軍師卒戍之籍　指士兵名籍。唐承隋制，在全國各地置兵府蓄兵，稱折衝府。每年十一月由折衝府以衛士帳上於兵部，以俟徵發。❸山川要害之圖　指繪有全國城隍、鎮戍、烽候及山川之地圖。此屬兵部職方司職掌。❹廄牧甲仗　廄牧，指官私馬牛及雜畜帳籍諸事，屬兵部駕部司職掌；甲仗，指戎器、儀仗，屬兵部庫部司職掌。❺孟冬　夏曆十月。❻三銓　依據品級分別選官的一種方式。唐制，五品以上官，由皇帝親自任命，或宰相提名、皇帝任命；五品以下，文武分途，文官由吏部主持銓選，稱文選，武官由兵部主持銓選，稱武選。文武選都分成三銓，即尚書一人主持六、七品選，稱中銓或尚書銓；侍郎分成東、西兩銓，分別主持八、九品選。❼長朵　指遠距離射箭。朵亦作「垛」。《通典・選舉三・歷代制下》：「其課試之制，畫帛為五規，置之於垛，去之百有五步，列坐引射，名曰長垛。」❽馬射　指在馬上射箭。《通典・選舉三・歷代制下》：「穿土為埒，其長與垛均，綴皮為兩鹿，歷置其上，馳馬射之，名曰馬射。」❾馬槍　指在馬上使用長槍。《通典・選舉三・歷代制下》稱：「斷木為人，戴方板於頂上，凡四偶人，互列埒上，馳馬入埒，運槍左右觸，必板落而人不踣，名曰馬槍。」❿覈　考核。⓫制授　指五品以上不屬三銓範圍，通常經宰相提名，由皇帝制命直接授官。⓬量資注擬　指依據選人不同資格注擬官職。唐制，有資格參加選官的人稱選人。選人包括武舉及第者，流外吏員入流者，門蔭入仕者，還有前資官。所謂前資官，即此前已擔任過某職事官，並經兩考以上已合「成資」要求者。⓭其在軍鎮要籍　指其名籍在邊防軍鎮者。⓮節度使　唐代都督帶使持節者，稱節度使。總攬一道或數州之軍政、民政、財政，所轄區內各州刺史均為其下屬。其名稱係由總管、都督演化而來。武德初因隋制，在邊防要塞和洛、荊、并、幽、交五州，分別置總管、大總管統率軍隊。武德七年（西元六二四年）改大總管為大都督。貞觀初，行軍稱總管，本道稱都督。高宗永徽後，以都督帶使持節，即為節度使。睿宗景雲二年（西元七一一年），以賀拔延嗣除涼州都督，充河西節度使，始以節度使之名為正式職銜。⓯自文資入者　指文吏要求參加武官銓選者。《冊府元龜・銓選部》稱：「若文吏求為武選，取身長六尺以上，籍年四十以下，強勇可以統人者。」⓰官階注擬　官指職事官；階指武官的散官階品。注擬時要官階相當，即職事官的品位要與其前資及所帶武散官之階品相當。⓱團甲進甲　團甲是指兵部經三銓三注後，將所擬之職事官以類相從。編為甲歷，送尚書都省左右僕射過目。此事通常由都省的左右丞主持。進甲是指門下省進甲歷於天子。其過程是：團甲後，由尚書都省將注擬名單送門下省覆審，稱為過目，一般是給事中讀，黃門侍郎省，侍中審，然後進甲以聞天子。⓲審名實之銓綜　意謂兵部尚書、侍郎要總攬武官之銓選，使其名實相符。⓳戒宣告。

【語　譯】兵部尚書和兵部侍郎的職務，是掌管全國各軍衛武官銓選的政令。凡是涉及軍師卒戍的兵籍，山川要害地區的圖籍，各地廄牧馬匹以及兵器甲仗的數字，都要諮詢於兵部。兵部下屬有四個司：一是兵部，二是職方，三是駕部，四是庫部。四司分管各個方面，尚書和侍郎遵照皇帝與上述職務相關的各項制命，負責抓總。京師內外所有官署，凡是涉及到歸屬於兵部的相關事務，都要請示和求正於他們。關於武官選授的制度，規定在每年孟冬十月，分三旬集合前來應選的武官：離京城五百里的，十月上旬集合；一千里以內的，十月中旬集合；一千里以外的，十月下旬集合。分三銓總領武官的選授：一是尚書銓，二是東銓，三是西銓。尚書主持的稱中銓，兩侍郎主持的分別為東、西銓。分成五等，亦就是五個項目來檢閱參選的武官：一是長朵，二是馬射，三是馬槍，四是步射，五是應對。再從三奇，亦就是三個方面的突出表現來選拔武官：一是是否驍勇善戰，二是是否武藝超群，三是是否善於統領士卒。其中卓越優異的，就可選拔出來授任官職；不然，就退回去作一般處理。然後對所有選人根據他們的情狀進行覆核，考察其中有才能的，提升他們。這樣做的目的，就是為了錄用能建功立業的，選拔有奇異才能的，以綜攬全國的勳賢，充實軍隊和國家的需要。五品以上武官的任命，都要奏聞皇上，用制命授職；六品以下的，就根據前資注擬。凡是在軍鎮要害的地區，無法到京師來參加選授的，可以委託所在地的節度使進行銓試，再把銓試的等第申報於兵部。在應選武官中，有上面提到的「三奇」、「五等」兩個方面具備特別突出才能的，可以讓他們參加宮廷的宿衛。充當宿衛時，都是帶本官的官階。在應選武官的人員中，如果有從文吏要求入選的，錄取的條件是年輕力壯，身高六尺以上，武藝超絕。考試不及格，仍然送還吏部。至於選授過程中，如何注擬官階，如何團甲進甲，都與吏部選授文官的規定相同。凡是大選，結束的時間都在第二年季春三月。以上這些規定都是為了使兵部尚書和侍郎能總攬武官的銓選，以達到被選的人才名實相符，並準備好足夠的武器裝備和儀仗，藉以整肅軍令，從而振興國威與軍容。

【說　明】把武官選授之權歸總於兵部，顯然是為了加強軍權的集中和指揮的統一。也許是為了考慮到一律照此執行有困難，因而本章中作了一個例外規定：「其在軍鎮要藉不得赴選，委節度使銓試，具等第以申焉。」但正是這一條，卻開了個不大不小的口子，分散了軍官選授的權力，等於把「軍鎮要藉」之地軍隊的用人權全部交給了節度使，為節度使的坐大和專橫跋扈提供了條件和機會。這恐怕亦是最終導致藩鎮之禍的一個原因。從唐朝整個銓選看來，兵部最濫，而且有個不應算是正常的成例，就是不少武官通過兵部轉入文官的銓選，從而還影響到了吏部的銓選。為此到唐末不得不規定：「今後武官不得輒入文官選改。」（《唐會要》卷五九）

三

郎中二人，從五品上。《周官》❶大司馬❷屬官有軍司馬下大夫❸，蓋郎中之任也。魏有五兵郎曹❹，皆置郎中。晉有七兵❺，皆置郎中。宋有中兵、外兵、騎兵，元嘉❻已後，省騎兵。齊因之。梁、陳有左中兵、右中兵、左外兵、右外兵、騎兵郎曹，皆置侍郎，亦郎中任也。後魏、北齊有左中兵、右中兵、左外兵、右外兵、都兵郎曹，並置郎中。後周依《周官》。隋初始置兵部郎曹，置侍郎一人；煬帝❼除「侍」字，又改為兵曹郎。武德❽初，依隋；三年❾，改為兵部郎中。龍朔二年❿，改為司戎大夫。咸亨、光宅、神龍並隨曹改復。

員外郎二人，從六品上。《周官》大司馬屬官輿司馬上士⓫，後周依焉，蓋員外之任也。隋開皇六年⓬置兵部員外郎，煬帝改為兵曹承務郎，皇朝改為兵部員外郎。龍朔二年改為司戎員外郎，咸亨、光宅、神龍並隨曹改復。

主事四人，從八品下。隋煬帝初置，為從九品下；開元二十四年⓭敕，改為八品。

【章旨】記述兵部司郎中、員外郎和主事之定員、品秩及其設置之沿革。

【注釋】❶周官　書名。亦稱《周禮》，儒家經典之一。❷大司馬　官名。《周官》夏官設大司馬卿一人，掌武事，統率軍隊。❸軍司馬下大夫　《周官》官名。兼掌車卒，其職闕文。❹五兵郎曹　魏時兵部之五郎官名。《通典・職官五》：「魏置五兵尚書，五兵謂中兵、外兵、騎兵、別兵、都兵也。」❺晉有七兵　指晉武帝太康中，中兵、外兵各分為左右，加上騎兵、別兵、都兵共為七兵。❻元嘉　南朝宋文帝劉義隆之年號。❼煬帝　隋朝皇帝楊廣，在位十四年，終年五十歲。❽武德　唐高祖李淵年號。❾三年　指武德三年，即西元六二〇年。❿龍朔二年　即西元六六二年。龍朔為唐高宗李治年號。⓫輿司馬上士　《周官》官名。掌軍車，其職闕文。⓬開皇六年　即西元五八六年。開皇為隋朝皇帝楊堅年號。⓭開元二十四年　即西元七三六年。開元為唐玄宗李隆基年號。

【語　譯】兵部司：郎中，定員二人，品秩為從五品上。《周官》中大司馬的屬官有軍司馬下大夫，就相當於現今郎中的職任。曹魏設五兵尚書，有五個郎曹，都設置了郎中。晉朝的五兵尚書設有七個郎曹，都置有郎中。南朝宋設有中兵、外兵、騎兵三個郎曹，元嘉以後省去了騎兵郎曹。齊因襲宋。梁與陳有左中兵、右中兵、左外兵、右外兵和騎兵五個郎曹，都設有侍郎，亦相當於現今郎中的職任。北魏、北齊有左中兵、右中兵、左外兵、右外兵和都兵郎曹，各設有郎中。北周是依照《周官》的規定設置的。隋朝初年開始設置兵部郎曹，置侍郎一人。到隋煬帝時去掉了「侍」字，改名為兵曹郎。唐高祖武德初年還是依照隋朝的舊制，到武德三年，改為兵部郎中。高宗龍朔二年，一度改稱司戎大夫，後來在咸亨、光宅、神龍年間，這個職名幾次隨著曹名的更改和恢復而更改和恢復。

員外郎，定員二人，品秩為從六品上。《周官》中大司馬的屬官有輿司馬上士，北周依據《周官》設置了這一官職，亦就是員外郎的職任。隋朝開皇六年設置兵部員外郎，煬帝時改名稱兵曹承務郎。本朝改為兵部員外郎，高宗龍朔二年一度改稱司戎員外郎，咸亨、光宅、神龍年間，這一職名幾次都隨著曹名的更改和恢復而更改和恢復。

主事，定員四人，品秩為從八品下。隋煬帝時開始設置，品秩為從九品下，開元二十四年下敕令改為八品。

四

郎中一人，掌考武官之勳祿品命，以二十有九階❶承而敘焉。從一品曰驃騎大將軍❷，漢有驃騎將軍霍去病❸，後漢有東平王蒼❹，魏有王昶❺，晉有紀瞻❻、王駿❼並為之。《齊職儀》❽云：「驃騎品秩第二，金章、紫綬，武冠❾，絳朝服❿，佩水蒼玉⓫。」《梁官品令》⓬：「雜號將軍一百二十五，分為二十四班，班多者為貴，驃騎班第二十四。」陳品第一⓭，秩中二千石。後魏《職品令》：第二⓮。後周驃騎大將軍九命⓯。隋《官品令》：「驃騎，正四品。」皇朝定令為武散官，從一品。**正二品曰輔國大將軍**⓰，魏《甲辰令》、晉《官品令》、梁《官品令》輔國將軍並第三品⓱，後魏從第三品，後周七命，隋從六品下⓲，皇朝改焉⓳。**從二品曰鎮軍大將軍**⓴，《魏志》㉑曰：「文帝㉒以陳群㉓為鎮軍大將軍，秩二千石。」晉《公卿秩》㉔云：「楊駿㉕、胡奮㉖並領鎮軍將軍。」《齊職儀》云：品第三。後周八命，隋並六品下㉗，皇朝改焉。**正三品曰冠軍大將軍**㉘、《史記》㉙曰：楚義帝㉚以宋義㉛為卿子冠軍；漢武帝㉜以霍去病功冠三軍，封冠軍侯，其名起於此也。魏以文欽㉝為冠軍將軍。《齊職儀》云：品秩第三。《晉令》云：「金章、紫綬，給五時服㉞，武冠，佩水蒼玉。」《梁令》：第三品。陳品第四㉟，秩中二千石。《隋令》：正六品下㊱。皇朝改焉。**懷化大將軍**㊲，皇朝所置，以授蕃官。**從三品曰雲麾將軍**㊳、梁班第十八㊴，陳品第四㊵，秩中二千石。**歸德將軍**㊶，皇朝所置，以授蕃官。**正四品上曰忠武將軍**㊷，梁班第十九㊸，陳品第四㊹，秩中二千石。**正四品下曰壯武將軍**㊺，梁大通三年㊻又置二百四十二號將軍，為四十四班，壯武班第十六。陳品第六，秩二千石㊼。**從四品上曰宣威將軍**㊽，皇朝所置。**從四品下曰明威將軍**㊾，梁班第十二㊿。後魏《職品令》(51)：正六品上。正五品上曰定遠將軍[52]，梁班第十二[53]也。諸將軍亦為二十四班，止施於外國，定遠班第十二[54]。正五品下曰寧遠將軍[55]，梁《官品令》：「寧遠將軍正五品[56]。」從五品上曰游騎將軍[57]，魏《甲辰令》：「游騎將軍，第四品。」陳秩二千石[58]。從五品下曰游擊將軍[59]，《漢書》[60]曰：「武帝以蘇建[61]、韓說[62]為游擊將軍。」《後漢記》[63]云：「光武[64]以鄧晨為游擊將軍[65]。」晉《官品令》：游擊將軍四品[66]。陳秩二千石。正六品上曰昭武校尉，下曰昭武副尉；從六品上曰振威校尉，下曰振威副尉；正七品上曰致果校尉，下曰致果副尉；從七品上曰翊麾校尉，下曰翊麾副尉；正八品上曰宣節校尉，下曰宣節副尉；從八品上曰禦武校尉，下曰禦武副尉；正九品上曰仁勇校尉，下曰仁勇副尉；從九品上曰陪戎校尉，下曰陪戎副尉[67]。《漢書百官表》：「校尉皆二千石，武帝置。」隋朝改為散官，皇朝因之。凡懷化、歸德將軍，量配於諸衛上下[68]。其餘並兵部定其番第。五百里內七番[69]，一千里內八番，二千里內十番，二千里外十二番，並一月上。四品已下、九品已上於兵部上下[70]：五百里內四番，一千里內五番，二千里內六番，二千五百里七番，三千里內八番，各一季上。三千里外免番，隨須追集也。[71]番滿[72]者，六品已下並聽預簡選，量其才能，或留本司[73]，或送吏部[74]；五品已上者則奏聞[75]。凡敘階之法，一如文散官之制[76]。

【章　旨】由兵部司郎中之一的職掌為考定武官散位品階，而連帶述及二十九階武散官之名稱及其番上、納資取得參選入仕的條件和敘階進階的途徑。

【注　釋】❶二十有九階　指下文所列唐代二十九個武官散品官階。武官之勳祿品秩，最後都歸結為武散官之品階。唐因隋制，高祖武德時置輔國、鎮軍等共十將軍為散號將軍，以後太宗又有增置，至高宗顯慶三年（西元六五八年）已多達四十五階。除下文所列三十一階（其中有二階未被計入）外，尚有十四階，據《新唐書・百官志一》所錄為：懷化將軍、歸德大將軍、懷化中郎將、歸德中郎將、懷化郎將、歸德郎將、懷化司階、歸德司階、懷化中候、歸德中候、懷化司戈、歸德司戈、懷化執戟長上、歸德執戟長上。這十四武官散階，多用以授諸蕃歸附首領。❷驃騎大將軍　唐武散官名。漢武帝置。位比三公，品秩同大將軍。自魏晉迄於唐，均設此。❸霍去病　西漢名將。河東平陽（今山西臨汾西南）人。前後六次出擊匈奴，二次大敗匈奴，使漢得以控制河西地區，開通西域之路。官至驃騎大將軍。漢武帝要為他營造府第，他說：「匈奴不滅，無以為家。」❹東平王蒼　即劉蒼，東漢光武帝劉秀之子，漢明帝劉莊同母弟。光武帝建武十七年（西元四一年）進爵為東平憲王，明帝即位時，拜為驃騎將軍，位在三公之上。❺王泉　泉即「昶」字。王昶，字文舒，太原晉陽（今山西太原）人。曹丕在東宮時，昶為太子文學，以幫助司馬懿平定毌丘儉之功，進位驃騎將軍。❻紀瞻　字思遠，丹陽秣陵（今江蘇南京市秦淮河之南）人。晉元帝時為驃騎將軍。❼王駿　近衛校正德本曰：「按晉書，當作扶風王駿。」扶風王駿進拜驃騎將軍是在晉武帝太康初。❽齊職儀　書名。《隋書・經籍志》著錄云：「齊長水校尉王珪之撰。」《新唐書・藝文志》著錄之書名為《齊職官儀》，亦作王珪之撰。《南齊書・王逡之傳》：「從弟珪之，有史學，撰職儀。」❾武冠　又名趙惠文冠。附蟬為飾，插以貂尾。以武者所服，故稱武冠。❿絳朝服　指一品以下，五品以上，朔望朝時所著之朝服。絳，大紅色。⓫佩水蒼玉　水蒼玉，色青而有水紋之玉，古代大夫佩此。《禮記・玉藻》：「大夫佩水蒼玉而純組綬。」杜牧〈奉和十八韻〉詩：「虎騎搖風旆，貂冠韻水蒼。」⓬梁官品令　指梁武帝天監七年（西元五〇八年）釐定將軍名號所頒發之官品令。令中以鎮衛、驃騎、車騎為二十四班。班即階也，以班多為貴。驃騎位居第一。⓭陳品第一　南朝陳廢二十四班制復為九品制，驃騎將軍居於一品。《隋書・百官志》：「【陳】又有戎號擬官，自一品至于九品，凡二百三十七。鎮衛、驃騎、車騎等三號將軍，擬官品第一。」⓮後魏職品令第二　意謂在北魏《職品令》中，驃騎將軍位列第二品。據《魏書・官氏志》此令成於魏孝文帝太和二十三年（西元四九九年）。⓯後周驃騎大將軍九命　盧辯依《周官》為北周建六官，定驃騎大將軍為正九命，相當於九品制之正一品。⑯輔國大將軍　唐武散官名。新莽末劉永割據政權始置。東漢獻帝亦曾以伏完為輔國將軍。晉王濬以平吳有功，拜輔國大將軍。南朝宋、梁及北魏、北周和隋皆曾設置。⑰自「魏甲辰令」至「並第三品」　意謂魏、晉、梁三朝官品令都規定輔國大將軍為第三品。魏甲辰年為魏文帝黃初五年，西元二二四年。但《晉書・職官志》載輔國將軍品秩列為第二，《隋書・百官志上》錄有梁官品令，內稱以「輕車、征遠、鎮朔、武旅、貞毅為十四班，代輔國」。若據此，則輔國將軍在晉與梁皆非第三品。姑錄以存疑。⑱隋從六品下　《隋書・百官志》載輔國將軍為從六品。⑲皇朝改焉　指唐開元二十五年（西元七三七年）官品令改武散官輔國將軍為正二品。⑳鎮軍大將軍　唐武散官名。魏始置。㉑魏志　即《三國志》之《魏書》。晉陳壽撰。㉒文帝　指三國魏皇帝曹丕。在位七年，終年四十歲。㉓陳群　字長文，穎川許昌（今河南許昌）人。《三國志・魏書・陳群傳》：「【文】帝征孫權，至廣陵，使群領中領軍。帝還，假節，都督水軍。還許昌，以群為鎮軍大將軍，領中護軍，錄尚書事。」㉔晉公卿秩　書名。《舊唐書・經籍志》作《晉公卿禮秩》，九卷，傅暢撰。今佚。㉕楊駿　字文長，弘農華陰（今陝西華陰）人。晉武帝死，楊駿執政，後為賈后誅殺。㉖胡奮　字玄威，安定臨涇（今甘肅鎮源南）人。家世將門，居邊有威惠。㉗隋並六品下　句中「並」疑係「正」之誤。《隋書・百官志下》鎮軍將軍為正六品。㉘冠軍大將軍　唐武散官名。原為雜號將軍稱號。㉙史記　即《太史公書》，百三十卷，司馬遷撰。㉚楚義帝　楚懷王熊槐之孫熊心，為項梁所立。㉛宋義　原為楚令尹。秦末，從項梁反秦，梁兵敗，楚義帝以宋義為上將軍，居項羽之上，號卿子冠軍，諸將皆屬宋義。後為項羽所殺。㉜漢武帝　西漢皇帝劉徹，在位五十四年，終年七十一歲。㉝文欽　魏汴（今開封市）人。魏齊王正始中，以文欽為冠軍將軍，揚州刺史。㉞給五時服　五時指春、夏、季夏之戊巳土日、秋、冬。古時五時、五方、五色等都是相對應的。《晉書・輿服志》云：「漢制，一歲五郊，天子與執事所服各如方色。」五方即東、南、中、西、北，與之對應的五色為青、紅、黃、白、黑。又云：「百官雖服五時朝服，據今止給四時朝服。」㉟隋品第四　《隋書・百官志》作「擬官品第四」。㊱隋令正六品下　《隋書・百官志》、《通典・職官二十一》所載隋官品令冠軍將軍並為從六品下。㊲懷化大將軍　唐武散官名。據《舊唐書・職官志一》載，高宗顯慶三年（西元六五八年）始置，專授歸唐將領，隸於諸衛。㊳雲麾將軍　唐武散官名。梁始置為雜號將軍名。唐高祖武德七年（西元六二四年）置以加武士之無職事者。㊴梁班第十八　《隋書・百官志上》云：「武臣、爪牙、龍騎、雲麾，為十八班。」梁天監七年（西元五〇八年）有一百二十五號將軍之名稱，最高為二十四班。以班為階，班多為貴。㊵陳品第四　《隋書・百官志上》作「擬官品第四」。㊶歸德將軍　唐武散官名。據《舊唐書・職官志一》，高宗顯慶三年（西元六五八年）始置，授初附唐之諸蕃首領，仍隸諸衛。又，此與上文懷化大將軍均未被本書作者列入二十九階之內。㊷忠武將軍　唐武散官名。梁始置為雜號將軍名，高祖武德七年（西元六二四年）置為武散官。㊸梁班第十九　《隋書・百官志上》云：「忠武、軍師為十九班。」指一百二十五號將軍二十四班中之第十九班。㊹陳品第四　《隋書・百官志上》作「擬官品第四」。㊺壯武將軍　唐武散官名。齊始置，梁為十壯將軍之一，唐置為武散官。㊻大通三年　即西元五二九年。大通為梁武帝蕭衍年號。㊼陳品第六秩二千石　《隋書・百官志上》作「品第六，並千石」。㊽宣威將軍　原注稱「皇朝所置」。據《魏書・官氏志》記載，北魏時已有宣威將軍，為第六品上階。㊾明威將軍　唐武散官名。西漢末已置有此職名。西晉及南朝齊、梁、陳和北魏、北齊、北周，皆置為雜號將軍名號。高祖武德七年（西元六二四年）置為武教官。㊿梁班第十二　據《隋書・百官志上》記載，梁明威將軍居一百二十五號將軍中之第十三班。(51)後魏職品令　即北魏孝文帝太和二十三年（西元四九九年）復次之職令，見於《魏書・官氏志》。(52)定遠將軍　唐武散官名。梁武帝始置。(53)梁班第十二　據《隋書・百官志上》，梁十二班所指之定遠，不屬一百二十五號將軍，另屬一百零九號將軍範圍。(54)諸將軍亦為二十四班三句　指一百零九號將軍亦為二十四班分階，只給予外國人前來歸順者，定遠將軍屬於其中第十二班。(55)寧遠將軍　唐武散官名。晉始置。(56)梁官品令寧遠將軍正五品　句首「梁」，似應作「晉」。《通典・職官十六》稱：「寧遠將軍，晉置，大唐因之。」同書〈職官十九・晉官品中〉又謂「寧遠將軍位居第五品」，與此處所記正合。另據《隋書・百官志上》記載，梁寧遠將軍位在第十三班，則與此處所記相異。(57)游騎將軍　唐武散官名。梁武帝始置。(58)陳秩二千石　《隋書・百官志上》稱：陳游騎將軍秩千石。(59)游擊將軍　唐武散官名。漢初高祖始置，以陳豨為游擊將軍。武帝復置，東漢亦置，魏晉沿之。魏屬中軍，晉為六軍之一。唐高祖武德七年（西元六二四年）置為武散官。(60)漢書　我國第一部紀傳體斷代史，東漢班固撰。其中八表與天文志由班固妹班昭續成。(61)蘇建　杜陵（今陝西西安市東南）人。漢武帝時，以衛尉受游擊將軍，曾隨大將軍衛青出擊匈奴。其子即蘇武，曾出使匈奴，羈留十九年方回。(62)韓說　西漢大將軍衛青部下特將十五人之一。武帝曾以之為游擊將軍。(63)後漢紀　書名。東晉袁宏撰，三十卷。為編年體東漢史。(64)光武　東漢皇帝劉秀，在位三十三年，終年六十二歲。(65)以鄧晨為游擊將軍　句中人名疑有誤。《後漢紀》卷四光武帝建武二年（西元二六年）漁陽太守彭寵反，「上遣游擊將軍鄧隆軍於潞」，以與朱浮聯軍攻彭寵，後為寵所敗。據此，「鄧晨」似應作「鄧隆」。鄧晨則另有其人，為劉秀之姊夫，並未任游擊將軍。(66)游擊將軍四品　《資治通鑑》卷二〇二儀鳳二年詔以杜孝昇為游擊將軍條胡三省注引晉《官品令》，「四」上有「第」字。(67)自「正六品上曰昭武校尉」至「下曰陪戎副尉」　均為唐武散官名。校尉之職，秦漢為統兵武官，次於將軍而高於都尉。漢武帝時，曾設城門、中壘、屯騎、步兵、越騎、長水、射聲、虎賁等八校尉，秩皆二千石。東漢沿置，省為五校尉，靈帝時又增置西園八校尉。諸校尉均掌屯兵，以備宿衛。隋唐則以校尉為武散官名號，品階自六品至九品。⑥⑧量配於諸衛上下　諸衛，指十六衛，隋唐禁軍機構。亦稱南衙，掌管宮廷宿衛。隋文帝開皇年間，置左右衛府等十二府統領禁軍。煬帝時去府而稱衛，並擴充為十六衛。唐亦置十六衛，名稱時有改變。統領府兵的十二衛為左、右衛，左、右驍衛，左、右武衛，左、右威衛，左、右領軍衛，左、右金吾衛；不統府兵的四衛為左、右監門衛，左、右千牛衛。每衛置大將軍一人、將軍二人總其事。凡蕃官授懷化、歸德一類散官品階者，皆酌情在諸衛輪番上下服役。⑥⑨五百里內七番　指在離京城五百里以內的武散官，以七人為一組，輪番赴兵部服役。每次番上的時間為三個月。⑦⓪於兵部上下　指四品以下、九品以上之武散官，在兵部番上服役。每次番上的時間為一月。⑦①三千里外免番隨須追集也　指離京城三千里以外的武散官，可以不用去京師番上服役，但若國家需要，則須隨時徵集服役。⑦②番滿　武散官番上二次稱為滿番，便可赴兵部參加武職官銓選，如不第則仍依次番上。如此超過六番而仍不第者，便不能再參選職事。⑦③或留本司　指留在兵部參選武官。⑦④或送吏部　指武散官參選求為文選者，只要書判精工，有理人之才而無贓犯，便可由兵部移送吏部，參加文官銓選。⑦⑤五品已上者則奏聞　指選授武職事五品以上者，須奏聞天子。一般由中書門下提名，皇帝制授任命。⑦⑥敘階之法一如文散官之制　指確定武官散階的辦法，與文散官相同。如初敘以封爵，以親戚，以勳庸，以資蔭，以武舉，進階則以勞考，都有相應的具體規定。

【語　譯】【兵部司】兩員郎中中的一人，執掌考核武官的勳祿品命，按二十九個武散官階位，分別授官定職。這二十九個階位是：從一品稱驃騎大將軍，西漢的霍去病曾被授為驃騎將軍；東漢有東平憲王蒼，魏有王泉，西晉有扶風王駿，東晉有紀瞻，他們都曾為驃騎將軍。《齊職儀》中說：「驃騎將軍品秩第二，佩金印紫綬，戴武冠著絳朝服，佩戴水蒼玉。」南朝梁的《官品令》規定有雜號將軍一百二十五，分為二十四班，以班數多為尊貴，驃騎將軍位居第二十四班。南朝陳時，驃騎將軍屬第一品，俸秩為中二千石。北魏《職品令》規定驃騎大將軍為第二品，北周則定為九命。隋朝的《官品令》說：「驃騎，正四品。」本朝定為武散官名號，從一品。正二品稱輔國大將軍，曹魏的《甲辰令》、晉朝的《官品令》，南朝梁的《官品令》，都規定輔國將軍為第三品。北魏列為從第三品，北周定為七命。隋朝是從六品，本朝改為正二品。從二品稱鎮軍大將軍，《三國志・魏書》記載說，魏文帝以陳群為鎮軍大將軍，俸秩二千石。《晉公卿秩》亦記載到楊駿、胡奮都受任過鎮軍將軍。《齊職儀》則說這個階位品列第三。北周是八命，隋定為正六品，本朝改為從二品。正三品稱冠軍大將軍、《史記》裡說到楚義帝以宋義為卿子冠軍。漢武帝認為霍去病功冠三軍，封為冠軍侯，「冠軍」的名稱就是由此而起的。曹魏曾以文欽為冠軍將軍。《齊職儀》稱這個階位品秩第三。晉朝的《官品令》規定冠軍大將軍的冠服是：「金章紫綬，供給五時服，戴武冠，佩水蒼玉。」南朝梁的《官品令》把它定為第三品，陳官品列第四，俸秩為中二千石。隋朝《官品令》定為正六品，本朝改為正三品。懷化大將軍，本朝所置，用來授給那些新歸附的蕃官首領。從三品稱雲麾將軍、這一階位南朝梁定為第十八班，陳官品列第四，俸秩為中二千石。歸德將軍，本朝所置，用來授給那些新歸附的蕃官首領。正四品上稱忠武將軍，南朝梁定為第十九班，陳擬官品第四，俸秩為中二千石。正四品下稱壯武將軍，南朝梁在武帝大通三年，又設置戎號二百四十二號將軍，分為四十四班，其中壯武將軍為第十六班。陳列為第六品，俸秩一千石。從四品上稱宣威將軍，本朝所置。從四品下稱明威將軍，南朝梁列為第十二（三）班。北魏的《職品令》規定為正六品上。正五品上稱定遠將軍，南朝梁列為第十二班。各號將軍亦是以二十四班分階，只用來授給外國歸順的將領；定遠將軍列為第十二班。正五品下稱寧遠將軍，梁（晉）《官品令》規定寧遠將軍為正五品。從五品上稱游騎將軍，曹魏《甲辰令》游騎將軍列為第四品，南朝陳俸秩定為二（一）千石。從五品下稱游擊將軍，《漢書》記載說：「漢武帝曾讓蘇建、韓說為游擊將軍。」《後漢紀》亦說：「光武帝任鄧晨（隆）為游擊將軍。」晉《官品令》規定游擊將軍品列第四，南朝陳時俸秩為二千石。正六品上稱昭武校尉，下稱昭武副尉；從六品上稱振威校尉，下稱振威副尉；正七品上稱致果校尉，下稱致果副尉；從七品上稱翊麾校尉，下稱翊麾副尉；正八品上稱宣節校尉，下稱宣節副尉；從八品上稱禦武校尉，下稱禦武副尉；正九品上稱仁勇校尉，下稱仁勇副尉；從九品上稱陪戎校尉，下稱陪戎副尉。《漢書・百官公卿表》：「校尉俸秩都是二千石，漢武帝時設置。」隋朝改為武散官名號，本朝因承了隋的這一官制。凡是授予懷化、歸德將軍一類名號的蕃官首領，都酌量分配在十六衛輪番宿衛，其餘都由兵部確定他們番上服役的次序。離京城五百里以內的，以七個人為一組輪番服役；一千里以內的，以八個人為一組輪番服役；二千里以外的，以十二個人為一組，輪番服役。每次番上的時間是一個月。四品以下、九品以上的，到兵部輪番服役，規定離京城四百里以內的，四個人一組輪番服役；一千里以內的，五個人一組輪番服役；二千里以內的，六個人一組輪番服役；二千五百里以內的，七個人一組輪番服役；三千里以內的，八個人一組輪番服役。每次番上服役的時間，各人為一個季度。三千里以外的，可以免除番上，但須根據需要隨時遵從徵集。輪番服役期滿後，六品以下的，都可以在兵部簡選職事。簡選時，根據他的才能，或者留在兵部本司任武官，或者送吏部簡選文官；五品以上的簡選，那就要奏報皇上。至於武散官敘階的辨法，都與文散官敘階的方法一樣。

【說　明】散官分文武二種，自唐朝貞觀時起始。本章敘述的是武散官的名號。武散官自從一品驃騎大將軍至從九品下之陪戎副尉，共有二十九階；此外還有以「懷化」、「歸德」為名的十六階，則是授予歸順於唐的周邊少數族首領的，合在一起，共為四十五階品。在如此眾多名號中，地位處於前列的，被稱為重號將軍，如驃騎大將軍、鎮軍大將軍等，在兩漢魏晉南北朝是常設的高級將軍，地位崇高，權傾朝野。其餘的或稱為雜號將軍，或稱為散號將軍，南朝則簡稱之為「戎號」。在唐代，六品以下的，上階稱校尉，下階稱副尉。《舊唐書·職官志一》稱：「武散官，舊之散位，不理職務，加官而已。後魏及梁，皆以散號將軍記其本階，自隋改用開府儀同三司已下。貞觀中，又分文武，入仕者皆帶散位，謂之本品。」職事帶散官稱本品，無職事的散官則逕稱散品。散官敘階，初敘可分別由封爵、親戚、勳庸、資蔭、科舉等為依據，而進階則要由勞考的等第來決定。唐代官員的章服依本品而定，貞觀時規定三品以上服紫，四品、五品服緋，六品、七品服綠，八品、九品服青。白居易〈琵琶行〉：「座中泣下誰最多？江州司馬青衫濕。」唐州司馬最低為從六品上，亦可服綠。說「青衫濕」，可能是自嘲。唐制官員都有魚符，以袋盛之，謂之魚袋。魚袋亦是按本品給的，三品為金魚袋，五品為銀魚袋。《唐會要·輿服上》：「咸亨三年（西元六七二年）五月三日，始令京官四品五品職事佩銀魚。是日，出內魚袋賜之。」李商隱〈嚴給事賀加五品兼簡同制水部李郎中〉詩：「初佩銀魚隨仗入，宜隨百馬退朝歸。」由於散官三品、五品是直接與章服、魚袋、恩蔭以及其他特權聯繫在一起的，所以對進入這些高品階作了種種限制，如玄宗時規定入五品必須經十六考，入三品必須經三十考，並須待制授然後進之。如果已敘銓到了五品、三品而又不夠進階資格的，則規定可以「回授」，即把應加的階品回授給他的子孫。

五

凡天下之府五百九十有四[1]，有上、中、下[2]，並載於諸衛之職[3]。凡應宿衛官，各從番第。諸衛將軍[4]、中郎將[5]、郎將[6]及諸衛率[7]、副率[8]、千牛備身[9]、備身左右[10]、太子千牛[11]，并長上折衝、果毅[12]應宿衛者，並一日上，兩日下；諸色長上，若司階[13]、中候[14]、司戈[15]、執戟[16]，並五日上，十日下。諸應外職掌押當[17]及分司[18]者，則年支焉。若左、右羽林將軍[19]，每夜各一人更直，中郎將、郎將亦如之。長人長上，每日上，隨仗下。長人取六尺六寸已上厚闊者四十人，分左、右監門衛[20]。滿四考，依出身例授武散官，依舊長上。蕃人任武官者，並免入宿；任三衛[21]者，配元武門[22]上，一日上，兩日下；配南衙[23]者，長番，每年一月上。凡千牛備身、備身左右及太子千牛，皆取三品已上職事官子、孫，四品清官子，儀容端正、武藝可稱者充；五考[24]，本司隨文、武簡試聽選。如階[25]應入武品，折其一考。四品謂諸司侍郎、左右庶子。凡殿中省進馬[26]，取左右衛、三衛高蔭[27]，簡儀容可觀者補充，分為三番上下，考第、簡試同千牛例；僕寺進馬亦如之。

【章　旨】記述諸衛武官番上宿衛各項規定。

【注釋】❶凡天下之府五百九十有四　府指軍府，即折衝府，由隋的鷹揚府改稱而來，分布在全國各道，主要集中在關內道。折衝府之數，各書記載不一。此處記為五百九十四，與《舊唐書·職官志》同；而《唐會要》則為六百三十三，《新唐書·兵志》為六百三十四，李繁《鄴侯家傳》為六百三十，而陸贄之奏議多達「八佰餘」，「八」或許為「六」字之訛。《新唐書·地理志》所記各道折衝府總數為五百六十六，其中能列出府名的僅四百四十八。❷有上中下　指諸折衝府以所屬衛士之多寡，分上、中、下三個等第：一千二百人者為上府，一千人為中府，八百人為下府。❸並載於諸衛之職　因各道之折衝府分別隸屬於京城諸衛及東宮諸率，故詳情載錄於本書第二十四、二十五卷諸衛和第二十八卷太子左右衛及諸率府。❹諸衛將軍　指十六衛統率衛士的軍官。從三品，為大將軍之副貳。❺中郎將　武官名。秦已有置。唐時為隸於諸衛之大將軍、將軍，正四品下統領親衛、勳一府、勳二府、翊一府、翊二府之衛士宿衛宮廷，並總其府事。❻郎將　武官名。為中郎將之副貳，正五品上。❼諸衛率　武官名。太子東宮之諸衛率各設率一人，正四品上，掌本率府兵仗羽衛之政令。❽副率　武官名。為率之副貳，從四品上。❾千牛備身　帝王貼身之禁衛武官。千牛，刀名，典出於《莊子·養生主》：「庖丁為文惠君解牛十九年，所割者數千牛，而刀刃若新發於硎石。」蓋言此刀可以備身，因以名官。北魏始置此職，掌執御刀。唐中宗神龍中置左、右千牛衛，下隸千牛備身十二人，皆由貴族子弟少年端壯者以門蔭充任，執御刀、弓箭以宿衛，其考課、賜會、祿秩之升降同在京之職事官。❿備身左右　帝王的禁衛武官。北魏始置，與千牛備身、刀劍左右俱為君王隨身侍衛。隋置備身左右，唐沿之，置十二人。朝會之日，執弓箭，侍立御座左右。⓫太子千牛　東宮禁衛武官。屬太子左右內率府，有千牛十六人，備身二十八人，主仗六十人；以千牛執細刀、弓箭，以備身宿衛、侍從，以主仗守戎服器物。皇太子坐朝，則領千牛、備身之屬升殿。⓬折衝果毅　指諸折衝府之折衝都尉與果毅都尉。諸府設折衝都尉一人，左、右果毅都尉各一人，掌領所屬府之衛士，以備宿衛，以從師役，並總其戎具、資糧、教習之法令。果毅都尉係折衝都尉之副貳。⓭司階　唐禁衛軍中低級武官。正六品上。⓮中候　唐禁衛軍中低級武官。正七品下，地位低於司階。⓯司戈　唐禁衛諸軍低級武官。正八品下，位在中候之下、執戟之上。⓰執戟　唐禁衛諸軍低級武官。正九品下。按：以上司階、中候、司戈、執戟四職，合稱「四色官」，武周天授二年（西元六九一年）始置，諸衛皆有，共掌殿陛執仗侍值。⓱押當　即押官。皇帝朝會及出行時，監押隊仗並引駕。⓲分司　唐京師長安、東都洛陽設置的相應機構，稱分司。⓳左右羽林將軍　唐置左、右羽林軍衛，各置將軍二人，從三品，為左、右羽林軍衛大將軍之副貳。其職掌是統領北衙禁兵之法令，督率左、右廂飛騎之儀仗，若逢大朝會，率儀仗以衛階陛；若出行，則馳道而為內仗。羽林禁兵之名數、旗幟，皆秘而不宣。⓴左右監門衛　唐禁衛軍指揮機構。各設大將軍一人，將軍二人，掌諸門禁衛門籍之法。凡宮殿門及城門皆左入右出，諸衛身高體寬之長人，皆分至左、右監門衛。㉑三衛　凡左、右衛和左、右率府之親、勳、翊衛，以及諸衛之翊衛通謂之三衛。在三衛番上的品子，擇其資蔭高者為親衛，其次者為勳衛及率府之親衛，再次者為翊衛及率府之勳衛，又次者為諸衛及率府之翊衛。㉒元武門　即玄武門。四庫本為避清聖祖玄燁之名諱而改「玄」為「元」。唐長安太極宮與大明宮北面正門均稱玄武門，為禁宮守衛要害之所，唐代多次宮廷政變皆發生於此二宮之玄武門。如李世民在武德九年（西元六二六年）以金銀器物買通負責守衛太極宮玄武門的常何及其將士，採用伏擊辦法殺死太子建成及齊王元吉，從而取得了政變勝利。故玄武門之守衛，成為唐代前期的一項要務。㉓南衙　唐中央政務機構之統稱。唐代皇宮所在的宮城，居長安城北，而諸省、臺、寺、監官署都設在皇城內，居宮城之南，故統稱為南衙或南司，係與以宦官等之北司相對而言。㉔五考　唐制對文武官員每年考功一次。五考亦即五年為考滿，可參選文武職事官。考有等第，三衛番上分上、中、下三等：專勤謹慎，宿衛如法，便習弓馬者為上等；番期不違，執掌無失，雖解弓馬，非是灼然者為中等；違番不上，數有犯失，好請私假，不習弓馬者為下等。㉕如階　似應為「加階」。正德、廣池本均作「加階」。㉖進馬　官名。唐屬殿中省之尚乘局，有進馬六人，正七品下。《舊唐書・職官志三》殿中省尚乘局條注文稱：「進馬舊儀，每日尚乘以廐馬八匹，分為左右廂，立於正殿側宮門外，候杖下即散。若大陳設，即馬在樂懸之北，與大象相次。進馬二人，戎服執鞭，侍立於馬之左，隨馬進退。雖名管殿中，其實武職，用資蔭簡擇，一如千牛備身。」㉗高蔭　指五品以上高官的子孫以門蔭敘階者。

【語　譯】全國折衝府的總數，為五百九十四個，分成上、中、下三等。有關折衝府衛士到番上宿衛的規定，都記載在京師各衛的職掌之內。凡是應宿衛的武官，都要遵從各自輪番當值年限的具體規定。各衛的將軍、中郎將、郎將及東宮太子各衛率、副率、千牛備身、備身左右、太子千牛，以及長日輪番當值的折衝都尉、果毅都尉應在宮廷宿衛的，都是一日上、二日下；各種長日輪番當值的，例如司階、中候、司戈、執戟，都是五日上、十日下。各個應值外職的武官，譬如押當，及東都分司的，則按年輪值。如果是左、右羽林將軍，那就每天晚上要有一人更值；中郎將、郎將亦一樣。長人則是長日班制，每天都要上，隨同儀仗一起下。所謂長人，是指身高六尺六寸以上而又胸背厚闊的，共四十人，分別安排在左、右監門衛，以四考為滿考，依照他們的出身授給武散官，仍舊在監門衛長上值班。周邊蕃國首領歸順後受任武官的，都不必入宮宿衛。三衛的武官，分配在玄武門輪番當值的，一日上、二日下；分配在南衙的，屬於長日當值，每年一月上。凡是千牛備身、備身左右和太子千牛，都要選擇三品以上職事官的子孫和四品清官的兒子，而又儀表面容端正、武藝值得稱揚的來充當。都須經過五考滿考，再由本司分別文武或去吏部或去兵部簡試及銓選。如果進階就入武散官，要折抵一考。四品清官是指各司的侍郎、左、右庶子等。凡是在殿中省輪番當值的進馬，要選取三衛中門蔭高的、儀容好看的來補充，分成三番上下輪值，考滿的年限及簡試銓選的條件與千牛同等對待。在太僕寺擔任進馬的，亦按這些規定辦理。

六

凡勳官❶十有二等，並載於司勳❷之職。皆量其遠邇以定其番第。五百里內五番，一千里內七番，一千五百里內八番，二千里內十番，二千里外十二番；各一月上。每上或分配諸司。上州❸及都督府❹番別各聽留六十人，中州四十五人，下州三十五人，分配監當城門、倉庫，亦量於數內通融配給。當州人少者，任取五十已上、五十九已下及輕疾丁充，並五番，上皆一月。五品已上四年，七品已上五年❺，多至八年。年滿簡送吏部，不第者如初。無文，聽以武選。

【章　旨】記述有關勳官番上宿衛和銓選入仕的各項規定。

【注　釋】❶勳官　以戰功而獲得勳階者為勳官。唐制共有十二級，最高為十二轉，稱上柱國，比正二品；最低為一轉，稱武騎尉，比從七品。比指比照職事官、散官之相對品級。❷司勳　指尚書吏部之司勳司。❸上州　唐制依所轄戶口多寡分全國之州為上、中、下三等，四萬戶以上者為上州。下文中州、下州，分別為三萬戶以上、三萬戶以下者。❹都督府　唐代地方軍事行政機構。掌督諸州兵馬、甲械、城隍、鎮戍及糧廩之事。❺五品已上四年七品已上五年 《舊唐書・職官志》作「五品已下、七品已上五年」。

【語 譯】凡是勳官，包括第一等到第十二等，有關勳官的詳情都記載在吏部司勳司的職掌之內。都要根據他們距離京師的遠近，來確定他們輪番當值的次第。離京師五百里以內的，五人一組輪流番上；一千里以內的，七人一組輪流番上；一千五百里以內的，八人一組輪流番上；二千里以外的，十二人一組輪流番上，時間各為一個月。每次輪到當值，有的可以分配在各個司服役。上州及都督府允許分別在輪番服役的勳官中留用六十人，中州可留四十五人，下州可留三十五人。如果需要分配監管城門、倉庫，亦可以在上述數額內酌量通融配給。所在州人數少的，可以聽任擇取年齡在五十以上、五十九以下以及有輕微疾病的丁男充當。都是以五人為組輪番服役，每番的時間都是一個月。勳品五品以上，四年為番滿。七品以上五年為番滿，最多不超過八年。輪番當值年滿以後，可以簡送吏部試選，試選不及第的，再從頭繼續輪番服役。缺少文化素養的，就在兵部參加武官的銓選。

【說 明】勳官之制，始於北周、北齊交戰之際，用以按軍功酬勞將士。如守城苦戰的，立一等功酬勳三轉，立二等、三等的遞減一轉，實際上特授、泛授所在都有。勳官參選之前要番上服役，並每年納課，考滿再經參選，才能取得入仕機會。在唐代勳官的授予又很濫，動輒以萬計，勳官的地位就顯得更為低微。《舊唐書・職官志一》記載勳官的境況是：「每年納課，亦分番於兵部及本郡，當上省司，又分支諸曹，身應役使，有類僮僕。據令乃與公卿齊班，論實在於胥吏之下，蓋以其猥多，又出自兵卒，所以然也。」考滿後參文武選，最高十二轉上柱國，勳品是比二品，敘官只能在正六品上敘；十二轉以下，依次遞降一階。入仕以後，遷代則以四考為限。四考中中，進年勞一階敘。每一考中上，進一階，一考上下，進二階。至於五品以上，除非恩制所加，就不能再往上進階。所以由勳官而進入五品的，可謂鳳毛麟角。

七

凡左、右衛❶，親衛❷、勳衛❸、翊衛❹，及左右率府親、勳、翊衛，及諸衛之翊衛，通謂之三衛。擇其資蔭高者為親衛，取三品已上子、二品已上孫為之。其次者為勳衛及率府之親衛，四品子、三品孫、二品已上之曾孫為之。又次者為翊衛及率府之勳衛，四品孫、職事五品子孫、三品曾孫若勳官三品有封者❺及國公❻之子為之。又次者為諸衛及率府之翊衛，五品已上并柱國❼若有封爵兼帶職事官為之。又次者為王府執仗、執乘❽。散官五品已上子、孫為之。凡三衛皆限年二十歲已上，每歲十一月已後，本州申兵部團甲❾、進甲❿，盡正月畢，其入衛雜配，並注甲長定，不得移改。量遠邇以定其番第。五百里內五番⓫，一千里內七番，一千里外八番，各一月上；三千里外九番，各倍其月。應補之人周親⓬已上有犯刑戮者，配令兵部上下。凡諸衛及率府三衛貫京兆⓭、河南⓮、蒲⓯、同⓰、華⓱、岐⓲、陝⓳、懷⓴、汝㉑、鄭㉒等州，皆令番上；餘州止納資㉓而已。應納資者，每年九月一日於本貫及寄住處輸納，本貫挾名錄申兵部。凡左、右衛之三衛分為五仗：一曰親仗，二曰供奉仗，三曰勳仗，四曰翊仗，五曰散手仗㉔，每月各配三十六人而上下焉。其五仗上下及引駕㉕、細引㉖考以五，左、右衛之他職掌及左、右率府之勳衛考以六，左、右率府之三衛帖五仗上下者，亦五考。諸衛及率府之翊衛考以八。考滿，兵部校試；有文、堪時務，則送吏部；無文，則加其年階，以本色遷授。若有才用，考內得補主帥㉗及監門校尉㉘、直及㉙。凡左、右衛，左、右率府三衛經三考已上者，得補引駕、細引；考滿，簡試如三衛。三衛違番者，徵資一千五百文，仍勒陪番；有故者，免徵資。三番不到，注里毀奪告身㉚，有故者亦陪番。

【章旨】記述有關三衛衛官番上的各項規定。

【注釋】❶左右衛　宿衛宮廷的禁軍機構，唐時禁軍分十六衛，左、右衛為其首，各置大將軍一人統率，將軍二人為其副。掌番上府兵五十府，據番上名額分配職務，奉行宮廷禁衛法令，守衛諸殿門，並為內廂宿衛之儀仗，以及大駕出行時之侍從衛隊。❷親衛　宿衛宮廷的禁軍機構。隸於十六衛之左、右衛及東宮左、右率府。職掌殿廷侍衛，朝會時為親仗，在諸衛中地位最親近。❸勳衛　宿衛宮廷的禁軍機構。掌宮內扈從警衛之事。分一府、二府，隸於十六衛之左、右衛及東宮左、右率府。朝會時為勳仗。❹翊衛　宿衛宮廷的禁軍機構。分隸諸衛，屬左、右衛及東宮左、右率府，分一府二府，掌宮內扈從警衛之事。朝會時為翊仗。❺勳官三品有封者　指勳官十轉上護軍與九轉護軍中有封爵者。❻國公　封爵之第三等，從一品。❼柱國　勳官名。十一轉，比從二品。❽王府執仗執乘　據《舊唐書・職官志》「王」上有「親」字。執仗、執乘皆是親王府儀仗隊武官。❾團甲　兵部將各州申報赴三衛番上服役的名冊編為甲歷，報送尚書都省，稱團甲。❿進甲　尚書都省將兵部之團甲報送門下省覆審，稱進甲。⓫五百里內五番　離京師五百里以內入三衛番上宿衛者，以五人為一組，輪流番上服役。後文一千里內、外，及三千里外，分別為七番、八番、九番，可依此類推。⓬周親　至親。⓭京兆　指京兆府，唐京城所在地行政機構。玄宗開元元年（西元七一三年）設府，領二十縣，轄區為今陝西西安市及其鄰近諸縣。⓮河南　指河南府，唐東都所在地行政機構。開元元年（西元七一三年）設府，領縣二十，轄區為今河南洛陽市及其鄰近諸縣。⓯蒲　州名。治所蒲坂（今山西永濟縣西蒲州），轄境相當於今山西之永濟、河津、臨猗、聞喜及運城等部分地區。⓰同　州名。治所武鄉（今陝西大荔），轄境相當於今陝西之大荔、合陽、韓城、澄城、白水等市縣。⑰華　州名。治所鄭縣（今陝西華縣），轄區相當於今陝西之華縣、華陰、潼關及渭北的下邽鎮。⑱岐　州名。治所雍縣（今陝西鳳翔南），轄境在今陝西周至、麟游、隴縣、寶雞、太白等地。⑲陝　州名。治所陝縣（今河南陝縣），轄區相當於今河南之三門峽、陝縣、澠池、靈寶等市縣和山西之平陸、芮城及運城的東北地區。⑳懷　州名。治所野王（今河南沁陽），轄區相當於今河南之焦作、沁陽、武陟、修武、博愛、獲嘉等市縣地。㉑汝　州名。治所梁縣（今河南臨汝），轄境相當於今河南北汝河、沙河流域各縣。㉒鄭　州名。治所管城（今河南鄭州市），轄今河南鄭州、滎陽、新鄭、中牟等市縣及原陽西南部。㉓納資　指以納課代役。唐時一年為二千五百文。㉔自「親仗」至「散手仗」　仗係對刀戟等兵器的總稱。朝會時，三衛衛士皆帶刀執仗列隊於內廊閣門外，分上述五仗作為儀仗和宮廷宿衛，又稱內仗。其中親仗，以親衛為之，供奉杖，以左右衛為之，勳仗、翊仗分別以勳衛、翊衛為之，散手仗則以親、勳、翊三衛共為之。此外，若御坐正殿，另有黃旗仗，分立於二階之次；內外諸門則有立門仗，都是帶刀捉仗而立。宣政左右門杖、內杖，皆分三番而立，號交番仗。㉕引駕　儀仗名。朝堂置左、右引駕三衛三十六人。以左右衛、三衛中年長彊直能糾劾者為之。㉖細引　儀仗名。執細刀者。㉗主帥　直接管轄衛士之下級武官。《唐律疏義・衛禁律》：「主帥，謂親監當者」；又稱「領兵宿衛太廟、山陵、太社三所者」。據此，主帥當係番上當班班長一類職務。㉘監門校尉　警衛武官。唐制，皇帝居曰「衙」，行曰「駕」，皆有警衛。《新唐書・儀衛志上》：「凡衙門皆監門校尉六人，分左右，執銀裝長刀，騎。左、右監門衛大將軍、將軍、中郎將，厢各巡行。校尉二人，往來檢校諸門。」若駕出，則巡行警衛。㉙直長　本書後第二十五卷第一篇監門衛大將軍所屬有「直長六百八十人」，此處似亦應為「直長」。㉚三番不到注里毀奪告身　句中「里」字，近衛校正德本以為「恐當作『甲』」。是，當據以改。全句意為：如果三番皆缺勤不到，則注銷其甲歷，收回並銷毀其告身。甲歷是選人的檔案資料，告身相當於今之任命狀。

【語　譯】凡是左右衛所屬的親衛、勳衛、翊衛，和東宮左右率府的親衛、勳衛、翊衛，以及其他各衛的翊衛，都通稱為三衛。要選擇資蔭高的擔任親衛，規定選取三品以上官員的兒子、二品以上官員的孫子充當。資蔭次一等的為勳衛和率府的親衛，可以選取四品的兒子、三品的孫子和二品以上的曾孫充當。資蔭再次一等的為翊衛及率府的勳衛，四品的孫子、職事官五品的兒子和孫子以及三品的曾孫；或者是勳官三品而有封爵的，和封爵為國公的兒子充當。資蔭又次一等的為諸衛及率府的翊衛，五品以上官員、勳官為柱國或者有封爵並兼有職事官的子孫，可以充當。資蔭又次一等的為【親】王府的執仗、執乘。散官五品以上的子孫，可以充當。凡是在三衛衛士，都限定年齡在二十一歲以上。每年十一月以後，由本州申報兵部，團甲、進甲的過程，都要在正月以內辦理完畢。進入三衛的分配，都要在甲歷裡注明，以後不得移改。根據所在地距離京師的遠近，確定他們輪番服役的次第。離京師五百里以內的，五人為組輪流番上；一千里以內的，七人為組輪流番上；一千里以外的，八人為組輪流番上，輪番服役時間各為一個月。三千里以外的，九人為組輪流番上，每番時間是兩個月。應補充的人中間，如果他的至親以上親屬中犯有刑罰被殺的，那就要配令他到兵部去輪番上下。各衛及率府三衛的衛士，凡是籍貫在京兆、河南府以及蒲、同、華、岐、陝、懷、汝、鄭這些州的，都要輪番服役，籍貫在其他州的，只要納資就可以了。應該納資的，每年九月一日，可以在本籍貫所在的地方或者寄住的地方輸納，由本籍貫所在地把輸納者的名錄申報兵部。凡是左、右衛屬下的三衛，分為五仗：一是親仗，二是供奉仗，三是勳仗，四是翊仗，五是散手仗。每月各仗都分配三十六人輪值上下。在五仗上輪番服役的，以及充當引駕和細引的，都以五年為滿考。左、右衛中分配其他職掌的，以及左右率府的勳衛，則以六年為滿考。左、右率府的三衛在五仗上下輪番服役的，亦是以五年為滿考。各衛以及率府的翊衛，以八考為滿考。考滿以後，可到兵部校試，如果有文化素養又能勝任時務的，就送吏部銓試；缺少文化素養就增加他的散官年階，以武官身分遷授職事。如果有才用的人，在考內就可以補任主帥、監門校尉、直及（長）。左、右衛及左、右率衛的三衛經過三考以上的，就可以補引駕、細引。考滿以後的簡試，與三衛考滿後參加簡試的規定相同。三衛衛士如果違反輪番服役規定，要徵資一千五百文，並且仍然要完成原定的輪番服役任務。其中有正當原因的，可以免予徵資。三次輪番都缺勤不到，就要注銷他的甲歷，追奪和銷毀他的告身，即使有正當原因的，亦要重新輪番服役。

八

凡王公已下皆有親事❶、帳內❷，六品、七品子為親事，八品、九品子為帳內。限年十

八已上，舉諸州，率萬人已上充之❸。親王❹、嗣王❺、郡王❻、開府儀同三司❼及三品已上官帶勳者，差以給之。並本貫納其資課，皆從金部給付❽。皆限十周年則聽其簡試，文、理高者送吏部，其餘留本司；全下者退還本邑❾。

【章　旨】記述王公以下給予親事、帳內的有關規定。

【注　釋】❶親事　力役的一種。以六、七品子年十八以上充之，為三品以上至王公大臣親侍人員，供隨時差遣。諸親王府則設親事府為之統領。依唐貞觀制，有執仗親事及執乘親事各十六人，親事三百三十人。❷帳內　力役的一種。以九品子年十八以上充之，為王公大臣三品以上侍從人員，掌儀衛陪從。諸親王皆設帳內府，有帳內六百六十七人。❸率萬人已上充之　《舊唐書・職官志》作「率萬人以充之」；《通典・職官十七》本注作「共率萬人為之」。錄以備考。❹親王　皇伯叔昆弟、皇子封國為親王。❺嗣王　親王之子承嫡者，為嗣王。❻郡王　皇太子諸子並為郡王。親王之子承恩澤者，亦得封郡王。❼開府儀同三司　唐制為散官階，從一品。❽並本貫納其資課皆從金部給付　指由納課品子在本貫所在之州輸納，然後由戶部的金部司給付享有親事、帳內的王公大臣，作為祿秩收入的一部分。❾本邑　正德本及廣池本皆作「本色」。

【語　譯】凡是王公以下的封爵，都配給親事、帳內。由六品、七品官員的兒子充當的，稱親事；八品、九品官員的兒子充當的，稱帳內。年齡限定在十八歲以上。舉用全國各州大約萬人以上來充任這項差役。親王、嗣王、郡王、開府儀同三司以及職事三品以上官員帶有勳爵的，都可依不同等級的差別給予這項力役。品子都在本籍貫所在州輸納資課，然後由金部司支付給有關官員。限定品子都要納課滿十年，才允許參加兵部的簡試。其中文理水平高的，送吏部參加銓試；其餘多數留在兵部本司。各方面都屬下等的，則退還本籍。

【說　明】充任親事與帳下的，都是六品以下的納課品子。所納的資課，歸入王公大臣的祿秩。《新唐書・選舉志》所載與本章所述略有不同，今錄以備誌：「武選，凡納課品子，歲取文武六品已下、勳官三品以下、五品已上子，年十八以上，每州為解上兵部，納課十三歲而試，（本章則謂：「皆限十周年，則聽其簡試。」）第一等送吏部，第二等留本司，第三等納資二歲，第四等納資三歲；納已，復試，量文武授散官。若考滿不試，免當年資；遭喪免資。無故不輸資及有犯者，放還之。」納課自然亦不失為六品以下子弟入仕的一條途徑，只是年限拉得很長，從十八歲開始，要到三十一歲以後才有簡試入仕的機會，卻也並非人人都能如願以償的，納過十幾年課，不是還有落個「全下者退還本邑」的結局嗎？

九

凡兵士隸衛，各有其名。左、右衛[1]曰驍騎[2]，左、右驍衛[3]曰豹騎，左、右武衛曰熊渠，左、右威衛[4]曰羽林[5]，左、右領軍衛[6]曰豹騎[7]，左、右金吾衛[8]曰依飛[9]；東宮左、右衛率府[10]曰射乘，左、右司禦率府[11]曰旅賁[12]，左、右清道率府[13]曰直盪，總名為衛士，皆取六品已下子孫及白丁[14]無職役者點充。凡三年一簡點，成丁[15]而入，六十而免，量其遠邇以定番第。百里內五番[16]，五百里外七番，一千里外八番，各一月上；二千里外九番，倍其月上。若征行之鎮守者，免番而遣之。凡衛士各立名簿，具三年已來征防若差遣，仍定優劣為三等，每年正月十日送本府印訖[17]，仍錄一通送本衛[18]，若有差、行[19]、上番，折衝府[20]據簿而發之。若征行及使經兩番已上者，免兩番；兩番已上者並二番[21]。其不免番，還日即當番者，免上番。凡差衛上征戍、鎮防亦有團伍[22]，其善弓馬者為越騎團，餘為步兵團，主帥已下統領之[23]；火十人，有六馱馬[24]。若無馬鄉，任備驢、騾及牛。若父兄子弟，不併遣之；若祖父母、父母老疾，無兼丁㉕，免征行及番上。其居常則皆習射，唱〈大角歌〉㉖。番集之日㉗，府官㉘率而課試。

【章旨】記述諸衛所屬外府府兵的稱謂及其編制、番集、訓練等具體規定。

【注釋】❶左右衛 宿衛宮廷的禁軍機構。唐制以衛統府，其中左、右衛掌番上府兵五十府，府兵即為番上宿衛諸殿門之衛士，亦為內廂宿衛之儀仗，以及皇帝出行時之侍從衛隊。❷驍騎 左、右衛所屬衛士之稱謂，泛指其精壯驍勇。❸左右驍衛 宿衛宮廷的禁軍機構。隋文帝開皇時置備身府，煬帝時改左、右備身府為左、右驍衛府，唐因隋置左、右驍衛府，中宗龍朔二年（西元六六二年）去「府」字。置大將軍各一人，將軍二人為其副，所掌與左、右衛同。❹左右威衛 宿衛宮廷的禁軍機構。隋置禁軍十六衛中有左、右屯衛，唐沿置，龍朔二年（西元六六二年）改稱左、右威衛，由大將軍各一人統之，將軍二人為其副。掌番上府兵五十府，朝會時為左右廂儀仗，分兵防守時，負責皇城東面的事務。❺羽林 本為禁軍士兵之通稱，此處專用以指稱左、右威衛士兵，取其「為國羽翼，如林之盛」之意。❻左右領軍衛 宿衛宮廷的禁軍機構。唐採前朝領軍之名置領軍衛，光宅元年（西元六八四年）改稱玉鈐衛，神龍元年（西元七〇五年）復稱領軍衛，仍分左、右，各以大將軍一人統之，將軍二人為其副。掌番上府兵六十府，朝會時掌左右廂儀仗，分兵防守時主管京城、苑城諸門以及皇城西面事務。❼豹騎 當是「射聲」之誤。本書後第二十四卷左右領軍衛外府番上兵士之名為「射聲」，而非豹騎。所以取名「射聲」，以其善射。《後漢書・百官志四》注引服虔曰：「冥冥中聞聲則射中之，故以為名。」❽左右金吾衛 宿衛宮廷巡察京城的禁軍機構。隋置禁軍十六衛，其中有左右武候衛，唐中宗龍朔二年（西元六六二年）改稱金吾衛，分左、右，設大將軍各一人統之，將軍二人為其副。掌番上府兵五十府，平時負責京城治安，車駕出入，則為前驅及殿後。關於「金吾」的來由，有二說。《漢書・百官公卿表》引師古注稱：「金吾，鳥名，主辟不祥。天子出行，職主先導，以御非常，故執此鳥之象，因以名官。」《漢書補注》則謂：「俞樾曰：『崔豹《今古注》：『金吾，棒也。以銅為之，黃金塗兩末。』』」❾依飛 據《舊唐書・職官志》當作「佽飛」。唐左、右金吾衛兵士之稱謂。原係漢武帝所置之武官名。掌弋射。其名稱之來由，《漢書・宣帝紀》注引服虔曰：「周時渡江，越人在水下負船，將覆之，佽飛入水中殺之。漢因以材力名官。」又引如淳曰：「《呂氏春秋》荊有茲非，得寶劍於干將，渡江中流，兩蛟繞舟，茲非拔寶劍赴江刺兩蛟殺之。荊王聞之，任以執圭，後世以為勇力之官。」隋因以為左右武候衛所領衛士名，唐因之。❿東官左右衛率府　東官，據正德本應作「東宮」。左右衛率府，宿衛太子東宮的禁軍機構。自隋文帝起在東宮設十衛率府，左、右衛率為其首。唐沿之，設率各一人，副率各二人，掌東宮兵仗羽衛之政令。有廣濟等五府府兵番上宿衛。⓫左右司禦率府　宿衛太子東宮的禁軍機構。隋文帝時始置左、右宗衛率府，唐沿之，龍朔二年（西元六六二年）改名為左、右司御率府。設左、右司禦率、副率，掌三府府兵番上宿衛。⓬旅賁　左右司禦率府衛士之稱謂。《後漢書・百官志》注：「旅，眾也。賁與奔同，言為奔走之任也。」⓭左右清道率府　宿衛太子東宮的禁軍機構。隋文帝置左、右虞候，掌斥候非違。煬帝改為左、右虞候率，唐朝因之。龍朔二年（西元六六二年）改為左、右清道衛，開元時定名為清道率府。有絳邑等三府番上宿衛，掌東宮晝夜內外巡警，以戒不虞。皇太子出入，則以清游隊為之先，以後拒隊為之殿。⓮白丁　指沒有功名和兵籍之壯丁。《新唐書・兵志》：「開元十一年（西元七二三年）取京兆、蒲、同、岐、華府兵及白丁，而益以潞州長從兵，共十二萬，號長從宿衛。」開元時府兵兵源不足，故需在府兵以外點白丁無職役者充當，一旦點入衛士名籍，便如府兵一樣終身服兵役。⓯成丁　唐制始生為「黃」，四歲為「小」，十六歲為「中」，二十有一為「丁」。成丁指年滿二十一歲的男子。⓰百里內五番　句中「內」字近衛校正德本稱：「『內』恐作『外』。」若以前後文對應，則似尚缺一「五」字，應是「五百里內五番，五百里外七番」。意謂距離京師五百里範圍以內者，以五人為組輪流番上服兵役；五百里至一千里者，七人為組輪番服役。⓱送本府印訖　本府，指衛士所在之折衝府。印訖，《舊唐書・職官志》作「印記」。⓲仍錄一通送本衛　《舊唐書・職官志》此句「衛」下有「府」字。「衛」指宿衛禁軍諸衛。東宮太子的宿衛則稱「府」。⓳差行　即上文所說之征行。⓴折衝府　唐府兵機構。太宗貞觀十年（西元六三六年），採隋禁軍將領折衝郎將之名，改隋鷹揚府為折衝府。全國十道先後置府六百四十三，因其地而各有名號。其中關內道有折衝府二百六十一，佔總數三分之一以上，以捍衛京師。各府均由折衝都尉統領，左、右果毅都尉為其副貳，並有別將、校尉、長史錄事等屬官。折衝府所轄編制有團、旅、隊、火，分別由校尉、旅帥、隊正、火長率領。每年冬季進行操練，平時番上宿衛京師，或有事出征，皆由兵部發符調動。置府日子既久，兵士耗散，開元、天寶時已無兵可發，機構成為虛名。㉑「自若征行」至「並兩番」　此二十二字文義有重複。第二句「兩番已上者並二番」八字疑係衍文。第一句意謂服役兩番以上的，可以間隔兩番的時間，再番上服役。唐代兵役每丁每年大體上是兩番，加上路途上的時間，約需一百二十天左右。而一個丁夫全年租庸調及雜徭的負擔併在一起，折算成勞動日不過五十天。《白氏六帖・事類集》卷二二：「正丁充夫，四十日免役，七十日并免租，百日以上課役俱免。」

一個壯丁，一年服役的上限大體上在一百日左右，二者相比，府兵的負擔要更重些，這大概亦是府兵耗散的一個原因吧。㉒凡差衛上征戍鎮防亦有團伍　句中「衛上」，據《舊唐書・職官志》當作「衛士」。唐代州縣軍隊駐防地設有鎮、戍等軍事機構，鎮有鎮將、鎮副，戍有戍主，鎮與戍皆分上、中、下三等。諸州府兵亦有一部分要赴鎮、戍番上設防。團伍便是指番上行軍時的編制。番上時一般是整個編隊的行動，據《新唐書・兵志》記載，凡發府兵，「若全府發，則折衝都尉以下皆行；不盡，則果毅行；少則別將行。」㉓主帥已下統領之　指由各級主帥統領。團的主帥是校尉，旅是旅帥，隊是隊正，火為火長。㉔駄馬　指軍隊輜重用的馬匹。㉕無兼丁　《舊唐書・職官志》「無」上尚有「家」字。指一家人中沒有第二個壯丁。㉖大角歌　軍歌。為鮮卑部落兵操練時歌唱的歌曲。分七曲，其內容為行軍的全過程。《隋書・音樂志下》：「大角，第一曲起捉馬，第二曲被馬，第三曲騎馬，第四曲行，第五曲入陣，第六曲收軍，第七曲下營。皆以三通為一曲，其辭並本之鮮卑。」唐代府兵操練時仍以此作為軍歌，從一個側面證明了陳寅恪先生的論斷：府兵由鮮卑部落兵演化而來。㉗番集之日　指上番集合之日。㉘府官　即折衝府之折衝都尉及其屬下武官。

【語　譯】凡是隸屬各衛的兵士，都有專門的稱謂。隸屬於左、右衛的稱驍騎，左、右驍衛的稱豹騎，左、右武衛的稱熊渠，左、右威衛的稱羽林，左、右領軍衛的稱豹騎（射聲），左、右金吾衛的稱依（佽）飛；隸屬於東官（宮）左、右衛率府的稱射乘，左、右司禦率府的稱旅賁，左、右清道率府的稱直盪，他們總的名稱叫衛士，都是選取六品以下官員的子孫和白丁沒有職役的人點選充當。一般是三年點選一次，二十一歲成丁便入兵籍，到六十歲免除兵役。根據他們籍貫距離京師的遠近，來確定他們輪番服役的次第。【五】百里以內的，以五人為組輪流番上；五百里以外的，以七人為組輪流番上；一千里以外的，以八人為組輪流番上，每次番上服役的時間是一個月。距離京師二千里以外的，以九人為組輪流番上，每次番上服役的時間是兩個月。如果需要征行到邊境鎮守的，那就免除番上服役而派遣去應征。凡是各府的衛士，都要分別建立名冊簿籍，記錄三年以來征防和差遣的任務，每次服役的表現分成三等定出優劣。每年正月十日送本府蓋章用印，再抄錄一份送給他的本衛。倘若有差遣征行和番上服役的任務，由折衝府根據簿籍簽發。如果征行和差使已經滿兩次和兩次以上番上服役天數的，可以免除兩番服役；〔兩番以上的，亦是免除兩番。〕沒有免除的，在番上服役期滿歸還之日又遇到當番，可以免去上番。凡是差遣衛上（士）出發征戍或鎮守邊防，亦要編制好團伍，把善於弓馬的編成越騎團，其餘的編為步兵團，由各級主帥來統領。最小的編隊是火，每火十人，配有六匹馱運輜重的馬匹。如果兵士所在的鄉沒有馬匹，允許使用驢子、騾子和牛。倘若一戶中父子兄弟都屬於丁壯，可以不一併派遣；如果祖父、祖母或者父母年老有疾，家中又沒有另外丁壯的，可以豁免他輪番服役和差遣的義務。府兵平常在鄉居住時，都要練習騎射，高唱〈大角歌〉。番上集合那一天，折衝府的官員要率領兵士進行課試。

【說　明】本章著重敘述府兵與諸衛的隸屬關係及有關番役宿衛的規定。唐代府兵有內府與外府的區別。三衛是內府，諸折衝府則稱外府。內府與外府均屬諸衛管轄，如左、右衛所統轄的既有三衛的內府，又有折衝府的外府，即稱驍騎的衛士。內府與外府在兵員方面的區別是，內府由五品以上的品官子弟充當，五至六年考滿以後即能以其門蔭的資格取得參選入仕的機會；而屬於外府的諸折衝府，則是簽點六品以下子弟及白丁無職役者充當，兵役的負擔甚至比一般課戶的丁壯還重。其中六品以下的子弟或許還有辦法逃避，那就是到王公以下、三品以上職事官那裡充當親事或帳內，納課十年以上後允許簡選，即還可能有入仕的機會；至於納入軍籍的白丁，一旦成為軍戶，便終身服兵役，永無出頭的日子。產生於南北朝時期（一說隋唐）的〈木蘭詩〉，反映的便是府戶的生活。父親老了，膝下沒有兒子，只能女兒扮成男裝代替父親去服兵役。題材原是悲慘的，但由於這首長詩塑造了木蘭這樣一個美好的藝術形象，反而淡化了它的悲劇性的歷史內容。

隋唐的府兵制，都源於西魏和北周，如果再細緻作點分析，則內府與外府又各有各的源頭。西魏立國之初，其主要兵力是隨爾朱天光和賀拔岳入關的六鎮軍人，宇文泰把這些軍隊分為十二軍，後來發展為六柱國、十二大將軍、二十四開府的組織系統，它們具有濃厚的鮮卑族貴族子弟兵的色彩。隋唐時代的三衛，亦是以貴族子弟充任宿衛。這一點除了還留有秦漢時期任子制度的餘緒以外，主要繼承的是西魏、北周的鮮卑部落兵制。唐初隨李淵起兵太原的六萬軍隊，後來一部分歸耕，留下三萬被編為警衛京師的「元從禁軍」，亦是屬於這種性質的父子兵。陳寅恪先生稱這種軍事史上的特殊現象為「軍事單位之部落化」。至於作為外府的折衝府兵制，則主要源於西魏、北周的鄉兵制。鄉兵在當時受地方豪強勢力所控制，後來西魏、北周政府按照府兵的組織系統加以收編，名義上屬中央諸衛府統領。唐代府兵制大體上亦是如此。其士兵後來只能由六品以下子孫及簽點州郡民丁來充當。編制大多還保留著部落世兵的形式，平時須參加軍事操練，唱〈大角歌〉，使之與一般民戶區別，軍民各籍。府兵的分佈，集中於京師及關內地區，便於朝廷以重馭輕，以軍事優勢來保障其對全國以及邊防的控制。外府府兵的主要任務是宿衛京師，只有河北、隴右、江南諸地少數府的府兵，負責邊疆的警備和鎮戍以及地方的治安，名義上他們仍然歸中央諸衛統領。從歷史上看，府兵制可說是銷兵的一種方式：它把部落兵融化於農業生產中，使之逐漸解體。把這樣一種兵制作為皇朝衛士的兵源，只能維持一個極為短暫的時期，府兵制的崩潰，是歷史的必然。

十

凡左、右金吾衛有角手[1]，諸衛有弩手[2]，左、右羽林軍[3]有飛騎[4]及左右萬騎[5]、彍騎[6]，天下諸軍有健兒[7]，舊，健兒在軍皆有年限，更來往，頗為勞弊。開元二十五年[8]勅，以為天下無虞，宜與人休息，自今已後，諸軍鎮量閑劇、利害，置兵防健兒，於諸色征行人內及客戶中召募，取丁壯情願充健兒長住邊軍者，每年加常例給賜，兼給永年優復；其家口情願同去者，聽至軍州，各給田地、屋宅。人賴其利，中外獲安。是後，州郡之間永無徵發之役矣。皆定其籍之多少與其番之上下，其所取人並具於本衛。每季上中書門下。凡關內團結兵[9]，京兆府[10]六千三百二十七人，同州[11]六千七百三十六人，華州[12]五千二百二十三人，蒲州[13]二千七百三十五人。選丁戶殷贍、身材強壯者充之，免其征賦，仍許在家常習弓矢，每年差使依時就試。秦[14]、成[15]、岷[16]、渭[17]、河[18]、蘭[19]六州有高麗[20]、羌兵[21]。皆今當州上佐一人專知統押，每年兩度教練，使知部伍，如有警急，即令赴援。諸州城傍子弟亦常令教習，每年秋集本軍，春則放散。黎㉒、雅㉓、松㉔、翼㉕、茂㉖五州有鎮防團結兵。並領刺史自押領㉗。若須防遏，即以上佐㉘及武官充。凡天下諸州差兵募，取戶殷丁多、人材驍勇，選前資官㉙、勳官㉚部分強明堪統攝者，節級權㉛補主帥以領之。其義征者，別為行伍，不入募人之營。凡軍行器物，皆於當州分給之；如不足則自備㉜，貧富必以均焉。凡諸州諸府應行兵馬之名簿㉝，器物之多少，皆申兵部；軍散之日，亦錄其存亡多少以申而勘會之。凡諸道迴兵㉞糧糒之物，衣資之費，皆所在州、縣分而給之㉟。

【章　旨】記述京師南北衙諸兵種之稱謂和地方諸州兵種之編制、統率以及軍行器物衣糧給養等各項規定。

【注　釋】❶角手　即號角手。古代以鼓聲與角聲來指揮軍隊的進退，角相當於近代的軍號。府兵訓練時，以號角為令，如《新唐書・兵志》稱：「角手吹大角一通，諸校皆斂人騎為隊；二通，偃旗矟；三通，旗矟舉。」❷弩手　使用弩機之弓箭手。弩是以機栝發箭之弓。❸左右羽林軍　北衙的禁軍機構。唐朝禁軍分南北衙，南衙是十六衛兵，守衛京城；北衙則有左、右羽林軍等十禁軍，用以守衛宮廷。左、右羽林軍的前身是駐守玄武門的北門屯營，原屬南衙左屯衛。高宗龍朔二年（西元六六二年）改此，襲用漢羽林騎名，專門負責玄武門即北門的警衛，成為區別於南衙諸衛而獨立的機構，設大將軍、將軍之職，掌北衙禁軍之法令。若大朝會，率其儀仗以周衛階陛；大駕行幸，夾道馳而為內仗。❹飛騎　左、右羽林軍士兵之稱謂。原為左、右屯營士兵之名。《唐會要》卷七十二載：「貞觀十二年（西元六三八年）十一月三日，於元武門置左右屯營，以諸衛將軍領之，其兵名曰飛騎。」❺左右萬騎　北衙禁軍機構名稱。左、右萬騎是由百騎演變而來。唐太宗從左、右屯營的飛騎中，「簡才力驍健善騎射者，號為百騎，上遊幸，則衣五色袍，乘六閑馬，賜猛獸衣韉以從之。至永昌元年（西元六八九年）十月二十八日，改百騎為千騎，至景雲元年（西元七一〇年）九月二十九日，改千騎為萬騎」（《唐會要》卷七二）。分為左、右營，故稱左、右萬騎。唐玄宗以萬騎平韋氏，改名為左、右龍武軍。❻彍騎　南衙禁軍機構名。唐玄宗開元時，十六衛所屬之內外府，內府因入官路難而「人罕趨之」；外府，「自高宗、武后時，天下久不用兵，府兵法寖壞，番役更代多不以時，衛士稍稍亡匿，至是益耗散，宿衛不能給。宰相張說乃請一切募士宿衛。十一年（西元七二三年）取京兆、蒲、同、岐、華府兵及白丁，而益以潞州長從兵，共十二萬，號『長從宿衛』，歲二番，命尚書左丞蕭嵩與州吏共選之。明年，更號曰『彍騎』」。開元十三年（西元七二五年）時，以彍騎分隸十二衛，總十二萬，為六番，每衛萬人。士兵的來源，「皆擇下戶白丁、宗丁、品子彊壯五尺七寸以上，不足則兼以戶八等五尺以上，皆免征鎮、賦役。為四籍，兵部及州、縣、衛分掌之」（並見《新唐書・兵志》）。這樣的募士，實際上仍是強制徵兵。天寶以後，彍騎亦不能維持。❼健兒　唐對士兵的稱謂。唐代軍、城鎮、守捉、戍都有定額的防人或戍卒，由各折衝府派遣府兵番上，番役的期限為三年或二年一代。府兵制逐漸衰落後，改用召募並官給身糧、家糧及其他賜與的辦法，故亦稱為官健。由於成為職業兵並長期戍守邊防，又稱為長征健兒。❽開元二十五年　即西元七三七年。❾團結兵　唐代地方兵種名稱。諸州均定有兵額，在當地「差點土人，春夏歸農，秋冬追集，給身糧醬菜者，謂之團結」（《資治通鑑》卷二一五）。團結兵由地方團練使統率，置於不設節度使地區，或以刺史兼領，掌本州或本區軍事。❿京兆府　唐京城所在地，開元元年（西元七一三年）設府，領二十縣，轄區在今陝西西安市及其鄰近地區。⓫同州　治所武鄉（今陝西大荔），轄境相當於今陝西之大荔、合陽、韓城、澄城、白水等市縣。⓬華州　治所鄭縣（今陝西華縣），轄區相當於今陝西之華縣、華陰、潼關及渭北下邽鎮。⓭蒲州　治所蒲坂（今山西永濟西之蒲州），轄境相當於今山西之永濟、河津、臨猗、聞喜、萬榮及運城西南部分地區。⓮秦　州名。治所上邽（今甘肅天水市），轄境相當於今甘肅之天水、定西、靜寧，陝西之鳳縣、略陽，四川之平武等地。⓯成　州名。治所上祿（今甘肅禮縣之南），轄境相當於今甘肅之禮縣、和西、成縣等地。⓰岷　州名，因岷山而得名。治所溢樂（今甘肅岷縣），轄區在今甘肅岷縣一帶。⓱渭　州名，因渭水而名。治所襄武（今甘肅隴西東南），轄境相當於今甘肅之隴西、定西、渭源、武山等縣地。⓲河　州名。治所抱罕（今甘肅臨夏），轄境相當於今臨夏及積石山附近地區。⓳蘭　州名，以皋蘭山而得名。治所子城（今甘肅蘭州市），轄金城、五泉二縣，都在今甘肅蘭州市附近。⓴高麗　朝鮮半島高句麗國之別稱。此處則特指散居在隴右諸州的高麗人，被徵發為兵，稱高麗兵。唐高宗儀鳳中，授高藏為朝鮮王，居安東，因發覺其與靺鞨相通，謀叛唐，召還。分徙其人，散向河南隴右諸州，有服兵役的特殊義務。如名將高仙芝，即出身於這個地區的高麗人。㉑羌兵　指党項羌中的拓跋氏一支，其部落在唐初內遷於隴右諸州。在這些羌人中徵發的士兵，稱羌兵。㉒黎　州名。治所沈黎（今四川漢源東北），轄區相當於今大渡河兩岸三縣十一城。㉓雅州名，因境內雅安山得名。治所嚴道（今四川雅安市），轄境相當於今四川之雅安、名山、滎經、天全、蘆山、小金等市縣。㉔松　州名。治所嘉誠（今四川松潘）。唐初置都督府，統羈縻州。而《舊唐書・職官志》則作「邛」。邛亦為州名。唐初治依政（今四川邛崍東南），轄今四川邛崍、大邑、蒲江等縣。二者相較，似以「邛」為是。㉕翼　州名。治所翼針（約今四川茂汶西北），轄區不明。㉖茂　州名。治所汶山（今四川茂縣），轄今四川之北川、汶川及茂縣等地。㉗並領刺史自押領　近衛校正德本，以為句中第一個「領」當作「令」。可從。㉘上佐　地方府州主要屬官之通稱。包括刺史主要的僚佐，如別駕、長史、司馬等。㉙前資官　即散官。㉚勳官　指以戰功獲得勳階而無職事者。㉛權　據《舊唐書・職官志》當作「擢」。㉜如不足則自備　《舊唐書・職官志》「則」之下有「令」字。㉝凡諸州諸府應行兵馬之名簿　此句與《舊唐書・職官志》所載有二異：一、「諸府」為「軍府」；二、「兵」下無「馬」字。㉞迴兵　指遠道番上服役的士兵。㉟皆所在州縣分而給之　《舊唐書・職官志》「皆」下有「令」字。

【語　譯】左、右金吾衛都配有號角手，京師各衛都設有專職的弩手，北衙的左、右羽林軍有飛騎，又有左、右萬騎，南衙有彍騎，在各地鎮防的軍隊稱健兒。舊制，健兒在軍隊輪番服兵役都有年限，更替來往，相當勞弊。開元二十五年下了一道敕文，認為如今天下平安無事，應該讓庶民休養生息。從今以後，各地的軍、鎮，要根據該地區軍務的忙閑和利害狀況，設置兵防健兒，可以在各種府戶的征行人員內和客戶中間招募，選取壯丁中情願充當健兒長住邊軍的人，對他們每年有比常例更加多的給予和賞賜，同時給予終生免除徭役的優待；他們的家屬願意一同前去的，允許一起到軍州，各按丁口分配田地住宅。這樣做大家都受到益處，內外都得到安寧。此後，各個州郡就再也沒有徵發戍邊勞役這類事了。以上各個兵種，都要確定在籍兵員的多少，以及他們輪番服役的次序和期限，所選定的人員，都要具名籍在所屬的各個衛。每個季度上報到中書門下。在關內地區的地方兵種，有團結兵，京兆府是六千三百二十七人，同州是六千七百三十六人，華州是五千二百二十三人，蒲州是二千七百三十五人。要選取丁戶殷實、身材強壯的人充當。可以免除他的賦稅徭役，並允許在家鄉經常練習弓箭武藝，每年按時差遣和參加考試。在秦、成、岷、渭、河、蘭這六個州境內，有高麗兵和羌兵。各州都要有一名上佐專門統押，每年都要教練兩期，使他們懂得行軍的部伍。如果出現緊急的事，即命令他們前往增援。以上各州近城郊區的子弟，亦要經常在當地教習軍事，每年秋天要集中進行軍事訓練，春天則放散從事農作。黎、雅、松（邛）、翼、茂五州設有鎮防團結兵。都要由所在州的刺史親自押領，如果刺史有防務上的需要，就由所在州的上佐和武官代替統領。全國各州在差遣兵募時，要從那些殷實富戶、壯丁又較多的中間，擇取身材驍勇的人充當；再從前資官、勳官中間挑選精明強幹、具有統攝能力的，逐級拔權（擢）臨時充當主帥來統領隊伍。凡是主動請求參加出征的，另行編制，不編入兵募的軍營。關於軍隊出發征行中所需之器物，都由所在各州分別供給，如果官府供給不足，就由其自備，但貧富之間必須大體均等。關於各州軍府應征出發的士兵的名籍，以及裝備器物的多少，都必須向兵部申報；軍事行動完畢部隊解散時，亦要記錄士兵陣亡數目以及現存兵員多少，向兵部申報，以使上級勘查覆核。至於各州遠途征行士兵所需的乾糧和其他裝備，以及衣服和所需的費用，都要由所在州縣分配給士兵。

【說　明】本章內容涉及唐代中央禁軍機構方面兩個帶有標誌性的問題，略作說明。

一是彍騎的出現，標誌著從府兵向募兵的過渡。起源於西魏、北周的府兵，是一種建立在均田制基礎之上的兵農合一的軍事組織，因而隨著均田制的不斷被破壞，府兵制亦日趨衰落。玄宗開元時期，府兵番役赴京宿衛的制度已經崩潰，再也無法保證宿衛所需的足夠兵員，這才不得不採用張說改行募兵制的建議，於開元十一年（西元七二三年）募得十二萬「長從宿衛」，第二年更號為「彍騎」。但彍騎也沒有維持多久，到天寶時，南衙的禁衛軍已形同虛設了。《新唐書・兵志》稱：「自天寶以後，彍騎之法又稍變廢，士皆失附循。八載（西元七四九年），折衝諸府至無兵可交，李林甫遂請停上下魚書。其後徒有兵額、官吏，而戎器、馱馬、鍋幕、糗糧並廢矣。故時人目番上宿衛者曰『侍官』，言侍衛天子；至是衛佐悉以假人為童奴，京師人恥之，至相辱必曰『侍官』。」「侍官」竟成了罵人的惡名，亦可見其地位之低落到了何種程度！

二是羽林軍及左右萬騎的出現，標誌著北衙禁軍的建立。秦以後歷代宿衛京師的禁軍，往往採取不止一種形式。如漢代有南軍、北軍，曹魏有武衛營、中護軍、中領軍等。唐代南衙、北衙禁軍制，可說直接取法於漢之南北軍，目的自然是通過這樣一種相互制約的組織措施，更便於皇帝對警衛力量的使用和控制，以確保皇權和王朝的鞏固。但唐代前期北衙禁軍的建立是有一個過程的。唐初，宿衛京師，包括衛城、衛宮兩個方面的任務，主要由諸衛來完成。其時從「元從禁軍」發展而來的北軍雖已出現，但並未有自己獨立的機構和官屬，譬如羽林軍的前身左、右屯營，還只是南衙的從屬單位。變化發生在龍朔二年（西元六六二年）。這一年高宗在改左、右屯衛為左、右威衛的同時，又「別置左、右屯營，亦有大將軍等官」，尋又「改左、右屯營為左、右羽林軍」（《通典・職官十》）。南衙、北衙的區別，不僅在於前者駐於太極宮前、朱雀門內，主要任務是衛城，後者駐於禁苑，主要任務是衛宮；更重要的是：南衙禁軍通常歸宰相主管，由外廷文臣主軍；而北衙禁軍則統率於皇帝，由皇帝委派羽林將軍直接指揮，由內廷武臣統兵。基於這些緣故，北衙禁軍一經獨立出來就迅速崛起，很快凌駕於南衙禁軍之上。由羽林軍掌統的北衙禁軍，在唐代政治生活中發揮了非同尋常的作用。如光宅元年（西元六八四年）武則天廢中宗；神龍元年（西元七〇五年）中宗奪回皇位；神龍三年太子重俊誅武三思、武崇訓等等，都是借助於羽林軍的力量。起初，北衙兵源主要靠從南衙府兵中簡選徵調來補充，隨著府兵制的瓦解，北衙亦只好轉而採用招募的辦法，從而也開始走向衰落。到天寶末年，「禁兵寖耗，及祿山反，天子西駕，禁軍從者裁千人。肅宗赴靈武，士不滿百，及即位，稍復調，補北軍」（《新唐書・兵志》）。無論內府、外府，南衙、北衙，在府兵制基礎上建立起來的禁軍機構，在安祿山起兵作亂時，都沒有起到應有的作用。與此同時，邊防和方鎮的軍隊卻乘時坐大並相繼崛起，唐皇朝盛世已是「無可奈何花落去」，由此揭開的則是戰亂頻仍的中晚唐歷史——這當然是本書作者們未及看到的後事。

十一

郎中一人掌判簿，以總❶軍戎差遣之名數。凡天下之節度使❷有八：其一曰關內朔方節度使❸，其統有單于❹、安北❺、東受降城❻、中受降城❼、西受降城❽、豐安軍❾、定遠城❿皆屬焉。其二曰河東節度使⓫，其統有大同⓬、橫野⓭、岢嵐⓮三軍，雲州守捉使[15]屬焉。其三曰河北幽州節度使[16]，其統有經略[17]、平盧[18]、靜塞[19]、威武[20]、清夷[21]、橫海[22]、高陽[23]、唐興[24]、恒陽[25]、北平[26]十軍，安東鎮守[27]、渝關守捉[28]、北平守捉[29]三使屬焉。其四曰河西節度使[30]，其統有赤水[31]、大斗[32]、建康[33]、玉門[34]、墨離[35]、豆盧[36]六軍，新泉守捉[37]、甘州守捉[38]、肅州鎮守[39]三使屬焉。其五曰隴右節度使[40]，其統有臨洮[41]、河源[42]、白水[43]、安人[44]、積石[45]、莫門[46]、振武[47]七軍，平夷[48]、五門、富耳、藍州、平戎[49]、綏和[50]五守捉使皆屬焉。其六曰劍南節度使[51]，其統有昆明軍[52]，松州[53]、當州[54]防禦，邛崍守捉[55]，姚[56]、嶲[57]州經略四使屬焉。其七曰磧西節度使[58]，其統有安西[59]、疏勒[60]、于闐[61]、焉耆[62]，為四鎮經略使，又有伊吾[63]、瀚海[64]二軍，西州鎮守使[65]屬焉。其八曰嶺南節度使[66]，其統有廣[67]、桂[68]、邕[69]、容[70]、安南[71]等五府經略使。若諸州在節度內者，皆受節度焉。其福州經略使[72]、登州平海軍[73]則不在節度之內。凡親王總戎則曰元帥[74]，文、武官總統者則曰總管[75]。以奉使[76]言之，則曰節度使[77]，有大使焉，有副大使焉，有副使焉，有判官[78]焉。若大使加旌節[79]以統軍，置木契[80]以行動。凡將帥出征[81]，兵滿一萬人已上，置長史[82]、司馬[83]，倉曹[84]、胄曹[85]、兵曹[86]參軍各一人；五千人已上，減司馬。諸軍[87]各置使一人，五千人已上置副使一人，萬人已上置營田副使[88]一人；每軍皆有倉曹、兵曹、胄曹參軍各一人。赤水[89]、臨洮[90]、河源[91]等軍加冑曹參軍一人，朔方五城[92]各加冑曹參軍一人。其橫海、高陽、唐興、恒陽、北平[93]等五軍，皆本州刺史為使。其兵各一萬人，十月已後募，分為三番教習。五千人置總管一人，以折衝[94]充；一千人置子將一人，以果毅[95]充；五百人置押官一人，別將[96]及鎮戍官[97]充。凡鎮皆有使一人，副使一人，萬人已上置司馬，倉曹、兵曹參軍各一人；五千人已下，減司馬。凡諸軍、鎮[98]每五百人置押官一人，一千人置子總管一人，五千人置總管一人。凡諸軍、鎮使副使已上皆四年一替，總管已上六年一替，押官隨兵交替。副使、總管取折衝已上充，子將已上取果毅已上充。

【章　旨】由兵部司另一郎中之職掌為軍戎差遣之事，而述及邊防八節度使之部署和各級駐防機構如軍、鎮、守捉等之組成。

【注　釋】❶總　即「總」字。下同。❷節度使　唐時都督帶使持節者，稱節度使。睿宗景雲二年（西元七一一年）賀拔延嗣為涼州都督，充河西節度使，自此始有節度使之稱號。節度使授職時，賜給雙旌雙節，總攬一道或數州之軍、民、財政，所轄區內各州刺史均為其下屬。❸關內朔方節度使　關內道的朔方節度使，據《唐會要》卷七十八，置於開元元年（西元七一三年），治所靈州（今寧夏靈武西南）。管兵六萬四千七百人，馬四千三百匹，主要守禦北方邊防。轄有七軍府，除下文所列外，尚有一經略軍，為朔方節度使直屬，治所在靈州城內，管兵二萬七百人，馬三千匹。❹單于　指單于都護府。振武軍，駐地在今內蒙古和林格爾西北。管兵九千人，馬六千匹。❺安北　指安北都護府。在中受降城黃河北岸，今內蒙古包頭市以南。管兵六千人，馬二千匹。❻東受降城　駐地在勝州東北二百里，今內蒙古托克托境內。管兵七千人，馬千七百匹。❼中受降城　駐地在今內蒙古包頭市以南。管兵六千人，馬二千匹。❽西受降城　今內蒙古杭錦後旗北。❾豐安軍　駐地在靈州西，黃河外一百八十里，今寧夏之中衛。管兵八千人，馬三千匹。❿定遠城　駐地在靈州東北二百里黃河外，今寧夏平羅以南。管兵七千人，馬三千匹。⑪河東節度使　據《新唐書．方鎮表》景雲二年（西元七一一年）以北都長史領持節和戎、大武等軍州節度使，開元八年（西元七二〇年）更天兵軍大使為天兵軍節度使，開元十一年（西元七二三年）改名太原府以北諸軍州為節度使；至開元十八年（西元七三〇年）始定名為河東節度使。下屬有四軍、三州、一守捉，治所太原府（今山西太原市）。管兵五萬五千人，馬一萬四千匹。與朔方為犄角，守禦北方邊防。其直屬有天兵軍，治所太原府城內，管兵三萬人，馬五千五百匹。下文所列缺天兵軍及忻、代、嵐三州。三州亦有駐軍。⑫大同　指大同軍。開元前稱大武軍，開元十二年（西元七二四年）改名為大同軍。駐地代州北三百里，今山西朔縣東北。管兵九千五百人，馬五千五百匹。⑬橫野　指橫野軍。原駐地在蔚州東北一百四十里，今河北之蔚縣。管兵三千人，馬一千八百匹。⑭岢嵐　指岢嵐軍。開元十二年（西元七二四年）置，駐地在嵐州北一百里，今山西嵐縣以北之岢嵐。管兵一千人。⑮雲州守捉使　駐地在單于府以東二百七十里。雲州即今山西大同市。管兵七千七百人，馬二千匹。⑯河北幽州節度使　據《新唐書．方鎮表》開元二年（西元七一四年）置幽州節度使，開元七年（西元七一九年）置平盧軍節度使，次年以幽州節度使節度河北諸軍大使。天寶元年（西元七四二年）改名范陽節度使，至寶應元年（西元七六二年）再次改名為幽州節度使，兼領盧龍節度使。幽州節度使為玄宗時邊境十節度使中兵力最強的一個。治幽州（今北京西南），臨制奚、契丹，統十軍、三守捉使。管兵九萬一千四百人，馬六千五百匹。⑰經略　指經略軍。治所在幽州城內。管軍三萬人，馬五千四百匹。⑱平盧　指平盧軍。駐地在營州（今遼寧朝陽市）城內。管兵一萬六千人，馬四千二百匹。開元七年（西元七一九年）設置平盧軍節度使，後為范陽節度使兼任。⑲靜塞　指靜塞軍。原名漁陽軍，開元十九年（西元七二六年）改此。駐地薊州（今河北薊縣）城內，管兵一萬六千人，馬五百匹。⑳威武　指威武軍。駐地檀州（今河北密雲）城內。管兵一萬，馬三百匹。㉑清夷　指清夷軍。武后垂拱二年（西元六八六年）始置於嬀州（今河北懷來東），駐地在嬀州城內。管兵一萬，馬三百匹。㉒橫海　指橫海軍。開元十四年（西元七二六年）始置，駐地滄州（今河北滄州市東）城內，管兵六千人。㉓高陽　指高陽軍。原在瀛州（今河北河間），開元二十年（西元七三二年）移至易州（今河北易縣）城內。管兵六千人。㉔唐興　指唐興軍。駐地莫州（今河北新安南）城內，管兵六千人。㉕恒陽　指恒陽軍。駐地恒州（今河北正定）城東，管兵三千五百人。㉖北平　指北平軍。駐地定州（今河北定縣）城西，管兵六千人。㉗安東鎮守　駐地營州（今遼寧朝陽市）東二百七十里，管兵八千五百人，馬七百匹。㉘渝關守捉　駐地在渝關（今河北渝關），管兵三百人，馬一百匹。㉙北平守捉　駐地在今河北密雲以北。㉚河西節度使　睿宗景雲二年（西元七一一年）四月，賀拔廷嗣為涼州都督，充河西節度使，自此始有節度之號。治所涼州（今甘肅武威），管兵七萬三千人，馬一萬九千四百匹。

㉛赤水　指赤水軍。駐地涼州西城，本赤烏鎮，有泉水赤，因以為名。管兵三萬三千人，馬一萬三千匹，是唐初最大的一個軍。㉜大斗　指大斗軍。駐地在涼州西二百餘里，本是守捉使，開元十六年（西元七二八年）改為大斗軍，管兵七千五百人，馬二千四百匹。㉝建康　指建康軍。駐地甘州（今甘肅張掖）西二百里，管兵五千三百人，馬五百匹。㉞玉門　指玉門軍。駐地肅州（今甘肅酒泉）西二百里，管兵五千二百人，馬六百匹。㉟墨離　指墨離軍。駐地瓜州（今甘肅安西東南）西北。原為月氏舊國，高祖武德初置軍。管兵五千人，馬四百匹。㊱豆盧　指豆盧軍。駐地沙州（今甘肅敦煌）城內，中宗神龍元年（西元七〇五年）始置。管兵四千三百人，馬四百匹。㊲新泉守捉　武周大足元年（西元七〇一年）始置新泉軍，玄宗開元五年（西元七一七年）改為守捉。駐地會州（今甘肅靖遠）西北二百餘里，管兵千人。㊳甘州守捉　駐地甘州（今甘肅張掖）西北，管兵五百人。後改名為張掖守捉。㊴肅州鎮守　駐地肅州（今甘肅酒泉）。㊵隴右節度使　據《唐會要》卷七十八始置於開元元年（西元七一三年）十二月，以鄯州都督陽矩除隴右節度使。治所鄯州（今青海樂都），管兵七萬人，馬六百匹。㊶臨洮　指臨洮軍。駐地鄯州城內，管兵一萬五千人，馬八千匹。㊷河源　指河源軍。駐地在鄯州西南一百二十里，本趙充國屯軍之地。管兵四千人，馬六百五十匹。㊸白水　指白水軍。駐地在鄯州西北二百三十里（今青海大通西），管兵四千人，馬五百匹。㊹安人　指安人軍。開元七年（西元七一九年）置。駐地在鄯州界星宿川西（今青海湟源西北）。管兵一萬，馬三百五十匹。㊺積石　指積石軍。駐地在廓州達化縣西界（今青海貴德），管兵七千人，馬三百匹。㊻莫門　指莫門軍。駐地洮州（今甘肅臨潭）城內，高宗儀鳳二年（西元六七七年）置，後改名為臨洮軍。㊼振武　指振武軍。駐地在鄯州鄯城（今青海西寧市），開元十七年（西元七二九年）置，天寶時改名為神武軍。㊽平夷　指平夷守捉駐地在河州枹罕（今甘肅臨夏）西南四十里，管兵三千人。㊾五門富耳藍州平戎　《舊唐書・地理志》及《新唐書・兵志》均無此四守捉之記載。且藍州屬劍南道，在今雲貴邊境線上，赤水河西面；平戎則在劍南節度使轄區，位於恭州東南九十里。二書另有合川守捉，在鄯州南百八十里，管兵千人。㊿綏和　指綏和守捉。駐地在鄯州西南二百五十里，管兵千人。又，綏和以上共列有六守捉使，非下文所言「五守捉使」。(51)劒南節度使　劒即「劍」字。據《唐會要》卷七十八開元五年（西元七一七年）始置，齊景冑除劍南節度使。治所成都府（今四川成都市），管兵三萬九百人。直屬之團結營在成都府城內，管兵一萬四千人，馬一千八百匹。又據《舊唐書・地理志》劍南節度使統團結營及松、維、蓬、恭、雅、黎、姚、悉等八州兵馬，及天寶、平戎、昆明、寧遠、澄川、南江等六軍鎮，西禦吐蕃，南拒南詔。(52)昆明軍　始置於開元十七年（西元七二九年）。駐地在巂州（今四川西昌市）南，管兵五千一百人，馬二百匹。(53)松州　治所嘉誠（今四川松潘西北）。(54)當州　治所通軌（今四川黑水）。(55)邛崃守捉　駐地

在臨邛（今四川邛崍）。(56)姚 州名。治所在今雲南之姚安。(57)嶲 嶲即「巂」字。州名。治所在今四川之西昌。(58)磧西節度使 據《唐會要》卷七十八開元六年（西元七一八年）置安西都護領四鎮節度、支度經略使，自此始有節度之號。開元十二年（西元七二四年）或稱磧西節度，或稱四鎮節度。此前，先天元年（西元七一二年）曾以北庭都護領伊西節度，開元十五年（西元七二七年）分伊西、北庭為二節度使，至開元十九年（西元七三一年）又把二者合在一起，稱安西四鎮北庭經略節度使；但開元二十九年（西元七四一年）再次分安西、北庭為二；至天寶十二年（西元七五三年）又以安西四鎮節度封常青兼伊西北庭節度。故安西與北庭二都護府之間幾經分合。治所在安西，即龜茲國城內（今新疆之庫車）。管戍兵二萬四千人，馬二千七百匹。(59)安西 即安西都護府治所，原為龜茲國。(60)疎勒 疎即「疏」字。疏勒，今新疆喀什市。(61)于闐 在今新疆和田以南。(62)焉耆 即今新疆之焉耆。(63)伊吾 即伊州之治所，本為昆吾國，今新疆哈密市。指伊吾軍。駐地在伊州境內伊吾城西北三百里之甘露川。始置於中宗景龍四年（西元七一〇年），管兵三千人，馬三百匹。(64)瀚海 即北庭都護府，今新疆之奇臺，本是烏孫國。貞觀時置庭州，睿宗文明元年（西元六八四年）置瀚海軍，武周長安二年（西元七〇二年）改名為燭龍軍，次年又復舊稱瀚海軍。管兵一萬二千人，馬四千二百匹。(65)西州鎮守使 在今新疆之高昌。(66)嶺南節度使 據《舊唐書・地理志四》稱：高宗永徽後，「以廣、桂、容、邕、安南府皆隸廣府都督統攝，謂之五府節度使，名嶺南五管」。又稱廣州「州內有經略軍，管鎮兵五千四百人，其衣糧輕稅，本道自給。廣州刺史充嶺南五府經略使」。治所在廣州。肅宗至德元年（西元七五六年）升五府經略討擊使為嶺南節度使，領二十二州，治所在廣州。經略軍在廣州城內，管兵五千四百人。(67)廣 指廣州府。(68)桂 指桂管經略使。治桂州（今廣西桂林），管兵千人。(69)邕 指邕管經略使。治邕州（今廣西南寧市），管兵七百人。(70)容 指容管經略使。治容州（今廣西容縣西南），管兵一千一百人。(71)安南 指安南經略使。治交州安南都護府（今越南河內市），管兵四千二百人。(72)福州經略使 又稱長樂經略使。治所福州，由福州刺史領之。管兵一千五百人。(73)登州平海軍 駐地在登州（今山東蓬萊），有東牟守捉，登州刺史領之，管兵千人；東萊守捉，萊州刺史領之，管兵千人。(74)元帥 官名。春秋晉國始置。歷代多在行軍出征時置以為大軍統帥，非常設職官。唐高祖李淵起兵定長安後，曾置左、右元帥、太原道行軍元帥、西討元帥，皆親王領之，如秦王李世民曾領右元帥。高宗上元三年（西元六七六年）因吐蕃入寇而命雍州牧周王顯為洮州道行軍元帥，并州都督相王輪為涼州道行軍元帥，領契必伊力等以討吐蕃。然二王竟未成行，以親王總戎事，漸成虛設。天寶末，曾置天下兵馬元帥，都統河北、朔方、河東、平盧節度使。(75)總管 官名。北周始置，為軍隊出征臨時委派之統帥。唐高祖武德初，邊要之地置總管以統軍，至太宗時，行軍征討稱大總管，在其本道則稱大都督。(76)奉使　指奉君命差遣之使職。(77)節度使　此為奉君命差遣之使職，在節度區域內總掌軍旅，專誅殺。初授具帑，持兵仗，詣兵部辭見。辭日，賜雙旌雙節，行則建節，中官祖送。入境，州縣築節樓，設鼓角，州縣官齎印迎於道左，禮節極為隆重。(78)判官　唐節度、觀察、防禦諸使皆有判官，總理本使日常事務，權重務劇，為幕府上佐，甚至充任留後。(79)旌節　旌為古代指揮行軍作戰用旗幟；節為使者所持之信物。唐代節度使受命之日，即授以旌節，表示可以此專制賞罰。旌節在使用上有別：旌用以專賞，節用以專殺。(80)木栔　栔即「契」字。木契，木製之符信。分雌雄二片，指令與執行者各執其一，作調度和指揮的憑信，合符為驗。此處指節度使有權自置木契來調動和指揮其屬下軍隊。(81)出征　《舊唐書・職官志》作「出行」。(82)長史　軍府屬吏之長，為領兵將帥之副貳。諸王拜節度大使者，多留京師不遣，因而其所遙領之大都督府，實際皆以長史為節度使。(83)司馬　軍府分管軍事之副官。行軍時置行軍司馬，掌戰守之法，器械、糧糒、軍籍、賜予皆專而任之。唐州府佐吏亦有司馬一人，位在別駕長史之下。(84)倉曹　軍府中主持倉穀糧食給養事務之佐貳。開元時定制，在軍府稱倉曹參軍，在州稱司倉參軍。(85)冑曹　即冑曹參軍，唐軍府佐吏名。唐初承隋制，諸衛諸率府並置鎧曹參軍，武后垂拱元年（西元六八五年）改為冑曹參軍，為諸曹參軍之一。下置府史若干人，掌兵戎器械及公廨興造、決罰之事。(86)兵曹　指兵曹參軍。唐開元時定制，在軍府稱兵曹參軍，在州府稱司兵參軍。諸王府、鎮將府及京畿府亦置兵曹參軍一至二人，隨曹置府史。掌武官選舉、兵甲器仗、軍防、門禁、烽候、傳驛、田獵之事。(87)軍　為邊境駐防軍事單位，兵員五千至一萬左右。《新唐書・兵志》：「唐初，兵之戍邊者，大曰軍，小曰守捉，曰城，曰鎮，而總之者曰道」；「其軍、城、鎮、守捉皆有使，而道有大將一人，曰大總管，已而更曰大都督」。(88)營田副使　軍使之副貳，掌軍隊營田屯墾之事。唐軍隊給養，部分來自屯墾。(89)赤水　屬河西節度使。(90)臨洮　屬隴右節度使。(91)河源　屬隴右節度使。(92)朔方五城　指定遠、豐安二軍及東、中、西三受降城。(93)橫海高陽唐興恒陽北平　此五軍皆屬河北道幽州節度使統轄。橫海屬滄州，高陽屬瀛州，唐興屬莫州，恒陽屬恒州，北平屬定州；皆以本州刺史為使。(94)折衝　指折衝府之折衝都尉。其官品，上府，正四品；中府，從四品；下府，正五品。(95)果毅　指折衝府之果毅都尉。其官品，上府，從五品下；中府，正六品上；下府，從六品下。(96)別將　唐武官名。其地位在折衝府果毅都尉之下、校尉之上。上府的別將在正七品下；中府，從七品上；下府，從七品下。又，按上文句例，「別將」上，恐脫一「以」字。(97)鎮戎官　句中「戎」似當作「戍」。唐代鎮有鎮將，戍有戍主。鎮將官階在正六品下至正七品下，戍主則為正八品下至正九品下。(98)鎮　唐代於邊軍戍守之地設鎮，分上、中、下三等。長官稱鎮使或鎮將，掌鎮捍防守，總制鎮事。

【語　譯】【兵部司】兩員郎中中的另一人，執掌將士簿籍，用以總攬全國軍隊差遣調動的名數。全國在邊境設置的節度使共有八個。第一是關內道的朔方節度使，統管的軍府有單于、安北、東受降城、中受降城、西受降城和豐安軍、定遠城等。第二是河東節度使，統管的下屬有大同、横野、岢嵐三個軍府，以及雲州守捉使。第三是河北道的幽州節度使，統管的下屬有經略、平盧、靜塞、威武、清夷、横海、高陽、唐興、恒陽、北平十個軍府，以及安東鎮守、渝關守捉、北平守捉三使。第四是河西節度使，統轄的下屬有赤水、大斗、建康、玉門、墨離、豆盧六個軍府，以及新泉守捉、甘州守捉、肅州鎮守三使。第五是隴右節度使，統管的下屬有臨洮、河源、白水、安人、積石、莫門、振武七個軍府，以及平夷、五門、富耳、藍州、平戎、綏和五（六）個守捉使。第六是劍南節度使，統管的下屬有昆明軍，松州、當州防禦，邛峽守捉，姚州、嶲州經略使四個使。第七是磧西節度使，統轄的下屬有安西、疏勒、于闐、焉耆四鎮經略使，伊吾、瀚海二個軍府以及西州鎮守使。第八是嶺南節度使，統轄的下屬有廣州、桂州、邕州、容州、安南五府經略使。如果州的位置是在節度使管轄範圍內的，那就一切要受節度使的調遣。此外還有福州經略使，登州的平海軍府，都不在上述八個節度使的統轄範圍內。凡是親王帶兵總攬戎事，可以稱元帥；文武官員受命帶兵總攬軍事的，稱總管。對奉聖旨帶使職的，可以稱為節度使，其中包括大使、副大使和副使，還有僚佐判官。如果大使加旌節奉命統率軍隊，可以設置木契來調遣下屬的軍隊。凡是將帥出征，帶兵滿一萬人以上，在幕府可以設置長史、司馬參軍、倉曹參軍、冑曹參軍和兵曹參軍各一人；帶兵在五千人以上的，減去司馬參軍。各軍各設使一人，五千人以上的，增加副使一人，一萬人以上的，增設營田副使一人。每個軍府都可設置倉曹、兵曹、冑曹參軍各一人。赤水、臨洮、河源等軍府，增加冑曹參軍一人，朔方節度使所屬的五府，各增加冑曹參軍一人。其中横海、高陽、唐興、恒陽、北平這五個軍府，都由本州刺史兼軍府的使職。以上各個軍府都有兵一萬人。每年十月以後招募集合，分成三批輪番教習。每五千人設置總管一人，由折衝都尉充當；每一千人設置子將一人，由果毅都尉充當；每五百人設置押官一人，由別將或者鎮戍官充當。凡是鎮都設置使一人，副使一人；屯守士兵在一萬人以上的，幕府中可設置司馬、倉曹參軍、兵曹參軍各一人；士兵在五千人以上，減去司馬參軍。各個軍、鎮每五百人設置押官一人，每一千人設置子總管一人，滿五千人可設置總管一人。凡是軍或鎮的使、副使以上的官員，都是四年替換一次，總管以上滿六年替換一次，押官則隨同士兵一起交替。副使、總管選取折衝都尉以上武官充任，子將以上的官員則擇取果毅都尉以上充當。

【說　明】唐代沿邊節度使的設置，與自高宗後期至玄宗開元年間，邊境形勢的變化有關。自貞觀到高宗初年，唐在邊境採取積極進攻的方針，先後擊破東西突厥、薛延陀，降服大漠諸部，西平高昌，東敗高麗，「其地東極海，西至焉耆，南盡林州南境，北接薛延陀界。凡東西九千五百一十里，南北萬六千九百一十八里」（《舊唐書・地理志一》）。至高宗初年，國勢達到極盛的時期。但到高宗後期，邊境進入了多事之秋。西面吐蕃迅猛興起，唐接連遭到兩次慘敗，不得不在隴右道設置河源、莫門、積石三軍，以阻遏吐蕃的侵擾。對北方突厥和東北方的奚、契丹，亦在無奈中只好由進擊轉入防禦，先後分別設置了定遠城和東、中、西三受降城，河北道諸軍及平盧軍。這樣被迫在東、西、北幾個戰場同時作戰，以有限的兵力而分路防守，自然不能不陷於被動。玄宗時期雖然聲威復振，但唐的實際邊境卻在向內退縮，大都護府多被八節度使所代替，緣邊駐紮著的是數十萬鎮兵。而與此同時，中央禁軍已處於蛻化沒落階段，初期那種由「內重外輕」而能「以重制輕」的局面已不復存在，這樣當安史之亂一起，叛軍幾乎沒有遇到像樣的阻擊便長驅直入，甚至攻陷了京師長安。

節度使制度的出現，還導致了地方行政制度從州、縣兩級向方鎮、州、縣三級制的轉變和過渡。唐初，為了加強中央集權，實施地方行政州縣二級體制。但由於州的數量多達三百個以上，要中央直接管理好這個龐大州群，不能不是一個棘手的難題，特別是那些緣邊之州，常有鞭長莫及之嘆。設置都督府（武德時期），設置道（貞觀時期），設置採訪使（開元時期），以及頻繁地向地方派遣名目不一的各種的監察使臣，便是意欲在基本保持兩級制的前提下，先後採取的一些應急措施。但形勢的發展卻不以人們主觀願望為轉移，由都督府演化而來的節度使，終於在睿宗景雲二年（西元七一一年）登上了唐代政治舞臺。本來都督府只是帶兵的軍事性機構，而節度使卻是「諸州在節度內者，皆受節度焉」（本章中語）。既然軍事與民政統一歸屬於節度使，州刺史已為其下屬，節度使自然便成為中央與州之間的一級行政機構。本章所記述的八節度使還都只設在邊防地區，安史之亂以後，迫於應付戰爭，內地亦紛紛設立。這樣節度使這一行政區劃，終於由邊遠區域而遍及中原內地，由臨時權宜性建制而成為常設性機構，從而使唐代地方行政制度由兩級制過渡到了三級制。在全國出現了方鎮林立的局面，節度使是方鎮的統帥，而方鎮則是節度使所轄之地區與軍隊。方鎮擁有一道或數州的軍、民、財政大權，儼然是一個個握有重兵的獨立王國，而中央卻沒有一支能控攝全局的武裝力量，因而只好在謀求地方軍鎮勢力的平衡或利用其互相牽掣中獲得生存，而一旦某一地方實力派在角逐中躍升到壓倒一切的地位，那就沒有原來中央政府立足的餘地了。歐陽修在《新唐書・兵志》中對當時局勢作了這樣概括：「府兵法壞而方鎮盛，武夫悍將雖無事時，據要險，專方面，既有其土地，又有其人民，又有其甲兵，又有其財賦，以布列天下。然則方鎮不得不彊，京師不得不弱，故曰措置之勢使然者，以此也。」這些敗狀，似乎使作者鉤起了對府兵制的懷念，因而在〈兵志〉中又說：「府兵之置，居無事時耕於野，其番上者，宿衛京師而已。若四方有事，則命將以出，事解輒罷，兵散於府，將歸於朝。故士不失業，而將帥無握兵之重，所以防微漸，絕禍亂之萌也。」歐陽公未免過於理想化了。其實府兵制的實施，在唐王朝初期，主要恐怕還是起到一種銷兵的作用，即在一場大規模的軍事行動結束後，如何讓過多的兵士有序地歸耕復員。至遲到開元初期，府兵僅為宿衛、儀仗已難於維持，又何遑論平定戰亂呢！開元初年，玄宗在詔令中就承認：「比來緣邊鎮軍，每年更代，兵不識將，將不識兵，緣路疲人，蓋是以卒與敵。」（《冊府元龜》卷一二四）可見若把府兵趕去作戰，無異於驅羊餵虎。所以從府兵制的瓦解到募兵制的應運而生以至於後來的方鎮林立，都是形勢發展必然結果，無人可以回天。

十二

凡諸軍、鎮大使副使已上❶皆有傔人❷、別奏❸，以為之使。大使三品已上，傔二十五人，別奏十人；四品、五品傔遞減五人，別奏遞減二人。副使三品已上，傔二十人，別奏八人；四品、五品傔遞減四人，別奏遞減二人。總管❹三品已上，傔十八人，別奏六人；四品、五品傔遞減三人，別奏遞減二人。子總管❺四品已上，傔十一人，別奏三人。五品、六品傔遞減二人，別奏遞減一人。若討擊❻、防禦❼、遊奕❽使副使，傔准品各減三人，別奏各減二人；總管總及子總管傔准品各減二人，別奏各減一人。若鎮守已下無副使，或隸屬大軍、鎮者，使已下傔、奏並四分減一。所補傔、奏，皆令自召以充。若府、鎮、戍正員官❾，及飛騎❿、三衛衛士⓫、邊州白丁⓬，皆不在取限⓭。凡車駕在京，即東都南、北衙⓮皆置左、右屯營⓯，別立使以充之；若車駕在都⓰，則京城亦如之。北都⓱准此。凡大將出征皆告廟⓲，授斧鉞⓳，辭齊太公廟⓴，辭訖，不反宿於家。臨軍對寇，士卒不用命，並得專行其罰。既捷，及軍未散，皆會眾而書勞㉑，與其費用、執俘、折馘之數，皆露布㉒以聞，乃告太廟。元帥凱旋之日，天子遣使郊勞，有司先獻捷於太廟，又告齊太公廟。諸軍將若須入朝奏事，則先狀奏聞。

【章　旨】記述有關軍鎮使職配給隨從人員及大將授鉞出征、凱旋報捷等規定。

【注　釋】❶已上　據《舊唐書・職官志》當為「已下」。❷傔人　諸軍鎮大使之侍從、差役。《太平廣記》卷一九八引唐胡璩《譚賓錄・封常清》：「常清為仙芝傔……仙芝見判官劉眺、獨孤峻等，遂問曰：『前者捷書，何人所作？副大使何得有此人？』仙芝曰：『即傔人封常清也。』」❸別奏　亦為諸軍鎮大使之侍從和差役。如王君㚟曾「為郭知運別奏，驍勇善騎射，以戰功累除右衛副率」（《舊唐書・王君㚟傳》）。傔人與別奏的料錢，由公廨利錢提供。規定一定數量的傔人和別奏，實際上是軍鎮大使、副使的一筆固定收入，其性質與諸文武職事官按品有一定數量的防閤、庶僕、白直相類。❹總管　總即「總」

字。下同。駐軍五千人置總管。❺子總管　駐軍千人者置子總管。❻討擊　指討擊使。唐武后時始置，掌領兵征伐。《新唐書・高力士傳》載武周聖曆初有嶺南討擊使李千里。❼防禦　指防禦使，唐武后時始置。先置於邊地，安史之亂後，亦分設於中原諸軍事要地。掌本區之軍務，一般以本州刺史兼任，或以團練使兼領，亦以防禦使、團練使合稱為團防。❽遊奕　唐置於邊地掌巡邏偵察之武官。《資治通鑑・唐中宗景龍二年》：「以左玉鈐衛將軍論弓仁為朔方軍前鋒遊奕使，自是突厥不敢渡山畋牧，朔方無復寇掠，減鎮兵數萬人。」胡三省注謂：「遊奕使，領遊兵以巡奕者也。」杜佑稱：「遊奕，於軍中選驍勇諳諸山川、泉井者充，日夕邏候於亭障之外，捉生問事；其副使子將，並久軍行人，取善騎射人。」❾府鎮戍正員官　指軍府、鎮及戍之在編官員。❿飛騎　左、右羽林軍屬下之衛士。⓫三衛衛士　指禁軍中親衛、勳衛、翊衛三衛之衛士。⓬邊州白丁　指兵募的諸州白丁在邊防者。⓭皆不在取限　指傔人、別奏不能取用於邊軍在冊人員，否則將導致兵員缺額，故須加以限制。⓮南北衙　唐代禁軍分為南、北衙，南衙守衛京城，北衙守衛宮殿。⓯左右屯營　唐禁軍機構之一。據《新唐書・兵志》，貞觀十二年（西元六三八年）始置玄武門左、右屯營，由十六衛將軍以檢校方式統掌。⓰車駕在都　意謂如果皇帝在東都洛陽。以「車駕」代指外出的皇帝，猶以「陛下」代稱御正殿的皇帝。皆屬古時所謂「以卑達尊」的一種修辭手法。⓱北都　指太原府。⓲告廟　祭告太廟。⓳斧鉞　亦作斧戉、鈇鉞。古代軍法用以殺人的斧子。此處則作為權力之象徵。「授斧鉞」表示授予行軍出征之將帥有專誅殺之權。⓴齊太公廟　齊太公，指呂尚。姜姓，呂氏，名望，字尚父，一說字子牙。輔佐武王滅商有功，封於齊，因有齊太公之稱。唐尊以為武聖，開元九年（西元七三一年）於兩京各建齊太公廟，與孔廟相並列，分別稱武廟、文廟。㉑會眾而書勞　意謂在全軍眾人面前公佈本次征行中各人的功勞。公佈的內容，還包括下文所言征行中開支的費用以及俘虜敵兵、斬獲敵人首級的數字等。㉒露布　亦稱露板、露版。一種不加檢封、公之於眾的文書，如檄文、捷報和其他緊急文書。此處則指捷報或戰報。

【語　譯】凡是各軍鎮的大使、副使以上（下），都配給相應數量的傔人、別奏，供他們差遣役使。大使三品以上，有傔人二十五名，別奏十名；四品、五品，傔人依次遞減五名，別奏則遞減二名。副使三品以上，有傔人二十名，別奏八名；四品、五品，傔人依次遞減四名，別奏遞減二名。總管三品以上，有傔人十一名，別奏三名；四品、五品，傔人依次遞減三名，別奏遞減二名。子總管四品以上，有傔人十一名，別奏三名。五品、六品，傔人依次遞減二名，別奏遞減一名。若是討擊使、防禦使、遊奕使或者副使，配給的傔人數依照他的品級各減三名，別奏各減二名；總管、子總管，配給的傔人數依照他的品級各減二名，別奏各減一名。如果鎮守以下沒有副使，或者隸屬於大軍、鎮的，配給使以下傔人、別奏的數量各減四分之一。傔人與別奏如有缺額，都要由各軍鎮自己招募補充。軍府、鎮、戍的在編人員，以及羽林軍的飛騎，三衛的衛士，邊州的白丁，都不在選取充當傔人、別奏的範圍之內。如果皇上在京城長安，那麼東都洛陽的南、北衙都要設置左、右屯營，另外派遣使節以為統率；倘若皇上在東都洛陽，那麼京城長安亦要這樣做。北都太原亦按此規定執行。凡是大將出征，都要告祭太廟，授予斧鉞，拜辭齊太公廟。拜辭完畢後，不再回家住宿。臨陣對敵時，士卒不服從軍命的，都可以專行誅罰。出征回來報捷，在軍隊未解散時，要公佈眾人的功勞；行軍的軍費開支，抓獲的俘虜數，斬獲敵軍的首級數，亦都要用露布公告於眾，然後再告祭太廟。每當元帥凱旋的日子，天子要派遣使節在京郊犒勞，有關官員要先向太廟獻捷，再祭告齊太公廟。各軍將領如果有事要上朝面奏，先得用疏狀奏報皇上。

十三

員外郎一人掌貢舉❶及諸雜請之事。凡應舉之人有謀略、謂嫻兵法。才藝、謂有勇技。平射、謂善能令矢發平直。筒射，謂善及遠而中。十發四中，六居其次為上第；三中，七居其次為下第；不及此者為不第。皆待命以舉，非有常也。若州、府歲貢，皆孟冬隨朝集使以至省，勘責文狀而引試焉；亦與計科偕❷。有二科：一曰平射，試射長垛❸，三十發不出第三院❹為第。二曰武舉。其試用有七：一曰射長垛；入中院為上，入次院為次上，入外院為次。二曰騎射❺；發而並中為上，或中或不中為次上，總不中為次。三曰馬槍；三板、四板為上❻，二板為次上，一板及不中為次。四曰步射，射草人；中者為次上，雖中而不法、雖法而不中者，為次。五曰材質；以身長六尺已上者為次上，已下為次。六曰言語；有神彩，堪充領者❼為次上，無者為次。七曰舉重，謂翹關❽。率以五次為上第。皆試其高第者以奏聞。其科第之優劣，謂平射、筒射之上第者，前資、見任❾見選，聽減一次上❿，與官；勳、散衛官，五品已上官子孫，帖仗⓫二年而選。次第者，其應選則據資優直處分⓬，應帖仗則三年而選。庶人之上等亦帖仗，其年比次第；庶人次第又加二年⓭。武貢之第者，勳官五品已上并三衛執仗、乘，若品子年考已滿者，並放選；勳官六品已上并應宿衛人及品子五考已上者，並授散官，謂「軍士戰官」⓮。今⓯並帖仗然後授散官。勳、獲之等級⓰，謂軍士戰功之等級。若牢城若戰第一等⓱，酬勳三轉；第二、第三等，差減一轉。凡破城、陣⓲，以少擊多為「上陣」，數略相當為「中陣」，以多擊少為「下陣」，轉倍以上為「多少」。常據賊數以十分率⓳之：殺獲四分已上為「上獲」，二分已上為「中獲」，一分已上為「下獲」。凡上陣上獲第一等，酬勳五轉；上陣中獲、中陣上獲第一等，酬勳四轉；上陣下獲、中陣中獲、下陣上獲第一等，酬勳三轉；其第二、第三等各遞降一轉。中限⓴下獲、下陣中獲第一等，酬勳兩轉；第二等、三等并下陣下獲各酬勳一轉。其雖破城、陣，殺獲不成分者，三等陣㉑各酬勳一轉。其跳盪、功不在降限㉒。凡臨陣對寇，矢石未交，先鋒挺入，賊徒因而破者，為跳盪；其次先鋒為降者，為降功。凡酬功者，見任、前資、常選為上資；文、武散官，衛官、勳官五品已上為次資；五品子、孫，上柱國、柱國㉓子，勳官六品已下㉔、諸色有番考人㉕，為下資；白丁、衛士、雜色人為無資。凡跳盪人㉖，上資加兩階，即優與處分，應入三品、五品，不限官考㉗；次資即優與處分；下資優與處分；無資稍優與處分。其殊功第一等，上資加一階，優與處分，應入三品、五品，減四考；次資優與處分；下資稍優與處分；無資放選㉘。殊功第二等，上資優與處分，次資稍優與處分，下資放選，無資常勳外加三轉。殊功第三等，上資稍優與處分，次資放選，下資應簡日放選，無資常勳外加兩轉。若破國王勝㉙，事愈常格，或斬將搴旗，功效尤異，雖不合格，並委軍將臨時錄奏。皆審其實而授敘焉。

員外郎一人掌選院，謂之南曹。每歲，選入㉚有解狀㉛、簿書㉜、資歷㉝、考課㉞，必由之以覈其實，乃上三銓㉟，進甲㊱則署焉。

【章　旨】記述兵部司員外郎二人各自職掌，以及武舉考試科目、銓選等第和將士因戰功獲勳敘階等有關規定。

【注　釋】❶貢舉　唐有文武舉之別，此處指武舉。唐武舉始於武周長安二年（西元七〇二年）。《冊府元龜・貢舉部》稱：是年「又教人習武藝，每歲如明經、進士之法，行鄉飲酒之禮，送于兵部」。又，由於開元二十五年（西元六九三年）將文吏的貢舉自吏部的考功員外郎轉歸禮部侍郎一人知掌，因而在次年亦將武舉改由兵部侍郎專知其事。《唐會要》卷五十九兵部侍郎條載有這一年十一月十四日的敕文：「所設武舉，以求材實，仕進之漸，期為根本，取舍之間尤宜審慎。比來所試，但委郎官，品位既卑，焉稱其事。自今以後應武舉人，宜令侍郎專知。」由於《唐六典》載事至開元二十五年為止，故此處仍把武舉列在兵部員外郎職掌之下。❷亦與計科偕　文義難詳。近衛校正德本稱句中「科」字為衍文，此說正與《舊唐書．職官志》及《唐會要》卷五十九「亦與計偕」句相合。但「亦與計偕」者，即指上文所言「皆孟冬隨朝集使以至省」，意義完全重複，似無必要再另起一句。疑句中「偕」當作「階」。「亦與計科階」，意謂兵部武舉亦與禮部文舉那樣，依據考試科目計敘官階。語譯姑依此。❸長垛　遠距離射箭。垛，堆土以置箭靶之處。《通典．選舉三》：「其課試之制，畫帛為五規，置之於垛，去之百有五步，列坐引射，名曰長垛。」❹第三院　院指箭靶之中心區域。分中院、次院、外院三個等次。第三院即外院。❺騎射　指騎馬射「鹿」。《通典．選舉三》稱：「穿土為埒，其長與垛均，綴皮為兩鹿，歷置其上，馳馬射之，名曰馬射。」❻三柀四柀為上　句中二「柀」，字書不收，當為「板」之手寫異體。《資治通鑑》卷二〇七長安二年（西元七〇二年）春正月，胡三省注引《唐六典》文，作「三板、四板為上」。此即馬槍課考核標準。又，《通典．選舉三》「板」作「版」。其文稱：「又斷木為人，戴方版於頂上，凡四偶人，互列埒上。馳馬入埒，運槍左右觸，必版落而人不踣，名曰馬槍。」埒為試場周矮牆。馬槍長度是一丈八尺，徑一寸五分，重八斤。木偶上板方三寸五分。應試者騎馬入圍牆，使槍擊木板，擊落三板、四板者為上等。❼充領者　據《資治通鑑》卷二〇七胡三省注引《唐六典》原注，當為「統領者」。❽翹關　即以舉重校力。《新唐書．選舉志上》稱：「翹關，長丈七尺，徑三寸半，凡十舉後，手持關距，出處無過一尺。」《列子》記有孔子之力能拓國門之關事。拓，一作「招」，「招」與「翹」通，謂舉起也。翹關之名當本此。❾前資見任　前資，指參選官有前資身份，即選前曾擔任過某職事官者。見任，即「現任」。現任某職事官者。❿聽減一次上　意謂在七次考試中，允許減去一次上等，即只要有六次考績屬於上等便可授官。⓫帖仗　指番上值宿擔任儀仗者。⓬據資優直處分　資，即下文所言之上資、次資、下資；而白丁、衛士和雜色人為無資。句中「直」字，近衛校正德本稱：「『直』當作『與』。」據資優與處分，意謂依據資歷從優敘階。⓭庶人次第又加二年　此句承上句。意謂庶人應試列為次第的，帖仗時間要比列為上第的多二年，即需帖仗五年。⓮謂軍士戰官　近衛校正德本疑此五字為衍文。⓯令　據正德本及廣池本當為「餘」。⓰勳獲之等級　指將士因軍功獲勳階之等級標準。勳階共有十二轉，自一轉視從七品武騎尉起，至十二轉視正二品上柱國。⓱牢城若戰第一等　近衛校正德本稱句中「若」字恐當作「苦」。即守城苦戰為第一等功。⓲破城陣　指攻破敵方的城邑或陣地。⓳率　比率。⓴中限　當作「中陣」。近衛本已校出。㉑三等陣　指上文所言上陣、中陣、下陣三等。㉒其跳盪功不在降限　此句疑有倒文。聯繫下文「先鋒挺入賊徒因而破者為跳盪，其次先鋒受降者為降功」，文字次序似應為「其跳盪、降功不在限」。㉓上柱國柱國　上柱國為勳官最高品階，十二轉；柱國次之，為十一轉。㉔勳官六品已下　指三轉飛騎尉以下。㉕諸色有番考人　指各種番上考滿者，包括五品子孫，勳官上柱國、柱國之子以及勳官六品以下者。㉖跳盪人　即衝動敵方陣腳的衝鋒隊。《通典・兵一》引大唐衛國公李靖兵法規定中軍有跳盪五百人，左、右軍各有跳盪四百人。跳盪人五十人一隊，統率之別帥又稱為盪主。㉗應入三品五品不限官考　唐制，散官品階入三品、五品者，例有各種限制。如在武則天時期，規定散品入五品者，須歷十三考以上；入三品者，須歷二十五考，現任為四品官。㉘無資放選　指出身於無資者，亦可銓選放官。㉙王勝　據近衛本校稱，當作「全勝」。㉚選入　據《舊唐書・職官志二》當為「選人」。㉛解狀　州縣對選人出具的解送狀文，簡稱解狀。內容包括其所在郡縣鄉里名籍，父祖官名，內外族姻，年齒形貌，優劣課最，有否譴負刑犯等項。㉜簿書　有關選人之文書檔案，亦即甲歷。㉝資歷　指選人之前資。㉞考課　指選人曾受任職事之考狀。㉟三銓　唐制，參加兵部或吏部銓試的選人，要依官品分為三組，分別由尚書一人、侍郎二人主持銓選，稱三銓：「一曰尚書銓，二曰中銓，三曰東銓」（本書二卷一篇）。又，銓選時要三唱三注，這一過程亦可稱三銓。此處似指後者。㊱進甲　三銓完畢後，將參選者名單編為「團甲」，送尚書都省審核，稱為「進甲」；再送門下省復審，稱為「過目」，然後由中書舍人起草任命狀即「告身」，整個銓選過程至此才宣告結束。

【語　譯】兵部司員外郎二人中的一人，掌管貢舉考試以及各種雜請事項。應舉的科目共有四個，就是：謀略，指嫻熟兵法。才藝，指勇敢而有武藝。平射，指射箭時，能使箭平行直射。發十箭有五支中的，五支射在次要部位上，稱為上第；三支中的，七支射在次要部位上，稱為下第。筒射，指善於遠距離射中靶的。十支箭中有四支中的，六支射在次要部位上，稱為上第；三支中的，七支射在次要部位上，稱為下第；達不到這些要求的，就是不第。以上各科都要有皇帝的制命才舉行，不是屬於常科。至於州府歲貢應舉的人，都是每年孟冬十月隨朝集使到尚書都省報到，驗明他們與解狀有關的文書，然後參加考試。這與禮部的文舉一樣，亦是依據考試科目計敘官階。歲貢的武舉有二科，一是平射，考試的課目是射長距離的箭靶，射三十發，都不超過箭靶外院的圈子為及第。二是武舉。考試有七個項目：一是射長垛；箭射入靶心中院的為上第，射入次院的為次上第，射入外院的為次第。二是騎射；發箭全部命中靶心的為上第，有中有不中的為次上第，全部都未射中的為次第。三是馬槍；能擊落三板、四板的為上第，二板的為次上，只中一板或全部不中的，為次第。四是步射和射草人；射中的為次上第，雖射中而不按規定的，或雖按規定而沒有射中的，為次第。五是材貌；身高超過六尺以上的為次上第，六尺以下為次第。六是言語；有神彩，能勝任充（統）領的為次上第，達不到這些要求的，為次第。七是舉重。就是指「翹關」。一概以五次達到「翹關」要求為上第。考試中各個項目都達到高等第的可以奏報天子。關於及第後各個等級銓敘的優劣，這是說平射、筒射取得上第的，出身為前資官或者是現任官參選的，可以減少一次上第，給與銓選。勳官、散官、衛官和五品以上官員的子孫，帖仗二年就可參選。得次第的，根據他的資歷從優處理，屬於應該帖仗的，滿三年就可參選。一般平民應試獲上第的，亦要帖仗，年限比照次第，即應帖仗三年。平民應試獲次第的，帖仗的年限要比獲上等的再加二年。武舉歲貢及第的，勳官五品以上，並曾在三衛執仗或執乘，如果原來是納課品子，年考已滿的，都可以立即放選；勳官六品以上，並已入宿衛以及品子滿五考以上的，都可以授散官。〔這是說「軍事戰官」。〕其餘的都要帖仗期滿後方可授散官。戰士軍功獲勳的等級，這是說有關將士因軍功而獲得勳級的各項規定。如守城若（苦）戰為第一等功，酬勳三轉，第二、第三等各依次減一轉。凡是攻破敵方城邑和陣地，以少擊多為「上陣」，敵我數量相當的為「中陣」，以多擊少的為「下陣」，我倍於敵的為「多少」。殺獲通常以敵軍十分為比率，斬獲四分以上的為「上獲」，二分以上為「中獲」，一分以上為「下獲」。凡是上陣上獲第一等的，可酬勳階五轉；上陣中獲、中陣上獲第一等的，可酬勳階四轉；上陣下獲、中陣中獲、下陣上獲第一等的，酬勳階三轉；第二、第三等的，各依次遞降一轉。中限（陣）下獲、下陣中獲第一等的，酬勳兩轉，第二、第三等，以及下陣下獲的各酬勳階一轉。雖然攻破了敵方城邑和陣地，但殺獲不到一分的，上陣、中陣、下陣各酬勳一轉。至於跳盪及降功的酬勳，則不在上述範圍之內。凡是臨陣對敵，雙方矢石尚未交鋒，而先鋒先插入敵方陣腳，敵陣因而動搖被攻破的，稱為「跳盪」；其次先鋒插入敵陣接受敵人投降的，稱作「降功」。凡是酬勞有功勳的，以現任官、前資官、常選官為上資；文武散官、衛官、勳官五品以上為次資；五品職事官的子、孫，勳官上柱國、柱國的兒子，勳官六品以下各種有番考的人員，為下資；白丁、衛士以及其他雜役人員，則為無資。凡是跳盪人，屬於上資的，可以加兩階敘勳，即刻優先給予散官的敘階，其中應入三品、五品的，那就不受官考年數的限制；屬於次資的，亦即刻優先給予散官的敘階；下資的也從優處理；無資的則略作優與處理。其中有特殊功勳屬第一等的，上資加一階，從優處理，應入三品、五品的，可以按規定減四考敘階；次資的亦應從優處理，下資的略作優與處理，無資的則按規定放選。殊功第二等的，上資從優處理，次資略作優與處理，下資可以放選，無資可在常勳外增加三轉。殊功第三等，上資稍作優與處分，次資按規定放選，下資應簡日放選，無次則常勳以外加兩轉。如果是破敵之國而大獲王（全）勝，事功超越常格；或者在敵陣斬將奪旗，功效卓著，雖不合常格，都可以由統率軍隊的將領臨時錄奏朝廷。都要根據實際情況授階和銓敘。

員外郎另一人，主管選院的事務。選院在選曹的南面，因而亦稱為南曹。每年，選入（人）的解狀、簿書、資歷、考課，都必須由這位員外郎檢查核實以後，選人方能參加三銓。進甲時員外郎要參與共同簽署。

【說　明】武舉起始於武周長安二年（西元七〇二年）。唐初武官人才，源於隋末逐鹿戰爭中湧現的一批將領，到武則天時期，已有後繼乏人之感，而與此同時，由於吐蕃的崛起，西北邊防日益吃緊，亟需有能統兵鎮守邊疆的將領應世。這該是武則天決定創設武舉的主要原因。有關武舉的制度大致如本章所述。本書後第三十卷還說到在地方上負責此事的是州縣的兵曹參軍，由其「每歲貢武舉人，有智勇謀略強力悍材者，舉而送之，試長垛、馬槍、翹關、擎重，以為等第之上下，為之升黜，從文舉行鄉飲酒之禮，然後申送」。從武則天後期至玄宗時期，每年舉行一次武舉，總體上都是照此認真付諸實施的。德宗貞元十四年（西元七九八年）曾一度停舉，到憲宗元和三年（西元八〇八年）因兵部的奏請又宣告恢復，前後共有十年時間不設武舉。一度停舉的原因，據《冊府元龜・貢舉部》的載錄是「諫議大夫田敦貴因蒙召對，奏言兵部武舉等每年嘗數百千人持挾弓矢出入皇城間，恐非所宜，上聞而矍然，故命停之。其實武舉者每歲不過十數人，時議惡敦貴，欲非短舊事，奏議不實，自是訖於貞元更不復置」。這段記載倒提供了一個事實，即每歲舉行的武試只不過「十數人」而已，並不興旺。事實上在武舉中選拔的將領，安史之亂前後，知名並得力的亦僅郭子儀一人。他是開元時期「以武舉高等補左衛長史，累歷諸軍使。天寶八載（西元七四九年），於木剌山置橫塞軍及安北都護府，命子儀領其使，拜左衛大將軍」（《舊唐書・郭子儀傳》）。其他一些較為著名的將領，有的是從折衝都尉、果毅都尉選拔上來的，有的是以門蔭入仕的，有的則由文吏諸如明經出身轉為武將，且大部分人出身於邊疆蕃族，如高仙芝是世代在河西從事軍戎的高麗人，哥舒翰是突騎施部落首領的後裔，白孝德為安西胡人，李光弼先祖是契丹酋長；郭子儀部屬中如僕固懷恩是鐵勒人，李懷光是渤海靺鞨人等。安史之亂中兩個反叛的頭目安祿山與史思明，在反叛前都曾是玄宗重用的邊將，前者出身於營州柳城的雜種胡人，長大於突厥部落；後者亦是屬於這個地區的突厥人。由此可見，武舉之制在治世也許還能部分地起到補充將材需要的作用，一旦到了所謂「亂世出英雄」的時期，亦就難免流為徒具虛文的形式了。

唐代除常年武舉外，還有因選拔某些特定人材需要而由皇帝臨時提出的試舉科目，稱制舉。名目繁多，如開元十二年（西元七二四年）的將帥科，十五年（西元七二七年）的高材沉淪草澤自舉科；天寶元年（西元七四二年）的軍謀越眾或武藝絕倫科，十三年（西元七五四年）又詔令軍謀出眾武藝絕倫者任自舉。肅宗至德宗二年（西元七五七年）設軍謀制勝武藝絕倫科，並任於所在自舉，委郡守銓擇奏聞，不限人數。德宗建中元年（西元七八〇年）再設軍謀越眾科。此外還有什麼軍謀宏遠材任將帥科、軍謀宏遠材任邊將科等等，從制科名目上，亦可見其求將才之迫切。

職方郎中

【篇旨】職方司為尚書兵部四司之一。本篇介紹其職掌主要為三件事：一是分管全國地圖的編製，各州府三年一造的地圖籍皆集中於職方司，它是各州府疆域界限的裁定者；二是全國邊防鎮、戍和烽候的設置和管理；三是有關全國州縣城門及武庫門守衛的政令。

一

職方郎中一人，從五品上。《周禮》❶下官❷有職方氏❸中大夫之職，掌天下之地圖，主四方之職貢，職方郎中之任也。後周依《周官》。隋開皇❹初，始置職方侍郎一人，煬帝❺曰職方郎。武德三年❻加「中」字，至龍朔二年❼改為司城大夫，咸亨元年❽復故。

員外郎一人，從六品上。《周禮》夏官有職方上士。後周依《周官》。隋開皇六年❾置員外郎一人，煬帝改曰承務郎，皇朝為職方員外郎。龍朔、咸亨並隨曹改復。

主事二人，從九品上。

職方郎中、員外郎掌天下之地圖及城隍❿、鎮戍⓫、烽候⓬之數，辨其邦國、都鄙⓭之遠邇及四夷之歸化者。凡地圖委州府三年一造，與板籍⓮偕上省。其外夷每有番客到京，委鴻臚⑮訊其人本國山川、風土，為圖以奏焉；副上於省。其五方⑯之區域，都鄙之廢置，疆埸⑰之爭訟者，舉而正之。

【章　旨】記述職方司郎中、員外郎和主事之員數、品位及其沿革與職掌。

【注　釋】❶周禮　又名《周官》，儒家經典之一。係搜集周王室官制和戰國時期列國制度彙編而成。❷下官　《周禮》設「夏官」，此處「下」當是「夏」之誤。下文員外郎條原注即有「《周禮》夏官有……」句。夏官，設大司馬卿掌之，主武事，統帥軍隊。❸職方氏　官名。傳為周置。掌天下地圖，主四方之職貢。❹開皇　隋文帝楊堅年號。❺煬帝　隋朝皇帝楊廣，在位十四年，終年五十歲。❻武德三年　即西元六二〇年。武德為唐高祖李淵年號。❼龍朔二年　即西元六六二年。龍朔為唐高宗李治年號。❽咸亨元年　即西元六七〇年。咸亨亦是唐高宗李治年號。❾開皇六年　即西元五八六年。❿城隍　此處指邊將屯戍之城堡。城隍又為傳說中城市之守護神，據說是由《周禮》臘祭八神之一的水即隍、庸即城衍化而來。⓫鎮戍　守衛邊防的軍事據點。《新唐書·兵志》：「唐初，兵之戍邊者，大曰軍，小曰守捉，曰城，曰鎮，而總之者曰道。」本書第三十卷第二篇，鎮、戍之設有專條。鎮分上中下三等，設鎮將、鎮副各一人。上鎮鎮將正六品下。戍亦分上中下三等，各設戍主一人。上戍戍主正八品下。鎮將和戍主的職掌是鎮捍防守，總判鎮、戍之事。⓬烽候　候，指亭候，為伺候望敵之哨所。烽指烽燧。《後漢書·光武帝紀》「修烽燧」一語注稱：「邊方備警急，作高土臺，臺上作桔皐，桔皐頭有兜零，以薪草置其中，常低之，有寇即燃火舉之，以相告曰烽。又多積薪，寇至即燔之，望其煙，曰燧。晝則燔燧，夜乃舉烽。」桔皐是可以牽引上下的木製機具；兜零即籠子，用以盛放薪草。烽火通過木桔皐提升至臺上，藉以示遠。⓭邦國都鄙　邦國指州、縣之轄區；都鄙指為州、縣治所之城邑。古代常以都鄙為卿大夫之采邑，諸王之食邑。⓮板籍　即戶籍。唐制州、縣三年一造戶籍，每歲一造計帳，縣以籍成於州，州由朝集使送於尚書都省。⓯鴻臚　指鴻臚寺。北齊始置，隋唐沿之。其前身為秦之典客，漢之大鴻臚。設卿、少卿各一人，掌蕃客朝會、吉凶弔祭之事。⓰五方　指東、南、西、北、中，代指全國。⓱疆埸　據《職官分紀》卷十引《唐六典》文，「埸」當作「場」。疆場，即疆界。

【語　譯】職方司：郎中，定員一人，品秩為從五品上。《周禮》下（夏）官屬下有職方氏，是由中大夫擔任的一個職務，掌管天下的地圖，主持四方職貢，這也正是現今職方司郎中的職司。北周就是依照《周官》設置了這一職位。隋朝開皇初年，開始設置職方侍郎，定員為一人；煬帝時改名為職方郎。本朝高祖武德三年加了一個「中」字，稱職方郎中。高宗龍朔二年一度改名為司城大夫，到咸亨元年又恢復了舊名。

員外郎，定員一人，品秩為從六品上。《周禮》夏官職方的屬官有上士，北周依照《周禮》設置了這一職位。隋朝開皇六年設置員外郎，定員為一人，煬帝時改稱為承務郎。本朝稱職方員外郎。龍朔、咸亨年間，這一職名曾隨著曹名的更改或恢復而一起變化。

主事，定員二人，品秩為從九品上。

職方司郎中和員外郎的職掌，是主管全國地圖和城隍、鎮戍、烽候的數目，辨別各地都邑的遠近以及四夷中已經歸化朝廷的地區。全國各地山川地圖，都交由各州府每三年繪製一次，與戶籍一起隨各州朝集使上送尚書省。如果外夷有番官到京城，就委託鴻臚寺詢問他們國家的山川、風土情況，製成圖籍，正本向皇上奏報，副本送尚書省留存。此外，全國各個區域的劃分，州縣的或廢或置，以至有關境界的糾紛，都要由本司郎中、員外郎裁定。

二

凡天下之上鎮二十，中鎮九十，下鎮一百三十有五；上戍十有一，中戍八十有六，下戍二百三十有五❶。凡烽候所置，大率相去三十里；若有山岡隔絕，須逐便安置，得相望見，不必要限三十里。其逼邊境者，築城以置之。每烽置帥一人、副一人。其放烽❷有一炬、二炬、三炬、四炬者，隨賊多少而為差❸焉。舊關內❹、京畿❺、河東❻、河北❼皆置烽。開元二十五年敕以邊隅無事，寰宇又安，內地置烽誠為非要，量停近甸❽

烽二百六十所，計烽帥等一千三百八十八人。凡州、縣城門及倉庫門須守當者，取中男❾及殘疾人均為番第以充，而免其傜賦焉。若修理廨宇及園廚，亦聽量使。

【章旨】記述全國鎮、戍的等級和數量，烽候的設置和沿革，以及有關州縣城門、武庫門守備者的一些規定。

【注釋】❶下戍二百三十有五　《舊唐書・職官志》稱：「下戍二百四十有五。」較此多十戍。❷放烽　即點燃烽火。❸著　同「差」字。❹關內　道名。唐初十道之一。其範圍大體包括今陝西省、內蒙古自治區、甘肅省以及寧夏回族自治區的一部分。當時其所轄有二府、二都護府、二十二州和一百三十五縣。京都京兆府所在。❺京畿　道名。開元二十一年（西元七三三年）分關內道南部置，為開元時十五道之一。治京城，轄今陝西中部關中平原。❻河東　道名。唐初十道之一。其轄區包括今山西全部及河北、內蒙古的一部分，當時所屬有十九州，一百一十縣。❼河北　道名。唐初十道之一。其轄區相當於今河北、山東的北部，遼寧、吉林、黑龍江和內蒙古自治區的一部分。當時所屬有二十五州、一都護府和二都督府、一百七十四縣。❽近甸　古時郭外稱郊，郊外稱甸。或謂百里之內稱郊，二百里之內稱甸。此處指接近京都的腹裡內地。❾中男　唐制，以十六歲至二十一歲為中男，二十一歲成丁。

【語譯】全國有上鎮二十，中鎮九十，下鎮一百三十五；上戍十一，中戍八十六，下戍二百三十五。關於的設置，大體上兩座烽候之間的距離為三十里左右。如果有山崗隔絕，就要根據具體地理條件怎樣方便就怎樣設置，總的要求是相互看得見，不一定限於三十里。在逼近邊境地區，還要修築城堡以安置烽候。每所烽候設置正帥一人，副帥一人。點燃烽火有一炬、二炬、三炬、四炬幾個等級，要根據來犯敵人的多少而定。舊制在關內、京畿、河東、河北這些道內都設有烽燧。玄宗開元二十五年下了一道敕令，認為邊疆無事，天下太平，在內地還設置烽燧，實在沒有必要。酌量停止了靠近京城腹裡地區的烽燧共二百六十所，合計裁減烽帥等官員一千三百八十八人。全國各個州、縣的城門以及倉庫門所需要的守備人員，可以擇取中男和殘疾人輪番充當，同時免除他們的傜賦負擔。如果要修理廨宇及園廚，亦允許酌量使用輪番服役的雜傜。

【說　明】《唐律》關於違反烽候職責的，有各種懲罰的具體規定。如「諸緣邊城戍有外姦內入，內姦外出，而候望者不覺，徒一年半，主司徒一年」；「其有姦人入出，力所不敵者，傳告比近城戍，若不速告，及告而稽留，不即共捕，致燧而不舉，應多烽而放少烽者，各徒三年」；「若放烽已訖，而前烽不舉，不既往告者，罪亦如之」。如果放烽失誤而造成損失的，處罰極為嚴酷，如規定：「以故陷敗戶口軍人城戍者，絞。」關於違反城門守備職責的，《唐律》亦有懲罰的規定。如「州、鎮、關、戍、城及武庫等門，應閉忘誤不下鍵，若應開，而毀管鍵而開者，各杖八十」。

（以上引文均見《唐律疏議・衛禁律》）

駕部郎中

【篇　旨】駕部作為尚書兵部所屬的一個司，其職責範圍主要掌管三件事。一是有關驛傳的設置和管理，它是唐王朝中央與各地州府軍司之間交通和通訊的保障，有一千六百餘所驛站分佈於全國各個州府。對驛站的配置、管理和使用，有一整套頗為嚴密的制度，並在《唐律》中作了相應的規定。凡需使用驛傳，在京統一由門下省給券，地方上由諸州府給券。安史之亂後，驛站逐漸瓦解，由從州縣民戶中徵募「疾足」組成的「遞鋪」，取代了原驛站傳遞公文即通訊這一部分職能。二是有關馬匹畜養和管理的政令。古代的軍事力量和交通通訊都離不開馬，因而保持一支龐大的馬群是唐帝國生死攸關的大事。唐太宗李世民特別愛好馬，貞觀二十一年（西元六四七年）骨利幹遣使朝貢，獻良馬百匹，其中十匹尤駿，太宗親自為之制名號，甚至他死後的陵墓上還刻有著名的「昭陵六駿」浮雕，這亦從一個側面反映了馬政在唐帝國的地位。唐代的馬群分別飼養在今隴右、河西、陝北的草原，共有六十餘所監牧，由太僕寺的典廄署、典牧署、諸牧監及殿中省尚乘局所屬的內外廄和十二閑管轄。對牲口的飼養、孳課都通過法令形式作了明細的規定。三是有關中央諸司和地方州府車牛配置和管理的政令。具體管理和使用這些車牛的機構是各個車坊，它們是維繫中央諸司間物資運輸的紐帶，在地方則是陸路運輸的主幹。

一

駕部郎中一人，從五品上。《周禮》❶夏官屬有輿司馬之職，蓋駕部之任也。魏氏始置駕部郎曹，歷晉、宋、齊、後魏北齊並為駕部郎中，梁、陳為駕部侍郎。後周夏官府有駕部中大夫一人，隋文帝❷改為駕部侍郎，煬帝❸曰駕部郎。宋、齊左民尚書領駕部，梁、陳左民部尚書領駕部，後魏、北齊殿中尚書領駕部，隋則兵部領焉，皇朝因之。武德三年❹加「中」字。龍朔二年❺改曰司輿大夫，咸亨元年❻復故。

員外郎一人，從六品上。《周禮》夏官卿有輿司馬上士，後周夏官府小駕部上士一人，蓋駕部員外郎之任也。隋開皇六年❼置，煬帝改曰承務郎，皇朝為駕部員外郎。龍朔、咸亨並隨曹改復。

主事三人，從九品上。

駕部郎中、員外郎掌邦國之輿輦❽、車乘，及天下之傳驛❾、廄牧❿，官私馬、牛、雜畜之簿籍，辨其出入闌逸之政令⓫，司其名數⓬。

【章旨】記述駕部司郎中、員外郎和主事之員數、品秩及其沿革與職掌。

【注釋】❶周禮　亦稱《周官》，儒家經典之一。係搜集周王室官制和戰國時各國制度彙編而成。❷隋文帝　隋朝皇帝楊堅。在位二十二年，終年六十四歲。❸煬帝　隋朝皇帝楊廣。在位十三年，終年五十歲。❹武德三年　即西元六二〇年。武德是唐高祖李淵年號。❺龍朔二年　即西元六六二年。龍朔為唐高宗李治年號。❻咸亨元年　即西元六七〇年。咸亨亦是唐高宗李治年號。❼開皇六年　即西元五八六年。開皇是隋文帝楊堅年號。❽輿輦　帝王或后妃乘坐的以人力推挽的座車。❾傳驛　指驛站的房舍和車馬。❿廄牧　指牧場。按牲口多少分上牧、中牧、下牧。廄為馬牛圈養之所。⓫辨其出入闌逸之政

令 闌，柵闌。此處指圈養的牲口數。逸，指牲口的散失、損耗數。廄牧圈養的牲口，每年有允許損耗和必須完成的孳生的定額，由國家以法令形式下達。如《唐律．廄庫律》規定，每年以一百為單位計，駝可以報損七頭，馬、牛、驢、羖羊各可報損十頭，白羊可以報損十五頭。同以一百匹為計，牝馬、牛、驢每年應課駒犢各六十，牝羊課羔羊七十，羖羊課羔八十。損耗超過上述定額的，直接負責的牧長、牧子都將受到懲罰；孳生超過定額的則有賞。⓬名數 指各類牲畜的名稱及數額。如馬，有麤良之別，細馬之監稱左，麤馬之監稱右。每年季夏要造籍，孟秋把諸牧監的名籍集中統一，在仲秋上報於太僕寺，由太僕寺再申報於駕部司。

【語 譯】駕部司：郎中，定員一人，品秩為從五品上。《周禮》夏官府的下屬有輿司馬的職司，就是現今駕部司郎中的職任。曹魏時開始設置駕部郎曹，以後歷經晉、宋、齊和北魏、北齊，都設置過駕部郎中，梁、陳則設駕部侍郎。北周的夏官府有駕部中大夫一人，隋文帝時改稱為駕部侍郎，煬帝時又改為駕部郎。南朝的宋、齊由左民尚書統領駕部，北魏、北齊則由殿中尚書管轄駕部，隋朝改由兵部領駕部，本朝因承隋代的制度。高祖武德三年加了一個「中」字，稱作駕部郎中。高宗龍朔二年一度改名為司輿大夫，咸亨六年又恢復舊稱。

員外郎，定員一人，品秩為從六品上。《周禮》中夏官卿的下屬有輿司馬上士，北周的夏官府有小駕部上士一人，這些都相當於駕部員外郎的職任。隋朝開皇六年設置了駕部員外郎一人，煬帝時改名為承務郎。本朝定名為駕部員外郎。高宗龍朔、咸亨年間，這一職名曾隨著曹名的更改和恢復而一起作過更改和恢復。

主事，定員三人，品秩為從九品上。

駕部司郎中和員外郎的職責是，掌管君王的輿輦、車乘和全國的傳驛、廄牧以及圈養的官私馬牛和各類雜畜的冊籍，執行有關牲口圈養和使用的政令，並掌握各類牲畜的名稱和數額。

【說 明】唐代傳驛大致具有兩個功能：一是接待過往官客，二是傳遞公文；而驛站則是這兩個功能，亦就是交通和通訊制度的載體。它在各個地區實施情況也不完全一樣。如在西北地區傳馬與驛馬是分別管理的，通信用的傳馬一般不用於駕車。法律還規定「諸應乘官馬、牛、駝、騾，私馱物不得過十斤」（《唐律疏議．廄車律》）。除了傳馬，還有所謂長行馬。驛站的傳馬、驢為從起點出發，長途跋涉，直至最終目的地，然後返回；而長行馬則只運行於與鄰州之間，以本州府邊界為起迄，亦有只在二館驛間運行的。長行馬另設長行坊，由長行使管理。《唐會要》卷七十八節度使條就有開元十二年、十四年（西元七二四、七二六年）兩處記載，一是「除王君㚟，又加長行轉運使，自後遂為定額也」；一是「敕河西長行轉運九姓，即隸入支度使，宜加支度判官一人」。此外還有函馬，專使公文傳遞，亦是由長行坊提供草料和飼養的。據敦煌文書載錄，天寶時期在廣明、烏山、雙泉等五戍共有函馬一百二十三匹，其中五十匹在戍內使用，七十三匹作為備用，專供傳遞軍事信息。這些都說明，作為唐代交通和通訊制度載體的驛站，在體制上不是單一的，還有長行坊及函馬這樣一類設施以為輔助系統。至於有關公務活動中的物資運輸，唐時中央各個機構都另有專設的車坊。車坊的管理則是以自主經營為主，國家撥款為輔。亦有以差役的形式派遣於民戶，稱之為車牛役的，這自然又成了庶民百姓一項不堪應付的負擔。見諸記載的，如《王梵志詩》卷五中有一首〈富饒田舍兒〉的歌謠，就反映了民戶被官府催逼服車牛役的苦況，其中唱道：「里正追役來，坐著南廳裡。廣設好飲食，多酒勸遣醉。追車即與車，須馬即與馬。」

二

凡三十里一驛，天下凡一千六百三十有九所❶。二百六十所水驛，一千二百九十七所陸驛，八十六所水陸相兼。若地勢險阻及須依水草，不必三十里。每驛皆置驛長一人，量驛之閑要以定其馬數：都亭七十五疋，諸道之第一等減都亭之十五，第二、第三皆以十五為差，第四減十二，第五減六，第六減四，其馬官給❷。有山阪險峻之處及江南❸、嶺南❹暑濕不宜大馬處，兼置蜀馬❺。凡水驛亦量事閑要以置船：事繁者每驛四隻，閑者三隻，更閑者二隻。凡馬三疋給丁一人，船一給丁三人。凡驛皆給錢❻以資之，什物並皆為市。凡乘驛者，在京於門下給券❼，在外於留守及諸軍、州給券。若乘驛經留守及五軍都督府❽過者，長官牌署❾；若不應給者，隨即停之。

【章　旨】記述唐時全國驛站之設置概況及乘驛之若干規定。

【注　釋】❶天下凡一千六百三十有九所　此數與新舊《唐書》職官志所載相同，但下文原注所列水驛、陸驛、水陸相兼之驛諸數相加，總和則為一千六百四十三所。這一千六百餘所水陸驛站構成了一個徧佈全國的完整的通訊和交通網絡。❷其馬官給　指驛站使用之馬匹由官府配給。實際情況並不盡然。開元九年（西元七二一年）詔：「天下之有馬者，州縣皆先以郵遞軍旅之役定戶，後緣以升之。百姓畏苦，乃多不畜馬，故騎射之士減曩時。自今諸州民勿限有無蔭，能家畜十馬以上，免帖驛郵遞征行，定戶無以馬為貲。」（《新唐書．兵志》）說明驛站使用的驛丁和馬匹亦有向養馬民戶征集的，畜養十匹馬以上，可以免除郵遞征行的雜役。❸江南　道名。轄五十一州，其區域包括今之蘇南、浙江、江西、皖南、福建、湖南諸省區。❹嶺南　道名。有州七十三，其區域包括今之廣東、廣西二省及越南的北部地區。❺蜀馬　四川產的倭種馬，善爬山涉險。❻凡驛皆給錢　指驛站費用皆由國家財政開支。費用來源於戶稅。據《通典．食貨六》記載：按天寶年間計帳，全國每年「稅錢約得二百餘萬貫」，其中用來「市驛馬」等項開支的約為三十五萬貫。驛馬的另一來源是徵集民間的馬匹。馬的價格便宜時，「天下以一縑易馬」（《唐會要》卷七十二）；價高時則需二十五匹絹易一馬。如天寶十三年（西元七五四年）河西節度使市馬一百匹，當絹二千五百匹。驛站開支的來源除了國家財政撥款，還有驛田的收入。《通典．食貨二》謂：「諸驛封田，皆隨近給，每馬一匹，給地四十畝。若驛側有牧馬之處，匹各減五畝。其傳送馬，每匹給田二十畝。」❼凡乘驛者在京於門下給券　券，即紙券，傳符的一種。由門下省給予。《唐律疏議．職制律》諸驛使稽程條疏議稱：「依令，乘驛者給銅龍傳符，無傳符處為紙券，量事緩急，注驛數於符契上，據此驛數以為行程。」說明傳符與傳券是同時使用的，開始紙券只使用於沒有傳符的地方，可能由於紙券更為方便，以後銅符反而漸漸被淘汰了。唐代後期的文書，一般逕稱傳符為「紙券」、「符券」、「正券」等。如元稹在〈論轉牒事〉一文中說：「伏准前後制敕，入驛須給正券。」（《元稹集》卷三十八）❽五軍都督府　指潞、揚、益、荊、幽五大都督府。❾牌署　據正德本及廣池本當為「押署」。檢查與覆核。

【語　譯】通常是三十里設一驛站，全國共有驛站一千六百三十九所。其中二百六十所水驛，一千二百九十七所陸驛，八十六所水陸相兼。如果地勢險阻，或者需要依傍水草的，那就不一定限於三十里。每所驛站都設置驛長一人，根據驛站業務的忙閒來確定配備馬匹的多少。京師的每個都亭是七十五匹，各個道的一等驛站比京師的都亭少十五匹，二等、三等站再各依次遞減十五匹；四等比三等少十二匹，五等比四等少六匹，六等比五等再減四匹，驛馬由官府供給。凡是山坡險峻的處所，以及江南道、嶺南道這些氣候暑熱潮濕、不適宜於北方高頭大馬的地方，都配置蜀馬。水驛同樣要根據往返業務的忙閑配置船隻。業務繁忙的，每驛配四隻船，比較空閒的配三隻，更為空閒的配二隻。每三匹馬配給驛丁一人，每隻船配給船伕三人。驛站的開支由官府給錢，日常需用的各種什物則向市場購置。凡是需要乘用驛傳的，在京都由門下省給予紙券，在外地的則由留守、各個軍及州府給予紙券。所有乘驛傳的官員經過留守或五軍都督府時，當地長官有權檢查和覆驗紙券，如果不應給乘驛的，可以立即停止。

【說　明】關於館驛的管轄問題，唐代變易較多。自開元中起，由御史臺的監察御史出使時兼巡傳驛，開元二十五年（西元七三七年）五月，令監察御史鄭審檢校兩京館驛。至肅宗乾元元年（西元七五八年）以度支郎中第五琦充諸道館驛使。代宗大歷十四年（西元七七九年）兩京以御史一人知館驛，號館驛使。德宗興元元年（西元七八四年）監察御史以第一人察吏部、禮部，兼監察使；第二人察兵部、工部，兼館驛使；第三人察戶部、刑部。此後，以監察第二御史兼任館驛使大體成為定制。各道設置專職管轄館驛的，始於代宗大歷十四年（西元七七九年），是年「諸道委節度觀察使，各於本道判官中，定一人專知差定訖」。至憲宗元和五年（西元八一〇年）「考功奏諸道節度使觀察等使各選清強判官一人，專知郵驛，如一周年無違反，與上考；如有違越，書下考」；「敕旨依奏」。（均見《唐會要》卷六十一）這樣各道便有判官一人專職管理屬下的館驛，並以此作為考功的根據。

唐代對官員乘驛有不少明細規定。代宗大歷時「門下省奏：準公式令，諸給驛馬，職事三品及爵三品已上若王，四匹；四品已上及國公三品、五品及爵三品已上，二匹；餘官爵一匹。伏望今後並約前件馬數給券。其從人每馬一匹許將一人。從之」。通常官員還可以遞帶家口乘驛。武周大足元年（西元七〇一年）敕文規定：「諸軍節度大使，聽將家口八人，副大使六人，萬人已上鎮軍大使四人，副使三人，五千人已上大使三人，副使二人，並給傳乘。」玄宗和德宗時，亦下過這類敕文。對於乘傳的官員又規定了一些限制：必須有門下省給予的紙券作為憑證；沿途不得無故在館驛奄留，即使有事亦不准超過三日以上，不然就要停止飯食、草料的供應等。（以上均見《唐會要》卷六十一）《唐律・職制律》甚至提到要以徒刑來懲罰違反規定的官員：「諸增乘驛馬者，一匹徒一年，一匹加一等。」據疏議，這裡說的是兩種情況：一是超過品秩規定增乘驛馬者；一是應乘驛驢而乘驛馬者。不僅違反了這兩條要罰，還有「枉道」即乘驛馬而不依規定的驛路走，亦要罰：枉道一里杖一百，五里加一等，罪止徒二年；經一驛必須換馬，該換馬而不換馬亦要罰杖八十，因而致馬死亡者，則賠償馬價。此外，乘驛馬若齎帶私物，要處以杖刑。疏議稱：「乘驛馬者，唯得齎隨身所須衣仗：衣謂衣被之屬；仗謂弓刀之類。除此之外，輒齎行者，一斤杖六十，十斤加一等。」

但實際情況卻是，儘管有如此詳盡以至嚴酷的規定，驛傳的弊端還是日趨嚴重。一種情況是超越規定，廣求供給。代宗永泰元年（西元七六五年），京兆尹御史大夫第五琦奏稱：「歲月滋深，因循久弊，今往來使客，多是武臣，踰越條流，廣求供給，府縣少缺，悔各坐至，屬當凋殘，實難濟辦。況都城大路，耗費倍深。」另一種情況是不該給券的濫給，德宗貞元二年（西元七八六年）不得不下敕文予以限制：「不合給驛券人等，承前皆給，路次轉達，牒令州縣給熟食程糧草料。自今以後宜委門下省檢勘。」（以上均見《唐會要》卷六十一）至憲宗元和四年，這類檢查諸道濫給券的敕文，竟有一百二十七道之多，可見實際上是令而不行，禁而不止。濫用的結果，郵驛名存實亡。為了保持通訊的暢通，只得另起爐竈，建立稱之為「遞」的組織系統，用人力代替馬足，從州、縣民戶中徵募「疾足」來傳遞公文，以避開過往使臣的干擾。隔若干里設一「遞場」，或稱作「遞舖」。但不久，遞舖同樣又發生了畸變，例如《太平廣記》卷三九九就記錄了一樁中書李德裕利用遞舖來為自己運送飲用的惠山井泉水的事，這與唐玄宗利用驛站為楊貴妃趕運鮮荔枝的事，可謂「殊途」而「同歸」。總之是，在專制制度下，只要手中有權，公款消費的口子隨處都有，驛站的設置，無非為權貴們提供了公款旅遊的一種方便。此等事古往今來，大抵都是如此。

三

而監、牧❶六十有五焉，皆分使而統之。南使十五監，西使十六監，北使七監，東使九監❷，鹽州使八監❸，嵐州使三監❹，則廄牧及諸司馬、牛雜畜各隸於籍帳，以時受而藏之。**若畜養之宜❺，孳生之數❻，皆載於太僕之職。凡諸衛有承直之馬❼，**諸衛每日置承直馬八十疋，以備雜使。諸衛官、諸州、府馬，每月常差赴京，都為承直，諸府常備❽，其數甚多。開元二十五年❾，敕以為天下無事，勞費頗煩，宜隨京、都近便，量留三千疋充扈從及街使乘直，餘一切並停。**凡諸司有備運之車，**諸司皆置車、牛，以備遞運之事。司農等❿車一千二十一乘，將作監⓫三百四十五乘，殿中省尚乘局⓬一百乘，少府監⓭六十三乘，太常寺⓮一十四乘，國子監⓯一十乘，太僕寺⓰一十乘，光祿寺⓱二十乘，衛尉寺⓲十乘，太府寺⓳六乘，左、右衛⓴各二乘，左、右驍衛㉑各一乘，左、右武衛㉒各一乘，左、右威衛㉓各一乘，左、右領軍衛㉔各一乘，左、右金吾衛㉕各一乘，左、右監門衛㉖各二乘，左、右羽林軍㉗各三乘，家令寺㉘一百八十乘，左、右僕寺㉙二十六乘，左、右衛率府㉚各一乘；牛皆倍之㉛。其過倍者則充營田，不足者則單駕。開元二十二年㉜，敕量減六百餘頭乘。**皆審其制以定數焉。**

【章旨】記述全國監牧之分佈以及諸衛承直使用馬匹和諸司備運車之規定。

【注釋】❶監牧　官辦之牧場。牧皆設監一人，故監牧連稱。分上、中、下三等，馬五千匹為上監，三千匹為中監，三千匹以下為下監。《新唐書·兵志》云：「馬者，兵之用也，監牧，所以蕃馬也，其制起於近世。唐之初起，得突厥馬二千匹，又得隋馬三千於赤岸澤，徙之隴右，監牧之制始於此。」❷自「南使十五監」至「東使九監」　此南、西、北、東四使共四十七監，皆由上注引文中提到的隴右群牧使分立而來。其具體監名已無法全考，僅有部分錄於《新唐書·兵志》。其文為：「諸坊若涇川、亭川、闕水、洛、赤城，南使統之；清泉、溫泉，西使統之；烏氏，北使統之；木硤、萬福，東使統之。它皆失傳。」❸鹽州使八監　《新唐書·兵志》稱：「鹽州使八，統白馬等坊。」鹽州在今陝西定邊。❹嵐州使三監　《新唐書·兵志》稱：「嵐州使三，統樓煩、玄池、天池三監。」❺畜養之宜　關於馬匹的畜養，唐制按其麤良分為左右監，細馬之監稱左，麤馬之監稱右。凡馬皆以年、名登記在冊，每年季夏造冊，仲秋上報於太僕寺。再由太僕寺報於駕部司。❻孳生之數　馬滿四歲就要在春天游牝，五歲課駒。每牝馬百匹，歲課駒六十，至二十歲免課。超過這個定額的有賞，每超過馬駒一匹，賞絹一匹，其賞物二分入牧長，一分入牧子。欠課或死失超過允許比例的，要處罰，每少一匹牧長及牧子笞三十，每三匹加一等。❼凡諸衛有承直之馬　諸衛指左、右衛等十四衛及羽林軍，以及太子東宮諸率府，皆備有馬匹，以供承直之用。直通「值」，當值。如左、右金吾衛便有承直馬配於金吾巡檢遊弈者，每月四十有五匹。❽諸府常備　指諸都督府常備之馬匹。❾開元二十五年　即西元七三七年。❿司農等　句末「等」當係「寺」之誤。司農寺，機構名。長官為司農卿、少卿，下設上林、太倉、鉤盾、導官四署及司竹、溫泉、京都苑諸屯，九成宮諸監。主管倉儲委積及京官祿米、園池果實等事。⓫將作監　機構名。掌修建、土木、工匠之政令。下屬四署、三監，分掌百工之官屬。⓬殿中省尚乘局　機構名。掌內外閑廄之馬，以及馬匹的調習馴馭。⓭少府監　機構名。掌百工技巧之政，總中尚、左尚、右尚、織染、掌冶五署及諸冶鑄錢、互市等監，供給皇帝器御、后妃服飾、郊廟圭玉、百官儀物等。⓮太常寺　機構名。掌禮樂、郊廟、社稷、壇壝、陵寢諸事。⓯國子監　機構名。掌學校教育之政令，下設國子、太學、四門、律學、書學、算學等學。⓰太僕寺　機構名。掌輿馬牧畜之事，下屬有乘黃、典廄、典牧、車府四署及諸監牧之官屬。⓱光祿寺　機構名。掌祭祀、朝會、宴饗、酒醴膳羞之事。下設太官、珍羞、良醞、掌醢四署。⓲衛尉寺　機構名。掌禁軍宿衛兵器羽儀之屬，下設兩京武庫、武器署、守宮署、宗正寺、崇玄署等。⓳太府寺　機構名。掌金銀財貨之政令，諸如度量、權衡之器及金銀錢帛之屬。下屬有京師四市、平準、左右藏和常平八署。⓴左右衛　宿衛宮廷的禁軍機構。掌番上府兵五十府。㉑左右驍衛　宿衛宮廷的禁軍機構。掌番上府兵四十九府。㉒左右武衛　宿衛宮廷的禁軍機構。掌番上府兵四十九府。朝會時為左、右廂宿衛仗。㉓左右威衛　宿衛宮廷的禁軍機構。掌番上府兵五十府。朝會時為左、右廂儀仗，分兵防守時，負責皇城東面事務。㉔左右領軍衛　宿衛宮廷的禁軍機構。掌番上府兵六十府。朝會時為左、右廂儀仗；分兵防守時，主管京城、苑城諸門以及皇城西面事務。㉕左右金吾衛　宿衛宮廷及巡察京城的禁軍機構。掌番上府兵五十府。平時負責京城治安，車駕出入則為前驅及殿後。㉖左右監門衛　宿衛宮廷的禁軍機構。不領府兵，專掌宮門禁衛，對出入宮門的人員和財物進行檢查、登記。各由大將軍一人統之，將軍二人為其副。㉗左右羽林軍　唐中央禁軍機構。掌北衙禁軍之政令，督攝左、右廂飛騎之儀仗。若大朝會，率其儀仗，以周衛階陛；大駕出行，則夾道馳而為內仗。㉘家令寺　全稱為太子家令寺。掌皇太子飲膳、倉儲、庫藏之政令。皇太子出入，則具威儀，先諸臣以道引；若有祭祀、賓客，則供酒食，以為獻主。下屬有食官、典倉、司藏三署。㉙左右僕寺　全稱為太子僕寺。唐太子僕寺無左右之分，此處「左右」二字當屬衍文。掌太子車輿、騎乘、儀仗之政令，以及喪葬禮物之供給。㉚左右衛率府　全稱為太子左、右衛率府。掌太子東宮兵仗羽衛之政令。下屬有親、勳、翊三府及廣、濟等五府諸府兵。㉛牛皆倍之　指一乘車配二頭牛。㉜開元二十二年　即西元七三四年。

【語　譯】全國共有監牧六十五所，都由分設的使節來統率。屬南使統率的有十五監，西使統率的十六監，北使七監，東使九監；還有鹽州使統率的八監，嵐州使統率的三監。各個廄牧以及各個司的馬、牛、雜畜，都有籍帳，由駕部司郎中定期收受保存。至於牲畜牧養的規定，駒犢孳生的定額，都記載在太僕寺的職掌中。京師各衛都有日常供奉當值用的馬匹。京師各衛每天備有當值的馬八十匹，以供各種差使。各折衝府的衛官和各州、府，每月常差赴京城和東都的，亦留有當值的馬，各都督府亦有常備的馬，數量都很多。開元二十五年下了一道敕令，認為如今天下太平無事，還準備了那麼些馬，勞煩耗費太多。只需要在京師和東都兩地，近便酌量保留三千匹，充當扈從以及供街道巡檢遊弈當值時使用，其餘一切都可以省掉。京師各個司都有備運的車乘。各個官司機構都配有不等數量的車輛和牛，以備隨時轉運的需要。司農等（寺）有車一千零二十一乘，將作監三百四十五乘，殿中省尚乘局一百乘，少府監六十三乘，太常寺十四乘，國子監二十乘，太僕寺十乘，光祿寺二十乘，衛尉寺十乘，太府寺六乘，左、右衛各二乘，左、右驍衛各一乘，左、右武衛各一乘，左、右威衛各一乘，左、右領軍衛各一乘，左、右金吾衛各一乘，左、右監門衛各二乘，左、右羽林軍各二乘，家令寺一百八十乘，太子（左、右）僕寺二十六乘，左、右衛率府各一乘。每一乘車配二頭牛。超過這個規定的牛則用來營田耕作，不到這個數字就以一頭牛單駕一乘車。開元二十二年，曾敕令酌量減少六百餘頭牛和車輛。當值用的馬匹和備運車都要根據定制審核，以配備相應的數目。

【說 明】唐朝牧區的分佈主要在西北地區，即今隴右、河西及陝北一帶，當時那裡人口稀少，大體還屬農牧相間之域。貞觀至高宗麟德間，太僕卿張萬歲主持隴右牧政，前後四十年，馬匹由數千增至七十萬有六千。他還創造了一套適應當地實際條件的管理方式：「置八使以董之，設四十八監以掌之，跨隴右、金城、平涼、天水四郡之地，幅員千里，猶為狹隘，更折八監，布於河曲，豐曠之野，乃能容之。」（《唐會要》卷七十二）張氏三代典群牧，恩信行於隴右，後中廢二十年，馬政逐漸廢弛。高宗永隆三年（西元六八〇年）夏州牧馬死失竟達十八萬四千匹之多。開元時一度有所復興，玄宗命其家奴毛仲舉領內外閑廄的時期，馬匹在闌的數量到過四十三萬匹。天寶十三載（西元七五四年）各種牲口的總量達六十萬餘匹，其中馬為三十二萬五千餘匹，亦還未及唐初的一半，而且其中大部分還是靠與突厥互市得來的。在冷兵器時代，軍事力量主要依仗於騎兵。《新唐書・兵志》提到：「安祿山以內外閑廄都使兼知樓煩監，陰選勝甲馬歸范陽，故其兵力傾天下而卒反。」安祿山起兵得力於馬，肅宗所以能轉敗為勝亦得力於馬：「肅宗收兵至彭原，率官吏馬抵平涼，蒐監牧及私群，得馬數萬，軍遂振。」（同上）

關於馬的畜養和管理，唐代規定馬、牛以百二十為群，群有牧長、牧尉，實際從事放牧的稱牧子、長戶（籍沒的官奴婢），隴右地區的長戶有三萬一千多人。群以上為監，以馬五千匹為上牧，三千匹為中牧，三千以下者為下牧。牧亦稱坊。牧設監一人，副監一人，丞一人，主簿一人，皆有品秩。如隴右四十八監，便是統轄牧群的基層單位。監之上為使，使之上為群牧都使。在中央則有太僕寺的典牧署和殿中省的尚乘局具體執掌。此外，對放牧的規範和對駒犢的督課，以及對馬匹的使用等，都有明細規定，有的還在《唐律・廄庫律》中以法律形式固定下來。不妨說唐代的馬政亦是歷史上最為完備的。

但唐帝國畢竟是一個以農業為基礎的王朝，只是由於軍事上的需要才必須保持一支龐大的馬群。它不同於游牧民族牧馬是一種生產性的行為，牧民可以依此為生；在唐帝國卻是一種純粹消費性的行為，如此龐大的馬群要依靠農業稅來供養，這不能不是國家財政上一項沉重的負擔。監牧的費用是軍事費用中的一個重要組成部分。其中包括牧畜的食料費，牧子、長戶的衣食費，牧長、牧尉衣糧費及監牧官員的俸料費等。為了供應監牧的牧場，專門設置了屯田。本書後第七卷第二篇屯田郎中條原注中提到，北使有二屯，鹽州監牧四屯，南使六屯，西使十屯，共二十二屯，每屯一百二十三頃。除屯田外，還要開墾專蒔茼麥、苜蓿等馬料的田地。即使這樣，也還不能自給，需要國家撥款以彌補牧畜食料和牧丁口糧等不足的部分。據《唐代財政史稿》統計，這一部分撥款，開元、天寶時期每年約為七十萬貫左右。唐代稅收中有名為稅草的專項，始於貞觀時，附加於地稅之上，據青苗簿每年徵收。《新唐書·食貨志》稱：「貞觀中，初稅草以給諸閑，而驛馬有牧田。」這裡給諸閑之稅草，有地區的限制，本書第七卷第三篇虞部郎中條稱：「凡殿中、太僕所管閑廄馬，兩都皆五百里供其芻藁。其關內、隴右、西使、北使、南使諸牧監馬、牛、駝、羊皆貯藁及茭草。」可見兩京五百里以內諸州是通過稅草的形式上供草料，而其他地區稅草作為地稅的附加稅，徵收的面就很寬了，不限課否，只論土地，作為監牧馬料錢撥款的來源。建立在這樣一種供給基礎之上的養馬業，注定了它不可能得到持續發展，必然是隨著唐代國力的盛衰而盛衰，消亡而消亡。

本章中還提到駕部司為京師諸司配置車牛的有關政令問題。配置車牛出於當司物資運輸的需要。在原注所列的名單中，尚書省六部、中書省、門下省、秘書省、大理寺、宗正寺及鴻臚寺等官署，均無配置車牛的記載。這是因為尚書省和中書、門下是政令和決策機構，大理寺司刑獄，宗正寺掌帝室宗族，鴻臚寺司四夷賓客，這些官署可能不會有太多運輸物資上的需要。而掌穀物的司農寺，掌土木興建的將作監，主管皇帝車輿的殿中省尚乘局和負責東宮庶務的家令寺，都配給大量車牛；十四衛及羽林軍亦各有一定數量，說明其所掌管的粟帛雜物或兵器儀仗，都有一個及時運送的任務。

京師諸司的車牛，置於各自的車坊。本書後第二十三卷第一篇中校署令職掌條云：「凡監、署役使車牛，皆有年支草豆，據其名簿，閱其虛實，受而藏之，以給於車坊。」車坊是貯存和管理諸司車牛的機構，有定量的牛料草豆支給。諸衛的車牛不多，可能共置一坊。

庫部郎中

【篇旨】本篇敘述庫部司郎中、員外郎之員數、品秩及其職掌。庫部相當於現今軍隊武器裝備的後勤補給部門，所分管的是有關戎器、儀仗的製作、貯藏及分配使用的政令。具體製作戎器和儀仗的，主要是少府監的諸冶監、北都軍器監、甲坊署和弩坊署；戎器、儀仗的貯藏和會計出納則分別屬衛尉寺的兩京武庫和武器署。

一

庫部郎中一人，從五品上。《周禮》夏官❶有司甲❷下大夫，為司戈盾、弓矢之長，各辨其物以待軍事❸，今庫部郎中之任也。魏氏始置庫部郎曹，歷晉、宋、齊、後魏、北齊並有庫部郎中，梁、陳為侍郎。後周夏官府有武藏中大夫❹一人，隋文帝❺為庫部侍郎，煬帝❻曰庫部郎。宋、齊、梁、陳並都官尚書領庫部，後魏、北齊度支尚書領，隋則兵部尚書領焉。武德三年❼加「中」字。龍朔二年❽改為司庫大夫，咸亨元年❾復故。

員外郎一人，從六品上。《周禮》夏官卿有司兵❿中士，後周有小武藏下大夫⓫一人，蓋今庫部員外郎之任也。隋開皇六年⓬置，煬帝改曰承務郎，皇朝為庫部員外郎。龍朔、咸亨隨曹改復。

主事二人，從九品上。

【章旨】記述庫部司郎中、員外郎和主事之員數、品秩及其沿革。

【注釋】❶周禮夏官　《周禮》，亦稱《周官》，儒家經典之一。係搜集周王室官制和戰國時代各國官制彙編而成。夏官，指夏官司馬，為《周禮》篇名，亦為官名。其職為：「使帥其屬而掌邦政，以佐王平邦國。」❷司甲　《周禮》夏官之屬。一說為周朝置。掌管甲兵，為司兵、司戈盾弓矢諸官之長。❸各辨其物以待軍事　《周禮・夏官・司馬下》司兵職掌條原文為：「各辨其物與其等，以待軍事。」意為對各種兵器，以其品質之優劣區分它們的等級，以保障軍事供給上的需要。❹武藏中大夫　官名。西魏始置，北周沿置。掌兵器、鎧甲及武士所著袍襖之收藏。品秩正五命。❺隋文帝　隋朝皇帝楊堅。在位二十四年，終年六十四歲。❻煬帝　隋朝皇帝楊廣。在位十四年，終年五十歲。❼武德三年　即西元六二〇年。武德為唐高祖李淵年號。❽龍朔二年　即西元六六二年。龍朔為唐高宗李治年號。❾咸亨元年　即西元六七〇年。咸亨亦是唐高宗李治年號。❿司兵　《周禮》夏官之屬。掌五兵五盾。⓫小武藏下大夫　官名。西魏始置，北周沿置。為夏官府武藏司次官，佐武藏中大夫掌兵器、鎧甲及武士所著袍襖之保管、收藏。品秩正四命。⓬開皇六年　即西元五八六年。開皇為隋文帝楊堅年號。

【語譯】庫部司：郎中，定員一人，品秩為從五品上。《周禮》夏官的下屬有司甲下大夫，是掌管戈盾、弓矢一類兵器的長官，區分武器品質優劣的等級，以保障軍事上的需要。這個職務就是如今庫部郎中的職任。從曹魏起始設置庫部郎曹，以後歷經晉、宋、齊、北魏、北齊，都有庫部郎中，南朝的梁、陳稱侍郎。北周的夏官府設有武藏中大夫一人，亦相當於這一職務。隋文帝時稱庫部侍郎，煬帝時稱庫部郎。南朝宋、齊、梁、陳，都是由都官尚書統領庫部的，北魏、北齊由度支尚書管轄，隋朝則由兵部尚書掌領。本朝高祖武德三年加了一個「中」字，稱郎中，高宗龍朔二年改名為司庫大夫，到咸亨元年又恢復了舊稱。

員外郎，定員一人，品秩為從六品上。《周禮》夏官卿的屬下有司兵中士，北周設有小武藏下大夫一人，這些就相當於現今庫部員外郎的職任。隋朝開皇六年設置了員外郎，煬帝時改名為承務郎，本朝定名為庫部員外郎。龍朔、咸亨年間，這個職名曾隨著曹名的更改和恢復而一起作過更改和恢復。

主事，定員二人，品秩為從九品上。

二

庫部郎中、員外郎掌邦國軍州之戎器❶、儀仗❷，及冬至、元正之陳設❸，并祠祭、喪葬之羽儀❹，諸軍、州之甲仗❺，皆辨其出入之數❻，量其繕造之功❼，以分給焉。

【章　旨】記述庫部司郎中、員外郎之職掌。

【注　釋】❶戎器　即兵器。據本書後第十六卷第一篇武庫令職掌條載，弓有四種：長弓、稍弓、角弓、格弓；弩有七種：擘張弩、角弓弩、木單弩、大竹竿弩、竹竿弩、伏遠弩；箭有四種：竹箭、木箭、兵箭、弩箭；刀有四種：儀刀、鄣刀、橫刀、陌刀；槍有四種：漆槍、木槍、白幹槍、撲頭槍。❷儀仗　指儀仗隊所使用的兵仗。《新唐書・百官志》庫部郎中條稱「鹵簿儀仗」。皇帝外出時，在其前後有儀仗隊，后、妃、太子、王公、大臣出行時，亦有不同規格的儀仗作導從。❸冬至元正之陳設　指每年冬至、元旦朝會時所陳設之儀仗。唐初冬至、元日朝會在太極宮的太極殿舉行，高宗以後則在大明宮的含元殿，如在東都洛陽則於乾元殿。朝會時要展宮縣之樂器，陳歷代寶玉輿輅，備黃麾仗。❹羽儀　指儀仗隊中用鳥羽裝飾之旌旗，通常用以表示對死者的尊重。❺甲仗　指衛士所穿之鎧甲。有以鐵製，有以皮製或絹帛製，本書後第十六卷第一篇武庫令職掌條所記甲仗有十三種之多。❻皆辨其出入之數　指庫部司掌全國兵器庫藏出納之政令。其具體執行機構則是衛尉寺下屬兩京武庫，掌藏全國兵仗器械；武器署掌在外之戎器。凡大祭祀、大朝會、大駕巡行，則納於武庫，供其鹵簿。玄宗時，改設軍器使，常以內官為之，為內諸使之一。❼量其繕造之功　指執掌製造軍器之政令，計量其製作之功效。唐代營造軍器的機構，在少府監有諸冶監、北都軍器監、甲坊署、弩坊署，將作監之左校署亦製作部分兵仗器械。

【語 譯】庫部司郎中和員外郎的職務是，掌管全國各軍州的兵器、儀仗，冬至、元日朝會時的陳設，以及祠祭、喪葬時使用的羽儀；各軍州的甲仗，都由他們核查武庫出入的數字，計量兵器製作的功效，然後按規定分配給各使用兵器和儀仗的相關部門。

現代人不可不讀的智慧經典
——古籍今注新譯叢書

集當代學者智識菁華
重現古人的文字魅力

【哲學類】

新譯尹文子　徐忠良注　黃俊郎校
新譯淮南子　熊禮匯注　侯迺慧校
新譯潛夫論　彭丙成注　陳滿銘校
新譯鄧析子　徐忠良注　劉福增校
新譯韓非子　賴炎元、傅武光注
新譯人物志　吳家駒注　黃志民校
新譯近思錄　張京華注
新譯傳習錄　李生龍注
新譯尸子讀本　水渭松注　陳滿銘校
新譯四書讀本　謝冰瑩等注
新譯申鑒讀本　林家驪等注　周鳳五校
新譯老子讀本　余培林注
新譯列子讀本　莊萬壽注
新譯孝經讀本　賴炎元、黃俊郎注

新譯易經讀本　郭建勳注　黃俊郎校
新譯荀子讀本　王忠林注
新譯莊子讀本　黃錦鋐注
新譯新書讀本　饒東原注　黃沛榮校
新譯新語讀本　王　毅注　黃俊郎校
新譯管子讀本　湯孝純注　李振興校
新譯墨子讀本　李生龍注　李振興校
新譯論衡讀本　蔡鎮楚注　周鳳五校
新譯禮記讀本　姜義華注　黃俊郎校
新譯周禮讀本　吳土法注
新譯儀禮讀本　顧寶田等注　黃俊郎校
新譯孔子家語　羊春秋注　周鳳五校
新譯公孫龍子　丁成泉注　黃志民校
新譯老子解義　吳　怡著
新譯莊子內篇解義　吳　怡著
新譯呂氏春秋　朱永嘉等注　黃志民校
新譯晏子春秋　陶梅生注　葉國良校
新譯春秋繁露　朱永嘉等注
新譯明夷待訪錄　李廣柏注　李振興校

文學類

新譯千家詩　邱燮友、劉正浩注
新譯花間集　朱恒夫注　耿湘沅校
新譯幽夢影　馮保善注　黃志民校
新譯菜根譚　吳家駒注　黃志民校
新譯搜神記　黃　鈞注　陳滿銘校
新譯古詩源　馮保善注
新譯薑齋文集　平慧善注　周鳳五校
新譯詩品讀本　成　林注　黃志民校
新譯詩經讀本　滕志賢注　葉國良校
新譯楚辭讀本　傅錫壬注
新譯漢賦讀本　簡宗梧注
新譯樂府詩選　溫洪隆注
新譯人間詞話　馬自毅注　高桂惠校
新譯文心雕龍　羅立乾注　李振興校
新譯世說新語　劉正浩等注
新譯古文觀止　謝冰瑩等注
新譯江文通文集　羅立乾注
新譯阮籍詩文集　林家驪注　簡宗梧等校

新譯明散文選　周明初注　黃志民校
新譯昭明文選　周啟成等注　劉正浩等校
新譯唐傳奇選　束　忱注　侯迺慧校
新譯曹子建集　曹海東注　蕭麗華校
新譯陶淵明集　溫洪隆注　齊益壽校
新譯陶庵夢憶　李廣柏注
新譯揚子雲集　葉幼明注　周鳳五校
新譯陸士衡集　王德華注
新譯嵇中散集　崔富章注　莊耀郎校
新譯賈長沙集　林家驪注　陳滿銘校
新譯橫渠文存　張金泉注
新譯李白全集　郁賢皓注
新譯顧亭林文集　劉九洲注　黃俊郎校
新譯元曲三百首　賴橋本、林玫儀注
新譯宋元傳奇選　姚　松注
新譯宋詞三百首　汪　中注
新譯唐人絕句選　卞孝萱等注　齊益壽校
新譯唐詩三百首　邱燮友注
新譯諸葛丞相集　盧烈紅注
新譯駱賓王文集　黃清泉注　陳全得校
新譯明傳奇小說選　陳美林等注
新譯昌黎先生文集　周啟成等注　陳滿銘等校
新譯范文正公選集　王興華等注　葉國良校
新譯王安石文集　沈松勤注　王基倫校
新譯杜牧詩文集　張松輝注　陳全得校
新譯李商隱詩集　朱恒夫注
新譯古文辭類纂　黃　鈞等注
新譯蘇軾文選　滕志賢注
新譯李清照集　姜漢椿注
新譯閱微草堂筆記　嚴文儒注

歷史類

新譯公羊傳　雪　克注　周鳳五校
新譯列女傳　黃清泉注　陳滿銘校
新譯越絕書　劉建國注　黃俊郎校
新譯燕丹子　曹海東注　李振興校
新譯穀梁傳　顧寶田注　葉國良校
新譯戰國策　溫洪隆注　陳滿銘校
新譯左傳讀本　郁賢皓等注　傅武光校
新譯尚書讀本　吳　璵注

新譯國語讀本　易中天注　侯迺慧校
新譯新序讀本　葉幼明注　黃沛榮校
新譯說苑讀本　左松超注
新譯說苑讀本　羅少卿注　周鳳五校
新譯史記讀本　韓兆琦等注
新譯西京雜記　曹海東注　李振興校
新譯吳越春秋　黃仁生注　李振興校
新譯東萊博議　李振興、簡宗梧注
新譯春秋穀梁傳　周　何注
新譯唐摭言　姜漢椿注
新譯唐才子傳　戴揚本注
新譯文史通義　陶梅生注

【宗教類】

新譯列仙傳　張金嶺注　陳滿銘校
新譯維摩詰經　陳引馳注
新譯抱朴子　李中華注　黃志民校
新譯妙法蓮華經　張松輝注　丁　敏校
新譯金剛經　徐興無注　侯迺慧校
新譯神仙傳　周啟成注
新譯高僧傳　朱恒夫等注　潘栢世校
新譯碧巖錄　吳　平注
新譯藥師經　宗舜法師注
新譯無量壽經　邱高興注
新譯百喻經　顧寶田注
新譯圓覺經　張運良注
新譯法句經　劉建國注
新譯華嚴經入法界品　楊維中注
新譯悟真篇　劉國樑注
新譯景德傳燈錄　顧宏義注
新譯大乘起信論　韓廷傑注　潘栢世校
新譯楞嚴經　賴永海等注
新譯六祖壇經　李中華注　丁　敏校
新譯阿彌陀經　束景南注
新譯經律異相　顏洽茂注
新譯禪林寶訓　李中華注　潘栢世校
新譯解深密經　王月清注
新譯老子想爾注　顧寶田等注　傅武光校
新譯周易參同契　劉國樑注　黃沛榮校
新譯黃帝陰符經　劉連朋注

新譯道門觀心經　王　卡注　黃志民校
新譯養性延命錄　曾召南注　劉正浩校
新譯沖虛至德真經　張松輝注　周鳳五校

【軍事類】

新譯司馬法　王雲路注
新譯尉繚子　張金泉注
新譯三略讀本　傅　傑注
新譯六韜讀本　鄔錫非注
新譯吳子讀本　王雲路注
新譯孫子讀本　吳仁傑注
新譯李衛公問對　鄔錫非注

【教育類】

新譯三字經　黃沛榮注
新譯爾雅讀本　陳建初注
新譯幼學瓊林　馬自毅注　陳滿銘校
新譯顏氏家訓　李振興等注
新譯曾文正公家書　湯孝純注　李振興校
新譯增廣賢文・千字文　馬自毅注　李清筠校

新譯格言聯璧　馬自毅注
新譯百家姓　馬自毅注

【政事類】

新譯唐六典　朱永嘉等注
新譯商君書　貝遠辰注　陳滿銘校
新譯鹽鐵論　盧烈紅注　黃志民校
新譯貞觀政要　許道勳注　陳滿銘校

【地志類】

新譯水經注　鞏本棟等注
新譯山海經　楊錫彭注
新譯佛國記　楊維中注
新譯大唐西域記　陳　飛等注　黃俊郎校
新譯洛陽伽藍記　劉九洲注　侯迺慧校
新譯徐霞客遊記　黃　珅注　黃志民校
新譯東京夢華錄　嚴文儒注　侯迺慧校

開卷解惑——汲取大師智慧，優游國學瀚海

國學常識

邱燮友　張文彬　張學波　馬森　田博元　李建崑　編著

搜羅研讀國學者不可或缺的基礎常識，
以新觀念、新方法加以介紹。
書末並附有「國學基本書目」及「國學常識題庫」，
助您深化學習，融會貫通。

國學常識精要

邱燮友　張學波　田博元　李建崑　編著

擷取《國學常識》之精華而成，易於記誦，
便於攜帶。

國學導讀（一）～（五）

邱燮友　田博元　周何　編著

將國學分為五大門類，分別由當前國內外著名學者，
匯集其數十年教學研究心得編著而成。
是愛好中國思想、文學者治學的寶典，
自修的津梁。

走進至情至性的詩經天地

詩經評註讀本（上）（下）

裴普賢 著

薈萃兩千年來名家卓見，賦予詩經文學的新見解，
詳盡而豐富的析評，篇篇精采，
讓您愛不釋卷。

詩經欣賞與研究（改編版）

（一）～（四）

糜文開 裴普賢 著

白話翻譯，難字注音；
以分篇欣賞的方式，重現古代社會生活，
以深入淺出的筆調，還原詩經民歌風貌。